儒 释 道 文 库
Library of Confucianism,
Buddhism and Taoism

宋明理学论稿

蔡方鹿　著

图书在版编目（CIP）数据

宋明理学论稿 / 蔡方鹿著 . -- 北京：商务印书馆，2024. -- （儒释道文库）. --ISBN 978-7-100-24175-5

Ⅰ. B244.05；B248.05

中国国家版本馆 CIP 数据核字第 2024BU6783 号

权利保留，侵权必究。

儒释道文库

宋明理学论稿

蔡方鹿　著

商 务 印 书 馆 出 版
（北京王府井大街36号　邮政编码100710）
商 务 印 书 馆 发 行
三河市尚艺印装有限公司印刷
ISBN 978−7−100−24175−5

2024年10月第1版	开本 710×1000 1/16
2024年10月第1次印刷	印张 47 1/4　插页 4

定价：238.00 元

四川大学中华文化研究院儒释道文库

四川大学"2035先导计划"文明互鉴与全球治理学科群
"儒释道思想融通创新与人类命运共同体"专项研究成果

国家社会科学基金重大项目："中国道统思想研究"
（17ZDA010）系列成果

四川大学中华文化研究院
儒释道文库编委会

主　编：项　楚（四川大学）　　舒大刚（四川大学）
副主编：傅其林（四川大学）　　张　弘（四川大学）
　　　　盖建民（四川大学）　　刘亚丁（四川大学）
主　任：曹顺庆（四川大学）　　詹石窗（四川大学）
　　　　段玉明（四川大学）
成　员：姜广辉（湖南大学）　　郑万耕（北京师范大学）
　　　　廖名春（清华大学）　　李景林（北京师范大学）
　　　　蔡方鹿（四川师范大学）黄开国（四川师范大学）
　　　　郭　齐（四川大学）　　林忠军（山东大学）
　　　　黄海德（华侨大学）　　程奇立（山东师范大学）

自 序

《宋明理学论稿》是我对自己的宋明理学研究的进一步深化和总结，主要研究和探讨宋明理学基本特征、内涵、各历史发展阶段、基本流派及其代表人物的思想，理学与当时的其他学派，儒、佛、道三教的关系，理学与道统，这一时期哲学发展的规律、特点及对中国文化的影响等相关问题。本书采取史论结合的方法，对宋明理学历史发展演变加以系统探讨，分北宋、南宋、元代、明代四个时代来对理学流派、人物展开专题研究。在分历史时代的研究中不单纯论理学，而是结合理学与宋学、新学、功利学、反理学的关系来论述理学发展演变的历史，这更具思想发展的时代性和特色。除分历史时代对理学展开研究外，本书又对构成宋明理学的诸理论进行研究，分理学之心性论、认识论、经典诠释思想、儒佛道三教关系、道统思想、理学与哲学的关系六个专题。在论述和探讨构成理学的各个理论时，也涉及理学与政治、文学、史学、教育、科举、伦理、内圣与外王等中国文化各个领域的内容，即以理学为中心，以全方位的角度来揭示和论述理学思潮的发展演变与中国文化各个方面的内涵相互之间的联系与关系。

宋明理学是儒学和中国传统文化的重要组成部分，本书面向中国哲学和中国思想文化的专业研究人员和爱好中华优秀传统文化的热心读者，希望通过本专题的研究，使热心读者能够大致掌握和了解宋明理学的基本理论和基本特征，以及这一时期其他哲学、学术思想的发展概况，进而掌握和了解宋明理学在中国哲学史和中国儒学发展史上的地位和影响。希望读者掌握和了解宋明理学的核心话题——"存天理，去人欲"产生的历史必然性及其流弊，既不因其所具有的流弊而全盘抹杀"存天理，去人欲"思想产生的历史必然性和正面价值，也不因其具有之历史必然性和积极因素而否定其消极因素和因历代统治者的歪曲利用而产生的流弊，从而对宋明理学及其价值观有一个客观、全面和辩证的了解与评价。

"文革"以前宋明理学的研究较为冷清，而在"文革"中宋代理学代表人物朱熹被视为封建卫道士、反动儒家的代表、投降派而遭到批判和否定。"文革"

结束后，对宋明理学的研究逐步展开并形成热点。1981年10月我参加了在杭州举办的全国宋明理学讨论会，为大会提供了一篇关于张栻哲学思想的论文。这是新中国成立以来第一次全国性的宋明理学讨论会。当时参加讨论会的中外代表共269人，其中包括美国、日本、西德、加拿大的外国专家和国内的专家学者。

随后，有关宋明理学研究的成果不断涌现。各种涉及对理学评价的观点也有所不同。

冯友兰先生在全国宋明理学讨论会上发言说，要把宋明理学作为社会主义精神文明建设可供借鉴的资源加以继承发扬。他指出："道学对于中国的封建社会起了巩固的作用。但在当时的世界中，封建还是进步的社会制度。中国就是以它的封建文化领导东亚各国，影响欧洲国家。就全世界范围看，对于中国这一段光荣历史，道学也是有贡献的。"[1]

张立文先生认为"宋明理学思潮，是中国特定历史条件下的产物，是历史的必然。……对宋明理学的主要代表人物进行较深入的剖析，以便揭示宋明理学发展的主要脉络，并力图对主要代表人物在中国思想史、哲学史上的地位、作用和影响，作出实事求是的说明。宋明理学，是中国古代哲学史发展圆圈中的一个阶段，也是人类认识发展历史长河中的一个环节。……宋明理学在中国封建社会后期被奉为官方哲学，起着桎梏人们思想和延续封建统治的消极作用"[2]。他指出了宋明理学的产生具有历史必然性，同时也存在着消极作用。

侯外庐等先生主编的《宋明理学史》认为："宋明理学是封建社会后期的统治思想，为强化封建社会后期的统治服务。从政治作用来说，理学是思想史上的浊流。"[3]并指出："宋明理学是在经学、佛学、道教结合的基础上孕育发展起来的。以儒家思想的内容为主，同时也吸收了佛学和道教思想，这是它的特点。"[4]

张岱年先生指出："到了宋代，经过学者思想家的努力，出现了儒学的复兴，达到了学术思想的又一次的繁荣。……张载、二程早年都曾出入于老释，既能入而又能出，依据先秦儒家的经典，回答了佛老所提出的问题，对于佛老学说进行了理论的批判，从而达到了理论思维的新的高度。张程关洛之学使儒

---

[1] 冯友兰：《中国哲学史新编》（下卷），人民出版社1999年版，第31—32页。
[2] 张立文：《宋明理学研究》，中国人民大学出版社1985年版，第1页。
[3] 侯外庐等主编：《宋明理学史》上卷，人民出版社1984年版，第21页。
[4] 侯外庐等主编：《宋明理学史》上卷，第9页。

学恢复了思想上的最高权威。"[①] 此语肯定理学家达到的理论思维的高度。

陈寅恪先生指出："华夏民族之文化，历数千年之演进，造极于赵宋之世。"并称后来学术发展的必然趋势是"宋代学术之复兴，或新宋学之建立是也"[②]，充分肯定中华文化到宋代发展到登峰造极的地步，其重要表现即是宋学的建立。

吕思勉先生指出："理学者，佛学之反动，而亦兼采佛学之长，以调和中国之旧哲学与佛学者也。一种学术，必有其独至之处，亦必有其流弊。流弊不可无以矫之；独至之处，亦不容埋没。"[③] 即认为理学有其流弊应以矫正，但它也有独到之处，不应被埋没。

漆侠先生指出："以义理之学的宋学代替了汉学的章句之学，其主要的、基本的区别在于：汉儒治经，从章句训诂方面入手，亦即从细微处入手，达到通经的目的；而宋儒则摆脱了汉儒章句之学的束缚，从经的要旨、大义、义理之所在，亦即从宏观方面着眼，来理解经典的涵义，达到通经的目的。总之，从方法论上说，汉学属于微观类型，而宋学则属于宏观类型。在我国古代学术发展史上，宋学确实开创了学术探索的新局面，并表现了它独特的新思路和新方法"，"宋学与理学之间的关系是，宋学可以包蕴理学，而理学则仅仅是宋学的一个支派"。[④]

徐远和先生指出："理学是一种时代思潮。理学的形成过程，也就是儒学在中国封建社会中期的复兴过程。这个过程是同中国社会的发展相适应的。理学产生于北宋中期，它是当时社会改革运动的产物。"[⑤] 他认为理学是儒学复兴的产物，与中国社会的发展相适应。

陈来先生指出："今天我们称之为理学的是指宋明（包括元及清）时代占主导地位的学术体系"，"这个体系中主要有两大派，一派是宋代占统治地位的道学，其中以洛学为主干，至南宋发展到高峰，……另一派是在宋代产生而在明中期后占主导地位的以'心'为最高范畴的思想体系，代表人物为陆九渊、王守仁"。[⑥]

牟宗三先生指出："宋明六百年之儒学通常亦名宋明理学。……宋明儒所讲者即'性理之学'也。此亦道德亦宗教，即道德即宗教，道德宗教通而一之者也。盖宋明儒讲学之中点与重点唯是落在道德的本心与道德创造之性能（道德

---

① 《中国宋代哲学·序》，河南人民出版社1992年版，第1—2页。
② 陈寅恪：《邓广铭宋史职官志考证序》，《金明馆丛稿二编》，上海古籍出版社1980年版，第245页。
③ 吕思勉：《理学纲要》，上海书店1988年版，第3页。
④ 漆侠：《宋学的发展和演变》，河北人民出版社2002年版，第5页。
⑤ 徐远和：《洛学源流》，齐鲁书社1987年版，第1页。
⑥ 参见陈来：《宋明理学》，辽宁教育出版社1991年版，第10—11页。

实践所以可能之先天根据）上。"①

潘富恩、徐洪兴先生指出："理学是中国中古以后占统治地位的思想学说。它既是先秦、汉唐儒家思想的延续和发展，也是对外来异质思想文化选择、淘汰、吸收、整合的结果。理学不仅是宋元明清（初）时期中国的主流思想，而且影响力延续至近现代，成为当代新儒学的直接的前身。""理学的诞生及其衍变，是中国本土哲学继先秦之后发展的又一高峰，它标志着中华民族理论思维所进入的一个新阶段，在整个人类的认识历史上也占有一席之地。"②即把理学视为中国的主流思想，并对后世产生影响。

朱汉民先生指出："宋代理学家是一批要求复兴儒学、敢于怀疑经典、倡导义理之学的儒家学者。但是，他们在注释儒经时不仅要否定汉唐注疏传统，阐发道德义理，尤着重在建立一套包括宇宙论、心性论、修身工夫论等各种理论问题在内的思想体系，以便与释老之学相抗衡，复兴儒学并承传道统。……宋明理学能够形成并将中国思想文化发展到一个空前的高度，其中有诸多的因素。但是，其中一个重要的原因，就是它完成了以儒学为核心的思想综合，建构了一个兼综儒、佛、道的思想体系。"③

钱穆先生指出："理学则后人称为是一种新儒学。其实理学在宋儒中已属后起。理学兴起以前，已先有一大批宋儒，此一大批宋儒，早可称为是新儒。在某一意义上讲，理学兴起以前之宋儒，可称为已具有回复到先秦儒的风气与魄力。"④"今人又谓宋代理学渊源实自方外，所谓方外，即指道释两家言。然当时理学家主要宗旨正在辨老释。……只重在阐孔子，扬儒学，比较似置老释于一旁，认为倡于此则息于彼。"⑤

陈荣捷先生认为："理学家以释道为异端，排除过甚。南宋末年以后，日益强烈。非以朱陆对峙，即以朱王对垒。即考据精审之王懋竑，亦所难免。……官方又以朱子为正统。此门户风气，阻碍我国学术思想之进展凡数百年载。及至二十世纪西风东渐，方始醒觉，而五四运动以后，抨击程朱，谓理学为魔鬼，大唱理学家以理杀人。……以程颐'饿死事小，失节事大'之言为残忍，……于是我国又有一新门户之见。"⑥他看到理学中的异端观念和门户之见对于学术思

---

① 牟宗三：《心体与性体》，台湾正中书局1990年版，第1—4页。
② 潘富恩、徐洪兴：《中国理学》第一卷，东方出版中心2002年版，第3页。
③ 朱汉民：《宋明理学通论——一种文化学的诠释》，湖南教育出版社2000年版，第60—61页。
④ 钱穆：《朱子新学案》（上），巴蜀书社1986年版，第7页。
⑤ 钱穆：《朱子新学案》（上），第13页。
⑥ 陈荣捷：《朱子新探索》，台湾学生书局1988年版，第2页。

想发展的阻碍，而主张革除之。

余英时先生指出："在一般哲学史或理学史的论述中，我们通常只看到关于心、性、理、气等等观念的分析与解说。至于道学家的政治思想与政治活动，则哲学史家往往置之不论，即使在涉及他们的生平时也是如此。从现代学术分类的观点说，这一处理方式毋宁是正常的。但是这一现代观点在有意无意之间也造成了一个相当普遍的印象，即儒学进入南宋以后便转而向内了。用传统的语言说，南宋儒学的重点在'内圣'而不在'外王'。……我只想指出下面这一重要的事实，即以最有代表性的理学家如朱熹和陆九渊两人而言，他们对儒学的不朽贡献虽然毫无疑问是在'内圣'方面，但是他们生前念兹在兹的仍然是追求'外王'的实现。更重要的，他们转向'内圣'主要是为'外王'的实现作准备的，因此他们深信'外王'首先必须建立在'内圣'的基础之上。"[①] 他认为理学家是把"外王"建立在"内圣"的基础上的，不应忽视理学家对外王的追求，不能只看到他们对心、性、理、气等观念的分析与解说。

束景南先生指出："一个发生道德危机的社会是孕育道学心态的温床，如果说道学（理学）是社会精神危机下人的价值观念的重建，那么道学心态就是借助这种价值观念的重建所达到的一种心理调节与心理平衡，这只有从宋代那个道德沉沦、利欲泛滥、'无一毛一发不受病'的社会中才能找到从儒家心态失范向道学心态重新转换的深刻动因。"[②] 他认为道德沉沦、利欲泛滥的时代背景、社会环境是理学产生的温床，也是纠正儒家心态失范而转向道学的原因。

成中英先生指出："宋之肇建结束了唐末五代之不伦非理的乱局，经历了理的整合性，也经历了气的变化性。理气两者在不同层次上具有不同的创生之能，则不容否定，但理之法则性偏向与气之个体性偏向，也不容忽视。显然，朱熹对理气的认识仍是理气互动的哲学，而非径为理的肯定与理性认知的哲学。……朱熹哲学无疑具有中国哲学体系化的架式，因他有能兼分析与综合、主体与客体、知识与道德、部分与全体、体验与诠释、本体与方法为一体的眼光与胸襟。他对理的理解更具有易的哲学的根本精神，也具有古典儒学（论孟学庸）的求知反思明道的精神，以之涵盖及涵摄了道家的智见（有无相生）与佛学的悟慧（全理之不计量与不造作），更显示了一个开放的体系的整体发展景观。事实上，王阳明对他的批评是局部的，反映了阳明自己的生活深切体验，

---

① 余英时：《朱熹的历史世界：宋代士大夫政治文化的研究》，生活·读书·新知三联书店2004年版，第11—12页。
② 束景南：《朱子大传》，福建教育出版社1992年版，第7—8页。

但也因而丰富了朱熹道德哲学与其本体哲学的体与用的关联认识。把朱熹与陆象山及王阳明对立起来研究是假设了一个片面的观点。两者的对立或矛盾是可以在朱熹哲学的基础上经诠释而超融为一体的。朱熹因而代表了一个走向广阔的超融智慧，应该受到更大的重视与深入的研究。尤其在进行与西方哲学的对比的分析与综合研究方面，我们更不可忽视朱熹的重要地位，一如在西方哲学再思考与再出发的过程中我们不可忽视康德的重要地位一样。"[1] 通过对朱熹哲学的论述，展现了宋明理学涵摄道家与佛学，把本体论、伦理学、知识论、方法论相结合的特征，以及朱王互动、对立融合的发展趋向。

杜维明先生指出："宋明儒学特别是道学家周敦颐、张载、二程、朱熹、陆象山，到后来的王阳明，在某一程度上说，都对政治化的儒家，特别是科举制度在士人心态中泛滥成灾作出批判，进行全面的反思。科举制度确是一切有志行道想进入仕途的青年才俊必须经过的道路，但这个制度又是斫伤性灵、消减创造性智慧的一个极其复杂的社会机制。当时所有重要的思想家都对科举制度采取批判的态度，……所以宋明儒学一方面是对佛教传统在中国根深蒂固以后作的一种创建性的回应，一方面是对科举制度所作的一种批判。……朱熹所代表的理学和陆象山所代表的心学，一个较注重学术传统，道问学；一个较注重尊德性。不过，值得注意的是，朱熹所关注的是心上工夫。在历史上影响巨大的是朱学而非陆学。……朱学传统中也有深厚的心学，当然也有特别突出个人道德实践的学说，如朱子的大弟子真德秀，编了一本书即以《心经》命名。这本书后来在中国失传，可是在朝鲜发生了非常大的作用，强调十六字传心诀（'人心惟危，道心惟微，惟精惟一，允执厥中'）。可是到了明代中叶，思想上有些转向，从吴与弼到陈白沙，心学相契的观点，为王阳明思想创造了条件。王学能在明代中叶出现，是中国思想史的大事。从王阳明自己思想发展的脉络来看，阳明心学是针对朱子学说所作的一种创造性的回应。……应当指出，阳明的'致良知'之教虽然是宋明心学的高峰，但并不表示它就是宋明儒学的全部内容。因为朱熹和程颐所代表的注重道问学的思路，在中国一直传了下来。在朝鲜更有光辉灿烂的发展。"[2]

蔡仁厚先生指出："宋明儒者的学术，大致可分为北宋、南宋和明代三个阶段。北宋诸儒，上承儒家经典本有之义，以开展他们的义理思想，其步步开

---

[1] 成中英：《论重新诠释、理解与评价朱子——朱熹与中西哲学比较》，《中华文化论坛》2006 年第 1 期。
[2] 杜维明：《宋明儒学的中心课题》，《天府新论》1996 年第 2 期。

展的理路，是由《中庸》、《易传》之讲天道诚体，回归于《论语》、《孟子》之讲仁与心性，最后才落于《大学》以讲格物穷理。至宋室南渡，儒学开为三系：程明道开胡五峰之湖湘学统，程伊川开朱子之学，陆象山则直承孟子而开出心学一派。湖湘之学受朱子贬压，一传而衰，故南宋以后，只有朱陆二系传续不绝，而元明之时，朱学且进居正统之位。及明中叶，王阳明出而唱心学，创立致良知教，王学遂遍天下。至明末刘蕺山，则又呼应胡五峰而盛言以心著性之义，宋明六百年之学术，亦到此结穴，而完成了发展之使命。"[1]

刘述先先生指出："经历五代，宋代儒学必须面对两大挑战，一则道德沦丧，不堪闻问；二则异学（道佛二氏）兴盛，儒学低迷。正是在这样的情形之下，宋明理学开创一条新的道路，力抗时流回归孔孟，并转化华严的'空理'为儒家的'性理'。这在某一意义下造成了中国文化的文艺复兴，下开了儒家哲学的第二个黄金时代。"[2] "宋明儒学是吸收异己、返归本位，表现出华族智慧的一项更为超卓、难能的成就，在先秦之后开创了中国哲学第二个黄金的时代。北宋儒学、周、张、二程自扮演了十分重要的角色，但朱子的综合各家、建立道统，尤其占据了一个更关键性的地位。也是通过朱子的销融与稳定，把道学所创发的成就，传承到后世去。"[3]

曾春海先生指出："道学家的价值理想旨在继承儒家的精神传统，讲求圣人之道的生命学问。二程所借用庄子'天理'一辞之概念形式所赋予的概念内涵是儒家《易》所言的天地有好生之德的生生之理，及命赋予人的仁、义、礼、智四端之理。二程所教导人者不是老子道法自然的自然无为之天道，而是二程所谓'为夫妇、为长幼、为朋友，无所为而非道'的人伦道德之道。"[4] 他认为理学虽对道家有所借用，但其价值观的内涵则是儒家人伦道德，而非自然无为之天道。

蒙培元先生指出："理学，作为一种思潮，滥觞于北宋初年，由范仲淹、欧阳修以及胡瑗、孙复、石介等人开其端，逐渐形成一股批判魏晋隋唐以来的佛、道哲学，复兴儒家学说的思想洪流。因此，有人把它称为'新儒学'运动。"理学家"建立自己的理论，重新恢复儒家权威，以对抗佛教思辨哲学。同时，却又不同程度地吸收、融合了佛、道思想。这一思潮比较活跃，把中国哲学史推

---

[1] 蔡仁厚：《宋明理学·北宋篇》，吉林出版集团有限责任公司2009年版，第1页。
[2] 刘述先：《朱子与儒家的精神传统》，《湖南大学学报（社会科学版）》2011年第1期。
[3] 刘述先：《朱子哲学思想的发展与完成》，吉林出版集团有限责任公司2015年版，第458页。
[4] 曾春海：《二程理学对道家思想之出入》，《湖南大学学报（社会科学版）》2014年第1期。

向又一个兴盛时期"。[①]

　　以上学者对宋明理学的研究成果，虽观点有所不同，但思想深刻，引人深思，共同促进了理学研究的发展。经过多年的研究积累，目前学术界研究宋明理学的学者不断涌现，支撑了宋明理学研究的局面，研究内容丰富，名家著述颇丰，新人辈出，均对理学的理论作了较为详细的梳理和论证。

　　从1979年开始研究著名理学家张栻起，我从事宋明理学研究已四十多年。本书从对理学家个案研究入手，在以往研究的基础上，进一步把宋明理学联系为一个整体，从各个方面展开系统深入的专题研究，既从历史时期出发，全面研究宋明理学在各个时代的发展、演变，又系统研究宋明理学的心性论、认识论、宋明理学的经典诠释思想、宋元明时期儒、佛、道三教的关系，以及宋明理学的道统思想、宋明理学与哲学等，共为十章。这种以专题来分别论述宋明理学的研究，在学术界还是少有的，这是本书的独特性和新的见解。本书由对理学家个案、流派的研究，融通为对宋明理学整体的，又分各个专题的把握，并在附录里专门收入对宋明理学核心价值观——理欲观——的探讨，这是一个颇有争议又值得进一步探讨的重要问题。这样，本书探索的问题就更为全面，也为读者提供一个较为开阔的视野来阅读和研究宋明理学这一中国文化发展至宋明时期而形成高峰的思潮。

　　除从研究的角度对宋明理学展开探讨外，我还从事宋明理学与中国哲学的教学工作。从在四川省社科院开始教授宋明理学与中国哲学的课程，到调任四川师范大学继续从事教学工作，也已经二十多年了。经过多年的建设和授课实践，教学与科研相长，不断修改提炼，补充创新，丰富完善了宋明理学的教学内容，我主讲的宋明理学课程被纳入四川师范大学研究生精品课程。

　　除课堂教学外，我还把教学与科研相结合，策划、主办召开了有关宋明理学及中国哲学的大型国际学术会议共8次。包括：首届张栻学术讨论会（四川·绵竹，1991）；儒家德治思想与现代社会国际学术研讨会（四川·都江堰，2002）；朱熹思想与现代社会国际学术研讨会（成都·川师大，2005）；经学与中国哲学国际学术研讨会（成都·川师大，2008）；纪念鹤山书院创建800周年国际论坛暨宋明理学与东方哲学国际学术研讨会（四川·蒲江，2010）；张栻思想与现代社会国际论坛——纪念张栻诞辰880周年（成都·川师大，2013）；道统思想与中国哲学国际学术研讨会（成都·川师大，2016）；朱熹思想的当代

[①] 蒙培元：《理学的演变》，福建人民出版社1984年版，第2页。

价值国际学术研讨会——纪念朱熹诞辰 888 周年（成都·川师大，2018）。

  另外，我还主持召开了国内学术会议数十次，协助我院、我校积极举办学术讲座和学术交流，30 年来，我们先后邀请到中国社科院历史所，湖南大学岳麓书院，日本福冈女子大学，中国人民大学孔子研究院，清华大学国学研究院，美国夏威夷大学，中国社科院哲学所，中国人民大学哲学院，北京师范大学，人民出版社，武汉大学，华东师范大学，中山大学，重庆师范大学，浙江大学，浙江省社科院，四川大学古籍所、宗教所、历史文化学院、哲学系，北京大学，湖南师范大学，山东大学，四川省社科院，深圳大学，陕西师范大学，复旦大学，南京大学，河北大学，湘潭大学，黑龙江大学，西南民族大学，首都师范大学，以及台湾中国文化大学哲学系、台湾"中央研究院"中国文哲研究所、台湾元智大学，台湾辅仁大学，台湾政治大学，香港中文大学，韩国同德女子大学，韩国成均馆大学，韩国东义大学，日本大阪市立大学，日本早稻田大学，法国巴黎大学等诸多大学和研究机构的众多知名学者莅临我院、我校讲学和从事学术交流活动，开阔了学生的眼界和学术视野，这对于科研促教学，教学促科研，促进宋明理学研究的深入开展发挥了重要作用。在此谨向各位前辈学者、师友同仁、嘉宾领导和"张浚张栻思想研究会"常务副会长张劲松先生等致以诚挚的感谢！

  随着时代的发展和社会的进步，宋明理学研究也将适应新形势，解决新问题，与时俱进，以取得更大的成果。在今后的研究中，我将继续开拓创新，把宋明理学研究与弘扬中华民族优秀传统文化密切结合，古为今用，培养一代新人，取得新的成果，为实现中华民族伟大复兴的中国梦贡献自己的一份力量！

  是为序。

蔡方鹿
2021 年 3 月 20 日于成都

目 录

自 序 / 1

绪 论 / 1

一、理学产生的时代背景和思想渊源 / 2

二、宋明理学的发展阶段（流派及其代表人物） / 16

三、宋明理学的理论构成与基本特征 / 32

第一章　北宋时期的理学与宋学 / 58

一、邵雍的先天学 / 59

二、周敦颐的濂学 / 63

三、张载的关学 / 73

四、程颢、程颐的洛学 / 96

五、王安石新学、三苏蜀学 / 135

六、理学与新学的关系 / 156

第二章　南宋时期的理学及功利学 / 175

一、胡宏、张栻的湖湘学 / 177

二、朱熹集宋代理学之大成 / 206

三、吕祖谦的理学及经世思想 / 245

四、陆九渊心学 / 260

五、杨简对陆九渊心学的超越 / 277

六、陈亮、叶适的功利学 / 298

七、理学与功利学的关系 / 303

第三章 元代理学 / 319

一、许衡学术的贡献 / 319

二、刘因的经学与理学思想 / 335

三、吴澄的心性思想 / 345

第四章 明代理学及对理学的批评总结 / 353

一、陈献章、湛若水心学 / 355

二、王阳明心学 / 372

三、明代气学 / 402

四、李贽的童心说及对理学的批判 / 441

五、刘宗周的理学思想及对理学的批评与总结 / 447

第五章 宋明理学之心性论 / 471

一、宋明理学心性论的思想渊源 / 471

二、心性论的基本构成 / 476

三、宋明理学心性论的特征 / 494

四、宋明理学心性论的时代意义 / 498

第六章 宋明理学之认识论 / 502

一、理学认识论的主要表现 / 502

二、张载知由内外之合的思想 / 506

三、朱熹的格物致知论 / 509

四、陆九渊知本即知心的思想 / 516

五、王阳明的"致良知"说与"知行合一"说 / 520

六、王廷相"思与见闻之会"为知的思想及知行兼举说 / 530

第七章　宋明理学的经典诠释思想 / 535

一、中国古代经典诠释思想的性质 / 535

二、以己意说经——宋明理学经学观的特质 / 540

三、儒学经典诠释思想之演变 / 544

四、程朱理学的经典诠释思想 / 553

五、陆王心学的经典诠释思想 / 559

六、经学理学化——中国宋代学术发展的趋势 / 564

第八章　宋元明时期儒、佛、道三教的关系 / 569

一、儒家早期的宗教观 / 570

二、儒学与佛教 / 574

三、儒学与道教 / 580

四、儒、佛、道三教融合 / 584

第九章　宋元明时期的道统思想 / 593

一、道统概论 / 595

二、宋代孙复、石介、张载、二程、朱熹的道统思想 / 608

三、宋元明时期心学一派的道统思想 / 638

四、明清之际道统思想的影响及对道统论的批判 / 665

五、儒家道统思想在中华文化史上的地位 / 675

第十章　宋明理学与哲学　/ 691

一、理学兴起的宋元明时期哲学发展的规律　/ 691

二、理学兴起的宋元明时期哲学发展的特点　/ 699

三、宋元明时期哲学的发展对中国文化的影响　/ 705

附录：宋明理学理欲观评价
　　——"存天理，去人欲"提出的针对性、必然性及其流弊再探　/ 711

参考文献　/ 724

后　　记　/ 740

绪　论

所谓理学，指宋元明（延续到清代）时期哲理化了的新儒学，亦称道学、性理学、义理之学、心性之学等，名称虽异，实质则同。理学是以抽象性、思辨性的哲理来论证儒家纲常伦理的学术文化思潮。它是中国传统文化的基础和主流——儒学的重要组成部分和重要的发展阶段。理学在宋学的基础上产生，是中国经学发展到宋代形成的哲理化的新经学、新儒学。宋代理学亦在宋代义理之学即宋学的范围之内，后体现了宋学发展的主要趋势。

与整个儒学相通，宋明理学具有崇尚仁义，提倡忠恕、中庸，主张仁政，重视教育，重义轻利、尊公轻私的思想特质，以及在新形势下发展起来的存理去欲的价值观特点。

理学的基本内涵有二：一、它是儒学，而不是佛、道等非儒学，不应把它目为禅学等；二、它是在批佛老的基础上，又和合创新，吸取了佛、道等的精致的思辨哲学形式而发展起来的新儒学，即是哲理化了的，宇宙本体论与儒家伦理学相结合的新儒学，而不是以往缺乏思辨哲学色彩、缺乏本体论为依据的单纯伦理型的旧儒学。虽然宋明理学因其内部理论的差异而分为各个不同的流派，但各个流派在具有以上两层含义上却是一致的，因此而同属于宋明理学的范畴之内。

要之，宋明理学是在新形势下以思辨性的哲理来论证儒家伦理的学术文化思潮，它在宋代义理之学即宋学的基础上产生并进一步发展。理学各派不管有多少差异，均以维护义理和"穷理尽性"为学术宗旨和思想特征。理本论一派以"性即理"为主旨，故强调"穷理"；心本论一派以"心即理"为主旨，故讲"尽心"；气本论一派亦讲"穷理尽性"、"立天理"。其最终目的都是为了把以"理"为代表的儒家伦理发扬光大，并将其贯彻到社会生活的各个领域，以维护社会的治理和稳定，为社会的长治久安提供思想理论的根据和保证。

一、理学产生的时代背景和思想渊源

（一）唐宋之际的社会变化

唐宋之际，中国封建社会发生了历史性的深刻变化，主要是由土地占有制度的变革引发了一系列社会制度，以及生产方式、社会阶级关系、价值观念等的变化。

土地占有制度的变革是唐宋之际社会变革的重要标志。北魏至唐中叶计口分配土地的均田制，即土地的主权在封建国家，按贵族官僚的品位授田和计口授田的土地制度，在唐玄宗时期已遭到严重破坏，封建土地国有逐渐转化为封建土地私有。至宋代，土地私有制进一步发展，在土地问题上，赵宋王朝实行"不抑兼并"的政策，使豪民占田不计其数。其时"田制不立"，虽时有"限田"的诏令，但"任事者终因限田不便，未几即废"[①]。由此使得大地主占田无限，兼并成风。宋朝廷允许土地自由买卖，宋代官员用随意购买土地的方式成为大小地主，并扩大土地占有。这使得"贫富无定势，田宅无定主，有钱则买，无钱则卖"。土地自由买卖加速了土地兼并的过程，使封建国家授田制进一步消亡，并意味着土地私有制已牢固确立。[②] 在均田制遭到废弃，土地自由买卖制度形成的情况下，土地国有制大大削弱，由国家控制的官田只占少数，仅是对土地私有制的一种补充。并且，官田也被不断出卖，转化为私人田产。这种官田私田化、不立田制、不抑兼并的政策与土地国有制——均田制下的限制占田兼并、限制买卖口分田的情形形成鲜明的对照，是宋代社会区别于前代的显著特点。

封建土地制度的变化引起了封建社会体制的一系列变化。均田制的废弃，在赋税制度上改变了唐代以均田制为基础的租庸调制，代之以与土地私人占有相联系的两税法。两税法产生于唐德宗建中年间，而被北宋朝廷所沿用，是宋代田赋制度的基础。

在兵役制度上，随着均田制的破坏，与之相适应的府兵制也被募兵制代替。均田制下的府兵制采用征兵的方式，凡接受封建国家授予土地者，都须应征入府服役，即所谓"寓兵于农"。至宋代，形成了广募流民为禁军的制度，使"寓兵于农"转变为兵农分离。

门阀士族阶层经社会变动和唐末农民起义的打击，到宋代已不复存在。宋

[①] 脱脱等：《食货志上一》，《宋史》卷一百七十三，中华书局1977年版，第4163页。
[②] 参见朱瑞熙：《宋代社会研究》，中州书画社1983年版，第56页。

代社会门第族望观念十分淡薄,"家不尚谱牒,身不重乡贯"①,婚姻不问阀阅,非身份性的官僚地主已经成为宋代地主阶级的主体。经科举考试加入地主阶级行列的庶族、平民日益增多,出现官无世守,民无常贱的社会现象,这说明宋代官僚地主的政治经济地位不甚稳定。官僚地主富得快,破落亦快。宋真宗时著名宰相寇准,生前富贵,死后子孙多致穷困。南宋理学家魏了翁,权礼部尚书、端明殿学士,然而出身却贫贱。贫富的相对性,庶族平民与官僚地主的相互转化,使人们的社会经济、政治地位时常变化,并引起了人们思想的活跃和价值观念的多样性。

随着门阀士族和庶族地主势力的消长变化,宋代农民阶级的地位身份也发生了变化。农民人身依附关系松弛,有了比前代较大的自由,这也是宋代社会生产力发展的重要因素。客户——租佃土地的农民成为农民阶级的主要组成部分。宋天圣五年(1027),仁宗下诏:"自今后客户起移,更不取主人凭由。"②取消了客户迁移受地主制约的规定。宋朝廷还规定,租佃土地的佃户,不得随土地买卖。南宋高宗绍兴二十三年(1153)诏令:"民户典卖田地,毋得以佃户姓名,私为关约,随契分付。得业者,亦毋得勒令耕佃。如违,许越诉。"③宁宗开禧元年(1205),校定《皇佑官庄法》亦规定:"凡典卖田宅,听其离业,毋就租以充客户。"④这即是说,典卖田地,不得买卖客户,客户可以"离业",农民可以离开原主替另一个地主干活,而"得业者"不得勒令原来土地上的客户为自己耕田。这在一定程度上反映出了农民对地主阶级的人身依附关系已不像宋以前那样严格。从历史发展的眼光看,以宋以来的道德约束代替宋以前的人身依附,无疑是时代的进步。

在政治体制方面,也发生了新的变化。科举制度始于隋代。隋唐以来,为了废除士族特权的官僚选拔制度——九品中正制,实行了分科取士的科举制度。经宋代统治者的发展完善,确立为选拔官吏的基本制度。由于科举制度的确立与完善,宋朝形成了文官治国的政治体制,体现出与前代武人专权、门阀士族操政迥然不同的政治格局,消除了武人专权和士族操政的局面。宋朝大量庶族平民经科举考试加入官僚行列,参与政权,既形成文官统政的局面,又成

---

① 陈傅良:《答林宗简》,《止斋集》卷三十五,文渊阁四库全书,台湾商务印书馆1986年版(以下文渊阁四库全书,均为该本),第1150册,第777页。
② 刘琳等校点:《农田杂录》,《宋会要辑稿》食货六三之一七七,上海古籍出版社2014年版,第7706页。
③ 李心传:《建炎以来系年要录》卷一百六十四,文渊阁四库全书,第327册,第307页。
④ 脱脱等:《食货志上一》,《宋史》卷一百七十三,第4178页。

功地防止了由武人掌权和地方割据而造成的内乱，保持了社会稳定和内部统一。

农业作为宋代社会的基础，地主土地占有制和租佃制成为当时主要的经济形态。前代依据门阀和等级取得禄位、占有土地的制度已发生变化，转变为主要经由科举考试来任命官员，主要通过自由买卖而获取土地。社会存在决定社会意识，经济关系和政治制度上发生的这些涉及经济基础和上层建筑的变化，使得社会意识形态亦发生相应的变化。统治者需要用新的理论形态来维系社会生活的正常运转，以适应社会发展的客观需要，于是新的义理之学取代过时的章句训诂注疏之学成为时代发展的趋向。

（二）复兴儒学、重整纲常

统一的中央集权的宋王朝的建立，结束了自唐末五代以来长期分裂、动荡不堪的局势。儒家伦理纲常在社会的分裂与动乱中毁于一旦，男女无别、长幼失序、子杀父、臣弑君的现象层出不穷，以致人无廉耻，天下大乱。在当时的历史条件下，儒家伦常的扫地，既削弱了统治阶级的思想统治，同时也削弱了维系社会稳定和民族团结的思想准则。长期的社会动乱，使得劳动人民的生命财产难以得到保障，社会生产力也受到严重破坏。有鉴于此，孙复、石介、欧阳修、李觏、王安石、范祖禹、程颐、朱熹等宋学学者都主张在新形势下复兴儒学，重整纲常，保存道德，遏止私欲，以实现社会的稳定和社会生活的正常运转。这是对前代社会动乱的深刻反思，既代表了统治者的利益和愿望，又与社会历史发展的客观要求和民众的愿望基本适应。宋代社会经济与生产力的大发展、社会生活秩序的重建，证明了这点。在这种复兴儒学、重整纲常的时代氛围中，宋学学者以义理为指导，从事治经，大多以追求道德理性为人生价值取向，而不是通过注疏科考来猎取功名利禄，社会风尚也开始发生了不同于前代的转向。

宋学学者大多继承了唐代韩愈提倡道统，重整儒学的运动。宋初孙复（992—1057）强调君为臣纲、父为子纲。他说："君不君、臣不臣、父不父、子不子，禽兽之道也，人理灭矣。"[①] 认为违背了儒家的这些伦理纲常，则为"禽兽之道"，违反了人之所以为人的道理。还把"去君臣之礼，绝父子之戚，灭夫妇之义"[②] 称为"异端"邪说，只会祸害天下民众，"以之为国则乱矣，以之使人

[①] 孙复：《世子刜聭论》，《孙明复小集》，文渊阁四库全书，第1090册，第178页。
[②] 孙复：《儒辱》，《孙明复小集》，文渊阁四库全书，第1090册，第176页。

贼作矣，儒者不以仁义礼乐为心则已，若以为心，则得不鸣鼓而攻之乎？"①要求以儒家仁义礼乐为心，对违背三纲的行为"鸣鼓而攻之"。孙复的学生石介继承了韩愈的道统论，提倡儒家三纲。他说："夫不以尧、舜、禹、汤、文、武、周公之道事其君者，皆左道也。"②又说："人道非它，君臣也，父子也，夫妇也。……夫妇、父子、君臣灭，则人道灭矣。"③强调儒家的三纲是做人的准则，而不可灭。这是对唐末五代伦常扫地的批判，成为宋学伦理化的体现。

欧阳修（1007—1072）在新修五代史时，把背离三纲五常视为造成社会动乱的主要原因。他说："五代，干戈贼乱之世也，礼乐崩坏，三纲五常之道绝，而先王之制度文章扫地而尽于是矣。"④又说："君君、臣臣、父父、子子之道乖，而宗庙、朝廷、人鬼皆失其序。斯可谓乱世者欤，自古未之有也。"⑤认为君臣父子之道的缺失，导致了干戈贼乱频生，"宗庙、朝廷、人鬼皆失其序"，此乱世自古未有。欧阳修并对以冯道为代表的五代鲜廉寡耻的士风提出批判，指出：

> 礼义，治人之大法；廉耻，立人之大节。盖不廉则无所不取，不耻则无所不为，人而如此，则祸乱败亡亦无所不至。况为大臣而无所不取、无所不为，则天下其有不乱，国家其有不亡者乎？予读冯道《长乐老叙》，见其自述以为荣，其可谓无廉耻者矣，则天下国家可从而知也。⑥

冯道（882—954），自号长乐老。后唐、后晋时历任宰相；契丹灭后晋，又附契丹任太傅；后汉时，任太师；后周时，又任太师、中书令。曾作《长乐老自叙》，历述自己事四朝，相六帝，多朝为官的经历。后世因其历事四朝，多有非议。欧阳修认为，冯道改换门庭，历事多朝，不以为耻，反以为荣，真可谓无廉耻者，身为大臣而无廉耻，天下国家岂有不乱不亡之理。《旧五代史》也引史臣之言指责冯道："事四朝，相六帝，可得为忠乎？夫一女二夫，人之不幸，况于再三者哉？所以饰终之典不得谥为文贞、文忠者，盖谓此也。"⑦可见以冯道为代表的鲜廉寡耻的士风遭到了宋人的唾弃。

---

① 孙复：《儒辱》，《孙明复小集》，文渊阁四库全书，第1090册，第176页。
② 石介：《明四诛》，《徂徕石先生文集》卷六，陈植锷点校，中华书局1984年版，第71页。
③ 石介：《明隐》，《徂徕石先生文集》卷九，第96页。
④ 欧阳修：《晋家人传》，《新五代史》卷十七，文渊阁四库全书，第279册，第108页。
⑤ 欧阳修：《唐家人传》，《新五代史》卷十六，文渊阁四库全书，第279册，第101页。
⑥ 欧阳修：《杂传》，《新五代史》卷五十四，文渊阁四库全书，第279册，第350页。
⑦ 薛居正等：《周书》，《旧五代史》卷一百二十六，文渊阁四库全书，第278册，第402—403页。

范祖禹（1041—1098）把复兴儒学，重整纲常，提倡道德，遏止私欲具体落实在规劝哲宗皇帝的失礼行为上。这是对前代统治者忽视儒家伦理而带来不良社会影响和后果的反思。范祖禹对君主不合于道的行为，大胆提出尖锐的批评，甚至因此而获罪。哲宗皇帝十岁即位，对于人事道理及朝事多有不懂，但于性事却早熟，13岁就已近女色，并有使之怀孕将诞育之言。对此，范祖禹本着导天子以正道的精神，上《乞进德爱身疏》，对哲宗提出严厉批评劝诫。他说："惟陛下抑情制欲，以爱养圣体为先，则动植之类无不蒙福，生灵幸甚！臣不胜拳拳爱君之心，干冒宸严，臣无任惶惧，俟罪之至。"[1] 批评哲宗皇帝"好色伐性，伤于太早，有损圣德，不益龙体"[2]，要求哲宗"抑情制欲"，好德而不好色。劝诫皇帝以道德为归，以仁义为美，而不受声色的引诱。并强调这不仅涉及哲宗皇帝一身的损益，而且关系到天下国家的治乱，事关重大，不可不慎重。从这里可以看出，宋学学者范祖禹提出的"抑情制欲"的主张，其主要出发点是针对封建帝王，是为了正君心而为。这与理学家提出"存天理，去人欲"的思想有类似之处，其针对性主要是帝王和上层统治者，而不是下层百姓。至于后世封建统治者将其运用于针对下层民众，成为套在人民头上的礼教枷锁，那已是歪曲了思想家提出这一思想的本旨。

不仅如此，范祖禹还对唐太宗李世民有违儒家伦理纲常的失道行为提出一定的批评，反映了宋学学者在新形势下对伦理纲常的重建。范祖禹从司马光修《资治通鉴》，著《唐鉴》，"折以义理，辑成一书"[3]，以义理为指导，评判唐代史事。在《唐鉴》一书的最后，范祖禹总结唐朝皇室宗亲纲常不正的教训说：

> 昔三代之君莫不修身齐家以正天下，而唐之人主起兵而诛其亲者，谓之"定内难"；逼父而夺其位者，谓之"受内禅"，此其闺门无法不足以正天下，乱之大者也。其治安之久者，不过数十年，或变生于内，或乱作于外，未有内外无患承平百年者也。……夫惟取鉴于唐，取法于祖宗，则永世保民之道也。[4]

强调三代君王都是通过修身齐家以正天下，而唐代李世民作为藩王却起兵

---

[1] 范祖禹：《乞进德爱身疏》，《范太史集》卷十八，文渊阁四库全书，第1100册，第239页。
[2] 范祖禹：《乞进德爱身疏》，《范太史集》卷十八，文渊阁四库全书，第1100册，第239页。
[3] 范祖禹：《进唐鉴表》，《范太史集》卷十三，文渊阁四库全书，第1100册，第198页。
[4] 范祖禹：《昭宗》，《唐鉴》卷二十四，文渊阁四库全书，第685册，第636—637页。

发动玄武门政变，诛杀其兄太子建成、其弟齐王元吉，夺长嫡之位，名曰"定内难"；又迫使父皇李渊退位，由自己取而代之，名曰"受内禅"。在范祖禹看来，李世民的行为违背了儒家伦理纲常的原则，是"闺门无法不足以正天下，乱之大者"，从唐朝开国之初就种下了唐朝的乱源。正因为唐朝皇室宗亲无法度，纲常不正，不足以正天下，所以有唐一代不能长治久安。即使有贞观之治等治世，但时间都不长，也不过数十年，其余时间里，要么发生内变，要么出现外乱，尚没有内外无患承平百年者。最后唐王朝皇室争权夺位，引起藩镇割据，导致天下大乱而亡国。所以范祖禹以唐为鉴，而取法于三代，认为这才是"永世保民之道"。范祖禹等宋学学者之所以重在道德义理的评判，以儒家纲常伦理作为判断是非的标准，这不是偶然的，而是具有深刻的社会根源和一定的历史必然性。因为在中国封建社会的历史条件下，儒家伦理纲常原则最大程度符合了中国古代封建社会以血缘关系为纽带的宗法制社会发展的客观需要，是维系国家统一、民族团结、社会稳定、社会生活秩序正常运转的必要保证。违背了此原则，天下国家将大乱，社会生产力会遭到严重破坏，人民的生命财产安全也难以保障。这是被历史反复证明了的客观事实。

与此相关，程颐亦指出："太宗佐父平天下，论其功不过做得一功臣，岂可夺元良之位？太子之与功臣，自不相干，唐之纪纲，自太宗乱之。终唐之世无三纲者，自太宗始也。"[1] 并批评"唐有天下，如贞观、开元间，虽号治平，然亦有夷狄之风，三纲不正，无父子君臣夫妇，其原始于太宗也。故其后世子弟，皆不可使。玄宗才使肃宗，便篡。肃宗才使永王璘，便反。君不君，臣不臣，故藩镇不宾，权臣跋扈，陵夷有五代之乱"[2]。唐太宗开启了闺门无法，三纲不正，使得唐王朝后世统治者争权夺位，朝纲不正，君臣错位，以致藩镇不宾，权臣跋扈，导致亡国，带来了五代之乱。

朱熹亦斥责"唐太宗分明是杀兄劫父代位"[3]。"唐太宗以晋阳宫人侍高祖，是致其父于必死之地，便无君臣、父子、夫妇之义。"[4] 批评李世民杀兄劫父代位的篡逆行为，而无君臣、父子、夫妇之义。并指出："唐源流出于夷狄，故闺门失礼之事，不以为异。"[5] 认为李唐源出于夷狄，故对于皇室宗亲的失礼之事，

---

[1] 程颢、程颐：《河南程氏遗书》卷十八，《二程集》，王孝鱼点校，中华书局1981年版，第236页。
[2] 程颢、程颐：《河南程氏遗书》卷十八，《二程集》，第236页。
[3] 黎靖德编：《朱子语类》卷一百三十七，王星贤点校，中华书局1986年版，第3259页。
[4] 黎靖德编：《朱子语类》卷一百三十六，第3245页。
[5] 黎靖德编：《朱子语类》卷一百三十六，第3245页。

不以为异，有着与中原儒家文化不同的价值取向。对此，程朱以义理为标准提出批评，总结历史教训，明于天理、人欲之分，其理论针对的正是唐统治者的"闺门无法不足以正天下"。体现了在新形势下，宋学学者复兴儒学，重整纲常，纠正前代纲常失序、人无廉耻的价值取向。目的是为了维护社会等级秩序，以维持社会生活的正常运转。同时也说明，在当时的历史条件下，三纲失序将导致天下动乱，不仅动摇封建统治的政治基础，而且也使社会的稳定难以维系，生产力的发展、人民的生命财产也得不到保障。所以，褒扬唐朝政治文化的所谓宽容性，认为唐朝在君臣、父子、夫妇之间是相当宽容的，这并没有什么实际意义和价值，也不能带来社会的长治久安和稳定发展。脱离了社会发展的客观历史阶段而谈论政治文化的宽容与否，是很难得出客观、正确的结论的。

理学的产生有其多方面的背景和原因，自唐中叶以来思想领域出现的疑经思潮和怀疑创新精神，唐宋之际的社会变化，中央集权制强化，民族矛盾尖锐，宋代经济、自然科学的大发展，文教事业的兴盛与变法改革运动的展开，复兴儒学、重整纲常之风盛行等成为理学之所以兴起并发展蔚为大观的时代背景。在这样的时代背景下，中国经学发展史上的宋学得以产生，为研治新的儒学提供了门径，同时也形成了不同于以往的治学道路和学风。由于理学是宋学的重要内涵，代表了宋学发展的趋势，所以在一定意义上，宋学产生的背景亦是理学思潮之所以兴起和发展的时代背景。

（三）思想渊源

一般说来，理学兴起的思想渊源大致包括：先秦孔孟儒学、儒学道统思想、唐中叶以来重视"四书"的思想、宋学义理思想、唐以来三教互补思想。与此相关，理学兴起的理论针对性主要是汉唐训诂注疏之学使儒家经学发展停滞，以及佛、道二教盛行对儒学的冲击。

1. 先秦孔孟儒学

之所以把先秦孔孟儒学作为理学兴起的思想渊源之一，是因为理学作为宋代新儒学，它就是对先秦孔孟儒学的继承、创新和在新历史条件下的发展，而不是对原始儒学的"异化"。可以说，先秦孔孟儒学是理学家最看重的思想源头，他们普遍认为自己的思想就是从孔孟儒家思想那里继承下来的。孔孟儒学以仁义思想为核心，孔孟儒家的仁义之道与老庄道家的自然之道形成对照，分别代表了中国文化的两大家。理学作为宋代新儒学，亦是以仁义思想为核心，以复兴儒家圣人之道为己任，这是理学家的共识，也是思想史上的一个客观事实。除个别人物对孟子有所保留外，理学中的各派，无论是程朱陆王，还是张载气学一派，绝大多数理学家均对孟子及孟子学说表示足够的尊重和认同。即使有的理学人物对孟子有所批评，但也不是完全否定。

理学家吸取先秦的思想资料，提升孟子与《孟子》书的地位，把《孟子》由子入经，作为最重要的儒家经典，将其与《论语》、《大学》、《中庸》并列为"四书"，以之阐发义理和天理。包括《孟子》在内的"四书"的地位在"六经"之上，以"四书"义理之学取代汉唐"六经"训诂之学，而成为经学发展的主体。并改变以往的"周孔"相称，而代之以"孔孟"相称，认为儒家圣人之道就是孔孟之道，这是理学家的共识。不仅程朱一派理学家对孔孟极为重视，而且陆王心学家亦对孟子称颂有加，说自己的学说是承《孟子》而自得之，以之阐发心学思想。正因为理学诸派均对孔孟思想极为重视，将其视为自己的主要思想来源，所以不应把理学视为先秦孔孟儒学的"异化"或背离。当然理学家对孔孟思想也不是完全照搬照抄，而是结合新时代思想和社会发展的客观实际，加以创造性的发展，尤其把儒家伦理学与哲学本体论结合起来，将儒家伦理哲理化，这是原始儒家思想所欠缺的。以此来抗衡佛老精致的思辨哲学对儒家文化的冲击，以维护儒家思想在社会意识形态领域的指导地位。但理学不论怎么发展和创新，如何哲理化、思辨化，也不离孔子开创儒学时所提倡的仁义思想和人文关怀，并以其作为自己理论的核心价值。这是判断理学为新儒学，而不是非儒学的基本点，否则儒学如何得以复兴？孔孟思想何以得到传承？如果把理学视为先秦儒学的"异化"或背离，而不是继承发展，那么先秦儒学在佛老思想的冲击下，已渐次丧失了其在思想界的地盘和在社会意识形态领域的影响和地位，而不会在宋代得以复兴，也不会在后世重新得到广泛的认同，经理学家的传承亦不会在东亚产生重要影响。

2. 儒学道统思想

道统思想是儒学的基本理论之一，在儒家思想中占有十分重要的地位。儒家道统思想可溯源于尧、舜、文王、周公等。文王仁政和周公之礼是后世儒家所追溯的道统之源，被视为对尧舜王道之治的继承。道统思想的直接思想源头是孔孟仁义之道。《大学》、《中庸》、《易传》中的有关论述被认为是对孔子之道的丰富。而道统思想的正式提出是在唐代，儒家道统思想之所以提出的理论针对性，即是隋唐佛教思想的盛行动摇了儒家思想的正统地位。

隋唐时期，佛教宗派传道，有所谓历代相传、灯灯不灭的法统，或祖师相传的祖统。为了与佛教相抗衡，韩愈（768—824）便以道统说反对法统说或祖统说，把发端于先秦儒家的道统之说弘扬开来。这为后来的宋明理学家所继承和发展。

虽然道统思想的成分和源头在孔孟、先秦及汉代儒家思想体系里已经具有，但未成系统，没有明确提出，其理论针对性也不明显。至唐代儒学发展停滞，佛老冲击儒学，动摇了其在思想文化领域的主导地位，而旧儒学墨守师说，严守家法，"疏不破注"，拘于训诂，限于名物与词赋，已经僵化，不能与佛教精致的思辨哲学相抗衡。韩愈等唐代儒家学者及后来宋初孙复、石介等儒家学者力转此风，面对佛老思想的挑战和儒家伦理扫地而造成的人无廉耻、纲常失序及社会动荡的局面，以弘扬儒家圣人之道为己任，对抗佛教宗派传道的法统，明确提出了儒家圣人之道传授的系统，并详尽论述道统之道的内涵。韩愈著《原道》，标志着道统论的正式提出。这在儒学道统思想发展史上具有重要的学术价值和时代意义。道统论的提出，具有深厚的思想基础和历史渊源，并非所谓韩愈等人为的编造。早在先秦时期，儒家代表人物就十分重视仁义之道的弘扬与传衍，历叙圣人相传共守之道。经秦火之后，汉儒仍重视仁义之道的传授和确立，董仲舒、扬雄莫不如此。至隋代王通，以及唐代的柳冕等，均重视儒家圣人之道的传授，认为儒家圣人之道与佛老思想此消则彼长，形成对立。柳冕积极提倡文章本于教化，视尧、舜、周、孔为文学的正统，下传孟、荀、董仲舒，建立以道统为主的文学观。柳冕的思想为韩愈所继承，韩愈强调为文志在古道，指出："读书著文，歌颂尧舜之道。"[①] 把文作为载道的工具，文章为传道而作。虽然韩愈没有说过"文以载道"四个字，但"文以载道"却是他的思想所指，他说："盖学所以为道，文所以为理耳。"[②] 后来周敦颐明确提出"文所以载道"[③] 的文字，便是对韩愈思想的继承。以上可见，韩愈道统论的提出，经历了一个长期的思想酝酿的历史过程，并非一朝一夕主观的臆说，或人为的编造。

3. 唐中叶以来重视"四书"的思想

在宋明理学的思想体系中，"四书"重于"六经"，"四书"学的地位在"六经"学之上，这在理学思潮的主流派程朱理学的思想里更是如此。其思想渊源即是唐中叶以来重视"四书"的思想。

将《大学》《中庸》《论语》《孟子》四书合并为"四书"系统，这是宋代经学尤其程朱学区别于汉唐经学的"六经"系统的一个显著特点。"四书"除《孟

---

① 韩愈：《上宰相书》，《五百家注昌黎文集》卷十六，文渊阁四库全书，第1074册，第291—292页。
② 韩愈：《送陈彤秀才书》，《五百家注昌黎文集》卷二十，文渊阁四库全书，第1074册，第347页。
③ 周敦颐：《通书·文辞第二十八》，《周敦颐全书》卷三，周文英主编，江西教育出版社1993年版，第152页。

子》外，其余三书原均属儒家经典的范畴：《论语》是汉代"七经"之一；《大学》《中庸》是《礼记》中的两篇。《论语》因是记圣人之言，其重要性毋庸置疑。《孟子》从唐中期起，开始得到人们的重视。同时，《大学》和《中庸》二书也开始受到重视。韩愈倡儒家"道统"论，推本《大学》，尊崇《孟子》，阐扬《大学》修身齐家治国平天下的思想，以对抗佛教只讲个人治心、不讲社会治理，泯灭伦常的宗教思想体系。朱熹对韩愈推本《大学》，援之以证己说表示赞赏。韩愈弟子李翱推崇《中庸》，以之阐发心性思想。李翱在其《复性书》中，还多次征引《孟子》《大学》等。可以说韩李等开重视"四书"之先河。

"四书"系统的形成与唐中期以来的《孟子》升格、由子入经分不开。除韩愈、李翱重视《孟子》外，唐代皮日休（约834—约883）亦尊孟，重《孟子》书。他上书朝廷请定《孟子》为学科书，旨在提高《孟子》一书的地位，成为唐中期以来的《孟子》升格运动的一部分。

"宋初三先生"中的孙复、石介继韩愈、皮日休之后，尊崇孟子。孙复说："孔子既没，千古之下，攘邪怪之说，夷奇险之行，夹辅我圣人之道者多矣，而孟子为之首，故其功巨。"[①] 石介亦宣称："孔子既没，微言遂绝，杨、墨之徒，榛塞正路，孟子正人心，息邪说，距诐行，放淫辞，以辟杨、墨。说齐宣、梁惠王七国之君，以行仁义。"[②] 与孙、石的尊孟，提倡"道统"相应，欧阳修亦强调："所谓道者，乃圣人之道也。……孔子之后，惟孟轲最知道。"[③] 在孙复、石介、欧阳修等人的尊崇表彰下，孟子的地位进一步提高。这在当时刻的"北宋石经"得到反映。宋仁宗嘉祐六年（1061），刻成"北宋石经"，包括《易》《诗》《书》《周礼》《礼记》《春秋左氏传》《孝经》《论语》《孟子》等"九经"。《孟子》得列于宋代儒家经典之中。

王安石对科举制度的改革，亦提高了《孟子》的地位。其规定为："今定贡举新制：进士罢诗赋、帖经、墨义，各占治《诗》、《书》、《易》、《周礼》、《礼记》一经，兼以《论语》、《孟子》。"[④] 把《孟子》与《论语》并列，成为科举考试的科目之一，这使得唐代皮日休当年的主张得以实现。《孟子》得列科考取士的科目之中，这对《孟子》一书经典地位的确立，意义重大。

唐中叶以来对"四书"的重视，成为理学的重要思想渊源。理学家在此基

---

① 孙复：《兖州邹县建孟庙记》，《孙明复小集》，文渊阁四库全书，第1090册，第174页。
② 石介：《与士建中秀才书》，《徂徕石先生文集》卷十四，第162—163页。
③ 欧阳修：《与张秀才第二书》，《文忠集》卷六十六，文渊阁四库全书，第1102册，第525—526页。
④ 李焘：《续资治通鉴长编》卷二百二十，熙宁四年二月丁巳，中华书局1986年版，第5334页。

础上，以理学思想解读"四书"，逐步形成了"四书"学。"四书"学的形成不仅与《孟子》升格、由子入经分不开，而且与《大学》《中庸》从《礼记》中独立出来有密切联系。

二程推崇"四书"，以"四书"义理之学取代"六经"训诂之学作为经学的主体，这在经学史上具有重大意义。通过"四书"阐发新儒学的义理，这对朱熹产生了重要影响。程颢、程颐为建立理学思想体系的需要，以"四书"为对象，从中阐发义理，倡"四书"义理之学，认为"四书"的重要性在"六经"之上。以"四书"作为整个儒家经典的基础，指出"四书"体现了圣人作经之意，圣人之道载于"四书"。要求学者以研习这四部书为主、为先，以发明圣人之道。除《论语》《孟子》外，《大学》《中庸》也是二程优先关注的，认为《大学》是"入德之门"，《中庸》是"孔门传授心法"。显然"四书"的地位在"六经"之上，从而逐步确立起"四书"及"四书"义理之学在中国经学史上的主导地位。

经二程的提倡和表彰，使"四书"并行，"四书"学得以正式确立起来。这成为理学思想体系的重要内涵。朱熹在二程"四书"学的基础上，进一步加以发展，在中国经学史上首创"四书"之名，把"四书"结集，合为四部最重要的儒家经典，其地位在"六经"之上。并以毕生精力注解"四书"，著《四书章句集注》，集"四书"学之大成，标志着理学思想体系的完善，在经学史和理学史上均占有主要地位。

4. 宋学义理思想

理学是宋学的一部分，而宋学的产生早于理学，宋学义理思想是理学的重要思想渊源。

经学史上的宋学区别于汉学的显著特点就是重视义理。所谓义理之学，是指与章句训诂注疏之学相对应的讲求儒家经义、探究其道理的学问。宋儒治经，着重探究义理，而与汉唐儒者专事训诂名物、传注疏释的治经路数不同，重在阐发儒家经典中的大义和道理。以义理之学取代章句训诂注疏之学，这是唐宋之际中国经学发展的趋势。然而在学风转向之初，在经学领域仍谨守汉唐注疏之学，义理之学尚未形成风气。对此，皮锡瑞指出："经学自唐以至宋初，已陵夷衰微矣。然笃守古义，无取新奇；各承师传，不凭胸臆，犹汉唐注疏之遗也。"[①] 后经庆历以来宋学学者起而批判汉唐注疏之学，阐发新儒学的义理，使学

[①] 皮锡瑞：《经学变古时代》，《经学历史》八，周予同注释，中华书局2004年版，第156页。

风发生了根本转变，其影响所及，晚辈学子亦不受传统注疏之学的束缚，而敢于直抒胸臆，探索经书之精义，而将循守注疏者称之为腐儒，对谨守汉唐注疏之学者提出批评，以己意说经替代了墨守唐孔颖达之《正义》。由此可见宋代义理之学的崛起使学风发生了根本性改变。理学家便是以此义理之学作为思想渊源，并将其哲理化，而进一步发展为理学。

5. 唐以来三教互补思想

由唐至宋，儒、佛、道三家既排斥，又融合，逐渐出现由三教鼎立到三教融合互补的趋势，这为理学的产生准备了条件。在中国哲学发展史上，儒、佛、道三教相互辩难，又相互融合，这充分体现了中国文化多元互补的特色和格局。儒、佛、道三教作为中国传统文化的三大构成，各以其不同的文化特征影响着中国文化及哲学；三者又相互融合，共同作用于中国文化与哲学的发展。

从思想理论的特点来分析，三教各有其长短。儒学长于社会治理，以伦理纲常教化民众，维护社会的稳定和民族团结；其短处是缺乏思辨哲学来影响人、打动人。佛学长于治心，以心性哲学和思辨哲理来论证其教旨教义，发挥宗教消除内心紧张、求得心灵安宁的社会功能；其短处是不讲社会治理，其出世主义的宗教信仰与中国宗法等级社会及其社会制度形成矛盾，因此与适应宗法社会伦理关系的儒家思想尖锐对立。道教长于养生，通过修炼，得道成仙，与自然合一，因而宣扬道为宇宙之本、万物之源；其短处是既在思辨哲理上不及佛学，又在治世上不及儒学，故其迎合、吸取儒、佛处较多。正因为三教各有长短，单用一家之说，均有弊病，故三教融合、互为补充，成为社会与文化发展的客观需要。这即是三教融合的思想根源。

早期三教的相互关系，以对立冲突为主，到后来则在各自保持和认同自家思想特点的基础上，相互吸取，互为补充。儒、佛、道三家思想的融合互补，在隋唐以前已有发端。隋代王通明确提出了以儒为本，三教可一的思想，他说："三教于是乎可一矣。"① 由唐至宋，李翱、柳宗元、三苏父子均主张融合三教。如果说，儒家学者主张的三教融合，是站在儒家文化的立场，以儒为本，来援佛、道入儒的话，那么，佛、道学者主张的三教融合，则是站在自家立场上，援儒以入佛或道。北宋高僧契嵩主张融合儒学与佛教，以佛教的"五戒"来会通儒学之"五常"，认为佛儒同样有益于治道，并著《原教论》，以反驳排佛者。宋初道士张伯端通三教典籍，著《悟真篇》，反复宣扬道、佛、儒"三教一理"

---

① 王通：《问易篇》，《中说》卷五，文渊阁四库全书，第 696 册，第 549 页。

的思想。

唐宋以来，三教融合互补成为趋势。其中的一个表现就是三家使用的范畴、概念大致相同。如心、性、理、气、道、阴阳、太极、无极等几乎被共同使用。在对一系列范畴及范畴之间相互关系的解释上，表现出三教互相影响、互相融合的倾向。如不少范畴早在先秦儒家经典里已提出，后被佛、道所吸取并加以发挥，赋予它们以哲学思辨的意味。至宋代又重被新儒家理学人物所接受，用以丰富自己的理学思想体系，为建构思辨哲学服务。从而在新的历史条件下，以三教融合互补的形式发展了中国古代的思辨哲学。但三教的融合，不是三者简单相加，混杂而处，而是以儒家的伦理学说为本位和中国文化的基本构成，吸取佛教的思辨哲学及道教的道本论、道法自然的思想，三者有机地结合，从而形成新儒学即理学思想体系。可以说，以儒家伦理为本位，吸取了佛道二教思想的宋代理学的创立，即是三教合一思潮的形成和完善。这使中国哲学发展到一个新的阶段。

（四）理学兴起的理论针对性

与理学兴起的思想渊源相关，理学兴起的理论针对性主要是汉唐训诂注疏之学使儒家经学发展停滞，以及佛、道二教盛行对儒学的冲击。

宋代理学产生的理论针对性主要有两个：一是佛、道宗教思想的盛行动摇了儒家文化的主导地位；二是旧儒学拘于训诂，牵于名物，提倡注不驳经、疏不破注的注疏之学，而不重视对经书义理的探讨，导致儒学发展停滞。正因为如此，儒学难以抗衡佛、道宗教思想对儒家人文的冲击。所以理学产生的理论针对性的两个方面又是相互联系的。面对儒学发展停滞，宗教冲击人文的危机，新儒学者通过既批佛、道，又吸取佛、道精致的思辨哲学；改造旧儒学，疑经批汉学，把儒学义理化、哲学化，从而发展了儒学和中国传统哲学。

1. 汉唐注疏之学

汉唐注疏之学使儒家经学发展停滞，这是宋代理学产生的理论针对性之一。自汉武帝采纳董仲舒的建议，"罢黜百家，独尊儒术"，立五经博士，经学遂大盛，成为中国封建时代文化的正统。然而经学流传演变至唐代，仍沿袭汉代经学以来的章句训诂注疏之学和笃守师说之家法，已经僵化，束缚了人们的思想和创造力，显然不能与盛行于唐代的佛教之精致的思辨哲学相抗衡。旧儒学已陷入困境，不能保持其在社会意识形态领域的主导地位，其对儒家经典的诠释，以训诂注疏为主，而缺乏时代性，已落后于社会和思想发展的客观要求。

宋以前的中国诠释思想，道家、玄学和佛教各自对己派经典的诠释有本体诠释的思想，其中道、玄提出道本论的思想，佛家提出心、性本体论和理本论的思想，然而自汉以来居中国社会思想文化主导地位的儒家在宋代前却少有提出系统的本体论思想，儒家经学对具有至高无上地位的儒家经典的诠释，停留在以训诂考释为主的阶段，儒家政治伦理学说缺乏本体论的哲学依据，难以与建立在本体论哲学基础上，并以之为依据的道、玄、佛思想相抗衡，以至动摇了儒家文化的主导地位。

儒家经学发展到宋代，发生了历史性的变革，由以对经典的训诂注释为主，发展到以阐发其义理为主，产生了宋代义理之学，即宋学，后延续到元明。重义理轻训诂的宋学取代重训诂注释而轻义理的汉学，这体现了宋学的一般特征。理学在宋学重义理、轻训诂的基础上，进一步疑经，批汉学，同时把义理哲理化，既超越了汉学，又发展了宋学。这是对汉唐章句训诂注疏之学流弊的修正和改造。

2. 佛、道二宗教

佛、道二教盛行对儒学的挑战和冲击，亦是宋代理学产生的理论针对性。唐代宗教思想的盛行从一个侧面反映了旧儒学思辨哲学的缺乏，因而它动摇了儒家思想文化的正统地位，带来了社会危机和理论危机，造成社会生产力的破坏和统治阶级思想的涣散以及民间思想失向。面临佛老的冲击和挑战，宋初思想家在排佛老的过程中，批判了佛、道有悖于儒家伦理纲常的思想，企图重振儒学，以抗衡佛、道二教。但旧儒学限于训诂注疏，历来抽象思辨能力不强，使得儒家伦理学缺乏哲学本体论的依据，在与佛、道宗教思想的竞争中不占上风。面对宗教冲击人文而带来的社会危机和儒学不敌佛、道的理论危机等重大问题，宋代理学家在批佛老的基础上，以儒家伦理政治学说为本位和学术思想体系的基本构成，又借鉴吸取了佛教心性论、理事说等思辨哲学形式，以及道家、道教以道为宇宙本体、道生万物、道法自然的思想，将宇宙本体论、思辨哲学形式与儒家伦理学、政治治理原则有机地结合起来，并加以时代的改造和创新，从而回应佛、道对儒学的冲击和挑战，创造性地构建具有思辨哲学色彩的新儒学的思想理论体系。

由此可见，宋代新儒学者面对外来佛教文化的输入和挑战，以及本土道教文化的相争，在唐以来儒、佛、道三教融合互补的背景下，既批佛老，以救社会时弊，又注意借鉴佛、道的思想资料，有效地吸取了佛教、道教文化的优长和思维成果，以发展儒家的思辨哲学，排除佛、道二教与中国古代社会及其社会制度不合的宗教教旨教义；着眼于从哲学的高度来探讨宇宙的本原和社会的治理等重大问题，他们以儒家伦理为本位，改造汉唐旧儒学，吸取佛、道精致的思辨哲学和人生修养论、辩证思维成果，逐步建立起新儒学的思想理论体系，以图既抗衡佛、道的挑战与冲击，又把儒家伦理发扬光大，为实现社会的治理与稳定服务，完成了自宋初以来，思想家们致力于建立一种直接把哲学本体论与儒家伦理学统一起来的哲学体系的尝试。这样，既发展创新了儒学思想体系，又使作为治国之本的儒家伦理有了本体论的哲学依据，从而使理性的、思辨的、伦理的儒家世俗文化逐步取代佛、道宗教文化，改变了唐代佛老盛行，宗教冲击人文的局面，把佛教这种外来宗教文化吸收改造为中国文化的一部分，并使道教由出世主义向世俗化逐渐转化，为宋以后新儒学一统天下奠定了基础。于是理学作为一种新的社会学术文化思潮便应运而生，这体现了中国传统文化的开放性和多元互补的特征，亦是在新形势下对中国文化的创造性发展。

质言之，汉唐注疏之学使儒家经学发展停滞，佛老的冲击动摇了儒家文化的主导地位。宗教冲击人文，统治者和民间思想失向，人无廉耻，造成社会动荡，带来重大社会问题，导致社会危机和理论危机。理学的产生就是为了解决诸如此类迫在眉睫的重大社会问题，以实现社会的治理与稳定，而提倡伦理纲常，重整儒学，把儒家政治、伦理学说统一于天理，将哲学本体论与儒家伦理政治学说结合起来。这即是理学产生的理论针对性及解决之道。为此把经典与解释相结合，把文本与问题相结合，形成了与汉唐经学不同的解经原则和诠释理论，体现出经学发展的时代特征。

二、宋明理学的发展阶段（流派及其代表人物）

（一）宋明理学的发展阶段

宋明理学的发展演变主要分北宋理学的初兴与创立时期，南宋理学的大繁荣、大发展时期，元代理学的传播及由朱学向心学的演变时期，明代心学的盛行及气学的流传时期等几个既相联系又相区别的一以贯之的发展阶段。

1. 北宋：理学的初兴与创立

这一时期理学从宋学中脱颖而出，其中周敦颐、邵雍为理学初兴时期的代表人物，而张载，尤其是程颢、程颐为理学创立阶段的代表人物。

（1）理学的初兴阶段，以邵雍、周敦颐为代表

邵雍是宋易象数学派的创立人，建立了"先天象数学"，亦称"先天学"，

即以《周易》思想为基础，推衍、探究宇宙万物的生成及发展过程，讲求心法的象数哲学体系。

周敦颐思想的特点是以儒为主，儒、道相兼，同时也吸取佛教的思想。他承继《易传》和《中庸》的学说，把《易传》的阴阳、仁与《中庸》的诚、中和之道结合起来，由此作《太极图说》和《易通》（即《通书》）。

（2）理学的创立阶段，以张载，尤其是程颢、程颐为代表

张载作为宋代理学创始人之一，在哲学上取得了较为突出的成就。他不仅提出了气本论哲学，而且在认识论、心性论、辩证法等诸多方面以思辨性的哲理来论证儒家伦理，批评佛、道宗教思想，弘扬儒家圣人之道，为往圣继绝学。并对后世理学，包括程朱理学，罗钦顺、王廷相的气学以及湛若水、刘宗周等的心气二元论哲学产生了重要影响。张载的影响虽不如程颢、程颐大，但亦是理学思潮中创学派的著名人物。

程颢、程颐是理学创立阶段的主要代表人物，二程创立的天理论哲学代表了宋代理学发展的主要趋势，在理学史上占有突出地位。

宋代理学思潮的兴起代表了宋代学术发展的潮流，亦是宋学发展的趋势。宋代理学以理名学，理是理学的核心和最高范畴。二程创天理论哲学，把哲学本体论与儒家伦理学直接统一于天理，在理学各派中，最能体现理学的本质和基本特征，这在宋明理学及中国哲学发展史上，具有划时代的重要意义。程颢、程颐以理为核心，创立天理论哲学体系，从而开辟了宋学发展的新路，对历史产生了深远影响。

2. 南宋：理学的大繁荣、大发展

南宋理学在北宋理学的基础上，有了大的繁荣和发展。这主要表现在，自南宋初二程弟子杨时、二程再传弟子胡宏等传濂洛一派学说以来，理学有了新的发展，到南宋中期，理学派别林立，书院遍地建置，学校各处设立，讲学大盛，著述成风，理学蔚然成为一代学术思潮。胡宏为理学湖湘学派的创立人，朱熹、张栻、吕祖谦号称"东南三贤"，均是二程传人，分别代表了理学思潮中的闽学、湖湘学和婺学。理学中的另一流派，陆九渊心学也鼎立其中。陆氏自称因读《孟子》而自得之，但不可否认他受到了二程理学尤其是程颢思想的一定影响。到南宋中后期，私淑朱熹、张栻之学者魏了翁不依门傍户，不盲从旧权威，而是勇于创新，在吸取诸家学术之长的基础上，积极表彰理学，确立其在社会意识形态领域的正统地位，经魏了翁等人的宣传表彰，理学终于在南宋末由民间传授逐步成为官方哲学。

（1）胡宏是南宋初"开湖湘之学统"的人物

胡宏师事二程门人杨时及侯仲良，是二程的再传弟子。其父胡安国为宋代著名经学家，著有《春秋传》30卷，后被定为科举考试的教科书。胡宏开创湖湘学派。其哲学以性、道为最高范畴。胡宏提出性本论哲学，这是他理学思想的独特之处。胡宏主张性体心用，提出先察识后涵养的观点，这不仅是湖湘学派特点的体现，而且影响到张栻和朱熹，由此展开的学术辩难和论争，促进了理学在南宋的发展。

（2）张栻继承并发展了胡宏的思想

张栻不仅提倡性本论哲学，而且融合心学与理学，重躬行践履，集众家之长，通过与朱熹辩论，影响了朱熹，促进了理学在南宋孝宗朝乾道、淳熙年间的大发展。张栻以思辨性的哲理论证了理学的一系列学术理论问题，为促进宋代理学的发展做出了重要贡献。朱熹作为宋代理学的集大成者，其成就及其在思想史上的地位，实与张栻有密切关系。张、朱两人在密切交往的十几年中，对《中庸》的中和之义、理学心性论、仁说，以及儒家经学等重大学术问题展开了深入的讨论和研究。在往返论辩和诘难释疑中，两人互相启发，彼此刺激，各自在考虑对方观点的基础上，修正并完善了自己的观点，从而共同发展了二程的学说。对此，朱熹本人给予很高的评价。

（3）吕祖谦是理学中婺学的代表人物

吕祖谦在提倡义理、维护天理，批评汉学，抵制"异端"等方面，具有理学的价值观和思想倾向，并通过治经学和提倡理学体现出来。其学术特点主要表现在：融通兼收、博采众长，经史结合，讲求实理、通经致用，义理与训诂相结合等方面。他在认同自身的同时，亦注意广泛吸取理学思潮中其他派别乃至功利学的思想，从而调和朱陆而倾向于心学，预示着学术发展的趋向；肯定功利，使之与道义相结合；既批评汉学又不废文字训诂的工夫，使之与义理相结合；既重视经学，又以理释经，使经学与理学相结合，如此等等。这充分体现了吕祖谦在南宋思想界和宋明理学史上占有重要的学术地位，其思想的特色值得进一步深入研究和探讨。

（4）朱熹集宋代理学之大成

朱熹继承并发展了程颢、程颐的学说，吸取和借用佛教、道教及周敦颐、张载等的理论，建立起以理（道、太极）为核心，以理气关系说为框架，在中国哲学史上最完备、最缜密的理本论哲学。朱熹的整个思想均以理（道）为指导，政治上以义理治天下；哲学上以理、道为核心和最高范畴；伦理道德上提出存天理，去人欲；教育上以"明人伦"即明理为教育目的；在认识论上以穷理为目的，并贯彻到力行。朱熹晚年遭当权者打击，其学说被禁止。死后恢复名誉，其思想在南宋后被奉为官学，成为中国帝制社会后期意识形态的主体，科举考试非朱学不用。朱熹的学说对中国的哲学、政治、伦理、文学艺术、教育、宗教等各个领域产生了深远的影响，并流传到海外，成为东方文化的重要组成部分，其影响至今犹存。

（5）陆九渊是心学代表人物

陆九渊提出心本论哲学，陆氏心学的特点是不立文字，求心于内，主张"六经注我"，不受儒家经典的束缚，以"六经"为我心的注脚，不重视著书。在价值观上，重义轻利，通过反佛，否定私利。他指出："某尝以义利二字判儒释，又曰公私，其实即义利也。"[1]他与朱熹在治学方法和无极、太极及道与阴阳关系等问题上展开了长期辩论，反映了双方在世界观和方法论上的分歧。陆九渊认为求知不必接触外物，只要"自明本心"就行，强调明心之理；认为浮观博览，不如少读，反对泛泛而读。陆九渊心学的特点表现为重融通合一，不讲体用之分，专言心，以心为本，与朱熹讲体用二分的哲学形成对照，所以陆九渊对朱熹提出批评，认为阴阳即道，为形而上，反对朱熹以阴阳为形下之器的思想；并批评以天理人欲区分道心人心，以保持心的完整性。

（6）魏了翁是南宋中后期理学的代表人物

魏了翁是私淑朱熹、张栻的理学家，他在理学史上的重要地位主要通过两点表现出来：一是在朱熹、陆九渊之后不久便和会朱陆，超越朱学，而又倾向于心学，预示着理学及整个学术发展的趋向；二是在理学由民间传授、受压制状态到被定为社会意识形态的主导地位的过程中发挥了重大作用。这对于把握理学流传演变的发展阶段具有重要意义。对待朱学，魏了翁采取不盲从朱熹，超越朱学，直接从儒家"圣经"那里发明"活精神"的态度。由此，他反对那种"只须祖述朱文公"的盲目推崇，不求创新的思想，强调自己"不欲于卖花担上看桃李，须树头枝底，方见得活精神"[2]。

3. 元代：理学的传播及由朱学向心学的演变

元代理学的发展演变的趋势是朱陆合流，逐步由朱学向心学转化。其代表人物主要有赵复、许衡、刘因和吴澄等。其学术处于宋、明之间的过渡阶段，

---

[1] 陆九渊：《与王顺伯》，《陆九渊集》卷二，钟哲点校，中华书局1980年版，第17页。
[2] 魏了翁：《答周监酒》，《鹤山集》卷三十六，文渊阁四库全书，第1172册，第418页。

在一些方面仍有自己的特色，如不拘泥于前人，大胆取舍，以及综合贯通等方面。朱陆合流是理学史中的一个重要阶段，元代理学是理学史上的一个不可忽视的时期。

这一时期发生的重要事件是，元统治者经多年统治中原后，选择了程朱理学作为官学，于元仁宗延祐二年（1315）正式开科取士，以朱注"四书"为准。与此相关，元丞相脱脱修撰《宋史》，首开《道学传》，把程朱、二程后学弟子及与程朱观点相近者列入《道学传》之中，成为"道统"的传人而予以表彰，这反映了元统治者的思想导向。

（1）赵复、许衡传播理学于北方

赵复字仁甫，德安人，江汉间名儒，精通程朱理学。于宋理宗端平二年（1235）元兵陷德安时被俘，在姚枢的劝说下来到北方。赵复不愿为忽必烈所用，然其气节受到忽必烈的赞许而不强迫他出来做官。后杨惟中与姚枢在燕京建太极书院，请赵复讲授其中。《元史·赵复传》云："北方知有程朱之学，自复始。"[①] 赵复广收门徒，传播理学于北方。并作《传道图》，将伏羲、神农、尧、舜、孔子、颜渊、孟子、周敦颐、二程、张载、朱熹所传圣人之道分为继天立极、垂世立教和发明绍续三个既有分别，又一以贯之的统绪，阐发其道统思想。赵复又著《伊洛发明》，标明其继承伊洛之学的宗旨。又作《师友图》，记述散在四方的朱熹门人有关见诸载籍和得诸传闻的事迹，共记录有53人，表明自己私淑朱熹之志向。又取伊尹、颜渊之言行，作《希贤录》，使学者明白求学之趋向，然后知求端用力之方。

许衡学术的主要贡献在于"表章程朱之学"，"兴绝学于北方"[②]，对元统治者把程朱之学确定为官学起到了重要作用。许衡在《时务五事》中上疏忽必烈，要求"以北方之俗，改用中国之法"[③]，推行汉化。他说："北方奄有中夏，必行汉法，可以长久，故魏辽金能用汉法，历年最多。其他不能实用汉法，皆乱亡相继，史册具载，昭昭可见也。国朝仍处远漠，无事论此，必若今日形势，非用汉法不可也。"[④] 强调元统治者以北方民族入主中夏，必须实行汉法，否则将会遭致乱亡。忽必烈受其影响，任用了大批汉族儒生士大夫，以"汉法"定官制，

---

① 宋濂等：《赵复传》，《元史》卷一百八十九，文渊阁四库全书，第295册，第522页。
② 黄宗羲原著，全祖望补修：《鲁斋学案·附录》，《宋元学案》卷九十，陈金生、梁运华点校，中华书局1986年版，第3002—3003页。
③ 许衡：《时务五事·立国规摹》，《鲁斋遗书》卷七，文渊阁四库全书，第1198册，第393页。
④ 许衡：《时务五事·立国规摹》，《鲁斋遗书》卷七，文渊阁四库全书，第1198册，第393页。

立朝仪，尊信儒学。由此，许衡在促进民族之间思想文化的交流、融合方面，以及对保存当时比较先进的汉民族社会经济生活、文化等方面是有贡献的。

（2）刘因会合朱陆

刘因提出心、理无间的思想，反映了元代理学发展的趋势，表现出会合朱陆的倾向。刘因治学，由经学逐步扩展到理学，他提出"议论之学自传注疏释出"①的思想，即议论之理学出自传注疏释之汉唐经学，同时强调经学与理学的联系及发挥理学思想的重要性。其理学思想具有兼容贯通，调和朱陆，沟通心学与理学的倾向。

（3）吴澄兼宗朱陆

吴澄学本朱熹传人，为朱熹四传弟子，亦兼宗陆九渊，主张朱陆会合，互为补充。其为学者言："朱熹于道问学之功居多，而陆子以尊德性为主。问学不本于德性，则其蔽必偏于语言训释之末。故学必以德性为本，庶几得之。"②议者认为吴澄以尊德性为本，而偏向陆学，其实吴澄亦是兼宗朱陆。

4. 明代：心学的盛行及气学的流传

明王朝开国之初，便钦定以程朱之学为官方哲学。朱学定为一尊后，被当作遵行墨守的教条。虽明代朱学亦盛，但在理论上不再有新的发展。与朱学的官方化相对应，心学由南宋陆九渊倡导后，经元代与朱学相互渗透，至明代重新崛起。陈献章是明代心学的开创者，并对王阳明和湛若水产生了一定的影响。王阳明是陆王心学亦是明代心学的理论代表和集大成者，其心学及其"致良知"说盛极一时，打破了朱熹一派天理论哲学一统学术界的局面。其时心学思潮跃居学术界的主导地位，成为理学和学术发展的主流。

明代心学盛行之际，以罗钦顺、王廷相和吴廷翰为代表的气学亦兴起和发展，他们对心学和朱学都提出了批评，但他们仍属于理学思潮中的气学一派。

李贽则站在理学的对立面，以童心说、"人必有私"的观点批评理学，显示出与理学不同的价值观而具有"异端"色彩。然其思想亦具有一定的思想启蒙的积极意义。

（1）曹端学宗程朱

曹端（1376—1434）为明初理学家，大旨以朱学为归，甚重儒学之道的承传接续。从重"道"出发，曹端认为经典不过是载道、寻道的工具，其地位与

---

① 刘因：《叙学》，《静修集》，《续集》卷三，文渊阁四库全书，第1198册，第684页。
② 黄宗羲：《草庐学案·文正吴草庐先生澄》，《宋元学案》卷九十二，第3037页。

道不可同日而语。他说:"'六经'、'四书',圣人之糟粕也,始当靠之以寻道,终当弃之以寻真。"①把"六经"、"四书"等经典视为载道之器,不仅其重要性在道之下,而且"终当弃之",反对专泥书册,徒诵说经典言词而不寻真、求道的学风。在曹端对道与经典关系的论述中所体现的对道的重视,甚至超过了程朱道统论的重道思想。曹端等朱学人物在明初倡明理学的学术活动是联结宋代程朱之学与明代心学思潮兴起的中间环节。

(2)薛瑄以朱学为宗

薛瑄(1389—1464)被清人视为"开明代道学之基"的人物。差监湖广银场时,"手录《性理大全》,通宵不寐,遇有所得,即便札记"②。可见其对明初《大全》的推崇。薛瑄尝曰:"自考亭以还,斯道已大明,无烦著作,直须躬行耳。"③明初以《四书大全》、《五经大全》和《性理大全》三部《大全》来统一人们的思想,造成学术界因循守旧,陈陈相因,沿袭程朱之学的老一套,而缺乏改进和创新。薛瑄祖述考亭朱熹学,以为斯道已大明,无须再撰新著,这反映了明代的宗朱学风,也从一个侧面表明朱熹学理论的系统精深,要超越和发展它确非易事。

虽然朱学在明代未得到理论上的进一步的发展,而以姚江阳明心学和江门陈(白沙)、湛(甘泉)心学为代表的心学思潮蔚然成为明代学术发展的主流,但朱学在明代也流传演变不绝,朱学代表人物为朱学的承传发扬和普及推广也做出了努力。而且由于朱学居官学统治地位,科考非朱学不用,通过学校、书院教育和科举考试,朱学得以广泛传播,深入人心,即使王阳明批评朱学,也要打着"朱熹晚年定论",朱熹思想与心学早异晚同的旗号,以减轻传统的压力。由此可见朱学在心学思潮盛行的明代仍有相当的影响。这与曹端、薛瑄等明代朱学人物的学术活动分不开。

(3)陈献章是明代心学的开创者

黄宗羲认为"有明之学,至白沙始入精微"④。由陈献章起,朱学在学术界的主流地位逐渐被明代心学所取代。有明一代,朱学虽仍占据官学统治地位,但到心学盛行之后,则退居学术界的次要地位。陈献章心学的特点是以虚为基本,

---

① 黄宗羲:《诸儒学案上二·学正曹月川先生端·语录》,《明儒学案》卷四十四,沈芝盈点校,中华书局1985年版,第1068页。
② 黄宗羲:《河东学案上·文清薛敬轩先生瑄》,《明儒学案》卷七,第109页。
③ 张廷玉等:《薛瑄传》,《明史》卷二百八十二,文渊阁四库全书,第301册,第756页。
④ 黄宗羲:《白沙学案上》,《明儒学案》卷五,第78页。

以静为门户，不主重著书，而强调静坐求约，养出心体之端倪，以心为宇宙本体，提出"天地我立，万化我出，而宇宙在我"①的思想，主张心、理合一。并提出"道在我矣"，以自然为宗，主张道理从自己性情上发出。其思想成为宋明时期连结陆九渊心学到王阳明心学的中间环节。

（4）湛若水是明代独具特色的心学家

湛若水致力于在各地开设书院讲授理学，尤其是不遗余力地传播其师陈献章白沙学说，影响甚广，其门徒达四千余人，造就了不少英才，推动了文教事业的发展。他在讲学中以"随处体认天理"为宗，并在弘扬白沙学说时有所创新，终至自成理学的一大门派，被誉为"甘泉之学"。他创立的学说与王阳明创立的心学形成了两大心学流派，并称为"王湛之学"，分执明中叶心学之牛耳。

湛若水作为明代独具特色的心学家，其哲学具有心气二元论的倾向。他继承并发展了其师陈献章的心学思想，又受到张载气论的深刻影响，把气纳入他的心性哲学之中，提出心具于形气和"性气一体"的思想，将心与气联系起来，把性与气合为一体，得出心合内外的思想。认为气之精而神、虚灵知觉者谓心，得气之中正即是性，性又是心之生理，性分别与心、气二者密切联系。但又认为心性有别，以此批评了佛教性论。湛若水站在心学的立场，引进气范畴，以气论心性，这是他心性之学的最大特点。然而他以心为主，又不同于张载一派气学的心性论，是对宋明理学心性论的丰富和发展。

（5）王阳明集陆王心学之大成

王阳明提出"致良知"说，从学者极多，形成与程朱理学相抗衡的心学流派，在思想史上产生了重大影响。其心学思想是对陆氏心学的继承和发展，把良知说纳入心学思想体系，提出"吾心之良知即所谓天理"②的思想，把良知与天理等同，以最具主观能动性的良知作为最高范畴，改变了"天理论"一统学术界的局面。他认为"致良知之外无学矣"，并提出"良知是乃天命之性"③，强调"心即性"④，主张心性一元、心理为一，具有泛性论的思想特征，认为"缘天地之间原只有此性"⑤，强调天地间只有性，别无他物。性、理、良知不是并列为三，各不相干，而是一回事。这就把精神性的实体作为宇宙的基本存在，排除

---

① 陈献章：《与林郡博（七）》，《陈献章集》卷二，孙通海点校，中华书局1987年版，第217页。
② 王阳明：《传习录中·答顾东桥书》，《王阳明全集》卷二，吴光、钱明、董平、姚延福编校，上海古籍出版社1992年版，第45页。
③ 王阳明：《大学问》，《王阳明全集》卷二十六，第971页。
④ 王阳明：《传习录上》，《王阳明全集》卷一，第15页。
⑤ 王阳明：《传习录中·答聂文蔚（二）》，《王阳明全集》卷二，第84页。

了物质实体存在的可能性，宇宙万物不过是性所派生。王阳明折中朱陆，而以心学为主，认为尊德性与道问学互不相外。

在知行关系上，王阳明提出"知行合一"说。认为知与行相辅相成，不可分离。王阳明理解的行不同于一般的实际去行，它只是"一念发动处"的念头。王阳明强调，要在一念发动时，就要克掉不善的念头，不使其留藏在胸中，如此就称之为知行合一，亦是其立言的宗旨所在。这种以正念头为行的知行合一说，比朱熹的知先行后说更加强调纠正心中之不善，强调主观自觉，心上用功，以发挥主体意识的能动性，这与其"致良知"说相联系，充分体现了王阳明知行合一说提倡道德自律的特点。

（6）罗钦顺是明代著名气学家

罗钦顺早年笃信佛学，后归于儒学之门。他自称道学家，推崇程朱理学，反对陆王心学，实际上他与程朱的思想也有区别，主要是他接受了张载的气本论思想。他是宋明理学思潮中气学一派继张载之后的代表人物，继承了张载的气一元论哲学，认为气是宇宙万物的根本，"通天地，亘古今，无非一气而已"①。在理气关系上，罗钦顺认为理在气中，气是世界万物的本原。罗钦顺从心本于气的思想出发，根本否定心学宇宙观。罗钦顺对心学宇宙观的否定，在明代心学兴起之际，具有独特的理论意义。

（7）王廷相是明代气学代表人物

王廷相对程朱的批评比起罗钦顺来说，更为彻底。在哲学上，王廷相坚持气一元论哲学，反对程朱以理为本的理本论思想，认为"天地未生，只有元气。元气具则造化人物之道理即此而在。故元气之上无物、无道、无理"②。在理气关系问题上，他明确地提出"理生于气"③的命题，批判程朱的"理为气本"的观点。在认识论上，以心物结合，心缘外物而起为特征，他认为心作为认知主体，本身无内容，是静而虚的，然而它具有反映外物的功能。强调"人心有物，则以所物为主"④，心物结合，以物为主，而不是以心为主。这是他对心本论哲学的否定。王廷相认为人的认识来源于"思与见闻之会"⑤，主张"知行兼举"⑥，重视行，强调于实践处用功，发展了以往的重行思想。在心性论上，他以气论心，

---

① 罗钦顺：《困知记》卷上，阎韬点校，中华书局1990年版，第4页。
② 王廷相：《雅述》上篇，《王廷相集》，王孝鱼点校，中华书局1989年版，第841页。
③ 王廷相：《横渠理气辩》，《王氏家藏集》卷三十三，《王廷相集》，第603页。
④ 王廷相：《潜心篇》，《慎言》卷六，《王廷相集》，第776页。
⑤ 王廷相：《雅述》上篇，《王廷相集》，第836页。
⑥ 王廷相：《小宗篇》，《慎言》卷八，《王廷相集》，第788页。

以气释性，提出心缘外物而起和性乃气之生理的思想，强调心之思维须同见闻相结合，才能获得对物理的正确认识，并以此否定了"良知"说。他对传统理学流弊提出批评，并对以往的性论加以总结，体现了明代气学家的基本立场。

（8）刘宗周是理学的总结者

刘宗周把"慎独"说与经学结合起来，提出"四书"、"六经"之道慎独而已的思想，其哲学的特点是在气的基础上讲心性，以气、心为形而下，以性为形而上，提出性因心而有，形上与形下紧密结合，并以心著性，性是心之理，率心之体便是率性。刘宗周的心性论充满矛盾，他分别吸取了张载、程朱、湛若水、王阳明的思想，又提出一些独到的见解，并将各种理论融合为一，呈现出多元的理论色彩，最终其心气二元论哲学偏向以心学为主。刘宗周的心性论从一个侧面反映了宋明理学心性论的多元理论形态。刘宗周及其弟子黄宗羲把气引进心性论，提出"心即气"[①]的命题，表明明代心学经王阳明、湛若水异同的影响和演变，已不能保持纯粹意义上的心学形态，随着明清之际启蒙和社会批判思潮的兴起，明代心学思潮及心性论哲学逐渐走向式微。就其提倡心本论，以心作为宇宙本原，万物之变化归于一心，指出"只此一心，散为万化，万化复归一心"[②]而言，刘宗周是对明代心学的继承；就其反对宋儒"理在气先"说，认为"盈天地间，一气而已矣"[③]，"理即是气之理，断然不在气先，不在气外"[④]而言，他又受到气学的影响。这表明刘宗周作为明代理学的总结者，他既受到明代心学的盛行之影响，其思想主要倾向于心学，又受到气学的流传的启发，其心气二元的观点与湛若水近似，受到心学和气学的双重影响。

（二）宋明理学的主要流派

通过以上对宋明理学发展演变阶段的论述，可进一步分析和探讨组成宋明理学的各主要流派，它们分别是程朱理学派，张载、王廷相等的气学派和陆王心学派。此外，另有以性为宇宙本体的湖湘学派。按现代学术界的通常看法，可以把宋明理学思潮区分为理本论（程朱为代表）、气本论（张载等为代表）、心本论（陆王为代表）和性本论（胡宏、张栻为代表）等四个既相关联又有区别的学派体系。

---

① 黄宗羲：《孟子师说》卷上，文渊阁四库全书，第208册，第839页。
② 刘宗周：《心论》，《刘宗周全集》第四册，吴光主编，浙江古籍出版社2007年版，第333页。
③ 刘宗周：《学言中》，《刘宗周全集》第二册，407页。
④ 刘宗周：《学言中》，《刘宗周全集》第二册，第410页。

1. 程朱理学（理本论）

程朱理学是宋明理学思潮中的主流派，此派以二程、朱熹为代表，同时包括他们的诸多门人弟子和后学，而朱熹是集程朱理学乃至宋代理学之大成的人物。程朱理学经一百多年的流传发展和好几代人的不懈努力与追求，在南宋末由民间传授到被定为官学，成为宋明理学的正统派。

二程创天理论哲学体系，朱熹加以发展，以理为宇宙的本原和万物存在的依据，把哲学本体论与儒家伦理学直接统一于天理，这最能体现理学思潮的本质特征。其理本论哲学是与陆王心本论、张载气本论、胡张性本论哲学相互区别的特质。

北宋时期理学兴起，以程颢、程颐为代表的新儒学者，面对佛老思想的挑战和儒学式微、经学中衰、伦常扫地的局面，以儒家伦理为本位，批判地吸取佛、道精致的思辨哲学，创建理学思想体系。如果以天理论作为最能体现宋代理学思潮的本质特征的理论的话，那么，从严格意义上讲，程颢、程颐创建天理论思想体系，才意味着宋代理学的确立。朱熹作为宋代理学的集大成者，是中国儒学史上继孔孟之后最著名的思想家。尽管朱熹及其闽学对中国文化的各个领域产生了极为广泛、深远的影响，但朱熹思想的直接来源却是二程洛学，尤其是二程的天理论哲学，是在继承二程思想的基础上对二程洛学的发展。所以在思想史上，人们往往以程朱之学来并称二者。程朱在相互联系又各具特色的四个方面把儒家经学义理化，把儒家思想哲理化，把儒学道统体系化，把儒家学说大众化，构筑起逻辑严密、内容丰富、博大精深的新儒学思想体系，为理学的发展做出了突出的理论贡献，在宋明理学史和中国思想史上占有重要地位。

（1）把儒家经学义理化；
（2）把儒家思想哲理化；
（3）把儒学道统体系化；
（4）把儒家学说大众化。

如上所论，二程朱熹站在时代的高度，创天理论哲学，在构建新儒学即理学思想体系的过程中，把儒家经学义理化，把儒家思想哲理化，把儒学道统体系化，把儒家学说大众化，在继承孔孟，把握儒学真精神，又不拘泥于经典原始古义和个别思想文字的前提下，结合社会和理论发展的需要，克服传统儒学之不足，吸取其他文化的长处，全面总结、创新、发展了中国儒学，使新儒学不仅成为学术思想文化发展的主流,而且广泛流传民间,影响大众,在某种意义上逐步成为中华民族全民的文化。总之,程朱理本论思想和天理论哲学体系在宋明理学思潮中占有十分重要的地位。

2. 陆王心学(心本论)

陆王心学是宋明理学思潮中的主要流派之一,尤其在明中叶以后的一百年间盛行学术界。此派以陆九渊、王阳明为代表,同时也包括他们的诸多门人弟子和后学,而王阳明是陆王心学的集大成者。

陆九渊提出"心即理"的思想,把宇宙本体主体化。与同时代的朱熹展开"鹅湖之会"和学术论争,提出心本论宇宙观和方法论,主张"尊德性",发明本心,"先立乎其大",提倡简易工夫,忽视知识积累,以求顿悟,直指人心,形成与朱学不同的学术风格和治学方法,开创了理学思潮中的陆王心学流派。朱陆之分辨是当时及理学史上讨论的热门话题。

程朱理学在南宋末被定为官学后,随着时间的推移,其流弊也日益显露,而遭到学者们的批评。由于朱学的泛观博览,理论完备,随之又带来了其烦琐、迂阔的弊端,使学者不易掌握。并且,朱学"论说益明,适以为藻饰词辩之资;流传益广,适以为给取声利之计"[①],成为人们获取名利、追求高官厚禄的手段,使当时的学风开始背离理学开创者的本旨。从宋末魏了翁起而批评朱学弊端,向心学转化,经元代刘因、吴澄等调和朱陆而又偏向于心学,到明初陈献章提出读经以求吾心的思想,由静坐转向心学,朱学逐渐被明代心学所取代,到后来则退居学术界的次要位置,尽管仍占据官学地位。

王阳明提出"吾心之良知即所谓天理"[②]的思想,把良知说纳入其心学思想体系,强调"致良知",认为"致良知之外无学矣"[③],其心学思想是对陆氏心学的继承和发展,而集陆王心学和明代心学之大成。

陆王心学的特点是重视主体的能动作用和心的本原地位,把儒家伦理与心等同,提出"心即理"、主体即本体的心本论宇宙观,以及天理即良知的思想和"致良知"说。这对革除程朱理学的流弊和发展理学有重要意义。从宋明理学思潮发展演变的脉络看,心学是对程朱学的发展和补充。如果说,程朱理学产生的原因是为了批佛老,重整儒家伦理,把代表儒家伦理的理或道作为宇宙本体和最高原则的话,那么陆王心学产生的原因则在于"正人心",以解决理学

---

① 魏了翁:《宝庆府濂溪周元公先生祠堂记》,《鹤山集》卷四十九,文渊阁四库全书,第1172册,第559页。
② 王阳明:《传习录中·答顾东桥书》,《王阳明全集》卷二,第45页。
③ 王阳明:《书魏师孟卷》,《王阳明全集》卷八,第280—281页。

确立和流行后，人们不按天理办事，使"道问学"脱离"尊德性"而流于形式的问题。于是陆王心学着重从主体上寻求思想理论（包括义理）的来源和根据，以心为最高原则，打破超越主体之上的"天理论"一统学术界的局面。正因为陆王从主体上寻求思想理论的来源和根据，故对读书讲论不甚重视，忽视知识，内求于心。这与朱学重知识积累，主张泛观博览而后归之于约的治学方法迥异。

陆王心学认为，心理为一，心性为一，因其为一，故强调内求于心，忽视知识，不立文字，强调主体与道德理性合一，把道德理性主体化，向内探求，无须外求。这与朱学主张的内外结合不同，亦体现出陆王心学的学术取向。由此出发，陆九渊主张"先立乎其大"，即原则在先，端正立场，以心为判断是非的标准，忽视平日道德修养和渐进式的知识积累，主张顿悟，直指人心。

王阳明发展了陆九渊"心即理"、心性一物的心本论思想，援良知以论心性，提出心之本体即良知的思想，这是他的创见。他说："良知者，心之本体，即前所谓恒照者也。"[①] 王阳明把良知与心等同，突出了心本体的主观知觉功能。王阳明提出良知说，将良知与心结合起来，这就把陆九渊哲学的心发展为更加抽象、更具主体能动作用的良知范畴，使主体思维的能动性得到更充分的发挥。他说："心者，身之主也，而心之虚灵明觉，即所谓本然之良知也。"[②] 良知作为心之本体，是集本体论、认识论、道德论为一的范畴，是主体性的形上道德本体。王阳明以吾心之良知作为其心学体系的最高范畴，充分发挥主体思维的能动作用，以彻底的心性主体论突破了朱学"天理论"一统天下的局面，在新的高度重新确立起主体的权威。从形式上讲，陆王主张"六经注我"，不受儒家经典的束缚，以六经为我心的注脚，轻视经典，把宋学区别于汉学的崇尚心悟，以己意说经的特征和倾向进一步发展。

陆王心学与朱学各自不同的特点亦体现了宋明新儒学精神发展的两途：道德理性本天还是本心。朱熹本天，把伦理原则提升为超越主客体之上的绝对观念，即天理，道德理性既内在于心（但不是心），被心所认识和主宰，又外化为天理，受外在的绝对精神的制约；陆王本心，伦理原则内化为心本体，主体思维与道德理性直接合一，理性一仍其心，不受外在及客观的制约。朱熹本天，故内外结合，重视发挥人心的主观自觉，以探求天理，由此注重格物穷理、文字解析和对知识的掌握与积累；陆王本心，故内求于心及致内心之良知，重视

---

① 王阳明：《传习录中·答陆原静书》，《王阳明全集》卷二，第61页。
② 王阳明：《传习录中·答顾东桥书》，《王阳明全集》卷二，第47页。

心灵领悟以存心去欲,甚至把圣人的权威置于心的权威之下,由此轻视文字传授和对经典的解释,主张直抒胸臆,即使不识一个字,也堂堂正正地做个人。要之,朱熹和陆王所代表的宋明儒学精神发展的两途均对后世产生了深远影响。一般说,朱学易被统治者所接受,自上而下地向社会灌输;陆王心学易与新思想相结合,以个性解放冲击旧的传统观念。

宋明理学发展演变的趋势表现为,宋代的程朱理学,由其自身理论的构成和特点所决定,随着时代的发展和变迁,逐步走向明代王阳明心学阶段,并遭到明代气学家的批评。南宋理学的朱陆之争,在明代也得到反映。程朱"天理论"思想体系博大精深的另一面,是带来了烦琐、迂阔的弊端,使学者不易掌握其精神实质而流于形式。并且,朱学的论说益明、流传益广,反而成为人们猎取功名利禄的手段。而陆学端正立场,"先立乎其大"的简易工夫和"尊德性"、直指本心的治学方法更有利于主体能动性的发挥,以纠正朱学的流弊。于是,经明代王阳明的发展,建立起以心之良知为本的心学思想体系,以彻底的心性主体论把主体思维与道德理性的结合推向极致,充分发挥了主体的能动精神,且具有思想解放、不盲从旧权威的积极意义。

3. 张载、王廷相等的气学(气本论)

理学思潮中的气学派由北宋张载开创,中间经过南宋、元代的沉寂,至明代又重新崛起,以致后来宋明理学的批判总结者王夫之也深受气学的影响,并加以创新发展。

气学一派以张载为代表,而明代的罗钦顺、王廷相、吴廷翰是其重要人物。除此之外,明代倾向于心学的人物湛若水、刘宗周也曾提出气本论哲学,与其心学相互对应,而形成心气二元论哲学。这也是受到气学思想影响的表现。

气本论,或称气学是组成宋明理学的重要流派。气学流派除具有宋明理学的一般特征外,其基本特征是以气为宇宙本原。在气与理、道、性的关系问题上,该派认为物质性的气是理、道、性存在的基础,理、道、性产生于气,又主导气。还强调"变化气质","穷理尽性"和"尽心知性",更有明确提出"立天理"[①],反对"灭天理而穷人欲"者。这些方面体现了理学的一般特征,故不应把气学排除在宋明理学之外。但气学以气为宇宙本原,又表明它是区别于程朱理学和陆王心学的重视物质性的气和客观事物的理学流派。

张载是气学的开创者和理论代表,他不仅对气学流派,而且对整个宋明理

[①] 张载:《经学理窟·义理》,《张载集》,章锡琛点校,中华书局1978年版,第273页。

学有重要影响。他提出"太虚即气"①的气本论宇宙观，认为无形的太虚是气的本然状态，气聚成形而为万物，形散返原而复归于太虚。他说："太虚不能无气，气不能不聚而为万物，万物不能不散而为太虚。"②指出无形的太虚与有形的万物是气的两种不同的表现形态，宇宙万物均以气为存在的根据。

在张载气本论的哲学体系里，气是最高范畴，道和理统一于气，体现了气运动变化的过程和规律。他说："由气化，有道之名。"③认为道是"气化"，即物质性的气运动变化的过程，离开了气和气的运动变化，则无所谓道。张载又指出："天地之气，虽聚散、攻取百途，然其为理也顺而不妄。"④把气在聚散变化中"顺而不妄"的条理即规律称之为理。可见道和理均不能离开气而独立存在。

虽然张载把道、理作为气运动变化的过程和规律，但他以为道和理均具有儒家伦理的内涵和属性。他说："人伦，道之大原"⑤，"礼者理也，须是学穷理"⑥；主张"变化气质"，"制得习俗之气"⑦，以符合天理的原则；强调"守礼"、"持性"而不违道，"由穷理而尽性"⑧；并提出"立天理"的命题，反对"今之人灭天理而穷人欲"⑨。这是对宋明理学的理论贡献。张载提出的"心统性情"的命题也被朱熹誉为"颠扑不破"的理学原理。可见张载虽提出气一元论的哲学思想，但他思想体系中的一系列命题和理论均表明他是一位重要的理学奠基人，对后世理学家产生了重要影响，故不可因其具有气本论思想就把他排除在理学之外。

罗钦顺、王廷相、吴廷翰是明中叶以来复兴气学的重要理学家，他们继承张载的气一元论思想并加以发挥，修正理学流弊，批评朱学和心学，是宋明理学发展过程中的重要人物。

理学与反理学的区分，不在于是否以理为宇宙本体（心学以心为理，故以心为宇宙本体），或是否对理学某派的理论和观点有所批评，而在于是否从根本上反对义理即儒家伦理。凡反对义理的，属于反理学；只反对以理或心为宇宙

---

① 张载：《正蒙·太和》，《张载集》，第 8 页。
② 张载：《正蒙·太和》，《张载集》，第 7 页。
③ 张载：《正蒙·太和》，《张载集》，第 9 页。
④ 张载：《正蒙·太和》，《张载集》，第 7 页。
⑤ 张载：《张子语录下》，《张载集》，第 329 页。
⑥ 张载：《张子语录下》，《张载集》，第 326 页。
⑦ 张载：《经学理窟·学大原上》，《张载集》，第 281 页。
⑧ 张载：《正蒙·诚明》，《张载集》，第 21 页。
⑨ 张载：《经学理窟·义理》，《张载集》，第 273 页。

本体,而不反义理的,不能称为反理学。张载、罗钦顺、王廷相、吴廷翰都只是反对以理或心为宇宙本体,而不反义理,所以不能把他们归于反理学一派思想家,而应视为宋明理学的重要流派——气学的理论代表。

可以看出,气本论以气名派,以气名学,气与气学的关系最为直接。此派的特点是以气为宇宙本原,重视理的客观性,强调理作为气聚散变化的条理和人伦原则存在于客体之中;并在"穷理尽性"和"尽心知性"等方面体现了理学的共同特点和学术宗旨。

陆王心学虽少讲气,但与王阳明各立门户、各守宗旨的湛若水以及刘宗周一派心学却十分重视气,他们不仅把气纳入其哲学体系之中,批判程朱的理气论,而且具有某种心气二元论的哲学倾向,其思想所及,影响到黄宗羲。可见气与心学中的心气二元论一派有密切关系,这是需要注意的。

4. 胡宏、张栻的湖湘学(性本论)

以性为宇宙本体的湖湘学是与程朱理学、陆王心学和张载等的气学并立的一大理学流派,"在当时为最盛"[1]。分析湖湘学与理学其他学派的异同时,可发现理学思潮中湖湘学派的代表人物胡宏、张栻均以性为宇宙本体,倡性本论宇宙观,这是湖湘学的一大特色。尤其是胡宏,他不仅突出性的本体地位,而且在论性与理、性与心、性与气的关系时,均将理、心、气视为是低于性、从属于性的范畴。这是胡宏与理学思潮中的程朱理学、陆王心学和张载气学的明显不同之处,值得注意。

胡宏作为湖湘学派创始人,其哲学以性为最高范畴,他提出天地由性而立的思想,认为"万物生于性"[2],以性为万物的本原,宇宙万物皆是性的产物,其性便成为形而上的宇宙本体。他说:"形而在上者谓之性,形而在下者谓之物。"[3]以形而上下区分性、物,强调物从属于性,以性为存在的根据和产生的本原。

张栻继承其师胡宏的性学思想,以性为宇宙的本原,这是张栻思想的基本出发点。他说:"天命之谓性,万有根焉。"[4]把性与天命联系起来,这是对《中庸》的继承。张栻认为,宇宙万有都根源于性,性超越形体之上,是有形万物产生的根据。他说:"有是性则具是形以生。"[5]认为有了性才产生事物的形体及

---

[1] 黄宗羲:《南轩学案·宣公张南轩先生栻》,《宋元学案》卷五十,第1611页。
[2] 胡宏:《皇王大纪序》,《胡宏集》,吴仁华点校,中华书局1987年版,第165页。
[3] 胡宏:《释疑孟·辨》,《胡宏集》,第319页。
[4] 张栻:《孟子说》卷四,《张栻全集》,杨世文、王蓉贵校点,长春出版社1999年版,第385页。
[5] 张栻:《孟子说》卷七,《张栻全集》,第488页。

事物本身。"赋是形以生者,盖以其具是性也。"[①] 把事物的性与事物本身割裂开来,性被抽象为本体而派生事物。张栻以性为宇宙本体的思想是对其师胡宏天地由性而立思想的继承。

以上对宋明理学发展演变阶段的论述,及对组成宋明理学的各主要流派——程朱理学(理本论)、陆王心学(心本论)、张载等的气学(气本论)和胡宏、张栻的湖湘学(性本论)——的分析和探讨,可以得出,理学思潮中的各家各派及其代表人物均认同理学的基本价值,把儒家伦理、治世原则与思辨性的哲理结合起来,以各种理论和方法来论证新儒学的价值体系,体现出与汉唐儒学的不同旨趣和学术追求。并以己意解经,由重训诂考释转向重义理和性理;重视阐发和发挥蕴藏在经书中的道或理,共同体现了理学家重道德自律,重心性修养并躬行践履,付诸实践的价值理性和道德诉求。在此前提下,理学各派及其代表人物又因各自学术重心的不同,看问题的视野和治学方法有别,各自提出了己派的理论和观点,构建了一本多元的思想理论体系。宋明理学所讨论的问题随不同时期、不同流派而有所不同。丰富多样、精彩纷呈的各派理论之间既相互区别又相互联系,在相互论辩中推动了学术和思想的发展,共同体现了理学的学术追求和价值取向;同时也分别体现了各派理论的差异和不同的学术特色,亦是时代发展、思想变迁的反映。

三、宋明理学的理论构成与基本特征

宋明理学是中国儒学发展到宋元明时期的新儒学,亦是儒家经学发展的重要阶段和特殊形态。它以先秦孔孟儒学、儒家道统思想、唐中叶以来重视"四书"的思想、宋学义理思想、唐以来三教互补思想等为思想渊源;针对汉唐训诂注疏之学使儒家经学发展停滞,以及佛、道二教盛行对儒学的冲击而兴起;在以儒学为主体的前提下,也吸收借鉴了中国文化各家各派乃至外来文化的有关思想,并结合时代发展的需要,为解决社会发展所面临的重大问题,以实现社会的治理和稳定而提出。理学作为经学哲学化、宋学哲理化的时代发展的产物,它的崛起具有深刻的思想根源和社会历史根源,在理学思潮产生、确立和发展演变的历史进程中,逐步形成了自身的思想理论,并随时代的变迁而不断丰富演变。这些理论构成了理学思潮的基本内涵和思想体系,使宋明理学得以

[①] 张栻:《思终堂记》,《南轩集》卷十三,《张栻全集》,第740页。

确立并为人们所认识。其理论构成具有丰富多样性，又一以贯之。各理学流派及其理论之间既相互区别，又相互联系，既有个性，又有共性：既统一于以天理论为标志的理学的基本理论形态和价值体系，又在天理论的基础上有所丰富、创新和发展，并各有侧重和区别。由此形成了理学思潮区别于其他思想学说的学术特征，使之在中国思想文化史上占有重要地位。由于中国文化以儒学为主体和发展的主流，而儒学的基本精神在汉以后又集中体现在儒家经学及其宋元明时期的主要表现形态宋明理学思想体系里，由此宋明理学的理论构成亦成为儒家思想以至于整个中国学术文化思想的重要组成部分。所以客观地分析研究宋明理学的理论构成及其特征，是认识其价值、意义及流弊的前提和基础。

（一）宋明理学的理论构成

宋明理学思潮经历了一个产生和发展演变的历史过程，在这个过程中，形成了天理论、道统论、格物致知论、心性论等基本的理论和学说。随着时代的变迁和理学的演变，这些理论也发生着一定的变化和发展，在思想史上产生了重要影响。

1. 天理论

理学以理名学，理是宋明理学的核心和最高范畴。程颢、程颐创天理论思想体系，在历史上产生了深远影响。天理论的提出，标志着宋代理学的定型和确立，这在宋明理学史，以至在儒家经学史、中国哲学发展史上具有划时代的意义。

任何一个哲学最高范畴的提出，体现着哲学家本人的思想和一个时代的哲学思潮的本质特征，它是先行哲学发展的必然结果，没有一定阶段的酝酿准备，是不会被哲学家提出来的。二程把理从具体事物的规律中独立抽象出来，将其上升为最高范畴。这个抽象、上升的过程，反映了理学思潮的创立、形成和逐步成熟。这也说明理学在二程前的邵雍思想这个阶段，还没有十分完备地确立起来。也就是说，邵雍所指的理，主要指物理、条理，尚不是宇宙本体，还有别于二程哲学的理。二程哲学的理，主要是指天理。二程在新的历史时期，着眼于从哲学的高度来探讨宇宙的本原和社会的治理等重大问题，他们创造性地提出天理论哲学思想体系，并把哲学本体论与儒家伦理学统一于天理。

二程提出"天者理也"[①]的命题，指出"天为万物之祖"[②]，即天为宇宙万物的

---

① 程颢、程颐：《河南程氏遗书》卷十一，《二程集》，第132页。
② 程颢、程颐：《乾卦》，《周易程氏传》卷一，《二程集》，第698页。

主宰者和最终根源。以天为理，并加以论证，理便具有宇宙本体的意义。天理本身是圆满自足的，它无亏欠，不加不损，然而它却包含了一切事物，"万物皆只是一个天理"①。在理与物的关系上，是先有理后有物，有理才有物，"实有是理，故实有是物"②，把天理凌驾于物质世界之上，使之成为万物的主宰。

二程的天理思想虽受到以往思想的影响，但以天理为最高范畴，将之提升为宇宙本体，却始自二程。程颢尝曰："吾学虽有所受，天理二字却是自家体贴出来。"③这是思想史的事实，体现了二程的思想创新精神。并且，以理为人伦道德，这是二程哲学理范畴的重要含义。二程说："人伦者，天理也。"④所谓人伦，孟子指出："教以人伦：父子有亲，君臣有义，夫妇有别，长幼有叙，朋友有信。"⑤二程发展了先秦儒学，把人伦原则上升为天理，这就把人类社会特有的道德原则提升为整个宇宙的普遍规律，使整个宇宙都被天理所范围，混淆了自然与社会的区别。但是这又使儒家伦理学与哲学本体论结合起来，既为儒家伦理原则提供了本体论的哲学依据，又从宇宙本体的高度论证了封建社会政治秩序和道德规范的合理性。宋代理学的最终确立，就在于二程把儒家伦理原则与哲学本体论统一到天理那里。这在中国哲学史和宋明理学史上具有重要意义。

二程创立的天理论哲学代表了宋代理学发展的主要趋势，天理论亦成为宋明理学最重要的理论，最能体现宋明理学的本质特征，在中国思想史上产生了重大影响，在中国经学史和宋明理学史上占有十分重要的地位。

天理论亦是朱熹哲学最重要的理论，他继承二程的天理论哲学，提出"宇宙之间，一理而已"⑥的思想，强调理是永恒的宇宙本体，并对理作了多方面的详尽论述，构筑起中国哲学史上最完备、最缜密的天理论哲学，体现了理学的本质特征。朱熹的整个思想均以理为指导：政治上以天理治天下；哲学上以理为核心和最高范畴；伦理道德上提出存天理，去人欲；教育上以"明人伦"即明理为教育目的。朱熹集天理论思想之大成，对后世产生了重大影响。

不仅宋明理学的主流派程朱把天理论作为其思想体系的核心，而且理学诸派、各理学家均对天理予以充分重视。尽管宋明理学气学派创立者张载提出气

---

① 程颢、程颐：《河南程氏遗书》卷二上，《二程集》，第30页。
② 程颢、程颐：《中庸解》，《河南程氏经说》卷八，《二程集》，第1160页。
③ 程颢、程颐：《河南程氏外书》卷十二，《二程集》，第424页。
④ 程颢、程颐：《河南程氏外书》卷七，《二程集》，第394页。
⑤ 《孟子·滕文公上》。
⑥ 朱熹：《读大纪》，《朱熹集》卷七十，郭齐、尹波点校，四川教育出版社1996年版，第3656页。

本论哲学，这与程朱等不同，但他也重视天理，提出"立天理"①的命题，反对"今之人灭天理而穷人欲"②，而主张复归于天理，这与程朱的天理论有相通之处，而体现了理学的共性。

湖湘学派代表人物张栻继承二程，结合时代的要求，提出并进一步论证天理论宇宙观，以天理为宇宙万物的本体，同时明确批评了气本论。他说："所谓天者，理而已。"③并说："天命且于理上推原，未可只去一元之气上看。"④认为天就是理，天命只可从理上推原，不可归之为气，强调事事物物皆以天理为其存在的依据。

婺学代表人物吕祖谦亦把理作为宇宙的本原，天地万物都统一于本原之理。他说："大凡天下之理，浑浑乎在天地之间，……论其本原，天地万物一体。"⑤认为理存在于天地万物之中，任何事物都遵循着理而运动变化，"天地万物未尝不顺理而动也"⑥。天下事物虽然千差万别，但实际上它们都出于一个理，此理便是宇宙的本体。吕祖谦继承发挥了二程的思想，认为理与事物的关系是一与万的关系，一理派生万物，万物以一理为存在的根据。

尽管陆王等心学家以心为宇宙万物的本原，强调以心、良知为最高原则，但他们并不否定天理的价值和重要性，只不过把理视为等同于心、良知的本体范畴，将本体主体化，以进一步发挥心本体的主观能动性。陆九渊提出"心即理"⑦的命题，把心与理合一，并发挥孟子"万物皆备于我"的观点，指出："此心此理，我固有之，所谓万物皆备于我，昔之圣贤先得我心之所同然者耳。"⑧将心、理融合，从心学的角度发展了天理论哲学。

王阳明继承了陆九渊"心即理"的思想，认为心就是天理，同时对陆氏心学"心即理"的思想又加以发展，引进了良知范畴，在陆九渊"心即理"思想的基础上，提出"吾心之良知，即所谓天理"的思想。他说："吾心之良知，即所谓天理也。致吾心良知之天理于事事物物，则事事物物皆得其理矣。致吾心

---

① 张载：《经学理窟·义理》，《张载集》，第273页。
② 张载：《经学理窟·义理》，《张载集》，第273页。
③ 张栻：《论语解》卷七，《张栻全集》，第192页。
④ 张栻：《答游诚之》，《南轩集》卷三十二，《张栻全集》，第995页。
⑤ 吕祖谦：《门人集录孟子说》，《丽泽论说集录》卷七，文渊阁四库全书，第703册，第393页。
⑥ 吕祖谦：《门人集录易说下·恒》，《丽泽论说集录》卷二，文渊阁四库全书，第703册，第311页。
⑦ 陆九渊：《与李宰（二）》，《陆九渊集》卷十一，第149页。
⑧ 陆九渊：《与侄孙浚》，《陆九渊集》卷一，第13页。

之良知者，致知也；事事物物皆得其理者，格物也。是合心与理而为一者也。"①把良知与天理等同，以最具主观能动性的良知作为最高范畴，来取代程朱学一统学术界的局面。但王阳明对天理仍予以重视，并对哲学"心"范畴作了深入的论述，在新的高度确立起心本体的权威，以充分发挥主体之心的能动作用，这对于批判旧传统，肯定主体的价值具有重要意义。

以上可见，天理论作为理学的基本理论形态和价值体系，受到了理学各家各派的重视和充分肯定，尤其是宋明理学的主流派程朱一派更是如此。而张载气学、陆王心学等理学流派亦重天理，或强调"立天理"，去私欲，或把天理与心、良知相提并论，提出"心即理"、"吾心之良知，即所谓天理"的思想，这体现了天理思想在理学各派理论体系中所占有的重要地位，是各派价值体系的重心。

2. 道统论

与天理论相关，道统论亦是宋明理学理论构成中的重要组成部分。所谓道统，指儒家圣人之道传授的系统。理学各派均讲道统，只不过各有其特点。韩愈的道统论启发了宋明理学之道统论，这是不可否认的历史事实。道统思想源远流长，历经发展演变，至二程得以确立，并趋于成熟。朱熹继承二程，集道统思想之大成。程朱的道统论在韩愈道统的基础上，有了大的发展。从内容上讲，韩愈道统之道的内涵是仁义，程朱则在仁义之道的基础上，以天理论道，把哲学本体论与儒家伦理学结合起来，这是对韩愈及传统道统论的发展；从形式上看，韩愈提出的道统传授谱系说为宋儒所吸取，孙复、石介不仅继承了韩愈的道统，而且在他们的传道谱系中，增加了荀子、扬雄、王通、韩愈等先秦、汉唐诸儒，对韩愈倍加推崇。而程朱虽然表面上不承认韩愈道统，声称是由周敦颐、二程直接从孟子那里得千年不传之绝学，把圣人之道接续下来，但实际上他们受到了韩愈道统说的影响。程朱均对韩愈表示一定程度的尊重，只是由于他们认为《原道》中的语言有毛病，所以不多提韩愈在道统中的作用。

自朱熹集道统思想之大成后，道统论逐渐向心学方向发展演变，这也有其时代和思想发展的必然性。陆九渊提出心学道统观，以心论道统，对程朱道统论加以心学化的改造，他以继孟子之后道统第一人自居，把韩愈、周敦颐、二程、朱熹均排斥在道统之外。虽然陆九渊站在心一元论哲学的立场，不同意程朱对《尚书·大禹谟》"十六字传心诀"的解释，但他以自己上接孟子而自得其

---

① 王阳明：《传习录中·答顾东桥书》，《王阳明全集》卷二，第45页。

道,仍然是以程朱的超越时代的心传理论为依据的。

吴澄道统论的特点是把心学与道统紧密结合,扩大心学的内涵,把朱熹道统论中的众多人物及其学说都包括到心学里来,而不把心学仅限于陆氏心学。吴澄针对朱学末流的弊端,超越朱学,向心学转化,体现了道统论演变的趋势。

王阳明直接把圣人相传授受之学称之为心学,把"十六字传心诀"视之为"心学之源"[1]。他提出"致良知之外无学矣"[2]的思想,以"致良知"说取代程朱道统论,从而把圣人相传的道统说改造为心学,完成了道统心学化的过程。这为现代新儒学之新心学一系所继承,并以之作为"源头活水",而吸取甚多。

3. 格物致知论

格物致知论是宋明理学的重要理论,也是其哲学认识论的核心。《大学》中提出了"格物致知"这个命题,但其本文并没有对"格物致知"加以更多的解释。理学各派大多讲格物致知,从中阐发认识论原理。程朱理学通过深入诠释《大学》的格物致知说,发展了中国哲学的认识论。陆九渊则忽视知识,内求于心。王阳明提出著名的"致良知"说,对程朱的格物致知论加以改造,主张复《大学》古本,以"致良知"说取代程朱的致知便在格物中的思想,从心学的角度论述了格物致知论。其他如许衡、吴澄、罗钦顺、刘宗周等各派理学人物均对格物致知展开论述,提出了自己的格物致知论,成为宋明理学家讨论和关注的重要话题之一。

二程对《大学》十分重视,极力尊信而表彰之,以教育学者由格物致知、诚意正心,达到修身齐家、治国平天下的目的;并为之改正《大学》文字的次序,以发明其意,把《大学》视为与孔孟之旨直接相连的入德入门之书。他们从《大学》中把握治学次第,从格物致知、即物穷理入手,最终实现内圣而外王,达到治理国家的目标,开理学家重视格物致知说之先河。

朱熹继承并发展了二程的思想,所著《四书章句集注》中有《大学章句》,以此提出他的格物致知论,并在其他著述中论及格物致知,体现了程朱理学认识论的基本原则。朱熹认识论的目的是穷理,而天理在人心,与人的认识主体相连,故穷理与致人心之知不可分离。而欲致吾之知,就须格物而穷其理。朱熹格物致知论的特点是重视知识,内外结合,明确提出主客体对立的心物范畴,强调并重视主体对客体、心对于事物及事物之理的认识,指出在认识物理和道

---

[1] 王阳明:《象山文集序》,《王阳明全集》卷七,第245页。
[2] 王阳明:《书魏师孟卷》,《王阳明全集》卷八,第280页。

德理性的过程中，须不断地掌握知识，虽其知识主要是为道德践履提供指导，但确与忽视知识，不立文字，把道德理性主体化，强调内求于心的陆氏心学旨趣各异。从朱熹格物致知论的特点中亦可看出，那种认为中国古代哲学缺乏认识论，缺乏主客体对立的范畴的观点是缺乏根据的。

与朱熹的格物致知论明确提出主客体的对立，强调并重视主体对客体、心对于事物及事物之理的认识不同，陆九渊心学强调内求于心，无须外索，贵在自得，以心为最高原则，强调只有一个心的世界，以一心来囊括整个宇宙，忽视事物的客观存在，因而缺乏主客体对立的范畴。以此陆九渊把格物致知说成是格内在的道德彝伦，致心内之良知。

王阳明在陆九渊心学的基础上，提出"致良知"说，其理论针对性便是程朱的格物致知论。由此王阳明对程朱的格物致知论加以改造，主张复《大学》古本，提出致知格物说，以"致良知"说取代程朱的致知便在格物中的思想，从心学的角度论述了格物致知论，并对程朱重视知识，向外求知的思想提出批评，表现出王阳明与程朱思想的差异。

王阳明按自己"致良知"的思想来理解《大学》，他认为《大学》之本在致知，如果不本于致知，徒讲格物诚意则谓之妄。他在其《大学古本序》里批评了朱熹对《大学》的分章和补传的做法，而主张复《大学》古本之旧。在格物与致知的关系上，王阳明从"致良知"说出发，先讲致知，后讲格物，并把格物附属于致知，凡事致其知，就是格物。他说："鄙人所谓致知格物者，致吾心之良知于事事物物也。吾心之良知，即所谓天理也。致吾心良知之天理于事事物物，则事事物物皆得其理矣。致吾心之良知者，致知也；事事物物皆得其理者，格物也。是合心与理而为一者也。"① 王阳明致知格物的观点是针对朱熹的格物说而发的，他认为朱熹即物而穷其理的观点，是以吾心求理于事事物物之中，而不是从心上求，所以是析心与理为二；而他的"致良知"说则是把致知放在首位，致吾心良知之天理于事事物物，事物得到了良知之天理，才是格物。可见在王阳明那里，格物是在致知之后，而作为致知的结果，其重要性也在致知之下。罗钦顺对此观点提出批评，指出此说与《大学》本义不符，改变了《大学》由物格而后知至的认识路线。然而王阳明却认为"天下之物，本无可格者，其格物之功只在身心上做"②，否定本来意义上的格物，把格物改造为在身心上

---

① 王阳明：《传习录中·答顾东桥书》，《王阳明全集》卷二，第45页。
② 王阳明：《传习录下》，《王阳明全集》卷三，第120页。

做，即正心、正念头，认为外物不可格，格也不能反身而诚自家意，把认识事物及事物之理排除在格物的范围之外，不去认识事物及事物之理。故王阳明的认识论只是内知论或知内论，而不须外求于事物及物理。

罗钦顺以《大学》为根据，对王阳明的"致良知"说提出质疑。指出王阳明的"致良知"说的观点与《大学》"致知在格物，物格而后知至"的本义不符，其"致良知"说把《大学》的从格物到致知、物格而后知至的认识路线改变成致良知而后物格，由致心之良知到格物的认识路线，而与《大学》之教形成矛盾。这的确道出了王阳明"致良知"说的症结所在。他还指出王阳明既言察天理，又讲致良知，而又称天理即良知，那么"察"与"致"究竟谁先谁后？良知与天理究竟是一是二？通过点出王阳明思想的矛盾处，来批评其"致良知"说。其对当时方兴未艾的王阳明良知说展开批评，表现出罗钦顺思想的时代特色。

4. 心性论

宋明理学心性论由各派的心性学说组成，经历了动态的发展过程。正如在理气问题上各派有着不同的观点一样，在心性问题上理学各派也存在着各自不同的见解。

宋明理学心性论研究的对象和回答的问题与理气论有所不同。如果说，理气论主要研究和回答的是形上道德本体与形下物质之气的关系问题的话，那么，心性论主要研究和回答的则是人的主体思维与道德理性的关系问题。其中涉及由性而发的情感和情欲问题，以及心、性、情三者的关系问题，由此而形成了一系列各具特色的理论和命题，它们共同构成了宋明理学心性论的思想理论和逻辑结构体系。从历史和逻辑统一的观点出发来分析宋明理学心性论的时代意义，可以得出：宋明理学家通过对心性问题的研究和探讨，确立了宋明新儒学道德理性的主导地位，使儒家伦理有了本体论的哲学依据；发展了中国哲学的主体思维，使主体意识进一步强化；并丰富和完善了理学的道德修养论。由此，心性论作为宋明理学的重要组成部分，与天理论、道统论、格物致知论等共同构成宋明理学的基本理论体系，历经演变和发展，在思想史上产生了重要影响。

（二）宋明理学的基本特征

通过以上对宋明理学的理论构成及其发展演变的探讨分析，可以归纳概括出宋明理学的若干基本特征。这些特征又彼此沟通、相互联系，体现了理学的本质。正是由于这些特征，宋明理学具有了自己的个性和特性，从而与其他思想区别开来；也正是这些特征，使人们能够从整体上认识和把握宋明理学的历史必然性、自身理论价值和意义及所存在的流弊。

1. 儒家伦理与思辨哲理相结合

理学是具有思辨性的新儒学，理学家把儒家学说哲理化，从宇宙本体的高度为儒家伦理提供本体论的哲学依据，把儒家伦理与思辨哲理结合起来，而区别于汉唐以至先秦的旧儒学。以孔孟为代表的先秦儒学，注重于社会和伦理问题的探讨，而于宇宙问题则归结为"天命"，而缺乏细密的论证，故哲学思辨性尚待提高。汉儒代表董仲舒援"五德终始"论入儒，穿凿附会《春秋》有关天变、灾异的记述，提出"天人感应"的神学目的论，发挥了先秦的"天命"观。所谓灾异之说，指天通过发生特异的自然现象，如水灾、地震、日食、月食等，对人警示或惩罚。即上天对人，经常通过自然界的灾异变化来进行谴责，以示警告，使其符合天意。灾异说通过迷信的方式把本不相干的自然灾变与社会人事混为一谈，以说明天与人事有着必然的联系。灾异说与当时盛行的天人感应说相关。董仲舒之学以儒家为主，结合阴阳五行说，注重发挥经书中的"微言大义"，宣传和发挥《公羊传》的"大一统"思想，强调改制、易正朔、作新王，主张行儒术，讲仁政，缓和社会矛盾。这些思想被汉武帝采纳，从而使《公羊》学成为显学。然今文学盛行后，盛极而衰，经生训诂解经，走向烦琐，"说五字之文，至于二三万言"[①]，"一经说至百余万言，大师众至千余人，盖禄利之路然也"[②]，班固认为，这是利禄之路使然。又因与阴阳、灾异之说和谶纬相结合，存在着某些对经书的穿凿附会，一度导致经学的混乱，于是有古文经学的出现。后世学者对今文经学的流弊提出批评，认为"浮华无用之言，至是而大炽"，讥其为章句之徒，破坏大体，分文析字，烦言碎辞，便辞巧说，破坏形体者，并称其是妄生穿凿，竞论浮丽。自东汉后至唐代，汉学流弊发展至极点，士人往往在前代注疏的基础上来疏释经书和原有的旧注，普遍采取"疏不破注"和烦琐训诂释经的方法。这种汉唐旧儒学的传统缺乏活力，面对隋唐佛老盛行、宗教冲击人文的挑战，已无法适应，以致动摇了儒家文化的主导地位，而造成了理论危机和社会危机。

面对儒学式微，佛老冲击儒家伦理的挑战，理学家以思辨性的哲理否定了先前儒学较为粗糙的"天命"观和"天人感应"神学目的论。尤其是二程，结

---

① 班固：《艺文志》，《汉书》卷三十，中华书局1962年版，第1723页。
② 班固：《儒林传》，《汉书》卷八十八，第3620页。

合时代发展的需要，创天理论思想体系，朱熹加以发展，大大提高了中国儒学的哲学思辨水平，完成了自宋初以来思想家们致力于建立一种直接把宇宙本体论与儒家伦理学统一起来的哲学体系的尝试，既为儒家的伦理原则提供了本体论的哲学依据，以抗衡精致的佛教哲学，又从本体的高度论证了封建社会统治秩序和道德规范的合理性。程朱把儒家的纲常伦理原则与哲学本体论统一到天理那里，这代表了理学发展的主要趋势。即使陆王心学也不否定天理的权威，只不过把理等同于心或良知。可以说，天理论哲学开辟了理学即新儒学发展的道路，成为时代思潮和时代精神的集中体现，亦是把儒家伦理与思辨哲理结合起来的理学特征的体现，而区别于汉唐、先秦儒学。

2. 以己意说经，经学形式与性理学内涵相结合

理学是传统经学发展的特殊阶段和特殊形态，与中国经学发展史上的其他发展形态相比，理学区别于汉学和清代新汉学的最大特征就在于它提倡以己意说经，不受旧注疏的约束；同时理学也具有一定的经学形式，在以己意说经的形式下，把经学形式与性理学内涵结合起来，在经典诠释中阐发性理学的内涵，为社会治理和理论建构作论证。

宋儒注重以义理治经、解经，这是包括理学在内的宋学的一般特征。在宋学义理思想基础上产生的理学，既包含了义理之学，又在讲义理的基础上着重发挥哲理，重视哲学理论的创造，把思辨性哲理与儒家伦理和一般义理结合起来。就理学属于宋学之组成部分而言，讲义理是它体现宋学的共性的地方；就理学是对宋学的发展而言，其所具有的思辨性哲理又是它超出一般宋学学者之处，并集中体现了宋学的特征而超出了汉唐诸儒缺乏思辨的治经原则和方法，其义理之学中包含一定的哲学。因此，后世将重义理、轻训诂的宋学称为义理之学，而与重章句训诂、传注疏释的汉唐经学相区别。

理学家所热烈讨论的天理论、道统论、格物致知论、心性论等理论，是在宋学义理之学的基础上，加以哲学理论的创造而提出来的性理之学，代表了当时中国哲学发展的水平，这是经学史上的汉学家很少讲的，而体现了理学的特质，亦是对中国经学和儒学的发展。理学家在宋学义理思想的基础上所阐发的哲理，并不脱离注经的形式，而大多是在解说经书的过程中，把经学诠释与哲学诠释结合起来，并结合时代发展的要求，加以哲学理论的创造，而提出富于时代特征的新思想。理学家普遍认为，"经所以载道"，道寓于"四书""六经"之中，而道即天理，亦即太极、性等宇宙本体，将经典视为取道之源，从中阐发哲理，将义理哲理化。即使心学家强调"先立乎其大"，提倡心本论哲学，也主张"六经皆我注脚",读经以求诸吾心,亦对《孟子》《大学》《中庸》等经书予以重视。

尽管理学家采取了经学的形式(各派对经学形式的重视程度有所不同),但就形式与解经的目的即理学家的思想实质而言,理学各派均是以己意说经为重。即是在形式与内容的关系上,以内容为重,说经的目的在于阐发自己的性理、心性之学,而不是为解经而解经。

正因为理学是伴随着经学的哲学化、宋学的哲理化而产生,它是在当时时代变迁、社会变化,思想也随之转化的背景下的产物。理学的产生具有深刻的历史必然性和经学发展的内在逻辑,并通过经学哲理化的进程表现出来。理学针对缺乏思辨哲理的汉唐训诂注疏之学的流行导致儒家经学发展停滞和佛、道二教的盛行对儒学的冲击和挑战,做出时代的回应,把经学义理化,将儒学哲理化,走过了由注疏之学到义理之学,再由义理之学到具有思辨性哲理的性理之学或心性之学的发展过程;并通过对儒家经典的哲学阐释,建构起由诸多各具特色的理学流派组成的宋明理学思想体系,完成了由宋学到理学的转化和发展。

性理(心性)之学源于先秦儒学,在孔、孟、荀思想及儒家经典里均有对性理、心性问题的表述。理学代表人物二程自家体贴出"天理"二字,把宇宙本体论与儒家伦理学统一于理,创天理论哲学思想体系,这对整个宋明理学产生了重大影响。同时二程提出"性即理"的命题,朱熹将其视为与"心统性情"并列的"颠扑不破"的真理,"伊川'性即理也',横渠'心统性情',二句颠扑不破"[①],可见对性理的重视。程朱等各派理学家重视性理和心性之学,他们以己意说经、解经,虽一定程度地借鉴经学的形式,但将其置于从属于道或心、良知的地位,体现了宋明理学家重主体能动性的发挥的思想解放与创新精神。这不仅是对经学的发展,而且亦是对中国儒学的发展,改造伦理型的旧儒学,把先秦儒家性理、心性之学哲理化。可见,理学的兴起,是把儒学哲理化,走过了由注疏之学到义理之学,再到具有思辨性哲理的性理之学的发展过程,体现了理学将经学形式与性理学内涵相结合的特征。

3. 融合三教,以儒为主

如果说,宋代以来中国思想文化的发展出现儒、佛、道三教融合的趋势,而与宋以前三教关系以相互对立为主的三教鼎立有所不同的话,那么,理学各派虽然公开批佛老,但却对佛、道二教的思辨哲学加以吸取和借用,目的是为

---

① 参见张载:《张子语录·后录下》,《张载集》,第338页。

了取人之长，补己之短，最终是为了斥"异端"，排佛老，以维护儒家文化在中国文化和社会意识形态领域中的主导地位。所以理学家们的思想出现融合三教，以儒为主的特点。尤其是二程洛学、张载关学、胡宏湖湘学、朱熹闽学等理学各派，均严厉批判了佛教与儒家伦理不相符合的教旨教义，但同时也以儒为主，以儒家伦理为本位，批判地吸取了佛、道的思辨哲学，呈现出融合三教，相互影响的格局。

理学各派中吸取佛教较多的是陆王心学派，他们的心性本体论就是对佛教心本论、性本论，以及"本觉真心……亦名佛性"[①]，也就是心即性说的吸收。华严五祖宗密著《华严原人论》一卷，以"原人"说为根据来说明人的本原，认为人的本原就是本觉真心，也就是佛性，又名如来藏。禅宗亦强调："空寂之心，灵知不昧。即此空寂之知，是汝真性。"[②]认为心性不异，即性即心。这对陆王心学心性一元说产生了重要影响。虽然陆王心学对佛教心性本体论吸取较多，以之作为自己心学理论的形式，但其心学体系的内涵却是以儒家伦理为主，这与佛教心性本体论哲学不同。

在本体论形式上，程朱一派亦对佛、道思想加以吸取。他们吸取并借用了佛教华严宗的理事说、一多相摄说，从本体论角度重构儒家伦理学，建立起融合宇宙本体论与儒学伦理学为一体的理学理论框架和思想体系，为中国儒学文化的发展开辟了新路。在这方面，二程客观地承认佛学的高深，"释氏之学，又不可道他不知，亦尽极乎高深"[③]，并对佛教的理本论哲学加以吸取。佛教华严宗以理为宇宙本体，认为事法界（现象世界）以理法界（本体）为存在的根据，其理本论通过对理事关系的论述而提出。华严宗实际创始人法藏指出："事虽宛然，恒无所有，是故用即体也，如会百川以归于海。理虽一味，恒自随缘，是故体即用也，如举大海以明百川。"[④]明确肯定理是体，事是用，理、事又相即不离。法藏还指出："一一事中，理皆全遍，非是分遍。何以故？以彼真理不可分故。是故一一纤尘，皆摄无边真理，无不圆足。"[⑤]认为万事万物都是理的体现，理是现象世界的总根源。华严宗以理为宇宙万物本体的思想对二程产生了重要影响，二程在建立天理论哲学体系的过程中，便吸取了佛教的理本论和理事说。

---

① 参见宗密：《原人论》第1卷，《大正新修大藏经》第45册，新竹佛陀教育基金会出版部1990年版，第710页。
② 参见宗密：《禅源诸诠集都序》第1卷，《大正新修大藏经》第48册，第402页。
③ 程颢、程颐：《河南程氏遗书》卷十五，《二程集》，第152页。
④ 法藏：《华严经义海百门》，《大正新修大藏经》第45册，第635页。
⑤ 法藏：《华严发菩提心章》，《大正新修大藏经》第45册，第653页。

学者问:"某尝读《华严经》,第一真空绝相观,第二事理无碍观,第三事事无碍观,譬如镜灯之类,包含万象,无有穷尽。此理如何?"程颐答:"只为释氏要周遮,一言以蔽之,不过曰万理归于一理也。"① 他把华严宗"事理无碍法界"提出的理本事末、"一一事中,理皆全遍"的思想概括为"万理归于一理",即万事万物的理最终归源于统一的、抽象的本体之理,万事万物是一理的完整体现。这就为天理论的建立提供了理论根据。与此相联,二程的理一分殊说也是对华严宗理事说的借用。二程在概括张载《西铭》的观点时,提出"理一而分殊"的思想,在天理论的前提下详尽论述了一理与分殊的关系:天理是一,体现在万物之中;而千差万别的分殊之物又统一于理,以天理为存在的根据。这与华严宗"一一纤尘,皆摄无边真理"的思想在理论形式上是相通的。朱熹亦对佛教的"月印万川"说有所借鉴。他说:"本只是一太极,而万物各有禀受,又自各全具一太极尔。如月在天,只一而已;及散在江湖,则随处而见,不可谓月已分也。"② 朱熹所谓太极,即是理,"太极只是个理"③。朱熹形象地把万物各禀受一个完整的太极比喻为月印万川,万川所印之月均为一个完整的月亮,而不是月亮的一部分。以此说明理一与分殊的关系,这是对禅宗"月印万川"说的借鉴。禅宗永嘉大师玄觉的《永嘉证道歌》云:"一性圆通一切性,一法遍含一切法。一月普现一切水,一切水月一月摄。诸佛法身入我性,我性遂与如来合。"朱熹借此来说明理一分殊的道理,他说:"然虽各自有一个理,又却同出于一个理尔。……释氏云:'一月普现一切水,一切水月一月摄。'这是那释氏也窥见得这些道理。"④ 其一理即为理本;一理体现在万物之中,即为分殊。分殊之万物以各自的理为其存在的根据,万理又是一理的完整体现,而不可分割。这恰如佛教的"一月普现一切水,一切水月一月摄"。朱熹的理一分殊说受到佛教的影响和启发,这是对佛学的吸取。

虽然程朱的天理论、理一分殊说吸取了佛教理本论、理事说的哲学形式,但二者在内容上有本质的区别。程朱的天理具有儒家伦理的内涵,是哲学本体论与儒家伦理学的统一;而佛教的理本论和理事说则排斥儒家伦理,是为了说明法界缘起论的。但不可否认程朱借用了佛学的理论。

除吸取佛学外,理学家亦借鉴了道教、道家的思想。二程在批判道家的道

---

① 程颢、程颐:《河南程氏遗书》卷十八,《二程集》,第 195 页。
② 黎靖德编:《朱子语类》卷九十四,第 2409 页。
③ 黎靖德编:《朱子语类》卷九十四,第 2370 页。
④ 黎靖德编:《朱子语类》卷十八,第 398—399 页。

与仁义不并存思想的同时,对道家哲学的道本论形式又倍加赞赏。他指出:"庄生形容道体之语,尽有好处。老氏'谷神不死'一章最佳。"①认为庄子之学虽然无礼无本,不讲礼义道德,但对道体的论述却比较得体,并指出《老子》"谷神不死"一章最佳。所谓谷神不死,即认为道(谷神)永恒存在,它是万物产生的总根源,具体事物有限,而产生万物的道却是无尽无限的。二程对《老子》"谷神不死"章的肯定,即是对道本论哲学的吸取。除吸取道家、道教以道为宇宙本体、万物本原的思想外,二程还接受了老子"道法自然"的思想,把人间伦理与天道自然结合起来,以加强儒家伦理的客观性和必然性。二程不仅认为道生万物是自然而然的,而且认为天理也是自然的,"天理自然当如此"②,把儒家伦理纲常说成是自然而然的天理,世人只能自然地顺应天理,而不得违背它。二程把道家、道教的自然原则引进天理论,认为人类社会的道德规范就是自然界的普遍规律,它不以人的意志为转移,即使是尧这样的圣人或桀这样的恶人,这就加强了儒家伦理的自然权威,儒家伦理既然是客观的自然规律,那么天下之人都不可逃脱天理的笼罩。这与董仲舒把王道之三纲本之于有意志神学之天的思想相比,的确进了一步。朱熹亦对道教、道家思想有所吸取,他青少年时曾出入佛老,问学于庐山道士虚谷子刘烈,与其论《易》学,问金液还丹修炼之法,细读了虚谷子的《还丹百篇》。后来朱熹吸取了道教、道家的道本论思想,亦肯定老子论述道本论的"谷神不死"章,以此说明道能生物,有生生之义。他说:"谷虚,谷中有神,受声所以能响,受物所以生物。"③指出道受物所以生物,为生物之本原。程朱的这种道本论哲学在以往儒学的思想体系里不曾有,弥补了儒学之不足。朱熹还借鉴道教之图,吸取其以图解《易》的治学方法,为建构自己的思想体系服务;晚年还考释道书,并为之作《参同契考异》和《阴符经考异》,表现出对道教养身精神的追求。

理学家在对佛、道的批判中,以儒为主,吸取了佛、道精致的思辨哲学,把儒家学说哲理化,确立了理学这一新儒学的思想理论体系,体现了儒、佛、道三家思想的融合。这不仅为宋代理学的确立创造了条件,为中国思想文化的发展开辟了新路,而且形成了整个中国传统文化三教融合,共存互补的格局和特色。

---

① 程颢、程颐:《河南程氏遗书》卷三,《二程集》,第64页。
② 程颢、程颐:《河南程氏遗书》卷二上,《二程集》,第30页。
③ 黎靖德编:《朱子语类》卷一百二十五,第2994页。

4. 联系社会发展实际，求实、求理，重躬行践履

宋明理学是中国特定历史条件下的产物，是历史和思想发展的必然。它的产生和发展与一定社会的政治、经济状况相联系，是社会经济、政治、文化和自然科学发展的结果，亦在一定程度上反映了当时社会政治、经济、文化发展的需要。故理学家在提出和阐发其理学思想时，并非脱离实际的冥思空想，而是联系社会发展实际，求实、求理，重躬行践履，是为社会发展和政治治理服务的。这与理学产生的理论针对性有关，也与其时重视知识的社会背景和自然科学的发展有一定的联系。

自从理学家把哲学本体论与儒家伦理学统一起来，建立起哲学、伦理、政治合而为一的思想体系以来，中国封建时代的政治统治与伦理原则便有了可靠的哲学保证，既从外部清算了佛教"沙门不敬王者"和不讲孝道、脱离家庭的出世主义，又从内部清理了唐末五代盛行的子杀父、臣弑君、道德沦丧等消极现象。这对于维护社会稳定，巩固中央集权制政权，无疑具有重要意义；亦是促进生产力发展，进而促进整个社会的稳定和发展所不可缺少的思想保证。

从维护社会稳定、促进社会发展的实际出发，理学家把儒家思想实理化，把儒家经学实学化，充分体现出求实、求理的时代精神。他们面对外来佛教和本土宗教道教的挑战，以及旧汉学发展停滞的局面，大力提倡求实、求理的精神，在对佛老和汉唐经学的批判、扬弃中，创新儒学思想体系，完成了理性主义的文化超越和理论形态的转型，把中国儒学发展到一个新的阶段，充分体现了当时时代精神的精华。

理学家求实、求理的时代精神通过其对佛老的批判、扬弃和超越得以体现。程朱站在经世实学重现实人生的立场，对佛老的虚无空幻的无实之弊提出批判。程颢一言以蔽之："释氏无实。"[1] 程颐强调："学者须是务实。"[2] 提倡务实精神，以反对佛老的空无。程颐指出："释氏言成住坏空，便是不知道。只有成坏，无住空。"[3] 排斥佛教神秘主义的空的理论。二程还批判佛教"其说始以世界为幻妄，而谓有天宫，后亦以天为幻，卒归之无"[4]，认为佛教幻妄空无的世界观是为其出世主义的违背人间伦理、举事皆反常的行为作论证的。二程还批判了老庄

---

[1] 程颢、程颐：《河南程氏遗书》卷十三，《二程集》，第 138 页。
[2] 程颢、程颐：《河南程氏遗书》卷十八，《二程集》，第 219 页。
[3] 程颢、程颐：《河南程氏遗书》卷十八，《二程集》，第 195 页。
[4] 程颢、程颐：《河南程氏外书》卷十，《二程集》，第 409 页。

脱离仁义而言道以及"放情而不庄"①的放旷之说,指出"魏晋之士变而为旷荡,尚浮虚而亡礼法"②,即批评玄学以虚无为本,清谈以至误国。这表明二程理学的兴起,并不是以清谈为宗旨,而是反对虚无,提倡经世实学的。

朱熹亦反复强调"释氏虚,吾儒实"③,批评"释氏便只是说'空',老氏便只是说'无',却不知道莫实于理"④。他以理为实,提倡实理,反对佛老的空无,认为佛教不明理之本体,于大本处未立,故把批佛的重点放在批判佛教的"空"论上。"空"论是佛教哲学的基本理论之一,佛教各派普遍使用"空"这一基本范畴。虽然各派对空的解释有所不同,但空的含义基本是指事物的虚幻不实,或指理体之空寂明净,认为世界一切现象皆是因缘和合而生,刹那生灭,没有独立的自性,假有而不实,即为空。这实际上是否定世界万有的质的规定性与实在性。就佛教绝大多数流派都把整个世界看成是空的而虚幻不实而言,可以说都属于空派。朱熹深知"空"论在佛教理论中的重要性,故通过批"空"而求实、求理。他说:

> 佛以空为见,其见已错,所以都错。⑤
>
> 儒释言性异处,只是释言空,儒言实;释言无,儒言有。……问:"释氏以空寂为本?"曰:"释氏说空,不是便不是,但空里面须有道理始得。若只说道我见个空,而不知有个实底道理,却做甚用得?"⑥
>
> 曹问何以分别儒释差处。曰:"只如说'天命之谓性',释氏便不识了,便遽说是空觉。吾儒说底是实理。"⑦

他指出佛教把一切都归于空寂,所以是以空寂为本,其言性、言理,俱为之"空",为之"无",而与儒学的"实"、"有"不同。正因为儒学讲"实",以理为实,以性为实,故与佛教的空寂之说区别开来。在批佛中,朱熹提出了"实理"的概念,以反对佛教的"空觉"。

由此朱熹指出尽管佛教的"空"论把宇宙万有幻化为虚无,抹杀事物存在

---

① 程颢、程颐:《河南程氏粹言》卷一,《二程集》,第1196页。
② 程颢、程颐:《河南程氏遗书》卷十八,《二程集》,第236页。
③ 黎靖德编:《朱子语类》卷一百二十六,第3015页。
④ 黎靖德编:《朱子语类》卷九十五,第2436页。
⑤ 黎靖德编:《朱子语类》卷一百二十六,第3040页。
⑥ 黎靖德编:《朱子语类》卷一百二十六,第3015页。
⑦ 黎靖德编:《朱子语类》卷一百二十六,第3017页。

的客观实在性，但事实上万物存在的客观实在性是抹杀不了的。他说：

> 释氏则以天地为幻妄，以四大为假合，则是全无也。①
>
> 若佛家之说都是无，已前也是无，如今眼下也是无，"色即是空，空即是色"。大而万事万物，细而百骸九窍，一齐都归于无。终日吃饭，却道不曾咬着一粒米；满身着衣，却道不曾挂着一条丝。②

他批评佛教以天地为幻妄，以地、水、火、风之"四大"所造成的一切事物为假合的理论，而强调万物的实有。

以上表明，理学家在对佛老空无思想的批判中，提出了求实、求理和"实理"的思想，并在批判中吸取佛老精致的思辨哲学形式，如：借鉴华严宗的理本论形式和理事说；吸取佛教的"月印万川"说，借此说明"理一分殊"的道理；借鉴佛教的心性论；吸取道家、道教的道本论和"道法自然"的思想；朱熹借鉴了道教之图和以图解《易》的治学方法，为建构自己的易学及理学思想体系服务。程朱在对佛老的批判中又吸取其精华，在扬弃中加以创新，从而超越盛行一时的佛老之说，创立以儒为本、融合三教的新儒学即理学思想体系，以其求实、求理的时代精神开创了中国思想文化发展的历史新阶段。

理学家实学求实、求理的时代精神还通过其对汉学的批判、扬弃和超越得以体现。二程把治经视为实学，提出"由经穷理"③，"经所以载道"④的思想，认为经是"载道之器"，强调治经学的目的是为了明道、明义理，如果不以明义理为目的，则不可治经，由此主张通经以明理，明理以致用，反对空言无实、烦琐考据之弊，从而明确把宋学义理与汉学考释训诂区别开来。以重义理的宋学取代重考据轻义理的汉学，是经学发展史上的重大变化。在这个过程中，程朱对汉学的批判起了重要作用。程颐说："经所以载道也，诵其言辞，解其训诂，而不及道，乃无用之糟粕耳。"⑤指出单纯训诂考据而不求道，乃无用之学。二程批评汉学家烦琐释经，白首到老而不能通的治经方法。

---

① 黎靖德编：《朱子语类》卷一百二十六，第3012页。
② 黎靖德编：《朱子语类》卷一百二十六，第3012页。
③ 程颢、程颐：《河南程氏遗书》卷十五，《二程集》，第158页。
④ 程颢、程颐：《河南程氏遗书》卷六，《二程集》，第95页。
⑤ 程颢、程颐：《遗文·与方元寀手帖》，《河南程氏文集》，《二程集》，第671页。

问:"汉儒至有白首不能通一经者,何也?"曰:"汉之经术安用?只是以章句训诂为事。且如解《尧典》二字,至三万余言,是不知要也。东汉则又不足道也。东汉士人尚名节,只为不明理。"①

二程认为汉代经术没有多少用处,因其不明理,才以章句训诂为事,耗尽毕生精力从事钻牛角尖式的考据训诂,以致解两字需用三万言,到头来还是不得要领。

朱熹亦批评了汉儒溺心于训诂而不及理的经学学风。《语类》有载:

刘淳叟问:"汉儒何以溺心训诂而不及理?"曰:"汉初诸儒专治训诂,如教人亦只言某字训某字,自寻义理而已。至西汉末年,儒者渐有求得稍亲者,终是不曾见全体。"问:"何以谓之全体?"曰:"全体须彻头彻尾见得方是。"②

他指出汉学学者专治训诂,把工夫用在解字上,而对义理则不重视,始终未能把握理之大体。从程朱对汉学的批评中可以看出:重义理,还是重训诂,这是宋学与汉学的原则区别。

在批评汉学的基础上,二程提出了实学这一概念。程颐说:

治经,实学也,譬诸草木,区以别矣。道之在经,大小远近,高下精粗,森列于其中。譬诸日月在上,有人不见者,一人指之,不如众人指之自见也。如《中庸》,一卷书,自至理便推之事。如国家有九经,及历代圣人之迹,莫非实学也。如登九层之台,自下而上者为是。人患居常讲习空言无实者,盖不自得也。为学,治经最好。苟不自得,则尽治"五经",亦是空言。今有人心得识达,所得多矣。有虽好读书,却患在空虚者,未免此弊。③

二程明确提出治经即是实学,其实学的内涵是把经典、道、圣人之迹、理以及具体事物结合起来,并贵在自得,而反对空言无实,流于空虚之弊。在这

---

① 程颢、程颐:《河南程氏遗书》卷十八,《二程集》,第232页。
② 黎靖德编:《朱子语类》卷一百三十七,第3263—3264页。
③ 程颢、程颐:《河南程氏遗书》卷一,《二程集》,第2页。

里，二程实学强调的是，从治经学入手，但不追求训诂解析，而是穷理求道，以致于日用，达于政事，讲求实事，以理推之于事。程颐说："读书将以穷理，将以致用也。今或滞心于章句之末，则无所用也。此学者之大患。"[①] 认为治经学除了穷理外，还包括致用，反对滞心于章句之末的无用之学，要求把道贯彻到日用和政事中去，否则穷经明理的目的就未达到，二程指出："穷经，将以致用也。如'诵诗三百，授之以政不达，使于四方，不能专对，虽多亦奚以为？'今世之号为穷经者，果能达于政事专对之间乎？"[②] 强调穷经的目的是为了致用，并达于政事。如果多学而不能运用于实际，授之政事而不能通达，出使四方而不能应对，那么即使记诵再多，也没有益处。二程以实学取代空言无实的汉学，实开经世实学通经致用之先河，是经学发展的必然。

宋明理学求实、求理，联系社会发展实际的思想特征亦体现在吕祖谦的思想里。吕祖谦为学主明理躬行，治经史以致用，强调"讲实理，育实材，而求实用"[③]，突出一个"实"字。讲实理而不是空谈虚理，育实材是为了培养具有真才实学之人，求实用乃在于把所讲实理、所育实材落实到实际运用中，而非为饰治之具。这体现了吕祖谦求实、求理，并将之贯彻于实用的思想特色。

理学重躬行践履的学术特征在湖湘学派胡宏、张栻的思想里得以体现。重躬行践履是湖湘学派的突出特点，而胡宏开其先。胡宏强调，要把求学得到的知贯彻于行，在实践中体现出来，只有这种体现于行的认识，才是真知、真见。他说："仁之一义，圣学要道，直须分明见得，然后所居而安。只于文字上见，不是了了，须于行持坐卧上见，方是真见也。"[④] 主张要从日常生活的实际中贯彻仁的原则，在行持坐卧的实践功夫上体现出仁的精神来，才是真见。这种真见是建立在行持坐卧的实践功夫上的，表明"知"以"行"为基础。从躬行践履出发，张栻批评了当时重知轻行，忽视躬行践履的学风："近岁以来，学者又失其旨，曰：吾惟求所谓知而已，而于躬行则忽。故其所知特出于臆度之见，而无以有诸其躬。"[⑤] 他指出离开了躬行的所谓知，仅是一种臆度之见，强调要把所知付诸践履，否则，"若如今人之不践履，直是未尝真知耳"[⑥]。这种重躬行践履的学风，正是理学特征的体现。

---

① 程颢、程颐：《河南程氏粹言》卷一，《二程集》，第1187页。
② 程颢、程颐：《河南程氏遗书》卷四，《二程集》，第71页。
③ 吕祖谦：《太学策问》，《东莱集》卷五，文渊阁四库全书，第1150册，第44页。
④ 胡宏：《与孙正孺书》，《胡宏集》，第147页。
⑤ 张栻：《论语说序》，《南轩集》卷十四，《张栻全集》，第751页。
⑥ 张栻：《答朱元晦》，《南轩集》卷三十，《张栻全集》，第961页。

许衡亦强调于笃实处实践的重要性。他说:"学问思辨既有所得,必皆著实见于践履而躬行之。……不行则已,行则必须到那笃实处。不至于允蹈实践也,决不肯舍了。他人只用一倍工夫,便能知能行,我则加以百倍工夫,必要到那去处。他人只用十倍工夫,便能知能行,我则加以千倍工夫,必要到那去处。"① 认为在学、问、思、辨中所得到的知识和道理,要通过躬行践履来体现。即道理要实践于行,否则无从体现,并强调行的重要性,须笃实而行,付诸"实践",而不可放弃。在这里,许衡明确提出了"实践"这一概念,以表达理学家重视实行践履,付诸行的思想。

如上所述,理学家在对佛老、汉学的批判、扬弃中,提出了求实、求理的实学思想,强调"理者,实也,本也"②,以理为实,主张于实处求理,充分体现了当时的时代精神。他们讲实学、求实理、致实用,以回应外来文明、宗教思想及理论形态转型的挑战,针砭时弊,为解决社会重大问题,重建社会价值体系做出了自己的努力。从而把儒家思想实理化,把儒家经学实学化,完成了理论形态的转型和理性主义的文化超越,不仅创新发展了儒家学说,而且把中国文化发展到一个新阶段。理学联系社会发展实际,求实、求理,重躬行践履的特征,值得今天的人们认真借鉴。它告诉人们:思想理论必须适应现实,为现实社会的发展服务,以现实社会发展的实际需要作为取舍的标准,而不是让现实社会的发展去适应某种思想,尤其是那种过时的、空言无实的思想,否则将背离社会发展的实践,造成理论危机,阻碍社会发展。因此,理论作为观念形态的形上之道,应反映社会发展的客观实际,并随着社会实践的发展而发展。即理是实理,具有实践性,必须与实践相结合。

需要指出,后世实学家之所以又把批判的目标指向理学,是因为理学末流空谈心性义理,不讲通经致用,脱离实际,演成空虚无实之弊,走到了理学家创立理学时强调联系社会发展实际,求实,求理,重躬行践履的反面,违背了理学开创者的初衷。所以,应划清理学本身与理学末流空疏无实之弊的界限,客观地评价理学联系社会发展实际,求实,求理,重躬行践履思想特点的历史地位及对后世的影响。

5. 重道德理性的价值,强调道德自律,相对忽视人的自然属性

宋明理学家重视道德理性的价值,强调道德自律,把道德理性凌驾于自然

---

① 许衡:《中庸直解》,《鲁斋遗书》卷五,文渊阁四库全书,第1198册,第365页。
② 程颢、程颐:《河南程氏遗书》卷十一,《二程集》,第125页。

界之上，这使作为中国古代社会立国之本的儒家伦理纲常理性化、秩序化，排除宗教神学的干扰和感性的影响（亦不离感性）。宋明理学除张载气学一派外，均把道德理性提升为宇宙本体，把道德理性凌驾于自然界之上，其结果是使自然界成为理性的产物，而不是把理性看作自然界的一部分。张载气学虽未把道德理性本体化，但仍强调"立天理"，重视道德理性的价值，批评"穷人欲"，主张变化气质，克服气质的偏差，通过学习，复归天地之性。张载强调学以变化气质的目的是为了恢复天地之性，他重视后天学习的重要性，重视通过道德教化以纠正人性的偏差，这体现了宋明理学重视道德理性的价值的特点。王廷相亦指出："性出乎气，而主乎气。"[①] 既承认气本，又强调性对于气的主导作用，这是对理学仁义之性的肯定。

由于理学家重视人的道德属性，强调道德自律，因而具有相对忽视人的自然属性的特征。理学虽批判佛教的禁欲主义，对人的自然属性不完全抹杀，尤其是张载气学一派将此作为性的内涵之一，但理学强调和重视的是人的道德属性，并把它作为先验的、天赋的人的本质。玄学则是以自然为性，认为儒家名教违背了人的自然本性，要求把人从名教的压抑下解放出来，恢复人的自然本性，从而提出"越名教而任自然"的主张。这遭到后世儒家及理学的批评。但道家、玄学以自然为性的思想对理学也产生了一定的影响。儒家和道家的区别在于是偏重于人的道德属性，还是偏重于人的自然本性，即强调伦理，还是崇尚自然。

与此相关，在价值取向上，宋明理学重视道德理想和价值目标的实现，相对轻视物质利益和欲望的满足，重视和宣扬"复性"说，主张通过存理去欲或存心去欲，恢复天赋的、先验的良心善性，以成就理想人格。即把人的存在价值，人的道德品质、自我意志和内在性格统一到价值目标的实现上，达到成圣的目的。因而对人的感情欲望和物质利益不予过多的重视，甚至有压抑的倾向，表现为崇性抑情、重义轻利、贵理轻欲的价值观。其道德理性虽不离感性欲望，但把感性欲望置于从属的地位，须服从道德理性的主导和人心的统摄，提倡以人的理智之心对人的本性和人的情感加以控制和把握。这使得宋明理学偏重于道德精神，相对忽视感情欲望和物质利益，而缺乏客观的基础。

---

① 王廷相：《答薛君采论性书》，《王氏家藏集》卷二十八，《王廷相集》，第518页。

6. 治心之学，强调发挥主体思维的能动性，相对忽视对客观自然规律的认识

中国古代哲学的主体性原则以道德的主体性为主，同时也涉及认识的主体性，是认识论与道德论的结合。宋明理学体现了这个特点。理学各派均重视主体之心，宣扬人的主观能动性的发挥对于认识和保持道德理性的重要性。在这个意义上，理学被称为"治心之学"。宋明理学强调发挥主体思维的能动性，主要是为了认识内在的道德理性，相对忽视对客观自然规律的认识。尽管认识的主要对象是道德原则，而不是自然规律，但认识仍包括了认识客观事物之理的内容，并且理学中有重视内外结合、知识积累的倾向，所以不能把宋明理学单纯归于道德论和价值论，并以此否认其有认识论的因素。

宋明理学在改造旧儒学传统，确立儒家道德理性主导地位的过程中，十分重视主体思维的能动作用，强调道德理性必须通过主体能动性的发挥才得以实现，离开了主体，德性不过是一静止物，毫无生气。张载讲"心能尽性"，朱熹讲"心统性情"，陆九渊讲"尽心"，王阳明讲"致良知"，都是强调发挥主体思维的能动作用，以义理之心统率性情和万物，从而实现内在的自我超越，达到成圣的最高目的。虽然理学各派对主体思维的发展各有侧重，如朱学肯定主体思维的认知性，陆学强调主体思维的心灵领悟和内在反观，但均使中国哲学的主体意识进一步强化。由于陆学强调主体思维与性体直接合一，其主体意识的发挥更为直截了当。至明代发展为王阳明的致良知说，以心之良知作为宇宙的最高原则，发展了中国哲学的主体思维，使主体哲学和主体思维的发展达到了中国古代哲学的高峰。

与主体性原则相关，宋明理学家以内圣为主，以外王为辅，重视心性修养，重视内心的自我道德完善，相对忽视认识和改造自然、改造社会的实践活动及功利行为，导致内圣强而外王弱的格局。即使有外王的倾向和事功行为，也以贯彻理学的政治伦理原则和道德践履为主，强调洒扫应对、事亲从兄等个人的道德活动，忽视改造自然和功利行为。叶适曾指出："专以心性为宗主，致虚意多，实力少。"[①] 这个批评便是对理学心性修养论流弊的针砭。后来现代新儒家把外王与现代科学民主联系起来，提出由内圣开出新外王（现代科学与民主），这实际上是对宋明理学的改造和创新发展。

宋明理学之所以确立道德理性的主导地位，发挥主体思维的能动性，其最

---

① 叶适：《孟子》，《习学记言序目》卷十四，中华书局1977年版，第207页。

终目的是为了把以天理为代表的儒家伦理原则作为整个社会的指导思想，实现诚意、正心、修身、齐家、治国、平天下的社会理想。为此，理学家十分重视心性修养，提出了一系列修养理论和方法，既重涵养，又重躬行，强调道德践履，培养理想人格，发挥道德意志的力量，把察识其心与存养其性结合起来。

理学家以道德修养而不以宗教信仰为中心来实现其内圣外王的人生理想，固然有加强道德自律和伦理约束的一面，但从历史发展的眼光来考察，宋代理学以伦理约束、道德修养来代替宋以前流行的人身束缚和宗教迷信，这在当时不失为一种进步。但其重视道德的价值，相对轻视物质利益和感情欲望的倾向又束缚了个性；其重道德理性，轻自然理性，重视内在的心性修养，忽视改造社会、改造自然的实践活动的弊端到后来又阻碍了社会的进一步发展。明中叶后，理学心性修养论的流弊便日渐显露，以致遭到来自内部和外部两个方面的批评。

7. 以理抗势，约束封建君权和统治者特权

从理学产生的时代背景和历史必然性可以看出，针对唐代君王和皇室宗亲于儒家纲常伦理多有不符、恣情纵欲、失德乱政的行为，理学家提出强烈批判。程颐指出："太宗佐父平天下，论其功不过做得一功臣，岂可夺元良之位？太子之与功臣，自不相干，唐之纪纲，自太宗乱之。终唐之世无三纲者，自太宗始也。"[①]朱熹亦斥责"唐太宗分明是杀兄劫父代位"[②]，认为这是导致天下大乱、国家衰亡的原因。由此他们把存天理、去人欲的目标首先指向帝王和封建统治者。理欲之辨成为当时讨论的核心话题。也就是说，中国哲学发展到宋代，随着三教的互黜、互补，面临信仰失落、道德沦丧和价值观念的重建等问题，人们讨论的核心话题落入了对天理人欲的关注，以及如何为儒家伦理学寻找哲学本体论的依据问题，于是二程提出天理论哲学，把儒家的纲常伦理原则与哲学本体论统一于天理，这代表了宋代理学发展的主要趋势。理学家并将天理论运用于政治，得出天理治国论的主张，即把内在于人心的天理，贯彻到外在的政治事务中去，由内圣开出外王。理学家张栻指出："王者之政，其心本乎天理，建立人纪，施于万事。"[③]认为天理是治国的根本，要求统治者顺应天理，按天理的原则治理国家而不得违背。理学家总结历史教训，明于天理、人欲之分，其理论针对性正是唐统治者的"闺

---

① 程颢、程颐：《河南程氏遗书》卷十八，《二程集》，第236页。
② 黎靖德编：《朱子语类》卷一百三十七，第3259页。
③ 张栻：《汉家杂伯》，《南轩集》卷十六，《张栻全集》，第785页。

门无法不足以正天下"①，体现了在新形势下，新儒学者复兴儒学，重整纲常，纠正前代纲常失序、人无廉耻的价值取向，目的是为了维护社会等级秩序，以维持社会生活的正常运转。

宋明理学以理抗势的思想是对儒学道统论中"从道不从君"，仁义之道高于君主之位思想的继承和发展。儒学提倡君主制，但却不赞成绝对君权主义，反对君主个人专制独裁。先秦儒家认为，治理国家应以德为本，德比权位更为重要。荀子进而明确提出"道高于君"的思想，认为"道存则国存，道亡则国亡"②，道的存亡决定国家的存亡，所以要求"从道不从君"③。宋代新儒学继承了先秦儒家的这种思想，主张以"天理"来规范君主等封建统治者的行为，提出"以理抗势"的思想，这对后世产生了深远影响。

二程主张把君主置于"天理"的约束之下，包括皇帝、皇室成员、大臣等在内，都必须服从"天理"的原则。尽管君主权位至尊，但君主也不得违反"天理"。二程一再指出，儒家的伦理纲常之所以在唐代未能起到重要作用，对皇室的约束几乎谈不上，就是因为皇帝凌驾于"天理"之上，不守伦理，纪纲不立，所以导致动乱以至亡国。由此，理学家总结唐王朝的历史教训，提出以"天理"来规范皇帝的行为，限制君权和重臣权势。为了维护"天理"的最高权威，理学家要求士要敢于犯颜直谏，矫君正君，不向邪恶势力低头。二程在当时的社会条件下，清醒地看到，"天下之治乱系乎人君仁不仁耳。离是而非，则生于其心，必害于其政"④。如果君心出了问题，脱离仁义，不辨是非，必害于政，所以必须把格君心之非当作头等大事，而强调"格其非心，使无不正"⑤。为了格君心之非，程颐十分重视帝王讲师的作用。他在任崇政殿说书给哲宗皇帝讲课时，总是通过开导君心来纠正君主不合于"理"的念头，并坚持坐讲于殿上，以尊严师道。

朱熹继承了二程格君心之非的思想，强调"辅相之职，必在乎格君心之非，然后无所不正"⑥，并提出"天下事有大根本，有小根本，正君心是大本"⑦的思想，以强调格君心之非的重要性。朱熹依据天理治国论，从"治体"的高度批

---

① 范祖禹：《昭宗》，《唐鉴》卷二十四，文渊阁四库全书，第685册，第636页。
② 《荀子·君道》。
③ 《荀子·臣道》。
④ 程颢、程颐：《河南程氏外书》卷六，《二程集》，第390页。
⑤ 程颢、程颐：《河南程氏外书》卷六，《二程集》，第390页。
⑥ 朱熹：《离娄章句上》，《孟子集注》卷七，《四书章句集注》，中华书局1983年版，第285—286页。
⑦ 黎靖德编：《朱子语类》卷一百八，第2678页。

判了君主的"独断"①，而遭到宋宁宗和权臣韩侂胄的罢免。朱熹主张以道即天理对君权和封建统治者的特权加以一定的限制，认为治理国家应以道为本，道比权位更为重要，这也是对法家思想的扬弃。朱熹天理治国的思想主张把君主置于天理即道的约束之下，这具有道统高于君统，以道与专制君权相抗争的意义，亦是对传统政治文化尤其是儒家政治思想的总结。

魏了翁亦指出："治国之本，始于正君。"② 其中包含着对君权的限制。他还主张"今日之天下，陛下与守、令共治者也"③，要求君与臣、中央与地方共治天下，批评"自秦罢侯置守，尊君卑臣，一人恣睢于上，极情纵欲，而天下瓦解土崩"④，借批评秦制来表达其对君主专制的某种批判。

王阳明提出"致良知"，正念头，破心中贼，强调纠正心中之不善，也包括纠正帝王心中的坏念头。他把良知作为最高原则，以心为是非的标准，而不以孔子的言论为是非的标准，把圣人的权威置于心即良知的权威之下。王阳明不以圣人孔子的言论为是非的标准，遑论朝廷统治者的言论，这在一定程度上亦是对包括皇帝在内的封建统治者加以约束的思想。

明代吕坤在理势关系上透彻论述了理学"以理抗势"的思想。他说："天地间惟理与势为最尊。虽然，理又尊之尊也。庙堂之上言理，则天子不得以势相夺。即相夺焉，而理则常伸于天下万世。故势者，帝王之权也；理者，圣人之权也。帝王无圣人之理，则其权有时而屈。然则理也者，又势之所恃，以为存亡者也。"⑤ 不仅指出理尊于势，而且认为理是势之所存亡的依据，主张君主运用权势时也必须遵循理的原则，而不得以势夺理。对那些违背"天理"，以势压理的专制势力，应"以理抗势"，维护理的尊严，不向专制势力低头。

在历史上，以服膺理学"以理抗势"思想为宗旨的士大夫，面对腐朽黑暗的社会现实和专制独裁的朝廷政治，坚持以"天理"为标准，敢于犯颜直谏，指出君主及权臣不合于"天理"的行为，企图匡正朝纲，以至坐牢杀头也在所不惜。其中典型的例子有明末以顾宪成、高攀龙等为代表的东林党人，都是受

---

① 参见朱熹上奏宋宁宗云："今者陛下即位未能旬月，而进退宰执，移易台谏，甚者方骤进而忽退之，皆出于陛下之独断，而大臣不与谋，给舍不及议。正使实出于陛下之独断，而其事悉当于理，亦非为治之体，以启将来之弊。"（《经筵留身面陈四事札子》，《朱熹集》卷十四，第 561—562 页）他不仅批评宁宗皇帝独断，而且指出这种独断不符合"为治之体"，将带来无穷的后患，启将来之弊。
② 魏了翁：《被召除授礼部尚书内引奏事第三札》，《鹤山集》卷十九，文渊阁四库全书，第 1172 册，第 248 页。
③ 魏了翁：《御策一道》，《鹤山集》卷一百三，文渊阁四库全书，第 1173 册，第 476 页。
④ 魏了翁：《周礼折衷》，《鹤山集》卷一百六，文渊阁四库全书，第 1173 册，第 539 页。
⑤ 吕坤：《谈道》，《呻吟语》卷一，清光绪十五年《吕新吾全集》本。

理学"以理抗势"思想的影响。因此，不应把后世封建专制独裁的日趋严重片面归罪于理学，须知理学政治思想本身就包含反对君主独裁，把君主及权贵的势力置于"天理"的权威之下的主张。中国近代以来的落后，其主要原因是封建专制主义阻碍了中国发展的道路，而这恰恰是封建统治者背弃了理学约束君权和封建特权的思想所造成的恶果。而理学对封建统治者权力的限制，强调"正君心"，纠正帝王心中的坏念头所体现的"以理抗势"、约束封建君权的思想正是理学及其政治思想的一个鲜明特色和重要内容。

如上所论，宋明理学由天理论、道统论、格物致知论和心性论等理论所构成，是合本体论、伦理学、政治学、历史观、认识论、人性论和修养论为一体的思辨性的哲学体系。它具有儒家伦理与思辨哲理相结合，以己意说经，经学形式与性理学内涵相结合，融合三教，以儒为主，联系社会发展实际，求实，求理，重躬行践履，重道德理性的价值，强调道德自律，相对忽视人的自然属性，治心之学，强调发挥主体思维的能动性，相对忽视对客观自然规律的认识，以理抗势，约束封建君权和统治者特权等基本特征。这既是宋明理学的特征，体现了理学的本质和个性，从而使之与其他思想区别开来；又在一定程度上体现了不同于西方哲学的中国哲学的特征。也正是因其理论构成和基本特征，人们能够从整体上认识和把握宋明理学的历史必然性、理论价值和意义，及其流弊。

第一章　北宋时期的理学与宋学

北宋时期理学兴起，主要有邵雍的先天学、周敦颐的濂学、张载的关学和程颢程颐的洛学等四大家。理学以理名学，二程兄弟自家体贴出"天理"来，创"天理"论思想体系，这在中国学术发展史上具有划时代的重要意义。

邵雍以《周易》思想为基础，推衍、探究宇宙万物生成及发展过程，讲求心法，提出"先天象数学"的象数哲学体系。他又提出心本论、道本论和太极说，一定程度地把哲学本体论与儒家伦理学结合起来；修正汉学流弊，将儒家经学由原来的重训诂注疏传统转换为重义理阐发、重人情物理的心性之学，开宋代经学义理化、哲理化之先声。

周敦颐著《太极图说》和《通书》，借鉴道家的无极概念，建构起以无极而太极——阴阳——五行——万物为框架的宇宙本体论哲学，并构筑将宇宙本体论与儒家人性论、道德修养论相结合的道德形上学，把经学哲学化、义理化。周敦颐继承《易传》和《中庸》的学说，并把二者相结合，着重论述诚的思想，以诚为一切道德原则和行为规范的根源。周敦颐以仁义中正为道，提倡"文所以载道"，成为"经所以载道"思想的先驱。

张载是宋代理学思潮中气学流派的创始人和理论代表，其气本论哲学主要是通过对《易传》的解析并加以创造而提出和阐发的，把经学与气本论哲学相结合，这又体现了张载经学的气学特色。张载思想的特点是重义理，倡道统，为往圣继绝学；重心悟、心解，轻训诂。他提出气本论哲学，把哲学本体论与儒家伦理学结合起来，在本体论、心性论、认识论诸方面，发展了儒学和中国哲学；在对气、道、理、心、性诸哲学范畴及对诸范畴之间相互关系的论述、论证上，达到较高的哲学思辨水平，从而发展了中国经学，丰富了宋代理学，将儒学哲理化，在历史上产生了重要影响，在中国经学史、宋明理学史和中国哲学史上占有独特的重要地位。

程颢、程颐站在时代的高度，把宋学发展为理学，以天理为最高范畴，把哲学本体论与儒家伦理学统一于天理，创天理论哲学体系，这标志着宋代理学的确立，在理学史上具有重大意义。二程在宋学和理学中的重要地位主要表现在：二程洛学集中体现了宋学以义理说经的一般特征；二程把经学理学化，将宋代义理之学发展为理学；二程创立的天理论哲学代表了宋代理学发展的主要趋势；推崇"四书"，以"四书"义理之学取代"六经"训诂之学而成为经学的主体，确立了其在经学史上的主导地位。

王安石新学和三苏蜀学是北宋时期宋学的代表。所谓宋学，相对于汉学而言，指宋代义理之学。它是中国经学发展到宋代产生的以讲义理为主的经学派别，大体以理学诸派为主体，也包括王安石新学、三苏蜀学以及当时讲义理的诸治儒家经学的流派。宋学与理学既有联系，又有区别，二者具有相同相异之处。其后，理学成为宋学发展的主要趋势。

王安石新学一度成为当时的官学。王安石主持修撰、颁行《三经新义》，将其作为全国文教的官方思想和科举考试的内容；批评传统的章句注疏之学，以策论代替诗赋，以义理代替注疏记诵；主张变法，兴起事功，重视功利和朝廷聚敛，在治国理政观念上与理学有别。

三苏蜀学具有三教合一的学风和重人情的学派特征，在批汉学、倡义理方面与理学具有相近处，共同促进了宋学的兴起和发展；但在人性善恶、文道关系、文章诗赋之学、科考内容等问题上与理学存在不同见解，以其各自不同的特点对宋学乃至中国文化产生了不同的影响。

北宋时期，理学与新学二者互动交往，既相互对立、相互批评，又相互交往、相互沟通，在对立辩难和互动交往中促进了宋代学术的大发展，共同促进了中国思想学术在宋代的转型。理学与新学的关系，一方面体现在对立斗争上，党争与政治上的分歧引起学术上的差异，它们在宇宙观、人性论、价值观和治国理政观念上存在着区别；另一方面，二者作为宋学及新儒学的重要组成部分，在重视义理、批评汉学、提倡性命道德之学方面又具有大体相近之处。所以既要看到理学与新学对立相争的一面，同时也应关注二者之间的相互影响、沟通融合而促进宋学乃至理学发展的一面。理学与新学的消长、对立互动也给人们带来启示而值得重视和借鉴。

一、邵雍的先天学

邵雍（1011—1077），北宋著名哲学家、宋代理学奠基人之一。其著作主要有《皇极经世书》和《击壤集》等。现编有《邵雍集》。

邵雍是宋易象数学派的创立人，提出"先天象数学"，亦称"先天学"的学说。所谓先天学，其主旨是以《周易》思想为基础，推衍、探究宇宙万物生成及发展过程，讲求心法的象数哲学体系。

在当时宗教冲击人文、儒家经学发展停滞的时代背景下，邵雍强调儒学之道、经典之道的自我更新，认为圣人的经纶事业就存在于历久弥新的经典之道之中，而"记问之学，未足以为事业"[①]。邵雍重视发掘经书中的道，而不是单纯追求对经典的记问之学，认为道的存在是自然而然的，不必引用讲解而知道。他以《易》道为例加以阐发，指出："知《易》者，不必引用讲解，始为知《易》。孟子著书未尝及《易》，其间《易》道存焉。但人见之者鲜耳。人能用《易》，是为知《易》，如孟子可谓善用《易》者也。"[②]认为孟子并没有言及《周易》，但在不言之中就存在着《易》道。推而广之，经典之道并不一定要言及，在不言之中存在着经典之道。

邵雍在对儒家经典《周易》的诠释中，借鉴以图解《易》的治《易》方法，从陈抟那里接受了《先天图》，认为"伏羲八卦"即"先天八卦"，先天学来源于先天图，并将先天之学等同于心，又一定程度地吸取道教宇宙生成的思想，由此构筑起自己的以心为宇宙本原的思想体系。他说："先天学，心法也。故图皆自中起，万化万事生乎心也。"[③]认为万事万物及其变化都是心的产物，有了心，才有万事万物。他还将心与迹对举，以说明各自的先天、后天性质。他说："先天之学，心也；后天之学，迹也。"[④]无形迹的心是先天存在的，而有形迹的万事万物是后天才有，来自于心的。邵雍进一步将此思想概括为"心在天地前，天地自我出"的命题。他说："身生天地后，心在天地前。天地自我出，其余何足言。"[⑤]即是说，人的身体虽然产生于天地之后，但心却不以人的身体为存在的居所，心与人体是脱离的，心在天地之前就已存在，而天地万物则是我心的产物。这种心生天地的思想是典型的以心为宇宙本原的理论。

邵雍根据易学象数原理，一定程度地借鉴道教的思想，通过解释儒家经典《易传》之太极说，用"先天四图"[⑥]来推衍自然和人事的变化，并加以引申发挥和创造，以建构太极论哲学体系，以太极为宇宙本原，来推衍自然和人事的变化。

---

① 邵雍：《观物外篇·下之下》，《邵雍集》，郭彧整理，中华书局2010年版，第178页。
② 邵雍：《观物外篇·下之中》，《邵雍集》，第159页。
③ 邵雍：《观物外篇·下之中》，《邵雍集》，第159页。
④ 邵雍：《观物外篇·下之中》，《邵雍集》，第152页。
⑤ 邵雍：《自余吟》，《伊川击壤集》卷十九，《邵雍集》，第501页。
⑥ 即伏羲八卦次序图、伏羲八卦方位图、伏羲六十四卦次序图、伏羲六十四卦方位图。

邵雍大体上从陈抟那里接受了《先天图》,认为伏羲八卦即先天八卦,先天学来源于先天图,并将先天之学与心、太极、道联系起来,又吸取道家、道教宇宙生成的思想,而构筑起心为宇宙本原的思想体系,这个系统特别重视"数"和"象"。

在其先天图之"伏羲八卦次序图"(见图1)中,最低一层为太极,太极即心,亦即道;太极"主乎动静",而产生第二层的阴阳两仪;第三层是阴阳两仪分化为四象,即太阳、少阴、少阳、太阴;最上一层是四象演化成八卦,即乾、兑、离、震、巽、坎、艮、坤。又有先天图之"伏羲六十四卦次序图",在"伏羲八卦次序图"的基础上增加十六卦、三十二卦、六十四卦三层。由此,邵雍先天图之先天象数学的宇宙生成演化体系是以太极为宇宙本原和逻辑起点而展开的,天地万物皆由太极而生。宇宙形成的过程是:"太极,一也,不动;生二,二则神也。神生数,数生象,象生器。"① 宇宙生成是象、数的演化过程,太极为宇宙万物之本,象数亦由太极而生。他强调这种图式及其所根据的"象数"原理在天地之先便已存在,故其图称"先天图",其学称"先天学"。

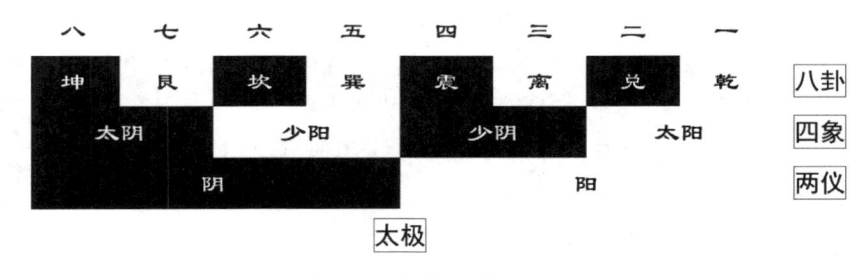

图 1 伏羲八卦次序图

邵雍提出的宇宙形成及万物衍生的整个过程是:

> 太极既分,两仪立矣。阳下交于阴,阴上交于阳,四象生矣。阳交于阴,阴交于阳,而生天之四象。刚交于柔,柔交于刚,而生地之四象。于是八卦成矣。八卦相错,然后万物生焉。是故一分为二,二分为四,四分为八,八分为十六,十六分为三十二,三十二分为六十四。故曰:"分阴分阳,迭用柔刚,《易》六位而成章也。"十分为百,百分为千,千分为万,犹根之

---

① 邵雍:《观物外篇·下之中》,《邵雍集》,第162页。

有干，干之有枝，枝之有叶，愈大则愈少，愈细则愈繁。合之斯为一，衍之斯为万。①

也就是说，太极是宇宙万物的本原，太极生两仪，两仪生四象，四象生八卦，八卦相错，生天地万物，其具体演化过程即按照邵雍所说的"一分为二，二分为四，四分为八，八分为十六，十六分为三十二，三十二分为六十四"，直至无穷，这样的公式展开，程颢称此为"加一倍法"。

邵雍不仅把先天学纳入心法的范畴，强调"先天学，心法也。故图皆自中起，万化万事生乎心"②，又说"先天之学，心也；后天之学，迹也。出入有无死生者，道也"③，把先天之学称为心法，后天之学则出于迹象；而且在心与太极的关系上，提出"心为太极"④的思想，把太极与心等同，即把太极解释为心，使太极范畴亦具有了主观精神的性质。在邵雍的哲学体系里，心与太极均为重要的本体范畴，心所具有的宇宙本原的意义，在太极那里同样具有。如上所引："太极，一也，不动；生二，二则神也。神生数，数生象，象生器。"⑤太极作为宇宙的本原，它是一，其性质是不动，这是对老子"归根曰静"思想的继承。一生二，即太极生阴阳，变化运动的阴阳产生于静止不动的太极，阴阳变化莫测，故为神。然后神生数，数生象，象生器，宇宙万物在阴阳变化的基础上产生，但以太极为最后的根源。太极既是生成天地万物之始，又存在于万物之中，为具体、个别事物生存之本。可见，太极与心相通，同样具有宇宙本原的意义，二者同为其哲学的本体范畴。邵雍认为，太极就是吾心，吾心即是太极，太极所生之万化万事，也就是吾心所生之万化万事。

需要指出，虽然邵雍"心为太极"的思想把心与太极等同，二者同为宇宙的本原，但心与太极两个范畴之间，仍有某种区别，即邵雍哲学的心，主要是在宇宙本原的意义上使用，而其太极范畴除具有宇宙本原的意义外，还有宇宙本体即宇宙万物之所以存在的根据这一层含义。他说："有生天地之始者，太极也；有万物之中各有始者，生之本也。"⑥生天地之始，这是宇宙生成论，太极在这里作为宇宙的本原；万物之中各有始，这个始便为太极，即"万物各有太

---

① 邵雍：《观物外篇·中之上》，《邵雍集》，第107—108页。
② 邵雍：《观物外篇·下之中》，《邵雍集》，第159页。
③ 邵雍：《观物外篇·下之中》，《邵雍集》，第152页。
④ 邵雍：《观物外篇·下之中》，《邵雍集》，第152页。
⑤ 邵雍：《观物外篇·下之中》，《邵雍集》，第162页。
⑥ 邵雍：《观物外篇·下之下》，《邵雍集》，第163页。

极"①，存在于万物之中的太极，是万物之所以存在的根据或根本，这是宇宙本体论，太极在这里作为宇宙的本体。由上可见，太极具有宇宙本原和宇宙本体两层含义，而心则只具有宇宙本原的意义，这便是心与太极的相同与细微区别之处。邵雍的心学思想对陆王心学产生了一定的影响，而其"万物各有太极"的思想则启发了朱熹"万物之中各有一太极"②的理论。

在邵雍哲学的逻辑结构中，太极范畴除与心相通外，还与道相通。他说："心为太极，又曰道为太极。"③并云："太极，道之极也。"④可见心、太极、道三者相通，是同一层次的本体范畴，虽然邵雍没有正面阐述道与心的关系，但他通过太极把心与道联结起来。

邵雍重视对经典的诠释，把注经与体用论、心性之学联系起来，重视仁义礼智的道德培养和教化功能；又提出心本论、道本论和太极说，一定程度地把哲学本体论与儒家伦理学结合起来；修正汉唐儒家经学重训诂而轻哲理倾向，强调礼乐诗书之道的自新，批评单纯引用讲解而不知道的学风；批评佛教不讲儒家纲常伦理，抛弃君臣、父子、夫妇之道的宗教出世主义。在批评佛教和传统经学流弊的同时，重人事、实事，提倡和肯定儒家伦理的价值；强调穷理尽性以至于命，促使儒家经学由原来的重训诂注疏传统转换为重义理阐发、重人情物理的心性之学。大力促使经学学风的转向，预示着新思想的产生，开宋代经学义理化、哲理化之先声，从而体现出邵雍在经学史和理学史上所占有的重要地位。

二、周敦颐的濂学

周敦颐（1017—1073），字茂叔，原名惇实，后避宋英宗旧讳改，道州营道（今湖南道县）人，北宋哲学家、宋代理学奠基者之一，因其筑书屋于庐山莲花峰下小溪旁，以濂溪名之，故称他为濂溪先生，其学派称为"濂学"。其著作主要有《太极图说》和《通书》等，后人编为《周子全书》，或称《周敦颐全书》。

周敦颐思想的特点是以儒为主，儒道相兼，吸取道家、道教和佛教的某些

---

① 邵雍：《观物外篇·中之中》，《邵雍集》，第127页。
② 朱熹：《通书注·理性命第二十二》，《朱子全书》第十三册，朱杰人、严佐之、刘永翔主编，上海古籍出版社、安徽教育出版社2002年版，第117页。
③ 邵雍：《观物外篇·下之中》，《邵雍集》，第152页。
④ 邵雍：《观物外篇·下之下》，《邵雍集》，第164页。

资料，而不公开批佛老，在以儒学为主的前提下，借用道、佛的理论，建立自己的思想体系。他承继《易传》和《中庸》的学说及韩愈《原道》的思想，把《易传》的太极、阴阳、仁与《中庸》的诚、中和之道结合起来，由此作《太极图说》和《易通》（即《通书》），体现了其儒道相兼，吸取佛教，而以儒为主的思想特点。

周敦颐作为宋代理学的开创者，他以儒学为本位，一定程度地吸取道、佛思想，站在时代的高度，以新的视野诠释《易传》和《中庸》，著《太极图说》和《通书》（《易通》），通过发挥《易传》《中庸》之太极、诚等思想，并借鉴道家的无极概念，建构起以无极而太极——阴阳——五行——万物为框架的宇宙本体论哲学，并构筑将宇宙本体论与儒家人性论、道德修养论相结合的道德形上学，把经学哲学化、义理化，为宋代理学的兴起和儒学哲理化做出了自己的贡献，从而使儒学能够开始真正从本体论层面上回应来自佛、道二教的挑战，并为南宋朱熹等理学体系的进一步拓展提供了宇宙本体论的理论框架，成为理学道统的重要传人。周敦颐之所以在经学史和理学史上占有重要地位，成为理学开山之一，主要因为他回应了时代的挑战，解决时代和社会发展提出的重大课题，努力尝试以义理解经，从本体论角度重构儒家伦理学，建立起融合宇宙本体论、儒学伦理学为一体的理论框架和思想体系，为中国经学和宋代思想文化的发展开辟了新路。

（一）关于《太极图说》

周敦颐的《太极图说》是对《易传》太极说的解释，提出了系统的宇宙生成论和一系列哲学范畴，并借鉴了道家的无极概念，对宋代理学产生了重要影响。对《太极图》的来源，学术界存在着不同的见解，历代大致有三种说法：一是朱熹的"濂溪自创说"；二是朱震提出的"来自陈抟"的"因袭说"；三是黄宗炎（1615或1616—1686）与毛奇龄（1623—1716）提出的变易道教与佛教的"改造说"。朱熹的观点所依据的材料是周敦颐的友人潘兴嗣（字延之，自号清逸居士）作的《濂溪先生墓志铭》。潘云："（周敦颐）尤善谈名理，深于《易》学。作《太极图》、《易说》、《易通》数十篇，诗十卷，今藏于家。"[①]对此，朱熹指出："潘清逸志先生之墓，叙所著书，特以作《太极图》为称首。……及得志文考之，然后知其果先生之所自作，而非有所受于人者。公盖

[①]《濂溪先生墓志铭》，《周敦颐全书》卷一，第22页。

皆未见此志而云云耳。"① 他认为朱震等人的说法是未见潘兴嗣所作的周敦颐墓志的缘故。今人李申先生经过详细考证，认定朱震、毛奇龄、黄宗炎等人的说法都是站不住脚的，他认为："从朱震以来，一切关于《太极图》非周敦颐自作，而是别有传授的说法都是不可靠的，因而都是应该被否定的说法。在否定了这些说法以后，我们只能回到潘兴嗣《濂溪先生墓志铭》的结论：《太极图》乃周敦颐自己的作品。"② 其实一种图式仅仅是一种理论表达的方式，利用包括图式在内的前人的思想资料，主要看解释者如何发挥自己的思想。尽管周敦颐的《太极图》不出自道士陈抟，并且他通过《太极图说》阐发的太极说对二程也没有产生多大的影响，但却对朱熹以及张栻和魏了翁等影响甚大。

周敦颐的《太极图说》接受了道家及道教的无极概念，以无极作为宇宙的本原和其哲学的最高范畴；又吸取儒家经典《易·系辞上》的"易有太极"和道家《庄子·大宗师》的道"在太极之先而不为高"的太极概念，把无极与太极联系起来，提出"自无极而为太极"的命题，建立起以无极为最高范畴的思想体系，同时把儒家的仁义贯穿于其中，体现出儒道相兼的特点。《太极图说》全文如下：

> 自无极而为太极。太极动而生阳，动极而静；静而生阴，静极复动。一动一静，互为其根。分阴分阳，两仪立焉。阳变阴合，而生水、火、木、金、土。五气顺布，四时行焉。五行，一阴阳也；阴阳，一太极也；太极，本无极也。五行之生也，各一其性。无极之真，二五之精，妙合而凝。乾道成男，坤道成女。二气交感，化生万物，万物生生而变化无穷焉。惟人也，得其秀而最灵。形既生矣，神发知矣，五性感动而善恶分，万事出矣。圣人定之以中正仁义而主静，立人极焉。故圣人与天地合其德，日月合其明，四时合其序，鬼神合其吉凶。君子修之吉，小人悖之凶。故曰：立天之道曰阴与阳，立地之道曰柔与刚，立人之道曰仁与义。又曰：原始反终，故知死生之说。大哉《易》也，斯其至矣！

需要指出，《太极图说》经朱熹整理，将其首句"自无极而为太极"改为"无极而太极"。朱熹认为，"自""为"二字，是修国史者增加的，应该去掉。

---

① 朱熹：《周子太极通书后序》，《朱熹集》卷七十五，第3942—3943页。
② 李申：《易图考》，北京大学出版社2001年版，第42页。

他说:"戊申(孝宗淳熙十五年,1188)六月,在玉山邂逅洪景庐(洪迈)内翰,借得所修国史,中有濂溪、程、张等传,尽载《太极图说》。盖濂溪于是始得立传,作史者于此为有功矣。然此说本语首句但云:'无极而太极',今传所载乃云:'自无极而为太极'。不知其何所据,而增此'自''为'二字也。"[1]朱熹从内翰洪迈那里借得所修国史濂溪传,传中所载《太极图说》的首句是"自无极而为太极"。宋史实录所记依据比较可靠的原始材料,或为周敦颐的原文。但朱熹却认为记载有误,应改为"无极而太极"。结果史官以无改人成文者为理由,未听从朱熹的意见。因此,终宋之世,两说并存。后来由于朱熹的地位提高,宋以后的学者便从朱熹之说,以"无极而太极"作为《太极图说》的首句。

根据周敦颐《太极图说》的原文来分析,无极是宇宙的本原,太极则是无极所派生的。即从无而为有,有生于无。太极的运动产生阴阳,阴阳产生于动静之后。太极的动是动静的本原,亦是阴阳产生的前提。这是对太极静而不动的扬弃。由于动静互为其根,互相转化,由此产生阴阳两仪。可见动静是太极生阴阳的中介。阴阳二气的互相作用和变化,产生出以水、火、木、金、土五行为代表的万物。万物生生,而变化无穷。反过来讲,万物统一于五行,五行统一于阴阳二气,阴阳统一于太极,太极以无极为本。即由万而五,由五而二,由二而一,由一而无。这就是周敦颐《太极图说》所展示的宇宙生成论模式。在这个宇宙生成论模式中,可见周敦颐受到道家及道教的一定影响。其无极范畴,便是出自《老子》二十八章:"知其白,守其黑,为天下式。为天下式,常德不忒,复归于无极。"并见之于道教典籍《周易参同契》、《老子想尔注》等。周敦颐借鉴道家及道教的无极范畴,提出"自无极而为太极"的命题,便是对道家、道教思想的吸取。

关于另一个重要范畴太极,如果按朱熹断定的"无极而太极"来解释,那么太极即是宇宙的本原,无极是形容太极的无形,"无极而太极",便是说无形而有理。这个太极概念既见之于儒家经典《易·系辞上传》,又见之于道家经典《庄子·大宗师》,是个儒、道相兼的重要范畴。周敦颐把无极和太极联系在一起,表现了儒、道思想的融合。

周敦颐的《太极图说》,引用《易传·说卦》的"立天之道曰阴与阳,立地之道曰柔与刚,立人之道曰仁与义",明确把仁义作为人道的内涵,并强调"圣人定之以中正仁义而主静,立人极焉",以儒家的仁义道德作为"立人极"的基本要求,这体现了周敦颐的《太极图说》以儒家伦理为本位的基本倾向。所以

---

[1] 朱熹:《记濂溪传》,《朱熹集》卷七十一,第3694页。

尽管他对道家、道教的思想有所吸取，但他主张发扬仁义中正，立人极，认为"圣人之道，仁义中正而已矣"，则体现了儒家的伦理思想。其"立人极"的道德伦理思想要求必得实现了圣人所定的中正仁义而主静的原则、标准，才可谓"立人极"，此人生观与佛、道不同。

（二）关于《通书》

周敦颐继承《易传》和《中庸》的学说，并把二者相结合，集中体现在他所作的《通书》即《易通》里。《通书》本为易学论著，以阐明《易》旨，共40章，不少地方直接引用《易传》，并加以阐发，是对《太极图说》的进一步发挥。但《通书》又不仅仅是一部易学著作，它着重论述了诚的思想，以诚为一切道德原则和行为规范的根源。

诚的思想是儒家学说的重要内涵，在《中庸》一书里多有阐发，共出现24处"诚"字。《中庸》云："诚者，天之道也；诚之者，人之道也。"以诚即自然如此、真实不妄作为天之道；以按诚的原则去做，作为人之道，即人效法天，按真实不妄的天道原则去做。周敦颐继承《中庸》的思想，在其所著《通书》里，除去标题，正文共有"诚"字20处，可见对诚的重视。周敦颐说："圣，诚而已矣。诚，五常之本，百行之源也。"①周敦颐在《通书》里，把《易传》的阴阳、仁义与《中庸》的诚结合起来，以诚为仁义礼智信五常之本。此外还强调中，以中正为圣人之道。这既是对《易传》以中为道，推崇中道思想的继承，又是对《中庸》"中立而不倚"，坚守中道观念的发扬。这表明周敦颐的《通书》通过提出中正之道，把《易传》与《中庸》相沟通。

周敦颐提出以仁义中正作为道的内涵，把孔孟的仁义与《易传》的中正结合起来，发展了韩愈以仁义为道的思想。他说："圣人之道，仁义中正而已矣。"②不仅在《通书》里专辟《道》一章，以说明圣人之道即为仁义中正，而且在其《太极图说》的"圣人定之以中正仁义"的文字之后，自注云："圣人之道，仁义中正而已矣。"虽然其文字简略，但其含义却十分清楚明白，而且在其论著里亦有对仁义中正的具体的说明。

关于仁，周敦颐以爱言仁，并以"天以阳生万物"的生为仁。前者是对仁的具体解释，后者是把宇宙生成论与伦理道德结合起来。所谓仁，指儒家伦理

---

① 周敦颐：《通书·诚下第二》，《周敦颐全书》卷三，第96页。
② 周敦颐：《通书·道第六》，《周敦颐全书》卷三，第109页。

规范的普遍原则；所谓爱，指事亲敬亲并推己及人的道德行为。自孔子提出仁者爱人的思想以来，仁与爱便紧密地联系在一起。但在宋以前，学者们对仁与爱的关系却没有进一步深究。周敦颐在分别论述诚、几、德时，便以诚为无为，几为善恶，德则为爱、宜、理、通、守，其中涉及以爱为仁。他说："德，爱曰仁，宜曰义，理曰礼，通曰智，守曰信。"①即德体现在爱、宜、理、通、守等方面，与之对应的则是仁义礼智信五常，其中爱曰仁，把仁与爱联系起来，爱是仁的表现。但周敦颐"爱曰仁"的观点很简略，没有展开论述，后来朱熹和张栻在关于仁的讨论中，较为详尽地论述了仁与爱的关系。

除以爱言仁外，周敦颐还以生为仁。他说："天以阳生万物，以阴成万物。生，仁也；成，义也。故圣人在上，以仁育万物，以义正万民。"②即天以阳生万物，其生便是仁，体现了天的仁德；圣人法天，以仁育万物。通过圣人，天人合为一体，把宇宙生成论与儒家伦理学结合起来，仁的原则为自然、社会所共有。

关于义，周敦颐往往将仁义并用，以代表儒家的伦理道德原则，然二者亦有细致的区别。周敦颐以宜言义，把义解释为适宜，他说："宜曰义。"③此外，还有以天"以阴成万物"的成为义，天不仅以阳生万物，而且以阴成万物，既生且成，成则为义，体现了天对于万民的厚德载物，喻之为秋季万物的收成。以宜为义，是对义的具体解释；以成为义，则是宇宙生成论与伦理观的结合。

关于中正，周敦颐把中正作为道的内涵，这是对韩愈道论的发展。中正的中，周敦颐解释为和。他说："惟中也者，和也，中节也，天下之达道也，圣人之事也。"④周敦颐的思路是以和为中，未注意区别中、和二者。所以朱熹注曰："然其以和为中，与《中庸》不合。盖就已发无过不及者言之，如《书》所谓'允执厥中'者也。"⑤朱熹的弟子陈淳亦指出："中有二义。有已发之中，有未发之中。未发是就性上论，已发是就事上论。……周子《通书》亦曰：'中也者，和也'，是指已发之中而言也。"⑥认为周敦颐的中，取已发之中的意思，实际上是以和为中，其重点是在已发的事上体现中的原则。所谓正，《易传》以中为正，符合中道便是正，中与正是联系在一起的。周敦颐以中正为道，便是对

---

① 周敦颐：《通书·诚几德第三》，《周敦颐全书》卷三，第103页。
② 周敦颐：《通书·顺化第十一》，《周敦颐全书》卷三，第122—123页。
③ 周敦颐：《通书·诚几德第三》，《周敦颐全书》卷三，第103页。
④ 周敦颐：《通书·师第七》，《周敦颐全书》卷三，第113页。
⑤ 参见周敦颐：《通书·师第七》，《周敦颐全书》卷三，第113页。
⑥ 周敦颐：《通书·师第七》，《周敦颐全书》卷三，第113页。

《中庸》和《易传》思想的继承。中正不仅是儒家提倡的伦理道德标准，而且具有方法论的意义。他说："动而正曰道。"① 行为符合中正的原则便是道，动不正则违道，可见掌握中正的原则很重要。

以仁义、中正作为圣人之道的内涵规定，表明周敦颐的道论是以儒家伦理为本位。尽管他在构筑其宇宙论哲学体系时，对道家及道教思想吸取甚多，在修养论上又受到佛、道"主静"、"无欲"修养工夫的影响，与儒家节欲而非禁欲的思想不符，但以仁义中正为道，却是周敦颐有别于佛老的地方。

关于理，在以上论述中，可以看到周敦颐对理的论述较少，理并不具有宇宙本体的意义。在周敦颐的思想体系中，理的基本含义是指以礼为代表的伦理道德。他说："爱曰仁，宜曰义，理曰礼，通曰智，守曰信。"② 周敦颐以理为礼，与邵雍一样，没有把理作为哲学的最高范畴。这说明，周敦颐虽曾为二程之师，但并未向二程传授天理论的思想，"天理"二字的确是程颢自家体贴出来的。

周敦颐提出"阴阳理而后和"的思想。他说："礼，理也；乐，和也。阴阳理而后和，君君、臣臣、父父、子子、兄兄、弟弟、夫夫、妇妇，万物各得其理，然后和，故礼先而乐后。"③ 虽然周敦颐把阴阳作为阴阳二气，在太极之下而化生万物，但阴阳同时具有仁义的道德属性。他说："天以阳生万物，以阴成万物。生，仁也；成，义也。"④ 阴阳生成万物即为仁义。其所谓"阴阳理"，就是指具有仁义属性的阴阳即为礼；"阴阳理而后和"，就是说要先讲礼，然后讲乐。先讲礼，就要求在君臣、父子、兄弟、夫妇的关系中贯彻礼的原则，使"万物各得其理"，然后讲乐，即在贯彻了礼的基础之上，使之达到和谐一致。这就是周敦颐所谓"阴阳理而后和"的思想。周敦颐"理"的思想不具有宇宙论的哲学意义，他是在社会伦理范围内来论述理的。

关于"文所以载道"，周敦颐的文道关系说是其道论的重要组成部分，他继承了韩愈的文以载道之说，将其明确表述为"文所以载道"的文字，这是对唐宋古文家文道关系说的一个总结。他说："文所以载道也。轮辕饰而人弗庸，徒饰也，况虚车乎！"⑤ 认为文不过是载道的工具，就如车所以载物一样，如果只为装饰车的轮辕，而不能为人所用，那是没有什么实际意义的。由此，周敦颐

---

① 周敦颐：《通书·慎动第五》，《周敦颐全书》卷三，第108页。
② 周敦颐：《通书·诚几德第三》，《周敦颐全书》卷三，第103页。
③ 周敦颐：《通书·礼乐第十三》，《周敦颐全书》卷三，第125页。
④ 周敦颐：《通书·顺化第十一》，《周敦颐全书》卷三，第122页。
⑤ 周敦颐：《通书·文辞第二十八》，《周敦颐全书》卷三，第152页。

指出："文辞，艺也；道德，实也，笃其实而艺者书之。"① 把道与文的关系比作内容与形式的关系，以道为主，但文道不相脱离，道还须通过文表现出来。孔子曾说："志于道，据于德，依于仁，游于艺。"② 在以求道为目的的前提下，仍然主张"游于艺"。艺指礼乐之文，射、御、书、数之法。朱熹认为，艺"皆至理所寓，而日用之不可阙者也"③。周敦颐也不排斥艺，只是以道、德为实，以文辞之艺来表现道德。如果道德不载之以文，不通过文章来传播，也是"言之无文，行之不远"④的。他反对的只是脱离圣人之道的虚文。他说："圣人之道，入乎耳，存乎心，蕴之为德行，行之为事业。彼以文辞而已者，陋矣。"⑤ 周敦颐批评"彼以文辞而已者"，即仅仅停留在文辞的层面而不知圣人之道的溺于文辞的陋习，表现了他重道轻文的取向。这是对汉唐经学重文字训诂，而忽视探求经文中蕴藏的道的学风的针砭。他还说："不知务道德，而第以文辞为能者，艺焉而已。噫！弊也久矣！"⑥ 周敦颐重道轻文、重道轻艺的"文所以载道"思想是对韩愈思想的继承，对后世理学家产生了重要的影响，成为"经所以载道"思想的先驱。

（三）周敦颐对经学和理学的影响

周敦颐对《易传》《中庸》的发挥，体现了其经学哲学化、义理化的治学倾向。从中国经学发展的历程看，汉学拘泥于章句训诂，不重视探究哲理，经学从汉学转变到宋学，才逐渐哲学化，进而出现了理学。在这个过程中，周敦颐发挥了自己的作用。

周敦颐作为理学奠基人之一，面对儒学式微、伦常扫地的局面，以儒家伦理为本位，借鉴道家、道教等精致的思辨哲学，结合社会发展的需要，回答宇宙起源和社会治理等重大问题，把儒家的经学哲学化，并对儒家伦理学和政治学说作出了哲学上的论证，构建起本体论哲学体系。其对经学和理学的影响主要表现在，通过解说《易传》《中庸》，克服汉唐旧儒学重文字训诂解析，轻思想义理发挥的弊病，以己意说经，重义理发挥，构建起以无极而太极——阴阳——五行——万物为框架的宇宙本体论哲学，并将宇宙本体论与儒家伦理

---

① 周敦颐：《通书·文辞第二十八》，《周敦颐全书》卷三，第152页。
② 《论语·述而》。
③ 朱熹：《论语集注》卷四，《四书章句集注》，中华书局1983年版，第94页。
④ 周敦颐：《通书·文辞第二十八》，《周敦颐全书》卷三，第152页。
⑤ 周敦颐：《通书·陋第三十四》，《周敦颐全书》卷三，第165页。
⑥ 周敦颐：《通书·文辞第二十八》，《周敦颐全书》卷三，第153页。

学相结合，把《易传》的"太极阴阳"说与《中庸》的"诚"说有机结合起来，以《易》为性命之源，以"诚"为万物之本，沟通天道与人道，确立了与前代不同的形上学理学思想体系，为宋代理学的兴起和儒学哲理化做出了自己的努力。

周敦颐在理学及道统史上的地位在他所处的时代，即在北宋时期并不明显，少有人提及这个问题。不仅在道统史上的地位少有人谈到，就是他在理学史上的地位也未得到确认。甚至曾问学于周敦颐的二程，也没有承认过周敦颐是道统的传人。程颐作《明道先生墓表》，指出圣人之道在孟子之后失传，一千四百年后，由自家兄弟接续了这个道统，完全把周敦颐，甚至把韩愈也排除在道统之外。周敦颐在道统史上根本没有地位。如果说二程对韩愈的排斥，表明不满足于韩愈单纯伦理型的道统论，而实际上韩愈已正式提出了成系统的道统论，二程对韩愈的排斥存在着"阳吐阴纳"的问题的话，那么，二程把周敦颐排斥在道统之外，则表明了周敦颐对道统问题的论述较少，在当时并未引起人们的注意。周敦颐在道统史上的地位得以提高，是在南宋初年以后的事。主要是朱熹、张栻出于建立自己的太极论理学体系的需要，从周敦颐言简意赅的《太极图说》中加以发挥，从而推崇周敦颐，把他视为圣人之道的接续者。在朱熹、张栻的理学体系里，太极论占有重要位置，太极是与道、理、性等同的核心范畴。而在二程的理学体系里，天理论占据了核心位置，对太极范畴少有论述。朱、张因对太极论的重视，故对周敦颐的《太极图说》吸取甚多，并加以改造；而二程理学以天理论为主，不重视太极，故对周敦颐评价不高。这可作为在周敦颐以后一百多年的朱熹、张栻对周敦颐高度评价，抬高他在道统史上的地位，而与周敦颐同时稍后的二程却把他排除在道统之外的重要原因。当然周敦颐少于论道统，以及杂于道、佛，也是二程不甚看重他的原因之一。

尽管二程对周敦颐少有提及，但周敦颐在理学及理学道统史上的地位及所产生的影响却不可低估。周敦颐以仁义中正为道，提倡"文所以载道"，强调"道"重于"文"，这是对汉唐经学重文字训诂，而忽视探求经文中蕴藏的道及义理的学风的批评。周敦颐重道轻文思想是对韩愈思想的继承，并对后世理学家产生重要的影响，成为"经所以载道"思想的先驱。

周敦颐在理学道统史上的地位由于胡宏的宣扬而开始受到重视。胡宏说：

> 道学之士皆谓程颢氏续孟子不传之学，则周子岂特为种、穆之学而止者哉？粤若稽古，孔子述三王之道，立百王经世之法。孟轲氏辟杨、墨，

推明孔子之泽，以为万世不斩。又谓孟氏功不在禹下。今周子启程氏兄弟以不传之学，一回万古之光明，如日丽天；将为百世之利泽，如水行地。其功盖在孔、孟之间矣。人见其书之约也，而不知其道之大也；人见其文之质也，不见其义之精也。①

胡宏不同意程颢接续孟子不传之学，而把周敦颐仅视为种放、穆修一类学者的观点。他认为周敦颐启发了二程兄弟，其功劳可与孔孟相比。这与二程把周敦颐排除在道统之外的态度形成鲜明的对照，体现了胡宏对周敦颐的尊崇。胡宏以周敦颐的《通书》等著作"其言约而道大，文质而义精"来肯定其书中蕴藏着圣人之道。这对其弟子张栻以及朱熹进一步宣扬周敦颐，产生了影响。

张栻在胡宏的基础上，进一步宣扬和表彰周敦颐在道统史上的作用和功绩。他说："嗟乎！自圣学不明，语道者不睹夫大全。……惟先生生乎千有余载之后，超然独得夫大《易》之传，所谓《太极图》，乃其纲领也。"②称周敦颐于千年之后，独得不传之绝学，《太极图说》即是体现其道的纲领。可见张栻主要是从《太极图说》出发，来肯定周敦颐在道统中的地位的。张栻指出：

惟先生崛起于千载之后，独得微旨于残编断简之中，推本太极，以及乎阴阳五行之流布，人物之所以生化，于是知人之为至灵，而性之为至善，万理有其宗，万物循其则，举而措之，则可见先王之所以为治者，皆非私知之所出。孔孟之意，于以复明。至于二程先生则又推而极之。③

他认为周敦颐独得孔孟之微旨，使圣人之道得以复明，而二程兄弟则是在周敦颐的基础上的"推而极之"，把道统进一步弘扬，从师友渊源上讲，圣人之道复明于天下，实自周敦颐发其端。这大大提高了周敦颐的地位。

朱熹是理学道统思想的集大成者，他高度评价了周敦颐在道统传授中的作用，指出：

盖自周衰，孟轲氏没，而此道之传不属。更秦及汉，历晋、隋、唐，以至于我有宋，艺祖受命，……而先生出焉，不由师传，默契道体，建图属

---

① 胡宏：《周子通书序》，《胡宏集》，第161页。
② 张栻：《通书后跋》，《南轩集》卷三十三，《张栻全集》，第1007—1008页。
③ 张栻：《南康军新立濂溪祠记》，《南轩集》卷十，《张栻全集》，第706页。

书，根极领要。当时见而知之，有程氏者，遂扩大而推明之，使夫天理之微、人伦之著、事物之众、鬼神之幽，莫不洞然毕贯于一，而周公、孔子、孟氏之传，焕然复明于当世。[①]

可以看出，朱熹宣扬周敦颐默契道体，接续绝学，主要是在于他"建图著书，根极领要"，即因为周敦颐著《太极图说》和《通书》，这里面蕴涵着圣人之道的纲要，所以使周公、孔、孟等相传的道得以复明于当世。虽然朱熹、张栻并没有忽视二程之意，事实上他们也高度赞扬了二程兄弟对道统的延续和发展所做的贡献，但在孟子与二程之间加进一个周敦颐，这种做法无形之中使二程的地位相对降低。然而朱熹有时也以二程直接续千载不传之绪，未提周敦颐。这表明在理学道统发展史上，二程的地位仍在周敦颐之上，只是由于朱熹等人的宣扬，周敦颐的地位才在南宋开始上升，由不为人所知、不为二程所言，到成为继承千年不传之绝学的人物，并得到后世的尊崇，使之得以在理学道统史上占有一定的地位，对理学的发展产生影响。

三、张载的关学

张载（1020—1077），字子厚，北宋著名哲学家、宋代理学创始人之一，理学思潮中气学流派的代表人物。其著作有《正蒙》《经学理窟》《易说》《文集》《语录》等，明代万历年间沈自彰编为《张子全书》。1978年中华书局点校出版了《张载集》。

张载作为宋代理学思潮中气学流派的创始人和理论代表，其气本论哲学主要是通过对《易传》的解析和创造而提出和阐发的。张载思想的特点是：重义理，倡道统，为往圣继绝学；重心悟、心解，轻训诂。他提出气本论哲学，在气本论的前提和基础上，构建其气学思想体系，把哲学本体论与儒家伦理学结合起来，在本体论、心性论、认识论诸方面，发展了儒学和中国哲学；在对气、道、理、心、性诸哲学范畴及对诸范畴之间相互关系的论述、论证上，达到了较高的哲学思辨水平，从而发展了中国经学，丰富了宋代理学，将儒学哲理化，在历史上产生了重要影响，而在中国经学史、宋明理学史和中国哲学史上具有重要地位。

[①] 朱熹：《江州重建濂溪先生书堂记》，《朱熹集》卷七十八，第4074页。

(一)气本论哲学

张载的气本论哲学主要是通过对儒家经典《易传》的解析并加以创造性发挥而提出来的,由此把经学与气本论哲学相结合,这体现了张载经学的气学特色。张载治经,既重《易传》,亦重"四书"。其代表著作《正蒙》取《易传》"蒙以养正,圣功也"之义,张载用以表达订正蒙昧之意。关中学者把《正蒙》视同《论语》。该书通过注解《易传》等经说的形式,阐发了张载本人的气本论哲学思想。如《正蒙》首篇《太和》,通过解释《易传》之"太和"范畴,提出了气本论宇宙观、一物两体的辩证法思想,并通过对佛、老的批判,提出了自己的认识论和道德人性学说等思想。通篇充满了哲学意蕴,在当时具有很高的哲学思辨水平。张载指出:

> 太和所谓道,中涵浮沉、升降、动静、相感之性,是生絪缊、相荡、胜负、屈伸之始。……太虚无形,气之本体,其聚其散,变化之客形尔。……天地之气,虽聚散、攻取百途,然其为理也顺而不妄。气之为物,散入无形,适得吾体;聚为有象,不失吾常。太虚不能无气,气不能不聚而为万物,万物不能不散而为太虚。循是出入,是皆不得已而然也。……聚亦吾体,散亦吾体,知死之不亡者,可与言性矣。[①]

"太和"出自《易·乾·象传》的"乾道变化,各正性命,保和太和,乃利贞"。太和的太,通"大",指至高至极;所谓和,指和谐。连起来讲,指天道变化,万物适应天地自然界运动变化的规律,而各得其属性之正,以保持和顺至极的和谐状态,乃为有利。张载在这里用以指阴阳未分的气,即气的"絪缊"状态。道在这里指絪缊未分之气永恒的变化过程,是说絪缊未分之气在运动变化的过程中,蕴涵着阴阳之气,阳气的性质是浮的、升的、动的,而阴气的性质是沉的、降的、静的,这两种性质互相感通,于是开始发生絪缊相荡、或胜或负、或屈或伸的运动变化。这里的性,指运动变化的潜能,乃是一切事物运动变化的内在根源。在此基础上,张载提出"太虚即气"的气本论宇宙观,认为太虚是无形的、聚而未散之气,它是气的本然状态。本体在这里指原始的、本来如此的、永恒的状况。太虚之气的聚散变化,不过是由气之本体衍生出来的,时而发生、经常不断的有形的变化。张载强调,天地之气,虽然它的聚散、排

[①] 张载:《正蒙·太和》,《张载集》,第7页。

斥与吸引的运动变化有各种各样的途径和方式,但都存在着一定的规律,这个规律是顺而不妄的。这个客观的规律,就称之为理。可见理从属于气。并且,气这种物,是"无形"与"有象"的统一,当它散入无形时,即归于气之本体,当它凝聚而成为有象的事物时,亦不失气之变化的正常规律。也就是说,太虚不能无气,气不能不凝聚而为万物,万物不能不散而复归于太虚。即气具有无形之太虚和有形之万物这两种形态,两种形态互相转化,循着自然而然的规律相互出入,是不得已而自然这样,并没有什么主宰。既然知道了聚是气之本然状态,散亦是气之本然状态,明白了宇宙万物之本——气有聚散两种存在方式,就可知气有聚散,而没有生灭。在这里,张载既批驳了佛教灭进无余而不反的观点,又驳斥了道教徇生执有而不化(散)的观点,其观点接近于物质不灭的科学原理。张载认为,懂得了万物死但并不消亡,只是复归于无形的太虚这个道理,就可与之谈论"性"了。可见张载所谓的"性",亦是包含了关于气之聚散、死而不亡的内涵,"气之性本虚而神,则神与性乃气所固有"[1],强调性只是"气之性",性则因气而存在,性是气固有的本质属性,而从属于气。

在太虚与气的关系上,张载以太虚为气的本然状态,气就是虚,虚就是气。他说:"太虚者,气之体。……形聚为物,形溃反原。"[2]气之聚,成形为物;气之散,形消解复归于无形之太虚。太虚是气的别名,二者含义相当。其区别在于,太虚是无形之气,而气的有形状态是万物,太虚不具备有形的属性。张载所说的"太虚不能无气,气不能不聚而为万物,万物不能不散而为太虚"[3],即是强调太虚的无形与万物的有形是互相转化的,因为它们的根据都是气。

从"太虚无形,气之本体"出发,张载把气的本然状态的太虚亦作为宇宙的本原。他说,"虚者天地之祖,天地从虚中来"[4],认为"今盈天地之间者皆物也"[5],而天地万物均出自于太虚,以虚为祖。实际上,以虚为天地之祖,就是以气为宇宙万物的本原,它们本身是一回事,气与太虚异名而同实。张载把气与太虚的关系加以经验性的说明:"气之聚散于太虚,犹冰凝释于水。"[6]水凝则为冰,冰释即为水,二者在本质上是一样的;同样,气即太虚,"太虚即气"[7]。由

---

[1] 张载:《正蒙·乾称》,《张载集》,第63页。
[2] 张载:《正蒙·乾称》,《张载集》,第66页。
[3] 张载:《正蒙·太和》,《张载集》,第7页。
[4] 张载:《张子语录中》,《张载集》,第326页。
[5] 张载:《张子语录下》,《张载集》,第333页。
[6] 张载:《正蒙·太和》,《张载集》,第8页。
[7] 张载:《正蒙·太和》,《张载集》,第8页。

此，张载批判了把气从属于太虚，以虚作为本体而派生气的观点，从而坚持了自己的气本论哲学。他说："若谓虚能生气，则虚无穷，气有限，体用殊绝，入老氏'有生于无'自然之论，不识所谓有无混一之常。"①"虚能生气"的观点是把虚作为宇宙的本原，而把气下降为虚的派生物，这与张载"太虚即气"的理论完全相反。张载批评的"虚生气"的观点实际上就是道家老子"有生于无"的理论。这种理论是在物质世界之上，虚构出一种脱离物质世界的观念性的本体，然后再由这种观念性的"虚"或"无"派生出物质世界。张载坚持气本论的观点，肯定物质的第一性和本原性，反对在气之上还有一个所谓的"虚"作为宇宙的本原来产生气，其气一元论的哲学倾向是明确的。

与张载"太虚即气"的思想相对应，二程朱熹坚持理本论的观点，认为理或道是宇宙的本体，气只是这个精神本体的作用。他们把太虚与气割裂开来，认为虚与气不是同一层次的物质范畴，虚与道等同，是在气之上的精神实体。二程说："阴阳，气也，形而下也；道，太虚也，形而上也。"②而且他们批评张载把太虚与气等同，认为张载气本论哲学的"源头有未是处"③，张载的太虚"却只是说得形而下者"④。从程朱对张载的批评可以清楚地看出气本论哲学与理本论哲学的分野。

在张载"太虚即气"的气本论哲学体系里，气是最高范畴，道和理则体现了气运动变化的过程和规律，它们不是在气之上的本体，而是统一于气一元论的哲学体系内。关于道，张载指出："由气化，有道之名。"⑤道是"气化"，即物质性的气运动变化的过程。离开了气，离开了气的运动变化，则无所谓道。

关于理，张载指出："天地之气，虽聚散、攻取百途，然其为理也顺而不妄。"⑥气的聚散变化虽有多种方式，各不相同，但在各种变化之中都存在着"顺而不妄"的条理即规律，这就是理。可见道和理均不能离开气而独立存在。张载的这一思想也遭到了程朱的批评。朱熹指出："纵指理为虚，亦如何夹气作一处？"⑦朱熹反对张载以气言理，他主张理应该凌驾于气之上，而不应把理与气夹作一处。

---

① 张载：《正蒙·太和》，《张载集》，第8页。
② 程颢、程颐：《论道篇》，《河南程氏粹言》卷一，《二程集》，第1180页。
③ 黎靖德编：《朱子语类》卷九十九，第2532页。
④ 黎靖德编：《朱子语类》卷九十九，第2532页。
⑤ 张载：《正蒙·太和》，《张载集》，第9页。
⑥ 张载：《正蒙·太和》，《张载集》，第7页。
⑦ 张载：《张子语录·后录下》，《张载集》，第343页。

张载坚持"太虚即气"的理论,批判"虚生气""有生于无"的观点,在此基础上,他通过解说《易传·系辞》,提出了气兼有无的思想。他说:"惟是有、无相接与形、不形处知之为难。须知气从此首,盖为气能一有无,无则气自然生,气之生即是道是易。"[1]这里所说"气能一有无",即气具有把有、无统一于自身的属性。张载认为,有无相接与有形、无形的关系最难掌握。在这个问题上,张载既反对无生有,虚生气;又反对把太虚与有形的万物直接等同。他说:"若谓万象为太虚中所见之物,则物与虚不相资,形自形,性自性,形性、天人不相待而有,陷于浮屠以山河大地为见病之说。"[2]张载的太虚是无形的,万象则是有形的。虽然张载以气之聚散来联系二者,但二者毕竟是有区别的。张载指出,如果看不到这种区别,就不明白万物是怎样产生的,把本原与万物看成互不相关的孤立存在,就会陷入佛教"诬世界乾坤为幻化"[3]的谬误。为了克服虚生气和把太虚与万物直接等同这两种错误倾向,张载以气本论的观点来统辖有无,即有形的万物与无形的太虚。他说:"知虚空即气,则有无、隐显、神化、性命通一无二。顾聚散、出入、形不形,能推本所从来,则深于《易》者也。"[4]这里所指的"本",就是以气为本。有无、隐显、聚散、形或不形都根源于气,是本体之气的两种不同的表现形态。当气散时,它是无形的太虚,表现为无、隐、幽、不形、虚;当气聚时,它是有形的万物,表现为有、显、明、形、实。反映气的这种运动变化的,就是道和易。他说:"气聚则离明得施而有形,气不聚则离明不得施而无形。方其聚也,安得不谓之有?方其散也,安得遽谓之无?"[5]还说:"自无而有,故显而为物;自有而无,故隐而为变。……大意不越有无而已。物虽是实,本自虚来。"[6]张载认为,气兼有与无两种属性,它们是相辅相成、缺一不可的。当气聚未散时,它是有,"凡可状,皆有也;凡有,皆象也;凡象,皆气也"[7],由气而象,由象而有。当气散未聚时,它是无,"气本之虚则湛一无形"[8],由气而虚,虚则无形。

需要指出,张载的气所具有的"无"这一属性,不是绝对的虚无,无是指

---

[1] 张载:《横渠易说·系辞上》,《张载集》,第207页。
[2] 张载:《正蒙·太和》,《张载集》,第8页。
[3] 张载:《正蒙·太和》,《张载集》,第8页。
[4] 张载:《正蒙·太和》,《张载集》,第8页。
[5] 张载:《横渠易说·系辞上》,《张载集》,第182页。
[6] 张载:《横渠易说·系辞上》,《张载集》,第183页。
[7] 张载:《正蒙·乾称》,《张载集》,第63页。
[8] 张载:《正蒙·太和》,《张载集》,第10页。

太虚的无形可见而言，相对于万物的有形有象，太虚是无形的，所以称之为无。但无形的太虚并不是绝对的虚无，虚中包含了实，无中具备了有。他说："天地之道无非以至虚为实，人须于虚中求出实。"①有形的万物虽是实有的，但具体事物总会消亡，"金铁有时而腐，山岳有时而摧，凡有形之物即易坏，惟太虚无动摇，故为至实"②。与具体事物的易逝相比，无形的太虚却是永恒的。可见有与无是相互转化的，有形的事物转化为无形的太虚，无形的太虚转化为有形的事物，物质世界正是遵循着这样的气化聚散、有无相联的规律而运动变化着。就"无"不是绝对的虚无，而是指太虚的无形而言，张载强调"知太虚即气，则无无"③。在广阔无垠的宇宙虚空中，弥漫着无穷无尽的气，太虚本身就是气，只是太虚这种气是无形罢了。张载指出，懂得了这个道理，就没有所谓的"无"了。为了避免人们把无当作绝对的虚无，而不是把无当作气的一种表现形态，张载倾向用"幽明"来代替"有无"所具有的含义。他说："圣人仰观俯察，但云：'知幽明之故'，不云：'知有无之故。'"④幽即无，明即有，以幽代无，省去了绝对虚无之嫌。

张载在解说《易传》时提出的气兼有无的思想，把有与无看作气本身具有的两种不同的属性，有代表有形的万物，无代表了无形的太虚，以气这种连续性的物质统率二者，较为正确地解决了具体事物存在的有限性、暂时性、间断性与物质世界存在的无限性、永恒性、连续性之间的矛盾，从而给现象世界以客观的说明，坚持了气本论的哲学立场。这一系统的气本论发展了中国古代哲学，提高了传统儒学的哲学思辨水平。

以气为宇宙之本，万物都以气为最终根源，这是张载哲学的基本立场。本原只有一个，这就是气，而不是其他，这是明确的。但同以气为本原的天地万物为什么各不相同，存在着具体的差异？张载指出："造化所成，无一物相肖者，以是知万物虽多，其实一物。"⑤天下万物，无一物与他物绝对相像，它们互相区别为一个个的具体事物，又存在于统一的物质世界之中。张载认为，形成差别的原因在于，作为万物本原的气本身就有异，在万物形成的过程中，不同之气便形成不同之物。他说："气则有异，天下无两物一般，是以不同。"⑥天下

---

① 张载：《张子语录中》，《张载集》，第 325 页。
② 张载：《张子语录中》，《张载集》，第 325 页。
③ 张载：《正蒙·太和》，《张载集》，第 8 页。
④ 张载：《横渠易说·系辞上》，《张载集》，第 182 页。
⑤ 张载：《正蒙·太和》，《张载集》，第 10 页。
⑥ 张载：《张子语录下》，《张载集》，第 330 页。

没有两物一般的原因是构成事物的气各不相同。气的具体差异在于"气有刚柔、缓速、清浊之气也"①。气所具有的刚柔、缓速、清浊等不同属性,决定了万物形成之时,禀受不同之气的差异性。"大凡宽褊者是所禀之气也,气者自万物散殊时各有所得之气。"②禀受不同之气,便形成不同之物,这就是事物各不相同的原因。张载把"游气"作为直接聚合成物的气,"游气"与气的本然状态太虚有所区别,"游气"具有流动纷扰的属性,它在运动中产生差异性。他说:"游气纷扰,合而成质者,生人物之万殊。"③游气运动,产生差异,这种差异之气,聚而成质,然后形成相互区别的人和物。

张载继承并改造了《易传》的太极阴阳说,提出"气有阴阳"的理论,强调气具有阴阳对立的属性,物质世界既是对立的,又是统一的,在阴阳二气的相互作用下,物质世界不断地运动变化,并肯定事物运动的根源在于事物内部存在着的这种矛盾性。张载指出:"太虚者,气之体。气有阴阳,屈伸相感之无穷,故神之应也无穷;其散无数,故神之应也无数。虽无穷,其实湛然;虽无数,其实一而已。阴阳之气,散则万殊,人莫知其一也;合则混然,人不见其殊也。"④张载改造了《易传·系辞上》"易有太极,是生两仪"的太极生阴阳说,同时吸取其阴阳对立的观点,他认为阴阳是气本身所具有的对立统一的属性,但阴阳之气不是太极产生的,他反对在气之上还有一个所谓的太极作为本原而产生气,其太极范畴不过是与太虚相当的本然状态的气而已。张载"气有阴阳"的理论认为,阴阳二气的相互感应和屈伸变化是永无止息的,这种变化是客观存在的,它不以人的意志为转移,故称之为"神",即神妙莫测,变化多端。事物的变化,来源于阴阳二气的相互作用,阴阳是所有变化的根源,这是气固有的性质;但阴阳变化的属性又体现在万事万物之中,通过具体事物得以表现。这就是所谓的气一分殊。气是一,万物的本原只有一个;但一气分为阴阳,阴阳对立体现在万殊之中。这个理论具有较强的概括性,它与程朱"理一分殊"理论的逻辑相近,不过程朱的前提是理,而张载的前提是气,这就决定了双方哲学性质的不同。

从"气有阴阳"出发,张载提出一物两体的辩证观点。他说:"太虚之气,

---

① 张载:《经学理窟·学大原上》,《张载集》,第281页。
② 张载:《张子语录下》,《张载集》,第329页。
③ 张载:《正蒙·太和》,《张载集》,第9页。
④ 张载:《正蒙·乾称》,《张载集》,第66页。

阴阳一物也，然而有两体，健顺而已。"① 太虚之气是一，气有阴阳是两。两存在于一之中，是对立的两个方面；一指对立双方的统一。张载认为，一物两体是宇宙间的普遍规律，任何事物都存在着对立的两个方面，它们既是对立的，又是统一的。他说："一物两体者，气也。一故神，（自注：两在故不测。）两故化，（自注：推行于一。）此天之所以参也。"② 作为宇宙本原的气是阴阳对立的统一物，没有对立就没有统一，没有统一就没有对立，一与两是相互依存，相互转化的，天地万物交互相参共成化育。张载指出："两不立则一不可见，一不可见则两之用息。两体者，虚实也，动静也，聚散也，清浊也，其究一而已。"③ 虚实、动静、聚散、清浊等等，是对立两面的具体表现，也是一气之阴阳的具体内涵，这些阴阳对立的双方，共同组成气的统一体，它们是一切运动变化的根源，在运动变化之中，万物得以产生。他说："气有阴阳，推行有渐为化，合一不测为神。"④ 在运动变化中，"有变则有象"⑤，"天惟运动一气，鼓万物而生"⑥。一方面，运动产生万物；另一方面，万物为运动的物质载体。张载把阴阳变化分为渐变和著变两个阶段，"变，言其著；化，言其渐"⑦，事物通过渐化达到著变，变与化是互相转化的。"'变则化'，由粗入精也；'化而裁之谓之变'，以著显微也。"⑧ 这表明张载对事物运动变化的见解，达到了比较深刻的程度。

张载通过对儒家经典《易传》等的诠释，阐发其气本论哲学，采用经典诠释的形式，从气本论入手，来建立其理学、哲学思想体系。这一思想后来影响到罗钦顺、王廷相、王夫之等气学家。尤其是王夫之，他在其《张子正蒙注》及《周易外传》里，通过对经典的诠释，继承并发展张载的气本论，提出"太虚即气，絪缊之本体"的思想，在气的内涵、性质、功能，气与诸范畴的联系等方面都有十分精辟的见解，把气本论哲学发展到一个新阶段，体现了气学家经典诠释的哲学意蕴。

张载一派气学家虽以气为宇宙本原，但亦提出"立天理"的命题，反对

---

① 张载：《横渠易说·系辞下》，《张载集》，第231页。
② 张载：《横渠易说·说卦》，《张载集》，第233页。
③ 张载：《横渠易说·说卦》，《张载集》，第233页。
④ 张载：《横渠易说·系辞下》，《张载集》，第219页。
⑤ 张载：《横渠易说·系辞下》，《张载集》，第231页。
⑥ 张载：《横渠易说·系辞上》，《张载集》，第185页。
⑦ 张载：《横渠易说·上经·乾》，《张载集》，第70页。
⑧ 张载：《正蒙·神化》，《张载集》，第16页。

"今之人灭天理而穷人欲"①，而主张复归于天理，亦体现了其对理的重视。

（二）心性说

作为宋明理学思潮中气学流派的创立者和理论代表，张载哲学以气本论为特征。在对心性问题的论述中，张载提出"心能尽性"的思想，其心性论建立在"太虚即气"思想的基础上，认为性作为一事物区别于他事物的本质属性，渊源于"至静无感"的气本体——太虚，心是性与知觉结合的产物，也以太虚为其存在的根据和内容。他指出人性具有饮食男女的自然属性和仁义礼智的道德属性两重本质，批评了先秦告子单纯"以生为性"的观点。张载提出天地之性与气质之性相分的思想，认为气质之性有偏，天地之性久大无偏，要求人们变化气质，返归天地之性。这对程朱性论产生了重要影响，同时也表明，虽然在自然观上张载与程朱不同，但在人性论上，程朱却接受了张载的有关思想，双方存在着某些相似之处。张载在心物关系上提出的"人本无心，因物为心"的思想，强调客观物质世界是主体认知之心产生的来源和根据，这一思想别具特色。在心性关系上，张载指出心性有别，性无意，心有觉，强调尽心以知德性，发挥主体之心的能动作用，以尽性弘道。其"心统性情"命题的提出，对朱熹心性论产生了深刻影响。张载发挥传统经学，将其心性义理化和哲理化，完善了理学的心性论，这在宋明理学和中国哲学心性论发展史上具有重要意义，是对传统儒学理论体系的深化和创新发展。

1. "性乃气所固有"

张载首倡把气范畴引进心性论，这对宋明理学心性论尤其对气学一派心性论影响甚大，并对湛若水、刘宗周等明代心气二元论的心性之学产生了深刻影响。张载以气本论为基础，对其性论作了深入论述，他提出的不少理论开宋明理学心性论之先河。

（1）性的规定

张载对性的含义作了如下规定，对后世性学影响甚大。

其一，"合虚与气，有性之名"②。所谓性，是由虚与气结合而构成的。所谓虚，即太虚，它是气的本然状态，"太虚者，气之体"③。张载认为，太虚是宇宙的

---

① 张载：《经学理窟·义理》，《张载集》，第273页。
② 张载：《正蒙·太和》，《张载集》，第8页。
③ 张载：《正蒙·乾称》，《张载集》，第66页。

本原，"虚者天地之祖，天地从虚中来"①。以虚为祖，即是以虚为天地万物产生的本原。所谓气，即聚散变化着的物质之气。气弥漫于太虚并构成太虚，气聚而形成万物，万物散而复归于太虚。张载认为，气有阴阳，气则有异，"气有刚柔、缓速、清浊之气也"②，禀受不同的气，便形成不同之物及不同之物性。"天下无两物一般，是以不同"③，其原因就在于气质的差异。

其二，"凡物莫不有是性"。张载认为，性是一事物区别于他事物，以及人区别于物的本质属性。事物之所以各不相同，人与物之所以有别，其原因就在于他们具有不同的质的规定性。他说："天下凡谓之性者，如言金性刚，火性热，牛之性、马之性也，莫非固有。凡物莫不有是性，由通蔽开塞，所以有人物之别，由蔽有厚薄，故有智愚之别。"④ 即性是事物固有的本质属性，它存在于一切事物之中，凡物均有其性，不存在没有性的事物，牛有牛之性，马有马之性，人有人之性。正因为人、物各有其性，才有人与物的区别。在人之中，智人与愚人的区别，也由于其各有不同的个性。

张载"凡物莫不有是性"的思想强调事物的性是事物本身所固有的属性，性与事物不可分离，事物的不同是由于其性的不同。这表明其所谓性，既具有客观性，又具有特殊性。

其三，"饮食男女皆性也"。从人这方面讲，张载把人性分为生物性和道德属性两重性。关于人性中所具有的生物性，张载指出："饮食男女皆性也，但己不自察，由旦至暮，凡百举动，莫非感而不之知。"⑤ 渴而饮，饥而食，男女居室，这些是人的自然本性，正因为人不自察，才体现出它是人自然而然的属性。这种人的自然本性，即是人所具有的生物性或动物性，它是客观存在的。

其四，仁义礼智，亦可谓性。张载对人性的论述，除具有饮食男女的生物性外，还具有道德属性的一面，正是因为人具有道德属性，才使得人与物区别开来。他说："仁义礼智，人之道也，亦可谓性。"⑥ 以仁义礼智为性，这是人独有的。人性与人道，均以仁义道德为内涵。他说："仁义人道，性之立也。"⑦ 在天地人三才中，阴阳是天道，刚柔是地道，仁义是人道，人与天地自然界的区

---

① 张载：《张子语录中》，《张载集》，第326页。
② 张载：《经学理窟·学大原上》，《张载集》，第281页。
③ 张载：《张子语录下》，《张载集》，第330页。
④ 张载：《性理拾遗》，《张载集》，第374页。
⑤ 张载：《横渠易说·系辞上》，《张载集》，第187页。
⑥ 张载：《张子语录中》，《张载集》，第324页。
⑦ 张载：《正蒙·大易》，《张载集》，第48页。

别，就在于人具有仁义的道德属性。以此，张载批评了告子只讲人的生物性，不讲人的道德性的片面的人性观点。他说："以生为性，既不通昼夜之道，且人与物等，故告子之妄不可不诋。"①告子生之为性的观点，肯定了人性所具有的生物性的一面，然而却忽视了人性所具有的社会性的一面，混淆了人与物的区别，故其"人与物等"的性论遭到了张载的批评。张载把人性视为生物性与道德属性的统一，既与单纯"以生为性"的观点划清了界限，又克服了先天性善论和禁欲主义的片面性。

（2）性气论

张载关于性气关系的论述，充分体现了他的哲学及其性论的特点。

性是气固有的本质。在性与气的关系上，张载认为气是性的本体，性是气所固有的属性。他说："凡可状皆有也，凡有皆象也，凡象皆气也。气之性本虚而神，则神与性乃气所固有。"②气具有虚而神的属性，因而性是"气之性"，性因气而存在，性是气固有的本质，而从属于气。从这个论述中，可以看出张载并非讲性、气二元，而是气一元论；然而性与气又不相脱离，有气就必然有性的存在，性是气的本质属性。

关于性与气的具体联系，张载指出，气有动静变化和阴阳对立两方面的表现，其"动静阴阳，性也"③，气的动静变化和阴阳对立就是性，可见性气不离，性以气为基础。又指出，"刚柔缓速，人之气也，亦可谓性"④，刚柔缓速的气质构成了不同的人性，故气可谓性。

性乃气所固有还体现在气的聚散变化上。张载哲学的气具有聚散的功能，气的聚散是万物形成和变化的基本原因，而气的聚散则分属于阴、阳不同的属性。他说："阴性凝聚，阳性发散；阴聚之，阳必散之，其势均散。"⑤阴气之性为凝聚，阳气之性为发散，正因为阴阳二气各自具有不同的性，才使得天地万物在聚散变化中相生相灭。然而，"聚亦吾体，散亦吾体，知死之不亡者，可与言性矣"⑥，聚散均在气本体的范围之内，宇宙之间，一气流行，气聚构成万物，万物死即气散复归于气本体，故死而不亡。可见气的聚散便是气固有的属性，

---

① 张载：《正蒙·诚明》，《张载集》，第22页。
② 张载：《正蒙·乾称》，《张载集》，第63页。
③ 张载：《横渠易说·系辞上》，《张载集》，第177页。
④ 张载：《张子语录中》，《张载集》，第324页。
⑤ 张载：《正蒙·参两》，《张载集》，第12页。
⑥ 张载：《正蒙·太和》，《张载集》，第7页。

由于性是气所固有，所以张载主张"于其气上成性"[①]。

性同气异。受孔子"性相近，习相远"思想的影响，张载在对人性的论述方面，认为性相同，而气则有异。他说："人之性虽同，气则有异。天下无两物一般，是以不同。孔子曰：'性相近也，习相远也'，性则宽褊昏明名不得，是性莫不同也，至于习之异斯远矣。"[②] 人性是相同的，它不可以宽狭昏明来名之，而"宽褊者是所禀之气也"[③]，气有万殊，所以人的习染也相去甚远。虽然人禀受的气质有褊狭，但只要通过学习，"强学以胜其气习"[④]，仍可以"推达于天性也"[⑤]。

张载还指出："性者，万物之一源，非有我之得私也。"[⑥] 此说有把性抽象为万物共有本性的倾向，这与其性同气异的思想相关，即万物均有其性，并且这个性是客观的，不以个人的主观意志为转移。但不能就此得出性本体论的结论。

尽管张载思想存在着性同气异的倾向，但其气仍是有殊有合，有万有一的。他说："阴阳之气，散则万殊，人莫知其一也；合则混然，人不见其殊也。"[⑦] 也就是说，既不能只看到气有分殊的一面，而不知气有合一的一面；又不能只见合一，不见万殊。张载的这种气有殊有合，有万有一的思想与其"性者万物之一源"及"凡物莫不有是性"，既看到万物有共同本性，又肯定事物各有其特性的思想是一致的，最终是以气作为性存在的基础和根据。

（3）天地之性与气质之性

张载提出天地之性与气质之性相分的思想，这对宋明理学心性论影响很大。他说："形而后有气质之性，善反之则天地之性存焉。故气质之性，君子有弗性者焉。"[⑧] 所谓气质之性，是指气聚而成为有形的万物之后而形成的性。所谓天地之性，指源于太虚的本然之性，"性即天也"[⑨]，与天结合的性便是天地之性。张载认为，"天地之性，久大而已矣"[⑩]，其原因在于天不偏，其性也至善不偏；气质之性则源于气质，气有偏，故气质之性有美恶之分，只有反其本，克服气质

[①] 张载：《张子语录中》，《张载集》，第318页。
[②] 张载：《张子语录下》，《张载集》，第330页。
[③] 张载：《张子语录下》，《张载集》，第329页。
[④] 张载：《张子语录下》，《张载集》，第330页。
[⑤] 张载：《张子语录下》，《张载集》，第330页。
[⑥] 张载：《正蒙·诚明》，《张载集》，第21页。
[⑦] 张载：《正蒙·乾称》，《张载集》，第66页。
[⑧] 张载：《正蒙·诚明》，《张载集》，第23页。
[⑨] 张载：《张子语录上》，《张载集》，第311页。
[⑩] 张载：《正蒙·诚明》，《张载集》，第24页。

之偏，才能保存固有的太虚本性。他说："人之刚柔、缓急、有才与不才，气之偏也。天本参和不偏，养其气，反之本而不偏，则尽性而天矣。"① 张载指出："性于人无不善，系其善反不善反而已。"② 这里无不善的性指的是天地之性，善反则得其善，不善反则失其善。当气质之性未返时，它是善恶相混的，"性未成则善恶混"③。由此可见，张载所谓的天地之性，其基本含义是指一般的人的本性，它源于与天同原的太虚，是善而无偏的；其所谓气质之性，是指人禀受气质而形成的具体人性，由于气质有异，故气质之性亦有善恶的区别，故气质之性是有偏的。

张载不仅提出了天地之性与气质之性相分的理论，更重要的是他主张变化气质，克服气质的偏差，通过学习，复归天地之性。他说："为学大益，在自求变化气质。……故学者先须变化气质，变化气质与虚心相表里。"④ 学以变化气质的目的是为了恢复天地之性，张载重视后天学习的重要性，重视通过道德教化以纠正人性的偏差，这体现了宋明理学心性论重视道德理性的价值的特点。

张载学以变化气质的思想与他学以成性的主张是相互联系的。他说："人之气质美恶与贵贱、夭寿之理，皆是所受定分。如气质恶者，学即能移。……但学至于成性，则气无由胜，……必学至于如天则能成性。"⑤ 张载认为，人气质中的美恶贵贱等，"皆是所受定分"。这表明气质对于禀受它的人来讲，是先天的，而非后天环境习染，但通过后天的努力学习，则可变化气质，移其气质之恶者。虽然性出于气，为气所固有，但通过学以成性，性又可主导气，使气之偏不致影响本然之性。故张载说："德不胜气，性命于气；德胜其气，性命于德。穷理尽性，则性天德，命天理。"⑥ 虽然气是性的基础，但性是听命于气，还是听命于德，要看德是否能胜气，即是否能以道德理性的原则来主导气。张载心性之学的倾向是在气本论的前提下穷理尽性，使性符合天德天理，这充分体现了其理学思想的实质。

张载以太虚即气论性，把性分为天地之性与气质之性，主张变化气质，学以成性，以德性主导气的思想不仅体现了他心性论的特点，而且对程朱、湛若水、王廷相等各家的性论产生了广泛的、各不相同的影响，成为宋明理学人性

---

① 张载：《正蒙·诚明》，《张载集》，第23页。
② 张载：《正蒙·诚明》，《张载集》，第22页。
③ 张载：《正蒙·诚明》，《张载集》，第23页。
④ 张载：《经学理窟·义理》，《张载集》，第274页。
⑤ 张载：《经学理窟·气质》，《张载集》，第266页。
⑥ 张载：《正蒙·诚明》，《张载集》，第23页。

论的理论先导和重要组成部分。

2. 心之诸义

张载哲学的心论是其心性之学的有机组成部分，探讨其心的含义，可了解心在其心性之学中的地位和作用，亦可揭示其心性论的特点和性质。

（1）"人本无心，因物为心"

在心与物的关系上，张载提出著名的"人本无心，因物为心"①的思想，认为人的知觉、认识来源于物，人心所得到的认识以物为其内容，人心的认知功能以物为存在的基础和条件，没有客观世界的物，就没有主观认识的心。坚持以客体决定主体，这在宋明理学心物关系史上是一创见。张载进一步论证了心是对外物的反映，以外物作为认识的对象和基础，认为外部事物的各不相同，决定了心对外物的反映也各不相同，心之所以万殊，是由于外物的不一。他说："心所以万殊者，感外物为不一也。"②明确表明物决定心，而不是心决定物。这与邵雍心学"万化万事生乎心"的观点形成对比。张载以外物决定心的反映论观点体现了其哲学认识论的特点。张载心、物二分的观点明确划分认识主体与认识对象，把认识建立在主体对客观外物的感觉与反映的基础上。那种认为中国哲学无主体与客体之对立，无"主体性"原则，缺乏认识论的见解是缺乏根据的，是对中国哲学及其认识论知之不深的表现。

张载在明确肯定客体决定主体的前提下，又强调心对于物的能动作用，提出扩充其心以更好地认识天下之物。他说："心弘则是，不弘则不是，心大则百物皆通，心小则百物皆病。"③由于具体事物的存在受到各种条件、各种因素的限制，妨碍了心对物的认识，"心之不能虚，由有物榛碍"④，所以在对物的认识上，就要"弘心""大心"，全面地看问题，以"不为物所牵引去"⑤。张载既强调主观反映客观，以认识天下万物，又提出以客观印证主观，以了解其主观认识是否全面，"我体物未尝遗，物体我知其不遗也"⑥，从而把心与物、主观与客观有机地结合起来。

（2）"太虚者，心之实"

在张载"太虚即气"的气本体论哲学体系里，虚与气相当，同为其哲学的

---

① 张载：《张子语录下》，《张载集》，第333页。
② 张载：《正蒙·太和》，《张载集》，第10页。
③ 张载：《经学理窟·气质》，《张载集》，第269页。
④ 张载：《张子语录中》，《张载集》，第325页。
⑤ 张载：《经学理窟·气质》，《张载集》，第269页。
⑥ 张载：《正蒙·诚明》，《张载集》，第22页。

最高范畴。太虚是无形之气，万物是气的有形状态，虚与物是气的无形与有形，二者是相通的。在心与本体范畴太虚的关系上，张载提出"太虚者，心之实"①的命题，以太虚界定心的内容，认为太虚是心之存在的根据，心以虚为内容。由于太虚是气的无形状态，它不能靠耳目感官来把握，耳目感官只能认识有形的万物，所以无形的太虚要以心来求得。他说："气之苍苍，目之所止也；日月星辰，象之著也。当以心求天之虚。"②也就是说，太虚这种无形之气要通过心之思维来把握，"太虚者自然之道，行之要在思"③。心以虚为根据，人心的思维功能能够认识无形的太虚，这是张载哲学的心所具有的认知功能。

（3）"天无心"

所谓天，张载指出："由太虚，有天之名。"④天与太虚相通，天以太虚为内容而得名。在心与天的关系上，张载提出"天无心，心都在人之心"⑤的思想，认为天是客体，没有意志；意识活动是人所独有的，与天无关。他进一步指出："天惟运动一气，鼓万物而生，无心以恤物；圣人则有忧患，不得似天。"⑥万物在气的运动中产生，不以人的主观意志为转移。这就破除了天是有意志的人格神的观念。而包括圣人在内的人则是有意志的，所以与天不同。张载还以"天不能皆生善人"来说明"天无意也"。⑦要之，张载认为，天没有意志，没有思虑；人有意志，思虑是人心所独有的。这是天人的不同之处，也是张载哲学心的含义之一。

3."心能尽性"

张载的心性之学在心与性的关系上，一方面认为性是构成心的要素之一，心由性与知觉结合而成，人有饮食男女、仁义礼智之性，就有饮食男女、仁义礼智之心，心是对性的反映；另一方面又指出心性有别，心有知觉意识，是主观的思维，而性则无知觉意识，是客观的存在，并强调发挥心的主观能动作用，以尽性弘道。张载把性与心二者均视为气固有的属性和内容，从属于物质性的气，故有把道德理性客体化的倾向。

---

① 张载：《张子语录中》，《张载集》，第324页。
② 张载：《张子语录中》，《张载集》，第326页。
③ 张载：《张子语录中》，《张载集》，第325页。
④ 张载：《正蒙·太和》，《张载集》，第9页。
⑤ 张载：《经学理窟·诗书》，《张载集》，第256页。
⑥ 张载：《横渠易说·系辞上》，《张载集》，第185页。
⑦ 张载：《横渠易说·系辞上》，《张载集》，第189页。

(1)"合性与知觉,有心之名"

张载认为,心与性既有联系,又有区别。这通过他对心的解释可以看出。他说:"合性与知觉,有心之名。"① 心性的联系表现在,心性均渊源于气,不仅性是合虚与气的产物,而且太虚是心之实,心以虚及由虚构成的物为其内容。性与知觉结合,构成心,说明心性密切联系。

心性的区别表现在,性无意,心有觉。张载认为性本身无知觉,性与知觉合,才为心,可见其心性有别,性是心的基础。张载于宋明理学中首倡心性的分别,其心主要是从认知主体的角度立论,而不是所谓超越的本体之心。张载本人明确指出性无意,因而与知觉之心有别,不应把心性混为一谈。他说:"率性之谓道则无意也,性何尝有意?"② 因为性无意识,是客观的存在,故率性而行便是顺应事物的本质属性。他还说:"感者性之神,性者感之体。"③ 性是感觉的载体,但性本身不是感觉,这有如在性的基础上加上知觉才成为心,心性既密切联系,又明显有别。

(2)尽心以知德性

张载把人的认识分为感性认识与理性认识两方面,心与理性认识相联系,心的认识对象侧重在义理,义理即德性所知,主张通过尽心,超越闻见知识,以认识不萌于见闻的德性。张载认为,人的认识是由耳目感官感受外物而产生。他说:"人谓己有知,由耳目有受也;人之有受,由内外之合也。"④ 认识来源于外界事物,是心合内外的产物。但张载又看到闻见之知的局限,主张超越闻见以尽其心。他说:"人病其以耳目见闻累其心,而不务尽其心。"⑤ 与耳目感官感知的对象是外物不同,心认识的对象侧重在义理。张载从尽心、穷理出发,强调"使常游心于义理之间"⑥,通过游心于义理,来认识义理,掌握义理。张载所谓义理,也就是性。他说:"礼者理也。"⑦ 仁义礼智既是理,又是人性中的道德理性。张载游心于义理之间,尽其心是为了知德性。德性是与见闻之知相对应的道德理性,它不萌于见闻,故不为耳目感官所感知,只能通过尽心来获得。

---

① 张载:《正蒙·太和》,《张载集》,第9页。
② 张载:《张子语录中》,《张载集》,第318页。
③ 张载:《正蒙·乾称》,《张载集》,第63页。
④ 张载:《正蒙·大心》,《张载集》,第25页。
⑤ 张载:《正蒙·大心》,《张载集》,第25页。
⑥ 张载:《经学理窟·气质》,《张载集》,第271页。
⑦ 张载:《张子语录下》,《张载集》,第326页。

他说:"见闻之知,乃物交而知,非德性所知;德性所知,不萌于见闻。"① 这种德性所知,即"天德良知",来源于先验的道德本性,而不依赖于感觉经验,"诚明所知乃天德良知,非闻见小知而已"②。张载通过尽心来认识道德理性的思想,表明其认识的重点是认识德性,而不仅是外物。这体现了宋明理学心性论强调发挥主体的能动作用,以认识内在的道德理性的特点。

(3)"心能尽性,人能弘道"

在尽心以知德性的基础上,张载进而提出"心能尽性,人能弘道"的思想,在分别心与性、人与道的前提下,强调主体之心对道德理性的弘扬。他说:"心能尽性,'人能弘道'也;性不知检其心,'非道弘人'也。"③ 心有意识,具有主观能动性,所以能够充分发挥人所具有的道德本性;而性是合虚与气的产物,没有意识,所以不具有知心、察心的功能。此说既主张心与性、人与道不可混同,又注意发挥人心的自觉能动性和主体性原则,将性、道弘扬、推广开来。

张载"心能尽性"的思想相对忽视对感性和客观自然规律的认识,倾向于不依靠感性见闻的直觉认识方法,把对理性的认识归结为内心的自我认识。这种直觉认识方法强调主体对内在道德理性的体认,直指人心,但忽视了认识外物和感性知识,从而割裂了感性认识与理性认识的联系,超越了思维逻辑,也就发展了中国哲学的内圣倾向。这对后世理学心性论产生了影响。

(4)"心统性情"

在心与性、情的关系上,张载首次提出了著名的"心统性情"的命题。"张子曰:心统性情者也。"④ 所谓情,张载指出:"有性则有情,发于性则见于情,发于情则见于色,以类而应也。"⑤ 即情来源于性,是性的外在表现,情通过具体事来体现。"心统性情"命题的提出,在宋明理学及其心性论史上具有重要意义。这一命题对朱熹影响甚大,朱熹将张载的"心统性情"思想与程颐的"性即理"思想相提并论,认为这两个命题在理学渊源上占有重要地位。朱熹指出,"伊川'性即理也',横渠'心统性情',二句颠扑不破。惟心无对,'心统性情',二程却无一句似此切"⑥,认为二程也没有提出如此深刻的思想,并极力称

---

① 张载:《正蒙·大心》,《张载集》,第24页。
② 张载:《正蒙·诚明》,《张载集》,第20页。
③ 张载:《正蒙·诚明》,《张载集》,第22页。
④ 张载:《拾遗·性理拾遗》,《张载集》,第374页。
⑤ 张载:《拾遗·性理拾遗》,《张载集》,第374页。
⑥ 参见张载:《张子语录·后录下》,《张载集》,第338页。

赞："横渠云'心统性情者也'，此语极佳。"① 但从现存的材料看，关于张载"心统性情"思想的记载语焉不详，故不能作进一步的分析研究，其思想的具体内涵也不得而知。

4. 对佛教心性论的批判及其意义

隋唐时期，佛教盛行，其心性论也产生了重要影响。尽管宋明理学心性论对佛学心性论的思辨哲学形式作了不少吸取，这在心学一派那里表现得较为明显，但张载作为理学思潮中气学一派的代表人物，站在儒家伦理本位及气本论哲学的立场上，对佛教心性论不讲伦理纲常及其心本论宇宙观提出了尖锐批评。

（1）批佛教不讲儒家伦理的性论

隋唐佛教对性高度重视，以佛性为世间万有的本原，认为一切世间法依真如佛性而起。但佛教性论不讲伦理纲常，这遭到了张载的批判。他说："儒者穷理，故率性可以谓之道。浮图不知穷理而自谓之性，故其说不可推而行。"② 儒家把穷理与尽性联系起来，其性论是为了论证伦理纲常；而佛教则脱离伦理纲常而论性，其佛性论不知穷理，所以难以推行。

张载从人的自然本性出发，还批判了佛教的禁欲主义。他说："饮食男女皆性也，是乌可灭？"③ 张载这种肯定人的自然属性的思想与佛教禁欲主义的人性论划清了界限。

张载对佛性论的批判，反映了宋明理学恢复儒家人文精神的时代特征。儒、佛都讲心性论，但两家思想的区别在于是否把心性哲理与伦理纲常相结合。张载对佛教不讲纲常名教、断绝生化之源的心性论的批判，正好体现了新儒学将心性哲理与儒家伦理紧密结合的思想特征。

（2）对佛教心本论的批判

隋唐佛教以心为一切精神现象的总称，认为心是宇宙的本原，万事万物产生于心，这在天台宗和唯识宗的教义里较为典型。天台宗的创立人智顗认为世界万有都是一念之心的产物。他说："此三千（指宇宙的整体）在一念心，若无心而已。介尔有心，即具三千。"④ 即把变化万千、丰富多样的物质世界归结于一心的意念活动。唯识宗倡"心法"说，认为"心法"是精神活动的根本主体，把宇宙间千差万别的事物和现象说成是"心法"的产物。佛教以心为宇宙本原，

---

① 张载：《张子语录·后录下》，《张载集》，第338页。
② 张载：《正蒙·中正》，《张载集》，第31页。
③ 张载：《正蒙·乾称》，《张载集》，第63页。
④ 智顗：《摩诃止观》卷五上，《大正新修大藏经》第46册，第53页。

以"心法"产生现象世界的思想在隋唐时期广为流行,成为中国心性论发展史上的一个重要阶段。

张载从气本论哲学出发,对佛教的心本论哲学提出了批评。他说:"释氏不知天命,而以心法起灭天地,以小缘大,以末缘本,其不能穷而谓之幻妄,真所谓疑冰者与!"①并自注:"夏虫疑冰,以其不识。"②在本末体用观上,他认为物质世界天地为本,心为末,批评佛教颠倒了本末关系,以末缘本,以"心法"起灭天地,把天地称之为幻妄。他指出,"释氏之学,言以心役物,使物不役心;周孔之道,岂是物能役心?虚室生白"③,批评佛教为了不使物操纵心,而提出心役使物,即心主宰物的思想,这就颠倒了心物的本末体用关系,把心的主观能动性过分夸大,使心成为虚幻的宇宙本体,并反驳佛教把儒家周孔之道称为"物能役心"的说法。按照张载的思想逻辑,物决定心,但物不能役使心,因物没有意志,不能操纵心;而心决定于物,但心又能够反映物。这是从决定与被决定、反映与被反映的关系上回答了物与心、客观与主观、物质世界与精神世界的本末体用关系。

张载对佛教心本论哲学批评的意义在于,在本体论范围内,纠正了佛教心性论以"心法"起灭天地,以末缘本,以心役物的观点,坚持了气一元论哲学的理论观点。这是北宋时期新儒学者从气学观点出发对佛教心学的清算,不仅在当时对理学心性论的发展有重要意义,而且影响到后世。到南宋,朱熹为了坚持理本体论哲学,反对心本论思想,借鉴了张载对佛教心学的批判。朱熹说:"释氏心法起灭天地之意,《正蒙》斥之详矣。"④朱熹赞同张载对佛教心学的批判,是为了坚持其理本论哲学,而不是赞成张载的气本论哲学,但张朱均反对佛教的心本论哲学,这又是理学中两大流派的一致处。

(三)张载的历史地位

随着社会的变迁和思想文化领域的变革,重义理的宋学取代重训诂的汉学,是宋代学术和中国经学发展的趋势和潮流。在总的具有重义理特征的前提下,宋学中既有理学派,也有非理学派。如果说,重义理是宋学区别于汉学的基本特征的话,那么,把义理哲理化,以思辨性的哲理来论证儒家伦理,则是宋学

---

① 张载:《正蒙·大心》,《张载集》,第26页。
② 张载:《正蒙·大心》,《张载集》,第26页。
③ 张载:《经学理窟·义理》,《张载集》,第273页。
④ 朱熹:《张无垢中庸解》,《朱熹集》卷七十二,第3788页。

中理学与其他派别相区别的重要根据。张载关学既是理学中自成体系的重要流派，亦是宋学不可或缺的重要组成部分。作为理学的重要派别，它早于二程洛学形成，且在不少方面影响到洛学，尽管在气本论与理本论上双方存在差异；与同时期的周敦颐濂学和邵雍之学相比，张载关学的哲学思辨性更强，其理论更成体系。作为宋学中不可或缺的重要组成部分，它鲜明地体现了宋学重义理的特征。通过对汉学流弊的批评和对儒家经典的阐释，张载关学由宋学进一步发展而为理学，其本体论哲学、精致的辩证思维、认识论、心性论与儒家伦理思想的有机结合，开创了理学发展独具特色的新路，在理学史和中国哲学发展史上占有不可忽视的重要的地位。

1. 在理学史上的地位

从宋学中发展演变而来的理学思潮的兴起，是中国文化自先秦诸子百家争鸣以来第二个高潮，对中国文化和中国哲学的发展产生了深远的影响。理学作为一代学术思潮，是由不同的流派所构成的，学术的发展全靠"异学"群起，百舸争流。理学思潮从地域上分，可分为濂学、洛学、关学、闽学、湖湘学、婺学等派别；从哲学性质上分，可分为理本论、心本论、气本论等各派。张载即是关学和气本论学术流派的创始人和理论代表。作为创学派的思想家，张载在宋明理学史上占有十分重要的地位。这主要体现在：为往圣继绝学，为理学道统论的提出做出了自己的贡献；提出了一系列重要的理学范畴、命题和理论，促进了理学思潮理论体系的建立和完善；在理学范围内，创立了气学这一独具特色的学术派别，丰富了理学的学派构成，使之形成了各自不同、相互辩难又彼此刺激、相互促进的发展格局，由此带来了理学思潮在宋元明时期的大发展和大繁荣。

宋王朝的建立，结束了自唐五代以来长期分裂、动荡不安的局势，但儒家伦理纲常在社会的分裂与动乱中毁于一旦，男女无别、子杀父、臣弑君的现象层出不穷。在当时的历史条件下，儒家伦常的扫地，既削弱了统治阶级的思想统治，也冲击了维系社会稳定和民族团结的思想准则。旧儒学的停滞不前和佛老宗教思想的盛行，使得宗教冲击人文，造成了理论危机和社会危机。面对儒学式微、佛老盛行、圣人之道不传的局面，张载倡道于千年不明之后，认为孔孟之后，圣人之道不传，汉唐诸儒如扬雄、王通等皆不见传孔孟之道，韩愈也"只尚闲言词"，未曾见道。鉴于圣人之道不明不传，"世学不明千五百年"，"千五百年无孔子"，张载以弘扬圣人之道为己任，自述自己的抱负是："为天地立志，为生民立道，为去圣继绝学，为万世开太平。"①这也是他提倡道统的指导思想和宗旨，继承往圣不传之绝学，以道作为万民安身立命的依据，并把儒家圣人之道传承及发扬，开出太平盛世。张载以继承绝学自命，其传道的圣人包括伏羲、神农、黄帝、尧、舜、禹、汤、文王、武王、周公、孔子等，认为孔孟之后，其道不传，汉唐诸儒未及于圣人之心，皆未得道。这开程朱道统排斥汉唐诸儒的先河。从这里也可看出张载对汉唐经学未能认同。在张载看来，圣人之道由于汉唐诸儒无所发明，以致在孟子之后不明不传，然而到了今日复有知，这自有其复明的道理，由此张载提倡义理之学，以取代汉唐的传注疏释之学，并强调"心悟""心解"，以掌握义理。

张载在理学研究中提出了一系列重要的理学范畴、命题和理论，由此促进了理学体系的建立和完善。如他提出天地之性与气质之性相分的理论，天地之性指一般的人的本性，它是善而无偏的，气质之性指人禀受气质而形成的具体人性，由于气质有异，故气质之性有善恶的区别，故气质之性是有偏的。由此他主张变化气质，克服气质的偏差，通过学习，复归天地之性。张载重视后天学习的重要性，重视通过道德教化以纠正人性的偏差，这体现了宋明理学心性论重视道德理性的价值的特点。张载把性分为天地之性与气质之性，主张变化气质，学以成性的思想对二程、朱熹等各派理学家的性论产生了重要影响，成为宋明理学人性论的理论先导和重要组成部分。

张载在宋明理学史上首次提出了著名的"心统性情"的命题。他认为情来源于性，是性的外在表现，情通过具体事来体现。这一命题对朱熹影响甚大，朱熹将张载的"心统性情"思想与程颐的"性即理"思想相提并论，认为这两个命题在理学渊源上占有重要地位，"伊川'性即理也'，横渠'心统性情'，二句颠扑不破"②。尽管从现存材料看不到张载"心统性情"思想的具体内涵，但其对理学心性论理论体系的建构和开创之功却不可小觑。

虽然张载气学以气为宇宙万物的本体，这与程朱的理本论思想相异，并遭到程朱的批评，但程朱在批评张载气本论哲学的同时，却又吸取了张载的气化生万物的思想，只不过把气化生万物纳入其理本论的体系之内。就程朱把气化论纳入自己的理本论哲学体系而言，仍表明他们受到了张载思想的深刻影响。

二程在构筑天理论思想体系时，引进了张载哲学的气论，把气作为生成万物

---

① 张载：《张子语录中》，《张载集》，第320页。
② 参见张载：《张子语录·后录下》，《张载集》，第338页。

的材料，指出"生育万物者，乃天之气也"①，认为气在聚散变化的过程中构成万物，"物生者气之聚也，物死者气之散也"②，这是对张载思想的借用。不仅如此，二程还指出，"万物之始，气化而已"③，以气作为万物的开端。尽管二程吸取"气化"的概念，重视气在聚散变化中构成万物的作用，但他们的理论仍与张载气本论哲学存在根本的区别，这个区别就在于二程只讲"气化"，不讲"气本"。在理气关系上，二程以理为本，以气为末，气化生万物，以理为根据，理才是宇宙万物的主宰。

朱熹亦吸取了张载的气论，提出以理为宇宙本体，以气为构物材料的理本气末论。他把气化论纳入自己的理本论体系之内，对气的内涵、气化生物的过程、理与气的关系等作了详尽的论述，其理论的精致和逻辑的严密达到了较高的水平。尽管朱熹的理本气末论达到较高的思辨水平，但不可否认仍有对张载思想吸取的因素，在理生万物的过程中，离不开气化，甚至认为人之始生，在于气化。问："生第一个人时如何？"朱熹答："以气化。"④可见离开了气化论，朱熹的理本论也不能成立。这是对张载气学的吸取。

张载对佛教的严厉批判态度对宋明理学的学派性质的确立也产生了重要影响。隋唐佛教以心为一切精神现象的总称，认为心是宇宙的本原，万事万物产生于心，这在天台宗和唯识宗的教义里较为典型。张载则从气本论哲学出发，对佛教的心本论哲学提出了严厉批评。在本末体用观上，张载认为物质世界天地为本，心为末，批评佛教以心主宰物的思想，颠倒了心物的本末体用关系，把心的主观能动性过分夸大，使心成为虚幻的宇宙本体，以末缘本，以"心法"起灭天地，把天地称之为幻妄，并反驳佛教把儒家周孔之道称之为"物能役心"的说法。按照张载的思想逻辑，物决定心，但物不能役使心，因物没有意志，不能操纵心；而心决定于物，但心又能够反映物。这是从决定与被决定、反映与被反映的关系上回答了物与心、客观与主观、物质世界与精神世界的本末体用关系。

张载对佛教心本论哲学的批评具有重要意义，在本体论范围内，纠正了佛教心学以"心法"起灭天地，以末缘本，以心役物的观点，坚持了气本论哲学的立场。这是在北宋时期，新儒学者从气学观点出发对佛教心学的清算。与同时代的

---

① 程颢、程颐：《天地篇》，《河南程氏粹言》卷二，《二程集》，第 1226 页。
② 程颢、程颐：《人物篇》，《河南程氏粹言》卷二，《二程集》，第 1268 页。
③ 程颢、程颐：《人物篇》，《河南程氏粹言》卷二，《二程集》，第 1263 页。
④ 黎靖德编：《朱子语类》卷一，第 7 页。

理学人物周敦颐对佛老的暧昧态度相比，张载具有鲜明的批佛色彩，体现了宋明理学视佛教为"异端"的学派性质，这不仅在当时对理学的发展有重要意义，而且影响到后世。宋代理学的集大成者朱熹为了坚持理本体论哲学，对佛教的心本论思想持明确的反对态度，他在对佛教的批评中，吸取借鉴并肯定了张载对佛教心学的批判。朱熹认同张载对佛教心学的批判，是为了坚持其理本论哲学，而不是赞成张载的气本论哲学，但张载、朱熹均反对佛教的心本论哲学，这又是理学中两大流派的一致处。

面对佛老盛行，儒学式微的局面，张载以复兴儒学为己任，倡道于千年不明之后，自述自己的抱负是："为天地立志，为生民立道，为去圣继绝学，为万世开太平。"[①] 这句话在《近思录拾遗》里是"为天地立心，为生民立道，为去圣继绝学，为万世开太平"[②]。而在《宋元学案》卷八十《横渠学案下》的《近思录拾遗》里则为"为天地立心，为生民立命，为往圣继绝学，为万世开太平"。比较流行的是最后一句。

2. 在中国哲学发展史上的地位

张载作《正蒙》，通过注解《易传》的形式，阐发其气本论哲学思想，通篇充满了哲学意蕴，在当时具有很高的哲学思辨性。如《正蒙·太和》篇通过解释《易传》之"太和"范畴，张载提出了系统的气本论宇宙观、一物两体的辩证法思想，并通过对佛老的批判，提出了自己的认识论和道德人性学说等思想。

张载采用经典诠释的形式，通过对儒家经典《易传》等的诠释，阐发其气本论哲学，从气本论入手来建立其理学思想体系。这一思想后来影响到罗钦顺、王廷相、王夫之等气学家。尤其是王夫之，他在其《张子正蒙注》及《周易外传》里，通过对经典的诠释，继承并发展张载的气本论，提出"太虚即气，絪缊之本体"的思想，在气的内涵、性质、功能，气与诸范畴的联系等方面都有十分精辟的见解，把气本论哲学发展到一个新阶段，体现了气学家经典诠释的哲学意蕴。张载虽以气为宇宙本原，但亦提出"立天理"的命题，并反对"今之人灭天理而穷人欲"[③]，而主张复归于天理，由此体现了以理为经典诠释的标准。张载在对经典的诠释中提出气本论哲学思想对现代中国哲学也有影响和启发，不少哲学研究者对张载气学作了深入研究和探讨，并充分肯定其在当时所取得的学术成就，以及对后世乃至现代中国哲学的启示，由此体现了张载气学

---

① 张载：《张子语录中》，《张载集》，第 320 页。
② 张载：《张载集》，第 376 页。
③ 张载：《经学理窟·义理》，《张载集》，第 273 页。

在中国哲学发展史上占有重要的地位，为促进中国历代哲学的发展做出了贡献。

在心与物的关系上，张载提出著名的"人本无心，因物为心"的思想，认为人的知觉、认识来源于物，人心所得到的认识，以物为其内容，人心的认知功能，以物为存在的基础和条件，没有客观外界的物，就没有主观认识的心。坚持以客体决定主体，这在宋明理学心物关系史上是一创见。张载进一步论证了心是对外物的反映，以外物作为认识的对象和基础，认为外部事物的各不相同，决定了心对外物的反映也各不相同，心之所以万殊，是由于外物的不一，明确表明物决定心，而不是心决定物。这与邵雍心学"万化万事生乎心"的观点形成对比。张载以外物决定心的反映论观点体现了其哲学认识论的特点，其心物二分的观点明确划分认识主体与认识对象，把认识建立在主体对客观外物感觉与反映的基础上。因此，那种认为中国哲学无主体与客体之对立，无"主体性"原则，缺乏认识论的见解是缺乏根据的，是对中国哲学及其认识论知之不深的表现。张载在认识论上强调客体决定主体，人的认识是主体认知之心与客观外界事物相结合的产物的思想，从一个侧面体现了中国哲学认识论理论发展的脉络。

四、程颢、程颐的洛学

程颢（1032—1085）、程颐（1033—1107）兄弟二人是北宋著名哲学家、教育家，宋代理学的创立者。二程创立的理学亦称新儒学，是中国儒学发展史上的一大变革，在中国文化史上占有重要地位，对中国哲学、经学、政治、经济、法律、伦理、教育、宗教、文学艺术等领域产生了深远影响。二程的理学思想经后世思想家的发展和广泛传播，以及历代统治者的提倡，逐渐成为民族潜意识而积淀下来，对中华民族乃至东亚民族的社会文化心理的形成和发展产生了深层的、潜移默化的影响和作用，甚至在现代社会仍产生着影响。

程颢、程颐的著作有《程氏遗书》《程氏外书》《程氏文集》《程氏易传》《程氏经说》《程氏粹言》六种。明清时，人们将上述六种著作合编为《二程全书》或《河南程氏全书》。1980年中华书局整理《二程全书》，加以校勘、标点，改书名为《二程集》，于1981年7月出版。

程颢、程颐不仅是宋代理学的开创人，也是中国经学史上著名的经学家、宋学中洛学的代表人物。二程作为洛学的代表，面对佛老思想的挑战和儒学式微、经学中衰、伦常扫地的局面，以儒家伦理为本位，在庆历以来疑经思潮的基础上，进一步疑经，批汉学，反对滞心于章句训诂之末而无所用；以义理说经，倡"四书"之学，逐步以"四书"及"四书"义理之学取代"六经"及"六经"训诂之学而成为经学的主体，并对朱熹闽学产生了重要影响，最终由朱熹确立了程朱的"四书"学，完成了经学史上由汉学向宋学的转变。

二程把道、圣人、经典三者联系起来展开论述，提出"经所以载道"的思想，认为圣人是天理的化身，与道无异，经典是载道之文，必以经为本，而不以注疏为本；以义理解释儒家经典，从中发明圣人之道；重视"四书"，倡导心传，超越汉唐诸儒，直接孔孟之端绪。从而确立了新儒学之道统论，并对后世产生了深远影响。

二程站在时代的高度，把宋学发展为理学，以天理为最高范畴，把哲学本体论与儒家伦理学统一于天理，创天理论哲学体系，这标志着宋代理学的确立，在理学史上具有划时代的意义。二程在宋学和理学中的重要地位主要表现在：二程洛学集中体现了宋学以义理说经的一般特征；二程把经学理学化，将宋代义理之学发展为理学；二程创立的天理论哲学代表了宋代理学发展的主要趋势；推崇"四书"，以"四书"义理之学取代"六经"训诂之学作为经学的主体，占据了经学史上的主导地位。

（一）对汉学流弊的批评

中国经学发展到北宋，发生了历史性的变革，由重训诂注疏、考文释词转向以己意解经，重义理发挥和哲学论证。程颢、程颐站在宋学的立场，以义理说经，认为经典不过是载道之文，批评了汉唐诸儒的治经方法，并以大胆怀疑的创新精神，冲破传统经学的束缚，以己意解经，这不仅是创新精神的体现，亦是时代发展和学术变革、学风转向的反映。二程反对章句训诂之末，反对作文害道，均是对汉学流弊的批评和修正。

1. 疑经惑传，以己意解经

虽然二程重视经典，以经典作为治经的前提和对象，但在他们看来，被汉学家视为神圣不容置疑的儒家经典不过是载道之器、传道之文，其地位在道之下，圣人之道才是至高无上、天下至尊的。由此出发，二程以不符合圣人之言为由，对若干儒家经典的内容作了大胆的怀疑。

程颐指出："《礼记》之文多谬误者，《儒行》、《经解》，非圣人之言也。夏后氏郊鲧之篇，皆未可据也。"[①]《礼记》是儒家经典之一，今本49篇相传为西

---

① 程颢、程颐：《河南程氏粹言》卷一，《二程集》，第1201页。

汉戴圣所辑,东汉时郑玄为之作注。其内容主要是先秦至汉初儒家的各种礼仪论著,大率是孔子弟子及其后学所记,而不少却托名为孔子所言。《礼记》经郑玄作注后独立成书,逐渐受到汉唐诸儒的重视。唐代孔颖达作《礼记正义》,影响甚大。唐王朝设科取士,将《礼记》列为九种儒家经典之一。九经之中,《礼记》又为大经,士子习《礼记》的人很多。程颐站在汉学的对立面,对《礼记》大胆怀疑,认为其内容有不少谬误之处,指出《儒行》《经解》等篇托名孔子所说,而实际并非圣人之言。他说:"《礼记》《儒行》《经解》全不是。……煞害义理。"① 并认为《祭法》一篇中,关于"夏后氏亦禘黄帝而郊鲧"的记载是没有根据、不可信的。程颐拿孟子所言与《礼记·王制》篇作比较,发现二者的不同,"孟子言三代学制,与《王制》所记不同,《王制》有汉儒之说矣"②,指出《王制》掺杂了汉儒的言论。这体现了程颐对经典的怀疑。

程颐不仅怀疑《礼记》,而且对《周礼》也不盲从,指出《周礼》"多讹阙",要求学者取其是而去其非。他说:"《周礼》之书多讹阙,然周公致太平之法亦存焉,在学者审其是非而去取之尔。"③ 认为《周礼》既保存有周公致太平之法,亦有不少缺错,对其疑信参半。这也反映了其对经典的怀疑。

二程不仅疑经,而且改正经文,修改传注,对汉代经学不以为然。程颢、程颐两人均改正了《礼记·大学》篇,对《大学》的文字以己意加以前后调整。程颐还改正了《古文尚书》中的《武成》篇,不仅把《武成》的段落字句加以先后颠倒和调整,而且去掉了个别的字。此外,程颐在对《尚书·舜典》的解释中,对孔安国传注也提出批评。孔安国注《舜典》"慎徽五典,五典克从"时指出:"五典,五常之教:父义、母慈、兄友、弟恭、子孝。"④ 程颐对此提出批评:"孔氏谓父义、母慈、兄友、弟恭、子孝,乌能尽人伦哉?夫妇,人伦之本,夫妇正而后父子亲,而遗之可乎?"⑤ 指出孔安国的传注,五典遗夫妇之伦,因而不能尽人伦。所以程颐重新解释五典,把五典训为五伦:"五典谓父子有亲,君臣有义,夫妇有别,长幼有序,朋友有信也。五者人伦也,言长幼则兄弟尊卑备矣。"⑥ 程颐的"长幼有序"包括了孔传的"兄友""弟恭",其"父子有亲"包括了孔传的"父义""子孝",而其"君臣有义""夫妇有别""朋友有信"

---

① 程颢、程颐:《河南程氏遗书》卷十九,《二程集》,第254页。
② 程颢、程颐:《河南程氏粹言》卷一,《二程集》,第1204页。
③ 程颢、程颐:《河南程氏粹言》卷一,《二程集》,第1201页。
④ 《舜典》,《尚书正义》卷三,《十三经注疏》上册,中华书局1980年版,第125页。
⑤ 程颢、程颐:《书解·舜典》,《河南程氏经说》卷二,《二程集》,第1040页。
⑥ 程颢、程颐:《书解·舜典》,《河南程氏经说》卷二,《二程集》,第1040页。

则是孔传所无。这不仅是对孔安国传的改易,而且表明二程对汉唐传注之学的排斥态度。二程的疑经惑传,成为当时疑经思潮的重要组成部分,为新思想的产生和学风的转向开辟了道路。

二程不仅疑经惑传,而且提倡以己意解经,认为只要道理通,符合义理,则不必拘泥于经书文字,甚至文义解错也无害。这就为发挥义理提供了方便。二程说:"善学者,要不为文字所梏。故文义虽解错,而道理可通行者不害也。"[1]即是说,在解经的过程中,应不受经书文字的束缚,大胆发挥义理,使之通行于世,在道与文字之间,以道为主。应该说,由于汉唐诸儒训诂义疏的治经方法长期以来束缚着人们的思想,不利于新思想的产生,在一定程度上阻碍了中国思想文化及社会的正常发展,而二程提倡的是一种思想解放的精神,是对汉学热衷于注经、释经,不注重创新和发挥的流弊的针砭。二程在新形势下,提倡以己意解经,以义理说经,促进了学风的转变和新思想的产生,这不仅对中国经学,而且对整个中国文化的发展产生了重要影响。

程颐强调,"解义理,若一向靠书册,何由得居之安,资之深?不惟自失,兼亦误人"[2],义理不仅仅存在于书册之中,还存在于书册之外。其意思是十分明显的,即光靠儒家经典并不能充分发明义理。因为书册是前人所作,而义理则包括现实社会的新鲜内容,要发明新儒学的义理,就必须结合时代的发展,以己意说经。这充分体现了二程不受书册的约束、大胆创新的时代精神。二程以己意解经、以义理说经,不拘泥于经书文字的思想亦是对刘敞改易经文以就己说思想的发挥,成为庆历以来学风转向的重要标志。

2. 批汉学,反对章句训诂之末

以宋学义理代替汉学考证,是经学发展史上的重大变革,在这个过程中,二程对汉学的批判起了重要作用。

二程批评了汉学家烦琐释经,白首到老而不能通的治经方法。问:"汉儒至有白首不能通一经者,何也?"曰:"汉之经术安用?只是以章句训诂为事。且如解《尧典》二字,至三万余言,是不知要也。东汉则又不足道也。东汉士人尚名节,只为不明理。"[3]二程站在宋学的立场,认为汉代的经术没有用处,并一针见血地指出,其症结在于"只为不明理"。正因为不明理,才以章句训诂为事,耗尽毕生心血从事钻牛角尖式的考证训诂,以至解两字需三万言,到头来

---

[1] 程颢、程颐:《河南程氏外书》卷六,《二程集》,第378页。
[2] 程颢、程颐:《河南程氏遗书》卷十五,《二程集》,第165页。
[3] 程颢、程颐:《河南程氏遗书》卷十八,《二程集》,第232页。

还是不得要领。二程的批评，正好切中了汉代经学烦琐解经的弊端。

不仅如此，二程还批评了汉儒的灾异附会之说。有人问："汉儒谈《春秋》灾异，如何？"曰："自汉以来，无人知此。董仲舒说天人相与之际，亦略见些模样，只被汉儒推得太过。亦何必说某事有某应？"[①]对董仲舒的天人感应说提出批评，认为天人有相合的一面，亦有相互区别的一面，不能把任何事情都牵强附会地归结为感应。以董仲舒为代表的春秋公羊学，在对《公羊春秋》的解释中，宣传天人感应、灾异谴告之说，以天变附会社会人事，认为天是有意志的，是社会人事的主宰，国家如有失道之政，天便降灾异以谴告之；世乱而民乖，则灾害起。虽然这有其政治上的意义，但不可否认，这是汉代经学在其发展过程中形成的流弊。二程认为，天理无意志，客观无为，以天理自然来批判汉学的天人感应说。二程指出：

《春秋》书灾异，盖非偶然。不云霜陨，而云陨霜；不云夷伯之庙震，而云震夷伯之庙；分明是有意于人也。天人之理，自有相合。人事胜，则天不为灾；人事不胜，则天为灾。人事常随天理，天变非应人事。如祁寒暑雨，天之常理，然人气壮，则不为疾；气羸弱，则必有疾。非天固欲为害，人事德不胜也。如汉儒之学，皆牵合附会，不可信。[②]

二程对《春秋》书灾异的解释是，自然界的变化（天变）是客观自然的，它不是对人事的感应，只是当人事不胜天时，天变才为灾，凡人事胜，则天变不为灾。其指出人事应符合天理，即符合自然界运动变化的规律，而天变无意志，与人事无关，天也不是故意为害于人，自然界寒来暑往、风霜雨露之变化，皆是天之常理，并非是对人事的谴告，并认为汉儒之学牵强附会，不可信。这是二程对汉学流弊的批评，在中国经学史乃至中国哲学发展史上是一进步。

二程批汉学，反对陷于章句训诂之末，这并不是对汉学家有偏见，而是反映了经学史上的两个学派在治经目的、方法和学风上的不同。虽然二程从根本上否定汉学，但对董仲舒、扬雄、毛亨却表现出一定的尊崇，认为三人"近儒者气象"。这说明双方的分歧主要是在治学目的上。二程治经以明道为目的，汉学家治经则主要以作文章、解辞训诂为宗旨。程颐指出："后之儒者，莫不以为

---

① 程颢、程颐：《河南程氏遗书》卷二十二下，《二程集》，第304页。
② 程颢、程颐：《河南程氏外书》卷五，《二程集》，第374页。

文章、治经术为务。文章则华靡其词，新奇其意，取悦人耳目而已。经术则解释辞训，较先儒短长，立异说以为己工而已。如是之学，果可至于道乎？"①这里所说的后儒，指汉唐经学家，二程认为，汉学学者治经术限于从文字上解释辞训，追求表面字义的解析，而不是去探求蕴藏在经典字里行间的道。他们指出这种不以求道为目的的经学学风已背离了孔门之教，因而要求学者通过治经，以明圣人之道，不能仅仅停留在工于章句训诂、偏旁声律上。二程对汉学的批评，充分体现了宋学的特点。

3. 批"作文害道"之弊，倡理本文末

通过对汉学流弊的批评，在文道关系上，二程提出"作文害道"的见解，认为理本文末，即道本文末，如果专意于作文，则玩物丧志，有害于道。这一思想与其"经所以载道"的经学指导思想有着内在的逻辑联系，对于了解二程经学的特点，以及二程经学与汉学的区别，具有较典型的意义。

在回答"作文害道否？"的问题时，程颐指出："害也。凡为文，不专意则不工，若专意则志局于此，又安能与天地同其大也？《书》曰：'玩物丧志'，为文亦玩物也。吕与叔有诗云：'学如元凯方成癖，文似相如始类俳；独立孔门无一事，只输颜氏得心斋。'此诗甚好。古之学者，惟务养情性，其佗则不学。今为文者，专务章句，悦人耳目。既务悦人，非俳优而何？"②"作文害道"是二程告诫学者的警语，这充分体现了二程思想的特点。程颐认为，作文便是玩物丧志，它与求道不相合。其原因在于，凡作文，就必然有一套作文的要求和格式，不如此则文不工；若专意于此，思想就会受到局限，则有害于求道。他引吕大临的诗句对西晋经学家杜预，尤其对汉辞赋家司马相如加以贬斥，认为汉学学者不得孔门传心之法，其作文专务章句，或悦人耳目，不是"成癖"，便是"类俳"，而无志于求道。把这种悦人耳目之文比作古代演乐舞谐戏以调谑的艺人，可见程颐对作文的轻视。

二程提出"作文害道"的见解，是对唐代韩愈"文以载道"思想的继承和发挥，其目的在于明儒家圣人之道和新儒学的义理，以批判作文只重形式，追求外在的文辞华丽，而不注重思想内容之弊。这在当时具有重要的思想理论意义和历史的必然性。然而这对于蕴藏在文章里面的文学却起到了一定的抑制作用。虽然二程并不是要否定作文本身，他们反对的只是缺乏思想内容的文章，

---

① 程颢、程颐：《为家君作试汉州学策问三首》，《河南程氏文集》卷八，《二程集》，第580页。
② 程颢、程颐：《河南程氏遗书》卷十八，《二程集》，第239页。

要求把文章作为传道的工具,但二程对道的重视和对文的相对轻视是显而易见的。这既是其创建新儒学理论的客观需要,又体现了作为哲学家、思想家的二程与追求文章以辞为工的文学之士的区别。下面一段对话很能反映二程关于文道关系的思想。

> 问:"古者学为文否?"
> 曰:"人见'六经',便以谓圣人亦作文,不知圣人亦摅发胸中所蕴,自成文耳。所谓'有德者必有言'也。"
> 问:"游、夏称文学,何也?"
> 曰:"游、夏亦何尝秉笔学为词章也?且如'观乎天文,以察时变;观乎人文,以化成天下',此岂词章之文也?"①

此对话指出圣人为了明道,自成"六经"之文,即有道者自有其文,不是专门有意去作文,并没有否定"六经"是载道之文这种事实。对于孔子学生子游、子夏被称为文学之士,程颐的看法是,子游、子夏并非秉笔专为词章,其在传《易》的过程中记述的"观乎天文,以察时变;观乎人文,以化成天下"的话,便不能视为词章之文,而是包含着深刻的道理。虽然这种解释比较勉强,但其重道轻文的倾向却是十分明显的。

进而,二程把溺于文章与牵于训诂、惑于"异端"并称为"三弊",认为只有去其弊,才能进于圣人之道,仍然是把作文视为圣人之道的对立面。程颐说:"今之学者有三弊:溺于文章,牵于训诂,惑于异端。苟无是三者,则将安归?必趋于圣人之道矣。"②在其所列的"三弊"中,有两弊与汉学相关,即溺于文章和牵于训诂。在以二程为代表的新儒学者看来,汉学流弊的盛行,才使得旧儒学在与佛、道宗教思想的竞争中不占上风,导致"异端"思想的泛滥,人们惑于"异端",从而动摇了儒家文化的主导地位,造成社会不治的严重后果。为了解决理论危机和学者中存在的思想涣散的严重问题,二程主张去掉溺于文章、牵于训诂的汉学流弊,恢复儒家圣人之道的指导地位,从而使儒学在回应宗教思想的挑战中得以创新和发展自己。从这里也可看出宋代理学兴起的理论针对性有二:一是针对旧儒学溺于文章、牵于训诂而使儒学发展陷入停滞的弊端;

---

① 程颢、程颐:《河南程氏遗书》卷十八,《二程集》,第239页。
② 程颢、程颐:《河南程氏粹言》卷一,《二程集》,第1185页。

二是针对因佛、道宗教思想的盛行而动摇了儒家文化的指导地位的危机。这两方面又是相互联系的，正因为汉唐经学把注意力放在训诂考证上，提倡"注不违经，疏不破注"，限制了儒家思想理论的创新和发展，才使得佛、道宗教思想盛行，造成理论危机和社会危机。

二程在批判汉学旧传统，创立理学的过程中，不仅要克服传注经学的流弊，而且还面临以三苏为代表的文学之士的阻力。二程洛学与三苏蜀学的思想分歧也体现在对文道关系的不同理解上。

以三苏为代表的蜀学，由于受自身特点的限制，比较忽视对蕴藏在文章里面的道的追求，而重视外在的文辞的工整华丽。三苏的道也是儒、佛、老三教合一之道，与新儒学的道理有别。对此倾向，二程早有批评："不求诸己而求诸外，以博闻强记巧文丽辞为工，荣华其言，鲜有至于道者。则今之学，与颜子所好异矣。"① 二程反对追求巧文丽辞，原因在于他们认为，这会妨碍对内在心性道德的追求，而不能明道。事实上，即使三苏蜀学人物也并不认为文章诗赋的价值高于性命自得之道。不过，与二程洛学相比，三苏蜀学对文章及文学的重视是十分明显的。这反映了双方对文道关系有不同的衡量和认识标准。

与文道关系相关，二程对理与文的关系也提出了自己的见解。程颐说："理者，实也，本也；文者，华也，末也。理文若二，而一道也。文过则奢，实过则俭。奢自文至，俭自实生，形影之类也。"② 以理为本，以文为末，其理与道相当，理本文末也就是道本文末。二程认为，理为实，文为华，二者相比，理更为重要，其关系如影之随形，文只是理的外在表现。

二程提出"理本文末"思想的目的是让学者明确理与文的本末主次关系，而把求义理置于首位，反对追求文章训诂之末以害道。程颐说：

> 学也者，使人求于内也。不求于内而求于外，非圣人之学也。何谓不求于内而求于外？以文为主者是也。学也者，使人求于本也。不求于本而求于末，非圣人之学也。何谓不求于本而求于末？考详略，采同异者是也。是二者皆无益于身，君子弗学。③

由于二程哲学的理是抽象的、无形的，它深藏在事物内部，又与心合一，所

---

① 程颢、程颐：《颜子所好何学论》，《河南程氏文集》卷八，《二程集》，第578页。
② 程颢、程颐：《河南程氏粹言》卷一，《二程集》，第1177页。
③ 程颢、程颐：《河南程氏遗书》卷二十五，《二程集》，第319页。

以二程指出，求理须求于内。而文只是载道的工具，是理的外在表现，因而不能以文为主。学习的目的是求本、求内以求道。如果以文为主，便是本末倒置，主次不分，流于汉学之弊而非圣人之学。

需要指出，在共同强调理本文末，反对作文害道的前提下，二程之间对文的态度也有所不同。一般说，程颢尤其反对读书时寻行数墨，在文字上下功夫，因此他不下一字训诂；程颐则主张通其文而求其意，认为只要是以求道为目的就可以读书，他反对的只是溺于文章，牵于训诂，但为了求道，则可以作文、训诂。二程兄弟对于文的不同态度反映出两人治学方法的差异，以此分别开启了后世陆九渊、朱熹两个不同的理学流派。

程颢对门人的教诲是："学者先学文，鲜有能至道。至如博观泛览，亦自为害。故明道先生教余尝曰：'贤读书，慎不要寻行数墨。'"① 他既不赞成泛观博览，又反对读书时咬文嚼字，把注意力放在文字上。因此，"伯淳常谈《诗》，并不下一字训诂，有时只转却一两字，点掇地念过，便教人省悟。又曰：'古人所以贵亲炙之也。'"② 程颢对《诗》不下一字训诂，只叫人领会，强调直接教诲，不重文字传授，并指出："何必读书，然后为学？"③ 程颢把明道、求义理、端正学者态度放在首位，批评先读书、先学文的治学方法，甚至对门人谢良佐辑五经语录的做法也表示反对，认为这是"玩物丧志"。程颢不重视经典的文字传授，而重心灵领悟，这对陆九渊心学影响较大。

程颐则与程颢有所不同，虽然他反对专靠书册解义理，但却主张读书看文字，通过理解文义而求其意。程颐说："凡看文字，先须晓其文义，然后可求其意；未有文义不晓而见意者也。"④ 其所谓意，即圣人所以作经之意，也就是圣人之道所在。程颐认为，掌握圣人作经之意，应该通晓文义，而通晓文义就必须看文字，文字与文义对于明圣人之道来说是不可缺少的。他作《春秋传》的目的就在于以《传》明圣人之志，为达此目的，就须通其文而求其义。他说："予悼夫圣人之志不明于后世也，故作《传》以明之，俾后之人通其文而求其义，得其意而法其用，则三代可复也。"⑤ 通其文而求其义的目的是得圣人之意而通经致用，虽然文与圣人作经之意相比，是次要的，但传圣人之道却不能离开文。

---

① 程颢、程颐：《河南程氏外书》卷十二，《二程集》，第427页。
② 程颢、程颐：《河南程氏外书》卷十二，《二程集》，第427页。
③ 程颢、程颐：《河南程氏遗书》卷三，《二程集》，第61页。
④ 程颢、程颐：《河南程氏遗书》卷二十二上，《二程集》，第296页。
⑤ 程颢、程颐：《春秋传序》，《河南程氏经说》卷四，《二程集》，第1125页。

故程颐写了不少著作，尤以对《周易》和《春秋》的论述为详，产生了较大影响。而程颢则由于自身思想的特点使然，少有著述。

程颐不仅主张读书看文字，通其文而求义，甚至重解字，"门弟子请问《易传》事，虽有一字之疑，伊川必再三喻之，盖其潜心甚久，未尝容易下一字也"①。对于解释经传的文字，一字一句不肯放过，为使学者不疑，即使对一个字也要解释再三，虽然程颐解字是为了明道，与汉学家钻牛角尖式的逐字训释有基本目的的不同，但在一定程度上，至少在某种形式上，程颐吸取了汉学考据的长处。这是程颐既批判又一定程度地吸取汉学的表现。其一字之疑，必再三喻之的重解字倾向与程颢"不下一字训诂"的治学方法形成鲜明的对照。

（二）"经所以载道"

二程明确提出"经所以载道"的思想，把儒家经典作为载道的工具，强调道与经典相比，道更为重要，道是儒家经典所追求的目的，而不是为经典而经典。二程把儒家经典从汉学盲目崇拜的神圣地位上拉下来，置于服从于道的位置，这对于打破"疏不破注""惟古注是从"的汉学旧传统，以义理之学取代汉唐笺注经学具有重要意义，是经学史上划时代的重大变革。

二程指出："经所以载道也，器所以适用也。学经而不知道，治器而不适用，奚益哉？"②"经者，载道之器，须明其用。"③认为经是"载道之器"，即载道的工具。道为本，经为末；道为体，经为用。学经是为了知道，正如治器是为了适用一样。如果学经、治经不以明道、求道为目的，那是无益的；经典是为明道服务的。这一思想是对汉学的一大冲击。因为在汉学家看来，不仅经典是神圣至尊、不可动摇的，而且对经典的注也是不可改动的。但二程却把神圣至尊的儒家经典置于器、用的位置，使之服从于本体之道，这不能不说是思想解放的创新精神的表现，这就为新思想的产生开辟了道路。

二程"经所以载道"的道，指儒家圣人之道。所谓圣人之道，既包含孔孟等儒家圣贤的思想，又包含二程在新的历史条件下对旧儒学的改造和创新。概言之，其所谓道，即是以天理论为核心，融哲学本体论与儒家伦理学为一体的新儒学的道。就此而言，二程的道与王安石新学的道已有不同。王安石受道家老子思想的影响，以本末言道，其道是元气与冲气的统一，是有与无的统一，

---

① 程颢、程颐：《河南程氏外书》卷十二，《二程集》，第440页。
② 程颢、程颐：《河南程氏遗书》卷六，《二程集》，第95页。
③ 程颢、程颐：《河南程氏遗书》卷六，《二程集》，第95页。

是自然与形器的统一。① 这与二程以天理论道的思想有明显不同,因此受到了二程的批评:"介甫只是说道,云我知有个道,如此如此。只佗说道时,已与道离。佗不知道,只说道时,便不是道也。"② 由于二程的道不同于王安石新学的道,所以尽管王安石与二程同属宋学阵营,并且王安石在对科举的改革中,规定"不须尽用注疏",而以义理之学代替传注经学,成为宋学崛起的重要背景,但二程"经所以载道"的思想在经学史上的重要意义却超出王安石新学,这从后来宋学发展演变的历史可以得到证明。

1. "圣人作经,本欲明道"

二程"经所以载道"的经学思想首先强调圣人作经的目的是为了明道,即圣人整理编定儒家经典,其目的在于阐明圣人之道。二程说:"圣人作经,本欲明道。今人若不先明义理,不可治经。"③ 二程把圣人之道与新儒学的义理联系起来,强调治经是为了明义理,如果不以明义理为目的,则不可治经,从而明确把宋学义理与汉学考据区别开来,表现出其鲜明的学派性和时代性。

从治经是为了明道出发,二程认为,虽然"六经"各异,各有其不同的内容和治经途径,但都共同体现了一个完整的道。程颐说:"且如'六经',则各自有个蹊辙,及其造道,一也。"④ 正因为圣人之道备于"六经","六经"是圣人为了明道而作,所以"六经"作为载道之书,它们之中蕴藏的道是同一的。

由此,二程要求学者带着求道之心去读书,把自己摆进去,通过读书,寻找自己与圣人的差距,从而求得圣人之心,认识圣人作经的本意,以掌握圣人之道。程颐说:"读书者,当观圣人所以作经之意,与圣人所以为圣人,而吾之所以未至者,求圣人之心,而吾之所以未得焉者,昼诵而味之,中夜而思之,平其心,易其气,阙其疑,其必有见矣。"⑤ 程颐提倡读书,这里主要是指读儒家圣人之书。读书的目的当然是为了探求圣人作经之意,以明圣人之道。如果认识到此点,那就学有所成,达到了读书的目的。从这里可以看出,程颐虽然提倡读书,但读书带有明确的目的,并不是泛泛而读,不求甚解。程颐以读《论语》为例,来说明读书明道的道理。他说:"读《论语》而不知道,所谓'虽多奚为'也。于是有要约精至之言,能深穷之而有所见,则不难于观'五经'矣。"⑥ 《论语》作为儒家经典,

---

① 参见张立文主编:《道》,中国人民大学出版社1989年版,第167—169页。
② 程颢、程颐:《河南程氏遗书》卷一,《二程集》,第6页。
③ 程颢、程颐:《河南程氏遗书》卷二上,《二程集》,第13页。
④ 程颢、程颐:《河南程氏遗书》卷十八,《二程集》,第193页。
⑤ 程颢、程颐:《河南程氏粹言》卷一,《二程集》,第1207页。
⑥ 程颢、程颐:《河南程氏粹言》卷一,《二程集》,第1209页。

其言简而旨远，比起读"五经"来说，其困难程度要小，但如果不通过读《论语》去知"道"，那就没有达到读书的目的。程颐指出，《论语》中有"要约精至之言"，只要深入探讨穷究其意，必能有所见，即掌握经书中包含的道。以此方法去读"五经"，也就不难发现其中所蕴藏着的圣人之道了。

程颐强调读书明道，反对诵经不求义理，对当时的科举考试只念诵经文，不明义理的倾向提出批评。他说："国家取士，虽以数科，……明经之属，唯专念诵，不晓义理，尤无用者也。"① 指出只念经文而不晓义理，乃无用之学。这也是对汉学流弊的批评。二程"圣人作经，本欲明道"的思想强调治经学的目的是为了明义理，这是其"经所以载道"经学指导思想的体现。

2."由经穷理"，道原于经

二程"经所以载道"的思想不仅提出治经学的目的在于明道、明义理，而且强调圣人之道存于经书之中，与经书不相脱离，从经学入手，才能掌握圣人之道。也就是说，经作为载道的工具，虽然是道之用，从属于道，但经典本身并不是可以轻易丢掉的。尽管二程，尤其是程颢对儒家经书的重视程度不如汉学家，然而亦表达了"不能于简策之外脱然有独见"②的思想。这里便包含了道不能脱离经书而独存的见解。

程颐提出"由经穷理"③的命题，其中便有理从经出的意思。程颐认为，穷理的前提和对象是儒家经典，离开了经典便无法穷理，不穷理则义理无从出，归根到底，理学产生于经学。就此而言，甚至可以说，顾炎武"理学，经学也"④思想的源头出自程颐的"由经穷理"的命题。

与"由经穷理"的命题相联系，二程提出道原于经的思想，认为圣人之道原于经书，不可离经而论道。程颢指出："道之大原在于经，经为道，其发明天地之秘，形容圣人之心，一也。"⑤ 把经与道的关系看得十分密切，在经书之中包含了圣人之心，天地之秘也须通过经书来发明。程颐在回答苏季明关于"治经为传道居业之实"的问题时也指出："道之在经，大小远近，高下精粗，森列于其中。"⑥ 认为道存在于经书之中，无论大小、远近、高下、精粗的事物都有一个道贯彻于其中，为之根据，而道则通过治经得以获得。可见道不离经。

---

① 程颢、程颐：《上仁宗皇帝书》，《河南程氏文集》卷五，《二程集》，第513页。
② 程颢、程颐：《河南程氏粹言》卷一，《二程集》，第1186页。
③ 程颢、程颐：《河南程氏遗书》卷十五，《二程集》，第158页。
④ 顾炎武：《与施愚山书》，《亭林文集》卷三，四部备要本。
⑤ 程颢、程颐：《南庙试九叙惟歌论》，《河南程氏文集》卷二，《二程集》，第463页。
⑥ 程颢、程颐：《河南程氏遗书》卷一，《二程集》，第2页。

由此，二程强调："圣人之道，传诸经学者，必以经为本。"①指出虽然圣人之道传之于经书，通过治经学以明圣人之道，但经学是以经为本，而不是以传注义疏为本。也就是说，道存在于经典之中，而不是存在于注疏之中。在经学范围内，二程强调以儒家经典为本，不以笺注之学为然，批评汉学"经术则解释辞训，较先儒短长，立异说以为己工而已。如是之学，果可至于道乎？"②，认为不以经为本的治经方法是不可能求得圣人之道的。这一主张提高了儒家经典在经学中的地位。

二程"由经穷理"，道原于经的思想从另一个侧面说明了"经所以载道"的内涵。如果说，二程"圣人作经，本欲明道"的思想是为了阐明治经学的目的在于明道、明义理的话，那么，其"由经穷理"，道原于经的思想则是为了说明求义理、明道不能脱离儒家经典。完整的意思是，治经以明道为目的，道存在于经典之中，在以道为本，以经为用的前提下，强调道与经的紧密结合，不可分离。这既充分体现了二程以义理说经的经学特色，又表明二程的理学是整个中国经学发展过程中的重要环节和重要阶段。因此，不能因为二程批判汉唐经学家，就把他们置于中国经学发展的范围之外。

3. 穷经以致用，达于政事

二程"经所以载道"的思想不仅论述了其治经的目的在于明道，道存在于经典之中，而且强调读书穷理是为了致用，治经是一种实学，它要求把道贯彻到日用和政事之中，否则穷经明理的目的就未达到。二程把治经作为实学，实开明清实学思潮之先河。二程指出："穷经，将以致用也。如'诵诗三百，授之以政不达，使于四方，不能专对，虽多亦奚以为？'今世之号为穷经者，果能达于政事专对之间乎？则其所谓穷经者，章句之末耳，此学者之大患也。"③孔子在谈论诵诗与政事之间的关系时指出，学习经典贵在适用，如果多学而不能运用于实际，授之于政事不能通达，出使四方不能独对，那么即使记诵虽多，亦没有什么用处。二程引孔子的话来说明穷经是为了致用，通过运用于政事来体现圣人之道，而不是陷于章句训诂之末，为穷经而穷经。

二程强调穷经以致用，并把致用与穷理联系起来。也就是说，治经是为了穷理，穷理则必须致用。程颐说："读书将以穷理，将以致用也。今或滞心于章句之末，则无所用也。此学者之大患。"④治经学的目的除了穷理外，还包括致

---

① 程颢、程颐：《为家君作试汉州学策问三首》，《河南程氏文集》卷八，《二程集》，第580页。
② 程颢、程颐：《为家君作试汉州学策问三首》，《河南程氏文集》卷八，《二程集》，第580页。
③ 程颢、程颐：《河南程氏遗书》卷四，《二程集》，第71页。
④ 程颢、程颐：《河南程氏粹言》卷一，《二程集》，第1187页。

用，那种滞心于章句之末的学术，既不能穷理，又无所用处。

进而，二程把治经视为实学，认为治经要讲求实事。于理上推之于事，反对空言无实之弊。程颐说：

> 治经，实学也，譬诸草木，区以别矣。道之在经，大小远近，高下精粗，森列于其中。譬诸日用在上，有人不见者，一人指之，不如众人指之自见也。如《中庸》一卷书，自至理便推之于事。如国家有九经，及历代圣人之迹，莫非实学也。如登九层之台，自下而上者为是。人患居常讲习空言无实者，盖不自得也。为学，治经最好。苟不自得，则尽治五经，亦是空言。今有人心得识达，所得多矣。有虽好读书，却患在空虚者，未免此弊。①

一方面，程颐认为，"道之在经"，无论大小事物都有道存在于其中；另一方面，又强调自理上推之于事，把理与事结合起来。治经乃实学，而贵在自得，即通过治经，用心领会，求诸己而非求之于外，以识得道旨经义，博闻强识而不得经义的做法有流于空虚之弊。

从二程"治经，实学也"的思想可以看出，二程所谓实学，并非指单纯讲求训诂考证之学，其实学的含义是把经典、圣人之迹、道以及具体事物结合起来，并贵在自得。如果只读书修其言辞，不立己之诚意，经与道相脱离，那就不是二程所谓的实学，而是二程所反对的。

如上所述，二程"经所以载道"的思想，以经作为载道之文，以明圣人之道为目的，从经学入手，但不追求训诂解析，而是循本求道，以致于日用，达于政事。在此基础上，二程创立了以天理论为核心的理学思想体系，为中国经学的发展开辟了以义理说经的新的道路。

（三）"四书"学及易学

以义理解经是二程经学的基本出发点和理论原则，这也体现了宋学的一般特征。在中国经学发展史上，以义理之学为特征的宋学最终取代汉唐经学，而成为宋元明时期经学发展的主流，与"四书"及"四书"义理之学取代"六经"及"六经"训诂之学作为经学的主体分不开。在这个过程中，二程起了十分重

---

① 程颢、程颐：《河南程氏遗书》卷一，《二程集》，第2页。

要的作用。唐代经学习惯于训解《诗》《书》《礼》《易》《春秋》诸经，列入"九经"的《礼记》尚未把《大学》《中庸》单独分离出来，唐代后期的"十二经"也不包括《孟子》，人们尚未把《大学》《中庸》《论语》《孟子》四书并行。到了宋代，情况发生了变化，经二程等人的努力宣扬和表彰，不仅《孟子》一书由"子"入"经"，列入"十三经"的行列，而且《大学》《中庸》从《礼记》中提取出来，与《论语》《孟子》并行，合为"四书"，又经朱熹注解阐发，风行于天下，"四书"逐步取代了"六经"在经学中的主体地位。这不仅是中国经学史上的重大转折，而且使"四书"义理之学占据了思想文化领域的正统地位，对宋代及宋以后的中国文化产生了重要影响。除以义理阐释"四书"外，二程还以义理注解了《周易》等经书，尤其是程颐著《伊川易传》，以义理解《易》，成为宋代易学义理学派的理论代表，在易学史上产生了重要影响。

1. "四书"义理之学

"四书"及"四书"义理之学在经学史上占有重要地位。虽然二程本人没有直接使用过"四书"这一名称，但"四书"在经学史上的重要地位却因二程而确立。"四书"观念的形成，确与二程关系相当密切。二程以"四书"义理之学取代"六经"训诂之学作为经学的主体，这是经学发展史上的一大变革，在中国经学史上具有重大意义，它标志着学风的转向和学术重心的转移。二程以"四书"为主体，通过"四书"阐发新儒学的义理，为建立自己的理学思想体系作论证。

将《大学》《中庸》《论语》《孟子》四书合并为"四书"系统，这是宋代经学区别于汉唐经学的"五经"（或曰"六经"）系统的一个显著特点。"四书"系统的形成与宋代《孟子》由"子"入"经"有密切关系。"四书"除《孟子》外，其余三书原均属儒家经典的范畴：《论语》是汉代"七经"之一；《大学》《中庸》是《礼记》中的两篇。《论语》因是记圣人之言，其重要性毋庸置疑。《孟子》从唐中期起，开始得到人们的重视。同时《大学》和《中庸》二书也开始受到重视。韩愈倡儒家"道统"论，推崇孟子及《孟子》书，并重视《大学》，阐扬《大学》修身齐家治国平天下的思想。韩愈弟子李翱推崇《中庸》，以之阐发心性思想。李翱在其《复性书》中还多次征引《孟子》《大学》等。可以说韩、李等开重视"四书"之先河。经宋初至二程，程颢、程颐为建立理学思想体系的需要，以"四书"为对象，从中阐发义理，倡"四书"义理之学，认为其重要性在"六经"之上。其以"四书"作为整个儒家经典的基础，指出"四书"体现了圣人作经之意，圣人之道载于"四书"，要求学者以研习这四部

书为主、为先,以发明圣人之道。二程对"四书"的推崇和重视,具体表现在:

(1) 推崇《论语》,提高《孟子》之地位

《论语》和《孟子》是二程经常联系起来论述的两部书。把两书并论,这实际上就是对《孟子》地位的提升,从而促使《孟子》由"子"入"经",并列于经典之中。

二程首先还是推崇《论语》,认为"《论语》为书,传道立言,深得圣人之学者矣"[①],并指出"《论语》是孔门高弟所撰,观其立言,直是得见圣人处"[②],即《论语》是孔子的高弟所撰,记录了孔子的言论,所以最能够反映孔子的思想。

二程对孟子及《孟子》一书也甚为尊崇,认为"孟子有功于圣门不可言,如仲尼只说一个仁字,孟子开口便说仁义;仲尼只说一个志,孟子便说许多养气出来。只此二字,其功甚多"[③],指出孟子发展了孔子的思想,其中包括仁义的思想、养气的观点,以及性善论等。由于孟子的思想集中体现在《孟子》一书里,所以二程对《孟子》倍加推崇。

由此,二程总是把《论语》与《孟子》并列,要求学者从二书入手,从中阐发义理,以求圣人经旨。问:"圣人之经旨,如何能穷得?"程颐答:"以理义去推索可也。学者先须读《论》、《孟》。穷得《论》、《孟》,自有个要约处,以此观他经,甚省力。"[④]从《论语》《孟子》中掌握义理后,再以此义理为标准去读其他经典,就非常省力。这说明二程以《论语》《孟子》为尺度来衡量其他经典,可见其对二书的重视。

具体说来,二程把《论语》《孟子》作为基础教材,要求学者"先读《论语》《孟子》,更读一经,然后看《春秋》。先识得个义理,方可看《春秋》"[⑤],即治经的次序是先学好《论》《孟》,识得义理之后,再去看其他一经,以及《春秋》。这是因为,在二程看来,《论语》《孟子》是诸经之本,只要通过读《论语》《孟子》而明道,则"六经"可不治而明。"学者当以《论语》、《孟子》为本。《论语》、《孟子》既治,则'六经'可不治而明矣。"[⑥]这显然是把《论》《孟》的地位放在诸经之上。

关于《论》《孟》的相互关系,二程认为:"孔子言语,句句是自然;孟子

---

① 程颢、程颐:《河南程氏遗书》卷二上,《二程集》,第44页。
② 程颢、程颐:《河南程氏遗书》卷二十三,《二程集》,第305页。
③ 程颢、程颐:《河南程氏遗书》卷十八,《二程集》,第221页。
④ 程颢、程颐:《河南程氏遗书》卷十八,《二程集》,第205页。
⑤ 程颢、程颐:《河南程氏遗书》卷十五,《二程集》,第164页。
⑥ 程颢、程颐:《河南程氏遗书》卷二十五,《二程集》,第322页。

言语，句句是实事。"①"自然"可理解为本质，圣人之道本来如此；"实事"可理解为是对本质的追求，把圣人之道继承发展，体现为实事。记载孔、孟言论的《论语》《孟子》之所以有区别，是因为孔、孟本身就有圣贤之别。"孔、孟之分，只是要别个圣人贤人。如孟子若为孔子事业，则尽做得，只是难似圣人。譬如剪彩以为花，花则无不似处。只是无他造化功。"②二程指出孔子是圣人，而孟子则是贤人，孔、孟的区别不在于其所从事的事业有不同，孔孟的事业是一致的，只是孟子无孔子的自然造化之功，正如剪彩的花虽和自然花相似，但终归不是自然生长的花一样。

（2）表彰《大学》

二程对《礼记·大学》篇十分重视，极力表彰《大学》，以图教育学者由格物致知、诚意正心，达到修身齐家、治国平天下的目的。对此，朱熹指出："河南程氏两夫子出，而有以接乎孟氏之传。实始尊信此篇而表章之，既又为之次其简编，发其归趣，然后古者大学教人之法、圣经贤传之指，粲然复明于世。"③二程于《礼记》中"尊信此篇而表章之"，并为之改正《大学》文字的次序，以发明其意，把《大学》视为与孔孟之旨直接相连的入德入门之书。程颢强调："《大学》乃孔氏遗书，须从此学则不差。"④程颐也指出："《大学》，孔子之遗言也。学者由是而学，则不迷于入德之门也。"⑤程颐在回答学者提出的"初学如何"的问题时指出："入德之门，无如《大学》。今之学者，赖有此一篇书存，其他莫如《论》、《孟》。"⑥不仅强调《大学》是入德之门，而且把《大学》与《论语》《孟子》相提并论，充分肯定这三书对于学者成德入门的重要性。

二程重视《大学》，肯定其在经学史上的地位，是从其内容着眼的。在他们看来，《大学》是对学者进行道德修身教育，由内圣开出外王的基本教材。"《大学》之道，明德新民不分物我，成德之事也"⑦，要明德新民，成就德业，就须按照《大学》之序来进行，由内在的道德修养，经外在的道德践履，最终达到治国平天下的目的。这也是二程穷经以致用、达于政事思想的体现。由此可见《大学》在二程经学中占有重要地位。

----

① 程颢、程颐：《河南程氏遗书》卷五，《二程集》，第76页。
② 程颢、程颐：《河南程氏遗书》卷二上，《二程集》，第44页。
③ 朱熹：《大学章句序》，《四书章句集注》，第2页。
④ 程颢、程颐：《河南程氏遗书》卷二上，《二程集》，第18页。
⑤ 程颢、程颐：《河南程氏粹言》卷一，《二程集》，第1204页。
⑥ 程颢、程颐：《河南程氏遗书》卷二十二上，《二程集》，第277页。
⑦ 程颢、程颐：《河南程氏粹言》卷一，《二程集》，第1204页。

（3）奉《中庸》为"孔门传授心法"

《中庸》亦是《礼记》中的一篇，二程对《中庸》的重视程度不亚于《大学》。程颐指出："《中庸》乃孔门传授心法。"[1] 这个传授心法即是以义理为标准，随时而为"中"。"中者，只是不偏，偏则不是中。庸只是常。犹言中者是大中也，庸者是定理也。定理者，天下不易之理也，是经也。孟子只言反经，中在其间。"[2] 即中庸不仅是不偏，还必须以义理为标准，在义理的基础上，加以权衡，即经与权相互结合，而不离中。

《中庸》作为孔门传授心法，二程认为，它成于子思。"《中庸》之书，是孔门传授，成于子思。"[3] 孔子之孙子思传孔子之学，被后世尊为"述圣"。子思惟恐孔子中庸之旨失传，故作《中庸》。程颐说："《中庸》之书，决是传圣人之学不杂，子思恐传授渐失，故著此一卷书。"[4] 二程十分推崇子思作《中庸》，对《中庸》高度重视。这表现在，程颐不仅在解《易》时，以"中"为贵，取"时中"说，以是否得"中"作为判断吉凶的标准，而且把《中庸》作为治《春秋》的准则。他说："先识得个义理，方可看《春秋》。《春秋》以何为准？无如《中庸》。"[5] 强调治《春秋》以《中庸》为准，可见其对《中庸》的重视。二程以《中庸》为准，既中且权，以指导读《春秋》、读《易》，表现出对《中庸》的推崇。由此，程颐指出："善读《中庸》者，只得此一卷书，终身用不尽也。"[6]

二程对《论语》《孟子》《大学》《中庸》"四书"的推崇和重视，体现了其经学思想的鲜明特点，即把经学理学化，以义理说经，以天理论道。正因为二程首倡从"四书"中寻找其理学思想的来源和理论根据，"四书"之学在宋代及宋以后广泛流传开来，从而逐步确立起"四书"及"四书"义理之学在中国经学史上的主导地位。

对此，《宋史·道学传》指出："仁宗明道初年，程颢及弟颐寔生，及长，受业周氏，已乃扩大其所闻，表章《大学》、《中庸》二篇，与《语》、《孟》并行，于是上自帝王传心之奥，下至初学入德之门，融会贯通，无复余蕴。"[7] 二程的提倡和表彰，使"四书"并行，把人们的注意力从众多的古经中，转移到这

---

[1] 程颢、程颐：《河南程氏外书》卷十一，《二程集》，第411页。
[2] 程颢、程颐：《河南程氏遗书》卷十五，《二程集》，第160页。
[3] 程颢、程颐：《河南程氏遗书》卷十五，《二程集》，第160页。
[4] 程颢、程颐：《河南程氏遗书》卷十五，《二程集》，第153页。
[5] 程颢、程颐：《河南程氏遗书》卷十五，《二程集》，第164页。
[6] 程颢、程颐：《河南程氏遗书》卷十七，《二程集》，第174页。
[7] 脱脱等：《道学传一》，《宋史》卷四百二十七，第12710页。

四部文字易懂、旨意深远的经书上来，使之成为包括"六经"在内的整个经学的基础和学者入德之门。《宋史·程颐传》亦称："（程）颐于书无所不读，其学本于诚，以《大学》、《语》、《孟》、《中庸》为标指，而达于'六经'。"①认为程颐之学以"四书"为标的和宗旨，在此基础上而达于"六经"。达于"六经"是对学者的进一步要求，但就治经学的基础和宗旨而言，则是以"四书"为重。虽然二程并不忽视其他儒家经典，尤其对《周易》予以关注，但就对学者的基本要求来讲，仍是把"四书"置于优先的位置。

二程重视"四书"，在形式上以"四书"作为经学的主体，这与他们在内容上对经学的革新和以义理解经分不开。二程的"四书"义理之学实际上是为其创立理学思想体系服务的。二程理学讲天理、天道，讲心性哲学，讲诚敬仁义，讲格物穷理、内圣外王，最终落脚到穷理致用，治国平天下，这大多是以"四书"为经典的依据，而从中发挥义理。具体说来，二程从《论语》《孟子》中继承并发挥了儒家基本的仁义道德学说、性善论和心性之学，以作为其理学的基础；又从《中庸》中发挥性与天道的理论，并吸取佛教的思想，认为《中庸》言"理一分殊"之旨，体现了孔门传授心法，是传道载道之书，把宇宙论、本体论与儒家伦理学结合起来；并从《大学》中把握治学次第，从格物致知、即物穷理入手，最终实现内圣而外王，达到治国平天下的目标。总之，二程学说中有别于汉唐经学的思想，基本上可在"四书"之中找到理论来源和根据，这就使"四书"取代"六经"而成为经学所依据的主要经典，"四书"义理之学也逐步取代了"六经"训诂之学在经学史上的主导地位。

2. 义理易学

程颐的学术思想不少是通过对《周易》的阐释而提出和展开的。程颐著《伊川易传》，阐发义理，成为宋易义理派的代表。以义理为本，以象数为末，这是以程颐为代表的宋易之义理学派的基本观点。易学思想是程氏经学思想的重要内容，与其哲学、理学思想有着密切的联系。程氏易学思想主要体现在程颐所著的《伊川易传》，即《周易程氏传》里，同时也散见于其他有关著述和言论。所以，程氏易学主要是指程颐的易学。

《伊川易传》完成于程颐编管四川时的涪州，成书于元符二年（1099）。由于该书是程颐本人亲自所写，故能反映他的学术思想。通过对儒家经典《周易》的注解而阐发其理学思想，程颐把易学与理学紧密结合，丰富了易学哲学的内

---

① 脱脱等：《道学传一》，《宋史》卷四百二十七，第 12720 页。

涵。此书通过对《周易》的解说、诠释，以思辨性的哲学论证新儒家伦理，促使当时的学风发生了转变，为宋代理学思潮的兴起奠定了一定的基础。

易学是程氏整个经学思想的重要组成部分，在其"经所以载道"和以义理说经的经学基本纲领的指导下，程颐通过对《周易》的研究，并结合对现实问题的关注，提出了自己独具特色的义理易学思想。

（1）《易》之义，天地之道也

程颐对易学很重视，他以"经所以载道"和以义理说经的思想为指导来研究易学，认为《易》是载道之书，天地之道即包含在《易》之中。程颐说："圣人作《易》，以准则天地之道。《易》之义，天地之道也。"[①] 所谓天地之道，即天理，它既指天地万物的普遍规律，同时也指人伦原则。程颐把《易》之义等同于天地之道，强调"《易》之义，与天地之道相似，故无差违，相似，谓同也"[②]。也就是把《周易》纳入儒家圣人之道的传授系统之中，天地之道是《周易》所体现的内容和易学研究的对象，由此出发，程颐以义理说《易》，阐发《周易》中的义理，批评违背儒家义理的易学观点，从而确立了宋易的义理学派，这对易学的发展影响很大。

程颐认为，古《易》在流传的过程中，由于未经圣人制作，所以《易》道不明。后来孔子赞《易》，将圣人之道注入《易》中，才使《易》道明白起来。他说：

> 子曰："加我数年，五十以学《易》，可以无大过矣。"此未赞《易》时言也。更加我数年，至五十，以学《易》道，无大过矣。古之传《易》，如《八索》之类，皆过也，所以《易》道未明。圣人有作，则《易》道明矣。云学，云大过，皆谦辞。[③]

他强调"圣人有作，则《易》道明"，认为《易》道明于孔子赞《易》之后，经圣人之手，《易》成为儒家经典。《易》与《诗》《书》等经典一样，作为载道之经，圣人之道备于其中，"《诗》、《书》、《易》言圣人之道备矣"[④]。程颐把《易》视为体现圣人之道的经典，圣人作《易》，是为了明道，《易》之义与天地之道即

---

① 程颢、程颐：《易说·系辞》，《河南程氏经说》卷一，《二程集》，第1028页。
② 程颢、程颐：《易说·系辞》，《河南程氏经说》卷一，《二程集》，第1028页。
③ 程颢、程颐：《论语解·述而》，《河南程氏经说》卷六，《二程集》，第1145页。
④ 程颢、程颐：《河南程氏外书》卷九，《二程集》，第401页。

天理等同。这即是程颐对《周易》的基本见解。

（2）以义理解《易》

由于程颐把《周易》视为载道之书，圣人之道备于《易》中，所以他处处以义理思想来训解《周易》，企图从中寻求思想理论的依据。

以理解《易》，这是程颐易学的突出特点，其理与道相当，不仅是其哲学的最高范畴，也是其易学的最高范畴。治《易》的目的是为了明理，把《易》书中蕴藏着的理挖掘出来。如果不是以明义理为目的，则不可治《易》。他说："古之学者，先由经以识义理。盖始学时，尽是传授。后之学者，却先须识义理，方始看得经。如《易》，《系辞》所以解《易》，今人须看了《易》，方始看得《系辞》。"① 指出治《易》必须以"识义理"为目的，只有明确了以识义理为目的，才能治《易》。不论是由经识理，还是以理读经，都必须贯彻义理思想的指导，否则便是"泥为讲师"而不知道。

程颐以理解《易》，企图从《易》中寻求义理。在他看来，易道广大，存在于《易》书之中，而要求得道，就应把它看作一部义理之书，以义理的观点出发，才能从中找到治天下的道理。他说："至哉《易》乎！其道至大而无不包，其用至神而无不存。"② 由于易道广大，无所不包，而它又存在于《易》书中，所以必须通过《易》书去探究性命之理、济世之道。程颐指出："其为书也，广大悉备，将以顺性命之理，通幽明之故，尽事物之情，而示开物成务之道也。"③ 认为义理隐藏于《易》书之中，只有尽天理，才能明易道。然而又不能把《易》仅看作是一部书，它又体现了道，所以应以义理求之。从而通过解说《周易》，使其所著《伊川易传》成为一部重要的理学著作。二程指出："易是个甚？易又不只是这一部书，是易之道也。不要将易又是一个事，即事尽天理，便是易也。"④ 认为《易》既是一部书，又不仅仅是一部书，《易》是书与道的统一，只要即事尽天理，便体现了易的宗旨。这反映出其以天理说《易》的易学特点。

程颐不仅在指导思想上以理解《易》，而且在具体解卦时也以义理说卦。他解《无妄》卦的卦名便是如此。他说："无妄者，至诚也，至诚者，天之道也。……苟不合正理，则妄也。乃邪心也。"⑤ 并指出："无妄者，理之正也。更

---

① 程颢、程颐：《河南程氏遗书》卷十五，《二程集》，第164—165页。
② 程颢、程颐：《易序》，《二程集》，第690页。
③ 程颢、程颐：《易传序》，《二程集》，第689页。
④ 程颢、程颐：《河南程氏遗书》卷二上，《二程集》，第31页。
⑤ 程颢、程颐：《无妄卦》，《周易程氏传》卷二，《二程集》，第822页。

有往，将何之矣？乃入于妄也。往则悖于天理。"① 明确把无妄解释为理之正、天之道，以天理的至诚无妄来说明天理的自然无为、无人为邪心的性质。这是其以义理解《易》的具体体现。

（3）"前儒失意以传言"

程颐注重探讨理，以理解《易》，同时对汉易象数之学提出批评。他认为汉学家说《易》，论象数而不及义理，以至"失意以传言"，使《易》道千年不传。他说："去古虽远，遗经尚存。然而前儒失意以传言，后学诵言而忘味。自秦而下，盖无传矣。"② 指出汉儒只讲象数言辞而失其意，没有把《易》书中的圣人之道传下来。他认为象数学派"必欲穷象之隐微，尽数之毫忽，乃寻流逐末，术家之所尚，非儒者之所务也。管辂、郭璞之徒是也"③，对象数学舍本逐末，流入术家表示反对。管辂是三国魏人，郭璞是东晋人，两人都是术士，通卜筮之术。程颐把象数之学归于术家所尚，以此与儒者严格区别开来，表明宋易义理之学与汉易象数之学的对立。

从批评象数之学出发，程颐肯定和倡导易学中的义理之学，要求学者治《易》，只看义理学派的文字。他说："若欲治《易》，先寻绎令熟，只看王弼、胡先生、王介甫三家文字，令通贯，余人《易》说，无取枉费劲。"④ 程颐在百余家《易》说之中，要求学者看王弼、胡瑗、王安石三家易说，因为这三家都属于义理学派。其中三国魏王弼解《易》，独宗义理，一扫术数，开易学义理派之先河，使《周易》由占筮之书变为哲理书，对易学发展影响很大。但王弼尚玄学，其义理之中杂有老庄思想。宋初胡瑗，作《周易口义》，推阐义理，其后传程颐。王安石著有《易解》，也属于宋易中的义理学派。

对程颐要求学者只看三家文字，张栻有所评论。"陈直斋曰：王晦叔问南轩曰：'伊川令学者先看王辅嗣、胡翼之、王介甫三家易，何也？'南轩曰：'三家不论互体故耳。'要之，三家于象数，扫除略尽，非特如所云互体也。"⑤ 张栻认为，程颐之所以令学者看三家易说，是因为这三家不论"互体"，而与汉易相互区别。陈振孙则加以补充，指出不仅是这三家易说不论"互体"，而且三家对象数之学扫除略尽。这揭示了程颐以义理之学反对象数之学的立场，表明程颐

---

① 程颢、程颐：《无妄卦》，《周易程氏传》卷二，《二程集》，第 823 页。
② 程颢、程颐：《易传序》，《二程集》，第 689 页。
③ 程颢、程颐：《答张闳中书》，《河南程氏文集》卷九，《二程集》，第 615 页。
④ 程颢、程颐：《与金堂谢君书》，《河南程氏文集》卷九，《二程集》，第 613 页。
⑤ 黄宗羲：《安定学案·附录》，《宋元学案》卷一，第 30 页。

第一章　北宋时期的理学与宋学 / 117

积极倡导宋易之义理学是与他批评汉易之象数学相互联系的。

（4）批王弼以老庄解《易》

程颐从总的义理学派的立场出发，对王弼尽黜象数、以义理解《易》持赞赏态度，并教人读王弼的《周易注》，但却反对王弼以老庄的思想来解释易理。也就是说，虽然王弼和程颐同属易学中的义理学派，但程颐倡导的义理与王弼主张的义理却有不同。程颐倡导的义理是儒学的义理，而王弼主张的义理则是老庄、玄学的义理。就其共同反对汉易象数之学而言，双方的易学同属于义理学派，具有相似性；但就其各自主张的义理不同而言，双方的易学又具有差异性，各自代表不同的义理学派。

程颐对王弼以老庄解《易》持批评态度。他说："王弼注《易》，元不见道，但却以老、庄之意解说而已。"① 正因为王弼以老庄思想解《易》，所以程颐指责其"不见道"，即未见孔子之道，对孔子赞《易》时所阐明的天地之道未能掌握。这表明程颐所理解的道与王弼易说的指导思想——"老庄之意"是不同的。

在易学的传授系统中，程颐认为，自孔子以后，易道失传，不仅先儒不知其意，未尽其道，而且王弼等也只是以老庄解《易》，未得其道。所以他下工夫作《易传》，企图明易道于孔子千年之后。他说："自孔子赞《易》之后，更无人会读《易》。先儒不见于书者，有则不可知；见于书者，皆未尽。如王辅嗣、韩康伯，只以庄、老解之，是何道理？某于《易传》，煞曾下工夫。如学者见问，尽有可商量，书则未欲出之也。"② 指出孔子后的汉儒以象数说《易》，固不待言，而王弼和东晋玄学家韩康伯虽然以义理解《易》，但只是以老庄的义理来解《易》，仍与孔道不同。为了使圣人之道重新明于后世，程颐力倡新儒学的易学义理之说，以排除老庄义理对易学的影响，这在易学发展史上具有重要意义。

程颐批评王弼以老庄解《易》，表明他与周敦颐以图解《易》，流于道家、道教的治《易》路数也有不同。二程兄弟未曾直接提过师从周敦颐，并且在要求学者须读的易说文字中，也不包括周敦颐的易说，显然把周敦颐的易说归于"余人《易》说，无取枉费功"之列。程颐不讲太极图式，对寻流逐末，流于道教、术家的象数学如郭璞等提出批评，不取周敦颐以图解《易》的方法，说明他力图清除道家、道教对易学的影响，从而把易学的发展纳入以儒学义理解《易》的轨道。这一做法促进了宋易义理学派的发展，同时也推动了宋代理学的发展。

---

① 程颢、程颐：《河南程氏遗书》卷一，《二程集》，第8页。
② 程颢、程颐：《河南程氏外书》卷五，《二程集》，第374页。

（四）天理论

二程在经学研究的基础上，提出了天理论哲学，完成了伦理型儒学向哲理型儒学的转化。此亦是经学史上的宋学发展为思想史上的理学的重要标志。二程在以思辨性的哲理来论证儒家伦理的过程中，经过自家的理论探讨，独创性地构建起天理论哲学思想体系，把代表儒家政治伦理原则的道德理性上升到天理的高度，将宇宙本体论与儒家伦理学统一于天理，以天理作为其哲学的最高范畴和其思想理论的最高原则，推导出其思想体系各个方面的理论、命题和观点，这即是二程学说的基本理论特质。二程创立的天理论是宋明理学最重要的理论，最能体现宋明理学的本质特征，在中国思想史上产生了重大影响。

1. 天理的含义与属性

理是二程思想的核心，也是其哲学的最重要范畴。二程创立的天理论哲学体系，在历史上产生了深远影响。天理论的提出，标志着宋代理学的定型和其哲学体系的最终确立，这在中国哲学发展史上具有划时代的意义。

中国哲学"理"范畴，在宋代以前发展演变的过程中，已具有条理、规律、伦理道德和宇宙本体等诸种内涵。其中条理和规律的含义为各家各派所共有。伦理道德的含义为儒家所强调，但儒家尚没有把理上升为宇宙本体，其理论思辨水平较低。而理在佛教哲学体系里，已成为一个本体论的哲学范畴，其理论比较精致，具有思辨色彩，但佛教不甚讲仁义道德，这是它与儒家的根本区别。理范畴所具有的宇宙本体和仁义道德的含义分别存在于佛教和儒学的理论体系之中，二者没有沟通，这是宋以前中国哲学理范畴发展演变的基本情况。

到了宋代，情况发生了变化，二程从汉唐旧儒学重训诂轻义理的传统中走出来，在新的历史时期，着眼于从哲学的高度来探讨宇宙的本原和社会的治理等重大问题，创造性地提出天理论思想体系，理作为其哲学的最高范畴，内涵丰富，外延广泛，沟通天人，联系自然与社会人生。二程从各个方面，对理做出了规定，其理论的思辨性达到了较高的水平，是对以往思维成果的继承和创造性发展，亦是分别对旧儒学和佛教思想的扬弃。

（1）"天者理也"

二程提出"天者理也"[①]的命题。指出"天为万物之祖"[②]，即天为宇宙万物的

[①] 程颢、程颐：《河南程氏遗书》卷十一，《二程集》，第132页。
[②] 程颢、程颐：《乾卦》，《周易程氏传》卷一，《二程集》，第698页。

主宰者和最终根源。以天为理，并加以论证，理便具有宇宙本体的意义。程颐指出："上天之载，无声无臭之可闻，其体则谓之易，其理则谓之道。"①理或道就是天，天就是理。二程常常把天与理合称，天理是独立于人的宇宙精神，是万物存在的根据。他们说："天理云者，这一个道理，更有甚穷已？不为尧存，不为桀亡。人得之者，故大行不加，穷居不损。这上头来，更怎生说得存亡加减？是佗元无少欠，百理具备。"②天理本身是圆满自足的，它无亏欠，不加不损，然而它却包含了一切事物，"万物皆只是一个天理"③。在理与物的关系上，是先有理后有物，有理才有物，"实有是理，故实有是物"④，天理凌驾于物质世界之上，成为万物的主宰。

二程的天理思想虽受到以往思想的影响，但以天理为最高范畴，将之提升为宇宙本体，在宋代理学思潮的格局里，却始自二程。故程颢尝曰："吾学虽有所受，天理二字却是自家体贴出来。"⑤这是思想史的事实，体现了二程的思想创新精神。

（2）天理自然、无为、无形

在对天理属性的规定上，二程借鉴、吸取了老子天道自然无为的思想，认为天理是自然而然的，没有人为安排之意。二程指出："万物皆只是一个天理，己何与焉？……天理自然当如此，人几时与？与则便是私意。"⑥天之所以为天，就在于它是自然之理，人的意志不能对天理加以干涉。"天之所以为天，本何为哉？苍苍焉耳矣。其所以名之曰天，盖自然之理也。"⑦"苍苍"二字，是用来形容天理的客观性。人们预先并不知道的事情发生了，这就是天理客观自然性的表现。"莫之为而为，莫之致而致，便是天理。"⑧二程认为，天理是自然的，也是无为的，天没有意志，人的意志不能左右天理生生不息的变化。这是对董仲舒较为粗俗的天人感应论的改造。程颐说："天理生生，相续不息，无为故也。使竭智巧而为之，未有能不息也。"⑨人的意志表现为人做事的目的性，而天理

---

① 程颢、程颐：《河南程氏粹言》卷二，《二程集》，第1253页。
② 程颢、程颐：《河南程氏遗书》卷二上，《二程集》，第31页。
③ 程颢、程颐：《河南程氏遗书》卷二上，《二程集》，第30页。
④ 程颢、程颐：《中庸解》，《河南程氏经说》卷八，《二程集》，第1160页。
⑤ 程颢、程颐：《河南程氏外书》卷十二，《二程集》，第424页。
⑥ 程颢、程颐：《河南程氏遗书》卷二上，《二程集》，第30页。
⑦ 程颢、程颐：《河南程氏粹言》卷二，《二程集》，第1228页。
⑧ 程颢、程颐：《河南程氏遗书》卷十八，《二程集》，第215页。
⑨ 程颢、程颐：《河南程氏粹言》卷二，《二程集》，第1228页。

却不具有这种属性，它不带任何目的性，完全是自然无为的。如果说，天理像人一样，具有目的和意志，那么，人的意志纵使有各种各样的安排和打算，总有停息的时候，而天理的运动变化却没有一刻停息。"理自相续不已，非是人为之。如使可为，虽使百万般安排，也须有息时。只为无为，故不息。"① 二程以人的有为来对应说明天理的无为，以人的主观意志的间断性来说明天理客观运动变化的永恒性。通过无为与有为、永恒性与间断性来论证天理与人为的区别与界限。

由于天理是自然无为的，所以二程告诫人们，要顺应天理而不能违背它。程颐强调："天地之道，万物之理，唯至顺而已。大人所以先天后天而不违者，亦顺乎理而已。"② 就其天地万物的自然规律只能顺应，不能违背而言，二程天理自然无为的思想是合理的；就其天理中包含了人类社会的道德规范而言，其思想又具有维护和论证封建社会伦理原则的意义。

天理不仅是自然无为的，而且是无形的，这是二程对理的性质所作的又一规定。程颐说："理无形也，故因象以明理。"③ 理无声无臭，无形体可见，不能被人的感官所感知，人们只有通过现象才能认识天理，所以理是一个观念性的精神实体。理虽然是精神实体，但却是现象世界背后的根源，有形有象的万物都以无形无象的理为存在的根据，无形之理决定有形之物。

在理与象的关系上，是先有理而后有象。然而认识理，却须从认识象入手。程颐说："有理而后有象，……理无形也，故因象以明理。"④ 就其透过现象去认识事物之理的观点而言，有一定合理之处；但说无形无象的理存在于有形有象的事物之先，这就把观念性的理孤立、虚脱出来，否定了物质世界的本原性。

（3）"人伦者，天理也"

以理为人伦道德，这是二程哲学理范畴的重要含义。二程说："人伦者，天理也。"⑤ 所谓人伦，孟子指出："教以人伦：父子有亲，君臣有义，夫妇有别，长幼有叙，朋友有信。"⑥ 二程发展了先秦儒学，把人伦上升为天理，这就把人类社会特有的道德原则提升为整个宇宙的普遍规律，混淆了自然与社会的区别，使整个宇宙都被天理所范围。从而使儒家伦理学与哲学本体论结合起来，既为

---

① 程颢、程颐：《河南程氏遗书》卷十八，《二程集》，第226页。
② 程颢、程颐：《豫卦》，《周易程氏传》卷二，《二程集》，第778—779页。
③ 程颢、程颐：《河南程氏粹言》卷一，《二程集》，第1205页。
④ 程颢、程颐：《河南程氏遗书》卷二十一上，《二程集》，第271页。
⑤ 程颢、程颐：《河南程氏外书》卷七，《二程集》，第394页。
⑥ 《孟子·滕文公上》。

儒家伦理原则提供了本体论的哲学依据，又从宇宙本体的高度论证了封建社会政治秩序和道德规范的合理性。宋代理学的最终确立，就在于二程把儒家伦理原则与哲学本体论统一到天理那里。

二程详细论证了儒家伦理就是天理的思想。程颐说："视听言动，非理不为，即是礼，礼即是理也。不是天理，便是私欲。"[1] 指出人们的视听言动符合礼的规范，即是天理，否则，便是私欲。礼作为天理的内涵，既指封建社会上下尊卑等级划分的典章制度，又是仁义礼智的道德原则。等级社会秩序和道德原则就是天理，凡"不合礼，则非理"[2]。为了批判唐末五代社会动乱、儒家伦常扫地的局面，维护社会稳定，二程把君臣父子之间的伦常关系固定化，认为"父子君臣，天下之定理，无所逃于天地之间"[3]。这种君臣父子之间的关系是一种尊卑关系，"君尊臣卑，天下之常理也"[4]。在二程看来，君尊臣卑的关系原则既然是天理，便具有客观的必然性，世人就只能顺应而不能违背。二程把君尊臣卑的关系凝固化，这对后世产生了消极影响。

二程明确把礼与理等同，把儒家人伦上升为天理，进而提倡做圣人，以实践人伦之至。程颐说："圣人，人伦之至。伦，理也。"[5] 圣人是人伦的化身，要求人们按人伦的规范去做，并把实践仁的原则称为人道。程颐指出："仁，理也；人，物也。以仁合在人身言之，乃是人之道也。"[6] 人道是仁与人的结合，人而实践仁，便是人之道。其仁即天理，以仁合人，按仁的原则去做人，也就是把天理与人结合起来。这即是二程提出"人伦者，天理也"思想的目的所在。

（4）"物物皆有理"

以理为物理，即事物的规律，这是二程哲学理范畴的又一含义。二程指出："物理最好玩。"[7] 认识事物的规律是一件有意义的事。而事物的规律即存在于事物之中。"雷自有火。如钻木取火，如使木中有火，岂不烧了木？盖是动极则阳生，自然之理。"[8] 雷中有火，钻木取火，都是自然规律，即自然之理。二程认为，事物的客观规律是普遍存在的，每一事物都有与之相应的规律存在。程颐

---

[1] 程颢、程颐：《河南程氏遗书》卷十五，《二程集》，第 144 页。
[2] 程颢、程颐：《乾卦》，《周易程氏传》卷一，《二程集》，第 699 页。
[3] 程颢、程颐：《河南程氏遗书》卷五，《二程集》，第 77 页。
[4] 程颢、程颐：《河南程氏遗书》卷十八，《二程集》，第 217 页。
[5] 程颢、程颐：《河南程氏遗书》卷十八，《二程集》，第 182 页。
[6] 程颢、程颐：《河南程氏外书》卷六，《二程集》，第 391 页。
[7] 程颢、程颐：《河南程氏遗书》卷二上，《二程集》，第 39 页。
[8] 程颢、程颐：《河南程氏遗书》卷十八，《二程集》，第 237 页。

说：" 凡眼前无非是物，物物皆有理。如火之所以热，水之所以寒。"① 火的规律是产生热，水的规律是产生寒，这些都是事物自身的客观规律，凡物皆然，所以人们必须通过认识事物来把握事物的规律。"无物无理，惟格物可以尽理。"② 认为规律存在于事物之中，通过格物才能尽理。应该说，二程的这一认识是正确的。二程以理为宇宙本体的思想就是建立在以理为事物规律思想的基础上的，但他们把作为事物规律的理夸大为脱离具体事物的理，且又凌驾于事物之上。他们以这种抽象的绝对作为理的主要含义，但在以理为宇宙本体的同时，并不排斥以理作为事物规律的这一原初的含义。

以上可见，在二程的思想体系里，理具有宇宙本体、儒家人伦道德和事物规律等多种内涵，是一个含义广泛，具有多重属性的范畴，也是二程哲学的核心和最高范畴。

2. 理一分殊

二程天理论发展的逻辑，是弥补旧儒学哲学思辨性不强的不足，而吸取了佛教华严宗"事理无碍观"的思想，把"一一事中，理皆全遍"的万理归于一理，同时又把万理作为一理的显现。经过这样一番改造功夫，具有儒家伦理含义的理成为宇宙的本体，完成了王安石所说的"天下之理皆致乎一"③，由万物之理向天下一理演进的尝试。

程颐在回答学者提问时指出："只为释氏要周遮，一言以蔽之，不过曰万理归于一理也。"④ 所谓把万理归于一理，即把万事万物各自的理加以高度概括，抽象为"天下只有一个理"⑤。这个理是宇宙间唯一的存在，但它又包含了万事万理。"理则天下只是一个理，故推至四海而准，须是质诸天地，考诸三王不易之理。"⑥ 理是高度抽象的绝对，没有时空的限制，是永恒存在的本体，宇宙间的天地自然物和社会人事都是一理的表现。"天下之事归于一是，是乃理也。"⑦ 由于天下之理归于一理，所以万事万物统一于本体之理，均不能违背一理的原则。

二程进而阐述了理一分殊的原理。程颐指出："天下之理一也，涂虽殊而其归则同，虑虽百而其致则一。虽物有万殊，事有万变，统之以一，则无能违

---

① 程颢、程颐：《河南程氏遗书》卷十九，《二程集》，第 247 页。
② 程颢、程颐：《河南程氏粹言》卷二，《二程集》，第 1267 页。
③ 王安石：《致一论》，《临川先生文集》卷六十六，中华书局 1959 年版，第 708 页。
④ 程颢、程颐：《河南程氏遗书》卷十八，《二程集》，第 195 页。
⑤ 程颢、程颐：《河南程氏遗书》卷十八，《二程集》，第 196 页。
⑥ 程颢、程颐：《河南程氏遗书》卷二上，《二程集》，第 38 页。
⑦ 程颢、程颐：《河南程氏外书》卷一，《二程集》，第 351 页。

也。"① 万物虽殊，但同归于天理，天理便是一，便是万物的共同本质；天理虽为一，但又体现在万事万物之中，作为万物之所以存在的根据。

二程论一理与万殊的关系，主张一和万是可以互相转化的，这与华严宗一多相摄的思想类似。程颢说："《中庸》始言一理，中散为万事，末复合为一理。"② 程颢以己意解《中庸》，他认为宇宙之始，便是一理，此理作为主宰，转化为万事万物之分殊，然后万殊又复归于一理。这是因为，"凡一物上有一理"③，统一的理分殊在万物之中，作为每一事物各自存在的根据，所以万物有万理，即一理散为万理。然而万物之理又统一于本体之理，复归于一理，万物都是一理的显现。从这个意义上讲，"一物之理即万物之理"④。因为一物之理是天理的具体体现，在它之中包含着天理，所以一物之理与万物之理、与天理是相通的，一理体现在万理之中，万物以此为依据，万理又统一于一理，一和万是相互转化的。

二程理一分殊的思想是在天理论的前提下论述了一理与万殊的关系。他们认为，抽象的、普遍的原理存在于具体的、个别的事物之中，但具体的、个别的万事万物都是以抽象的、普遍的原理作为其存在的依据。就其一般存在于个别之中，抽象的原理通过具体事物来表现而言，其认识具有合理性；就其具体的、个别的万事万物以抽象性、普遍性的原理作为存在的根据而言，抹杀了事物的客观实在性，过分夸大了精神实体对万物的能动作用。

二程理一分殊的思想在吸取华严宗的"理事"说的同时，也发展了周敦颐的"一实万分"观点，并且是对张载《西铭》的概括。周敦颐曾指出："五殊二实，二本则一。是万为一，一实万分，万一各正，小大有定。"⑤ 认为二气五行，归本太极。太极为一，是宇宙本原，一实万分，二气五行，乃至万物均由太极派生。这一思想对二程的理一分殊说产生影响。二程在此基础上，把"一实万分"发展为理一分殊。

程颐在同杨时论《西铭》时，把张载的《西铭》用"理一而分殊"加以概括。他说："《西铭》明理一而分殊，墨氏则二本而无分。"⑥ 把《西铭》与墨子的兼爱说加以区别，认为张载的《西铭》提出的"民胞物与"思想是"推理以存

---

① 程颢、程颐：《咸卦》，《周易程氏传》卷三，《二程集》，第858页。
② 程颢、程颐：《河南程氏遗书》卷十四，《二程集》，第140页。
③ 程颢、程颐：《河南程氏遗书》卷十八，《二程集》，第188页。
④ 程颢、程颐：《河南程氏遗书》卷二上，《二程集》，第13页。
⑤ 周敦颐：《通书·理性命第二十二》，《周敦颐全书》卷三，第141页。
⑥ 程颢、程颐：《答杨时论西铭书》，《河南程氏文集》卷九，《二程集》，第609页。

义",老吾老以及人之老,幼吾幼以及人之幼,讲的就是"理一",它与墨子的"爱无差等"的兼爱说有严格区别。且不论张载《西铭》本身的思想,就程颐用"理一而分殊"来概括它,这就产生了"理一分殊"这一命题。这一命题不仅成为二程天理论哲学的重要内容,而且对宋明理学产生了重要影响。

3. 理气论

二程把气化论纳入其天理论哲学之中,提出了理本气化的思想,其理气论成为天理论哲学的重要组成部分。

(1)"万物之始,气化而已"

何谓气?二程把气作为生成万物的材料,指出:"生育万物者,乃天之气也。"① 万物的产生,离不开气。"万物之始,皆气化;既形,然后以形相禅,有形化。形化长,则气化渐消。"② 所谓气化,即气的运动变化。气化产生的原因在于"阴阳消长,气之不齐,理之常也"③。气具有阴阳消长的属性,由此产生阴阳二气的运动变化。在阴阳二气一动一静、参差不齐的运动变化中,万物得以生成,即"万物之始,气化而已"④。气生成万物后,气化的形式便被形化(即有形的事物所发生的变化)所代替。

二程吸取了张载以聚散言气的观点,认为在气化的过程中,气聚则物生,气散则物死。"物生者气聚也,物死者气散也。"⑤ 气的聚散决定物的生死。二程把气作为构成万物的质料,重视阴阳二气的对立结合及运动变化在万物生成过程中的作用,表明气范畴在二程的哲学体系里占有重要位置。

二程认为,构成万物的气包括清气、浊气、善气、恶气,以及纯气、繁气等各种不同的气。由于气的不同,所以构成事物的种类及人的素质也不同,宇宙万物的差异及相互区别,就在于气化时禀受的气不同。对此,程颐与刘安节之间有一番问答。刘安节问:"太古之时,人物同生?"答:"然。"问:"纯气为人,繁气为物乎?"答:"然。"问:"其所生也,无所从受,则气之所化乎?"答:"然。"⑥ 程颐肯定了在太古之时万物的产生是由于气化的原因,并指出人与物的区别在于人是由纯气所构成的,而物则为繁气所构成。在自然界,由于禀气的不同,物便分出不同的种类。比如"动植之分,有得天气多者,有

---

① 程颢、程颐:《河南程氏粹言》卷二,《二程集》,第1226页。
② 程颢、程颐:《河南程氏遗书》卷五,《二程集》,第79页。
③ 程颢、程颐:《河南程氏粹言》卷二,《二程集》,第1241页。
④ 程颢、程颐:《河南程氏粹言》卷二,《二程集》,第1263页。
⑤ 程颢、程颐:《河南程氏粹言》卷二,《二程集》,第1268页。
⑥ 程颢、程颐:《河南程氏粹言》卷二,《二程集》,第1266页。

得地气多者"①。"霜,金气。""雹是阴阳相搏之气,乃是沴气。"②"日月,阴阳之精气耳。"③宇宙万物禀气不同,所以相互区别。人与万物相比,"唯人气最清"④,"人乃五行之秀气,此是天地清明纯粹气所生也"⑤。清纯之气产生人,浊驳之气产生物,使人与万物区别开来。在人之中,也因禀气的不同而有不同的素质。二程指出:"其气有刚柔也。故强猛者当抑之,畏缩者当充养之。"⑥对气质刚强的人适当加以抑止,对气质柔弱的人则加以扶持,这便可以改变人的气质。关于人的体质强弱也可在气上找到原因,人是否生病,也与气禀有关,"人气壮,则不为疾;气羸弱,则必有疾"⑦。

关于人的道德与气禀的关系,二程指出:"气有善、不善。"⑧认为气具有道德属性,气善则人善,气恶则人恶,人的善恶是由气的善与不善所决定的。"夫为不善者,恶气也。"⑨把人的道德品质的善恶归结为先天的气禀,认为"有自幼而善,有自幼而恶,是气禀有然也"⑩。并且,圣人和愚人的区分也在于先天气禀,"禀得至清之气生者为圣人,禀得至浊之气生者为愚人"⑪。虽然二程承认有生而知之的圣人存在,但他们强调的则是学而知之,改变气质:"若夫学而知之,气无清浊,皆可至于善而复性之本。"⑫无论气禀清浊如何,只要努力学习,均可改变气质,复性之善。二程以气有清浊、善恶的思想,说明万物及人之间互相区别的原因,这是二程哲学气范畴的重要内涵。

(2)"有理则有气"

二程虽然吸取了张载气化生物的思想,但却否定了张载的气本论哲学。在理气关系上,二程认为理先气后,"有理则有气",进而论证了理本气化的思想。二程指出:"有理则有气,有气则有数,鬼神者数也,数者气之用也。"⑬理先气后,说明理是第一性的,气则从属于理,这是二程理本论哲学的必然逻辑。不

---

① 程颢、程颐:《河南程氏遗书》卷二上,《二程集》,第39页。
② 程颢、程颐:《河南程氏遗书》卷十八,《二程集》,第238页。
③ 程颢、程颐:《恒卦》,《周易程氏传》卷三,《二程集》,第862页。
④ 程颢、程颐:《河南程氏遗书》卷二下,《二程集》,第54页。
⑤ 程颢、程颐:《河南程氏遗书》卷十八,《二程集》,第199页。
⑥ 程颢、程颐:《河南程氏遗书》卷十八,《二程集》,第186页。
⑦ 程颢、程颐:《河南程氏外书》卷五,《二程集》,第374页。
⑧ 程颢、程颐:《河南程氏遗书》卷二十一下,《二程集》,第274页。
⑨ 程颢、程颐:《河南程氏粹言》卷二,《二程集》,第1224页。
⑩ 程颢、程颐:《河南程氏遗书》卷一,《二程集》,第10页。
⑪ 程颢、程颐:《河南程氏遗书》卷二十二上,《二程集》,第292页。
⑫ 程颢、程颐:《河南程氏遗书》卷二十二上,《二程集》,第292页。
⑬ 程颢、程颐:《河南程氏粹言》卷二,《二程集》,第1227页。

仅气从属于理，以理为本体，而且由气构成的有形有象的事物也以理为存在的根据。程颐指出："事有理，物有形也。……有理而后有象。"① 进而把理气关系归结为形而上与形而下的关系，认为"气，形而下者"②，理或道则是形而上者。气的存在只是一种形而下的具体事物的存在，理却是作为形而上的主宰而存在，理决定气，气从属于理。二程强调，理与气的这种形而上下的本末、体用关系不能颠倒。他们批评张载以气为宇宙本原的思想是把形而下的事物当成了形而上的本体，指出："子厚以清虚一大名天道，是以器言，非形而上者。"③ 所谓"清虚一大"，即张载所说的太虚。张载认为，太虚即气，是宇宙的本原。二程则反对以太虚为气，他们把太虚解释为理，以理为万物本体。"或谓'惟太虚为虚'。子（程颐）曰：'无非理也，惟理为实。'"④ 这就把张载以气为万物本原的思想改变为以理为宇宙本体。由此，张载的太虚即气，被二程改造为太虚即理。"又语及太虚，曰：'亦无太虚。'遂指虚曰：'皆是理，安得谓之虚？天下无实于理者。'"⑤ 认为太虚不是气，而是理，根本否定以太虚即气作为宇宙的本原，坚持以理为宇宙的本体。

二程还提出造化者生气的观点来论述理气关系。所谓造化者，即是理。这是把气纳入理的主宰之内。程颐说："凡物之散，其气遂尽，无复归本原之理。天地间如洪炉，虽生物销铄亦尽，况既散之气，岂有复在？天地造化又焉用此既散之气？其造化者，自是生气。"⑥ 具体事物消亡，便是气散，这种既散之气已不复存在，更无复归本原之理。二程不承认气作为本原而存在，他们所谓的气，是指构成具体事物的材料，在气之上又安排了一个造化者即理为之本原。具体事物与气都是有限的，理才是无限的。

由此可见，二程虽然吸取了张载以聚散言气的思想，但他们的气化论与张载的气本论存在着本质区别。张载的气本论是把无形的太虚与有形的万物作为本原之气的两种不同的表现形态，气聚则为有形的万物，气散则复归于无形的太虚，聚散都以气为根据。二程的气化论承认在气的运动变化中，气聚而成为有形的万物。这与张载无异。但气散物亡之后，气便消尽，不再复归本原之气，并根本否认有一个物质性的太虚作为万物本原，气的聚散是由理决定。理为本，

---

① 程颢、程颐：《易说·系辞》，《河南程氏经说》卷一，《二程集》，第1027页。
② 程颢、程颐：《河南程氏遗书》卷三，《二程集》，第64页。
③ 程颢、程颐：《河南程氏粹言》卷一，《二程集》，第1174页。
④ 程颢、程颐：《河南程氏粹言》卷一，《二程集》，第1169页。
⑤ 程颢、程颐：《河南程氏遗书》卷三，《二程集》，第66页。
⑥ 程颢、程颐：《河南程氏遗书》卷十五，《二程集》，第163页。

气为末；理为主，气为从。其气化论是在理本论的哲学体系里展开，企图解决和回答在理本论的前提下，物质世界是如何生成、运动、变化的问题。可见，二程理本气化的思想是对张载气本论哲学的否定。

4. 天理史观

二程以理为核心创立起天理论思想体系，又以天理为标准来观察评判社会历史，从而得出其天理史观。天理史观亦是其天理论的重要组成部分。

（1）"三代之治，顺理者也"

二程重视史学，注意从历史治乱中总结社会治理的经验教训，为现实服务。他们认为，三代社会是理想的太平盛世，而三代之所以安定太平，是因为天理得以遵行；后世之所以衰乱，是因为以智力把持天下而天理不行。程颢说："三代之治，顺理者也。两汉以下，皆把持天下者也。"① 他们以是否遵行天理，作为区分王道与霸道的标准：三代社会顺天理而行，称之为王道；三代以后，"后世以智力把持天下者，霸道也"②。天理不仅是社会历史发展的基本原因，而且是划分历史阶段的依据。程颐指出："先王制其本者，天理也；后人流于末者，人欲也。损之义，损人欲以复天理而已。"③ 认为三代制其本，天理流行；后世流于末，人欲横流。

从天理史观出发，二程反对以成败论历史是非。"先生每读史到一半，便掩卷思量，料其成败。然后却看有不合处，又更精思，其间多有幸而成，不幸而败。今人只见成者便以为是，败者便以为非，不知成者煞有不是，败者煞有是底。"④ 一般人论史，是以成败论是非，而二程论史，却不以表面的成败作为判断是非的标准，而是通过表面的成败去思索之所以成败的根源。如果不符合天理，即使成功也不足称道；反之，符合天理，即使遭到某些失败也是正确的。由此，程颐认为对历史兴亡治乱起作用的是天理。他要求学者"凡读史，不徒要记事迹，须要识治乱安危兴废存亡之理"⑤。历史的盛衰存亡取决于天理，所以治史者须通过表面的历史事实，去探究深藏在历史事迹之中的道理。

二程认为天理是社会历史发展的根本原因，从而以义理为标准来评判历史。他们认为三代顺理而行，是理想的社会，并把复三代作为追求的目标；而三代

---

① 程颢、程颐：《河南程氏遗书》卷十一，《二程集》，第127页。
② 程颢、程颐：《春秋传》，《河南程氏经说》卷四，《二程集》，第1087—1088页。
③ 程颢、程颐：《损卦》，《周易程氏传》卷三，《二程集》，第907页。
④ 程颢、程颐：《河南程氏遗书》卷十九，《二程集》，第258页。
⑤ 程颢、程颐：《河南程氏遗书》卷十八，《二程集》，第232页。

以后，天理不明，使社会陷入混乱，所以现实治理要引以为鉴。二程历数秦汉以来天理不明不行带来的恶果，指出秦王朝以暴虐、焚书坑儒而亡；魏晋之士尚虚浮而无礼法，与"夷狄"无异，使"五胡乱华"，"夷狄"之乱日甚；隋唐统一天下，虽号治平，但唐王朝有"夷狄"遗风，三纲不振，自太宗启之，以至君不君，臣不臣，导致藩镇割据，武臣跋扈，最后演成五代之乱而唐朝灭国。二程通过总结兴衰存亡的历史经验，得出结论是：凡行天理，"名分正，则天下定"[①]；反之，如果道不行于天下，则社会得不到治理，"道不行，百世无善治"[②]。在二程看来，道即理，天道即天理，其天理史观即是以道为社会历史发展的根本原因。这与其道统论相互联系。二程说："天下古今之所共由，谓之达道。所谓达道者，天下古今之所共行。"[③]认为道是天下古今共同遵行的原则，亦是百世可知可行之道，凡顺道必兴，反道必亡。善治的前提是行道，"三代直道而行，毁誉公"[④]。这与其"三代之治，顺理者也"的思想是一致的。

（2）圣人治世

二程的天理史观是与圣人治世的原则相结合的。二程所谓圣人，即天理的化身。程颐说："圣人与理为一，故无过，无不及，中而已矣。"[⑤]由于天理与道相同，故圣人与天道亦无异。"问：'圣人与天道何异？'曰：'无异。'"[⑥]圣人既与天道无异，又与天理为一，故成为天理的化身。二程认为，三代之所以得到治理，是靠圣人循道而行来实现的。"天有是理，圣人循而行之，所谓道也。"[⑦]程颐把圣人视为社会历史的创造者，是社会得到治理的决定因素；凡圣人出，则天道行，社会大治；凡圣人不作，则"顺天应时之治不复有"。他说：

> 天之生民，必有出类之才，起而君长之，治之而争夺息，导之而生养遂，教之而伦理明，然后人道立，天道成，地道平。二帝而上，圣贤世出，随时有作，顺乎风气之宜，不先天以开人，各因时而立政。暨乎三王迭兴，三重既备，子丑寅之建正，忠质文之更尚，人道备矣，天运周矣。圣王既不复作，有天下者，虽欲仿古之迹，亦私意妄为而已。事之谬，秦至以建

[①] 程颢、程颐：《河南程氏遗书》卷二十一下，《二程集》，第276页。
[②] 程颢、程颐：《河南程氏粹言》卷二，《二程集》，第1242页。
[③] 程颢、程颐：《中庸解》，《河南程氏经说》卷八，《二程集》，第1156页。
[④] 程颢、程颐：《河南程氏遗书》卷八，《二程集》，第102页。
[⑤] 程颢、程颐：《河南程氏遗书》卷二十三，《二程集》，第307页。
[⑥] 程颢、程颐：《河南程氏遗书》卷十八，《二程集》，第209页。
[⑦] 程颢、程颐：《河南程氏遗书》卷二十一下，《二程集》，第274页。

亥为正；道之悖，汉专以智力持世。岂复知先王之道也？[1]

从以上可以看出，程颐是把圣人治世与先王之道联系起来论述的。圣人治世之所以能够"争夺息""生养遂""伦理明"，是因为在这个过程中体现了先王之道，使得"人道立，天道成，地道平"。而后世不按圣人的要求去做，以智力把持天下，不知不行先王之道，所以天下难治。要使社会得到治理，就必须行圣人之道，"百世以俟圣人而不惑"[2]。就是说，体现了三代之治的圣人之道不仅在当时起作用，而且对后世的治乱也起着决定作用，只要按圣人的要求去做，行圣人之道，那么百世也不会迷失方向。后世的帝王尽管德不可与禹、汤等圣人相比，但"尚可法三代之治"[3]。这是二程对后世统治者的要求。然而，"自秦而下，其学不传。予悼夫圣人之志不明于后世也，故作《传》以明之，俾后之人通其文而求其义，得其意而法其用，则三代可复也。是《传》也，虽未能极圣人之蕴奥，庶几学者得其门而入矣"[4]。秦以后，圣人之道不传，为了明圣人之志于后世，程颐作《春秋传》，使后世之人能够通过《春秋》之文而求得《春秋》之大义，掌握圣人之意并将其贯彻于现实之用，以达到复三代之治的目的。可见二程对包括《春秋》在内的经学的研究，是为求得圣人之道而实现社会治理服务的。

二程所谓的圣人，无所不知，无所不能，没有任何缺点，类似于全能全知的上帝。"圣人无优劣，有则非圣人也。"[5]并且，"圣人所知，宜无不至也；圣人所行，宜无不尽也"[6]。二程心目中的圣人包括尧、舜、禹、汤、文、武、周公、孔子等，圣人虽有不同，但"其道一也"。程颐说："圣人无优劣。尧、舜之让，禹之功，汤、武之征伐，伯夷之清，柳下惠之和，伊尹之任，周公在上而道行，孔子在下而道不行，其道一也。"[7]他盛赞尧舜之禅让，禹的治理之功，汤武革暴君桀纣之命，这都是儒家圣人之道的体现，而不分优劣；并透露出一条见解：即使圣人治世也须身居上位，如果圣人没有获得治理国家的统治权，那么就会像孔子那样，"在下而道不行"。也就是说，圣人循道而行，治理国家，其前提条件是圣人本身就是帝王，圣、王必须结合，否则圣人创造历史只是一句空话。

---

[1] 程颢、程颐：《春秋传序》，《河南程氏经说》卷四，《二程集》，第1124—1125页。
[2] 程颢、程颐：《春秋传序》，《河南程氏经说》卷四，《二程集》，第1125页。
[3] 程颢、程颐：《春秋传序》，《河南程氏经说》卷四，《二程集》，第1125页。
[4] 程颢、程颐：《春秋传序》，《河南程氏经说》卷四，《二程集》，第1125页。
[5] 程颢、程颐：《河南程氏遗书》卷二十四，《二程集》，第315页。
[6] 程颢、程颐：《河南程氏遗书》卷二十五，《二程集》，第325页。
[7] 程颢、程颐：《河南程氏遗书》卷二十五，《二程集》，第324页。

孔子当春秋乱世，有德无位，其圣人之道也发挥不了治世的作用，他所做的工作只是整理"六经"，把圣人之道记录下来，流传后世，待后世明君复三代之治。由此可见，二程关于圣人循道而行，而创造历史的天理史观也受到一定的限制。确切地讲，二程天理史观的基本含义是：天理、圣人、帝王之位，三者的结合，才是社会历史发展的根本原因。

（五）二程在宋学和理学中的地位

二程的经学思想以"经所以载道"和以义理解经为基本纲领，以新儒学的义理来阐释儒家经典，这是其与前代儒学的基本区别，具有新的时代特征。二程站在时代发展的高度，不受旧注疏的约束，通过对汉唐经学的批评，大胆创新，以己意解经，阐发新儒学的义理，这不仅使经学学风发生了根本性的转向，而且在批汉学、批佛老的过程中，以思辨性的哲理来论证儒家伦理，构建天理论思想体系，在经学史和思想史上均产生了重要影响，促进了宋代理学思潮的崛起，完成了伦理型儒学向哲理型儒学的转化，是经学史上的宋学发展为思想史上的理学的重要标志。

1. 二程在宋学中的地位

（1）二程洛学集中体现了宋学以义理说经的一般特征

北宋以来的宋学学者如刘敞、欧阳修、孙复、石介、王安石、张载、苏轼、苏辙等皆以义理说经，以己意解经，对汉唐经学提出怀疑和批评。二程洛学作为庆历以来宋学的重要流派，在以义理说经，批判旧汉学方面，集中体现了宋学的一般特征，二程亦成为宋学崛起的关键人物。二程指出："圣人作经，本欲明道。今人若不先明义理，不可治经。"[①] 明确把明义理作为治经学的目的，强调治经是为了明义理。从而把宋学义理与汉学训诂区分开来，表现出鲜明的宋学特征。

由此出发，二程批评了汉唐诸儒的治经方法，不仅疑经惑传，而且提倡以己意解经，认为只要道理通，符合义理，则不必拘泥于经书文字，甚至文义解错也无害。这就为发挥义理提供了方便。二程所提倡的这种思想解放的精神，是对汉学热衷于文字上的注经、释经，不注重创新和发挥的流弊的针砭。汉唐经学流于"疏不破注""惟古注是从"的治经方法，长期以来束缚着人们的思想，不利于新思想的产生，这就在一定程度上阻碍了中国文化及社会的正常发

[①] 程颢、程颐：《河南程氏遗书》卷二上，《二程集》，第13页。

展。二程在新形势下，大力提倡以己意解经，以义理说经，促进了学风的转变和新思想的产生，这对于宋学的崛起和发展具有重要意义。

（2）二程把经学理学化，将宋代义理之学发展为理学

二程在宋学中的重要地位，不仅限于以义理说经，批评汉唐章句训诂之学，而且在宋学一般特征的基础上，把义理之学发展为理学，使理学占据了经学发展的主导地位，而一般意义的义理之学则让位于理学，完成了它疑经、批汉学的历史使命，成为宋学发展过程中的一个阶段和理学产生的重要背景。如果说，重义理还是重训诂，是宋学区别于汉学的基本特征的话，那么，把义理哲理化，以思辨性的哲理来论证儒家伦理，则是宋学中理学与其他派别相区别的根据。

二程从时代发展的需要出发，在庆历以来义理之学的基础上，把义理之学发展为理学，以更具抽象性的宇宙本体之理与更切合人生日用的儒家伦理的紧密结合，将经学理学化。二程以理论道，在经学理论上提出"由经穷理"和"圣人作经，本欲明道"的思想，以穷理作为治经的目的；把儒学经典作为载道之文，"经所以载道"，置经典于服从"道"的位置，打破汉学对经典及注疏盲目崇拜的旧传统，从理论上解决了在经学传授过程中，儒家经典与道统之道的关系问题，从而把经学理学化，亦即道学化。既以义理之学取代注疏之学，又把义理哲理化，克服了旧儒学缺乏哲学思辨的弱点，这即是对庆历以来疑经思潮及其义理之学的发展。

（3）推崇"四书"，以"四书"义理之学取代"六经"训诂之学作为经学的主体

二程推崇"四书"，以"四书"义理之学取代"六经"训诂之学作为经学的主体，这在经学史上具有重大意义，它标志着学风的转向和学术重心的转移，成为宋代义理之学取代汉唐传注经学的特征。可以说，将《大学》《中庸》《论语》《孟子》四书合并为"四书"系统，是宋代经学区别于汉唐经学的"五经"（或曰"六经"）系统的一个显著特点。"四书"系统的形成与宋代《孟子》的由"子"入"经"有密切关系。唐代韩愈、李翱等开重视"四书"之先河，经宋初至二程，程颢、程颐为建立理学思想体系的需要，以"四书"为对象，从中阐发义理，倡"四书"义理之学，认为"四书"的重要性在"六经"之上，从而逐步确立起"四书"及"四书"义理之学在中国经学史上的主导地位。二程以"四书"作为整个儒家经典的基础，指出"四书"体现了圣人作经之意，圣人之道载于"四书"，要求学者以研习这四部书为主、为先，以发明圣人之道。程颐强调："学者当以《论语》、《孟子》为本。《论语》、《孟子》既治，则六经可不

治而明矣。"① 除《论语》《孟子》外,《大学》《中庸》也是二程优先关注的,认为《大学》是"入德之门",《中庸》是"孔门传授心法"。程氏之学是以"四书"为标的和宗旨,在此基础上而达于"六经"。达于"六经"是对学者的进一步要求,但就治经学的基础和宗旨而言,则是以"四书"义理之学为重。虽然二程并不忽视其他儒家经典,尤其对《周易》予以关注,但就二程对学者的基本要求来讲,仍是把"四书"置于优先的位置。

二程重视"四书",在形式上以"四书"作为经学的主体,这与他们在内容上对经学的革新和以义理解经分不开。二程的"四书"义理之学实际上是为其创立理学思想体系作论证的。二程学说中有别于汉唐经学的思想,基本上可在"四书"之中找到理论来源和根据,这就使"四书"取代"六经"而成为经学所依据的主要经典和文本,"四书"义理之学也逐步取代了"六经"训诂之学在经学史上的主导地位。

2. 二程在理学中的地位

(1) 二程创立的天理论哲学代表了宋代理学发展的主要趋势

宋代理学思潮的兴起代表了宋代学术发展的潮流,亦是宋学发展的趋势。而宋代理学以"理"名学,"理"是理学的核心和最高范畴。二程创天理论哲学,把哲学本体论与儒家伦理学直接统一于天理,在理学各派中,最能体现理学的基本特征,这在宋明理学及中国哲学发展史上,具有划时代的重要意义。

天理论在宋代理学主导地位的确立,经历了一个逐步发展的过程。宋代义理思想兴起之初,"理"并不具有最高哲学范畴的意义,这在欧阳修、邵雍、周敦颐、王安石等人的思想里得到反映;同时,这一时期"理"范畴的含义,朝着高度概括、高度抽象的方向发展,为二程天理论哲学的提出,准备了条件。

欧阳修提出天理自然的思想,指出"物无不变,变无不通,此天理之自然也"②,并认为"天地任物之自然,物生有常理"③。欧阳修虽然把天理二字引进宋代哲学的范畴体系之中,但其天理自然的思想还比较简略,天理也仅是事物变化的规律,不具有本体的意义。邵雍作为宋代理学的奠基人之一,其哲学以太极或道为最高范畴,理在邵雍的哲学体系里,从属于道,理虽具有事物规律和儒家伦理的含义,但还没有从"物之理"中抽象出来,作为最高哲学范畴。周敦颐的太极阴阳说对朱熹思想产生了重要影响,但他对理的论述较少,其理的

---

① 程颢、程颐:《河南程氏遗书》卷二十五,《二程集》,第 322 页。
② 欧阳修:《明用》,《文忠集》卷十八,文渊阁四库全书,第 1102 册,第 146 页。
③ 欧阳修:《荔枝谱后》,《文忠集》卷七十三,文渊阁四库全书,第 1102 册,第 578 页。

基本含义是指以礼为代表的伦理道德。他说："爱曰仁，宜曰义，理曰礼，通曰智，守曰信。"① 可见周敦颐以理为礼，与邵雍一样，没有把理作为哲学的最高范畴，理不具有宇宙本体的意义。这个阶段，以理为核心的宋代理学思想体系还没有完备地建立起来。与理学思潮的兴起有密切关系的新学代表王安石提出"天下之理皆致乎一"②的观点，展现出由万物之理向天下一理演变的轨迹，这是二程天理论哲学产生的前奏。

二程在宋代理学思潮形成的过程中，总结前人的思想，以儒家伦理为本位，既批判佛教不讲儒家伦理的出世主义思想，又吸取华严宗"万理归于一理"的理本论哲学形式，提出"天者，理也"的命题，认为"万物皆只是一个天理"，把天理作为最高哲学范畴，独立于万物之上，又加进儒家伦理的内涵，从而使儒家伦理学与哲学本体论结合起来，完成了自宋初以来思想家们致力于建立一种直接把本体论与伦理学统一起来的哲学体系的尝试，既为儒家的伦理原则提供了本体论的哲学依据，以抗衡精致的佛教哲学，又从本体的高度论证了封建社会统治秩序和道德规范的合理性。宋代理学的最终确立，就在于二程把儒家的纲常伦理原则与哲学本体论统一到天理那里，这代表了宋代理学发展的主要趋势。可以说，天理论哲学开辟了理学发展的道路，成为时代思潮、时代精神的集中体现。

（2）确立了理学的道统论

二程确立理学道统论，在道统思想发展史上占有重要地位，对后世影响甚大。朱熹以继承二程道统为己任，宣称尧、舜、禹、汤、文、武、周公、孔、孟一脉相承的圣人之道，在孟子以后中断，直到一千多年以后出现了程颢、程颐，才上承孟子，接续道统，而自己又承接二程，继承了圣人之道。虽然有时朱熹也提到周敦颐，认为周敦颐、二程接续了道统，但从未忽视过二程对确立儒学道统的重要性。可以说，朱熹虽然集儒学道统思想之大成，但朱熹道统思想的基本内容均是对二程确立的道统论的继承和发扬。理学道统论的确立，非二程莫属，这是任何人，包括朱熹都不能替代的。朱熹继承二程遗意，作《四书章句集注》，每每祖述二程的观点，以二程的言论来揭示全书的宗旨和要义，并加以发挥。如在《中庸章句》篇首引二程论"中"的言论，以"中"为天下之正道，来发挥二程所说的孔门传授心法，并以此来论证理学道统论，强调只

---

① 周敦颐：《通书·诚几德第三》，《周敦颐全书》卷三，第103页。
② 王安石：《致一论》，《临川先生文集》卷六十六，第708页。

要对"四书"融会贯通，便能找到圣人传心之旨。

质言之，二程肩负时代赋予的理论重建的重任，面对儒学式微、发展停滞，而佛老流行的局面，以弘扬和创新圣人之道为己任，在批佛老的同时，亦注意借鉴吸取道家的道本论哲学和道法自然的思想，以儒为本，融合儒、道，又吸取佛教的理本论和理事说，以及心性本体论等，为建构自己的道统思想体系服务。二程在理论重建中，继承、吸取并改造、发展前人的思想，创造性地提出天理论的哲学体系，并以天理论道，赋予道统论以时代的意义；以义理解释儒家经典，从中发明圣人之道；崇尚"四书"，重视心传，超越汉唐诸儒；并求道致用，不尚空谈，由此而确立了新儒学的道统论，变韩愈单纯伦理型的道统为理学哲理型与伦理型相结合的道统，为整个道统思想的发展做出了突出贡献。后经朱熹的继承、发展，集其大成，使道统思想广泛影响思想界和整个社会，并流传到海外，从中国、朝鲜到日本，成为儒学及东方文化的重要组成部分。其流弊虽遭到后来反道统人士的批评，但道统思想和道统文化一脉相传，至现代而不绝，值得人们认真科学地整理、研究，以发掘其历史价值和时代价值。

五、王安石新学、三苏蜀学

王安石新学和三苏蜀学在当时属于讲义理的宋学之流派。宋学大体以理学诸派为主体，也包括王安石新学、三苏蜀学以及当时讲义理的诸治儒家经学的流派。在宋学内部，虽有理学和非理学等各派的分野，但宋学中既包括宋代诸多讲义理的宋学人物和派别，亦包括在宋学的基础上发展而来的理学。

在讲义理方面，王安石新学和三苏蜀学与理学具有共同性。但理学是宋学的哲理化、经学的哲学化，而与非理学的宋学流派相区别。

（一）王安石新学

王安石（1021—1086），北宋儒学家、政治家、思想家，字介甫，号半山，抚州临川（今属江西）人。王安石新学在当时影响很大，并曾一度成为宋代官学。宋学中理学思潮的形成，也与新学有关。在重义理的宋学兴起之初，传统的章句注疏之学仍有相当的影响，而王安石站在宋学的立场，对其作了批评。他说："孔氏以羁臣而兴未丧之文，孟子以游士而承既没之圣，异端虽作，精义尚存。逮更煨烬之灾，遂失源流之正，章句之文胜质，传注之博溺心，此淫辞诐行之所由昌，而妙道至言之所为隐。"①指出孔孟乃代表儒家经学的源流之正，即使"异端"也不能妨碍孔孟之精义。然而，由于秦始皇焚书和战乱，"更煨烬之灾"，儒家经典遭到了严重损坏，以致汉魏以来章句传注之学盛行，遂失源流之正，而不得经文的内容实质，使得陷溺其心，淫辞诐行得以流行，而圣人之道隐而不显。他还指出：

> 孔子没，道日以衰熄，侵淫至于汉，而传注之家作。为师则有讲而无应，为弟子则有读而无问。非不欲问也，以经之意为尽于此矣，吾可无问而得也。岂特无问，又将无思，非不欲思也，以经之意为尽于此矣，吾可以无思而得也。夫如此，使其传注者皆已善矣，固足以善学者之口耳，不足善其心，况其有不善乎？宜其历年以千数，而圣人之经卒于不明，而学者莫能资其言以施于世也。……呜呼！学者不知古之所以教，而蔽于传注之学也久矣。②

圣人之道在孔子没后衰熄，而汉儒传注之家未能得道，其讲学满足于表面上的把握，而无问无思，未能深入其心，掌握经文之意。如此传注之学流传千年，使学者蔽于传注而不知经，不仅经典之道晦而不明，而且学者也不能贯彻经文之旨，将圣人之经施之于用，造成"异端"盛行，而正学浸微的局面。

由此，与整个宋学的兴起相呼应，王安石主张以义理之学取代传注之学，反对以章句训诂注疏之学来继续主导经学的发展。就提倡义理和道德性命之说而言，王安石新学与当时崛起的理学思潮有相似之处，即都反对经学史上的章句训诂之汉学。在经学变古运动中，新学代表人物王安石对训诂注疏之学提出了批判，修撰《三经新义》，打破以训诂传注为主的形式，对《诗》《书》《周礼》作出新的解释，为当时开展的熙宁变法提供理论依据，以代替旧注疏，并用经义试士，废除以诗赋取士和烦琐的记诵传注经学。在王安石的主持下，熙宁四年（1071），宋朝廷下令改革科举制度。中书言：

> 古之取士，皆本于学校，故道德一于上，习俗成于下，其人材皆足以有为于世。自先王之泽竭，教养之法无所本，士虽有美材而无学校师友以

---

① 王安石：《除左仆射谢表》，《临川先生文集》卷五十七，第619页。
② 王安石：《书洪范传后》，《临川先生文集》卷七十一，第759页。

成就之，此议者之所患也。今欲追复古制以革其弊，则患于无渐。宜先除去声病偶对之文，使学者得以专意经义。……今定贡举新制，进士罢诗赋、帖经、墨义，各占治《诗》、《书》、《易》、《周礼》、《礼记》一经，兼以《论语》、《孟子》。每试四场，初本经，次兼经，并大义十道。务通义理，不须尽用注疏。①

王安石对科举制度的改革，形成了科举以经义取士的制度，在"务通义理，不须尽用注疏"规定的指导下，义理之学开始取代注疏之学，这也是宋代理学之崛起的重要背景；并将《孟子》由子入经，正式上升为官方儒家经典，这对宋学和理学的发展有重要意义。马端临指出："但变声律为议论，变墨义为大义，则于学者不为无补。"②所谓"变声律为议论"，即指以策论代替诗赋；而"变墨义为大义"，即是以义理代替记诵。王安石这种对科考的改革，有补于学者。如此，义理之学取代诗赋、注疏之学而流行起来，士皆趋于义理之学。王安石主持修撰的《三经新义》颁行于全国，成为全国文教的官方思想和科举考试的内容，"一时学者，无敢不传习，主司纯用以取士，士莫得自名一说，先儒传注，一切废不用"③，而取代了唐代的旧注疏，使整个儒家经学在宋代发生了转折。宋末学者王应麟在评价北宋学术的变化时指出："自汉儒至于庆历间，谈经者守训故而不凿，《七经小传》出，而稍尚新奇矣。至《三经义》行，视汉儒之学若土梗。"④这表明，王安石新学作为宋学的重要组成部分，在以宋儒义理之学代替汉唐传注经学方面，成为经学变革的标志，也是宋学对传统儒家经学的改造和革新。

王安石新学在经学方面，还"黜《春秋》之书，不使列于学官，至戏目为'断烂朝报'"⑤。以为《春秋》多缺文，三传不足信，这体现了他对传统观念的异议。虽然王安石新学与宋代理学存在着某些差异，王学遭到了同时代的二程和后世理学家的批评，宋代理学正统地位的确立也与批判、排斥王安石新学分不开，但王学与理学同属宋学范畴，均重义理之学而反对汉唐传注训诂之学，这是双方的一致处。如二程以义理解释《周易》，企图从中寻求圣人之道，除了

---

① 李焘：《续资治通鉴长编》卷二百二十，熙宁四年二月丁巳，第5334页。
② 马端临：《选举考四》，《文献通考》卷三十一，文渊阁四库全书，第610册，第678页。
③ 脱脱等：《王安石传》，《宋史》卷三百二十七，第10550页。
④ 王应麟：《经说》，《困学纪闻》卷八，文渊阁四库全书，第854册，第323页。
⑤ 脱脱等：《王安石传》，《宋史》卷三百二十七，第10550页。

借鉴王弼、胡瑗的思想外,便受到王安石易学的影响。程颐说:"若欲治《易》,先寻绎令熟,只看王弼、胡先生、王介甫三家文字。"① 程颐之所以要求学者看王安石的《易解》,是因为他与王安石都属于宋易之义理学派,对汉易之象数学均持批判态度。这从一个侧面反映了二程与王安石在提倡宋学义理,反对汉学方面,具有共同性。

虽然王安石新学与二程理学同属于宋学,双方在提倡义理和道德性命之说方面具有相似处,均反对经学史上的章句训诂之学,但也存在着差异。这主要表现在:其一,作为两家学术的核心,二程倡导的道与王安石提倡的道存在着区别。二程以理为道,道与理是同一层次的本体范畴。程颐在回答"天道如何?"的问题时指出:"只是理,理便是天道也。"② 以理言道,道即是天理。道作为观念性的无形无声无臭的宇宙本体,其内涵便是儒家伦理。程颐说:"道之大本如何求?某告之以君臣、父子、夫妇、兄弟、朋友,于此五者上行乐处便是。"③ 而王安石的道则吸取了老子、王弼及元气论的思想,以本末论道,认为道是元气与冲气、无与有、自然与形器的统一。他说:"道有体有用。体者,元气之不动;用者,冲气运行于天地之间。"④ 认为道之体是元气,道之用是冲气,并且,道是无与有的统一。他说:"无则道之本,而所谓妙者也;有则道之末,所谓徼者也。故道之本,出于冲虚杳渺之际;而其末也,散于形名度数之间。是二者其为道一也。"⑤ 道分为二,其本为无,其末为有。王安石以无为道之本,这是受到老子、王弼思想的影响。但他又认为,道是有与无的统一和结合,无形的本体与有形的万物共同构成统一的道。同时,道亦是自然与形器的统一。他说:"道有本有末。本者,万物之所以生也;末者,万物之所以成也。本者,出于自然,故不假乎人之力而万物以生;末者,涉乎形器,故待人力而后万物以成。"⑥ 道有本有末,所谓道之本,即万物之所以产生的根据,这个本体也就是元气,元气生万物是没有意志的,"不假乎人之力",所以作为道之本,它是自然的。王安石又说:"夫道者,自本自根,无所因而自然也。"⑦ 道存在的根据就在它自身,道"自本自根",无所效法,无所根据,因而它是自然而然,非

---

① 程颢、程颐:《与金堂谢君书》,《河南程氏文集》卷九,《二程集》,第613页。
② 程颢、程颐:《河南程氏遗书》卷二十二上,《二程集》,第290页。
③ 程颢、程颐:《河南程氏遗书》卷十八,《二程集》,第187页。
④ 王安石:《道冲章》,《王安石老子注辑本》,中华书局1979年版,第8页。
⑤ 王安石:《道可道章》,《王安石老子注辑本》,第2页。
⑥ 王安石:《老子》,《临川先生文集》卷六十八,第723页。
⑦ 王安石:《有物混成章》,《王安石老子注辑本》,第29页。

有安排的。以上可见，王安石所说的道，其本质是元气、无、自然，其作用是冲气运行、有、形器，明显带有道家、玄学及元气论的痕迹，而没有把儒家伦理作为道的主要内涵。虽然王安石也批评了老子"道常无为"的思想，重视礼乐刑政，提倡积极有为，但他所吸取的法家、道家的思想与二程坚持的正统儒学存在着明显的矛盾，故遭到二程的严厉批评。这是双方对道的不同理解使然。王安石以自己的观点衡量程颢，认为"此人虽未知道，亦忠信人也"[1]，批评程颢"未知道"。而程颐则站在自己道论的立场，指责王安石"却不向道，只这个便是不会读书"[2]。王、程双方都互相批评对方"未知道""不向道"，可见他们对道的理解各不相同。对此，二程指出："介甫只是说道，云我知有个道，如此如此。只他说道时，已与道离。他不知道，只说道时，便不是道也。"[3] 双方论道的思想差异就在于二程以儒家伦理作为道的内涵，道即是天理的代名词，而王安石的道不仅在本体上是元气，是无，而且杂有道家、法家的思想，这是双方学术的基本分歧。二程一再批评王学支离驳杂，不能守约，并指出王学之患甚于佛教，其原因就在于此。

其二，与双方对道的不同理解相关，在政治实践和变法指导思想上，王、程之学存在着差异。二程主张行仁义以变法，在变法中贯彻理学思想的指导；而王安石则兴起事功，重视功利和朝廷聚敛，这遭到二程等理学家的批评。由于在变法指导思想上，二程与王安石存在着分歧，又对王安石实行的变法措施不满，在劝谏神宗无效的情况下，程颢上疏退出变法，不与王安石等兴利之臣为伍，并反对王安石以兴利指导变法。疏曰："兴利之臣日进，尚德之风浸衰，尤非朝廷之福。"[4] 由于指导思想的不同，程颢从主张变法、参与变法到反对王安石变法而退出朝廷。

从尚德、行仁义的变法指导思想出发，二程在提倡"随时因革""圣王之法可改"的同时，也主张"三代之法有必可施行之验"[5]。认为在治道上，不分古今，前世后世，圣人之道同条共贯，都应作为治理国家的根据，尽其道则大治，反之则不治。由此而反对王安石"祖宗不足法"，"先王之迹不可复于今"[6] 的完

---

[1] 程颢、程颐：《河南程氏遗书》卷十九，《二程集》，第255页。
[2] 程颢、程颐：《河南程氏遗书》卷十九，《二程集》，第255页。
[3] 程颢、程颐：《河南程氏遗书》卷一，《二程集》，第6页。
[4] 程颢、程颐：《再上疏》，《河南程氏文集》卷一，《二程集》，第458页。
[5] 程颢、程颐：《论十事劄子》，《河南程氏文集》卷一，《二程集》，第454页。
[6] 程颢、程颐：《论十事劄子》，《河南程氏文集》卷一，《二程集》，第452页。

全抛开传统的观点和做法。这表明王学的变法思想与二程坚持的儒学道统观点存在着明显的差异。二程及后世理学家对王安石的"兴利"措施和"三不足"观点的批判，不仅否定了王安石变法，而且使得后世中国文化趋于伦理化，理学重义轻利的原则渗透到社会生活的各个领域，这是洛学与新学之争带来的影响和后果。

（二）三苏蜀学

苏氏蜀学是指北宋时期以苏洵（1009—1066）、苏轼（1037—1101）、苏辙（1039—1112）父子为代表的一个别具特色的宋学学派。苏氏蜀学与二程洛学在当时同属讲义理、轻训诂考释的宋学阵营，而与重训诂轻义理的前代汉学相区别。如果说，唐宋以来中国文化的发展出现儒、佛、道三教融合的趋势，而与以往三教的关系以相互对立为主有所不同的话，那么，苏氏蜀学则更多地体现了儒、佛、道三教的融通合一，并不忌讳地公开宣扬这一点，倡导儒、道同源，共尊孔子和老子为二圣人；而包括二程洛学、张载关学等在内的当时的理学派别则公开批佛老，只是对佛、道的思辨哲学有所吸取和借用，目的是为了取人之长，补己之短，最终是为了斥"异端"，排佛、道，以维护儒家文化在中国文化和社会意识形态领域中所居的主导地位。

1. 三教合一的蜀学学风

三教合一是以苏洵、苏轼、苏辙为代表的苏氏蜀学之学风。三教合一的教，非纯指宗教，它既指佛、道二宗教，又指儒家、老庄道家之学说，其中老庄与道教的联系比较紧密。三教合一，既分为三，又相互联系。与二程洛学相比较，苏氏蜀学较多地接受了佛老的思想，并不回避谈到这一点。这与洛学既一定程度地吸收佛老的思辨哲学，又公开辟佛老有所不同。苏氏蜀学虽然比洛学更多地接受佛老的思想，然而儒家思想在蜀学中的重要地位却不容忽视，尤其在政治治理方面，三苏仍是以儒家思想为主。以下就三教合一的苏氏蜀学学风加以分析。

一是提倡儒家政治伦理思想。与北宋以来统治者重视和提倡儒家政治伦理思想的时代风尚相适应，三苏提倡儒家仁义之道，认为道本身虽不具有仁义礼智等道德规范的内容，但道却无所不在，它存在于仁义礼智、君臣上下之中，作为这些道德规范之所以存在的根据。苏轼说："仁义之道，起于夫妇、父子、兄弟相爱之间；而礼法刑政之原，出于君臣上下相忌之际。相爱则有所不忍，相忌则有所不敢。夫不敢与不忍之心合,而后圣人之道得存乎其中。"①认为圣人之道存在于仁义礼法、君臣父子夫妇兄弟的道德原则之中,通过仁义礼法而得到外在的表现。为此,三苏积极提倡儒家圣人之道,主张通过对礼的遵循而得道。苏辙说:"孔子不以道语人,其所以语人者,必以礼。礼者,器也。而孔子必以教人,非吝之也。盖曰:'君子上达,小人下达。'君子由礼以达其道,而小人由礼以达其器。由礼以达道,则自得而不眩;由礼以达器,则有守而不狂。此孔子之所以寡言道而言礼也。"②指出礼虽为器,但通过对礼的遵循可以达道,"由礼以达道",这就是所谓的性命自得。与二程洛学相比,三苏以礼为器,二程则以礼为道。这是他们的不同点,但双方都主张通过对礼的遵循来求得儒家圣人之道。只不过二程以循礼即为循道,礼与道是一回事;而三苏则以循礼为得道的步骤,礼为器,不为道。

二是对老子道论的吸取。三苏受老子思想的影响,最主要的莫过于他们吸取了老子以道为宇宙本原的思想。三苏为建立自己思想体系的需要,从老子的道论那里吸取了可供利用的思想资料。在中国哲学史上,老子首先提出了道是"先天地生"的宇宙本原的思想,其道是一个无声、无形,浑然一体的存在,它"先天地生","可以为天下母"而产生万物。三苏吸取了老子论道的这一思想,把道作为自己哲学的最高范畴,并对老子的道论加以发挥,对道生万物的过程加以具体的论述,以阴阳相交作为道生万物的中介,并以水作为构成万物的基本物质元素。这是对老子道论的发挥,体现出道家思想对苏氏蜀学的影响。苏辙说:"道者,万物之母,故生万物者道也。……形虽由物,成虽由势,而非道不生。"③认为道是宇宙万物产生的本原,万物非道不生。然万物的产生要经过阴阳相交这一中间环节,苏辙说:"物之有形者,皆丽于阴阳。"④苏轼亦说:"圣人知道之难言也,故借阴阳以言之,曰:'一阴一阳之谓道。'一阴一阳者,阴阳未交而物未生之谓也,喻道之似,莫密于此者矣。"⑤阴阳不是物,无形可见,"凡可见者皆物也,非阴阳也"⑥。阴阳在"物未生"时就已存在,可看作道的属

---

① 苏轼:《韩非论》,《苏轼文集》卷一百一,《三苏全书》第十四册,苏洵、苏轼、苏辙著,曾枣庄、舒大刚主编,语文出版社 2001 年版,第 185 页。
② 苏辙:《历代论·王衍》,《苏辙集》卷六十九,《三苏全书》第十八册,第 168 页。
③ 苏辙:《道之生章第五十一》,《老子解》卷下,《三苏全书》第五册,第 454 页。
④ 苏辙:《视之不见章第十四》,《老子解》卷上,《三苏全书》第五册,第 414 页。
⑤ 苏轼:《苏氏易传》卷七,《三苏全书》第一册,第 351—352 页。
⑥ 苏轼:《苏氏易传》卷七,《三苏全书》第一册,第 351 页。

性。苏轼说："阴阳之未交，廓然无一物，而不可谓之无有，此真道之似也。"①道在阴阳未交，万物产生以前就已存在，从道到物的过程，是以道的属性阴阳相交为其中介的，"阴阳交而生物"②，可知阴阳相交是万物产生的中介。

虽然苏氏提出以阴阳相交作为道生万物的中介，但须解决怎样从无形的阴阳过渡到有形的万物这一问题。于是，苏氏提出了水这一范畴，认为水是构成万物的基本元素，道生万物，通过阴阳相交，首先生水，然后由水去构成万物。苏轼说："阴阳一交而生物，其始为水。水者有无之际也，始离于无而入于有矣。老子识之，故其言曰：'上善若水。'又曰：'水几于道。'"③苏轼借用了《管子·水地篇》提出的水为"万物之本原也"的观点，并吸取老子以水喻道的思想，把水作为构成万物的基本元素。他说："万物皆有常形，惟水不然，因物以为形而已。"④又说："阴阳之始交，天一为水。凡人之始造形，皆水也。"⑤万物与人都由水所构成，水无具体的形状，"因物以为形"。道与水都存在于事物之中，然而道在物中，是作为万物的根据而存在，水在物中，是作为构成万物的材料而存在，这是它们的不同。正因为三苏对老子思想多有吸取，故苏辙把孔、老皆称为圣人，表现出调和儒、道的倾向。

三是对佛教思想的吸收。苏氏蜀学明显受到佛教思想的影响。苏氏把道的内涵规定为非有非无的精神实体，非有非无之道，超越有无之上，又亦有亦无，兼有无不可分，这是对佛学"正反双边同时否定有无"或"双遣有无"思想的吸取和借用。著名佛教思想家僧肇认为，万物既有它所以非有的一面，又有它所以非无的一面，是两方面的统一。有不是真正的有，无不是真正的无。"无而非无"，是因为无不是绝对的虚无；"有而非有"，是因为有不是真实的有。既然"有而非有""无而非无"，那么，有与无虽然名称不同，但最终的归宿是一样的，"有无称异，其致一也"。以上僧肇在《不真空论》里所阐述的关于有无的思想，是典型的"正反双边同时否定有无"的佛学理论，然其中也有老子思想的痕迹。苏氏在构筑其思想体系时，明显吸取了这一思想。苏轼认为，在万物产生以前，作为本原的道就已存在，这时的道不是无。他说："廓然无一物，而不可谓之无有，此真道之似也。"⑥虽然万物还没有产生，"廓然无一物"，但道作

---

① 苏轼：《苏氏易传》卷七，《三苏全书》第一册，第352页。
② 苏轼：《苏氏易传》卷七，《三苏全书》第一册，第352页。
③ 苏轼：《苏氏易传》卷七，《三苏全书》第一册，第352页。
④ 苏轼：《苏氏易传》卷三，《三苏全书》第一册，第236页。
⑤ 苏轼：《续养生论》，《苏轼文集》卷一百一十五，《三苏全书》第十四册，第417页。
⑥ 苏轼：《苏氏易传》卷七，《三苏全书》第一册，第352页。

为产生万物的根据已经存在，既然有这个根据存在，就不能说无有。所以道是非无。非无，并不是说道就是有，而是说道不是绝对的虚无。道作为有（万物）存在的根据、产生的本原来说，它"不可谓之无有"。

从道的非有性而言，苏氏认为，有是指有形万物，道无形，超然于形上，所以道不是有。苏辙说："道非有、无，故谓之大象。苟其昭然有形，则有同有异，同者好之，异者恶之，好之则来，恶之则去，不足以使天下皆往矣。"① 道不是无，也不是有，如果说道是有形的事物，那么就会产生同异的差别和好恶的取舍，就"不足以使天下皆往矣"，道就不是万物之所以存在的根据了。道的非有性，不是说道就是无，而是指道的无形，道与有形的万物相区别，这就是它的非有。

道超越有无之上，道是非有非无的精神实体，由道产生万物，乃是从无形的道到有形的万物的过程。道既非有非无，也亦有亦无。讲道的非无时，要注意苏轼说的"不可谓之无有"，是指道作为万物存在的根据，有这个根据，就不可谓之无有；讲道的非有时，要区分绝对的虚无与无形的界限，无是指道的无形，不是指绝对的虚无。苏辙对此总结说："非有，则无无以致其用；非无，则有有以施其利。是以圣人常无以观其妙，常有以观其徼，知两者之为一而不可分，则至矣。"② 道非有非无，亦有亦无，道超越有无之上，又兼有无，这就是苏氏论道的微妙之处。如果把苏氏的这一思想与僧肇在《不真空论》里所阐述的"有无称异，其致一也"的关于有无的思想加以比较的话，将僧肇的"有无称异，其致一也"的"一"改为"道"，那么苏氏的思想与僧肇的观点十分相似，可见其受到了佛教思想及道家思想的深刻影响。

不仅如此，苏辙还公开主张兼容佛老，认为佛老之教不可去，自有其不可去之理。他说："尧、舜、周、孔之道行于天下，无一物而不由，无一日而不用，而佛老之教常与之抗衡于世。世主之欲举而废之者屡矣，而终莫能，此岂无故而能然哉？诸生皆学道者也，请推言其所以然，辩其不可去之理，与虽不去而无害于世者。"③ 苏辙将这些兼容佛老，三教合一的内容作为朝廷策问的题目，要求诸生回答，说明当时调和儒、释、道三教的风气也影响到了朝廷和科举。

可以说，苏氏在构筑其思想理论体系时，对儒、佛、道三教的学说都有所吸取和借用，但他们并不是把相互矛盾的三家思想简单地糅合、混杂在一起，

---

① 苏辙：《执大象章第三十五》，《老子解》卷上，《三苏全书》第五册，第438页。
② 苏辙：《三十辐章第十一》，《老子解》卷上，《三苏全书》第五册，第412页。
③ 苏辙：《策问一十六首》，《苏辙集》卷七十二，《三苏全书》第十八册，第198页。

而是有所选择，有所取舍。具体说来，苏氏在建构其思想理论体系时，吸取了儒家仁义礼智、君臣父子夫妇的伦理政治思想，虽然把它们作为"道之继"和"性之效"，而不是道、性本身，但认为必须通过遵循仁义礼智、君臣父子的原则才能得道。苏氏吸取了儒家的伦理思想，但却抛弃了孟子的性善论，以此与洛学相对立。苏氏吸取了老子的道为宇宙本原、为万物存在的根据的思想，为建立自己的思想体系服务。此外，苏氏还吸取了佛学中"正反双边同时否定有无"或"双遣有无"的思想，作为对其道的属性的具体规定。苏氏在吸取佛老思想的同时，又舍去了佛老"蔑君臣，废父子"之弊，强调儒家伦理道德原则的重要性。

苏氏不仅在思想理论上对儒、释、道三教都有所取舍，主张三教合一，而且他们还直言不讳地宣称这一点，指出佛教之道、老子之道与儒家经典《周易》所谓的形而上之道是一回事，对于佛老思想的全盘肯定或全盘否定都是不对的，因为佛老之道非一人之私说，它是与天地共始终的，佛老之道无所不在，因而不可去掉。然而，行道不可舍去礼乐政刑，如果把佛老的"蔑君臣、废父子"之说推行于世，"其弊必有不可胜言者"。因此，苏氏主张，以儒家的礼乐政刑为本位，而吸取佛老的有关思想，将儒家的伦理学与佛老的本体论、有无说结合起来，以建立自己的思想理论体系。

2. 重人情的蜀学特征

在中国思想发展史上，儒家尚仁义，道家崇自然，这对中国思想文化的发展影响很大，它们之间的相互关系成为两千多年中国哲学与文化发展的主线之一。受其共同影响，魏晋时名教与自然之辨的结果，是仁义与自然的融合，即郭象提出"名教即自然，自然即名教"的思想，将儒家名教与道家自然结合起来。其后，理学家偏重伦理，而苏氏蜀学在一定程度认同儒家伦理的基础上，较为重视自然之人情，这也是蜀学的特征。

苏洵所作《六经论》，贯穿着重人情的思想线索。他认为，礼所代表的伦理道德规范，是建立在人情的基础上，圣人因人情而作礼。他说：

> 夫人之情，安于其所常为，无故而变其俗，则其势必不从。圣人之始作礼也，不因其势之可以危亡困辱之者以厌服其心，而徒欲使之轻去其旧，而乐就吾法，不能也。故无故而使之事君，无故而使之事父，无故而使之事兄，彼其初，非如今之人知君父兄之不事则不可也，而遂翻然以从我者，

吾以耻厌服其心也。①

苏洵所说的人情，指"人之嗜欲""好色""民之苦劳而乐逸"、恶死求生等人的自然之性，他认为这些人之情生来具有，"若水之走下"，"虽三尺竖子知所趋避"。故圣人制礼，即是建立在人之情的基础上，如"圣人知人之安于逸而苦于劳，故使贵者逸而贱者劳；且又知坐之为逸，而立且拜者之为劳也，故举其君父兄坐之于上，而使之立且拜于下"②。君臣父子兄弟之礼，正是圣人因人之情而作。朱熹对此的评价是："看老苏《六经论》，则是圣人全是以术欺天下。"③

苏轼继承苏洵，亦提出"六经之道，惟其近于人情"的思想。他说：

> 自仲尼之亡，六经之道遂散而不可解。盖其患在于责其义之太深，而求其法之太切。夫六经之道，惟其近于人情，是以久传而不废。而世之迂学，乃皆曲为之说，虽其义之不至于此者，必强牵合以为如此，故其论委曲而莫通也。夫圣人之为经，惟其《礼》与《春秋》合，然后无一言之虚，而莫不可考，然犹未尝不近于人情。④

苏轼认为六经之道近于人情，而在孔子之后则散而不可解，其原因是后世之迂学责义太深，歪曲了圣人作经之近于人情的原义，把本来没有之义强加于经文。即批评后人把义讲得过头。苏轼强调，《礼》《春秋》等经典未尝不近于人情，反对后世之人以己意牵强于经典，曲为之说。这当是批评只讲道理而忽视人情的解经倾向。显然，苏轼的观点是要把经典之义建立在人情的基础上，若舍人情而言义，则为苏轼所反对。在苏轼看来，即使圣人也无异乎人，也是知人情的。他说：

> 天下之人，其喜怒哀乐之情，可以一言而知之也。喜之言，岂可以为怒之言耶？此天下之人，皆能辨之。而至于圣人，其言丁宁反复，布于方册者甚多，而其喜怒好恶之所在者，又甚明而易知也。然天下之人，常患求而莫得其意之所主，此其故何也？天下之人，以为圣人之文章，非复天下之言

---

① 苏洵：《六经论·礼论》，《苏洵集》卷十三，《三苏全书》第六册，第176页。
② 苏洵：《六经论·礼论》，《苏洵集》卷十三，《三苏全书》第六册，第177页。
③ 苏洵：《六经论·易论》附录，《苏洵集》卷十三，《三苏全书》第六册，第175页。
④ 苏轼：《诗论》，《苏轼文集》卷九十八，《三苏全书》第十四册，第134页。

也,而求之太过。是以圣人之言,更为深远而不可晓。且天下何不以己推之也?将以喜夫其人,而加之以怒之之言,则天下且以为病狂,而圣人岂有以异乎人哉!不知其好恶之情,而不求其言之喜怒,是所谓大惑也。[1]

圣人与常人无异,常人之人情,圣人同样具有,这体现在经典方册,本是明白易知的,但天下之人却以为圣人之言深远而不可晓,致使本近于人情的圣人之道晦而不明。苏轼主张圣人之道应与人情相结合,批评脱离人情而把圣人之言推之太过,使人难以掌握。进而,苏轼明确提出"圣人之道,自本而观之,则皆出于人情"[2]的思想,以强调圣人之道与人情的密切联系。

从重人情出发,苏辙亦提出"礼以养人为本论",把礼落实到人情的实处。他说:

因人之情而为之节文,则亦何至于惮之而不敢邪?今夫冠礼所以养人之始,而归之正也;昏礼所以养人之亲,而尊其祖也;丧礼所以养人之孝,而为之节也;祭礼所以养人之终,而接之于无穷也;宾客之礼所以养人之交,而慎其渎也;乡礼所以养人之本,而教之以孝悌也。凡此数者,皆待礼而后可以生。[3]

苏辙指出,礼皆是因人之情而为之节文,即礼皆为人情而设。正因为礼为人情而设,所以礼以养人为本。如冠礼养人之始,婚礼养人之亲,丧礼养人之孝,祭礼养人之终,宾客礼养人之交,乡礼养人之本,如此等等,把礼与世俗人情紧密结合起来,而不仅限于礼义道德等抽象概念。

对于苏氏蜀学重人情的特征,朱熹则提出了一定的批评。他说:"至若苏氏之言,高者出入有无而曲成义理,如《易》之性命阴阳,《书》之人心道心,《古史》之中一性善,《老子》之道器中和。下者指陈利害而切近人情,苏氏此等议论不可殚举。……然语道学则迷大本。……此其害天理、乱人心、妨道术、败风教,亦岂尽出王氏之下也哉?"[4]认为苏氏蜀学"指陈利害而切近人情"等议论与王安石新学相比,其负面作用甚至更大。这表现出理学对苏学重人情的

---

[1] 苏轼:《春秋论》,《苏轼文集》卷九十八,《三苏全书》第十四册,第138页。
[2] 苏轼:《中庸论中》,《苏轼文集》卷九十八,《三苏全书》第十四册,第141页。
[3] 苏辙:《礼以养人为本论》,《苏辙集》卷八十二,《三苏全书》第十八册,第349页。
[4] 朱熹:《答汪尚书(四)》,《朱熹集》卷三十,第1272页。

思想未能认同,也反映出双方思想的差异。

3. 苏氏蜀学与理学的不同处

苏氏蜀学与理学既有相近处,又有相异处。北宋时期,苏氏蜀学与理学濂、洛、关各派大致同时而起,同属当时讲义理轻训诂的宋学阵营。受时代思潮和宋学学风的共同影响,苏氏蜀学与理学之间存在着一些相近之处,而共同体现了宋代学风转向和时代政治的特点,均为宋学和中国文化的持续发展做出了自己的贡献。其相近处主要体现在:一是批汉学,提倡义理之学,共同体现了宋学特点;二是在政治治理上,均提倡礼乐政刑。除此之外,苏氏蜀学与理学之间也存在着差异。苏氏蜀学公开纳佛老,主张三教合一;又重视人情。由于苏氏蜀学的这些学风和特征所致,其在一些方面与理学形成了鲜明的对照,表现出理学与苏氏蜀学的不同处。

(1)在关于性善问题上的不同见解

在关于性的内涵规定及性与道的关系问题上,表现出苏氏蜀学与二程洛学的根本区别,亦体现了理学与苏氏蜀学的相异之处。苏轼认为,性即人的生物本性,也就是饮食饥渴、男女之欲等人的自然属性。他说:"人之于饮食,不待学而能者,其所以然者明也,盍徐而察之?饥渴之所从出,岂不有未尝饥渴者存乎?于是性可得而见也。"[1]并说:"人生而莫不有饥寒之患,牝牡之欲,今告乎人曰:饥而食,渴而饮,男女之欲,不出于人之性也,可乎?"[2]反对把饮食饥渴、男女之欲说成不出于人之性的观点,也就是说,苏轼主张,性的内涵即包括饮食饥渴、男女之欲等人的自然属性。在性与道的关系上,苏辙认为,道表现在人这方面,即为性。他说:"性者,道之所寓也。道无所不在,其在人为性。"[3]道是万物存在的根据,人的本性就是道在人这方面的表现。苏轼认为,性是人之所以为人的根据,如果离开了性,那道也不成其为道。他说:"敢问性与道之辨?曰:难言也,可言其似。道之似则声也,性之似则闻也。有声而后闻邪?有闻而后有声邪?是二者果一乎?果二乎?孔子曰:'人能弘道,非道弘人。'又曰:'神而明之,存乎其人。'性者其所以为人者也,非是无以成道矣。"[4]

从对性和性与道关系的规定出发,苏氏对孟子的性善论提出了批评,而与理学家所主张的观点相异。苏辙认为,道非善非恶,不包括道德伦理的内容,

---

[1] 苏轼:《苏氏易传》卷九,《三苏全书》第一册,第392页。
[2] 苏轼:《扬雄论》,《苏轼文集》卷一百一,《三苏全书》第十四册,第201页。
[3] 苏辙:《易说一》,《苏辙集》卷七十三,《三苏全书》第十八册,第227页。
[4] 苏轼:《苏氏易传》卷七,《三苏全书》第一册,第352页。

与道相似的性也无善无恶,不具有先天性善的属性。他说:"夫道,非清非浊,非高非下,非去非来,非善非恶,混然而成体,其于人为性。"①道既然非善非恶,与道相通的性也同样不具备先天性善的内容,以善为内容的道德是后天形成的。苏辙说:"性之未接物也,寂然不得其朕,可以喜,可以怒,可以哀,可以乐,特未有以发耳。及其与物接,而后喜怒哀乐更出而迭用,出而不失节者,皆善也。"②这说明,苏氏蜀学认为道德原则是后天形成的,性本身并不包括这些内容。苏轼据此批评了孟子的性善论,他说:

> 昔者孟子以善为性,以为至矣,读《易》而后知其非也。孟子之于性,盖见其继者而已。夫善,性之效也。孟子不及见性,而见夫性之效,因以所见者为性。性之于善,犹火之能熟物也。吾未尝见火,而指天下之熟物以为火,可乎?夫熟物则火之效也。③

苏轼指出,孟子性善论之误乃在于把性本身与后天产生的"性之效"混淆起来。他认为,性本身是无善无恶的,所谓善只是"性之效",是性的"继者而已"。即善是后天形成的,它是表现在外、可以见的道德行为,而性本身并不具有善的内容,凡善或恶的道德行为都不是性,而是"性之效"。苏轼强调善是后天形成的,从而否定了孟子的人性本善之论。苏轼指出:"善非性也。使性而可以谓之善,则孔子言之矣。苟可以谓之善,亦可以谓之恶。故荀卿之所谓性恶者,盖生于孟子;而扬雄所谓善恶混者,盖生于二子也。性其不可以善恶命之,故孔子之言曰'性相近也,习相远也'而已。"④强调"性其不可以善恶命之",因为孔子没有讲过性善,只是讲"性相近也,习相远也",所以不论是孟子的性善论,还是荀子的性恶论,或是扬雄的性善恶混论,都是错误的。

二程洛学则与之相反,理学家讲的道,包括仁义礼智的道德内容;其讲性,与道相通,也同样具有仁义礼智的先天性善属性。二程说:"自性而行,皆善也,圣人因其善也,则为仁义礼智信以名之。以其施之不同也,故为五者以别之。合而言之皆道,别而言之亦皆道也。舍此而行,是悖其性也,是悖其道

---

① 苏辙:《有物混成章第二十五》,《老子解》卷上,《三苏全书》第五册,第429页。
② 苏辙:《易说一》,《苏辙集》卷七十三,《三苏全书》第十八册,第227页。
③ 苏轼:《苏氏易传》卷七,《三苏全书》第一册,第352页。
④ 苏轼:《阳货篇第十七》,《论语说》卷下,《三苏全书》第三册,第255页。

也。"① 二程洛学继承和发挥了孟子的性善论，他们认为，性是先天就为善的，善表现为仁义礼智信五常，这五常既是性的内容，又是道的规定。二程把善的原则抬高到与道等同的地位，这是把哲学本体论与儒家伦理学结合起来，直接赋予儒家伦理以宇宙本体的权威。

苏氏蜀学对孟子性善论的否定与二程洛学对孟子性善论的肯定形成鲜明的对比，双方所讲的性与道的原则也大相径庭。虽然三苏也提倡儒家伦理，也讲性命之学，但他们的性命之学是讲"性命自得"，性命在于后天的"得"，不是先天就具有性善的属性。苏氏认为，仁义礼智等善的道德行为，在性与道的规定中根本不具备。苏轼明确指出："夫仁智，圣人之所谓善也。善者，道之继，而指以为道则不可。"② 善是"道之继"，而不是道。苏辙也说："圣人之所以御物者三，道一也，礼二也，形三也。《易》曰：'形而上者谓之道，形而下者谓之器。'礼与形皆器也。……礼者，器也。"③ 苏辙认为礼为器，不为道，这与理学家以礼为道，"礼者，理也"的思想截然不同。理学家讲道，具有伦理道德的内涵，三苏讲道，没有任何道德伦理的规定，否定道有性善的内容，这是理学与苏氏蜀学的根本分歧。苏氏蜀学遭到程朱学派批评的重要原因就在于此。

朱熹批评苏氏说："愚谓孟子道性善，盖探其本而言之，与《易》之旨未始有毫发之异，非但言性之效而已也。苏氏急于立说，非特不察于《易》，又不及详于孟子，故其言之悖如此。"④ 朱熹把苏氏性论列入杂学之类加以批判，指出孟子的性善论于《易》旨未有不同，而是探性之本而言之，并非只讲性之效，以此批评苏轼性论之悖。

（2）理学道统论与苏氏蜀学观点的区别

道统论是宋代理学的重要理论，很大程度上体现了理学的特征。儒家道统论发端于孔子。孔子之道不仅以仁义为其内涵，而且强调"中"的原则。《论语·尧曰》追叙尧、舜相传以"允执其中"，舜亦以"允执其中"传之于禹。孟子继承孔子，认为五百年必有王者兴。由尧、舜、禹三大圣君到汤，由汤到周文王、武王、周公三大伟人，再由文王、周公到孔子，其先后相继，都是五百年时间。孟子并自命继承了孔子的圣人之道。汉代董仲舒宣称："禹继舜，舜继

---

① 程颢、程颐：《河南程氏遗书》卷二十五，《二程集》，第318页。
② 苏轼：《苏氏易传》卷七，《三苏全书》第一册，第352页。
③ 苏辙：《历代论·王衍》，《苏辙集》卷六十九，《三苏全书》第十八册，第168页。
④ 朱熹：《杂学辨·苏氏易解》，《朱熹集》卷七十二，第3762—3763页。

尧，三圣相受而守一道。"[①]也认为尧、舜、禹相传共守的是同一圣人之道。唐代韩愈面对佛老思想的挑战，以弘扬儒家圣人之道为己任，著《原道》，明确提出了儒家圣人之道的传授系统。他认为自孟子以后，尧、舜、禹、汤、文、武、周公、孔、孟一脉相承的儒家圣人之道失传，凡言道德仁义者，不入于杨，则入于墨，不入于老，则入于佛。为了排佛老、斥"异端"，必须"明先王之道以道之"。他并以继承孟子而自居。这对宋代理学道统论的确立，产生了重要影响。宋代理学先驱孙复、石介继承韩愈的道统论，提出"圣人之道无有穷"的思想，对韩愈倍加推崇。

程颢、程颐吸取韩愈的道统思想，以继孟子之后，得不传之绝学而自居。二程对道的理解，比韩愈更深刻、抽象，其道不仅是道统传授的内容，而且成为与理等同的宇宙本体。理学道统论确立的标志就在于二程把道统之道与天理等同，提升为本体论的哲学范畴。这与韩愈单纯伦理型的道统论相比，已有发展。朱熹又把二程的道统论进一步系统化、理论化，不仅充分肯定二程的道统论以及二程在儒学道统中的重要地位，而且通过注释"四书"发展了理学的道统论，还详细阐述了道统与道学、道三者之间的紧密关系。

相比之下，三苏对儒家圣人之道的相传授受则没有更大的兴趣，反而站在三教合一的立场，对韩愈提倡的道统提出批评，并对道统中的传道圣贤提出不同的意见，苏氏蜀学的思想理论也有一些与理学道统论相悖之处。

苏轼对韩愈的道统论提出批评。他说："韩愈之于圣人之道，盖亦知好其名矣，而未能乐其实。何者？其为论甚高，其待孔子、孟轲甚尊，而拒杨、墨、佛、老甚严。此其用力，亦不可谓不至也。然其论至于理而不精，支离荡佚，往往自叛其说而不知。"[②]韩愈在思想上尊儒排佛，提倡道统，他认为，由于儒家圣人之道不传，使得佛老思想乘虚而入，并流行于天下，以至不讲仁义道德，其弊甚于杨朱、墨子。从韩愈到程朱，均把杨、墨、佛、老视为"异端"，其提倡道统论的目的和针对性也是因为"异端"之学流行于天下，鼓天下之众而从之，动摇了儒家文化的主导地位，以致造成思想混乱和社会危机。苏轼则明确批评韩愈对儒家圣贤孔孟甚为尊崇，而对被历代儒家视为"异端"的杨、墨、佛、老拒之甚为严厉。这既体现了苏氏蜀学容纳"异端"的兼容思想，同时也反映了其与理学家观念的差异。

---

① 班固：《董仲舒传》，《汉书》卷五十六，第2519页。
② 苏轼：《韩愈论》，《苏轼文集》卷一百一，《三苏全书》第十四册，第206—207页。

与此相应，苏氏对理学道统论中甚为尊崇的传道之圣贤如汤、武王、周公、孟子等也提出批评和非议。周公历来被儒家尊为传道的圣人，且在宋以前一直是周孔相称，而苏辙却对周公提出批评，他说：

> 周公之治天下，务以文章繁缛之礼，和柔驯扰刚强之民，故其道本于尊尊而亲亲，贵老而慈幼。使民之父子相爱，兄弟相悦，以无犯上难制之气。行其至柔之道，以揉天下之戾心，而去其刚毅果敢之志，故其享天下至久。而诸侯内侵，京师不振，卒于废为至弱之国，何者？优柔和易，可以为久而不可以为强也。[1]

苏辙批评周公由于推行尊尊亲亲、贵老慈幼、父子相爱、兄弟相悦、不犯上作乱等治理国家的伦常原则，而导致国势不振，"废为至弱之国"，其原因就在于周公之道"优柔和易，可以为久而不可以为强"。在这里，苏辙实际上是对儒家文化提出了批评，因上述周公之道所本，皆是儒家文化的重要内容及其特点。这与理学家对周公的尊崇形成鲜明的对比。

理学道统论的一个重要特征即是强调从道不从君，仁义之道高于、重于君主之位。由于道统之中没有三代以后历代帝王的地位，故在一定程度上具有对抗君权的意义。并且，孟子反对不行仁义的暴君，认为桀、纣虽居君主之位，但却是贼仁贼义的独夫，独夫可诛，诛独夫不是弑君，表明仁义之道高于君主之位。这一思想被朱熹所继承，成为理学道统思想的一个基本出发点。而苏轼却对武王诛纣提出批评，认为武王非圣人，并由此对孟子批评君主专制、盛赞汤武革命而诛其暴君的思想也提出批评。他说：

> 武王克殷，以殷遗民封纣子武庚禄父，使其弟管叔鲜、蔡叔度相禄父治殷。武王崩，禄父与管、蔡作乱，成王命周公诛之，而立微子于宋。苏子曰：武王非圣人也。昔者孔子盖罪汤、武，顾自以为殷之子孙而周人也，故不敢，然数致意焉，曰：大哉，巍巍乎尧、舜也。禹，吾无间然。其不足于汤、武也，亦明矣。曰："武尽美矣，未尽善也。"又曰："三分天下有其二，以服事殷，周之德，其可谓至德也已矣。"伯夷、叔齐之于武王也，盖谓之弑君，至耻之不食其粟，而孔子予之，其罪武王也甚矣。此孔氏之

---

[1] 苏辙：《古史》卷四，《三苏全书》第三册，第377页。

家法也。

世之君子,苟自孔氏,必守此法。国之存亡,民之死生,将于是乎在,其孰敢不严!而孟轲始乱之,曰:"吾闻武王诛独夫纣,未闻弑君也。"自是学者以汤、武为圣人之正,若当然者,皆孔氏之罪人也。……故曰:武王非圣人也。①

苏轼以孔子的一些言论作为武王非圣人的依据,而认为孔子"罪武王也甚";并以此批评孟子盛赞汤武革命,认为汤武顺天应人,革桀纣之命,是诛独夫而不是臣弑其君的思想不符合孔子的家法,把道统论中将汤武树为圣人之正,说成是孟子始乱的结果,而皆孔子之罪人。故苏轼将武王排除在圣人之外。苏轼之所以有这样的认识,是因为他并未认同孟子对孔子儒家思想的发展。事实上,孟子提出的反对君主专制、君主必须顺乎民心的具有某种民主意识的思想正是儒家思想的精华,而理学的道统论则继承和强调这一从道不从君的思想,体现了宋代新儒学的特点,然苏轼却对此提出批评,把汤武排除在儒家圣人之外,这反映出理学道统论与苏氏蜀学观点的相异处。

理学道统论强调文以载道,文是载道的工具。周敦颐说"文所以载道"②,批评溺于文辞而不知圣人之道的陋习。从发明圣人之道出发,在文道关系上,二程反对作文害道的倾向,认为道为本,文为末,如果专意于作文,则玩物丧志,有害于道。在回答"作文害道否?"的问题时,程颐指出:"害也。凡为文,不专意则不工,若专意则志局于此。"③二程论证了作文害道的原因,就在于凡作文必须有一套作文的要求,不如此则文不工;若专注于此,思想就会受到限制,使注意力转向为文,则有害于求道。二程提出"作文害道",是对韩愈文以载道思想的继承和发挥,其目的在于明儒家圣人之道和新儒学的义理,以批评作文只重形式,追求外在的文辞华丽,而不注重思想内容的弊病。进而,二程把溺于文章、牵于训诂与惑于"异端"称为"三弊",认为只有去其弊,才能进于圣人之道。程颐说:"今之学者有三弊:溺于文章,牵于训诂,惑于异端。苟无是三者,则将安归?必趋于圣人之道矣。"④其针对性既指前代经学和佛老"异端",同时也包括苏氏蜀学。早在《上仁宗皇帝书》中,程颐就反对科举只诵经文而

---

① 苏轼:《论古·武王非圣人》,《东坡志林》卷五,《三苏全书》第五册,第167—169页。
② 周敦颐:《通书·文辞第二十八》,《周敦颐全书》卷三,第152页。
③ 程颢、程颐:《河南程氏遗书》卷十八,《二程集》,第239页。
④ 程颢、程颐:《论学篇》,《河南程氏粹言》卷一,《二程集》,第1185页。

不晓义理，反对辞赋之学。这一思想被王安石引为同调，并在对科举的改革中加以实施。而苏轼则站在文学之士的角度，反对王安石对科举的这一改革，指出自唐代以来，以诗赋取士而成为名臣的不可胜数，如果取消以诗赋取士，反而会造成"无规矩准绳"，"考之难精"，将导致更大的弊端。苏轼说：

> 近世士大夫文章华靡者，莫如杨亿。使杨亿尚在，则忠清鲠亮之士也，岂得以华靡少之？通经学古者，莫如孙复、石介。使孙复、石介尚在，则迂阔矫诞之士也，又可施之于政事之间乎？自唐至今，以诗赋为名臣者不可胜数，何负于天下，而必欲废之！近世士人纂类经史，缀缉时务，谓之策括。待问条目，搜挟略尽，临时剽窃，窜易首尾，以眩有司，有司莫能辨也。且其为文也，无规矩准绳，故学之易成；无声病对偶，故考之难精。以易学之士，付难考之吏，其弊有甚于诗赋者矣。①

苏轼把理学家所批评的华靡文风的代表如杨亿者，赞誉为"忠清鲠亮之士"，而把理学先驱、"宋初三先生"之孙复、石介贬为"迂阔矫诞之士"，而不可施之于政事。其与理学之间的差异显而易见。苏轼主张，经学策论没有规矩准绳，没有声病对偶，难考其精，其弊更甚于取消诗赋。这与程颐"作文害道"的思想形成鲜明的对照，也与王安石对科举的改革不同。程颐提出"三不幸"的见解，以指责苏轼。他说："人有三不幸：年少登高科，一不幸；席父兄之势为美官，二不幸；有高才能文章，三不幸也。"②苏轼24岁时应嘉祐六年（1061）制科考试入三等。自宋初以来，制科入三等的仅吴育和苏轼二人，可谓年少登高科。苏轼以文章名于世，可谓有高才能文章。这些在二程看来，都是人生的不幸。

以上反映出二程洛学与苏氏蜀学对文道关系、文章诗赋之学、科考内容的不同见解。朱熹站在理学的立场上，对苏氏提出批评：

> 道者，文之根本；文者，道之枝叶。惟其根本乎道，所以发之于文，皆道也。三代圣贤文章，皆从此心写出，文便是道。今东坡之言曰："吾所谓文，必与道俱。"则是文自文而道自道，待作文时，旋去讨个道来入放里

---

① 苏轼：《议学校贡举状》，《苏轼文集》卷十九，《三苏全书》第十一册，第435页。
② 程颢、程颐：《河南程氏外书》卷十二，《二程集》，第443页。

面，此是它大病处。只是它每常文字华妙，包笼将去，到此不觉漏逗。说出他本根病痛所以然处，缘他都是因作文，却渐渐说上道理来；不是先理会得道理了，方作文，所以大本都差。①

朱熹认为苏氏不仅语道学则迷大本，杂佛老之说，而且在文道关系上是先作文，再将道放在文里面，未能把道放在首位，故其根本是错误的。由此可见理学与苏氏蜀学对道及道统的不同理解，反映了宋学中理学与非理学思想观点的差异。

（3）价值观上的区别

在中国思想史上，与政治、经济、文化的发展关系最密切的是价值观思想。价值观的讨论集中在义与利的关系问题上。所谓义，指道义、仁义道德；所谓利，指物质利益、功利。孔子最早提出义和利这对范畴，指出"君子喻于义，小人喻于利"②，开启了重义轻利传统价值观的主线，认为道德是最高价值，但也不完全排斥利，在重义的前提下，"因民之所利而利之"③。这里的利是指民的公利，而非指己的私利。孟子反对"后义而先利"④，在动机与效果问题上，主张"惟义所在"⑤的动机论。董仲舒发展了孔孟的思想，提出"正其谊（义）不谋其利，明其道不计其功"⑥的命题，其"正义""明道"，不计功利的思想经过历代的提倡，成为封建社会的道德信条，在历史上产生了重要影响。北宋政治家范仲淹在内忧外患的形势下，提出"先天下之忧而忧，后天下之乐而乐"⑦的以天下为己任的思想，这种把国家人民的前途命运置于首位而忽视个人利益的为公观念，为后人所景仰和效法。宋代理学兴起，基于对唐末五代儒家伦常遭贬抑而造成社会大动乱的深刻反思，二程和朱熹都强调"义利之辨"，以儒家伦理为本位，主张功利服从道义，并把公私观与义利观结合起来。程颐指出："义利云者，公与私之异也。较计之心一萌，斯为利矣。"⑧认为公与义相联系，私与

---

① 黎靖德编：《朱子语类》卷一百三十九，第3319页。
② 《论语·里仁》。
③ 《论语·尧曰》。
④ 《孟子·梁惠王上》。
⑤ 《孟子·离娄下》。
⑥ 班固：《董仲舒传》，《汉书》卷五十六，第2524页。
⑦ 《岳阳楼记》。
⑧ 程颢、程颐：《论道篇》，《河南程氏粹言》卷一，《二程集》，第1172页。

利相等同,要求人们做到"至公无私,大同无我"[1]。这就肯定了公和义高于私和利,亦是对孔孟思想的继承和发挥。朱熹在价值观上,强调义利的分辨,以理欲之辨论义利公私之分,使传统的义利观具有了理学的时代特色。他在解释孔子"君子喻于义,小人喻于利"这句话时指出:"喻,犹晓也。义者,天理之所宜;利者,人情之所欲。"[2] 认为义即是符合天理之所宜;利则是人情之所欲。虽然程朱有重义轻利的倾向,但也不完全排斥利,认为"君子未尝不欲利"[3],"圣人于利,不能全不较论,但不至妨义耳。乃若惟利是辨,则忘义矣"[4]。利不妨义,是利存在的前提,如果妨义,则是程朱所反对的。朱熹说:"义未尝不利,但不可先说道利,不可先有求利之心。"[5]"程子曰:'君子未尝不欲利。'但专以利为心则有害,惟仁义则不求利而未尝不利也。"[6] 一事当前,唯利是求而不知有仁义,只会有害;只有以仁义为心,不去求利,反而会客观地带来利益。

与程朱等理学家重义轻利的观念有别,苏氏蜀学在价值观上则重利,这与王安石新学有相似之处。苏氏强调利是义存在的前提,利在则义存,无利则无义。苏洵说:"君子欲行之(义),必即于利;即于利,则其为力也易;戾于利,则其为力也艰。利在则义存,利亡则义丧。故君子乐以趋徒义,而小人悦怿以奔利义。必也,天下无小人,而后吾之徒义始行矣,呜呼难哉!"[7] 在义利关系上,把利放在首位,不得脱离利而言义。虽然无义"则天下将流荡忘反,而无以节制之也",但义之为道却"决裂惨杀而难行"[8]。如此难行之义必须以利为其存在的前提,"利在则义存,利亡则义丧"。这显然是强调利的重要性甚于义。虽说君子乐于趋义,而小人则乐于奔利,然要到天下无小人才能行义,这是非常难的,可见义是不能离开利的。

《苏氏易传》对《易·文言》的"利者,义之和也"亦作了解释:"礼非亨则偏滞而不合,义非利则惨洌而不和。"[9] 认为所谓"利者,义之和"就是指义没有利则不和。朱熹对此提出批评,《朱子语类》载:

---

[1] 程颢、程颐:《论道篇》,《河南程氏粹言》卷一,《二程集》,第1172页。
[2] 朱熹:《论语集注》卷二,《四书章句集注》,第73页。
[3] 程颢、程颐:《河南程氏遗书》卷十九,《二程集》,第249页。
[4] 程颢、程颐:《河南程氏外书》卷七,《二程集》,第396页。
[5] 黎靖德编:《朱子语类》卷五十一,第1218页。
[6] 朱熹:《孟子集注》卷一,《四书章句集注》,第202页。
[7] 苏洵:《利者义之和论》,《苏洵集》卷十八,《三苏全书》第六册,第242—243页。
[8] 苏洵:《利者义之和论》,《苏洵集》卷十八,《三苏全书》第六册,第242页。
[9] 苏轼:《苏氏易传》卷一,《三苏全书》第一册,第146页。

因说:"苏文害正道,甚于老佛,且如《易》所谓'利者,义之和',却解为义无利则不和,故必以利济义,然后合于人情。若如此,非惟失圣言之本指,又且陷溺其心。"先生正色曰:"某在当时,必与他辩。"却笑曰:"必被他无礼。"①

显然,苏氏在义利关系上重利的思想不合于程朱重义轻利的观念。苏氏认为,义无利则不和,强调以利济义,然后合于人情。这与其重人情、礼须建立在人之情的基础上的思想相一致。正因为苏氏重视人情,人情即指"人之嗜欲""好色""民之苦劳而乐逸"、恶死求生等人的自然之性,并认为"人生于欲"②,所以人情之欲须以利来满足,故苏氏把利放在首位,而把义、道义、礼义放在利之后,主张"以礼济欲"③,把欲放在主要位置。由此,朱熹批评苏氏"指陈利害而切近人情"④。

从以上苏氏蜀学三教合一的学风、重人情的学派特征、与理学的相同相异之处来看,苏氏蜀学与理学虽同属于宋学范畴之内,它们在批汉学、倡义理方面具有相近处,共同促进了宋学的兴起和发展,但又以其各自不同的特点对宋学乃至中国文化产生了不同的影响。虽然苏氏蜀学在当时有较大的影响,然而由于其长于文学,哲学理论思维停留在比较低的水平,其价值取向又与社会的进一步发展形成隔阂,未能成为社会文化思潮发展的主流,故在中国思想史上的地位,及对中国文化的深层影响方面不及理学。

六、理学与新学的关系

北宋时期,理学成为一代学术思潮。与此相关,新学也是当时的重要学术派别,并一度成为官学。二者互动交往,既相互对立批评,又相互交往沟通,在对立辩难和互动交往中促进了宋代学术的大发展,均为中国思想学术在宋代的转型做出了贡献。新学和理学之间的互相辩难和互动,促进了整个中国宋代文化的大发展,在相互交往中,理学和新学都进一步成熟。北宋兴起的理学流传到南宋,在对新学的批评中有了新的发展。双方之间的消长,直接影响了后

---

① 黎靖德编:《朱子语类》卷一百三十九,第 3306 页。
② 苏辙:《论语拾遗·汝为周南召南》,《苏辙集》卷七十二,《三苏全书》第十八册,第 212 页。
③ 苏辙:《论语拾遗·汝为周南召南》,《苏辙集》卷七十二,《三苏全书》第十八册,第 213 页。
④ 朱熹:《答汪尚书(四)》,《朱熹集》卷三十,第 1272 页。

世学术与政治的发展进程。虽然新学在南宋时逐步失去了其官学地位，后又渐趋沉寂，但其在历史上产生了重要影响，在思想史上的地位不可低估。这里就宋代理学与新学的异同、互动等关系问题再作探讨。

（一）理学与新学之异

宋代理学与新学的思想差异主要表现在宇宙观、人性论、义利观以及由此表现出来的治国理政观念的不同等方面，由此可见两派各自思想的特点。

1. 宇宙观的差异

南宋理学代表人物朱熹继承二程的天理论宇宙观，以理为宇宙的根源和万物存在的依据：他说："宇宙之间，一理而已。天得之而为天，地得之而为地。而凡生于天地之间者，又各得之以为性。"[①] 朱熹认为宇宙之间只此一理，理是永恒存在的宇宙本体，就算万物消尽，理仍旧存在。他说："未有天地之先，毕竟也只是理。有此理，便有此天地。若无此理，便亦无天地。无人无物，都无该载了。……合天地万物而言，只是一个理。"[②] 由此可见宇宙的根本便是理。理主宰天、地、人、物，是超时空的形上本体，是永恒的存在。

新学代表人物王安石则提出以元气为道之体的道本论宇宙观。他说："道有体有用。体者，元气之不动。用者，冲气运行于天地之间。"[③] 王安石认为"道有体用"，道是体与用的结合，是元气与冲气的统一。王安石认为道的本体为不动的元气，而道的作用则是在天地之间流转不息的冲和之气，且"冲气为元气之所生"[④]，因而天地万物的本质都是"气"，它运转于天地之间而生养万物，即"生物者，气也"[⑤]，"万物同一气"[⑥]，指出道是客观存在的实体，并将"元气"作为道的本体，认为整个世界都是由气生成的。因此，他认为道即气，既是本体又是作用，道统一于元气和冲气。他将元气视为道之本体，以天地万物为本体的作用与表现，元气是自然万物产生的本源，而冲气则是元气的作用，具有化生万物的功能。

与之相关，王安石认为道有本末，道是本与末的统一。他说："道有本有末。本者，万物之所以生也；末者，万物之所以成也。本者，出于自然，故不

---

① 朱熹：《读大纪》，《朱熹集》卷七十，第3656页。
② 黎靖德编：《朱子语类》卷一，第1—2页。
③ 王安石：《道冲章第四》，《王安石老子注辑本》，第8页。
④ 王安石：《道冲章第四》，《王安石老子注辑本》，第8页。
⑤ 王安石：《洪范传》，《临川先生文集》卷六十五，第687页。
⑥ 王安石：《今日非昨日》，《临川先生文集》卷八，第144页。

假乎人之力而万物以生也；末者，涉乎形器，故待人力而后万物以成也。"① 所谓道之本，即万物之所以产生的根据，这个本体也即元气，元气生万物是没有意志的，"不假乎人之力"，所以作为道之本，它是自然的。所谓道之末，涉及人力所为之形器。王安石又说："夫道者，自本自根，无所因而自然也。"② 道存在的根据就在它自身，道"自本自根"，无所效法，无所根据，因而它是自然而然，非有安排的。以上可见，王安石所说的道，其本质是元气、无、自然，其作用是冲气运行、有、形器，明显带有道家、玄学及元气论的痕迹，而没有把儒家伦理作为道的主要内涵。

作为理学与新学两家学术的核心，二程倡导的道与王安石提倡的道存在着区别。二程以理为道，道与理是同一层次的本体范畴。程颐在回答"天道如何？"的问题时指出："只是理，理便是天道也。"③ 以理言道，道即是天理。道作为观念性的无形无声无臭的宇宙本体，其内涵便是儒家伦理。程颐说："道之大本如何求？某告之以君臣、父子、夫妇、兄弟、朋友，于此五者上行乐处便是。"④ 而王安石的道则吸取了老子、王弼及元气论的思想，以本末论道，认为道是元气与冲气、无与有、自然与形器的统一。由此可见，新学在宇宙观上提出了与理学"理便是天道"完全不同的以元气为道之体的道本论宇宙观。

2. 人性论的不同

二程在人性论上提出"性即理"的思想，这在中国人性论史上是一创举。程颐说："性即理也，所谓理，性是也。"⑤ 并提倡性善论，指出："自性而行，皆善也。圣人因其善也，则为仁义礼智信以名之。"⑥ 认为人性本善，圣人因性为善，取仁义礼智信之名来概括性善的实质。

王安石新学在人性论上则把自然生命的保养视为现实人性的基础。他说："神生于性，性生于诚，诚生于心，心生于气，气生于形，形者，有生之本，故养生在于保形。充形在于育气，育气在于宁心，宁心在于致诚，养诚在于尽性，不尽性不足以养生。能尽性者，至诚者也；能至诚者，宁心者也；能宁心者，养气者也；能养气者，保形者也；能保形者，养生者也；不养生不足以尽性

---

① 王安石：《老子》，《临川先生文集》卷六十八，第723页。
② 王安石：《有物混成章》，《王安石老子注辑本》，第29页。
③ 程颢、程颐：《河南程氏遗书》卷二十二上，《二程集》，第290页。
④ 程颢、程颐：《河南程氏遗书》卷十八，《二程集》，第187页。
⑤ 程颢、程颐：《河南程氏遗书》卷二十二上，《二程集》，第292页。
⑥ 程颢、程颐：《河南程氏遗书》卷二十五，《二程集》，第318页。

也。"[1] 在王安石看来，人的形体是生命之本，养生在于保形，人的形体派生了人性，没有形体就没有人性。因此，他将自然生命的保养看作是现实人性的基础，养生才能尽性。这是受道家思想的影响而反对禁欲主义。这也是其人性论的出发点。

由重视养生出发，王安石重视情，认为性生乎情，有了情才有善恶之分，性则不可以善恶言之。他说："性生乎情，有情然后善恶形焉，而性不可以善恶言也。"[2] 王安石既不赞成理学家所推崇的孟子的性善论，也不赞成荀子、扬雄及韩愈等人的人性论，认为他们所讲的性都不是性，而讲的是情。他说："诸子之所言，皆吾所谓情也、习也，非性也。扬子之言为似矣，犹未出乎以习而言性也。古者有不谓喜怒爱恶欲，情者乎？喜怒爱恶欲而善，然后从而命之曰仁也、义也；喜怒爱恶欲而不善，然后从而命之曰不仁也、不义也。故曰：有情然后善恶形焉，然则善恶者，情之成名而已矣。孔子曰：'性相近也，习相远也'，吾之言如此。"[3] 王安石认为情有善恶，性不可以善恶而言，因为性是人的本能，未发于外而存乎于心，因而不可以善恶论。但性建立在情的基础上，情之喜怒爱恶欲为善，然后将其界定为仁义；如果情之喜怒爱恶欲为不善，那么便将其界定为不仁不义，可见善与恶是由情而不是由性决定的。这意味着就人的自然本性来说，是没有什么善恶的，而情是发乎于外、见之于行的，情有当理与不当理之分，故而可以论善恶。

以上可见，理学家主张性善论，而王安石则不讲性善论，并对性善论提出批评，表现出理学与新学在人性论上的思想差异。这也反映了理学主张通过存理去欲恢复先天的善性，所以讲性善论；而王安石新学则重视养生以尽性，重视人情，故在人性论上不讲性善论。由此形成理学与新学在人性论方面的对立和分歧。

3. 义利观的区别及其表现出来的治国理政观念的不同

理学重义轻利，并将其发展为存理去欲的价值观。二程认为"不论利害，惟看义当为与不当为"[4]，表达了其义高于利的思想内涵，将义放在第一位，希望通过个人道德修养的提高来实现社会的长治久安。他们坚持以义为价值取向，强调遵循道义的原则，不起利心："不独财利之利，凡有利心，便不可。如作一

---

[1] 王安石：《礼乐论》，《临川先生文集》卷六十六，第702—703页。
[2] 王安石：《原性》，《临川先生文集》卷六十八，第726页。
[3] 王安石：《原性》，《临川先生文集》卷六十八，第726页。
[4] 程颢、程颐：《河南程氏遗书》卷十七，《二程集》，第176页。

事,须寻自家稳便处,皆利心也。圣人以义为利,义安处便为利。"①对于义利,朱熹亦言:"事无大小,皆有义利。"②"学无浅深,并要辨义利。"③从而强调了义利与分辨义利的重要性。

王安石新学则重视功利,发展了儒学中"外王"部分,并将其义利观付诸实践,以义理财,推动新法改革的实施。因此,新学的义利观既是改革的理论需要,也是新法的理论基础。首先,王安石强调:"世无常势,趋舍唯利害。"④认为世无常势,人们的进退、行为举止以趋利避害为原则,表现出对实际利害的重视。他并认为取利、有用是天道自然的原则:"盖有常以为利,无常以为用者,天之道也。"⑤利是有常,用是无常,均为天之道,肯定利的用处和价值乃普遍的规律。

在义利关系上,王安石当熙宁变法时,提出了"义固所为利"的义利观,以指导变法。"上曰:'但义理可行,则行之自无不利。'安石曰:'利者义之和,义固所为利也。'公亮曰:'亦有利于公家不利百姓者,不可谓之义。'安石曰:'若然,亦非人主所谓利也。'"⑥王安石认为,义利结合,义是为了实现利的,义与利具有密切关系。如果有利于公家而不利于百姓,这不是人主所谓的利。可见王安石是把利放在重要位置,也把公家之利与百姓之利结合起来。

从重视功利的义利观出发,王安石将其运用到治国理政的实践。他所提出的熙宁变法的改革目标是富国强兵,而具体实现的手段是通过"理财"达"通变"。他说:"因天下之力,以生天下之财,取天下之财,以供天下之费。自古治世,未尝以不足为天下之公患也,患在治财无其道耳。今天下不见兵革之具,而元元安土乐业,人致己力以生天下之财,然而公私常以困穷为患者殆,以理财未得其道,而有司不能度世之宜而通其变耳。诚能理财以其道而通其变。"⑦

理学家对此的看法则有很大不同,他们针对此时的政治经济危机提出了另外一种挽救办法。二程等理学家认为:"王道之本,仁也。"⑧主张以仁义之道指导变法,进而通过重礼义教化、行仁政的办法来使天下和谐有序,以提高人民

---

① 程颢、程颐:《河南程氏遗书》卷十六,《二程集》,第173页。
② 黎靖德编:《朱子语类》卷十三,第227页。
③ 黎靖德编:《朱子语类》卷十三,第227页。
④ 王安石:《寄曾子固》,《临川先生文集》卷十二,第179页。
⑤ 王安石:《周官新义》卷一,《天官一》,文渊阁四库全书,第91册,第15页。
⑥ 李焘:《续资治通鉴长编》卷二百五十九,神宗熙宁四年春正月,第5321页。
⑦ 王安石:《上仁宗皇帝言事书》,《临川先生文集》卷三十九,第417页。
⑧ 程颢、程颐:《上仁宗皇帝书》,《河南程氏文集》卷五,《二程集》,第513页。

的道德自觉性来缓和社会矛盾并维护社会的正常运转。因此，他们批评王安石变法兴起事功，乃"兴利"之举。对此，程颐曰："所谓省己之存心者，人君因亿兆以为尊，其抚之治之之道，当尽其至诚恻怛之心。视之如伤，动敢不慎？兢兢然惟惧一政之不顺于天，一事之不合于理。如此，王者之公心也。若乃恃所据之势，肆求欲之心，以严法令举条纲为可喜，以富国家强兵甲为自得，锐于作为，快于自任，贪惑至于如此，迷错岂能自知？若是者，以天下徇其私欲者也。勤身劳力，适足以致负败，夙兴夜寐，适足以招后悔。以是而致善治者，未之闻也。"①他认为王安石变法改革重视功利和朝廷聚敛，因而强烈反对。程颢也因此不与王安石为伍，进而退出变法队伍并上疏曰："兴利之臣日进，尚德之风浸衰，尤非朝廷之福。"②由此不难看出，因对道的理解及义利观的不同，在总体上新学比较注重经世致用，以"兴利"为宗；而理学则比较注重道德教化，以"尚德"为本。这也正是新学与理学因义利观的区别而表现出来的治国理政观念的不同，而产生了相异的指导思想，以致在社会改革的实践领域存在着差异。这种差异所带来的影响，使得新学与理学对立斗争长达百余年。双方之间的消长，直接影响、改变了后世政治与学术的发展进程。

以上可见，理学与新学在宇宙观、人性论、义利观以及由此表现出来的治国理政观念等方面存在着基本的差异与不同之处，由此展现出两派各自思想的特点。理学主张通过存理去欲恢复先天的善性，所以讲性善论；而王安石新学则在价值观上重视功利，在人性论上不讲性善论，批评理学的人性论。在义利观上，重义轻利的观念与"趋舍唯利害""义固所为利"的思想形成理学与新学在价值观和思想理论方面的对立，主要是价值观和人性论上的分歧。

（二）理学与新学之同

以往的研究更多地是看到理学与新学之间的差异，而对理学与新学在同属宋代义理之学而批评汉学流弊和在义利王霸观上的融合互动等方面存在着的相同、相似之处则关注不够。事实上二者既存在着学术上的差异，又同作为宋学及新儒学的重要组成部分，在重视义理、重王轻霸、提倡性命道德之学等方面有着大体相似之处。所以既要看到理学与新学对立相争的一面，同时也应看到二者相互影响、沟通融合而促进宋学乃至理学发展的一面。

---

① 程颢、程颐：《代吕公著应诏上神宗皇帝书》，《河南程氏文集》卷五，《二程集》，第530页。
② 程颢、程颐：《再上疏》，《河南程氏文集》卷一，《二程集》，第458页。

1. 同属于宋学而批评汉学

理学与新学二者都属于宋学，重视阐发义理，批评汉学单纯重考证训诂的学风。二程以己意解经，重在阐发道理，认为只要道理通，符合义理，则不必拘泥于经书文字，甚至文义解错也无害。二程说："善学者，要不为文字所梏。故文义虽解错，而道理可通行者不害也。"[①] 即是说，在解经的过程中，应不受经书文字的束缚，大胆发挥义理，使之通行于世，在道与文字之间，以道为主。这是对汉学热衷于注经、释经，不注重创新和发挥的流弊的针砭。

程颐说："经所以载道也，诵其言辞，解其训诂，而不及道，乃无用之糟粕耳。"[②] 即单纯训诂考据而不求道，乃无用之学。二程批评汉学家烦琐释经，白首到老而不能通的治经方法："问：'汉儒至有白首不能通一经者，何也？'曰：'汉之经术安用？只是以章句训诂为事。且如解《尧典》二字，至三万余言，是不知要也。东汉则又不足道也。东汉士人尚名节，只为不明理。'"[③] 二程认为汉代经术没有多少用处，因其不明理，才以章句训诂为事，耗尽毕生精力从事钻牛角尖式的考据训诂，以致解两字需用三万言，到头来还是不得要领。

朱熹亦批评了汉儒溺心于训诂而不及理的经学学风。《语类》有载："刘淳叟问：'汉儒何以溺心训诂而不及理？'曰：'汉初诸儒专治训诂，如教人亦只言某字训某字，自寻义理而已。至西汉末年，儒者渐有求得稍亲者，终是不曾见全体。'问：'何以谓之全体？'曰：'全体须彻头彻尾见得方是。'"[④] 他指出汉学学者专治训诂，把功夫用在解字上，而对义理则不重视，始终未能把握理之大体。从程朱对汉学的批评中可以看出：重义理，还是重训诂，这是宋学与汉学的原则区别。

新学作为宋学的重要派别，亦对汉学学风提出批评，这是其与理学的一致处。王安石云："依汉之笺奏，家法之义。策进士者若曰，邦家之大计何先？治人之要务何急？政教之利害何大？安边之计策何出？使之以时务之所宜言之，不直以章句声病累其心。……故学者不习无用之言。"[⑤] 王安石批评汉之笺注经学，墨守家法之义，而把治理国家大事放在一旁，不知"政教之利害何大"，为章句声病而累其心。他批评汉学流于传写、诵习的工具性，而于义理无取，强

[①] 程颢、程颐：《河南程氏外书》卷六，《二程集》，第378页。
[②] 程颢、程颐：《与方元寀手帖》，《河南程氏文集》，《二程集》，第671页。
[③] 程颢、程颐：《河南程氏遗书》卷十八，《二程集》，第232页。
[④] 黎靖德编：《朱子语类》卷一百三十七，第3263—3264页。
[⑤] 王安石：《取材》，《临川先生文集》卷六十九，第734—735页。

调治经学以致用,"学者不习无用之言"。这体现了王安石新学与汉学的差异,亦是宋学学风的体现。王安石指出:"章句之文胜质,传注之博溺心。"① 其对汉学的批评是理学的同调。

2. 理学家亦有重视功利而与新学相近的一面

以往认为,理学家重义轻利,与新学重视功利形成不可调和的矛盾,故在变法指导思想上尖锐对立,分为各自不同的党派。这种认识是有道理的,但还需进一步探究。新学被视为宋代功利学派之一,对功利和客观事功的重视不言而喻。然而理学家也并非只讲义理不讲功利,亦具有与新学的相似之处。

二程重视义利之辨。他们指出:"大凡出义则入利,出利则入义。天下之事,惟义利而已。"② 认为天下之事都可用义利标准加以衡量。但不得抹杀利的存在,既要肯定利的作用,亦不要过分追求。程颐说:"'故者以利为本',故是本如此也,才不利便害性,利只是顺,天下只是一个利,孟子与《周易》所言一般。只为后人趋着利便有弊,故孟子拔本塞源,不肯言利。其不信孟子者,却道不合非利,李觏是也。其信者,又直道不得近利。人无利,直是生不得,安得无利?且譬如椅子,人坐此便安,是利也。如求安不已,又要褥子,以求温暖,无所不为,然后夺之于君,夺之于父,此是趋利之弊也。利只是一个利,只为人用得别。"③ 在解释"故者以利为本"时,程颐充分肯定利的价值,而不是排斥利。他认为利的存在,与性密切相关,不利则会害性。如果抹杀了人的物质利益,便失去了人性生存的条件,因此客观承认"天下只是一个利"。但对超出基本生存条件之上的进一步追求,程颐表示要加以控制,以防止"趋利之弊"。二程更多地强调关乎国计民生的大利,认为"水利之兴,屯田之制,府兵之复,义仓之设,皆济世之大利"④,这里列举的都是事关经时济世的大利,亦体现了二程对功利的重视。

朱熹在重视道义的同时,亦重视功利,提倡义利统一而不空谈道义。他说:"义未尝不利,但不可先说道利,不可先有求利之心。……才说义,乃所以为利,固是义有大利存焉。"⑤ 所谓"义未尝不利",便是义利统一,在讲道义之时,利也在其中,讲道义是为了求利。"义有大利存焉",义之中就有大利,义不能

---

① 王安石:《除左仆射谢表》,《临川先生文集》卷五十七,第619页。
② 程颢、程颐:《河南程氏遗书》卷十一,《二程集》,第124页。
③ 程颢、程颐:《河南程氏遗书》卷十八,《二程集》,第215—216页。
④ 程颢、程颐:《南庙试策五道》,《河南程氏文集》卷二,《二程集》,第470页。
⑤ 黎靖德编:《朱子语类》卷五十一,第1218页。

脱离利而存在。这表明义利共存，不可分离。

朱熹继承二程的义利观，指出："程子曰：'君子未尝不欲利。'但专以利为心则有害，惟仁义则不求利而未尝不利也。"[①] 朱熹在引用二程"君子未尝不欲利"的观点后加以发挥，认为专门讲利则有害，而以仁义为指导，即使不去求利，也会带来客观的物质利益。可见理学家并不排斥功利，而且程颢、朱熹等理学家在治国理政的社会实践中关心民众疾苦，视民如伤，在各自的任内做出了不少有利于民生的实事。这表明，理学并不排斥功利学，而是把功利包括在道义和义理之内。这与新学有相似之处。

3. 新学亦有重视道义而与理学相近的倾向

以往认为，新学重视功利，理学重视仁义，在变法指导思想上形成对立而导致在一系列问题上双方的对峙。但新的研究表明，新学在重视功利的同时，亦有重视道义的倾向，这与理学相近。王安石指出："彼区区聚敛之臣，务以求利为功，而不知与之为取，上之人，亦当断以义，岂可以人人合其私说，然后行哉？"[②] 王安石主张把功利与义结合起来，将功利断之以义，使功利符合义的原则，并不完全只重功利。他指出："盖聚天下之人不可以无财，理天下之财不可以无义。夫以义理天下之财，则转输之劳逸不可以不均，用度之多寡不可以不通，货贿之有无不可以不制，而轻重敛散之权不可以无术。"[③] 王安石在重视功利，经营天下财用的同时，更重视道义的指导，强调理财不可无义。尽管需通过理财来满足天下之人的财货需求，但王安石主张要在义的指导下来理天下之财，如此在转输、用度、货贿、敛散等方面的实事中均要体现义的原则，表现出义利结合的倾向。

进而，王安石把理财本身视为义。他说："所谓政事，政事所以理财，理财乃所谓义也。一部《周礼》，理财居其半，周公岂为利哉？……盖因民之所利而利之，不得不然也。"[④] 指出政事是为了理财，理财乃义。王安石对利加以解释，把利界定为"因民之所利而利之"，认为周公所作《周礼》不是为了利，而是提倡为民之利，可见道义与利不可分。他主张公私各得其所："故市不役贾，野不役农，而公私各得其所。"[⑤] 提出公私结合，而不是排除私人之利。他还作诗以肯

---

① 朱熹：《孟子集注》卷一，《四书章句集注》，第 202 页。
② 王安石：《议茶法》，《临川先生文集》卷七十，第 743 页。
③ 王安石：《乞制置三司条例》，《临川先生文集》卷七十，第 745 页。
④ 王安石：《答曾公立书》，《临川先生文集》卷七十三，第 773—774 页。
⑤ 王安石：《天官一》，《周官新义》卷一，文渊阁四库全书，第 91 册，第 6 页。

定道义，其诗云："欲传道义心犹在，强学文章力已穷。他日若能窥孟子，终身何敢望韩公。"① 这表明王安石重视道义，一定程度地肯定孟子和韩愈。

4. 双方都重视尊王黜霸，批评霸道政治

战国时儒家代表人物孟子提倡王道，反对霸道，主张行仁政，以仁义治天下。王指王道，即尧舜、三代先王之道。孟子说："尧舜之道，不以仁政，不能平治天下。"② 霸指霸道，即凭借武力假行仁义以征服别人。孟子说："以力假仁者霸，霸必有大国。以德行仁者王，王不待大。汤以七十里，文王以百里。以力服人者，非心服也，力不赡也；以德服人者，中心悦而诚服也。"③ 他主张以德服人，反对以力服人；认为春秋五霸行霸道，与王道相悖，"五霸者，三王之罪人也"④，即齐桓公、晋文公等是夏禹、商汤、周文王、周武王的罪人。

后来荀子主张王霸不偏废，"隆礼尊贤而王，重法爱民而霸"⑤。法家代表人物韩非则提倡霸王之道，认为儒家王道已过时："上古竞于道德，中世逐于智谋，当今争于气力。"⑥ 强调与以力相争的时代相适应的只能是霸道，如果不行霸王之道，只会带来乱世，"此世所以乱，无霸王也"⑦。他指出，儒家的仁义不足以治国，尧舜之道也不能为治，盛赞被孟子批评的齐桓公："仁义爱惠之不足用，而严刑重罚之可以治国也。……无威严之势、赏罚之法，虽尧、舜不能以为治。……桓公得管仲立为五霸主，九合诸侯，一匡天下。"⑧ 这表现出法家的霸道与孟子王道思想的对立。

秦汉以后王霸并用，霸王道杂之。至宋代，关于王霸之辨的讨论成为热门话题。程颢指出："得天理之正，极人伦之至者，尧、舜之道也；用其私心，依仁义之偏者，霸者之事也，……而卒不可与入尧、舜之道。故诚心而王则王矣，假之而霸则霸矣，二者其道不同。……苟以霸者之心而求王道之成，是炫石以为玉也。故仲尼之徒无道桓、文之事，而曾西耻比管仲者，义所不由也。"⑨ 这是把王道加进了天理的内涵，体现出其时代性。程颢既批评假借仁义以行霸者

---

① 王安石：《奉酬永叔见赠》，《临川先生文集》卷二十二，第264页。
② 《孟子·离娄上》。
③ 《孟子·公孙丑上》。
④ 《孟子·告子下》。
⑤ 《荀子·天论》。
⑥ 《韩非子·五蠹》。
⑦ 《韩非子·和氏》。
⑧ 《韩非子·奸劫弑臣》。
⑨ 程颢、程颐：《论王霸劄子》，《河南程氏文集》卷一，《二程集》，第450—451页。

之事，又批评以霸者之心来求王道，指出孔子后学之所以不讲齐桓、晋文之事，曾西耻于与管仲为伍，是因为"义所不由"，即推行霸道违背了仁义的原则，表现出程颢在新形势下尊王黜霸的思想。

朱熹继承孟子、二程，他说："古之圣人致诚心以顺天理，而天下自服王者之道也。……齐桓、晋文则假仁义以济私欲而已。设使侥幸于一时，遂得王者之位而居之，然其所由，则固霸者之道也。故汉宣帝自言汉家杂用王霸，其自知也明矣。"①朱熹指出王者之道是致诚心以顺天理，而天下服，而霸者之道乃假仁义以济私欲，如春秋五霸之齐桓、晋文。他认为，王霸之辨在于是否顺天理或假仁义，即以义利、公私、理欲作为划分王霸的标准，并通过批评功利学派陈亮而将尧舜三代之王道与汉唐君主之霸道区分开来。他说："汉唐之君虽或不能无暗合之时，而其全体却只在利欲上。此其所以尧、舜、三代自尧、舜、三代，汉祖、唐宗自汉祖、唐宗，终不能合而为一也。"②朱熹认为汉唐是全体只在利欲中的人欲横流的时代，与三代天理顺行的王道政治不能相比。这表现出朱熹的尊王黜霸思想。

尽管新学代表人物王安石重视功利和外王，在变法中积极推行各项社会改革措施，但他对王道政治仍表示认同，并批评霸道政治，在一定程度上亦表现出他的尊王黜霸思想。他说：

> 仁义礼信天下之达道，而王霸之所同也。夫王之与霸，其所以用者则同，而其所以名者则异，何也？盖其心异而已矣。其心异则其事异，其事异则其功异，其功异则其名不得不异也。王者之道其心非有求于天下也，所以为仁义礼信者以为吾所当为而已矣。以仁义礼信修其身，而移之政则天下莫不化之也。是故王者之治，知为之于此，不知求之于彼，而彼固已化矣。霸者之道，则不然。其心未尝仁也，而患天下恶其不仁，于是示之以仁；其心未尝义也，而患天下恶其不义，于是示之以义。其于礼信亦若是而已矣。是故霸者之心为利，而假王者之道以示其所欲，其有为也，唯恐民之不见，而天下之不闻也。故曰：其心异也。③

王安石论王霸之别，认为其用相同，表面上都讲仁义礼信，但其心则异。

---

① 朱熹：《孟子》，《四书或问》卷二十六，文渊阁四库全书，第197册，第524页。
② 朱熹：《答陈同甫（八）》，《朱熹集》卷三十六，第1600页。
③ 王安石：《王霸》，《临川先生文集》卷六十七，第714页。

王者之道认为仁义礼信是原本应当为的，所以以仁义礼信修其身，并移之于政治治理，使天下得到治理而无不化。但霸者之道则不然，其心并不在仁，只是担心天下人恶其不仁，所以表面上也讲仁，对外示之以仁，但其心则不仁；其心也并不在义，只是担心天下人恶其不义，于是表面上示之以义；对于礼信也是这样。所以说霸者之心是为了追求利，而假借王者之道以示其所欲；其所做之事，唯恐人们不闻不见。所以说在王安石看来，王者和霸者，其思想实质存在着明显的差异。从这里可以看出，王安石区分王、霸的目的，是为了反对霸道政治，主张实行仁义礼信之政的。这与理学家的王霸之辨有类似之处，亦是受到了孟子思想的影响。

（三）理学对新学的批判

在两宋之际，由于北宋新亡、南宋初建，此时成了整个宋代学术思想系统由王安石新学体系，向以二程洛学为代表的理学体系转换的重要时期。新学与理学在宇宙观、人性论、义利观以及由此反映出来的在治国理政观念上的差异，引起了理学家对新学的批评。新学与理学的相互批判，不仅停留在政治层面上，而且体现在学术思想上。新学与理学正是在这样一种政治与学术紧密联系的斗争中此消彼长，完成了转换承接的历史任务，理学逐步取代新学走上显学之路。到了南宋中后期，在朱熹、张栻及魏了翁等理学家不盲从于旧权威的不懈努力下，理学吸取诸家学术之长，确立了其在社会意识形态领域的正统地位，至南宋末由民间传授逐步转化为官方哲学。

在南宋的历史背景之下，新法已亡而新学尚存，而理学与新学的理论差异乃是受其基础理论构成的影响，这种本质差异正落在本体论上，即二者对"道"的认识存在着深刻差异。这种认识上的分歧导致了二者在人性论和价值取向上的不同，理学重义轻利的价值观与新学重视事功的思想形成鲜明对照。因此，否定与批判王安石新学就成为南宋时期为确立学术主导地位的理学家们的重要任务。

杨时在新学与理学的消长更替中扮演了重要角色，他也是理学之所以能够自北宋传承至南宋，并兴盛崛起的重要人物。杨时早年因科考曾习新学，后转而师从二程洛学。他极为反对王安石新学，认为新学不仅乱了祖宗的法度，更是坏了学者的心术。他不仅公开批判王安石新学，否定其变法改革，而且撰写《周礼辨疑》《神宗日录辨》《毛诗辨疑》《王氏字说辨》等著述来专门驳斥王安石的学术思想，还有未收入《龟山集》的《三经义辨》也是针对性批判王安石

《三经新义》的著作。二程曾称："杨时于新学极精，今日一有所问，能尽知其短而持之。介父之学，大抵支离。伯淳尝与杨时读了数篇，其后尽能推类以通之。"① 南宋理学集大成者朱熹也表示杨时长于攻王氏学，可见杨时对王安石新学的批判是相当激烈的。

首先，杨时将王安石的新学斥为异端邪说，认为新学"溺于异端，以从佛法，某故谓其不知道"②。杨时的大弟子兼女婿陈渊在这一点上颇能代表杨时观点，他说："至于道之大原，安石无一不差。推行其学，遂为大害。……安石取扬雄善恶混之言，至于无善无恶，又溺于佛，其失性远矣。"③ 王安石所持的性无善恶说，及其对佛老的公然吸收遭到杨时的批判。杨时继承二程，推本孟子性善之说，驳斥了王安石性无善恶的人性论，他说："言性善，可谓探其本。言善恶混，乃是于善恶已萌处看。荆公盖不知此。"④

其次，杨时还批评了王安石新学作为变法指导思想的义利观。在杨时看来，王安石新法的根本问题出在其以谋利为根本的宗旨。他说："取之有艺，用之有节，先王所以理财也。故什一天下之中制，自尧、舜以来未之有改也。取其所当取，则利即义也。故曰：'国不以利为利，以义为利。'则义利初无二致焉。何宣著隐伏之有？若夫宣著为善之名而阴收为利之实，此五霸假仁义之术，王者不为也。故青苗意在于取息，而以补助为名；市易欲尽笼商贾之利，而以均济贫苦为说，皆此意也。"⑤ 认为王安石是以义为标榜来掩盖其谋利的实质，即"此正王氏心术之蔽，观其所为，虽名为义，其实为利"⑥。并就王安石新政具体措施中青苗、市易等法之害提出批评，斥其青苗法轻息诱致，导致百姓借贷无度以致倾家荡产，责其市易法罔市利，以官府行政手段操纵市场控制商品流通，而使得国富民穷。杨时还将王安石新学与北宋亡国联系起来展开批判，把北宋亡国之责由蔡京集团上溯归咎于王安石新学。

胡宏在政治上是一个坚定的爱国主义者，为理学传承发展做出了贡献。受时议的影响，他将北宋灭亡的祸乱根源归咎于王安石及其新学，其言曰："王安石乃确信乱臣贼子伪妄之书，而废大圣垂死笔削之经，弃恭俭而崇汰侈，舍仁义而营货财。不数十年，金人内侵，首足易位，涂炭天下，未知终始。原祸

---

① 程颢、程颐：《河南程氏遗书》卷二上，《二程集》，第28页。
② 杨时：《答吴国华》，《龟山集》卷十七，文渊阁四库全书，第1125册，第273页。
③ 脱脱等：《陈渊传》，《宋史》卷三百七十六，第11630页。
④ 杨时：《毗陵所闻》，《龟山集》卷十三，文渊阁四库全书，第1125册，第246页。
⑤ 杨时：《神宗日录辨》，《龟山集》卷六，文渊阁四库全书，第1125册，第144页。
⑥ 杨时：《京师所闻》，《龟山集》卷十一，文渊阁四库全书，第1125册，第213页。

乱之本，乃在于是。噫嘻！悲夫！有天下者尚鉴之哉！"[1]他不仅批评新学依傍的文本《周礼》，而且批评了新学的义利观。他说："王安石轻用己私，纷更法令，弃诚而怀诈，兴利而忘义，尚功而悖道，人皆知安石废祖宗法令，不知其并与祖宗之道废之也。"[2]胡宏批判王安石新学是败坏经术、兴利忘义的化革人心之学，认为因王安石新学颁行天下，导致天下经术不振，日渐支离："自秦焚书坑儒以后，章句紊乱，六经之义浸微浸昏，重以本朝丞相王安石专用己意训释经典，倚威为化，以利为罗，化以革天下之英才，罗以收天下之中流，故五十年间，经术颓靡，日入于暗昧支离，而六经置于空虚无用之地。"[3]胡宏继承了二程、杨时的观点，对王安石新学开展了全面的批评，认为王安石以《周礼》为根基指导变法致使儒家圣经遭废弃，弃恭俭而崇奢侈，舍仁义而专营货利，使得兴利之臣日进，而尚德之风浸衰，朝风不振，天下未能得到治理，最后金人入侵，北宋亡国，天下涂炭。

　　从胡宏身上，我们不难看出此时理学家对王安石及其新学的普遍态度。他强烈批判王安石新学依附《周礼》而实施的新政变革，指责新学废坏了三纲五常的社会秩序，并将北宋亡国的祸乱之源归结于其新学，也加大了理学家对王安石及其新学抨击的力度。

　　朱熹所处时期，正是南宋统治者对王安石及其新学、新法进行清算打击的高峰时期，此时各方势力都将北宋灭亡的原因归结于蔡京集团并上溯至王安石变法及其新学，并对其展开了强烈的批判。生活在这种环境中，继承了二程理学的朱熹却与南宋初期杨时及后续一些理学家对王安石新学全面否定的态度有所不同，他对王安石及其新学的评价要客观许多，不仅对王安石本人德行评价甚高，对其改革的具体措施也多有认可，甚至对其新学在某些方面也认为确有其可取之处。但是从整体上来看，朱熹对王安石的评论在很多地方带有褒贬掺杂的两面性，既肯定王安石学术、政治上的某些成就，又毫不客气地指出新学的弊病所在。不过，如果将眼光放长远从根本上来分析，作为整个两宋时期理学的集大成者，朱熹对新学批判还是较为彻底。

　　朱熹批评王安石新法以富国强兵为先，而后才行礼义之法，所谓"独于财利兵刑为汲汲耶"[4]，指出王安石变法的根本错误就在于颠倒了"正人心"与"兴

---

[1] 胡宏：《极论周礼》，《胡宏集》，第260页。
[2] 脱脱等：《胡宏传》，《宋史》卷四百三十五，第12924页。
[3] 胡宏：《程子雅言后序》，《胡宏集》，第159页。
[4] 朱熹：《读两陈谏议遗墨》，《朱熹集》卷七十，第3663页。

兵利"的关系，乃"大本不正，名是实非，先后之宜又皆倒置，以是稽古，徒益乱耳"①。与诸理学家一样，朱熹承袭了只有以德为先"修德""正心"，而后再讲财利、兵革、刑法等举措，才合乎圣贤仁政的看法。因此，他认为王安石新法改革出发点虽好，具体措施也不无可取之处，但却不能"正君心""讲仁义"，反而重于刑名法度更以兴利为本，以致将天下导向了趋利的误区。

朱熹认为王安石对圣人之道体会有偏差，因不知圣人之道致其新学杂而不纯，尔后溺于佛老。他说："王氏之学，正以其学不足以知道，而以老释之所谓道者为道，是以改之，而其弊反甚于前日耳。"②因此，朱熹批判王安石"本原不正，义理不明"③，谓其人学问虽极其勤苦却不免流于异端，其学识虽极其宏富却反而病于博杂，造成"王氏得政，知俗学不知道之弊，而不知其学未足以知道。于是以老释之，似乱周孔之实。虽新学制，颁经义，黜诗赋，而学者之弊反有甚于前日"④的局面。朱熹认为新学的风靡于世，使得人心迷惑、风俗败乱，人伦纲常再不复先王圣道之时，为此，他又进一步指出新学之深弊在于："若夫道德性命之与刑名度数，则其精粗本末虽若有间，然其相为表里，如影随形，则又不可得而分别也。今谓安石之学独有得于刑名度数，而道德性命则为有所不足，是不知其于此既有不足，则于彼也亦将何自而得其正耶？夫以佛老之言为妙道，而谓礼法事变为粗迹，此正王氏之深蔽。"⑤朱熹认为王安石新学在学术上因不明圣人之道而只注重"刑名度数"，于"道德性命"有所不足，遂以佛老之说混淆了儒家礼法。他批评王安石所学非正，不以内圣之道而达外王之功，但凭借《周礼》古名专行"财利兵革"之事，徒具外王之表而无内圣之心。因此，朱熹对不遵循圣人之道的新学严加批评，语其内外本末倒置，不于修己正心处下功夫，而汲汲于经世之途，是不知治国之轻重缓急，如此一来，徒添乱象。他还认为王安石新学义利不辨，急功近利致使三纲紊乱、义利混淆："今日三纲不振，义利不分。缘三纲不振，故人心邪辟不堪，用是致上下之气间隔，而中国之道衰远方盛，皆由此来也。义利不分，自王安石用事陷溺人心，至今不自知觉，如前日有旨有升擢差遣之类，缘有此利诱，故人只趋利而不顾义，而主势孤。此二事皆今日之急者，欲人主于此留意，二者苟不尔，则是虽有粟，吾

---

① 朱熹：《读两陈谏议遗墨》，《朱熹集》卷七十，第3663页。
② 朱熹：《与东莱论白鹿书院记》，《朱熹集》卷三十四，第1497页。
③ 黎靖德编：《朱子语类》卷五十五，第1320页。
④ 朱熹：《与东莱论白鹿书院记》，《朱熹集》卷三十四，第1498页。
⑤ 朱熹：《读两陈谏议遗墨》，《朱熹集》卷七十，第3663—3664页。

得而食诸也？"①从朱熹以上所述不难得出结论，朱熹认为正是因王安石新学不正，不能明辨义利遂流入于邪而舍义逐利，遂使君子远而小人亲，将天下人心置于邪正不分，最终导致亡国。

以杨时、胡宏、朱熹等为代表的理学家们对新学的批评令新学逐步丧失了其官学地位，使得在两宋时期前后延续近百年之久的新学与理学之争，从整体上以新学的失势而告终，而理学则在南宋后期成为官学，这种批判促使思想文化风向发生转变以及官方学术产生更替，使得中国思想文化发生了重大变化，自此至元明以降，王安石及其新学的否定之说遂成定论，此后数百年间，理学一家独秀。

（四）理学与新学的消长、对立互动之启示

理学与新学的异同、新学对理学的影响、理学对新学的批判，客观反映了宋代理学与新学的相互关系。人们既要看到理学与新学对立相争的一面，同时也应看到二者相互影响、沟通融合而促进宋学乃至理学发展的一面。

理学与新学的消长、对立互动主要表现为在北宋时新学居于官学地位，理学此时属于宋学的重要一派，在与新学等各派的相互交往互动中，不断得到发展。二者相比较，新学可谓是经世致用与道德性命并用，内圣与外王同倡，但更注重经世致用和外王一些；理学则在不偏废经世致用与道德性命、内圣与外王的同时，更加注重道德性命和内圣一些。这与双方的学派性和特质有关。此后，新学逐步丧失其官学地位。理学虽一度遭统治者废黜，但在南宋后期逐渐占据了官学地位。

新学与理学消长、对立互动带给人们的启示可归纳如下。

1. 任何理论的提出和确立，都须与社会发展的客观实际相符合

新学和理学都曾在一定程度上适应了宋代社会发展的要求，所以都曾产生了重要影响。社会发展出现新的变化，思想理论也随之而变。

北宋中期面临"积贫""积弱"的局面，为了挽救社会危机，要求改革变法的呼声日益高涨，王安石主持的"熙宁变法"得以开展。宋神宗即位后，立志于"更新"朝政，于熙宁二年（1069）起用王安石为参知政事，开始变法。"熙宁变法"的主要内容涉及关于富国的均输法、青苗法、免役法，关于强兵的将兵法、保甲法；又对科举和教育实行改革，产生了较大的社会影响，促进了义理之学的兴起和发展。与变法相适应并为变法提供理论指导的是王安石提出的

---

① 朱熹：《延平答问》，文渊阁四库全书，第698册，第668页。

以《三经新义》为载体的新学思想，以及他在其一系列著述中阐发的新学理论。这基本适应了当时社会变革的需要。这是新学之所以产生的重要社会背景。

以二程洛学为代表的理学家也对社会变革提出了自己的理论。虽然他们的主张与王安石变法的思路存在着差异，但要求改革则是一致的。从尚德、行仁义的变法指导思想出发，二程在提倡"随时因革""圣王之法可改"的同时，也主张"三代之法有必可施行之验"[①]，认为在治道上，不分古今、前世后世，圣人之道同条共贯，都应作为治理国家的根据，尽其道则大治，反之则不治。由此而反对王安石"祖宗不足法""先王之迹不可复于今"[②]的抛开传统的观点和做法。这表明新学的变法思想与二程坚持的儒学道统观存在着差异。王安石的"兴利"措施和"三不足"观点遭到二程及后世理学家的批判，不仅否定了王安石变法，而且使得后世中国文化趋于伦理化。后经朱熹等人的继承发展，理学重义轻利的原则渗透到社会生活的各个领域，这是理学与新学之争带来的影响和后果。

新学在北宋时独尊于世，但由于北宋亡国，其进入南宋却骤然凋敝，接连在此后数代成为众多儒者批判攻击的对象，以致著述散佚，几乎处于湮没无闻状态。与此相反，理学在北宋初兴之时虽尚无深刻的影响力，但其地位至南宋却处于不断提升中，影响力也不断扩大。这是由于理学的兴起在一定程度上与社会发展的客观要求相适应，是对汉唐注疏之学使儒学发展停滞，佛教盛行，宗教冲击人文，动摇了儒家文化的主导地位，导致社会危机和理论危机的回应。理学的产生就是为了解决诸如此类的重大社会问题，以实现社会的治理与稳定，因而具有一定的历史必然性，最终成为显学，并被确立为中国封建社会后期意识形态领域的指导思想。这与新学和理学是否适应了当时社会发展的客观要求相关。

2. 义利兼顾，情性相容

理学与新学的相互关系虽有对立相争的一面，但也有渗透融合、相互影响的一面，并非完全不相容。尽管新学重功利，理学重义轻利，新学讲善恶非性而在情，理学讲性善论，二者具有明显差异，但亦存在着融通的一面，由此给人们带来的启示是，应重视二者相互影响、沟通融合的一面，树立义利兼顾、情性相容的观念，而克服各自理论的局限和偏差，以促进学术思想理论的完善

---

① 程颢、程颐：《论十事劄子》，《河南程氏文集》卷一，《二程集》，第 452—454 页。
② 程颢、程颐：《论十事劄子》，《河南程氏文集》卷一，《二程集》，第 452 页。

和社会的进一步发展。

新学"义固所为利""趋舍唯利害"的义利观,重视功利和客观利害关系,在指导变法时发挥了重要作用,包括方田均税法、市易法和均输法等的实施,以及兴修水利、开垦淤田等措施,使生产有了一定的发展,一定程度上增加了国家财富,同时抑制了大地主官僚的土地兼并,打破大商人对市场的垄断,增加了朝廷的财政收入,使积贫积弱局面有所改观,富国强兵取得了一定的效果。部分农民免除赋税,得到实惠,但在某些方面减轻农民负担的同时,也带来使贫苦人负担过重,不少人陷于苦难之中的弊病。尽管王安石变法取得了一定的成效,但过于看重事功利害和客观物质效果,忽视道义指导和以仁义治国,以维护民生和百姓的利益,反而成为新兴官僚集团搜刮民脂、扰民害民的工具,只要能够取利于市,不管其新学人物的人品、节操如何。最终使得变法失去人们的拥护,新学也被视为异端邪说,而遭到贬斥。

理学家讲性善论,重视道德自律,以恢复人先天的善良本性,克服外界的习染带来的恶的行为。这自然有一定的道理,但也存在着以性正情,过分重视心性修养,相对忽视人的自然本性和欲望的流弊。对此应树立情性相容、理从情出、以情为基础的情性合一的思想。如果情性不和,道德理性就会失去客观的基础。

由此看来,新学与理学的对立融合给人们带来的启示之一是应树立义利合一、性情不离的思想,把道德原则与物质利益和欲望统一起来,发挥其积极作用而克服各自的偏颇之处。

3. 内圣外王,兼容并收

两宋时期新学与理学的关系之所以表现出消长更替,有很多争论,是新学与理学因其学术内在根基的不同,而对圣王之道与儒者修身的取舍产生了不同的认识,继而在"外王"与"内圣"的取舍问题上有着不同见解,导致在一定程度上使得新学重外王而兴起事功,理学则重内圣而坚持修身。对此,程颐说:"学也者,使人求于内也。不求于内而求于外,非圣人之学也。何谓不求于内而求于外?以文为主者是也。学也者,使人求于本也。不求于本而求于末,非圣人之学也。何谓不求于本而求于末?考详略、采同异者是也。是二者皆无益于身,君子弗学。"[①] 他认为文章之学乃求于外,而训诂之学则求于末,这都不符合圣人之学求于内和求于本的要求。由此不难看出,二程偏重于义理心性之学的探索,并

---

① 程颢、程颐:《河南程氏遗书》卷二十五,《二程集》,第319页。

坚持内省的修养功夫。而王安石则更加注重外在功效，他在与宋神宗的对话中曾语："经术正所以经世务，但后世所谓儒者，大抵皆庸人，故世俗皆以为经术不可施于世务尔。"① 执掌政权的王安石站在国家的角度，以通经致用的"外王"之道实践儒家先王经纬天下之意，其意本在救国利民，这放在北宋当时多灾多难的危急时刻原本也无可厚非。面对二者截然不同的态度，我们应站在历史发展的角度来看待双方各自从不同立场及不同背景出发而产生的这种思想理论的分歧，不能武断地认定孰是孰非。但对于内圣或外王某一方的过分强调而忽视另一方，会带来一定的偏颇和流弊。儒家讲求修身成圣，并贯彻到经世致用的社会实践中，即内外兼修，知行合一，德才兼备。

新学与理学之间在义利观上的差异产生了直接交锋，最终结果是重义轻利的观念取得胜利，因此理学也得以在后世发扬光大，而新学则受到贬斥渐至湮没。理学由其重义轻利和提倡道德自律的特质而表现出重内圣而轻外王的倾向，新学由重视事功和社会治理而表现出重视外王的倾向，后新学与理学的互动产生了内圣与外王并重的倾向。带给人们的启示是，应将内圣与外王结合起来，兼容并收，而避免单纯重内轻外，或只讲外在事功而不讲道德自律的片面性。我们探讨两宋时期理学与新学的相互关系，其重要目的就在于克服两者的偏颇和片面之处，而吸取借鉴它们的长处，并将其结合起来而纠其偏，使其发挥应有的启示作用。这些宝贵的思想资源，至今仍值得人们认真发掘整理研究和借鉴。

---

① 脱脱等：《王安石传》，《宋史》卷三百二十七，第 10554 页。

第二章　南宋时期的理学及功利学

经北宋时期理学产生、确立及与新学、蜀学等宋学流派的交往互动，至南宋，理学发展蔚为大观，成为一代学术思潮。虽经统治者排斥打击，但因其价值与社会发展基本适应，到南宋末已成为意识形态领域的指导思想。

南宋理学由各个基本价值观相同而学术观点有异的流派组成。主要流派有胡宏、张栻的湖湘学，朱熹的闽学，吕祖谦的婺学，陆九渊、杨简的心学，陈亮、叶适的功利学等。

胡宏倡理学，宣扬周敦颐，续道统；开理学思潮中湖湘学派之学统；亦修正理学流弊，给人情、人欲留下一定的位置。胡宏倡心性之学，以性为本体，提出并论证心以成性说。胡宏心以成性的思想及其天地由性而立、性体心用、心性二元的观点体现了湖湘学派早期心性论的特点。张栻在继承胡宏思想的基础上，又对师说加以扬弃，在与朱熹进行学术交流的过程中，发展了胡宏的思想，确立了湖湘学派的基本理论。张栻宣扬和表彰周敦颐、二程在道统中的作用和功绩，对理学道统论加以发展；张栻与朱熹"交须而共济"，共同发展了二程学说；张栻由蜀入湘，成为湖湘学派的确立者，其学派的突出特点是重躬行践履，张栻反对知而不行，忽视行的学风，指出今人之不践履，是未尝真知。这种重躬行践履的学风带有事功思想的色彩。在治学方法上，张栻集朱陆两家之长而去其短。张栻确立的湖湘学派具有诸如以上这些长处，所以在当时产生了较大的影响，也在理学史上占有重要地位。

闽学代表人物朱熹集宋代理学之大成，在吸取张载、张栻思想资源基础上，创造性地提出了自己的以"心统性情"思想为纲领的心性论，把中国哲学心性论发展到一个新的阶段。他以太极论发展了二程的天理论。朱熹对中国传统文化加以总结与创新，首创"四书"之名，集"四书"学之大成；阐发"十六字心传"，集道统论之大成；兼采汉宋，把章句训诂之学与义理之学相结合；提出经传相分，直求经文之本义；重经书辨伪，疑伪古文；倡主客之辨，提出主客体对立的心物范畴；并在象数学、义理史学、教育、礼学等方面有所建树，从各个方面创新发展了中国文化。其思想积淀为民族文化的深层结构，在价值观、人格观、思维方式、民族精神等方面产生了重要影响，其中的某些有价值的内容已融入中华民族精神之中，成为全民共同的社会心理、价值体系、思维定式和共同的文化精神。

吕祖谦的理学及经世思想体现了其婺学特征，在认同自身的同时，亦注意广泛吸取理学思潮中其他派别和功利学的思想，因而具有经世致用的思想倾向。吕祖谦在学术上具有宽宏涵容、兼收并蓄的精神，这使他独树一帜，成为南宋时期的一位重要思想家。他既提出"天下惟有一理"的思想，又具有心学的倾向。吕祖谦为学主明理躬行，治经史以致用，"讲实理，育实材，而求实用"，其为学既以理学思想为宗，又受到永嘉学派经世致用学风的影响，内容宏博，博采众长，自成一家。他与唐仲友、陈亮同为浙东学派中金华一支的主要人物，乃乾淳之际婺学代表人物之一。其思想在倾向于理学的同时，亦受到了中国历史上以及当时时代重视事功，提倡经世致用，主张躬行践履思想的影响，而将理学与经世致用之学、浙东功利学、重视躬行践履等思想结合起来，形成了自己的特色。

陆九渊心学是南宋理学的一大家，其特点是"尊德性"，不立文字，求心于内，主张"六经注我"，不受儒家经典的束缚，以"六经"为我心的注脚，发展了中国哲学的主体性思维。陆九渊提出"吾心即是宇宙""心即理"的心学宇宙观，主张心性一元，强调自得，直指人心，融通合一，不讲体用之分，崇尚简易，不立文字，专求于心，反映了陆氏心学不立文字，忽视知识，专求于心的学术特色。其创造性的学术活动，为宋学和理学的发展，做出了自己的贡献。陆九渊提出"六经皆我注脚"的思想，创心学思想体系，从心学的角度改造了以往的经学，而与朱学形成对照，促使经学和理学思想向心学方向发展演变，并对王阳明思想产生了重要影响。

杨简的心学是对陆九渊心学的超越，杨简在心学视域下，以心为本，亦重视经典，通释和遍注群经，从注释经典入手，阐发其心学思想。杨简对经学的态度既与程颐、朱熹等理学家的经学观不同（但在重视经典和注经上亦有相通之处），又与陆九渊等心学家轻视经典、不为经典作注的经学观有异（但以心为本则相同），加深对杨简的理解对于客观全面认识中国经学史和心学史及二者之间的关系，具有重要的学术意义和价值。

陈亮、叶适是浙东功利学派的代表，他们批评讳言功利而空谈性命道德之说的做法。浙东功利学派亦提倡义理，只不过把性命义理之说建立在功利的基础上。理学诸派、功利学诸家都同属宋学，在讲义理上，它们就具有一定的共性，但陈亮、叶适等功利学者对功利的态度肯定比理学家要更加重视和强调。

理学与功利学的关系体现在，二者互动交往，既相互对立批评，又相互交流沟通，在对立辩难和融通交往中共同促进宋代学术的大发展。以往学术界对南宋时期理学和功利学的对立区分比较注意，看得有些过重，而对二者之间的渗透融通则关注不够，事实上二者同作为宋学及儒学的组成部分，在重视义理又关注事功、功利方面存在着类似之处，不应只看到它们对立相争的一面，也应看到相互沟通融合的一面。但理学家讲事功和功利学派讲事功是有一定的区别。或者说功利学派更加明白地讲事功，理学家则更多地强调道德理性、道德自律，把事功置于道义的统辖之内，以此来纠正人欲横流的社会局面。

南宋理学和功利之学的互相批评，反映了双方在价值观和宇宙观上的思想差异。双方又同属讲义理的宋学，又相互影响和彼此融通。理学在与功利学的交流中，也受到功利学的影响。功利学和理学之间的互动，促进了整个中国文化的大发展，也使得理学和功利学在相互交往中都有了进一步的发展。

一、胡宏、张栻的湖湘学

牟宗三先生把宋明理学划分为三系，即五峰蕺山系、象山阳明系、伊川朱熹系，而把胡宏视为五峰蕺山系的代表人物和创始人，并把一二系视为大宗，三系视为别子为宗，为旁枝。[①] 胡宏虽被牟宗三先生视为五峰蕺山系的代表人物和创始人，但人们更多地是把胡宏视为湖湘学派的创立者，而张栻则是继承胡宏的思想并发展创新的人物。

（一）胡宏的理学思想及其特点

胡宏（1105—1161），南宋理学家，湖湘学派创始人。字仁仲，号五峰。崇安（今福建武夷山市）人。他从小就跟随父亲胡安国（1074—1138）学习程氏理学。20岁时，至京师入太学，师从程门高足杨时。又从师于二程门人侯仲良于荆门，是二程的再传弟子。胡宏以荫补右承务郎。力主抗金，因投降派秦桧当权，胡宏不愿与之同流合污，遂辞官归隐，游学讲道于湖南衡山一带二十余年，潜心研习理学。他是宋代理学中"开湖湘之学统"的人物，培养了一批学问造诣颇深的学生，如张栻、彪居正、吴翌、孙蒙正、赵师孟等人，而以张栻

---

① 参见蔡方鹿：《中华道统思想发展史》，四川人民出版社2003年版，第545—550页。

为最著名。胡宏在衡山讲学著书，其著作有《知言》《皇王大纪》《五峰集》等，其中以《知言》最为著名。《知言》共有六卷，包括胡宏讲学、读书的随笔和札记，以及同弟子的论学、答疑。《知言》由胡宏的弟子、著名理学家张栻编成并印行。张栻在序言中说："是书乃其平日之所自著。其言约，其义精，诚道学之枢要，制治之蓍龟也。然先生之意，每自以为未足，逮其疾革，犹时有所更定，盖未及脱稿而已启手足矣。"[①]这部书是湖湘学派传播理学的一部重要著作。后来张栻和朱熹、吕祖谦亦对《知言》展开讨论，在《知言》的基础上，对其理学加以一定的发展。

胡宏倡理学，续道统，批人君不讲圣人之道而一人独擅天下的封建专制主义；站在理学立场，批王安石经说及所依傍的刘歆古文经说；他既开理学中重要流派湖湘学之学统，亦修正理学流弊，认为天理人欲同体而异用，同行而异情，主张"因天理，合人情"[②]，给人情、人欲留下一定的位置。胡宏由经学入理学，倡心性之学，提出并论证心以成性说。胡宏的理学思想及心性论别具特色，对宋学和理学的发展产生了重要影响，值得进一步深入研究和探讨。

1. 倡理学，续道统

胡宏作为南宋初理学的代表人物，积极倡导理学，对理学的价值观和理论体系予以充分的肯定，其中对道统思想的论证及对周敦颐的宣扬和肯定就是一个重要方面。胡宏在价值观和学术取向上继承了二程的天理思想，尽管在本体论上他并不以理为最高范畴，而是以性、道等为最高范畴，但他对天理思想予以高度的重视。胡宏在对宋学内部各派的态度上，批评同属宋学阵营的王安石新学和三苏蜀学等，而认同于宋学中的二程理学。其认同的标准即是以天理为依据。他搜集二程遗言并为之作序，通过自设疑问来表达自己对二程理学的认同：

> 或曰：然则斯文遂绝矣乎？大宋之兴，经学倡明，卓然致力于士林者，王氏也，苏氏也，欧阳氏也。王氏盛行，士子所信，属之王氏乎？曰：王氏支离。支离者，不得其全也。曰：欧阳氏之文典以重，且韩氏之嗣矣，属之欧阳氏乎？曰：欧阳氏浅于经。浅于经者，不得其精也。曰：苏氏俊迈超世，名高天下，属之苏氏乎？曰：苏氏纵横。纵横者，不得其雅也。

---

① 胡宏：《宋张栻胡子知言序》，《胡宏集》，第338页。
② 胡宏：《与张敬夫》，《胡宏集》，第131页。

然则属之谁乎？曰：程氏兄弟，明道先生、伊川先生也。

或者笑曰：其为言也不文，世人莫之好也。其制行也仿古，世人莫之信也。其讲道也，惟开其端；其言治也，不计其效；盖迂阔之至也。曷足以为斯民耳目，纂尧、舜、文王、孔、孟之绪乎？而子属之以传，过矣！曰：言之不文，乃发于口而门人录之。传先生之道，泽及天下，是其乐也；传之其人，又其次也。修饰辞华，以矜愚众，非其志也。行之仿古，不徇流俗，必准之于圣人也。讲道启端，不骋辞辨，欲学者自得之也。治不计效，循天之理，与时为工，而期之以无穷也。……唱久绝之学于今日，变三川为洙、泗之盛，使天下之英才有所依归，历古之异端，一朝而谬戾，见比于孔子作《春秋》、孟子辟杨墨，其功大矣。①

当经学倡明之际，卓然立于士林的宋学流派有王氏新学、苏氏蜀学、欧阳氏之学，以及二程洛学等。胡宏认为王氏新学、苏氏蜀学和欧阳氏之学均各有流弊，其中王学的弊病在于支离，欧阳氏之学的弊病是在经学上造诣不深，而苏氏的弊病则是杂于纵横，唯有二程兄弟的理学能振起斯文，接续儒家圣人之道。针对反对者提出的不同意见，胡宏力陈二程理学有别于宋学中其他流派的思想要旨：即重道轻文，不事修饰辞华；以古圣人为准，不徇流俗；讲道启学者之端绪，而不骋辞辨，重自得自悟；以天理为行为的依据，而不计较功效和利害。他盛赞二程破"异端"、倡绝学于宋代，继承了洙泗之学，使天下学者有所依归，而不至于迷失方向。直把二程确立理学、对儒学及宋学的发展比作孔子之作《春秋》，孟子之辟杨朱、墨翟，其功甚大，可与孔孟相比。胡宏于宋学中认同二程理学，而批评王安石新学、三苏蜀学和欧阳氏之学，表明他对理学的倡导和肯定。此外，对理学的核心价值观——"存天理，去人欲"，胡宏也是持肯定态度的。他说："心，一也。而有欲心焉，有道心焉，不察乎道而习于欲，则情放而不制，背理伤义，秉彝仆灭，懿德不敷于行，而仁政亡矣。是故察天理，莫如屏欲；存良心，莫如立志。"②认为虽然心为一，但习于欲，则有欲心；因而要求察天理而屏欲，以道制欲，以理制情，不做背理伤义、仆灭彝伦之事，如此可存良心，行仁政。这是胡宏理学思想的集中体现。

与此相关，胡宏大力宣扬理学道统论。他指出，圣门斯文之教备存于二帝

---

① 胡宏：《程子雅言前序》，《胡宏集》，第157—158页。
② 胡宏：《上光尧皇帝书》，《胡宏集》，第83页。

三王之政、孔孟之书中，但孟子没后，其道不传，斯文丧尽。他说："斯文施设乎二帝三王之政，笔削于孔子、孟轲之书，其教亦备矣。然轲没未几而遭焚坑之祸，历两汉，涉魏、晋，至唐、五代，辑之者不足以药疮孔，补罅漏，大为异端之所薄蚀，斯文之气奄奄欲尽。"①认为圣人相传授受之道在孟子没后遭到厄运，不仅汉唐诸儒未能领会，而且受到"异端"思想的挑战，除佛、道二教外，还遭到魏晋玄学的冲击，"及西晋尚清谈，弃礼义，中原涂炭"②。佛、道、玄的冲击和侵蚀，加上汉唐诸儒把注意力放在训诂注疏上而忽视义理，使得儒学发展停滞，斯文之气奄奄欲尽。

在这种情况和背景下，北宋理学兴起，理学家们以弘扬儒家圣人之道为己任。这受到胡宏的表彰。他倡理学，续道统，进一步使理学道统说在南宋得以发扬和盛行。除尊崇二程外，胡宏还表彰了周敦颐、邵雍和张载等人。他说：

> 《易》："穷则变，变则通。"是以我宋受命，贤哲仍生，舂陵有周子敦颐，洛阳有邵子雍、大程子颢、小程子颐，而秦中有横渠张先生。
> 先生名载，字子厚。……知礼成性，道义之出，粹然有光。关中学者尊之，信如见夫子而亲炙之也。……著书数万言，极天地阴阳之本，穷神化，一天人，所以息邪说而正人心，故自号其书曰《正蒙》。其志大，其虑深且远矣。……庶几先生立大本、斥异学之志远而益彰。③

胡宏盛赞"北宋五子"，并推尊其中的张载，认为他知礼成性，道义粹然，他所著《正蒙》极天地阴阳之本，穷神化，一天人，目的是为了息佛老邪说而正人心，接续道统之传、孔孟之教而发扬光大，从而认同张载的学术观、价值观。其学术观即道统观，其价值观即知礼成性，重道义，斥"异端"邪说佛、道思想。在这方面胡宏与张载同道，而未因张载的气本论和自己的性本论有别而使之脱离。可见胡宏与张载，在本体论方面虽有不同，但在价值观和学术观方面却是相同的，即同属于理学思潮。

除赞扬张载外，胡宏还着重表彰了周敦颐，宣扬其在理学道统中的重要地位。经胡宏的宣扬表彰，以及张栻、朱熹的肯定，周敦颐的学术地位得到提高，由北宋时的不大为人所知，到南宋时俨然成为一代学者宗师。胡宏在为周敦颐

---

① 胡宏：《横渠正蒙序》，《胡宏集》，第162页。
② 胡宏：《中兴业·易俗》，《胡宏集》，第208页。
③ 胡宏：《横渠正蒙序》，《胡宏集》，第162—163页。

的代表著作《通书》作序时指出：

> 道学之士皆谓程颢氏续孟子不传之学，则周子岂特为种、穆之学而止者哉？粤若稽古，孔子述三王之道，立百王经世之法。孟轲氏辟杨、墨，推明孔子之泽，以为万世不斩。又谓孟氏功不在禹下。今周子启程氏兄弟以不传之学，一回万古之光明，如日丽天，将为百世之利泽，如水行地。其功盖在孔、孟之间矣。人见其书之约也，而不知其道之大也；人见其文之质也，而不知其义之精也；人见其言之淡也，而不知其味之长也。……患人以发策决科，荣身肥家，希世取宠为事也，则曰：志伊尹之所志。患人以知识闻见为得而自尽，不待贾而自沽也，则曰：学颜回之所学。人有真能立伊尹之志，修颜回之学，然后知《通书》之言包括至大，而圣门之事业无穷矣。故此一卷书，皆发端以示人者，宜度越诸子，直与《易》、《诗》、《书》、《春秋》、《语》、《孟》同流行乎天下。①

胡宏不同意道学之士关于程颢接续孟子不传之学，而把周敦颐仅视为种放、穆修一类学者的观点。他认为在儒家圣人之道的传授中，继孟子之后，是周敦颐启发了二程兄弟，得不传之绝学，其在道统传授中的功劳可与孔孟相比。这与二程不提周氏，将其排除在道统之外的态度形成鲜明的对照，体现了胡宏对周敦颐的尊崇。胡宏以周敦颐的《通书》书约而道大，来肯定其书中蕴藏着圣人之道，甚至把《通书》并列于《易》《诗》《书》《春秋》《语》《孟》等经典之列，直与"六经"、《语》、《孟》同流行于天下，提高了《通书》及周敦颐的地位。这对其门人张栻以及朱熹进一步宣扬周敦颐，产生了重要影响。经胡宏的表彰，周敦颐的学术地位确实得到了提高，由不为人所知，不为二程所言，到成为继千年不传之绝学的人物，并得到后世的尊崇，使之在道统史上得以占有重要地位。后南宋末理学家魏了翁上疏表彰周敦颐，大力宣扬周敦颐在创立理学过程中的作用和功绩，并系统阐述了理学的思想源流和社会功能，极力为理学争社会地位，力图纠正和改变自"庆元党禁"以来对理学的种种曲解。其目的在于，希望南宋的最高统治者能够认识理学对维系社会稳定，巩固封建中央集权制的作用，并将其确立为"正学之宗"，定为统治阶级及全社会的正统思想。在魏了翁等人的一再奏请下，宋宁宗根据当时的政治和形势的需要，于嘉

---

① 胡宏：《周子通书序》，《胡宏集》，第161—162页。

定十三年（1220），赐周敦颐谥号曰"元"，赐程颢谥号曰"纯"，赐程颐谥号曰"正"，使周程的学术地位得到官方的正式承认。

2. 开湖湘之学统

湖湘学派是宋代理学的重要流派之一，由胡宏所开创。全祖望称："绍兴诸儒所造，莫出五峰之上。其所作《知言》，东莱以为过于《正蒙》。卒开湖湘之学统。"① 胡宏开创了湖湘学派，奠定了湖湘学的基础。黄宗羲指出："湖南一派，在当时为最盛。"② 经过胡宏的讲学著述，湖湘学派在当时为最盛的一派，与当时的学者相互交流，取长补短，使得湖湘学派在理论上走向成熟而更加精致。

胡宏作为湖湘学派的开创者和理论代表，他在创立湖湘学派的过程中，提出了一系列重要思想，形成了自己思想的特点，为促进湖湘学派的进一步发展做出了贡献，并在理学史上产生了重要影响。胡宏思想的特点主要表现在以下方面：

（1）提出性本论哲学

胡宏提出性为宇宙本体、天地由性而立的思想。他说："大哉性乎！万理具焉，天地由此而立矣。世儒之言性者，类指一理而言之尔，未有见天命之全体者也。"③ 在这里，胡宏强调和突出性的本体地位，而不同意"世儒"即二程以理言性，以理为宇宙本体的思想。在胡宏的哲学体系里，性为本体，而没有把理提升为宇宙本体，理不是本体，理只是事物的规律和道德原则。胡宏认为，理从属于性，不能与性并列而为宇宙天地的主宰。故对二程"性即理"的观点提出批评，认为这是未见天命之全体的表现。这反映出胡宏的性本论与二程理本论思想的差异，亦是湖湘学派特点的表现。

（2）提出心以成性说

心以成性说是胡宏心性论的重点，他既以性为本体，又重视心的主观能动性，强调通过发挥主体的能动作用，以认识和成就天性。此外，胡宏提出心性各异的心性二元说，以区别于二程的心性一元说。其性体心用的思想是对张载、程颐思想的发展，并影响到张栻和朱熹，但后来张栻、朱熹转而对性体心用说持批评态度。

胡宏提出"心本于天性"的思想。在心性关系上，胡宏认为，性是最高范畴，是宇宙的本体；心从属于性，以性为存在的根据。他说："此心本于天性，

---

① 黄宗羲：《五峰学案序录》，《宋元学案》四十二，第1366页。
② 黄宗羲：《南轩学案·宣公张南轩先生栻》，《宋元学案》卷五十，第1611页。
③ 胡宏：《知言·一气》，《胡宏集》，第28页。

不可磨灭，妙道精义具在于是。"① 天性合称，把本体之性提到天的高度，此天性是心的本原，心本之于性。由于性为本，心从属于性，心性不是一物，所以胡宏倡心性二元说。他认为心性各异，不可混一。他说："心性固是名，然名者，实之表著也。义各不同，故名亦异，难直混为一事也。"② 指出心性的含义各不相同，其名也有异，所以不应把二者"混为一事"，明确表示出心性二元的观点。这与"心即性"的心性一元说形成对比。从胡宏强调心性各异的观点可以看出，在胡宏的哲学体系里，性是本体，心不是本体，心性不能并列，心只是性的显现，从属于性本体。

性体心用论是胡宏心性之学的重要观点。在这个问题上，胡宏以性为体，为未发；以心为用，为已发。他说："圣人指明其体曰性，指明其用曰心。性不能不动，动则心矣。"③ 这句话成为性体心用论的典型文字，对后世理学心性论影响很大。胡宏认为，性为本体，性动为心，心是性本体的表现和作用，并把性体心用与未发、已发联系起来。他说："窃谓未发只可言性，已发乃可言心。故伊川曰：'中者，所以状性之体段'，而不言状心之体段也。"④ 程颐在与吕大临辩论时指出，中为体，可用来形容性，并以心为已发。胡宏受程颐的影响，提出性为未发，心为已发的思想，把心置于从属于性的位置，以突出性的本体地位。他认为，当其未发之时，性作为本体而存在；性本体不能不动，动为已发，其表现为心，心是性的作用。

张栻早期曾接受了胡宏性体心用的思想，并在"中和之辩"中，把性为未发、心为已发的观点介绍给朱熹，使朱熹也一度接受了这一观点。后来张栻逐步放弃了师说。朱熹在同张栻的讨论中，修正了胡宏以性为未发、心为已发的观点，提出性为未发、情为已发，而心统性情的思想，建立起体系严密、内容丰富的心性论哲学体系，这便是对胡宏思想的扬弃和发展。

胡宏在性体心用、心性二元的前提下，十分重视主体能动性的发挥，强调通过识心、尽心，认识天地万物之理，来彰显宇宙本体之性，使性之本得以表现出来。胡宏指出，尽心的目的是为了成性，"尽其心以成吾性"⑤，认为心具有仁的道德属性，与性相联，但不尽心则不能成其性。由于"心无不仁"，所以尽

---

① 胡宏：《与原仲兄书二首》，《胡宏集》，第120—121页。
② 胡宏：《与僧吉甫书三首》，《胡宏集》，第116页。
③ 胡宏：《宋朱熹胡子知言疑义》，《胡宏集》，第336页。
④ 胡宏：《与僧吉甫书三首》，《胡宏集》，第115页。
⑤ 胡宏：《皇王大纪论·周礼礼乐》，《胡宏集》，第253页。

心便是求心中之仁,"欲求仁者,必先识心"①。识心、尽心与求仁是一致的。通过识心、求仁的步骤,完成尽心的要求,最终达到成性的目的。故胡宏强调:"心也者,知天地宰万物以成性者也。"②所谓知天地宰万物,是指认知主体能够认识万物,并能够自主地应事接物,从而主导事物的发展方向,以符合人主观预定的目标。在这里,主观预定的目标就是成性。由于胡宏把仁作为"天地之心",扩散到天地万物之中,其尽心成性与心知天地宰万物以成性是一致的,都是通过尽心求仁,以成就天性。

需要指出的是,心以成性不是指心派生出性来,而是指心能够使性显现出来,性本来就有,只是不尽心就无法显现,无法知性。即一方面,心本于性,以性为存在的根据;另一方面,心的主观认知功能又反作用于性,影响性的流行,使性得以彰显。这即是胡宏心以成性思想的要点。

(3) 主张先察识后涵养

在心性修养上,胡宏主张,当性发见为良心之苗裔时,就要"一有见焉,操而存之,存而养之,养而充之,以至于大,大而不已,与天地同矣"③。这种临事发现良心之苗裔的工夫就称为省察或察识,即察识良心。发见后的存养就叫作涵养,即日常生活中的道德培养。胡宏这种以性为未发,心为已发,先察识后存养的思想成为当时湖湘学派心性修养论的观点,也影响到张栻。

(4) 重躬行践履

这是湖湘学派的突出特点,而胡宏开其先。胡宏提出知行结合,学以知天道的思想,强调将经典所传之道、义贯彻于行;批评只守经书,言仁义而脱离实事的学术倾向,强调读经书,讲仁义,须贯彻于行。胡宏重视"力行"的思想,体现了湖湘学派重躬行践履的学风,并对张栻产生了影响。

(5) 表彰周敦颐,提高其学术地位

胡宏着重表彰了湘人周敦颐,宣扬其在理学道统中的重要地位和作用。胡宏指出,在儒家圣人之道的传授中,继孟子之后,周敦颐得不传之绝学,并传授给二程,其在道统传授中的功劳可与孔、孟相比。张栻在胡宏思想的基础上,亦大力表彰周敦颐,肯定周敦颐在道统传授中的重要地位和开创理学之功。经胡宏的表彰和张栻、朱熹等人的宣扬,周敦颐的学术地位确实得到了提高,由不为人所知,不为二程所言,到成为继千年不传之绝学的人物,并得到后世的

---

① 胡宏:《论语指南》,《胡宏集》,第305页。
② 胡宏:《宋朱熹胡子知言疑义》,《胡宏集》,第328页。
③ 胡宏:《宋朱熹胡子知言疑义》,《胡宏集》,第335页。

尊崇。

以上胡宏的学术思想和学术活动开湖湘之学统，体现了湖湘学派的特点，并具有集众家学术之长的特色，在当时产生了较大影响。

3. 修正理学流弊

作为理学思潮中湖湘学派的创始人和别具特色的理学家，胡宏并不是对前代理学思想一味承袭，全盘继承，而是既有继承，又有所修正，不一味盲从。在认同理学基本价值观和治学倾向的前提下，胡宏对理学的流弊也有所修正。理学是一个极为丰富复杂的文化系统，在它形成和发展的进程中，它的内在结构由多元构成，并具有自己贵理贱欲的特点和自身转化与更新的功能。正如任何有生命力的文化，必须在认同自身的同时，适应新的时代和环境，才能发展，否则必然没落一样，儒学在宋代重新崛起，形成理学，并逐步占据社会意识形态领域的正统地位，是因为二程理学适应了当时时代发展的需要，创造性地扬弃传统儒学，使儒学在自我批判中，改造过时的旧思想，吸取其他文化派别的长处，从而推陈出新，使自身得到发展。然而，在理学发展过程中，由于它自身存在的重道德自律、心性修养，以纠正前代社会和统治者人欲横流、人无廉耻的偏向，而相对轻视物质利益和人生欲望的满足的思想倾向与现实社会人生难免发生矛盾，产生冲突，故随着时间的推移而出现弊病。胡宏对此提出了批评，而对理学的流弊加以修正。这主要表现在他提出"天理人欲同体而异用，同行而异情"的思想；主张"因天理，合人情"，给人欲和人情留下一定的位置，并不完全抹杀，而有别于正统理学家。

（1）"天理人欲同体而异用，同行而异情"

在天理与人欲的关系问题上，虽然胡宏主张察天理而摒人欲，但对把天理与人欲绝对分开而对立起来的倾向并不认同，由此他提出了"天理人欲同体而异用，同行而异情"的思想。这一思想得到了吕祖谦、魏了翁的赞同，而遭到了张栻和朱熹的反对。朱熹对胡宏的一些观点提出了责难，并主张把"天理人欲同体而异用"从胡宏的代表著作《知言》中删去。

胡宏指出："天理人欲同体而异用，同行而异情。进修君子宜深别焉。"[①]认为天理与人欲同出于一体，这个体，在胡宏的思想体系里，当指性。他说："好恶，性也。小人好恶以己，君子好恶以道。察乎此，则天理人欲可知。"[②]天理

---

① 胡宏：《宋朱熹胡子知言疑义》，《胡宏集》，第329页。
② 胡宏：《宋朱熹胡子知言疑义》，《胡宏集》，第330页。

人欲都出自性之本体，但它们的作用不同，以至"同行而异情"。胡宏认为，天理人欲的区别不在于体用之分，天理是体，人欲是用，而在于它们体同而用异，即同出于一性，只是天理与道相联系，人欲与己相联系，一为公，一为私，这便是二者的不同。由于性为二者共同的根据，所以人"未能无欲"[①]，欲的存在是客观的。但他主张"虽有欲，欲而不淫矣"[②]，反对"欲而不能止"[③]。胡宏承认人欲的客观存在，提倡"欲而不淫"，给人欲留下一定的位置，而非完全去掉，这是对二程"窒欲"思想的修正，表现出自己的新见解。

（2）"因天理，合人情"

与客观承认人欲的存在相关，胡宏提出"因天理，合人情"的命题，把"因天理，合人情"作为圣人之政的内涵，要求将其贯彻于行。他说："但患人不识圣人因天理，合人情，均平精确，广大悠久之政，不肯行耳。"[④]认为圣人之政包括"因天理，合人情"等内容，可见天理与人情不可分，强调圣人之政也要符合人情，以体现其均平、广大的原则。胡宏并不因推行天理而抹杀人情，认为人情与天理有密切联系的思想，这在理学家中别具特色，亦是对正统理学家因强调天理而忽视人欲、人情思想的一定程度的修正。

胡宏倡理学，续道统，开理学思潮中湖湘学派之学统；亦修正理学流弊，给人情、人欲留下一定的位置；倡心性之学，提出并论证心以成性说，其心以成性的思想及天地由性而立、性体心用、心性二元的观点体现了湖湘学派早期心性论的特点。其弟子张栻在继承胡宏思想的基础上，又对师说加以扬弃，在与朱熹进行学术交流的过程中，发展了胡宏的思想，确立了湖湘学派的基本理论。朱熹也通过与张栻的"中和之辩"，发展了胡宏的理论。胡宏的心性论则成为后世理学心性论发展的重要铺垫。这些思想表明胡宏在宋代理学史上占有重要地位。

（二）张栻对理学发展的贡献

张栻（1133—1180），南宋著名理学家、哲学家、教育家。字敬夫，又字乐斋，号南轩，学者称南轩先生，谥曰宣，又称张宣公。汉州绵竹（今四川绵竹市）人。与朱熹、吕祖谦并称"东南三贤"。张栻出生在一个官宦世家，其

---

① 胡宏：《知言·修身》，《胡宏集》，第4页。
② 胡宏：《知言·纷华》，《胡宏集》，第25页。
③ 胡宏：《知言·纷华》，《胡宏集》，第25页。
④ 胡宏：《与张敬夫》，《胡宏集》，第131页。

父张浚（1097—1164）是南宋政治家、军事家，曾率部抵御金军入侵，受学于程颐的蜀中门人谯定，是伊川的再传弟子。伊洛之学经由张浚在蜀中得昌，又得到张浚之子张栻的发展，在全国大盛。张栻出生于四川，从小随其父在四川、湖南、广东等地居住，在家庭受到了儒家忠孝仁义思想的教育。绍兴二十九年（1159），张栻辑录孔子大弟子颜渊的言行作《希颜录》上下篇，并于此年闻五峰先生胡宏在衡山传二程之学，遂去信求教质疑。两年后，即绍兴三十一年（1161），张栻29岁，前往衡山拜胡宏为师。并于此年在潭州城南妙高峰筑城南书院，以教来学者。此城南书院后为著名的湖南第一师范学校。乾道二年（1166），湖南安抚使知潭州刘珙在潭州重修岳麓书院成，请张栻主教岳麓书院。张栻作《潭州重修岳麓书院记》。至此，张栻往来于湘江两岸的城南、岳麓两书院讲学授徒，传道授业。

乾道三年（1167），张栻主讲岳麓、城南两书院。朱熹专程到长沙向张栻请教，相互交流学术。朱熹对张栻的学问十分赞叹，两人在一起讨论了《中庸》的已发、未发和察识、涵养之序以及太极、仁等经学和理学的重大理论问题，展开了激烈的争论。这次张栻、朱熹的"潭州嘉会"历时两月，听者甚众，盛况空前，开创了书院自由讲学的新风，和不同学术观点自由辩难之风气，促进了理学的发展，是理学史和岳麓书院史上的大事。

乾道五年（1169），张栻知严州（今浙江建德）。南宋另一著名理学家、"东南三贤"之一的吕祖谦也于当年出任严州教授。两人关系密切，相与论学。

淳熙二年（1175），张栻知静江府（今属广西）、经略安抚广南西路。淳熙五年（1178），孝宗闻张栻治理静江有方，乃诏特转承事郎进直宝文阁，寻除秘阁修撰、荆湖北路转运副使，改知江陵府（今属湖北），安抚本路。淳熙七年（1180）二月二日，张栻病卒于江陵府舍，终年48岁。张栻逝世后，其弟张杓护丧归葬于其父张浚墓侧。当张栻的灵柩从江陵运出时，当地百姓挽车号哭，悲哀之声数十里不绝。孝宗皇帝闻讣后，"亦深为嗟悼"。各地贤士大夫纷纷挥泪致哀，而张栻治理过的静江百姓"哭之犹哀"。张栻的著作主要有《南轩论语解》《南轩孟子说》《南轩易说》《南轩文集》《诸葛忠武侯传》《南岳倡酬集》等。今人杨世文、王蓉贵将张栻著作整理点校，编为《张栻全集》，于1999年12月由长春出版社出版。

以经学义理为基础，张栻提出了自己的太极论、心性论等理学诸论，为宋代理学的发展做出了贡献。他宣扬和表彰周敦颐、二程在道统中的作用和功绩，对理学道统论作了发展；与朱熹"交须而共济"，共同发展了二程学说；确立了理学思潮中集众家之长的湖湘学派。湖湘学派由胡安国、胡宏开创，而张栻集大成。湖湘学派具有重躬行践履的突出特点，张栻反对知而不行，忽视行的学风，指出今人之不践履，是未尝真知。这种重躬行践履的学风与"仁义之行，固无不利"和"留心经济之学"的思想相联系，又带有事功思想的色彩。在治学方法上，张栻集朱陆两家之长而去其短。

1. 论《中庸》之中和说

张栻对《中庸》十分重视，他与朱熹就《中庸》之中和说展开讨论，在相互辩难和论学中，提出了一系列重要理论和观点，促进了理学心性修养论的丰富与完善，这在当时具有重要的学术价值和意义。

所谓中和，出自宋代理学家极为重视的"四书"之一的《中庸》。《礼记·中庸》称："喜怒哀乐之未发，谓之中；发而皆中节，谓之和。中也者，天下之大本也；和也者，天下之达道也。致中和，天地位焉，万物育焉。"意即喜怒哀乐等人的感情未发之前，谓之中，此中存在于内，是一种精神性的实体，它作为天下的根本，是喜怒哀乐等人的感情的发源地。人的感情表现在外，符合了中的原则，便是和。掌握了中和的原则，天地万物便有其根据，天下可得到治理，人的道德也可达到圣人的境界。

宋代理学家都很重视《中庸》提出的中和之义，纷纷对此加以阐发，把它作为心性哲学和道德修养论的重要内容。程颐提出："'喜怒哀乐之未发，谓之中'，中也者，言寂然不动者也，故曰'天下之大本'。'发而皆中节，谓之和'，和也者，言感而遂通者也，故曰'天下之达道'。"[1]即认为中为静、为本；和为动、为本的表现。程颐又说："赤子之心可谓之和，不可谓之中。"[2]这里以心为已发之和，不以心为未发之中。程颐的这一观点后来有所改变，但其以心为已发对胡宏、张栻的思想产生了较大影响，也是引起张栻与朱熹争论的一个契机。程颐还提出"中也者，所以状性之体段"[3]，以未发之中言性。程颐又与苏季明讨论了未发之前的涵养问题，认为"若言存养于喜怒哀乐未发之时，则可；若言求中于喜怒哀乐未发之前，则不可"。又曰："于喜怒哀乐未发之前，更怎生求？只平日涵养便是。涵养久，则喜怒哀乐发自中节。"[4]胡宏继承了程颐以中言性，以和为心的思想，提出性为体、为未发，心为用、为已发的观点。他说：

---

[1] 朱熹、吕祖谦编：《道体》，《近思录》卷一，文渊阁四库全书，第699册，第5页。
[2] 程颢、程颐：《与吕大临论中书》，《河南程氏文集》卷九，《二程集》，第608页。
[3] 程颢、程颐：《与吕大临论中书》，《河南程氏文集》卷九，《二程集》，第606页。
[4] 程颢、程颐：《河南程氏遗书》卷十八，《二程集》，第201页。

"圣人指明其体曰性，指明其用曰心。"①并说"窃谓未发只可言性，已发乃可言心。故伊川曰：'中者，所以状性之体段'，而不言状心之体段也"②。与此相应，在心性修养上，胡宏主张，当性发见为良心之苗裔时，就要"一有见焉，操而存之，存而养之，养而充之，以至于大，大而不已，与天地同矣"③。这种临事发现良心苗裔的工夫就称为省察或察识，即察识良心；发见后的存养就叫作涵养，即日常生活中的道德培养。胡宏的这种以性为未发，心为已发，先察识后存养的思想是当时湖湘学派心性修养论的观点，也影响到张栻。而李侗受程颐"存养于喜怒哀乐未发之时"和"涵养须用敬"④思想的影响，强调于未发时的涵养，从静中体认大本。朱熹称："李先生教人，大抵令于静中体认大本未发时，气象分明，即处事应物自然中节。此乃龟山门下相传指诀。"⑤从杨时到李侗都持这种观点。由此可见，胡宏与李侗的观点虽然都可以从程颐的思想里找到某些根据，但他们之间的区别是显而易见的：胡宏以性为未发，心为已发，先察识后存养，而李侗侧重于静默未发时涵养体认大本。这种观点的不同，分别影响到他们各自的门人张栻和朱熹，由此而引起了张朱两人关于《中庸》之中和说的讨论。

（1）关于已发与未发

已发与未发之关系，是张栻论《中庸》之中和说的重要内容。乾道三年（1167），朱熹专程访张栻于潭州（今长沙），两人相与讨论了已发、未发等有关中和之义的问题。朱熹说：

> 余蚤从延平李先生学，受《中庸》之书，求喜怒哀乐未发之旨，未达而先生没。余窃自悼其不敏，若穷人之无归。闻张钦夫得衡山胡氏学，则往从而问焉。钦夫告余以所闻，余亦未之省也。退而沉思，殆忘寝食。一日，喟然叹曰：人自婴儿以至老死，虽语默动静之不同，然其大体莫非已发，特其未发者为未尝发尔。自此不复有疑，以为《中庸》之旨果不外乎此矣。后得胡氏书，有与曾吉父论未发之旨者，其论又适与余意合，用是益自信。⑥

---

① 胡宏：《宋朱熹胡子知言疑义》，《胡宏集》，第336页。
② 胡宏：《与僧吉甫书三首》，《胡宏集》，第115页。
③ 胡宏：《宋朱熹胡子知言疑义》，《胡宏集》，第335页。
④ 程颢、程颐：《河南程氏遗书》卷十八，《二程集》，第188页。
⑤ 朱熹：《答何叔京（二）》，《朱熹集》卷四十，第1841—1842页。
⑥ 朱熹：《中和旧说序》，《朱熹集》卷七十五，第3949页。

朱熹初拜李侗为师前曾出入佛老，经李侗指正，乃知以前流入佛教为非，遂重于从儒家经典中求义理，然而却忽视了李侗关于在静默未发时涵养的思想。李侗去世后，朱熹乃觉得没有掌握李侗于静默未发之时涵养体认大本的遗意，感到不安。他说："当时亲炙之时，贪听讲论，又方窃好章句训诂之习，不得尽心于此。至今若存若亡，无一的实见处，辜负教育之意。每一念此，未尝不愧汗沾衣也。"① 于是朱熹前往潭州求教于张栻。张栻把他所理解的性为未发、心为已发的观点告诉朱熹。朱熹经过一番思索，接受了张栻的观点。朱熹说："《中庸》未发已发之义，前此认得此心流行之体，又因程子'凡言心者，皆指已发而言'，遂目心为已发，性为未发。"② 由于程颐曾有心为已发之言，胡宏在和僧吉甫论未发之旨时，也有性为未发、心为已发之说，这些思想都影响了朱熹。张栻这时也持师说。朱熹在和张栻的讨论中，虽"三日夜而不能合"③，但最终还是接受了张栻的观点。

朱熹接受了张栻的观点后，便舍去了李侗于未发时涵养体认大本之教，而专事于在已发之际察识其心。朱熹说："天理本真，随处发见，不少停息者，其体用固如是，而岂物欲之私所能壅遏而梏亡之哉？故虽汩于物欲流荡之中，而其良心萌蘖，亦未尝不因事而发见。学者于是致察而操存之，则庶乎可以贯乎大本达道之全体而复其初矣。"④ 朱熹自注云："此书非是，但存之以见议论本末耳。"⑤ 这说明，朱熹自访张栻于潭州之后，受张栻的影响，便以天理即性为未发之本体，以良心为已发之作用，主张当良心发见时，就要致察，而致察后再操存。这就否定了未发时有修养的工夫。

朱熹在接受张栻的观点之后，经过一段时间的思考，又认为张栻的观点有毛病，逐步产生了怀疑。他说："熹自去秋之中走长沙，阅月而后至，留两月而后归。……钦夫见处卓然不可及，从游之久，反复开益为多。但其天姿明敏，从初不历阶级而得之，故今日语人亦多失之太高。湘中学子从之游者遂一例学为虚谈，其流弊亦将有害。比来颇觉此病矣。"⑥ 张栻虽然对朱熹"反复开益为多"，但朱熹后又认为张栻的观点"失之太高"，有超越阶段、流于虚谈的毛病。这是指朱熹从长沙晤张栻归来的第二年（1168），认识到张栻以性为未发，

---

① 朱熹：《答何叔京（二）》，《朱熹集》卷四十，第1842页。
② 朱熹：《与湖南诸公论中和第一书》，《朱熹集》卷六十四，第3383页。
③ 王懋竑：《朱熹年谱》卷一，何忠礼点校，中华书局1998年版，第32页。
④ 朱熹：《与张钦夫》，《朱熹集》卷三十，第1290页。
⑤ 朱熹：《与张钦夫》，《朱熹集》卷三十，第1289页。
⑥ 朱熹：《答石子重（五）》，《朱熹集》卷四十二，第1980页。

心为已发的思想有问题。于是与张栻通过书信往来继续展开辩论。而于乾道五年（1169），此年为己丑年，朱熹对自己过去曾接受的张栻的观点由疑到悟，纠正了张栻以至胡宏关于已发、未发的观点。这就是被理学家看重的"己丑中和之悟"。朱熹记述道："乾道己丑之春，为友人蔡季通言之，问辨之际，予忽自疑，……予之所自信者，其无乃反自误乎！"[①]朱熹自我检讨道："向来讲论思索，直以心为已发，而日用工夫亦止以察识端倪为最初下手处，以故阙却平日涵养一段工夫。"[②]认为以心为已发的流弊在于，只去察识良心之发见，而缺少平日未发时的涵养工夫。朱熹进而批评张栻"于事物纷至之时，精察此心之所起"，即以心为已发而察此心的观点是"更于应事之外别起一念，以察此心。以心察心，烦扰益甚，且又不见事物未至时用力之要。此熹所以不能亡疑也"[③]。张栻认为，心为已发，主张事物一至便察此心之起。朱熹则认为，以心为已发的观点忽视了未发时的道德培养工夫，一旦遽见此心之起是失之太快，不守用力次第，因而会流于异学之归。朱熹在与张栻的讨论中，修正了以性为未发、心为已发的观点，从而提出性为未发，情为已发，而心统性情的思想。他说："喜怒哀乐之未发谓之中，性也；发而皆中节谓之和，情也。子思之为此言，欲学者于此识得心也。心也者，其妙情性之德者欤。"[④]又说："'（心）以成性者也'，此句可疑，欲作而统性情也。"[⑤]朱熹把未发之中解为性，把已发之喜怒哀乐解为情，而把心作为贯通在性与情之中的，这是对中和之义的新解。

张栻此时部分接受了朱熹的观点，认识到"心性分体用，诚为有病"[⑥]，但对朱熹提出的心统性情的观点仍有保留。"栻曰：'统'字亦恐未安，欲作而主性情，如何？"[⑦]又说："自性之有动谓之情，而心则贯乎动静而主乎性情者也。"[⑧]张栻提出心主性情说，以代替自己过去所主张的性为体、为未发，心为用、为已发的观点，这一改变是受到朱熹思想的影响，但也有自己的独立创见。朱熹指出："敬夫未发之云，乃其初年议论，后觉其误，即已改之。"[⑨]但我们在《南

[①] 朱熹：《中和旧说序》，《朱熹集》卷七十五，第3949—3950页。
[②] 朱熹：《与湖南诸公论中和第一书》，《朱熹集》卷六十四，第3384页。
[③] 朱熹：《答张钦夫》，《朱熹集》卷三十，第1287—1288页。
[④] 朱熹：《答张敬夫问目》，《朱熹集》卷三十二，第1384页。
[⑤] 胡宏：《宋朱熹胡子知言疑义》，《胡宏集》，第328页。
[⑥] 胡宏：《宋朱熹胡子知言疑义》，《胡宏集》，第337页。
[⑦] 胡宏：《宋朱熹胡子知言疑义》，《胡宏集》，第328页。
[⑧] 张栻：《答吴晦叔》，《南轩集》卷二十九，《张栻全集》，第953页。
[⑨] 朱熹：《答方宾王（五）》，《朱熹集》卷五十六，第2840页。

轩集》里并未见到有关张栻初年已发、未发观点的文字，张栻的观点只能通过《朱文公文集》间接看到。个中原因可以从朱熹的话中窥出："但旧说已传，学者又不之察，便加模刻，为害不细。往时常别为编次，正为此耳。然误本先行，此本后出，遂不复售，甚为恨也。"① 由于张栻的《南轩集》是由朱熹亲自编定的，朱熹担心张栻初年在未发、已发等问题上的观点贻误学者，恐在"别为编次"张栻的文集时，与"误本"作了区别，其"误本"中的"初年议论"已被删去。

张栻、朱熹关于中和之已发、未发问题的讨论，先是张栻主胡宏性体心用，性为未发之中，心为已发之和的观点，注重在已发之际察心识心，而忽略未发时的涵养工夫，在乾道三年通过与朱熹辩论，使朱熹接受了自己的观点；随后朱熹对心为已发之旨产生怀疑，由疑到悟，乾道五年的"己丑中和之悟"是朱熹思想的大转变，从而提出性体情用，心统性情之说，否定了胡宏、张栻所主张的"已发乃可言心"的观点，回到并发展了李侗侧重于在静默未发时涵养体认大本的思想。可见，作为朱熹心性论纲领和核心的"心统性情"说的提出，实与张栻的学术辩难分不开。朱熹的"己丑中和之悟"又反过来影响了张栻，张栻在与朱熹的辩论中基本接受了朱熹在已发、未发问题上的观点，而放弃了前说。这是张朱二人及湖湘学、闽学互相影响、互相促进的表现。张栻在讨论中首次提出的"心主性情"的观点启发了朱熹，立即被朱熹接受，并作为其"心统性情"思想体系中的重要组成部分。

（2）关于察识与涵养

与已发、未发问题紧密相联，察识与涵养的关系问题也是张栻论《中庸》之中和说的重要内容。张栻继承了胡宏先察识后涵养的思想，他在所作的《艮斋铭》中表达了这一观点：

> 天心粹然，道义俱全。是曰至善，万化之源。人所固存，曷自违之！求之有道，夫何远而。四端之著，我则察之。岂唯虑思，躬以达之。工深力到，大体可明。匪自外铄，如春发生。知既至矣，必由其知。造次克念，战兢自持。事物虽众，各循其则。其则匪它，吾性之德。动静以时，光明笃实。艮止之妙，于斯为得。②

---

① 朱熹：《答方宾王（五）》，《朱熹集》卷五十六，第 2840 页。
② 张栻：《艮斋铭》，《南轩集》卷三十六，《张栻全集》，第 1039 页。

这时张栻主性体心用之说，他认为，当性的四德表现为心之四端时，就要察其端绪之著见，通过察心，再行存养，这样便可明其大体。由于万物都遵循着性之四德，即仁义礼智的原则，所以像这样先察识后存养，掌握了性之大体，便可驾驭众多的事物，而不离善的原则。

朱熹在乾道三年走访张栻之后，接受了张栻这一先察识后涵养的观点。他说："去冬走湖湘，讲论之益不少。然此事须是自做工夫于日用间行住坐卧处，方自有见处。然后从此操存，以至于极，方为己物尔。敬夫所见，超诣卓然，非所可及。"① 朱熹在这里所说的在日用处先有见，然后从此操存的见解，就是当时张栻所主张的先察识后存养的观点。朱熹此时十分赞赏张栻在《艮斋铭》中提到的修养方法。他说："如《艮斋铭》便是做工夫底节次。"② 朱熹当时觉得，用这种先察识后存养的方法，便可察其良心，大体立，则言行自然中节。朱熹认为，先察其良心发见之微，从此下手，便是做工夫的本领。如果不先省察良心发见处，则无法立其本。根本不立，即使多识前言往行，也未得安稳，不免支离。只有通过察识良心而立其本，才能直接求得圣人之道。朱熹对张栻的学问表示钦佩，认为张栻的心性之学和修养方法"不为言句所桎梏"，"非吾辈所及"③。这个时候，朱熹深受张栻的影响，其思想很接近张栻，并重视心的作用。

朱熹在接受张栻的思想之后，又逐步对先察识后涵养的观点产生怀疑。他认为，张栻的观点只解决了在已发处察识的问题，但对未发时的修养工夫却没有涉及，如果没有平日未发时涵养的工夫，一上来就察其已发，恐怕临事茫然，无从下手而适中。他在给张栻的信中讨论道："所谓学者先须察识端倪之发，然后可加存养之功，则熹于此不能无疑。盖发处固当察识，但人自有未发时，此处便合存养，岂可必待发而后察，察而后存耶？且从初不曾存养，便欲随事察识，窃恐浩浩茫茫，无下手处。而毫厘之差，千里之谬，将有不可胜言者。……且如洒扫应对进退，此存养之事也，不知学者将先于此而后察之耶？抑将先察识而后存养也？以此观之，则用力之先后判然可睹矣。"④ 朱熹认为，在人的喜怒哀乐感情未发之时就要存养，不能等到已发之际再来察识，察识以后再来存养。所谓存养，即涵养，指平时的道德修养。朱熹指出，洒扫应对进退等日常生活之事，就是做存养工夫的地方，要把道德修养贯彻到日常生活之中，只有

---

① 朱熹：《答程允夫（五）》，《朱熹集》卷四十一，第 1920—1921 页。
② 朱熹：《答程允夫（五）》，《朱熹集》卷四十一，第 1921 页。
③ 朱熹：《答何叔京（十一）》，《朱熹集》卷四十，第 1865 页。
④ 朱熹：《答张钦夫》，《朱熹集》卷三十二，第 1405 页。

平时涵养于未发之前，临到已发时才能自然中节。朱熹这时已悟前说之非，而主先涵养后察识的观点。由此他批评张栻说："湖南诸友其病亦似是如此，近看南轩文字，大抵都无前面一截工夫也。……若必待其发而后察，察而后存，则工夫之所不至多矣。唯涵养于未发之前，则其发处自然中节者多，不中节者少。"①

朱熹把涵养看作是在察识之先的"前面一截工夫"，而主张涵养在前，察识在后，并对张栻先察识后涵养的观点提出批评。张栻通过与朱熹的辩论，开始对自己的观点有所修正，尽管他并不马上改变自己的观点。对此，朱熹指出："近得南轩书，诸说皆相然诺。但先察识后涵养之论执之尚坚，未发已发条理亦未甚明。盖乍易旧说，犹待就所安耳。"②由于张栻"乍易旧说"，对自己观点的改变有一个认识过程，此时他仍持先察识后涵养之说。到了后来，当他与吕祖谦等人讨论存养、省察关系问题时，便认识到自己过去的观点有误。张栻说："某读书先庐，粗安晨夕。顾存养、省察之功固当并进，然存养是本。觉向来工夫不进，盖为存养处不深厚，方于闲暇不敢不勉。"③并自注："存养处欠，故省察少力也。"④张栻此时检讨了自己过去"存养处不深厚"的毛病，改先省察后存养为存养、省察并进。但他并没有接受朱熹的先存养后省察的观点，而是主张二者并进。他说："不知苗裔，固未易培壅根本；然根本不培，则苗裔恐愈濯濯也。此语须兼看，大抵涵养之厚，则发见必多；体察之精，则本根益固。未知大体者，且据所见自持，而于发处加察，自然渐觉有功。不然都不培壅，但欲省察，恐胶胶扰扰，而知见无由得发也。"⑤张栻强调，要把平时的道德修养与遇事省察，以按道德原则办事结合起来。只有平日的涵养工夫深厚，遇事发见中节必多；而遇事体察之精，对于道德根本的培养更加有益。虽然省察、存养二者相兼并进，但张栻仍以存养为本，即重视道德修养，把在日常生活中进行道德培养作为根本，故"于闲暇不敢不勉"。

后来朱熹亦由先涵养后察识，而主涵养与察识交相助的观点，这就与张栻涵养、省察相兼并进的思想基本一致了。朱熹说："已发未发，不必大泥。只是既涵养，又省察，无时不涵养省察。……存养省察，是通贯乎已发未发功夫。未发时固要存养，已发时亦要存养。未发时固要省察，已发时亦要省察。只是

---

① 朱熹：《答林择之（二十二）》，《朱熹集》卷四十三，第2049页。
② 朱熹：《答林择之（三）》，《朱熹集》卷四十三，第2028页。
③ 张栻：《寄吕伯恭（一）》，《南轩集》卷二十五，《张栻全集》，第891页。
④ 张栻：《寄吕伯恭（一）》，《南轩集》卷二十五，《张栻全集》，第891页。
⑤ 张栻：《答吴晦叔》，《南轩集》卷二十九，《张栻全集》，第953页。

要无时不做功夫。……未发已发，只是一件工夫，无时不涵养，无时不省察耳。……要知二者可以交相助，不可交相待。"[1] 即张栻和朱熹两人都修正了胡宏先察识后涵养的思想，最后认识到察识与涵养可以相兼并进，交相助，强调平时的道德修养与临事按道德原则办事是互相依赖、互相促进的。其"无时不涵养，无时不省察"便是指无论何时，都既要涵养，又要省察，打破了涵养与察识的先后之分。这便是张栻与朱熹讨论中和之察识、涵养问题的始末。

张栻与朱熹围绕着《中庸》提出的已发、未发的中和问题展开认真的讨论，其中涉及心、性、情，已发与未发，察识与涵养等有关宋代理学心性论和修养方法论的重大学术理论问题。张栻、朱熹展开《中庸》之中和说的讨论的意义在于：通过辩论，促进了宋代理学心性论的发展，使得若干心性哲学的范畴在意义和相互关系上更加明确。这场辩论纠正了胡宏性体心用、已发为心的观点，刺激和启发朱熹提出性体情用、心统性情的思想，这一思想成为朱熹哲学的重要内容和其心性之学的纲领。而张栻在放弃胡宏性体心用之说的基础上，先于朱熹提出了"心主性情"的思想，这对朱熹产生了重要影响。在辩论中，双方都修正了胡宏"未发只可言性，已发乃可言心"，先察识后涵养的思想，最后认识到察识与涵养可以相兼并进，交相助，强调平时的道德修养与临事按道德原则办事是互相依赖、互相促进的。这是对理学心性修养论的丰富与完善。

此外，张朱《中庸》之中和说的讨论促进了宋代理学思潮中湖湘学与闽学的交流和发展，开创了自由讲学和不同学术观点互相辩难又互相促进的一代新风。张朱论《中庸》之中和说具有开风气之先的意义，后来朱熹与陆九渊的鹅湖论学方法之争、朱熹与陈亮的王霸义利之辩陆续展开，理学大大地发展起来并走向成熟。

张栻的理学思想体系，是由一系列相互联系的理学范畴及由范畴构成的理学理论所组成，是张栻通过对儒家经书及经典范畴的解析而提出的，亦是张栻在与同时代诸多学者、思想家的相互交流中而深化发展的。

2. 太极论

太极论是张栻理学思想体系的重要组成部分，亦是对二程不讲太极，其理学思想体系中没有太极地位的学术思想的丰富和发展。

太极作为中国哲学的重要范畴始见于儒家经典《周易·系辞上传》："易有太极，是生两仪，两仪生四象，四象生八卦。"即是说变易之中有太极，太极是

---

[1] 黎靖德编：《朱子语类》卷六十二，第 1514—1515 页。

万物的源起。唐代孔颖达作《周易正义》，把太极解释为气，"太极谓天地未分之前，元气混而为一，即是太初、太一也"。张载也借用太极来说明气，"一物而两体，其太极之谓与"①。周敦颐作《太极图说》，如果按朱熹断定的"无极而太极"来解释，那么太极即是宇宙的本原，无极是形容太极的无形，"无极而太极"便是说无形而有理。邵雍则把太极解释为心，提出"心为太极"②的思想，把太极与心等同，即把太极解释为心，其太极范畴亦具有了主观精神的性质。在邵雍的哲学体系里，心与太极均为重要的本体范畴，心所具有的宇宙本原的意义，在太极那里同样具有。张栻继承了《易传》、周敦颐、邵雍等的思想，并加以发挥，而提出了自己的太极论思想。

（1）"太极者，所以生生者也"

在对《周易》太极说的解析中，张栻断言，太极是产生万物的本原和万物存在的根据。这是其理学太极范畴的基本内涵。他说："太极之说，某欲下语云：《易》也者，生生之妙也；太极者，所以生生者也。"③易是万物产生、运动、变化过程中奇妙的变易现象和功能，而太极则是万物产生的原因或根源，天地万物统一于太极。他说：

> 太极动而二气形，二气形而万物化生，人与物俱本乎此者也。④
>
> 太极混沦，生化之根，阖辟二气，枢纽群动，惟物由乎其间而莫之知，惟人则能知之矣。⑤
>
> 夫自太极既判，两仪肇焉，故阖户之坤所以包括万物而得阴也，辟户之乾所以敷生万物而得阳也。⑥

太极是万物化生的根源，太极的动静产生阴阳二气，阴阳二气一阖一辟、往来无穷的变化又产生有形的人与万物，所以"人与物俱本乎此"，皆以太极为最后的根源。

张栻的太极包罗了天、地、人，是"函三为一"的本体，无论是自然天地，还是社会人生，都有太极存在于其中，作为主宰。他说：

---

① 张载：《正蒙·大易》，《张载集》，第48页。
② 邵雍：《观物外篇·下之中》，《邵雍集》，第152页。
③ 张栻：《答吴晦叔（五）》，《南轩集》卷十九，《张栻全集》，第825页。
④ 张栻：《存斋记》，《南轩集》卷十一，《张栻全集》，第719页。
⑤ 张栻：《扩斋记》，《南轩集》卷十一，《张栻全集》，第722页。
⑥ 张栻：《南轩易说》卷一，《张栻全集》，第11页。

>《易》有太极者，函三为一，此中也。如立天之道曰阴与阳，而太极乃阴阳之中者乎；立地之道曰柔与刚，而太极乃刚柔之中者乎；立人之道曰仁与义，而太极乃仁义之中者乎。此太极函三为一，乃皇极之中道也。①

太极既分为阴阳、刚柔、仁义，又存在于阴阳、刚柔、仁义之中，作为它们之所以存在的根据。太极是一个涵盖天人，贯通自然与社会人事的本体范畴。

张栻认为，本体范畴太极是一，人与物是万，一衍生万，万从一而来，但不同之万物各具有完整的一，太极既派生万物，又存在于万物之中，作为各个具体事物存在的根据。张栻的太极，是宇宙生成论与宇宙本体论合二而一的范畴。他说：

>盖何莫而不由于太极，何莫而不具于太极，是其本之一也。然有太极，则有二气五行，絪缊交感，其变不齐，故其发见于人物者，其气禀各异而有万之不同也。虽有万之不同，而其本之一者，亦未尝不各具于其气禀之内。②

太极通过阴阳五行而敷生万物，这是宇宙生成论。不同之万物，又各以太极为体，"物莫不皆有太极，则所谓太极者，固万物之所备也"③，各个气禀之物都各以太极作为自己存在的根据，这又是宇宙本体论。张栻的太极范畴，一身而兼两义。

张栻强调太极的完整不可分割性，无论是作为最高本体的太极，还是与具体事物结合、存在于具体事物之中的太极，都是圆满无亏欠的。他说："盖未知物则有昏隔，而太极则无亏欠故也。若在物之身太极有亏欠，则是太极为一物，天将其全与人，而各分些子与物也，此为于大本甚有害。"④太极存在于人之中是完整的，太极存在于物之中，同样是完整而无亏欠的。如果认为存在于物之中的太极有亏欠，那则有害于全体宇宙的本质。张栻强调太极的完整不可分割性，就是强调宇宙本体的至上性。

---

① 张栻：《南轩易说》卷一，《张栻全集》，第11—12页。
② 张栻：《孟子说》卷六，《张栻全集》，第427页。
③ 张栻：《答周允升》，《南轩集》卷三十一，《张栻全集》，第977页。
④ 张栻：《与吴晦叔（八）》，《南轩集》卷二十八，《张栻全集》，第946—947页。

（2）"太极本无极"

太极是无形无象的精神实体，这是张栻太极论的又一含义。张栻不同意把无极与太极分为二体的见解，他认为无极不是一个与太极并存的本体范畴，无极是用以形容太极的无形无象的性质的。"太极本无极"也不是意味着自无生有，如果说"自无生有"，则是把无极与太极分为二体，这就破坏了宇宙本体的统一性。张栻在解释周敦颐"无极而太极"这句话时说："此语只作一句玩味。无极而太极存焉，太极本无极也。若曰：自无生有，则是析为二体矣。"① 张栻认为，太极本是无形无象的，但太极之上并没有一个无极为之更高的本体。他不同意把无作为独立于太极之上的本体而生有。太极是无形无象的，这就是所谓"太极本无极"的意思。这与朱熹的观点相近。

张栻把无形无象的太极与有形的天地万物对举，其太极便为形而上的精神实体。在太极派生的天地之间，"其覆载范围之中可得而见者谓之象"②。具体事物是有形象可见的，而太极则是无形的。有形可见的天地万物本之于太极，太极便是形而上的本体。他说："天地亦形而下者，一本于太极。"③ 所谓形而下，即具有一定形体；所谓形而上，即无形可见。天地间具有一定形体的事物是由抽象的、无形的本体——太极所派生，这便是有形与无形、显现与本体之间的关系。

（3）"太极，性也"

张栻理学的太极与性，是同一层次的本体范畴，其含义相近，但二者亦有区别。太极即性，性即太极，这是二者关系的基本方面。他说："天可言配，指形体也。太极不可言合，太极，性也。"④ 这里的天指形体之天，天可与地配。与地对举、结合的天是自然之天，不是本体之天。而太极不可谈论与何物结合，因为它是宇宙的本体，是至高无上的主宰，万物只是它的显现与功用。从本体意义上看，太极也就是性，这在它们各自的规定性中可以看出。张栻说："有太极则有物，故性外无物；有物必有则，故物外无性。"⑤ 太极和性都作为万物存在的根据，其用语可以互换。有太极则有物，也就是性之外无物，太极或性产生万物，性与太极之外，当然无所谓物。

---

① 张栻：《答彭子寿（二）》，《南轩集》卷三十一，《张栻全集》，第983页。
② 张栻：《南轩易说》卷一，《张栻全集》，第11页。
③ 张栻：《答吴晦叔（一）》，《南轩集》卷十九，《张栻全集》，第822页。
④ 张栻：《答周允升》，《南轩集》卷三十一，《张栻全集》，第976页。
⑤ 张栻：《孟子说》卷六，《张栻全集》，第432页。

性与太极的关系,除二者可以互相替代以外,也有具体差别。张栻把性作为太极之体,但太极除了以性为体之外,还兼体用。性只是太极的未发之体,太极还包括已发之用的一面。他说:"某妄意以为太极所以形性之妙也。性不能不动,太极所以明动静之蕴也。……若只曰性,而不曰太极,则只去未发上认之,不见功用。曰太极则性之妙都见矣。体用一源,显微无间,其太极之蕴欤。"① 性蕴含在太极之中,太极的内涵似乎比性更广,性只是太极的未发之体,只讲性还不见已发的功用。讲太极则体与用、静与动、未发与已发都包括在内。至于太极的用,张栻有时指气,有时指情。只有太极才兼性与气或性与情,性本身不兼功用。他说:"盖论性而不及气,则昧夫人、物之分,而太极之用不行矣;论气而不及性,则迷夫大本之一,而太极之体不立矣。"② 张栻认为,性是太极之体,气是太极之用。论性而不及气,则只知体而不知用,人与物便无法区分。这是因为,在张栻的哲学体系里,气范畴是构成人与万物的材料,不同之气便构成不同的人和物,所以不能舍气而只论性。相反,如果论气而不及性,则只知用而不知体,万物便失去自身存在的根据。这是张栻以太极为宇宙本体的哲学所不允许的。太极范畴以性与气兼自己的体与用,这是太极与性的联系与区别。

张栻以性为太极之体,有时以情为太极之用,太极便兼性情之妙。他说:"太极固是性,然情亦由此出,曰性情之妙,似亦不妨。"③ 张栻认为,太极既以性为体,又以情为用,情亦由太极产生。太极与性相比,二者都是宇宙的本体,这是相同的;但太极还兼气、情,将本末、体用一以贯之,这是太极与性的细微差别。

3. 心主性情

张栻作为宋代理学思潮中湖湘学派的重要代表,其心本论宇宙观与朱学相区别,其思想存在着与朱、陆的相同相异之处,具有调和朱陆的色彩。他对其师胡宏的心性论有所取舍,在同朱熹的学术交流中首次提出"心主性情"的命题,这对朱熹启发很大,由此而促进了理学心性论的发展。

在心与性的关系上,张栻曾受胡宏性体心用思想的影响,认为性为本体,心为本体的作用,性表现在外则为心,性比心更为重要。在同朱熹展开"中和之辩"和讨论胡宏的著作《知言》时,又认为过去所持的性体心用及心以成性

---

① 张栻:《答吴晦叔(一)》,《南轩集》卷十九,《张栻全集》,第822页。
② 张栻:《孟子说》卷六,《张栻全集》,第427—428页。
③ 张栻:《答吴晦叔(五)》,《南轩集》卷十九,《张栻全集》,第825页。

之说有毛病，遂在理学史上首次提出心主性情的思想，这一思想被朱熹所接受。

张栻在和朱熹等学者的相互论学中提出了心主性情的思想。胡宏在论心性关系时曾云："性，天下之大本也。……心也者，知天地宰万物，以成性者也。"[①]即认为性是天地万物的本体，心作为认识的主体能够认识天地万物这一认识的客体，并能够自主地应事接物，从而主导事物的发展方向，以体现作为宇宙万物本体的性，使性之本得以显现出来，即心以成性。对胡宏的这一观点，朱熹提出批评，指出胡宏心以成性、性体心用之说"语尤未安"，"熹谓：'以成性者也'，此句可疑。欲作而统性情也，如何？"[②]认为心不能成为性的作用，"性体心用"应改为"性体情用"，而主张以心统性情。张栻虽然这时也不同意胡宏心以成性、性体心用的观点，指出"心性分体用，诚为有病"[③]，但他对朱熹提出的心统性情之说仍有保留，主张将心统性情改为心主性情，遂首次提出了"心主性情"的命题，这是张栻的创见。"栻曰：'统'字亦恐未安，欲作而主性情，如何？"[④]并指出："自性之有动谓之情，而心则贯乎动静而主乎性情者也。……心之所以为之主者，固无乎不在矣。"[⑤]张栻认为，性动则发为情，而不是过去所说的心，而心则贯通于性静和情动两端，并主宰性情，强调心之所以成其为主宰，是因为它无所不在，即心的主宰是无限的。朱熹提出"心统性情"，张栻则主张"心主性情"，在张栻看来，"统"与"主"，一字之差，含义却不大一样，心主性情，强调了心的主宰性，并且这个主宰无所不在，是没有限度的。心不仅主宰性情，贯乎动静，而且还"贯万事统万理而为万物之主宰者"。其心的主宰，不仅限于认识论和伦理学，而且涉及本体论方面。张栻心主宰性情的思想被朱熹所接受，将其作为自己"心统性情"说的重要组成部分，这是朱熹受张栻影响的表现。但朱熹却并未接受张栻心主宰天地万物的心本论思想，反而批评张栻只说一个心、心宰万物的心学倾向，认为这与陆氏心学类似。这表明，张栻心性论中的心学因素与朱熹思想存在着差别。

在南宋理学中张栻的心性论别具一格，分别与朱熹、陆九渊的思想存在着差异。张栻不仅把心作为认知主体，而且以心为宇宙本体，朱熹则反对以心为宇宙本体，这是两人心性论的最大区别。朱熹把心的主宰限于认识论范围，兼

---

① 胡宏：《宋朱熹胡子知言疑义》，《胡宏集》，第328页。
② 胡宏：《宋朱熹胡子知言疑义》，《胡宏集》，第328页。
③ 胡宏：《宋朱熹胡子知言疑义》，《胡宏集》，第337页。
④ 胡宏：《宋朱熹胡子知言疑义》，《胡宏集》，第328页。
⑤ 张栻：《答吴晦叔》，《南轩集》卷二十九，《张栻全集》，第953页。

有伦理学意义，心的主宰是相对的、有条件的；而张栻心的主宰则无所不在，不仅主宰性情，而且主宰万物。这是张栻区别于朱熹而倾向于陆九渊心学的地方。与此相关，张栻主张心只有一个，这就是与理为一的本体之心，而与朱熹侧重于把心分二的思想不同。朱熹的理本论哲学注重将心二分，认为心有道心、人心之分，以此与其天理、人欲之分的理论相联系。张栻之所以比较强调心只有一个，反对将心分二，是因为如果承认心有道心、人心之分，就会导致心外有心，或心内包心，那么宇宙本体是一、是二？这样心的完整性就会有所影响。张栻则提出"心岂有二"的观点，把道心、人心归于一心。他说："'人心惟危，道心惟微'，心岂有二乎哉？放之则人心之危无有极也。知其放而求之，则道心之微岂外是哉？故贵于精一之而已。"①张栻强调，论心就只有一个，而人们所说的人心，不过是本心的散失；而所谓道心，也不外本心而存。可见"心岂有二"的观点与朱熹道心、人心相分的思想有异。

严格地讲，张栻虽倾向于心学，但却不是完全的心一元论，他不仅具有融合心、理的倾向，而且以本末、形而上下论心、气，这与陆氏心学有明显的差异。张栻与陆九渊思想的相同处在于：两人都把心作为宇宙本体和认知主体，都认为心具有仁义道德的内涵，把仁与心等同，以此与朱熹反对心生天地和"心非仁"及心性二元说相区别。不过陆九渊的心学思想比张栻更为纯正。两人心性论的区别在于：张栻在心本论的前提下，引进气范畴，把气作为构成万物的材料，提出心本气末的思想，以本末、形而上下区分心、气；陆九渊心学则不讲气，没有把气作为一个独立的哲学范畴来使用，只承认有一个心的世界，强调心一元论哲学体系的完整性，不讲本末、形而上下之分。此外，二人心性论之别还表现在：张栻哲学以性为最高范畴，性作为形上宇宙本体，在张栻的哲学体系里占有十分重要的地位；而陆九渊则少于论性，往往把心性混为一谈，强调以心为最高原则，对性的重视程度远不如心。

从以上张栻与朱陆心性论的比较中可以看出，张栻的心性论存在着与朱陆各自不同的一面，然而又具有调和朱陆的倾向。这主要表现在：张栻以心为宇宙本体，以仁为心的思想倾向于陆学；而引进气范畴，讲本末、形而上下之分的逻辑又类似于朱学。张栻的思想融合了朱陆两家的观点，但从其心性论的主要倾向看，则与陆九渊心学比较接近。

---

① 张栻：《孟子说》卷六，《张栻全集》，第439页。

4. 张栻在宋代思想史上的地位

张栻是南宋时与朱熹齐名的理学家，他的理学思想建立在其经学思想的基础上，对当时理学和学术文化的发展做出了贡献，在宋代思想史上占有重要地位。

宋代理学是宋代思想文化发展的主流。宋代理学思潮的兴起是继先秦百家争鸣之后出现的中国文化发展的第二次高潮。理学思潮的出现，具有客观的必然性，它既是社会经济、自然科学发展的结果，又是社会政治、历史发展的必然要求，同时亦是中国经学发展到宋代的必然产物。理学之能够成为思潮，绝不是偶然的现象，也不是一两个或少数思想家的意志所能左右，它植根于深厚的时代土壤之中。我们既不能以理学在今日不合时宜（亦有积极因素），而否定它之所以产生的历史必然性；也不能以理学产生的历史必然性来否定它在定于一尊之后的消极性以及在今天的落后性。对于理学思想本身的消极因素以及在它之中包含着的若干合理因素，则需要通过认真的研究来加以批判继承和深刻总结。张栻在宋代思想史上的地位可以通过他本人的学术活动表现出来。

（1）宣扬和表彰周敦颐、二程在道统中的作用和功绩

张栻继承唐代的道统论，认为尧、舜、禹、汤、文、武、孔、孟以来一脉相承的圣人之道在孟子之后失传，使得学者无所归依，陷于"异端"。他说："孟氏没，圣学失传，寥寥千数百载间，学士大夫驰骛四出以求道，泥传注，溺文辞。又不幸而高明汩于异说，终莫知其所止。嗟夫，道之难明也如此。"[①] 此段文字可说明理学兴起的理论针对性及所要解决的重大问题主要有两点：一是要修正汉唐经学"泥传注，溺文辞"，不重视新思想的发挥，导致儒学发展停滞之弊；二是要纠正佛老"异说"盛行，宗教冲击人文，以致动摇了儒家文化的指导地位，造成理论危机和社会危机。于是，张栻以兴起和继承绝学为己任，大力表彰周敦颐、二程在道统承传中的功绩和作用，认为唯有北宋周敦颐出，才继千年不传之绝学，把孔孟圣人之道发扬光大，二程兄弟又继承了周敦颐，把孔孟之旨推而极之。他说："惟先生崛起于千载之后，独得微旨于残编断简之中，……孔孟之意，于以复明。至于二程先生则又推而极之。"[②] 周敦颐在北宋时社会影响不算大，也没有受到朝廷重用。张栻为了宣扬周敦颐开创的理学，便极力表彰周敦颐，肯定他开理学之端的功绩。张栻指出："惟先生仕不大显于时，其泽不得究施。然世之学者考论师友渊源，以孔孟之遗意复明于千载之下，

[①] 张栻：《敬斋记》，《南轩集》卷十二，《张栻全集》，第724页。
[②] 张栻：《南康军新立濂溪祠记》，《南轩集》卷十，《张栻全集》，第706页。

实自先生发其端。"①张栻不仅大力宣扬周敦颐在道统中的重要地位和开创理学之功,给各地的濂溪祠堂作记题词,以示表彰,还对周敦颐的学说加以概括,给予很高的评价。他说:"某尝考先生之学,渊源精粹,实自得于其心,而其妙乃在太极一图,穷二气之所根,极万化之所行,而明主静之为本,以见圣人之所以立人极,而君子之所当修为者,由秦汉以来,盖未有臻于斯也。"②认为周敦颐以《太极图说》为代表的思想,是秦汉以来未曾到达的学术妙境,以此大大抬高周敦颐的学术地位。

张栻不仅表彰周敦颐,提高其学术地位,而且宣扬二程在道统中的重要作用。他说:"宋兴又百余载,有大儒出于河南,兄弟并立,发明天地之全、古人之大体。推其源流,上继孟氏,始晓然示人以致知笃敬为大学始终之要领。"③指出二程兄弟上继孟子,教人以致知笃行等《大学》始终之要领,把儒家圣人之道接续下来。张栻还为周、程作赞,以示褒扬。赞曰:

> 于惟先生,绝学是继,穷原太极,示我来世。④
> 于惟先生,会其纯全,天理之揭,圣学渊源。⑤
> 于惟先生,极其精微,俾尔立德,循循有归。⑥

张栻之所以表彰、宣扬周敦颐、二程,是为了使周、程开创的理学成为整个社会的指导思想,以其太极论、天理论等思辨性哲学,将宇宙本体论与儒家伦理学、政治治理原则结合起来,从修身、齐家做起,到治国、平天下,一改前代伦常扫地,"世方乐于荒唐放旷之论"⑦的不良风气,以达到社会治理、天下太平的目的,为巩固宋中央封建集权制服务。这对于宋代理学由民间讲学、民间传授到定于一尊,起到了过渡的桥梁作用。通过张栻的表彰,周、程特别是周敦颐的学术地位被抬高,也扩大了理学的社会影响。张栻的这一思想影响到其私淑弟子、宋末思想家魏了翁。后来经过魏了翁等人的进一步宣扬和表彰,周、程的学术地位得到官方的正式承认,并且自宋末元初以后,理学成为官方

---

① 张栻:《道州重建濂溪周先生祠堂记》,《南轩集》卷十,《张栻全集》,第699页。
② 张栻:《濂溪周先生祠堂记(韶州)》,《南轩集》卷十,《张栻全集》,第705页。
③ 张栻:《敬斋记》,《南轩集》卷十二,《张栻全集》,第724页。
④ 张栻:《濂溪先生赞》,《南轩集》卷三十六,《张栻全集》,第1050页。
⑤ 张栻:《明道先生赞》,《南轩集》卷三十六,《张栻全集》,第1051页。
⑥ 张栻:《伊川先生赞》,《南轩集》卷三十六,《张栻全集》,第1051页。
⑦ 张栻:《敬斋记》,《南轩集》卷十二,《张栻全集》,第724页。

哲学,影响了中国思想界数百年。

(2) 在与朱熹的"交须而共济"中发展了二程学说

众所周知,朱熹作为宋学和两宋理学的集大成者,在中国思想史上具有十分重要的地位,朱熹的经学代表著作《四书章句集注》在元仁宗延祐二年(1315)定为科举考试的依据,设科取士,非朱学不用。然而,朱熹思想的成就及其在思想史上的地位,实与张栻有密切关系。张栻与朱熹不仅相互为友,两人密切交往达十几年,而且在学术上相互辩难,切磋琢磨,互相影响,相得益彰。张栻与朱熹同宗二程,虽学术观点不尽一致,但在"交须而共济"、相互补充与修正的过程中共同发展了二程学说。两人对《中庸》的中和之已发未发、涵养与省察,以及心性、仁说等重大学术问题展开了深入辩论,在往返辩论和诘难释疑中,两人彼此诘难、互相启发,都在考虑对方观点的基础上,修正并完善了自己的观点。对此,朱熹本人给予很高的评价。他说:

> 自孔孟之云远,圣学绝而莫继。得周翁与程子,道乃抗而不坠。然微言之辍响,今未及乎百岁,士各私其所闻,已不胜其乖异。嗟惟我之与兄,吻志同而心契,或面讲而未穷,又书传而不置。盖有我之所是,而兄以为非;亦有兄之所然,而我之所议。又有始所共乡,而终悟其偏;亦有蚤所同挤,而晚得其味。盖缴纷往反者,几十余年,末乃同归而一致。由是上而天道之微,远而圣言之秘,近则进修之方,大则行藏之义,以兄之明,固已洞照而无遗;若我之愚,亦幸窃窥其一二。……盖虽隐显之或异,实则交须而共济。[①]

张栻与朱熹,志同而道合,都以继承和发扬孔孟周程的思想为己任。他们虽然为友,但立说不苟同,对存在于他们之间的某些观点分歧,他们抱着开诚布公,虚心求教,有理必辩,互相切磋的态度来解决。他们之间的分歧与差异,非但没有成为门户之见,而实在是使双方相得益彰、"交须而共济"的前提。张栻与朱熹的关系,堪称学者之楷模。《宋史·道学传一》称:"张栻之学,亦出程氏,既见朱熹,相与博约又大进焉。"[②] 这是对张栻与朱熹在相互博约中发展二程学说的肯定。由此亦体现了张栻在宋代思想史上的重要地位。

---

① 朱熹:《又祭张敬夫殿撰文》,《朱熹集》卷八十七,第 4476—4477 页。
② 脱脱等:《道学传一》,《宋史》卷四百二十七,第 12710 页。

（3）确立了集众家之长的湖湘学派

湖湘学派是宋代理学中的重要流派，这个学派由胡宏开创，而张栻集大成。张栻是胡宏最著名的弟子。"南轩受教于五峰之日浅，然自一闻五峰之说，即默体实践，孜孜勿释，……五峰之门，得南轩而有耀。"① 胡宏开创的学派，得到张栻的发展，从而奠定了湖湘学派的基础。"湖南一派，在当时为最盛。然大端发露，无从容不迫气象。自南轩出，而与考亭相讲究，去短集长，其言语之过者，裁之，归于平正。"② 湖湘学派因张栻在湘江两岸的岳麓书院和城南书院讲学，并接待了朱熹的来访，而在当时为最盛的一派。经过张栻的讲学和与朱熹的交流，"去短集长"，使得湖湘学派在理论上更加精致，也使张栻成为该学派的代表人物。黄宗羲肯定了张栻之学出自胡宏，又超出胡宏的事实。他说："南轩之学，得之五峰，论其所造大要比五峰更纯粹。盖由其见处高，践履又实也。"③

在哲学宇宙观上，湖湘学派既以太极、理等作为宇宙本体，又突出心的主宰性，并把太极与心、理与心互相等同，因而具有融心学、理学为一体的色彩，这在张栻、游九言的思想里表现得比较突出。在知行观上，湖湘学派具有重躬行践履的突出特点，张栻反对知而不行，指出今人之不践履，是未尝真知。这种重躬行践履的学风与"仁义之行固无不利"和"留心经济之学"的思想相联系，又带有事功思想的色彩。在治学方法上，张栻也集朱陆两家之长而去其短。由于张栻的学派具有诸如以上这些长处，所以在当时产生了较大的影响。

然而，湖湘学派集众家之长的特点又恰恰成为张栻之后湖湘学者纷纷另从他师，南轩之学不能长期盛行的原因。张栻身后，其弟子大多追随永嘉事功学派的陈傅良（1137—1203）。朱熹说："今永嘉又自说一种学问，更没头没尾。……君举（陈傅良）到湘中一收，收尽南轩门人。"④ 朱熹对事功学派历来不满，而对张栻门人归于永嘉学派感到遗憾。湖湘学者大多在张栻身后归于陈傅良，说明湖湘学派重躬行践履和留心经济之学的特点与永嘉学派重实事实功的思想相吻合，这与朱熹的闽学是不同的。张栻的其他弟子，有从朱熹问学，有拜陆九渊为师，如张栻的女婿、胡宏之子胡大时，便是其中的一位。而彭龟年则既就学于张栻，又问学于朱熹。由于张栻的思想具有融合心、理的特点，所以魏了翁也并以私淑朱熹、张栻两人为业，其思想亦带有调和朱陆而又倾向于

---

① 黄宗羲：《南轩学案·附录》，《宋元学案》卷五十，第1635页。
② 黄宗羲：《南轩学案·宣公张南轩先生栻》，《宋元学案》卷五十，第1611页。
③ 黄宗羲：《南轩学案·附录》，《宋元学案》卷五十，第1635页。
④ 黎靖德编：《朱子语类》卷一百二十三，第2961页。

心学的色彩，这是受张栻影响的结果。

以上表明，张栻在宋代思想史以至在中国哲学史上占有重要的地位，是研究宋代经学与理学不可忽视的人物。

二、朱熹集宋代理学之大成

朱熹（1130—1200），南宋著名哲学家、教育家，宋代理学的集大成者，亦是中国经学史上最著名的经学家之一。字符晦，改字仲晦，号晦庵。祖籍婺源（今属江西），生于尤溪（今属福建），定居于考亭（今属福建）。朱熹祖上为婺源著姓，以儒名家，后来家道中落。朱熹的父亲朱松（1097—1143）于北宋末入闽任建州政和县尉。朱松去世时，朱熹仅14岁，奉父遗命受学于籍溪胡原仲、白水刘致中、屏山刘彦冲三人。朱熹19岁登进士第，22岁授泉州同安县主簿。24岁时，徒步数百里，问学于他父亲的同学、二程的三传弟子李侗（1093—1163），以此继承了二程的学说。朱熹早年曾习禅学，出入于佛老，拜李侗为师后，悟二氏之非，专心于从儒家经典中求义理，后逐渐成为宋代理学的集大成者。

朱熹的整个思想均以理（道）为指导，政治上以天理治天下；哲学上以理、道为核心和最高范畴；伦理道德上提出"存天理，去人欲"；教育上以"明人伦"即明理为教育目的。朱熹晚年遭当权者打击，其学说被禁止，死后恢复名誉，其思想在南宋末被奉为官学，成为中国后期封建社会意识形态的主体，科举考试非朱学不用。朱熹的著作十分丰富，主要有《四书章句集注》《四书或问》《周易本义》《诗集传》《太极图说通书注》，及后人编纂的《朱文公文集》《续集》《别集》和《朱子语类》等。

朱熹是宋代理学的集大成者，在宋明理学史上占有重要地位，是中国文化史上继孔子之后最著名的思想家之一。朱熹创造性地发展了宋代理学，为中国思想文化的发展做出了突出贡献，他的理学思想渗透到中国文化的哲学、政治、伦理、文学艺术、教育、宗教等各个领域，对宋代及宋以后的中国思想文化产生了极为广泛、深远的影响，并流传到海外，成为东亚文化的重要组成部分，其影响保持至今。

朱熹理学思想是在继承程颢、程颐开创的理学思想体系的基础上，结合时代和理论的发展，与同时代的思想家相互交流、相互刺激，又吸收先秦原始儒学和佛、道等各家各派的思想，并借鉴理学各派的观点，加以综合创新而成。

朱熹理学集宋代理学之大成，在天理论、心性论、格物致知论等各方面把宋代理学发展到一个新的水平，大大丰富和提高了整个中国哲学的内涵和理论思辨水平，为中国哲学的发展做出了划时代的理论贡献。

（一）天理论

天理论是朱熹理学思想体系的核心，天理是理学思想体系的最高范畴。以理为宇宙本体，把儒家伦理与宇宙本体统一于天理，这是朱熹天理论哲学的实质与核心。在理一元论哲学的前提下，朱熹对理的内涵和属性作了具体的论述。

1. 理的内涵与属性

（1）理为宇宙本体

朱熹认为，理是宇宙的本体，天地万物均以理为存在的根据。他说：

> 宇宙之间，一理而已。天得之而为天，地得之而为地。而凡生于天地之间者，又各得之以为性。……自未始有物之前，以至人消物尽之后，终则复始，始复有终，又未尝有顷刻之或停也。[1]
>
> 未有天地之先，毕竟也只是理。有此理，便有此天地；若无此理，便亦无天地，无人无物，都无该载了。[2]
>
> 万一山河大地都陷了，毕竟理却只在这里。[3]

朱熹认为，宇宙之间只有一个理，理是永恒的宇宙本体，它先于天地而存在，无所不在，无时不有。在万物产生之前，理作为天地万物存在的根据，已经存在；当万物消尽之后，理亦仍然存在。天因其理而为天，地因其理而为地，人与物因其理而各得其性。理涵盖并主宰天、地、人、物，是永恒的、超时空的形上本体。

朱熹所谓的天有两种含义，即主宰之天和苍苍之天。他说："天固是理，然苍苍者亦是天，在上而有主宰者亦是天，各随他所说。"[4] 其主宰之天与理同义，称天理，是义理之天；其苍苍之天是自然之天，苍苍之天因理而为天。"天之所

---

[1] 朱熹：《读大纪》，《朱熹集》卷七十，第 3656 页。
[2] 黎靖德编：《朱子语类》卷一，第 1 页。
[3] 黎靖德编：《朱子语类》卷一，第 4 页。
[4] 黎靖德编：《朱子语类》卷七十九，第 2039 页。

以为天者，理而已。"① 所以朱熹说："理者，天之体；命者，理之用。"② 以理为天之体，理之所以与天同体，是因为朱熹赋予理以自然的属性，天理自然，不以人的意志为转移。他说："非人所能为，乃天理也。天理自然，各有定体。"③ 所谓天理自然，指天理具有客观性，它脱离人的主观意志，不受人为的干扰和影响，即天理具有"诚"的属性。他说："诚是天理之实然，更无纤毫作为。"④ 朱熹以诚来概括天理的自然性和必然性，排除人为的修为和作为。但其天理又有道德的属性，他用诚来贯通天人，其诚便具有自然和社会人事两方面的意义。他说："诚是实然之理。如实于为善，实于不为恶，便是诚。"⑤ 今天人们理解的诚，主要指道德意义上的诚实，这与朱熹描述的实然之理的诚的含义已有所不同。

（2）"理一分殊"

朱熹提出"理一分殊"的命题，以此来概括一理与万物、一理与万理的关系。所谓理一分殊，即指天理只有一个，而天理存在于万事万物之中，通过分殊之万物表现出来。"万物皆有此理，理皆同出一原。……物物各具此理，而物物各异其用，然莫非一理之流行也。"⑥ 他指出理是原、是本、是体，万物是末、是用、是发见。理既是宇宙的本体而主宰万物，又是宇宙的本原而派生万物。所谓理是本体，"见天下事无大无小，无一名一件不是此理之发见"⑦，天下万物都是理的显现和作用。所谓理是本原，即理派生物。"此理处处皆浑沦，如一粒粟生为苗，苗便生花，花便结实，又成粟，还复本形。一穗有百粒，每粒个个完全；又将这百粒去种，又各成百粒。生生只管不已，初间只是这一粒分去。物物各有理，总只是一个理。"⑧ 理产生物是一个生生不已的过程，每件物都由理派生，但物物之理不是分割的、欠缺的理，而是完整的、整个的理。朱熹天理论的理是本体论与生成论统一的范畴。

在此基础上，朱熹又把总天地万物之理说成太极。他说："总天地万物之

---

① 黎靖德编：《朱子语类》卷二十五，第621页。
② 黎靖德编：《朱子语类》卷五，第82页。
③ 朱熹：《答柯国材（四）》，《朱熹集》卷三十九，第1763页。
④ 黎靖德编：《朱子语类》卷六十四，第1563页。
⑤ 黎靖德编：《朱子语类》卷六十九，第1740页。
⑥ 黎靖德编：《朱子语类》卷十八，第398页。
⑦ 黎靖德编：《朱子语类》卷一百二十一，第2938页。
⑧ 黎靖德编：《朱子语类》卷九十四，第2374页。

理，便是太极。"① 太极便是最根本的理，理一分殊就是太极包含万物之理，万物分别完整地体现整个太极，"人人有一太极，物物有一太极"②。由此看来，万物之理与太极，似乎是普遍的理与特殊的理的关系，实质上还是理一与万物的关系。

（3）"仁义礼智便是天理之件数"

以仁释理，仁义礼智为理，这是朱熹天理范畴的重要含义。仁义礼智合而言之，是天理之总名；分而言之，则是组成天理的件数。天理浑然，是总称，仁义礼智是分名。他说：

> 天理既浑然，然既谓之理，则便是个有条理底名字。故其中所谓仁义礼智四者，合下便各有一个道理，不相混杂。以其未发，莫见端绪，不可以一理名，是以谓之浑然。非是浑然里面都无分别，而仁义礼智却是后来旋次生出四件有形有状之物也。须知天理只是仁义礼智之总名，仁义礼智便是天理之件数。③

天理具有伦理道德的含义，但伦理意义上的天理，其中也有具体的内容，仁义礼智四者便是天理中的具体条理。理有条理、细目之义，笼统而言，理只是浑然；细分而之，理中包括各有分别、"不相混杂"的条理，这就是仁义礼智信五常。所以一理与五常相互联系。《语类》有载："问：'既是一理，又谓五常，何也？'曰：'谓之一理亦可，五理亦可。以一包之则一，分之则五。'"④ 一理是整体，五常是局部，整体分为局部，局部构成整体，这即是天理与仁义礼智信的内在关系。

（4）"有是物，必有是理"

理作为事物的规律，存在于事物之中，这是朱熹天理范畴的又一含义。朱熹指出："天之生物，……是虽其分之殊，而其理则未尝不同；但以其分之殊，则其理之在是者不能不异。"⑤ 其"未尝不同"的理即是宇宙的本体，其"不能不异"的理是事物的规律。本体之理与规律之理的区分不仅表现在一理与万理的

---

① 黎靖德编：《朱子语类》卷九十四，第2375页。
② 黎靖德编：《朱子语类》卷九十四，第2371页。
③ 朱熹：《答何叔京（二十八）》，《朱熹集》卷四十，第1885页。
④ 黎靖德编：《朱子语类》卷六，第100页。
⑤ 朱熹：《答余方叔》，《朱熹集》卷五十九，第3067页。

关系上，而且万物之理也是本体与规律的统一。如前所述，存在于万物之中的理，是事物之所以存在的根据，既派生万物又主宰万物；此理又是事物的特殊规律，是使事物相互区别的内在原因。规律与事物不可分离，事物的不同决定了规律亦不相同。他说："盖有是物，必有是理，然理无形而难知，物有迹而易睹，故因是物以求之。"① 有物必有理，通过物来求此理，此理便是指规律而非指本体。各各万理都具有本体之理与规律之理两重属性，因其两重性，故有区分。

朱熹不仅承认事物规律的客观存在，而且认为事物的规律只能顺应，不能违背。他指出："固是有理，如舟只可行之于水，车只可行之于陆。"② "四时行，百物生，莫非天理发见流行之实。"③ 舟行于水，车行于陆，春夏秋冬四季的运行不悖，万物的生长发育，这些都是事物的客观规律，亦是理的表现。他还说："水之润下，火之炎上，金之从革，木之曲直，土之稼穑，一一都有性，都有理。人若用之，又著顺它理，始得。若把金来削做木用，把木来熔做金用，便无此理。"④ 水、火、金、木、土以至万物都有自己特殊的规律，其规律不能违反，只能顺应，这便是规律之理所具有的含义。

由上可知，朱熹天理论哲学体系的理范畴是宇宙本体，是形而上的精神实体，是仁义礼智的总称，是事物的特殊规律。朱熹从各个方面对理作出了具体的规定，是对二程理论的丰富发展，从而使宋代理学及哲学的核心范畴——理的内涵更加完善。

2. 理气论

理气论是朱熹天理论哲学乃至其整个哲学体系的重要组成部分。理和气是构成朱熹天理论哲学体系的两个最基本的范畴，理为宇宙本体，气为构成万物的材料。理气关系说是朱熹天理论哲学逻辑结构的主体框架，舍去其中任何一个范畴，其哲学体系便不完整。通过对理气关系的分析和探讨，可以揭示朱熹哲学的性质和特点。其理气关系说主要有以下内容。

（1）理气先后说

从宇宙的本原角度看，是先有理，后有气。他说："若论本原，即有理然后有气。"⑤ 理在先，气在后，这说明有了理之后才产生气。"未有天地之先，毕竟

---

① 朱熹：《癸未垂拱奏札（一）》，《朱熹集》卷十三，第505页。
② 黎靖德编：《朱子语类》卷四，第61页。
③ 朱熹：《论语集注》卷九，《四书章句集注》，第180页。
④ 黎靖德编：《朱子语类》卷九十七，第2484页。
⑤ 朱熹：《答赵致道（一）》，《朱熹集》卷五十九，第3078页。

也只是理。有此理，便有此天地；若无此理，便亦无天地，无人无物，都无该载了！有理，便有气流行，发育万物。"① 朱熹明确表达了有理才有气化流行，发育万物的思想，他把气化论纳入其理本论的哲学体系之中，气虽充塞宇宙，具有生人、生物的功能，但却是在理为宇宙本原的前提下进行的。这是对二程理本气化论的继承。

从万物禀赋的角度看，是先有气，后有理。他说："若论禀赋，则有是气而后理随以具，故有是气则有是理，无是气则无是理。"② 具体事物的生成在于禀赋了阴阳二气，"天地初间只是阴阳之气"③，宇宙天地之始，只存在着阴阳二气，气构成万物，然后才有了万物之理。就万物禀赋意义上的理气关系看，这里的理，其主要含义是指事物的规律，事物决定其规律，规律之理从属于事物之气，事物之气对其规律之理有主导作用，规律之理不可离气而存。

（2）理气不离说

朱熹认为，理与气虽是二物，但二者不可分离。他首先承认理与气是不同的，"所谓理与气，此决是二物"④。然而，理与气又不可分割地联系在一起。他说："天下未有无理之气，亦未有无气之理。"⑤ "有是理，则有是气；有是气，则有是理。"⑥ 理与气的相互联系表现为，生人、生物不能只有气没有理，也不能只有理而无气，万物的产生是理气合的结果。他说："人之所以生，理与气合而已。"⑦ 理无气则不能生物；气聚生物，又有理在其中。"但有此气，则理便在其中。"⑧ 理气双方相依不离，共存于事物之中，"言物则气与理皆在其中"⑨。理不离气，是指理不是孤立悬空的存在，它须通过气得以表现；气不离理，是指气化生物的根源和主宰是理，气生物是以理为根据。

（3）理气本末说

理为形而上，气为形而下。朱熹认为，虽然理气不相分离，但二者有着本质的不同。他说："理未尝离乎气，然理，形而上者；气，形而下者。……理无

---

① 黎靖德编：《朱子语类》卷一，第1页。
② 朱熹：《答赵致道（一）》，《朱熹集》卷五十九，第3078页。
③ 黎靖德编：《朱子语类》卷一，第6页。
④ 朱熹：《答刘叔文（一）》，《朱熹集》卷四十六，第2243页。
⑤ 黎靖德编：《朱子语类》卷一，第2页。
⑥ 黎靖德编：《朱子语类》卷三十九，第1013页。
⑦ 黎靖德编：《朱子语类》卷四，第65页。
⑧ 黎靖德编：《朱子语类》卷一，第3页。
⑨ 黎靖德编：《朱子语类》卷六十八，第1690页。

形，气便粗，有渣滓。"① 所谓形而上，即无形质；所谓形而下，即有形质。理无形，是一种精神性的实体；气有渣滓，聚而成形，是物质性的材料。他还说："阴阳，气也，形而下者也；所以一阴一阳者，理也，形而上者也。"② 所谓"所以"一阴一阳者，即指一阴一阳之所以产生的原因或根据。朱熹把形而上之理看作形而下之气存在的根源，其理气关系便是本体与作用的关系。

理为本气为末。所谓本，指本体、本原、根本；所谓末，指作用、派生、现象。朱熹天理论哲学的性质通过理本气末说反映出来。他说："天地之间有理有气，理也者，形而上之道也，生物之本也；气也者，形而下之器也，生物之具也。"③ 理为生物之本，气为生物之具，即为生物的材料，也就是末。又说："二气五行，天之所以赋受万物而生之者也。自其末以缘本，则五行之异，本二气之实，二气之实，又本一理之极，是合万物而言之，为一太极而一也；自其本而之末，则一理之实，而万物分之以为体。"④ 以末缘本，即二气本之一理；由本至末，即一理分为万物。理气关系是本与末的关系，即是以理为宇宙本体，气是从属于理的物范畴，气虽然具有阴阳消长变化、生人生物的功能和属性，但气本身不是宇宙的本原，生人生物以及事物运动变化的根据在于气之上的理。

朱熹吸取了张载气化的思想，将其作为自己哲学的重要构成，但他与二程相似，只讲气化，不讲气本。虽然他发展了二程的理本气化论，对气范畴作了更为详尽的论述，但最终以理本气末论对张载的气本论哲学作了理一元论的改造，成为中国哲学理气关系史上理本论学说的集大成者和理论代表。

3. 以太极论发展天理论

朱熹对二程天理论的继承发展还表现在他提出太极论哲学，借用周敦颐"无极而太极"之语，将其表述为"无形而有理"，从而发展了天理论哲学。

朱熹进一步丰富发展了二程的天理论哲学，使之在理论的完备性、精致性上有了新的提高，而且朱熹以太极论发展了天理论哲学。二程未有论太极，且对图书易学不重视，朱熹则借鉴吸取道教以图解《易》的治学方法，将其与儒家经典《周易·系辞》之太极说相结合，对周敦颐的《太极图说》高度重视，对该书作了自己的注解，以阐发自己的太极论哲学。朱熹把周敦颐《太极图说》的首句"自无极而为太极"改为"无极而太极"，认为无极是形容太极的无形，

---

① 黎靖德编：《朱子语类》卷一，第3页。
② 周敦颐：《通书·诚上注》，《周敦颐全书》卷三，第90页。
③ 朱熹：《答黄道夫（一）》，《朱熹集》卷五十八，第2947页。
④ 周敦颐：《通书·理性命注》，《周敦颐全书》卷九，第141页。

而不是在太极之上还有个无极为之本。朱熹说:"周子所谓'无极而太极'非谓太极之上别有无极也,但言太极非有物耳。如云'上天之载,无声无臭。'"[1]太极非有物,无声无臭,因而是无形的,但无形之太极即是万物之本体。他说:"无极而太极,只是说无形而有理。所谓太极者,只二气五行之理,非别有物为太极也。"[2]无极与太极的关系便是无形而有理。朱熹把太极等同于天理,认为总天地万物之理即是太极;无极则是形容太极的无形状而言,"无极而太极"在朱熹看来,并不是自无极而为太极,把无极作为宇宙的本原,太极则是无极所派生,而是说太极即是宇宙的本原,无极是形容太极的无形。他说:"无极而太极,只是无形而有理。周子恐人于太极之外更寻太极,故以无极言之。既谓之无极,则不可以有底道理强搜寻也。"[3]朱熹以己意解说周敦颐的《太极图说》,不把无极作为太极之本,强调无极而太极,即是指无形而有理,认为周敦颐之所以提出无极,不过是防止人们在太极之外另寻个本原,所以"以无极言之"。然而既然周敦颐提出了无极,就不可以实有的道理去界定它,因为它只是无形而已。

通过对"无极而太极"的解说,朱熹把宇宙本体之理提高到天下"至极"的高度。他说:"濂溪恐人道太极有形,故曰'无极而太极',是无之中有个至极之理。"[4]太极虽然无形,但无形之太极却是个至极之天理。由太极之"理一","自一而二,自二而五,即推至于万物"[5],即由太极而阴阳,阴阳而五行,五行而万物,推导出宇宙生成,万物演化的模式。他将其与邵雍所继承的"易有太极,是生两仪,两仪生四象,四象生八卦"的《易传》之太极说统一起来,认为太极之理为一,发见万物则有详略,最终是以太极即理作为宇宙万物的本体。这是朱熹在哲学本体论上对儒家思想哲理化所做的努力,亦是对二程天理论的发展。

(二)心性论

心性论是构成朱熹理学思想体系的重要组成部分。朱熹以"心统性情"说为纲领,继承、改造和发展了以往的心性之学,提出了一系列独到的见解、命

---

[1] 朱熹:《答王子合(十三)》,《朱熹集》卷四十九,第2370页。
[2] 黎靖德编:《朱子语类》卷九十四,第2365页。
[3] 黎靖德编:《朱子语类》卷九十四,第2366页。
[4] 黎靖德编:《朱子语类》卷九十四,第2369页。
[5] 黎靖德编:《朱子语类》卷九十四,第2386页。

题和理论，建立起内容丰富、逻辑严密的心性论思想体系，达到了中国哲学心性论理论发展的高峰。

1. 心论

朱熹哲学的心是一个认识论的范畴，兼有善恶的伦理学意义，心作为认知主体，具有认识万物及万物之理的功能和属性。朱熹所论及的知觉思虑之心、主宰之心、道心与人心相分合一的心，都是在认识论及伦理学的意义上论心，心并不具有宇宙本体的意义，这不仅是他心论的特点，亦是他整个心性之学的特点。此外，朱熹对心与气的关系也作了论述，体现了其心论的特点。

（1）心为知觉思虑

以心为知觉思虑，这是朱熹哲学心范畴的基本内涵，表明其心是认知主体之心，具有认识的功能。他说："有知觉谓之心"①，"心者人之知觉，主于身而应事物者也"②，认为知觉是心的属性，它产生于耳目对外物的视听，从而把知觉视为对外物的反映。

朱熹哲学的心，除有知觉外，还具有思虑的功能。他说："耳目之官不思……心则能思，而以思为职。"③认为思维功能是心之官独有的，思是一种比知觉更进一步的认识。如果说，知觉是认识过程中的初级阶段的话，那么，在知觉基础上就需要进到对理的认识。对理的认识是心之思的职能，朱熹以是否能思，把心之官与耳目之官区别开来。

（2）心为主宰

这是朱熹对心的属性作出的又一规定。他说："心，主宰之谓也。"④所谓主宰，指管摄、统御。主宰有二义：一是指主于一身而言，二是指主于万事。

朱熹概括说："心者，人之所以主乎身者也，一而不二者也，为主而不为客者也，命物而不命于物者也。"⑤所谓主于一身，指心能够统御、支配人身体的各个部位和感觉器官，如耳、目、鼻、舌、身等。所谓心主于万事，指万事万物管摄于心，心主宰物及其变化，而非物主宰心。

此外，朱熹强调心"为主而不为客"，心是主体，与客体相区别，心作用于物，而不被物所管摄，突出了主体的能动性。由此可见，那种认为中国哲学缺

---

① 黎靖德编：《朱子语类》卷一百四十，第3340页。
② 朱熹：《大禹谟解》，《朱熹集》卷六十五，第3436页。
③ 朱熹：《孟子集注》卷十一，《四书章句集注》，第335页。
④ 黎靖德编：《朱子语类》卷五，第94页。
⑤ 朱熹：《观心说》，《朱熹集》卷六十七，第3540页。

乏主客体对立的认识论的观点是缺乏根据的。

需要指出，朱熹哲学以明确的理本论而不是心本论为特征，其心为主宰与理为主宰具有两种不同的意义。心为主宰限于认识论方面及伦理学问题，而理为主宰则是指整个宇宙的主宰。他说："心固是主宰底意，然所谓主宰者，即是理也。"① 朱熹以理为主宰的观点批评了佛教只讲心为主宰而不讲天理的心本论思想，"正为不见天理而专认此心以为主宰，故不免流于自私耳"②。这表明朱熹是反对脱离天理论而专讲心为主宰的。

（3）道心与人心

朱熹指出，人的知觉之心按其知觉的来源和内容分为两种不同的心。"或问'人心、道心'之别。曰：'只是这一个心，知觉从耳目之欲上去，便是人心；知觉从义理上去，便是道心。'"③ 所谓道心，指以义理为内容的心，仁义礼智之义理为善，道心亦为善。所谓人心，指原于耳目之欲的心，人生有欲，饥食渴饮，"虽圣人不能无人心"④。故"人心亦不是全不好底"⑤，而是"可为善，可为不善"⑥。

在道心与人心的相互关系上，朱熹强调两点：一是道心以人心为基础，二者相互依存，相即不离；二是道心为主，人心听命于道心。朱熹虽然提出道心与人心相分的思想，但他仍指出道心、人心并非二心，它们只是一心的两种表现。心与理、欲虽有联系，但亦有区别，故不能把道心直接等同于理，把人心直接等同于欲。

（4）心与气

朱熹哲学的气是构成万物的材料，气从属于理，以理为存在的根据。在心与气的关系上，朱熹认为心属气之虚灵，即气中的虚灵部分是构成知觉之心的要素，但心又不完全等同于气，心以理为存在的根据，是理气结合的产物。他说："心之知觉，又是那气之虚灵底。聪明视听，作为运用，皆是有这知觉。"⑦ 指出气之虚灵表现为心之知觉，主体的认知功能和属性源于虚灵之气，虚灵属于气，虚灵的属性即知觉。通过虚灵与知觉，把气与心联系起来。可见，心之

---

① 黎靖德编：《朱子语类》卷一，第4页。
② 朱熹：《答张钦夫》，《朱熹集》卷三十，第1288页。
③ 黎靖德编：《朱子语类》卷七十八，第2009页。
④ 黎靖德编：《朱子语类》卷七十八，第2011页。
⑤ 黎靖德编：《朱子语类》卷七十八，第2009页。
⑥ 黎靖德编：《朱子语类》卷七十八，第2013页。
⑦ 黎靖德编：《朱子语类》卷六十，第1430页。

知觉离不开气。但朱熹所谓的心之知觉不仅是气之虚灵所为,而且知觉还以理为根据,心是理气结合的产物。"问:'知觉是心之灵固如此,抑气之为邪?'曰:'不专是气,是先有知觉之理。理未知觉,气聚成形,理与气合,便能知觉。譬如这烛火,是因得这脂膏,便有许多光焰。'"① 朱熹将心与气的关系比喻为烛火与脂膏的关系,没有脂膏便没有烛火,没有气之虚灵便没有心之知觉,但由于包括脂膏在内的万物都是以理为本体,是理气结合的产物,那烛火最终也是以理为其存在的根据。

朱熹认为,不仅心之知觉是气之虚灵,而且人心本身的认识功能也由形气与主体发生感应而引起。他说:"人心但以形气所感者而言尔。具形气谓之人,合义理谓之道,有知觉谓之心。"② 认为心与形气之间具有感应关系,但心不是被动地感应形气,而是可以能动地主宰形气。心对于气的能动作用表现为由道心去主导形气。他说:"由道心,则形气善;不由道心,一付于形气,则为恶。"③ 指出以道心主宰形气,则为善;听命于形气,不发挥心的主宰作用,则流为恶。在心气关系上,朱熹的认识论与伦理学是互相联系的。

朱熹有时把心比喻为阴阳。他说:"性犹太极也,心犹阴阳也。"④ 在朱熹哲学的逻辑结构中,性、太极与理相当,为形而上的本体范畴;阴阳则是与气相当的形而下的范畴。朱熹明确表示:"心之理是太极,心之动静是阴阳。"⑤ 相对于太极是心之理而言,阴阳是心的动静的表现,即心的存在根据是理,心的表现形式是阴阳,心与理、气均不相脱离。

朱熹哲学心气关系的实质是,心之知觉来自气之虚灵,但以理为存在的根据。有了知觉之理,理与气合,才产生心之知觉。理不仅是知觉的根据,而且"所觉者,心之理"⑥,理又被心所认识,成为知觉的对象。

以上可见,在朱熹以天理为最高范畴的哲学逻辑结构中,心的地位十分重要而独特。朱熹哲学对心的内涵及属性作出的规定,对心与气关系的论述,反映了朱熹心论的特点,表现出理本论哲学与心本论哲学的明显区别。如果从广义的角度讲心学,而不是以心本论来界定心学,或可以朱熹对心及心与性、心与理的关系论述发挥详密,而将朱学称之为心学,但至少应对广义角度的朱熹

---

① 黎靖德编:《朱子语类》卷五,第85页。
② 黎靖德编:《朱子语类》卷一百四十,第3340页。
③ 黎靖德编:《朱子语类》卷六十二,第1486页。
④ 黎靖德编:《朱子语类》卷五,第87页。
⑤ 黎靖德编:《朱子语类》卷五,第84页。
⑥ 黎靖德编:《朱子语类》卷五,第85页。

心学与特定的陆王心学有所区别。

2. 性论

朱熹在继承并发展二程尤其是程颐性论的基础上，扬弃湖湘学派胡宏的性论，提出了性必兼气的思想。其理论体系的完备、思想内容的丰富与同时代少于论性而不讲气的陆九渊心学相比，旨趣各异，是对自孔孟以来儒家人性论的深刻总结的发展。

（1）"性者万物之原"

在朱熹的心性论中，心不是本体范畴，性则是本体范畴。他说："性者万物之原，而气禀则有清浊，是以有圣愚之异。"① 其性是超越气禀之上的本原，万物皆以性为存在的根据。在作为宇宙本体的意义上，性与理具有相同的含义。他说："宇宙之间，一理而已。天得之而为天，地得之而为地，而凡生于天地之间者，又各得之以为性。"② 天地万物得理便为性，性与理相当，为同一层次的本体范畴。朱熹哲学的性，作为天地万物的本原，它是超越形体之上的精神实体。他说："性是形而上者，气是形而下者。形而上者全是天理，形而下者只是那查滓。至于形，又是查滓至浊者也。"③ 认为性无形体，乃形上之天理，却是有形之物产生的根源。

（2）"物物皆有性"

朱熹哲学的性，不仅是宇宙万物的本原，亦是具体事物的内在本质或属性。这与其理范畴既是宇宙的本体，又是事物的规律的意义相似。他在回答"性即理"的问题时指出："物物皆有性，便皆有其理。"④ 所谓"物物皆有性"，是指任何事物都有其内在固有的属性和性质，它是一事物区别于其他事物的内在本质。火之炎上，水之润下，金从革，木曲直，土稼穑便是五行之物的具体属性。朱熹认为，事物的属性是客观的、自然的，不以人的主观意志为转移，人只能顺应而不能违背它。如果违反事物的自然属性，人为地改变它，以做他用，那是绝无此理。可见，朱熹哲学的性和理一样，都具有宇宙本体及具体事物规律、属性双重含义。

朱熹看到人与万物之性的差异，指出："人之所以为人，以其有是性耳。"⑤

---

① 黎靖德编：《朱子语类》卷四，第76页。
② 朱熹：《读大纪》，《朱熹集》卷七十，第3656页。
③ 黎靖德编：《朱子语类》卷五，第97页。
④ 黎靖德编：《朱子语类》卷九十七，第2484页。
⑤ 朱熹：《答赵恭父（六）》，《朱熹集》卷五十九，第3076页。

认为人有仁义道德之性，所以与万物区别开。万物亦各有其性，"物也有这性"①，禀气的不同，使物性各异。但万物之性又都以一个共同的本性作为共同存在的根据。这是对二程性本气禀思想的继承。

（3）"性即天理，未有不善"

朱熹以人伦道德作为性的内涵。他说："仁义礼智，性之四德也。"②认为仁义道德既是人与庶物区别的内在本质，又是儒家人性论与佛教性论相互区别的原则界限。在人性善恶问题上，由于性的内涵是仁义礼智之天理，所以朱熹提出："性即天理，未有不善者也。"③从本质上讲，性为天理，善而不恶，恶只在性之外存在。他说："盖性一而已，既曰无有不善，则此性之中无复有恶与善为对，亦不待言而可知矣。"④由此可见，朱熹性无有不善的思想于二程中倾向于程颐，而与程颢有别。其求善的价值取向和审美意识与其道心主宰人心的思想相联系，突出了主体的价值判断与选择对于保持善性的重要性。

（4）性必兼气

在性气关系上，朱熹主张性气兼言方备，同时也指出性气不相夹杂，并提出天命之性寓于气质之中的思想，对宋代理学的性气论作了总结。

朱熹指出："性气二字，兼言方备。孟子言性不及气，韩子言气不及性。"⑤这是对二程性气关系说的继承和发挥。朱熹对二程的性气关系说倍加赞赏，他说："'论性不论气，不备；论气不论性，不明，二之则不是。'所以发明千古圣贤未尽之意，甚为有功。大抵此理有未分晓处，秦汉以来传记所载，只是说梦。韩退之略近似。千有余年，得程先生兄弟出来，此理益明。"⑥指出孟子论性专言性善而不及气，韩愈讲性三品之说，只是讲气而未论及性，他们都没有把性气二者结合起来，所以不是缺了下面一截而未备，就是不知性善之本而不明。

朱熹强调，人是性气结合的产物，"人之有生，性与气合而已"⑦。所以性必兼气，气必兼性，性气双方缺一不可。但在性气相兼的基础上，朱熹又强调性气二者不得相杂，它们各有其质的不同。他说："气自气，性自性，亦自不相夹

---

① 黎靖德编：《朱子语类》卷五十九，第1378页。
② 朱熹：《孟子集注》卷十三，《四书章句集注》，第355页。
③ 朱熹：《孟子集注》卷十一，《四书章句集注》，第325页。
④ 朱熹：《答胡广仲（五）》，《朱熹集》卷四十二，第1954页。
⑤ 黎靖德编：《朱子语类》卷五十九，第1389页。
⑥ 黎靖德编：《朱子语类》卷四，第66—67页。
⑦ 朱熹：《答蔡季通（二）》，《朱熹集》卷四十四，第2057页。

杂。"①朱熹既兼言性气，又注意性气相分，其重要目的是为了论证善恶的不同来源，避免把恶归于性，同时强调变化气质，通过道德修养，纠正气质的偏差，以复性善之本。由此可见，以朱熹为代表的宋代理学家对道德修养功夫十分重视，其性气关系理论最终是为道德修养作论证的。

（5）"天命之性，非气质则无所寓"

与兼言性气相联系，朱熹在吸取张载天地之性与气质之性相分思想的基础上，提出天命之性寓于气质之中的观点。他认为天命之性只是理，气质之性则是理与气杂而言之，但天命之性离开了气质则无安顿处；反之，气质之性出自于天命之性，离开了天命之性，气质之性便无归宿，最终以本然之性即天理来统一气质之性。他说："气不可谓之性命，但性命因此而立耳，故论天地之性则专指理言，论气质之性则以理与气杂而言之，非以气为性命也。"②朱熹指出，气虽然不是性命，但"天命之性，非气质则无所寓"③，认为天命之性寓于气质之中。实际上，朱熹所说的天命之性只是一个观念性的抽象的存在，而现实存在着的只有气质之性。因为离开了气禀就没有性，而与气质结合的性被朱熹称为气质之性，即理气结合的性。气质之性因其具有理，故以理为自身存在的根据和善的来源；因其具有气，故气异而万物分殊，并有恶的产生。尽管天命之性只是一个抽象的本体存在，但气质之性却从那里出。朱熹哲学的逻辑是具体从抽象出，抽象本体是具体事物存在的根据，这在他天命之性与气质之性的关系中得到表现。

就其天地之性寓于气质之中，抽象存在于具体之中而言，朱熹指出："气质之性，便只是天地之性，只是这个天地之性却从那里过。"④没有具体的气质之性，便无法把握抽象的天地之性，具体即是抽象，气质之性即是天地之性。

朱熹哲学之性论内容丰富、体系严密，集孔孟以来传统儒学及张载、二程以来宋代新儒学人性理论之大成。它充分体现了时代思潮的特点，对后世理学人性论产生了重要影响。

3."心统性情"论

"心统性情"的思想是朱熹心性之学的纲领和核心。朱熹以其心论、性论及性情关系说为基础，总结和吸取前人的思维成果，与同时代的学者相互交流，

---

① 朱熹：《答刘叔文（二）》，《朱熹集》卷四十六，第2243页。
② 朱熹：《答郑子上（十四）》，《朱熹集》卷五十六，第2872—2873页。
③ 黎靖德编：《朱子语类》卷四，第67页。
④ 黎靖德编：《朱子语类》卷四，第68页。

创造性地提出了著名的"心统性情"说，对心性理论和心与性情的关系作了深入的论述，提出了精辟而系统的见解。

（1）心兼动静、体用、未发已发

朱熹"心统性情"的思想主要有两层含义：一是心兼性情，二是心主宰性情。心兼性情是对心兼动静、体用、已发未发的综合与概括，并以其为基本内容。心兼性情是指心兼性的静、体、未发，兼情的动、用、已发，心兼有性、情两个方面，把性情各自的属性都涵摄于心中。所谓兼，指把性情都包括在心之中。

关于心兼动静。朱熹认为，心兼动静，贯通于动静两端之中。即"一心之中自有动静，静者性也，动者情也"①。又认为动与静是相互联系的，"心体固本静，然亦不能不动"②。当心未感物时，它为静，然亦不能执着于静的一面，而看不到心动的一面，"以不动为心，则又非矣"③。心静，寂然不动；心动，感而遂通。心感物而动，动是心体的作用与表现。"心则贯乎动静而无不在焉"④。进而朱熹强调要在静时存心、养心，在动时察心、识心，把静与动、存养与察识结合起来。他说："心固不可不识，然静而有以存之，动而有以察之，则其体用亦昭然矣。"⑤以静为心之体，以动为心之用，这就把动静与体用结合起来。

关于心兼体用。朱熹指出："心兼体用而言。性是心之理，情是心之用。"⑥心之理即指心之体。以性为心之体，以情为心之用，心兼体用而有之。"性者，理也。性是体，情是用。性情皆出于心，故心能统之。"⑦在体用问题上，心统性情便是心兼体用。朱熹认为，心兼体用是在分别体用的前提下来兼体用，体用的区别是确定的，这就是性体情用，不能笼统地性情不分。

关于心兼未发已发。朱熹指出："未发只是思虑事物之未接时，于此便可见性之体段，故可谓之中而不可谓之性也；发而中节，是思虑事物已交之际，皆得其理，故可谓之和而不可谓之心。心则通贯乎已发未发之间，乃大易生生流行，一动一静之全体也。"⑧所谓未发，指思虑未萌时心的状态；所谓已发，指

---

① 黎靖德编：《朱子语类》卷九十八，第2513页。
② 朱熹：《答游诚之（三）》，《朱熹集》卷四十五，第2142页。
③ 朱熹：《答冯作肃（四）》，《朱熹集》卷四十一，第1898页。
④ 朱熹：《答冯作肃（四）》，《朱熹集》卷四十一，第1898页。
⑤ 朱熹：《答方宾王（四）》，《朱熹集》卷五十六，第2838页。
⑥ 黎靖德编：《朱子语类》卷五，第96页。
⑦ 黎靖德编：《朱子语类》卷九十八，第2513页。
⑧ 朱熹：《答林择之（六）》，《朱熹集》卷四十三，第2031页。

思虑已萌发时心的状态。未发已发是心体流行一静一动两个不同的阶段。可见，心之未发与心之体、心之静相联系，心之已发与心之用、心之动相沟通，心兼体用与心兼未发已发在逻辑上是一致的。心具有未发、已发两种状态，即指心兼未发已发。

需要指出，心之未发时可见性之体，性具于心，但心不等同于性；心之已发时可见情之著，情通于心，但心不等同于情。虽然心贯通于未发之性和已发之情，但心与性、情有各自不同的含义和规定性，彼此不能相混。

（2）心主宰性情

心主宰性情是朱熹"心统性情"说的重要内容，"问：'心统性情，统如何？'曰：'统是主宰，如统百万军。'"① 心对性情的主宰是指心统御管摄性情，它包括两个方面：一是心主宰性，二是心主宰情。即指人的理智之心对于人的本性和人的情感的把握与控制。一方面，当心为未发，性存于心时，就要以心来主宰性。他说："未感物时，若无主宰，则亦不能安其静，只此便自昏了天性。"② 认为虽然天性本善，如不加以主敬涵养，也会受到干扰而丧失本性。这时的心主宰性是指主于存养，即主于存心养心。他说："未发之前是敬也，固已主乎存养之实。……人自有未发时，此处便合存养。"③ 所谓存养，指平时的道德修养工夫，朱熹认为这是保持善性的根本。

另一方面，当心为已发，性表现为情时，亦要以心来主宰情，使情符合性善的原则。他说："心宰则情得正，率乎性之常而不可以欲言矣，心不宰则情流而陷溺其性，专为人欲矣。"④ 此时的心主宰情是指主于省察，即察识其心。他说："已发之际是敬也，又常行于省察之间。"⑤ 所谓省察，指遇事时察识其心以按道德原则办事，使情不离性善的轨道。朱熹主张把未发已发、存养与省察结合起来，即通过心的主宰，把性与情统一起来。他说："未发已发，只是一件工夫，无时不涵养，无时不省察耳。"⑥ 强调心主宰性情两端，把平时的道德修养与遇事按道德原则办事互相沟通，使之均不离心的统御。

以上可见，朱熹心主宰性情的思想主要涉及伦理学的问题，并强调发挥理智之心的主观能动性，以认识和保持内在的道德理性，而不涉及本体论问题，

---

① 黎靖德编：《朱子语类》卷九十八，第2513页。
② 朱熹：《答林择之（二十）》，《朱熹集》卷四十三，第2046页。
③ 朱熹：《答张钦夫》，《朱熹集》卷三十二，第1404—1405页。
④ 朱熹：《答何俾》，《朱熹集》卷六十四，第3362页。
⑤ 朱熹：《答张钦夫》，《朱熹集》卷三十二，第1404页。
⑥ 黎靖德编：《朱子语类》卷六十二，第1514页。

心的主宰并不是从本体论意义上说的。

（3）心性的联系与区别

心性关系问题是朱熹"心统性情"论阐述的重要问题。在这个问题上，朱熹既肯定心性的联系，又强调二者的区别，主心性二元说，认为心性有别，不是一物，否定道德理性与主体直接同一，心性各自在认识论和本体论上具有独立性而不可混同。朱熹反对把主体本体化和把道德理性主体化的心性同一的倾向，强调与主体相联的道德理性超越主、客体之上。这一方面是为了给儒家伦理提供本体论的哲学依据，另一方面也是为了批佛，以心性二元来否定佛教的心性一元。

关于心性的联系。朱熹强调心性双方的联系，他说："心与性如何分别？……此两个说着一个，则一个随到，元不可相离，亦自难与分别。舍心则无以见性，舍性又无以见心。"[①] 他认为心性不可分离，双方缺一不可，心性相通，"心只是一个性，性只是有个仁义礼智"[②]，反对把二者的区别看得太重，使心性互相脱离而各不相干。他说："但论心与性字，似分别得太重了，有直以为二物而各在一处之病。要知仁义之心四字便具心性之理，只此心之仁义即是性之所为也。"[③] 指出论心之仁义便是性，论仁义之性便具于心中。由于在朱熹"心统性情"的思想里，性是心之体，所以他主张把心性问题与"心统性情"联系起来看，"但亦须更以'心统性情'一句参看，便见此心体用之全"[④]。朱熹把心性的联系作了形象的比喻：心有如皮子，性有如馅子，性具于心中，就像馅子包在皮子里一样，不可分离。他说："心以性为体，心将性做馅子模样。"[⑤] 说明性是心之体，内在于心中，心是性存在的居所。

关于心性的区别。朱熹认为心性二分，二者存在着区别，不可视为一物。心性的区别表现在，心是虚灵之物，性是实体；心有知觉，性无知觉。他说："心与性自有分别。灵底是心，实底是性。灵便是那知觉底。"[⑥] 在回答"灵处是心，抑是性？"的问题时他说："灵处只是心，不是性，性只是理。"[⑦] 明确否定性有虚灵知觉和意识，把主观认知功能单独归之于心，主张把有知觉的主体虚

---

① 黎靖德编：《朱子语类》卷五，第88页。
② 黎靖德编：《朱子语类》卷二十，第475页。
③ 朱熹：《答苏晋叟（一）》，《朱熹集》卷五十五，第2808页。
④ 朱熹：《答苏晋叟（一）》，《朱熹集》卷五十五，第2808页。
⑤ 黎靖德编：《朱子语类》卷五，第89页。
⑥ 黎靖德编：《朱子语类》卷十六，第323页。
⑦ 黎靖德编：《朱子语类》卷五，第85页。

灵之心与无知觉的实有之性区别开来。

心性的区别还表现在，性以仁义礼智为内容，从本质上讲，性为善；而"心是动底物事，自然有善恶"①。"心有善恶，性无不善。"② 由于心有善有恶，所以须以道心主宰人心，才能去恶从善。此外，心为主宰，性被心管摄，也是心性之别的表现。

在心与性的关系上，朱熹既看到二者的联系，又强调二者的区别，认为心性"不可无分别，亦不可太说开成两个"③。由于朱熹以性为理，其心性关系与心理关系有类似之处。

朱熹在心性理论上，倡心性二元说，既重视心性的密切联系，又注重心性的区别。朱熹在继承吸取、批判改造前人思想资料基础上，创造性地提出了自己的以"心统性情"思想为纲领的心性论，其"心统性情"论自成体系，别具特色，充分体现了宋明理学乃至整个中国哲学的特点，把中国哲学心性论发展到一个新的阶段。

（三）朱熹思想对中国传统文化的总结与创新

在中国文化史上，前有孔、老，后有朱熹，均对中国文化的发展做出了重大贡献。如果说，孔子和老子在先秦时期分别创立儒家和道家学派，形成儒道互补格局，对中国文化产生重大影响，那么，朱熹在一千多年后的宋代，适应中国社会与文化发展的需要，全面系统地总结了包括孔、老思想在内的中国传统文化，并加以创造性的发展，其对中国传统文化的总结、创新之功，恐无人堪与相比。

1. 对中国传统文化的总结

中国传统文化发展到宋代，发生了历史的转折和变革，进入了一个崭新的阶段。朱熹以弘扬儒学及儒家圣人之道为己任，又发扬开放和超越精神，全面系统地总结并创新了中国传统文化。朱熹在中国文化的经学、政治、哲学、伦理、宗教等各个领域，广泛涉猎，潜心钻研，总结传统文化包括北宋以来理学发展的成就，使中国文化更加丰富，更具理性色彩，进一步强化了中国文化的鲜明特色，把中国传统文化发展到一个前所未有的高度，从而成为中国传统文化的代表和总结者。

---

① 黎靖德编：《朱子语类》卷五，第86页。
② 黎靖德编：《朱子语类》卷五，第89页。
③ 黎靖德编：《朱子语类》卷五，第89页。

（1）遍注群经，对传统经学的总结

朱熹是经学中宋学的代表人物和集大成者，在中国经学史上占有十分重要的地位。他遍注群经，既以阐发义理为治经之目的，这是他超出汉唐经学之处；又重训诂考据，对诸经详加训释，这是他对汉学的吸取，亦是他对宋学流弊的修正。

朱熹对传统经学作了全面总结。他遍注群经，表现在"四书"方面，便是以毕生精力注解《大学》《中庸》《论语》《孟子》"四书"。一方面通过总结二程的"四书"学，以"四书"义理之学取代"六经"训诂之学在经学发展史上的主体地位，另一方面也不废弃训诂考据之学，强调"本之注疏以通其训诂"，从而对汉学、宋学都加以总结吸取，既以宋学为主，又超越汉学、宋学之对立，由此发展了传统经学，并对后世的新汉学产生重要影响。

不仅如此，朱熹还注释了《周易》，撰《周易本义》和《易学启蒙》，总结以往易学之图书象数派和义理派的思想资料和观点，既重本义，重象数，又以义理为指导，把义理、卜筮、象数、图书相结合，从而总结发展了传统易学。

朱熹注解《诗经》，先主《小序》，而作《诗集解》；后悟前说之非，尽去《小序》，以《诗》说《诗》，而作《诗集传》，体现了朱熹诗学对旧说的总结和超越。

朱熹将自己治《尚书》之旨和有关注《尚书》的材料传授给学生蔡沈，令其作《书集传》。所以《书集传》亦可视为朱熹注《尚书》思想的反映。朱熹对《尚书》的注解和阐发，总结了以往的《尚书》辨伪工作，重视对心传说的阐发，在尚书学史上产生了重大影响。

朱熹训解《礼》书，早年作《祭仪》和《家礼》，后酝酿修三礼书，晚年与弟子黄榦合撰《仪礼经传通解》，损益前代之礼，对以往礼学加以总结，提出以《仪礼》为经，以《礼记》为传，以《周礼》为纲领的思想，主张以礼来治国立教，体现了儒家礼治的精神。

朱熹又根据《春秋》大义，编纂《通鉴纲目》，定其凡例，法《春秋》大旨，明正统顺逆。以义理作为评判《春秋》经传的标准，把义理史学贯穿于春秋学的研究中，这也是对以往春秋学的总结和发展。

此外，朱熹依据《古文孝经》，撰《孝经刊误》，对以往的《孝经》版本和文字加以考释。他认为《孝经》非孔子所自作，其经文部分是曾子门人记孔子、曾子问答之言，并删减《孝经》文字，重排其章目次序，一定程度地体现了他疑经惑传，改易经文，以义理释经的经学特点。

以上可见，朱熹学养深厚，遍注群经，对儒家经典《大学》《中庸》《论语》

《孟子》《周易》《诗》《书》《礼》《春秋》《孝经》等诸经加以注解、考释，全面总结了传统经学，在此基础上发展了中国经学。

（2）以天理治国，对传统政治文化的总结

中国传统政治文化是多元复合型文化，真正对中国政治产生重要影响的，首推儒家，其次是法家和道家。其中儒家的政治思想以重人伦、讲仁义、施德政、道重于君为主，法家的政治思想以任刑罚、重权术、讲法治为主，道家则崇尚自然清静，无为而治，它们各自程度不同地影响了中国传统政治文化的形成和发展。

自汉代以来，儒术独尊，儒学在统治者的提倡下，不仅逐渐成为中国文化发展的主流，而且演变为中国传统政治文化的主体。但儒家政治思想与封建统治者的专制政治有相当的区别，不可混同。一般说，封建统治者的专制独裁以吸取法家思想为多，而儒学则反对专制独裁，反对统治者滥施暴政以虐民。孟子盛赞汤武革命，认为汤武革桀纣之命，杀暴君，只是诛独夫，而不是"臣弑其君"。荀子进而提出道高于君的思想，强调"从道不从君"，仁义之道重于君主之权位。这些思想得到了朱熹的继承，他提出天理治国论，从"治体"的高度批判了君主的"独断"，主张以道即天理对君权和封建统治者的特权加以一定的限制，认为治理国家应以道为本，道比权位更为重要，这也是对法家思想的扬弃。朱熹天理治国的思想主张"正君心"，把君主置于天理即道的约束之下，认为尽管君主权位至尊，但君主也不得违背天理，为了维护天理的最高权威，士人要敢于矫君正君，不向邪恶势力低头。这具有道统高于君统，以道与专制君权相抗争的意义，亦是对传统政治文化尤其是儒家政治思想的总结。

（3）"心统性情"，对中国心性哲学的总结

心性论是先秦儒家哲学、道家哲学、佛教哲学、宋明理学以至整个中国哲学的重要组成部分，在很大程度上体现了中国哲学的特点。先秦是儒家心性之学的创立时期。孔子对心性问题论述不多，但其"七十而从心所欲不逾矩""性相近也，习相远也""为仁由己"等思想却启发了孟子。在中国哲学史上，孟子最早给心以高度重视，并把心性联系起来加以论述，从而确立了儒家的心性哲学。孟子尽心知性知天的思想成为儒家心性哲学的理论基础之一，对后世哲学包括对佛教心性论产生了重要影响。荀子进一步阐发了心的认识论功能，并提出与孟子性善论主张相对的性恶论。自佛教传入中国以来，先是受儒家心性之学特别是孟子思想的影响，大讲"尽心知性"及"穷理尽性"，后来佛教发展了儒学心性论，主要是以本体论心性，其哲学理论的思辨性明显高于先秦儒学心性论，但却抛弃了儒

家心性论中的伦理道德内涵。

朱熹总结、吸取先秦儒学心性论、佛教哲学心性论，提出了自己以"心统性情"说为纲领的心性论。朱熹把儒家伦理与思辨哲学紧密结合，以性为本，把儒家伦理提升为形上宇宙本体，又把心性与天理相联，这既丰富了儒家哲学心性论的内涵，又发展了中国心性哲学，使理性的、伦理的、人文的世俗思辨哲学逐步取代隋唐盛行的宗教哲学，这是对以往心性哲学的系统总结，达到了中国哲学心性论思想发展的高峰，并对后世中国哲学产生了重要影响。

（4）存理去欲，对传统伦理思想的总结

朱熹的理欲之分原出于《礼记·乐记》篇："夫物之感人无穷，而人之好恶无节，则是物至而人化物也。人化物也者，灭天理而穷人欲者也。"是说人容易受到外界事物的影响，以至好恶无节，这样会造成人欲横流而天理灭绝的后果。为了防止出现这种局面，历代思想家对此作了理论探讨，大多要求用天理节制人欲。

至宋代理欲问题成为伦理学讨论的中心问题。在朱熹以前关于理欲之辨的主要观点有二程的"灭私欲则天理明"[①]，强调天理人欲的区分和对立，以及胡宏的"天理人欲同体而异用，同行而异情"，既主张理欲相分，又认为理欲同体。朱熹继承了二程"灭私欲则天理明"的思想，倡天理与私欲的对立，强调存理去欲，以公私、是非来区分理欲，要求克私立公，"革尽人欲，复尽天理"[②]；同时又把二程"男女配合，天地之常理……男女之交媾，理之常也"[③]的思想加以发展，提出天理安顿在人欲中，理欲互相依存的思想，并区别欲之二义。对于人的客观物质欲求，朱熹认为即使圣人也有此欲，因而不可去掉，并批判了佛教的禁欲主义；对于超过基本的客观物质欲望之上的私欲，朱熹主张去掉，强调"明天理，灭人欲"[④]，此人欲即指私欲。

朱熹从理本论思想出发，又批评了胡宏天理人欲同体的思想，认为"本体实然只一天理，更无人欲"[⑤]，强调天理人欲之辨中理的主导地位，反对把理欲混为一体。由此，朱熹在对以往理欲之辨的总结中，提出了自己的独具特色的存理去欲思想，在很大程度上是对传统伦理思想的总结，在客观上成为中国传统

---

① 程颢、程颐：《河南程氏遗书》卷二十四，《二程集》，第312页。
② 黎靖德编：《朱子语类》卷十三，第225页。
③ 程颢、程颐：《归妹卦》，《周易程氏传》卷四，《二程集》，第978—979页。
④ 黎靖德编：《朱子语类》卷十二，第207页。
⑤ 朱熹：《胡子知言疑义》，《朱熹集》卷七十三，第3860页。

伦理文化的主导思想。

（5）批判、吸取佛、道二教，对宗教文化的总结

佛道二教是中国最主要的两大宗教。一般说，佛教长于治心，以心性哲学和思辨哲理来论证其教旨教义，发挥宗教消除内心紧张，求得心灵安宁的社会功能；道教长于养身，通过修炼，得道成仙，与自然合一，宣扬道为宇宙本体、万物之源。但佛道二教均有其短处，即不讲社会治理，其出世主义的宗教信仰与中国宗法社会及其制度形成矛盾，与儒家文化难以适调。由此，朱熹对以佛道为代表的宗教文化作了一番全面的总结和批判。

朱熹对佛教的批判主要集中在批判佛教不讲儒家伦理纲常的出世主义的教旨教义及其与出世思想紧密联系的佛教哲学的"空"论、心本论、只内不外的思想等。在批佛的过程中，朱熹又一定程度地吸取借鉴了佛教的理事说、心性论、"宾主颂"、修养论等思想。朱熹对道教包括道家的批评主要表现在，批评道教及道家厌世避祸，崇尚空寂以保全其身的思想，并批评其神仙思想和长生不死说。朱熹对道教的吸取主要表现在：借鉴道教之图，以阐发自己的易学及太极说；考释道书，探讨道教修炼之术，以修养身心；吸取道教的宇宙生成论等。

朱熹以儒学为本位即是以儒学作为取舍佛道思想的标准，凡与儒学价值观不合的，则加以排斥批判；凡有助于提高儒学思辨水平，促进儒学发展的，则加以吸收借鉴。朱熹对佛道的批判和吸取，不仅对建构新儒学思想体系有重要意义，而且也是对宗教文化的总结，促进了中国文化的发展。

以上可见，朱熹对中国文化的各个领域开展深入的研究和探讨，在对中国文化各个方面的总结反思中，结合时代发展的需要，提出了一系列深刻的见解和独到的理论，从而创新发展了中国传统文化，使之发展到一个新的阶段，成为中国文化发展史上的一个重要里程碑。

2. 对中国传统文化的创新

朱熹不仅全面系统地总结了中国传统文化，而且在总结的基础上，结合时代发展的需要加以综合创新。朱熹对中国传统文化的创新是综合性的、多方面的，主要表现在以下方面。

（1）首创"四书"之名，集"四书"学之大成

"四书"学的提出和确立，是程朱对中国传统文化最重要的贡献之一。然二程只是开"四书"学之先河，提出基本的思想线索，其"四书"学的思想理论尚不完备。朱熹则在二程提出的思想线索的基础上，在中国思想史上首创"四

书"之名，把《大学》《论语》《孟子》《中庸》结集，合为四部最重要的儒家经典，其地位在"六经"之上。并以毕生精力集注"四书"，著《四书章句集注》，以重义理的理学思维模式取代汉学单纯重训诂的注经模式，集宋代"四书"学之大成，完成了中国经学史上的一大变革。

（2）阐发"十六字心传"，集道统论之大成

道统思想源远流长，其思想内涵古已有之，历经发展演变，至宋代趋于成熟。朱熹发明"道统"二字，在继承、借鉴二程、韩愈道统思想的基础上，梳理并确定道统的传授谱系，从形式上把儒学道统体系化。不仅如此，朱熹还从内容上丰富了道统的思想理论体系。他提出"十六字心传"说，以超越时代的心传体现道统观。在朱熹看来，《古文尚书·大禹谟》"人心惟危，道心惟微，惟精惟一，允执厥中"这十六字传心诀与《中庸》体现的"孔门传授心法"相通，是以义理之心即道心为标准，随时而为中，通过心心相传，心灵领悟，把圣人之道传授下来。朱熹建构精致的道的哲学，以道为形上之天理，提出道兼体用的思想，提高了道统之道的哲学思辨水平，这是从内容上对儒学道统论的创新发展。

（3）兼采汉宋，把章句训诂之学与义理之学相结合

朱熹经学的一大特征是既以阐发义理作为治经的最高目标，又重视对经文的训诂考据，把阐发义理建立在对经典章句文字训诂的基础上，从而兼采汉宋，把章句训诂之学与义理之学相结合。既以宋学义理为主，同时也不废汉学文字考据的功夫；既批评汉学为考据而考据，重训诂而不及义理的治经倾向，亦修正宋学重义理轻考据，其义理缺乏根据的经学流弊。朱熹兼取汉宋之长而去其短，成为在宋学内部扬弃和发展宋学的代表人物，开明清之际汉宋兼采经学之先声。

（4）提出经传相分，直求经文之本义

针对汉学但守注疏，"疏不破注"，以传代经，脱离经文本义而烦琐释经的弊端，和宋学只求传文之义理，援传于经，经传相混，使经文本义晦而不明的流弊，朱熹提出经传相分，直求经文之本义的思想，以之作为普遍的经学方法论原则。他强调分别经传，不以传注之学和推说之理取代对经文本义的探求，主张把义理的阐发建立在经文本义的基础上。这是朱熹经学的一大创新。

（5）重经书辨伪，疑伪古文

重视经书辨伪工作，疑伪古文，这是朱熹经学研究的一大贡献。朱熹在对《尚书》学的研究中，在吴棫疑辨的基础上，进一步详加考订，辨西汉伏生与

托名孔安国两家所传今古文之差异,黜《孔传》《孔序》,以区别经文与伪《孔传》,直求经文之本义;又疑《书序》(朱熹称为《小序》),认为《书小序》不是孔子所作,而是周秦时的低手人所作,以恢复《尚书》的本来面目;朱熹对梅本《古文尚书》,即《孔传》本《古文尚书》提出怀疑,认为其书至东晋方出,疑其书是伪书。这启发了后世的经书辨伪工作,最终判明梅本《古文尚书》是伪《古文尚书》,《孔安国尚书传》是伪《孔传》。

(6)倡主宾之辨,提出主客体对立的心物范畴

在哲学认识论上,朱熹以己意增补《大学》传文,以作为其格物致知论的纲领,概括了朱熹认识论的要点。他明确提出主客体对立的心物范畴,强调"知者,吾心之知;理者,事物之理,以此知彼,自有主宾之辨"[①],把吾心之知确定为主,把事物之理归结为宾。他吸取佛教临济宗的"宾主颂",主张内外结合,以己知彼。其所谓宾,相对于主体而言,指客体、对象。朱熹明确提出主客体对立的"主宾之辨",这是对中国哲学认识论发展的贡献。

以上只是大致概括了朱熹对传统文化创新的主要方面,而在其他一些方面,如象数学、义理史学、教育、礼学等方面却未能一一论及。这固然是由于朱熹思想博大精深,在各个领域均对中国文化做出发展创新而不便全部论述,同时也是为了突出朱熹对传统文化的主要创新之点。

(四)朱熹思想对中国传统文化的影响

朱熹是中国古代继孔子之后影响最大的思想家、哲学家和教育家,他对古代文化的各个领域都曾做过广泛深入的研究,并达到了很高的学术水平。他的学术思想代表了中国古代文化发展的高峰,支配了封建社会后期意识形态达七百年之久,成为社会文化的指导思想,对中国文化的哲学、政治、伦理、宗教、经学、教育、史学、文学、美学等的发展做出了突出贡献,产生了重要影响。

1. 朱熹理学对中国哲学的影响

朱熹理学以其内涵丰富、体系完备、逻辑严密、思想深刻、富于思辨而著称,达到了中国古代哲学发展的高峰,对中国传统哲学影响很大。其影响不仅表现在天理论哲学方面,也表现在心性论哲学方面。当然其烦琐、轻物的流弊对中国哲学的进一步发展亦带来不利影响。其在哲学上的影响可概括为:

---

① 朱熹:《答江德功(二)》,《朱熹集》卷四十四,第2115页。

(1) 进一步提高了中国哲学的理论思辨水平

二程哲学的最大理论贡献就在于把儒家伦理纲常原则与哲学本体论统一于"天理",朱熹进一步发展了二程的天理论哲学,使其更加系统化和精致化。一方面,朱熹深入到天理论哲学内部,从理气关系入手,详尽地论述了理与气、理与万物的相互关系。他强调理气不离,理本气末,辩证地对待理气先后问题,分别提出理先气后、气先理后、理气有则皆有三种结论,把理气有机地统一起来,从而辩证地发展了二程的天理论哲学,这对后世中国哲学影响很大,后学纷纷效法朱熹之理气论。另一方面,朱熹吸取了道佛的思辨哲学,使自己的理论更为精致。比如朱熹吸取道教以图解《易》的治学方法,借鉴道教之图,阐发太极论哲学,把太极论哲学与道教易学结合起来。以"无形而有理"解释"无极而太极",这是对二程天理论哲学的发展。朱熹借鉴佛教的"月印万川"说论证本体之理与万事万物的关系,吸取临济宗的"宾主颂"提出主客体对立的"主宾之辨",这都是对中国哲学认识论的理论发展,值得充分肯定。

(2) 丰富完善了中国心性哲学思想体系

心性之学是儒家哲学乃至整个中国哲学的核心内容,而宋明理学又被直接称为"心性之学",充分体现了新儒学乃至整个中国哲学的特征。朱熹作为理学集大成者,在于他丰富完善了中国心性哲学的思想理论体系,发展了中国哲学的主体思维,使主体意识进一步强化。

佛教思想的盛行,尤其是佛教心性论的流行使儒家哲学相形见绌,不足以维系人心,从而造成社会危机和理论危机。朱熹在佛教心性论及宋代理学心性论的基础上进行理论创新,建立起以"心统性情"论为纲领的心性学说。其心性之学"圆密宏大"[①],以儒家道德理性为主导,强调把道德修养与遇事按道德原则办事相结合,重视主体思维的认知功能和主观能动性的发挥。这与陆氏心学强调主体思维的心灵领悟和内在反观有所不同,但它们都使中国哲学的主体意识进一步强化,从不同的侧面发展了中国哲学的主体思维。

(3) 朱熹理学对中国哲学的负面影响

朱熹理学的天理论和"心统性情"论理论体系博大精深的另一面,是烦琐、迂阔,使学者流于追求外在的形式和表面词句而不易或不去掌握其精神实质;其理学思想把道德理性上升为宇宙本体,视自然界为理性的产物,忽视感情欲望和物质利益的满足,带来了轻物的流弊;其认识论和人性论重视和强调人的

---

① 钱穆:《朱子新学案》(上),巴蜀书社 1986 年版,第 361 页。

道德属性，相对忽视人的自然属性。这些都给中国哲学的发展带来一定的负面影响。

2. 朱熹理学对中国后世政治的影响

朱熹理学的政治诉求是倡导天理治国论。他认为天理既是宇宙的本体、人伦的原则，又是治理国家、管理社会的准则，把天理与道等同，把是否行道作为检验政治昏明的标准，强调从道不从君，道统之道高于君主之位。虽然其政治思想主要是为君主制的合理性提供理论依据，但也反对独裁，主张君臣共治，主张存理去欲，以天理为标准来正君心，去掉君主心中违背天理的坏念头。这对后世产生重要影响，不仅魏了翁等敢于批判君主一人独尊，主张君臣共治天下，而且在后来的历史上，以服膺朱熹理学为宗旨的士大夫，面对专制独裁的朝廷政治，坚持以理为标准，敢于犯颜直谏，批评君主与权臣有违义理的行为。如明代吕坤论述了"以理抗势"的思想，认为理的权威在帝王之势的权威之上，君主运用权势时必须遵循理的原则，对那些违背天理、以势压理的专制势力，不惜"以理抗势"，维护理即道的权威，不屈服于专制势力；以顾宪成、高攀龙等为代表的东林党人更是实践了朱熹限制君权，对封建统治者权力加以约束的思想；明清之际的黄宗羲提出"天下为主，君为客"①的思想，认为"为天下之大害者，君而已矣"②；顾炎武主张"以天下之权寄之天下之人"③，提倡"众治"，反对"独治"。这些限制君权及批判君主专制的思想，既受到朱学的影响，同时也是对朱熹思想的发展。

中国封建社会后期的朝代，之所以都将朱熹理学奉为圭臬，钦定其为官方统治思想，正是因为朱熹理学的那套天理治国的政治学说适应了封建统治的需要，巩固了封建统治，这是朱熹理学对后世政治的重要影响。

3. 朱熹理学对后世伦理思想的影响

朱熹理学的伦理思想以公私、义利、理欲观为主要内容：强调仁爱、为公，以爱和公来体现仁，把孔孟的仁爱思想贯彻到道德践履中去；在强调存天理、去私欲的同时，也肯定人的客观物质欲望，通过节欲来体现天理；既重义轻利，以义制利，又注意给利留下一定的位置，把利统一于义。其伦理思想具有明显的辩证性和二重性。其中的积极因素和正面影响已融入中华民族优秀伦理传统之中，作为中华民族精神的组成部分，在历史上和现实生活中发挥着积极的

---

① 黄宗羲：《明夷待访录·原君》，《黄宗羲全集》第一册，浙江古籍出版社1985年版，第2页。
② 黄宗羲：《明夷待访录·原君》，《黄宗羲全集》第一册，第2页。
③ 顾炎武：《守令》，《日知录》卷九，文渊阁四库全书，第858册，第599页。

作用。

理学强调以仁为本，尊公蔑私，进一步加强了中国文化讲仁爱，讲大公无私的思想特色，对后世产生了广泛的影响。杨简继朱熹之后，提出"大公无私，天之道也"[①]的思想，把理学大公无私的精神推广开来。孙中山先生继承儒学"道统"，在革命斗争中，大力提倡"天下为公"的精神，以"公天下"反对"家天下"，主张人人权利平等。这正是儒家克己为公，重责任义务精神的体现。

理学强调道德践履，重理性自觉，要求以理性控制感性，避免因感性欲望的过度泛滥而造成社会生活失序，这是朱熹学理欲之辨的必然逻辑。由此影响了后世，加强了中华民族重理性、重内在自觉，节制感性欲望的自律精神。中华民族之所以历经磨难，长期发展而不为乱世所中绝，其中的一个重要原因就在于道德理性终究能够主导感性欲望。

朱熹的理欲观是其伦理思想的重要组成部分，对中国伦理思想的影响很大。其欲有二义，即人的客观物质欲求和超出此人欲之上而过分追求所产生的私欲，因而形成不同的理欲关系，对后世也产生了不同的影响。受朱熹思想的影响，罗钦顺的理欲观与朱熹大致相同，认为欲有善恶之分，不可全归于恶，其区分的标准是节欲还是纵欲：节欲谓之善，纵欲则流为恶。王夫之在理欲观上亦与朱熹相似，并批评了佛教的禁欲主义。他指出理不离欲，理欲一体，既肯定人欲为天理所有，把欲纳入天理之中，又主张节欲，以理制欲，把人欲置于天理的控制之下。

朱熹的伦理思想具有辩证性和二重性，其"存理去欲"、重义轻利、重德轻利的思想注重伦理灌输，注重道德精神的培养，重视教化，但若将其理欲之分、义利之辨强调得过头，便产生过分重理、义而压抑欲、利的流弊，这对中国传统伦理思想亦带来负面影响。尤其被后世封建统治者歪曲利用之后，不断削弱存理去欲、重义轻利、尊公蔑私观念对自身的约束，而不断加强对广大民众的制约，由节欲主义转化为禁欲主义，压抑了人民群众的生存欲望，抹杀了人的物质欲求，扼杀了人的个性，使其逐渐演变为束缚人们思想的礼教枷锁，阻碍了社会生产力的发展。

4. 朱熹理学对宗教的影响

朱熹理学以儒学为本位，批判地吸取佛道思想，并加以理论创新，从而融合三教，集宋代理学之大成。朱熹理学思想的形成和确立，是三教融合的产物，

---

① 杨简：《慈湖诗传》卷十八，文渊阁四库全书，第 73 册，第 301 页。

经统治者提倡，朱熹理学在宋末以后逐渐占据了学术界的主导地位，成为社会意识形态的指导思想，对佛道二教产生了深刻的影响，使三教融合走向了三教归一。

宋代以后，佛教由盛而衰，继续流传，此时理学占据了学术界和社会意识形态领域的正统地位，并渗透到佛教之中，佛教对理学多有吸取，表现出与儒学的融合。

明代禅师憨山援儒入佛，撰有《大学中庸直解指》《春秋左氏心法》等，以佛释儒，把二者结合，使佛教哲学日益儒学化，并调和三教。他指出："尝言为学有三要：所谓不知《春秋》，不能涉世；不精《老》《庄》，不能忘世；不参禅，不能出世。"①把儒、道、佛，涉世、忘世、出世结合起来，这是受三教合一理学思潮的影响。

明末僧人蕅益不仅著《周易禅解》，通释《周易》经传，援禅理以为说，而且撰《四书蕅益解》，明显受到朱熹"四书"学的影响，以佛法解释儒家经典，借佛学以助发圣贤传心之印；吸取儒学，撰《孝闻说》《广孝序》等文，指出"儒以孝为百行之本，佛以孝为至道之宗"②，强调孝道，"世出世法，皆以孝顺为宗"③。这是对儒学的吸取，而修正佛教的出世主义，甚至打破出世与入世的界限，靠拢儒学。

理学占据社会意识形态领域的主导地位后，不仅对佛教，而且对道教也产生了深刻影响。道教内丹派南宗白玉蟾受朱熹影响，讲道心说，以道心为气之主宰，指出："道心者气之主，气者形之根，形是气之宅，神者形之具。神即性也，气即命也。"④元初道士刘玉改革净明道，进一步吸收新儒学，以忠孝伦理为本，指出"净明只是正心诚意，忠孝只是扶植纲常，但世儒习闻此语烂熟了，多是忽略过去，此间却务真践实履"⑤。以正心诚意诠释净明，强调忠孝对于扶植纲常的重要性，并要求把忠孝的原则贯彻到宗教践履中去，明显受到理学的深刻影响，成为儒道合一的典型。刘玉甚至神化朱熹，把朱熹视为见道体者，"晦庵亦自是武夷洞天神仙出来，扶儒教一遍"⑥，以调和佛道。

---

① 《憨山老人梦游集》第39卷，《大藏新纂卍续藏经》第73册，第746页。
② 《灵峰蕅益大师宗论》第7卷，《嘉兴大藏经》第36册，台北新文丰出版公司1987年版，第373页。
③ 《灵峰蕅益大师宗论》第4卷，《嘉兴大藏经》第36册，第324页。
④ 白玉蟾：《海琼白真人语录》卷三，《道藏》第33册，文物出版社、上海书店、天津古籍出版社1988年版，第131页。
⑤ 刘玉：《净明忠孝全书》卷三，《玉真先生语录内集》，《道藏》第24册，第635页。
⑥ 刘玉：《净明忠孝全书》卷四，《道藏》第24册，第642页。

理学对道教的影响不仅表现在道教注意吸取新儒学的思想内容上，而且在形式上也表现出道教对理学家的尊崇，这反映了理学影响的逐步扩大。比如在白玉蟾所著的《上清集》中，便载有《朱文公像疏》和《赞文公遗像》，对朱熹称颂有加。这在以往的儒道交涉史上是不曾有过的现象，表明随着理学的确立和广泛传播，儒道形式上的对立排斥已为融通合一所取代，体现了理学对道教的影响。

5. 朱熹理学对中国经学、教育的影响

（1）朱熹理学对后世经学的影响

朱熹理学是宋明理学的主要流派之一，是一种以"四书"学为经典依托的理学形态，是"四书"义理之学取代汉唐"六经"训诂之学的结果，体现了经学发展的趋势，并影响后世经学数百年之久。

朱熹集"四书"学之大成，从内容和形式上改变了经学发展的方向。朱熹重视"四书"，重视"四书"义理的阐发，强调治经的目的是明理，这对后世经学产生深刻影响。元代经学家吴澄继承朱熹的"四书"学，强调："'四书'，进学之本要也。知务本要，趋向正矣。虽然，读'四书'有法，聊为子言之：必究竟其理，而有实悟，非徒诵习文句而已。"[①] 认为"四书"是治经学的根本，而治"四书"则须掌握其义理，而不是只记诵表面的文句。这是对朱熹"四书"义理之学的发挥。

朱熹阐发理学思想除了重视经典的义理阐发以外，也重视对经典的训诂辨伪，这也对后世经学辨伪产生了重要影响，不仅直接启发了后世梅鷟、阎若璩、惠栋等人对《古文尚书》的辨伪工作，而且影响了清代经学的复兴。

（2）朱熹理学对后世教育的影响

朱熹理学以儒家伦理为本位，并把纲常伦理上升为宇宙本体，为封建君主专制服务。封建统治者大力办学校兴教育，一个重要原因就是要通过教育灌输理学家倡导的封建伦理思想，以维护社会的长治久安。这体现了朱熹理学对后世教育的影响，其影响主要体现在两个方面：一是教育目的。后世教育以明理、明人伦为目的和宗旨，对传授科学文化知识重视不够。二是教育内容。跟明人伦的教育目的相联系，自宋末至清，统治者将朱熹理学奉为官学，将其著作《四书章句集注》等作为科举考试和学校教育的必用教材，以三纲五常的伦理道德为教育的主要内容。

---

① 吴澄：《赠学录陈华瑞序》，《吴文正集》卷二十五，文渊阁四库全书，第1197册，第267页。

朱熹理学博大精深，除了深刻影响后世的哲学、政治、伦理、宗教、经学、教育以外，也对后世的史学、文学、美学等产生了相当的影响，促进了中国传统文化的发展。

（五）朱熹理学思想积淀为民族文化的深层结构

朱熹理学思想不仅促进了中国传统文化的发展，而且当朱熹理学被确立为社会意识形态的指导思想后，对整个中国后期封建社会的价值体系和民族文化心理产生了重要影响。其影响经过岁月的流逝，有不少已积淀为民族文化的深层结构，潜移默化着人们的人格观和价值观，对传统思维方式产生重要影响，成为中华民族精神的重要组成部分，而得到人们普遍的认同。

1. 成为传统人格观、价值观的重要内容

人格观和价值观是传统文化的重要内容。中国文化的各家各派均有自己的理想人格和价值取向，不尽一致，但也相互联系，有趋同性的一面。尤其当儒家文化成为社会意识形态的指导思想后，儒家传统的理想人格和价值取向亦成为居社会主导地位的人格观和价值观，对社会文化产生了广泛的影响，得到大多数社会成员的崇尚和认同。朱熹理学作为新儒学，其所追求的人格观和价值观，对传统理想人格和价值取向产生了重要影响。

（1）朱熹理学对传统理想人格的影响

所谓人格，指人的存在价值、道德品质、自我意志、尊严和内在性格等的总称。中国传统理想人格一般崇尚"君子"，这为儒、道、墨、法等各家所推崇。而儒家又在君子人格的基础上，以"圣人"为至高无上的理想人格的化身。朱熹继承了这一思想并加以发展，其理学思想以追求成圣成贤为理想人格，对圣人、贤人推崇备至，把圣人、贤人视为道的化身，使圣贤之道得以传承。

由对圣贤的尊崇出发，朱熹提出学做圣人的理想人格观。他说："学者大要立志，才学，便要做圣人是也。"[①]学做圣人是朱熹追求的理想，也是他对学者提出的要求。学做圣人是朱熹理想人格观的要求，要实现这一崇高目标，却要经历一个"超凡入圣"的过程，即超越普通人对欲望和利害的追求和计较，而进入理想的圣人人格境界。他说："而今紧要且看圣人是如何，常人是如何，自家因甚便不似圣人，因甚便只是常人。就此理会得透，自可超凡入圣。"[②]圣人与

---

① 黎靖德编：《朱子语类》卷八，中华书局1986年版，第134页。
② 黎靖德编：《朱子语类》卷八，第134—135页。

凡人之间存在着客观的区别，但只要明白了圣凡之间的差异及其原因，努力按圣人人格所要求的原则去做，终究会超凡入圣，由昨日的凡人成为今日的圣人。朱熹抬高普通人的人格地位，认为圣贤与常人在本质上是一致的，圣贤能做到的，常人也能做到，只不过是复其性善之本而已。

> 凡人须以圣贤为己任。世人多以圣贤为高，而自视为卑，故不肯进。抑不知，使圣贤本自高，而己别是一样人，则早夜孜孜，别是分外事，不为亦可，为之亦可。然圣贤禀性与常人一同。既与常人一同，又安得不以圣贤为己任？自开辟以来，生多少人，求其尽己者，千万人中无一二，只是衮同枉过一世！……人性本善，只为嗜欲所迷，利害所逐，一齐昏了。圣贤能尽其性。……圣贤千言万言，只是使人反其固有而复其性耳。[①]

朱熹认为，圣人与凡人在本质上即内在根据上没有差异，其性一同，均为先天性善，但圣凡之间又存在着客观的不同，这就是凡人为利欲所诱，不能复性之善，而圣人则能够尽其性，成为人间楷模。圣凡区别的原因，不在于先天禀赋的不同，而在于后天能否尽其性。只要去其利欲的干扰和外界的影响，复本性之善，就可达到成圣的理想人格目标。

朱熹圣人与常人禀性相同的思想影响到王阳明的理想人格观，在性即良知、"良知是乃天命之性"[②]的前提下，王阳明把吾心之良知作为普遍的人性，认为在拥有良知问题上，"愚夫愚妇与圣人同，但惟圣人能致其良知，而愚夫愚妇不能致。此圣愚之所由分也"[③]，指出圣愚之分就在于能不能致其良知，而不在于是否拥有良知。良知是人人皆有，这是愚人可以成为圣人的内在根据。拥有良知，提供了成圣的可能性，而要把这种可能性变为现实，就必须致良知，其关键在一个"致"字。王阳明认为，成圣之功在于"致良知"，做到了"致良知"，使个个做得圣人，以至"满街人是圣人"[④]。这就提高了愚夫愚妇的人格地位，把儒家追求成圣的传统理想人格进一步扩展到整个社会。王阳明的理想人格观在当时影响很大，但却又是受朱熹人格观影响的结果。这表现在，朱熹认为圣人与常人禀性相同，这是常人实现理想的圣人人格的内在根据；而王阳明亦认为无

---

① 黎靖德编：《朱子语类》卷八，第133页。
② 王阳明：《大学问》，《王阳明全集》卷二十六，第971页。
③ 王阳明：《传习录中·答顾东桥书》，《王阳明全集》卷二，第49页。
④ 王阳明：《传习录下》，《王阳明全集》卷三，第116页。

论圣愚人人皆有良知，其良知即性，把朱熹的性改造为良知，认为人人皆有良知，这是愚人成为圣人的内在依据，明显受到朱熹思想的影响。此外，王阳明以能否"致良知"作为由愚人成为圣人的关键；而朱熹则以能否"尽其性"作为区别圣凡及圣人之所以为圣人的原因。由于把朱熹的"性"改造为"良知"，故"尽其性"与"致良知"也有一定的相同之处。以上表明，朱熹圣凡禀性相同，"尽其性"是成圣的内在要求的思想，对王阳明的理想人格观产生了客观的影响。朱熹的学做圣人的理想人格观亦成为传统人格观的重要内容，反映了传统文化对圣人人格的追求。

（2）朱熹理学对传统价值取向的影响

与追求成圣的理想人格相关，朱熹理学思想在价值评判和价值标准上，主要以三代、道义、社会、中、内在精神等为价值取向。这些价值观经广泛的传播和提倡，成为传统社会价值取向的重要内容，并产生了潜移默化的影响。

朱熹以三代作为价值的标准，认为夏、商、周三代是美好的理想社会，一切以三代作为判断是非的标准，后世帝王也须法三代圣王。面对弊端百出的社会现实，朱熹为了解决理想与现实之间的深刻矛盾，把希望寄托在美好的三代社会里，企图从古代引出现世社会治理的原则。在朱熹看来，不仅三代推行的圣人之道是社会赖以存在的根据和人们思想行为的准则，而且"三代之《书》、《诰》、《诏》、《令》，皆是根源学问，发明义理，所以灿然可为后世法"[①]，指出三代社会的制诰诏令都是以义理为根据，足以后世效法。朱熹崇尚三代的价值取向对后世产生重要影响，使得复三代、厚古薄今进一步成为风尚，人们往往以继承和保持传统为时尚，即使主张变革的人们也大多"以复古为解放"，来减轻传统的压力。这种崇古、复三代的价值取向对保持和发扬好的民族文化传统比较有利，但对社会的进一步发展则形成一定的阻力，并带来消极影响。

朱熹以道义为价值取向，集中表现在他以义制利、重义轻利的义利观上。他认为道义的原则应优先于功利，虽然义利不相分离，但道义却是衡量是非、取舍事物的标准。朱熹的这一思想作为传统价值取向的重要内容，对社会价值观产生了重要影响，具有批判当时社会出现的汲汲追求个人私利，而不顾民族大义和社会公利的时代意义，但其相对忽视个人利益和事功的倾向，又给社会的发展带来负面影响。

受朱熹价值观的影响，明清之际著名思想家王夫之以义利来分辨君子与小

[①] 黎靖德编：《朱子语类》卷一百三十七，第 3258 页。

人。他说:"君子、小人之大辨,人禽之异,义利而已矣。"①并指出:"仁义未尝不利也。"②这都体现了他重义轻利的价值取向。由此,王夫之对李贽重私利的价值观提出批评。李贽强调"人必有私",肯定私和利的价值,反对程朱重义轻利的思想,表现出与传统截然相反的价值观。王夫之对李贽的批评,从正反两个方面反映了朱熹对传统价值取向的影响。

朱熹以社会为价值取向,认为社会的价值高于个人的价值,个人利益应服从社会公共利益,即使君主个人也得服从天下国家的利益,而不得"独断"。这亦体现了传统中国文化重社会轻个人的一个特点。朱熹的思想进一步强化了这一特点。受朱熹思想的影响,理学形成重群体、轻个体,重社会、轻个人的价值观念,表现为中国文化传统的集体主义精神。在这种观念的熏陶影响下,"天下兴亡,匹夫有责",以天下为己任,为了社会国家的利益,不惜牺牲个人,成为人们崇尚的价值观,而得到广泛的认同。从历史上看,正是这种价值取向使中华民族凝成一体,具有强大的向心力,并延续发展至今,自立于世界民族之林。然而,重社会轻个人的观念又具有一定的消极因素,表现为抹杀个性,压抑人的首创精神,由此一定程度地阻碍了社会的发展。

朱熹以中为价值取向,这主要表现在朱熹提出"十六字心传"的思想。他认为中是事物的原则和判断是非的标准,主张"执中",无过与不及。中与和相联系,不仅"中为贵",而且"和为贵"。持中贵和的思想既有维持社会稳定,保持事物现状的积极因素,这是社会和事物发展的基础;又有安于现状,不思进取,缺乏冒险竞争精神,缺乏活力,以至阻碍社会发展的消极因素。朱熹以中为价值取向的思想随着阐述道统之"十六字心传"而传播开来,对后世产生了广泛的影响。

朱熹以内在精神为价值取向,相对轻视外在物质,通过他所建构的"心统性情"论思想体系得以表现。朱熹强调发挥主体思维的能动性,以主宰之心统率性情,重视和宣扬人的主体能动性的发挥对于认识和保持善性的重要性,道德理性虽提升为天理,但内在于人心。尽管朱熹的认识论包括了认识客观事物之理的内容,但其认识的主要目的和对象是道德原则。就道德原则内在于心,又被心所认识而言,朱熹重内在精神的价值,而对外在事物及其规律不予过多的重视,从而主张实现内在的自我超越,达到"知天""成圣"的目的。这使得

---

① 王夫之:《读通鉴论》卷十八,中华书局1975年版,第1400页。
② 王夫之:《读四书大全说》卷十,中华书局1975年版,第704页。

中国哲学的主体意识进一步强化，既有助于保持人格尊严，弘扬民族精神和发挥人的主观能动性，促进社会发展同时又带来轻视物质及物质利益，忽视改造社会、改造自然的实践活动的流弊。

质言之，朱熹提出的人格观和价值观对传统理想人格和价值取向产生了广泛、深刻的影响，成为民族潜意识而积淀下来。虽然它对现代社会仍发生着影响和作用，但人们应随着时代的发展，及时变革不合时宜的人格观和价值观念，同时也应注意发扬包括朱熹思想在内的传统理想人格和价值取向中的积极因素，为精神文明建设和现代化事业服务。

2. 对传统思维方式产生重要影响

朱熹作为中国古代著名哲学家，宋代理学的集大成者和理论代表，其经常运用的思维方式主要有：义理思维、象数思维、辩证思维（包括整体思维）、类推思维等。中国传统思维方式是构成中国传统文化的重要内容，朱熹的思维方式又是构成传统思维方式的重要内容，因此在当时并对后世中国传统思维方式产生重要影响。

（1）义理思维

所谓义理思维，指以义理作为理性思维的出发点和依据，而不停留在对事物表面的认识和对文字字面的考据上。朱熹以思辨性的哲理来论证儒家伦理学说，在建构自己理学体系过程中，大量运用了义理思维的方式。他从理性思维的认识逻辑出发，深入到事物和认识对象的内部，着重探讨和认识事物存在的根据及其规律，把万物之理归于天下一理，由人道推导出天道，人道伦理虽以天道自然为根据，但天道自然却以人道伦理为内容。天人合一之道既是宇宙万物之所存在的根据，又是儒家伦理道德的原则，其道即天理，亦具有事物规律的含义。本体论、伦理学、认识论的结合，超越了以往对事物表面直观的认识，因而具有理性思维的意义。

朱熹的义理思维方式也是其经学研究主要运用的方式。朱熹不仅以阐发义理为经学研究的目的，而且直接以义理思维的方式去阐发义理，这主要表现在其"四书"学、诗经学和尚书学等方面。即朱熹以义理思维为出发点和依据，去探求儒家经典之"四书"、《诗经》、《尚书》等经文中的义理，而不停留在对经书文字的考据上，这是对前代训诂注疏之学的超越，由思维方式的创新而发展了中国经学。

朱熹集义理思维之大成，对传统思维方式影响甚大。受其影响，义理思维形成风气。不仅宋明哲学家大多崇尚理性，相对轻视感性，而且一定程度地影响了中华民族重理性自觉，以理性指导感性的精神。其理性主要指道德理性，同时也包括认知理性，是二者的合一。义理思维的对象既指道德理性，也包括认识事物的规律，由此传统思维方式重视主体对道德理性的体认，体现了伦理本位、道德中心的原则，同时也不废对事物之理的认识。这是受朱熹思想影响的结果。

（2）象数思维

象数思维是对义理思维的补充。所谓象数思维，指以图象及其数字关系来认识和解释事物的一种思维方式。它源于以象数解《易》的治《易》方法，又从《周易》的象数关系出发，加以引申发挥，从中推导出义理，作为阐发义理的基础和依据。这也是朱熹对易学史上象数学的发展。

朱熹对程颐单纯讲义理而不及象数的治学方法和思维方式提出批评，指出尽管其义理精，然与本义不符。朱熹主张先由象数明其本义，然后在探明本义的基础上推说义理。朱熹对象数十分重视，并借鉴道教之图，以图象解《易》，运用了象数思维方式。朱熹的象数思维方式重视对河洛之图和伏羲先天四图的借鉴和运用，并将其与邵雍、周敦颐之说结合起来，又把太极与理等同，最终是为了以象数求义理。但他强调义理的阐发必须建立在《周易》卜筮本义的基础上，通过象数思维来求得，否则其义理缺乏根据。

朱熹提倡象数思维的目的，不在于就象数论象数，而在于即象数求义理，把象数与义理结合起来，以象数思维补充义理思维之不足。在朱熹看来，象数是客观存在的，而不可人为地回避，单纯讲义理而不及象数，这不仅与本义不符，而且其所讲义理也缺乏客观的根据，故必须从《周易》所反映的客观事物本身所具有的象数关系出发，以象数思维方式来认识和解释事物，使之符合事物的本来面目，在此基础上，才谈得上阐发义理。朱熹的这一思维方式，并不限于易学研究本身，由于其易学与其哲学、理学相联系，朱熹又以此来解释其天理论哲学，发展了二程的天理论，故其象数思维方式也具有一定的普遍意义，并对传统思维方式产生一定的影响。

（3）辩证思维

朱熹的辩证思维别具特色，是构成他思维方式的重要内容。所谓辩证思维，指用辩证的思维形式来认识事物及事物发展的过程。理性思维本身具有辩证的本性，运用辩证的方法把对象作为一个整体，并考察整体内部相互对立的关系，是辩证思维的基本特点。

朱熹的辩证思维把整体思维包括在内，在辩证思维中亦强调整体的观点，认为世界是一个整体，而统一于天理或太极、道。整体之中存在着相互对立、相反相成的矛盾统一体。就其相反相成、矛盾对立而言，表明其相互关系是辩证的；就矛盾双方共存于统一体之中而言，表明其对立双方又是统一的。他说："一便对二，形而上便对形而下。然就一言之，一中又自有对。且如眼前一物，便有背有面，有上有下，有内有外。二又各自为对。虽说'无独必有对'，然独中又自有对。"① 朱熹继承二程"无独必有对"的辩证法，并加以发展，认为不仅天下万物皆存在着对立的两个方面，而且一与二对，一中又有对，一分为二后，二又各自为对。如此深化了辩证思维的内涵，把对立统一、相反相成视为事物运动变化的普遍规律。这对中国辩证思维的发展产生了重要影响。

（4）类推思维

朱熹的类推思维是对程颐思维方式的继承和发展。所谓类推思维，指运用同类相推，包括类比、推理等推论方法所进行的思维。

类推思维方式是朱熹经常运用的思维方式，并一定程度地带有逻辑推理的形式。朱熹在建构自己"心统性情"论思想体系时，以类推思维为手段，把众多范畴、命题和理论联系在一起，构筑成一个逻辑严密的体系。在这个体系里，心兼静动、心兼体用、心兼未发已发，与心统性情在逻辑上是一致的。朱熹认为静、体、未发是同类事物，含义相通，可以类推；动、用、已发亦是同类事物，含义相当，亦可类推。又以"心统性情"来综合和概括心兼静动、心兼体用、心兼未发已发，于是，"心统性情"便可类推出心兼静动、心兼体用和心兼未发已发来。这是朱熹类推思维方式的具体运用。

此外，在朱熹的伦理思想里，其理、义、公是同一层次的代表儒家道德原则的范畴，其含义相近而相通；与理、义、公相对应的有欲、利、私等同一层次的代表物质欲望及个人私利的范畴，它们含义亦相近而相通。故由此两类范畴构成的存理去欲、重义轻利、尊公蔑私的思想命题，在逻辑上是一致的，而可触类相推。朱熹的这一类推思维方法也是对二程思想的吸取和进一步发展，在当时产生了较大影响。

以上可见，朱熹继承并发展二程，形成以义理思维、象数思维、辩证思维和类推思维为主要内容的思维方式。这不仅体现了朱熹本人思维方式的特点，而且作为中国传统思维方式的组成部分，对传统思维方式的发展产生了重要影响。随着岁月的流逝，这些思维方式已逐步积淀为传统文化的深层结构，发挥

---

① 黎靖德编：《朱子语类》卷九十五，第2435页。

着潜在的影响和作用。

3. 朱熹理学思想与中华民族精神

中华民族是一个历史悠久、文化灿烂的伟大民族，其博大精深、源远流长的优秀传统文化是中华民族的宝贵财富。朱熹作为中国文化发展的主流——儒学文化的集大成者和总结者，其思想精华，在中华民族及其文化发展的历史进程中，业已融入中华民族精神之中，一定程度地反映了中华民族共同的精神面貌。受朱熹思想及其理学价值观的影响，在宋及宋以后的中国历史上，出现了一大批忧国忧民，以天下为己任的仁人志士，他们爱国爱民，公而忘私，国而忘家，重义轻利，廉洁正直，重操守，讲气节，重道德自律，讲责任义务，集中体现了中华民族的传统美德。因此，不能因为朱熹思想及其理学价值观具有消极因素和流弊，就把它与封建主义完全画等号，而忽视了朱熹思想对中国文化和中华民族精神所产生的积极影响和正面作用。

所谓民族精神，是指一个民族在形成和发展的历史进程中，在共同语言、共同地域、共同经济政治生活基础上形成的共同文化、共同社会心理、共同价值体系、共同思维方式、审美情趣等的总称。民族精神也就是民族文化的基本精神。以孔孟朱熹为代表的儒家思想是中国传统文化和民族精神的基础和主体（与其他文化形成多元互补），朱熹思想对中华民族精神产生了客观的影响，并积淀为民族潜意识，在现代社会仍然发生着潜移默化的影响和作用，这主要表现在以下方面。

（1）排除宗教神学干扰，倡人文主义精神

一般说，中国人绝大多数不信奉宗教，尤其是汉族人更是如此。其中的一个很重要的原因，就是传统的中国人受到世俗儒家思想尤其是朱熹反宗教神学思想的深刻影响。朱熹面对外来佛教文化的挑战和本土道教文化的相争，以儒家伦理为本位，批判宗教文化不讲人事之理、出家出世的神学教义，倡以人为本的人文主义精神，改变了唐代宗教冲击人文，儒、佛、道三教鼎立的局面，为宋以后新儒学一统天下奠定了基础，最终使宗教文化未能盛行于中国。这有赖朱熹对宗教神学持严厉的批判态度。

从一定意义上讲，朱熹理学的中心课题是要重建哲学的人学，即把儒家人学哲理化，也就是通过形上学的论证，解决人的本质、本性以及自我价值等根本问题。一方面，加强哲学上的论证，以弥补传统儒家哲学思辨之不足；另一方面，回应宗教文化的冲击和干扰，以巩固世俗儒家文化的主导地位。于是朱熹等理学家批佛教的禁欲主义，指斥其逃父出家、抛妻别子、不尽责任义务给社会带来的严重后果,倡人文精神,主张满足人们基本的物质欲望,这在当时无疑具有进步意义。

(2)崇尚气节,倡爱国主义精神

爱国主义是对祖国的忠诚和热爱,是民族文化的崇高精神。然而爱国主义不是一朝一夕,或几十年短暂时间形成的,而是千百年来巩固起来的对自己的祖国的一种最深厚的感情。儒家思想中包含的华夏民族主义精神严于华夷之分,强调华夏文化优于域外文化。朱熹继承了这一思想,认为华夏与夷狄区分的主要标志在于文化,在于是否认同儒家圣人之道即天理。由此他以天理及三纲五常的原则为依据,颂扬抗金名将岳飞,痛斥投降派秦桧,力主抗战复仇,倡爱国主义精神,表现出崇高的民族气节。朱熹任职浙东期间,毁永嘉秦桧祠,列举秦桧罪恶而加以清算。这充分表现了朱熹崇尚民族气节的爱国主义精神,也是对民族精神的弘扬。朱熹所弘扬的爱国主义精神得到人们的广泛认同。朱熹重视个人对民族、社会、国家应尽的责任,经过宣传弘扬,以民族、国家的前途命运为重的观念成为千百年来人们崇尚的人生价值准则,爱国主义和献身精神成为中华民族和中国文化的优秀传统,这使得中华民族具有强大的向心力和凝聚力。

(3)克己私,廓然大公,重责任义务

大公无私,克己奉公,重责任义务是中华民族的优良传统之一。朱熹说:"己私既克,则廓然大公。"[①] 主张克己私,天下为公,以个人利益服从社会公共利益,把国家民众的前途命运和民族利益置于首位。这对民族精神的养成影响很大,历代以天下为己任的志士仁人层出不穷,如孙中山先生在革命斗争中,大力提倡"天下为公"的精神,以"公天下"反对"家天下"。除提倡天下为公,反对损人利己、损公肥私外,朱熹"克己私"的思想还具有重个人对社会承担的责任义务,轻个人对社会的索取,致力于培养人们的群体意识,把个人及个人利益融入社会及社会公共利益之中的意义。这一思想中的积极因素是振兴中华、实现现代化的可靠保证。

(4)重理性自觉,以理性控制感性

中华民族历来以理智克让,讲原则,重信义,讲民族大义,不为物欲和眼前利益所动而著称于世。朱熹对传统文化的总结创新,完成理性主义的文化超越,对此种精神的培育影响甚大。中华民族之所以历经磨难、长期发展而不因

---

① 朱熹:《答钦夫仁说》,《朱熹集》卷三十二,第1402页。

乱世所中绝，其中的一个重要原因就在于道德理性终究能够主导感性欲望。二程朱熹均主张超越感性直观，追求理性自觉，使整个社会在一个有序的、理性世界的指导下正常运转，避免因感性欲望的过度泛滥而造成社会生活失序。这加强了中华民族重理性，重内在自觉，节制感性欲望的克制精神，以此排除宗教的干扰和感性的影响（亦不离感性），形成了与西方民族不同的特点。在现代社会，随着生产力的发展和社会的进步，既要充分、合理地满足人民群众不断增长的物质利益需求和感性欲望，同时应把理性置于优先于感性欲望的位置，这正是一个民族延续和发展的基本准则。

（5）心统性情，重道德修养和道德自律

中华民族是一个注重道德自律的民族，历来以儒学文化深厚的人文精神影响其他文化，而不以武力强加于其他民族。这与妄自尊大的民族沙文主义和放纵物欲、肆意侵略的殖民主义形成对照。朱熹心统性情，重视道德修养和道德自律的精神，经长期流传，已融入中华民族的精神之中，成为中国传统文化的基本精神之一，产生了深远的影响。

朱熹的"心统性情"说既是哲学命题，又是为解决当时的重大社会问题而提出的伦理学说和道德理论。朱熹的"心统性情"说，既重涵养，又重躬行，强调道德践履；培养理想人格，发挥道德意志的力量，把察识其心与存养其性结合起来，以理智之心统御人的本性和人的情感；通过发挥人心的主观自觉来强调平时的道德修养与临事按道德原则办事的一致性；提倡和肯定道德自律，控制与节制情欲，以修身而达到治国平天下，防止只顾满足个人利益和欲望而不顾乃至危害社会整体利益的倾向。朱熹的这一思想达到了理学道德修养论的高峰，它体现了当时时代思潮的特点，并对中华民族的道德自律精神产生了影响。

朱熹以道德修养而不以宗教信仰为中心来实现其价值目标，固然有加强伦理约束的一面，但从历史发展的角度来考察，以宋代理学的伦理约束、道德修养来代替宋以前流行的人身束缚和宗教迷信，这在当时不失为一种进步，因而其对中华民族精神产生影响也具有客观的历史必然性。

综上所述，朱熹理学思想对传统理想人格和价值取向产生了重要影响，并成为其重要内容；朱熹独具特色的理论思维模式，对中国传统思维方式产生了重要影响；朱熹理学思想已融入中华民族精神之中，一定程度上体现了中华民族共同的精神面貌。由此，朱熹理学思想作为民族潜意识已积淀为民族文化的深层结构，对中国文化和中华民族精神产生了潜移默化的影响和作用，具有超越感性直观的深层次的文化意义。

三、吕祖谦的理学及经世思想

吕祖谦（1137—1181），南宋著名理学家、婺学代表人物。字伯恭，婺州（今浙江金华）人，祖籍东莱（今属山东），世称东莱先生。与朱熹、张栻齐名，人称"东南三贤"。幼承家学，长从林子奇、汪应辰、胡宪游。初以荫补官，隆兴元年（1163）举进士，复中博学宏词科，历任严州教授、太学博士、秘书郎、国史院编修、实录院检讨等。

吕祖谦于乾道五年（1169）任严州教授时，著名理学家张栻亦出知严州，两人联系密切，相互探讨学问。淳熙二年（1175），吕祖谦与朱熹共编《近思录》。其后，吕祖谦约陆九龄、陆九渊兄弟来江西上饶鹅湖寺，与朱熹一起讨论治学方法，史称"鹅湖之会"。

吕祖谦在学术上体现出宽宏涵容、兼收并蓄的精神，使他独树一帜，成为南宋时期的一位重要思想家。吕祖谦为学主明理躬行，治经史以致用，"讲实理，育实材，而求实用"[①]。其为学既以理学思想为宗，又受到永嘉学派经世致用学风的影响，内容宏博，兼收并蓄，自成一家，与唐仲友、陈亮同为浙东学派中金华一支的主要人物，乃乾淳之际婺学代表人物之一。吕祖谦具有丰富的经世思想，其理学与经世思想值得深入探讨。

（一）理学思想

吕祖谦的理学思想主要表现在，他既提出"天下惟有一理"[②]，又具有心学的倾向，认为"天理不在人心之外"[③]，天理不得脱离人心而存在。在气与心的关系上，他认为"气听命于心"[④]，提出"气由心而出"[⑤]观点，倾向于心本论。同时认为心具有伦理道德的规范，心的内涵即是儒家之仁，以五常为人心之道。

1. "天下惟有一理"

吕祖谦提出理本论思想，认为天下只有一理。他说："天下惟有一理，《坤》之《彖》止曰'乃顺承天'，'德合无疆'而已。盖理未有在《乾》之外者也，

[①] 吕祖谦：《太学策问》，《东莱吕太史文集》卷第五，《吕祖谦全集》第一册，黄灵庚等编，浙江古籍出版社2008年版，第84页。
[②] 吕祖谦：《读易纪闻》，《东莱吕太史别集》卷第十二，《吕祖谦全集》第一册，第522页。
[③] 吕祖谦：《酒诰第十二》，《增修东莱书说》卷二十一，《吕祖谦全集》第三册，第280页。
[④] 吕祖谦：《楚武王心荡》，《左氏博议》卷五，《吕祖谦全集》第六册，第107页。
[⑤] 吕祖谦：《楚武王心荡》，《左氏博议》卷五，《吕祖谦全集》第六册，第107页。

故曰效法之谓《坤》。"①强调天下唯有一理，理乃天地万物存在的根据，而理在《乾》之中看重《乾》卦的作用，而《坤》卦则效法、顺承天之理，以德普及万物而无边。

吕祖谦把理作为宇宙的本原，天地万物都统一于本原之理。他说："大抵天下之至理，浑浑乎在天地万物之间，……论其本原，天地万物一体。"②理存在于天地万物之中，任何事物都循理而运动变化，"天地万物未尝不顺理而动也"③。天下事物虽然千差万别，但实际上它们都出于一个理，此理便是宇宙的本体。他说："天下事有万不同，然以理观之则未尝异。"④吕祖谦继承发挥了二程的思想，认为理与事物的关系是一与万的关系，一理派生万物，万物以一理为存在的根据。他说："理之在天下，犹元气之在万物也。……理之在天下，遇亲则为孝，遇君则为忠，遇兄弟则为友，遇朋友则为义，遇宗庙则为敬，遇军旅则为肃。随一事而得一名，名虽至于千万，而理未尝不一也。"⑤理的存在具有普遍性，就如元气存在于万物之中一样。气存在于万物之中，是作为构成万物的材料；而理存在于万物之中，是作为万物之所以存在的根据，所以理是统一的本体之理，而事物却有千万之别。

理不仅是天地万物的本原，亦是事物的规律。他说："理者，有条理而不乱之谓。"⑥所谓条理，即有条不紊的规律，事物内部存在着客观的、确定不移的必然性，这就是条理。吕祖谦指出："天下之理，既如渴饮饥食，昼作夜息，理甚明白。"⑦"如天地之有春秋，此自然之理。"⑧客观自然界运行的规律是理，渴要饮水，饥要吃饭，白天劳作，夜晚休息，这即是理。以至气的聚散亦是理，"有聚则有散，理之常也"⑨。这些都是事物的条理，即规律，而不是事物的本体。吕祖谦认为，作为事物条理意义上的理，是由事物所决定的。他说："有是事，则有是理；无是事，则无是理。"⑩此理为事物之法则，存在于事中。这个由事物决定的理不是本体之理，本体之理派生万物，而条理之理则由事物所决定。在吕

---

① 吕祖谦：《读易纪闻》，《东莱吕太史别集》卷第十二，《吕祖谦全集》第一册，第522页。
② 吕乔年编：《门人集录孟子说》，《丽泽论说集录》卷第七，《吕祖谦全集》第二册，第179—180页。
③ 吕乔年编：《门人集录易说下·恒》，《丽泽论说集录》卷第二，《吕祖谦全集》第二册，第68页。
④ 吕乔年编：《门人集录易说下·睽》，《丽泽论说集录》卷第二，《吕祖谦全集》第二册，第92页。
⑤ 吕祖谦：《颖考叔争车》，《左氏博议》卷三，《吕祖谦全集》第六册，第58页。
⑥ 吕祖谦：《与学者及诸弟》，《东莱吕太史别集》卷第十，《吕祖谦全集》第一册，第507页。
⑦ 吕乔年编：《门人集录易说上·随》，《丽泽论说集录》卷第一，《吕祖谦全集》第二册，第23页。
⑧ 吕乔年编：《门人集录论语说》，《丽泽论说集录》卷第六，《吕祖谦全集》第二册，第170页。
⑨ 吕乔年编：《门人所记杂说一》，《丽泽论说集录》卷第九，《吕祖谦全集》第二册，第242页。
⑩ 吕祖谦：《楚杀子南》，《左氏博议》卷五，《吕祖谦全集》第六册，第95页。

祖谦的哲学里，理有这样两种不同的含义。由此，理与事物之间也存在着两种不同的关系，这是需要加以区别的。理作为条理规律，在理事关系上，有事则有理，无事则无理。与此相应，在理气关系上，也是气决定理，理依气而转移。他说："气无二气，理无二理，然物得气之偏，故其理亦偏；人得气之全，故其理亦全。"① 气的偏全，决定理的偏全，这个偏全之理是人与物相互区别的特殊规律。吕祖谦的这个思想，与正统理学家关于理无偏，气禀有偏的理论存在着差异。

2. 心为万物本原

吕祖谦不仅提出"天下惟有一理"的理本论思想，而且提出"心即天"的思想，以心为宇宙万物的本体。在他的哲学逻辑结构中，心与性、理、道等为同一层次的本体范畴，气则从属于心，由心而出。其心论与张栻思想相近，亦具有介于理本论与心本论之间而偏向于心学的特点。这表明，中国哲学心论在其历史发展的进程中，具有丰富多彩的理论形式，不同的思想家提出了自己的理论，他们或彼此相异，或相互融合，你中有我，我中有你，而不仅限于单一的理论形式，中国哲学心论以及宋代理学各派正是在这种历史演变的过程中，得到了充分的发展。

吕祖谦把心作为万事万物的本原。他说："极本原以示之。心者，万事之纲也。"② 心为万事之纲，即心为万事之本。吕祖谦还以本末、体用来概括心与事的关系。他指出："天下之事不外于心，又赘言事，何也？古人立论，本末体用悉备。"③ 既认为心是万事之本，天下之事均不能离心而存在，又赋予事以末和用的地位。其心与事的关系是心本事末、心体事用，事是心的显现和作用。这种以本末言心、事的思想与陆九渊"不专论事论末，专就心上说"④的不讲本末体用之分的思想有异，而与张栻心本气末的思想相近。

吕祖谦把心抬高到宇宙本体的地位，以心囊括整个宇宙，提出"心即天"的思想。他说："心即天也，未尝有心外之天；心即神也，未尝有心外之神：乌可舍此而他求哉！"⑤ 所谓天，在吕祖谦看来，指整个宇宙。他说："天大无外，人或顺或违，或向或背，或取或舍，徒为纷纷，实未尝有出天之外者也。顺中

---

① 吕祖谦：《颍考叔争车》，《左氏博议》卷三，《吕祖谦全集》第六册，第58页。
② 吕祖谦：《立政第二十一》，《增修东莱书说》卷二十九，《吕祖谦全集》第三册，第374页。
③ 吕祖谦：《仲虺之诰第二》，《增修东莱书说》卷七，《吕祖谦全集》第三册，第120页。
④ 陆九渊：《语录下》，《陆九渊集》卷三十五，第469页。
⑤ 吕祖谦：《楚武王心荡》，《左氏博议》卷五，《吕祖谦全集》第六册，第107页。

有天,违中有天,向中有天,背中有天,取中有天,舍中有天,果何适而非天耶?"①天包罗万物,天的存在不以人的顺违、向背为转移。可见,天是宇宙的代名词。吕祖谦认为,天不在心之外,心即天,心即宇宙,天不能离开心而独立存在,不可舍心而求所谓的天。把心抽象为宇宙的本体,这与陆九渊"吾心即是宇宙"②的思想有相似之处。

吕祖谦既提出理为宇宙本原的思想,又提出心为万物本原的思想,在心、理关系上,他认为本原之理存在于人心之中,宇宙本体具有主观精神的性质。他说"天理不在人心之外"③,认为心外无理,理是心中"固有之理"④,理就在心中,它"非自外来"⑤。把理与心相提并论,"此心此理盖纯于天也"⑥。不仅理是宇宙本原,而且心也是万物的本体,天下之物都是心所派生,"天下之事不外于心"⑦。心与理是相通的,二者均具有宇宙本原的意义,这是吕祖谦对理本论与心本论哲学的调和。

3.理、心均具有仁义道德的内涵

吕祖谦哲学的理与心不仅是万物的本原,具有宇宙本体的意义,而且具有儒家仁义道德的内涵,是本体论与伦理学结合的范畴。对此,他作了论述。

关于理所具有的儒家伦理的内涵,吕祖谦说:"仁者,天下之正理。"⑧以理为仁义道德,这是吕祖谦理范畴的又一含义。他说:"天下之理,除了仁与礼,更有甚事?"⑨仁、礼就是理,本原之理亦是社会伦理。此理在天为自然之条理,在人为人之五伦。他说:"日月星辰,云汉之章,天之文也;父子兄弟,君臣朋友,人之文也。此理之在天人常昭然,未尝灭没。"⑩理贯通天人,是本原、条理、伦理合一的范畴。吕祖谦把尊卑、上下的等级秩序纳入理的范畴,这是为封建统治秩序和伦理道德的合理性作论证。他说:"君尊而臣卑,夫倡而妇和,上天下地,理之常也。"⑪吕祖谦宣扬君尊臣卑,并对孟子的君臣关系说加以改

---

① 吕祖谦:《鲁饥而不害》,《左氏博议》卷十二,《吕祖谦全集》第六册,第299页。
② 陆九渊:《杂说》,《陆九渊集》卷二十二,第273页。
③ 吕祖谦:《酒诰第十二》,《增修东莱书说》卷二十一,《吕祖谦全集》第三册,第280页。
④ 吕祖谦:《说命下第十四》,《增修东莱书说》卷十三,《吕祖谦全集》第三册,第181页。
⑤ 吕祖谦:《说命下第十四》,《增修东莱书说》卷十三,《吕祖谦全集》第三册,第181页。
⑥ 吕祖谦:《大禹谟第三》,《增修东莱书说》卷三,《吕祖谦全集》第三册,第62页。
⑦ 吕祖谦:《仲虺之诰第二》,《增修东莱书说》卷七,《吕祖谦全集》第三册,第120页。
⑧ 吕乔年编:《门人集录论语说》,《丽泽论说集录》卷第六,《吕祖谦全集》第二册,第155页。
⑨ 吕乔年编:《门人集录孟子说》,《丽泽论说集录》卷第七,《吕祖谦全集》第二册,第197页。
⑩ 吕乔年编:《门人集录易说上·贲》,《丽泽论说集录》卷第一,《吕祖谦全集》第二册,第37页。
⑪ 吕乔年编:《门人集录易说下·咸》,《丽泽论说集录》卷第二,《吕祖谦全集》第二册,第64页。

造，使其更符合封建统治的需要。孟子在战国战争频生、君主专横的时代，对君臣关系提出了己见："君之视臣如手足，则臣视君如腹心；君之视臣如犬马，则臣视君如国人；君之视臣如土芥，则臣视君如寇雠。"① 认为臣对君的忠诚程度要视君对臣的态度而定，如果君主不仁，那么臣子可以不忠。这是对君主独裁的批评和对封建专制者的制约。吕祖谦为了维护封建君主的权威，对孟子的思想提出非议。他说：

"孟子告齐宣王曰：'君之视臣止寇雠何服之有？'"君臣本非论施报之地，君虽不仁，臣不可以不忠；父虽不慈，子不可以不孝：此天下之常理。②

在这里，吕祖谦把君臣父子的关系凝固化，主张尽管君主不仁，为父不慈，但臣、子仍要尽忠尽孝，不得违反尊卑上下的等级关系原则，并将此原则归结为"天下之常理"。可以看出，吕祖谦的君尊臣卑说是从孟子立场上的倒退，其天理思想亦是与维护中央集权制相关联的。

关于心所具有的儒家伦理的内涵，他说："仁是人之本心，浑然一体。至从兄则有等差品目，此乃心之运用。故为义要之，仁义只是一体。"③ 吕祖谦以仁为心，心具有儒家伦理的内涵。仁与心浑然一体，仁是人的本心。所谓本心，即人所固有的仁义礼智之心。他说："五常者，纲维人心之道也。"④ 人心以五常为内容，其心的运用，表现为事亲、从兄等道德行为。吕祖谦认为，心又分为道心与人心，道心是人的本心，人心则是与之相对的私心。他说："'人心惟危'，人心是私心。'道心惟微'，道心是本心。"⑤ 把心分二，这与朱熹的观点相近，而与陆九渊的思想有别。道心不仅是人的本心，而且道心是善良之心。"道心，善心也，乃本然之心，微妙而难见也。此乃心之定体。"⑥ 仁是人的本心，本心是道心，道心为善不为恶，以此与私心相对应，这便是吕祖谦对心的伦理属性作出的规定。

---

① 《孟子·离娄下》。
② 吕乔年编：《门人集录孟子说》，《丽泽论说集录》卷第七，《吕祖谦全集》第二册，第193页。
③ 吕乔年编：《门人集录孟子说》，《丽泽论说集录》卷第七，《吕祖谦全集》第二册，第193页。
④ 吕祖谦：《泰誓下第三》，《增修东莱书说》卷十五，《吕祖谦全集》第三册，第208页。
⑤ 吕乔年编：《门人所记杂说一》，《丽泽论说集录》卷第九，《吕祖谦全集》第二册，第244页。
⑥ 吕祖谦：《大禹谟第三》，《增修东莱书说》卷三，《吕祖谦全集》第三册，第62页。

4. 气与理、心的关系

在气与理的关系上，吕祖谦认为，二者关系既有理全气偏，理为本的含义，又有气决定理的含义。

关于理全气偏，理为本的含义。他说：

> 义，理也。谓天监视下民，其所主自有常理。至公而无私，厚薄、高下、善恶皆合其宜，即常理也。理无偏全，气有厚薄。惟皇上帝，降衷于下民，安有一人之不同此理者？大哉乾元，品物流形，无非纯粹至善之端，初无所谓夭也。而受其气者有不同，故或永或不永，非天夭之也。①

即是说，理至公无私，即是常理。理无偏全，没有一人不同于理；气则有厚薄、偏全，由于禀气的不同，便形成不同的物种或人与物的不同。"受其气者有不同"，"人与物在偏全之间"②。就此而言，理为本，气为构成万物的材料。理无偏全为本，气有厚薄为末，这是吕祖谦论理气关系的一层含义。

关于气决定理的含义。除了理本气末的含义外，理气关系还具有气决定理的一层含义，即气决定理，理依气而转移。

吕祖谦哲学的理范畴不仅是宇宙的本体，而且是事物的规律。就理是事物的条理及规律来说，理从属于气，气决定理。他说："气无二气，理无二理。然物得气之偏，故其理亦偏；人得气之全，故其理亦全。"③气的偏与全，决定理的偏与全，气不仅构成万物与人类，而且决定人与物之间互相区别的规律即理。这个偏全之理即是人与物相互区别的特殊规律。就气作为构成万物的材料，气决定事物的规律之理而言，吕祖谦的这个思想，与正统理学家关于理无偏、气禀有偏的理论存在着差异。

关于气与心的关系，吕祖谦提出"气由心而出"④的思想。吕祖谦虽然重视气在万物生成中的作用，但他在调和理学与心学的同时，提出以心为宇宙本原的思想，认为心统率气，气从属于心。他说："心即天也，未尝有心外之天；心即神也，未尝有心外之神：乌可舍此而他求哉！心由气而荡，气由心而出。"⑤

---

① 吕祖谦：《高宗肜日第十五》，《增修东莱书说》卷十三，《吕祖谦全集》第三册，第186页。
② 吕祖谦：《成子受脤于社不敬》，《左氏传说》卷第六，《吕祖谦全集》第七册，第79页。
③ 吕祖谦：《颖考叔争车》，《左氏博议》卷三，《吕祖谦全集》第六册，第58页。
④ 吕祖谦：《楚武王心荡》，《左氏博议》卷五，《吕祖谦全集》第六册，第107页。
⑤ 吕祖谦：《楚武王心荡》，《左氏博议》卷五，《吕祖谦全集》第六册，第107页。

心外无天,心外无神,心不仅囊括整个宇宙,而且支配气,气从心中生出。气构成人类和万物,是在心的统率下进行,以心为本原。为此,在心、气关系上,吕祖谦强调"圣贤君子以心御气,而不为气所御;以心移气,而不为气所移"[①],以人的主观精神来驾驭气、变化气质,而不为气所支配。这表现出其心学宇宙观的倾向。他还把是否掌握了这一心学原则作为圣贤与众人区分的界限,"气听命于心者,圣贤也;心听命于气者,众人也"[②]。气与心的区别在于,气作为构成万物的材料,具有生育万物的功能,但最终的主宰则在于心,"生育肃杀,一阖一辟,固非二气而生者,天地圣人之心也"[③],把心作为万物生灭、运动变化的主宰。这与陆九渊"宇宙便是吾心,吾心即是宇宙"[④]的心学宇宙观十分相似。虽然陆九渊少谈气,多论心,吕祖谦兼谈心与气的关系,二人哲学在形式上有所不同,但二人都重视心,把心作为宇宙的本原,这却是相同的。吕祖谦"气由心而出"的思想反映了宋代理学中具有心学倾向的一派对心气关系的认识,它代表了宋代理学中心学一派的思想倾向。

(二)经世思想

吕祖谦学术的特色体现在他融通兼收,博采众长,沟通理学与功利学,讲求实理,通经致用等方面。其思想在倾向于理学的同时,亦受到了中国历史上以及当时时代重视事功,提倡经世致用,主张躬行践履思想的影响,而将理学与经世致用之学、浙东功利学、重视躬行践履等思想结合起来,而形成自己独具特色的经世思想,这是吕祖谦学术思想重要的组成部分。其经世思想主要表现在以下方面。

1. 重视功利,肯定事功

吕祖谦治学兼收并蓄,受到了功利学派的影响。吕祖谦常邀功利学派的薛季宣、陈傅良、叶适和陈亮等来丽泽书院讲学,受他们的影响,吕祖谦也一定程度地接受功利学派的思想,调和众说,而不主一家之言,并通经致用,提倡功利学派的务实学风。正因为吕祖谦在当时的学术论争中,不囿于学派门户之见,在与同时代的学者的相互交往中,兼容并包,求同存异,善于吸取众家学术之长,而与朱熹、陆九渊、张栻和浙东功利学者均保持了较好的学术交往关

---

① 吕祖谦:《楚武王心荡》,《左氏博议》卷五,《吕祖谦全集》第六册,第107页。
② 吕祖谦:《楚武王心荡》,《左氏博议》卷五,《吕祖谦全集》第六册,第107页。
③ 吕祖谦:《立政第二十一》,《增修东莱书说》卷二十九,《吕祖谦全集》第三册,第376页。
④ 陆九渊:《杂说》,《陆九渊集》卷二十二,第273页。

系,所以得到南宋学术界的广泛称颂,产生了较大影响,在南宋学术界和理学思潮中占有重要地位。

吕祖谦重视功利,以利害得失论史。吕祖谦云:

> 大抵看史见治则以为治,见乱则以为乱,见一事则止知一事,何取?观史当如身在其中,见事之利害,时之祸患,必掩卷自思,使我遇此等事,当作如何处之。如此观史,学问亦可以进,知识亦可以高,方为有益。①

他主张观史当如身在其中,对于事之利害、时之祸患,必掩卷自思,假设自己身临其境,遇此等事,应当如何处置。显然比较重视客观的利害得失。

朱熹对此有不同的见解,他以义理为标准,重义轻利,批评了吕祖谦的《春秋》学,表现出彼此思想的差异。他说:

> 吕伯恭爱教人看《左传》,某谓不如教人看《论》《孟》。伯恭云,恐人去外面走。某谓,看《论》《孟》未走得三步,看《左传》底已走十百步了!人若读得《左传》熟,直是会趋利避害。然世间利害,如何被人趋避了!君子只看道理合如何,可则行,不可则止,祸福自有天命。且如一个善择利害底人,有一事,自谓择得十分利处了,毕竟也须带二三分害来,自没奈何。仲舒云:"仁人正其谊不谋其利,明其道不计其功。"一部《左传》无此一句。若人人择利害后,到得临难死节底事,更有谁做?其间有为国杀身底人,只是枉死了,始得!②

吕祖谦是南宋学者中对《春秋》经传研究较深入的一位,著有《左氏传说》《左氏传续说》《左氏博议》等多种研究《左传》的著作。由于吕祖谦自己重视《左传》,所以也喜欢教人看《左传》。朱熹则对吕祖谦的做法提出批评,认为教人看《左传》不如教人看《论》《孟》,并引董仲舒的言论与《左传》的治史倾向加以比较,朱熹站在价值观的高度,以"明道正义"的《春秋》大义批评《左传》之不足,这体现了他经传相分的思想。他指出吕祖谦所推重的《左传》,是以成败论是非,其价值观的基础是趋利避害的功利主义价值观,而不合于义

---

① 吕乔年编:《门人集录史说》,《丽泽论说集录》卷第八,《吕祖谦全集》第二册,第218页。
② 黎靖德编:《朱子语类》卷八十三,第2150页。

理。尽管吕祖谦对《左传》中汲汲于功利和权谋的事例亦提出一定的批评，但朱熹更加强调凡事不能只计较利害，而要看它是否符合义理，凡合于义理则行，不合于义理则止。朱熹还批评趋利避害的人不可能把天下利害都趋避了，因利害相伴而行，即使得十分利，也同时会带来二三分害，这是无可奈何之事。何况若人人都趋于利，那精忠为国，临难死节之事有谁去做，那些为国家民族杀身成仁、舍生取义之士岂不白死了！由此朱熹对吕祖谦教人看《左传》的治学倾向不以为然，而主张看《论》《孟》，因《论》《孟》二书直接体现了圣人之意，是载道之书，而与讲功利、以成败论是非的《左传》不同。从朱熹重《论》《孟》，贬《左传》，批评吕祖谦的言论可以看出其《春秋》学乃至整个经学以义理为指导的治学倾向。虽然如此，朱熹从史学的眼光出发，仍肯定《左传》长于记事，并对虽重视义理，但疏于考事的《公》《穀》二传亦提出了批评。

吕祖谦则对朱熹所肯定的董仲舒的观点未能完全认同。他说："'正其谊而不谋其利'，观仲舒之言，则义、利不可并也。而《文言》则曰：'义者，利之和。'将从仲舒乎？从孔子乎？……以《传》废《经》可乎？'关讥而不征'，固孟轲氏之言；而'凡货不出于关，举其货，罚其人'者，亦《经》之所载也。以子废《经》可乎？"[①]认为董仲舒正其谊不谋其利的观点与孔子在《文言》所说的"义者利之和"的思想有别，故应从孔子之言。这表明吕祖谦为功利留下一定的位置，并批评以传废经、以子废经的倾向。董仲舒作为"子"，其言论与孔子之言相比，应置于从属的地位。这体现了朱、吕二人思想的差异。

吕祖谦明确肯定事功。他说："陛下方广揽豪杰，共集事功，政患协心者之不多。臣岂劝陛下尽疑其迎合而轻弃之哉！唯愿陛下精加考察，使之确指经画之实。"[②]对皇帝招揽豪杰，共集事功予以赞扬，并主张应通过"经画之实"加以确定落实。在肯定事功的同时，吕祖谦亦提出"然则图维事功，亦未有舍根本而能立者也。惟陛下加圣心焉。取进止"[③]，主张事功与根本相结合，即以天理治天下，以成就事功。

作为"东南三贤"之一的吕祖谦，不仅在当时思想界享有盛誉，而且对促进浙东文化的发展也做出了贡献。《祠堂记》记云：

乾道、淳熙间，儒风日盛，晦庵朱公在闽，南轩张公在楚，而东莱吕

---

① 吕祖谦：《策问》，《东莱吕太史外集》卷第二，《吕祖谦全集》第一册，第636—637页。
② 吕祖谦：《乾道六年轮对札子二首》，《东莱吕太史文集》卷第三，《吕祖谦全集》第一册，第56页。
③ 吕祖谦：《淳熙四年轮对札子二首》，《东莱吕太史文集》卷第三，《吕祖谦全集》第一册，第60页。

公讲道婺女。是时以学问著述为人师表者相望，惟三先生天下共尊仰之。而婺人被东莱之教尤深，至今名士班班，其传盖未艾也。①

乾道、淳熙年间，"东南三贤"出，其中朱熹讲学于福建，创闽学学派，张栻讲学于湖南，成为湖湘学的代表人物，而吕祖谦讲道于浙江，为浙东婺学代表人物。当时讲学之风盛行，学派林立，人才辈出，而以学问著述为人师表者，惟朱、张、吕三先生为天下共尊仰之，而浙东地区受吕祖谦的影响尤其深刻，受其影响，浙东地区名士辈出，其传方兴未艾。说明吕祖谦之学对浙东学派产生了深远影响。浙东学派的特点之一是重实事实功，吕祖谦的思想体现了这一特色。吕祖谦讲求实理，通经致用，寓事功于讲学之中，一定程度地把理学与事功学结合起来，这是他超出理学家的地方。同时也表明，理学与功利学并非水火不相容，它们往往是你中有我，我中有你，相互渗透，相互影响，只不过要看其是更偏重于义理还是更偏重于功利罢了。

2. 经世致用，躬行践履

吕祖谦学术的突出特点是经世致用，躬行践履，这体现了他的经世思想。与宋代义理之学兴起的时代背景相适应，吕祖谦提倡以理解经，认为儒家经典乃载理之文，故须以理视经，而不以经视经，流于支离之弊。他说："二帝三王之《书》，牺、文孔子之《易》，《礼》之仪章，《乐》之节奏，《春秋》之褒贬，皆所以形天下之理者也。天下之人不以理视经，而以经视经，刿剔离析，雕缋疏凿之变多，而天下无全经矣。"②吕祖谦明确指出，《书》《易》《礼》《乐》《春秋》等儒家经典"皆所以形天下之理者也"，即认为经书皆是体现理的，乃载理之文，所以应该"以理视经"，而不应"以经视经"。然而，由于人们"不以理视经，而以经视经"，造成了"刿剔离析，雕缋疏凿之变多"的消极后果，使得天下已无全经。由此他主张应以求义理、务实躬行为本，而以语言文字为末，"学者以务实躬行为本，语言枝叶，政自不急耳。"③

在与浙东功利学者陈亮的学术交往中，吕祖谦看到了实理难求的一面，他为陈亮作《恕斋铭》，指出："实理难精，实德难居，实责难副，实病难除。实知其难，于人则宽。惟实惟宽，惟恕之端。天地变化，草木蕃芜。赜厥实然，

---

① 吕祖谦：《拾遗·祠堂记》，《东莱吕太史文集附录》卷第三，《吕祖谦全集》第一册，第820页。
② 吕祖谦：《宋公赋诗》，《左氏博议》卷十三，《吕祖谦全集》第六册，第333—334页。
③ 吕祖谦：《与内兄曾提刑》，《东莱吕太史别集》卷第九，《吕祖谦全集》第一册，第459页。

可求其故。陈子作斋，侑坐有勒，匪尚其通，亦尚其塞。"① 认为实理难精，故须讲求实理。实理存在的根据在于天地间存在着的乃实有之物，故应依据实然之迹，以求其故，从而掌握其实理。这体现了吕祖谦的务实学风。

在治六经的过程中，吕祖谦强调六经之用，治经学的目的是为了致用。他说：

> 夫子祖述尧、舜，宪章文、武，萃百圣致治之法，而著之《六经》，成而不试，付其责于后人，以俟其验。至于今盖千有余年矣。世之儒者，亦尝以《六经》之学而窃见之于用，如以《禹贡》行河，如以《春秋》断狱，如以《三百五篇》谏。噫！《六经》之用果止于是欤！《六经》之用果止于是，则儒者之责何其易塞也！《六经》所载者，尧、舜、禹、汤、文、武未备之法。用《六经》者，当有尧、舜、禹、汤、文、武未用之效。彼章句小生，斐然狂简，曾何足为《六经》轻重耶！是自夫子既成《六经》之后，尚为未试之书也。试《六经》之未试，使异端恶党不敢指夫子之述作为虚言，非儒者责耶！佪之于鲁，轲之于齐、梁，抱遗经而不试。识者不责二子，而归责于时。今诸君幸生明昌之朝，前无阻，后无系，将何以辞其责！②

孔子祖述尧舜，宪章文武，荟萃百圣致治之法而著之六经，使六经为百圣致治之法，从而把经学与政治治理结合起来。孔子将六经传于后世，以待验证其实效。其后一千多年来的学者，以六经之学付诸实用，如以《禹贡》行河，以《春秋》断狱，以《诗》三百篇来劝谏。但吕祖谦认为六经之用不止于这些，他指出尧舜禹汤文武未备之法，载于六经，而六经当有尧舜禹汤文武未用之效。他批评汉唐章句之儒未明六经之旨，然而六经亦不徒为虚言。感叹当今的学者有幸生于学术昌明之朝，没有什么阻系和干扰，应思考如何承担自己的责任，把孔子的六经之教付诸实用，以验证其实效。

吕祖谦不仅强调六经之用，而且提出儒者当通世务。他说："儒者当通世务，只缘近来儒者要通世务，又却不能为纯儒。此说亦甚深长。千五百年无孔子，尽因通变老优游。"③ 强调儒者当通世务，但不能把通世务与纯儒对立起来。

---

① 吕祖谦：《陈同甫恕斋铭》，《东莱吕太史文集》卷第六，《吕祖谦全集》第一册，第107—108页。
② 吕祖谦：《策问》，《东莱吕太史外集》卷第二，《吕祖谦全集》第一册，第633—634页。
③ 吕祖谦：《门人周公谨所记》，《东莱吕太史外集》卷第五，《吕祖谦全集》第一册，第725页。

只因一千五百年来"异端"冲击而无孔子，使得儒家通六经以致用的理念难以推行，故须于今日大力提倡以通其变。

在吕祖谦看来，做学问不能脱离社会实际和百姓日用之事。这体现了他经世致用的思想。他说："天下事，何尝一件不是学！如百工技艺，皆是学。惟学，故精，何尝一一炫耀出来！"①"为学，断自四事起：饮食、衣服、居处、言语。"②强调做学问要结合日常生活之实事，从饮食、衣服、居处、言语四事做起。还主张将致知与力行结合起来，"致知、力行不是两事，力行亦所以致其知，磨镜所以镜明"③，提倡致知、力行相互促进，不得将其分为两截，力行实事可促进致知，有如磨镜使得镜明。他指出："欲穷理而不循理，欲精义而不徙义，欲资深而不习察，吾未知其至也。"④想要穷理却不循理而行，想要精义却不按照义的原则行事，想要资深却不习察，即不把所知之理义付诸实行，这说明其所知未深。由此主张把道德理性与实行相结合，否则便是知之未至。

在重义理的同时，吕祖谦亦不废文字训诂的工夫，而把训诂语言文字作为治经之要务。他说："某亦数数提督之，见令编书疏训诂名数。盖既治此经，须先从此历过。"⑤他在与学者的论学中指出，治经需先从训诂入手，考证名物度数，以弄清经典的原义，并将此作为治经的先务，而"须先从此历过"。这体现了吕祖谦的考据实学。

由此他批评了忽视传注而标榜新说的学风。他说："学者多举伊川语云汉儒泥传注。伊川亦未尝令学者废传注。近时多忽传注而求新说，此极害事。后生于传注中，须是字字参考始得。"⑥他指出尽管程颐批评汉儒泥于传注，但也没有让学者弃传注而不用，批评当时的学者忽视传注而求新说，认为这样对治学有害处，脱离了传注的新说是缺乏依据的。他强调"读《易》，须于常时平读过处反复深体，见得句句是实，不可一字放过。如此读《易》，虽日读一句，其益多矣，若泛泛而读，虽多亦奚以为？"⑦对《易》书中的每一字都不放过，这样读《易》，其收益必多。吕祖谦于经书和传注中字字考证，"不可一字放过""经须

---

① 吕祖谦：《己亥秋所记》，《东莱吕太史外集》卷第五，《吕祖谦全集》第一册，第728页。
② 吕乔年编：《门人所记杂说二》，《丽泽论说集录》卷第十，《吕祖谦全集》第二册，第253页。
③ 吕乔年编：《门人所记杂说二》，《丽泽论说集录》卷第十，《吕祖谦全集》第二册，第260页。
④ 吕乔年编：《门人所记杂说二》，《丽泽论说集录》卷第十，《吕祖谦全集》第二册，第262页。
⑤ 吕祖谦：《与朱侍讲》，《东莱吕太史别集》卷第八，《吕祖谦全集》第一册，第415页。
⑥ 吕祖谦：《己亥秋所记》，《东莱吕太史外集》卷第五，《吕祖谦全集》第一册，第729页。
⑦ 吕乔年编：《门人集录易说上》，《丽泽论说集录》卷第一，《吕祖谦全集》第二册，第1页。

逐字看"①的治学方法倾向于朱熹,而与陆九渊内求于心,不讲文字解析的学风有别。

吕祖谦重视躬行践履,批评只说不做,停留在言语工夫上的这种时弊,强调要把言语文字工夫落实到日用躬行上。他说:"学者推求言句工夫常多,点检日用工夫常少,此等人极多。然或资质敏利,其言往往有可采者,则不免资其讲论之益;而在我者躬行无力,又无以深矫其弊。"②

进而,吕祖谦以明理躬行为本。他说:"凡与此学者,以讲求经旨、明理躬行为本。"③吕祖谦把躬行列入学规,可见他对躬行的重视。而且吕祖谦将躬行务实贯彻到教学实践上,他在严州教授时,就以此教育学者,"某到严两旬矣。郡庠亦渐有次序,日以躬行务实之语熏灌之,不专讲程文也。但殊难得有志趣者耳"④。这体现出他的重视躬行思想。

由此,学者评价吕祖谦:"先生教人,化如时雨。务在躬行,匪专章句。"⑤即吕祖谦在教育学者时,专务躬行,而与脱离实际的章句之学划清了界线。

吕祖谦重视践履,认为理在践履之中,理不脱离躬行践履而存在,"又有无穷之理,在践履之中"⑥。并说:"庶民不可视为空言,必当循习践履此训可也"⑦,"人惟工夫不实,践履不至,故与道不相关"⑧,践履就是要实下功夫,如果践履不到位,不能贯彻到行动、实行、实践,就是与道无关。

吕祖谦批评先儒徒诵章句而不知践履。他说:"战国陋儒,诵章句而不知践履,守陈迹而不识时宜。荀卿疾之,于是轻《诗》、《书》,法后王,以矫一时之弊,初不知李斯假其说,其祸如此其极也。天下之患始于陋儒,而疾陋儒者实成之。"⑨指出片面地诵章句,守历史陈迹,而不知贯彻到行动中,乃不合时宜的表现。荀子纠正时弊,提倡轻诗书,法后王,但被李斯歪曲利用,假借其说以售其奸,祸害天下。这在吕祖谦看来,其患始于陋儒只诵章句而不知践履所致。所以他要"以践履为实"⑩,贯彻躬行践履的原则。

---

① 吕祖谦:《己亥秋所记》,《东莱吕太史外集》卷第五,《吕祖谦全集》第一册,第726页。
② 吕乔年编:《门人所记杂说一》,《丽泽论说集录》卷第九,《吕祖谦全集》第二册,第246—247页。
③ 吕祖谦:《学规·乾道五年规约》,《东莱吕太史别集》卷第五,《吕祖谦全集》第一册,第360页。
④ 吕祖谦:《答潘叔度》,《东莱吕太史别集》卷第十,《吕祖谦全集》第一册,第496页。
⑤ 吕祖谦:《祭文二·郑唐卿等》,《东莱吕太史文集附录》卷第三,《吕祖谦全集》第一册,第790页。
⑥ 吕祖谦:《说命下第十四》,《增修东莱书说》卷十三,《吕祖谦全集》第三册,第178页。
⑦ 吕祖谦:《洪范第六》,《增修东莱书说》卷十七,《吕祖谦全集》第三册,第232页。
⑧ 吕祖谦:《微子之命第十》,《增修东莱书说》卷十九,《吕祖谦全集》第三册,第262页。
⑨ 吕祖谦:《秦始皇帝三十四年·焚书》,《大事记解题》卷七,《吕祖谦全集》第八册,第493页。
⑩ 吕祖谦:《祭林宗丞文》,《东莱吕太史文集》卷第八,《吕祖谦全集》第一册,第133页。

3. "讲实理，育实材，而求实用"

与汉学重训诂注疏的学风不同，吕祖谦提倡以理解经。从以理解经出发，吕祖谦强调治经以求实理，而不必把注意力放在"角词章，博诵说，事无用之文"上面，并批评佛老、"异端"乱真害正，要求学者毋徒袭先儒之遗言，毋徒作书生之陈语，以抵制佛老、"异端"的乱真而无理。

> 问：宪虞、夏、商、周之典而建学，合朔、越、楚、蜀之士而群居，上非特为饰治之具，下非借为干泽之地也。所以讲实理，育实材，而求实用也。盖尝论立心不实，为学者百病之源。操管而试，负墙而问，布席而议，学则宗孔、孟，治则主尧、舜，论入德则曰致知格物，论保民则曰发政施仁，论律身则曰孝弟忠信，论范防则曰礼义廉耻。笔于纸，发于口，非不郁郁乎可观矣！迫而索之，则或冥然而昧也；叩而穷之，则或枵然而虚也。意者骛于言而未尝从事所以言者耶？洙、泗诸子亲见圣人出语，岂不知所择？然问答之间，受责受哂者相望，反自不若后世学者之无疵。古之人其为己不为人如此。今日所与诸君共订者，将各发身之所实然者，以求实理之所在，夫岂角词章，博诵说，事无用之文哉！孰不言圣学之当明也？其各指实见，志何所期，力何所用，毋徒袭先儒之遗言。孰不言王道之当修也？其各条实事，何者为纲，何者为目，毋徒作书生之陈语。佛、老乱真者也，勿徒曰清虚寂灭，盍的言其乱真者，畴深畴浅。申、韩害正者也，勿徒曰刑名术数，盍确论其害正者，畴亡畴存。辟、喙、愚、鲁，人人异质，不可胜举。刚、柔、缓、急，色色异宜，不可胜陈。至于为学者之通病，论治者之通弊，安得不同去而共察之耶？①

他指出，虞夏商周建学的宗旨是"讲实理，育实材，而求实用也"，突出一个"实"字。讲实理而不是空谈虚理，育实材是为了培养具有真才实学之人，求实用乃在于把所讲实理、所育实材落实到实际运用中，而非为饰治之具。这为吕祖谦治学提供了理论依据和思想指导，亦是吕祖谦实学思想的体现。他认为治学立心不实是学者百病之源，要求学者以孔孟为宗，行尧舜之治，致知格物，发政施仁；强调立德立言，贯彻孝悌忠信、礼义廉耻的道德原则；主张治经以求实理为目的，批评"角词章，博诵说，事无用之文"的治经路向；修王

---

① 吕祖谦：《太学策问》，《东莱吕太史文集》卷第五，《吕祖谦全集》第一册，第 84—85 页。

道，行实事，批评佛老乱真、"异端"害正，而流于清虚寂灭、刑名术数之学，当察而去之，以维护理的权威。他认为理存于事中，要从一事一理，一语一意中触类旁通，以求通万事，解千语，而不应局限于个别具体事物，"见一事而得一理，非善观事者也；闻一语而得一意，非善听语者也。理本无间，一事通则万事皆通，意本无穷，一意解则千语皆解"①。

吕祖谦讲求实理，求实用的学术特点还表现在对忽视实事、不求致用学风的批评上。他说："今人读书，全不作有用看。且如人二三十年读圣人书，及一旦遇事，便与闾巷人无异。或有一听老成人之语，便能终身服行。岂老成之言过于《六经》哉？只缘读书不作有用看故也。"②他批评学者读书而不求致用的学风，强调读经书要学用结合，将经书中的道理运用于实际，否则读六经还不及老成之言。还批评徒令虚声多而实事少的空虚学风，"大抵为学不可令虚声多，实事少，非畏标榜之祸也。当互相激扬之时，本心已不实，学问已无本矣"③。不务实事，只图虚名，相互标榜，已使本心不实，而导致学问无根柢。

由于吕祖谦的婺学与张栻的湖湘学都具有重躬行践履的学术特色，故吕祖谦赞赏张栻"见之行事"的观点。他说："张荆州之教人也，必使人体察良心，以圣贤语言而见之行事，因行事而复求圣贤之语言。"④赞张栻教人方法，必使人体察良心，以圣贤语言而见之行事；又因行事而复求圣贤之语言。提倡把体察良心、读圣贤语言与见之行事结合起来，相互促进，因行事而求得圣贤语言和人之良心。这表明吕祖谦虽倾向心学，然仍是重视见之行事的，就此而言，其与张栻的思想相似。当年吕祖谦任严州教授，张栻当时任严州知州，两人关系密切，相与论学。吕祖谦从经传中辑录有关父子兄弟夫妇日用人伦之道的内容，编为《闺范》一书，张栻为之作序，称此书行于世，家当藏之，人当学之，将日用人伦推行开来。吕祖谦在谈及编《近思录》的宗旨时亦指出："讲学之方，日用躬行之实，具有科级，循是而进，自卑升高，自近及远，庶几不失纂集之指。"⑤强调从讲学之方、日用躬行之实做起，循序渐进，自卑升高，自近及远，才不失他与朱熹纂集《近思录》的本旨。由此体现了吕祖谦既讲宏观大旨，又将其与日用躬行、读书穷理结合起来，循序而进的治学方法和学风。

---

① 吕祖谦：《吴将伐鲁问叔孙辄公山不狃》，《左氏博议》卷二十，《吕祖谦全集》第六册，第459—460页。
② 吕乔年编：《门人所记杂说二》，《丽泽论说集录》卷第十，《吕祖谦全集》第二册，第254—255页。
③ 吕乔年编：《门人所记杂说二》，《丽泽论说集录》卷第十，《吕祖谦全集》第二册，第263页。
④ 吕乔年编：《门人所记杂说二》，《丽泽论说集录》卷第十，《吕祖谦全集》第二册，第256页。
⑤ 吕祖谦：《题近思录》，《东莱吕太史文集》卷第七，《吕祖谦全集》第一册，第115页。

吕祖谦作为一名理学家,在提倡义理、维护天理,批评汉学,抵制"异端"等方面,具有理学的价值观和思想倾向,并通过提倡理学和治经学体现出来。但在认同自身的同时,亦注意广泛吸取理学思潮中其他派别和功利学的思想,因而他又具有经世致用的思想倾向,肯定功利,将功利与道义相结合。这种经世致用的思想是浙江文化精神的体现,亦是中华民族宝贵的历史文化遗产,对当今社会仍具有重要的现实借鉴意义和价值,值得进一步深入研究和探讨,为构建当代和谐社会,弘扬中华优秀传统文化,建设当代社会新文化做贡献。

四、陆九渊心学

陆九渊(1139—1193),南宋著名哲学家、教育家,陆王心学创始人。字子静,自号存斋。抚州金溪(今属江西)人。因讲学于象山(今江西贵溪县西南)精舍,世称象山先生。

陆九渊从小受到家庭教育的影响,其祖父陆戬好佛老言,其父陆贺"究心典籍,见于躬行,酌先儒冠、昏、丧、祭之礼,行之家"[1],这些对陆九渊均产生了一定的影响。三四岁时,陆九渊问其父"天地何所穷际",其父笑而不答,"遂深思至忘寝食"[2]。这表现出他内向深思的性格。16岁时,因读《春秋》,知中国夷狄之辨,于是习武学弓马,以图复仇,收复中原。

乾道八年(1172),陆九渊34岁"春试南宫",考中进士。时吕祖谦为考官,读其《易》卷,甚为赞叹,遂中选。历任靖安、崇安县主簿,国子正、献官,祠禄官,后居家讲学。绍熙二年(1191),赴知荆门军,一年后病故于荆门。

陆九渊生平以讲学为主,先后在金溪家中的槐堂和贵溪的象山精舍讲学授徒,求学者甚众,逾千人,创心学流派。著名的弟子有杨简、袁燮、舒璘、沈焕、傅梦泉等。

淳熙二年(1175),应吕祖谦之邀,与其兄陆九龄到江西信州(今上饶)铅山鹅湖寺,同朱熹见面,相与讨论学术问题,就"为学之方"等展开辩论,史称"鹅湖之会"。双方的分歧主要表现在,朱熹侧重"道问学",先博后约,通过泛观博览来认识天理,陆氏以之为"支离";陆九渊主张"尊德性",发明本心,"先立乎其大",忽视知识积累,以求顿悟,直指人心,朱氏认为"太简"。

---

[1] 陆九渊:《全州教授陆先生行状》,《陆九渊集》卷二十七,第312页。
[2] 杨简:《象山先生行状》,《陆九渊集》卷三十三,第388页。

鹅湖之会，双方辩论了三天，不欢而散，未能达到吕祖谦欲会归朱陆异同于一的目的，但在思想史上却具有重要意义，明确了朱陆双方的分歧所在，由此而促进了学术的发展。

淳熙八年（1181）春二月，访朱熹于南康。朱熹时知南康军，并在庐山白鹿洞书院讲学授徒。陆九渊到来后，朱熹亲率同僚诸生迎接，请陆九渊登白鹿洞书院讲席。于是乃讲《论语》"君子喻于义，小人喻于利"一章，提出"以义利判君子小人"。朱熹听后倍加赞扬，乃离席言曰："熹当与诸生共守，以无忘陆先生之训。"[1] 表明朱陆虽学术有异，但具有相同的价值观。

淳熙十三年（1186），主管台州崇道观，为一闲职，归江西故里讲学。于次年登贵溪应天山讲学，乃建精舍，作为讲习之所，四方学徒大集。并与朱熹书信往来，展开无极、太极之辩。

淳熙十五年（1188），改应天山为象山，"自号象山翁"。每年二月登山，九月末归，从容讲道。居山五年，求学者记录在簿的超过数千人，可见其学术之盛。陆九渊在与朱熹等同属理学的前提下，创立了与朱熹道学相抗衡的心学，这在思想史上具有重要意义，在当时并对后世产生了重要影响。其心学成为理学思潮中不可或缺的重要一派，使宋明理学及经学在流传演变的过程中呈现出多元的理论形态。

由于陆九渊心学的特点是"尊德性"，不立文字，求心于内，主张"六经注我"，不受儒家经典的束缚，以"六经"为我心的注脚，不重视著书，故其著作不多，撰有少量诗文、杂著，另有学者之间交流学术的书信、序赠，以及讲学的语录等。宋宁宗开禧元年（1205），其长子陆持之搜集陆九渊的遗文，编为《象山先生全集》，嘉定五年（1212）由陆九渊的弟子袁燮付梓刊行，共32卷，后增为36卷。1980年中华书局出版有点校本《陆九渊集》。

陆九渊在经学上提出"六经皆我注脚"[2]的思想，以"六经"为我心的注脚，不重视著书，认为圣人之心比经典更为重要；站在宋学义理的立场，对汉唐之学提出批评。在哲学上以心为宇宙本体，创心学思想体系，认为"宇宙便是吾心，吾心即是宇宙"[3]，提出"心即理"的命题，把心与理合一。他发挥孟子"万物皆备于我"的观点，指出："此心此理，我固有之，所谓万物皆备于我，昔之

---

[1] 《年谱》，《陆九渊集》卷三十六，第492页。
[2] 陆九渊：《语录上》，《陆九渊集》卷三十四，第395页。
[3] 陆九渊：《杂说》，《陆九渊集》卷二十二，第273页。

圣贤先得我心之所同然者耳。"① 并提出道乃人心固有的思想，移道入心，心、道合一。又提出心性一元说，混言心性，不同意将心性加以分别，不重视对心以外的范畴的研究和对范畴字义的解释，这表现出陆学重心灵领悟，轻视知识的特点。陆九渊之学的特征主要体现在：强调自得，直指人心；融通合一，不讲体用之分；崇尚简易；不立文字，专求于心。陆九渊在经学和理学上均存在着不同于朱熹之学的特征，两人相反相成，其创造性的学术活动，为宋学和理学的发展做出了自己的贡献。

（一）"六经皆我注脚"

中国哲学发展的特点之一，就是哲学与经学密切联系在一起，这在陆氏心学也不例外，他的哲学与经学往往是相连的。以往学术界对陆氏心学作了较多的研究，但把陆氏心学与经学联系起来进行研究，论述其经学观的则较少，或者说从经学的角度研究陆学是一个值得重视的课题。

1. 对汉唐之学的批评

作为宋学阵营的一员，陆九渊重视义理，只不过其理在心。他站在宋学义理的立场，批评了汉唐经学重训诂而轻义理的学风。他说："愚尝论之，汉病于经，唐病于文，长才异能之士类多沦溺于训诂、声律之间。"② 他认为汉唐儒者沦溺于训诂、声律之间，使经学陷于困境，以致道脉大坏，"正理愈坏"，"秦不曾坏了道脉，至汉而大坏。盖秦之失甚明，至汉则迹似情非，故正理愈坏"③。陆九渊排斥汉唐经学的态度体现了其心学的宋学特征，这与当时讲义理的时代潮流是一致的。他指出："孟子没，斯道其不明矣。夫自汉儒之纯如仲舒，犹不能使人无恨。"④ 汉儒之纯如董仲舒者，也有不明道之处。正因为道之不明，使得支离附会之风盛行，带来了严重后果。他说："故道之不明，天下虽有美材厚德，而不能自成自达，困于闻见之支离，穷年卒岁而无所至止。若其气质之不美，志念之不正，而假窃傅会，蠹食蛆长于经传文字之间者，何可胜道？"⑤ 孟子之后千五百年间，虽有一些儒学人物出现，但未能传尧舜之道，续孔孟之统，而困于闻见之支离，穷年累月无所得之。更有甚者，汉唐一些资质不高的学者于经

---

① 陆九渊：《与侄孙浚》，《陆九渊集》卷一，第13页。
② 陆九渊：《问制科》，《陆九渊集》卷三十一，第363页。
③ 陆九渊：《语录上》，《陆九渊集》卷三十四，第404页。
④ 陆九渊：《政之宽猛孰先论》，《陆九渊集》卷三十，第359页。
⑤ 陆九渊：《与侄孙浚》，《陆九渊集》卷一，第13页。

典"假窃傅会",就像蠹蛆一样侵蚀经传文字,使儒家圣人之道愈加不明,而"至于近时伊洛诸贤,研道益详,志向之专,践行之笃,乃汉唐所无有"[①]。通过表彰二程洛学,来批评汉唐之学于研道处有误,表现出陆九渊重道求理,反对支离附会于经传文字之间而未能得道的汉学学风。

站在心学的立场,陆九渊认为圣人之心比经典更为重要,主张以接续圣人之心来超越孟子之后的一千五百余年,直承圣人之道。他说:

> 学者之不能知至久矣!非其志其识能度越千有五百余年间名世之士,则《诗》、《书》、《易》、《春秋》、《论语》、《孟子》、《中庸》、《大学》之篇正为陆沉,真柳子厚所谓独遗好事者藻绘,以矜世取誉而已。尧、舜、禹、汤、文、武、周公、孔子、孟子之心,将谁使属之。[②]

陆九渊认为,如果没有其志、识超越千五百年,直接尧、舜、孔、孟之心的"名世之士"出现,那么不论是《诗》《书》《易》《春秋》等"六经",还是《论语》《孟子》《中庸》《大学》等"四书",都不过是"陆沉"之物。这表明其对求圣人之心的重视。

从重视义理、批评汉学出发,陆九渊提出不需传注的思想,认为汉唐传注之学耗费学者精神,而他所提倡的心学则是为学者减轻精神负担。他说:"某读书只看古注,圣人之言自明白。且如'弟子入则孝,出则弟'。是分明说与你入便孝,出便弟,何须得传注。学者疲精神于此,是以担子越重。到某这里,只是与他减担,只此便是格物。"[③]他认为读圣人之书不需传注,只看古注即可,如果陷溺于传注之学只会耗费学者精神,增加其负担。其心学的倡立正是为了去繁就简,从传注之学中摆脱出来,以求圣人之心为要。

在对汉学的批评中,陆九渊以理作为取舍经、书的依据,强调书须皆合于理,凡合于理,虽非圣人之经,亦可尽取,何况圣人之经,如不合于理,则不可取。他说:

> 书不可以不信,亦不可以必信。使书而皆合于理,虽非圣人之经,尽取之可也。况夫圣人之经,又安得而不信哉?如皆不合于理,则虽二三策

---

① 陆九渊:《与侄孙浚》,《陆九渊集》卷一,第13页。
② 陆九渊:《与侄孙浚》,《陆九渊集》卷十四,第190页。
③ 陆九渊:《语录下》,《陆九渊集》卷三十五,第441页。

之寡，亦不可得而取之也，又可必信之乎？盖非不信之也，理之所在，不得而必信之也。古人之于书，稽求师式，至于为圣为贤。而后世乃有疲精神，劳思虑，皓首穷年，以求通经学古，而内无益于身，外无益于人，败事之消，空言坐谈之讥，皆归之者，庸非不通于理，而惟书之信，其取之者不精而致然耶？①

书不可不信，亦不可必信，信书或是不信书，要看它是否合于理。凡合于理，则可信而取之，即理之所在是不得不信的依据。这显然是把理的重要性放在了经书之上。由此，陆九渊批评汉学学者皓首穷经，内外皆无益，不仅不通于理，而且唯书是信，取之不精，导致"空言坐谈"，于事无补。这是以理为标准，对汉学流弊的批评。陆九渊对汉学流弊的批评，是他经学思想的组成部分及其心学得以提出的前提。

2. "学苟知本，六经皆我注脚"

陆氏心学的特点是不立文字，求心于内，主张"六经注我"，不受儒家经典的束缚，他提出"学苟知本，六经皆我注脚"②的思想，其知本即知心，以"六经"为我心的注脚，不重视著书，"或问先生何不著书？对曰：'六经注我，我注六经。'"③认为"六经"不过是我心的注脚，所以不必著书。虽然其著作不多，没有专门去注解儒家经书，只有少量诗文、杂著，另有学者之间交流的书信、序赠，以及讲学的语录等，但在这些材料里，也记述了陆九渊的经学思想。

在陆九渊看来，心的地位在"六经"之上，所以"六经"是心的注脚。虽然在本心和儒家经典之间，陆九渊认为心比经典更为重要，但他并不是不要经典，而是把经书作为吾心的记籍，通过读经书来发明其心。陆九渊在阐发其心学思想时，便着重依据了《孟子》一书。其门人詹子南曾问："先生之学亦有所受乎？"陆九渊答："因读《孟子》而自得之于心也。"④自称通过读《孟子》书而直承孟子。其所谓"自得之于心"，是指既读《孟子》书，又发挥主体的能动性，独立思考，自家体贴出孟子思想的要旨来，并结合时代发展的要求，发展出自己的学术思想即心学来。孟子重视心、求放心的思想启发了陆九渊，受孟子思想的影响，陆九渊心学以心为最高原则，对《孟子》一书吸取甚多，在孟

---

① 陆九渊：《取二三策而已矣》，《陆九渊集》卷三十二，第381—382页。
② 陆九渊：《语录上》，《陆九渊集》卷三十四，第395页。
③ 陆九渊：《语录上》，《陆九渊集》卷三十四，第399页。
④ 《年谱》，《陆九渊集》卷三十六，第498页。

子思想的基础上"自得",并加以发展。他对《孟子》一书的吸取,主要是依据此书而发挥自己的心学精神。由此他主张充分发挥主体的能动性,强调"某屡言先立乎其大"[1],即先立乎其心,端正学者立场,以"尊德性"为本,认为以"尽心"为本、为先,才能知性、知天。他把自己的心学视为继孟子后,使圣人之道复明者,"窃不自揆,区区之学,自谓孟子之后至是而始一明也"[2]。可见他对《孟子》的吸取,主要是发明其心学,而非追求对其章句文字的解析。他说:"读《孟子》须当理会他所以立言之意,血脉不明,沉溺章句何益?"[3]即是强调理解孟子之所以立其言语文字的思想意涵,而无需沉溺于对《孟子》一书章句文字的表面之解。这表现出陆九渊读经与汉学家读经在治经思想和方法论上的差异。

以上可见,对待儒家经典,陆九渊主张"六经注我",认为经典不过是吾心的记籍,治经学的目的是为了明心。从形式上讲,他不受儒家经典的约束,以"六经"为我心的注脚,相对轻视经典,把宋学区别于汉学的崇尚心悟、以己意说经的特征和倾向进一步发展。然而陆九渊对经典和经学也不是全然不顾,与整个中国哲学的特点相关,陆氏在阐发其心学思想时,也借用了经学的形式,并对以往的经典和经学提出了自己的见解,这些方面体现了其心学的经学特征,或者说体现了经学发展演变过程中所经历的心学发展阶段的特质,从心学的角度发展了经学之宋学。陆九渊的经学观是中国经学发展史上不可或缺的心学发展阶段和环节,值得人们认真加以探讨。

(二)心学思想

陆九渊作为陆王心学的创始人,其心学思想体系在历史上影响深远。他在继承孟子思想的基础上,发挥程颢心性为一的思想和"心是理,理是心"的命题,提出"吾心即是宇宙"和"心即理"的著名命题,强调道乃人心固有,把主体与道德本体合一,把心提升为宇宙本体,从而使主体之心本体化。陆九渊以心为最高原则,其心与理实不容有二;又认为理与己意无关,心是超越个体经验之心的宇宙本体之心。虽然陆九渊强调心本体的完整性和融通性,不专论事论末,专就心上说,并少于论性,但他混言心性、心性一物的思想,体现了其心性论的特点。其反对解字,专注一心,向内探求的思想,对后世心学一派

---

[1] 陆九渊:《与邵叔谊》,《陆九渊集》卷十,第138页。
[2] 陆九渊:《与路彦彬》,《陆九渊集》卷十,第134页。
[3] 陆九渊:《语录下》,《陆九渊集》卷三十五,第445页。

心性论产生重要影响，使之与张载气学一派心性论、朱熹心性二元之心性论鼎足而立。

1. "吾心即是宇宙"

陆九渊把主体之心提升为宇宙本体，这是他与朱学的最大区别，正是由于这个区别，才产生朱陆的一系列分歧。陆九渊不仅以心为宇宙本体和思维主体，而且把仁义道德视为人固有的本心，以此与朱熹"心非仁"[①]的思想相区别。陆九渊为了保持其心一元论哲学体系的完整性，不讲心、气的分别，偶言及气禀、气象，气在其哲学体系里无独立存在的地位。他反对朱熹的天理人欲之分，而将存理去欲改造为存心去欲。

（1）心为宇宙本体

以心为宇宙本体，将主体之心本体化，古往今来的万事万物都以心为最终根源，这是陆氏心学对心所作的基本规定。他说："四方上下曰宇，往古来今曰宙。宇宙便是吾心，吾心即是宇宙。"[②]宇宙指整个时空，陆九渊认为，空间的天地万物、时间的古往今来即是心，心也即是宇宙。以心为宇宙，便是以心为宇宙万物的本体。他还进一步指出："宇宙内事，是己分内事。己分内事，是宇宙内事。"[③]把心与宇宙等同，心便是宇宙万物的本原，无限的客体被安置在主体之中，取消了客体与主体的区别，把客体归之于主体。需要指出，陆九渊的本体之心具有某种超越个体之心的倾向。他曾说："心只是一个心，某之心，吾友之心，上而千百载圣贤之心，下而千百载复有一圣贤，其心亦只如此。心之体甚大，若能尽我之心，便与天同。"[④]即是说我的个体之心、他人之心、前世后世之心，都是这一个心。此心已超越了个人的经验之心，而他人之心相对于"某之心"来讲，则又是客体。所以其心具有某种客观精神化的倾向。陆九渊把抽象的主体之心提升为宇宙本体，并提出"尽我之心，便与天同"，这是对孟子天人（心）合一思想的继承和发展。

（2）"人心至灵"

强调主体与道德理性的合一，发挥主体思维的能动性，以体认内在的道德理性，这是陆九渊主体之心的主要功能。他说："人心至灵，此理至明，人皆有

[①] 黎靖德编：《朱子语类》卷二十，第474页。
[②] 陆九渊：《杂说》，《陆九渊集》卷二十二，第273页。
[③] 陆九渊：《杂说》，《陆九渊集》卷二十二，第273页。
[④] 陆九渊：《语录下》，《陆九渊集》卷三十五，第444页。

是心，心皆具是理。"①人心之灵与理之明相联系，心之灵即指心具有主观思维功能，心所认识的对象是理，而理内在于心，认识对象存在于心中，认识主体与认识对象是一回事，摒除了对外物的认识。这体现了陆九渊认识论的特点，而与朱学内外结合，重视知识的认识论有别。

陆九渊重视主体的思维功能，强调心的职能在于思，心是辨别是非的标准，通过思，便能明辨是非。他说："诚能反而思之，则是非取舍盖有隐然而动，判然而明，决然而无疑者矣。"②但如果心被物蒙蔽，就会违背义理，使心之思的职能发挥不出来，"彼其受蔽于物，而至于悖理违义，盖亦弗思焉耳"③。陆九渊之所以重视心的思维功能，是因为在他看来，"心于五官最尊大"④。心与耳目之官相比，心之官能思，耳目之官不能思，所以要发挥心之思的职能，强调"心官不可旷职"⑤。心是理性认识，只要发挥其思的职能，就能体认本心固有的道德理性。他说："苟此心之存，则此理自明，当恻隐处自恻隐，当羞恶，当辞逊，是非在前，自能辨之。"⑥存心与明理是一致的，明辨认识的是非，也就是按心中的道德原则办事。这说明陆九渊的认识论是内求于心的强调道德自律的认识论。

（3）"仁义者，人之本心"

陆九渊把仁义道德视为人的本心，心具有儒家伦理道德的内涵，而不仅仅是宇宙本体和思维主体。这是陆氏心学与佛教心学的最大区别。他说："仁义者，人之本心也。"⑦陆九渊认为，从本质上讲，心是道德本体，是道德理性与宇宙本体的合一，这与佛教心学仅把心作为宇宙万物的虚幻本体而不具有伦理属性的心本论思想相区别。心这种道德本体，其思维功能、伦理属性与宇宙本体三者是一致的。"此心之灵自有其仁。"⑧人之所以与禽兽不同，其内在根据即仁为人心，人心中所具有的天赋的伦理意识使得人与万物区别开来。他说："仁，人心也。心之在人，是人之所以为仁，而与禽兽草木异焉者也。"⑨以仁为心，这是陆九渊心学的特点之一，与朱熹"心非仁"的思想相异。在同时代的理学家

---

① 陆九渊：《杂说》，《陆九渊集》卷二十二，第273页。
② 陆九渊：《思则得之》，《陆九渊集》卷三十二，第376页。
③ 陆九渊：《思则得之》，《陆九渊集》卷三十二，第376页。
④ 陆九渊：《与李宰（二）》，《陆九渊集》卷十一，第149页。
⑤ 陆九渊：《语录下》，《陆九渊集》卷三十五，第435页。
⑥ 陆九渊：《语录上》，《陆九渊集》卷三十四，第396页。
⑦ 陆九渊：《与赵监》，《陆九渊集》卷一，第9页。
⑧ 陆九渊：《与傅克明》，《陆九渊集》卷十五，第196页。
⑨ 陆九渊：《学问求放心》，《陆九渊集》卷三十二，第373页。

中，张栻的心性论与陆九渊比较接近；而朱熹以其反对心为宇宙本体，不同意把心与仁、性直接等同，而与陆九渊、张栻的心性论有所不同。

（4）心与气、欲

陆九渊指出："此心本灵，此理本明，至其气禀所蒙，习尚所梏，俗论邪说所蔽，则非加剖剥磨切，则灵且明者曾无验矣。"[1]虽然心本灵明，且灵明之心自有其仁，但会被气禀所蒙蔽，使灵明之心体现不出来，只有通过"剖剥磨切"，去掉气禀之杂，才能保持良心之善。在这里，心与气的关系是本质与非本质的关系。心作为宇宙本体，灵明与仁义是心的本质，而气禀对心的蒙蔽和影响，是与心相对的异己和非本质因素。尽管如此，陆九渊仍把非本质因素的气归于心内，而不在心外。他说："我这里也说气象，但不是就外面说，乃曰：阴阳一大气，乾坤一大象。"[2]阴阳乾坤之气象在内不在外，心囊括整个宇宙。既然气象不在外，而上述本心又受到气禀的蒙蔽，那本心又如何会受到内在气禀的影响？气禀与气象是什么关系？陆九渊论之不详，反映出其心学理论欠精致的一面。

在心与欲的关系上，陆九渊从批评朱熹天理人欲之分入手，提出了存心去欲的思想。他说："天理人欲之言，亦自不是至论。若天是理，人是欲，则是天人不同矣。此其原盖出于老氏。"[3]陆九渊认为，天人同一，本之于心，反对天理人欲相分的理论，"天理人欲之分论极有病"[4]。这是因为，陆九渊心一元论哲学的逻辑是不允许天人相分的，天人都在心的囊括之内，而天理人欲之分的理论则有导致天人相离的因素。由此，陆九渊把天理人欲之分改造为存心去欲。他说："夫所以害吾心者何也？欲也。欲之多，则心之存者必寡；欲之寡，则心之存者必多。故君子不患夫心之不存，而患夫欲之不寡，欲去，则心自存矣。"[5]心与欲的关系是彼消则此长，此长则彼消，二者是相互对立的。陆九渊实际上沿袭了朱熹天理人欲对立的思想，只不过他把天理变成了心，理欲对立变成了心欲对立，由"吾心即是宇宙"的心本论哲学导出了存心去欲的理论。

尽管陆九渊把天理人欲之分改造为存心去欲，但其理论仍有矛盾。这表现在，既然天理人欲之分会导致天人的不同，破坏心一元论哲学的完整性，那么，

---

[1] 陆九渊：《与刘志甫》，《陆九渊集》卷十，第137页。
[2] 陆九渊：《语录上》，《陆九渊集》卷三十四，第425页。
[3] 陆九渊：《语录上》，《陆九渊集》卷三十四，第395页。
[4] 陆九渊：《语录下》，《陆九渊集》卷三十五，第475页。
[5] 陆九渊：《养心莫善于寡欲》，《陆九渊集》卷三十二，第380页。

存心去欲的理论仍倡心与欲的对立，有与心相对的欲的存在，是否也会破坏心一元论体系的完整性呢？为了克服这个矛盾，陆九渊试图把心分为心之正与心之邪两类，以心之正为本心，以邪心为害心之欲。他说："为善为公，心之正也；为恶为私，心之邪也。"① 即为善为公是人的本心，为恶为私是与本心相对的欲。虽然有欲的存在，但陆九渊把它归之于"心之邪"一类，也是心的一种表现。陆九渊把"心之正"与"心之邪"统称为心，把欲纳入心的包容之中，一定程度地缓解了心外有欲的压力。但把心分为"心之正"与"心之邪"，本身又导致了心内有心的倾向，仍不能保持心一元论哲学体系的完整性。

2. "心即理"

如果说，朱熹在解决本体理与主体心之间的关系时，主要是把心作为一个认识论的哲学范畴，强调宇宙本体的超越性和绝对性，主体服从于本体，其"心与理一"是指主体对本体的体认和贯通的话，那么，陆九渊提出的"心即理"的命题，则是强调本体与主体的冥合，而不容有二。在这个前提下，陆九渊又指出，心、理冥合的宇宙本体，超越了个人的经验之心，不以个人的意志为转移。正如"某之心"与"心只是一个心"存在着个体之心与宇宙本体之心的区别一样，其宇宙本体之理与个人的"己意"也是两个有区别的概念。由此反映了陆九渊心学体系在主体意识与普遍的宇宙本体之间存在的矛盾。

（1）"此心此理，实不容有二"

在心与理的关系上，陆九渊提出"心即理"的著名命题。他说："人皆有是心，心皆具是理，心即理也。"② 这个命题把陆氏心学体系中的两个最主要范畴冥合起来，构成其哲学体系的核心。陆九渊哲学的理，与心相联，亦是宇宙的本体。他说："万物森然于方寸之间，满心而发，充塞宇宙，无非此理。"③ 万物存在于人心之中，又是理的显现，任何事物都不能脱离理的主宰，不过此心此理等同罢了。由此，陆九渊强调心、理冥合，不容有二。他说："盖心，一心也；理，一理也。至当归一，精义无二，此心此理，实不容有二。故夫子曰：'吾道一以贯之。'孟子曰：'夫道一而已矣。'又曰：'道二，仁与不仁而已矣。'如是则为仁，反是则为不仁。仁即此心也、此理也。"④ 心与理归一无二，这个归一指主体与本体的统一，主体即是宇宙本体，宇宙本体即是主体。主体与本体的统

---

① 陆九渊：《赠金溪砌街者》，《陆九渊集》卷二十，第 249 页。
② 陆九渊：《与李宰（二）》，《陆九渊集》卷十一，第 149 页。
③ 陆九渊：《语录上》，《陆九渊集》卷三十四，第 423 页。
④ 陆九渊：《与曾宅之》，《陆九渊集》卷一，第 4—5 页。

一又以仁为内容，因而此心此理又是道德本体。陆九渊所说的"一以贯之"，即是以主体为形式，以伦理为内容，心、理归一的宇宙本体论。

应该说，陆九渊心、理归一的心学思想与佛教心学是有区别的。陆九渊吸取了佛教心学的心本论形式，但在心学的内容上却与佛教明显不同，因此不应把二者混为一谈，将陆学目为禅学。陆九渊与佛教禅宗等均以心为宇宙本体，陆九渊称："宇宙便是吾心，吾心即是宇宙。"慧能说："心量广大，犹如虚空。……世界虚空，能含万物色像，日月星宿，山河大地。"① 在这方面，双方无异。但陆九渊的心虽是宇宙本体，然而其心中有实理，心即是理，心以仁义礼智为内涵；而禅宗以心为宇宙本体，其心却与理相脱离，心并不具有儒家仁义道德的内涵。这是陆氏心学与佛教心学的区别所在。陆九渊本人就把自己"一以贯之"的心学与佛教加以区别。他说："我说一贯，彼亦说一贯，只是不然。天秩、天叙、天命、天讨，皆是实理，彼岂有之？"② 可见陆九渊心学，其心与理相联系；佛教心学，其心中没有理的位置，这是二者的不同之处。后人把陆氏心学简单地称为禅学，是只见双方心学形式的相似，而不见其心学内容的相异，有失陆学"心即理"思想的本旨。

陆九渊"此心此理，实不容有二"的思想是对孟子"万物皆备于我"思想的继承，是在孟子思想的基础上的"自得"，其"心即是理，理即是心"仍是以心为最高原则，这是陆九渊心学有别于朱学的特点。由此他主张"收拾精神，自作主宰，万物皆备于我，有何欠阙"③，充分发挥主体的能动性，强调"先立乎其大"，端正学者立场，以"尊德性"为本，忽视知识，轻视圣人经典，把圣人的权威置于心的权威之下，体现了陆九渊崇尚心悟的思想解放精神。

（2）理与己意无关

陆九渊哲学的心，与理归一，不容有二，其心、理冥合的宇宙本体，却又超越了个体之心，不以个人意志为转移。从这个意义上讲，理超出了个人的主观精神的范围，而具有某种超越主体的绝对精神的性质。他说："此理在宇宙间，固不以人之明不明、行不行而加损。"④ 理的存在不以人是否认识到它为转移，也不是由人任意虚构出来的，"此理塞宇宙，如何由人杜撰得？"⑤ 显然在这

---

① 《坛经·般若第二》，丁福保笺注，陈兵导读，哈磊整理，上海古籍出版社 2011 年版，第 39—41 页。
② 陆九渊：《语录下》，《陆九渊集》卷三十五，第 464 页。
③ 陆九渊：《语录下》，《陆九渊集》卷三十五，第 455—456 页。
④ 陆九渊：《与朱元晦（二）》，《陆九渊集》卷二，第 26 页。
⑤ 陆九渊：《语录下》，《陆九渊集》卷三十五，第 461 页。

里，理与个人的主观意志无关。既然陆九渊以心为理，冥合心、理，其理便具有主体的性质，而当理作为宇宙本体时，却与人的主观意志无关。这表明，陆九渊区别了本体之理（心）与个人经验之心。前者为超越的、普遍的本体，后者是经验的、具体的个体。正如他在强调"心只是一个心"的同时，又指出存在着"某之心""吾友之心""上而千百载圣贤之心"等各种不同之心一样，其宇宙本体之理与个人的"己意"也存在着区别。他说："有己则忘理，明理则忘己。"[1] 明理以忘己为前提，说明理虽以心的形式出现，但却超越了个人的主观意志，理是在个人经验之心之上的人类的普遍精神。然而人类的普遍精神即人类之心又把个体经验之心包括在内，心只是这一个心。既然心只是一个心，心包括个体之心，而心又即是理，那么，普遍的宇宙本体之理与主体之心就应冥合为一，但陆九渊又指出本体之理与个人的"己意"即个人的经验之心无关，这就反映出陆氏心学的人的主观意识与普遍的宇宙本体之间仍有区别，而不能冥合为一。这个差异或者应该说是本体之心与个体之心的差异。尽管陆九渊企图把二者说成是一个心，把心视为超越个体经验之心的宇宙本体之心，但在他论述理与己意的关系时，仍区别了二者。这正是古往今来一切心学体系固有的矛盾，在其弟子杨简的心学体系里同样得到体现。

3. 心性一元

陆九渊重视心，以心为最高原则，对性则少于论述，但仍论述了心性的关系。其论性往往与论心相同，主心性一元说，性与心的含义相当，可以互换，其对性的理解与对心的理解相一致，这是陆九渊心性论的特点。正因为陆九渊把心性视为一物，不同意将心性加以分别，不重视对心以外的范畴的研究和对范畴字义的解释，才体现出陆学重心灵领悟，轻视知识的特点。

（1）混言心性

由于陆九渊主心性一元说，性与心的含义相当，所以他混言心性，二者是等同的。

陆九渊既以仁义为心的内涵，提出"仁义者，人之本心也"的思想，又以仁义礼智信五常作为性的内涵，指出"人生天地间，抱五常之性，为庶类之最灵者"[2]。其心、性都以儒家伦理为内涵，这是把心性视为一物的内在根据。陆九渊心、性均为仁义道德的思想与朱熹仅以性为仁义道德，而"心非仁"的思想

---

[1] 陆九渊：《语录下》，《陆九渊集》卷三十五，第473页。
[2] 陆九渊：《赠吴叔有》，《陆九渊集》卷二十，第244页。

形成对比。

　　陆九渊既强调人性本善,善是性固有的属性,又认为性善心也善。他说:"人性本善,其不善者迁于物也。知物之为害,而能自反,则知善者乃吾性之固有。"① 以人性为善,这是对孟子思想的继承,与朱熹的性论无异。但陆九渊认为,不仅人性本善,而且"其本心无有不善"②,心、性均为善,二者是一回事。这与朱熹"心有善恶,性无不善"③的思想有别。

　　陆九渊还混淆虚灵之心与实有之性的差别,认为心、性都有灵,都有知,二者同具认知功能。他说:"此心之灵自有其仁。"④ 把认识论与价值判断相联系,认为心的认知功能自然能够知善知恶,保持仁义道德原则。不仅心有灵,性也同样有灵。他说:"人性之灵,岂得不知其非?"⑤ 明确指出性有灵有知,能辨别是非,把心所具有的主观认知功能通用于性,可见心性双方可以互换,在具有虚灵知觉上,心、性是一致的。这与朱熹"灵底是心,实底是性"⑥、"灵处只是心,不是性"⑦的观点确有不同。

　　以上陆九渊混言心性的思想,把仁义道德视为心、性的共同内涵,认为善是心、性共同的属性,心、性均有灵有知,能辨别是非,这些方面表明,其心性一元,可以互换。

　　(2) 心性一般物事

　　陆九渊在混言心性,分别论述心性具有相同内涵的基础上,进而直接论述了心与性的关系。其主旨是,由于心性是相同的物事,所以只要发明本心即可,不必人为地区分心性,以免陷于"只是解字"而不知立乎其心的弊端。

　　陆九渊论心性关系的要点是主张心性一物,认为区分心性的倾向是"举世之弊"。可见其时心性二元之分由来已久,是思想史上的客观事实,就连陆九渊这样的心性一元论者,其思想也未得到当时学术界的认同。他在回答门人李伯敏提出的"如何是尽心?性、才、心、情如何分别"的问题时指出:"如吾友此言,又是枝叶。虽然,此非吾友之过,盖举世之弊。今之学者读书,只是解字,

---

① 陆九渊:《语录上》,《陆九渊集》卷三十四,第416页。
② 陆九渊:《与王顺伯(二)》,《陆九渊集》卷十一,第154页。
③ 黎靖德编:《朱子语类》卷五,第89页。
④ 陆九渊:《与傅克明》,《陆九渊集》卷十五,第196页。
⑤ 陆九渊:《续书何始于汉》,《陆九渊集》卷三十二,第383页。
⑥ 黎靖德编:《朱子语类》卷十六,第323页。
⑦ 黎靖德编:《朱子语类》卷五,第85页。

更不求血脉。且如情、性、心、才，都只是一般物事，言偶不同耳。"[1]与朱熹哲学心性论对性范畴详加剖析，既讲心性的联系，又讲心性的区别不同，陆九渊因其心学的特点所限，少于论性，不仅对性的论述较少，而且对情、才等范畴也不多论及。他反对当时学者"只是解字"的治学倾向，不重视对名词概念和哲学范畴的解释，强调只有一个心的世界，以一心来囊括整个宇宙及各个哲学范畴，反对区分心性，认为心、性、情、才是一回事，不必在它们之间加以分别，只要讲"先立乎其大"，发明本心即可。他指出区别心性是言及枝叶而不求根本，是学界的一大流弊。他要求学者不必拘泥于心性之分，只要把握心学的精神实质即可。对于学者提出的心性"莫是同出而异名否"的问题，他回答说："不须得说，说着便不是。……若必欲说时，则在天者为性，在人者为心。此盖随吾友而言，其实不须如此，只是要尽去为心之累者。"[2]陆九渊强调，问题的关键是要去掉为心之累者，即去掉妨碍本心的东西，不需理会所谓"在天者为性，在人者为心"之类的说法。他指出，心性一物，心、性、情、才会归一心，不必去区分它们，前世圣贤为了方便教人，才分别告之以心、性、情、才等，但后世学者读书，则不必如此划分开来，不然将有碍于掌握圣贤思想的本旨。他说："圣贤急于教人，故以情、以性、以心、以才说与人，如何泥得？若老兄与别人说，定是说如何样是心，如何样是性、情与才。如此分明说得好，划地不干我事，须是血脉骨髓理会实处始得。凡读书皆如此。"[3]这种强调心的统一性与完整性，不重视对其他范畴的研究和对范畴字义的解析的思想，反映了陆氏心学不立文字，忽视知识，专求于心的学术特色。他说："若某则不识一个字，亦须还我堂堂地做个人。"[4]这种收拾精神，自作主宰，重视发挥主体能动性的思想是对朱学学者泛淡心性，导致空疏烦琐流弊的针砭。

（三）陆学之特征及其历史地位

陆九渊把主体之心提升为宇宙本体，这是他与朱熹理本论哲学的区别，正是由于这个区别，才产生朱陆思想，包括经学观等的一系列分歧。陆九渊为了保持其心一元论哲学体系的完整性，不讲心、气的分别，气在其哲学体系里无独立存在的地位。陆九渊以心为宇宙本体，将主体之心本体化，万事万物都以

---

[1] 陆九渊：《语录下》，《陆九渊集》卷三十五，第444页。
[2] 陆九渊：《语录下》，《陆九渊集》卷三十五，第444页。
[3] 陆九渊：《语录下》，《陆九渊集》卷三十五，第445页。
[4] 陆九渊：《语录下》，《陆九渊集》卷三十五，第447页。

心为最终根源，无限的客体被安置在主体之中，冥合了客体与主体的区别，把客体归之于主体。这是陆氏心学对心所作的基本规定。由此出发，可以探讨陆学的一些基本特征。

1. 陆学之特征

（1）强调自得，直指人心

陆氏心学的特点是主体与本体合一，由此强调自得，直指人心，不受外在及客观因素的制约和传统思想的束缚，这体现了儒学精神发展之一途，因而易与新思想相结合，以个性解放冲击旧的传统观念包括程朱学的思想。他在阐述自己学术的特点时指出："自得、自成、自道，不倚师友载籍。"[①]即没有具体的师承，不依靠一般学界师友书籍传授，亦不学人言语，随声附和，而是读《孟子》之书而自得其心，自成其学，自得其道，遥相继承已失传一千五百年的孔孟之道。

（2）融通合一，不讲体用之分

陆九渊心学的特点是融通合一，不讲体用之分，不专论事论末，专就心上说。在这个前提下，他不讲心气之别，反对天理人欲之分，并把存理去欲改造为存心去欲。朱熹曾批评陆九渊心学不讲气，把气禀之物当作心中之理，结果混淆了理与气的区别。这确实道出了陆学的特点。但当陆九渊面临灵明之心或有所陷溺，不能保持其善的问题时，却又言及气禀，把良心的失落归结为气禀所蒙。这虽然解释了心或有所陷溺的原因，但却因此而破坏了其心一元论哲学体系的完整性，暴露出陆氏心学体系的不够完善和缺乏前后连贯的逻辑，而这也是陆学的特点之一。

（3）崇尚简易

崇尚简易，是陆学的一大特点。对此，陆九渊指出："天下之理，将从其简且易者而学之乎？将欲其繁且难者而学之乎？若繁且难者果足以为道，劳苦而为之可也，其实本不足以为道，学者何苦于繁难之说。简且易者，又易知易从，又信足以为道，学者何惮而不为简易之从乎？"[②]可见陆九渊崇尚简易的学风仍是以明理求道为宗旨的。

（4）不立文字，专求于心

陆九渊因其心学的特点所限，反对当时学者"只是解字"的治学倾向，不

---

① 陆九渊：《语录下》，《陆九渊集》卷三十五，第452页。
② 陆九渊：《语录上》，《陆九渊集》卷三十四，第423页。

重视对名词概念和哲学范畴的解释，强调只有一个心的世界，以一心来囊括整个宇宙及各个哲学范畴，反对区分心性，认为心、性、情、才是一回事，不必在它们之间加以分别，只要讲"先立乎其大"，发明本心即可。陆九渊强调，问题的关键是要去掉为心之累者，即去掉妨碍本心的东西，不需理会所谓"在天者为性，在人者为心"之类的说法。这种强调心的统一性与完整性，不重视对其他范畴的研究和对范畴字义的解析的思想，反映了陆氏心学不立文字，忽视知识，专求于心的学术特色。由此强调即使不识一个字，也可堂堂地做人。

2. 朱陆之别

朱陆两家学术存在着基本区别，这主要表现在：陆九渊以心为宇宙本体，朱熹则反对心生天地、心为宇宙本体。有了这个区别，则有了陆九渊心一元论哲学与朱熹理本论哲学的分野，以及在其他一系列问题上双方思想的差异。

朱熹认为，心是认识主体，理是宇宙本体，性即是理，心、理有别，心、性亦有别，主心性二元说。因其心性有别，故强调内外有别和内外结合，以性理为最高原则，以心认识天理为主要目的。由此主张格物致知，重视知识，知而后行。在伦理学和价值观上，强调天理人欲之分，要求存天理去人欲，并把一心分为道心与人心，以道心主宰人心。在修养论上，重视主体对道德理性的把握和对情感情欲的控制，主张把平时的修养其性与遇事的察识其心结合起来，通过心性修养，以成就圣人理想人格。在方法论上，朱学重视文字解析，主张通过对儒家经典的阐述而发挥义理，重视哲学体系的建立，富于逻辑论证，具有较高的哲学思辨水平，是使理学能够取代佛学而成为中国哲学发展的主导的主要理论形态。

陆学则把主体提升为宇宙本体，认为心即是理。因其心、理为一，故强调内求于心，无须外索，贵在自得，以心为最高原则，"先立乎其大"，端正学者立场，收拾精神，自作主宰，充分发挥主体的能动性。在修养论上，忽视平日的道德修养，而贵在践履，重顿悟和直觉，以实现人生价值，成就个人独立人格。在方法论上，则轻视知识和文字传授，而重视心灵领悟，直指人心。因而不重视哲学体系的建立和逻辑论证，哲学思辨水平较朱学为逊色。但也是对朱学体系严密、内涵丰富而导致空疏烦琐流弊的纠偏。

在经学上，陆九渊主张"六经注我"，不受儒家经典的束缚，以至轻视经典，以"六经"为我心的注脚，不重视著书，故其著述不多。而朱熹则留下了大量的经学论著，其经学思想渗透到理学之中，通过"我注六经"，以新儒学的义理阐释儒家经典，集宋学之大成，从而也创新发展了理学。朱陆经学上的差异是朱陆之别的重要体现。

要之，朱陆之间的差异分别代表了宋代理学发展的两条主要线索，它们各自对后世学术的发展产生了不同的影响。虽然陆九渊心学还有待于完善和发展，但从宋明理学思潮发展的脉络看，陆学是对朱学的发展和补充，更加强调主体之心的能动作用。如果说，朱学的产生是在二程、张载、胡宏思想的基础上，进一步批佛，重整儒家伦理，而以性、理为宇宙本体，同时重视心的能动作用，把本体之理与主体之心相互联系的话，那么，陆学的产生则是为了"正人心"，端正学者立场，以解决朱学确立和成熟后，有人不按性理原则办事，使"道问学"和心性修养流于形式的问题。于是陆九渊把宇宙本体与认知主体直接等同，提出"心即理"的思想和心一元论哲学，突出一个"心"字，从"先立乎其大"和"尊德性"入手，把性、情、才纳入心中，以一心统一整个宇宙和各个哲学范畴。与朱学相比，尽管陆九渊心学体系不够完备，逻辑不够严密，内容比较简略，但他在继承和发展孟子、邵雍、程颢心学倾向的基础上，提出心本论思想，以自己鲜明的心学特点与朱学相抗衡，这在宋明理学发展史上具有重要意义。

3. 陆学的历史地位

陆九渊是陆王心学的开创者，陆王心学是宋明理学思潮中的一大主要流派，它是在二程、朱熹理学的基础上产生和发展起来，以主体与本体合一为特征的学术派别。此派学术以心即理、天理即良知、心性一元为特点，强调心性为一，心即性，而少于论气；重融通合一，不重分别对立；十分重视主体能动精神的发挥。陆九渊创心学思想体系，把经书作为吾心的记籍，通过读经书来发明其心。这在宋明理学发展史上，具有创学派的理论意义，开陆王心学之先河，对后世产生了重要影响。

正因为陆学在当时并对后世产生了重要影响，故时人及后人对其作出了较高评价。陆九渊逝世后，荆门金判洪伋作《祭文》称："斯道庞洪，充塞两仪。孔孟既没，日以湮微。赖我先生，主盟正学，开悟聋聩，惟时先觉。"[①] 以陆氏为孔孟之后，"主盟正学"的人物。傅子云称："周衰文弊，孟没学绝。……千七百载，乃有先生，……远绍孟氏之旨，极陈异说之非。"[②] 指出陆九渊在千年之后，继承儒家圣人之旨，将失传的孔孟之道弘扬开来。周清叟亦强调："继孟

---

① 《年谱》，《陆九渊集》卷三十六，第513页。
② 《年谱》，《陆九渊集》卷三十六，第517页。

子之绝学，舍先生其谁能。"① 认为只有陆九渊出，才继承了已成"绝学"的孟子之学。袁燮则把陆九渊称为"吾道之统盟"②，给予很高的评价。王阳明继承了陆九渊心学，在思想渊源上，把陆学归之于孟子之学，反对把陆氏心学视为禅学。他说："吾尝断以陆氏之学，孟氏之学也。而世之议者，以其尝与晦翁之有同异，而遂诋以为禅。夫禅之说，弃人伦，遗物理，而要其归极，不可以为天下国家。苟陆氏之学而果若是也，乃所以为禅也。"③ 正因为陆氏心学在人伦物理方面与佛教有本质的区别，所以不应把陆学视为禅学。这是王阳明为心学辩诬。

质言之，陆九渊在经学和理学发展史上，另辟蹊径，以心论道，提出"六经皆我注脚"的思想，创心学思想体系，从心学的角度改造了以往的经学，而与朱学形成对照。促使经学和理学思想向心学方向发展演变，并对王阳明思想产生了重要影响。因而陆九渊的心学思想体系及其心学之经学观在中国经学和宋明理学发展史上产生了重要影响，占有重要的历史地位。然而也正是由于崇尚简易，不立文字，忽视知识，自得于心的特点所局限，陆氏心学对后世也产生了某些消极影响，如在一定程度上导致了空谈不实之风。

五、杨简对陆九渊心学的超越

杨简（1141—1226），字敬仲，浙江慈溪人，南宋著名心学家。对其师陆九渊的心学思想，既有继承，又有发展和超越。总体而言，杨简不仅全面继承了陆氏心学的基本主张，而且强调心学旨趣与儒家经典的结合与创新。他在继承陆九渊"六经皆我注脚"思想的基础上，强调心即是本，心即是道，以心解经，将心学思想注入经典解释之中，通释和遍注群经，对儒家经典《诗经》、《周易》、《尚书》、《礼记》（附《大戴礼记》）、《春秋》等作了一番特有的心学化阐释注解以至解字的工作；并对《易传》《诗序》《论语》《孟子》，以及《礼记》之《表记》《大学》《中庸》等经典和经说也作出心学化的批评和解读，打破了心学家基本不著述的传统，留下众多著述，形成其特有的心学视域下的经典诠释思想，而与陆九渊心学相对轻视经典文本的经学观存在着相同相异之处。

过去学术界一般认为，心学家相对忽视经学，基本不对儒家经典作注解。但本书通过深入研究，客观地揭示杨简在心学视域下，以心为本，亦重视经典，

---

① 《年谱》，《陆九渊集》卷三十六，第517页。
② 《袁燮序》，《陆九渊集》附录一，第536页。
③ 王阳明：《象山文集序》，《王阳明全集》卷七，第245页。

通释和遍注群经,从注释经典入手,阐发其心学思想。既与程颐、朱熹等理学家的经学观不同(但在重视经典和注经上亦有相通之处),又与陆九渊等心学家轻视经典不为经典作注的经学观有异(但以心为本则相同),而在当时并对后世产生了重要影响。

杨简心学视域下的经学观主要体现在以心解经的释经立场、怀疑批判的经典认知、唯一毋意的诠释原则、通释群经的解经方法等方面,而与陆九渊心学的经学观存在着相同相异之处。杨简对陆氏心学的超越主要表现在:超越陆九渊"心即理"的思想,而强调"人心即道心",通过以心解经,来把握经典之道;批评孟子和《论语》,开王阳明不盲从圣人权威之先河;比陆九渊更为坚持心一元论哲学,突出吾心"常一"的经典解释原则,批评对心即道的割裂;通释和遍注群经,重视经典,以心解经,超越陆九渊忽视经典,不注经书的治学倾向。杨简既继承陆九渊,又超越陆氏,对后世心学和学术发展影响甚大,其在中国哲学史、经学史和心学史上占有重要地位,值得进一步深入发掘和研究探讨。

(一) 以心解经的释经立场

杨简以心释经,突出心的主体性,体现了他以心解经的释经立场。陆九渊提出"六经皆我注脚"的思想,杨简加以继承和发展,以心论道,心即是道,将心学思想灌注于经典诠释之中。他以本心对经义的体悟来对经典进行注释。在注解经典的过程中,杨简特别突出了心的主体性,认为"六经一旨"[1],都是明道之书。他说:"圣经,明道之书也。深知夫人心即道,故曰道心。"[2]强调儒家经典即是明道之书,而人心即道,道即心,故曰道心。"《易》、《诗》、《书》、《礼》、《乐》、《春秋》其文则六,其道则一,故曰:'吾道一以贯之。'又曰:'志之所至,《诗》亦至焉;《诗》之所至,《礼》亦至焉;《礼》之所至,《乐》亦至焉;《乐》之所至,乐亦至焉;乐之所至,哀亦至焉。'呜呼!至哉!至道在心,奚必远求。人心自善自正,自无邪,自广大,自神明,自无所不通。"[3]杨简认为,《易》《诗》《书》《礼》《乐》《春秋》这六部经典,其文有六,而道则一以贯之。"六经一旨",道在六经,"六经"都贯穿着道。其道在心,"六经"

---

[1] 杨简:《入其第七》,《先圣大训》卷一,文渊阁四库全书,第706册,第625页。
[2] 杨简:《慈湖诗传》卷五,文渊阁四库全书,第73册,第64页。
[3] 杨简:《慈湖诗传》自序,文渊阁四库全书,第73册,第3页。

之道存于心中，所以道不必远求，要识得"六经"之道，须内求于心，通过以心解经来把握经典之道。

由此，杨简以心解经，将其贯彻到对诸经的阐释中。四库提要评价杨简的《杨氏易传》，谓"其解《易》惟以人心为主，而象数事物皆在所略"[1]，指出杨简解易以心为主，属义理学派之心学易，而对象数则略之。

此外，杨简解《尚书》，重视心传说，以心解《书》，发明道心，亦体现了他以心解经的释经立场。"人心惟危，道心惟微；惟精惟一，允执厥中"是《尚书》记载尧舜禅让之事，杨简将这十六字传心诀加以改造。他说："《书》首言《尧典》、《舜典》，典，常也，舜曰：'惟精惟一。'一，亦常也……三坟为大道，五典为常道，不常何以为道，不一何以为道，道心惟微，本精本一，人心即道心，心本常，故合乎天下之公心而为政、为事，则其政可以常立，其事可以常行。不合乎天下之公心而为政、为事，则其政不可以常立，其事不可以常行。"[2]他以"道心惟微，本精本一"对十六字心传加以概括，认为《尚书》首言《尧典》《舜典》，而"典"的意思就是"常"，五典为常道，尧、舜、禹相传授受之道即是心，就是要让人明白道心为一而已。他说："古者未有道之名，……至舜授禹始曰道心。……人皆有是心，是心皆虚明无体，无体则无际畔，天地万物尽在吾虚明无体之中，变化万状，而吾虚明无体者常一也。"[3]杨简认为，远古还没有出现"道"，到舜授禹开始讲道心，心即是道，道心常一，人心亦常一，道心之精一就是人们应该努力达到的目标。杨简并将道心与政事相结合，以合乎天下之公的心来处理政事，就可以做到"政常立""事常行"。所以《尚书》亦是明道传心之书。

杨简以心释经是陆九渊心学"六经注我"思想的具体实践者，他以注解经书的方式来阐述其心学，阐发孔孟之道，既以心解经，又相对重视经典，体现了杨简对文本的创造性理解，而将心学思想灌注于对诸经的诠释当中。这是其心学视域下的经学观的重要体现，而有别于为解经而解经的诠释思想，同时不同于只重己意而忽视经典，不为经书文本作注解的倾向。

（二）怀疑批判的经典认知

杨简作为理学思潮中心学派别的重要代表人物，对经典和汉唐注疏之学提

---

[1] 杨简：《杨氏易传》提要，文渊阁四库全书，第14册，第1页。
[2] 杨简：《家记二》，《慈湖遗书》卷八，文渊阁四库全书，第1156册，第729页。
[3] 杨简：《永堂记》，《慈湖遗书》卷二，文渊阁四库全书，第1156册，第631页。

出了大胆质疑和批判，疑经惑传，以己意解经，企图建立起一种不同于汉学的以讲道心为主的新的学术传统。这体现了他不盲从旧权威的经典认知观，亦是宋学学者大胆怀疑创新，冲破传统经学束缚之学风的反映。

杨简对《易传》提出质疑，认为《易传》非圣人之作。他说：

> 《易大传》曰："古者包牺氏之王天下，仰则观象于天，俯则观法于地，观鸟兽之文与地之宜。近取诸身，远取诸物，于是始作八卦。"某尝谓《大传》非圣人作，于是乎益验。此一章乃不知道者推测圣人意，其如此甚矣。夫道之不明也久矣，未有一人知《大传》之非者，惟"子曰"下乃圣人之言，余则非。何以明此章之非？舜曰："道心"，明此心之即道，动乎意则失天性而为"人心"。孔子曰："心之精神是谓圣"，禹曰："安汝止"，正明人心本寂然不动。动静云为，乃此心之神用。如明鉴照物，大小远近，参错毕见，而非为也，非动也。天象地法鸟兽之文，地之宜，与凡在身及在物，皆在乎此心光明之中，非如此一章辞气之劳也。此可与知道者语，未知道者必不信。①

《易传》曾提到"包牺氏"始作八卦之说，杨简对此颇有疑义，他认为《易传》并非圣人所作，乃"不知道者推测圣人意"，而正是《易传》中八卦缘起的这句话验证了他的说法。他认为《易传》所言"近取诸身，远取诸物"是求物于外，求道于外，是不明白"此心之即道"，是"动乎意"，动意则失天性而为"人心"。由此，杨简对《易传》提出非议，认为撰《易传》者不明白万物皆在心中，心即道这个道理，故非圣人之作。

《诗序》一直以来都是人们解读《诗经》的重要材料，受到汉学学者的推重。后来苏辙、郑樵、朱熹等学者对《诗序》的解说提出怀疑和诘难。朱熹主张以《诗》说《诗》，直求诗文之本义；反对以《序》说《诗》，穿凿附会，认为《诗序》不足信。杨简对《诗序》亦提出批评，他认为，《诗》可以无《序》。根据史料所记载，杨简确认《诗序》乃卫宏所作，穿凿而支离。他说："毛氏之学自言子夏所传，而史氏又谓卫宏作《序》。自子夏不得其门而入，而况毛苌、卫宏之徒欤！子夏之失未必至如此甚，盖毛、卫从而益之。"②"《东汉书》谓卫宏作

---

① 杨简：《杨氏易传》卷二十，文渊阁四库全书，第14册，第214页。
② 杨简：《家记二》，《慈湖遗书》卷八，文渊阁四库全书，第1156册，第731页。

《毛诗序》，夫不闻子夏为书，而毛公始有《传》。卫宏又成其义而谓之《序》。盖子夏亲近圣人，无敢支离，毛公、卫宏益差益远，使圣人大旨沉没于云气尘埃之中。"① 他认为，毛氏之学传自子夏，子夏亲近圣人，尚"无敢支离"，但已失孔子之旨。由此看来，从子夏开始便"不得其门而入"，便是对道的遮蔽，更勿论毛公、卫宏"益差益远"，最终使圣人之旨不明。由此杨简得出："孔子不作《诗序》，旨在《诗》无《序》可也。"② 并说："《诗》之有《序》，如日月之有云，如鉴之有尘，学者愈面墙矣！"③ 在杨简看来，《诗》之有《序》，是将《诗》的宗旨蒙蔽了，而孔子之所以不作《诗序》，是"《诗》无《序》可也"。

杨简虽推崇《论语》，但对其仍有不甚满意的地方，认为《论语》记录孔子之言存在着失当之处。

> 子曰："志于道，据于德，依于仁，游于艺。"孔子当日启诲门弟子之时，其详必不如此，记录者欲严其辞，而浸失圣人之旨也。然而圣言之大旨终在，孔子之本旨非并列而为四条也，叙事先后浅深云尔，通三才惟有此道而已。……德即知，知与仁一也，皆觉也。惟常觉而后可以言仁，仁非思为之，谓一而非二。依犹据也，非仁在彼而我依之也，一也，亦犹何莫由斯道也，非谓我与道为二也，达其旨可也。艺谓礼乐射御书数，亦非道外之物。……记者误条列而为四。④

在杨简看来，世界原本只有一个道而已，"德即知，知与仁一"，而"艺谓礼乐射御书数"，皆非道外之物，但《论语》却将"道""德""仁""艺"并列为四，即意味着把道分裂为四。对于《论语》中出现的问题，杨简认为，这是孔子门人弟子在记录孔子言语时"欲严其辞，而浸失圣人之旨"。也就是说，《论语》存在着将道割裂为四的过失。

杨简重《大戴礼记》而轻《小戴礼记》（即《礼记》），由此他对《礼记》提出了较多批评。杨简指出，《礼记》之《表记》："其害道之甚者，人皆可晓知，断非孔子之言者。如曰：'仁，天下之表。'夫仁，不可得而言也。仁，觉也。医书谓：'四体不仁，不知觉也。'孔子欲言仁者之所乐，不可得而言，姑取象

---

① 杨简：《慈湖诗传》卷一，文渊阁四库全书，第73册，第8页。
② 杨简：《慈湖诗传》卷一，文渊阁四库全书，第73册，第6页。
③ 杨简：《慈湖诗传》自序，文渊阁四库全书，第73册，第4页。
④ 杨简：《家记五》，《慈湖遗书》卷十一，文渊阁四库全书，第1156册，第800页。

于山，使人默觉，而可以表言乎？觉非思虑之所及，故门弟子问仁者不一，而孔子答之每不同。以仁即人心，人心自仁，唯动意生过故昏。……又曰：'仁者，右也；道者，左也。'仁言觉，道言通，名殊而实一，岂可分？仁有用，道无为，裂而为二。"① 他认为《表记》一篇违背了孔子的一贯之道，绝非孔子的言论。杨简对《表记》的"仁，天下之表"这句话提出批评，认为"仁"乃是一种知觉，这体现了心学家的观点，"仁即人心，人心自仁"，仁要用心领会，默觉而识之，"唯动意生过故昏"，故而不可言表。他也不赞同《表记》"仁者，右也；道者，左也"这句话，认为"仁"与"道"名殊而实一，把"仁"与"道"分裂为二，即是将"道"分为二。这是杨简的心学观所不能接受的。

杨简对《礼记》之《大学》亦提出批评，这与当时理学家们将《大学》从《礼记》中独立出来推崇备至，而且陆九渊也一定程度肯定《大学》的重要性形成对照。杨简在《慈湖遗书》中自述："某少时不知《大学》非圣人语，甚喜'有所忿懥则不得其正'一章，后因有觉，却于此章知其非知道者作。"② 杨简早年未察觉《大学》非圣人之语，后来有所觉悟，从以前甚为喜爱的章节中发现《大学》乃"非知道者"作。于是，杨简否认《大学》出自孔子，认为《大学》非孔门之书，并以心为本，对《大学》进行批评："自近世，二程尊信《大学》之书，而学者靡然从之，伊川固出明道下，明道入德矣，而尤不能无阻，惟不能无阻，故无以识是书之疵。《大学》曰：'欲治其国者先齐其家，欲齐其家者先修其身，欲修其身者先正其心。'判身与心而离之病已露矣，犹未著白。至于又曰：'欲正其心者，先诚其意，欲诚其意者，先致其知，致知在格物。'噫！何其支也，孔子无此言，颜、曾亦无此言，孟子亦无此言。"③ 杨简认为《大学》之书风靡于世是因为二程的尊信，尽管程颐出于程颢，而程颢已经入德，但亦有其局限，而看不到此书之疵。《大学》所说"欲治其国者先齐其家，欲齐其家者先修其身，欲修其身者先正其心"，建构了一个理想中的修身治国步骤，但杨简却认为这是将身与心分裂，甚为害道。《大学》又言"诚意正心""格物致知"之说，更是支离，且圣人断无此言。

不仅如此，杨简对"四书"另一篇《礼记》之《中庸》也提出质疑和批评。针对《中庸》的"喜怒哀乐之未发谓之中，发而皆中节谓之和"一句，杨简批评说："孔子未尝如此分裂，子思何为如此分裂，此乃学者自起如此意见，吾本

---

① 杨简：《隐而第二十》，《先圣大训》卷三，文渊阁四库全书，第 706 册，第 686—687 页。
② 杨简：《家记七》，《慈湖遗书》卷十三，文渊阁四库全书，第 1156 册，第 828 页。
③ 杨简：《家记七》，《慈湖遗书》卷十三，文渊阁四库全书，第 1156 册，第 825—826 页。

心未尝有此意见。方喜怒哀乐之未发也，岂曰此吾之中也？谓此为中，即已发之于意矣，非未发也。及喜怒哀乐之发也，岂曰吾今发而中节也？发则即发，中则即中，皆不容私。大本达道，亦皆学者徐立此名，吾心本无此名。学者放逸驰骛于心外，自起藩篱，自起限域。孔门惟曰：'吾道一以贯之。'未尝分裂也。《书》曰：'善无常主，协于克一。'吾心浑然无涯畔，无本末。其未发也，吾不知其未发；其既发也，吾不知其既发。……子思觉焉而未大通者也。"[1] 杨简批评《中庸》的中和说，认为心体本是浑然无际的，"喜怒哀乐"本就包括在"本心"之中，其发生与结束都是自然而然的，"其未发也，吾不知其未发；其既发也，吾不知其既发"，并不存在所谓"已发""未发"之说。孔子没有将"本心"分为中与和、大本与达道，而子思的"中和"说却将"心"一分为二，把心分为本末，将"喜怒哀乐"人为地设定成"已发""未发"两种状态，乃是对道的分裂，并不是孔子本意，所以杨简认为子思"觉焉而未大通"。就其提出心无本末，反对将其分裂而言，这反映出杨简的心一元论哲学思想。

以上杨简对《易传》提出质疑，认为物在心中，心即是道，不必在心外求物；攻《诗序》穿凿支离，多失经意；认为《论语》记录孔子言论，裂道为四，存有失当之处；对《礼记》之《表记》《大学》《中庸》诸篇提出了较多批评，认为《表记》割裂仁、道为二，《大学》判身与心而离之，讲格致诚正，甚为支离，《中庸》自起意以分裂之。从中可见，杨简对经典的解释完全从本心出发，为了维护心、道的完整性而对经典提出质疑，指出经书之中不合圣道、支离圣人之意的地方。在本心及"一以贯之"原则的指导下对经典提出大胆的怀疑和批判，这体现了杨简怀疑批判的经典认知。

（三）唯一毋意的诠释原则

杨简心学的经学观是围绕着"一"和"毋意"的原则展开对经典的诠释。

关于唯一。杨简以心为万物存在的根源，而心就是一。他说："人皆有是心，是心皆虚明无体，无体则无际畔，天地万物，尽在吾虚明无体之中，变化万状，而吾虚明无体者常一也。"[2] 人心虚明无体，包罗天地万物，也就是"一"，所以要坚持"一"的原则。由于心即是道，心即是一，道即是一，所以杨简强调唯一，以"一"作为经典诠释的原则。杨简在文本当中多次提到：

---

[1] 杨简：《家记七》，《慈湖遗书》卷十三，文渊阁四库全书，第1156册，第829页。
[2] 杨简：《永堂记》，《慈湖遗书》卷二，文渊阁四库全书，第1156册，第631—632页。

夫道，一而已矣，三才一，万物一，万事一，万理一。①

此周公之道，成汤之道也，此孟子之道也，此先公之道也。夫道，一而已矣。此天地之道，日月之道，四时之道，万世百圣之道也。②

《易》未始不一，人心自不一。人心亦未始不一，人心无体，自神、自明，自无所不一。有体则不一，无体则无不一。意动则昏，昏则乱，乱则自不一而纷纷矣。③

经礼三百其致一也，曲礼三千其致一也，是非强合而一之也，本一也，是一也。惟觉者自知，其深思力索者不知。……六经一经也，六经一旨也。④

杨简认为，道即是一，所谓周公之道、成汤之道、孟子之道、天地日月四时之道，以至于万世百圣之道都是一，所以对《易》《礼》《春秋》等六经的诠释均应贯彻"一"的原则。因为人心"无所不一"，包括"万事百圣之道"在内的都是同一个"道"，所以道即是一，心即是一，对六经的诠释即是以"一"为原则。杨简甚至坚持"一"的原则，批评老子将"夷""希""微"三者"混而为一"，实乃分裂"道"。他说："夫道未始不一，何以复混？"⑤强调道就是"一"，不得把道割裂为三，以"夷""希""微"三者来说明道的本性，以此批评老子对道的割裂，这从一个侧面反映了杨简经典诠释的唯"一"原则。与此相关，杨简不赞成本末源流的区分，体现出其心一元论的哲学立场。他说："有源有流，分本与末，裂大道而二之，非圣人之言也，意说也。"⑥杨简根本反对源流本末之分，认为分源流本末会导致"裂大道而二之"，不过是臆说而已。所以他坚持"心""道"为"一"，不讲体用本末之分，这是他经典诠释惟一原则的哲学基础，为其经学诠释定下了基调。

关于"毋意"。意即私意，毋意即去掉主观私意。杨简强调，保持本心的唯一，便是"知道"；保持本心唯一的方法就是"毋意"，亦即不起意，不动乎私意。如果"加以私意，则本心始失矣"⑦。他说："孔子谆谆告门弟子曰：'毋意。'

---

① 杨简：《杨氏易传》卷一，文渊阁四库全书，第14册，第5页。
② 杨简：《内讼斋记》，《慈湖遗书》卷二，文渊阁四库全书，第1156册，第611页。
③ 杨简：《杨氏易传》卷十，文渊阁四库全书，第14册，第112页。
④ 杨简：《入其第七》，《先圣大训》卷一，文渊阁四库全书，第706册，第624—625页。
⑤ 杨简：《适周第三十九》，《先圣大训》卷五，文渊阁四库全书，第706册，第772页。
⑥ 杨简：《永嘉郡学永堂记》，《慈湖遗书》卷二，文渊阁四库全书，第1156册，第623页。
⑦ 杨简：《家记三》，《慈湖遗书》卷九，文渊阁四库全书，第1156册，第751页。

又自谓：'吾有知乎哉？无知也。'此非训诂之所能解，非心思之所及。"[1]他认为"毋意"既非训诂所能解析，又非心思所能及，它超越了文字训诂和人心之私意。"毋意"即是以与道合一、不起意的道心对经典进行诠释的原则。其目的就是在经典诠释中杜绝私意。尽管对经典的诠释要通过主观意志之心，但杨简认为这个心是不起意的，与个人的私意无关。他说："孔子曰：'心之精神是为圣。'而每戒学者毋意、毋必、毋固、毋我，意态万殊而大概无逾斯四者，圣人深知意之害道也甚，故谆谆止绝学者门弟子欲尽记之，则不胜其记，故总而记之曰：'子绝四。'"[2]杨简强调以毋意解诸经，如果陷于意，就会使人心混乱而害道。只有去掉了个人意念的干扰，保持本心唯一，才能明经典的道理。

杨简认为，儒家经典是心即道心的体现，是对孔子之道的记述。那么，儒家经典体系本身具有内在一致性。他认为六经一旨，都是为了向世人阐释同一个道理——天道。因此，在以心解经的过程中，无论是对经典的批判还是对心的阐释，杨简都是以"一"和"毋意"为最高原则。只有保持学者之心的毋意，才能明心知道。他说："大哉圣言，洞照学者心术之隐微，万世不可违，其有违者，所学必非。千失万过，孰不由意虑而生乎？意动于爱恶，故有过；意动于声色，故有过；意动于云为，故有过；意无所动，本亦无过。先圣所以每每止绝学者之意，门弟子总计之曰：'毋意'，为是故也。"[3]千失万过都是由意虑起而产生，私意起则本心尽失，失其本心即是失道。意无所动，才能无过。所以，在杨简的心学体系里，他强调毋动于意，一切都要顺心自然，不为意念所扰。杨简认为，这就是先圣常常以"毋意"告诫学者的原因。同时，"毋意"也是为了保持本心的唯一，即要保持心的完整性和统一性，不能存有二心，以主观私意去割裂支离人之本心。"去其私意，则道在我矣。何远之有？何难之有？"[4]可见毋意、去私意是明道存心的前提。杨简以惟一毋意作为经典诠释的原则，强调心一元论哲学与经学体系的内在一致性，保持心的完整性和客观自然性。这是其心学视域下的经学观的重要组成部分。

（四）通释群经的解经方法

心学家通常不注解经典，而是将经典作为我心的注脚，不去具体解释经文。

---

[1] 杨简：《杨氏易传》卷一，文渊阁四库全书，第14册，第19页。
[2] 杨简：《著庭记》，《慈湖遗书》卷二，文渊阁四库全书，第1156册，第626页。
[3] 杨简：《乐平县学记》，《慈湖遗书》卷二，文渊阁四库全书，第1156册，第617页。
[4] 杨简：《杨氏易传》卷四，文渊阁四库全书，第14册，第44页。

陆九渊奉行"六经皆我注脚",认为注解经书的行为不过是"藻绘以矜世取誉而已"①。王阳明也很少给经典作注文,而是主张"只致良知,虽千经万典,异端曲学,如执权衡,天下轻重莫逃焉,更不必支分句析,以知解接人也"②,强调不必去分析解读经典,读经只致良知即可。所以,从过去的研究看,心学家一般忽视注经。而事实上杨简这位心学家却独树一帜,除坚持其心学的基本立场外,因平日讲学和阐发心学的需要,他以"心"为本,对经典进行了一番诠释注解的工作,将其心学唯一、毋意的诠释原则贯穿于通释群经的实践中,体现了杨简心学经学观的一大特色。

杨简不离经典文本,通释和遍注群经,重拾儒者注疏经典以阐发自己学说观点的方式,以心学家的角度对经典进行解读。其著作《杨氏易传》《慈湖诗传》就是杨简对《周易》和《诗经》所作的经典诠释;他对其他经典,如《礼记》《中庸》《春秋》《尚书》等的阐释则散见于其《慈湖遗书》《先圣大训》《五诰解》等著作里。杨简打破了心学家不著述的传统,以心解经,为世人留下了众多的心学家解经的思想资料和著作。

1. 对《诗经》的诠释

杨简著《慈湖诗传》二十卷,以心学观点诠释《诗经》。四库提要评价云:"是书大要,本孔子'无邪'之旨反复发明,……其于一名一物,一字一句,必斟酌去取,旁征远引,曲畅其说,其考核六书,则自《说文》、《尔雅》、《释文》以及史传之音注无不悉搜。其订正训诂,则自齐、鲁、毛、韩以下,以至方言杂说无不博引。可谓折衷同异,自成一家之言。"③杨简对《诗经》的解释,建立在对诗文名物字句考证训诂的基础上,"一字一句,必斟酌去取",旁征博引,及于诸书,凡音韵注解"无不悉搜",诸家诗说均加以征引,通过折中各家同异,而自成一家之言。可见杨简对《诗经》的诠释颇具汉学风范,目的是以心学思想来发明孔子"思无邪"之诗旨。四库馆臣站在汉学家的立场给杨简的《诗经》诠释思想以较高评价和赞扬,这是少见的。这表明杨简与汉学有一定的沟通之处,而与朱熹兼采汉宋的经学观亦有一定的相似处。

杨简以心解《诗》,认为《诗经》就是本心的显现。他说:

> 孔子曰:"心之精神是谓圣。"孟子曰:"仁,人心也。"变化云为,兴、

---

① 陆九渊:《与侄孙浚》,《陆九渊集》卷十四,第190页。
② 王阳明:《五经臆说》,《王阳明全集》卷二十六,第976页。
③ 杨简《慈湖诗传》提要,文渊阁四库全书,第73册,第2页。

观、群、怨，孰非是心，孰非是正。人心本正，起而为意而后昏，不起不昏，直而达之则《关雎》，求淑女以事君子，本心也；《鹊巢》，昏礼，天地之大义，本心也；《柏舟》，忧郁而不失其正，本心也；《柏舟》之矢言靡它，本心也。由是心而品节焉，《礼》也；其和乐，《乐》也；得失吉凶，《易》也；是非，《春秋》也；达之于政事，《书》也。逮夫动乎意而昏，昏而困，困而学。学者取三百篇中之诗而歌之咏之，其本有之善心亦未始不兴起也。①

"兴、观、群、怨"体现人心本正，起而为意，则丧失本心之正，所以要毋意，以保持人之本心。通过对诸诗的探讨，杨简认为《关雎》《鹊巢》《柏舟》等诗都是表达"本心"之诗，体现了本心之正。杨简不仅以心解《诗》，探求本心之正，而且以心作为诠释诸经的根据，指出《礼》《乐》《易》《春秋》《书》诸经都是人之本心在各个方面的体现。可见其对包括《诗》在内的诸经的诠释，都是以发明本心之正为宗旨和目的。虽然"动乎意而昏"，但学者亦可通过困而学之，取《诗经》三百篇中的诗来学习、歌咏，其本有的善心即本心将会兴起而激发出来。这直接表达了杨简诠释《诗经》以发明本心的目的。

2. 以心解《易》

杨简著《杨氏易传》二十卷，是宋易义理学派中的心学易极具代表性的人物。四库提要评价《杨氏易传》云："其书前十九卷皆解经文，第二十卷则皆泛论易学之语。……其解《易》惟以人心为主，而象数事物皆在所略。"② 作为心学家的杨简，他对《周易》六十四卦均作了详细注解，这很难得。其解《易》的方式自然是以心为主，象数事物则略之。杨简于年少读《易》时，便有感于"无思也，无为也，寂然不动，感而遂通天下之故"一句，认为此句所描述的便是本心的境界。杨简对《易》有颇多独到的见解，《杨氏易传》便是在其心学框架下对《易》的阐释。他认为："人心即大《易》之道。"③"天象、地法、鸟兽之文、地之宜与凡在身及在物，皆在乎此心光明之中。"④ 强调人心就是大《易》之道，或者说《易》道广大，万物"皆在乎此心光明之中"。而此道即是孔子的"一以贯之"之道，此一以贯之之道不仅体现在乾坤二卦及八卦之中，亦体现在

---

① 杨简：《诗解序》，《慈湖遗书》卷一，文渊阁四库全书，第1156册，第608页。
② 杨简：《杨氏易传》提要，文渊阁四库全书，第14册，第1页。
③ 杨简：《杨氏易传》卷五，文渊阁四库全书，第14册，第54页。
④ 杨简：《杨氏易传》卷二十，文渊阁四库全书，第14册，第214页。

六十四卦之中，天地万物之变化均是本体之心性的体现。他说：

> 诸儒言《易》，率以乾为大，坤次之，震、坎、艮、巽、离、兑又次之，噫嘻！末矣！《易》者一也，一者《易》之一也，其纯一者名之曰乾，其纯一者名之曰坤，其一一杂者名之曰震、坎、艮、巽、离、兑，其实皆《易》之异名，初无本末精粗大小之殊也。故孔子曰："吾道一以贯之。"子思亦曰："尺（尺应为天）地之道，其为物不二。"八卦者，《易》道之变也，而六十四卦者，又变化中之变化也。物有大小，道无大小，德有优劣，道无优劣，其心通者，洞见天地人物尽在吾性量之中，而天地人物之变化，皆吾性之变化，尚何本末精粗大小之间，虽说卦有父母六子之称，其道未尝不一。①

由于《易》是变易之书，无论是八经卦还是六十四别卦，都是《易》道变化的表现，最终体现了心性的变化。而儒者解《易》，却因乾坤二卦与震、坎、艮、巽、离、兑等六卦的纯杂之不同，将其区别开来，裂而序之。杨简则根据本心之说，将乾坤二卦与八卦、六十四卦视为一道，都是孔子的"一以贯之"之道，以及子思所说"为物不二"之道而存于吾心之中。不因每个卦爻之间由于其所处的时空和情境的差别，对其所对应的吉凶、祸福、得失的解说也不尽相同，而影响对心的统一性和完整性的认识。

既然八卦、六十四卦等《周易》的组成部分均是体现《易》道变化的，是心的变化的反映，因此，杨简要求研治易学，应求诸己，即求诸本心，而不求诸书，以免使得圣人作《易》的旨意不明。他说："善学《易》者，求诸己不求诸书。古圣作《易》，凡以开吾心之明而已。不求诸己而求诸书，其不明古圣之所指也甚矣。"② 也就是说，解读《周易》的文本，与发明本心相比，是次要的。

杨简的《杨氏易传》在易学史上占有重要地位，他以心解《易》的理论和方法不仅对易学有所丰富，还影响到心学的发展。

3. 以心解《尚书》

杨简所著《五诰解》四卷是对《尚书》的《康诰》《酒诰》《召诰》《洛诰》诸篇的注解和研究，对《尚书》其他篇目的注解则主要保存在他的《慈湖遗

---

① 杨简：《杨氏易传》卷一，文渊阁四库全书，第14册，第5页。
② 杨简：《家记一》，《慈湖遗书》卷七，文渊阁四库全书，第1156册，第691页。

书》里。

杨简在解释《尚书·皋陶谟》"慎厥身,修思永"一句时说:"皋陶曰:'慎厥身,修思永。'永,久也。古者未有道之名,……至舜授禹始曰道心。……人皆有是心,是心皆虚明无体,无体则无际畔,天地万物尽在吾虚明无体之中,变化万状,而吾虚明无体者常一也。百姓日用此虚明无体之妙而不自知也,此虚明无体者,动如此,静如此,昼如此,夜如此,生如此,死如此,修身而不能永,永如此,非道也。"① 杨简认为"慎厥身,修思永"中的"永"是久的意思。远古没有出现"道"的说法,到了舜、禹相传,开始讲道心。杨简强调,万物以心为存在的根据,此"永"即是此"道",修身要保持长久,否则就不是道,所以《尚书》亦是明心明道之书。

杨简解释《古文尚书·大禹谟》的"人心惟危,道心惟微;惟精惟一,允执厥中"云:"《书》首言《尧典》、《舜典》。典,常也。舜曰:'惟精惟一',一亦常也。……三坟为大道,五典为常道,不常何以为道?不一何以为道?'道心惟微',本精本一,人心即道心,心本常,故合乎天下之公心而为政、为事,则其政可以常立,其事可以常行。不合乎天下之公心而为政、为事,则其政不可以常立,其事不可以常行。"② 他认为"惟精惟一"的一就是常,常就是道,一亦是道,而道心之所以惟微,是因为其本精本一;并认为人心即道心,道心常一,人心亦常一。将其公天下之常心施之于政,就会做到政常立、事常行。可见,杨简对《古文尚书·大禹谟》"十六字传心诀"的解释,贯穿着其"惟一"的诠释原则。

杨简并以"毋意"即"不起意"的诠释原则来解释《尚书》。"汝丕远惟商耉成人,宅心知训"是《尚书·康诰》中周公告诉康叔怎么治理殷民时诰词的一句,本意是让康叔要懂得掌握殷民的心态,才能使他们顺服。杨简对此解释说:"商家先成人谓之耉,造德虽远,在前世当笃志,大求其遗训而观之也。宅心者,安乎本心,心既安而不起私意,则能知古人之训旨矣。……盖人心本静止而不动,喜怒哀乐、视听言动皆其变化,如鉴中生万象,而鉴无思为,惟动乎私意,故至昏乱。"③ "宅心"在杨简看来就是安乎本心,求得本心之安就能理解古人训诫的旨要。人心原本就是静止不动的,就如同镜子一样,所有的变化都是外界变化的反映,而不是镜子本身有所变化。人应该像镜子一样,保持本

---

① 杨简:《永堂记》,《慈湖遗书》卷二,文渊阁四库全书,第 1156 册,第 631 页。
② 杨简:《家记二》,《慈湖遗书》卷八,文渊阁四库全书,第 1156 册,第 729 页。
③ 杨简:《康诰》,《五诰解》卷一,文渊阁四库全书,第 57 册,第 604 页。

心寂然不动，不起意，否则就会导致昏乱。

4. 以心解《大戴礼记》

杨简对《大戴礼记》较为认可，他说："某尝读《大戴》所记孔子之言，谓忠信为大道，某不胜喜乐。不胜喜乐，乐其深切著明。"[①] 我们从《先圣大训》里可以看到，杨简往往以经籍中的孔子之语为依据，采用通经互证的方法，强调《大戴》记载多符合孔子本意。在引证"孔子曰：'君子之道譬则防与'"一句话时，杨简云："《大戴记》作'譬'，《小戴记》作'辟'。"[②] 这是用"孔子曰"之语佐证《大戴》文句为正，而《小戴》为误。

对《大戴礼记·子张问入官》篇"源泉不竭，故天下积也"这句话，杨简注云："源泉亦在内之意，谓吾之道心也。心动乎意，则为人欲，则有竭，则不常；唯不动乎意，无诸过失，是为道心，故常，故不竭，亦犹源泉不竭，则天下积水甚广且深。道心不动乎意，故应用不竭，此心常一，布诸事业无不咸善。"[③] 他提出道心犹如在内之源泉，它不动于意；如果心动于意，则为人欲。他认为道心是不动于人的主观意志的先验本体，它是万物的源泉，故应用不竭，保持此心常一，就会无所不善；批评动于意的主观意志而为人欲，人欲有竭不常。这里集中体现了杨简以心解经的思想。

5. 以心解《春秋》

杨简对《春秋》的解释也秉持其心学立场。他认为《春秋》乃明道之书，诸儒对《春秋》所作的传是不明大旨。他说："《春秋》为明道而作，所以使天下后世知是者是道，非者非道。而诸儒作传，不胜异说，或以为尊王贱霸，或以为谨华夷之辩，或以为正名分，或以为诛心，凡此固《春秋》所有，然皆指其一端，大旨终不明白。"[④] 他指出孔子作《春秋》是为了明道，而诸儒作传，对《春秋》的见解各不相同，如"尊王贱霸""谨华夷之辨""正名分""诛心"等解读，在杨简看来，虽触及《春秋》的某一方面，但却未明白《春秋》的大旨。有鉴于此，杨简以心解《春秋》，以明其道。他说："孔子之时，周道大衰，道久不明于天下，以是为非，以非为是，似是而非，似非而是。私意横生，异端并作。臣弑君，子弑父，天下大乱。孔子不得已作《春秋》，大明其道，深明乎疑似之间，取天下后世之私意尽去之，不留毫发许。挽天下后世人心，尽归诸道。盖大道，人心

---

① 杨简：《学者请书》，《慈湖遗书》卷三，文渊阁四库全书，第1156册，第633页。
② 杨简：《君子第十八》，《先圣大训》卷三，文渊阁四库全书，第706册，第673页。
③ 杨简：《入官第二十一》，《先圣大训》卷三，文渊阁四库全书，第706册，第689—690页。
④ 杨简：《家记三》，《慈湖遗书》卷九，文渊阁四库全书，第1156册，第735—736页。

之所自有，人心即道，故《书》曰道心。动乎意而失其正，为昏为乱。《春秋》不作，则天下后世尽胥而为禽兽之归矣。"[1] 杨简指出，春秋末期周道大衰，"道久不明于天下"，而道之不明是因为"私意横生，异端并作"，而出现"臣弑君，子弑父"，天下大乱的现象。由此，孔子不得已而作《春秋》，以明大道，而此道即是本心，以此来挽天下后世人心，使其尽归于道，去除后世的"私意"。杨简强调，不如此则道不明，心不正，亦将沦为禽兽。这体现了杨简心学明心明道的《春秋》观。

总之，在解经方法与实践方面，杨简在心学视域下，通释群经，对诸多经典作了注解。这与心学家通常不注经解经，而强调我心的对待经典的态度形成区别。

（五）与陆九渊心学经学观的异同

与程朱理学以理解经、"由经穷理"的经学观有所不同，陆王心学的经学观集中体现在以心解经、以经书为吾心的注脚上。杨简作为陆九渊的大弟子、宋代理学思潮中心学流派的代表人物，其在心学视域下的经学观与陆氏心学的经学观存在着相同相异之处，探讨其同异，对于深入认识心学之经学观，心学与经典、经学的关系，进而客观全面认识心学内部思想之差异，具有重要的学术价值和意义。

1. 与陆九渊思想的相同处

其相同处主要表现在，均以心为本，以心学作为经学的基础。以经书为吾心的注脚——这是陆九渊、杨简心学经学观相同处的集中体现。这既含有整个宋明理学以己意说经的经学观的共性，亦具有陆、杨心学以心为最高原则，治经为发明本心服务的心学经学观之特性。陆九渊曾言"学苟知本，六经皆我注脚"，受其师说的影响，杨简以心释经，并把心学思想灌注于对诸经的诠释之中。

杨简坚持心一元论哲学，提倡唯一的诠释原则，这与陆九渊的思想有相似之处。陆九渊提倡"一心""一理"，反对把心割裂为二。他说："盖心，一心也。理，一理也。至当归一，精义无二，此心此理，实不容有二。"[2] 陆氏强调，心乃一心，理乃一理，此心此理不容有二。杨简坚持唯一的原则，可以说是受

---

[1] 杨简：《乐山第三十一》，《先圣大训》卷四，文渊阁四库全书，第706册，第723页。
[2] 陆九渊：《与曾宅之》，《陆九渊集》卷一，第4—5页。

到了陆九渊思想的影响，但杨简又批评《论语》把道割裂开来，表现出比陆氏更强调唯一的原则。

陆、杨二人思想的相同处还表现在：陆九渊与杨简都对"意"持否定态度。陆氏云："若有意为之，便是私。"① "此道与溺于利欲之人言犹易，与溺于意见之人言却难。"② "愚不肖者之蔽在于物欲，贤者智者之蔽在于意见。高下污洁虽不同，其为蔽理溺心而不得其正，则一也。"③ 陆九渊反对有意为之，认为蔽于物欲是愚者不肖者所为，而蔽于意见是贤者智者所为，但"溺于意见之人"比"溺于利欲之人"更难与之言道。陆九渊摒弃"意"的态度影响了杨简，而杨简更是进一步系统地展开论述，认为"毋意"即是不起私意。"意"不起，才能保持住本心，在任何情况下跟随本心，任其自然而为之。杨简提倡以"毋意"、不起意为诠释原则展开对经典的解读和理解，以引导学者求得无我、毋意之本心。这既与陆九渊有相近之处，又是对陆氏心学的发展，并对后世产生了影响。

2. 与陆九渊思想的区别

同为心学家，有着师承关系，又共同遵循"以心解经"原则的陆九渊和杨简，二人思想的区别又是明显的。其不同处主要表现在，杨简在以心为本的前提下，重视经典和注经，而陆九渊则轻视经典不为经典作注，以心凌驾于经典之上，忽视经典的重要性，甚至把解释经书文字视为"举世之弊"④，表现出二人思想的差异。亦表明心学中也有相对重视经典和经说的一派，虽以心为最高原则，但亦重视通过诠注经典来为己心作论证。

陆九渊以"心即理"为其心学思想的核心，而杨简则讲"心即道"，不讲本体之理，亦不讲"心即理"，表现出二人思想的差异。另外，陆九渊对孟子较为肯定，自称通过读《孟子》书而自得于心，提出自己的心学思想。而杨简则从彻底的心一元论哲学出发，对孟子提出批评，这也反映了他与陆九渊思想存有区别。

（六）对陆九渊心学的超越

由二人在心学前提下的异同进一步探讨和揭示杨简对陆九渊心学的超越，以及由此在思想史上产生的影响，是一个有意义的课题。

---

① 陆九渊：《语录下》，《陆九渊集》卷三十五，第468页。
② 陆九渊：《语录上》，《陆九渊集》卷三十四，第398页。
③ 陆九渊：《与邓文范》，《陆九渊集》卷一，第11页。
④ 陆九渊：《语录下》，《陆九渊集》卷三十五，第444页。

杨简对陆九渊心学的超越主要表现在以下方面。

1. 对陆九渊"心即理"思想的超越

杨简强调"人心即道心",通过以心解经,来把握经典之道。陆九渊讲"心即理",比较看重理,而杨简则突出心,很少讲理,尤其不讲天理。在整个杨简的著述中,仅仅出现7处"天理"的字样,而且主要是转述其师陆九渊及他人的说法,杨简本人未对天理有过什么论述,其对理的论述主要是把理作为事物之理来使用,并未将理与心等同而视为宇宙本体之理。可见杨简并未认同理的本体意义。与之形成对应的是,杨简对心和道的论述却非常之多,在杨简的著述里,其"心"字共出现4055处,"道"字出现的次数甚至比"心"还多,有4815处。其"心即道"的命题比比皆是,共出现130处之多。但"心即理"的字样却没有出现过一处,这表明杨简并未认同"心即理"的思想。这在一定程度上反映出杨简以"心即道"超越"心即理",在解经过程中,强调"人心即道心",通过以心解经来把握经典之道。

陆九渊虽然常说"心即理",但在其心学体系中,"理"的地位很重要。陆九渊强调:"塞宇宙一理耳,学者之所以学,欲明此理耳。此理之大,岂有限量?程明道所谓有憾于天地,则大于天地者矣,谓此理也。"[①] 以理为宇宙本体,认为"理"无限量,具有广泛的内涵。在陆九渊的理论体系中,确实将"理"置于一个非常高的地位,并把理与心联系起来,认为"此心此理,实不容有二",而提出"心即理"的思想。由于陆九渊重视理,所以他也讲格物致知以穷理。他说:"所谓格物致知者,格此物,致此知也,故能明明德于天下。易之穷理,穷此理也。"[②] 这在王阳明看来,未免有沿袭之累。王阳明说:"象山之学,简易直截,孟子之后一人。其学问思辨、致知格物之说,虽亦未免沿袭之累,然其大本大原断非余子所及也。"[③] 杨简则不同,他将"心"的地位推向了极致,此心范围天地,发育万物,完全单纯地以心立说,并把心与道联系起来,道亦具有主体即本体的意义。这也就意味着杨简抛弃了陆九渊的沿袭之累。正因为杨简突出心,很少讲理,所以他批评了格物致知之说,反对将心与诸事物支而离之,表现出与其师说不同。杨简说:"至于又曰'欲正其心者,先诚其意,欲诚其意者,先致其知,致知在格物。'噫!何其支也!孔子无此言,颜曾亦无此

---

① 陆九渊:《与赵咏道》,《陆九渊集》卷十二,第161页。
② 陆九渊:《武陵县学记》,《陆九渊集》卷十九,第238页。
③ 王阳明:《与席元山》,《王阳明全集》卷五,第180页。

言，孟子亦无此言。"①他批评格物致知之说是支离，而去掉了陆九渊的沿袭之累。这是对陆九渊"心即理"思想的超越。

2. 超越权威

杨简批评孟子和《论语》，开王阳明不盲从圣人权威之先河。杨简以己意来定是非，而不问是否出于圣人之言，对孟子，甚至孔子提出批评，与陆九渊肯定孟子，自称"因读《孟子》而自得之于心也"②的思想有别。杨简说："性即心，……孟子有'存心养性'之说，致学者多疑惑，心与性之为二，此亦孟子之疵。"③杨简强调心即性，心性一元，批评孟子言"存心养性"是将心与性分二，造成学者疑惑，由此见"孟子之疵"。

杨简除批评孟子将心、性分二外，还批评孟子将"志"与"气"加以区分。他说："孟子谓：'志至焉，气次焉，持其志，无暴其气，配义与道。'与'存心养性'之说同，孔子未尝有此论，惟曰：'忠信笃敬。'参前倚衡，未尝分裂本末，未尝殊名而失一贯之实也。"④杨简认为孟子将"志"与"气"加以区分的错误与他的"存心养性"之说是一样的，均是"分裂本末"，失一贯之实。杨简对孟子的批评，反映了他与陆九渊思想存在着差异。

杨简认为《论语》记录孔子之言，存有失当之处。即《论语·述而》篇"子曰：'志于道，据于德，依于仁，游于艺'"这句话在杨简看来，是把道割裂为四，有违"一以贯之"之道的原则，失圣人之旨。这实际上是对孔子的批评。

此外，通过观察罗钦顺对杨简的批评，也可见杨简与孔子思想的差异，表明杨简并不完全盲从于孔子。罗钦顺对杨简的心学思想及其经学观提出批评，他说：

> 癸巳春，偶得《慈湖遗书》，阅之累日，有不胜其慨叹者。痛哉！禅学之误人也，一至此乎！慈湖顿悟之机，实自陆象山发之。其自言"忽省此心之清明，忽省此心之无始末，忽省此心之无所不通"，即释迦所谓"自觉圣智境界"也。书中千言万语，彻头彻尾，无非此个见解，而意气之横逸，辞说之猖狂，比之象山尤甚。象山平日据其偏见，横说竖说，直是果敢。然于圣贤明训有所未合，犹且支吾笼罩过，未敢公然叛之。慈湖上自五经，

---

① 杨简：《家记七》，《慈湖遗书》卷十三，文渊阁四库全书，第1156册，第825—826页。
② 《年谱》，《陆九渊集》卷三十六，第498页。
③ 杨简：《家记二》，《慈湖遗书》卷八，文渊阁四库全书，第1156册，第724页。
④ 杨简：《家记八》，《慈湖遗书》卷十四，文渊阁四库全书，第1156册，第836页。

旁及诸子，皆有论说。但与其所见合者，则以为是；与其所见不合者，虽明出于孔子，辄以为非孔子之言。[1]

罗钦顺认为，杨简在《慈湖遗书》里提到的心之清明、心之无始末、此心之无所不通等心学观点，即是释迦所谓的"自觉圣智境界"。这从一个侧面表明杨简思想的开放性，只要便于阐发心学，而不顾忌是否涉佛。在罗钦顺看来，尽管陆九渊平时恃其偏见，而与圣贤经训有所未合，但还不敢公开背离，而杨简则在五经论说方面坚持自己的心学观点，凡与己意相合者，就以为是正确的，而与己见不合者，即使明明出于孔子，也以为非孔子之言。完全以己意来定是非，而不问是否出于圣人之言。由此既可看到罗钦顺对杨简心学经学观的排斥态度，又可通过罗钦顺的言论佐证杨简对陆九渊甚至对孔子的超越，表明杨简不以孔子、孟子的言论为是非，而是敢于突破和超越。杨简对《论语》所记孔子言论提出批评，实开王阳明不以孔子之是非为是非思想的先河。王阳明说："夫学贵得之心，求之于心而非也，虽其言之出于孔子，不敢以为是也，而况其未及孔子者乎！求之于心而是也，虽其言之出于庸常，不敢以非也。"[2] 王阳明强调以心为是非的标准，而不以孔子的言论为是非的标准，把圣人的权威置于心即良知的权威之下，这正是王阳明良知精神的真实写照，也是受到杨简思想的影响。

3. 比陆九渊更为坚持心一元论哲学

杨简突出吾心"常一"的经典解释原则，批评对心即道的割裂。杨简在坚持心一元论哲学上可以说是比陆九渊更为纯粹的心学家，他以本心对经义的体悟来对经典进行注解。在注解经典过程中，杨简特别突出了心的主体性，认为"六经一旨"，都是明道之书，甚为推崇孔子所言"吾道一以贯之"，认为"天下无二道，六经安得有二旨"[3]。他以"一"作为经典诠释的原则，而道在人心，不必远求，人心虚明无体，也就是"一"。他说："人皆有是心，是心皆虚明无体，无体则无际畔，天地万物，尽在吾虚明无体之中，变化万状，而吾虚明无体者常一也。百姓日用此虚明无体之妙而不自知也。"[4] 在杨简的思想体系里，"一"是万事万物的规定性，万物尽在吾心之中，以"心"为其存在的根据，也即是

---

[1] 罗钦顺：《困知记》卷下，第78页。
[2] 王阳明：《传习录中·答罗整庵少宰书》，《王阳明全集》卷二，第76页。
[3] 杨简：《春秋解序》，《慈湖遗书》卷一，文渊阁四库全书，第1156册，第607页。
[4] 杨简：《永堂记》，《慈湖遗书》卷二，文渊阁四库全书，第1156册，第631—632页。

由"一"来统摄。杨简强调，心就是一，要保持心的完整性，不能把心分隔开来。人人都有"心"，此"心""虚明无体"，无所际畔，天地万物都在此"心"之中，虽变化万状，而吾心却保持"常一"，此心"常一"即"道心"；裂"心"为二则是支离。虽然杨简所坚持的唯一的原则也受到了陆九渊此心此理不容有二思想的影响，但杨简又批评孟子言"存心养性"是将心与性分二，造成学者疑惑，并批评《论语》把道割裂为四，表现出比陆氏更强调唯一的原则。陆九渊曾就此说："我不说一，杨敬仲说一。"[①] 从这句话中可以看出两人的观点应该是有区别的，表明杨简比陆九渊更为坚持心一元论哲学。

4. 通释和遍注群经

杨简重视经典，以心解经，超越陆九渊忽视经典、不注经书的治学倾向。陆九渊不注解经典，只是以心去体证经义，而不解释经文。与此不同，杨简却独树一帜，从其心学的基本观点出发，以"心"为本，通释和遍注群经，为世人留下了《慈湖诗传》《杨氏易传》《先圣大训》《五诰解》和《慈湖遗书》等一批解经著作和与解经密切相关的著述，这些是心学家解经的重要思想资料。杨简将其心学的诠释原则贯穿于通释群经的实践中，体现了其心学经学观的一大特色，而与不注书，视注释经书字义、读书解字为"举世之弊"的陆九渊区别开来。杨简对其师陆九渊过分脱离经典、不为经典作注的心学观加以超越和修正，注意把解经与求心结合起来，通过通释群经来求得本心，最终是为树立心的最高权威作论证。

陆九渊虽提出以经书为吾心的注脚，却没有依据其心学思想对任何一本经典进行注解，反映了其对经典的重视不够。而杨简继承陆九渊心学，开始确立以心立说以解经，将心性之学通过对经典的注解阐发出来，并把以心释经的心学思想落实到对诸经的诠释之中，让"本心"得到充实。这体现出宋代理学思潮中心学流派内部对待经典的不同态度，而不宜笼统地将心学视为不著书，不解经，将经典边缘化。从杨简心学视域下的经学观及其与陆九渊思想的区别来看，心学中亦有相对重视经典和经说，通过大量诠注经典来为自己的思想体系提供论证的思想家，只不过他们以本体主体化的心为最高原则，而区别于朱熹以本体之理为最高原则的经典诠释思想。杨简通过对经典的诠释来阐发其心学思想，这是与陆九渊忽视经典，不注疏，只求自得之学最不相同的地方。杨简以经典所言作为依据，大量引用并诠释诸多经典所述，来为其心学核心价值提

---

① 陆九渊：《语录下》，《陆九渊集》卷三十五，第459页。

供论据，这是对陆九渊忽视注经，重易简工夫，认为解释经书文字是"举世之弊"的经学观的超越。

5. 既继承陆九渊，又超越陆九渊

杨简对后世心学和学术发展影响甚大，实际上已表现出融会朱陆、分别吸取重经典和重己意的思想，而具有既有别于朱陆，又吸收朱陆而加以超越和创新的思想倾向。杨简在通释和诠注群经上类似于朱熹，而与陆九渊有别；但在以心解经上，则倾向于陆九渊而有别于朱熹。杨简未沿袭其师陆九渊的"心即理"论，而是在心一元论和"心即道"思想的框架下更加突出心的权威性。既一定程度地受到了朱熹兼采汉宋，重视诠注群经的影响，又以心解经，阐明心学，突出心的主体性和能动性，同时修正朱学烦琐释经和陆学过于简易的流弊，促进了后世学术的发展。

一方面，杨简重视经典，以心解经的思想有对朱熹思想加以吸收而超越其师陆九渊的倾向；另一方面，杨简在心学视域下惟一毋意，不起意的诠释原则又对明代心学和后世学术产生了较大影响。《杨氏易传》提要云："简则为象山弟子之冠，如朱门之有黄榦，又历官中外，政绩卓有可观，在南宋为名臣尤，足以笼罩一世，故至于明季其说大行。"[1] 即杨简之学在明代大行。

王阳明评价杨简："杨慈湖不为无见，又著在无声无臭上见了。"[2] 他认为杨简有自己的见解，并在无声无臭的道心上得以体现。说明王阳明认为杨简明白什么是"道心"。王阳明亦赞同杨简"心即道"的思想。他说："心即道，道即天，知心则知道、知天。又曰：诸君要实见此道，须从自己心上体认，不假外求始得。"[3] 王阳明认为心即道，知心则知道，道须从心上体认，这与杨简思想类似。与此相关，王阳明解经也少讲理本论，而以彻底的心本论、致良知说以突出心的地位，这在一定程度上受到杨简以心解经思想的影响。王阳明不以孔子的言论为是非的标准，也是受到杨简思想的影响。

阳明后学亦受到杨简思想的影响。黄宗羲拿钱德洪与杨简作比较："按先生之无动，即慈湖之不起意也。不起意非未发乎？然则谓离已发而求未发，必不可得者，非先生之末后语矣。"[4] 黄宗羲认为钱德洪的"无动"就是杨简的"不起意"，肯定杨简的不起意之说。

---

[1] 杨简：《杨氏易传》提要，文渊阁四库全书，第14册，第2页。
[2] 王阳明：《传习录下》，《王阳明全集》卷三，第115页。
[3] 王阳明：《传习录上》，《王阳明全集》卷一，第21页。
[4] 黄宗羲：《浙中王门学案一·员外钱绪山先生德洪》，《明儒学案》卷十一，第226页。

王畿指出:"慈湖不起意,未为不是。盖人心惟有一意,始能起经纶,成德业。意根于心,心不离念,心无欲则念自一。一念万年,主宰明定,无起作,无迁改,正是本心自然之用。"① 王畿肯定杨简的不起意之说,并强调唯一,这表明阳明后学也受到杨简思想的影响。

以上可见,杨简既继承陆九渊,又超越陆九渊,对后世学术及明代心学产生了重要影响。

杨简作为南宋著名心学家,对其师陆九渊的心学思想既有继承,又有超越和发展,在中国哲学史、经学史和心学史上占有重要地位,产生了重要影响。

六、陈亮、叶适的功利学

陈亮、叶适是浙东功利学派的代表。浙东功利学派是指南宋时期以浙东地区为活动中心,重视事功和功利,批评讳言功利而空谈性命道德之说的学术流派。它包括以陈亮为代表的永康功利学和以叶适为代表的永嘉功利学等。功利学派以北宋李觏发其端,李觏提出"人非利不生""焉有仁义而不利者乎"②的观点,重视功利,这影响到王安石和陈亮、叶适等人。浙东功利学派亦提倡义理,只不过把性命义理之说建立在功利的基础上。就其提倡义理而言,亦属于宋学的范畴之内,而与重训诂轻义理的汉学区别开。叶适指出:"义理至乐,独行于物欲之外矣。"③ 他认为义理虽不脱离天下之事物,但提倡义理却是修学之本意,使不为物欲所诱;并对辞章注疏之学提出批评,指出辞章注疏之学的浮妄:"若夫言语之缛为辞章,千名百体,不胜浮矣。……经传之流为注疏,俚笺臆解,不胜妄矣。"④ 陈亮也批评汉儒之流弊,认为汉儒往往溺于灾异,虽然去古未远,但也不通于圣人之学。他说:"汉儒最为近古,好专门名家,其学往往溺于灾异,不足以自通于圣人。去古宁几日,其弊固已如此邪?"⑤

需要指出,总的来说,功利学不能脱离宋学。王安石新学,浙东的永康、永嘉之学等都属于宋学这个大范畴之内。宋学在经学史上与汉学相区别,以讲义理为重,宋学所讲义理,包括了儒家伦理和道德性命之说。可以说,理学诸

---

① 黄宗羲:《浙中王门学案二·郎中王龙溪先生畿·论学书》,《明儒学案》卷十二,第258页。
② 李觏:《原文》,《李觏集》卷第二十九,王国轩校点,中华书局1981年版,第326页。
③ 叶适:《宜兴县修学记》,《水心文集》卷十一,《叶适集》,刘公纯、王孝鱼、李哲夫校点,中华书局1961年版,第195页。
④ 叶适:《栎斋藏书记》,《水心文集》卷十一,《叶适集》,第200页。
⑤ 陈亮:《问汉儒》,《陈亮集增订本》卷十三,邓广铭校点,中华书局1987年版,第147页。

派、功利学诸家都同属宋学。既然是宋学，那么在讲义理上，它们就具有一定的共性，这在包括理学家和非理学家如李觏、王安石、二程、朱熹、陈亮、叶适等人的思想里均得到体现。当然，陈亮、叶适等功利学者对功利的态度肯定比理学家要更加重视和强调。

（一）陈亮的功利学

陈亮（1143—1194），南宋思想家、文学家、永康功利学派的代表人物。字同甫，原名汝能，后改名陈亮，人称龙川先生。婺州永康（今属浙江）人。《宋史》有传。陈亮是当时著名学者，与朱熹友善，然论学各不相下，盖学派不同。陈亮与叶适共创经世济用之"事功之学"，为"永康学派"创始人。此派在世界观上提出"盈宇宙者无非物"[①]的思想，以物为宇宙间真实的客观存在；在价值观上被朱熹概括为主张"义利双行"[②]，注重功利，认为"禹无功，何以成六府？乾无利，何以具四德？"[③]以此与朱熹道本论宇宙观和重义轻利的价值观相区别。反映到道论上，陈亮提出道行于事物之间，道不离日用；喜怒哀乐得其正即为道，道不离欲的思想，并把道与功利结合起来，以此对朱熹的道统论提出了批评。陈亮提出道不离日用的思想，认为在人们的日用之中就体现了道。他说："道之在天下，平施于日用之间。……而其所谓平施于日用之间者，与生俱生，固不可得而离也。"[④]道体现在日常生活的实事之中，脱离了日用，就无所谓道。陈亮还把日常生活中的吃、穿、住等日用之事作为"人道"的必备条件，认为人"必有衣焉以衣之，则衣非外物也；必有食焉以食之，则食非外物也；衣食足矣，然而不可以露处也，必有室庐以居之，则室庐非外物也。……若是者，皆非外物也。有一不具，则人道为有阙，是举吾身而弃之也"。[⑤]陈亮从道在物中、道不离日用的思想出发，把人生日用与"人道"紧密联系起来，这与理学家倡天理与人欲的对立，忽视人生日用的思想形成对比。陈亮认为，人的衣食住行就体现了"人道"，是"人道"的必备条件，否则，"人道"就不完备。陈亮道不离日用的思想与朱熹"道则人伦日用之间所当行者"[⑥]的思想是有区别的。陈亮与朱熹都讲道与日用不相脱离，但陈亮的日用主要是指人们的衣食住行之

---

① 陈亮：《六经发题·书》，《陈亮集增订本》卷十，第103页。
② 陈亮：《又甲辰秋书》，《陈亮集增订本》卷二十八，第340页。
③ 黄宗羲：《龙川学案·签判喻芦隐先生偁》，《宋元学案》卷五十六，第1850页。
④ 陈亮：《六经发题·诗》，《陈亮集增订本》卷十，第104页。
⑤ 陈亮：《问答下》，《陈亮集增订本》卷四，第44页。
⑥ 朱熹：《述而》，《论语集注》卷四，《四书章句集注》，第94页。

事,而朱熹所说的日用则偏重于日常生活中的道德修养问题。陈亮还把道与功利之学结合起来。他说:"好色,人心之所同,达之于民无怨旷,则强勉行道以达其同心,而好色必不至于溺,而非道之害也;好货,人心之所同,而达之于民无冻馁,则强勉行道以达其同心,而好货必不至于陷,而非道之害也。"[1] 陈亮把色、货等物质需求看成是与道并行而不相悖的东西,但他还是把义和王放在利和霸的位置之上,这充分体现了陈亮的儒家思想色彩。

陈亮与朱熹二人同为讲义理轻训诂的宋学人物,陈亮并不同意朱熹把自己指为"义利双行,王霸并用",以为这是朱熹对他平日关于义利、王霸观点的误解。因为他本人虽主张王道与霸道、义与利的统一,但认为将王道与霸道、义与利截然对立或并行并用的观点都是错误的。但他还是认为义和王重于利和霸,这充分体现了陈亮的儒家思想色彩。虽然陈亮与朱熹的思想有某些相合之处,但亦存在着基本的分歧。陈亮与朱熹同时稍后,两人相互访问,又通过书信往来,交流学术,相互辩难,于数年之中主要是在甲辰、乙巳两年(1184、1185)展开了一场关于道统问题的争论。由于双方在世界观尤其在价值观上见解不同,辩论的结果都未能说服对方。但通过辩论,双方的观点更加明确,更加集中,刺激朱熹完善和发展了自己的道统思想,也使陈亮的观点鲜明地展示在世人面前。这集中反映了正统理学与功利学派在道统问题上的思想分歧。朱熹崇尚三代,贬低汉唐,提出圣人之道不传于汉唐,即道统中断于汉唐的观点,并以此观点出发,与陈亮展开了一场关于道统问题的争论。陈亮不同意朱熹所说的圣人之道在汉唐中断的观点,批评朱熹关于道超越天地自然,脱离人的传授而独存、独运的思想。他认为,圣人相传之心法,尽管有"不尽""不备"的时候,但总的来讲,"无常泯""无常废",一直传续下来。所以他指出朱熹所谓超越时代的心传,"得不传之绝学"的观点,"皆耳目不洪,见闻不惯之辞也"[2]。正因为朱陈二人的价值观存在着区别,朱熹在义利关系上更重视道义,而陈亮则更重视事功。朱熹的道本论哲学与陈亮的道行于事物之间的思想差异,导致二人在若干问题上的不同见解。这是朱熹、陈亮展开王霸义利之辩和道统之争的原因。陈亮因其在宋学阵营中更为重视事功,对理学流弊提出批评,由此在思想史上占有重要地位。

---

[1] 陈亮:《勉强行道大有功》,《陈亮集增订本》卷九,第102页。
[2] 陈亮:《又乙巳春书之一》,《陈亮集增订本》卷二十八,第347页。

（二）叶适的功利学

叶适（1150—1223），南宋著名思想家、哲学家、永嘉功利学派的代表人物。字正则，温州永嘉（今浙江温州）人，因讲学于永嘉城外水心村，学者称水心先生。淳熙五年（1178）进士第二，历官太学正、太常博士、权兵部侍郎、工部侍郎等。"庆元党禁"时，被列入"伪学逆党籍"，而遭到打击。这表明在禁理学的当权者看来，叶适与理学同党。这与理学家魏了翁把叶适称为"道学正宗"相互印证。可见理学与功利学具有一定的内在联系和相通之处，并非水火不容。当韩侂胄欲开边北伐时，叶适不赞成在准备不足和江防不备的情况下贸然北伐。宋军北伐失利，叶适出任知建康府兼沿江制置使，派遣部下劫敌营，战退金兵，巩固了两淮江北的边防。嘉定元年（1208），叶适59岁落职回乡，从此闲居十几年，专心著述讲学，写成《习学记言序目》50卷。逝世后，其著作被编成《水心文集》《水心别集》等。

叶适与陈亮共同倡导事功之学，认为功利是道义的基础，没有功利，则道义便失去了其存在的意义。叶适"仁人正义不谋利，明道不计功"的观点，认为"此语初看极好，细看全疏阔"[1]。叶适重功利的思想与正统理学家重义轻利的观点相互区别。

在哲学上，叶适以物为宇宙的本原，认为道作为事物的规律，存在于事物之中，理和道一样，都归属于物，与物不相分离。以此与程朱的理本论哲学相区别。叶适强调思想理论必须符合天下实事，不可"论高而违实"，指出检验义理的根据是客观事物，"夫欲折衷天下之义理，必尽考详天下之事物而后不谬"[2]。叶适崇尚物质，提出性不遗物的思想。他说："性命道德，未有超然遗物而独立者也。"[3] 这是对超然物外的性本论思想的批评。叶适从性不遗物的观点出发，主张把性命道德与客观事物结合起来。由此他批评了专以心性为宗主的倾向和理学家所推崇的先天性善论。叶适指出，自孟子以来，尤其是后世理学心性论以心性为宗主，只内不外，其弊不可胜言。他说："盖以心为官，出孔子之后；以性为善，自孟子始。然后学者尽废古人入德之条目，而专以心性为宗主，致虚意多，实力少，测知广，凝聚狭，而尧舜以来内外交相成之道废矣。"[4] 他认为以心性为宗主造成了性与客观事物的相互脱离，违背了主观与客观、精神与

---

[1] 叶适：《汉书三》，《习学记言序目》卷二十三，第324页。
[2] 叶适：《题姚令威西溪集》，《水心文集》卷二十九，《叶适集》，第614页。
[3] 叶适：《大学》，《水心别集》卷七，《叶适集》，第730页。
[4] 叶适：《孟子》，《习学记言序目》卷十四，第207页。

物质的"内外交相成之道"。他指出:"近世以心通性达为学,而见闻几废,为其不能畜德也。然可以畜而犹废之,狭而不充,为德之病矣,当更熟论。"①即认为理学心性论提倡心通性达,把学者的注意力引向内心世界和心性修养,而对社会生活中的见闻则不予重视。叶适批评这种脱离社会实践的道德修养乃是"为德之病"。不仅如此,叶适对理学家所推崇的《礼记·乐记》篇的观点也提出了批评。他说:"'人生而静,天之性也,感于物而动,性之欲也。'但不生耳,生即动,何有于静?以性为静,以物为欲,尊性而贱欲,相去几何?"②他认为人生即为动,而不是静,主张以主动哲学代替主静哲学。叶适指出《乐记》以性为静,以物为欲的观点是站不住脚的,其目的是为了"尊性而贱欲",其理论从根本上是有问题的。叶适认为,无论是性善论还是性恶论,都对社会教化有所裨益,性并非单独一个善所能概括,因而不应排斥性恶论,并对理学家所推崇和主张的先天性善论提出批评。他说:"孟子'性善',荀卿'性恶',皆切物理,皆关世教,未易重轻也。夫知其为善,则固损夫恶矣;知其为恶,则固进夫善矣。"③在性的善恶问题上,孟子的性善论与荀子的性恶论不分轻重,都关系到社会教化,讲得都有一定的道理。叶适分别肯定了性善论与性恶论的价值,认为性善论的社会价值在于"知其为善,则固损夫恶",性恶论的社会价值在于"知其为恶,则固进夫善",不应偏向一方而舍弃另一方。叶适对被理学家所摒弃的荀子性恶论作了肯定的评价。他说:"然而知其为恶而后进夫善以至于圣人,故能起伪以化性,使之终于为善而不为恶,则是圣人者,其性亦未尝善欤?"④荀子提出与孟子相对的性恶论,认为人之性恶,其善者是人为的,强调后天环境和教育"化性起伪",去恶为善的作用。叶适肯定了荀子的这一思想,认为它最终可以起到"为善而不为恶"的作用。叶适对性恶论一定程度的肯定,在当时理学人性论风靡一时的情况下,表现出其独立思考的精神。进而,叶适批评了性善论的片面性,指出:"言性之正,非止善字所能弘通。而后世学者,既不亲履孟子之时,莫得其所以言之要,小则无以见善之效,大则无作圣之功,则所谓性者,姑以备论习之一焉而已。"⑤认为仅言性善还不能概括性之正,性也不只涉及善恶问题,在孟子以前,"古人固不以善恶论性也"⑥,而后世理学家论

---

① 叶适:《题周子实所录》,《水心文集》卷二十九,《叶适集》,第603页。
② 叶适:《礼记》,《习学记言序目》卷八,第103页。
③ 叶适:《荀子》,《习学记言序目》卷四十四,第653页。
④ 叶适:《荀子》,《习学记言序目》卷四十四,第653页。
⑤ 叶适:《孟子》,《习学记言序目》卷十四,第206页。
⑥ 叶适:《荀子》,《习学记言序目》卷四十四,第653页。

性拘泥于性善，则不能概括性的完整含义。叶适对理学性善论的批评，与其对专以心性为宗的批评是相互联系的，反映了功利学派与理学心性论的差异。

叶适重视功利，用功利来衡量义理，主张"通商惠工"，且将事功之学同现实政治结合起来，为政治改革和抗金主张作理论论证，摒弃当时空谈性理之弊，继承并发展了薛季宣、陈傅良的事功思想，建立起永嘉事功学说体系，成为永嘉学派的集大成者，在思想史上占有重要地位，对后世产生了重要影响。

七、理学与功利学的关系

南宋时期，理学得到发展，蔚然成为一代学术思潮。与此相关，功利学也是当时的重要流派。二者互动交往，既相互对立批评，又相互交流沟通，在对立辩难和融通交往中促进了宋代学术的大发展。以往学术界对南宋时期理学和功利学的对立区分比较注意，看得有些过重，而对二者之间的渗透融通则关注不够，事实上二者同作为宋学及儒学的组成部分，在重视义理又关注事功、功利方面存在着相同类似之处，既有学派上的差异，又具有大体相似之处。不应只看到对立相争的一面，也应看到相互沟通融合的一面。

南宋理学以朱熹、陆九渊、张栻、吕祖谦、魏了翁等为代表，分属理本论、心本论、性本论等各个流派。各派思想或有差异，但均以维护义理和重义轻利、存理去欲（私欲）为学术宗旨和思想特征。其最终目的都是为了把以"理"为代表的儒家伦理发扬光大，并将其贯彻到社会生活的各个领域，以维护社会的治理和稳定，为社会的长治久安提供理论根据。

南宋功利学以陈亮、叶适、陈傅良等为代表。此派重视客观事物，在价值观上注重功利和事功修为，强调义利同一，道义通过功利和事功表现出来，反对脱离实事实功和客观物质利益而讲道义心性。此派提倡实学和经制之学，以经世致用。其重视功利和事功效果的功利之学与朱熹等重视道义心性和内在动机的重义轻利思想形成对照，引起了双方的一些争论。

南宋理学和功利之学的相互批评，反映了双方在价值观和宇宙观上的思想差异。双方同属讲义理的宋学，又相互影响和彼此融通。北宋兴起的理学到了南宋，又有了新的发展，蔚然形成一代学术思潮，包括功利之学在内的其他学派不可能不受到理学思潮的影响，所以双方亦具有一定的趋同性。同时理学在与功利学的交流中，也受到功利学的影响。功利学和理学之间的互动，促进了整个中国文化的大发展，也使得双方在相互交往中都有了进一步的发展。这里就南宋时期理学与功利学的异同等关系问题作一探讨，以就正于方家。

（一）理学与功利学之异

南宋理学与功利学的思想差异主要表现在宇宙观（与心性论相关）、义利观等方面，并通过双方的相互批评表现出来，由此可见各自思想的特色。

1. 宇宙观的不同

理学代表人物朱熹以理为宇宙的根源和万物存在的依据："宇宙之间，一理而已。天得之而为天，地得之而为地。而凡生于天地之间者，又各得之以为性。"① 朱熹认为宇宙之间只此一理，理是永恒存在的宇宙本体，就算万物消尽，理仍旧存在。他说："未有天地之先，毕竟也只是理。有此理，便有此天地。若无此理，便亦无天地。无人无物，都无该载了。……合天地万物而言，只是一个理。"② 由此可见宇宙的根本便是理。理主宰天、地、人、物，是超时空的形上本体，是永恒的存在。"万一山河大地都陷了，毕竟理却只在这里。"③ 天地有始有终，而理无始无终。在万事万物产生之前，此理就作为万事万物的根本依据而早已存在。心学家陆九渊在宇宙观上以心为本，提出"宇宙便是吾心，吾心即是宇宙"④的思想，认为"天之所以与我者，即此心也。人皆有是心，心皆具是理，心即理也"⑤，强调心即理。张栻以性为宇宙本体，他把性作为宇宙万有的根源。他说"天命之谓性，万有根焉"⑥，把性与天命联系起来。张栻认为，宇宙万有都根源于性，性超越形体之上，是有形万物产生的根据。他说"有是性则具是形以生"⑦，认为有了性才产生事物的形体及事物本身。吕祖谦提出"心即天"的心本论思想："心即天也，未尝有心外之天。心即神也。未尝有心外之神。乌得舍此而他求。"⑧ 以心为万物之本原，"极本原以示之，心者，万事之纲也"⑨，强调心为万事万物之本，天地万物不能离开心而存在。魏了翁也以心为宇宙本体："心者，人之太极，而人心又为天地之太极，以主两仪，以命万物，不

---

① 朱熹：《读大纪》，《朱熹集》卷七十，第3656页。
② 黎靖德编：《朱子语类》卷一，第1—2页。
③ 黎靖德编：《朱子语类》卷一，第4页。
④ 陆九渊：《杂说》，《陆九渊集》卷二十二，第273页。
⑤ 陆九渊：《与李宰（二）》，《陆九渊集》卷十一，第149页。
⑥ 张栻：《孟子说》卷四，《张栻全集》第385页。
⑦ 张栻：《孟子说》卷七，《张栻全集》第488页。
⑧ 吕祖谦：《楚武王心荡》，《左氏博议》卷五，《吕祖谦全集》第六册，第107页。
⑨ 吕祖谦：《立政第二十一》，《增修东莱书说》卷二十九，《吕祖谦全集》第三册，第374页。

越诸此。……此心之外,别有所谓天地神明者乎?抑天地神明不越乎此心也。"①心就是太极,天地万物均由心产生,而不在心之外。

功利学者陈亮在宇宙观上则以物为宇宙万物的本原,提出"盈宇宙者无非物,日用之间无非事"②的思想,以物为宇宙间真实的客观存在,以此与心学、理学划清了界限。叶适在哲学上以物为宇宙的本原,认为道作为事物的规律存在于事物之中,理和道一样,都归属于物,与物不相分离,以此与程朱的理本论哲学相区别。叶适强调思想理论必须符合天下实事,检验义理的根据是客观事物,"夫欲折衷天下之义理,必尽考详天下之事物而后不谬"③。叶适崇尚物质,从性不遗物的观点出发,主张把性命道德与客观事物结合起来。他说:"性命道德,未有超然遗物而独立者也。"④这是对超然物外的性本论思想的批评。叶适指出,自孟子以来,尤其是后世理学心性论以心性为宗主,只内不外,其弊不可胜言。他说:"盖以心为官,出孔子之后;以性为善,自孟子始。然后学者尽废古人入德之条目,而专以心性为宗主,致虚意多,实力少,测知广,凝聚狭,而尧舜以来内外交相成之道废矣。"⑤他认为以心性为宗主造成了性与客观事物相互脱离,违背了主观与客观、精神与物质的"内外交相成之道"。叶适认为理学心性论提倡心通性达,把学者的注意力引向内心世界和心性修养,而对社会生活中的见闻则不予重视,这种脱离社会实践的道德修养乃是"为德之病"。"近世以心通性达为学,而见闻几废,为其不能畜德也。然可以畜而犹废之,狭而不充,为德之病矣,当更熟论。"⑥从陈亮的"盈宇宙者无非物"和叶适的"性命道德,未有超然遗物而独立者也"的思想可以看出功利学者与理学家在宇宙论和心性论上确实存在着差异。

2. 义利观的不同

朱熹认为"直说义理与利害只是一事,不可分别,此大可骇。……窃以为今日之病,唯此为大"⑦,主张分别义理与利害,二者不可混同,而主张崇义绌利。与义利说相关,朱熹强调"人之一心,天理存,则人欲亡;人欲胜,则天理灭,

---

① 魏了翁:《论人主之心义理所安是之谓天》,《鹤山集》卷十六,文渊阁四库全书,第1172册,第209页。
② 陈亮:《六经发题·书》,《陈亮集增订本》卷十,第103页。
③ 叶适:《题姚令威西溪集》,《水心文集》卷二十九,《叶适集》,第614页。
④ 叶适:《大学》,《水心别集》卷七,《叶适集》,第730页。
⑤ 叶适:《孟子》,《习学记言序目》卷十四,第207页。
⑥ 叶适:《题周子实所录》,《水心文集》卷二十九,《叶适集》,第603页。
⑦ 朱熹:《答石天民》,《朱熹集》卷五十三,第2681—2682页。

未有天理人欲夹杂者"①,持理欲不共存的观点,认为功利学所提倡的"功利"助长了人欲,由此斥"永嘉、永康之说,大不成学问"②。陆九渊站在理学立场,提出"功利之意笃,而概之以道义则疏。……而亦不能不使人叹息也"③,认为功利笃则道义疏,并指出"溺意功利,失其本心"④,如果陷溺于功利,就会失却本心。张栻在义利关系上,亦主张"去利就义,以求夫为学之方"⑤,强调"天下有道,则道义明而功利之说息。……若夫无道之世,则功利胜而道义微,徒以势力相雄长而已,此所由乱也。虽然强弱小大之不可侔,亦岂得而强哉?"⑥虽然也考虑大小强弱之功利,但明显把道义原则放在功利之上。吕祖谦肯定孟子的仁义之说对利的包含,但不必专门言利。他说:"人皆说仁义便是利,然不必如此说。只看孟子言未有仁而遗其亲者也,未有义而后其君者也,以仁义为天下,何利之足言。当时举天下皆没于利,看孟子此章剖判如此明白,指示如此端的,扫荡如此洁净,警策如此亲切,当时之病固大,孟子之药剂量亦大矣。"⑦吕祖谦论义利关系,盛赞孟子之说,表现出作为理学家的吕氏对仁义的重视,而把利置于仁义的主导之下。魏了翁在义利观上以道义为本,以功利为末。他说:"安于功利而不知本于道谊,玩于文采而不知约于义理,凡此者岂但可器而已。"⑧把道义放在比功利更为根本的位置,而功利和文采与道义和义理相比,不过如器而已。以上反映了理学家在义利观上重视道义和义理,轻视功利的观念,虽也不完全否定功利。

相比之下,功利学派在义利观上则比较务实,注重功利。陈亮认为"禹无功,何以成六府?乾无利,何以具四德?"⑨即通过肯定禹之功和乾之利来强调功利。他说:"当草昧之时,欲以礼义律之,智勇齐之,而不能与天下共其利,则其势必分裂四出,而不可收拾矣。"⑩即在一定的历史时期,如果仅讲礼义和智勇而不讲功利,那么只会导致天下四分五裂,而不可治理,可见功利的重要性。

---

① 黎靖德编:《朱子语类》卷十三,第224页。
② 黎靖德编:《朱子语类》卷一百二十二,第2957页。
③ 陆九渊:《房杜谋断如何论》,《陆九渊集》卷三十,第352页。
④ 陆九渊:《与杨守(二)》,《陆九渊集》卷九,第123页。
⑤ 张栻:《钦州学记》,《南轩集》卷九,《张栻全集》,第686页。
⑥ 张栻:《孟子说》卷四,《张栻全集》,第351页。
⑦ 吕乔年编:《门人集录孟子说》,《丽泽论说集录》卷第七,《吕祖谦全集》第二册,第173页。
⑧ 魏了翁:《高不器字说》,《鹤山集》卷五十八,文渊阁四库全书,第1173册,第2页。
⑨ 黄宗羲:《龙川学案·签判喻芦隐先生偘》,《宋元学案》卷五十六,第1850页。
⑩ 陈亮:《问答上》,《陈亮集增订本》卷三,第38页。

叶适在义利观上主张"崇义以养利"①,指出"古人以利和义,不以义抑利"②,表现出功利学派重视功利,反对以义抑利的思想倾向。

3. 理学对功利学的批评

在价值观上,南宋理学诸派以道义、义理为重,而功利学者则以功利、事功为重。故理学与功利学之间存在着客观的思想差异。当时与南宋功利学者同时的理学大家主要有朱熹、陆九渊、张栻、吕祖谦等人,稍后的有魏了翁等。就同属理学而言,朱学与当时的陆氏心学、张栻之湖湘学、吕祖谦之婺学等虽在本体论、方法论、心性论等方面有所不同,由此分为不同的理学流派,但理学各派却具有相同的价值观。朱熹请陆九渊登白鹿洞书院讲席,盛赞其"以义利判君子小人"之训;他还充分肯定张栻严于义利之辨,无一毫功利之杂的思想。然而朱熹对理学之外的功利之学却提出了较为严厉的批评,认为"今永嘉又自说一种学问,更没头没尾,又不及金溪"③。尽管朱熹对陆氏心学持严厉的批评态度,但却肯定陆学是教人去做个人,比起功利之学来,明显高出一筹。

朱熹对功利之学的批评,集中在其重功利的价值观上。他说:"今浙中人却是计利害太甚,做成回互耳,其弊至于可以得利者无不为。"④功利之学过分计较利害得失,其流弊在于为了得利,而无所不为。他指出:"江西之学只是禅,浙学却专是功利。……若功利,则学者习之,便可见效,此意甚可忧!"⑤朱熹对功利之学的流行深感担忧,反映了理学与浙东功利学在价值取向上的差异。

陆九渊批评功利之说云:"义理所在,人心同然。……自战国以降,权谋功利之说盛行者,先王之泽竭,此心放失陷溺而然也。当今圣明天子在上,所愿上而王公大人,下而奔走服役之人,皆不失其本心,以信大义,成大业,则吾人可以灌畦耕田,为唐虞成周之民,不亦乐乎!"⑥他强调义理即是本心,而功利之说盛行使得本心丧失,由此要求统治者和下层百姓均不失其本心之义理,以成就大业,而不汲汲于功利。

张栻针对当时的社会风气,指出"今日大患是不悦儒学,争驰乎功利之末,而以先王严恭寅畏、事天保民之心为迂阔迟钝之说。向来对时亦尝论及此。上

---

① 叶适:《士学上》,《水心别集》卷三,《叶适集》,第674页。
② 叶适:《魏志》,《习学记言序目》卷二十七,第386页。
③ 黎靖德编:《朱子语类》卷一百二十三,第2961页。
④ 黎靖德编:《朱子语类》卷一百二十二,第2958页。
⑤ 黎靖德编:《朱子语类》卷一百二十三,第2967页。
⑥ 陆九渊:《邓文苑求言往中都》,《陆九渊集》卷二十,第255—256页。

聪明，所恨无人朝夕讲道至理，以开广圣心，此实今日兴衰之本也"[1]。他批评当时争驰于功利的风气，主张讲道明理，将其视为治理社会之本。虽然张栻并不完全否定功利，但也批评了当时流于功利之说。这反映了理学家的价值取向。

吕祖谦对功利学亦提出批评。他说："功利之说兴，变诈之风起，弃本徇末，忘内事外，竞欲收富强之效于立谈之余，反顾王道岂不甚迟而可厌哉！"[2] 他指出功利之说、变诈之风的兴起，使得人们弃本逐末，追求外在的功效，而忽视了王道义理。吕祖谦把子路之学与管仲的功利学作了比较："子路所学乃圣门根本之学，若使其成就，岂管仲之所能及。管仲之功虽成，不过是功利之学。盖管仲如已熟之荑稗，子路如未熟之五谷。五谷未熟时固不如荑稗，然或至于熟，岂荑稗之比哉！"[3] 他认为子路的圣门之学如五谷，而管仲的功利学如野草，其褒贬扬弃，一目了然。

魏了翁批评当时的功利之习盛行，使得社会治理无所依靠。他说："惟功利可以奔走斯世，而义理所不计也；智术可以排难解纷，而诚信非所先也。呜呼！今无一可恃矣。"[4] 魏了翁批判以功利欺世，以智术解难，而不计义理、不讲诚信的社会习尚，如此导致俗流世坏，人们莫适其归，而人心涣散。

从理学家对功利学的批评可以看出，理学家从重义轻利的价值观出发，强调以仁义、道义的原则治天下，充分看到单纯讲求功利给社会治理带来的弊端。

4. 功利学对理学的批评

正因为南宋理学与功利学在宇宙观、心性论、义利观等思想理论方面存在着差异，使得两派成为对应面。不只理学家批评功利学，功利学者对理学也提出了批评。它们之间的互动关系对后世思想学术的发展进程有着直接的影响。

陈亮从自然人性论出发，认为自然之性是人身本能，主张加以调节，并批评了理学的理本论思想和空谈心性的流弊。陈亮强调人身和人性不得离开客观事物而存在，衣食住行等物质生活之事是为了满足人身及人性的客观需要。他说："天下岂有身外之事，而性外之物哉！百骸九窍具而为人，然而不可以赤立也。必有衣焉以衣之，则衣非外物也；必有食焉以食之，则食非外物也；衣食足矣，然而不可以露处也，必有室庐以居之，则室庐非外物也。"[5] 这表明陈亮对

---

[1] 张栻：《答朱元晦》，《南轩集》卷二十二，《张栻全集》，第859页。
[2] 吕祖谦：《子鱼谏宋公围曹》，《左氏博议》卷十二，《吕祖谦全集》第六册，第290页。
[3] 吕乔年编：《门人集录孟子说》，《丽泽论说集录》卷第七，《吕祖谦全集》第二册，第178页。
[4] 魏了翁：《简州见思堂记》，《鹤山集》卷四十二，文渊阁四库全书，第1172册，第479页。
[5] 陈亮：《问答下》，《陈亮集增订本》卷四，第44页。

人性的论述着眼于与人性相关的日常生活之事，是从人身的自然本能和物质需求出发，具有实事实功的客观态度。这与朱熹追求形上的宇宙本体，忽视具体的人生日用对人性的影响的思想旨趣各异。

从性为人身本能、性理不得脱离这个基础出发，陈亮批评了理学的理本论和道德性命之说的流弊。他说："夫渊源正大之理，不于事物而达之，则孔孟之学真迂阔矣。"[1]理表现在事物之中，通过事物而见理。如果认为理可以脱离事物而存在，那只是"迂阔"之学。他指出："自道德性命之说一兴，而寻常烂熟无所能解之人自托于其间，以端悫静深为体，以徐行缓语为用。"[2]"以端悫静深为体"，即指理学家以理为宇宙本体；"以徐行缓语为用"，即批评理本论哲学不切人生日用，只求上达而不务下学。陈亮指出理学流行的结果是造成"天下之士始丧其所有，而不知适从矣。为士者耻言文章、行义，而曰'尽心知性'；居官者耻言政事、书判，而曰'学道爱人'。相蒙相欺以尽废天下之实，则亦终于百事不理而已"[3]。他批评理学的兴起导致人们把注意力转向空谈心性，而废弃天下实有之事，最终陷入"百事不理"的流弊。陈亮对理学流弊的批评，在南宋道德性命之说方兴未艾之时，不失为一种清醒的认识，成为理学批判的肇端。

叶适对理学家推崇的《礼记·乐记》篇的观点提出批评。他说："'人生而静，天之性也，感于物而动，性之欲也。'但不生耳，生即动，何有于静？以性为静，以物为欲，尊性而贱欲，相去几何？"[4]他认为人生即为动，而非静，主张以主动哲学代替主静哲学，指出《乐记》以性为静、以物为欲的观点是片面的，其要旨是"尊性而贱欲"，其理论从根本上是站不住脚的。叶适主张把性命道德与客观事物结合起来，所谓道德性命之道义不能脱离客观事物之功利而存在。他说："后世儒者行仲舒之论，既无功利，则道义者乃无用之虚语尔。"[5]他认为理学家继承董仲舒的思想，讲道义而脱离功利，其道义便是无用的"虚语"。

陈亮、叶适对理学的批评，表现出功利学派与理学思想的差异。

（二）理学与功利学之同

尽管南宋理学与功利学在宇宙观、心性论、义利观等方面存在着思想差异，

---

[1] 陈亮：《勉强行道大有功》，《陈亮集增订本》卷九，第102页。
[2] 陈亮：《送吴允成运干序》，《陈亮集增订本》卷二十四，第271页。
[3] 陈亮：《送吴允成运干序》，《陈亮集增订本》卷二十四，第271页。
[4] 叶适：《礼记》，《习学记言序目》卷八，第103页。
[5] 叶适：《汉书三》，《习学记言序目》卷二十三，第324页。

并通过双方的相互批评表现出来，但双方亦存在着相同或近似的一面，而过去学术界对此则较为忽视。其双方的相同处主要表现在以下方面。

1. 同属于宋学

在中国经学史上，南宋理学与功利学均属于以讲义理为主的宋学，均对以训诂考据为主的汉学之流弊提出了批评，这是双方的相近处。由于理学乃宋学之一脉为人们所熟知，这里专就功利学的宋学属性作一阐述。

功利学者陈亮站在宋学义理的立场，对章句训诂之学提出批评。他说："道之在天下，平施于日用之间，得其性情之正者，彼固有以知之矣。……圣人之于诗，固将使天下复性情之正，而得其平施于日用之间者，乃区区于章句训诂之末，岂圣人之心也哉？孔子曰：兴于诗，章句训诂亦足以兴乎？愿与诸君求其所以兴者。"① 陈亮认为道在天下，圣人之旨载于经，而不可在章句训诂之末中去寻求。这体现了其重义理轻训诂的宋学倾向。

叶适对汉学训诂之习亦提出批评。他说："事师之严，至汉始，然彼不过章句训诂而已，胡为兢兢于此哉？若夫性命道德，其何以处之？然得之深，未若守之固也。"② 他认为章句训诂之学始于汉代之师传，而不必勤勉于此。如何处理性命道德与章句训诂的关系，是应该思考的，与其得到较深的认识，不如坚守笃行更为重要。从叶适的治学倾向看，他比较明显地体现了宋学对汉学训诂的批评。他说："自经术讲于师传，而训诂之说行，《书》以义，《诗》以物，《周官》以名数，《易》以象，《春秋》以事以例，大抵训诂之类也。口授指画，以浅传浅，而《春秋》必欲因事明义，故其浮妄尤甚，害义实大。然则所谓'口说流行'者乃是书之蠹也。至汉为学官，后世相师，空张虚义，虽有聪明之士终不能仿佛，而以科举腐余之说为圣人作经之极致矣，哀哉！"③ 他把汉学归于训诂之类，指出汉学经术相传是"以浅传浅"，"空张虚义"，而不明义理，其腐余之说未能体现圣人作经之旨。

陈傅良也批评了汉学章句训诂之习。他说："夫学之为王者事，非若书生务多而求博，虽章句言语皆不忍舍也。"④ 即强调求学的目的是为了治理国家，而不是像汉代儒生那样陷于烦琐考据、章句训诂之中而不能自拔。

以上陈亮、叶适、陈傅良等南宋功利学者在重功利的同时也重视宋学义理，

---

① 陈亮：《六经发题·诗》，《陈亮集增订本》卷十，第104页。
② 叶适：《后汉书三》，《习学记言序目》卷二十六，第368页。
③ 叶适：《春秋》，《习学记言序目》卷九，第118页。
④ 陈傅良：《嘉邸进读艺祖通鉴节略序》，《止斋集》卷四十，文渊阁四库全书，第1150册，第812页。

批评汉学章句训诂之习，体现出与理学家相近的一面而同属于宋学。

2. 理学家亦有重功利而与功利学相近的一面

尽管南宋理学家与功利学家相互批评，以此反映出各自不同的价值观和宇宙观，但二者并非绝对对立而不相容。他们之间除存有对立和思想差异的一面外，亦有相互影响、相互融通而相同相近的一面。这也是思想史上客观存在的事实。认识这一点，对于了解南宋思想史上理学与功利学思想的实质、相互关系、发展演变及对后世的影响，是十分重要的。

过去认为理学比较重视道德自律、伦理约束，对道德理性比较强调，而忽视功利，或者说与功利学派有比较大的分歧；而功利学派则重功利和事功，轻视道义，与理学形成对立。一般来说，这种认识大体是有道理的，但还需补充和进一步说明。

朱熹等理学家也并非不讲功利，在强调以道义为重的前提下，也给功利留下一定的位置。朱熹不仅强调义利的分辨，主张循天理之宜，去人之私利，而且提出"义未尝不利"的义利统一观。他说："义未尝不利，但不可先说道利，不可先有求利之心。……才说义，乃所以为利，固是义有大利存焉。"[①] 他认为义中包含了利，"义有大利存焉"，在行义之时，便有利在其中，甚至认为义所以为利，义最终是为了利，义不是孤立的存在，而是有大利存于其中。可见理学家也认为义利不离，二者不可分割地联系在一起。

朱熹指出："程子曰：'君子未尝不欲利。'但专以利为心则有害，惟仁义则不求利而未尝不利也。"[②] 一事当前，唯利是求而不知有仁义，只会有害；只有以仁义为心，不去求利，反而会客观地带来利益。可见理学家并不排斥功利，而是在批判人之私利的同时，主张义利双方在以义为先的基础上相互统一，相互结合。在政治治理的实践中，朱熹、张栻等理学家重视客观物质利益，考虑民众生活和疾苦，把德治体现在重视民生和体恤民情上。

陆九渊在某种程度上亦存在着重视功利的一面。他说："来教谓，'既非以此要官职，只是利国利民处随力为之，不敢必朝廷之从与事功之成。'此真长者之本心也，诚能廓而充之，推而广之，则高明广大，谁得而御？"[③] 陆九渊对于王顺伯所说的利国利民之事功甚为赞赏，认为只要把这种不为做官，只求利民

---

① 黎靖德编：《朱子语类》卷五十一，第1218页。
② 朱熹：《孟子集注》卷一，《四书章句集注》，第202页。
③ 陆九渊：《与王顺伯》，《陆九渊集》卷十一，第152页。

之心推广开来，是任何人不能阻挡的。他还说："将输之利害不明，则费广于舟车之徭；储藏之利害不悉，则公困于腐蠹之弊。物苦道远，则寻以输尺，斛以输斗，吏污法弊，则私良公害，私盈公虚，此所谓不必求之下焉者也。富贵乘急而腾息，豪民困弱而兼并，贪胥旁公而侵渔。绳瓮不立，而连阡陌者犹未已也；糟糠不厌，而余刍豢者犹争侈也，此所谓不必求之上焉者也。由是言之，有余不足之数可得而见，而取予之说可得而知也。然狃于常者，变之则骇；便于私者，夺之则争。党繁势厚，则扞格而难胜；谋工计深，则诡秘而不可察。图利而害愈繁，趋省而费益广，则夫天下之才果不易得，而取予之说果不易知也。"①从这里可以看出陆九渊也是深明利害关系，重视客观物质利益的。在客观认识现实社会实情和经济运行现状的基础上，主张明利害，去兼并，防贪腐，立门户，足衣食，公私两便，去繁趋简，节省财用，选才任能，为我所用，如此以使社会得到治理。

张栻重视事功，主张把事功与德统一起来。他说："德者本也，事功者末也，而本末一致也。故程子曰：'有颜子之德，则有禹稷之事功。'所谓事功在圣贤。"②虽然德为本，事功为末，但张栻认为应把二者结合起来，即使圣贤之德也体现在事功上。张栻一方面肯定事功，另一方面又有所保留。他说："事功固有所当为，若曰喜事功，则喜字上煞有病。"③这反映了张栻事功当为又不过分追求的思想。张栻及其岳麓弟子在治理国家和抵御侵略的实践中，均有突出的事功修为和政绩，这正是其重躬行践履学风的表现。

吕祖谦亦重视客观利害关系。他说："大抵看史，见治则以为治，见乱则以为乱，见一事则止知一事，何取？观史当如身在其中，见事之利害、时之祸患，必掩卷自思，使我遇此等事，当作如何处之？如此观史，学问亦可以进，知识亦可以高，方为有益。"④他强调必须重视事之利害、时之祸患，假设自己身临其境，遇这样的事，应当如何处置。显然这是比较重视客观的利害得失。吕祖谦对董仲舒的义利观未能完全认同。他说：

"正其谊而不谋其利"，观仲舒之言则义、利不可并也，而《文言》则曰，"义者，利之和"，将从仲舒乎？从孔子乎？……以传废经，可乎？"关

---

① 陆九渊：《刘晏知取予论》，《陆九渊集》卷三十，第353—354页。
② 张栻：《孟子说》卷四，《张栻全集》，第388页。
③ 张栻：《寄吕伯恭》，《南轩集》卷二十五，《张栻全集》，第892页。
④ 吕乔年编：《门人集录史说》，《丽泽论说集录》卷第八，《吕祖谦全集》第二册，第218页。

讥而不征",固孟轲氏之言,而"凡货不出于关,举其货,罚其人"者,亦经之所载也。以子废经,可乎?①

他认为董仲舒正其谊不谋其利的观点与孔子在《文言》中所说的"义者,利之和"的思想有别,故应从孔子之言。这表明吕祖谦对功利的重视,以及批评以传废经、以子废经的倾向。董仲舒作为"子",其言论与孔子之言相比,应置于从属的地位。这体现了吕祖谦倾向于功利学的一面。

魏了翁作为南宋后继理学的代表人物既上疏表彰二程、张载等理学家,确立理学的正统地位,同时也专门到建康去拜谒叶适,称叶适是"道学正宗"②。他并没有把功利派的代表人物看成是理学的对立面,而认为叶适就是"道学正宗"。魏了翁为什么要这样讲?如果说功利学派和理学势不两立,那为什么大张旗鼓地上奏表彰理学的著名理学家魏了翁,同时要把事功学派的叶适称为道学正宗?魏了翁除坚持理学立场外,他自己也讲要"趋事赴功",在义理与事功的关系问题上,魏了翁反对忽视功利,认为本之于义理的事功和客观利害关系,是必须要计较的。他说:"众寡强弱何可不计?然本诸义理之是非,则事功之利害从之。"③对于在义理指导下的功利,他是充分肯定的。他还主张通过赏罚,"欲以振天下趋事赴功之心"④,明确提倡"趋事赴功",可见其对事功的重视。魏了翁强调"一寸有一寸之功,一日有一日之利,皆实效也,事半功倍,惟此时为然"⑤。表明他不仅重视功利和实效,而且认为功利须平时一点一滴地讲求,才能收到事半功倍的效果。同时也表明,理学与功利学并不是相互排斥的,而是把功利包括在义理之内。

3. 功利学家亦有重义理而与理学相近的倾向

南宋功利学派也属于宋学,浙东的永康、永嘉之学等都属于宋学的这个大范畴之中。宋学在经学史上与汉学相区别,以讲义理为重。宋学所讲义理,包括了儒家伦理和道德性命之说。可以说,理学诸派、功利学诸家都属宋学。既然是宋学,那么在讲义理上,它们就具有一定的相同性,这在陈亮、叶适、陈傅良等人的思想里得到体现。当然,陈亮、叶适肯定对功利更加强调和重视。

---

① 吕祖谦:《策问》,《东莱吕太史外集》卷第二,《吕祖谦全集》第一册,第636—637页。
② 参见蔡方鹿:《魏了翁评传》,巴蜀书社1993年版,第27—28页。
③ 魏了翁:《虞忠肃公奏议序》,《鹤山集》卷五十二,文渊阁四库全书,第1172册,第588页。
④ 魏了翁:《答馆职策一道》,《鹤山集》卷二十一,文渊阁四库全书,第1172册,第274页。
⑤ 魏了翁:《奏论蜀边垦田事》,《鹤山集》卷十六,文渊阁四库全书,第1172册,第205页。

那么，朱熹与陈亮辩论时，他概括陈亮的观点是八个字"义利双行、王霸并用"，为什么陈亮不承认？陈亮在其淳熙十一年复朱熹的《又甲辰秋书》中，不同意朱熹把自己的观点归结为"义利双行、王霸并用"，并表示自己也是反对"义利双行、王霸并用"的，认为"义"和"王"更重要，"利"和"霸"应该从属于或者服从于"义"和"王"。也就是说，陈亮重视功利，也并非不讲义理，他反对的只是脱离功利而空谈道德性命的那种义理，而主张把仁义道德与事功结合起来，以事功体现道德义理。对此，浙东永嘉功利学者陈傅良概括陈亮的思想是"功到成处，便是有德；事到济处，便是有理。此老兄之说也"[①]。德、理通过事功表现出来，但不是只讲事功不讲德、理和道义。这表明功利学派是在重功利、讲事功的基础上，把义理与功利结合起来，而不是完全排斥道义。这与时代思潮的主流——理学和宋学的影响相关。

叶适亦肯定义理对于治理国家的作用。他说："古人君臣之相与言也，以义理远贪欲，而治道立。"[②]即强调以义理来反对贪欲，则治道立。可见叶适把人的物质欲望与贪欲区别开来。叶适也看到只讲功利不讲义理的副作用。他说："王成诏称：'有功不赏，有罪不诛，虽唐虞犹不能以化天下。'后世论治道，无所统壹，只以刑赏为极至，遂以私意扳执古人。此等语言，传诵既熟，极害义理。"[③]作为功利学者的叶适也不同意只讲功利刑赏而不讲义理的做法，他认为，只以刑赏为极至是极害义理而有违治道的。

理学家讲事功和功利学派讲事功可能有一定的区别。或者说功利学派更加明白地讲事功，理学家则更多强调道德理性，以此来纠正人欲横流的局面，把事功置于道义的统辖之内。但南宋理学与功利学还是有一定的融通之处。过去我们重视得不够，看双方思想的差异比较多。今天我们通过整理研究南宋时期理学与功利学之异同来探讨南宋理学与功利学的相互关系，挖掘其时代意义。理学重道义、功利学派重功利在一定程度上也是可以相互融通的。双方各有侧重，但又是相互影响和融通的。这样就可以解释为什么陈亮不承认自己是"义利双行、王霸并用"，为什么叶适也被打入"伪学逆党籍"，即在禁理学的统治者看来，叶适与理学类似，为什么理学家魏了翁称叶适是"道学正宗"，为什么一些理学家明确提出类似功利学派的"趋事赴功"的观点，为什么陈傅良收尽张栻门人等这样一些现象。正因为湖湘学派具有这些与功利学的相通之处，所

---

① 陈傅良：《答陈同父》，《止斋集》卷三十六，文渊阁四库全书，第1150册，第782页。
② 叶适：《战国策·齐》，《习学记言序目》卷十八，第253—254页。
③ 叶适：《汉书一》，《习学记言序目》卷二十一，第300页。

以张栻之后，其弟子大多追随了永嘉事功学派的陈傅良。朱熹说："今永嘉又自说一种学问，更没头没尾。……君举（陈傅良）到湘中一收，收尽南轩门人。"①湖湘学者大多在张栻身后归于陈傅良，这说明湖湘学派重躬行践履和留心经济之学的特点与永嘉学派重实事实功的思想相吻合，这也是南宋理学与功利学相互融通，而非绝对对立的表现。

（三）浙东功利学与理学的相互影响和沟通

尽管理学家与浙东功利学家有各自不同的价值观和宇宙观，但二者并非绝对对立而不相容，他们之间亦有相互影响和相互融通的一面。

过去认为理学比较重视道德自律、伦理束缚，对道德理性比较强调，而忽视功利，或者说与功利学派有比较大的分歧；而浙东功利学派则重功利和事功，轻视道义，与理学形成对立。一般来说，这种认识是有道理的，但还需补充和进一步说明。

事实上，程朱派也好，陆王派也好，还是胡宏、张栻的湖湘学派也好，都属理学。理学是宋学的重要组成部分，到后来则代表了宋学发展的主要趋势。功利学派也属于宋学，北宋有李觏、王安石，南宋有陈亮、叶适等代表人物。总的来讲功利学不能脱离宋学，王安石新学，浙东的永康、永嘉之学等都属于宋学的这个大范畴之中。宋学在经学史上与汉学相区别，以讲义理为重。可以说，理学诸派、功利学诸家都属宋学。既然是宋学，那么在讲义理上，它们就具有一定的相同性。当然，陈亮、叶适肯定是对功利更加重视。陈亮不同意朱熹把自己的观点归结为"义利双行、王霸并用"，他认为还是"义"和"王"更重要，"利"或"霸"应该从属于或者服从于"义"和"王"。陈亮重视功利，也并非不讲道义，他反对的只是脱离功利而空谈道德性命的那种道义，而主张把仁义道德与事功结合起来，以事功体现道德义理。这表明功利学派是在重功利、讲事功的基础上，把道义与功利结合起来，而不是完全排斥道义。这与理学思潮的影响相关。

受功利学和社会物质生活现实的影响，朱熹等理学家在强调以道义为重的前提下，给功利也留下一定的位置。朱熹不仅强调义利的分辨，主张循天理之宜，去人欲之私利，而且提出"义未尝不利"的义利统一观。他说："义未尝不利，但不可先说道利，不可先有求利之心。……才说义，乃所以为利，固是义

---

① 黎靖德编：《朱子语类》卷一百二十三，第 2961 页。

有大利存焉。"①他认为义中包含了利,"义有大利存焉",在行义之时,便有利在其中,甚至认为义所以为利,义最终是为了利,义不是孤立的存在,而是有大利存于其中。

朱熹继承程颐"君子未尝不欲利"的思想,给利留下了一定的位置。他说:"程子曰:'君子未尝不欲利。'但专以利为心则有害,惟仁义则不求利而未尝不利也。"②一事当前,唯利是求而不知有仁义,只会有害;只有以仁义为心,不去求利,反而会客观地带来利益。可见理学家并不排斥功利,而是在批判人之私利的同时,主张义利双方在以义为先的基础上相互统一,相互结合。在政治治理的实践中,朱熹、张栻等理学家十分重视客观物质利益,处处考虑民众生活和疾苦,把德治体现在重视民生和体恤民情上。

另外还有一个值得反思的现象,陈亮去世比较早,没有赶上宋宁宗"庆元党禁"。而永嘉学派的叶适则在"庆元党禁"遭受打击。在统治者看来,就是在宋宁宗、韩侂胄等禁理学的当权者看来,叶适就是一个道学家,所以禁理学把叶适也列入朱熹等59人的"伪学逆党籍"。如此说来,功利学派和理学派尽管有不同,但大旨相通,否则为什么统治者把他们都看成是"伪学""逆党"?更值得思考的是,南宋中后期比较重要的理学家魏了翁,他接二连三给宋宁宗上奏,要求表彰理学,给理学正名,以端正社会风气,他表彰了理学家二程、张载等,同时也专门到建康去拜谒叶适,称叶适是"道学正宗"。他说:"侍郎方以道学正宗倡明后进,几有以警诲之,俾得以循是而思所以立焉,不胜幸甚!"③他并没有把叶适看成是道学的对立派、事功派,而认为叶适就是"道学正宗"。魏了翁为什么要这样讲?如果说功利学派和理学势不两立,那为什么大张旗鼓地上奏表彰理学的著名理学人物魏了翁,要把事功学派的叶适称为"道学正宗"?我们知道由于禁理学,朱熹逝世时门人故旧欲来送葬都受到限制。程颐去世时也有类似情况,门人不敢来送葬,晚上来吊唁,第二天一早就悄悄地离开。到了南宋,二程的地位也不高。特别是周敦颐,在北宋没有什么地位,到南宋经过胡宏、朱熹、张栻的表彰,地位才逐步提高。但是他这个周元公的谥号也是经魏了翁上奏,后来朝廷给他谥曰"元",并赐程颢谥号曰"纯",赐程颐谥号曰"正",周元公、程纯公、程正公的谥号都是经魏了翁上奏而赐予的。使周程的学术地位得到官方的承认,这对于理学的正名和发展演变有重要

---

① 黎靖德编:《朱子语类》卷五十一,第1218页。
② 朱熹:《梁惠王章句上》,《孟子集注》卷一,《四书章句集注》,第202页。
③ 魏了翁:《上建康留守叶侍郎适书》,《鹤山集》卷三十二,文渊阁四库全书,第1172册,第373页。

意义。魏了翁为什么既表彰理学，同时又把叶适称为"道学正宗"？魏了翁除坚持理学立场外，也讲要"趋事赴功"。"趋事赴功"是他的原话，他主张通过赏罚，"欲以振天下趋事赴功之心"①在义理与事功的关系问题上，魏了翁反对忽视功利，认为本之于义理的事功和客观利害关系，是必须要计较的。他说："众寡强弱何可不计？然本诸义理之是非，则事功之利害从之。"②对于在义理指导下的功利，他是充分肯定的。可见其对事功的重视。同时也表明，理学与功利学并不是相互排斥的，而是把功利包括在义理之内。正因为魏了翁是以理学思想为指导，所以他对由贪鄙而发的利欲持明确的反对态度，主张"不贪不利"，批评脱离义理单纯"以事功成败为是非"③的观点。

魏了翁作为后继理学的代表人物，他明确提出要讲事功，重视功利与实效，强调"一寸有一寸之功，一日有一日之利，皆实效也，事半功倍，惟此时为然"④，表明他不仅重视功利和实效，而且认为功利须平时一点一滴地讲求，才能收到事半功倍的效果。

此外，理学湖湘学派的代表人物张栻具有重躬行践履的突出特点，他反对知而不行、忽视行的观点，指出今人之不践履，是未尝真知。这种重躬行践履的学风与其"仁义之行，固无不利"和"留心经济之学"的思想相联系，带有事功思想的色彩。⑤正因为湖湘学派具有这些与功利学相通之处，所以张栻之后，其弟子大多追随了永嘉事功学派的陈傅良。湖湘学者大多在张栻身后归于陈傅良，说明理学湖湘学派重躬行践履和留心经济之学的特点与浙东永嘉功利学派重实事实功的思想相吻合，这也是浙东功利学与理学相互融通的表现。

张栻在江陵知府任上病逝，由于治理江陵有方，弹劾贪吏，发展生产，造福百姓，当他的灵柩从江陵运出时，当地百姓挽车号哭，悲哀之声数十里不绝，其治理过的静江百姓闻讣亦是"哭之尤哀"。"卒时年四十有八，柩出江陵，老稚挽车号恸，数十里不绝。讣闻，上亦深为嗟悼。四方贤士大夫往往出涕相吊，而静江之人哭之尤哀。"⑥这说明张栻在地方官任上，重实事实功，为老百姓谋福利，所以才会有老百姓自发地哭声载道来相送。如果对老百姓不好的话，会有数十里路的送行的人吗？不可能，这肯定要讲事功的。

---

① 魏了翁：《答馆职策一道》，《鹤山集》卷二十一，文渊阁四库全书，第1172册，第274页。
② 魏了翁：《虞忠肃公奏议序》，《鹤山集》卷五十二，文渊阁四库全书，第1172册，第588页。
③ 魏了翁：《师君墓志铭》，《鹤山集》卷八十七，文渊阁四库全书，第1173册，第316页。
④ 魏了翁：《奏论蜀边垦田事》，《鹤山集》卷十六，文渊阁四库全书，第1172册，第205页。
⑤ 参见蔡方鹿：《一代学者宗师——张栻及其哲学》，巴蜀书社1991年版，第196页。
⑥ 朱熹：《右文殿修撰张公神道碑》，《朱熹集》卷八十九，第4554页。

理学家讲事功和功利学派讲事功有一定的区别。或者说功利学派更加明白地讲事功，理学家则更多地强调道德理性、道德自律，以此来纠正人欲横流这样一个社会局面，把事功置于道义的统辖之内。虽双方各有侧重，但又是相互影响和相互融通的。

第三章　元代理学

元代哲学的发展以理学的演变、发展为主。元代理学发展的趋势是朱陆合流，由朱学逐步向心学转化。

元代理学的代表人物主要有许衡、刘因、吴澄等。其学术处于宋明之间的过渡阶段，但在一些方面仍有自己的特色，如不拘泥于前人，大胆取舍，以及综合贯通等方面。

许衡继承了宋儒重"四书"义理之学的思想。通过注解《大学》《中庸》等来阐发其义理思想；其治经，重在求理以行道，重躬行践履，强调圣人之道不在训诂章句，而在真知践履。许衡的经学思想和理学观在元代产生了重要影响，具有重要地位，是连接宋明，承上启下的中间环节。

刘因针对当时性命之学盛行后出现的以己意解经而忽视训诂疏释，使所讲义理缺乏经文依据的弊病，提出了"议论之学自传注疏释出"的思想，把议论之学即心性义理之学建立在对经传训诂考释的基础上，将重心性义理的议论之学与重训诂的传注疏释之学结合起来，体现出融合汉宋的倾向。

吴澄的心性论以会合朱陆，扩大心学的范围为特征，以偏向陆学为主，然而在一些方面又继承了朱熹的思想。他既宣扬心学，又扩大心学的内涵，折中陆九渊、朱熹，具有兼容两家学术的特点。

程朱之学在元代成为官学，受到统治者的重视。元仁宗延祐二年（1315）正式开科取士，以朱注"四书"为准。与此同时，元人修撰《宋史》，首开《道学传》，把程朱及与程朱观点相近者列入《道学传》中，成为"道统"中的传人。

元代理学是理学史上一个不可忽视的时期，朱陆合流成为理学史中的一个重要阶段。

一、许衡学术的贡献

许衡（1209—1281），元代理学家、经学家，金河内（今属河南）人，生于河南新郑寓舍。早年出入经传，泛滥释老，重章句训诂。后于壬寅年（1242）

访求姚枢于苏门（今河南辉县），得《伊川易传》和朱熹的《四书章句集注》《四书或问》《小学》等书，深有默契，遂弃以往所学章句之习而转向宋学义理。后应召北上，元世祖（忽必烈）中统二年（1261），被授予太子太保，力辞不受，改国子祭酒。先后任中书左丞、集贤大学士兼国子祭酒、教领太史院事等职。通过入仕，向元统治者宣传和表彰程朱之学，对程朱之学成为官方统治思想起了重要作用。许衡一生致力于传播理学于北方，以普及民间，影响大众。去世后，元朝廷谥曰文正，封魏国公。其著作主要有《大学直解》《中庸直解》《读易私言》等，收入《鲁斋遗书》。

许衡学术的主要贡献在于"表彰程朱之学"，"兴绝学于北方"[1]，对元统治者把程朱之学确定为官学起了重要作用。许衡在《时务五事》中上书忽必烈，推行汉化。忽必烈受其影响，任用了大批汉族儒生士大夫，以"汉法"定官制，立朝仪，尊信儒学。因此，在促进民族之间思想文化的交流、融合方面，以及对保存当时比较先进的汉民族社会经济、文化方面，许衡是有贡献的。

许衡治经以重义理阐发、重躬行践履为特色。由此他敬信《小学》、"四书"如神明，通过注解《大学》《中庸》，阐发其义理思想；并认真探讨了理学诸范畴，提出了自己的理学思想。其治经，重在求理以行道，并重躬行践履，强调圣人之道不在训诂章句，而在真知践履。这体现了许衡经学的特点。许衡的经学思想和理学观在宋学和理学发展史上占有重要地位，是连接宋明，承先启后的中间环节。

（一）由《小学》而"四书"，而"六经"

许衡门人姚燧记其师经学教育的次第为："其教也，入德之门始惟由《小学》而'四书'，讲贯之精而后进于《易》、《诗》、《书》、《春秋》。耳提面命，莫不以孝弟忠信为本。"[2] 可见许衡是把《小学》和"四书"教育放在经学教育的首位而予以重视，其次才涉及《易》《诗》《书》《春秋》等其他经书。而据许衡本人所言，更是重视《小学》和"四书"，将其敬如神明，而他书则"不治亦可"。

1. 重《小学》、"四书"

作为北方学者，许衡在治经学的过程中，继承并发挥了程朱的"四书"学思想，以"四书"阐发义理，并在"四书"之前，加上朱熹所作《小学》一书，

---

[1] 黄宗羲：《鲁斋学案·附录》，《宋元学案》卷九十，第 3002—3003 页。
[2] 《先儒议论·姚氏牧庵语》，《鲁斋遗书》卷十四，文渊阁四库全书，第 1198 册，第 463 页。

以强调立教、稽古等普及入门教育。他说:

> 《小学》、"四书",吾敬信如神明。自汝孩提便令讲习,望于此有得。他书虽不治无憾也。……言论意趣,多出《小学》、"四书",其注语、《或问》与先正格言诵之甚熟,至累数万言犹未竭,此亦笃实自强故能尔。我生平长处在信此数书,其短处在虚声牵制,以有今日。……宜致思且专读《孟子》。《孟子》如泰山岩,岩可以起人偷惰无耻之病也,相与辅导之。①

许衡认为自己生平治学的长处就在于信《小学》《大学》《中庸》《论语》《孟子》等书,儒家义理意趣也多出自这几部书,所以要求人们结合朱注、《或问》,将"四书"熟读成诵,认真领会其思想实质,并笃实自强,学思结合,通过专门读《孟子》书,以修正人们的偷惰无耻之弊病。他认为只要认真读好"四书",即使不研究其他经典,也没有多大的遗憾。可见许衡把"四书"的重要性摆在"六经"之上,尤其对于初学者而言更是这样,以"四书"和《小学》作为进德之基。当时的学者欧阳玄评价许衡说:"既得伊洛性理之书及程子《易传》、朱熹《论孟集注》、《中庸大学章句》、《或问》、《小学》等书,言与心会。召向所从游,教以进德之基,慨然思复三代庠序之法。"②即指出许衡在得到中原洛学的性理之书以及程朱对"四书"为主的经书注解后,便召集从学者一起读朱熹的《四书章句集注》《四书或问》和《小学》以及程颐的《伊川易传》等,教之以儒家伦理道德之基础,以复三代教育之法,恢复三代社会的良风美俗。

尽管许衡重"四书",以"四书"阐发义理,宣扬儒家伦理道德,但在重"四书"的基础上,亦不忽视"六经"等经典,并把儒家经典视为一个整体,将其作为评判诸子百家及史学之是非的标准。他说:"阅子史必须有所折衷,'六经'、《语》、《孟》乃子史之折衷也。譬如法家之有律令格式,赏功罚罪合于律令格式者为当,不合于律令格式者为不当。诸子百家之言合于'六经'、《语》、《孟》者为是,不合于'六经'、《语》、《孟》者为非。以此夷考古之人而去取之,鲜有失矣。"③他认为儒家经典的价值和重要性超过了诸子和史,即儒家经学的地位在诸子学和史学之上,强调在阅读诸子和史书时,须折中于儒家经典,以"六经"和《论语》《孟子》等经书作为判断诸子、史学之是非的标准。许衡

---

① 许衡:《与子师可》,《鲁斋遗书》卷九,文渊阁四库全书,第1198册,第411页。
② 《神道碑》,《鲁斋遗书》卷十三,文渊阁四库全书,第1198册,第442页。
③ 许衡:《语录上》,《鲁斋遗书》卷一,文渊阁四库全书,第1198册,第281页。

举例指出，以经典作为判断诸子学、史学是非之标准，就像赏功罚罪以法家的律令格式为标准一样，突出了儒家经典的价值和重要性。

2. 关于《大学》

许衡对"四书"之首的《大学》十分重视，专作《大学直解》一卷，以阐发其经学和理学思想。朱熹在治《大学》时，认为从难易程度上讲，《大学》易晓，宜先看，再读《论语》《孟子》《中庸》；从遵循道学思想内在的逻辑看，《大学》定道学规模，论治学修身的次第，是道学之基础，故为入道之先。许衡一定程度地继承了朱熹的思想，认为《大学》是群经的基础，强调《大学》对于初学者的重要性，不可将其视为浅近而忽略。他说："明善诚身这两件在初学用之，尤是至切要的急务，读这书（指《大学》）的不可把做浅近忽略看过，须知成己成物，为圣为贤，皆自此始。"①朱熹概括《大学》传之第五章乃明善之要，第六章乃诚身之本，通过讲格物致知而知其善以去其恶；知至而后意诚，意诚而诚身，此乃进德之基。许衡亦强调，明善与诚身是初学者至关重要的急务，由格物致知入手，通过诚意正心，而成己成物，入于圣贤之境，以此作为初学者的始由之路。

在继承程朱之学的基础上，许衡突出《大学》的重要性在于知行二字，主张把对圣贤之教的知贯彻于行，通过躬行践履推广普及理学之"四书"学。他说：

> 二程以格物致知为学，朱熹亦然，此所以度越诸子。《大学》，孔氏之遗书也，其要在此。凡行之所以不力，只为知之不真。果能真知，行之安有不力者乎？博学之，审问之，慎思之，明辨之，只是要个知得真，然后道笃行之一句。圣人教人，只是两字。从学而时习为始，便只是说知与行两字。不惑、知命、耳顺，是个知字，只是精粗浅深之别耳。耳顺是并无逆于心者。到此则何思何虑，不思而得也。从心不逾矩，则不勉而中。②

许衡认为程朱讲格物致知之学，以此超过诸子甚多。而《大学》作为孔教之遗书，其要点正在于此。即朱熹于《大学》一篇以己意增补《格物致知补传》134字，专论格物致知之义，这得到许衡的重视，并引《中庸》《论语》之语，以阐释知行二字。许衡认为行之所以不力，其原因在于知之不真。如果知能够达

---

① 许衡：《大学直解》，《鲁斋遗书》卷四，文渊阁四库全书，第1198册，第341页。
② 许衡：《语录上》，《鲁斋遗书》卷一，文渊阁四库全书，第1198册，第277页。

到真知,那付诸行必然有力。许衡把博学、审问、慎思、明辨归于知,其目的在于达到真知,而与笃行相对应。只要获得真知,其行必笃。许衡把孔子所说的不惑、知天命、耳顺归结为知,不过知有精知、粗知和深知、浅知的区别。到了耳顺的阶段,已无所逆于心,不须思虑而得。而到了从心所欲,则行不逾矩,不必勉强也能符合中道,即所行已能遵循道的原则了。

进而许衡对朱熹的《大学》格物致知补传以己意加以诠释,以阐发理学之认识论哲学。他说:"心是人之神明,人之一心,虽不过方寸,然其本体至虚至灵,莫不有个自然知识。物即是事物,天下事物虽是万有不齐,然就一件件上观看,莫不有个当然的道理。"[1]受朱熹思想的影响,许衡提出主客体对立的心、物范畴,他以心为认识主体,心虽至虚至灵,然而却有个自然知识包含于其中,即心具有认识事物的功能和属性;而物作为天下之事物,虽各不相同,但莫不有个当然的道理,即事物的规律存在于事物之中,它能够被人心所认识。由此许衡强调以人的主观认知之心,穷天下事物之理,并要尽可能地一件件地去穷尽事物之理。他说:"若于天下事物的道理不能一件件穷到那极至处,则他心里虽有自然的知识,也未免昏昧欠缺,有不能尽了。所以说惟于理有未穷,故其知有不尽也。"[2]即心虽有认识事物的功能和属性,但如果不去一件件地穷尽天下事物之理,那人的认知之心也难免昏昧欠缺,不能尽用,所以他强调应将主体与客体、心与物沟通,以心识物之理,并要件件穷理,以使知有所尽。"人于事物之理有未穷,则己之知识必有不能尽。所以《大学》中始初教人,必使为学的于凡天下的事物无大无小,件件上莫不因他本心已知识的道理,益加工夫穷究,必要求到那至极的去处。"[3]人的主观认识对于事物之理有所未穷,则人的认识能力不能充分发挥。由此《大学》教人,要求学者对于天下的事物无论大小,件件都要依据他本心已有的知识,在已掌握道理的基础上,进一步穷究,探索未知,以求达到极致。久而久之,日积月累,由积累到贯通,"学者穷究事物的道理,今日穷究一件,明日穷究一件,用工到那积累多时,有一日间,忽然心里自开悟通透"[4]。许衡认为认识的目的是穷理,而穷理的步骤是日积月累,由表及里,由粗至精,最后掌握万事万物之理,把心所具有的认识事物的功能发挥到极致。

---

[1] 许衡:《大学直解》,《鲁斋遗书》卷四,文渊阁四库全书,第1198册,第325页。
[2] 许衡:《大学直解》,《鲁斋遗书》卷四,文渊阁四库全书,第1198册,第325—326页。
[3] 许衡:《大学直解》,《鲁斋遗书》卷四,文渊阁四库全书,第1198册,第326页。
[4] 许衡:《大学直解》,《鲁斋遗书》卷四,文渊阁四库全书,第1198册,第326页。

3. 关于《中庸》

许衡对"四书"之一的《中庸》也很重视，专撰《中庸直解》一卷，以探讨《中庸》之义，尤其重《中庸》义理的阐发，强调《中庸》的道理乃着实有用的学问，以批评佛、道虚无寂灭之教。他引二程之义而阐释说："这个《中庸》的道理，推开去则充满于六合，收敛来则退藏于一心，中间意味无有穷尽，都是着实有用的学问。不比那虚无寂灭之教不可见于行事。善读这书的，玩味思索于其中，义理件件看得明白。以之修身而身修，以之治人而人治。自少至老，终身受用，有不能尽者矣。"[①] 在程朱"四书"学系统中，《中庸》占有重要地位。早在唐代，韩愈弟子李翱就推崇《中庸》，以之阐发心性思想，撰《复性书》，提出性情相分，去邪恶之情，以复人之善良本性。二程视"《中庸》乃孔门传授心法"[②]，中庸为正道、定理。朱熹在其《中庸章句序》里提出了"道统"二字，倡导儒家圣人之道及其传授统绪，以之对抗佛教传法世系说。许衡继承并发挥了李翱、二程、朱熹等的《中庸》义理之义，认为《中庸》的道理推开来讲，遍存于宇宙天地四方，收拢来讲，则藏于人之一心。其"中道""实理"无有穷尽，都是真实有用的学问，而虚无之道教、寂灭之佛教不能与之相比。这是以儒家的实理来对抗佛老脱离实际、"不可见于行事"的虚无寂灭之理。许衡强调要重视、善于读《中庸》这部书，对其认真思索玩味，明白其义理，将其道理拿来修身，拿来治人，都能收到很好的效果，以至终身受用无穷。

许衡对《中庸》义理的阐发主要体现在重视《中庸》的心性之学，阐释《中庸》理一分殊的道理，肯定《中庸》诚的哲学等方面。关于对《中庸》义理的阐发，许衡强调中庸之"中"义，指出："中庸即是那不偏不倚、无过不及平常的道理。子思引孔子说天下之理，过则失中，不及则未至，惟有这中庸的道理不失之太过，不失之不及，所以为至。只是百姓每少能尽得这道理。"[③] 凡事过则失中，不及则未至，只有无过无不及，才是掌握了中庸之"中"义。从中庸之"中"义出发，许衡阐发其心性之学，认为未发之中便是天命之性，做到了不偏不倚则人之心正，而天地之心亦正。他说："未发之中便是天命之性，天下万事万物之理皆从此出。道之体也，所以为天下之大本。……至静之中，无所偏倚，则吾之心正，天地之心亦正。"[④] 把心性联系起来，心性都与"中"密切相

---

① 许衡：《中庸直解》，《鲁斋遗书》卷五，文渊阁四库全书，第1198册，第342页。
② 程颢、程颐：《河南程氏外书》卷十一，《二程集》，第411页。
③ 许衡：《中庸直解》，《鲁斋遗书》卷五，文渊阁四库全书，第1198册，第344页。
④ 许衡：《中庸直解》，《鲁斋遗书》卷五，文渊阁四库全书，第1198册，第343页。

关，中即性，性即道，为天下之大本；符合无所偏倚之"中"，那人心即正，天地之心亦正。可见心性都离不开"中"，以"中"为标准。

（二）理学观

许衡的理学观与他的经学思想是相互联系的，其理学思想往往是通过对儒家经典及经典中的字义加以诠释、阐发而提出来的，这主要表现在对道的重视，提出虚是本然之性、心具众理应万事的思想等方面。

1. 对道的重视

许衡以道为宇宙本原，给道以充分重视。他说："太极之前，此道独立。道生太极，函三为一。一气既分，天地定位。万物之灵，惟人为贵。"[1] 许衡一定程度地吸取了道家道本论思想的资料，他所谓"此道独立"，见之于《老子》二十五章"独立不改"的文字；"函三为一"则取之于四十二章"道生一，一生二，二生三"之说。许衡认为，在太极之前，道已经独立地存在，道作为宇宙本原而产生太极。在道与太极的关系上，许衡以道为最终的本原，"道生太极"，太极是从属于道的，即道与太极相比，道更为根本。这与朱熹以太极言道，道即是太极的思想有异。

在许衡看来，道作为宇宙的本原产生太极，道是"函三为一"，包涵了天、地、人三才。道生万物是以气为中介，一气分为阴阳，判为天地，天地之中，人为万物之灵。许衡吸取了《老子》的思想资料，又接受了宋代哲学的气论以及人为万物之灵的观点，而提出了他道为宇宙本原的思想。除此之外，许衡还以命为万物的本原，此命与道的含义相似。他说："其所以然与其所当然，此说个理字。所以然者，是本原也；所当然者，是末流也。所以然者，是命也；所当然者，是义也。每一事、每一物须有所以然与所当然。"[2] "所以然"是命，是事物的本原；"所当然"是义，是末流。许衡以本末来区分命与义，命是万物的本原，每一事、每一物都以命为存在的根据和原因，同时事事物物又有"所当然"之末流存在于其中。许衡所谓的命，不过是独立于人的意识之外的精神本体，这与他所谓的道的含义相当。

虽然许衡一定程度吸取了道家的道本论思想形式，但在对道的内涵规定上，却以儒家伦理为本位，肯定道是君臣、父子、夫妇等儒家伦理道德的规范，这

---

[1] 许衡：《稽古千文》，《鲁斋遗书》卷十，文渊阁四库全书，第1198册，第421页。
[2] 黄宗羲：《鲁斋学案·鲁斋遗书》，《宋元学案》卷九十，第2997页。

体现了许衡道论的特点而有别于道家道教。他说:"盖为教而不本于道,则非教也;为学而不本于道,则非学也。道者何?父子也、君臣也、夫妇也、长幼也、朋友也。此天之性也,人之道也。"① 许衡强调教与学都以道为根本,其所谓道,是指体现在君臣、父子、夫妇、长幼、朋友等关系中的儒家伦理道德规范。许衡把人伦道德作为道的内容,此道不仅具有本体的权威,是"天之性",性道为一;而且具有伦理道德的含义,是"人之道",以儒家伦理为内涵。可见许衡所谓的道,是宇宙本体论与儒家伦理学的统一。

许衡不仅以人之五伦作为道的内涵,而且把仁与义也称为"圣人之道"。他说:"圣人之道,惟仁与义。仁则物我兼该,义则职业有分,体用参错,莫可相离。故语仁而不及义,非仁也,其流必入于兼爱;语义而不及仁,非义也,其弊必至于为我。考《西铭》理一分殊之说,尤为著明。"② 圣人之道就是仁与义,仁与义的统一即为圣人之道。但仁与义的关系是体与用的关系,仁为体,是宇宙之本体,它"物我兼该",包括了万物与人,把人类社会的道德原则——仁扩展到自然界;义为用,是本体之仁的作用。许衡认为,谈论仁必须兼顾义,谈论义必须涉及仁,仁与义"体用参错,莫可相离",这就体现了完整的道。许衡以仁作为道之体,以义作为道之用,仁、义合一即为"圣人之道",这是他以伦理道德作为道的内涵的又一层意思。

许衡对道的重视,还体现在他强调道不离日用常行之事,在日用常行之中就能得道。其所谓道,不仅是宇宙的本原,具有伦理道德的含义,而且道不离日用常行之事,道体现在日常生活的小事之中。他说:"大而君臣父子,小而盐米细事,总谓之文,以其合宜,又谓之义;以其可以日用常行,又谓之道。文也、义也、道也,只是一般。"③ 君臣父子的伦理道德为道,盐米细事等日用常行亦谓道。许衡赋予道以人生日用的实际内容,把超然于太极、阴阳之上的宇宙本原之道拉向一般的现实人生,这是对空谈心性的理学弊端的针砭。许衡认为,道不是高远难行之事,道就在人们周围,体现为日用常行之事。他所谓的道即"众人之所能知能行者,故常不远于人"④。在普通的人们能知能行的事中就体现了道,所以道不远人。为此,许衡批评那些求道而"厌其卑近"⑤,"务为高远"

---

① 许衡:《小学大义》,《鲁斋遗书》卷三,文渊阁四库全书,第 1198 册,第 308 页。
② 许衡:《家语亡弓》,《鲁斋遗书》卷八,文渊阁四库全书,第 1198 册,第 403—404 页。
③ 许衡:《语录上》,《鲁斋遗书》卷一,文渊阁四库全书,第 1198 册,第 282 页。
④ 许衡:《中庸直解》,《鲁斋遗书》卷五,文渊阁四库全书,第 1198 册,第 349 页。
⑤ 许衡:《中庸直解》,《鲁斋遗书》卷五,文渊阁四库全书,第 1198 册,第 349 页。

的做法，指出："务为高远难行之事，则便不是道了。"① 许衡道不远人，道不离日用常行之事的思想在当时具有积极意义。

2. 虚是本然之性

许衡继承张载、程朱的思想并加以改造，提出虚是本然之性的思想，认为德性天赋，与气禀之性相区别，注重存养德性；其仁为体，知觉为用的思想与朱熹有别，而倾向于胡宏。

关于本然之性与气禀之性，许衡指出："'合虚与气，有性之名。'虚是本然之性，气是气禀之性。"② 他通过对张载"合虚与气，有性之名"的解释，把虚称之为本然之性，把气称为气禀之性。这既是对张载天地之性与气质之性相分思想的继承，同时也将其加以一定的改造。因为在张载看来，"太虚即气"，性是气所固有的属性，气为本，性从属于气，离开了虚与气，就谈不上性，虚与气是同一层次的范畴。而许衡则认为虚与气分别代表不同的性，把性源于气改造为虚就是性。张载所谓的天地之性源于虚，但不直接等于虚，许衡则将二者等同。并且，许衡把虚称为"理一"，把气称为"分殊"，这是对朱熹思想的继承，而与张载有别。许衡在论及本然之性与气禀之性的内涵和区别时指出了这一点。他说："仁义礼智信是明德，人皆有之，是本然之性，求之在我者也，理一是也；贫富贵贱死生修短祸福禀于气，是气禀之命，一定而不可易者也，分殊是也。"③ 许衡认为仁义礼智信便是本然之性，本然之性既是虚，又是理一，即把虚等同于理，这是对张载"太虚即气"思想的改造，而倾向于程朱"性即理"的思想。许衡把贫富贵贱死生修短祸福的分殊称为气禀之性，认为这是禀于气的差异造成的；本然之性则为理，则为一，这是气禀之性与本然之性的区别。

同本然之性与气禀之性的问题相联系，许衡进一步论述了性气关系问题。其内容涉及性为形而上，气为形而下。他说："性者即形而上者谓之道，理一是也；气者即形而下者谓之器，分殊是也。"④ 在许衡的思想体系里，性即道即理，三者为同一层次的本体范畴；气则与形器同属形而下的物范畴，从属于性、道等本体范畴。

性气的关系还表现在，性为一般，气则有异。他说："性道虽是一般，而气

---

① 许衡：《中庸直解》，《鲁斋遗书》卷五，文渊阁四库全书，第 1198 册，第 349 页。
② 许衡：《语录下》，《鲁斋遗书》卷二，文渊阁四库全书，第 1198 册，第 291 页。
③ 许衡：《语录下》，《鲁斋遗书》卷二，文渊阁四库全书，第 1198 册，第 291 页。
④ 许衡：《语录下》，《鲁斋遗书》卷二，文渊阁四库全书，第 1198 册，第 291 页。

禀或异。"① 性气关系相当于普遍性与特殊性的关系，性道一般即为普遍性，普天下之物都以性为存在的根据；气禀或异即为特殊性，禀气的差异形成具体事物的差异。一般又为理一，或异又为分殊，性气关系又相当于理一与分殊的关系。此外，许衡认为，性气二者性为善，气则有不同，即气或有善或有不善。他说："人性虽无不善，而气禀则有不同。"② 具体说来，"为恶者气，为善者是性"③。凡恶出自于气，善则是性所为，把恶的来源归于气。当然气也不只是恶，气有不同，即气有善有恶。

　　许衡提出德性天赋的思想，并主张存养德性。所谓德性，即人的道德本性，也就是性，它与本然之性是相通的。许衡认为，德性是天赋的，天具有道德的属性。他说："天赋与之德性，父母生之体发，百骸完具，物理皆备。"④ 天赋予人以德性，人的道德品质是先天的，而不是后天形成的。其德性也是性。"盖上帝降衷，人得之以为心，心形虽小，中间蕴藏天地万物之理，所谓性也，所谓明德也。"⑤ 其心中蕴藏着的理即是性，许衡把性与道德相联系，说明其哲学的性范畴兼有本体论与伦理学两重含义。许衡以仁义礼智信五常作为性的内涵，其性便具有了道德的属性，也即德性。他说："五常，性也，天命之性，性分中之所固有，君臣父子夫妇长幼朋友所行之道也，率性之道职分之所当为。"⑥ 他把儒家的伦理原则说成是性中固有，与生俱来，只要遵行其性便谓之道。并指出，五常既是性，又是德性，"这五件虽是天与人的德性，一个个人都有"⑦，强调五常之德性是天赋予人的，因而人人都有，不须外求，具有普遍性的意义。

　　许衡在肯定德性天赋和五常为性的基础上，针对物欲对性的干扰，提出存养德性的思想。他说："人禀天命之性为明德，本体虚灵不昧，具众理而应万事，与尧、舜神明为一，但众人多为气禀所拘，物欲所蔽，本性不得常存。"⑧ 人的本性不得常存，其原因在于多数人受到气禀的局限和物欲的影响。要使本性常存，就必须存养德性，即加强道德修养。他说："静时德性浑全，要存养；动

---

① 许衡：《中庸直解》，《鲁斋遗书》卷五，文渊阁四库全书，第1198册，第342页。
② 许衡：《中庸直解》，《鲁斋遗书》卷五，文渊阁四库全书，第1198册，第360页。
③ 许衡：《语录下》，《鲁斋遗书》卷二，文渊阁四库全书，第1198册，第288页。
④ 许衡：《语录下》，《鲁斋遗书》卷二，文渊阁四库全书，第1198册，第306页。
⑤ 许衡：《论明明德》，《鲁斋遗书》卷三，文渊阁四库全书，第1198册，第315页。
⑥ 许衡：《语录上》，《鲁斋遗书》卷一，文渊阁四库全书，第1198册，第276页。
⑦ 许衡：《大学要略》，《鲁斋遗书》卷三，文渊阁四库全书，第1198册，第310页。
⑧ 许衡：《语录下》，《鲁斋遗书》卷二，文渊阁四库全书，第1198册，第291页。

时应事接物，要省察。"① 许衡指出，当德性未发，处于静的状态时，这时德性尚未受到外界的干扰，是浑全的，此时就要加以存养，以不失善性；当性为已发，处于动的状态时，这时性发为情，"一念方动，非善即恶"②，此时就要加以省察，即按道德原则来"应事接物"，去恶归善，以保持善性。通过这样一番道德修养工夫，长此以往，就会使情发而中节，符合德性的原则，而无私意，则可以事天。他说："常存养其德性，而发为恻隐、羞恶、是非、辞让之情，不使少有私意变迁，夫如是，乃所以事天也。"③ 由于德性是天赋予的，只要通过存养，保持了善性，则自然与天一致了。许衡存养德性的目的在于使人们认识到"善是性中本然之理"④，而且要求人们为了保持善性，必须加强道德修养，"执之不使变迁"⑤，不致受到气禀人欲之恶的影响而丧失德性。由此可见，许衡的德性天赋论与道德修养论是相互联系的，讲天赋并不能代替修养，讲修养是为了保持天赋的善性。

　　许衡论性，还提出仁为体，知觉为用的思想，这体现了其理学的特点。所谓仁，即是性，许衡抬高仁在五常中的地位，认为仁是五常之长，是"性之至"。他说："仁者，性之至而爱之理也。……仁者，五常之长，故兼义礼智信。"⑥ 在仁与知觉的关系问题上，许衡以仁为体，以知觉为用。他说："若夫知觉，则仁之用，而仁者之所兼也。"⑦ 知觉是仁之用，仁必然是知觉之体。所谓知觉，指人的主观认识，它是心之所为。以仁为体，即是以性为体；以知觉为用，即是以心为用。性体心用，这是对南宋胡宏思想的继承，而与朱熹思想有别。许衡主张仁为体，知觉是仁的表现，是用之发，不同意把二者混为一谈。他说："仁者所以必有知觉，不可便以知觉名仁也。"⑧ 知觉不是仁，仁必有知觉，这是对陆九渊"仁义者，人之本心"思想的扬弃，而与朱熹"心非仁，心之德是仁"的思想接近。许衡指出："仁是心德，乃体之存；知是知识，乃用之发。"⑨ 虽然在以仁为体，以仁为心之德的见解上，许衡与朱熹一致，而不同于陆九渊，

---

① 许衡：《语录下》，《鲁斋遗书》卷二，文渊阁四库全书，第 1198 册，第 288 页。
② 许衡：《语录下》，《鲁斋遗书》卷二，文渊阁四库全书，第 1198 册，第 291 页。
③ 许衡：《语录下》，《鲁斋遗书》卷二，文渊阁四库全书，第 1198 册，第 290 页。
④ 许衡：《语录下》，《鲁斋遗书》卷二，文渊阁四库全书，第 1198 册，第 291 页。
⑤ 许衡：《语录下》，《鲁斋遗书》卷二，文渊阁四库全书，第 1198 册，第 291 页。
⑥ 许衡：《语录上》，《鲁斋遗书》卷一，文渊阁四库全书，第 1198 册，第 276 页。
⑦ 许衡：《语录上》，《鲁斋遗书》卷一，文渊阁四库全书，第 1198 册，第 276 页。
⑧ 许衡：《语录上》，《鲁斋遗书》卷一，文渊阁四库全书，第 1198 册，第 276 页。
⑨ 许衡：《中庸直解》，《鲁斋遗书》卷五，文渊阁四库全书，第 1198 册，第 368 页。

但在以知觉为仁之用的见解上,许衡却不同于朱熹,而倾向于胡宏。在其他一些地方,许衡曾提出过"心可谓仁"①的见解,把心与仁等同起来,这与他自己"不可便以知觉名仁"的观点自相矛盾。这表明许衡的性论吸取众家之长,但在逻辑的严密性方面尚有欠缺。许衡论性,继承宋代理学各派的思想,其在综合、吸取和改造的过程中,传播、推广了理学,为理学性论的广泛流行做出了自己的努力。

3. 心具众理应万事

虽然许衡对道高度重视,提出道为宇宙本原的思想,但他对心也予以一定程度的重视,提出心具众理应万事的思想,这成为其理学思想的重要组成部分。

以心为认识主体,心具有思虑与反映事物的功能和属性,这是许衡哲学心范畴的基本内涵。他说:"心是人之神明,人之一心虽不过方寸,然其本体至虚至灵,莫不有个自然知识。"②并称:"人之一心,……应万事的是大用。"③他认为人心虚灵,心中有自然知识,能够认识与反映事物。许衡继承朱熹,把心应万事比喻为以镜照物。他说:"圣人之心如明镜止水,物来不乱,物去不留。"④心对外物的反映犹如明镜止水,其反映功能具有客观性,不受其他任何干扰。许衡指出,心除了认识与反映事物外,还具有思虑的属性。他说:"人心虚灵,无槁木死灰不思之理,要当精于可思虑处。"⑤人心与槁木死灰不同,槁木死灰无思而心有思。这是对孟子"心之官则思"⑥思想的继承。许衡认识到思虑是无形的,指出"思虑尤无形"⑦,把无形的思维与有形的事物区别开,概括出心之思维的特点,即精神活动有别于物质现象的地方。许衡还指出,心的思维是认识义理的前提,心的认识对象是理,而理须通过心的思维才能得到。他说:"心常思则义理出,力常运则百事可作。"⑧心通过思考来掌握义理,心能思,而理由心的思虑得出。

以仁为心,心具有仁义道德的内涵,这是许衡对心作出的又一规定。他说:

---

① 许衡:《语录下》,《鲁斋遗书》卷二,文渊阁四库全书,第1198册,第291页。
② 许衡:《大学直解》,《鲁斋遗书》卷四,文渊阁四库全书,第1198册,第325页。
③ 许衡:《大学直解》,《鲁斋遗书》卷四,文渊阁四库全书,第1198册,第326页。
④ 许衡:《语录上》,《鲁斋遗书》卷一,文渊阁四库全书,第1198册,第276页。
⑤ 许衡:《语录上》,《鲁斋遗书》卷一,文渊阁四库全书,第1198册,第275页。
⑥ 《孟子·告子上》。
⑦ 许衡:《语录下》,《鲁斋遗书》卷二,文渊阁四库全书,第1198册,第292页。
⑧ 许衡:《语录下》,《鲁斋遗书》卷二,文渊阁四库全书,第1198册,第292页。

"心可谓仁也。……仁者以天地万物为一体,都知得痛痒,方是仁也。"[1] 在这里,许衡把心与仁等同起来,认为心即仁,仁具有某种知觉作用,这与心的功能有类似之处。"夫知觉则仁之用,而仁者之所兼也。"[2] 许衡以仁为心,这与朱熹"心非仁"的思想有所区别。他还说"仁者,人心之所固有"[3],认为仁是人心所固有,把二者合一。他对朱熹"心之德是仁"的观点加以自己的解释:"仁者,心之德,谓此理得之于心也。"[4] 把"心之德"的德训为得,理得于心,按其思想逻辑,便是理得于心之思,通过心的思虑,得到对理的认识。心可谓仁,然而心不可谓之理,理与心不能简单画等号。从心可谓仁出发,许衡进一步把心的外延扩大,认为不仅人心为仁,而且天地之心亦为仁。"天地之心,仁而已。"[5] 仁不仅是人心的内容,而且也是天地之心的属性,通过仁,把人心与天地之心相沟通,整个宇宙充满着仁爱精神。

关于心与理的关系,许衡理学的基本思路是,二者既有区别,不能相混;又有联系,是相互贯通的。二者的区别在于:人心有知,是认识主体,能够认识理;理无知,是宇宙本体,被心所认识。一般说来,在许衡的哲学体系里,心不具有宇宙本体的意义。他曾说:"盖上帝降衷,人得之以为心,心形虽小,中间蕴藏天地万物之理,所谓性也,所谓明德也,虚灵明觉,神妙不测,与天地一般,故圣人说天地人为三才。"[6] 可见在心之上还有个上帝为其根源。心中蕴藏着理,也即所谓性,但心并不等同于理或性。心与天地一般,是说虚灵明觉之心能够反映天地,人心与天地合一。天地人为三才,并不等于心即天,也不意味着心与天均为宇宙本体。心与理关系的实质是"理具于人心"[7],心"能具众理"[8]。所谓"具",指具有、存在。理存在于人心,心具备理,它与"心即理"把二者等同的意义是不同的。

心与理的联系和相互贯通表现在,虽然心、理有别,但"心之所存者理"[9],理存在于人心之中,这与心具理的思想相一致。并且许衡认为,穷理与认识心

---

[1] 许衡:《语录下》,《鲁斋遗书》卷二,文渊阁四库全书,第1198册,第291页。
[2] 许衡:《语录上》,《鲁斋遗书》卷一,文渊阁四库全书,第1198册,第276页。
[3] 许衡:《语录上》,《鲁斋遗书》卷一,文渊阁四库全书,第1198册,第276页。
[4] 许衡:《语录下》,《鲁斋遗书》卷二,文渊阁四库全书,第1198册,第304页。
[5] 许衡:《语录下》,《鲁斋遗书》卷二,文渊阁四库全书,第1198册,第306页。
[6] 许衡:《论明明德》,《鲁斋遗书》卷三,文渊阁四库全书,第1198册,第315页。
[7] 许衡:《中庸直解》,《鲁斋遗书》卷五,文渊阁四库全书,第1198册,第341页。
[8] 许衡:《大学直解》,《鲁斋遗书》卷四,文渊阁四库全书,第1198册,第326页。
[9] 许衡:《语录下》,《鲁斋遗书》卷二,文渊阁四库全书,第1198册,第288页。

中的知识是紧密联系的。他说:"若要推极本心的知识,又在穷究天下事物之理,直到那至极处,不可有一些不到。"①许衡主张一事一物地即物穷理,这与朱熹的思想相同。他认为,心中虽有知识,但如果不去穷理,"也未免昏昧欠缺,有不能尽了"②,所以必须穷理,才能推极本心。由于心与理的关系如此密切,许衡在回答"心也、性也、天也,一理也,如何?"这一问题时指出:"便是一以贯之。"③他认为心、理、性、天互相贯通,表现出某种心理融和的倾向。尽管如此,许衡的心论仍没有明显的心本论倾向。理贯通于心也不等同于"理即心,心即理"。

性在许衡的理学、哲学思想体系里,是与道、理相当,异名同实的本体范畴,理存在于心即是性。在心与性的关系上,许衡继承了朱熹的思想,认为心统性情,性是心之体,情是心之用。他说:"心统性情者也,性者,心之体;情者,心之用也。"④心统性情便是心兼体用,把性情都包括在心中。性虽为心之体,但心不等于性,这表现在,"先知其性,然后能尽心,非尽其心而后知其性"⑤。知性与尽心有先后之分,可见心性是有区别的。许衡以先知其性作为尽心的前提,这与朱熹"穷理以明心"的思想相近,而与陆九渊"先立乎其大"的思想有别。

许衡在继承朱熹思想的基础上,提出心具众理应万事的思想,其心论主要倾向于朱熹。他亦主张心分为二,并在其哲学体系中引进气范畴,指出"声色臭味发于气,人心也,便是人欲;仁义五常根于性,道心也,便是天理"⑥。这与陆九渊很少讲气,反对道心人心之分和天理人欲之分的思想有异。但他"心可谓仁"的思想则与朱熹"心非仁"的思想有别,而倾向于陆九渊"仁即此心"的思想。

(三)求理、行道以治经

许衡治经,重在求理以行道。由此他重实理,批评宋儒近理而乱真的流弊;重躬行践履以行道,强调圣人之道不在训诂章句,而在真知践履。这体现了许衡经学的特点。

---

① 许衡:《大学直解》,《鲁斋遗书》卷四,文渊阁四库全书,第1198册,第319页。
② 许衡:《大学直解》,《鲁斋遗书》卷四,文渊阁四库全书,第1198册,第326页。
③ 许衡:《语录上》,《鲁斋遗书》卷一,文渊阁四库全书,第1198册,第275页。
④ 许衡:《语录下》,《鲁斋遗书》卷二,文渊阁四库全书,第1198册,第288页。
⑤ 许衡:《语录下》,《鲁斋遗书》卷二,文渊阁四库全书,第1198册,第288页。
⑥ 许衡:《语录下》,《鲁斋遗书》卷二,文渊阁四库全书,第1198册,第288页。

关于求理与追求文笔形式的关系，许衡强调以求理为立论的依据，而不当驰骋文笔，追求外在的程式。他说："凡立论必求事之所在，理果如何？不当驰骋文笔，如程试文字，捏合抑扬。且如论性说孟子，却缴得荀子道性恶，又缴得杨子道善恶混，又缴出性分三品之说。如此等文字，皆文士驰骋笔端，如策士说客不求真是，只要以利害惑人。若果真见是非之所在，只当主张孟子，不当说许多相缴之语。"①立论须求得其理为如何，而不应驰骋笔端，偏离理的要求。如论性就应该从《孟子》中求得性善之本旨，而不得驰骋文笔，随意发挥出荀子的性恶论、扬雄的性善恶混论，以及董仲舒的性三品说等，而偏离孟子的性善之理。从求理出发，许衡批评了宋儒文章表面上近理，实则未得到实理的流弊。他说："宋文章近理者多，然得实理者亦少。世所谓弥近理而大乱真，宋文章多有之。读者直须明著眼目。"②他认为宋儒文章表面近理，实则乱真，而未得实理。这表明许衡所要追求的理乃实理，与宋儒近理而乱真所求的理不同。许衡亦把所求之理等同于本然之性，其性即理，均以仁义礼智信为内涵。他说："仁义礼智信是明德，人皆有之，是本然之性，求之在我者也，理一是也。"③仁义礼智信之性即理，求之在我，便是求理。

从求理出发，许衡重视将所求之道理贯彻于行，付诸践履，而反对将经书所言视为空言而不力行。他说："盖《中庸》一书，所言圣学始终之要，尽在这一章里面。读者当身体而力行之，勿徒视为空言可也。"④他主张对于儒家经典"四书"之《中庸》所讲的圣学始终之要，即经典之道理，应当身体力行，贯彻到实践中去，切不可以空言视之，而不得实理。并进一步强调把真知圣人之道与践履结合起来，即知行结合，用心去求，不限于章句训诂之末。他说："圣人之道当真知，当践履，当求之于心，章句训诂云乎哉？"⑤圣人之道不在训诂章句，而在真知践履，用心领会。这表明其治经的目的在于真知力行圣人之道，而非章句训诂。

由此，许衡强调为学之道须体现在行上，治经求道以躬行为先。通过治经而体现为己之学，凡有所未能，则当勉而行之；而有所未合，则须改之。在治经中体现重行的思想，而不停留在诵书作文的阶段。他说："凡为学之道必须

---

① 许衡：《语录上》，《鲁斋遗书》卷一，文渊阁四库全书，第1198册，第281页。
② 许衡：《语录上》，《鲁斋遗书》卷一，文渊阁四库全书，第1198册，第281页。
③ 许衡：《语录下》，《鲁斋遗书》卷二，文渊阁四库全书，第1198册，第291页。
④ 许衡：《中庸直解》，《鲁斋遗书》卷五，文渊阁四库全书，第1198册，第382页。
⑤ 许衡：《语录下》，《鲁斋遗书》卷二，文渊阁四库全书，第1198册，第300页。

一言一句自求己事，如'六经'、《语》、《孟》中，我所未能，当勉而行之；或我所行不合于'六经'、《语》、《孟》中，便须改之。先务躬行，非止诵书作文而已。"① 治经学须将"六经"、《语》、《孟》中的道理勉力行之，并以"六经"、《语》、《孟》中的道理来指导行，指导实践，不能满足于诵书作文的表面工夫。这体现了许衡治经以求理、行道为重的思想特点。其治经重躬行践履的思想是为了推广经学，而不把治经学限于读书讲学、诵书作文的方面。

除"六经"、《语》、《孟》外，许衡对《大学》中的道理也十分重视，要求学者用心体验，并将其付诸行。他说："齐家、治国、平天下的道理，凡文人、武人都要这个道理。圣人千言万语，不过只是说这几件的道理。这几件的道理，须索用自己心一件件体验过，依着行呵，便有益。"②《大学》的修齐治平之道，须于自己心中一一体验，并将其一步步地贯彻到行即实践中，以取得效益。

对于《中庸》提出的博学、审问、慎思、明辨、笃行五个方面，许衡把学、问、思、辨前四个方面纳入知的范畴，而把笃行之行作为与知相对应的范畴，强调于笃实处实践的重要性。他说："学问思辨既有所得，必皆著实见于践履而躬行之。……不行则已，行则必须到那笃实处，不至于允蹈实践也，决不肯舍了。他人只用一倍工夫，便能知能行，我则加以百倍工夫，必要到那去处。他人只用十倍工夫，便能知能行，我则加以千倍工夫，必要到那去处。"③ 许衡认为在学、问、思、辨中所得到的知识和道理，要通过躬行践履来体现，即道理要实践于行，否则无从体现。他强调行的重要性，须笃实而行，付诸实践，而不可放弃。许衡在知行问题上表现出极大的关注，主张以百倍、千倍的努力下功夫，以达到能知能行的境界。

质言之，许衡治经，重求理、行道。他以朱熹之言为师，穷理以致其知，反躬以践其实。始由《小学》而"四书"，讲贯精透后再进于《易》《诗》《书》《春秋》等"六经"，继承了宋儒重"四书"义理之学的思想。通过注解《大学》《中庸》等来阐发其义理思想；并探讨了理学诸范畴及范畴之间的相互关系，把经学与理学结合起来。其治经，重在求理以行道，重躬行践履，强调圣人之道不在训诂章句，而在真知践履。许衡的经学思想和理学观在元代产生了重要影响，是连接宋明，承上启下的中间环节。

---

① 许衡：《语录上》，《鲁斋遗书》卷一，文渊阁四库全书，第1198册，第276页。
② 许衡：《小学大义》，《鲁斋遗书》卷三，文渊阁四库全书，第1198册，第312页。
③ 许衡：《中庸直解》，《鲁斋遗书》卷五，文渊阁四库全书，第1198册，第365页。

二、刘因的经学与理学思想

刘因（1249—1293），与许衡、吴澄齐名，并称为元朝三大儒，亦是元朝重要的理学家、经学家。字梦吉，号静修，雄州容城（今河北容城）人。幼受庭教，从其父刘述学。后南宋儒生砚弥坚教授真定府学，刘因从之受业，受到砚弥坚思想的一定影响。其著作现存的主要有《静修集》，今《四库全书》本25卷，续集3卷，这是研究刘因思想的主要资料。刘因另将朱熹有关"四书"的文字加以摘要选编，撰为《四书集义精要》，今《四库全书》本有28卷，约10万字，以此可见刘因对朱熹"四书"学的理解和选择，可作为研究刘因思想的参考。

与许衡积极入仕，为元王朝服务不同，刘因消极退隐，采取与元统治者不合作的态度。陶宗仪《辍耕录》记述："初，许衡之应召也，道过真定，因谓曰：'公一聘而起，无乃速乎！'衡曰：'不如此，则道不行。'及先生（指刘因）不受集贤之命，或问之，乃曰：'不如此，则道不尊。'"[①] 许衡做官入仕，是为了推行儒家圣人之道。刘因退隐，也是为了表示圣人之道的尊严，不与元统治者合作。两人代表了儒学的两种不同的风骨。但就维护圣人之道而言，两人却是一致的。

刘因早年从砚弥坚先生游，治经学，究训诂疏释之说。但认为圣人精义，不止于此。后得周敦颐、二程、张载、邵雍、朱熹、吕祖谦等理学家的书而读之，逐步由经学扩展到理学，提出"议论之学自传注疏释出"的思想，即议论之理学出自于传注疏释之汉唐经学。同时强调经学与理学的联系及发挥理学思想的重要性，其理学思想具有兼容贯通，调和朱陆，沟通心学与理学的倾向。

（一）"议论之学自传注疏释出"的思想

刘因作为元代北方学者，其经学体现了有别于宋学和朱学的时代特征和地域特色。同时他作为元代理学家，又具有继承和发展宋学与朱学的思想因素。其时，元世祖忽必烈虽通过武力入主中原，但对中原制度文化则实行"祖述变通"与"效行汉法"的方略，代表汉文化核心内容的理学开始受到重视，并在此基础上得以继续流传发展。生活在这个时代的刘因，其经学与理学思想正是这个时代思想的反映。关于刘因思想的形成与演变，《元史·刘因传》称："国

---

① 黄宗羲：《静修学案·附录》，《宋元学案》卷九十一，第3022页。

子司业砚弥坚教授真定，因从之游，同舍生皆不能及。初为经学，究训诂疏释之说，辄叹曰：'圣人精义，殆不止此。'及得周、程、张、邵、朱、吕之书，一见能发其微。曰：'我固谓当有是也。'及评其学之所长，而曰：'邵，至大也；周，至精也；程，至正也；朱子，极其大，尽其精，而贯之以正也。'其高见远识率类此。"[①] 这段文字简述了刘因治学，由起初的究训诂疏释之说到接受理学，将经学与理学结合起来的过程。但刘因的思想仍与前代理学家及朱熹思想有别，存在着相异之处。这主要表现在：朱熹以"四书"为先、为主，侧重从"四书"中阐发义理，而刘因则以"六经"为先，直接从"六经"阐发义理；刘因认为"议论之学自传注疏释出"，而前代理学家不重传注疏释，但凭己意说经。

1. 重"六经"，以"六经"穷天下之理

宋代经学的集大成者朱熹继承二程，以"四书"及"四书"义理之学取代"六经"及"六经"训诂之学作为整个经学的主体和基础，强调"四书"重于"六经"；以"四书"发明道统，为建构和完善理学思想体系作论证，以"四书"阐发义理，其中包含了天理论、心性论、认识论等丰富的哲理，将以往的"四书"学发展到一个新的高度，从而集"四书"学之大成，革新并改变了中国经学发展的方向，对中国后期封建社会的思想文化产生了重要影响。朱熹认为，"四书"直接体现了圣人之道，而"六经"不过是关于圣人之道的间接材料。因而"四书"重于"六经"。

与朱熹思想有所不同，刘因对"六经"则很重视，把"六经"置于"四书"之先的位置，主张学者治学应先"六经"而后《语》《孟》，直接从"六经"中穷天下之理。他在为学者陈述读书为学之次第时说：

> 诸生从余问学有年矣，而余梗于他故，不能始卒成夫教育英才之乐，故其为陈读书为学之次叙，庶不至于差且紊而败其全材也。先秦三代之书，"六经"、《语》、《孟》为大。世变既下，风俗日坏，学者与世俯仰，莫之致力，欲其材之全，得乎三代之学，大小之次第，先后之品节，虽有余绪，竟亦莫之适从，惟当致力"六经"、《语》、《孟》耳。世人往往以《语》、《孟》为学问之始，而不知《语》、《孟》，圣贤之成终者。所谓博学而详说之，将以反说约者也。圣贤以是为终，学者以是为始，未说圣贤之详，遽

---

① 宋濂等：《刘因传》，《元史》卷一百七十一，文渊阁四库全书，第295册，第326页。

说圣贤之约，不亦背驰矣乎。所谓颜状未离于婴孩，高谈已及于性命者也。虽然句读训诂不可不通，惟当熟读，不可强解。优游讽诵，涵咏胸中，虽不明了，以为先入之主可也。必欲明之，不凿则惑耳。"六经"既毕，反而求之，自得之矣。①

虽然刘因认为先秦三代之书，"六经"和《语》《孟》同样为大，但从大小次第、先后顺序来讲，则应按照"博学而详说之，将以反说约者也"的圣贤之教的原则，以"六经"为先，以《语》《孟》为后，这是因为"六经"为博，而《语》《孟》为约，治经学应遵循博而反约、先博后约的原则。这与朱熹先《语》《孟》等"四书"，后"六经"的治学次第迥然相异。经典读书次序的不同，反映了刘因经学思想与朱学的差异。在刘因看来，"六经"体现了圣人体用本末之学，体用一贯，本末皆举，即穷究天下之理，遵循由《诗》《书》《礼》《春秋》而《易》的治学次第，即可穷天下之理，穷理尽性以至于命，以体现圣人成始而成终之教。他把治《语》《孟》放在治"六经"之后，强调不得躐等超越，未及"六经"之实，而务性命议论之学，主张只有治"六经"既毕，才能反求之性命自得之学。即把"六经"穷理之学放在优先于《语》《孟》性命之学的位置。他说：

治"六经"必自《诗》始，古之人十三诵《诗》，盖《诗》吟咏情性，感发志意，中和之音在是焉。人之不明，血气蔽之耳。《诗》能导情性而开血气，使幼而常闻歌诵之声，长而不失刺美之意，虽有血气，焉得而蔽也。《诗》而后《书》，《书》所谓圣人之情见乎辞者也，即辞以求情，情可得矣。血气既开，情性既得，大本立矣。本立则可以征夫用，用莫大于礼。三代之礼废矣，见于今者，汉儒所集之《礼记》、周公所著之《周礼》也。二书既治，非《春秋》无以断也。《春秋》以天道、王法断天下之事业也。《春秋》既治，则圣人之用见。本诸《诗》以求其情，本诸《书》以求其辞，本诸《礼》以求其节，本诸《春秋》以求其断，然后以《诗》、《书》、《礼》为学之体，《春秋》为学之用。一贯本末具举，天下之理穷。理穷而性尽矣。穷理尽性以至于命，而后举夫《易》，《易》也者，圣人所以成终而所成始也。学者于是用心焉。是故礼乐不明则不可以学《春秋》，五经不

---

① 刘因：《叙学》，《静修集》，《续集》卷三，文渊阁四库全书，第1198册，第683页。

明则不可以学《易》。夫不知其粗者则其精者岂能知也？迩者未尽则其远者岂能尽也？学者多好高务远，求名而遗实，逾分而远探，躐等而力穷，故人异学，家异传，圣人之意晦而不明也。①

针对当时性命之学盛行后出现的弊端，刘因强调治经学先"六经"后《语》《孟》的次第。

在治"六经"上，排列出由《诗》而《书》，而《礼》，而《春秋》，而《易》的治学顺序。《诗》能导情性而开血气，《书》则"即辞以求情"，通过治《诗》《书》达到得情性而立大本。大本立则求其用，通过治《礼记》《周礼》二书而达其用。《春秋》则以天道、王法断天下之事业，通过治《春秋》即可体现圣人之用。由此本之于《诗》以求其情，本之于《书》以求其辞，本之于《礼》以求其节，本之于《春秋》以求其断。然后以《诗》《书》《礼》为学之体，《春秋》为学之用，将本末体用一以贯之，则可穷天下之理。而后通过治《易》达成圣人成终而成始之学。这即是刘因所主张的治"六经"之学的次第和治学思想，而与朱熹所主张的"六经"与圣人本意之间已有间隔，不如直接从《论语》《孟子》等"四书"中去领会圣人之旨的重"四书"轻"六经"，先"四书"而后"六经"的治经路数存在着差异。这与程朱之学自宋末元初以来盛极一时，并为统治者所用而出现流弊，其时经学对其流弊的纠偏有关，一定程度表现出元代经学的特色。刘因强调，治经学应遵循博而后约，由近及远，由粗至精，先"六经"后"四书"的次第和原则，而不能好高骛远，躐等逾分，指出学者有违于此正是圣人之意晦而不明的原因。由此他重视"六经"，从"六经"中求"天下之理"。这与朱熹"四书"重于、先于"六经"，《诗》《书》《易》《春秋》等"六经"并非治经之急务，其本义皆非为阐发义理而作的思想形成对照。

需要指出的是，虽然刘因重视"六经"，以"六经"穷天下之理，但他对《论语》《孟子》等"四书"并非不重视。他在先"六经"而后"四书"的前提下，亦不忽视《语》《孟》等"四书"。他对朱熹有关注解"四书"的文字加以整理，标举要领，摘要选编，撰为《四书集义精要》，使朱熹"四书"之说得以在元代继续流传而不惑于歧义。这是刘因重"四书"的表现。

2. 融合汉宋，"议论之学自传注疏释出"

在中国经学发展史上，概括地讲，汉学重训诂，宋学重义理。汉唐经学家

---

① 刘因：《叙学》，《静修集》，《续集》卷三，文渊阁四库全书，第1198册，第683—684页。

延续了重章句训诂的传统，提倡注不违经，疏不破注的注疏之学，而不大重视对经书义理的探讨。而宋学学者则以讲义理为主，虽然在宋学内部有理学和非理学等各派的分野，但宋学之于汉学，从其本质特征上讲，是以重义理阐发、轻训诂疏释的义理之学与重章句训诂、烦琐释经的汉唐训诂注疏之学相区别。虽然在汉学中，也有重视义理，注意发挥经典中的微言大义的，而在宋学中也有重训诂考辨的，但大致可以说，重义理是宋学区别于汉学的显著特征。刘因既重视宋学义理和新儒学的天理，又看到宋学学者和理学家以己意解经而忽视训诂疏释，使所讲义理缺乏经文依据的弊病，于是提出了"议论之学自传注疏释出"的思想，把议论之学即心性义理之学建立在对经传训诂考释的基础上，将重心性义理的议论之学与重训诂的传注疏释之学结合起来，体现出融合汉宋的倾向。他说：

> "六经"自火于秦，传注于汉，疏释于唐，议论于宋，日起而日变。学者亦当知其先后，不以彼之言而变吾之良知也。近世学者往往舍传注疏释，便废诸儒之议论。盖不知议论之学自传注疏释出，特更作正大高明之论尔。传注疏释之于经，十得其六七。宋儒用力之勤，铲伪以真，补其三四而备之也。故必先传注而后疏释，疏释而后议论。始终原委，推索究竟，以己意体察，为之权衡，折之于天理人情之至。勿好新奇，勿好辟异，勿好诋评，勿生穿凿。平吾心，易吾气，充周隐微，无使亏欠。若发强弩，必当穿彻而中的；若论罪囚，棒棒见血而得情。毋惨刻，毋细碎，毋诞妄，毋临深以为高，渊实昭旷，开廓恳恻，然后为得也。[①]

刘因回顾了经学演变的历史，自秦始皇焚书坑儒，儒家经典遭到严重损毁以来，汉代经师为了恢复经典原貌，弄懂经文原义而对经书传文加以注解，其后唐代儒生又对汉代经师的注文加以疏释，至宋代，宋学学者对前代的传注疏释加以议论而阐发义理，即经学的发展演变大致经历了由传注到疏释到议论这样几个发展阶段，从而得出后起的议论之学应建立在先前的传注之学和疏释之学的基础上的观点。由此他批评"近世学者"舍传注疏释而发议论的治学倾向，认为这实际是废弃了诸儒之议论，即抽掉了心性义理议论之学的基础。刘因提出的这一思想是对当时宋元以来学者们过分重心性义理而忽视心性义理的来源

---

① 刘因：《叙学》，《静修集》，《续集》卷三，文渊阁四库全书，第 1198 册，第 684 页。

和根据的流弊的纠偏。刘因指出，阐发心性义理的议论之学出自汉唐学者的传注疏释之学，是在传注疏释的基础上"更作正大高明之论尔"，强调正大高明之论离不开汉唐的传注疏释之学。就整个经学的流传发展而言，传注疏释之学对于经，已经是十得其六七，宋儒又加以发挥，铲伪存真，补充其三四而得以完备。所以治经学必须遵循先传注而后疏释，而后再议论的治学次第，先传注疏释，后发挥议论，这样通过"始终原委，推索究竟"，再以己意体察，为之权衡，折中于天理人情之至，从中阐发心性义理之学。这与其把"六经"置于"四书"之先，主张先"六经"而后《语》《孟》的思想相一致，体现了刘因治经学把对"六经"的注疏考释放在对"四书"义理的阐发之先的特点。但刘因并不是不重视心性义理，只不过他把讲心性义理的议论之学建立在传注疏释的基础上，体现了刘因由经学而理学的思想发展过程。

尽管刘因提出"议论之学自传注疏释出"的思想，把讲心性义理的议论之学建立在汉唐传注疏释的基础上，但他对忽视义理的记诵词章之学仍提出批评，而宣扬"立人道"，重视君臣父子之义理。他说："学诗书礼乐者，各以所习之业而祭其先师也，孔子岂诗书礼乐专门之师耶。既非诗书礼乐专门之师，岂乐官所得而私者耶。诗书礼乐之官且不得而私，又岂后世俗儒记诵词章者之所得而私也。……孔子立人道者也，今吾之所以为人，君君臣臣父父子子，而不沦胥于禽兽之域者，其谁之力欤？"① 刘因认为学习诗书礼乐的人都是各以其所习之业来祭祀其先师，而孔子并非诗书礼乐某一类中的专门之师，所以不应把孔子作为某一门类的先师来加以祭祀，各个门类均不得把孔子"所得而私"，孔子应是整个儒学各门类共同的先师。既然诗书礼乐之官都不能得而私，那后世的记诵词章的俗儒更不能得而私。孔子之学在于立人道，而人之所以为人，在于具备了君臣父子之义理，以此与禽兽区别开来。从重视立人道出发，刘因批评了把注意力仅放在记诵词章的治经倾向，认为立人道是记诵词章所不能企及的。这体现了刘因以立人道为治经之本的思想。

（二）理学思想

作为元代理学家，刘因的经学思想与其理学是联系在一起的，他在治经的过程中，通过读诸理学家的书而发挥理学思想。据《元史·刘因传》称："及得周、程、张、邵、朱、吕之书，一见能发其微，曰：'我固谓当有是也。'及评

---

① 刘因：《高林重修孔子庙记》，《静修集》卷十，文渊阁四库全书，第1198册，第560页。

其学之所长，而曰：'邵，至大也；周，至精也；程，至正也；朱子，极其大，尽其精，而贯之以正也。'"① 其理学思想的特点是不偏向于理学中的某一派，而是兼容贯通，融合诸家，吸取邵雍、周敦颐、二程、朱熹等诸家之长，并有调和朱陆、沟通心学与理学的倾向。

1. 道本论

刘因的道本论思想基本上继承了朱学的传统，并提倡理一分殊说，重视道的儒家伦理道德的内涵。但在某些方面，对陆九渊心学也有所吸取；并在吸取借鉴老子道论的同时，对老庄脱离仁义道德而言道的思想也提出批评。

（1）道为宇宙本体

刘因以"道"为宇宙万物的本体和万物产生的本原。他说："道之体本静，出物而不出于物，制物而不为物所制。以一制万，变而不变者也。以理之相对，势之相寻，数之相为，流易者而观之，则凡事物之肖夫道之体者，皆洒然而无所累，变通不可穷也。彼老氏则实见夫此者，吾亦有取于老氏之见夫此也。"② 刘因明言有取于老子的"道"论，这与宋儒公开批评老庄而暗中吸取其思想有所不同。刘因所谓的道体本静，是对老子"归根曰静""静为躁君"思想的吸取。刘因认为，道是产生万物的本原，它"出物而不出于物"；道又是万物存在的根据，它"制物而不为物所制"。道是一，事物是万，一是万的根据，道是万物的本体，事物之中都体现了道。与此相关，刘因亦提出"理一分殊"的命题。他说："天地之间，理一而已，爰执厥中，散为万事，终焉而合，复为一理。天地，人也；人，天地也。圣贤，我也；我，圣贤也。"③ 他认为天地间只有一理，通过执中，理散为万事万物，万物又复合为一理；天人合一，圣贤与我一体。这既是对程朱思想的继承，又突出了人的主体性，具有一定的心学色彩。刘因还指出："物与道以为体兮，今舍此其孰依？"④ 物以道为体，舍道则物无所依据。在道与万物的关系问题上，刘因明确表达了道（理）是天地万物的本体，是宇宙的本原，万物由道产生，道是万物之所以存在的根据的思想。刘因的这一思想既是对老子道论的吸取，又是对程朱思想的继承和发挥。

刘因的道又与太极相通。他说："寂然不动，道之体立，所谓易有太极者也。及受命而出也，感而遂通，神之用行，所谓是生两仪。两仪生四象，四象

---

① 宋濂等：《刘因传》，《元史》卷一百七十一，文渊阁四库全书，第295册，第326页。
② 刘因：《退斋记》，《静修集》卷十，文渊阁四库全书，第1198册，第560页。
③ 刘因：《希圣解》，《静修集》卷二十二，文渊阁四库全书，第1198册，第650页。
④ 刘因：《洛水李君墓表》，《静修集》卷九，文渊阁四库全书，第1198册，第553页。

生八卦，八卦定吉凶，吉凶生大业者也。"① 寂然不动之道就是《易》所谓的太极。道生万物，也就是太极通过两仪、四象、八卦而产生。刘因以太极言道，这是对程朱思想的继承。

（2）道具有仁义道德属性

刘因继承了宋代理学以伦理道德作为道的内涵规定的思想，提出道就是仁义礼智的观点。他说："夫仁义礼智，天道固有，所谓命也。"② 仁义礼智是天道固有的内容，伦理道德既是道，又是命。这就把儒家伦理上升到本体的高度，作为宇宙的普遍法则而支配万物。刘因还说："君臣父子各得乎天理，而止其所矣。"③ 君臣父子的规范既是道，又是天理。这是强调君臣父子之伦常乃是得之于天，而人之所以为人的依据。

（3）心、道并举

刘因不仅继承了朱熹论道的思想，而且对陆九渊心学也有所吸取。他有时将道与心并举，道所具有的本体范畴的意义，心也同样具有。这样，道与心便互相沟通，刘因的道也就具有本体范畴主体化的倾向。他说："夫道无时而不有，无处而不在也。故欲为善、为君子盖无时无处而不可，而吾初心亦无时无处而不得其遂也。……心境本无外，而自拘于一隅；道体本周遍，而自滞于一偏。其为累也，甚矣。"④ 道无时不有，无处不在，心因而"亦无时无处而不得其遂"；"道体"充塞宇宙，周遍万物而不遗，"心境"也囊括宇宙，世间本无心外之物。这里，道与心在内涵规定上是相同的，主体之心同样具有本体论的哲学意义，不纯就道德修养上立论。

（4）对老庄之道的批评

刘因的道论，一方面吸取了老子以道为宇宙本体、道生万物的思想，另一方面站在理学的立场，对老庄脱离仁义道德而言道的思想提出了批评，体现出儒、道两家思想的差异。他说："老氏其知道之体乎？……彼老氏则实见夫此者，吾亦有取于老氏之见夫此也。虽然，惟其窃以济其术而自利，则有以害夫吾之义也。……呜呼！挟是术以往，则莫不以一身之利害而节量天下之休戚，其终必至于误国而害民。"⑤ 刘因公开承认对老子的道论"亦有取"，这与宋代理

---

① 刘因：《椟蓍记》，《静修集》卷七，文渊阁四库全书，第 1198 册，第 534 页。
② 刘因：《书王维集后》，《静修集》卷十二，文渊阁四库全书，第 1198 册，第 582 页。
③ 刘因：《集注阴符经序》，《静修集》卷十一，文渊阁四库全书，第 1198 册，第 570 页。
④ 刘因：《遂初亭说》，《静修集》卷十一，文渊阁四库全书，第 1198 册，第 574 页。
⑤ 刘因：《退斋记》，《静修集》卷十，文渊阁四库全书，第 1198 册，第 560—561 页。

学家在建构其本体论哲学体系时实际上吸取了老子的思想，但不予公开承认是有所不同的。刘因认为，虽然老氏的道论提出了"出物而不出于物，制物而不为物所制"①这样一些可取的思想，但老氏之道没有仁义道德的内涵，是自利而害义，在义利关系上与儒家重义轻利的价值观不同，如果按老氏之道行事，就会斤斤计较于个人"一身之利害"，而把天下大事置之不顾，最终造成"误国而害民"的结果。刘因在这里提倡的是一种儒家的集体主义精神，主张把个人利益融合到公共利益之中，他对害义而自利的思想是坚决反对的。老子"大道废，有仁义"，道与仁义不并存的思想与刘因以仁义礼智为道的思想是格格不入的。

刘因不仅批评了老子的观点，而且对庄子的思想也提出了异议。他说：

> 吾之所谓齐也，吾之所谓无适而不可也，有道以为之主焉。故大行而不加，穷居而不损，随时变易，遇物赋形，安往而不齐？安往而不可也？此吾之所谓齐与可者，必循序穷理而后可以言之。周则不然，一举而纳事物于幻，而谓窈冥恍惚中自有所谓道者存焉。噫！卤莽厌烦者孰不乐其易而为之，得罪于名教，失志于当时者，孰不利其说而趋之。在正始、熙宁之徒固不足道，而世之所谓大儒，一遇困折而姑借其说以自遣者，亦实有之。要之，皆不知义命而已矣。②

刘因指出，儒家之道是"随时变易，遇物赋形"，所以它必须即物循序穷理才能言之。庄周却把事物认作虚幻，其道存在于虚无恍惚之中，那些违背了儒家名教，不得志之人纷纷以就其说。刘因强调，庄周之道与儒家之道的不同之处在于"不知义命而已"。所谓义，即儒家伦理道德之义；所谓命，即仁义礼智等先天赋予之命。庄周脱离儒家仁义道德的"义命"而于恍惚之中言其道，这是刘因所反对的。

刘因的道本论基本上是对朱熹学说的继承和发挥，同时对陆九渊的心学观点亦有所吸收，在道与心的关系上，虽然刘因没有作正面的论述，但他将道与心并举，二者含义相当，因而带有折中朱陆的色彩。刘因对老庄脱离仁义道德而言道的思想提出批评，但吸取了老子以道为宇宙本体的思想，并公开承认这一点，这与宋代理学家实取老氏之说而闭口不谈相异。刘因作为元代重要理学

---

① 刘因：《退斋记》，《静修集》卷十，文渊阁四库全书，第1198册，第560页。
② 刘因：《庄周梦蝶图序》，《静修集》卷十一，文渊阁四库全书，第1198册，第569页。

家，其道本论思想在元代理学史上应占有一定的地位。

2. 心、理无间说

刘因一方面继承朱熹，提出"天地之间，理一而已"的思想，另一方面又吸取陆九渊心学，认为心生成万物，为宇宙之本原，并会合朱陆，提出心、理无间的思想，反映了元代理学发展的趋向。

（1）心生成万物

在对心的内涵的规定上，刘因认为，心是宇宙的本原，万物由心生成。他说"寸心仁厚处，万物自生成"①。心中含有仁，是万物产生的根源。从时间上讲，"寸心千载生"②，"惟余方寸心，天地相后先"③，心生千载，是时间的主宰，心产生天地在先，天地由心生在后。从空间上看，"人心之灵有可以参天地而赞化育者存"④，天地之化育存在于人心，万物均在心的包涵之中。"谁谓包涵心有外，我知弥满道无偏。"⑤他把心与道并举，二者均为宇宙本体，认为"心境本无外"⑥，心外无物，心境囊括了整个宇宙。较为明确地把宇宙本原归之于心，这是刘因倾向于陆九渊心学的地方。

（2）心、理无间

在心与理的关系上，刘因提出心、理无间的思想，认为心理合一无间，表现出调和朱陆的倾向。他说："心同义理元无间，从此俱看未忍时。"⑦心与理之间没有间隔而相通，心即理。这便是对陆九渊心学的吸取。他还说："其所以参天地而与之相终始者，皆天理人心之所不容已。"⑧人在宇宙之间，不过仅存数十年，然而人却可以与天地相始终，这是因为人心与天理相通，而从不停止对天地的主宰。一人之身虽有死之时，但"其生气流行于天地万物之间者，凛千载而自若也"⑨。抽象的心则永存于天地之间，此心便是与理相通的宇宙本体。刘因进一步指出："妙此理而宰此事者，心焉而已矣。"⑩心与理虽同为宇宙本体，但二者的关系是微妙的，心具有某种主观能动的作用，能够宰制事物，在心理无

---

① 刘因：《毁誉》，《静修集》卷五，文渊阁四库全书，第1198册，第520页。
② 刘因：《乡郡南楼怀古》，《静修集》卷四，文渊阁四库全书，第1198册，第506页。
③ 刘因：《西山》，《静修集》卷一，文渊阁四库全书，第1198册，第486页。
④ 刘因：《题娄生平钑模本后》，《静修集》卷十二，文渊阁四库全书，第1198册，第583页。
⑤ 刘因：《现前》，《静修集》卷四，文渊阁四库全书，第1198册，第518页。
⑥ 刘因：《遂初亭说》，《静修集》卷十一，文渊阁四库全书，第1198册，第574页。
⑦ 刘因：《讲八佾首章》，《静修集》卷五，文渊阁四库全书，第1198册，第524页。
⑧ 刘因：《孝子田君墓表》，《静修集》卷九，文渊阁四库全书，第1198册，第551页。
⑨ 刘因：《孝子田君墓表》，《静修集》卷九，文渊阁四库全书，第1198册，第551页。
⑩ 刘因：《唯诺说》，《静修集》卷七，文渊阁四库全书，第1198册，第534页。

间的基础上，二者又有细微的区别。

（3）心帅夫气

如果说，心与理、道等是本体范畴之间的横向联系的关系，那么心与气的关系则是本体与物范畴纵向联系的关系。他说："夫人，天地之心也，心故可以帅夫气，而物则气之所为也。"① 所谓气，在刘因的哲学体系里，指构成万物的材料，物由气所构成。心统率气，气从属于心，气是物的范畴，心则是本体范畴。刘因把气范畴纳入其哲学体系之中，这同陆九渊很少讲气的心学思想有别。但刘因又把气归于心，其气的独立性是有限的。他说："彼物之浮沉于吾气之中。"② 物虽由气构成，但物为彼，气为此，气与心相联系，而不在心之外，整个万物都不离心，表现出心学的倾向。刘因还指出："心之机一动而气亦随之。"③ 心动气亦动，气以心为存在的根据。

刘因的心、理无间说既以心为宇宙本原，又以理为宇宙本体，并把心、理统一起来，认为二者没有间隙，互相沟通。这反映了元代理学朱陆合流，由朱学向心学演变的趋势。

质言之，元代学者刘因重视"六经"，以"六经"为先，以《论语》《孟子》等"四书"为后，主张直接从"六经"阐发义理，这与程朱先"四书"而后"六经"的治学次第形成对照。以此出发，刘因提出"议论之学自传注疏释出"的思想，强调议论之理学出自汉唐传注疏释之学，而与前代理学家不重传注疏释、但凭己意说经的思想区别开来。刘因在治学的过程中，通过读诸理学家的书，并在既批评又吸取老庄道家思想的基础上，来发挥理学思想，提出道本论、理一分殊、心理无间说，表现出他由经学而理学，融会诸家而调和朱陆的倾向。

三、吴澄的心性思想

吴澄（1249—1333），元代著名理学家。字幼清，晚称伯清，号草庐。抚州崇仁（今属江西）人。与许衡齐名，人称"南吴北许"。

吴澄为官，仅限于"师儒"和"文学"，并旋进旋退，任官时间很短。其一生大多数时间都在教学授徒，研究理学，著书立说。早年校注群经，晚年先后撰成《书纂言》《易纂言》《春秋纂言》《易纂言外翼》《礼记纂言》等。其著作

---

① 刘因：《何氏二鹤记》，《静修集》卷十，文渊阁四库全书，第1198册，第558页。
② 刘因：《何氏二鹤记》，《静修集》卷十，文渊阁四库全书，第1198册，第558页。
③ 刘因：《驯鼠记》，《静修集》卷十，文渊阁四库全书，第1198册，第558页。

有《五经纂言》《孝经定本》《道德真经注》《庄子内篇订正》《吴文正集》等。

吴澄学本朱熹传人，为朱熹四传弟子，亦兼宗陆九渊，主张朱陆会合，互为补充。他指出："朱子于道问学之功居多，而陆子以尊德性为主。问学不本于德性，则其蔽必偏于语言训释之末。故学必以德性为本。"① 以尊德性为本，即偏向陆学。吴澄的学术思想较为丰富，这里主要分析他理学思想的重要组成部分之心性论思想。其心性论哲学亦以会合朱陆，扩大心学的内涵为特征。他提出心有体用的思想，主张内外合一，心事结合，既以心为宇宙本体，又主张体用相即，心事不离。

吴澄的心性论哲学是其理学思想的重要组成部分，以折中朱陆，扩大心学的范围为特征。他提出性为形质血气之主宰的思想，主张约情归性，认为天地之性与气质之性只是一性；并提出仁义礼智备具一心而谓之性，性不离心。其"仁，人心也"的思想则把二者等同，而倾向于陆学。吴澄提出心有体用的思想，认为体用相即，心事不离。其以心为宇宙本体，与陆九渊心学相似；其以事物为心之用，则与陆九渊"不专论事论末，专就心上说"的观点有异。吴澄把心学与道统合一，体现了他会合朱陆的思想特色。

（一）性为形质血气之主宰

吴澄论性，继承了张载、程朱的思想，并加以发挥。其要点是：性为主宰，与诸多本体范畴共同成为宇宙的本体；认为天地之性与气质之性不是两性，论性只有天地之性，但由于其局限于气中，故有所谓气质之性，然而只要善于克服气质的偏差，就可以保存天地之性。

1. 性为主宰

吴澄以性为宇宙万物的主宰，认为性根于天，是宇宙的本体。他说："天之与我，德性是也，是为仁义礼智之根株，是为形质血气之主宰，舍此而它求，所学果何学哉？"② 吴澄哲学以性、道、理等为本体范畴，气在诸本体范畴之外，而从属于诸本体范畴。其本体范畴包括："道也、理也、诚也、天也、帝也、神也、命也、性也、德也、仁也、太极也，名虽不同，其实一也。"③ 吴澄所列11个本体范畴，与性相通为一。吴澄认为，不仅性主宰气，是形质血气的本体，

---

① 黄宗羲：《草庐学案·文正吴草庐先生澄》，《宋元学案》卷九十二，第3037页。
② 吴澄：《尊德性道问学斋记》，《吴文正集》卷四十，文渊阁四库全书，第1197册，第422页。
③ 吴澄：《无极太极说》，《吴文正集》卷四，文渊阁四库全书，第1197册，第60页。

而且道也是气存在的根据,"盖阴阳,气也;所以一阴一阳者,道也"①。理作为宇宙的本体,也是气的主宰者。他说:"理者,非别有一物在气中,只是为气之主宰者即是。"② 这表明,在吴澄的哲学体系里,性与道、理等本体范畴相通,它们与气范畴均是主宰者与被主宰的关系。

性虽为形质血气的主宰,但气并不是可有可无的,吴澄认为,气作为构成人与万物的材料,人得气而有形,形中具有理,理即是性,性分属阴阳。可见,性不能脱离阴阳之气而存在。他说:"澄之愚见则以为人之生也,因阴阳五行之气而有形,形之中便具得阴阳五行之理,以为健顺五常之性。仁礼者,健之性也,属乎阳;义智者,顺之性也,属乎阴;信也者,实有是阳健阴顺之性也。"③ 尽管人之生以天地之气凝聚而有形,以天地之理赋予而有性,人是性气结合的产物,但在性气关系上,性为形质血气的主宰,气从属于性,这体现了吴澄性本论思想的特点。

与性主宰血气相适应,在性情关系上,吴澄提出约情归性的主张,强调以人的道德本性控制情感情欲,以不使情感脱离本性。他说:"约爱恶哀乐喜怒忧惧悲欲十者之情,而归之于礼义智仁四端之性,所以性其情,而不使情其性也。"④ 吴澄把仁义礼智作为性的内涵,把情界定为爱恶哀乐喜怒忧惧悲欲,其性便具有儒家伦理道德的属性,其情则是人的情感、情欲的流露和表现,它可以向不同的方向发展。所以吴澄要求以道德理性来主宰人的自然情感,即主张"性其情";避免因情感的自然发展而违背道德理性的原则,即反对"情其性"。这是对程颐思想的继承和发挥。吴澄约情归性的主张,强调对人的情感加以约束和控制,使其归于道德本性,不离性善的轨道,这体现了他人性论中重视伦理约束的一面。

2. 天地之性与气质之性只是一般

吴澄吸取和借鉴张载关于天地之性与气质之性相分的思想,并以二程"性即理"的命题对张载的思想加以改造,认为天地之性与气质之性只是一般,非有两性,主张以天地之理来统一具体的人性,在此基础上论述了通过学习变化气质,以恢复善良的本性的重要性。

吴澄充分肯定二程"性即理"和张载关于天地之性与气质之性的观点。他

---

① 吴澄:《答田副使第二书》,《吴文正集》卷三,文渊阁四库全书,第 1197 册,第 44 页。
② 吴澄:《答人问性理》,《吴文正集》卷二,文渊阁四库全书,第 1197 册,第 32 页。
③ 吴澄:《答田副使第二书》,《吴文正集》卷三,文渊阁四库全书,第 1197 册,第 48 页。
④ 吴澄:《邬畇兄弟字说》,《吴文正集》卷十,文渊阁四库全书,第 1197 册,第 122 页。

称赞道:"程子'性即理也'一语,正是针砭世俗错认性字之非,所以为大有功。张子言'形而后有气质之性,善反之,则天地之性存焉,故气质之性,君子有弗性者焉。'此言最分晓,而观者不能解其言,反为所惑,将谓性有两种。"[1]他认为二程的"性即理"思想"大有功",而张载的观点"最分晓"。实际上吴澄是以"性即理"的思想来解释张载的观点的,指出言性则只是理,不同意把性分为二。他说:"盖天地之性、气质之性,两性只是一般,非有两等性也。故曰二之则不是。言人之性本是得天地之理,因有人之形,则所得天地之性局在本人气质中,所谓形而后有气质之性也。"[2]吴澄虽然吸取和借用张载天地之性与气质之性的说法,但他却不同意把性分为两等。他认为,论性就只是一般,只有得天地之理而成的性,这个性即是天地之性。然而天地之性存在于人的气质之中。就其存在于气质之中,故有人将其称为气质之性。但吴澄认为不必如此区分,气质不能称为气质之性,它只是气质,从属于天地之理。需要指出的是,吴澄反对把天地之性与气质之性分为二性的思想是以理来解释性的,即以二程"性即理"的思想为原则来论述性的,虽然它与后世如王廷相、吴廷翰反对性分为二的观点有类似之处,但王廷相、吴廷翰是以气来解释性,而不是以理来解释性的,他们反对性分为二的立足点是"性生于气",而不是吴澄所持的"性即理"的原则。

吴澄指出,论性则只有一个,这就是得天地之理而成的天地之性,但天地之性存在于气质之中,受到气质的局限,因而会使天地本然之性受到损坏,只有通过学以变化气质,去其不清不美的成分,才能保全天地之性。他说:"气质虽有不同,而本性之善则一,但气质不清不美者,其本性不免有所污坏,故学者当用反之之功反之,如汤武反之也。反谓反之于身而学焉,以至变化其不清不美之气质,则天地之性浑然全备,具于气质之中。"[3]所谓善反之,就是通过后天的学习,克服气质的各种偏差,以恢复善良的本性。吴澄认为,不以气质为性,只以天地本然之性为性,才能使本然之性不受气质的损坏,而保持性善的本质。这即是他对张载"气质之性,君子有弗性者焉"的解释和发挥。

(二) 心有体用

吴澄提出心有体用的思想,主张内外合一,心事结合,既反对只求于外而

---

[1] 吴澄:《答人问性理》,《吴文正集》卷二,文渊阁四库全书,第1197册,第32—33页。
[2] 吴澄:《答人问性理》,《吴文正集》卷二,文渊阁四库全书,第1197册,第33页。
[3] 吴澄:《答人问性理》,《吴文正集》卷二,文渊阁四库全书,第1197册,第33页。

不求于内的思想，又批评专本于内而不求于外的倾向，并以心为静、为虚，以此来概括心的本质属性。

1. 心有体用，内外合一

在对心的内涵规定上，吴澄以心为宇宙本体。这是他倾向于陆学而有别于朱熹的地方。吴澄说："其体则道，其用则神，一真主宰，万化经纶，夫如是心，是为太极。或已放去，所宜收也。"① 心主宰万物及其万般变化，心与道、太极相当，为同一层次的本体范畴。他指出天地即是吾心，心体与天地同大，"天地之所以为天地，吾之所以为心也。……夫与天地之同其大者，心体之本然也"②。这与陆九渊"宇宙便是吾心，吾心即是宇宙"的思想类似。

吴澄虽以心为宇宙本体，但他认为，心有体用，心之用便是日用事物。他说："盖日用事物莫非此心之用，于其用处，各当其理，而心之体在是矣。"③ 吴澄指出体用相即，心的作用和表现便是日用事物，可见心与具体事物密切联系；日用事物符合其理，即是心体在此。说明理为心之体，但心之体要通过具体事物来表现。由此，吴澄主张心事结合，体用不离，反对只讲心之体，不讲心之用的倾向，认为只有体用结合，才不致流于空虚。他说："仁，人心也。然体事而无不在。专求于心，而不务周于事，则无所执著而或流于空虚。"④ 心体事而无不在，不能只求心，不求事。这是对陆九渊"不专论事论末，专就心上说"⑤ 思想的批评。

与心有体用的思想相联系，吴澄提出内外合一的观点，既反对专务博览于外而不求心于内的倾向；又反对专本之于内而不求之于外物的思想。他说："盖闻见虽得于外而所闻所见之理则具于心，故外之物格则内之知致，此儒者内外合一之学。固非如记诵之徒博览于外而无得于内，亦非如释氏之徒专本于内而无事于外也。"⑥ 心与闻见不同，闻见来源于外物，而闻见所据之理则存在于心。虽然心以理为认识对象，理具于心中，但内心的致知必须与对外的格物结合起来。吴澄主张格物致知，内外结合，反对专求于心而不务外求，这倾向于朱学；吴澄以内外合一之学来反对佛教专求于本心而不讲世俗社会之伦理庶事，这又是对佛教心学的批评。

---

① 吴澄：《放心说》，《吴文正集》卷四，文渊阁四库全书，第1197册，第61页。
② 吴澄：《弘斋记》，《吴文正集》卷四十四，文渊阁四库全书，第1197册，第463页。
③ 吴澄：《仙城本心楼记》，《吴文正集》卷四十八，文渊阁四库全书，第1197册，第499页。
④ 吴澄：《四书言仁录序》，《吴文正集》卷十六，文渊阁四库全书，第1197册，第179页。
⑤ 陆九渊：《语录下》，《陆九渊集》卷三十五，第469页。
⑥ 吴澄：《评郑夹漈通志答刘教谕》，《吴文正集》卷二，文渊阁四库全书，第1197册，第25页。

第三章　元代理学　/　349

2. 心为静、为虚

吴澄以心为静、为虚来概括心的属性。他说："周子云：'无欲故静。'程子云：'有主则虚。'此二言者，万世心学之纲要也。不为外物所动之谓静，不为外物所实之谓虚。静者其本，虚者其效也。"① 吴澄十分赞赏周敦颐"无欲故静"和程颐"有主则虚"这两句话，将其概括、上升为"万世心学之纲要"。可见其所谓心学已非仅指陆学，它已超出了陆氏心学的范围。吴澄认为，静与虚概括了心的本质属性。所谓静，指心不为外物所动时的状态，它是心之本；所谓虚，指相对于外物的实有而言，心是虚的，虚是心之效，心具有认识与反映事物的功能和效用。他进一步指出："未接物之前，寂然不动，非静乎？既接物之后，应而不藏，非虚乎？静虚二言，敬之一字足以该之。学静虚者亦曰：敬以存其心而已。"② 吴澄认为，当心未接触外物以前，从本质上讲，心是静的；当心与外物接触以后，它反映外物，然而却不留下痕迹，所以心又是虚的。他指出可用"敬"之一字来概括心所具有的静、虚两方面的属性，敬是为了存心，通过敬，即主一无适来保持本然之心。这又把修养论与心学结合起来。

（三）心与性

在心与性的关系上，吴澄提出仁义礼智备具于一心而谓之性的思想，将心性密切结合；又提出"仁，人心也"的主张，直接把以仁为内涵的性与心视为一物，表现出心性一元的倾向。

1. "仁义礼智备具一心而谓之性"

吴澄以性为形质血气的主宰，但他认为仁义礼智之性又存在于人心之中，与心不脱离。他说："人之德孰为善？仁义礼智备具一心而谓之性者也。"③ 仁义礼智本来是性的内涵，吴澄把它们与心联系起来，认为只有仁义礼智备具于一心时，才称之为性。可见心性不离，道德理性存在于主体之中，离开了主体，便谈不上性，其性善与否，也无从判断。

在吴澄的心性哲学里，仁既是性的内涵，又是与性并列的本体范畴。他说："物受以生曰性，得此性曰德，具于心曰仁，天地万物之统会曰太极。"④ 性与仁、太极等并列，同为宇宙本体，而仁又与心相通，"具于心曰仁"。说明性与仁均

---

① 吴澄：《静虚精舍记》，《吴文正集》卷四十五，文渊阁四库全书，第1197册，第477页。
② 吴澄：《静虚精舍记》，《吴文正集》卷四十五，文渊阁四库全书，第1197册，第478页。
③ 吴澄：《善乐堂记》，《吴文正集》卷四十三，文渊阁四库全书，第1197册，第449页。
④ 吴澄：《无极太极说》，《吴文正集》卷四，文渊阁四库全书，第1197册，第60页。

不脱离主体之心而独存。仁既是与性并列的本体，又是性之四德之首，代表着性。他说："仁义礼智四者统于一，一者仁也。"① 吴澄提高仁的地位，以仁代表性，并将其作为本体，而仁又具于心中，密切了主体与道德理性的联系。

2. "仁，人心也"

吴澄的心学倾向是明显的，在心性关系上，他不仅认为仁义礼智具于心谓性，性本身与心紧密相联，而且进一步把仁直接等同于心。这是他倾向于陆九渊心学的地方。他说："仁，人心也，敬则存，不敬则亡。"② 心即是仁，心以仁为内容，敬则心存，不敬则心亡。吴澄之所以以仁为心，是为了把儒家心学与佛教心学区别开来。他说："所存之心何心哉？仁义礼智之心也，非如异教之枯木死灰者。……仁者，天地生生之心也，而人得之以为心。"③ 吴澄强调指出，心便是仁义礼智之心，而非佛教所谓的脱离伦理道德的枯木死灰之心。佛教心学也讲心，以心为宇宙本原，但不以仁义礼智为心的内涵，这是它与儒家心学的区别所在。吴澄把心与儒家伦理联系起来，并把二者视为一物，强调道德理性的主体性，这是对陆九渊心性一元思想的继承。吴澄并认为，五常之性得之于心，性是从心那里发生的。他说："五常，万善之理，皆吾之得于心者。"④ 五常之性即万善之理，是根源于心的，最终以心为宇宙本原。吴澄不仅把五常作为心的内涵，而且把仁作为天地之心的内涵，仁既是人之心，又是天地生物之心，即所谓"仁者，天地生生之心"，通过仁，把天人联系起来。这又是对朱熹思想的继承，而有别于陆九渊。这是因为，陆九渊只讲人心，不讲天地之心，他认为人心为仁，而不论及天地之心的问题。吴澄则既讲仁为人心，又讲仁为天地生物之心，人得此天地生物之心以为心，把朱陆两家的思想结合起来。所以，就其以仁义为心而言，吴澄是对陆氏心学的继承，而与朱熹"心非仁"的思想有异；就其以仁为天地之心而论，又是对朱学的继承，而与陆九渊不讲天地之心的思想有别。

吴澄的心性论以会合朱陆、扩大心学的范围为特征，以偏向陆学为主，然而在一些方面又继承了朱熹的思想。他既宣扬心学，又扩大心学的内涵，把心学与道统结合起来。这是对陆九渊、朱熹思想的折中，具有兼容两家学术的特点。

---

① 吴澄：《静虚精舍记》，《吴文正集》卷四十五，文渊阁四库全书，第1197册，第478页。
② 吴澄：《仁本堂说》，《吴文正集》卷四，文渊阁四库全书，第1197册，第64—65页。
③ 吴澄：《静虚精舍记》，《吴文正集》卷四十五，文渊阁四库全书，第1197册，第478页。
④ 吴澄：《杨忞杨德字说》，《吴文正集》卷八，文渊阁四库全书，第1197册，第106页。

元代著名理学家吴澄在心性论等方面对宋代理学加以继承和发展，丰富了宋明理学的理论体系，其理学思想体现了时代的特色和思想家本人的特点，在宋明理学史上占有重要的地位，为理学及整个中国哲学与文化的发展做出了贡献。

第四章　明代理学及对理学的批评总结

　　明王朝开国之初，便钦定程朱之学为官方哲学。朱学被定为一尊后，被当作遵行墨守的教条，不再有什么新的发展。与朱学的官方化相对应，心学由南宋陆九渊倡导后，经元代与朱学相互渗透，相互融合，至明代重新崛起，并逐渐演变成一代学术思潮。

　　陈献章是明代心学的开创者，陈献章及传人湛若水的心学思想对明代心学思潮的崛起产生了重要影响。陈献章心学的特点是以虚为基本，以静为门户，不注重著书，而强调静坐求约，养出心体之端倪，以心为宇宙本体，主张心、理合一。他提出"道在我矣"，以自然为宗，人情出于天理，认为道理就自己性情上发出。其思想是宋明时期连结陆九渊心学到王阳明心学的中间环节。

　　湛若水站在心学的立场，引进气范畴，以气论心性，这是他心性之学的最大特点，这也是明代心学存在着王阳明、湛若水思想异同的表现。然而湛若水以心为主，又不同于张载一派气学的心性论。湛若水提出"随处体认天理"的思想，与王阳明的"致良知"说各立门户。

　　陈、湛心学与陆王心学在同属心学的大范围之内，也存在着相同相异之处，陈献章心学思想与其弟子湛若水的心学思想也存在着相同相异之处，体现了心学思潮之中不同流派的思想的丰富多样性，各自为心学思潮和整个宋明理学的发展做出了自己的贡献。

　　王阳明是陆王心学亦是明代心学的集大成者，其心学盛极一时，打破了朱熹一派一统学术界的局面，使心学思潮跃居学术界的主导地位，成为学术发展的主流。

　　王阳明从其心学思想及其"致良知"说出发，论述了自己的经学思想和经学观。他认为经典不过是吾心的记籍，治经学的目的是为了发明本心、"致良知"；提出治经以明心体的思想，认为"四书""五经"不过是说这心体，心体明就是道明；强调看经书就是要致吾心之良知。

　　为了调和心学与朱学的差异，王阳明提出"朱子晚年定论"的论断，虽然这体现了王、朱二人不同的思想，同时也一定程度反映了朱熹的某种由追求外在的道问学向内在的尊德性、反求诸己的转变、反思的倾向，尽管这与陆王的心本论哲学有别。

王阳明继承并发展了陆九渊心学，援良知以论心性，提出"心即性"的思想，对孔、孟、荀等性论加以综合，建立起以心之良知为本，心性合一的泛性论思想体系，表现为彻底的心性主体论。王阳明以一性包罗宇宙，统一各个哲学范畴，反对程朱性气二分的观点；以良知把心性联系起来，合而为一，集宋明理学心性一元说之大成，是宋明理学思潮中心学一派心性论发展的理论高峰。

明中叶时期，学术界崛起了两股批判程朱理学的思潮，这就是以王阳明为代表的心学流派和以王廷相、罗钦顺为代表的气学流派。明代气学对心学和朱学都提出了批评，但他们亦属理学中的一派。

以罗钦顺、王廷相为代表的明代气学是明代理学的重要组成部分，他们二人亦是整个宋明理学思潮中气学流派的重要代表人物。他们继承了北宋张载的气本论思想，并加以发展，以气为宇宙万物的根本，否定心学宇宙观，反对佛、老等"异端"，修正理学流弊，批判存天理、灭人欲的观点，主张理欲统一，以理节欲。其对程朱陆王的批评，成为理本论和心本论哲学解体的重要因素。因而明代气学在理学史上占有重要地位，是宋明理学发展的一个重要环节，对后世气学的发展产生了重要影响。

李贽是明代具有"异端"色彩的著名反理学、反封建礼教的思想家，他站在理学的对立面，以童心说、"人必有私"的观点批评理学，其思想具有一定的思想启蒙的意义。

理学与反理学的区分，不在于是否以理为宇宙本体（心学以心为理，故以心为宇宙本体），或是否对理学某派的理论、观点有所批评，而在于是否从根本上反对以天理为基本取向的义理。李贽从根本上反对以天理为基本取向的义理，所以他是一位具有"异端"色彩的反理学思想家。其思想以重自然、轻伦理，提倡个性自由，重视个人利益为特征。他提出童心说和自然人性论，认为童心是人的自然真实之心，以自然人性论取代道德人性论。他并受佛教的影响，以真心为宇宙的本体，诸相不过是真心的显现。李贽站在传统理学的对立面，提出"私者，人之心"的思想，以私作为心的内涵，倡私与义理、童心与义理之心的对立，一反理学崇尚伦理的观念，反对脱离人的物质欲求和"自然之性"而空谈道义的思想。这对于批判理学弊端，把人们的思想从封建礼教的束缚下解放出来，具有思想启蒙的重要意义。

刘宗周作为理学殿军，他的理学思想分别受到张载气学、程朱理学和陆王心学以及湛若水心气二元论哲学的影响，其思想具有多元的理论形态，又提出一些独到的见解，并影响到他的学生黄宗羲。在对各家思想提出一定批评和评论的基础上，也都适当地予以肯定，因而具有对宋明理学加以总结的时代意义，使其在理学史上占有重要地位。刘宗周及其弟子黄宗羲把气引进心性论，提出"心即气"的命题，表明明代心学经王阳明、湛若水异同的影响和演变，已不能保持纯粹意义上的心学形态，随着明清之际启蒙、经世致用和社会批判思潮的兴起，明代心学思潮及心性论哲学逐渐走向式微，而为新的学风所取代。

一、陈献章、湛若水心学

明代陈献章及传人湛若水的心学思想合称陈湛心学，对明代心学思潮的崛起产生了重要影响。陈湛心学与陆王心学在同属心学的大范围之内，也存在着相同相异之处，陈献章心学思想与其弟子湛若水的心学思想也存在着相同相异之处，体现了心学思潮之中不同流派的思想的丰富多样性，各自为心学思潮和整个宋明理学的发展做出了自己的贡献。

（一）陈献章的心学思想

陈献章（1428—1500），明代哲学家、理学家、教育家和诗人。字公甫，号石斋，谥文恭。新会白沙里（今属广东）人，世称白沙先生。正统十二年（1447）举广东乡试，会试不中，入国子监读书。景泰二年（1451）再试不中，于景泰五年弃举子业，从名儒吴与弼学。不久归家，筑阳春台，静坐其中，足不出户数年。后复游太学，名扬京师，被认为是"真儒复出"。成化五年（1469）再次参加会试，又下第，遂绝意功名，归广东讲学。成化十八年（1482）奉诏进京，被授予翰林院检讨，上疏请乞归。此后，一直隐居故里，在江门、新会等地设馆讲学，毕生从事教育事业。他昌明理学，光大儒学，四方求学者众多。创立江门心学，开创了"岭南学派"，被誉为"广东大儒"。他的哲学思想，上承宋儒理学，下开明儒心学的先河，在中国哲学史上有承先启后的作用。其寓教于诗，作诗以自然之学为本，格调清高，以诗论道，蔚为诗教。著有《白沙子全集》。今由中华书局整理为《陈献章集》出版。

在经学上，陈献章提出读经以求吾心的思想，把经学与心学联系起来；批评汉唐训诂辞章之学；在肯定朱子学及濂学、洛学、关学的基础上，亦对朱学流弊提出批评。他主张读经要得其意味，求诸吾心；提倡以我观书，批评以书博我。一方面主张本之经训，将"六经"孔子之教施之万事；另一方面又舍繁求简，提出"观书博识，不如静坐"，由静坐转向心学。

陈献章是明代心学的开创者。黄宗羲认为"有明之学，至白沙始入精微"①。由陈献章起，朱学逐渐被明代心学所取代，到后来则退居学术界的次要地位。陈献章心学的特点是以虚为基本，以静为门户，不注重著书，而强调静坐求约，养出心体之端倪，以心为宇宙本体，提出"天地我立，万化我出，而宇宙在我"的思想，主张心、理合一。他提出"道在我矣"，以自然为宗，人情出于天理，认为道理就自己性情上发出。其思想是宋明时期连结陆九渊心学到王阳明心学的中间环节。

1. 读经以求诸吾心

陈献章批评"以书博我"的尚博学风，提出读经书的目的在于求诸吾心，这标志着明代心学及其经学观初显端倪。

陈献章通过论以我观书与以书博我之关系，提出了读经以求诸吾心的思想，把求吾心作为读经的主要目的。他说：

> 六经，夫子之书也。学者徒诵其言而忘味，六经一糟粕耳，犹未免于玩物丧志。今是编也，采诸儒行事之迹与其论著之言，学者苟不但求之书而求诸吾心，察于动静有无之机，致养其在我者，而勿以闻见乱之，去耳目支离之用，全虚圆不测之神，一开卷尽得之矣。非得之书也，得自我者也。盖以我而观书，随处得益；以书博我，则释卷而茫然。②

他强调读"六经"要得其意味，如果只是记诵经典的文字而忽视掌握经典的思想意蕴，那"六经"也不过是糟粕而已，读经书也不能避免玩物丧志。可见陈献章是把掌握经典的思想内涵置于读经书的首位，而批评徒诵"六经"之言，使得读经流于形式的问题。由此他主张不但要求之于经书，更要通过读经来求诸吾心，提倡以我观书，批评以书博我。所谓以我观书，即以求我心为目的来读书，它并不是为了满足耳目闻见的需要来观书，而是要致养我心，开卷尽得之，使之随处得益。所谓以书博我，就是只追求表面的泛观博览，"徒诵其言"，而释卷则茫然，不能通过读经来求得吾心。陈献章对以书博我的治经思维

---

① 黄宗羲：《白沙学案上》，《明儒学案》卷五，第78页。
② 陈献章：《道学传序》，《陈献章集》卷一，第20页。

方式的批评，实际上亦是对朱学泛观博览治学方式的批评，而其以我观书的读经方法则与陆九渊"六经注我"的思想有一定的相似之处。从读经以求我心出发，陈献章进一步指出：

> 千卷万卷书，全功归在我。吾心内自得，糟粕安用那。①
> 此心自太古，何必生唐虞？此道苟能明，何必多读书。②
> 圣人与天本无作，六经之言天注脚。百氏区区赘疣者，汗牛充栋故可削。世人闻见多尚博，恨不堆书等山岳。……读书不为章句缚，千卷万卷皆糟粕。③
> 不睹六经教，空余百代心。④

他强调千卷万卷书，其价值也要体现在为我所用，如果能够自得于我心，那书卷也不过是糟粕而已。他认为此心自古已存，甚至超越了唐尧虞舜，可见在心与圣人的关系上，心的地位更为重要。只要明此心，即明道，那又何必多读书呢？也就是说，在心、圣人、经书三者的关系问题上，心的地位最高，心不仅超越尧、舜等圣人，而且比经书更为重要。陈献章甚至把"六经"作为天的注脚，从其哲学的天、道、心相互关系看，天与道相当，道又存在于心中，那么，"六经之言天注脚"一定意义上也就是六经之言乃心的注脚。而诸子百家则累赘烦琐，导致书籍汗牛充栋，世人也以尚博为追求，恨不得使书籍与山岳等高，但却忽视了对吾心的追求。对此，陈献章主张读书不为章句所束缚，认为千卷万卷之书不过是糟粕而已，以此批评尚博学风和烦琐释经的风气。但陈献章对于经书并非弃之不顾，在他看来，"六经"还是要读的，只不过要把读经与识"百代心"联系起来，并指出经书乃圣贤立教之所寓，而不宜废弃。他说：

> 圣贤垂世立教之所寓者，书也。用而不用者，心也。心不可用，书亦不可废。其为之有道乎，得其道则交助，失其道则交病，愿吾子之终思之也。仲尼、颜子之乐，此心也；周子、程子，此心也，吾子亦此心也。得

---

① 陈献章：《藤蓑》，《陈献章集》卷四，第 288 页。
② 陈献章：《赠羊长史，寄辽东贺黄门钦》，《陈献章集》卷四，第 294 页。
③ 陈献章：《题梁先生芸阁》，《陈献章集》卷四，第 323 页。
④ 陈献章：《题云津书院泰和刘氏》，《陈献章集》卷四，第 387 页。

其心，乐不远矣。[1]

陈献章认为圣贤垂世立教，寓于经书之中，而用还是不用，则在于心。可见心对于经书的领悟掌握具有主观能动性。虽心有时不可用，未能把握圣贤垂世立教之寓意，但书亦是不可废弃的。他告诫学者读书求心有道，得道则助，失道则病，并主张把读书与寻孔颜乐处结合起来，不以用心读书为劳，而以读书求心为乐。因为孔颜之心、周程之心与吾之心是相连的，只要得其心，就能寻得其乐处。也就是说，读经书虽以求诸吾心为主要目的，但求吾心与本之经训并不矛盾。他说："来教摘诸圣贤垂世之言，与仆之事参而辨之，……执事为说，本之经训，与仆所以为学、所以语人者同归而殊途。但仆前简失之太略，执事见之太明，故疑仆之意异于执事，而实不异也。"[2]他认为自己为学、教人的求之吾心的简易方法与赵金宪本之经训的治学方法并不矛盾，双方虽有略与详、简与明的区分，但却是殊途而同归，都是以求道为宗旨，只不过有先后缓急之序而已。所以他在给学者的书信中，仍要求对《大学》《西铭》等经书和理学读物应熟读，实下功夫。他说："归去辽阳，杜门后可取《大学》、《西铭》熟读，求古人为学次第规模，实下功夫去做。黄卷中自有师友，惟及时为祷。"[3]其"熟读"的要求就不是一般的泛泛而读，而是予以相当的重视，可见书不可废。但最终还是以自得其心为目的。他说："今之学者各标榜门墙，不求自得，诵说虽多，影响而已。"[4]强调诵说读书如不以自得其心为目的，那么即使再多，也不过是寻求影子和回声而已，不值得提倡。

2. "宇宙在我"的心学思想

陈献章批评"以书博我"，提出读经以求诸吾心的思想，强调读经的目的是为了求吾心，而不是徒诵"六经"之言。于是他舍繁求简，由静坐转向心学；提出"宇宙在我"的思想，将心、理融合；强调"致虚之所以立本"，以虚而不以实为本；并提出"道在我矣"的思想，道作为宇宙本体以主体的形式出现；又"以自然为宗"，认为人情出于天理，而道理发自于性情。陈献章的心学思想对湛若水、王阳明产生了一定的影响，实开明代心学之端绪。

---

[1] 陈献章：《寻乐斋记》，《陈献章集》卷一，第48页。
[2] 陈献章：《复赵提学佥宪》，《陈献章集》卷二，第144页。
[3] 陈献章：《与贺克恭黄门》，《陈献章集》卷二，第134页。
[4] 陈献章：《与湛民泽》，《陈献章集》卷二，第193页。

（1）由静坐、舍繁就简转向心学

陈献章心学思想的形成，经历了一个发展过程。开始时他受当时学风的影响，主朱熹博学而多识的治学方法，并致力于科举。27岁时从著名理学家吴与弼学，"其于古圣贤垂训之书，盖无所不讲，然未知入处"[①]。陈献章自称，对其师讲授之书，无所不学，但却未入门。这时他求学的方向是读书穷理，尚未转到"求之吾心"的方向上来。后来陈献章回到家乡，杜门不出，"惟日靠书册寻之，忘寝忘食，如是者亦累年，而卒未得焉。所谓未得，谓吾此心与此理未有凑泊吻合处也"[②]。在此期间，陈献章仍是求学于书册，经过累年的读书，尚未得心学的要领，即理与心未吻合，二者是分家的。这说明陈献章此时仍停留在朱熹侧重于道问学的阶段。经过这段过程，"于是舍彼之繁，求吾之约，惟在静坐，久之，然后见吾此心之体隐然呈露"[③]。通过舍繁求简、由博到约，陈献章思想发生了根本的转变。这个转变的契机就在于静坐，由静坐，久而久之，便养出端倪来，即心体隐然呈露，于是转向心学。所谓的"为学须从静中坐养出个端倪来，方有商量处"[④]这一江门心学要旨，就是指通过静坐，使吾心之体隐然呈露出来，静以求心，并达到心、理吻合的境界。可见陈献章心学的形成，经历了由朱学到静坐，由静坐到心学的过程。其为学的宗旨便是心、理合一，心包宇宙，求吾心而道存。他说："吾道有宗主，千秋朱紫阳。说敬不离口，示我入德方。……枢纽在方寸，操舍决存亡。"[⑤]尽管陈献章开明代心学之先河，但他仍把朱熹尊为"吾道宗主"，他继承朱熹主敬的道德修养论，把"敬"作为静坐入德之方，最后转向以方寸之心决存亡的心学宇宙观上来。

在陈献章思想发生转变之后，他主张静坐，强调舍繁求简，提出"观书博识，不如静坐"思想。他说："学劳忧则无由见道，故观书博识，不如静坐；作诗炼语，尤非所急，故不欲论。"[⑥]此时陈献章所提倡的已与朱学泛观博览的学风不同，他提倡简易学风，认为读书求学过于劳累忧愁，则无以见道，所以他主张与其观书博识，还不如静坐，通过舍繁求简，达到求心的目的。

陈献章静坐中养出端倪的心学要旨，与佛教静坐禅定以明心见性的修习方法有类似之处，都包含了无欲思静、止息杂念、专注心境的意思。他自称："佛

---

① 陈献章：《复赵提学佥宪》，《陈献章集》卷二，第145页。
② 陈献章：《复赵提学佥宪》，《陈献章集》卷二，第145页。
③ 陈献章：《复赵提学佥宪》，《陈献章集》卷二，第145页。
④ 陈献章：《与贺克恭黄门》，《陈献章集》卷二，第133页。
⑤ 陈献章：《和杨龟山此日不再得韵》，《陈献章集》卷四，第279页。
⑥ 陈献章：《与林友》，《陈献章集》卷三，第269页。

氏教人曰静坐，吾亦曰静坐；曰惺惺，吾亦曰惺惺。调息近于数息，定力有似禅定。所谓'流于禅学者'，非此类欤？"①他不否认自己流于禅学的静坐、禅定等修养方法。可见陈献章的心学要旨与佛教的修习方法有一定的渊源关系。

但陈献章主要还是吸取了宋代诸理学家的思想，注意与佛教区别开来。他借鉴的只是佛教静坐的形式，以静反对过于劳顿而不得其心。其静坐求心的内容也是仁义道德之心，而与佛教不同。他说：

> 伊川先生每见人静坐，便叹其善学。此一静字，自濂溪先生主静发源，后来程门诸公递相传授，至于豫章、延平二先生，尤专提此教人，学者亦以此得力。晦庵恐人差入禅去，故少说静，只说敬，入伊川晚年之训。此是防微虑远之道，然在学者须自量度何如，若不至为禅所诱，仍多静方有入处。若平生忙者，此尤为对症药也。②

陈献章指出静之一字，由周敦颐发其源，即周敦颐在其《太极图说》中提出了"圣人定之以中正仁义而主静，立人极焉"的思想。虽然周敦颐提出了"主静"，但主静目的在于"立人极"，仍是以儒家的仁义道德作为"立人极"的基本要求，这与佛、道的主静说有所不同。其后，程颐每见人静坐，也赞叹其为善学。程门弟子后学如罗从彦、李侗等专以"静"教人，学者也从"静"入手而得益。然朱熹担心人们与佛教划不清界限，于是少于说静，只是说敬，与程颐晚年讲敬的情形相似。但陈献章强调，他提出静坐的针对性正是那些"平生忙者"，即汲汲追求于泛观博览、以书博我的人。在陈献章看来，只要能够把握住不被佛教所诱，仍是可以静坐来去繁就简，以求诸吾心的。以此可见他反对只诵读经书的词句，而不求诸吾心的求学方法。在求心与读书的关系上，陈献章主张读书为求心服务，离开了求心这一目的，读书再多也无用。这正是他舍繁求约，唯在静坐的目的所在。

（2）"宇宙在我"

陈献章强调静坐求心，由朱学的道问学转向心学后，提出了"天地我立，万化我出，而宇宙在我"的思想，并将心、理吻合，其以理为宇宙本体，便是以心为宇宙本体。他说："此理干涉至大，无内外，无终始，无一处不到，无一

---

① 陈献章：《复赵提学佥宪（三）》，《陈献章集》卷二，第147页。
② 陈献章：《与罗一峰（二）》，《陈献章集》卷二，第157页。

息不运。会此则天地我立,万化我出,而宇宙在我矣。"①他认为宇宙在我心中,天地万物及其万般变化皆由我心创造。其所谓理无始无终、无边无际,空间上无一处不到,时间上无一息不运,支配着整个宇宙的存在和发展过程。其心、理均为宇宙本体,二者是相通为一的。这与陆九渊"宇宙便是吾心,吾心即是宇宙"和"心即理"的思想十分相似。在心、理关系上,陈献章强调二者吻合,反对"此心与此理未有凑泊吻合处"②,从心、理未合,到心、理融合,以追求二者合一为治学目的。他指出:"君子一心,万理完具。事物虽多,莫非在我。"③即理完具于心,万事万物都是我心的产物,而事物则从属于心和理。他说:"夫天下之理,至于中而止矣。中无定体,随时处宜,极吾心之安焉耳。"④理须符合中的原则,而中没有一个固定的标准,须通过随时处宜来体现中,是否符合中的原则则需要心来判断,凡事不偏不倚,恰到好处,这就是中,也即是理。

(3)"致虚之所以立本"

黄宗羲指出,陈献章之学"以虚为基本"⑤。也就是说,陈献章心学强调虚,以虚为本而不以实为本。事实也是如此,陈献章以虚来解释心,强调心为虚、为无形,事物为实、为有形,而实以虚为本,物以心为本,所以致其虚,便能立其本。

陈献章指出:"此心通塞往来之机,生生化化之妙,非见闻所及。"⑥他认为心产生万物及其变化,但心是精神实体,不能通过耳目见闻来把握,只能依靠理性思维来认识。他说:"迹者,人之所共见;心者,吾之所独知。迹著而心隐。"⑦指出心与事物之迹相比,迹有形而心无形,迹能够被耳目感官所感知,心则隐而不见,只能被思维所把握。可见事物为实,心为虚。陈献章所谓的心,是一种观念性的实体,它既是形上宇宙本体,又被主体所认识。然而,他把心的主观知觉功能过分夸大,把心对世界的反映说成是心为宇宙的主宰。他说:"人争一个觉,才觉便我大而物小,物尽而我无尽。夫无尽者,微尘六合,瞬息千古。"⑧陈献章认为人的知觉决定事物的存在,事物有限而心无限,心囊括空

---

① 陈献章:《与林郡博(七)》,《陈献章集》卷二,第217页。
② 陈献章:《复赵提学佥宪》,《陈献章集》卷二,第145页。
③ 陈献章:《论前辈言铢视轩冕尘视金玉(中)》,《陈献章集》卷一,第55页。
④ 陈献章:《与朱都宪(二)》,《陈献章集》卷二,第125页。
⑤ 黄宗羲:《白沙学案上·文恭陈白沙先生献章》,《明儒学案》卷五,第79页。
⑥ 陈献章:《送李世卿还嘉鱼序》,《陈献章集》卷一,第16页。
⑦ 陈献章:《与林缉熙书(十六)》,《陈献章集·陈献章诗文续补遗》,第975页。
⑧ 陈献章:《与林时矩》,《陈献章集》卷三,第243页。

间上的"六合"、时间上的"千古",小至"微尘",短至"瞬息",都是心的产物。以人的主体知觉的无限性代替了客体宇宙的无限性,从而把主体绝对化,实在被看成是主体的产物。

陈献章以心为虚,以物为实,强调虚为本,"致虚之所以立本也"。他说:"夫动,已形者也,形斯实矣。其未形者,虚而已。虚其本也,致虚之所以立本也。戒慎恐惧,所以闲之而非以为害也。然而世之学者不得其说,而以用心失之者多矣。"①他认为虚为本,致虚才可以立本。这是因为,有形的具体实物拘于形质,具有不可入性,即排他性,不能把其他事物包容于自身。而虚灵之心正好相反,可以把所有事物包容在内,而成为整个宇宙的主宰。所以实以虚为本,物以心为本,致虚才能够立心之本。如果不以虚为本,而去追求具体的实事实物,则会有害于心之本。

(4)"道在我矣"

与以虚为本,"宇宙在我"的思想相联系,陈献章提出"道在我矣"的思想。他认为"道为天地之本"②,而作为宇宙本体的道是一种"至无"的东西,由无发为有,而此道在我心。他说:"夫道至无而动,至近而神,故藏而后发,形而斯存。……形而斯存,道在我矣。"③他指出至无之道不可言,无形无状。这与其对心的规定相同,故道在我心。他说:"或曰:'道可状乎?'曰:'不可。此理之妙不容言,道至于可言,则已涉乎粗迹矣。''何以知之?'曰:'以吾知之。吾或有得焉,心得而存之,口不可得而言之。比试言之,则已非吾所存矣。故凡有得而可言,皆不足以得言。'"④陈献章强调,道不可言谈。这是对老子思想的继承。他认为,至无之道只能得之于心,而不可用语言来表达,只要一涉及言谈,就不是道,只是粗迹。他把语言与思维绝对对立起来,认为得道完全是一种内心的意识活动,从而否定了语言是表达思维的基本要素和物质外壳这一原理,也就堵塞了向外探求知识的道路,把求道视为纯主观的向内探讨。这充分体现了心学一派的特征,而与朱学所主张的内外结合、掌握知识以求其理的治学方法形成鲜明的对照。

陈献章以道为无,道不可言,"道在我矣"的思想与其以心为虚,"致虚之所以立本"的思想相联系,明显受到道家老子和佛教思想的影响,因此他遭到

---

① 陈献章:《复张东白内翰》,《陈献章集》卷二,第131页。
② 陈献章:《论前辈言铢视轩冕尘视金玉(上)》,《陈献章集》卷一,第54页。
③ 陈献章:《复张东白内翰》,《陈献章集》卷二,第131页。
④ 陈献章:《论前辈言铢视轩冕尘视金玉(下)》,《陈献章集》卷一,第56页。

罗钦顺等学者的批评。但对湛若水思想则产生一定的影响。他对湛若水说："夫心也者天地之心，道也者天地之理也。天地之理非他，即吾心中正而纯粹精焉者也。是故曰中，曰极，曰一贯，曰仁义礼智，曰孔颜乐处，曰浑然与天地为一体。此天理也，尽之矣。"[①]他认为道即天地之理，亦即吾心中正纯粹者，把道即理融于吾心之中，它包括中、极、一贯之道、仁义礼智、孔颜乐处等内涵，而浑然与天地为一体，也即是天理。心无所不包，浑然与道融为一体，这体现了陈献章江门心学的特色。

（5）"以自然为宗"

受道家思想影响，陈献章崇尚自然，把心学与自然结合起来，强调此心自然，不刻意追求事物，并由此论述了道理与性情的关系。他说："人与天地同体，四时以行，百物以生，若滞在一处，安能为造化之主耶？古之善学者，常令此心在无物处，便运用得转耳。学者以自然为宗，不可不着意理会。"[②]他认为心既然为造化之主宰，就应以自然为宗，不滞心于一处，使主体不专意于特定的对象，而是随物自然。他对湛若水云："千古惟有孟子'勿助勿忘'不犯手段，是谓无在而无不在，以自然为宗者也，天地中正之矩也。世之执有者以为过泥，空者以为不及，岂足以知中正之心之道乎！"[③]强调以自然为宗，既不执着于有，亦不执着于空，而是以孟子"勿助勿忘"，不加人为的拔高为原则，如此无在而无不在，使之符合天地中正之矩，以知中正之心、中正之道。

由此，陈献章认为人的性情是天理的自然流露，"人情出于天理之不容已者"[④]，天理自然表现为人情。因而道理也自然通过人的性情得以表现，不可脱离人的自然性情而空谈道理。他说："须将道理就自己性情上发出，不可作议论说去。"[⑤]他指出如果离开人的性情而空发议论，那"便是宋头巾也"[⑥]，而陷入宋儒"言理而不言情"之弊。虽然陈献章是针对诗论而发，但亦表现出他重视人的自然情感，讥讽过于看重伦理说教的宋儒之弊的思想倾向。

虽然陈献章心学崇尚以自然为宗，但亦不是不讲伦理道德教化。他认为人心中本身就具有仁义道德的内涵，所以应将此心扩而充之，以安天下，固家庭。这体现了他重视儒家伦理的价值取向。他说："仁，人心也。充是心也，足以保

---

① 湛若水：《粤秀山白沙书院记》引，《陈献章集》附录四，第942页。
② 陈献章：《与湛民泽（七）》，《陈献章集》卷二，第192页。
③ 湛若水：《粤秀山白沙书院记》引，《陈献章集》附录四，第942页。
④ 陈献章：《增城刘氏祠堂记》，《陈献章集》卷一，第43页。
⑤ 陈献章：《次王半山韵诗跋》，《陈献章集》卷一，第72页。
⑥ 陈献章：《次王半山韵诗跋》，《陈献章集》卷一，第72页。

四海；不能充之，不足以保妻子。可不思乎？"①以仁为人心，这与陆九渊心学相同，而有别于朱学。陈献章认为，扩充人心之仁，关系重大，它可以治国家；如果违背了它，则连家庭也不能维持。他还把心之仁作为制定礼仪制度的依据，指出："此心之仁至大，不可戕。君子因是心，制是礼。"②强调不可违反仁义道德的原则，这又是陈献章与道家、佛学的区别之处。

以上可见，陈献章提出"天地我立，万化我出，而宇宙在我"的心学思想，又一定程度地吸取和借鉴佛教、道家的理论，以静坐求心，舍繁就简，专求于内；不重知识、言语，以自然为宗，主张道理从性情上发出，然又重视儒家伦理。其心学及其读经以求诸吾心的经学观是对朱熹道学的扬弃，不仅开明代心学思潮之先河，而且对湛若水、王阳明均产生一定的影响，由此而确立了他在明代心学史上的地位。在书籍、道、心的关系问题上，陈献章强调以道，尤其以心为主。他说：

前日告秉之等只宜静坐。子翼云："书籍多了，担子重了，恐放不下。"只放不下便信不及也。此心元初本无一物，何处交涉得一个放不下来？假令自古来有圣贤，未有书籍，便无如今放不下。如此，亦书籍累心耶，心累书籍也？夫人所以学者，欲闻道也。苟欲闻道也，求之书籍而道存焉，则求之书籍可也；求之书籍而弗得，反而求之吾心而道存焉，则求之吾心可也。恶累于外哉！③

所谓书籍，主要指儒家经书及对经书的解说。陈献章针对子翼所说的"书籍多了，担子重了，恐放不下"这句话提出批评。他指出对书籍的放不下，就是对心的信不及。在陈献章看来，心为虚，原本就无一物，有什么放不下来呢？只有致其虚，才能立其本。他假设自古以来只有圣贤，而无书籍，那就不存在如今所说的放不下之事。在书籍与心、道的关系问题上，陈献章强调心即道比书籍更为重要。从学以闻道的宗旨出发，陈献章认为道或存在于书籍或存在于心之中，如果求之于书籍而得道，则求之于书籍，如果求之于书籍不能得道，则反求之于吾心。通过求之吾心来得道，这是陈献章更为重视的。因为道即存在于吾心之中，与其求道于书籍，不如直接求道于吾心。无论是圣贤的经

---

① 陈献章：《古蒙州学记》，《陈献章集》卷一，第28页。
② 陈献章：《仁术论》，《陈献章集》卷一，第58页。
③ 陈献章：《与林缉熙书（十五）》，《陈献章集·陈献章诗文续补遗》，第974页。

书还是后人对经书的解说，拿来与心、道相比，都属于从属的地位。这与朱熹求义理于经书的思想相比，确有不同，也恰恰体现了陈献章心学的经学观。

（二）湛若水心学

湛若水（1466—1560）是明代独具特色的心学家，其哲学具有心气二元论的倾向。他的心性之学体现了这种倾向。他继承并发展了其师陈献章的心学思想，又受到张载气论的深刻影响，把气纳入他的心性哲学之中，提出心具于形气和"性气一体"的思想，将心与气联系起来，把性与气合为一体，得出心合内外的思想。他认为气之精而神、虚灵知觉者谓心，得气之中正即是性，性又是心之生理，性分别与心、气二者密切联系。但又认为心性有别，以此批评了佛教性论。湛若水的"随处体认天理"的思想与王阳明的"致良知"说形成对比，"学者遂以王、湛之学各立门户"。湛若水站在心学的立场，引进气范畴，以气论心性，这是他心性之学的最大特点，表明明代心学存在着王阳明、湛若水思想的差异。

然而湛若水以心为主，又不同于张载一派气学的心性论。湛若水以及后学刘宗周以其心气二元说为特征的心性论，成为宋明理学心性论的一大家，与朱熹一派心性二元的心性论，陆九渊、王阳明心性一元的心性论，以及张载、王廷相、罗钦顺一派在气本论的基础上论心性的心性论鼎足而立，共同构成宋明理学心性论的四大派，为丰富和发展宋明理学心性论，各自做出了自己的理论贡献。

1. 心气二元说

心气二元说是湛若水心性之学的重要特征。他在偏重于心学的前提下，对气范畴高度重视，他所谓的气是宇宙的本体和构成万物的质料，这与他以心为宇宙本体的思想形成矛盾，从而表现为心气二元论的宇宙观。这是对陆九渊、王阳明心一元论哲学的突破。湛若水与王阳明同时倡导心学，但由于他把气引进其心学体系，因而他们各守宗旨，各立门户，成为明中叶时期著名的两大家。湛若水的心气二元说在明代心学史，乃至在整个宋明理学心性论发展史上占有重要的地位。

（1）"宇宙之内一心尔"

以心为宇宙本体，这是湛若水哲学心范畴的重要内涵。他提出"宇宙之内一心尔"[1]的命题，表现出心学的宇宙观。他说："宇宙内只一心而已矣，知乎此

---

[1] 湛若水：《正万民下》，《格物通》卷五十六，文渊阁四库全书，第716册，第492页。

者可与识心，故可以知道矣。"[1] 他认为心是宇宙的本体，天地万物以心为存在的根据。不仅万事万物，而且万般变化皆本之于心。湛若水指出："盖万事万变皆本于心，千圣千贤皆是心学。"[2] 并说："故心也者，万事万化之大原乎"[3]，认为心作为宇宙本体，其内涵与天地同大。他说："心之本体，与天地同大也。"[4] 进而把宇宙间的事物说成是心内之事，为心性所包藏。他说："上下四方曰宇，古今往来曰宙，宇宙内事即己性分内事也。"[5] 把个体之心与宇宙之心合一，整个宇宙时空都是心的充塞。"一人之心即千万人之心，一时之心即千万世之心。"[6] 以上可见，湛若水"宇宙之内一心尔"的理论与王阳明的心学思想相似，它们都具有对朱熹道学修正的意义。这在明中叶程朱之学居统治地位的时期，对于纠正朱学流弊有一定的积极意义。

（2）"宇宙间一气而已"

湛若水在宇宙论上，既提出"宇宙之内一心尔"的命题，又提出"宇宙间一气而已"的气本论思想，这是他哲学逻辑上的自相矛盾之处。由于他接受了先前两种不同的理论，所以在对心、气范畴的论述上，表现出心、气二元论的哲学倾向。这成为心一元论哲学瓦解的因素。他说："宇宙间一气而已，自其一阴一阳之中者谓之道，自其成形之大者谓之天地。"[7] 他认为气是宇宙间的基本实在，阴阳之气符合中的原则即是道，天地亦由气构成。还说："夫天地之生物也，犹父母之生子也，一气而已也。"[8] 气是天地万物的本原，天地生物与父母生子一样，都统一于气。湛若水在同王阳明寓书论学时指出，气充塞宇宙，是无限的客观存在，由气构成的天地人物可以消尽，而作为宇宙本原的气却未尝亡。他说："上下四方之宇，古今往来之宙，宇宙间只是一气充塞流行，与道为体，何莫非有？何空之云？虽天地弊坏，人物消尽，而此气此道亦未尝亡，则未尝空也。"[9] 由于宇宙间充满了气，所以普天之下都是实有，而不是佛教所谓的空。这表明湛若水哲学的气是客观的实在。

---

[1] 湛若水：《正心下》，《格物通》卷二十，文渊阁四库全书，第 716 册，第 185 页。
[2] 湛若水：《正心中》，《格物通》卷十九，文渊阁四库全书，第 716 册，第 174 页。
[3] 湛若水：《正心中》，《格物通》卷十九，文渊阁四库全书，第 716 册，第 179 页。
[4] 湛若水：《立志下》，《格物通》卷四，文渊阁四库全书，第 716 册，第 45 页。
[5] 湛若水：《立志上》，《格物通》卷三，文渊阁四库全书，第 716 册，第 38 页。
[6] 湛若水：《正心中》，《格物通》卷十九，文渊阁四库全书，第 716 册，第 180 页。
[7] 湛若水：《新论》，《甘泉文集》卷二，清同治五年资政堂刻《甘泉全集》本。
[8] 湛若水：《新论》，《甘泉文集》卷二。
[9] 湛若水：《寄阳明》，《甘泉文集》卷七。

虽然气是实有，但湛若水哲学的气又具有虚无的一面，气是实有与虚无的统一。他受张载"太虚即气"思想的影响，提出"虚无即气"的观点。他所谓的虚无，不是绝对的虚无，也不是空，而是有形之物的对应面，是无形的客观实在，也就是指气的本然状态而言。他说："虚无即气也，如人之嘘气也，乃见实有，故知气即虚也。其在天地，万物之生也；人身，骨肉毛血之形也，皆气之质，而其气即虚无也。是故知气之虚实、有无之体，则于道也思过半矣。"①气的本然状态是虚无的，它无形可见，但气所产生的万物及人却是有形可见的实有之物。有形之物"皆气之质"，气是构成万物的质料。所以气既是虚无的，又是实有的，是"虚实、有无之体"。湛若水认为，"虚无即气"，"虚则气聚，气聚则物生"②，天地间"无一物不同受其气者"，气为"造化之本"③。气聚为物，气散复归于虚无，即气的本然状态，气的聚散与万物的产生、消亡是一致的。这说明，作为天地万物本原的气是无始无终的客观存在。上述湛若水"宇宙间一气而已"、气是"虚实有无之体"和"气聚则物生"的思想明显地受到张载气学的深刻影响，而与他本人"宇宙之内一心尔"的思想发生矛盾。

（3）气之精而神、虚灵知觉者谓之心

在湛若水的哲学体系里，理、道与心相通，"心之本体即天理"④，而且"道即天理是也"⑤，"道本于心"⑥。作为心的内涵的理、道与气不相分离，"舍气何处寻得道来"⑦，"气得其中正焉，理也"⑧。心本身也就不能离开气，而是具于形气的了。湛若水在他哲学的两个主要范畴——心与气的关系问题上，提出了"心具于形气"的观点，这与他道不舍气和"心体物而不遗"的思想在逻辑上是一致的。他说："人心道心，只是一心。先儒谓出乎天理之正者，道心；则是谓发于形气之私者，人心。则恐未然。凡谓之心，皆指具于形气者言，惟得其正则道心也。又谓虽上智不能无人心，虽下愚不能无道心。又谓道心常为一身之主，人心每听命焉。是有二心相役，此处不能无疑。"⑨所谓心具于形气的具，指具

---

① 湛若水：《新论》，《甘泉文集》卷二。
② 湛若水：《新论》，《甘泉文集》卷二。
③ 湛若水：《新论》，《甘泉文集》卷二。
④ 湛若水：《正心中》，《格物通》卷十九，文渊阁四库全书，第716册，第175页。
⑤ 湛若水：《儆戒二》，《格物通》卷十，文渊阁四库全书，第716册，第96页。
⑥ 湛若水：《学校五》，《格物通》卷六十二，文渊阁四库全书，第716册，第548页。
⑦ 湛若水：《新泉问辨录》，《甘泉文集》卷八。
⑧ 湛若水：《樵语》，《甘泉文集》卷一。
⑨ 湛若水：《知新后语》，《甘泉文集》卷四。

备、具有之意。心具于形气,即指心存在于形气之中。

湛若水反对朱熹把心分二的观点,认为道心人心,只是一心。其立论的根据就是凡论心即指具于形气的心而言,心与气不相分离,所谓道心,不过是形气之心得其正而已。这是湛若水重视形气,心不离气思想的反映。

进而,湛若水指出,不仅天地万物由气构成,而且心也是气的表现,气之精而神、虚灵知觉的部分谓之心,心以气为存在的基础。他说:"宇宙间一气而已,……自其精而神、虚灵知觉者谓之心。"①气是宇宙间包括物质现象和精神现象的共同本原,心是气之中精且神的部分,因而心是建立在气的基础上的精神实体,心所具有的虚灵知觉的属性来源于气。心与道、理、天地等都是气的某种存在形式。这更是对心一元论哲学的突破。湛若水关于气之精而神、虚灵知觉者谓之心的思想吸取了中国古代把精神现象说成是源于精气的观点,从而与他的心本论宇宙观形成矛盾。

通过以上分析,可以看出,湛若水既接受了心学的理论,提出"宇宙之内一心尔"的命题,又受到张载气学和古代元气论的影响,提出"宇宙间一气而已"的观点,表现出心气二元论的矛盾。这既有别于陆九渊、王阳明心性一元的心性论,又不同于张载、罗钦顺气学的心性论。其与气学心性论的最大不同在于,湛若水既提出"宇宙间一气而已"的命题,又强调"宇宙之内一心尔",而张载、王廷相、罗钦顺则只以气为本,并不以心为本,这是双方心性论的差异。

2. "随处体认天理"

"随处体认天理"的思想是湛若水心性之学的重要组成部分,也是甘泉心学与阳明心学互相区别之所在。黄宗羲指出:"阳明宗旨致良知,先生宗旨随处体认天理。学者遂以王、湛之学各立门户。"②湛若水"随处体认天理"的思想认为,天理无内外之分,它既是心的本体,又不离外物而存在,并把体认外物与体认身内之心、意结合起来,打破了未发与已发、静与动、内与外的界限,因而具有心物二元论的哲学倾向。

(1)"心之本体即天理"

如果说,湛若水同朱熹一派在对理的内涵规定上没多大差别,双方的学术同属于宋明理学范畴的话,那么,在对心与理关系的认识上,双方则存在着

---

① 湛若水:《知新后语》,《甘泉文集》卷四。
② 黄宗羲:《甘泉学案一·文简湛甘泉先生若水》,《明儒学案》卷三十七,第876页。

明显的差异，表现出明中叶崛起的心学对占据当时学术界统治地位的程朱道学的修正。针对朱熹一派偏重于"道问学"的"支离之弊"，湛若水提出"万事万变皆本于心，千圣千贤皆是心学"的思想，强调"心之本体即天理也"①，要求从心的本体角度出发，去体认天理，而天理即是心本体的内容。所谓心之本体，指心的本然状态。湛若水以天理作为心的内涵，天理便以主体之心的形式出现，这与朱熹以天理为超越主、客体之上的绝对精神的思想迥异。湛若水以心为宇宙的本原，其心不仅具有主体精神的形式，而且以天理作为自身的内涵，心与理是合一的。他说："心即理也，理即心之中正也，一而已矣。"②即心、理合一，二者无间。这与朱熹心理有别的思想不同。然而湛若水有时又认为心理不能完全等同。

湛若水"心之本体即天理"的思想虽说是对陆九渊"心即理"思想的继承，但若水对陆九渊仍有微词。陆九渊指出："人皆有是心，心皆具是理，心即理也。"③湛若水对其"心皆具是理"之说提出疑议："说'具'者是二之也，……臣亦敢以是疑九渊焉。"④他认为陆九渊心具理的"具"，是把心理分二，没有坚持心理为一的立场。可见湛若水"心之本体即天理"的思想是强调心、理为一，反对心、理分二，表现出心学的宇宙观。

从心本论哲学出发，湛若水强调理来源于心，指出："天理根于人心。"⑤天理是人心固有的东西，"天理者，即吾心本体之自然者也"⑥。心本身自然有理，理不是从外在加于心内的。这是把道家自然与儒家伦理融于一心。湛若水提出的"心之本体即天理"的思想，坚持心、理为一，反对心、理分二，这与王阳明"心外无理"的思想比较相似，都是对陆九渊"心即理"思想的继承和发展。

（2）"随处体认天理"

在"心之本体即天理"思想的基础上，湛若水进而提出"随处体认天理"的思想，表现出与王阳明心学不同的自家心学的特点。虽然湛、王同属明代心学阵营，并在当时都产生了重要影响，但两人思想仍有差异。其互相区别的重要标志是：湛若水以"随处体认天理"为宗旨，王阳明以"致良知"为宗旨。由此，湛若水把自己的著述言论概括为："其词虽多，不过止在'体认天理'四

---

① 湛若水：《正心中》，《格物通》卷十九，文渊阁四库全书，第716册，第175页。
② 湛若水：《正心下》，《格物通》卷二十，文渊阁四库全书，第716册，第189页。
③ 陆九渊：《与李宰（二）》，《陆九渊集》卷十一，第149页。
④ 湛若水：《正心下》，《格物通》卷二十，文渊阁四库全书，第716册，第189页。
⑤ 湛若水：《感应上》，《格物通》卷七，文渊阁四库全书，第716册，第71页。
⑥ 湛若水：《进德业二》，《格物通》卷二十七，文渊阁四库全书，第716册，第240页。

字。"①并认为"'随处体认天理'六字,千圣同行"②。湛若水"随处体认天理"与王阳明"致良知"之说互相区别的关键在于对《大学》"格物"理解的不同。湛若水认为格物就是"至其理",而王阳明则把格物解释为"正念头"。湛若水在同王阳明讨论格物时指出:"仆之所以训格者,至其理也。至其理云者,体认天理也。"③训"格"为"至",而"物者,天理也",格物就是至其理,也就是体认天理。王阳明则认为,不能把格物的"格"训为"至",而应当以"正"字解。他说:"格者,正也,正其不正以归于正之谓也。"④而格物的"物"则是"念头",即"意之所在便是物",物被意念所定义。由于心外无物,所以格物便是格心,"故格物者,格其心之物也"⑤,也就是"正念头"。王阳明又把格物与致知联系起来,从而提出"致良知"之说。他说:"鄙人所谓致知格物者,致吾心之良知于事事物物也。"由此可见,湛若水通过把格物解释为"至其理",而引出"体认天理"的宗旨;王阳明则通过把格物解释为"格心之物",即"正念头",并结合"致知",从而提出"致良知"的理论。两人通过对格物的不同解释,分别得出了不同的理论。

湛若水"随处体认天理"的理论具有以下内容:

首先,以心之天理为宇宙本体,把内与外合为一体。他说:"体认天理云者,兼知行、合内外言之也,天理无内外也。"⑥在湛若水的哲学体系里,虽然心本身就是理,理不是从外加于心内的,但他把心的内涵无限扩大,认为"心之本体,与天地同大也"⑦。由于心的内涵与天地同大,所以心内之理又与外物相联系,理无内外之分,内外都是理,内外都是心。这一方面表现出其心学思想的矛盾,另一方面又是同王阳明心学的区别之处。他说:"吾之所谓心者,体万物而不遗者也,故无内外;阳明之所谓心者,指腔子里而为言者也,故以吾之说为外。"⑧湛若水论心,不遗外物;其论理,同样也不离外物,强调"不离物而言理"⑨,把内外统一于理,这是其理论的独到之处。

---

① 湛若水:《元年八月初二日进讲后疏》,《甘泉文集》卷十九。
② 湛若水:《示学六言赠潘汝中黄门》,《甘泉文集》卷二十六。
③ 黄宗羲:《甘泉学案一·论学书》,《明儒学案》卷三十七,第887页。
④ 王阳明:《大学问》,《王阳明全集》卷二十六,第972页。
⑤ 王阳明:《传习录中·答罗整庵少宰书》,《王阳明全集》卷二,第76页。
⑥ 黄宗羲:《甘泉学案一·论学书》,《明儒学案》卷三十七,第887页。
⑦ 湛若水:《立志下》,《格物通》卷四,文渊阁四库全书,第716册,第45页。
⑧ 湛若水:《答杨少默》,《甘泉文集》卷七。
⑨ 湛若水:《新泉问辨续录》,《甘泉文集》卷九。

其次，由于湛若水扩大了心的内涵和外延，把内外都统一于理，所以"随处体认天理"包括了体认外物，而不是简单地把天理等同于良知，把体认等同于致，以致心内之良知来代替体认合内外的天理。他说："吾之所谓随处云者，随心、随意、随身、随家、随国、随天下，盖随其所寂、所感时耳，一耳。寂则廓然大公，感则物来顺应，所寂、所感不同，而皆不离于吾心中正之本体。"① 把体认身内之心、意与体认身外之家、国、天下结合起来，主体与客体、心与物相互联系而不相离。体认天理具有普遍性，把物来顺应而感包括进来。

由此湛若水指出："所谓随处体认天理者，随已发未发，随动随静，盖动静皆吾心之本体，体用一原故也。"② 无论是寂而静的未发之本体，还是感而动的已发之作用，都在随处体认天理的范围之内，打破了未发与已发、静与动、内与外的界限。这与他"心体物而不遗""心合内外"的思想是一致的。进而湛若水批评了王阳明"是内非外，重心略事之病"③，认为其只重心而轻物，以内心为是，以外物为非的观点是过犹不及，仍是支离的一种表现。

湛若水"随处体认天理"的思想虽然以理作为心的内涵，把内外统一于心，但他事实上区分了心与物，承认外物的存在，其心学理论容纳了外物，因而具有心物二元论的哲学倾向。这与他心气二元的思想是相关的。

3. 心性有别

与陆王心学有所不同，湛若水在强调心性的密切联系，"心性非二"的同时，也指出心性有某些区别。这与陆九渊混言心性、王阳明心即性的心性一元论思想形成对比，表现出湛若水心学思想的独特性。

湛若水不同意把心、性完全等同的观点，他认为心至虚，性无虚实可言，故性没有虚灵知觉，与心不同。他说："夫至虚者心也，非性之体。性无虚实，说甚灵耀？"④ 心非性之体，说明心性有别。从湛若水对心的内涵的规定中，可以看到心、性的具体区别。湛若水所说的心，包括知觉和天理两个方面，仅有知觉或仅有天理都不是完整的心。他说："夫心非独知觉而已也，知觉而察知天理焉，乃为心之全体。"⑤ 由此他批评佛教以心之知觉为性的观点，认为知觉不是性，心之生理才是性。他说："恐便有以心为天理之患，以知觉为性之病，不可

---

① 黄宗羲：《甘泉学案一·论学书》，《明儒学案》卷三十七，第887页。
② 黄宗羲：《甘泉学案一·论学书》，《明儒学案》卷三十七，第885页。
③ 湛若水：《大科训规》，《甘泉文集》卷六。
④ 黄宗羲：《甘泉学案一·论学书》，《明儒学案》卷三十七，第882页。
⑤ 湛若水：《与吉安二守潘黄门》，《甘泉文集》卷八。

不细察。释氏以心之知觉为性，故云蠢动含灵，莫非佛性，而不知心之生理乃性也。"[1]他不仅批评佛教以知觉为性，甚至不完全同意以心为天理。因为在湛若水看来，知觉与天理相结合才是心之全体，故心与天理也不能完全画等号。在心与性、心与理的关系上，湛若水主张心与性、心与理具有密切联系，指出："心即理也，理即心之中正也。"[2]这是他心学思想的表现。然而他又认为，心、性有别，心、理也非完全一致。他强调心之生理为性，心之知觉不是性；性无虚灵知觉，心才有知觉。这与王阳明把性与知觉联系起来，认为"聪明睿知，性之质也"[3]的观点确有不同，从而表现为对心性一元说的突破。

湛若水哲学的心气二元论倾向使他的心性论呈现出复杂的情形，这使得他的心性论既不完全等同于陆王心学的心性论，又与张载气学的心性论有一定区别。其心性有别、心气二元的思想，其对程朱性气分二思想的批评，都是他心性论特点的反映。由于湛若水哲学虽倡心气二元，但以心学为主，心为体，事（由气构成）为用，"心事合一，体用同原"[4]，其体用本末关系表明，心与事物虽不分离，但合一的基础在于心。他说："盖道、心、事合一者也，随时随事，何莫非心。"[5]故其心性论仍以倾向于心学为主。其性为心之生理的思想应视为其心性关系说的主要内容。

二、王阳明心学

王阳明（1472—1528），名守仁，字伯安，余姚（今属浙江）人，明代著名哲学家、教育家、政治家和军事家，陆王心学集大成者，因曾筑室阳明洞，世称阳明先生。

黄宗羲把王阳明学术的演变发展之过程分为前三变和后三变。前三变指入门前的三变，"学凡三变而始得其门"，具体是由"泛滥于词章"，到"遍读考亭之书"，再到"出入于佛老"。经前三变后，由于与湛若水定交，贬官贵州，龙场悟道，从而入心学之门。入门以后，又经"以默坐澄心为学的"，"专提'致良知'三字"，"所操益熟，所得益化"三次变化，使其心学日益成熟。与此

---

[1] 黄宗羲：《甘泉学案一·语录》，《明儒学案》卷三十七，第891页。
[2] 湛若水：《正心下》，《格物通》卷二十，文渊阁四库全书，第716册，第189页。
[3] 王阳明：《传习录中·答陆原静书》，《王阳明全集》卷二，第68页。
[4] 湛若水：《格物通表》，文渊阁四库全书，第716册，第9页。
[5] 湛若水：《答欧阳崇一》，《甘泉文集》卷七。

相应,王阳明也经历了由接受朱熹理学,到批评宋儒流弊,改造程朱理学,以"致良知"说取代道统论的思想演变过程。

王阳明的经学观主要体现在他提出治经以明心体的思想,认为"四书""五经"不过是说这心体,心体明就是道明;强调看经书就是要致吾心之良知,由此主张复《大学》古本,以阐发自己的"致良知"说,并提出知行合一的思想。

其心学思想是对陆氏心学的继承和发展,把良知说纳入心学思想体系,提出"吾心之良知即所谓天理""良知乃天命之性",强调"心即性",主张心性一元、心理为一,具有泛性论的思想特征,认为"缘天地之间原只有此性"。他折中朱陆,而以心学为主,认为尊德性与道问学互不相外。

王阳明在平定农民起义和朝廷内乱的过程中,得出"破山中贼易,破心中贼难"[①]的体验。为破心中贼,他扬弃传统的程朱之学,提倡心学和"致良知"说,并到各地从事讲学,兴建书院和学校,广泛传播了他的心学思想,其心学成为明中叶以后学术思想发展的主流。王阳明认为,经典不过是吾心的记籍,治经学的目的是为了发明本心,致良知,他把经学与心学结合起来,在阐发其心学思想时,也借用了经学的形式,并对以往的经典和经学提出了自己的见解,从心学的角度发展了经学,这是中国经学发展史上不可或缺的心学发展阶段和环节。他的经学和心学思想在中国经学史和宋明理学发展史上占有十分重要的地位,产生了重大影响。

(一)"四书、五经不过说这心体"

王阳明的经学思想是在当时的时代背景下,对中国经学和宋明理学的发展提出的己见和总结。程朱学在明初被定为官学,学者争相趋之,而出现祖述朱熹,把程朱对经典的注解当作新的章句,盲目推崇、烦琐释之,而不求创新,仅作为谈辩文乘之资,目的是为了追求功名利禄,而实际并不实行,流于空谈程朱性理之学的弊病。王阳明起而纠弊,而提出化繁就简,去好文之风;提倡和重视心学,强调"四书""五经"不过是说这心体;并断定即使朱熹到晚年也悟早年和中年之误,而倾向于心学。这些思想体现了王阳明心学的经学观。

1. 反朴还淳,化繁就简,去好文之风

南宋时期,朱熹提倡泛观博览,博而后约,其后学流于烦琐;陆九渊提倡简约,内求于心,为王阳明所继承。由此王阳明提出化繁就简,以去好文之风,

---

[①] 王阳明:《与杨仕德薛尚谦》,《王阳明全集》卷四,第168页。

对历代学风加以评说。学风的差异，体现了学术思想不同的特质。他说：

> 以明道者使其反朴还淳，而见诸行事之实乎？抑将美其言辞而徒以譊譊于世也。天下之大乱，由虚文胜而实行衰也。使道明于天下，则六经不必述。删述六经，孔子不得已也。……孔子述六经，惧繁文之乱天下，惟简之而不得，使天下务去其文以求其实，非以文教之也。①

王阳明提出"反朴还淳"的思想，以追求淳朴学风，而反对美其言辞以夸世。强调明道重于删述"六经"，在道与"六经"之间，道更为重要，这反映了王阳明经学思想的要旨。他把天下大乱归结为虚文盛而实行衰，认为孔子删述"六经"，是为了废当时的好文之风，孔子述"六经"，担心繁文之乱天下，唯简是求，化繁就简，归于淳朴，去好文之风以求其实，并非以文来教之。这体现了阳明经学的简朴学风，与朱熹遍注群经、通经求理的学风形成对照。

以此，王阳明对春秋以后的历代学风加以评说，批评"著述者"启繁文益盛之风，导致天下经学益乱，因此他强调敦本务实，反朴还淳。他说：

> 春秋以后，繁文益盛，天下益乱。始皇焚书得罪，是出于私意，又不合焚六经。若当时志在明道，其诸反经叛理之说，悉取而焚之，亦正暗合删述之意。自秦汉以降，文又日盛，若欲尽去之，断不能去，只宜取法孔子，录其近是者而表章之，则其诸怪悖之说，亦宜渐渐自废。不知文中子当时拟经之意如何？某切深有取于其事，以为圣人复起，不能易也。天下所以不治，只因文盛实衰，人出己见，新奇相高，以眩俗取誉。徒以乱天下之聪明，涂天下之耳目，使天下靡然争务修饰文词，以求知于世，而不复知有敦本尚实、反朴还淳之行，是皆著述者有以启之。②

如果说，孔子当春秋末期，为了扭转繁文盛之乱天下的局面，而删述"六经"，削繁就简，提倡反朴还淳的学风的话，那么，在王阳明看来，春秋以后，孔子的目的并未达到，而是繁文更盛，天下也益加混乱，认为繁文盛行就天下大乱。从站在删繁就简、反朴还淳的立场上看问题，王阳明甚至设想，如果秦

---

① 王阳明：《传习录上》，《王阳明全集》卷一，第7—8页。
② 王阳明：《传习录上》，《王阳明全集》卷一，第8页。

始皇是志在明道而焚书的话,将那些反经叛理之书取而焚之,那岂不是暗合孔子删述之意吗?无奈秦汉以降,文又日盛,形成风气,而不能完全去掉,只得效法孔子,将那些比较接近于孔子之意的经书录而表彰之,使那些怪悖之说逐渐自废。王阳明赞赏隋代学者文中子王通,认为王通当时"拟经"之意,即使圣人复起,也不能改变。所谓"拟经",指隋代王通模仿儒经所作的《续六经》,包括《礼论》《乐论》《续诗》《续书》《易赞》和《元经》六种,合称《王氏六经》。王阳明认为这"深有取于其事"。他对"著述者"则提出批评,认为文盛实衰是天下不治的根源,造成天下争务修饰文词,而这些都是"著述者"启之。注经解经的"著述者"与"拟经"者相比,王阳明更为赞赏"拟经"者。

王阳明化繁就简,提倡反朴还淳,去好文之风,这不仅是对王阳明所说的孔子删述"六经"以明道思想的继承,而且其理论针对性更是对汉学及朱学流弊所表现出来的记诵词章、广探博览、侈谈名物度数、空谈仁义以为行等治经方法的修正。他说:

> 工文词,多论说,广探极览,以为博也,可以为学乎?……辩名物,考度数,释经正史,以为密也,可以为学乎?……整容色,修辞气,言必信,动必果,谈说仁义,以为行也,可以为学乎?……去是三者而恬淡其心,专一其气,廓然而虚,湛然而定,以为静也,可以为学乎?①

通过与学者对话,王阳明对三种学界流弊提出批评。此三者为:工于文词,多方论说,广泛探讨,大量阅览,以此为博;考辨名物度数,释经正史,以此为详密;整容色,修辞气,注重言行礼仪,以此为实行。这些都是需要克服的学界流弊,其原因在于未求其心,未致良知。他对宋儒周敦颐、二程以来"言益详""析理益精"造成的弊端提出批评。他说:

> 颜子没而圣人之学亡,曾子唯一贯之旨传之孟轲,终又二千余年而周、程续。自是而后,言益详,道益晦;析理益精,学益支离无本,而事于外者益繁以难。盖孟氏患杨、墨;周、程之际,释、老大行。今世学者,皆知宗孔、孟,贱杨、墨,摈释、老,圣人之道若大明于世。然吾从而求之,圣人不得而见之矣。其能有若墨氏之兼爱者乎?其能有若杨氏之为我者乎?其

---

① 王阳明:《别张常甫序》,《王阳明全集》卷七,第230页。

能有若老氏之清净自守、释氏之究心性命者乎？吾何以杨、墨、老、释之思哉？彼于圣人之道异，然犹有自得也。而世之学者，章绘句琢以夸俗，诡心色取，相饰以伪，谓圣人之道劳苦无功，非复人之所可为，而徒取辩于言词之间，古之人有终身不能究者，今吾皆能言其略，自以为若是亦足矣，而圣人之学遂废。则今之所大患者，岂非记诵词章之习！而弊之所从来，无亦言之太详、析之太精者之过欤！①

颜子没后而圣人之学亡，曾子将一贯之旨传给孟轲，后又经二千余年（实则一千三四百年）而周敦颐、二程加以继承。从此而后，由于言益详，导致道益晦；而析理益精，造成学问愈加支离无本；而求学于外，使其更为烦琐和艰难。从表面上看，今世学者都知道宗孔孟而贱杨墨、摈佛老，圣人之道好像是大明于世，然而在王阳明看来，却求之而不得见圣人，其原因就在于未能有自得。王阳明甚至指出，即使被视为"异端"的墨氏、杨朱、老氏、释氏，虽其学说与圣人之道相异，但它们"犹有自得也"，即不论其学说的性质如何，都需要"自得"，而不得徒假外饰。由于世之学者陷于章句之末，人为地雕琢描绘以夸俗，认为圣人之道难以求得，而把注意力放到取辩于言词之间，使得圣人之学遂废。王阳明指出，如今的大患就在于记诵词章之习，而流弊的产生正在于"言之太详、析之太精者之过"。为纠正学界流弊，王阳明提出学仁义、求性命，应离开记诵辞章而不为，把功夫放在"求以自得"上。他检讨自己曾陷溺于邪僻，究心于佛老，而后有所觉，乃求之于周程之说。后来交友于湛甘泉，而共同倡道，即把向内探求、自得其心放在首位，而不得流于训诂、辞章之末。他说："自程、朱诸大儒没，而师友之道遂亡。六经分裂于训诂，支离芜蔓于辞章业举之习，圣学几于息矣。"②程朱之后，"六经"分裂于训诂，支离芜蔓于辞章、举业之陋习，使得圣学几息。而王阳明起而振之，以"自得"为宗旨，目的在于化繁就简，抨击"圣人只是要删去繁文，后儒却只要添上"③的烦琐好文之风，以明心见道。

2. "心体明即是道明"

王阳明治经、读经书的目的是为了明心。其心即道，明心也就是明道，而不是仅停留在读经书，弄懂经书字面的文义上。

---

① 王阳明：《别湛甘泉序》，《王阳明全集》卷七，第230—231页。
② 王阳明：《别三子序》，《王阳明全集》卷七，第226页。
③ 王阳明：《传习录上》，《王阳明全集》卷一，第9页。

问:"看书不能明如何?"先生曰:"此只是在文义上穿求,故不明如此。又不如为旧时学问,他到看得多解得去。只是他为学虽极解得明晓,亦终身无得。须于心体上用功,凡明不得,行不去,须反在自心上体当即可通。盖四书、五经不过说这心体,这心体即所谓道。心体明即是道明,更无二,此是为学头脑处。"①

在回答学者问题时王阳明强调,看经书不能只从文义上讲求,而是要明心体、明道,儒家经典"四书""五经"就是说这心体的。在王阳明看来,经典的权威在心的权威之下,他明确提出心体明即是道明,认为儒家经典只是为了说明心体的,这是对陆九渊以六经为我心之注脚思想的继承。心即是道,心体明即是道明,心、道没有什么区别,这是做学问的首要之处。进而王阳明强调:"圣人述六经,只是要正人心。"②正人心也就是为了明道,这是圣人删述"六经"的目的。如果道明于天下,孔子就不会删述"六经"。在王阳明看来,"正人心""明道"是治经学的宗旨。这也体现了理学中陆王心学一派的经学特色。

从"四书、五经不过说这心体""心体明即是道明"出发,王阳明进而提出"六经者非他,吾心之常道"的思想,把"六经"与吾心、道联系起来,而以心为主。他说:

经,常道也。……是常道也,以言其阴阳消息之行焉,则谓之《易》;以言其纪纲政事之施焉,则谓之《书》;以言其歌咏性情之发焉,则谓之《诗》;以言其条理节文之著焉,则谓之《礼》;以言其欣喜和平之生焉,则谓之《乐》;以言其诚伪邪正之辨焉,则谓之《春秋》;是阴阳消息之行也,以至于诚伪邪正之辨也,一也。皆所谓心也,性也,命也。通人物,达四海,塞天地,亘古今,无有乎弗具,无有乎弗同,无有乎或变者也。夫是之谓"六经"。"六经"者非他,吾心之常道也。故《易》也者,志吾心之阴阳消息者也;《书》也者,志吾心之纪纲政事者也;《诗》也者,志吾心之歌咏性情者也;《礼》也者,志吾心之条理节文者也;《乐》也者,志吾心之欣喜和平者也;《春秋》也者,志吾心之诚伪邪正者也。君子之于"六经"也,求之吾心之阴阳消息而时行焉,所以尊《易》也;求之吾心之

---

① 王阳明:《传习录上》,《王阳明全集》卷一,第14—15页。
② 王阳明:《传习录上》,《王阳明全集》卷一,第9页。

纪纲政事而时施焉，所以尊《书》也；求之吾心之歌咏性情而时发焉，所以尊《诗》也；求之吾心之条理节文而时著焉，所以尊《礼》也；求之吾心之欣喜和平而时生焉，所以尊《乐》也；求之吾心之诚伪邪正而时辨焉，所以尊《春秋》也。盖昔者圣人之扶人极，忧后世，而述"六经"也，犹之富家者之父祖虑其产业库藏之积，其子孙者或至于遗忘散失，卒困穷而无以自全也，而记籍其家之所有以贻之，使之世守其产业库藏之积而享用焉，以免于困穷之患。故"六经"者，吾心之记籍也，而"六经"之实，则具于吾心，犹之产业库藏之实积，种种色色，具存于其家。其记籍者，特名状数目而已。而世之学者，不知求"六经"之实于吾心，而徒考索于影响之间，牵制于文义之末，硁硁然以为是"六经"矣。是犹富家之子孙不务守视享用其产业、库藏之实积，日遗忘散失，至于窭人匄夫，而犹嚣嚣然指其记籍曰："斯吾产业库藏之积也"，何以异于是！呜呼！"六经"之学，其不明于世，非一朝一夕之故矣。尚功利，崇邪说，是谓乱经；习训诂，传记诵，没溺于浅闻小见以涂天下之耳目，是谓侮经；侈淫辞，竞诡辩，饰奸心，盗行逐世，垄断而犹自以为通经，是谓贼经。若是者，是并其所谓记籍者而割裂弃毁之矣，宁复知所以为尊经也乎！[①]

所谓"六经"为吾心之常道，是指吾心在自然、社会、天地万物、宇宙时空等各个方面的表现而由《易》《书》《诗》《礼》《乐》《春秋》等"六经"记录下来，"六经"作为载道之书，记录了心体之常道。而"六经"之道各有侧重，其中《易》是记载吾心之阴阳消息之道的经书，《书》是记载吾心之纪纲政事之道的经书，《诗》是记载吾心之歌咏性情之道的经书，《礼》是记载吾心之条理节文之道的经书，《乐》是记载吾心之欣喜和平之道的经书，《春秋》是记载吾心之诚伪邪正之道的经书。与之相应，君子对于记载吾心之常道的"六经"而言，求吾心之阴阳消息而时行之，这就是尊《易》；求吾心之纪纲政事而加以实施，这就是尊《书》；求吾心之歌咏性情而抒发情感，这就是尊《诗》；求吾心之条理节文而谨守礼仪，这就是尊《礼》；求吾心之欣喜和平而生喜，这就是尊《乐》；求吾心之诚伪邪正而分辨是非，这就是尊《春秋》。圣人述"六经"是为了扶人极，忧后世，而"六经"之道存于吾心，所以"六经"乃吾心之记籍，而"六经"之实，则具于吾心。所谓记籍，指把心的状态数目记录下来而已。

---

① 王阳明：《稽山书院尊经阁记》，《王阳明全集》卷七，第254—255页。

"六经"作为吾心之记籍，它是为明心、明道服务的，所以王阳明批评"徒考索于影响之间，牵制于文义之末，硁硁然以为是'六经'"的治经方法，认为尚功利、崇邪说是乱经，习训诂、传记诵是侮经，侈淫辞、竞诡辩是贼经。这些自以为通经的人，不过是对经典的割裂毁弃，更谈不上什么尊经。王阳明"心体明即是道明"，"六经者非他，吾心之常道"的思想，在抬高心的地位的同时，对经典也给以一定的重视，认为经典是吾心的记籍，治经学的目的是为了明心、明道。在阐发其心学思想时，也借用了经学的形式，但强调心对于经典的主导，这体现了阳明经学的心学特征，也就是说，从心学的角度发展了经学。

3. "朱子晚年定论"

王阳明治经以明心体、强调"四书""五经"不过是说这心体、"心体明即是道明"的思想体现了阳明心学的经学观，这与朱熹以义理解经，以天理论道的经学观和道统论形成鲜明的对照和差异。在朱子学居于官学地位的明代，为了减轻传统的压力，王阳明做出朱熹到晚年已悟早年和中年之误，而倾向于心学的"朱子晚年定论"的论断，这恰恰体现了王、朱二人不同的经学观和理学思想，同时也一定程度反映了朱熹某种由追求外在的道问学向内在的尊德性、反求诸己的转变、反思的倾向。

王阳明思想的初衷是从心学立场来发扬圣人之道，在这个过程中，他的思想也经历了吸取程朱理学，龙场悟道，转向心学，对朱子学提出批评，认为朱熹到晚年转向心学等几个转变的阶段。

王阳明对程朱学盛行后的流弊痛下针砭，而且对朱熹理学及经说本身也提出批评，他认为阐发朱熹经学与理学思想的《四书章句集注》《四书或问》不过是其"中年未定之说"，因而以两书为主要载体的朱熹经学即是其中年未定之说，到后来朱熹自我否定，悟前说之非，而转向了心学。这实际上是王阳明以心学否定了朱熹《四书章句集注》之经学观。他说："洙、泗之传，至孟氏而息。千五百余年，濂溪、明道始复追寻其绪。自后辨析日详，然亦日就支离决裂，旋复湮晦。吾尝深求其故，大抵皆世儒之多言有以乱之。"[①] 王阳明指出，虽然周敦颐、程颢追寻孟子之后失传的圣人之道，但由于辨析日详，陷入支离破碎，道仍晦而不明，其根源在于世儒"多言有以乱之"。这里所指便是朱熹。王阳明在回顾自己由早年习举业，溺于词章，"从事正学"，即求学于程朱，到出入佛老，"欣然有会于心"，再到转向心学的思想转变的过程后指出，自己的心

---

① 王阳明：《朱子晚年定论》，《王阳明全集》卷三，第127页。

学思想只是与朱熹的中年未定之说相抵牾,而与朱熹晚年的定论相一致,并把朱熹经学及道统论归于其中年未定之说。他说:

> 守仁早岁业举,溺志词章之习,既乃稍知从事正学,而苦于众说之纷挠疲苶,茫无可入,因求诸老、释,欣然有会于心,以为圣人之学在此矣!然于孔子之教间相出入,而措之日用,往往缺漏无归,依违往返,且信且疑。其后谪官龙场,居夷处困,动心忍性之余,恍若有悟,体验探求,再更寒暑,证诸"五经"、"四子",沛然若决江河而放诸海也。然后叹圣人之道坦如大路,而世之儒者妄开窦径,蹈荆棘,堕坑堑,究其为说,反出二氏之下。宜乎世之高明之士厌此而趋彼也。此岂二氏之罪哉!间尝以语同志,而闻者竞相非议,目以为立异好奇,虽每痛反深抑,务自搜剔斑瑕,而愈益精明的确,洞然无复可疑;独于朱子之说有相抵牾,恒疚于心,切疑朱子之贤,而岂其于此尚有未察?及官留都,复取朱子之书而检求之,然后知其晚岁固已大悟旧说之非,痛悔极艾,至以为自诳诳人之罪,不可胜赎。世之所传《集注》、《或问》之类,乃其中年未定之说,自咎以为旧本之误,思改正而未及,而其诸《语类》之属,又其门人挟胜心以附己见,固于朱子平日之说犹有大相谬戾者,而世之学者局于见闻,不过持循讲习于此。其于悟后之论,概乎其未有闻,则亦何怪乎予言之不信,而朱子之心无以自暴于后世也乎?予既自幸其说之不谬于朱子,又喜朱子先得我心之同然,且慨夫世之学者徒守朱子中年未定之说,而不复知求其晚岁既悟之论,竞相呶呶,以乱正学,不自知其已入于异端,辄采录而裒集之,私以示夫同志,庶几无疑于吾说,而圣学之明可冀矣![1]

朱熹的经学及道统论主要通过"四书"得以阐发,他在二程"四书"义理之学的基础上,以毕生精力集注"四书",以义理解释"四书",从中发明道统,以重义理轻训诂的理学思维模式取代汉学传统的注经模式,为完善和发展理学思想体系作论证,从而集"四书"义理之学及道统论之大成。可以说,朱熹的理学思想离不开其对"四书"的阐发,而对"四书"的阐发集中体现在其集四十年工夫所著的《四书章句集注》和《四书或问》里。王阳明把两书归于朱熹的"中年未定之说",认为到晚年朱熹已自我否定了此说。这实际上是抽掉了

---

[1] 王阳明:《朱子晚年定论》,《王阳明全集》卷三,第127—128页。

朱熹理学及道统论的根基。此外，朱熹的经学思想包括阐发道统的"四书"学也有不少体现在《朱子语类》里，从卷14到卷92，都是直接讲朱熹的经学，共计有79卷，占到《朱子语类》140卷的一大半，其余的内容也与经学、"四书"学有密切关系。而王阳明则把《朱子语类》归于"门人挟胜心以附己见"，其真实性大打折扣，与朱熹平日的观点有许多不相符合。这也是对朱熹的经学思想、道统论及与心学不符的观点的间接否定。王阳明把朱熹理学及道统论归于其中年未定之说而提出批评，这是他批评朱熹理学的一个重要组成部分。

尽管王阳明提出"朱子晚年定论"的论断，认为朱熹晚年转向心学，并把程朱道统的"传授心法"与"十六字心传"改造为心学之源，其重要目的是为了减轻传统的压力，倡导心学与朱学的沟通与融会，但王学与朱学在经学观和理学思想上的差异是客观存在的，不是人为所能冥合和抹杀的。况且王阳明所列出的所谓朱熹晚年倾向于心学的材料，有的并不是朱熹晚年的作品，而是中年以前所撰。

根据《朱熹文集编年评注》[1]来考查，在王阳明《朱子晚年定论》中所引的34封朱熹书信中，晚年的占到22封，中早年的有12封，但毕竟不都是晚年所作，在年岁上有失误之处。所以王阳明亦说："某为《朱子晚年定论》，盖亦不得已而然。中间年岁早晚，诚有所未考，虽不必尽出于晚年，固多出于晚年者矣。然大意在委曲调停以明此学为重。"[2] 王阳明《定论》即使有"年岁早晚"考证之缺憾，但在另一方面，从王阳明以收敛身心，反己立本、向内用功的角度来采摘朱熹书信，无疑发掘了一个新的审视朱熹学说的理论切入点，这也无怪乎阳明能得到后儒的支持和赞同，而体现了学术发展由朱学到心学的趋向，以及《定论》的地位和价值。

王阳明所列举的朱熹之书信不论其是否作于朱熹晚年，其中确实包括了朱熹本人对自己存在着的更多重视读书求义理而不太重视反求诸心的前说的检讨。王阳明客观地看到了朱熹对自己前说的反省，亦表现出某种重视内在的治心之学的工夫。即在某种程度上朱熹对自己以往泥守书册，支离无纪的治学倾向加以反省，以做到收敛身心，反己立本。只不过阳明看到的朱熹一定程度上重视收敛身心，是否就是类似于陆九渊的心本论之心学？重视心，以己意说经，是否就是以心为本的心学？这其中当然也有陆九渊简易工夫治学方法的影响。所

---

[1] 朱熹：《朱熹文集编年评注》，郭齐、尹波编注，福建人民出版社2019年版。
[2] 王阳明：《传习录中·答罗整庵少宰书》，《王阳明全集》卷二，第78页。

以不能因为王阳明所列举的朱熹书信有的不是晚年所作，就否定朱熹思想中确实存在着由读书穷理向重视内在、反求诸己，并将这两个方面结合起来的倾向，即把博与约、泛观博览与反己立本相结合。

值得思考的是，根据《朱熹文集编年评注》能够确定，朱熹不仅在晚年，而且在中早年也有倾向于心学方法论的地方，他也检讨了自己在收敛身心，反己立本方面存在着不足的问题。这说明尽管与陆王的心本论宇宙观有别，但朱熹毕竟检讨了自己思想于尊德性上的不足，而主张将道问学与尊德性结合起来。这对学术的发展具有重要意义。而王阳明在朱熹这种倾向（自我检讨）的基础上，发展出心学来，进一步纠正朱熹已发现了的自己学说的偏向。这也是学术发展倾向的一个表现。

由此可见，朱熹已一定程度认识到自己思想上存在着的相对忽视内在的尊德性，而侧重于外在的道问学的偏差，而且在中青年时朱熹就已经通过写书信来修正自己的观点。就此而言，朱熹思想中亦存在着某种倾向于反求诸己之处，尽管与陆王的心本论哲学有别。

（二）"心即性"思想

王阳明继承并发展了陆九渊心学，援良知以论心性，提出"心即性"的思想，建立起以心之良知为本，心性合一的泛性论思想体系，充分发挥主体的能动精神，把主体思维与道德理性的结合推向极致，表现为彻底的心性主体论。王阳明以一性包罗宇宙，统一各个哲学范畴，反对程朱性气二分的观点；以良知把心性联系起来，合而为一，集宋明理学心性一元说之大成；其对孔、孟、荀等性论的综合，集中国儒学性论于一体，从心学的角度发展了中国哲学人性论。由此，王阳明的心性论在中国心性论发展史上占有十分重要的地位，是宋明理学思潮中心学一派心性论发展的理论高峰。

1. "吾心之良知即所谓天理"

王阳明继承了陆九渊"心即理"的思想，批评朱熹的理本论哲学，反对析心与理为二，把"心即理"作为其"立言宗旨"。同时王阳明对陆氏心学"心即理"的思想又加以发展，引进了良知范畴，在陆九渊"心即理"思想的基础上，提出"吾心之良知即所谓天理"的思想，把良知与天理等同，以最具主观能动性的良知作为最高范畴，来取代"天理论"一统学术界的局面。王阳明对哲学"心"范畴作了深入的论述，在新的高度确立起心本体的权威，以充分发挥主体之心的能动作用，这对于批判旧传统，肯定主体的价值，具有重要意义。

(1)"心者天地万物之主"

以心为宇宙本体,天地万物皆以心为存在的根据,这是王阳明对心作出的重要规定。他说:"心者,天地万物之主也。心即天,言心则天地万物皆举之矣。"① 心是天地之主宰,心即是天,心把天地万物皆包罗在内。王阳明在理学的范围内,强调心的宇宙本体地位,心即是天之理,心无天人之分,无古今之别,是永恒的宇宙本体。他说:"心也者,吾所得于天之理也,无间于天人,无分于古今。苟尽吾心以求焉,则不中不远矣。"② 王阳明心学与朱熹理学之分,不在于是否以理为宇宙本体,而在于是否另以心为宇宙本体,其理是否与心等同。王阳明继承陆九渊,把理与心等同起来,故其理为主体与本体合一的范畴;朱熹哲学的理与心则有别,其理为超越主、客体之上的本体之理,而不具主体的意义。王阳明从主体理出发,得出"心外无物,心外无事,心外无理"③的观点,整个宇宙皆与吾心为一体。他指出:"夫人者,天地之心,天地万物本吾一体者也。"④ 天地万物即是吾心,吾心与天地万物无间。此心"通人物,达四海,塞天地,亘古今,无有乎弗具,无有乎弗同,无有乎或变者也,是常道也"⑤。以心为常道,把心与道亦等同起来。

王阳明心学宇宙观的实质充分体现在其心物关系上。其所谓物,指心所显现和被心感知的事物,它又细分为事和物。事指人们从事的活动,如"事亲""事君"的道德践履等。他说:"意在于事亲,即事亲便是一物;意在于事君,即事君便是一物。"⑥ 此类意所指之事亦称之为物。物则指客观事物,尽管王阳明本人并不把物看作客观的。物与人们从事的活动有所区别,它主要指被人们的感官所感知的事物,如"目无体,以万物之色为体;耳无体,以万物之声为体;鼻无体,以万物之臭为体;口无体,以万物之味为体。"⑦ 被耳目口鼻等感官所感知的万物,便是与"事亲""事君"等活动有所区别的物。

在心与物二者的关系上,王阳明认为,心是物赖以存在的基础,天地万物统一于心。他说:"位天地,育万物,未有出于吾心之外也。"⑧ 心物关系表现为

---

① 王阳明:《答季明德》,《王阳明全集》卷六,第214页。
② 王阳明:《答徐成之(二)》,《王阳明全集》卷二十一,第809页。
③ 王阳明:《与王纯甫(二)》,《王阳明全集》卷四,第156页。
④ 王阳明:《传习录中·答聂文蔚》,《王阳明全集》卷二,第79页。
⑤ 王阳明:《稽山书院尊经阁记》,《王阳明全集》卷七,第254页。
⑥ 王阳明:《传习录上》,《王阳明全集》卷一,第6页。
⑦ 王阳明:《传习录下》,《王阳明全集》卷三,第108页。
⑧ 王阳明:《紫阳书院集序》,《王阳明全集》卷七,第239页。

心体物用，心是主宰、本体，物是派生、显现。"身之主宰便是心，心之所发便是意，意之本体便是知，意之所在便是物。"①王阳明把心的知觉属性无限夸大，把心对物的反映说成物是心的产物。他认为意念是心的发动处，意念必有所指，其所指即是事物，强调"意未有悬空的，必著事物"，而"意之涉著处，谓之物"②。事物不是独立于心的客观存在，归根结底，事物是心的产物，故"无心外之物"③。

王阳明在心本体论哲学的前提下，过分强调心与物的联系，忽视心与物的区别，这是他的哲学导入唯主体论的根源之一。他所强调的"天下无心外之物"的思想在现实中遇到了挑战。《传习录下》记载：

> 先生游南镇，一友指岩中花树问曰："天下无心外之物，如此花树在深山中自开自落，于我心亦何相关？"先生曰："你未看此花时，此花与汝心同归于寂。你来看此花时，则此花颜色一时明白起来，便知此花不在你的心外。"④

友人指出花在深山中自开自落，与我心无关这一事实。那么，"心外无物"就值得怀疑了。王阳明强调主体与客体的联系，他回答说，你未看此花时，花与你心都处于寂静未显的状态，当你看此花时，花的颜色就明白了，即客体通过主体显示出它的存在，所以说此花不在心外。虽然王阳明并未明确否定深山中花的客观存在，但他的回答仍不能使人满意。为什么人未发现花时，人心与花同归于寂？假如你未见花时，其他人看见了花，那这时花的颜色是明白还是寂而未显？而这时的人心是归于寂还是心中有花？显然，回答这样的问题是困难的，这涉及个人的主体之心与宇宙本体之心的关系问题，无论怎样回答都将难以自圆其说。这是因为，深山之花的存在是客观的，不以人是否看到它为转移；花的颜色也并不因人是否看见它而明白起来或寂而未显。王阳明强调心与物、主观与客观的统一与联系，认为客体必须通过主体能动性的发挥才得以显现，客体存在的价值在于它与主体相联系，离开了主体，客体不过是一静止物，毫无生气和价值。这一思想固然有它存在的理由，但王阳明过分强调心与物的

---

① 王阳明：《传习录上》，《王阳明全集》卷一，第6页。
② 王阳明：《传习录下》，《王阳明全集》卷三，第91页。
③ 王阳明：《传习录上》，《王阳明全集》卷一，第6页。
④ 王阳明：《传习录下》，《王阳明全集》卷三，第107—108页。

统一，而忽视了心与物的区别，把主、客体混为一谈，以主体淹没客体，从而得出"心外无物"，天地万物统一于心的结论。

（2）心体至善

阳明心学的心不仅是形上宇宙本体，而且是"至善"道德本体，心先天就为善，道德良心是人人固有的本心，因此不可在心之外去寻求仁义道德。求心于内，这就加强了道德自律，而不是他律。对此，王阳明指出："心一而已，以其全体恻怛而言，谓之仁；以其得宜而言，谓之义；以其条理而言，谓之理。不可外心以求仁，不可外心以求义，独可外心以求理乎？"① 心以仁义为其内涵，仁义即是人心，所以不可在心之外去求仁义。王阳明认为，儒家道德伦理存在于主体之中，是普遍的，人心固有的。他说："仁、义、礼、智，也是表德。……主于身也，谓之心。心之发也，遇父便谓之孝，遇君便谓之忠。"② 心先验地具有仁义礼智之德，遇父便知孝，遇君便知忠，这是心之德自然而然的表现。唯其如此，所以心体至善，心先天就为善。他说："至善者，心之本体也。心之本体，那有不善？"③ 至善是心的本然状态，心的本质属性没有不善。以心为善，这与陆九渊"其本心无有不善"④ 的思想相似，而与朱熹"心有善恶"⑤ 的观点有别。王阳明从心体至善出发，把恶排除在心本体之外。他指出："恶，人之心失其本体。"⑥ 人之有恶，是因为违背了本心，失去了心的本来面貌，而心本身完全是善的。

如上所述，王阳明的心是形上宇宙本体与至善道德本体的结合，心作为意识活动的主体，又以良知为心之本体。

（3）心理为一

在心与理的关系上，王阳明继承了陆九渊的思想，强调心即理，心、理为一，反对心、理分二，并将此作为其心学的"立言宗旨"。他说："诸君要识得我立言宗旨，我如今说个心即理是如何？只为世人分心与理为二，故便有许多病痛。"⑦ 王阳明认为，心即理，理即心，理是"心之条理"，外心求理则无理，遗理求心则无心。从心即理、心外无理出发，王阳明批评了朱熹心理有别的思

---

① 王阳明：《传习录中·答顾东桥书》，《王阳明全集》卷二，第43页。
② 王阳明：《传习录上》，《王阳明全集》卷一，第15页。
③ 王阳明：《传习录下》，《王阳明全集》卷三，第119页。
④ 陆九渊：《与王顺伯（二）》，《陆九渊集》卷十一，第154页。
⑤ 黎靖德编：《朱子语类》卷五，第89页。
⑥ 王阳明：《传习录上》，《王阳明全集》卷一，第15页。
⑦ 王阳明：《传习录下》，《王阳明全集》卷三，第121页。

想。他说：

> 理岂外于吾心邪？晦庵谓：人之所以为学者，心与理而已。心虽主乎一身，而实管乎天下之理；理虽散在万事，而实不外乎一人之心。是其一分一合之间，而未免已启学者心理为二之弊。①

王阳明指出，朱熹关于心理一分一合的观点开启了心理分二之弊。而他则强调心理合一无间，否认二者有任何区别。王阳明在回答学者提出的"晦庵先生曰：'人之所以为学者，心与理而已。'此语如何？"的问题时指出："心即性，性即理，下一'与'字，恐未免为二，此在学者善观。"②甚至认为在心与理之间下一"与"字也是不妥的，应把"心与理"改为"心即理"，这样才能避免心理为二。王阳明与朱熹思想的分歧在于，王阳明以心为宇宙本体，而朱熹则反对以心为宇宙本体。王阳明批评朱熹心理二分，即是从心本论上立论的，批评朱熹没有把心和理同作为宇宙本体，而这恰恰是朱学与陆王心学的区别之处。

王阳明继承了陆九渊"心即理"的思想，批评朱熹的理本论哲学，反对析心与理为二。王阳明引进了良知范畴，对陆氏心学"心即理"思想加以发展，在"心即理"的基础上，进而提出了"吾心之良知即所谓天理"的思想。他说："吾心之良知，即所谓天理也；致吾心良知之天理于事事物物，则事事物物皆得其理矣。致吾心之良知者，致知也；事事物物皆得其理者，格物也。是合心与理而为一者也。"③把良知与天理等同，以最具主观能动性的良知作为最高范畴，来取代"天理论"一统学术界的局面。他强调"合心与理而为一"，反对朱熹的心、理二分。在"吾心之良知即所谓天理"的命题中，良知与心的关系最为贴切，心范畴所有的内涵，良知范畴也都具有，而理范畴却没有这样广泛的含义。所以说王阳明"吾心之良知即所谓天理"的思想是对陆九渊"心即理"思想的发展，进一步丰富了陆王心学的思想体系，在新的高度确立起心本体的权威，以充分发挥主体之心之良知的能动作用。这对于批判旧传统，充分肯定主体的价值，具有重要意义。

2. "缘天地之间原只有此性"

王阳明援良知以论性，提出性本论和性无内外、性无异同的思想，扩大性

---

① 王阳明：《传习录中·答顾东桥书》，《王阳明全集》卷二，第42页。
② 王阳明：《传习录上》，《王阳明全集》卷一，第15页。
③ 王阳明：《传习录中·答顾东桥书》，《王阳明全集》卷二，第45页。

的内涵，把宇宙天地、各种差别都包括到性内，以一性来囊括宇宙万物，缘天地之间只有此性，从而建立起泛性论的思想体系。这是王阳明心性论的重要组成部分，体现了其心性之学的特点。

（1）性本论

以性为宇宙万物的本原，这是王阳明对性作出的重要规定。他说："所谓汝心，却是那能视听言动的，这个便是性，便是天理。有这个性才能生，这性之生理便谓之仁。这性之生理，发在目便会视，发在耳便会听，发在口便会言，发在四肢便会动。"① 十分明显，王阳明的"有这个性才能生"的思想是把性作为万物产生的本原。这个性也就是心，也就是天理。性为宇宙的本原，亦即心为宇宙本原，它们在逻辑上是一致的。事物的存在和发生，均以性之生理为根据，离性便无事物，故"天下无性外之理，无性外之物"②。由此，王阳明把性作为天地间的基本实在。他说："缘天地之间原只有此性，只有此理，只有此良知，只有此一件事耳。"③ 即强调天地间只有性，别无他物。性、理、良知不是并列为三，各不相干，而是一回事。这就把精神性的实体作为宇宙的基本存在，排除了物质实体存在的可能性，宇宙万物不过是性所派生。

从性本论出发，王阳明提出性气一体的思想，反对性气二分。他所谓的气，指良知的流行。他说："夫良知一也，以其妙用而言，谓之神；以其流行而言，谓之气。"④ 气是良知流行的表现，无独立存在的地位，而从属于良知。在性气关系上，王阳明提出"原无性气之可分"的主张。他说：

> 孟子性善，是从本原上说。然性善之端，须在气上始见得，若无气亦无可见矣。恻隐羞恶辞让是非即是气。程子谓："论性不论气，不备；论气不论性，不明。"亦是为学者各认一边，只得如此说。若见得自性明白时，气即是性，性即是气，原无性气之可分也。⑤

王阳明认为，性善是本原，即性是本原，由性发出的四端之情则是气，二程之所以提出性气二分，兼言性气，是因为学者各认一边，或只讲性而不讲性

---

① 王阳明：《传习录上》，《王阳明全集》卷一，第36页。
② 王阳明：《传习录中·答罗整庵少宰书》，《王阳明全集》卷二，第77页。
③ 王阳明：《传习录中·答聂文蔚》，《王阳明全集》卷二，第84页。
④ 王阳明：《传习录中·答陆原静书》，《王阳明全集》卷二，第62页。
⑤ 王阳明：《传习录中·启问道通书》，《王阳明全集》卷二，第61页。

的表现，或只讲气而不见气之本为性。在王阳明看来，性气二分是不必要的，二程如此区分性气，也是无可奈何罢了，但只要从本原上认得性为一的道理，就会明白性即气，气即性，而不必区别二者。王阳明曾把性之性、性之质、性之情、性之蔽包括私欲、客气统统纳入一性之中，这与他性气不可分的思想是一致的。也就是说，从本原上讲，性只是一，性为宇宙本原，气是性的表现，气的存在以性为前提，故性气一体，不得相分。

（2）"仁义只是吾性"

以仁义道德为性，这是王阳明对性作出的又一规定，即把形上宇宙本体与道德理性合一，性本体具有儒家伦理的含义，亦是把道德理性提升为宇宙的本体。他说："仁义只是吾性，故穷理即是尽性。"① 并以此作为儒佛之分的界限。他不同意世儒把陆学目为禅学的见解，认为陆九渊心学辨义利之分，讲儒学大本，以五常为性，与佛教大异，因此不能以陆学有别于朱学，就将其称为禅学。他说：

> 象山辨义利之分，立大本，求放心，以示后学笃实为己之道，其功亦宁可得而尽诬之！而世之儒者，附和雷同，不究其实，而概目之以禅学，则诚可冤也已！故仆尝欲冒天下之讥，以为象山一暴其说，虽以此得罪，无恨。②

王阳明为陆学鸣冤，指出将陆学"目之以禅学，则诚可冤也已"，因为他看到了理学中的心学一派虽较多地借用了佛教心性论哲学的形式，但在思想内涵上确与佛教哲学存在着区别。尽管陆王心学与佛教都讲心性论，均提出心本论、性本论哲学，并主心性一元说，但儒家心学与佛教心学的区别是客观存在的。心中是否有理，性中是否有仁义道德，这是双方互相区别的关键。王阳明不仅强调性中包含儒家伦理、仁义道德的内涵，而且批评了佛教"绝父子，屏夫妇，逸而去之"，"丧其性而失其天"③之弊，表现出陆王心学心性论与佛教思想的差异。因此，只看到陆王与佛教心性论的相似处，而忽视其差别，是片面的，且与思想史的事实不符。

---

① 王阳明：《传习录上》，《王阳明全集》卷一，第34页。
② 王阳明：《答徐成之（二）》，《王阳明全集》卷二十一，第809页。
③ 王阳明：《性天卷诗序》，《王阳明全集》卷二十九，第1047页。

（3）"性无内外"

所谓性无内外，指性超越内外之上，把内外都包括到性之中，亦即性无内外的分别，内外都是性。这就扩大了性的内涵，集中体现了其泛性论的思想特征。他说："夫理无内外，性无内外，故学无内外。讲习讨论，未尝非内也；反观内省，未尝遗外也。"①性无内外不仅体现了王阳明泛性论的特征，而且体现了他的工夫论。王阳明认为，性超越了内、外两方面，性不仅是产生万物的根源，而且把天下万物包括在内，天下无性外之物。由于性无内外，所以学亦无内外，在工夫论上，王阳明主张把内外结合起来，在讲习讨论时，不离反观内省；当反观内省之际，不遗讲习讨论之外事。虽然他把讲习讨论称之为外，把反观内省称之为内，实际上他说的外，仍限于书本知识的讲习范围，还不是对客观外物的探求。王阳明所主张的是把讲习讨论与反观内省结合起来，取消内外的差别，把内外合之于性，亦即合之于心。

由此，王阳明批判了佛教空谈心性，脱离人伦物理的自私自利之弊。他说：

> 盖圣人之学无人己，无内外，一天地万物以为心；而禅之学起于自私自利，而未免于内外之分，斯其所以为异也。今之为心性之学者，而果外人伦，遗事物，则诚所谓禅矣；使其未尝外人伦，遗事物，而专以存心养性为事，则固圣门精一之学也，而可谓之禅乎哉！②

王阳明的思路是，天地万物归于心，所以无内外之分、人己之别，心性之中便包括了外物。他批评佛教的心性之中"外人伦，遗事物"，不包括人伦物理，故其心虚性寂，以致心外有物，未免内外有别。王阳明认为，这便是佛教心性论不知性无内外的流弊。他认为，讲心性之学如果只讲内在之心性，而"外人伦，遗事物"，不把内外结合起来，那就是所谓的禅学；而把内外结合起来，无内外之分，既以存心养性为事，又不外人伦，遗事物，那就是"圣门精一之学"，而不得谓之禅学。

（4）性无异同，性无定体

性无异同与性无定体是王阳明泛性论的重要内容，二者彼此联系，各自从不同的方面去说明同一个问题。性无异同是通过取消事物的差别性来论证性的

---

① 王阳明：《传习录中·答罗整庵少宰书》，《王阳明全集》卷二，第76页。
② 王阳明：《重修山阴县学记》，《王阳明全集》卷七，第257页。

包容性即概括性；性无定体则通过取消性的确定性来说明性的概括性即包容性。

关于性无异同，他说："今之论性者，纷纷异同，皆是说性，非见性也。见性者无异同之可言矣。"[①] 所谓性无异同，指性之中无所谓异同的差别，把各种差别都包括到性内。可见性大无外，天下万物都是性的产物。他说："性一而已。仁义礼智，性之性也；聪明睿知，性之质也；喜怒哀乐，性之情也；私欲客气，性之蔽也。"[②] 仁义礼智之性、聪明睿知之质、喜怒哀乐之情、私欲客气之蔽都包括在性之中，性中既有仁义道德，又具主观思虑，亦涵情、欲等内容。可见性作为宇宙本体，囊括了性、质、情、蔽等各种不同的事物，这就取消了事物的差别，以一性来概括宇宙万物及各个哲学范畴。这是对程颢、陆九渊重融通合一，不重分别对立心学思想的继承。

关于性无定体，他说："性无定体，论亦无定体。有自本体上说者，有自发用上说者；有自源头上说者，有自流弊处说者。总而言之，只是一个性，但所见有浅深尔。若执定一边，便不是了。"[③] 王阳明这段话是在回答学者"问古人论性，各有异同，何者乃为定论？"[④] 的问题时所说，这表明性无定体与性无异同是对同一个问题的两种说法。所谓性无定体，指性没有确定或绝对的一定之论，它可以是体，可以是用，或从源头上说，或从末流处说。总之，体用源流都可称之为性，性概括了体用源流。王阳明指出，如果执其一端，只见其体，而不见其用，或只从本原上说，不从末流处说，都是片面的认识。由于性无定体，所以不能执着于一边，否则将得不到对性的全面认识。由此说来，性具有相对性即不确定性。为了得到对性的全面认识，就应掌握性的概括性与包容性原则，这与他性无异同的观点相关。

王阳明性无异同、性无定体的思想从相对性原理出发，通过抹杀事物的差别和取消性的确定性来论证性的概括性和包容性，最终是为了说明，性作为宇宙本体，具有包罗万象、涵盖一切的特质。这也是其泛性论特征的表现，从而体现出王阳明哲学融通合一的特点。

（5）性至善与性无善无不善

在人性是否为善的问题上，王阳明一方面强调性至善，性无一毫之恶；另一方面又指出性无善无不善，即性无善无恶。从表面上看，这似乎存在着矛盾，

---

① 王阳明：《传习录下》，《王阳明全集》卷三，第122页。
② 王阳明：《传习录中·答陆原静书》，《王阳明全集》卷二，第68页。
③ 王阳明：《传习录下》，《王阳明全集》卷三，第115页。
④ 王阳明：《传习录下》，《王阳明全集》卷三，第115页。

但认真考察王阳明的性论及其对性的特质所作出的规定，可以看出他对性的善恶的论述，正好体现了其心学及性论的特点。

关于性至善，王阳明明确指出："至善者，性也。性元无一毫之恶，故曰至善。"① 这就是说，性至善而无恶。王阳明认为，善是性的本质属性，善无形体、无方所，故不能脱离性而言善。他说："善原于性，孟子之言性善是也。善即吾之性，无形体可指，无方所可定，夫岂自为一物，可从何处得来者乎？"② 王阳明把性善与心正联系起来，指出"心之本体则性也。性无不善，则心之本体本无不正也"③，认为性无不善即心体本正，性善与心正是一回事，故性之善又存在于心中。他说："心外无善。吾心之处事物，纯乎理而无人伪之杂，谓之善。"④ 心纯乎天理，没有人为的不良习气的干扰，便谓之善。这说明善又是心的属性。王阳明关于"至善者，性也"和"至善者，心之本体也"的思想表明，在心性善恶问题上，王阳明持心性均为善的观点，这与陆九渊的思想类似，而有别于朱熹。

王阳明又把性善与良知联系起来，指出："性无不善，故知无不良，良知即是未发之中，即是廓然大公、寂然不动之本体，人之所同具者也。"⑤ 由于王阳明的良知即是性，所以其性为善，也就是知为良。王阳明把性善与心正、知良联系起来，其性至善、心本正、知无不良在逻辑上是一致的。这是他在善恶问题上对性作出的基本论断，代表了他在性的善恶属性问题上的基本思想。

关于性无善无不善。在人性善恶问题上，王阳明除明确指出性至善而无恶外，还提出了性无善无不善的思想。他说："无善无不善，性原是如此，悟得及时，只此一句，便尽了，更无有内外之间。"⑥ 可见，王阳明在论述性无善无不善的问题时，是把它同性无内外问题联系在一起的。

所谓性无善无不善，也就是性无善无恶。他说："性之本体，原是无善无恶的，发用上也原是可以为善，可以为不善的，其流弊也原是一定善一定恶的。"⑦ 性的本体是无善无恶的，性的发用却有善有恶。也就是说，从广义的体用源流均为性的意义上讲，性既包括了善，又包括了恶。既然王阳明提出性无内外、性无异同、性无定体的思想，性把内外、异同、体用源流都包括进来，自然善

---

① 王阳明：《传习录上》，《王阳明全集》卷一，第25页。
② 王阳明：《与王纯甫（二）》，《王阳明全集》卷四，第155页。
③ 王阳明：《大学问》，《王阳明全集》卷二十六，第971页。
④ 王阳明：《与王纯甫（二）》，《王阳明全集》卷四，第156页。
⑤ 王阳明：《传习录中·答陆原静书》，《王阳明全集》卷二，第62—63页。
⑥ 王阳明：《传习录下》，《王阳明全集》卷三，第107页。
⑦ 王阳明：《传习录下》，《王阳明全集》卷三，第115页。

恶也在性内。但性又超越了善恶，它无善无不善，无所谓善恶。在无善无恶之中又包括了性至善。他说："无善无恶者，理之静；有善有恶者，气之动。不动于气，即无善无恶，是谓至善。"[①] 在王阳明的哲学体系里，理即性，性无善无恶也就是理无善无恶。王阳明把有善有恶归之于气，把无善无恶归之于性即理，强调无善无恶即是至善。这表明，王阳明性至善的思想与其性无善无不善观点之间具有内在的联系。

虽然如此，王阳明分别提出性至善和性无善无不善的思想，这说明二者仍有某些区别。性至善代表了他在性的善恶属性问题上的基本思想，侧重于从"仁义礼智，性之性也"的意义上讲。王阳明把性分为性、质、情、蔽，但认为四者统归于一性，四者之中，以性为最根本，其性至善而无恶，当是从"性之性"的角度和意义上讲的。而其性无善无恶的观点显然包括了除"性之性"以外的"性之质""性之情"以及"性之蔽"等，也就是把体用源流都纳入性的无善无不善所指的范围内。这种包罗善恶，又超越善恶的思想体现了王阳明心学及其性论的特点。正因为王阳明心性之学的特点是以一心囊括整个宇宙，以性为宇宙万物的本原，天下无性外之物，所以也就自然无性外之善恶，把善恶均纳入性内，这即是王阳明性无善无不善，无所谓善恶观点的由来。如果说性只是善，岂不是把恶的现象排除在性外，这就会破坏其天下无性外之物的性本论思想的完整性；如果说性有善有恶，则与其性至善、心本正、知无不良的思想发生矛盾。为了避免矛盾，又维护其性本论思想的完整性，王阳明提出性无善无不善的思想，这是对善恶双方的超越，在超越中体现了性的至善。这与他本人性无内外、性无异同、性无定体，通过取消事物的内外、异同的差别，取消性的确定性来论证性无所不包的概括性的思想有相关之处，也与他"无善无恶是心之体"的思想相连贯。

3."心即性"

王阳明"心即性"的思想集宋明理学心性一元说之大成。他又在陆九渊等心性为一思想的基础上，引进良知说，通过良知把心性联系为一，以彻底的心性主体论发展了心性一元说，而与朱熹心性二元的思想区别开来，体现出扬弃朱学、发展陆学的心学特征。

（1）"良知是乃天命之性"

以良知为性，认为心之本体是良知，通过良知来沟通心性，这是王阳明心

---

① 王阳明：《传习录上》，《王阳明全集》卷一，第29页。

性一元说的重要特征。他说："谓之良知，是乃天命之性，吾心之本体，自然灵昭明觉者也。"① 王阳明以良知论心性，认为良知既是性，又是心之体。良知作为主体，具有灵昭明觉的思维属性和判断是非的功能，所以良知被认为是人的明师。王阳明以良知为性，把主体思维的能动性加之于性，其性本体便与主体融为一体，性成为超越万理之上的主体理性，心所具有的主观认知功能，性同样具有，因而心性为一。他说："天命之性，灵昭不昧，而万理之所从出也。"②

所谓灵昭不昧，即具有主观思虑，王阳明以此来定义性，说明心与性在具有知觉思虑功能上是一致的。进而，王阳明把聪明智慧作为性的本质。他说："聪明睿知，性之质也。"③ 这说明，性本身就具有类似心的属性，聪明睿知是性的内在本质。这与朱熹"灵处只是心，不是性，性只是理"④，心有知觉、性无知觉的思想迥然不同，而与陆九渊"人性之灵，岂得不知其非"⑤ 的思想类似。在性有灵知问题上，王阳明与陆九渊的观点是一致的。王阳明以良知论心性，是对陆九渊心性一元说的发展。

（2）"心即性"论

王阳明心性之学立论的根据是建立在"心即性"的基础上，一切关于心性问题的论述和观点，都可通过"心即性"的思路加以理解和解释。这表现在以下方面：在宇宙观上，王阳明以性为宇宙本原，实际就是以心为宇宙本原，反之亦然；在认识论上，王阳明提出良知乃性，性具有灵昭不昧的主观思虑的功能，通过良知，把心性联结起来；在伦理观上，性与心均具有仁义道德的内涵，其本质是一致的。

此外，王阳明对性的特质和属性所作的规定，如性无内外、性无异同、性无定体等，也与其对心的规定相同。其性至善、性无善无恶的论述也与他本人"至善之在吾心"⑥ 的思想以及王门"四句教"之一的"无善无恶是心之体"⑦ 的观点相同，均体现出心性的合一。

由此，王阳明提出"心即性"的命题来概括心性二者的关系及其性论的特

---

① 王阳明：《大学问》，《王阳明全集》卷二十六，第971页。
② 王阳明：《亲民堂记》，《王阳明全集》卷七，第250页。
③ 王阳明：《传习录中·答陆原静书》，《王阳明全集》卷二，第68页。
④ 黎靖德编：《朱子语类》卷五，第85页。
⑤ 陆九渊：《续书何始于汉》，《陆九渊集》卷三十二，第383页。
⑥ 王阳明：《大学问》，《王阳明全集》卷二十六，第970页。
⑦ 王阳明：《传习录下》，《王阳明全集》卷三，第117页。

点。这与朱熹心性有别的思想相异。他说:"心即性,性即理。"① "仁义礼智也,是表德,性一而已,自其形体也谓之天,主宰也谓之帝,流行也谓之命,赋于人也谓之性,主于身也谓之心。心之发也,遇父便谓之孝,遇君便谓之忠。自此以往,名至于无穷,只一性而已。"② 即性一不二,性把天、帝、命、性、心统一起来,心性等不过是"一性而已",以一性来统一本体论和道德观,心性等同,性又具有主体精神的意义和形式。

王阳明强调:"心也、性也、天也,一也。"③ 心性为一,天命与性同体,又称天命之性,而"天命之性具于吾心,其浑然全体之中,而条理节目森然毕具,是故谓之天理"④。天命之性具于心即谓天理,可见心、性、理不可分。王阳明"心即性"的思想是在分别论心、性的基础上引进良知说,把心、性合一,而提出的心性一元说。它是对陆九渊专于论心,少于论性,而混言心性、心性一物思想的继承和发展。

4. 王阳明心性论的历史地位

在宋明理学乃至中国哲学心性论发展史上,王阳明是集心性一元说之大成的人物,并对儒学人性论作了深刻的总结,对中国哲学、宋明理学心性论的发展做出了贡献,其理论的历史地位主要表现在以下方面。

(1) 集宋明理学心性一元说之大成

王阳明"心即性"的思想是对陆九渊心性一物思想倾向的发展。在宋明理学心性论发展史上,陆九渊少于论性,其论性往往与论心相同,并具有混言心性,把心性视为一物的倾向。王阳明继承并发展了陆九渊的这一倾向,他援良知以论心性,提出"心即性"的命题,强调心性为一,不可分割,心即性,性即心,二者具有相同的内涵及属性规定,可以互换和通用,抹杀和取消心性的区别。这是从心性一元论的角度对朱熹心性分二思想的否定,体现了明代心学的时代精神。

王阳明心学针对朱学的弊端而兴起。朱熹哲学及其心性论以其内容丰富、博大精深、逻辑严密著称于当时,并以其深刻而富于思辨的理论影响后世数百年。然而,正由于此,又产生了过于烦琐的弊端。加上被统治者定为官学之后,在思想界形成了陈陈相因、墨守朱说的僵化局面,到明中叶,其流弊已极大地限制了思想的发展和新理论的产生。王阳明在这种形势下,针对朱学的弊端,

---

① 王阳明:《传习录上》,《王阳明全集》卷一,第15页。
② 王阳明:《传习录上》,《王阳明全集》卷一,第15页。
③ 王阳明:《传习录中·答聂文蔚》,《王阳明全集》卷二,第86页。
④ 王阳明:《博约说》,《王阳明全集》卷七,第266页。

勇于创新，提出了心之本体即良知的思想，以吾心之良知作为其哲学逻辑结构的最高范畴，取天理而代之，把天理作为"心之条理"。他从心性一元论出发，充分发挥主体思维的能动作用，以彻底的心性主体论突破了"天理论"一统学术界的局面，在新的高度重新确立起主体的权威。这对于批判旧权威，充分肯定主体的价值和人的主观能动性，具有思想解放的积极意义。王阳明强调以心为是非的标准，把圣人和经典的权威置于心的权威之下，这正是王阳明心学精神的真实写照。

（2）对以往人性论作了深刻的总结

王阳明站在时代的高度，从心性一元论出发，总结了以往论性者"纷纷异同"的状况，提出"性无定体"的思想，取消各种异同差别，把体用源流都归于一性。他提出性气不可分的思想，修正张载、程颐、朱熹性气二分的倾向，从而把各家性论融为一体。

王阳明不同意程朱区别孔、孟性论，把孔子言性称为"只论其所禀""不是言性之本"，把孟子性论称为"孟子道性善，极本原而语之"的观点，认为孟子的性善论即是孔子的性相近说，二者没有区别。他说："夫子说性相近，即孟子说性善，不可专在气质上说。若说气质，如刚与柔对，如何相近得？惟性善则同耳。"[①] 王阳明指出孔子说性相近，不是只讲气质，而是言及性善，因此孔孟思想是一致的。这从一个侧面反映了王阳明人性论忽视差异的趋同倾向。

王阳明从性无定体，把体用源流都归于一性的思想出发，大致肯定了荀子的性恶论。他说："孟子说性，直从源头上说来，亦是说个大概如此。荀子性恶之说，是从流弊上说来，也未可尽说他不是，只是见得未精耳。"[②] 荀子从流弊上说性，功夫侧重在末流上救弊；孟子从源头上说性，要人从性善的本源上做起，各自都有一定的道理，所以不应对荀子的性恶论过于否定。王阳明集孔、孟、荀人性论于一体，又修正程朱的观点，这使得他的性论更具代表性和概括性，从而从心学的角度发展了宋明理学的人性理论。

王阳明的性无善无恶论是对性善论的总结、扬弃和发展。宋明理学家绝大部分都以孟子的性善论作为自己人性论的理论来源和重要内容。王阳明在性善论的基础上，既讲性的至善，又提出性无善无恶的思想，认为性超越了善恶，无所谓善恶，在无善无恶中包括了性的至善。这是对传统性善论的扬弃和发展。

---

① 王阳明：《传习录下》，《王阳明全集》卷三，第 123 页。
② 王阳明：《传习录下》，《王阳明全集》卷三，第 115 页。

如果说，孟子及后世理学家所主张的性善论是对告子"性无善无不善"观点的否定的话，那么，王阳明提出的性无善无恶论则是对告子观点的否定之否定。这是因为，王阳明的性无善无恶论既包含了性善论对告子观点否定的因素，即包含了性至善的思想，又扬弃了性善论把恶的现象完全排除在性外的观点。对待告子的观点，王阳明既保留了其性无善无不善的因素，又克服了其不讲性之本为善的思想，从而使自己的性无善无恶论对告子、孟子以及宋明理学家的性论均有所保留和克服。他说：

> 告子病源从"性无善无不善"上见来。性无善无不善，虽如此说，亦无大差，但告子执定看了，便有个无善无不善的性在内；有善有恶又在物感上看，便有个物在外。却做两边看了，便会差。无善无不善，性原是如此，悟得及时，只此一句便尽了，更无有内外之间。告子见一个性在内，见一个物在外，便见他于性有未透彻处。①

性无善无不善的命题，本身没有什么错处，但告子把无善无不善仅归于内，把有善有恶归于外，以内外分性、物，这就是告子性论的"未透彻处"。王阳明强调，性无善无不善，性没有内外之别，论性就包括了内外，内外都体现了性无善无不善的原则，从而也就体现了性至善的原则。王阳明性无善无不善的思想，从心性一元论出发，扩大了性的范围，把内外都归于性，避免了单纯性善论的局限，从广义上加强了对性善的论证，同时也就发展了从孟子到程朱的性善论，从而对以往的人性论做出深刻的总结。

（三）折中朱陆，以心学为主

南宋时期，随着宋儒经说取代汉学占据了学术界的主导地位，理学思潮出现了空前的繁荣和发展，各理学流派竞相崛起，诸理学大师相互辩难，会友讲学，聚众授徒，著书立说，由此促进了学术的发展。从思想史发展的角度看，在当时理学各派中，最为重要的有朱熹理学和陆九渊心学两大家。两派学术各自具有自身的特点。

王阳明的经学观和理学思想具有折中朱陆，而以心学为主的倾向。在总的属于重义理轻训诂的宋学阵营和理学思潮的前提下，王阳明更偏向于陆氏心学

---

① 王阳明：《传习录下》，《王阳明全集》卷三，第107页。

一派，陆学不受经典束缚，内求于心，忽视知识，不立文字，以己意说经的学风得到王阳明的赞同，而对朱熹一派重视对经典的学习和阐发，强调义理从经典出的治学倾向则不大认同。但王阳明也并非对朱学完全排斥，而是在一定程度上折中、调和朱学与陆学。陆学以尊德性为主，朱学以道问学为重，而他则主张把尊德性与道问学结合起来，使尊德性与道问学相互补充，互不相外。王阳明提出"朱子晚年定论"，把道统"十六字传心诀"改造为"心学之源"，就是他吸取和借鉴朱学、折中朱陆的表现。其折中朱陆，而又偏向于心学，反映了学风的转向和学术发展的趋势，同时也表明尽管明中叶以来心学盛行，但朱学在当时仍具有相当的影响。

1. 尊德性与道问学互不相外

学术界一般认为，尊德性概括了陆学的特色，道问学则概括了朱学的特征。但也有人对此表示疑问而不认同。然而王阳明所引朱熹的话表明当时确实存在以道问学和尊德性来分别概括朱陆两家学术之不同特色。王阳明说：

> 道问学即所以尊德性也。晦翁言"子敬以尊德性诲人，某教人岂不是道问学处多了些子"，是分尊德性、道问学作两件。且如今讲习讨论，下许多工夫，无非只是存此心，不失其德性而已。岂有尊德性，只空空去尊，更不去问学？问学只是空空去问学，更与德性无关涉？如此，则不知今之所以讲习讨论者，更学何事？①

朱熹说，陆九渊以尊德性来教诲学者，而他教人岂不是在道问学方面更偏重一些。这表明在朱熹看来，他也基本承认他与陆氏心学的区别表现在：陆九渊于尊德性处更为重视，而自己对道问学处则讲得更多一些。可见朱陆各自以道问学和尊德性为学术特色。但王阳明在引述了朱熹的话之后，则主张把道问学与尊德性二者结合起来，并未认同朱熹"分尊德性、道问学作两件"的见解。尽管王阳明不提倡道问学，主张"道问学即所以尊德性"，道问学是为尊德性服务的，然而他还是主张把尊德性与道问学结合在一起。他认为，下许多工夫去讲习讨论，其目的就是为了存此心，以不失德性，即以尊德性为治学的目的。但尊德性不能只是空空地去尊，而不去问学，要在尊德性中去道问学。所谓道问学，就是求学、掌握知识，这恰恰是朱学的特点而为陆氏所轻视。王阳明提

---

① 王阳明：《传习录下》，《王阳明全集》卷三，第123页。

出不能空空地去尊德性，而应去问学，这在一定程度上是对朱学的吸取和借鉴，而于心学之学风包括他自己所提倡的学术宗旨有所偏离。同时王阳明也告诫不能空空地去问学，而应与尊德性联系起来，否则讲习讨论的目的就未达到，即未明治学之宗旨。王阳明一定程度地吸取朱学，折中朱陆，把尊德性与道问学结合起来，其背景就是当时"是朱非陆"已成天下之定论，王阳明为了改变这种成见，故折中朱陆，把尊德性与道问学结合起来。他说：

> 承以朱、陆同异见询，学术不明于世久矣，此正吾侪今日之所宜明辨者。……是朱非陆，天下之论定久矣。久则难变也。……昔者子思之论学，盖不下千百言，而括之以"尊德性而道问学"之一语。即如二兄之辩，一以"尊德性"为主，一以"道问学"为事，则是二者固皆未免于一偏，而是非之论尚未有所定也，乌得各持一是而遽以相非为乎？①

王阳明认为朱陆异同之辨由来已久，但学术界始终没有弄明白；而以朱学为是，以陆学为非，却早已成为天下的定论，久而久之，难以改变。可见在王阳明之世，朱学影响还是很大。学术界对朱陆异同持续展开论辩，有以"尊德性"为主的，也有以"道问学"为事的。对此，王阳明认为，双方皆执于一偏，而未能明辨其是非。他主张，对于子思提出的"尊德性而道问学"一语，不能各持一是而偏向一边，既不能是朱非陆，也不能是陆非朱，相互以为非。基于调和朱陆是非的态度，王阳明指出了朱陆各自吸取对方、相互补益之处。他说：

> 舆庵是象山，而谓其"专以尊德性为主"，今观《象山文集》所载，未尝不教其徒读书穷理。而自谓"理会文字颇与人异"者，则其意实欲体之于身。其亟所称述以诲人者，曰："居处恭，执事敬，与人忠"，曰"克己复礼"，曰"万物皆备于我，反身而诚，乐莫大焉"，曰"学问之道无他，求其放心而已"，曰"先立乎其大者，而小者不能夺"。是数言者，孔子、孟轲之言也，乌在其为空虚者乎？独其易简觉悟之说颇为当时所疑。然"易简"之说出于《系辞》，"觉悟"之说虽有同于释氏，然释氏之说亦自有同于吾儒，而不害其为异者，惟在于几微毫忽之间而已。亦何必讳于其同而遂不敢以言、狃于其异而遂不以察之乎？是舆庵之是象山，固犹未尽其

---

① 王阳明：《答徐成之》，《王阳明全集》卷二十一，第806—807页。

所以是也。

吾兄是晦庵,而谓其"专以道问学为事"。然晦庵之言曰"居敬穷理",曰"非存心无以致知",曰"君子之心常存敬畏,虽不见闻,亦不敢忽,所以存天理之本然,而不使离于须臾之顷也。"是其为言,虽未尽莹,亦何尝不以尊德性为事?而又乌在其为支离者乎?独其平日汲汲于训解,虽韩文、《楚辞》、《阴符》、《参同》之属,亦必与之注释考辩,而论者遂疑其玩物。又其心虑恐学者之躐等而或失之于妄作,使必先之以格致而无不明,然后有以实之于诚正而无所谬。世之学者挂一漏万,求之愈繁而失之愈远,至有敝力终身,苦其难而卒无所入,而遂议其支离。不知此乃后世学者之弊,而当时晦庵之自为,则亦岂至是乎?是吾兄之是晦庵,固犹未尽其所以是也。

……心也者,吾所得于天之理也,无间于天人,无分于古今。苟尽吾心以求焉,则不中不远矣。学也者,求以尽吾心也。是故尊德性而道问学,尊者,尊此者也;道者,道此者也。不得于心而惟外信于人以为学,乌在其为学也已!仆尝以为晦庵之与象山,虽其所为学者若有不同,而要皆不失为圣人之徒。今晦庵之学,天下之人童而习之,既已入人之深,有不容于论辩者。而独惟象山之学,则以其尝与晦庵之有言,而遂藩篱之。使若由、赐之殊科焉,则可矣,而遂摈放废斥,若碔砆之与美玉,则岂不过甚矣乎?夫晦庵折衷群儒之说,以发明"六经"、《语》、《孟》之旨于天下,其嘉惠后学之心,真有不可得而议者。而象山辨义利之分,立大本,求放心,以示后学笃实为己之道,其功亦宁得而尽诬之!而世之儒者,附和雷同,不究其实,而概目之以禅学,则诚可冤也已!故仆尝欲冒天下之讥以为象山一暴其说,虽以此得罪,无恨。仆于晦庵亦有罔极之恩,岂欲操戈而入室者?顾晦庵之学,既已若日星之章明于天下;而象山独蒙无实之诬,于今且四百年,莫有为之一洗者。使晦庵有知,将亦不能一日而安享于庙庑之间矣。①

王阳明认为,陆氏除尊德性外,亦教人读书穷理,其所提倡的言论如"居处恭,执事敬,与人忠""克己复礼""万物皆备于我,反身而诚,乐莫大焉""学问之道无他,求其放心而已""先立乎其大者,而小者不能夺"等乃孔孟之言,所以不能将其视之为"空虚"。而朱熹除道问学外,也讲"居敬穷

---

① 王阳明:《答徐成之(二)》,《王阳明全集》卷二十一,第807—809页。

理""非存心无以致知""君子之心常存敬畏，虽不见闻，亦不敢忽，所以存天理之本然，而不使离于须臾之顷也"等，这些言论虽有所欠缺，但何尝不是以尊德性为事？所以不能将其称之为"支离"。只是由于朱熹平时所为，汲汲于训解考释，使人怀疑其在玩物；又由于朱熹担心学者躐等而失之于妄作，必使学者先格物致知，然后归于诚意正心，即按照《大学》的进学之序来求学。这样使得后世学者挂一漏万，未能掌握朱学精髓，反而求之愈繁而失之愈远，导致流于支离。但王阳明指出，这乃后世学者之弊，而当时朱熹并未如此支离。王阳明强调，学是为了"求以尽吾心"，尊德性和道问学都是为了尽吾心，将尊德性和道问学二者与心联系起来，如果不得于心而唯外是务，那就不成其为学。朱熹、陆九渊尽管学有所不同，但二人皆不失为圣人之徒。朱子折中群儒，发明"六经"、《语》、《孟》之旨，嘉惠后学，其心可嘉；陆子分辨义利，立大本，求放心，示后学笃实为己之道，其功亦不可诬。王阳明把朱陆之长统合起来，而以陆氏心学为主，并批评世之学者，随声附和，不究其实，而把陆学视之为禅学，是对陆学的误解，使陆氏心学蒙无实之诬达四百年，诚可冤也！甚至说，假如朱子地下有知的话，也不能一日而安享。这表明王阳明对陆氏心学的推崇，及其调和朱陆的色彩。由此，王阳明主张把道问学与尊德性之功合为一事，互不相外。他说："不是尊德性之外，别有道问学之功；道问学之外，别有尊德性之事也。"[①] 道问学之功不能脱离尊德性之事，而尊德性之事也不在道问学之外，因此要把二者有机地结合起来，以避免单纯讲道问学或尊德性而带来的弊端。

2. 吸取朱学，而以心学为主

除把道问学与尊德性之功合为一事，有机地结合起来外，王阳明站在心学的立场，对朱学有所吸取，这也体现了他折中朱陆，而以心学为主的倾向。

王阳明的学术思想，经历了青年时期"遍读考亭之书"[②]，接受朱熹理学，到格亭前竹子而未果，后来龙场悟道，转向心学，再到批评宋儒流弊，改造程朱理学，折中朱陆而以心学为主等若干发展演变的阶段。虽然王阳明后来转向了心学，但他对朱学仍有所吸取，这与他青年时期曾接受朱熹理学有一定关系。当然，王阳明对朱学的吸取，其目的还在于融合折中朱学与心学，为论证心学理论服务。

王阳明对朱学的吸取主要表现在他提出"朱子晚年定论"说，把朱熹的治

---

① 王阳明：《传习录拾遗》，《王阳明全集》卷三十二，第1168—1169页。
② 黄宗羲：《姚江学案·文成王阳明先生守仁》，《明儒学案》卷十，第181页。

心之学和侧重于道德自律、内省存养的观点言论加以吸取，以作为朱熹到晚年转向心学的论据，而把阐发朱熹经学与理学思想的《四书章句集注》《四书或问》以及《语类》等说成是其"中年未定之说"，认为朱熹到后来自我否定，悟前说之非，而转向了心学。王阳明指出自己的心学思想只是与朱熹的中年未定之说相抵牾，而与朱熹晚年的定论是相一致的，通过对所谓朱子晚年思想的吸取，来增强自己心学思想的依据和说服力。

　　与此相关，王阳明吸取了朱熹的道统思想并加以心学化的改造，把论证程朱道统的"传授心法"与"十六字传心诀"改造为心学之源，因而把圣人一脉相传的道统说改造为心学。他说："圣人之学，心学也。尧、舜、禹之相授受曰：'人心惟危，道心惟微，惟精惟一，允执厥中。'此心学之源也。"①即认为道统"十六字心传"也就是"心学之源"。王阳明这样做的目的是为了批评朱学的"支离"，修正向外探索，追求形名器数和语言文字之末，以求明其物理，而不知向内探求吾心。王阳明在借鉴吸取朱熹思想的基础上，把圣人传道之学改造成了心学，从而把程朱道统论一变而为心学。这表明，王阳明在一定程度上吸取朱学，其主要目的是为了论证自己的心学思想。同时也是为了把心学与朱学相互融通，加以调和。这亦是对陆氏心学和先前心学思想的发挥和发展。

　　王阳明从其心学思想及其"致良知"说出发，论述了自己的经学思想和经学观，认为经典不过是吾心的记籍，治经学的目的是为了发明本心、"致良知"。他提出治经以明心体的思想，认为"四书"、"五经"不过是说这心体，心体明就是道明；强调看经书就是要致吾心之良知；主张复《大学》古本，以阐发自己的"致良知"说，在良知与经典、良知与圣人关系问题上，认为看经书是为了"致良知"，良知超越圣愚，在圣人的权威之上，从而强调"致良知之外无学矣"，突破程朱天理论，以"致良知"说取代道统说，以更具主体思维能动性的"良知"范畴和"致良知"说扬弃并发展了程朱理学，使良知说成为左右当时思想界逾百年的学术思潮，并对后世产生了重大影响。同时也应看到阳明心学及其"致良知"说所具有的向内用力，崇尚心悟之弊，并对后世产生了刻意追求内省修养，而忽视改造社会、改造自然，不务实际的消极影响。这也在一定程度上预示着宋明理学在心学盛行后逐步走向了衰落，并遭到了人们的批判。

---

①　王阳明：《象山文集序》，《王阳明全集》卷七，第245页。

三、明代气学

明中叶时期，学术界崛起了两股批判程朱理学的思潮，这就是以王阳明为代表的心学流派和以王廷相、罗钦顺为代表的气学流派。两派的出发点和理论依据不同，但都具有对程朱之学修正的意义。以罗钦顺、王廷相为代表的明代气学是明代理学的重要组成部分，亦是整个宋明理学思潮中气学流派的重要代表人物。他们继承了北宋张载的气本论思想，并加以发展，以气为宇宙万物的根本，否定心学宇宙观，反对佛、老等"异端"，修正理学流弊，批判存天理、灭人欲的观点，主张理欲统一，以理节欲。其对程朱陆王的批评，成为理本论和心本论哲学解体的重要因素。以罗钦顺、王廷相为代表的明代气学在理学史上占有重要地位，是宋明理学发展的一个重要环节，对后世气学的发展产生了重要影响。

（一）罗钦顺的气学

罗钦顺（1465—1547），明代哲学家。字允升，号整庵。泰和（今属江西）人。弘治进士。历任翰林编修、南京国子监司业、南京吏部右侍郎、左侍郎、南京吏部尚书等职。后辞官从事著述。著有《困知记》《整庵存稿》等。罗钦顺早年笃信佛学，后归于儒学之门。他自称道学家，推崇程朱理学，反对陆王心学，实际上他与程朱的思想也有区别。

罗钦顺在阐发自己的思想理论时，比心学家更为重视儒家经典。他赞赏宋学之理学，认为濂、洛、关、闽之学超越了汉唐诸儒，批评佛老乱孔孟之真及汉学学者的记诵词章之学。他继承了张载的气一元论哲学，认为气是宇宙万物的根本，"通天地，亘古今，无非一气而已"。他是宋明理学思潮中气学一派继张载之后的代表人物。他修正理学流弊，批判存天理、灭人欲的观点，主张理欲统一，以理节欲。但他接受性即理的观点，承认心中所具之理，也就是仁义礼智之性。罗钦顺对心性问题十分重视，其心性论在他的哲学体系里占有重要地位。他继承张载，以气论心性，在气本论的前提下，提出心本于气和性为阴阳之理的思想，不仅在理气问题上批评了程朱理学，而且在心性问题上批判了佛教和陆王心学。其对程朱陆王的批评，成为理本论和心本论哲学解体的重要因素。其心性论比较独特，虽有倾向于朱熹思想的一面，但从本原上讲，仍与朱熹思想有别。罗钦顺从心本于气的思想出发，根本否定心学宇宙观。佛教以心法起灭天地的心本论思想遭到张载的批评，罗钦顺也借此来批判以心为宇宙本原的思想，认为心学不识阴阳之气，不懂心的来源，所以陷入以心为本的谬误。罗钦顺以气本论思想批驳了以心为空寂，以心为物，以心为性的理论。思想上的正本清源，抽掉了心本论的基础。他反对心学家所谓的"天地人物之变化皆吾心之变化，而以发育万物归之吾心"的心学观点，认为人心的变化不过是反映了天地万物的变化，批评把天地万物的产生归于吾心的思想。罗钦顺对心学宇宙观的否定，在明代心学兴起之际，具有独特的理论意义。罗钦顺提出性为阴阳之理的思想，认为"性者，人之生理"，最终性从属于气；性成于夫妇居室的生化之中，性必有欲，性包括了欲，欲为天性而不可去。需要指出，罗钦顺虽然以理言性，反对佛教以觉言性，但他所说的理与程朱"性即理"的理是有所不同的。他认为气是宇宙本体，理是气之中自然而然、不以人的意志为转移的规律，理从属于气。这与程朱以理为本体，性即是理的思想有别。

1. 心本于气

罗钦顺在明中叶心学崛起之时，在研治儒家经典的过程中，站在气学的立场，提出心本于气和性为阴阳之理的思想，批评心学，否定心学宇宙观，把人欲纳入性的范畴，反对理学去人欲的观念，在气本论的前提下，批判佛教与陆王心学，从时代的高度，清算了程朱陆王理本论、心本论哲学之流弊。尽管其理论还不够完善，带有旧思想的痕迹，体现了新旧思想交替的历史进程，但其既批程朱，又以批陆王心学为主的思想倾向，为后世思想家提供了重要借鉴，产生了深远影响。

罗钦顺所谓心，作为认识主体，具有主观知觉的功能和属性，然心以气为存在的根据。他提出"人心之神即阴阳不测之神"的思想，并否定心本论宇宙观，这在当时具有重要的意义。

（1）"人心之神即阴阳不测之神"

罗钦顺哲学以气本论为特征，他继承张载的思想，指出："盖通天地，亘古今，无非一气而已。"[①] 在心与阴阳（气）的关系上，他认为人心的变化来源于阴阳之气的变化，变化是阴阳的属性，而反映这种变化的，即是心之神。他说："夫化乃阴阳之所为，而阴阳非化也。"[②] 有阴阳就有变化，人心之神必须与阴阳不测之神相符合。由此，他提出"人心之神即阴阳不测之神，初无二致"[③]

[①] 罗钦顺：《困知记》卷上，第4页。
[②] 罗钦顺：《困知记》卷上，第13页。
[③] 罗钦顺：《困知记》续卷上，第57页。

的思想，强调人心的变化以阴阳之气的变化为前提。所谓神，指微妙的变化。《易·系辞上》称："阴阳不测之谓神。"罗钦顺把神与人心联系起来，指出："夫《易》之神，即人之心。"① 人心是变化的，"至神者，心也"②，但人心的变化取决于阴阳不测的变化，是对阴阳变化的反映。不仅如此，人心的存在也以人的形体为存在的基础，而人亦是阴阳之气的产物。人生而神存，人死而神亡。在这里神又指人的精神活动。可见人心之神最终以阴阳之气为存在的根据。他说："神之在阴阳者，则万古如一；在人心者，则与生死相为存亡。"③ 阴阳的变化无始终，而人心以人的身体为物质载体，人心的变化随人的生死而存亡，此变化存在于活着的人之中，人死神亡，精神活动消失。这与胡宏"心无死生"的观点形成对比。

在心气关系上，罗钦顺与朱熹思想的区别表现在：罗钦顺认为心以气为存在的前提，阴阳之气的变化决定人心的变化；朱熹则认为，心虽与虚灵之气相联系，但最终以理为存在的根据，有了知觉之理，才有知觉之气，理与气合，才有心之知觉。朱熹以理为宇宙本体，罗钦顺以气为宇宙本体，而理不过是气一动一静、一往一来的变化规律。罗钦顺的气本论哲学与朱熹的理本论哲学的不同，决定了两人在心气关系上观点的分歧。

（2）否定心学宇宙观

罗钦顺从心本于气的思想出发，根本否定心学宇宙观。他说："张子曰：'释氏不知天命，而以心法起灭天地……'此言与程子'本心'之见相合，又推到释氏穷处，非深知其学之本末，安能及此？"④ 佛教以心法起灭天地的心本论思想遭到张载的批判，罗钦顺对此十分赞成，他借此来批判以心为宇宙本原的思想，认为佛教不识阴阳之气，不懂心的来源，所以陷入以心为本的谬误。他说："佛氏初不识阴阳为何物，固无由知所谓道，所谓神。但见得此心有一点之灵，求其体而不可得，则以为空寂；推其用而偏于阴界入，则以为神通。所谓'有物'者，此尔。以此为性，万无是处。"⑤ 罗钦顺以气本论思想批驳了佛教以心为空寂、以心为物、以心为性的理论，从思想上正本清源，抽掉了佛教心本论的基础。

① 罗钦顺：《困知记》续卷上，第55页。
② 罗钦顺：《困知记》卷上，第1页。
③ 罗钦顺：《困知记》续卷上，第57页。
④ 罗钦顺：《困知记》续卷上，第64页。
⑤ 罗钦顺：《困知记》续卷上，第57页。

罗钦顺并把杨简心学与佛教心学联系起来加以批判，指出杨简所说的"其心通者，洞见天地人物皆在吾性量之中，而天地万物之变化，皆吾性之变化"这句话与佛教心学的观点无异，"此等言语不谓之'以心法起灭天地'，谓之何哉？"①他通过否定杨简的观点来否定心学宇宙观，并反对心学家所谓的"天地人物之变化皆吾心之变化，而以发育万物归之吾心"②的心学观点，认为人心的变化不过是反映了天地万物的变化，批评把天地万物的产生归于吾心的思想。

2. 性为阴阳之理

罗钦顺提出性为阴阳之理的思想，认为性是人之生理，最终从属于气；性成于夫妇居室的生化之中；性必有欲，性包括了欲，欲为天性而不可去。罗钦顺并以"理一分殊"论性，其"理一"是指"受气之初"的性，其"分殊"是指抽象的性（即"理一"）通过具体的人性、物性表现出来。由于性是阴阳之理，源于阴阳之气，故罗钦顺反对把性分为天命之性与气质之性。这体现了他性论的特点。

（1）"阴阳之理以为性"

所谓性，罗钦顺指出："凡赋形于两间者，同一阴阳之气以成形，同一阴阳之理以为性。有知无知，无非出于一本。"③他认为凡天地间的万物均以阴阳之气为自身存在的根据，万物由阴阳之气而成形，由阴阳之理而为性，性即阴阳之理，阴阳之理即阴阳之气的规律和属性。也就是说，性是由阴阳之气所产生的事物本身所具有的属性及规律。

由此，罗钦顺又把性概括为人之生理。他说："性者，人之生理。"④所谓人之生理，指在告子"生之谓性"的基础上，以生之理为性。他认为，只讲生还不是性，生之理才是性。其生源于气，其"理须就气上认取"⑤，故其性最终从属于气。罗钦顺所谓的"理"，乃是"气"的聚散变化之理。他说："尝窃以为，气之聚便是聚之理，气之散便是散之理，惟其有聚有散，是乃所谓理也。"⑥由于"理"通过"气"的聚散得以表现，所以在罗钦顺的哲学里，"气"是最根本的，"理"则从属于"气"，这与朱熹的理气说形成对照，反映出气本论与理本论哲学的差异。在罗钦顺看来，"理"作为"气"的聚散之理，"理须就气上认取"；

---

① 罗钦顺：《困知记》续卷下，第80页。
② 罗钦顺：《困知记》续卷下，第81页。
③ 罗钦顺：《困知记》续卷上，第55页。
④ 罗钦顺：《困知记》卷上，第1页。
⑤ 罗钦顺：《困知记》卷下，第32页。
⑥ 罗钦顺：《困知记》卷下，第38页。

"性"作为"人之生理",其生源于气,最终"性""理"均从属于"气"。这是他与理学思潮中程朱理本论一派和胡宏、张栻性本论一派的区别。

（2）性成于夫妇居室

从人性的来源上,罗钦顺认为,性源于夫妇居室的生化之中。他说:"盖夫妇居室,乃生生化化之源,天命之性于是乎成,率性之道于是乎出。天下之至显者,实根于至微也。"① 性产生于男女婚配的夫妻生活之中,一切仁义道德和关于性的种种理论都源于此。这就把性建立在人的生理本能和物质生活需求的基础上,从本原上论证了道德属性是对人的生理和自然属性的调节,揭示了道德原则与物质欲望的关系,从而排除了道德本质的先天性。这是对先验道德论的否定。

罗钦顺由此批判了佛教脱离生化之源、逃离家庭生活而言性。他说:"圣贤所言无非实事。释氏既断其根,化生之源绝矣。犹譊譊然自以为见性,性果何物也哉?"② 儒家入世,其性根源于日常生活之中,性与实事不相离;佛教绝俗,断其生化之根,性与夫妻家庭生活相脱离。罗钦顺认为这种绝化生之源,脱离"人之生理"的所谓性,不过只是觉,而不是人生之理。他说:"佛氏之所谓性者,觉;吾儒之所谓性者,理。得失之际,无待言矣。然人物之生,莫不有此理,亦莫不有此觉。"③ 罗钦顺这里所谓的理,指人生之理,也就是源于阴阳之气的理,它与人生之觉相区别。尽管理与觉都建立在人之生的基础上,但理与觉是有区别的,这个区别即是性与心的区别。罗钦顺指出,虽然人物之生,莫不有理,莫不有觉,但佛教言性,脱离人之生理,故其性不是性,也不是理,仅是觉,与儒家以人之生理言性是完全不同的。在对性的认识上,儒得佛失,这便是他的结论。

需要指出,罗钦顺虽然以理言性,反对佛教以觉言性,但他所说的理与程朱"性即理"的理是有所不同的。他说:"理果何物也哉?盖通天地,亘古今,无非一气而已。……有莫知其所以然而然,是即所谓理也。"④ 气是宇宙本体,理是气之中自然而然、不以人的意志为转移的规律,理从属于气。这与程朱以理为本体,性即是理的思想是不同的。看不到这种区别,就容易把罗钦顺的性为阴阳之理、性是人之生理的思想与程朱"性即理"的思想混淆起来,以致对罗

---

① 罗钦顺:《困知记》卷上,第12页。
② 罗钦顺:《困知记》卷上,第12页。
③ 罗钦顺:《困知记》卷下,第33页。
④ 罗钦顺:《困知记》卷上,第4—5页。

钦顺的性论产生误解。

（3）"性必有欲"

罗钦顺继承张载，提出"性必有欲"的思想，并对宋儒"去人欲"的主张有所批评，体现了气学家性论的特点。他把欲望作为性的内涵和固有的本能，指出："夫性必有欲，非人也，天也。"① 欲望即是天性，是人人自然具有而不可避免的，所以不应去人欲。这是对程朱"存天理，去人欲"思想的修正。由此他对过分压抑人欲的主张提出批评："夫人之有欲，固出于天，盖有必然而不容已，且有当然而不可易者。于其所不容已者而皆合乎当然之则，夫安往而非善乎？惟其恣情纵欲而不知反，斯为恶尔。先儒多以'去人欲'、'遏人欲'为言，盖所以防其流者，不得不严，但语意似乎偏重。夫欲与喜怒哀乐，皆性之所有者，喜怒哀乐又可去乎？"② 性的善与恶取决于对欲的调节如何，使欲符合"当然之则"即为善，恣情纵欲则为恶。罗钦顺既反对过分"去人欲"，又反对纵欲，而主张在肯定人欲的基础上加以节欲。他说："既曰天矣，其可去乎！欲之有节无节，非天也，人也。既曰人矣，其可纵乎！"③ 欲既然是人的天性，就不能去掉，只能加以节制。罗钦顺"性必有欲"的思想充分肯定了人的欲望和喜怒哀乐之情，这在当时具有重要的时代意义和学术价值。

（4）"性命之妙，无出理一分殊"

罗钦顺以"气上认理"的观点对程朱的"理一分殊"思想加以改造，强调性作为阴阳之理，在受气之初便为"理一"；成形之后，分为万殊，其理一存在于分殊之中，其性存在于气质之中，性作为人之生理而从属于气。以"理一分殊"论性，这体现了罗钦顺人性论的特点。

罗钦顺通过对古往今来的人性理论加以探讨，从而得出"性命之妙，无出理一分殊"的观点和结论。他认为"'六经'之中，……言性自成汤始"④，舜未尝言及性。后来孔子论性，称"性相近"，子思述之，曰："天命之谓性，率性之谓道"，以后孟子提出"性善"论。"凡古圣贤之言性，不过如此"⑤。自告子而后，论性者"无灼然之见"，"未有能定于一者"⑥。到了宋代，张载、二程、朱熹出，提出天命之性与气质之性的分别，虽然他们"参之孔孟，验之人情"，其说

---

① 罗钦顺：《困知记》三续，第90页。
② 罗钦顺：《困知记》卷下，第28页。
③ 罗钦顺：《困知记》三续，第90页。
④ 罗钦顺：《困知记》卷上，第6页。
⑤ 罗钦顺：《困知记》卷上，第7页。
⑥ 罗钦顺：《困知记》卷上，第7页。

大备，但由于其论性"一性而两名"，使"学者之惑，终莫之解，则纷纷之论，至今不绝于天下，亦奚怪哉！"①为了解除学者的疑惑，平息纷纷之论，罗钦顺寤寐求之，沉潜思之，"积以岁年，一旦恍然"，遂认定"性命之妙，无出理一分殊四字，简而尽，约而无所不通，初不假于牵合安排，自确乎其不可易也"②。

罗钦顺以"理一分殊"论性的思想具体表现在，他提出"盖人物之生，受气之初，其理惟一"③的观点，认为理受气而有。由于其阴阳之理、人之生理为性，所以罗钦顺所谓的理一，实际上也就是性一。性作为人物的本质，它在受气产生之初，是一。"成形之后，其分则殊。其分之殊，莫非自然之理；其理之一，常在分殊之中。此所以为性命之妙也。"④人物成形之后，气异而理亦分殊。分殊之理即是事物的具体规律，它是自然而然的。罗钦顺指出，理一存在于分殊之中，性存在于具体事物之中，人与物的普遍规律，即抽象的本质属性通过具体的人物之性表现出来。这就是所谓的"性命之妙"。

罗钦顺进一步指出："但曰天命之性，固已就气质而言之矣。"⑤他反对把性分为天命之性与气质之性，认为"一性而两名，且以气质与天命对言，语终未莹"⑥。他对朱熹"气质之性，即太极全体堕在气质之中"的观点提出批评，指出："夫既以堕言，理气不容无罅缝矣。惟以理一分殊蔽之，自无往而不通。"⑦他认为朱熹的观点仍是将理气、性气分二，而与气本论哲学的"理须就气上认取"和性为阴阳之理的思想不符。罗钦顺强调，只有用"理一分殊"来论性，才"无往而不通"。显而易见，罗钦顺的"理一分殊"，是以气为源头；而程朱的"理一分殊"，则是以理为本体。这是双方理论的区别所在，也是罗钦顺对程朱思想的改造。他说："天命之谓性，自其受气之初言也；率性之谓道，自其成形之后言也。盖形质既成，人则率其人之性，而为人之道；物则率其物之性，而为物之道。"⑧这便是罗钦顺对其"理一分殊"说的概括。他认为"持此以论性，自不须立天命、气质之两名"⑨。也就是说，以"理一分殊"论性，明白了

---

① 罗钦顺：《困知记》卷上，第7页。
② 罗钦顺：《困知记》卷上，第7页。
③ 罗钦顺：《困知记》卷上，第7页。
④ 罗钦顺：《困知记》卷上，第7页。
⑤ 罗钦顺：《困知记》卷上，第7页。
⑥ 罗钦顺：《困知记》卷上，第7页。
⑦ 罗钦顺：《困知记》卷上，第7—8页。
⑧ 罗钦顺：《困知记》卷上，第9页。
⑨ 罗钦顺：《困知记》卷上，第9页。

"理一"出自于气,即性出自于气,抽象的性通过具体的人、物之性表现出来这个道理后,就不须把性分为天命之性与气质之性了。

3. 以经典为据,批评心学

以经典为依据,罗钦顺阐发自己的思想理论,并以此批评了佛教心学和陆九渊、杨简、陈献章、王阳明等心学家的观点,尤其对当时方兴未艾的王阳明的良知说提出批评,更具时代意义。从中亦可看出,相比较而言,罗钦顺在阐发自己的思想理论时,比心学家更为重视儒家经典。他说:

> 孔子教人,莫非存心养性之事,然未尝明言之也。孟子则明言之矣。夫心者,人之神明;性者,人之生理。理之所在谓之心,心之所有谓之性,不可混而为一也。《虞书》曰:"人心惟危,道心惟微。"《论语》曰:"从心所欲不逾矩。"又曰:"其心三月不违仁。"《孟子》曰:"君子所性,仁义礼智根于心。"此心性之辨也。二者初不相离,而实不容相混。精之又精,乃见其真。其或认心以为性,真所谓"差毫厘而谬千里"者矣。①

罗钦顺以《虞书·大禹谟》《论语》《孟子》等经书为依据,来论述心性之别。他指出心性的区别在于:心是人之神明,性是人之生理,亦是仁义礼智,虽然神明与生理、心与性不可分离,而共同组合为人之生,但混淆心性,认心为性,则差之毫厘,谬以千里。罗钦顺进而以"人心有觉,道体无为"②来概括心性的区别。即心有知觉思虑,性则自然无为。他强调,只要"熟味此两言,亦可以见心性之别矣"③。心性的区别还表现在罗钦顺提出性体心用的观点,以体用分心性。他说:"盖天性之真,乃其本体;明觉自然,乃其妙用。天性正于受生之初,明觉发于既生之后。有体必有用,而用不可以为体也。"④性是体,明觉之心为用。性产生于受生之初,即性成于生化之源,而心发生在性之后。有性必有心,但心之用不可为性之体。罗钦顺指出:"盖心之所以灵者,以有性焉,不谓性即灵也。"⑤既以性作为心之灵产生的原因和根据,又强调性没有灵明知觉的属性,把心性区别开来。这与陆王心学的心性一元说划清了界限,亦是对张

---

① 罗钦顺:《困知记》卷上,第1页。
② 罗钦顺:《困知记》卷上,第24页。
③ 罗钦顺:《困知记》卷上,第24页。
④ 罗钦顺:《答欧阳少司成崇一》,《困知记》附录,第118页。
⑤ 罗钦顺:《复张甬川少宰》,《困知记》附录,第134页。

载"性何尝有意"①观点的继承。

罗钦顺以经典为据,阐发心性有别的思想,其理论针对性主要是佛教心学及理学思潮中的心学一派。在这方面,他对朱熹思想有所吸取,并以心性是否有别来区分朱学和陆学。他在回顾自己思想转变的过程时指出:"始知前所见者,乃此心虚灵之妙,而非性之理也。自此研磨体认,日复一日,积数十年,用心甚苦。年垂六十,始了然有见乎心性之真,而确乎有以自信。朱陆之学,于是乎仅能辨之,良亦钝矣。"②罗钦顺检讨自己过去信佛时,所理解的性不过是虚灵之心,直到60岁时,积数十年之功,才明白了心性之真的道理,这就是心性有别,性为理,心为觉。他指出朱陆的区别正在于,是主张心性有别还是主张心性为一。罗钦顺以心性有别还是心性为一来区分朱陆之学,极有见地,这一主张至今仍具有重要的学术价值。

罗钦顺从心性有别出发,批判了佛教及陆王心学。他说:"佛氏有见于心,无见于性,象山亦然。其所谓至道,皆不出乎灵觉之妙,初不见其有少异也。……盖以灵觉为至道,乃其病根。"③佛教与陆氏心学的病根在于混淆心性,只见心,不见性,以心为性,其所谓性,不过是心之知觉。他并指出王阳明的代表作《传习录》"皆以知觉为性"④,而不是以理为性,与佛教以觉为性的思想相似,都混淆了心与性的差别。

罗钦顺批评陆王心学心性一元的观点,对朱熹的思想有所借用,这主要表现在他吸取了朱熹心性有别的思想。罗钦顺并引用了朱熹批陆学的话,他说:"时有议之者云:'除了先立乎其大者'一句,全无伎俩。"⑤并称:"朱子目象山为禅学,盖其见之审矣。"⑥这些方面表明,在心性论上,罗钦顺与朱熹具有某些相近之处。

从天下之理莫不备于经书、重视经典的思想出发,罗钦顺批评了陆氏心学轻视经典、以六经为我心注脚的思想。他说:

> 圣贤千言万语,无非发明此理。有志于学者,必须熟读精思,将一个身心入在圣贤言语中,翻来覆去体认穷究,方寻得道理出。从上诸儒先

---

① 张载:《张子语录中》,《张载集》,第318页。
② 罗钦顺:《困知记》卷下,第34—35页。
③ 罗钦顺:《答允恕弟》,《困知记》附录,第114页。
④ 罗钦顺:《困知记》续卷上,第54页。
⑤ 罗钦顺:《困知记》卷下,第35页。
⑥ 罗钦顺:《困知记》卷下,第34页。

君子，皆是如此用工。其所得之浅深，则由其资禀有高下尔。自陆象山有"六经皆我注脚"之言，流及近世，士之好高欲速者，将圣贤经书都作没紧要看了。以为道理但当求之于心，书可不必读，读亦不必记，亦不必苦苦求解。看来若非要作应举用，相将坐禅入定去，无复以读书为矣。一言而贻后学无穷之祸，象山其罪首哉！①

圣经贤传千言万语，无非是为了发明此理。凡有志于学者，必须于经书熟读精思，将整个身心投入到圣贤经传的言语文字之中，反复不断地去体认穷究，方能寻得出道理来。以往的先儒君子都是如此用功的，以求从经典中寻得儒家圣人之道，虽然由于每人的资质有高下之分，而所得也有深浅之不同，但在用心读经求道上，却是一致的。从这里可以看出罗钦顺对读经求理的高度重视，而确与心学家不同。以此他批评陆九渊"六经皆我注脚"之言，认为其流毒贻害甚大，致使学者好高欲速，把注意力归于我之一心，将圣贤经书视为无关紧要，以为道理但当求之于我心即可，经书则不必读，读书亦不必记，亦不必苦苦求解。如果不是俗儒在应举方面还有所用的话，经书几无所用。心学家与释氏相类，流入坐禅入定，其流风所被，致使学者不复读书。罗钦顺认为，这都是陆九渊"六经皆我注脚"一言给后学带来的无穷之祸，他对此深恶痛绝，视象山为罪魁祸首。

罗钦顺不仅批评了陆九渊轻视经典、以六经为我心注脚的思想，而且站在自己经典诠释的立场，对陆氏弟子杨简的心学思想及其经学观亦提出了批评。他说：

> 癸巳春，偶得《慈湖遗书》，阅之累日，有不胜其慨叹者。痛哉！禅学之误人也，一至此乎！慈湖顿悟之机，实自陆象山发之。其自言"忽省此心之清明，忽省此心之无始末，忽省此心之无所不通"，即释迦所谓"自觉圣智境界"也。书中千言万语，彻头彻尾，无非此个见解，而意气之横逸，辞说之猖狂，比之象山尤甚。象山平日据其偏见，横说竖说，直是果敢。然于圣贤明训有所未合，犹且支吾笼罩过，未敢公然叛之。慈湖上自"五经"，旁及诸子，皆有论说。但与其所见合者，则以为是；与其所见不合者，虽明出于孔子，辄以为非孔子之言。而《大学》一书，工夫节次，其

---

① 罗钦顺：《困知记》续卷上，第72页。

详如此。顿悟之说更无隙可投，故其诋之尤力。至凡孔子之微言大训，又往往肆其邪说以乱之，剖实为虚，揉直作曲，多方牵合，一例安排，惟其偏见是就。务令学者改视易听，贪新忘旧，日渐月渍，以深入乎其心。其敢于侮圣言，叛圣经，贻误后学如此，不谓之圣门之罪人不可也。世之君子，曾未闻有能鸣鼓而攻之者，反从而为之役，果何见哉！[①]

《慈湖遗书》乃杨简的代表作，记载了不少他的心学思想。罗钦顺认为，杨简在《慈湖遗书》中提到的心之清明、心之无始末、此心之无所不通等心学观点，即是佛家所谓的"自觉圣智境界"。书中的千言万语，彻头彻尾无非是一种达到自觉般若圣智无知而无所不知的境界的见解。其意气横逸，辞说猖狂，比起陆九渊来，其心学色彩和受佛教思想的影响更甚。在罗钦顺看来，尽管陆九渊平时恃其偏见，而与圣贤经训有所未合，但还不敢公开背离；而杨简则在"五经"论说方面，坚持自己的心学观点，凡与己意相合者，就以为是正确的，而与己见不合者，即使明明出于孔子，也以为非孔子之言。杨简完全以己意来定是非，而不问是否出于圣人之言，尤其对《大学》一书"诋之尤力"，因《大学》讲为学工夫次第，主张循序渐进，难以与佛教的"顿悟"说相容，故遭到杨简的排斥。有关孔子的微言大训，罗钦顺认为，杨简往往肆其邪说以乱之，以实为虚，混淆曲直，多方牵合，一任己说，以就其偏见，企图使学者改视易听，贪新忘旧，以致日渐月渍，深入学者之心。对于杨简"敢于侮圣言，叛圣经，贻误后学"，罗钦顺将其视为"圣门之罪人"，要求学者对其"鸣鼓而攻之"，不要为其所役。由此可见罗钦顺对杨简心学经学观的排斥态度。

罗钦顺不仅批评了南宋陆氏心学陆九渊、杨简二人，而且批评了明代江门心学的代表人物陈献章。他说："近世道学之倡，陈白沙不为无力，而学术之误，亦恐自白沙始。'至无而动，至近而神'，此白沙自得之妙也。愚前所谓'徒见夫至神者，遂以为道在是矣，而深之不能极，而几之不能研'，虽不为白沙而发，而白沙之病正恐在此。章枫山尝为余言其为学本末，固以禅学目之。胡敬斋攻之尤力，其言皆有所据。公论之在天下，有不可得而诬者矣。"[②] 罗钦顺认为陈献章虽为倡道学出力，但学术之误亦从他开始。罗钦顺指出其学之弊在于他提出的"至无而动，至近而神"的观点，是只见其至神，以为道在其中，

[①] 罗钦顺：《困知记》续卷下，第78页。
[②] 罗钦顺：《困知记》卷下，第39页。

而不能加以深入探讨。罗钦顺赞同将陈献章心学目为"禅学"的见解，认为胡居仁对陈献章的批评是有根据的。进而，罗钦顺以圣贤经书为依据，批评陈献章和佛教以心言道、以道为我的思想。他说：

> 《白沙诗教》开卷第一章乃其病革时所作，以示元明者也。所举经书曾不过一二语，而遂及于禅家之杖喝。何邪？殆熟处难忘也。所云"莫杖莫喝"，只是掀翻说，盖一悟之后，则万法皆空，有学无学，有觉无觉，其妙旨固如此。"金针"之譬亦出佛氏，以喻心法也。"谁掇"云者，殆以领悟者之鲜其人，而深属意于元明耳。观乎"莫道金针不传与，江门风月钓台深"之句，其意可见。注乃谓："深明正学，以辟释氏之非。"岂其然乎！"溥博渊泉而时出之"，道理自然，语意亦自然。曰"藏而后发"，便有作弄之意，未可同年而语也。四端在我，无时无处而不发见，知皆扩而充之，即是实地上工夫。今乃欲于"静中养出端倪"，既一味静坐，事物不交，善端何缘发见？遏伏之久，或者忽然有见，不过虚灵之光景耳。"朝闻夕死"之训，吾夫子所以示人当汲汲于谋道，庶几无负此生。故程子申其义云："闻道，知所以为人也。夕死可矣，是不虚生也。"今顾以此言为处老处病处死之道，不几于侮圣言者乎！道乃天地万物公共之理，非有我之所得私。圣贤经书明若日星，何尝有一言以道为吾？为我？惟佛氏妄诞，乃曰"天上天下，惟我独尊"。今其诗有云"无穷吾亦在"，又云"玉台形我我何形？""吾"也，"我"也，注皆指为道也，是果安所本邪？然则所谓"才觉便我大而物小，物有尽而我无尽"，正是惟我独尊之说。姑自成一家可矣，必欲强合于吾圣人之道，难矣哉。①

陈献章"不事著述"，寓教于诗文，而偏向于心学，但他对经典并非完全弃之不用。然罗钦顺指出陈氏在其《白沙诗教》里对经书少有所举，所举涉及佛教的"杖喝""万法皆空""金针""谁掇"等语，并担心少有人能领悟，而将其属意于湛若水，虽其注云"辟释氏之非"，但罗钦顺却不以为然，指出圣贤经书中未有一言以道为吾、以道为我，而陈献章和佛教则以心言道，佛教讲"天上天下，惟我独尊"，陈献章亦提出"道在我矣"②的思想，均不合于圣贤经书，亦

---

① 罗钦顺：《困知记》卷下，第42页。
② 陈献章：《复张东白内翰》，《陈献章集》卷二，第131页。

不合于圣人之道。罗钦顺通过以经书不载为据，来否定佛教心学和陈献章以心为道、"道在我矣"的思想。

罗钦顺在以《大学》阐发其格物说的同时，亦以《大学》为据，批评了王阳明的"致良知"说。他在与王阳明的书信中，不同意王阳明对《大学》"格物"的理解。他说：

> 切详《大学》古本之复，盖以人之为学，但当求之于内，而程朱格物之说，不免求之于外，圣人之意，殆不其然。于是遂去朱子之分章，而削其所补之《传》，直以支离目之，曾无所用。夫当仁之让，可谓勇矣。窃惟圣门设教，文行兼资，"博学于文"，厥有明训。颜渊称夫子之善诱，亦曰"博我以文"。文果内耶，外耶？是固无难辨者。凡程朱之所为说，有戾于此者乎？如必以学不资于外求，但当反观内省以为务，则正心诚意四字，亦何不尽之有？何必于入门之际，便困以格物一段工夫也？顾经既有此文，理当尊信，又不容不有以处之，则从而为之训曰："物者，意之用也。格者，正也，正其不正，以归于正也。"其为训如此，要使之内而外，以会归一处。亦尝就以此训推之，如曰："意用于事亲，即事亲之事而格之，正其事亲之事之不正者，以归于正，而必尽夫天理。"盖犹未及知字，已见其缴绕迂曲而难明矣。审如所训，兹惟《大学》之始，苟能即事即物，正其不正以归于正，而皆尽夫天理，则心亦既正矣，意亦既诚矣。继此，诚意、正心之目，无乃重复堆叠而无用乎？[①]

王阳明企图复《大学》古本，其指导思想是求之于内，而把程朱的格物之说视为求之于外，于是去掉朱熹对《大学》的分章，删去朱熹所补的《格物致知补传》。然而罗钦顺并不认同王阳明对《大学》的解说。他认为，圣门设教，讲"博学于文""博我以文"，而"文"并非内省所能获得，而是须求之于外；程朱的格物说与圣门设教并无相违。他反问王阳明：如果学问可不资于外求，只需反观内省的话，那《大学》只提"正心诚意"四字，即可包括一切，又何必于入门之际，还要提"格物"一段工夫呢？可见"格物"的重要性。由此罗钦顺强调，既然《大学》经文中有"格物"之条目，那就理当尊信。他不同意王阳明对《大学》"格物"的训解，指出王阳明把"格物"的"物"释为"意之

[①] 罗钦顺：《与王阳明书》庚辰夏，《困知记》附录，第108—109页。

用"，即"物"是心意的产物，而把"格"训为"正"，所谓格物就是正心内之物，"正其不正，以归于正"，其目的是"其为训如此，要使之内而不外，以会归一处"，即批评王阳明的格物说是只内不外。既然在王阳明看来，格物是正心内之物，只内不外，那所谓诚意、正心之目，也只能是与之重复堆叠而无所用。而罗钦顺则主张即事即物以穷其理，由此达到对事物的知，即遵循《大学》由格物而致知的治学次第。以此他揭示王阳明的观点与《大学》宗旨不合，在《大学》之书里找不到依据。他说：

"物者，意之用也。格者，正也，正其不正以归于正也"。此执事格物之训也。向蒙惠教，有云："格物者，格其心之物也，格其意之物也，格其知之物也。正心者，正其物之心也。诚意者，诚其物之意也。致知者，致其物之知也。"自有《大学》以来，无此议论，此高明独得之妙，夫岂浅陋之所能窥也耶！然诲谕之勤，两端既竭，固尝反复推寻，不敢忽也。夫谓"格其心之物，格其意之物，格其知之物"，凡其为物也三。谓"正其物之心，诚其物之意，致其物之知"，其为物也一而已矣。就三物而论，以程子格物之训推之，犹可通也；以执事格物之训推之，不可通也。就一物而论，则所谓物者果何物耶？如必以为"意之用"，虽极安排之巧，终无可通之日。此愚之所不能无疑者一也。①

罗钦顺引用王阳明的话来进一步批评他的格物之训。他指出王阳明对格物致知、正心诚意的训解，"自有《大学》以来，无此议论"，尽管有其"独得之妙"，但王阳明将"格物"的"物"分为心之物、意之物、知之物，其物有三；而在论"正心""诚意""致知"时，又将所正之心、所诚之意、所致之知均视为"物"的属性，即心、意、知，"其为物也一"，均为一物之所有。这样，"物"既是三，又是一。就物为三而言，罗钦顺认为，以程颐的格物之训来推论，尚可通；但以王阳明的格物之训来推之，则不可通。这是因为，程颐把格物训为穷理，理在物中，通过格物来穷其理；而王阳明则把格物训为正心意之物，也就是正念头，其所谓物，只是主体心、意、知的产物，无独立存在的地位。就物为一而言，究竟王阳明所谓的物为何物？这是他难以自圆其说的，如果必以为物是"意之用"的话，那么，物之心、物之意、物之知又作何解？不

---

① 罗钦顺：《与王阳明书》戊子冬，《困知记》附录，第112—113页。

过是主体与主体的颠来倒去。这正是罗钦顺对王阳明格物说产生疑惑并提出批评之处，也是阳明心学难以克服的理论缺陷。

进而，罗钦顺以《大学》为根据，对王阳明的"致良知"说提出质疑。他说：

> 又执事答人论学书有云："吾心之良知，即所谓天理也。致吾心良知之天理于事事物物，则事事物物皆得其理矣。致吾心之良知者，致知也。事事物物各得其理者，格物也。"审如所言，则《大学》当云"格物在致知"，不当云"致知在格物"；当云"知至而后物格"，不当云"物格而后知至"矣。且既言"精察此心之天理，以致其本然之良知"，又言"正惟致其良知，以精察此心之天理"。然则天理也，良知也，果一乎，果非一乎？察也，致也，果孰先乎，孰后乎？此愚之所不能无疑。①

罗钦顺指出王阳明的"致良知"说的观点与《大学》"致知在格物，物格而后知至"的本义不符，其"致良知"说把《大学》从格物到致知、物格而后知至的认识路线改变成致良知而后物格，由致心之良知到格物的认识路线，而与《大学》之教形成矛盾。这的确道出了王阳明"致良知"说的症结所在。他指出王阳明既言察天理，又讲致良知，而又称天理即良知，那么"察"与"致"究竟谁先谁后？良知与天理究竟是一是二？罗钦顺通过点出王阳明思想的矛盾处，来批评其"致良知"说。他进一步指出：

> 故有志于学者，须就天地万物上讲求其理，若何谓之纯粹精，若何谓之各正。人固万物中之一物尔，须灼然见得此理之在天地者与其在人心者无二，在人心者与其在鸟兽草木金石者无二，在鸟兽草木金石者与其在天地者无二，方可谓之物格知至，方可谓之知性知天，不然只是揣摩臆度而已。……今以良知为天理，即不知天地万物皆有此良知否乎？天之高也，未易骤窥，山河大地吾未见其有良知也。万物众多，未易遍举，草木金石吾未见其有良知也。求其良知而不得，安得不置之度外邪！……以此观之，良知之非天理，岂不明甚矣乎！②

---

① 罗钦顺：《与王阳明书》戊子冬，《困知记》附录，第113页。
② 罗钦顺：《答欧阳少司成崇一》，《困知记》附录，第122—123页。

罗钦顺强调须从天地万物上讲求其理，即理是客观事物的规律，人心之理不过是对事物之理的反映，通过认识事物而得到。故人心之理须与天地万物之理相符合，而不得有二，人的认识达到了这种程度，才算是做到了物格知至。这反映了罗钦顺的格物致知论是建立在对客观事物正确认识的基础上，其知是对客观事物的反映，而不是主观自生的。由此罗钦顺批评了阳明学的以良知为天理说，指出万物之中并未有良知，良知只在人心，不在天地万物，而事物之理则具有普遍性，它存在于天地万物之中，故良知与理不同，不能把良知作为天理。由于良知并不存在于天地万物之中，所以罗钦顺将良知"置之度外"，也就是否定了良知的本体地位。这是对当时方兴未艾的王阳明良知说展开的批评，表现出罗钦顺思想的时代特色。

4. 罗钦顺思想评价

罗钦顺在研治儒家经典的过程中，结合明代思想发展的实际，提出天下之理莫不备于经书的思想，对经典高度重视，以经典为据，批佛和批陆王心学。在这个过程中，他吸取了朱熹心性论的某些思想，但其气本论和"理须就气上认取"的思想仍不同于朱熹。基于此，黄宗羲对罗钦顺思想的评价是："先生之言理气，不同于朱子，而言心性则于朱子同，故不能自一其说耳。"[①] 客观地说，黄宗羲的这一评价看到了罗钦顺与朱熹之间理气论之不同和心性论相同的一面，但未看到两人心性论的差异，因而带有一定的片面性。这需要对两人心性论的差异认真加以分析。

罗钦顺、朱熹二人心性论的差异主要表现在以下方面。首先，从本原上讲，罗钦顺的性是阴阳之理，从属于气；其心是对"阴阳不测之神"的反映，最终以阴阳之气为存在的根据。而朱熹的性即是理，性为宇宙本体，气由性派生；其心虽与虚灵之气相联系，但心最终以理为存在的根据，有了知觉之理，才有知觉之气，理与气合，才有知觉之心。这是从本原上分析，罗钦顺与朱熹二人心性论的差异。

其次，从心性相互关系看，罗钦顺与朱熹对此也有不同的理解。罗钦顺以性为体，以心为用；性在先，心在后；性为主，心为宾。这与朱熹批评性体心用，而主张性体情用，心统性情的思想不同，是对朱熹否定胡宏性体心用说的否定，即否定之否定。尽管罗钦顺的性体心用论倾向于胡宏，而有别于朱熹，然而罗钦顺是在气本论的前提下讲性体心用，体用关系限于性与心，整个宇宙

[①] 黄宗羲：《诸儒学案中一·文庄罗整庵先生钦顺》，《明儒学案》卷四十七，第1110页。

则以气为本,从而在气本论的基础上发展了胡宏的性体心用论。

所以说,罗钦顺与朱熹两人的心性论存在着客观的差异,而黄宗羲认为两人的心性论只是相同,这个评价是不全面的。

此外,黄宗羲以罗钦顺的性体心用论来揭示他的心性论与理气论存在着矛盾,这个分析也是缺乏说服力的。黄宗羲指出:"第先生(指罗钦顺)之论心性,颇与其论理气自相矛盾。夫在天为气者,在人为心;在天为理者,在人为性。理气如是,则心性亦如是,决无异也。……先生以为,'天性正于受生之初,明觉发于既生之后,明觉是心而非性。'信如斯言,则性,体也;心,用也。……明明先立一性,以为此心之主,与'理能生气'之说无异。于先生理气之论,无乃大悖乎?岂理气是理气,心性是心性。二者分,天人遂不可相通乎?"① 黄宗羲之所以批评罗钦顺,其立论的前提和依据是:"在天为气者,在人为心;在天为理者,在人为性。"并指出这个原则通用于理气论和心性论。然而,黄宗羲的这个前提却恰恰与罗钦顺的思想不相符合,从而导致错误的评价。需要指出,罗钦顺所谓的性,并不是黄宗羲所说的理,而是阴阳之理、人之生理,理与性均从属于气,以气为存在的根据;其所谓的心,亦不是黄宗羲所说的气,而是对"阴阳不测之神"的反映,也从属于气。这是罗钦顺从气本论哲学出发,对性、理、心做出的规定,它与黄宗羲的观点明显不同,故不能以黄宗羲的立论为依据来评判罗钦顺的思想。

并且,黄宗羲对罗钦顺思想本身的分析也是不恰当的。黄宗羲企图抓住罗钦顺的性体心用论来揭示其心性论与理气论的矛盾,把其性体心用论混同于"理能生气"之说。然而,这却有违于罗钦顺本人的思想。罗钦顺固然提出过性体心用的思想,认为性在心之先,性为主,心为宾,但其体用关系仅指性心而言,限制在心性论的范围内,性为体并不是说性是整个宇宙的本体,性也不能主宰气,而性恰恰是阴阳之气的普遍规律和属性,性作为阴阳之理,产生于受气之初,而从属于气。所以不能因为罗钦顺提出性体心用论,就认为它与"理能生气"说无异。况且罗钦顺哲学的心与性均以气为存在的依据和前提,其性也不是本体之理。须知罗钦顺以气本论为前提的性体心用论,与胡宏以性本论为前提的性体心用论有严格的区别。所以不能凭想象说程朱的"理能生气"的观点与罗钦顺的心性均从属于气的性体心用论之间有什么必然的联系。实际上,罗钦顺的心性论与其理气论并不矛盾,而是各有所指。理气论讲的是宇宙本体

---

① 黄宗羲:《诸儒学案中一·文庄罗整庵先生钦顺》,《明儒学案》卷四十七,第1109页。

之气与事物规律之理的关系；心性论则是在气本论的基础上讲人之生理与人心之觉的关系。由此可见，黄宗羲对罗钦顺心性论的评价，囿于心学的立场，带有片面性。

罗钦顺在明中叶心学崛起之时，重视经典，提出"天下之理莫不备于经书"的思想，批判陆九渊"六经皆我注脚"，轻视经典的思想；以《大学》阐发格物说，并以此对同时代王阳明的"致良知"说提出批评，开批判王学之先风；站在气学的立场，提出心本于气和性为阴阳之理的思想，否定心学宇宙观，把人欲纳入性的范畴，反对理学去人欲的观念；在气本论的前提下，重新提出性体心用论；以《虞书·大禹谟》《论语》《孟子》等经书为依据，来论述心性有别的思想，强调心性的区分，据此以批判佛教与陆王心学；从时代的高度，清算了程朱的理本论、陆王以及佛教心性论的弊端。尽管其理论还不够完善，有待于发展，体现了新旧思想交替的历史进程，但其既批程朱学之流弊，又批佛教和陆王心学的思想倾向，为后世思想家提供了重要借鉴。由此可见罗钦顺在经学史和宋明理学史上均占有重要地位。

（二）王廷相的气学思想

王廷相（1474—1544），明代哲学家。字子衡，号浚川。仪封（今河南兰考县）人。王廷相的著作汇编为《王氏家藏集》和《王浚川所著书》，其中《慎言》《雅述》《答薛君采论性书》《横渠理气辩》《答何柏斋造化论》等，是他的主要学术著述。今有中华书局 1989 年点校本《王廷相集》。

在宋明理学发展史上，王廷相是宋学之理学思潮中气学流派的代表人物之一，这是因为他虽然批评心本论和理本论以及程朱、邵雍、周敦颐的有关思想而主张气本论，并尊崇"六经"，不提"四书"，但他仍是以求道、明义理作为治学的主要目标，继承张载一派，反对佛、老等"异端"，所以他是气学一派的重要理学家。在政治上，王廷相主张改革，针对当时的土地兼并问题，提出了"抑豪""稽籍""正租"之法；关心社会生产，主张"求贤才"，批评"以文取士"的科举制。

在哲学上，王廷相坚持气一元论哲学，反对以理为本的理本论思想。认为"气为造化之宗枢"，"天地未生，只有元气。元气具则造化人物之道理即此而在。故元气之上无物、无道、无理"，强调"元气为道之本"。在理气关系问题上，他明确地提出"理生于气"的命题，批判程朱的"理为气本"的观点。在认识论和心性论上，以心物结合，心缘外物而起为特征，他认为心作为认知主体，本身无内容，是静而虚的，然而它具有反映外物的功能。他强调"人心有物，则以所物为主"，心物结合，以物为主，而不是以心为主。这是对心本论哲学的否定。王廷相认为人的认识来源于"思与见闻之会"，强调心之思维必须同见闻相结合，才能获得对物之理的正确认识，并以此否定了"良知"说和"德性之知"说。他对传统的知行说提出批判，主张"知行兼举"，重视行，强调于实践处用功，把治经求道与实践相结合，发展了以往的重行思想。他以气释性，提出性乃气之生理的思想，认为性生于气，批评"性即理"之说；并对以往的性论加以总结，体现了明代气学心性论的基本立场。王廷相指出，性的存在与否，以生的存在为前提，"有生则有性可言，无生则性灭矣"。虽然王廷相以人之生，即以气为性存在的前提，但生本身只是气，还不是性，生之理才是性。他说："夫性，生之理也。"① 所谓生之理，即指"仁义礼智，性也，生之理也"。以儒家伦理道德作为性的内涵，这说明在价值取向上，王廷相与程朱陆王基本是相同的，因此不能把王廷相视为反理学的思想家，他是在理学内部对程朱陆王等理学流派加以批评和修正罢了。王廷相以仁义礼智为生之理，以生之理为性的内涵，这与程朱以仁义礼智为性，以性为宇宙本体的思想也有一些不同。当然，王廷相所谓的生之理从属于生，从属于气，性不是理，而程朱所谓的性即是理，性是宇宙本体。所以尽管王廷相和程朱都以仁义礼智为性的内涵，但在是否以仁义礼智之性作为宇宙本体的问题上，却有截然不同的见解。

1. 气本论

王廷相在阐发《易》之太极论的基础上，以太极为混沌未判之气，元气与太极密不可分，由此提出完整的元气为宇宙万物之本的气本论思想。作为明代气本论哲学的理论代表，他对当时盛行的程朱理本论哲学提出了批评，认为元气之上无道、无理，道和理均从属于气，没有一个在气之上独立存在的精神本体。王廷相的气本论思想是对张载气学的继承和发展，而与程朱的理本论和陆王的心本论思想迥然不同，共同构成宋明理学思潮的诸大流派和理论体系。

（1）"气为造化之宗枢"

王廷相认为，气是太虚固有之物，它无始终，无来去，天地万物都根源于气，以气为存在的根据。他说："天地未形，惟有太空，空即太虚，冲然元气。气不离虚，虚不离气，天地日月，万形之种，皆备于内，一氤氲萌孽而万有成

---

① 王廷相：《答薛君采论性书》，《王氏家藏集》卷二十八，《王廷相集》，第518页。

质矣。是气也者，乃太虚固有之物，无所有而来，无所从而去者。"①气存在于天地未形之前，是有形有质的万物的本体，一气的"氤氲萌蘖"而产生万物。这既继承张载，又后启王夫之的气本论，是联结张载"太虚即气"到王夫之"气为絪缊之本体"思想的中间环节。王廷相进而提出"气为造化之宗枢，安得不谓之有"②的思想，认为气是事物产生及造作变化的根源，它是实有之物，而非虚无。气作为造化的根源，是在宇宙本体意义上而言。他说："愚谓学者必识气本，然后可以论造化。不然头脑既差，难与辩其余矣。"③在气本的基础上论气的造作变化，把气本与气化结合起来，这与程朱只讲气化，不讲气本的思想形成鲜明的对照。

王廷相强调，必须从本原上论证气为造化之宗枢，气本体是一切事物存在和运动变化的根源。如果在本原问题上出了偏差，就会流入佛老的空、无之说。他据此批判老庄和宋儒以道、理为宇宙本体的思想。"老庄谓道生天地，宋儒谓天地之先只有此理。此乃改易面目立论耳，与老庄之旨何殊？愚谓天地未生，只有元气，元气具，则造化人物之道理即此而在，故元气之上无物、无道、无理。"④此段阐述了气为天地万物本体的思想，认为道和理作为事物造作变化的规律存在于元气之中，而不在元气之上，从而坚持了气本论的思想。

王廷相认为，气既是宇宙的本体，又是构成万物的材料。他说："元气化为万物，万物各受元气而生。"⑤气是一种无形而实有的客观实在。"气虽无形可见，却是实有之物。口可以吸而入，手可以摇而得，非虚寂空冥无所索取者。"⑥气无形，物有形，然而气并非虚寂空冥一无所有，无形之气即是有形之物的根源。"是气者，形之种；而形者，气之化。一虚一实，皆气也。"⑦气为虚，形为实，虚实是指气本体与气所产生的有形之物的形态。气是形之种，所谓种，即种子、根源，指有形之物由无形之气产生；形是气之化，即有形之物是气化的产物，气在运动变化中产生万物。王廷相认为，万物的产生是一个由虚到实，从无形到有形的过程，虚与无形是指气本体而言，实与有形是指气化生物而言，但无论虚与实，无形与有形都统一于气，是气的两种不同的表现形态。王廷相

---

① 王廷相：《雅述》上篇，《王廷相集》，第849页。
② 王廷相：《答何柏斋造化论十四首》，《内台集》卷四，《王廷相集》，第964页。
③ 王廷相：《答何柏斋造化论十四首》，《内台集》卷四，《王廷相集》，第973页。
④ 王廷相：《雅述》上篇，《王廷相集》，第841页。
⑤ 王廷相：《雅述》上篇，《王廷相集》，第849页。
⑥ 王廷相：《答何柏斋造化论十四首》，《内台集》卷四，《王廷相集》，第973页。
⑦ 王廷相：《答何柏斋造化论十四首》，《内台集》卷四，《王廷相集》，第963页。

以"无形"和"实有"言气，既把气本体与气化之物区别开，又把二者统一于气。这是对张载太虚无形，万物有形思想的继承和发挥。

气作为宇宙的本体，具有阴阳对立的属性和一动一静的功能。在阴阳对立和动静变化中，"二气流行，生物不休"[①]。所谓阴阳，既指气所具有的相反相成的对立属性，又指统一于元气之中的阴阳二气。"天地未判之前，只有一气而已。一气中即有阴阳。"[②]所谓动静，即气本身存在的运动变化和相对静止的功能。他说："元气之中，万有俱备，以其气本言之，有蒸有湿。蒸者能运动，为阳，为火；湿者常润静，为阴，为水。无湿则蒸靡附，无蒸则湿不化。"[③]气蒸为动，动与阳相联系；气湿为静，静与阴相关联。动静又是相互依存的，气的阴阳属性通过动静相感得到表现。他在《太极辩》中说："动静者，气本之感也；阴阳者，气之名义也。"[④]气有阴阳，相互感应，就有动静。王廷相认为，阴阳对立不仅存在于气本之中，而且体现在气化方面，阴阳双方是相分而不可相离的。"阴阳即元气，其体之始，本自相浑，不可离析，故所生化之物，有阴有阳，亦不能相离。"[⑤]天地万物相反相成、对立统一的属性来源于气本体本身固有的阴阳对立属性，由于本体有阴阳，所以万物亦有阴阳。"以天地万物既形，有清浊、牝牡、屈伸、往来之象，故曰阴阳。"[⑥]王廷相以气有阴阳来说明二气流行，生物不休的过程，认为万物的运动变化以及清浊、牝牡之物的互相区别，其原因都在于阴阳。

王廷相的气既是宇宙的本体，又是构成万物的材料；既是无形的物质实体，又是实有的万事万物。气具有阴阳对立的属性和动静变化的功能。王廷相在继承张载气本论思想的基础上，在新的历史时期，对程朱的理本论哲学提出批评，成为当时社会批判思潮的重要组成部分，有益于恢复气一元论哲学的地位。

（2）"元气为道之本"

在王廷相气一元论的哲学体系里，气为最高范畴，道作为气的属性，从属于气。王廷相根本否定当时流行的以观念性的道为宇宙本体的程朱道论，并对老子"道先天地生"的观点提出批评。这是他气本论思想的重要组成部分。

王廷相以物质性的气为宇宙本原，道寓于气之中。他说："天地之先，元气

---

① 王廷相：《与郭价夫论寒暑第二书》，《王氏家藏集》卷二十九，《王廷相集》，第533页。
② 王廷相：《答何粹夫（二）》，《王氏家藏集》卷二十七，《王廷相集》，第490页。
③ 王廷相：《答何柏斋造化论十四首》，《内台集》卷四，《王廷相集》，第963页。
④ 王廷相：《太极辩》，《王氏家藏集》卷三十三，《王廷相集》，第596页。
⑤ 王廷相：《答何柏斋造化论十四首》，《内台集》卷四，《王廷相集》，第964页。
⑥ 王廷相：《太极辩》，《王氏家藏集》卷三十三，《王廷相集》，第597页。

而已矣。元气之上无物，故元气为道之本。"①元气是道的本体，元气之上没有其他东西，离了元气则无道。道不过是元气产生人、物之后，存在于人与物之中的道理。道不在元气之上，而寓于元气之中，以元气为存在的根据。他说："有形亦是气，无形亦是气，道寓其中矣。"②又说："元气者，天地万物之宗统。有元气则有生，有生则道显。故气也者，道之体也；道也者，气之具也。"③有元气然后产生天地万物，天地万物产生后，道才得以显现，所以气是道之体，道是气之具。王廷相在论述天地万物起源时，阐明了气是万物的本原，道在万物产生之后才有的观点。这与程朱以观念性的道为宇宙本体的思想截然不同。

从"元气为道之本"出发，王廷相对《易传》形而上者为道，形而下者为器的命题作了自己的解释。他说："《易》曰：形而上者为道，形而下者为器。然谓之形，以气言之矣。"④形上之道与形下之器都不离形，以形为基础。然而所谓形，即是以气言之。所以道以形即气为存在的根据。

王廷相认为，道作为事物的规律，与气所产生的万物紧密相联、不可分割，气有变化，道也必然随之而发生变化。因此，他反对有一个超越万物之上的不变之道。他说：

> 元气即道体，有虚即有气，有气即有道，气有变化，是道有变化。气即道，道即气，不得以离合论者。或谓气有变，道一而不变，是道是道，气自气，歧然二物，非一贯之妙也。⑤

王廷相继承张载，以气为宇宙本原，把道统一于气的基础上，所以气变道也变。他批评"道一而不变"，就是反对程朱以观念性的不变之道为宇宙本体的思想。他指出道作为事物的规律，随着气所产生的具体事物的变化而不断变化，没有一个一成不变的道。他说：

> 道莫大于天地之化，日月星辰有薄食彗孛，雷霆风雨有震击飘忽，山川海渎有崩亏竭溢，草木昆虫有荣枯生化，群然变而不常矣，况人事之盛

---

① 王廷相：《雅述》上篇，《王廷相集》，第835页。
② 王廷相：《道体篇》，《慎言》卷一，《王廷相集》，第751页。
③ 王廷相：《五行篇》，《慎言》卷十，《王廷相集》，第809页。
④ 王廷相：《道体篇》，《慎言》卷一，《王廷相集》，第751—752页。
⑤ 王廷相：《雅述》上篇，《王廷相集》，第848页。

衰得丧，杳无定端，乃谓道一而不变，得乎？气有常有不常，则道有变有不变，一而不变，不足以该之也。为此说者，庄、老之绪余也，谓之实体，岂其然乎？①

道反映了天地之化和人事盛衰的规律，自然界变而不常，社会人事的变化也杳无定端，作为事物之规律的道也随之而变化。"道有变有不变"的根据在于"气有常有不常"。如果说，道是一成不变的，那么就不足以反映事物变化的客观规律。王廷相把当时占统治地位的程朱"道一而不变"的观点归结为老庄之"绪余"，从根本上否定有一个超越万物之上、不变的精神实体的存在。

王廷相虽然提出了"元气为道之本"的思想，把道看作在气的基础上而起，但他认为，以气为存在基础的道，仍然包含了道德仁义、礼乐刑法的内容。他说："圣人之道为天下国家，故道德仁义、礼乐刑法并用，是以人道清平，宇宙奠安，通万世而可行。……惟孔子之道，虚心寡欲，定静安虑，道德率民，刑法齐物。"②道表现为人道时，具有道德仁义和礼乐刑法等伦理和政治的含义。就这个意义上说，王廷相的道与程朱的道一样，都具有儒家伦理纲常和政治刑法的内容。两者的不同在于，程朱把君臣父子之道升华为永恒的宇宙本体、万物存在的根据；而王廷相则认为，君臣父子之道从属于气，是在气的自然演化过程中出现的。他说：

有太虚之气而后有天地，有天地而后有气化，有气化而后有牝牡，有牝牡而后有夫妇，有夫妇而后有父子，有父子而后有君臣，有君臣而后名教立焉。③

儒家君臣父子的纲常名教，是在有了人之后才出现的，而人又是在"气化"的自然演化中产生的。王廷相的这一观点把儒家的君臣父子之道说成是后有的，是建立在物质性的太虚之气的基础上，最终产生于气。这就否定了程朱把君臣父子的纲常名教说成是先验的、永恒的天理的观点。

明代中叶，程朱理学风靡一时，王廷相对程朱道本论的批评，表明气本论哲学的重新崛起。这是他据以纠正空疏无用的理学弊端和从事社会改革的理论

---

① 王廷相：《雅述》上篇，《王廷相集》，第848页。
② 王廷相：《雅述》上篇，《王廷相集》，第856页。
③ 王廷相：《道体篇》，《慎言》卷一，《王廷相集》，第752页。

基础。王廷相正本清源，揭示了程朱理（道）本论哲学与老庄的"道生天地"思想相类。他说："世儒谓'理能生气'，即老氏道生天地矣。"①又说："以道能生气者，虚实颠越，老庄之谬谈也。"②王廷相指出，道生天地，道生气，就是把虚实颠倒，以虚生实。这是老庄的谬论，也是程朱之失。

王廷相又从"元气为道之本"出发，批评了程颐"所以阴阳者，道也"的观点。他说："伊川曰：'阴阳者，气也；所以阴阳者，道也。'未尝即以理为气。嗟乎！此大节之不合者也。余尝以为元气之上无物。……非元气之外又有物以主宰之也。今曰：'所以阴阳者，道也。'夫道也者，空虚无著之名也，何以能动静而为阴阳？"③道与阴阳的关系，也就是道与气的关系。王廷相批评程颐颠倒二者的关系，把道说成是阴阳之所以产生与存在的根据和原因。他把程颐的道气关系颠倒过来，指出"元气之上无物"，道不过是元气的属性，是空虚无著之名，不能离开阴阳而存在。

王廷相"元气为道之本"的思想与同时代心学集大成者王阳明"心即道"的思想同样具有对道论修正的意义。他们都看到了程朱理学风靡一时之后所带来的弊病，并试图克服程朱学的弊端以挽救当时的社会危机。但两人的出发点和理论基础却不同，王廷相企图通过扶正道与气的关系来消除程朱"空虚无著"之道的影响；而王阳明则要人们从内心去求道，不要被心外之物所蒙蔽而去从事"记诵词章"的程朱之学。二王都对程朱理学的旧权威、旧教条持批评否定态度，这是思想解放的表现，但二人却走了不同的哲学道路，表现出不同的学术立场。

（3）"理生于气"

王廷相以气为万物的本原，理存在于气之中。他说："气，物之原也；理，气之具也。"④以气为宇宙万物的本原，这是对张载气一元论哲学的继承。在气本论哲学的前提下，王廷相提出理以气为存在的根据。"天地之间，一气生生，而常而变，万有不齐，故气一则理一，气万则理万。世儒专言理一而遗万，偏矣。"⑤理作为气化的条理和规律，存在于气之中，有一气则有一理，气有万殊则理也有万殊。以此，王廷相批评程朱把理凌驾于万物之上，专讲理一，而脱离了具体万

---

① 王廷相：《道体篇》，《慎言》卷一，《王廷相集》，第753页。
② 王廷相：《五行篇》，《慎言》卷十，《王廷相集》，第809页。
③ 王廷相：《答薛君采论性书》，《王氏家藏集》卷二十八，《王廷相集》，第517页。
④ 王廷相：《道体篇》，《慎言》卷一，《王廷相集》，第751页。
⑤ 王廷相：《雅述》上篇，《王廷相集》，第848页。

物，认为这是一种偏颇的理论。王廷相从事物的多样性出发，论证了规律的多样性，而规律的多样性又都统一于气，是气化的条理。他说："天有天之理，地有地之理，人有人之理，物有物之理，幽有幽之理，明有明之理，各各差别。统而言之，皆气之化。"① 天、地、人、物、幽、明等万事万物的条理皆统一于气化，是气在运动变化的过程中形成的"各各差别"的规律。以理为事物的规律，这是王廷相对理下的基本定义。

在理气关系上，王廷相提出"理生于气"的命题。他说："理生于气者也，气虽有散，仍在两间，不能灭也，故曰'万物不能不散而为太虚。'理根于气，不能独存也，故曰'神与性皆气所固有。'"② 王廷相在对张载理气说的阐释中，论证了"理生于气"的观点。他认为，理作为事物的规律，由作为万物之本原的气所产生，有气才有理，无气则无理，理根源于气，不能离气而独存。"若曰'气根于理而生'，不知理是何物？有何种子，便能生气？不然，不几于谈虚驾空之论乎！"③ 如果反过来说气生于理，则颠倒了事物与事物规律之间的关系，流于佛、道的空、虚之论。王廷相以事物的种子产生事物这一现象为根据，来说明理不是物、不能生气的观点，这虽然较为朴素和直观，但不失为一种正确的理论。

王廷相以理为气化之条理、理生于气为依据，批评了程朱的理本论哲学，这在明中叶程朱理学占统治地位的时期，无疑具有积极的意义。他说："万理皆出于气，无悬空独立之理。……若谓'只有此理，便会能动静生阴阳。'尤其不通之论！……夫万物之生，气为理之本，理乃气之载。"④ 王廷相本着凡不合道，"使于道有背驰，虽程朱之论，亦可以正而救之"⑤的精神，力诋程朱理本论哲学之失，指出"气为理之本"，万理都由气所决定，并不存在脱离了气的"悬空独立"的本体之理，对程朱的理论加以修正，在新的基础上丰富和发展了张载的理气说。

王廷相提出"气为造化之宗枢"的气本论思想，在道与气、理与气的关系问题上，以气为最高范畴，道和理则从属于气，根本否定当时流行的以观念性的道、理为宇宙本体的程朱道本论和理本论思想；进一步论证道统一于气，所以气变道也变，"理生于气"，理为气化之条理的观点；并对"道一而不变"和

---

① 王廷相：《雅述》上篇，《王廷相集》，第 848 页。
② 王廷相：《横渠理气辩》，《王氏家藏集》卷三十三，《王廷相集》，第 603 页。
③ 王廷相：《横渠理气辩》，《王氏家藏集》卷三十三，《王廷相集》，第 603 页。
④ 王廷相：《太极辩》，《王氏家藏集》卷三十三，《王廷相集》，第 596—597 页。
⑤ 王廷相：《太极辩》，《王氏家藏集》卷三十三，《王廷相集》，第 597 页。

老子"道先天地生"的观点以及程朱的理本论提出批评。这成为他气本论思想的重要组成部分，亦是他总的尊崇孔子，求道于"六经"，而批评宋儒思想的体现。

2. 心缘外而起

王廷相以气论心，提出心缘外物而起的思想，强调心之思维必须同见闻相结合，才能获得对物理的正确认识，以此否定"良知"说和"德性之知"说。他提出"知行兼举"说，主张知行结合，于实践处用功，把治经求道与实践结合起来。

王廷相哲学的心是一个认识论的哲学范畴，而不具有本体论的意义，这是他与心学家的原则区别。其心缘于外物，是对客观事物的反映。他从"由外以触内"的认识路线出发，批评了心学"先内以操外"，由心到物的认识方法，从而坚持了反映论的原则。其心论是在气一元论哲学的前提下，对以往认识论的清理和扬弃。

（1）"神者，形气之妙用"

王廷相把心分为体用，认为心作为认知主体，其作用和功能是"随物感通，因事省悟而能觉"。这就把"物"和"事"作为心认识的对象，"物"和"事"是第一性的，心对于事物的感通和省悟是第二性的。他说："知觉者，心之用；虚灵者，心之体。故心无窒塞，则随物感通，因事省悟而能觉。"[1] 以虚灵为心之体，其作用表现为知觉。虚灵、知觉便是对心的规定。所谓虚灵，虚相对于实而言，灵指意识活动，虚灵即指心是主观精神，它不是实有之物，然而却能知觉思维。王廷相认为，心之灵来源于气之精，最终以气为存在的根据。他说："升而上者，气之精也；降而下者，气之迹也。精则为神、为生、为明灵。"[2] 气之精即是心之神灵。在中国古代哲学里，所谓神，既指微妙的变化，亦指精神。王廷相认为，"神者，形气之妙用"[3]。即是把精神活动建立在物质之气的基础上，以气之精作为心之神灵的来源和根据。精神现象以物质性的形气为存在的基础，心之神、灵、知皆统一于气。他说："夫天地之间，何虚非气？何气不化？何化非神？安可谓无灵？又安可谓无知？"[4] 气是天地间基本的存在，不论是灵、知，还是神、化都根源于气。他进一步强调："神者，生之灵，皆气所固有者也，无

---

① 王廷相：《雅述》上篇，《王廷相集》，第838页。
② 王廷相：《答何柏斋造化论十四首》，《内台集》卷四，《王廷相集》，第972页。
③ 王廷相：《答何柏斋造化论十四首》，《内台集》卷四，《王廷相集》，第963页。
④ 王廷相：《答何柏斋造化论十四首》，《内台集》卷四，《王廷相集》，第969页。

气则神从何而生？……神必待形气而有，如母能生子，子能为母主耳。至于天地之间，二气交感，百灵杂出，……欲离气而为神，恐不可得。"[1]神乃气所生，神作为生之灵，乃气所固有，天地间"百灵杂出"的精神现象是二气交感的产物。由此可见，王廷相心为虚灵知觉、"神者，形气之妙用"的思想是建立在他气一元论哲学的基础之上的。这既是对心本论哲学的否定，又与朱熹在理本论前提下讲"理与气合，便能知觉"[2]的心论不同。

（2）心缘外物而起

王廷相的认识论以心物结合，心缘外物而起为特征，他认为心作为认知主体，本身无内容，是静而虚的，然而它具有反映外物的功能。他说："冲漠无朕，万象森然已具，此静而未感也，人心与造化之体皆然。使无外感，何有于动？故动者缘外而起者也。应在静也，机在外也。已应矣，静自如。故谓动以扰静则可，谓动生于静则不可，而况静生于动乎？"[3]当心未感知外物时，它处于静的状态；当外物被心感知，心便处于动的状态。心之动是缘外物而起，有了外界事物的运动，才有心对外物的反映。可见客观事物的存在是第一性的，心感知外物是第二性的。由此他反对"动生于静"，即外物的运动变化产生于心的观点，而认为心的感应源于外物。他强调"人心有物，则以所物为主"[4]，心物结合，以物为主，而不是以心为主。这是对心本论哲学的否定。王廷相还指出："说心便沾形体景象。"[5]心与外物不可分离，岂有事在前而心不应者？心反映外物的功能是客观存在的。

王廷相从心反映外物，心缘外物而起的思想出发，对佛教和陆王心学作了批判。在批判中他提出"由外以触内"，即由物到心的反映论的认识方法，以图纠正当时出现的先内后外，"致吾心之良知于事事物物"的先验的认识理论。

王廷相批判了佛教以天地为幻妄，只讲"禅定而无应"[6]，心中无物的思想。他说："异端之学无物，静而寂，寂而灭；吾儒之学有主，静而感，感而应。"[7]佛教虽以心法起灭天地，但终究不承认物的真实存在，心虽静但物不存。王廷相则认为，心静而有感，外物的存在是真实客观的，心缘外物，感而应之，把

---

[1] 王廷相：《答何柏斋造化论十四首》，《内台集》卷四，《王廷相集》，第966—968页。
[2] 黎靖德编：《朱子语类》卷五，第85页。
[3] 王廷相：《雅述》上篇，《王廷相集》，第834页。
[4] 王廷相：《潜心篇》，《慎言》卷六，《王廷相集》，第776页。
[5] 王廷相：《雅述》上篇，《王廷相集》，第834页。
[6] 王廷相：《雅述》上篇，《王廷相集》，第852页。
[7] 王廷相：《潜心篇》，《慎言》卷六，《王廷相集》，第779页。

心与外物相结合，批判佛教求静而不动、言心而无物的观点。

王廷相对心学"先内以操外"观点的批评尤具时代意义。王廷相之世，心学盛行，王阳明倡"是内非外"之说，这遭到了王廷相的批评："先内以操外，此谓之动心，动心不可有；由外以触内，此谓之应心，应心不可无，非不可无，不能无也。……动心何有乎感而遂通天下之故？故应心之不能无也。"①王阳明心学认为，意念是心的发动处，意念所指，便是事物。这就是王廷相所批评的"先内以操外"的所谓"动心"。心学关于"动心"的观点把外物看作是内心的产物，而与心缘外物而起的反映论原则相违，故遭到王廷相的批评。在对心学的批评中，他提出了"由外以触内"，即由物到心的反映论原则，并把它称之为"应心"，认为"应心"不可无，从认识路线上划清了与王阳明"致良知"说的原则界限。

（3）"神性虽灵，必借见闻思虑而知"

在认识论上，王廷相强调心之思维与耳目闻见的结合，认为视听见闻是耳目感官的功能，耳目与外物发生联系而产生视听感觉；思维是心之官的属性和功能，无心则无思。王廷相既客观地看到视听见闻在认识过程中的作用，又强调思维在认识活动中的重要性。他说："事物之不闻见者，耳目未尝施其聪明也；事理之有未知者，心未尝致思而度之也。故知之精由于思，行之察亦由于思。"②耳目感官以事物的表面现象为认识对象，而心之官则以事物的本质即"事理"为认识对象。王廷相以"事物"和"事理"分别作为耳目之官和心之官的认识对象，表明他已明确地把感性认识与理性认识区别开来。他还指出，在认识过程中的知、行两个阶段，理性思维都是十分重要的，"知之精"和"行之察"均离不开思，肯定"心以思为主"③，理性认识的重要性明显高于感性认识。

然而，王廷相重视心之思的作用，却并不排斥见闻之知，他主张把二者结合起来，其所谓认识，"不过思与见闻之会而已"④。他说："心者，栖神之舍；神者，知识之本；思者，神识之妙用也。自圣人以下，必待此而后知。故神者在内之灵，见闻者在外之资。物理不见不闻，虽圣哲亦不能索而知之。"⑤王廷相认为，精神活动必须与外物相结合，如果不通过对事物的见闻而达其物理，即使

---

① 王廷相：《雅述》上篇，《王廷相集》，第839页。
② 王廷相：《潜心篇》，《慎言》卷六，《王廷相集》，第777页。
③ 王廷相：《潜心篇》，《慎言》卷六，《王廷相集》，第779页。
④ 王廷相：《雅述》上篇，《王廷相集》，第836页。
⑤ 王廷相：《雅述》上篇，《王廷相集》，第836页。

圣人也不能掌握事物的规律。可见心的思维必须依靠感官的见闻。他指出，耳闻目见是认识事物之理的前提，如果"使婴儿孩提之时，即闭之幽室，不接物焉，长而出之，则日用之物不能辨矣"①。要取得对物理的认识，必须把心之思与见闻结合起来，但见闻是基础，"夫神性虽灵，必借见闻思虑而知"②，在见闻的基础上加以思虑，"积知之久，以类贯通"③，从而把感性认识上升为理性认识，以求得对物理即对事物规律的认识。

王廷相"思与见闻之会"，把思维与见闻之知相结合的思想是针对王阳明的"良知"说和张载、程颐的"德性之知"说而发的，它既是对"良知"说的否定，又是对"德性之知"说的批评。王阳明所谓的良知，是先验的认识主体，它不源于人的闻见，"良知不由见闻而有，而见闻莫非良知之用"④，不仅良知不源于见闻，而且见闻反依赖于良知而存在。王廷相则认为见闻是一切认识的基础，若不见不闻，虽圣哲也不能知之。他的这一思想是对良知说的根本否定，从而坚持了由物而见闻而思的认识路线。

王廷相还批评了割裂心与见闻的联系，把"德性之知"与见闻脱离开来的思想。张载倡"德性之知"说，他认为"德性所知，不萌于见闻"⑤。程颐也指出："德性之知，不假见闻。"⑥张、程的思想影响到王阳明，其"不由见闻而有"的"良知"，在本质上即"德性之知"。王廷相驳斥了这种观点。他说："世之儒者乃曰：思虑见闻为有知，不足为知之至，别出德性之知为无知，以为大知。嗟乎！其禅乎！不思甚矣。殊不知思与见闻必由吾心之神，此内外相须之自然也。德性之知，其不为幽闭之孩提者几希矣。"⑦他强调一切知识都是思与见闻结合的产物，而否定有所谓脱离了见闻的"德性之知"。王廷相在这里纠正了张载哲学认识论中的先验论因素，并批评了从程颐到王阳明的先验道德认识论。这在王阳明良知说盛行之时，具有与之分庭抗礼的意义。

（4）"知行兼举"，治经求道与实践相结合

在心缘外物而起，人的认识源于客观外界事物的基础上，王廷相提出"知行兼举"的思想，并引进实践范畴，强调知与行、治经求道与实践相结合，由

---

① 王廷相：《雅述》上篇，《王廷相集》，第836页。
② 王廷相：《雅述》上篇，《王廷相集》，第836页。
③ 王廷相：《雅述》上篇，《王廷相集》，第836页。
④ 王阳明：《传习录中·答欧阳崇一》，《王阳明全集》卷二，第71页。
⑤ 张载：《正蒙·大心》，《张载集》，第24页。
⑥ 程颢、程颐：《河南程氏遗书》卷二十五，《二程集》，第317页。
⑦ 王廷相：《雅述》上篇，《王廷相集》，第836页。

此发展了中国哲学认识论，在经学史上亦具有重要意义。他说："夫世人探六籍，尊仲尼，其于道义之说，孰不习而知之？竟不能实践诸途者，志卑而习污也。"①作为主体之心对事物反映的知，其重要内容就是在"探六籍，尊仲尼"之中对道义的体认，也就是在治经求道的过程中产生的认识。王廷相认为，如果知而不行，不把对道义的认知付诸实践，那就是"志卑而习污"的表现。所以他强调，探六籍求道须付诸实践，通过笃行，将知与行、治经求道与经世实学结合起来。他说：

> 士惟笃行可以振化矣，士惟实学可以经世矣。曲德细操，兢兢有执，非不可以自美也，以之动物则微。研究载籍，师守章句，非不学于古训也，以之敷治则浅。何也？行非敦化，而学靡达术，皆远于道故耳。……据经体圣，捡括参合，独断内凝，与道无爽，所谓出入经术，动中几会是矣。不亦古人之实学乎？②

在这里，王廷相是把实学与经世联系起来，既提倡笃行、实践，又强调经世，目的是为了把"据经体圣"、出入经术与经世实学结合起来，以此批评空言德操，而不付诸行动，只研究经籍，师守训诂章句，施之于政则茫然的重知不重行的学风，可谓明中叶经世实学的代表人物。王廷相指出道应体现在学有达术，行而敦化上面，否则，皆离道而远。他说：

> 学非其所施者，世之有之矣。探□坟籍，以为辞筌；假籍圣谟，用饬论说，此以文词为学者，即施之政，则芒芴莫适矣。笃守古经，解割义旨，辩析教典，引明来学，此以训诂为学者，即推之治，则扞格靡达矣。惟夫修仁义，兴礼乐，体道德，风四方，措之则内圣外王，可大可久；极之则裁成万物，裨赞两仪，斯圣贤经世之学，尧、舜、三王政治之究也，不亦大且远乎！古道漓散，至教靡宣，往哲之学，湮于俗尚久矣。君子志在天下者，其学犹有可观。不然，则学与政歧，有漠然不相系者矣。③

王廷相主张政治与学术相结合，批评"笃守古经"的训诂之学脱离现实，

---

① 王廷相：《叙齿录后序山东壬午乡试》，《王氏家藏集》卷二十一，《王廷相集》，第401页。
② 王廷相：《送泾野吕先生尚宝考绩序》，《王氏家藏集》卷二十二，《王廷相集》，第419—420页。
③ 王廷相：《送胡贞甫出守福州序》，《王氏家藏集》卷二十三，《王廷相集》，第427页。

与政治相扞格；大力提倡修仁义，兴礼乐，体道德，风四方的内圣外王之学，认为古道离散的原因就在于学、政脱离，二者漠然不相干；强调"其为学术，自不外于经世，安有所谓学非其所施者哉？"①赞赏学术不外于经世，将其所学施之于政。

在政治层面，王廷相主张把学术、治经与经世相结合，与之相应，在哲学认识论上，王廷相提出"知行兼举"的思想，重视行，强调于实践处用功，这是对以往重行思想的发展。他说："学之术有二：曰致知，曰履事。兼之者上也。……必知行兼举者，能之矣。"②所谓履事，也就是行事，即指行。王廷相认为，知行双方，兼举为上，不能只致知，而不履事，也不能只行而不知。他强调"知之必践之"③，把实践引入知行论，实践是力行之道的重要内容。其力行之道有三，把笃行实践包括在内。他说："深省密察，以审善恶之几也；笃行实践，以守义理之中也；改过徙义，以极道德之实也。三者尽而力行之道得矣。"④他强调笃行实践的目的是为了守义理之中，把义理的原则贯彻到实践中去，这是力行的基本要求，以此批评不于实践处用功的学者之弊。他说："近世学者之弊有二：一则徒为泛然讲说，一则务为虚静以守其心，皆不于实践处用功、人事上体验。"⑤他指出当时学界流弊有二，一是空泛讲学而不务实的朱学末流之弊，二是虚静以养心、守心的心学流弊，尽管二者有所区别，但在不重视实践上，双方却是一致的。王廷相批评当时学者不于实践处用功，也就是强调要在实践处用功、人事上体验，把讲说义理落实到实践中去，如此知行结合，获得真知。他说："讲得一事，即行一事，行得一事，即知一事，所谓真知矣。徒讲而不行，则遇事终有眩惑。"⑥只停留在讲说上，而不付诸实行，这并不是真正的知。而把所讲付诸行，行然后得以知，这才是真知。可见王廷相的真知出自实践，通过在实践处用功、人事上体验而获得。这与知而不行，空谈道德性命的学风形成鲜明的对照。

体察于事、达于事是王廷相重行、重实践思想的表现。他说："传经讨业，致知固其先务矣。然必体察于事，会而后为知之真。"⑦治经虽须先致知，但也

---

① 王廷相：《送胡贞甫出守福州序》，《王氏家藏集》卷二十三，《王廷相集》，第427页。
② 王廷相：《小宗篇》，《慎言》卷八，《王廷相集》，第788页。
③ 王廷相：《潜心篇》，《慎言》卷六，《王廷相集》，第777页。
④ 王廷相：《潜心篇》，《慎言》卷六，《王廷相集》，第778页。
⑤ 王廷相：《与薛君采（二）》，《王氏家藏集》卷二十七，《王廷相集》，第478页。
⑥ 王廷相：《与薛君采（二）》，《王氏家藏集》卷二十七，《王廷相集》，第478页。
⑦ 王廷相：《石龙书院学辩》，《王氏家藏集》卷三十三，《王廷相集》，第605页。

必须体察于事，才能得到真知。"是故学于'六经'，而能行之，则为实。"①把治经、学"六经"与体察于事而行之结合起来，也就是把致知与力行结合起来。王廷相指出："广识未必皆当，而思之自得者真；泛讲未必吻合，而习之纯熟者妙。是故君子之学，博于外而尤贵精于内，讨诸理而尤贵达于事。"②他力主泛讲与熟习、讨诸理与达于事相结合，即强调把认识理与实践于事结合起来，也就是知行结合，而尤贵于行于事。

不仅如此，王廷相还主张历事而后知要，不通过亲身历事，则不可能知事物之要。他说："学博而后可约，事历而后知要，性纯熟而后安礼。故圣人教人，讲学、力行并举，积久而要其成焉。"③他主张讲学、力行并举，二者不可偏废，学不博则不能归之于约，事不历则无法知其要，积习既久，才能掌握其精要而获得成功，其关键在把所知付诸实践，否则讲学闻道只是空谈。王廷相重视实践在认识过程中的作用，主张"知行兼举"，这充分体现了其知行观的特色。

以"知行兼举"、重视实践为原则，王廷相对朱学和心学流弊提出了批评。他说："晚宋以来，徒为讲说；近日学者，崇好虚静，皆于道有害，此不可发后学矣。"④分别批评了晚宋以来朱学学者泥于讲说而不行和明中叶心学学者崇尚虚静，以守其心之弊。虽然朱熹亦讲知行相须，王阳明亦讲知行合一，但朱子后学大多重视讲说而忽视付诸实行，而王阳明则以知代行，均未能把知行双方很好地结合起来，故遭到王廷相的批评。他批评流于朱学者"惟以讲论为学，而力行居十之一。故其所知，皆陈迹定版，而寡因时自得之妙"⑤，指出由于不重视力行，其所知也只是以往陈旧的知识，而缺乏在现实实践中得到的新知。

在朱学流弊甚显、王阳明"致良知"说弊端初露之时，王廷相对二者均提出批评，表明他是在理学内部对理学加以修正的思想家。他说："夫心固虚灵，而应者必借视听聪明，会于人事，而后灵能长焉。赤子生而幽闭之，不接习于人间，壮而出之，不辨牛马矣，而况君臣父子夫妇长幼朋友之节度乎？而况万事万物几微变化，不可以常理执行乎？彼徒虚静其心者，何以异此？"⑥这里所谓"彼徒虚静其心者"，即指心学。王廷相对与他同时代、方兴未艾的王阳明心

---

① 王廷相：《文王篇》，《慎言》卷十二，《王廷相集》，第816页。
② 王廷相：《潜心篇》，《慎言》卷六，《王廷相集》，第776页。
③ 王廷相：《见闻篇》，《慎言》卷五，《王廷相集》，第772页。
④ 王廷相：《与薛君采（二）》，《王氏家藏集》卷二十七，《王廷相集》，第478页。
⑤ 王廷相：《与范师舜》，《王氏家藏集》卷二十七，《王廷相集》，第485页。
⑥ 王廷相：《石龙书院学辩》，《王氏家藏集》卷三十三，《王廷相集》，第604页。

学"致良知"说加以辨析，他指出，不能离开耳目视听和人事而空言心之虚灵、心之知，其必借视听与人事相会而后才能产生，否则不可能有所谓知。如果赤子生下来不与外界接触，长大了不仅不辨牛马，而且不知君臣父子夫妇长幼朋友之间的礼节和人伦道德，故包括良知在内的认识是后天形成的，而不可能是先验的。王廷相此说是针对王阳明"见父自然知孝，见兄自然知弟，见孺子入井自然知恻隐，此便是良知，不假外求"①的观点而发的。王阳明认为，良知自然而生，先天固有，不假外求。而王廷相则认为，包括君臣父子人伦道德在内的人的认识是后天形成的，如果不与外界接触，脱离耳目视听和人际关系，是不可能产生任何知识的。这反映了两人认识上的差异，亦是王廷相批评王阳明心学"致良知"说的原因。

以上可见，王廷相从气本论哲学出发，重视客观事物和对客观事物的认知与实践，在此基础上提出思与见闻相会为知的思想和"知行兼举"说，对朱学流弊和王阳明"致良知"说提出批评，把实践引入认识论，从而丰富了中国哲学认识论的理论，并为其发展做出了贡献。

3. 性乃气之生理

王廷相以气释性，继承并发展了张载性乃气所固有的理论，提出性乃气之生理的思想，认为天性有欲，性既出自气，性所具有的能动作用又主导气。其性具有某种类似于心的功能。他对《礼记·乐记》提出批评，对以往的人性理论加以总结，体现了与程朱不同的思想特点。

（1）性是气之生理

王廷相吸取张载"性乃气所固有"的思想，借鉴告子"生之谓性"的观点，并把二者结合，提出性乃气之生理的思想。他说："是性也者，乃气之生理，一本之道也。信如诸儒之论，则气自为气，性自为性，形、性二本，不相待而立矣。"② 王廷相以气之生理释性，反对程朱以理言性。其生源于气，故生理以气为本。他说："性者，缘乎生者也。"③ 所谓生，指人的生存和存在，具体包括"精、神、魂、魄，气也，人之生也"④。王廷相指出，性的存在与否，以生的存在为前提，"有生则有性可言，无生则性灭矣"⑤。虽然王廷相以人之生，即以气为性存

---

① 王阳明：《传习录上》，《王阳明全集》卷一，第6页。
② 王廷相：《答薛君采论性书》，《王氏家藏集》卷二十八，《王廷相集》，第518页。
③ 王廷相：《问成性篇》，《慎言》卷四，《王廷相集》，第765页。
④ 王廷相：《横渠理气辩》，《王氏家藏集》卷三十三，《王廷相集》，第602页。
⑤ 王廷相：《横渠理气辩》，《王氏家藏集》卷三十三，《王廷相集》，第602页。

在的前提，但生本身只是气，还不是性，生之理才是性。他说："夫性，生之理也。"①所谓生之理，即指"仁义礼智，性也，生之理也"②。以儒家伦理道德作为性的内涵，这说明在价值取向上，王廷相与程朱陆王是相同的，因此不能把王廷相视为反理学的思想家，他是在理学内部对程朱陆王等理学流派加以批判和修正。

王廷相以仁义礼智为生之理，以生之理为性的内涵，这与程朱以仁义礼智为性，以性为宇宙本体的思想有所不同。王廷相所谓的生之理从属于生，从属于气，无生则无性，性不是理，性是生之理，即性是气之生理；程朱所谓的性即是理，性是宇宙本体，不依赖生或气而存在，反为气存在的根源。所以尽管王廷相和程朱都以仁义礼智为性的内涵，但在是否以仁义礼智之性作为宇宙本体的问题上，却有截然不同的见解。

王廷相从性乃气之生理的思想出发，对程朱"性即理"的观点提出批评。"或曰：'子以生之理释性，不亦异诸儒乎？'曰：'诸儒避告子之说，止以理言性，使性之实不明于天下，而分辨于后世，亦夫人启之也。'"③王廷相批评以理言性，即"性即理"的思想，不赞成对告子之说持回避态度，并以《易传》《孝经》等经书为根据，以证己说。他说："程子以性为理，余思之累年，不相契入，故尝以《大易》'穷理尽性'以证其性、理不可以为一，《孝经》'毁不灭性'以见古人论性类出于气。固不敢以己私意，自别于先儒矣。"④他反对以性为理，认为性、理不可为一，强调性出于气，而理不是性，生之理才是性。这是对程朱"性即理"思想的否定。

（2）天性有欲

如果说，王廷相的性是气之生理的思想讲的是性具有仁义道德的属性的话，那么，他提出天性有欲的思想，则讲的是性具有自然属性的一面。也就是说，王廷相哲学的性范畴不仅是气之生理，具有仁义道德的含义，而且具有人身自然欲望的含义。他说："口之于味，耳之于声，目之于色，鼻之于嗅，四肢之于安逸，孟子天性之欲也，即舜之人心也。"⑤天性之欲包括了口耳目鼻对于味声色嗅的追求和四肢对于安逸的追求。王廷相认为，这些物质欲望是人心所不可避

---

① 王廷相：《答薛君采论性书》，《王氏家藏集》卷二十八，《王廷相集》，第518页。
② 王廷相：《横渠理气辩》，《王氏家藏集》卷三十三，《王廷相集》，第602页。
③ 王廷相：《问成性篇》，《慎言》卷四，《王廷相集》，第767页。
④ 王廷相：《答薛君采论性书》，《王氏家藏集》卷二十八，《王廷相集》，第518页。
⑤ 王廷相：《问成性篇》，《慎言》卷四，《王廷相集》，第766页。

免的。为此，他不赞成把物欲排除在本性之外的观点。他指出："人心亦与生而恒存，观乎饮食男女，人所同欲，贫贱夭病，人所同恶，可知矣。谓物欲蔽之，非其本性。然则贫贱夭病，人所愿乎哉！"① 这里所谓"物欲蔽之，非其本性"，是指程朱等以性为本，以欲为性之蔽，把物欲排除在本性之外，要求损人欲以复天理的观点。王廷相继承张载，把饮食男女作为人所同欲的内容，认为这是人的本性，不能把它排除在本性之外。他反问：如果说这些不是人的天性，难道贫贱夭病是人们所愿意追求的吗？王廷相从人的本性追求出发，把饮食男女作为性的内涵，认为物欲即天性，不可抹杀。这是对程朱性论的否定。

(3) "性出乎气而主乎气"

在性气关系上，王廷相强调性气不离，性既生于气，又主导气。关于性生于气，他说："性生于气，万物皆然。宋儒只为强成孟子性善之说，故离气而论性，使性之实不明于后世，而起诸儒之纷辩，是谁之过哉？"② 实际上程朱一派宋儒并未离气而论性，他们与王廷相观点的区别不在于是否离气而论性，而在于是以气为本，还是以性为本。在性气关系上，王廷相明确提出"性生于气"的思想，从而以气本论与程朱的性本论区别开来。

王廷相以"性生于气"、气先性后的观点批评了朱熹的性气关系说。他说："朱子答蔡季通云：'人之有生，性与气合而已。即其已合而析言之，则性主于理而无形，气主于形而有质。'即此数言，见先生论性，辟头就差。人具形气而后性出焉。今曰性与气合，是性别是一物，不从气出，人有生之后，各相来附合耳。此理然乎？人有生气则性存，无生气则性灭矣。"③ 他指出朱熹"性与气合"的观点是把性独立于气之外，而不是性产生于气，这从本原处就错了。王廷相强调，人具形气在先，性产生在后，性的存亡以是否有气为前提，从先后次序上论证了气对于性的本原性。这是对朱熹性气关系说的根本否定。

关于性主导气，这也是王廷相性气关系说的一个内容。他说："尝试拟议，言性不得离气，言善恶不得离道，故曰，性与道合则为善，性与道乖则为恶，性出乎气而主乎气，道出于性而约乎性，此余自以为的然之理也。"④ 所谓"性出乎气而主乎气"，是指虽然性出自于气，即性生于气，但性对于气又具有反作

---

① 王廷相：《问成性篇》，《慎言》卷四，《王廷相集》，第 766 页。
② 王廷相：《雅述》上篇，《王廷相集》，第 837 页。
③ 王廷相：《雅述》上篇，《王廷相集》，第 851 页。
④ 王廷相：《答薛君采论性书》，《王氏家藏集》卷二十八，《王廷相集》，第 518 页。

用，能主导气，以防止气"与死同途"①。王廷相认为，性固然出于气，但由于性有灵觉，识灵于内是性的功能，所以性对于气具有某种促其"生动"的作用，即性能够"主乎气"。

王廷相性主乎气的观点表明，他不仅认为"性生于气"，坚持气本论的观点，而且认为性具有主观能动性，即性有灵觉，能够反作用于气。如此其性就具有某种类似于心的功能和属性，这是他性论的独特处，倾向于心学对性的某些规定，而与朱熹"灵处只是心，不是性"②，性无知觉的观点相异。

（4）性兼动静

王廷相提出性兼动静的思想，体现了其性论的特点。他认为动静皆性之体。他说："静，寂而未感也；动，感而遂通也，皆性之体也。"③性包括了动静两方面的功能和属性，"阖辟动静者，性之能也"④，性不能只静而无动，也不能只动而无静。关于动静双方的辩证关系，王廷相指出："静而无动则滞，动而无静则扰，皆不可久。……动静者，合内外而一之道也。"⑤他主张合动静，兼言动静，动静双方缺一不可。

王廷相性兼动静思想的理论针对性是很明确的，他反对程朱性静情动，以性为本的性本论思想。他指出："后儒独言主静以立本，而略于慎动，遂使孔子克己复礼之学不行，而后生小子以静为性真，动为性妄，流于禅静空虚而不自知，悲哉！"⑥王廷相把程朱主静以立本的性本论思想与佛教寂静空虚之说相提并论，认为佛教主静，脱离社会实际；而程朱的性本论也讲主静，不讲性动，流于佛教空虚之教。

王廷相在当时程朱主静修养之说被普遍接受，成为思想学术界之定论时，提出与主静说相对立的性兼动静的思想，这无疑具有重要的时代意义。王廷相肯定动的价值，强调动静相依，反对是静而非动，不仅是对传统主静观念的否定，具有思想创新的积极意义，而且把人们的注意力转向运动变化、发展日新的物质世界和现实社会生活，而不是仅执着于主观的心性道德修养。他说："世儒以动为客感，而惟重乎静，是静是而动非，静为我真，而动为客假，以内外

---

① 王廷相：《答薛君采论性书》，《王氏家藏集》卷二十八，《王廷相集》，第518页。
② 黎靖德编：《朱子语类》卷五，第85页。
③ 王廷相：《雅述》上篇，《王廷相集》，第846页。
④ 王廷相：《道体篇》，《慎言》卷一，《王廷相集》，第754页。
⑤ 王廷相：《见闻篇》，《慎言》卷五，《王廷相集》，第774页。
⑥ 王廷相：《雅述》上篇，《王廷相集》，第846页。

为二，近佛氏之禅以厌外矣。"① 这里所谓"世儒"，即指程朱一派理学家。王廷相批评程朱贬低动，"重乎静"的倾向，主张动静合一，内外结合，反对"动生于静"的性本论思想。这充分体现了他不盲从旧权威的思想解放精神，也与他"知行兼举"、重视实践的思想相关。

王廷相不仅批评了程朱"静是而动非"的倾向，而且对程朱所依据的《乐记》的观点也提出不同意见。他指出："'人生而静，天之性也；感于物而动，性之欲也。'此非圣人语。静属天性，动亦天性，但常人之性，动以物者多，不能尽皆天耳。今曰动乃性之欲，然则圣人之动，亦皆欲而非天邪？此论似为偏颇。"② 王廷相认为《礼记·乐记》关于性静欲动的观点失之"偏颇"，也不是圣人之语。他强调静、动皆属天性，主张内外合一，静动相兼，反对把动视为逐于人欲，而排除在天性之外。他说："静为天性，而动即逐于人欲，是内外心迹不相合一矣，天下岂有是理！"③ 王廷相对《乐记》的批评，从根本上清算了程朱性静论的理论来源。

（5）性有善恶之杂

在对性的属性规定上，王廷相提出性有善恶之杂的思想，认为性既有善的一面，又有恶的一面，不得专以善言性。由此他批评了自孟子以及程朱的性善论。他说："但主于气质，则性必有恶，而孟子性善之说不通矣。……气有清浊粹驳，则性安得无善恶之杂？"④ 王廷相性有善恶之杂的思想，其立论的依据是性出于气，以气质为主，由于气有清浊粹驳，所以由气生成的性便有善恶之杂。而程朱性善论的立论根据是性为本，所以性无不善，而产生恶的原因在于气质，性气二分，气不属性，故恶与性无关。王廷相批评程朱的性善是把本然之性凌驾于气质之上而得出的错误结论。他说："今曰'天命之性有善而无恶'，不知命在何所？若不离乎气质之中，安得言有善而无恶？……宋儒参伍人性而不合，乃复标本然之论于气质之上，遂使孔子之言视孟子反为疏漏，岂不畔于圣人之中正乎？"⑤ 王廷相反对天命之性有善而无恶的观点，指出程朱性论的矛盾处，既然性不离气质，性中就有恶。他借批程朱而批孟子，认为孟子之说有违于孔子，最终抬出圣人孔子来加强自己理论的权威性。

---

① 王廷相：《见闻篇》，《慎言》卷五，《王廷相集》，第774页。
② 王廷相：《雅述》上篇，《王廷相集》，第852页。
③ 王廷相：《雅述》上篇，《王廷相集》，第853页。
④ 王廷相：《答薛君采论性书》，《王氏家藏集》卷二十八，《王廷相集》，第518页。
⑤ 王廷相：《答薛君采论性书》，《王氏家藏集》卷二十八，《王廷相集》，第519—520页。

王廷相于二程中反对程颐的性善论，然而却赞同程颢的"恶亦不可不谓之性"的观点，所以确切地说，王廷相反对程朱的性善论，只是反对小程和朱熹，而不反对大程。他说："未形之前，不可得而言矣，谓之至善，何所据而论？既形之后，方有所谓性矣，谓恶非性具，何所从而来？程子曰：'恶亦不可不谓之性'，得之矣。"①一方面指出性善论的矛盾和错误，另一方面又肯定程颢的观点。程颢在性的善恶问题上，既主张善是性，又认为恶也是性，从而与程颐的性善论存在着差异。程颢说："善固性也，然恶亦不可不谓之性也。"②从表面上看，程颢与王廷相的观点有相似之处，即都认为性中有善恶两方面的属性，但两人立论的根据却不同。程颢的性本论思想带有心学的特征，他提出性无内外的思想，朱熹认定即是心无内外之意。程颢把内外都归于性，天下无性外之物，不注重性气的区分，这与程颐有别。他强调"性即气，气即性"③。性气直接合一的结果，必然是把气中所具有的恶的成分带到性里来，所以他承认"恶亦不可不谓之性"。王廷相哲学则以气本论为特征，他认为性是气之生理，"性生于气"，气有清浊和粹驳之分，所以性有善恶之杂。王廷相性有善恶的根据是气本论哲学，而程颢性有善恶的根据则是心性一元论哲学，这是两人立论依据的不同之处。

（6）对以往人性理论的总结

王廷相站在气本论哲学的立场，提出"性生于气"的思想，并对以往的人性理论做出了总结，这对宋明理学心性论的发展具有重要意义。

批判程朱性论。明中叶，学术界崛起了两股批判程朱理学及其性论的思潮，这就是以王阳明为代表的心学流派和以王廷相、罗钦顺为代表的气学流派。两派的出发点和理论依据不同，但都具有修正程朱之学的意义。

王廷相在建立自己思想体系的过程中，全面展开了对程朱性论的批判。他批评程朱性超乎形气之上的性本论思想，批评程朱把物欲排除在本性之外的观点，批评程朱以性为静，是静而非动的观点，批评程朱把恶排除在性之外的性善论等等，从各个方面清算了程朱的核心价值——以"性即理"思想为代表的理论。王廷相从性气关系入手，以气本论为根据，提出"性生于气"和性乃气之生理的思想，继承并发展了张载"性乃气所固有"的思想，从而以气本体取代性本体，把心性建立在客观外界事物及物质之气的基础上，以感情欲望及人

---

① 王廷相：《问成性篇》，《慎言》卷四，《王廷相集》，第765页。
② 程颢、程颐：《河南程氏遗书》卷一，《二程集》，第10页。
③ 程颢、程颐：《河南程氏遗书》卷一，《二程集》，第10页。

的自然属性作为性的内涵,认为物欲即天性,而不可抹杀,这充分体现了王廷相心性论的特点。

非孟尊孔赞诸儒。王廷相由批判程朱性论,进而到非孟尊孔,批评孟子性善论。他指出:"昔者仲尼论性,固已备至而无遗矣,乃孟子则舍之而言善。"[1] 他认为孔子讲"性相近,习相远"已经很完备,孟子舍孔子之教而言性善,却有许多不足,"孟子性善之说不通矣"[2]。以尊孔来非孟,这与程朱等抬高孟子的地位,指出孔子性论的不完善之处以说明自己理论的正确性的做法形成对照。

王廷相不仅尊孔非孟,而且对扬雄、韩愈、胡宏诸儒的性论表示赞许。他说:"且夫扬子云、韩昌黎、胡五峰诸贤,岂未读孟氏之书乎?而复拳拳著论以昭世者,诚以性善之说不足以尽天人之实蕴矣。使守仲尼之旧,则后学又何事此之纷纷乎?"[3] 他指出正因为扬雄、韩愈、胡宏等人看到了孟子性善论的偏颇,不足以尽天人之蕴,所以才提出性善恶混论、性情三品说和性无善恶论。如果守孔子性论,就不会发生孟子以后关于性的种种不同见解和纠纷。

王廷相通过非孟尊孔,以及批评《乐记》关于动、静和性、欲的论述,来说明自己理论的正确性,并对朱熹非孔子之论持严厉的批评态度。他说:"朱子答江德功'性相近'之问,曰:'性之在人,岂得以相近而为言?'是以孔子之论为非矣。此乃泥于性善之说,遂畔于圣人而不顾矣。后人少有异于先儒之论,无识者便谓之狂,何耶?"[4] 王廷相借维护孔子的权威来否定朱熹的权威,这是其思想的真实含义。他对程朱以及程朱引以为同调的孟子、《礼记·乐记》的观点的批评;对孔子观点的肯定,及对程朱批评过的扬雄、韩愈、胡宏等人观点的赞同,都充分体现了王廷相反权威的思想解放精神和对程朱性论的否定态度,是宋明理学心性论发展过程中的一个重要阶段。

质言之,王廷相作为宋学之理学思潮中明代气学流派的代表人物,他虽然批评心本论和理本论以及程朱、邵雍、周敦颐的有关思想而主张气本论,并尊崇"六经",不言"四书",但他仍是以求道、明义理作为治学的主要目标,体现了他作为理学家的价值取向,因此不应把王廷相视为反理学的思想家,他是在理学内部对程朱陆王等理学流派加以批判和修正。他坚持气一元论哲学,反对当时流行的以理为本的理本论思想。他继承张载气学一派,认为"气为造化

---

[1] 王廷相:《答薛君采论性书》,《王氏家藏集》卷二十八,《王廷相集》,第520页。
[2] 王廷相:《答薛君采论性书》,《王氏家藏集》卷二十八,《王廷相集》,第518页。
[3] 王廷相:《答薛君采论性书》,《王氏家藏集》卷二十八,《王廷相集》,第520页。
[4] 王廷相:《雅述》上篇,《王廷相集》,第837页。

之宗枢"，乃生成万物之本原，强调天地未生，只有元气，元气之上无物、无道、无理。在理气关系问题上，他明确地提出"理生于气"的命题，批判程朱的"理为气本"的观点。在认识论和心性论上，以心物结合，心缘外物而起为特征，他认为心作为认知主体，具有反映外物的功能，强调"人心有物，则以所物为主"，心物结合，以物为主，而不是以心为主，这是对心本论哲学的否定。王廷相认为人的认识来源于"思与见闻之会"，强调心之思维必须同见闻相结合，才能获得对事物及物理的正确认识，并以此否定了"良知"说和"德性之知"说。他对传统的知行说提出批判，主张"知行兼举"，重视行，强调于实践处用功，把治经求道与实践相结合，发展了以往的重行思想。他以气释性，提出性乃气之生理的思想，认为性生于气又主导气，批评"性即理"之说，对以往的性论加以总结，体现了明代气学心性论的基本立场。

王廷相认同"六经"仲尼之道，而对除此之外的先秦、两汉、唐宋以来的诸儒持批评态度，认为其学均有流弊。其对宋儒的批评，与正统理学家的态度形成对照，也与理学道统论贬低汉唐、盛赞宋儒的观念明显不同。王廷相由批评周邵程朱，进而到非孟尊孔，批评孟子性善论。以尊孔来非孟，这与程朱等抬高孟子的地位，指出孔子性论的不完善之处，以说明自己理论的正确性的做法相互区别。王廷相借维护孔子及"六经"的权威来降低朱熹及"四书"的权威和重要性，修正朱学的流弊，这在经学史和理学史上均具有重要意义，体现了王廷相经学与理学思想的独特性。

四、李贽的童心说及对理学的批判

李贽（1527—1602）是明代具有"异端"色彩的著名反理学、反封建礼教的思想家。其思想以重自然、轻伦理，提倡个性自由，重视个人利益为特征。他提出童心说和自然人性论，认为童心是人的自然真实之心，以自然人性论取代道德人性论。他受佛教的影响，以真心为宇宙的本体，而诸相不过是真心的显现。李贽站在传统理学的对立面，提出"私者，人之心"的思想，以私作为心的内涵，倡私与义理、童心与义理之心的对立，一反理学崇尚伦理的观念，反对脱离人的物质欲求和"自然之性"而空谈道义的思想。这对于批判理学弊端，把人们的思想从封建礼教的束缚下解放出来，具有思想启蒙的积极意义。

（一）自然人性论与童心说

在中国哲学心性论发展史上，道德理性与自然人性是对应的两端，它们之间对立依存的相互关系构成心性论历史演变的主线之一。一般说，儒家重伦理，提倡以社会伦理为本位，重视和提高道德理性的价值；道家崇自然，提倡以个性自由为前提，重视自然人性的自我满足和精神自由。重伦理与崇自然之争不仅成为中国哲学心性论发展演变的主线之一，而且对整个中国文化的发展也具有重要意义。魏晋时期名教与自然之辨的结果，是儒家伦理与道家自然自秦汉以来的首次融合；宋明理学的产生，是儒、道思想的再度融合，但以儒家伦理为本位，适当吸取道家道法自然的思想。人道伦理虽以天道自然为形式，然而天道自然却以人道伦理为内容。其后，理学重伦理，反理学崇自然。各个时期，各家各派的心性论，都可从它是偏重于伦理，还是偏重于自然来确定它的性质和思想特征。李贽的心性论以其倡童心说和自然人性论，以私反对义理，以童心反对义理之心，根本否定了宋明理学的根基，所以尽管他受阳明心学和佛教的影响，以心为宇宙本体，但却不能改变他反理学的思想实质。

需要指出，理学与反理学的区分，不在于是否以理为宇宙本体（心学以心为理，故以心为宇宙本体），或是否对理学某派的理论、观点有所批评，而在于是否从根本上反对以天理为基本取向的义理。凡反对义理的，属于反理学；只反对以理或心或性为宇宙本体，而不反义理的，不能称为反理学。张载、罗钦顺、王廷相等都只是反对以理或心为宇宙本体，而不反义理，尤其张载对义理十分推崇，有开创理学之功，并提出"立天理"[①]的命题，反对"今之人灭天理而穷人欲"[②]，而主张复归于天理。罗钦顺、吴廷翰等虽批判了理学流弊，但并未从根本上反义理，所以不能把他们归为反理学一派思想家，而应视为宋明理学的重要流派气学的理论代表。反之，李贽则从根本上反对以天理为基本取向的义理，所以他是一位具有"异端"色彩的反理学思想家。如果因为李贽以心为宇宙本体而笼统地把他称为阳明一派心学家，那就不仅混淆了理学与反理学的界限，而且也模糊了儒家心学与佛教心学的区别。区分了理学与反理学的界限后，再来探讨李贽的自然人性论和童心说，就比较容易把握其思想实质。

1."自然之性，乃是自然真道学也"

李贽站在理学道德人性论的对立面，倡自然人性论，提出率性之真，谓之

[①] 张载：《经学理窟·义理》，《张载集》，第273页。
[②] 张载：《经学理窟·义理》，《张载集》，第273页。

道的思想。他说："夫以率性之真，推而扩之，与天下为公，乃谓之道。"① 把人们的自然真实之性推而广之，成为天下的公共原则，这就是"道"。由此，李贽把讲"自然之性"的学问称之为"自然真道学"，以反对讲道德人性论的假道学。他说："自然之性，乃是自然真道学也，岂讲道学者所能学乎？既不能学，又冒引圣言以自掩其不能。"② 李贽反对道学家脱离人的"自然之性"而宣扬的道德本体论，并对儒家圣人的言论不屑一顾，反映了其对传统理学道德人性论的轻视。既然他认为真道学是指讲"自然之性"的学问，那么其所谓的"道"，也就是"自然之性"了。李贽以自然真实之性来界定"道"，这与理学家以仁义礼智为道的思想形成鲜明的对比。并且，他在所谓的"真道学"前面，加以"自然"二字，更是把自己崇尚自然的学术宗旨表白得十分清楚。

李贽倡导的自然人性论具体包括以下内容。

首先，李贽认为人的本性和人的情感出于自然，性情自然发露，不假人为安排。他说："盖声色之来，发于情性，由乎自然，是可以牵合矫强而致乎？"③ 人性是自然真实的，人人莫不具有，所以不必以一律强求，而应使个性得到自然地表现和自由地发挥。他强调"不必矫情，不必逆性，不必昧心，不必抑志，直心而动"④。这种任性自然、直抒心志的思想是对理学抑制性情、提倡道德自律观念的否定。

其次，李贽指出饮食男女、穿衣吃饭是人的自然本性和生理欲望，它源于生人之初，而所谓义理则是后起的。他说："夫厥初生人，惟是阴阳二气、男女二命，初无所谓一与理也。"⑤ 男女结为夫妇，源于阴阳二气，这时尚未产生理，可见气先理后，有了男女之情，才逐步形成道德伦理观念。这与他提出的"穿衣吃饭，即是人伦物理；除却穿衣吃饭，无伦物矣"⑥的思想是一致的。李贽强调，穿衣吃饭、饮食男女是与生俱来的自然本性，道德伦理只能体现在人的自然本性和生理欲望之中，离开了人的自然物质欲望则无所谓人伦物理。

最后，李贽肯定趋利避害也是人的自然本性。他说："趋利避害，人人同心。是谓天成，是谓众巧。"⑦ 他强调追求物质利益的合理性，认为无论圣愚都不

---

① 李贽：《答耿中丞》，《焚书》卷一，中华书局1975年版，第16页。
② 李贽：《孔融有自然之性》，《续焚书》卷三，中华书局1975年版，第92页。
③ 李贽：《读律肤说》，《焚书》卷三，第132页。
④ 李贽：《为黄安二上人三首·失言三首》，《焚书》卷二，第82页。
⑤ 李贽：《夫妇论》，《焚书》卷三，第90页。
⑥ 李贽：《答邓石阳》，《焚书》卷一，第4页。
⑦ 李贽：《答邓明府》，《焚书》卷一，第41页。

能无趋利避害之心，可见这是人人具有的共同本性。李贽倡自然人性论，集中反映了资本主义萌芽阶段人文主义的时代精神，也体现了他崇尚自然，反对伦理束缚的思想特征。这是对理学，进而是对整个儒学道德人性论的否定。

2. "童心者，真心也"

李贽提出率性之真，谓之道的思想，其所谓性，从属于心。他说："性者，心所生也。"① 所以其人性论又与他的"童心说"相联系。李贽提出童心即真心的思想。他说："夫童心者，真心也。若以童心为不可，是以真心为不可也。夫童心者，绝假纯真，最初一念之本心也。若失却童心，便失却真心；失却真心，便失却真人。人而非真，全不复有初矣。"② 所谓童心，指人的天真纯朴之初心，它绝假纯真，自然天为，是质朴的、未经人为雕琢的先天赤子之心。李贽把童心称之为真心，强调了童心的真实本然的属性，这与其自然真实之性是相关的。

李贽认为，童心作为自然质朴之初心，是天下人为的文华产生的根源。也就是说，童心代表了与"文"相对的"质"。他说："天下之至文，未有不出于童心焉者也。"③ 文质相对范畴是孔子最早在《论语·雍也》篇提出来的，其质指人天然的本质和资赋，文指人为的华采。李贽把童心与文对举，其童心便是与文华相对的自然之质朴。而天下之至文又都出自童心，其童心便成为人造社会、人为事物的最终根源。然而，人为的事物、人化社会出自童心之后，又成为与童心相对立的文华，是童心的异化，非我出于自我，又与自我对立。所以李贽强调复其初，回归人的绝假纯真之童心，以克服对童心的异化。

3. "诸相总是吾真心中一点物"

李贽把童心作为真心，又受到佛学的影响，提出以真心为宇宙本体的思想。在论证心本论宇宙观时，李贽先指出了"心相"与"真心"的区别。他说："是谓心相，非真心也，而以相为心可欤？是自迷也。既迷为心，则必决定以为心在色身之内，……是迷而又迷者也。"④ 佛教所谓相，指事物外观的相状，可被人所认识，如火之焰相、水之流相等。相是相对于性而言的，类似今天所说的现象与本质。李贽接受了佛教的这一思想，认为心相非真心，相也不是心。在李贽看来，心相只是存在于人体内的器官，而不是"真心"，如果承认心相是真心的话，就会导致相即是心的错误。而以相为心，就会把真心当作色身之内的心

---

① 李贽：《论政篇》，《焚书》卷三，第87页。
② 李贽：《童心说》，《焚书》卷三，第98页。
③ 李贽：《童心说》，《焚书》卷三，第99页。
④ 李贽：《解经文》，《焚书》卷四，第136页。

相。所谓色，佛教泛指一切能变坏、有质碍的事物，大体相当于今天所说的物质概念，色与心法相对。李贽反对把真心作为在色身之内的心相，他认为，人的色身以及山河大地等一切所见之物都是真心的显现，以真心为本原。他说："吾之色身，洎外而山河，遍而大地，并所见之太虚空等，皆是吾妙明真心中一点物相耳。"① 人身、山河、大地的存在是不真实的，它们仅是真心的显相。他强调："心相既总是真心中所现物，真心其果在色身之内耶？夫诸相总是吾真心中一点物，即浮沤总是大海中一点泡也。"② 李贽在这里提出诸相总是吾真心中一点物的思想，把万物当作相，认为相不过是真心的显现物。显然其真心具有宇宙本体的意义。李贽以真心为宇宙本体，又认为真心即童心，所以其心范畴便作为本体范畴而存在。

（二）以童心反理学

李贽的反理学思想体现在他提出"私者人之心"的思想，以私作为心的内涵，倡私与义理的对立，以童心反对义理之心。这就根本动摇了宋明理学的根基，成为促使理学解体的因素。

1. "私者，人之心"

在价值观上，李贽重视私的价值，以私作为心的内涵。他说："夫私者，人之心也。人必有私，而后其心乃见，若无私则无心矣。如服田者私有秋之获，而后治田必力；居家者私积仓之获，而后治家必力。……此自然之理，必至之符，非可以架空而臆说也。"③ 李贽指出，私是人心的本质属性，若无私则无心，人之有私是自然之理。其所谓私，指私人利益即个人利益。其以私为心，就是以个人利益作为人的本然之心，心建立在对个人利益的追求和避免对个人利益的损害的基础上。他以耕田者把收获物作为私有才肯尽力耕田为例，说明了人必有私并不是无根据的空话。

李贽把人必有私同功利主义联系起来，以反对脱离功利而专言道义的"无私之说"。他说："然则为无私之说者，皆画饼之谈，观场之见，但令隔壁好听，不管脚根虚实，无益于事，只乱聪耳，不足采也。故继此而董仲舒有正义明道之训焉，张敬夫有圣学无所为而为之论焉。夫欲正义，是利之也，若不谋利，不正可

---

① 李贽：《解经文》，《焚书》卷四，第 136—137 页。
② 李贽：《解经文》，《焚书》卷四，第 137 页。
③ 李贽：《德业儒臣后论》，《藏书》卷三十二，中华书局 1959 年版，第 544 页。

也。吾道苟明，则吾之功毕矣，若不计功，道又何时而可明也。"①李贽把谋利和计功作为正义、明道的目的，以物质利益作为道德原则的基础，以此来反对"无私之说"。他批判了理学家所推崇的董仲舒关于正义、明道而不计功利的思想，又对理学家张栻所主张的"一涉于有所为"，就是"人欲之私而非天理之所存"②的观点提出批评。张栻与李贽，一个反对"人欲之私"，推崇董仲舒的思想；一个主张"人必有私"，反对董仲舒的观点。这便是理学与反理学的分野。

李贽站在新兴市民和平民百姓的立场，提出"私者，人之心"的思想，要求满足个人利益和人生物质欲望，这是对理学传统的"大公无私"观念的冲击，表现出由理学重伦理轻自然、尊公蔑私、重社会轻个人、重整体利益轻个人利益的价值观，向反理学的崇尚自然、人必有私、提倡个性自由、重视个人利益的价值观的转变，反映了时代的觉醒和个性的自觉，表达了人们对人的自由本性的渴望和对人生物质欲望和个人利益的追求的思想。

2. "识义理障其童心"

在认识论上，李贽提出了童心与闻见道理相对立的观点，其中包含了以童心反义理、以真反假的因素。李贽认为，童心是先天主观自生的，"纵不读书，童心固自在也"③。童心不依赖于耳目闻见而存在，又与义理相对立，它们之间的关系是此存则彼消，彼入则此障。他说："盖方其始也，有闻见从耳目而入，而以为主于其内而童心失；其长也，有道理从闻见而入，而以为主于其内而童心失。"④童心是最初一念之本心，当闻见从耳目传入以后，便失去了童心；当闻见上升为道理被心所接受后，也就失去了童心。可见童心与闻见、道理不并存。

所谓道理，李贽把义理作为道理。他说："夫道理闻见，皆自多读书识义理而来也。"⑤通过读书识义理，便掌握了道理。李贽认为，道理即义理，然而认识了义理，也就障碍了童心。"学者既以多读书识义理，障其童心矣。"⑥"童心既障，而以从外入者闻见道理为之心也。"⑦理学家以义理为心，在李贽看来，这是"童心既障"的表现。为了保持童心的纯洁性，他反对以义理为心，认为童心是真，义理是假，主张以真反假，以童心反义理。他说："夫既以闻见道理为心

---

① 李贽：《德业儒臣后论》，《藏书》卷三十二，第544页。
② 张栻：《孟子讲义序》，《南轩集》卷十四，《张栻全集》，第753页。
③ 李贽：《童心说》，《焚书》卷三，第98页。
④ 李贽：《童心说》，《焚书》卷三，第98页。
⑤ 李贽：《童心说》，《焚书》卷三，第98页。
⑥ 李贽：《童心说》，《焚书》卷三，第98页。
⑦ 李贽：《童心说》，《焚书》卷三，第98—99页。

矣，则所言者皆闻见道理之言，非童心自出之言也。言虽工，于我何与？岂非以假人言假言，而事假事，文假文乎？盖其人既假，则无所不假矣。"[①] 李贽之所以认为义理为假，是因为他把童心作为辨别是非的标准。他认为，义理来自于后天人为，它灌输掌握的越多，童心丧失的也越多。为了避免童心丧失，李贽反对"多读书识义理"，其目的是为了反对义理。这充分体现了他以童心来反理学的思想实质。但从接受知识的角度看，他为了不要义理，宁可不读书，为了保持童心勿失，排除了闻见道理。

李贽认为，童心既不依赖于闻见道理而存在，又不以义理为内涵，它是与义理相对立的心。前一种思想与王阳明的良知说有相似之处，因为王阳明的良知也是"不由见闻而有"的主体之心。后一种思想则是对理学的整个否定，因为不论是道学还是心学都把义理与人心联系在一起，反对心、理脱节，只不过道学认为心具理，心、理贯通，理能够被心所把握，而心学则直接把心、理视为一物，认为"心即理"，心之本体即天理。李贽倡童心与义理的对立，以童心反对义理，这便是对理学思潮的反动。

李贽童心与义理对立的思想与他的"私者，人之心"的思想是相互联系的。他把私作为人心的内涵，私必然排斥义理，私与义理的对立导致了童心与义理之心的对立。李贽既借用了王阳明心学良知说的形式，认为童心与良知一样，均不源于闻见，是先天主观自生的；又背弃了王阳明心之良知即天理的思想内容，认为义理是童心的障碍，童心与义理不并存。王阳明以义理为良知的内涵，李贽则以私为心的内涵。王阳明的心即是理，李贽的心不是理而是私。由此可见，李贽的童心说亦是对王阳明心学的扬弃和否定，是在心学的形式下对理学思想的反动。

五、刘宗周的理学思想及对理学的批评与总结

刘宗周（1578—1645），明末哲学家、著名理学家。字起东，号念台。山阴（今浙江绍兴）人。1645年，多铎率清军攻陷杭州，南明政权覆亡，刘宗周正在进餐，闻讯推食恸哭，绝食二十日卒。门人私谥正义，清时追谥忠介。学者称念台先生。又曾筑证人书院，讲学蕺山，又称蕺山先生。清道光二年（1822），从祀孔庙。其著述宏富，约三十多种，收为《刘子全书》四十卷、《刘子全书遗

---

① 李贽：《童心说》，《焚书》卷三，第99页。

编》二十四卷。

刘宗周一生致力于讲学和著述，先后在石篑书院、东林书院、首善书院、证人书院、蕺山书院与高攀龙、邹元标、陶奭龄共同讲学，培养了许多著名的学者和气节之士，其中有黄宗羲、陈确等。刘宗周作为理学殿军，他的理学思想分别受到宋明理学史上张载气学、程朱理学和陆王心学以及湛若水心气二元论哲学的影响，他提出"理气元不相离"、心气二元又偏向心学、"心性一而二，二而一"等思想，其思想具有多元的理论形态，而不是单纯的气学、理学或心学，这也影响到他的学生黄宗羲等人。同时他上承孔孟，融合诸家，集理学之成，具有较强的融通性和包容性，而集诸家学术之长，在对各家思想提出一定批评和评论的基础上，也都适当地予以肯定，因而具有对宋明理学加以总结的时代意义，在理学史上占有重要地位。刘宗周作为理学蕺山学派的代表和理学阵营中的重要一员，在上承孔孟，融合诸家，集理学之成的过程中，斥佛老，批三教合一说，维系道统，严守儒学正统地位，这对现代新儒家牟宗三产生了重要影响，在思想史上亦占有重要地位。

作为明末著名理学家，刘宗周站在时代的高度，对在他之前的理学思潮中的各流派及其代表人物作了系统总结和评价。他从自己的学术立场出发，既批评了各理学流派及其代表人物的思想和理论观点，同时又予以适当的肯定，体现了他兼收并蓄，包容诸家，重融会贯通、融通合一，不重分别对待的思想特色。从而集宋明理学之成，在理学史上占有重要地位，亦在一定意义上，标志着理学的终结。随着时代的变迁，宋明理学包括明中叶以来盛行的心学逐步为明清之际兴起的经世实学、通经致用、社会评判思潮和重考据训诂的治学方法及学风所取代。

刘宗周分别吸取了张载、程朱、湛若水、王阳明的思想，又提出一些独到的见解，并将各种理论融合为一，呈现出多元的理论色彩，最终其心气二元论哲学偏向以心学为主。刘宗周的心性论从一个侧面反映了宋明理学心性论的多元理论形态。刘宗周及其弟子黄宗羲把气引进心性论，提出"心即气"的命题，表明明代心学经王阳明、湛若水异同的影响和演变，已不能保持纯粹意义上的心学形态，而随着明清之际启蒙和社会批判思潮的兴起，明代心学思潮及心性论哲学逐渐走向式微。

（一）在气的基础上论心性

刘宗周理学的特点之一是在气的基础上讲心性，以气、心为形而下，以性为形而上，提出性因心而有，形上与形下紧密结合，并以心著性，性是心之理，率心之体便是率性。他分别吸取了张载、程朱、湛若水、王阳明的思想，又提出一些独到的见解，并将各种理论融合为一，呈现出多元的理论色彩，最终其心气二元论哲学偏向以心学为主。刘宗周的心性论从一个侧面反映了宋明理学心性论的多元理论形态。刘宗周及其弟子黄宗羲把气引进心性论，提出"心即气"[①]的命题。

1. 虚生灵觉为心

刘宗周哲学对心的解释与陆王心学最大的不同在于其心性论容纳了气范畴，以气释心，把心视为气之中的虚灵之气，在气的基础上讲心，在气、心的前提下讲性，把心性论与气论相结合。心既以物为体，又是气与理结合的产物，并夸大心体的认知功能，把整个宇宙说成是一念之心的产物，由以气为本转向以心为本。

（1）"人心，一气而已矣"

刘宗周站在心学的立场上接受了张载哲学气本论的一些思想，提出气是宇宙间的基本存在的观点。他说："天地之间，一气而已。"[②]也以气释心，把心作为气的一部分，指出"人心，一气而已矣"[③]，认为心由气构成，气是心的内容，"心以气言"[④]。在刘宗周的哲学体系里，气、心同为形而下，与性、理、道等形而上的范畴相对。虽然心、气同属形而下，但他认为心是气之中的灵气或精气所为，心与气并不能完全画等号。他说："阴阳之气一也，而其精者则曰神与灵，其粗者则物而已。精气者，纯粹以精之气，道之形而上者是也。神者气之吐也。灵者气之含也。"[⑤]也就是说，气分为精气和粗气，精气为神灵之气，粗气构成万物。而气之神灵便是心，心是虚生灵觉的产物。他说："人心径寸耳，而空中四达，有太虚之象。虚故生灵，灵生觉，觉有主，是曰意。"[⑥]刘宗周吸取张载"虚空即气"的观点，认为"虚即气也"[⑦]，把虚空之气作为灵觉之心存在的基础，指出气为虚，虚生灵觉，灵觉具有主观能动性，具有意识功能，也就是指人心。可见心是气中之灵气，是阴阳之气中最纯粹的部分。刘宗周以气言心，

[①] 黄宗羲：《浩然章》，《孟子师说》卷二，《黄宗羲全集》第一册，第60页。
[②] 刘宗周：《圣学宗要·濂溪周子》，《刘子全书》卷五，《刘宗周全集》第二册，第230页。
[③] 刘宗周：《学言下》，《刘子全书》卷十二，《刘宗周全集》第二册，第435页。
[④] 刘宗周：《复沈石臣》，《刘子全书》卷十九，《刘宗周全集》第三册，第363页。
[⑤] 刘宗周：《曾子章句·天圆第十》，《刘子全书》卷三十五，《刘宗周全集》第一册，第595页。
[⑥] 刘宗周：《学言中》，《刘子全书》卷十一，《刘宗周全集》第二册，第409页。
[⑦] 刘宗周：《学言中》，《刘子全书》卷十一，《刘宗周全集》第二册，第407页。

把太虚之气作为灵觉之心存在的基础的思想，是对先秦以气或精气作为知觉的来源思想的继承，亦是对张载"太虚者，心之实"①命题的发挥。这与陆王心学少于讲气的心性论形成对比。

（2）"心以物为体"

在心物关系上，刘宗周继承了张载"人本无心，因物为心"的思想，提出"心以物为体"的观点，认为人的认识产生于对物的反映，不可离物而求知。他说："心以物为体，离物无知。今欲离物以求知，是程子所谓反镜索照也。然则物有时而离心乎？曰：无时非物。心在外乎？曰：惟心无外。"②心的认识知觉功能来源于物，物的客观存在是第一性的，但物又被心所认识。从空间上讲，物不在心外；从时间上看，物是永恒的存在。故心不离物，离物无知；物不离心，物被心所认识。

在时间先后次序上，刘宗周指出，先有物后有心，心产生于物化之后。他说："有万物而后有万形，有万形而后有万化，有万化而后有万心，以一心纳万心。"③他认为心与物相比，心是后起的，即人的主观认识是第二性的，万物的变化引起了心对物的认识，强调一心纳万心，心能够反映世界万物及其变化，从而坚持了心对物的反映论原理。进而，刘宗周以体用论心物，认为物为体，心为用，心物既有体用之分，二者又紧密联系，显微无间。他说："心无体，以意为体；意无体，以知为体；知无体，以物为体。物无用，以知为用；知无用，以意为用；意无用，以心为用。此之谓体用一原，此之谓显微无间。"④其心的内涵指意识、知觉，而以物为体；物的作用表现为知觉、意识。最终心的知觉、意识，即心的认知功能是对物的反映，产生于物本体。刘宗周在以物为体，以心为用的前提下强调体用一原，显微无间，这是对程颐"体用一源，显微无间"思想的改造，发挥了程颐的体用论哲学。程颐在他的《易传序》中提出"体用一源，显微无间"的命题，但其体用论是以理为本体，以象为本体的作用，认为理是第一性的，是物象之所存在的根据，先有理而后有象，在以理为体、以象为用的前提下，强调体用不相脱离，至微之理通过至著之物象得以显现，这为其理本论哲学提供了论据。而刘宗周的体用论哲学则把与气相当的物范畴作

---

① 张载：《张子语录中》，《张载集》，第 324 页。
② 刘宗周：《学言上》，《刘子全书》卷十，《刘宗周全集》第二册，第 381 页。
③ 刘宗周：《学言中》，《刘子全书》卷十一，《刘宗周全集》第二册，第 431 页。
④ 刘宗周：《学言下》，《刘子全书》卷十二，《刘宗周全集》第二册，第 450 页。

为本体，而"理即是气之理，断然不在气先，不在气外"①，认为"天地之间，一气而已，非有理而后有气，乃气立而理因之寓也"②。这就把程朱的理本体变为理以气为存在的根据，从而表明刘宗周的物体心用论及理气论哲学与程朱的体用论哲学存在着明显的差异，而比较倾向于张载、王廷相气之聚散为理，理为气化之条理的思想。

（3）心是气与理的结合

刘宗周哲学的心，既以物为体，又是气与理结合的产物。其根据在于，尽管刘宗周以气言心，心由气构成，但其心是由气中的灵气构成，心与一般意义上的气仍有区别，由于理气不离，"天下无心外之理"③，所以其心包含气和理两个部分。他说："心体浑然至善。以其气而言，谓之虚；以其理而言，谓之无。至虚，故能含万象；至无，故能造万有。而二氏者虚而虚之，无而无之，是以蔽于一身之小而不足以通天下之故，逃于出世之大而不足以返性命之原，则谓之无善也亦宜。"④心充盈于天地间，以气与理为内容，故能够含万象，造万有。他指出心虚不是绝对的虚，它包含万象；心无也不是纯粹的无，无形之理体现着万有。而佛老则把虚、无绝对化，故见小失大，是为不善。刘宗周把至无之理与至虚之气皆作为心的内容，进而把由灵气构成的心夸大为气的主宰。他指出"盈天地间只此阴阳之理，即是吾心之撰"⑤，认为阴阳之气及其条理都是心的状态或属性，并把气的流行纳入心的范畴，从而由早年的气学观点逐渐转向心学。他说："一阴一阳，专就人心中指出一气流行不已之妙，而得道体焉。"⑥人心之气，流行不已，阴阳之道便是体现了心中之气流行不已的过程。刘宗周把气作为心中之气，从属于心；而不是把心作为气的一部分，改变了早年所持的把太虚之气作为灵觉之心存在的基础的思想。

（4）"盈天地间皆心"

如前所述，刘宗周既提出"天地之间，一气而已"的思想，又提出"盈天地间，皆心也"⑦的观点，表现出心气二元论的矛盾。但其心气二元论最终又偏向心学，这是受湛若水影响的结果。

---

① 刘宗周：《学言中》，《刘子全书》卷十一，《刘宗周全集》第二册，第410页。
② 刘宗周：《圣学宗要·濂溪周子》，《刘子全书》卷五，《刘宗周全集》第二册，第230页。
③ 刘宗周：《原旨·原学中》，《刘子全书》卷七，《刘宗周全集》第二册，第285页。
④ 刘宗周：《学言中》，《刘子全书》卷十一，《刘宗周全集》第二册，第410页。
⑤ 刘宗周：《论语学案二·雍也第六》，《刘子全书》卷二十九，《刘宗周全集》第一册，第352页。
⑥ 刘宗周：《周易古文钞下·系辞上传》，《刘子全书》卷三十四，《刘宗周全集》第一册，第219页。
⑦ 刘宗周：《读易图说·自序》，《刘子全书》卷二，《刘宗周全集》第二册，第122页。

刘宗周认为，心是宇宙的本体，天地万物皆以心为存在的根据。他说："通天地万物为一心，更无中外可言。体天地万物为一本，更无本之可觅。"①天地万物与吾心一体，并无内外可分，心涵内外，主体与客体融合为一。与此相应，在心物关系上，刘宗周从"心以物为体"，心为物的作用的立场转向"万物皆此心之形"②的观点，以心为主宰，万物不过是心的显现，表现出其心学的宇宙观。不仅如此，在心气关系上，刘宗周否定了自己过去所持的以气为心的观点。他说："向之妄意以为性者，孰知即此心是，而其共指以为心者，非心也，气血之属也。"③他认为自己过去所说的心不是心，只是气，而心应是过去所谓的性，从而改变了自己的观点。由此，刘宗周强调以心统气，心为生物之主宰。他说："生气宅于虚，故灵，而心其统也，生生之主也。"④此心已经超越了血气生理之心，以至超越了气而成为纯粹精神性的实体。他把"虚即气"的虚改变为虚灵之心的代名词。他说："天地之体，皆我之体；天地之用，皆我之用。只是一个虚而已。"⑤天地的体和用皆以我心为存在的根据，此虚已不纯指物质之气，在这里成了精神之心的同义语。

从心学观点出发，刘宗周把整个宇宙视为一念之心的产物。他指出："上下四方曰宇，往古来今曰宙。夫孰知宇宙之所自起乎？上下四方，一指而已矣。往古来今，一息而已矣。又孰知一指一息之所自起乎？一念而已矣。"⑥整个宇宙时空起自于一念之心。这种以一念起动宇宙的观点，是刘宗周转向心学的显著标志。

2."生而有此理之谓性"

刘宗周的心性论不仅重视心，而且重视性。值得注意的是，刘宗周不仅提出性源于形气的思想，这是对张载思想的继承，而且认为仁义礼智之性是后起的，是对社会人际关系的反映，从而扬弃了孟子的先天性善论。在义理之性与气质之性关系问题上，刘宗周既强调理义载于气质之中，天地之性呈露于气质之内，又肯定义理之性对气质的主导，把义理之性视为气质之本性，使道德理性既不离感性而存在，又对感性加以指导，把感性和理性结合起来，表现出其性论的特点。

---

① 刘宗周：《学言上》，《刘子全书》卷十，《刘宗周全集》第二册，第394页。
② 刘宗周：《会录》，《刘子全书》卷十三，《刘宗周全集》第二册，第542页。
③ 刘宗周：《原旨·原学中》，《刘子全书》卷七，《刘宗周全集》第二册，第285页。
④ 刘宗周：《原旨·原心》，《刘子全书》卷七，《刘宗周全集》第二册，第279页。
⑤ 刘宗周：《学言下》，《刘子全书》卷十二，《刘宗周全集》第二册，第461页。
⑥ 刘宗周：《读易图说·易衍》，《刘子全书》卷二，《刘宗周全集》第二册，第142页。

（1）性源于形气

刘宗周的人性论建立在气质的基础上，他认为性源于形气，性不离气而存在。他说："盈天地间一气而已矣。气聚而有形，形载而有质，质具而有体，体列而有官，官呈而性著焉。"[1] 人性产生于形气，有气质而有人的身体和器官，在此基础上，人性得以形成。不仅人有性，而且物也有性，物性亦是在气的基础上产生。他说："盈天地间，一气而已矣。有气斯有数，有数斯有象，有象斯有名，有名斯有物，有物斯有性，有性斯有道，故道其后起也。"[2] 天地间充塞着气，有气而后产生具体事物，有了具体事物才有了事物之性，所以性和道一样，均是后起的。刘宗周以气言性，"凡言性者，皆指气质而言也"[3]，"离气质无所谓性"[4] 的思想是对张载"性乃气所固有"观点的继承和发挥，明显受到张载气学的影响。

（2）"性者，生而有之之理"

刘宗周不仅从性的由来上提出性源于形气的思想，而且就性的内容作了规定。其所谓性，是指生而有此理。他说："生而有此理之谓性。"[5] 光有气质还不成其为性，气质与理的结合才称之为性。刘宗周把人生而形成的生理视为性的内容。他指出："性者，生而有之之理，无处无之。如心能思，心之性也；耳能听，耳之性也；目能视，目之性也。"[6] 把性界定为人的生理属性，这是人生来具有的。刘宗周所谓的性，不仅具有生理自然属性，而且具有伦理道德属性，是生理性与道德性的统一。他说："性是就气质中指点义理者，非气质即为性也。"[7] 就性是气质中的义理来讲，性与气质存在着区别，性为形而上，气为形而下；就性源于形气，形而上寓于形而下而言，性气又不可分离。刘宗周指出："形而下者谓之气，形而上者谓之性。故曰：'性即气，气即性。'人性上不可添一物，学者姑就形下处讨个主宰，则形上之理即此而在。"[8] 性气既有形而上下之分，又具有同一性，性寓于气中，性乃气中主宰之理。由此，人性包含了两方面的内容，即形上之理与形下之气。"一性也，自理而言则曰仁义礼智；自

---

[1] 刘宗周：《原旨·原性》，《刘子全书》卷七，《刘宗周全集》第二册，第280页。
[2] 刘宗周：《学言中》，《刘子全书》卷十一，《刘宗周全集》第二册，第407页。
[3] 刘宗周：《学言中》，《刘子全书》卷十一，《刘宗周全集》第二册，第418页。
[4] 刘宗周：《学言下》，《刘子全书》卷十二，《刘宗周全集》第二册，第472页。
[5] 刘宗周：《原旨·原性》，《刘子全书》卷七，《刘宗周全集》第二册，第280页。
[6] 刘宗周：《学言中》，《刘子全书》卷十一，《刘宗周全集》第二册，第418页。
[7] 刘宗周：《论语学案四·阳货第十七》，《刘子全书》卷三十一，《刘宗周全集》第一册，第514页。
[8] 刘宗周：《证学杂解》，《刘子全书》卷六，《刘宗周全集》第二册，第269页。

气而言则曰喜怒哀乐。"① 性是仁义礼智之理与喜怒哀乐情感的统一，把感性与理性结合起来。从性是理气结合的观点出发，刘宗周批评了理气脱节的性论。"古今性学不明，只是将此理另作一物看，大抵臧三耳之说。佛氏曰：'性，空也。'空与色对，空一物也。老氏曰：'性，玄也。'玄与白对，玄一物也。吾儒曰：'性，理也。'理与气对，理一物也。佛、老叛理，而吾儒障于理，几何而胜之"② 刘宗周既批判了脱离儒家伦理而以空言性的佛教性论和以玄言性的道教性论，又批评了旧儒学离气而言理的性学，认为这造成了儒家性学不明，是旧儒学不能战胜佛老宗教学说的原因。故而刘宗周对张载气学十分推崇。他说："前辈只说理，至横渠首说个气，见得理气元不相离。"③ 赞扬张载首倡气学，使理气不相分离，从而发展了儒家性论。刘宗周受张载的影响，把气范畴引进心性论，这是他与陆王心学的明显区别。

（3）仁义礼智之性是后起的

正因为刘宗周把气范畴引进心性论，以气言性，以气论心，把性视为是在气质的基础上后天形成的，所以他认为仁义礼智之性是后起的，扬弃了孟子的先天性善论，从而与程朱陆王的先天人性论形成鲜明的对照。他说："无形之名，从有形而起，如曰性，曰仁、义、礼、智、信，皆无形之名也。然必有心而后有性之名，有父子而后有仁之名，有君臣而后有义之名，推之礼、智、信皆然。"④ 刘宗周的人性论关于性的内涵规定，就理而言，其性为仁义礼智。然而仁义礼智之性作为无形之名，是因有形的事物而起，即道德伦理观念并不是先天产生、生来具有的，而是在出现了父子、君臣等社会人际关系之后，才产生了与之相应的调整社会人际关系的仁、义、礼、智、信等伦理观念。可见仁义礼智之性是后起的，而不是先验的。这在宋明理学的人性论中具有独特的特点。

（4）"义理之性即气质之本性"

从理气结合而论性的观点出发，刘宗周既把性分为义理之性与气质之性，更强调义理之性与气质之性的结合。其思路是，在肯定义理之性寓于气质之性的前提下，强调义理之性即气质之本性。这与他理寓气中，理为气之主宰的思想类似。

关于义理之性寓于气质之性之中，刘宗周指出："人生而有气质之性，故理

---

① 刘宗周：《学言上》，《刘子全书》卷十，《刘宗周全集》第二册，第391页。
② 刘宗周：《学言中》，《刘子全书》卷十一，《刘宗周全集》第二册，第419页。
③ 刘宗周：《五子连珠·张子》，《刘子全书》卷三，《刘宗周全集》第二册，第184页。
④ 刘宗周：《会录》，《刘子全书》卷十三，《刘宗周全集》第二册，第514页。

义载焉。"① 又说："天地之性未尝不呈露于气质之中。"② 其天地之性也就是义理之性。气质之性是义理的载体，义理之性不能离开气质之性而存在。因此，义理之性与气质之性的关系是统一的，而不能彼此分离。刘宗周甚至认为"盈天地间止有气质之性，更无义理之性"③，因为气质之性已把义理之性包括在内。

关于义理之性即气质之本性，刘宗周指出："性只是气质之性，而义理者，气质之本然，乃所以为性也。"④ 也就是说，只有气质，没有义理，还不成其为性。气质只是构成人与万物的清浊厚薄之不同，气质与理结合才构成现实的人性。所以说，义理之性是决定气质之所以成其为性的本质内容。由此"义理之性即气质之本性"⑤，在以气质作为义理之性的基础的前提下，强调道德理性对感性气质的主宰，肯定气质的本性正是主宰气质的义理。需要指出的是，刘宗周关于义理主宰气质的思想，与程朱的理先气后的理本论哲学不能混为一谈。刘宗周理为气之主宰的思想是在气决定理、理寓于气而立的前提下讲义理对气质的主导和制约。他说："有是气，方有是理，无是气则理于何丽？但既有是理，则此理尊而无上，遂足以为气之主宰。气若其所从出者，非理能生气也。"⑥ 既批判了程朱的理决定气的理本论哲学，坚持气决定理的观点，又辩证地肯定理对气的主宰，即肯定人的理智对人的情感气质的控制与把握。这是刘宗周的性论不同于程朱性论的显著特点。

3."性因心而名"

心性关系问题是刘宗周哲学心性论论述的重要问题。如前所述，刘宗周的心性之学比较复杂，其思想前后又发生了一些变化。他自称："向之妄意以为性者，孰知即此心是，而其共指以为心者，非心也，气血之属也。"⑦ 总的来讲，刘宗周以气作为其心性论的基础，不仅认为"人心，一气而已矣"⑧，而且以形气作为性的来源。在以气作为心性论基础的前提下，刘宗周进一步论述了心性二者的关系，这集中体现了其心性论的特点。

---

① 刘宗周：《证学杂解》，《刘子全书》卷六，《刘宗周全集》第二册，第 271 页。
② 刘宗周：《论语学案四·阳货第十七》，《刘子全书》卷三十一，《刘宗周全集》第一册，第 523 页。
③ 刘宗周：《学言中》，《刘子全书》卷十一，《刘宗周全集》第二册，第 418 页。
④ 刘宗周：《中庸首章说》，《刘子全书》卷八，《刘宗周全集》第二册，第 301 页。
⑤ 刘宗周：《学言中》，《刘子全书》卷十一，《刘宗周全集》第二册，第 410 页。
⑥ 刘宗周：《学言中》，《刘子全书》卷十一，《刘宗周全集》第二册，第 410 页。
⑦ 刘宗周：《原旨·原学中》，《刘子全书》卷七，《刘宗周全集》第二册，第 285 页。
⑧ 刘宗周：《学言下》，《刘子全书》卷十二，《刘宗周全集》第二册，第 435 页。

(1)"有心而后有性"

在性气关系上，刘宗周认为性源于形气，性是气质中的义理，与此相应，在心性关系上，他提出"有心而后有性"的思想，认为"夫性，因心而名者也"①。正因为有了心，才有性之名。他说："盖有心而后有性，有气而后有道，有事而后有理。故性者，心之性；道者，气之道；理者，事之理也。"②在刘宗周哲学的逻辑结构中，心、气、事三者是同一层次，是形而下的范畴；性、道、理三者是同一层次，是形而上的范畴。形上与形下的范畴又密切联系，相互结合，共同构成统一的哲学思想体系。在这个体系中的心性之学，其心性关系与道气、理事关系是相互对应、相互沟通的。其思想的实质是，形而下的心、气、事是形而上的性、道、理存在的基础，先有心后有性与先有气后有道、先有事后有理，在逻辑上是一致的。所以他说："心生之谓性。"③性产生于心。可见，性既从属于气，又从属于心，与气、心均不相离。

与此相关，刘宗周认为，不仅性生于心，性因心而名，而且"性即是道"的道也生于心。他说："道，其生于心乎！是谓道心，此道体之最真也。"④道产生于心，是谓道心，亦即道体。由于"道即性也"⑤，所以心中之道的扩展，由内到外，由心体到性体，便是发挥气之虚灵心的能动功能，以达到和成就超越形而下的性体和道体。

(2)"心性一而二，二而一"

在心性二者的关系问题上，刘宗周强调两点：一是肯定心性双方的密切联系；二是指出心性有别，"不可以心为性"。这与朱熹的观点类似，而与陆九渊、王阳明混言心性、心性等同的思想有异。刘宗周指出："'人心惟危，道心惟微。'道心即在人心中看出，始见得心性一而二，二而一。"⑥在这里，人心即心，道心为性。道心在人心中看出，也就是性不离心，性通过心得以体现。如此心与性的关系是"一而二，二而一"，心性既是建立在心的基础上的统一体，二者又有所区别。

关于心性的统一，刘宗周指出："心，一性也；性，一善也。"⑦心便是一性，

---

① 刘宗周：《原旨·原性》，《刘子全书》卷七，《刘宗周全集》第二册，第280页。
② 刘宗周：《会录》，《刘子全书》卷十三，《刘宗周全集》第二册，第514页。
③ 刘宗周：《学言中》，《刘子全书》卷十一，《刘宗周全集》第二册，第409页。
④ 刘宗周：《原旨·原道上》，《刘子全书》卷七，《刘宗周全集》第二册，第282页。
⑤ 刘宗周：《中庸首章说》，《刘子全书》卷八，《刘宗周全集》第二册，第299页。
⑥ 刘宗周：《学言上》，《刘子全书》卷十，《刘宗周全集》第二册，第383页。
⑦ 刘宗周：《周易古文钞下·系辞上传》，《刘子全书》卷三十四，《刘宗周全集》第一册，第221页。

所以性善心体亦为善，"心体浑然至善"①，"无善而至善，心之体也"②。心、性均具有善的属性，这是它们相互统一的内在根据。此外，心性的密切联系还表现在，性不能脱离心而独存。他说："天下无心外之性。"③心性统一，紧密联系，心性统一的基础在于心。

关于心性的区别，刘宗周指出："心一也，合性而言，则曰仁；离性而言，则曰觉。觉即仁之亲切痛痒处，然不可以觉为仁，正谓不可以心为性也。"④心性的区别表现为心有觉，性无意，心有知觉意识，而性则是仁，正如不可把心混同于性一样，心之觉不可混同于性之仁。

此外，刘宗周还以形而上下区分性心，"形而上者谓之性，形而下者谓之心"⑤，这也是心性有别的表现。既然在心性关系上，刘宗周以先后、是否有觉、形而上下等来区别心性，主张"不可以心为性"，那么认为刘宗周的"心性是完全合一"的观点是缺乏根据的。

（3）"人之所以为心者，性而已"

刘宗周的心性论既把心作为性的基础，性因心而名，又以性制约心，性是心中之理，控制和把握由心而生的喜怒哀乐之情。他说："盈天地间皆道也，而统之不外乎人心。人之所以为心者，性而已矣。"⑥道不离心，心统率道，但人心存在的根据却是性。尽管心是性存在的前提，但心的存在又是为了体现性，以心著性，以性统心之情，道德理性最终制约着情感情欲。他说："一理也，自性而言，则曰仁义礼智；自心而言，则曰喜怒哀乐。"⑦理就是心中之理，它与性等同，即人区别于万物的仁义礼智之性。人具有道德理性，这使人与万物相区别，道德理性既存在于心中，又是人之所以为人、心之所以为心的内在根据，此心便是人所独具、包含着仁义之性的人类之心。

心除包含着理外，还包含着气质。心之理即性，心之气即情。以理而言，它是心中所具有的仁义礼智等条理，"性者，心之理也。心以气言，而性其条理也"⑧；以气而言，它发为人的喜怒哀乐之情。以仁义礼智之性制约喜怒哀乐之

---

① 刘宗周：《学言中》，《刘子全书》卷十一，《刘宗周全集》第二册，第410页。
② 刘宗周：《人谱・人极图说》，《刘子全书》卷一，《刘宗周全集》第二册，第3页。
③ 刘宗周：《原旨・原学中》，《刘子全书》卷七，《刘宗周全集》第二册，第285页。
④ 刘宗周：《学言上》，《刘子全书》卷十，《刘宗周全集》第二册，第388页。
⑤ 刘宗周：《学言上》，《刘子全书》卷十，《刘宗周全集》第二册，第390页。
⑥ 刘宗周：《中庸首章说》，《刘子全书》卷八，《刘宗周全集》第二册，第299页。
⑦ 刘宗周：《学言上》，《刘子全书》卷十，《刘宗周全集》第二册，第391页。
⑧ 刘宗周：《复沈石臣》，《刘子全书》卷十九，《刘宗周全集》第三册，第363页。

情，便是性所以为心，理性对感性的支配。

刘宗周"人之所以为心者，性而已"的思想体现了宋明理学心性论重视道德理性的价值，以理性统率感性的特征。同时其性因心而有的思想充分体现了刘宗周把道德理性建立在感性基础上的自家心性论的特点。

通观刘宗周在气的基础上论心性而提出性因心而有的心性论，除体现了宋明理学重视道德理性的价值的特征和把道德理性建立在感性基础上这一自家心性论的特点外，其心性理论本身存在着内在的矛盾。这集中表现在心气二元论的矛盾上，即刘宗周既以物质性的气作为宇宙本原，提出"天地之间一气而已"的思想，又以精神性的气中灵觉之心作为万物的本原，认为"盈天地间皆心也"，而心、气同为形而下，是形而上的性、理、道存在的基础。这就把整个宇宙的本原建立在心、气二元的基础上，既不是纯粹的心一元论，又不能把气一元论坚持到底，而是心气融合论。正是由于心气二元的矛盾，使得刘宗周的心性之学充满矛盾，前后不能一致，而最终偏向心学。这表现出刘宗周的心性论企图综合宋明理学的气本论、理本论、心本论等各派心性论的时代特征，也是自湛若水以来，心本论与气本论相互融合的进一步体现。

（二）理气论

理气关系问题是宋明理学讨论的核心话题之一，在这个问题上，刘宗周基本接受了张载气学的气一元论哲学，从而既提出"盈天地间一气也"的气本论思想，批评程朱的理本论哲学，同时又提出"理气元不相离"的观点，调和理气二者，形成了有别于程朱，而接近于张载的理论。但由于受到程朱理学的影响，刘宗周又强调理的重要性，认为理至尊无上，是气的主宰，从而具有融通气学与理学的倾向，而不是纯粹的气学或理学。这是他对宋明理学两大派别张载气学与程朱理学（或称道学）的调和、融通与总结的表现。

1. "盈天地间，一气也"

刘宗周认为，气是宇宙天地间最普遍的基本存在。他说："盈天地间，一气也。气即理也。天得之以为天，地得之以为地，人物得之以为人物，一也。"[①] 宇宙天地以气为本，气与理相沟通，故曰气即理。天地、人和万物都以气为存在的根据，没有高于气的本体存在。天地万物的变化也源于气所具有的阴阳屈伸运动的属性。他说："盈天地间，一气而已矣，而阴阳分。非谓分一气以为阴，

---

① 刘宗周：《学言中》，《刘子全书》卷十一，《刘宗周全集》第二册，第408页。

分一气以为阳也。一气也，而来而伸者，阳也；往而屈者，阴也。来则必往，伸则必屈，总一阳之变化也。"①认为本体之气的屈伸变化表现为阴阳的对立运动，它是万物运动变化的根源。

从气本论哲学出发，刘宗周批评了程朱的理本论思想。他说："天地之间，一气而已，非有理而后有气，乃气立而理因之寓也。"②气是天地间唯一的存在，其他事物都是它的表现。刘宗周不同意程朱先有理而后有气的观点，他认为气的存在比理更为根本，理寓于气中，气立才有理的存在。"理只是气之理，断然不在气先，不在气外。"③刘宗周否定理在气先的观点，认为理不过是气之理，它不在气先，也不在气外，而只是气的属性。

2."理气元不相离"

刘宗周的气本论思想是对张载气学的吸取，同时把理气二者融会贯通。他说："前辈只说理，至横渠首说个气，见得理气元不相离。"④刘宗周继承张载的气学，又把理气融合起来，二者不相离。虽然理气二者不相离，但刘宗周受到程朱理学的影响，强调理的至上性，认为理至尊无上，是气的主宰。他说："或问：理为气之理，乃先儒谓'理生气'，何居？曰：有是气方有是理，无是气则理于何丽？但既有是理，则此理尊而无上，遂足以为气之主宰。气若其所从出者，非理能生气也。"⑤一方面，刘宗周认为有气方有理，无气则理无从附丽、附着；另一方面，他又强调理具有至尊无上的地位，足以为气的主宰，气就像出自于理一样。他虽不同意理能生气的观点，但亦降低了气的地位。

从抬高理的地位出发，刘宗周把气作为形而下，把理作为形而上，理处在气之上的至尊之位。他说："就形下之中而指其形而上者，不得不推高一层，以立至尊之位。"⑥夸大了形上之理对形下之气的制约作用，寓于气中的理反成了气的主导和主宰。这是受程朱理学的影响，而具有调和气学与理学的倾向，亦是对张载气学与程朱理学的兼容和总结。刘宗周既批评程朱的理本论哲学，又提出"理气元不相离"的观点，调和理气二者，形成了有别于程朱，而接近于张载的理论。但由于受到程朱理学的影响，刘宗周又强调理的重要性，认为理至尊无上，是气的主宰，从而融通气学与理学，而不是纯粹的气学或理学。

---

① 刘宗周：《读易图说·自序》，《刘子全书》卷二，《刘宗周全集》第二册，第128页。
② 刘宗周：《圣学宗要·濂溪周子》，《刘子全书》卷五，《刘宗周全集》第二册，第230页。
③ 刘宗周：《学言中》，《刘子全书》卷十一，《刘宗周全集》第二册，第410页。
④ 刘宗周：《五子连珠·张子》，《刘子全书》卷三，《刘宗周全集》第二册，第184页。
⑤ 刘宗周：《学言中》，《刘子全书》卷十一，《刘宗周全集》第二册，第410页。
⑥ 刘宗周：《圣学宗要·濂溪周子》，《刘子全书》卷五，《刘宗周全集》第二册，第230页。

（三）对理学的批评

刘宗周站在自己学术的立场，亦对与己不同的理学家的观点提出了批评。他说："朱子曰：'心统性情。'张敬夫曰：'心主性情。'张说为近，终是二物。曷不曰'心之性情'？"① 朱熹的"心统性情"说和张栻的"心主性情"说是宋代理学心性论的代表性观点，在当时有重要影响。朱熹分别吸取了程颐心有体有用的观点和张载"心统性情"的命题，将二者结合，并加以发展，从而提出了自己的"心统性情"的思想。朱熹"心统性情"的思想也是对胡宏"性体心用"论的改造。朱熹在同张栻讨论胡宏的著作《知言》时提出了这一思想。朱熹批评胡宏的"性体心用"论没有"情"的位置，把胡宏"性体心用"的"心"改为"情"，"性体心用"便成为"性体情用"。这是朱熹的创造。朱熹又把胡宏的"心以成性"的思想加以改造，而提出"心统性情"说。张栻则认为，"心统性情"的"统"字亦恐未安，而提出"心主性情"说。刘宗周对朱熹和张栻的心性论均提出异议，认为朱、张都存在着把心与性情分为二物的倾向，由此他提出自己的"心之性情"说，主张融合心与性情之不同，批评朱熹、张栻把心与性情分为二物的观点。这体现了刘宗周重融通合一的思想倾向。

刘宗周分别对朱熹和王阳明提出了批评，在批评朱学和阳明心学的基础上，亦主张融合二者。他说：

> 朱子自谓一生学问从致知入，然《补传》之说后人或疑其太迂。阳明子又自谓一生学问从致知入，然良知之说后人或疑其太径。总之，知无内外，学无内外。以为外也，而滞于闻见，将孰为其内者？以为内也，而囿于灵明，将孰为其外者？合之两是，离之两伤。②

刘宗周对朱熹、王阳明的致知说加以评价，指出朱王两人都自称其一生学问从致知入手，可见均重视致知。然而朱熹为了论证其格物致知说，于《大学》人为地增补了《格物致知补传》，以致遭到人们的批评，而疑其太迂。而王阳明提出良知说，人们又批评其太径。他认为朱熹重外、重闻见，而阳明则重内、重灵明，各有流弊，因而主张合朱学与阳明学，即合内外之学。并认为朱、王"合之两是，离之两伤"，表现出融合朱王的倾向。

---

① 刘宗周：《学言下》，《刘子全书》卷十二，《刘宗周全集》第二册，第471页。
② 刘宗周：《证学杂解》，《刘子全书》卷六，《刘宗周全集》第二册，第274—275页。

刘宗周不仅批评朱学和阳明心学，而且把陆王联系起来提出质疑。他说：

> 昔象山之学自谓得之孟子。人有诮之者，曰："除了先立乎其大者一句，更是无伎俩。"象山闻之曰："然。"近世王文成深契象山，而曰：良知二字，是千圣相传嫡骨血。后人亦称文成为孟子之学。夫二子皆学孟子，而所得于孟子者仅如此。今不知"大"与"良"在何处，学者思之。①

陆九渊自谓得之孟子，而王阳明亦学于孟子，两家学术皆有自得于孟子之处。但陆九渊只讲"先立乎其大"，而王阳明也只是讲良知二字。刘宗周认为，陆王所得于孟子处，仅如此而已，并质问"先立乎其大"的"大"与良知说的"良"究竟在何处，以此批评陆王心学。

刘宗周还评价了明中叶以来学风由朱学转向阳明心学的转向。他说："正、嘉以还，文成倡'良知'之学，一反宋儒以来支离训诂之习。入其门者，推流扬波，惟恐不尽。天下遂不复言朱氏学。"②明正德、嘉靖以来，由于王阳明倡良知之学，一反宋儒以来支离训诂之习，而其门人推波助澜，导致学术思潮的转向，使得心学流行，而不复言朱子学。刘宗周在肯定阳明心学有功于后学的同时，亦指出阳明心学之良知说非《大学》的本旨，只是传孟子的教法而已。他说：

> 阳明子言良知，最有功于后学，然只是传孟子教法，于《大学》之说，终有分合。《古本序》曰："《大学》之道，诚意而已矣。诚意之功，格物而已矣。格物之极，止至善而已矣。止至善之则，致良知而已矣。"宛转说来，颇伤气脉。至龙溪所传《天泉问答》则曰："无善无恶者心之体，有善有恶者意之动，知善知恶是良知，为善去恶是格物。"益增割裂矣。即所云良知，亦非究竟义也。知善知恶与知爱知敬相似，而实不同。知爱知敬，知在爱敬之中；知善知恶，知在善恶之外。知在爱敬中，更无不爱不敬者以参之，是以谓之良知。知在善恶外，第取分别见，谓之良知所发则可，而已落第二义矣。且所谓知善知恶，盖从有善有恶而言者也。因有善有恶，而后知善知恶，是知为意奴也。良在何处？又反无善无恶而言者也。本无

---

① 刘宗周：《孔孟合璧·孟子大旨》，《刘子全书》卷三，《刘宗周全集》第二册，第173页。
② 刘宗周：《张含宇先生遗稿序》，《刘子全书》卷二十一，《刘宗周全集》第四册，第56页。

善无恶,而又知善知恶,是知为心祟也。良在何处?且《大学》所谓致知,亦只是致其知止之知。知止之知,即知先之知;知先之知,即是知本之知。惟其知止、知先、知本也,则谓之良知亦得。知在止中,良因止见。故言知止则不必更言良知。若曰以良知之知知止,又以良知之知知先而知本,岂不架屋叠床之甚乎!且《大学》明言"止于至善"矣,则恶又从何处来?心、意、知、物总是至善中全副家当,而必事事以善恶两纠之。若曰去其恶而善乃至,姑为下根人说法,如此则又不当有无善无恶之说矣。有则一齐俱有,既以恶而疑善;无则一齐俱无,且将以善而疑恶,更从何处讨知善知恶之分晓?只因阳明将意字认坏,故不得不进而求良于知。仍将知字认粗,又不得不退而求精于心,种种矛盾,固已不待龙溪驳正,而知其非《大学》之本旨矣。《大学》开口言明德,因明起照,良知自不待言。而又曰:"良知即至善,即未发之中",亦既恍然有见于知之消息,惜转多此良字耳。然则良知何知乎?知爱而已矣,知敬而已矣。知皆扩而充之,达之天下而已矣。格此之谓格物,诚此之谓诚意,正此之谓正心,举而措之谓之平天下。阳明曰:"致知焉尽之矣。"余亦曰:"致知焉尽之矣。"①

刘宗周对王阳明的良知说加以总结和评论,对其提出一定的批评,认为王阳明在其《古本序》里讲《大学》之道在于诚意,诚意之功在于格物,格物之极在于止于至善,止于至善之则便是致良知,如此宛转说来,颇伤气脉。刘宗周并对王畿所传《天泉问答》中的"王门四句教"——"无善无恶心之体,有善有恶意之动,知善知恶是良知,为善去恶是格物"提出批评,认为这不过是"益增割裂"而已,其所说良知,并非究竟义。刘宗周指出知善知恶与知爱知敬看似相似而实乃不同:知爱知敬,知在爱敬之中;而知善知恶,知却在善恶之外。在刘宗周看来,知在爱敬中,更无不爱不敬以参之,如此谓之良知;而知在善恶外,那么只要见得良知所发即可,而这已落入第二义。并且所谓的知善知恶,是以有善有恶来立论,因其有善有恶而后知善知恶,如此知便成为意奴,而良又在何处?如果从无善无恶而言,本无善无恶而又知善知恶,如此知则为心祟,良又在何处?《大学》所谓致知,只是致其知止之知,而知止之知即是知先之知,知先之知即是知本之知。正因为其知止、知先、知本,所以谓之良知。但得知在止中,良因止见,故言知止则可,不必言良知。如果像王阳

---

① 刘宗周:《良知说》,《刘子全书》卷八,《刘宗周全集》第二册,第317—318页。

明所说的那样，以良知之知知止，又以良知之知来知先而知本，岂不是叠床架屋吗？刘宗周以《大学》所论为依据，对阳明所言提出质疑：《大学》明言止于至善，那么恶又从何处来？刘宗周认为心、意、知、物乃是至善的体现，如果事事都以善恶言之，那么提出所谓的去其恶而善乃至之说势必会产生抵牾。刘宗周反驳说，既然要去恶，那就不当有无善无恶之说，有则一齐都有，无则一齐都无。既以恶而疑善，又以善而疑恶，到头来，更不知从何处来讨知善知恶之分晓。正是由于王阳明将诚意的意字错解，而不得不进而求良于知，但仍是将知字认粗，故又不得不退而求精于心。如此种种矛盾，而知所谓的"王门四句教"并非《大学》一书的本旨。

刘宗周认为，《大学》讲明德，将其放在突出的地位，而良知已包括在内，自不待言。而阳明突出良知，不过是知爱、知敬而已，将此知扩而充之，达之天下而已。在刘宗周看来，格此之谓格物，诚此之谓诚意，正此之谓正心，举而措之谓之平天下，致知不过如此而已，而与王阳明所谓的以良知为核心的致知说不同。这即是王阳明的致知说与刘宗周以《大学》本文为依据的致知说的区别所在，亦是刘宗周之所以对王阳明的良知说提出批评的原因。对此，刘宗周进一步剖析，认为王阳明的"致良知"说只是言工夫，而不是本体。有比良知更为根本的东西，这就是明德。他说：

> 《大学》言明德，不必更言良知，知无不良，即就明德中看出。阳明特指点出来，盖就工夫参本体耳，非全以本体言也。又曰："良知即天理，即未发之中。"则全以本体言矣，将置明德于何地？至后人益张大之，搬弄此二字，愈晦阳明之旨。以良知为性体，则必有知此良知者，独不曰"知得良知却是谁"。又曰："此知之外更无知"，辗转翻驳，总要开人悟门。故又曰："致知存乎心悟。"自是阳明教法，非《大学》之本旨，《大学》是学而知之者。①

刘宗周明确指出《大学》言明德，以明德为本，不必更言良知。良知只是从明德中看出。而王阳明的良知说不过是就工夫参本体罢了，并非是以本体而言。而王阳明所说的良知即天理，即未发之中，企图以本体言良知，那将置明德于何处，以至于阳明后学将其良知说益张大之，搬弄良知二字，使其工夫之

---

① 刘宗周：《学言下》，《刘子全书》卷十二，《刘宗周全集》第二册，第441页。

本义更加晦而不明。既然王阳明以良知为性体，那么就必有知此良知者，但他却不讲知得良知是谁，却又说此知之外更无知，以致辗转翻驳，总想开人悟门，所以又说"致知存乎心悟"，终不合《大学》本旨。此段刘宗周剖析阳明"致良知"说之旨，批评其突出良知而忽视明德，有违《大学》之旨。他指出"致良知"只是阳明教法，不是《大学》本旨，认为《大学》是学而知之。刘宗周批评阳明未回答是谁知得良知，认为有比良知更为根本的东西，即是《大学》所言明德。他强调"致良知"只是工夫，不是本体。这体现出刘宗周与王阳明思想认识的差异，亦是刘宗周对王阳明良知说的评价和总结。正如李振纲先生所指出："在蕺山看来，《大学》明德至善之本体要借慎独之工夫而落实。独体即在执中、克艰、诚敬、四勿、求放心等慎独工夫中而呈现。"① 刘宗周充分地肯定慎独的重要性，一再指出："慎独是学问第一义。言慎独，而身、心、意、知、家、国、天下一齐俱到，故在《大学》为格物下手处，在《中庸》为上达天德统宗，彻上彻下之道也。"②

刘宗周强调以慎独为学问的第一义，只要做到了慎独，那么对于《大学》而言，便为格物下手处，而身、心、意、知、家、国、天下便一齐俱到；而对于《中庸》来讲，即是上达天德，统彻上彻下之道而一以贯之。他指出："阳明只说致良知，而以意为粗根，故于慎独二字，亦全不讲起。"③ 批评王阳明只讲"致良知"，而不知"心之主宰曰意，故意为心本"④，认定"有善有恶者意之动"⑤，而"以意为粗根"，对于"慎独"二字亦全不讲，导致其理论的偏差。

（四）对理学的总结

作为理学阵营中的一员，刘宗周对宋明理学的开创者二程予以充分肯定。他说："叔子笃信谨守，其规模自与伯子差别。然见到处更较稳实。其云'性即理也'，自是身亲经历语。"⑥ 程颐的特点是笃信谨守，较为稳实，其"性即理"的思想，自是亲身经历而提出。"天理""性即理"乃是理学的核心范畴和理论，刘宗周从诸多理学范畴、命题和理论中把它们拈出，并对其提出者程颢、程颐深为赞许，表明他对二程理学的肯定和认同。刘宗周对二程的后继者朱熹也予

---

① 李振纲：《刘宗周"本体与工夫"的语境分析》，《河北大学学报（哲学社会科学版）》2006年第4期。
② 刘宗周：《学言上》，《刘子全书》卷十，《刘宗周全集》第二册，第396页。
③ 刘宗周：《学言下》，《刘子全书》卷十二，《刘宗周全集》第二册，第451页。
④ 刘宗周：《学言下》，《刘子全书》卷十二，《刘宗周全集》第二册，第447页。
⑤ 刘宗周：《学言上》，《刘子全书》卷十，《刘宗周全集》第二册，第390页。
⑥ 刘宗周：《五子连珠·程叔子》，《刘子全书》卷三，《刘宗周全集》第二册，第183页。

以充分肯定。他说:"紫阳之学,切近精实,亦复展开充拓去,循累而进,居然孔子下学上达法门。"① 朱熹之学切近精实,是在周程思想的基础上"复展开充拓去",进一步"循累而进",而达到了孔子下学而上达之法门。

刘宗周还探讨了周敦颐与二程的关系,肯定二程继承了周敦颐的思想,并加以发展。他说:

> 程子首言识仁,不是教人悬空参悟,正就学者随事精察力行之中,先与识个大头脑所在,便好容易下工夫也。……愚按《识仁篇》分明是《太极图说》脱出真手眼,而一字不落注脚,可谓善发濂溪之蕴。周子说"太极",程子便于此中悟出一个"仁",曰"与物无对"。周子说"二五化生",程子便于此悟出个"皆备之体"。周子说"中正仁义",程子便于此悟出个"义礼智信皆仁也"。周子说"主静",程子便于此悟出个"诚敬"二字,而曰:"未尝致纤毫之力。"周子说"天地合德",程子便于此悟出个"天地之用皆我之用"。种种青出于蓝矣。先儒尝言两程子平生不曾及图说一字,而至所以与学者相授受,大抵不出此意。由今考之,伯子信然。然先生他日有言曰:"吾学虽有所受,然'天理'二字,却是自家体贴出来。"乃知太极圈子原是人人自家有的,程子何尝乞灵于周子?周子何尝乞灵于大《易》。②

程颢首言"识仁",并非教人悬空参悟,而是要求学者在随事精察力行之中,先领会得个大头脑所在,以便下功夫。刘宗周认为程颢的《识仁篇》即是以周敦颐《太极图说》为蓝本,虽然从字面上未有一字落脚注,但却善发濂溪之蕴。周敦颐论太极,程颢便于此中悟出一个仁;周敦颐说二五化生,程颢便于此悟出个皆备之体;周敦颐说中正仁义,程颢便于此悟出个义礼智信皆仁;周敦颐说主静,程颢便于此悟出个诚敬;周敦颐说天地合德,程颢便于此悟出个天地之用,皆我之用。如此种种,皆青出于蓝,是程颢对周敦颐思想的继承发挥。刘宗周认为,虽然二程平生不曾提及图说一字,但从思想脉络上看,仍是继承了周敦颐的《太极图说》。同时他也指出,二程在周敦颐思想的基础上亦有自己的独到见解,而周敦颐在《周易》的基础上亦有自己的发挥,所以"程

---

① 刘宗周:《五子连珠·朱子》,《刘子全书》卷三,《刘宗周全集》第二册,第190页。
② 刘宗周:《圣学宗要·明道程子》,《刘子全书》卷五,《刘宗周全集》第二册,第236—237页。

子何尝乞灵于周子,周子何尝乞灵于《大易》",认为二程对于周敦颐,周敦颐对于《周易》,并非简单的承袭。

在肯定周程张的基础上,刘宗周作《五子连珠》,盛赞宋代五子开创、发展理学的贡献。他说:

> 昔人谓周子至精,程子至正,而予谓纯公尤至醇云。若张子可谓敦笃矣,朱子几于大矣。论地位,濂溪俨高;论学术,晦翁卓立天下之矩。然以言乎学以求仁,则五子如一辙。视孔、孟殆与二曜之有五纬,相与后先流行以司化育者乎!猗与休哉,因为之颂:孔、孟既没,诸儒崛起,递溯心极,求仁而已。或微或显,群言灿灿。千五百载,长夜有旦。或悟或修,各要其质。或顿或渐,成功则一。乃步曦驭,奔轶绝尘。瞠乎并后,如环之循。元运终始,星纪是会。璧合珠连,斯文未坠。①

刘宗周赞扬周敦颐、程颢、程颐、张载、朱熹五位著名理学家珠联璧合,继承孔孟儒学,在孔孟没后一千五百年,崛起于宋代,为往圣继绝学,使斯文未坠。他亦认同圣人之道在失传千载之后而得以复兴的道统说。他指出宋代理学五子的特点是周敦颐至精,程颢至纯,程颐至正,张载敦笃,而朱熹集大成。论地位,周敦颐为高,因其开创了理学;而论学术,则朱熹卓然独立于天下,因其集理学之大成。但就以求仁而言学来讲,则五子如同出一辙。他肯定周、程、张、朱的宋代新儒学是对先秦孔孟儒学的继承发展,认为五子之于孔孟,有如"二曜之有五纬",继承孔孟而发扬光大。这与割裂宋儒与先秦孔孟儒学的关系,认为新儒学是对先秦儒学的偏离和异化的观点有别。亦可见刘宗周对宋代理学的认同。

对于理学家关注的格物致知论,刘宗周也做出总结。他在答学者问时指出:"或问:格物致知之学与世之所谓博物洽闻者,奚以异?曰:此以反躬穷理为主,而必究其本末是非之极至。彼以徇外夸多为务,而不核其表里真妄之实。然必究其极,是以知愈博而心愈明;不核其实,是以识愈多而心愈窒。此正为己为人之分,不可不察也。"②格物致知之学必究其极,如此知识愈博而心愈明;如果不核其实,则知识愈多而心愈梏。刘宗周不是一般地反对格物求知,而是

---

① 刘宗周:《五子连珠·朱子》,《刘子全书》卷三,《刘宗周全集》第二册,第 190 页。
② 刘宗周:《圣学吃紧三关·迷悟关》,《刘子全书》卷四,《刘宗周全集》第二册,第 221 页。

看其是否究其极，核其实，是否能明心，以明心为目的。可见刘宗周亦重视博知而明心，关键在于应反躬穷理，而不单纯以徇外夸多为务。他强调："以吾观书，处处得益；以书博我，释卷而茫然。自注：便是六经注脚之说。"① 即赞同以我观书，批评以书博我、六经为我心注脚之说。此处与吕祖谦"经非疏我，而我则疏经"②的思想相似。

对于训诂与求心关系，刘宗周也提出自己的见解，反映了他以求心为主，而不废训诂的思想。这与陆九渊心学不讲文字解析，专求于心的治学方法不同。他说："读书之法在循序而渐进，熟读而精思。又曰：字求其训，句索其旨。未得于前，则不敢求于后；未通乎此，则不敢志乎彼。又曰：先须熟读，使其言皆若出于吾之口；继以精思，使其意皆若出于吾之心。"③ 刘宗周对训诂与求心的关系加以总结，而主张熟读精思，循序渐进，训字索句，以求字句之本旨，然后掌握其意，以求之吾心。他指出："学者吃紧是理会这一个心，那纸上说底全靠不得。若不先得个本领，虽理会许多骨董，只是添得许多杂乱，只是添得许多骄吝。"④ 刘宗周重视心，认为纸上说的靠不住。他强调在理会古董、训诂考证之前，要先得个本领，即以心为指导，否则只会添得杂乱，而不得要领。这是对单纯训诂之学的批评。但也不是只理会心，而废弃训诂不讲。他说："学问不考古，固不得。若一向去采撷故事，零碎凑合，也无益。……看来朱子实不支离。"⑤ 既认同考古训诂，又反对专事于此。他认为朱熹实不支离，肯定朱熹在义理指导下从事的训诂。

关于学术界争论的朱陆异同问题，刘宗周加以分析和总结。他说：

> 后世朱子之学似子夏而弘毅过之；陆子之学似子张而直截过之。看来朱子较胜陆子。朱子学问笃实，晚年更彻的是下学上达之矩，庶几中矣。陆子见地尽高，只无下稍，其言曰："予于践履未能纯一"，便是虚见，此其供状也。⑥

---

① 刘宗周：《圣学吃紧三关·迷悟关》，《刘子全书》卷四，《刘宗周全集》第二册，第222页。
② 吕祖谦：《春秋讲义序》，《东莱吕太史别集》卷第十三，《吕祖谦全集》第一册，第545页。
③ 刘宗周：《圣学吃紧三关·迷悟关》，《刘子全书》卷四，《刘宗周全集》第二册，第222页。
④ 刘宗周：《圣学吃紧三关·迷悟关》，《刘子全书》卷四，《刘宗周全集》第二册，第220—221页。
⑤ 刘宗周：《圣学吃紧三关·迷悟关》，《刘子全书》卷四，《刘宗周全集》第二册，第222页。
⑥ 刘宗周：《论语学案三·先进第十一》，《刘子全书》卷三十，《刘宗周全集》第一册，第423页。

刘宗周分析了朱陆各自的特点，认为朱学类似子夏，而在弘毅方面有过之；陆学类似子张，而在直截方面有过之。他对朱学予以较多的肯定，指出朱熹学问笃实，到晚年更明了下学上达之旨，符合中道的原则。而陆九渊则见地甚高，只是缺乏下学的工夫，于践履处有所欠缺。这即是朱陆之别的表现。

在指出朱陆各自的特点及朱陆之别的基础上，刘宗周亦主张调和朱陆。他说："陆子之言本心也，几于诚明矣。朱子之言主敬也，几于明诚矣。合而言之，道在是矣。"[①] 陆九渊讲本心，侧重于"诚明"；朱熹讲主敬，侧重于"明诚"。刘宗周主张合本心与主敬而言之，以此来体现道；并倾向于调和道问学与尊德性，把二者统一起来。他说："学问不嫌多，政为尊德性而多也。夫子语语道问学，却语语是尊德性。"[②] 道问学是为了尊德性，所以不应限制道问学。夫子所言，虽然是讲道问学，但在字里行间却体现着尊德性的意蕴。由此把道问学与尊德性二者加以统合。这实际上亦是把侧重于尊德性的陆学与侧重于道问学的朱学统一起来，而不可偏废。

（五）历史地位和影响

刘宗周上承孔孟，融合诸家，系统总结和批评了宋明理学思潮各家各派的思想和观点，集理学之成；他维系儒家道统，对后世牟宗三等现代新儒家产生了重要影响；提出别具特色的"慎独"说，为理学的发展注入活力。由此体现出刘宗周在思想史上占有重要地位。

讲义理的宋学发展出把义理哲理化，以思辨性的哲理来论证儒家伦理的理学。包括程朱陆王在内的理学诸派流传演变到明末，随着程朱陆王之学流弊的日见显露，已缺乏活力。刘宗周面对阳明学盛行后出现的空谈心性良知，而忽视个人身心修养和道德践履的弊端，提出了独具特色的慎独说，企图通过论证"人心有独体"[③]来强调慎独的重要性，目的是为了纠正当时的不良学风、士风，希望通过内省的慎独修养，收拾人心，使人人从善去恶，跻于道德之域，以解救世道之弊。这就为理学的发展注入了活力。

作为明末理学的代表人物，刘宗周所提倡的理学是对先秦孔孟儒学的继承和弘扬，而不应把理学与孔孟儒学割裂开来。刘宗周对先秦孔孟儒学倍加赞许，但他认为，孔孟儒学在孟子没后，有千余年不明于天下，幸有宋代诸理学大师

---

① 刘宗周：《读易图说·易衍》，《刘子全书》卷二，《刘宗周全集》第二册，第151页。
② 刘宗周：《与王右仲问答》，《刘子全书》卷九，《刘宗周全集》第二册，第336页。
③ 刘宗周：《人谱》，《刘子全书》卷一，《刘宗周全集》第二册，第5页。

出，而奋起于千年之后，把先秦儒学承继下来并发扬光大，使孔孟之道得以复明于天下，而有功于儒门。他说：

> 孔孟既没千余年，有宋诸大儒起而承之，使孔孟之道焕然复明于世，厥功伟焉。又三百余年而得阳明子，其杰然者也。夫周子，其再生之仲尼乎！明道不让颜子，横渠、紫阳亦曾、思之亚，而阳明见力直追孟子。自有天地以来，前有五子，后有五子，斯道可谓不孤。顾后五子书浩繁，学者多不能尽读。即读之，而于分合异同之故，亦往往囿于所见，几如泛溟渤之舟，茫然四骛，莫得其归，终亦沦胥以溺而已。呜呼！后世无知，读五子书者而五子道晦，五子之道晦而孔孟之道亦晦。其所关于斯文之废兴，岂浅鲜乎？宗周非能读五子书者也。①

自有天地以来，前有五子，后有五子，儒家圣人之道可谓不孤。所谓"前有五子"，是指先秦儒学代表人物孔子、颜渊、曾参、子思、孟子；"后有五子"是指宋明理学代表人物周敦颐、程颢、张载、朱熹、王阳明。宋明新儒学五子是对先秦儒家五子的继承和发扬，其中周敦颐为"再生之仲尼"，而程颢"不让颜子"，张载、朱熹乃"曾、思之亚"，而王阳明则"直追孟子"。在这里刘宗周给宋明儒五子以很高评价。刘宗周称："朱子之学，孔子之教也。阳明先生之学，孟子之教也。"②他对宋明理学两大流派代表人物朱熹、王阳明颇为称许，认为朱子学即是孔子之教，而阳明学则是孟子之教，均是孔孟之教的后继者。刘宗周把宋明理学与先秦孔孟儒学结合起来，对宋明理学之诸大流派——程朱理学、张载气学和阳明心学都充分肯定而加以认同，并不像现代新儒家牟宗三所划分的三系那样壁垒森严，而是融会贯通。从刘宗周倡心气二元、心理调和之说，亦可见其打通宋明理学诸大流派的融通之学的特点。从他提出"前有五子，后有五子，斯道可谓不孤"的观点，亦可见其打通先秦儒学与宋明新儒学，将儒学一以贯之的思想。同时刘宗周也看到由于宋明儒五子的著述浩繁，学者多不能尽读；即使读之，也往往于宋明儒五子之间的分合异同及其缘故有不同的见解。如果人们囿于己见，各自从自己的观点出发看问题，就会导致茫然而莫得其归，最终陷于沦溺而已。所以刘宗周告诫后世学者，不要带着自己的片面

---

① 刘宗周：《圣学宗要·引》，《刘子全书》卷五，《刘宗周全集》第二册，第228页。
② 刘宗周：《会录》，《刘子全书》卷十三，《刘宗周全集》第二册，第516页。

观点去读五子书，而使五子之道晦而不明。如果五子之道晦，那么孔孟之道亦晦，因为儒学是一以贯之的。他认为这事关斯文之废兴，而不可忽视。由此刘宗周要求后世学者贯通宋学与先秦儒家圣人之学的思想宗旨，使先秦孔孟之教通过宋明儒的传承，一脉相引而明其道。

受刘宗周思想的影响，现代新儒家代表人物牟宗三著《从陆象山到刘蕺山》《心体与性体》等书，论述了刘宗周在理学及道统发展史上的地位，而给以较高评价。牟宗三将五峰蕺山（刘宗周）一系视为宋明儒大宗之一，以之作为现代新儒学的"源头活水"，表现出牟宗三与刘宗周等的相承关系，体现了刘宗周在思想史上占有重要地位。

以上刘宗周对宋明理学思潮中的周敦颐濂学、二程洛学、张载关学、朱熹闽学以及陆王心学等各家各派及其代表人物的思想和观点作出了全面、系统的总结和分析评价。他既站在自己的学术立场批评了诸家之说，又给予适当的肯定，体现了他包容诸家，融会贯通，而不重分别对待的思想特色。他对周程张朱理学思想的肯定和赞誉，对道统观念的认同，对专事于训诂之学的批评，表明了他所持的基本的理学与宋学的学术立场和学派性，而与汉学和非理学不同；他对阳明心学的批评，则表现出他独特的思想特色和对盛极一时的阳明学流弊的针砭。他对宋明理学思潮各家各派的系统总结和评价，留给后人以启示和深思。

第五章　宋明理学之心性论

宋明理学思潮经历了一个产生和发展演变的历史过程，在这个过程中，形成了心性论、道统论、认识论等基本的理论和学说。随着时代的变迁和理学的演变，这些理论也有一定的变化和发展，在思想史上产生了重要影响。在宋明理学的理论构成中，以心性论为较难掌握，理论难度较大，它是合本体论、认识论、伦理学、人性论和修养论为一体的思辨性的哲学体系。

一、宋明理学心性论的思想渊源

宋明理学心性论的产生，如同宋明理学的创立一样，既是时代的产物，具有客观的历史必然性；又有着自身的思想渊源，反映了社会发展和思想发展的客观要求。

随着唐末五代社会分裂局面的结束，宋代建立起了统一的中央集权制王朝。唐宋之际的中国社会，由土地占有制度的变化引起了一系列社会制度及思想文化观念的历史性变化。社会的发展迫切需要维护社会的治理与稳定，而维系社会稳定和民族团结的思想原则，在历史上非儒学莫属。唐、五代儒家伦常扫地，宗教思想盛行造成国家分裂、社会动荡的局面，涣散了中华民族的凝聚力，使民众饱受战乱之苦，严重影响了社会生产的发展。有鉴于此，理学家们对缺乏思辨哲学的传统儒学进行反思和改造，既保留和弘扬了儒家文化的基本精神，又把儒家伦理与思辨哲理紧密结合。他们以儒家伦理为本位，批判地吸取并借用了佛教哲学的心性论、理事说、本体论，道家、道教的道本论、自然人性论、道法自然思想，玄学的体用论，以及古代的元气论等思想资料，并加以改造创新，建立起把儒家伦理学与思辨性的哲学形式统一起来的新儒学的思想体系，从而大大提高了儒家哲学的理论思辨水平。宋明理学心性论作为新儒学思想体系的重要组成部分和理论代表，具体说来，它的思想渊源包括以下方面。

（一）传统儒学以伦理道德为核心的心性论

儒家心性之学是宋明理学心性论的基本理论来源。先秦是儒家以伦理道德为核心的心性之学的创立时期。孔子对心性问题论述不多，然而其思想却启发了孟子。孔子称："七十而从心所欲，不逾矩。"[1] 其心指人的主观意志。孔子提出"性相近也，习相远也"[2] 的观点，认为人的本性是接近的，承认有统一的人性。孔子虽没有把心、性联系起来论述，但他提出"为仁由己"[3] 的命题，强调仁的实现在于人的主观意志的追求与把握。这启发了孟子的尽心知性说。

在中国哲学史上，孟子最早给心以高度重视，他提出"心之官则思"[4] 的著名命题，认为心是思维器官，具有认识事物的功能，并赋予心以道德属性，指出"仁，人心也"[5]，认为心具有先验的道德本性。孟子首倡性善论，认为人性无有不善，指出性的内涵是仁义礼智四德。孟子并把心、性联系起来加以论述，确立了儒家心性之学。不仅仁为人心，而且认为把恻隐、羞恶、辞让、是非等心之四端"扩而充之"，便是仁、义、礼、智性之四德。可见心性有密切联系。进而孟子提出尽心知性知天的思想。他说："尽其心者，知其性也。知其性，则知天矣。存其心，养其性，所以事天也。"[6] 尽心即是存心，保持心的完美无缺，这便可以知性。知性即保持善性，由于善的道德本性是天赋的，所以做到了尽心、知性，也就知天了。因而孟子强调，存心、养性的目的，是为了事天。孟子的心性学说对后世包括对佛教产生了重要影响，成为儒家心性哲学的理论基础和根据。

荀子进一步阐发了心的认知功能，指出了心与耳目感官的区别，心的认识功能是进行思维，对耳目感官起统率支配作用。他说："心居中虚以治五官，夫是之谓天君。"[7] 心的思维活动必须以感觉为基础，并由此区别事物的同异。与孟子主张相对，荀子首倡性恶论，指出："人之性恶，其善者伪也。"[8] 荀子认为人性是自然的，它天生为恶，圣人"化性而起伪"，明礼义以教化之，用法治刑罚来治理，使人性合于善。旨在说明善是后天人为形成的，无人为则性不能自美。

---

[1] 《论语·为政》。
[2] 《论语·阳货》。
[3] 《论语·颜渊》。
[4] 《孟子·告子上》。
[5] 《孟子·告子上》。
[6] 《孟子·尽心上》。
[7] 《荀子·天论》。
[8] 《荀子·性恶》。

荀子虽分别论述了心、性，却未注意把二者联系起来论述，尽管他提出"以仁心说，以学心听，以公心辨"①的观点，把心与仁、公等道德原则结合起来，但由于这些道德原则均不是性本身的内涵，故心与性在伦理意义上没有直接的联系。由此，儒家心性之学以孟子的心性论影响较大，而荀子的思想，尤其是他的性恶论，不为理学家所看重。

此外，儒家经典《中庸》提出"天命之谓性"，《周易·说卦传》提出"穷理尽性以至于命"，董仲舒提出性三品说，扬雄提出性善恶混论，韩愈提出性情三品说，这些都对宋明理学心性论产生了一定的影响。

（二）道家的自然人性论

道家以自然为宗，倡自然人性论，反对儒家以伦理道德为核心的心性论。老子提出"道法自然"②的思想，这对道家自然人性论的形成影响甚大。老子从"道法自然"出发，对儒家的伦理道德观念持反对态度。他指出："大道废，有仁义；慧智出，有大伪；六亲不和，有孝慈；国家昏乱，有忠臣。"③道与仁义不并存，以仁义为代表的儒家伦理的产生是不自然的，违背了道的自然本性。这是对儒家道德人性论的否定。

庄子提出"性者，生之质也"④的思想，认为性就是人物自然生存和存在的本质，也就是说，性建立在生的基础上，人物的自然生长和化育，是天性的来源，无生则无性。虽然生是性的基础，但光有生还不是性，生之质才是性。庄子提出的以生之质为性的自然人性论，对宋明理学心性论中的气学一派影响甚大，王廷相在庄子思想的基础上，提出"夫性，生之理也"⑤的观点，就是对庄子思想的继承。与此相关，庄子把生物的形体作为性的物质载体，性不是凭空产生，它依据生物的形体而有，即"物成生理谓之形，形体保神，各有仪则谓之性"⑥。物的自然生理结构构成了生物的形体，而形体中寄寓着精神，它的各种表现即称之为性，可见性不离生物之形体而存在。进而，庄子把人之生看作气的产物，人之生死以气的聚散为前提。他提出："人之生，气之聚也。聚则为

---

① 《荀子·正名》。
② 《老子》二十五章。
③ 《老子》十八章。
④ 《庄子·庚桑楚》。
⑤ 王廷相：《答薛君采论性书》，《王氏家藏集》卷二十八，《王廷相集》，第518页。
⑥ 《庄子·天地》。

生,散则为死。……故曰:通天下一气耳。"①庄子自然人性论的逻辑是,气是人物生命现象的本源,有气则有生,有生之质以及生物的形体才有性。这一思想成为气学心性论的理论来源。

与庄子大约同时的告子提出"生之谓性"②的思想,与庄子思想类似,可视为道家自然人性论的同调。告子认为,不能脱离生,即饮食和生殖来论性。他说:"食色,性也。"③把饮食男女视为性的内涵,认为这是人的自然本性。这一思想对后世人性论影响很大。告子并提出性无善恶论,与孟子宣扬的天赋道德的性善论相对立。告子与庄子的思想,均是以人的自然本性立论,反对儒家的道德人性论。

受道家自然人性论的影响,玄学家王弼提出"道不违自然,乃得其性"④的思想,认为自然是道的本质,也是人之性。人以自然为性,"万物以自然为性,故可因而不可为也"⑤。人与万物均以自然为性,自然之性只能顺应,而不能人为地改变。所以"圣人达自然之性,畅万物之情,故因而不为,顺而不施"⑥。即使圣人也只能顺应,而不得违背自然之性。可见自然的权威在圣人之上。嵇康作为玄学代表人物,以老庄为师,蔑视礼法名教,提出"越名教而任自然"⑦的思想,认为儒家名教违背了人的自然本性,要求从名教的束缚中解放出来,恢复人的自然本性。他说:"六经以抑引为主,人性以从欲为欢。抑引则违其愿,从欲则得自然。然则自然之得,不由抑引之六经;全性之本,不须犯情之礼律。故仁义务于理伪,非养性之要术;廉让生于争夺,非自然之所出也。"⑧儒家经典所记载的礼法名教是压抑人性的,要使人性得到自然满足,就必须不为名教所拘,而仁义道德是人为的伦理约束,它违背了人的自然本性,因而是需要抛弃的。嵇康主张超越名教,任性自然,使人性得到自由发展,求得精神上的自由。这是对道家自然人性论的发挥,体现了道家、玄学人性论的实质,亦对宋明理学心性论产生了某些影响。

---

① 《庄子·知北游》。
② 《孟子·告子上》。
③ 《孟子·告子上》。
④ 王弼注,楼宇烈校释:《老子道德经注校释》二十五章,中华书局2008年版,第64页。
⑤ 王弼注,楼宇烈校释:《老子道德经注校释》二十九章,第76页。
⑥ 王弼注,楼宇烈校释:《老子道德经注校释》二十九章,第77页。
⑦ 嵇康:《释私论一首》,《嵇中散集》卷六,文渊阁四库全书,第1063册,第366页。
⑧ 嵇康:《难自然好学论》,《嵇中散集》卷七,文渊阁四库全书,第1063册,第373页。

（三）佛教的心性本体论

佛教哲学的心性本体论对宋明理学心性论影响较大，尤其是陆王心学一派对其吸取借用较为明显。自传入中国以来，佛教先是受到儒家心性之学特别是孟子思想的影响，大讲"尽心知性"及"穷理尽性"。后来佛教发展了儒学心性论，主要是以本体论心性，其哲学理论的思辨性明显高于先秦儒家心性论，但却抛弃了儒家心性论中的伦理道德内涵，这又遭到了宋明理学家的抨击。

佛教把心性论上升为本体论，这是对先秦儒学心性论的发展。在隋唐佛学各派看来，心与性、主体和本体原是一体，因此，主体对本体的体认和证悟，并且与本体合而为一，乃是本觉即心体，亦是性体。理学心性论中的心学一派对此观念吸取甚多，然而却遭到了张载、朱熹等人的批判。这表明此观念在理学心性论中引起反响。

隋唐佛教以心为一切精神现象的总称，认为心是宇宙的本原，万事万物产生于心，这在天台宗和唯识宗的教义里得到反映。天台宗的创立人智𫖮认为世界万有都是一念之心的产物。他说："此三千在一念心，若无心而已。介尔有心，即具三千。"①把变化万千、丰富多样的客观世界归结为一心的意念活动。唯识宗倡"心法"说，认为"心法"是精神活动的根本主体，把"心法"分为八识，第八识阿赖耶识亦称心识，唯识宗最重此识，认为它是一切现象产生的根源，前七识亦由第八识产生，把宇宙间千差万别的事物和现象说成是"心法"的产物。佛教以心为宇宙本体，以"心法"产生现象世界的思想在隋唐时期广为流传，成为中国哲学心性论发展史上有一定影响的思想。虽然张载对佛教"以心法起灭天地"的心本论提出了批评，但佛教的心本论哲学形式却被理学心性论中的心学一派所接受，从而把儒家伦理提升为心本体，从本体论意义上发展了先秦儒家心性之学。

虽然宋明理学心性论中的心性二元说朱熹一派不接受佛教以心为宇宙本体的思想，并对此提出批评，但却吸取了佛教以性为宇宙本体的思想。佛教以性为佛性，指出"性名自有，不待因缘。若待因缘，则是作法，不名为性"②，认为性是宇宙的本体，一切世间法依真如佛性而起。除张载气学一派外，宋明理学心性论的程朱陆王等均接受了佛教的性本论哲学，从而把儒家道德理性上升为性本体。哲学本体论与儒家伦理学的结合，提高了儒家哲学的理论思辨水平，

---

① 智𫖮：《摩诃止观》第 5 卷，《大正新修大藏经》第 46 册，第 53 页。
② 《大智度论》第 31 卷，《大正新修大藏经》第 25 册，第 292 页。

这既是对佛教心性论的吸取，同时又是对佛教心性论不讲儒家伦理的性空思想提出的批评。

在心性关系上，佛教把心性等同起来。宗密提出"本觉真心……亦名佛性"[1]说，并强调"空寂之心，灵知不昧。即此空寂之知，是汝真性"[2]，认为心性不异，即性即心。此外，永明延寿亦讲"真心即性"[3]说。这些对陆王心学心性一元说产生重要影响。

以上可见，佛教哲学的心性本体论对宋明理学心性论尤其对陆王心学一派产生了重要影响，成为其哲学思辨的重要来源。但须指出，尽管理学各派对佛教哲学有所吸取，但吸取借鉴的只是其思辨哲学的形式，在心性论的内容上，理学与佛教有本质的区别。理学讲入世，重视道德理性的价值，故其心性哲学与儒家伦理紧密结合；佛教讲出世，否定纲常名教，故其心性论是心中无理，性中无德，只是觉和空，因而遭到理学家的一致批评。

从以上宋明理学心性论的思想渊源可以看出，宋明理学心性论是以儒家心性伦理为本位，吸取道家、玄学的自然人性论，借鉴佛教心性本体论的思辨哲学形式，并结合时代发展的需要，进行创造性的理论思维活动，从而大大发展了以往传统儒学心性论，道家、玄学的自然人性论，以及佛教哲学心性论，把中国哲学心性论提高到一个新的水平。

二、心性论的基本构成

宋明理学心性论主要研究和回答的是人的主体思维与道德理性的关系问题，其中涉及由性而发的情感和情欲问题，以及心、性、情三者的关系问题。由此而形成了一系列各具特色的理论和命题，它们共同构成了宋明理学心性论的思想理论和逻辑结构体系。

（一）心性的界说

宋明理学心性论由各派的心性学说组成，经历了动态的发展过程。正如在理气问题上各派有着不同的观点一样，在心性问题上理学各派也存在着各自不同的见解。理学各派对心、性范畴作了具体的规定，这是构成心性学说及其各

---

[1]《原人论》第1卷，《大正新修大藏经》第45册，第710页。
[2]《禅源诸诠集都序》第1卷，《大正新修大藏经》第48册，第402页。
[3] 参见《宗镜录》第6卷，《大正新修大藏经》第48册，第449页。

种命题的基础。各派对心、性的界说，在大的方面具有相同之处，这体现了理学及其心性论的共同特点。除此之外，也存在着一些差异，由此反映出各派心性论不同的特点。

1. 关于心

心是宋明理学心性论的核心范畴。在对心的内涵的规定上，各派心性论存在着一致处和不同点。

（1）对心的界说的相同处

宋明理学各派均吸取了孟子"心之官则思"[①]和荀子"心居中虚以治五官"[②]的观点，以及佛教心学"真心本觉"等重视主观能动性的思想，并加以发展，把心规定为知觉思维。心是认知主体，是区别于感性认识的理性认识，强调理性思维有高于感性的一面；心具有认识事物及事物之理的功能；心具有主观能动性，能够自主地应事接物，并预知未来，使事物的变化按人们主观预定的方向发展。这是对中国哲学心范畴内涵的丰富。

张载看到了感性认识的局限，主张通过尽心来认识事物及事物之理。他说："今盈天地之间者皆物也。如只据己之闻见，所接几何？安能尽天下之物？所以欲尽其心也。"[③] 陆九渊指出，"心于五官最尊大"[④]，把心作为区别于感官的思维器官和认识论范畴，认为心之官能思，是理性认识，强调"心官不可旷职"[⑤]，以充分发挥心之思的职能。朱熹最重心的认识论功能，强调"人心之灵莫不有知，而天下之物莫不有理"[⑥]，与张载一样明确提出心与物主客体对立的范畴，认为心有知，物有理，主张通过格物穷理来达到认识的目的。王阳明把陆九渊的心发展为更加抽象、更具主观能动作用的良知范畴，使主体思维的能动性得到更充分的发挥。他说："心者，身之主也，而心之虚灵明觉即所谓本然之良知也。"[⑦]良知是先验的认识主体，是辨别是非之心。

以上可见，宋明理学各派均以心为认识论范畴，充分肯定认知主体的能动性，这是各派的共同之处。尤其是气学派张载和道学派朱熹明确提出了主客体对立的心、物范畴，强调并重视主体对于客体，心对于物及物之理的认识。那

---

① 《孟子·告子上》。
② 《荀子·天论》。
③ 张载：《张子语录下》，《张载集》，第333页。
④ 陆九渊：《与李宰（二）》，《陆九渊集》卷十一，第149页。
⑤ 陆九渊：《语录下》，《陆九渊集》卷三十五，第435页。
⑥ 朱熹：《大学章句》，《四书章句集注》，第6—7页。
⑦ 王阳明：《传习录中·答顾东桥书》，《王阳明全集》卷二，第47页。

种认为中国古代哲学缺乏认识论,缺乏主客体对立的范畴的观点是缺乏根据的。

(2) 对心的界说的不同处

对心的内涵的规定最大的不同莫过于朱熹与陆王。朱熹仅以心为认识主体,其心不具有宇宙本体的意义;陆九渊、王阳明不仅以心为认识主体,而且把心作为宇宙本体,心既是认识论范畴,又是本体范畴。朱熹把心的主宰作用仅限于认识论和心对性、情的关系范围内,是有条件的、相对的;陆九渊、王阳明则把心作为宇宙万物的主宰。此外,朱熹认为,"心非仁,心之德是仁"[1];陆九渊则认为,"仁即此心也"[2],王阳明亦认为,"心一而已,以其全体恻怛而言,谓之仁"[3],把心等同于仁。朱熹认为,心中不仅有理,而且有欲,心分为道心和人心,因此"心有善恶"[4]之别;陆王则认为"心即理"[5],心只是一心,反对把心分二,不讲气禀之杂,所以"至善者,心之本体也;心之本体,那有不善?"[6]这些方面体现了宋明理学中朱熹与陆王两大流派对心的不同看法。

除朱熹与陆王对心的内涵有不同的界说外,气学代表张载提出"人本无心,因物为心"[7]的命题。王廷相继承张载,提出"人心有物,则以所物为主"[8]的心缘外物而起的思想,认为人的主观认知之心因物而产生,心从属于物,是对物的反映,坚持客观事物是第一性,人的主观认识是第二性的反映论原理。这在中国哲学心物关系史上是一创见,并以此与其他理学流派对心的认识有别。

洛学代表二程对心的论述影响了后世理学各派。其心论的主要特点是认为心本善和心为"生道",即心具有仁义道德的内涵,心善而无恶;并指出,"心,生道也,有是心,斯具是形以生"[9],认为有心便有事物的形体,事物由此产生。这影响了陆九渊、王阳明,而与朱熹对心的规定有别。

湖湘学派胡宏、张栻对心的界说别具特色。胡宏扬弃二程心为生道的思想,提出"心本于天性"[10]的命题,否定心有本体的意义,这对后世心性论产生一定

---

[1] 黎靖德编:《朱子语类》卷二十,第474页。
[2] 陆九渊:《与曾宅之》,《陆九渊集》卷一,第5页。
[3] 王阳明:《传习录中·答顾东桥书》,《王阳明全集》卷二,第43页。
[4] 黎靖德编:《朱子语类》卷五,第89页。
[5] 陆九渊:《与李宰(二)》,《陆九渊集》卷十一,第149页。
[6] 王阳明:《传习录下》,《王阳明全集》卷三,第119页。
[7] 张载:《张子语录下》,《张载集》,第333页。
[8] 王廷相:《潜心篇》,《慎言》卷六,《王廷相集》,第776页。
[9] 程颢、程颐:《河南程氏遗书》卷二十一下,《二程集》,第274页。
[10] 胡宏:《与原仲兄书二首》,《胡宏集》,第120页。

的影响。张栻对其师胡宏的思想又有所扬弃，他突出了心对万物的主宰性，指出："心也者，贯万事统万理而为万物之主宰者也。"[1] 这是对二程心论的继承，并开启了陆九渊的心本论思想。

另须指出，在对心的内涵的规定上，张载、胡宏、朱熹、罗钦顺等均严厉批判了佛教以心为宇宙本原的思想。张载指出："释氏不知天命，而以心法起灭天地，以小缘大，以末缘本。"[2] 胡宏指出："为释氏所引，以心为宗，心生万法，万法皆心，自灭天命，固为己私。小惑难解，大碍方张，不穷理之过也。"[3] 朱熹高度评价了张载对佛教心本论的批判，他指出："释氏心法起灭天地之意，《正蒙》斥之详矣。"[4] 朱熹强调："天地乃本有之物，非心所能生也。若曰心能生天之形体，是乃释氏想澄成国土之余论。"[5] 罗钦顺把佛教心学与杨简心学联系起来加以批判，指出杨简所说的"其心通者洞见天地人物皆在吾性量之中，而天地万物之变化皆吾性之变化"这句话与佛教心学的观点无异，"此等言语不谓之'以心法起灭天地'，谓之何哉？"[6] 通过否定佛教心学来否定杨简的心本论思想。以上张载、胡宏、朱熹、罗钦顺对佛教心本论哲学的批判，说明宋明理学中的气学派、湖湘学派中的胡宏，以及朱熹道学一派等均否认心有宇宙本原的意义。这与陆王心学形成鲜明的对照。

2. 关于性

性亦是宋明理学心性论的核心范畴。对性的界说，各派观点既有相同处，亦有相异处。

（1）对性的界说的相同处

各派均把性作为人的本质属性和道德理性，认为道德源于天赋予人的自然本性，性具有儒家仁义礼智、纲常伦理的内涵。这是理学心性论各家各派最大的一致，也是最能体现宋明理学心性论总体特征的地方。以此与佛教不讲儒家伦理的心性论相区别。此外，除张载、王廷相、吴廷翰等气学一派外，理学各派人物如二程、胡宏、张栻、朱熹、陆九渊、王阳明等，均以性为宇宙本体。二程提出"性即理"的命题，把以性为代表的儒家伦理等同于天理，提升为宇

---

[1] 张栻：《敬斋记》，《南轩集》卷十二，《张栻全集》，第724页。
[2] 张载：《正蒙·大心》，《张载集》，第26页。
[3] 胡宏：《知言·阴阳》，《胡宏集》，第9页。
[4] 朱熹：《张无垢中庸解》，《朱熹集》卷七十二，第3788页。
[5] 朱熹：《记疑》，《朱熹集》卷七十，第3687页。
[6] 罗钦顺：《困知记》续卷下，第80页。

宙本体。这对朱熹道学一派影响很大，他们均把道德理性本体化。陆九渊、杨简、王阳明虽然以性为心，但心性为一，心、性均具有本体的意义。

以上表明，以性为宇宙本体，把道德理性本体化，这是除张载气学以外，宋明理学各派的共识。

（2）对性的界说的不同处

张载提出"性乃气所固有"[①]的思想，认为性是气固有的属性，从属于气；并指出，"合虚与气有性之名"[②]，以物质性的虚与气作为构成性的要素，其性便以虚和气作为存在的根据，认为气是宇宙的本体，性不具本体的意义。王廷相吸取张载"性乃气所固有"的思想，借鉴告子"生之谓性"的观点，并把二者结合，提出"性也者，乃气之生理"[③]的思想，以气之生理作为性的内涵，从而与湛若水"性也者，心之生理也"[④]的心学性论相互区别。王廷相以气之生理释性，反对程朱以理为性。其生源于气，故生理以气为本。张载、王廷相的观点与理学其他各派的性本体思想迥然相异。此外，张载除认为"仁义礼智，……亦可谓性"[⑤]外，性还具有饮食男女的生物性，即自然属性的一面。他说："饮食男女皆性也。"[⑥]即把仁义道德和饮食男女二者都作为性的内涵。罗钦顺继承张载，提出"性必有欲"[⑦]的思想，把人的物质欲望作为性的内涵和固有本能。张载、罗钦顺的思想与其他理学各派不同，是对程朱"去人欲"思想的否定，而对王夫之影响较大。

另外，在理学各派中，认为性无意识的有张载、朱熹和罗钦顺等。张载指出："率性之谓道则无意也，性何尝有意？"[⑧]认为性没有主观知觉和意识，是客观的存在。朱熹亦指出："灵处只是心，不是性，性只是理。"[⑨]十分明确地否认性有虚灵知觉的属性，这体现了朱熹心性论的特点，而与陆九渊心学有别。罗钦顺指出："盖心之所以灵者，以有性焉，不谓性即灵也。"[⑩]既以性作为心之灵所以产生的原因，又强调性没有灵明知觉的属性，把心性区别开来，并以此批

---

① 张载：《正蒙·乾称》，《张载集》，第63页。
② 张载：《正蒙·太和》，《张载集》，第8页。
③ 王廷相：《王氏家藏集》卷二十八，《答薛君采论性书》，《王廷相集》，第518页。
④ 黄宗羲：《甘泉学案一·心性图说》，《明儒学案》卷三十七，第877页。
⑤ 张载：《张子语录中》，《张载集》，第324页。
⑥ 张载：《正蒙·乾称》，《张载集》，第63页。
⑦ 罗钦顺：《困知记》三续，第90页。
⑧ 张载：《张子语录中》，《张载集》，第318页。
⑨ 黎靖德编：《朱子语类》卷五，第85页。
⑩ 罗钦顺：《复张甬川少宰》，《困知记》附录，第134页。

评了佛教以性为觉的思想。

与此相反，理学家中认为性有灵觉的有陆九渊、王阳明和王廷相等。陆九渊明确指出性有灵有知，能辨别是非。他说："人性之灵，岂得不知其非？"① 陆九渊性有灵有知的思想体现心学心性论的特点。王阳明亦认为性具有主观思虑的本质属性。他说："聪明睿知，性之质也。"② 这与陆九渊的观点类似。

与心、性范畴密切相关，宋明理学各派对情范畴也作了相应的规定。各派观点大体一致，均把情视为性的表现和反映，情的内涵是喜、怒、哀、乐、爱、恶、欲七情，以及恻隐、羞恶、辞让、是非之情；并认为情有善有恶。不过陆九渊对情少有论述，这有别于其他理学家。

（二）心性一元说与心性二元说

心性的相互关系问题是宋明理学心性论讨论的核心问题，宋明理学心性论的理论构成及各派的特点由此得以体现。通过剖析心、性范畴各自的界说，固然可以了解宋明理学心性论关于心、性范畴的基本内涵，以及各派的不同理解，并由此迈开认识宋明理学心性论理论构成及其特点的第一步，但仅作这种具体、个别的分析还不足以把握心性学说的全貌。必须把心、性范畴联系起来加以分析和探讨研究，才能把握理学心性论的实质。

毋庸置疑，理学心性论十分重视心与性的密切联系。心与性的紧密结合，正是哲学主体性原则与儒家道德性体的结合，它充分体现了宋明理学思辨性道德哲学的特征。这既是对佛教心性论的批判和吸取，又是对先秦儒家心性论的继承和发展，亦是社会发展和理论发展的必然。

理学心性论的兴起，其理论针对性是佛教思想的泛滥动摇了儒家文化的主导地位，尤其是佛教心性论的盛行使得儒家哲学相形见绌，不足以维系人心，而造成社会危机和理论危机。佛教华严宗、禅宗的心性论，其哲学思辨性和理论水平明显高于先秦及汉唐儒家心性论。为了扭转被动局面，抗衡佛教精致的思辨哲学对儒家哲学的冲击，理学家们在批佛的同时，又吸取借鉴了佛教的心性哲学，并加以改造和理论创新，从而在佛教心性论的基础上，大大发展了传统儒学的心性论。

虽然佛教心性论对理学心性论尤其对陆王心学一派产生了重要影响，但理

---

① 陆九渊：《续书何始于汉》，《陆九渊集》卷三十二，第383页。
② 王阳明：《传习录中·答陆原静书》，《王阳明全集》卷二，第68页。

学与佛教两家心性论仍有原则区别,其区别来源于入世或绝俗。理学讲入世,重视道德理性的价值,故心性哲学与儒家伦理紧密结合;佛教讲绝俗,断绝生化之源,抛弃儒家伦理,其心性哲学与儒家伦理相脱节,故遭到理学尤其是程朱一派的猛烈批评。理学心性论在反佛,恢复儒家人文精神,重视心性哲理与儒家伦理相结合等方面具有一致性,但由于各派理论的差异和受佛教影响的大小,在追求实现最高道德目标的方法和途径上不尽一致,所以对心性关系问题的认识也不完全相同,其分歧主要表现在心性一元与心性二元的矛盾上。

1. 心性一元说

所谓心性一元,指心性为一,心即性,性即心,主体即道德理性,道德理性即主体,二者没有区别,心性一物,均为宇宙本体。理学心性论的一元和二元之分,其区别就在于把心性视为一物或认为心性有别。确切地讲,宋明理学心性论并不以人为本体,而是以人心或以人性为宇宙本体;或心性为一,心性均为宇宙本体;或以气为宇宙本体,心性则从属于气。

心性一元论者把道德理性主体化,强调心为最高原则,儒家伦理就是本心,就是本性,就是本体。重视直觉思维,把主体思维与伦理本体视为一物,只要向内用力,内求于心,便可成圣,实现最高价值目标。此派在理论思维方式上受佛教影响较深,重心灵领悟,轻文字传授,与禅宗类似,充分体现了宋学以己意说经、轻文字训诂的特征,这在陆学身上表现得尤为明显。宗密的"本觉真心……亦名佛性"说,以及《宛陵录·传心法要》的"心性不异,即性即心,心不异性"[①]的思想是理学心性一元论的重要理论渊源和同调。但理学的心性一元与佛教的心性一元仍有区别,理学的心性有儒家伦理的内涵,佛教的心性是佛心、佛性,排斥儒家伦理,故不能简单地把理学心性一元论视为禅学。

宋明理学心性一元说经历了一个发展过程,由二程开其先,经张栻过渡,陆九渊、杨简的发展,吴澄的传播,至王阳明成为心性一元说的集大成者。二程提出"心即性也,在天为命,在人为性,论其所主为心,其实只是一个道"[②]的思想,把心性等同,心性皆为宇宙本体。特别是程颢,强调性无内外即心无内外,混淆心性的差别,从而导致后世理学家在性本论和心本论问题上都能在二程的词句里找到某些依据。张栻强调心为万物的主宰,他说:"心也者,贯万事统万理而为万物之主宰者也。"[③]并以心为仁,"仁,人心也,率性立命知天下

---

① 《黄檗断际禅师宛陵录》第1卷,《大正新修大藏经》第48册,第384页。
② 程颢、程颐:《河南程氏遗书》卷十八,《二程集》,第204页。
③ 张栻:《敬斋记》,《南轩集》卷十二,《张栻全集》,第724页。

而宰万物者也"①。心、性在本体论和伦理学方面具有相同的含义,故张栻有心性一元论的倾向。陆九渊提出心性一物的思想,认为心性是"一般物事"②,会归一心,不必区分它们。杨简发挥陆九渊心性一物的思想,提出"性即心,心即道,道即圣,圣即睿"③的观点,认为心性道圣为一,主体与本体、求道与成圣是一回事,把整个宇宙纳入主体道德理性的主宰之下。杨简反对任何可能导致心性分二的观点,甚至对孟子也提出批评:"孟子有存心养性之说,致学者多疑惑心与性之为二,此亦孟子之疵。"④他批评孟子的心性论既讲存心,又讲养性,导致心性二分。吴澄倡导的心学是对陆学的继承,他提出仁义礼智备具于一心而谓之性的思想,又提出"仁,人心也,敬则存,不敬则亡"⑤的观点,直接把以仁为内涵的性与心视为一物,表现出其心性一元的倾向。王阳明集心性一元说之大成,建立起以心之良知为本,心性合一的泛性论思想体系。他说:"心也、性也、天也,一也。"⑥并强调"心即性,性即理"⑦。由此而否定了心性分二的思想,体现出宋明理学心性一元论的特征。

2. 心性二元说

所谓心性二元,指心性有别,不是一物,否定道德理性与主体直接同一。心性二元论,又细分为道德理性客体化和道德理性绝对化两种观点。后者的心性各自在认识论和本体论上具有独立性。

持道德理性客体化观点的以张载、罗钦顺、吴廷翰等为代表。张载首先提出心性的分别,他说:"合性与知觉,有心之名。"⑧他认为性本身无知觉,性与知觉合,才为心,可见其心性有别,性是心的基础。这对后世理学心性论产生影响。张载强调"心能尽性"⑨,通过发挥人心的自觉能动性,便能尽性;而"性不知检其心"⑩,认为性没有意识,是客观的存在。张载把性与心均视为气固有的属性,而从属于物质性的气,故具有把道德理性客体化的倾向。张载并提出天地之性与气质之性相分的思想,心性二元,性亦二元。其天地之性的基本含义

---

① 张栻:《潭州重修岳麓书院记》,《南轩集》卷十,《张栻全集》,第694页。
② 陆九渊:《语录下》,《陆九渊集》卷三十五,第444页。
③ 杨简:《家记二·论书诗》,《慈湖遗书》卷八,文渊阁四库全书,第1156册,第724页。
④ 杨简:《家记二·论书诗》,《慈湖遗书》卷八,文渊阁四库全书,第1156册,第724页。
⑤ 吴澄:《仁本堂说》,《吴文正集》卷四,文渊阁四库全书,第1197册,第64—65页。
⑥ 王阳明:《传习录中·答聂文蔚》,《王阳明全集》卷二,第86页。
⑦ 王阳明:《传习录上》,《王阳明全集》卷一,第15页。
⑧ 张载:《正蒙·太和》,《张载集》,第9页。
⑨ 张载:《正蒙·诚明》,《张载集》,第22页。
⑩ 张载:《正蒙·诚明》,《张载集》,第22页。

是指人的道德本性，但它源于气的本然状态——太虚，它不是宇宙本体；其气质之性则指人禀受气质而形成的具体人性。二者均以太虚即气为其存在的根据。后来程朱把张载的太虚改造成为观念性的宇宙本体——理，其天地之性便与理等同而不再从属于太虚之气。尽管张载强调道德理性的客体化，主张"于其气上成性"[1]，但他仍重视变化气质，以德胜气。他指出："德胜其气，性命于德，穷理尽性，则性天德，命天理。"[2] 张载思想的倾向是在气本论的前提下"穷理尽性"，使性符合天德天理。这体现了理学心性论重视道德理性的特点。

罗钦顺继承张载，以气论心性，在气本论的前提下提出性为阴阳之理和心本于气的思想，并强调心性的区别。他说：

> 夫心者，人之神明；性者，人之生理。理之所在谓之心，心之所有谓之性，不可混而为一也。……此心性之辨也，二者初不相离而实不容相混。精之又精，乃见其真。其或认心以为性，真所谓"差毫厘而谬千里"者矣。[3]

心性的区别在于，心是人之神明，性是人之生理，心性既不可分离，又不可混为一谈。进而以"人心有觉，道体无为"[4]来概括心性的区别。吴廷翰把道德理性客体化，其心性论以"气以成性"[5]和心生于性为特征。他认为性成于气，气为性之本，并把心与性区别开来，批评王阳明"以心为性，乃此老根本之误"[6]，以心性二元否定了心性一元说。

受张载"性无意"、心有觉思想的影响，胡宏、朱熹均持心性有别的观点。与张载等不同的是，胡宏、朱熹把道德理性绝对化，性成为超越主、客体之上的绝对观念，代表主体的心和代表客体的气均从属于性。心、气是低于性，以性为存在的根据的范畴。不过，心对于性又具有主观能动作用。

胡宏以性为最高范畴，直接把道德理性本体化，指出："非性无物，非气无

---

[1] 张载：《张子语录中》，《张载集》，第318页。
[2] 张载：《正蒙·诚明》，《张载集》，第23页。
[3] 罗钦顺：《困知记》卷上，第1页。
[4] 罗钦顺：《困知记》卷上，第24页。
[5] 吴廷翰：《吉斋漫录》卷上，《吴廷翰集》，容肇祖点校，中华书局1984年版，第39页。
[6] 吴廷翰：《吉斋漫录》卷上，《吴廷翰集》，第35页。

形，性，其气之本乎！"①并且，"心本于天性"②，认为心、气均从属于性，心性是二元的。但胡宏仍强调主体能动性的发挥对于成就道德理性的重要性，主张"尽其心以成吾性"③。这说明虽然胡宏持心性二元的主张，但心性之间仍有密切的联系。

朱熹强调道德理性的超越性，其性是超越主、客体之上的绝对理性。其"性即理"，性、理均为宇宙本体。虽然理在心中，性在心中，但心以理为存在的根据，并是理气结合的产物。朱熹在肯定心性紧密联系的前提下，强调心性二元，心性有别。他说："心与性自有分别。灵底是心，实底是性。灵便是那知觉底。"④朱熹十分明确地反对把主体本体化和把本体主体化的倾向。朱熹本人从未说过"心即理"或心即性这样的话，这与陆九渊、王阳明心性不分的思想有严格的区别。朱熹强调道德理性的超越性，一方面是为了给儒家伦理提供本体论的哲学依据；另一方面是为了批佛，以心性二元来否定佛教的心性一元。

朱熹批评佛教以心之"知觉运动"为性的思想，提倡"识心见性"，反对佛教以心为性，不假存养。他认为佛教所谓性，其性空无理，只是觉，与儒家性中有仁义之实理不同。他说："吾儒以性为实，释氏以性为空。若是指性来做心说，则不可。"⑤朱熹批判佛教性即心、心性一元的思想，并援天理以论性，把佛教的佛性改造为儒家的实理，即世俗化的道德理性。朱熹又运用义理思维、整体对立思维、直觉思维和类推思维等思维方式，吸取佛教重视心的能动性的思想，建立起一套没有逻辑文字说明，但具逻辑思想内容的心性论逻辑结构体系，这为中国哲学心性论的发展做出了重要贡献。

要之，朱熹心性二元的思想，以性为最高原则，以发挥主体的能动性来认识道德理性为主要目的。在这个过程中，强调内外结合，先知后行，由知识积累到道德践履，其前提是心性有别，因其有别，故有认识论与价值论的结合。

质言之，宋明理学心性论虽有心性一元与心性二元的区分，但二者都强调心性的联系，重视主体思维与道德理性的结合，以此与佛教心性论不讲儒家伦理相区别。由此可见，理学心性论是一种重视主体思维，合本体论、认识论、伦理学为一体的道德思辨哲学。除张载气学一派外，心性一元说与心性二元

---

① 胡宏：《知言·事物》，《胡宏集》，第22页。
② 胡宏：《与原仲兄书二首》，《胡宏集》，第120页。
③ 胡宏：《皇王大纪论·周礼礼乐》，《胡宏集》，第253页。
④ 黎靖德编：《朱子语类》卷十六，第323页。
⑤ 黎靖德编：《朱子语类》卷四，第64页。

说均以性为本（张载等以气为本，但仍重德性的价值），区别在于是否另以心为本。

（三）心气二元说

心气二元说是宋明理学心性论中的重要理论，持此说的以湛若水、刘宗周等为代表。所谓心气二元，指既以心为宇宙本原，又以气为宇宙本原，在宇宙观上持心气二元的观点。

湛若水、刘宗周等既受到传统心学的影响，重视主体的价值，把主体视为本体，体现了心学思潮的一般本质；又受到张载气学的深刻影响，以气为宇宙本体；并在心、气二元的前提下，把二者紧密结合，倡心气融合论，体现了此派的特点。

1. 心、气均为宇宙本原

湛若水首倡心气二元说。他继承并发展了其师陈献章的心学思想，又吸取了张载的气本论观点，把气纳入他的心性哲学之中。他在偏重于心学的前提下，对气范畴高度重视，其所谓气指宇宙的本体和构成万物的质料，这与他的心本论思想形成矛盾，从而表现为心气二元论的宇宙观。

关于以心为宇宙本体，湛若水提出"宇宙之内一心尔"[1]的命题，指出："盖万事万变皆本于心，千圣千贤皆是心学。"[2]并说："故心也者，万事万化之大原乎。"[3]认为心是宇宙本体，上下四方、古往今来的事物都是心内之物，整个宇宙时空都以心为存在的根据。

关于以气为宇宙本体，湛若水提出"宇宙间一气而已"[4]的命题，指出："上下四方之宇，古今往来之宙，宇宙间只是一气充塞流行。"[5]其"宇宙间一气而已"及"虚则气聚，气聚则物生"[6]的思想亦是对《庄子·知北游》"人之生，气之聚也。聚则为生，散则为死。……故曰：通天下一气耳"观点的借鉴。

刘宗周亦认为心、气均为宇宙本原。他提出"盈天地间皆心也"[7]的思想，认为整个宇宙是一念之心的产物。又提出"天地之间，一气而已，非有理而

---

[1] 湛若水：《正万民下》，《格物通》卷五十六，文渊阁四库全书，第716册，第492页。
[2] 湛若水：《正心中》，《格物通》卷十九，文渊阁四库全书，第716册，第174页。
[3] 湛若水：《正心中》，《格物通》卷十九，文渊阁四库全书，第716册，第179页。
[4] 湛若水：《新论》，《甘泉文集》卷二。
[5] 湛若水：《寄阳明》，《甘泉文集》卷七。
[6] 湛若水：《新论》，《甘泉文集》卷二。
[7] 刘宗周：《读易图说》，《刘宗周全集》第二册，第122页。

后有气，乃气立而理因之寓也"①的观点，这就把程朱的理本论一变而为气本论。这与其心本论共同构成心气二元论的哲学。受刘宗周及湛若水思想的影响，黄宗羲亦把心、气均作为宇宙本原。他说："天地间只有一气充周，生人、生物。"②认为天地万物由气产生。但黄宗羲又以心为宇宙天地之本，指出"盈天地皆心也"③，表现出心气二元的倾向。由此可见，宋明理学心性论中的心气二元论者，把心、气均作为宇宙本原。

2. 心气融合论

心气二元论者不仅把心、气均作为宇宙本原，而且在心、气二元的前提下，把二者紧密结合，倡心气融合论，认为心与气不相分离，以气释心，"心即气"，最终把物质之气与精神之心融为一体。

湛若水在心与气的关系上，提出了心具于形气的观点，指出："凡谓之心，皆指具于形气者言，惟得其正则道心也。"④所谓心具于形气，指心存于形气之中。其道心不过指形气之心得其正而已。可见心不离气而存在。进而，湛若水指出心是气的表现，气之精而神、虚灵知觉的部分谓之心。他说："宇宙间一气而已，……自其精而神，虚灵知觉者谓之心。"⑤气中既包括了物质现象，又包括了精神现象，心气融为一体。这吸取了中国古代精神现象源于精气的观点，是对心本论哲学的突破。

刘宗周以气释心，指出："心以气言。"⑥把心作为气的一部分，认为心由气构成。他说："人心，一气而已矣。"⑦其气分为粗气和精气，粗气构成万物，精灵之气便是心。在刘宗周的哲学体系里，气、心同为形而下，是形而上的性、理、道存在的基础，这就把整个宇宙建立在心气二元的基础上。既不是纯粹的心一元论，与陆王心学不讲气的心性论形成对比；又不是彻底的气本论，与张载气学反对心本论的立场形成鲜明的对照。以湛若水、刘宗周为代表的心气二元的哲学倾向，体现了宋明理学心性论中心学与气学融合的趋势。虽然湛、刘最终以偏向心学为主，但已不能保持纯正的心学形态。

以上可见，湛若水、刘宗周在明代心学和明代气学崛起之时，提出了具有

---

① 刘宗周：《圣学宗要》，《刘宗周全集》第二册，第230页。
② 黄宗羲：《孟子师说》卷上，文渊阁四库全书，第208册，第839页。
③ 黄宗羲：《黄梨洲先生原序》，《明儒学案》，第9页。
④ 湛若水：《知新后语》，《甘泉文集》卷四。
⑤ 湛若水：《知新后语》，《甘泉文集》卷四。
⑥ 刘宗周：《学言中》，《刘宗周全集》第二册，第411页。
⑦ 刘宗周：《学言下》，《刘宗周全集》第二册，第435页。

心气二元倾向的哲学，并在心气二元的前提下，倡心气融合论，这成为明代理学心性论的重要一派。由此表明，宋明理学心性论在其发展演变的过程中，形成了以下四个基本派别：以朱熹为代表的绝对理心性二元论一派，以张载为代表的客体理心性二元论一派，以陆王为代表的主体理心性一元论一派，和以湛刘为代表的心气二元论一派。以上四派的理论各具特色，又彼此联系，在相互对立和相互统一中，共同构成宋明理学心性论发展演变的主要线索。

（四）心性体用说

心性体用说探讨的主要是在以性为体，把道德理性视为本体的前提下，如何看待主体之心的地位和作用的问题。如果说，心性一元说和心性二元说讲的是心性的联系与区别的话，那么，心性体用说则讲的是本体与本体的作用，以及如何发挥主体思维的能动性，以控制和把握人的道德本性及人的情感的问题。这涉及伦理学和修养论，亦是宋明理学心性论的重要理论构成。

1. 性体心用说

性体心用说在宋明时期经历了一个提出、批判、再次提出，即肯定、否定、否定之否定的发展过程。在宋代经历了这个过程的前两个阶段，即提出和被否定的阶段，至明代则经历了这个过程的后一个阶段，即重新提出，也就是否定之否定的阶段。

性体心用说在张载的思想里有所萌发，而始由程颐提出，经胡宏完善并确立。胡宏的思想曾影响到张栻和朱熹，朱张早期均持性体心用之说。后来朱张通过"中和之辩"，并对胡宏著作《知言》展开讨论，而放弃了前说，转而对性体心用说持批评态度。这个过程对于理学心性论的发展具有重要意义，从而进一步突出了主体思维的能动作用，并完善了理学的道德修养论。之后，明代气学家罗钦顺、吴廷翰在气本论的前提下重新提出了性体心用说，以强调心性有别。

程颐在与弟子吕大临的辩论中提出了"凡言心者，皆指已发而言"[①]的观点，以心为已发之用，以性为未发之体。性体心用说初见端倪。不过程颐后来对自己的观点有所修正。胡宏在程颐观点的基础上明确提出"未发只可言性，已发乃可言心"[②]的思想，指出："圣人指明其体曰性，指明其用曰心。性不能不动，

---

① 程颢、程颐：《与吕大临论中书》，《河南程氏文集》卷九，《二程集》，第608页。
② 胡宏：《与僧吉甫书三首》，《胡宏集》，第115页。

动则心矣。"①性为本体，性动为心，心是性本体的表现和作用。朱熹和张栻早期都曾接受过胡宏的这一思想。朱熹说："《中庸》未发已发之义，前此认得此心流行之体，又因程子'凡言心者，皆指已发而言'，遂目心为已发，性为未发。"②这说明朱熹曾赞同性为未发之体，心为已发之用的观点。张栻早期也持胡宏性体心用之师说，并使朱熹接受了湖湘学派的这一观点。后来朱熹悟前说之非，对性体心用说提出批评。"熹按：心性体用之云，恐自上蔡谢子失之。此云性不能不动，动则心矣，语尤未安。"③张栻此时也指出："心性分体用，诚为有病。"④朱张明确否定性体心用论，并在此基础上提出了"心统性情"及"心主性情"说。

性体心用说在南宋被否定，在元代仍有影响。许衡提出以仁为体，以知觉为用。他说："若夫知觉则仁之用，而仁者之所兼也。"⑤其以仁为体，即是以性为体；以知觉为用，即是以心为用。这是对胡宏思想的继承。至明代，性体心用说被重新提起并有了发展。罗钦顺、吴廷翰为了批佛和批陆王心学，强调心性二分，都持性体心用说。与程颐、胡宏不同的是，罗钦顺、吴廷翰在气本论的前提下讲性体心用，体用关系限于性心的范围，整个宇宙则以气为本。罗钦顺提出"盖通天地，亘古今，无非一气而已"⑥的命题，在心本于气和性为阴阳之理思想的基础上论性体心用。他说："盖天性之真，乃其本体；明觉自然，乃其妙用。天性正于受生之初，明觉发于既生之后。有体必有用，而用不可以为体也。"⑦以性为体，明觉之心为用，有性必有心，但心之用不可为性之体。既把性作为心之用产生的原因，又强调性没有灵明知觉的属性，把心性区别开来。

吴廷翰指出："性即是气"⑧，"性为阴阳之气之所成"⑨，而"性者，心之所以生也，知觉运动，心之灵明，其实性所出也"⑩。也就是说，从本原上讲，气为本，性是气凝聚而形成的条理；从心的产生上讲，则心出于性。由于"性即是气"，所以心出于性即心出于气，性心均以气为本。吴廷翰恢复并发展了张载把

---

① 胡宏：《宋朱熹胡子知言疑义》，《胡宏集》，第336页。
② 朱熹：《与湖南诸公论中和第一书》，《朱熹集》卷六十四，第3383页。
③ 朱熹：《胡子知言疑义》，《朱熹集》卷七十三，第3866页。
④ 胡宏：《宋朱熹胡子知言疑义》，《胡宏集》，第337页。
⑤ 许衡：《语录上》，《鲁斋遗书》卷一，文渊阁四库全书，第1198册，第276页。
⑥ 罗钦顺：《困知记》卷上，第4页。
⑦ 罗钦顺：《答欧阳少司成崇一》，《困知记》附录，第118页。
⑧ 吴廷翰：《吉斋漫录》卷上，《吴廷翰集》，第28页。
⑨ 吴廷翰：《吉斋漫录》卷上，《吴廷翰集》，第29页。
⑩ 吴廷翰：《吉斋漫录》卷上，《吴廷翰集》，第28页。

道德理性客体化的思想,这也是对朱熹等否定性体心用说的否定,即否定之否定,从而在气本论的基础上发展了性体心用说。

2. 性体情用与心统性情说

性体情用与心统性情说有密切的联系。"心统性情"说始由张载提出,至朱熹集大成。理学把代表儒家伦理本质的人性提升到本体的高度,但在本体的作用为何物的问题上却有不同的见解。胡宏以心为性的作用,其心性论没有"情"的位置。朱熹对此提出批评:"凡此心字皆欲作情字。"①把胡宏的性体心用说改造为性体情用说。朱熹又吸取张载的"心统性情"说,并把胡宏的心以成性说改造为"心统情性"说。朱熹在同张栻的讨论中指出:心"以成性者也,此句可疑。欲作而统性情也,如何?"②张栻则突出心的主宰性,指出:"统字亦恐未安,欲作而主性情,如何?"③张栻在理学史上首次提出"心主性情"的命题,强调主体之心对于人的本性和情感的把握与控制。这一思想对朱熹影响很大,"熹谓:所改主字极有功"④,并把心对性情的主宰纳入自己的"心统性情"说的体系之中。

朱熹分别吸取了张载的"心统性情"的命题和程颐"心兼体用"的思想,以"性体情用"说为基础,并将三者有机地结合;又吸取其他有关理论,加以创造性的发展,从而提出了自己的"心统性情"思想。

张载虽然最早提出"心统性情"的命题,但没有展开具体的论述。程颐虽然提出了心兼体用的思想,这是他在修正自己的心为已发观点的基础上提出来的。他说:"凡言心者,指已发而言,此固未当。心一也,有指体而言者,寂然不动是也;有指用而言者,感而遂通天下之故是也。"⑤但程颐心兼体用的思想没有明确把心之体规定为性,把心之用规定为情。朱熹发展了程颐的思想,又赋予张载的命题以具体的内涵,指出:"性以理言,情乃发用处,心即管摄性情者也。故程子曰:'有指体而言者,寂然不动是也',此言性也;'有指用而言者,感而遂通是也',此言情也。"⑥明确把心之体规定为性,把心之用规定为情,心贯通两端,管摄性情。这便是朱熹的新见。性体情用与心统性情的结合,既标志着朱熹自己的"心统性情"说的确立,又丰富了自张载以来理学"心统性情"

---

① 朱熹:《胡子知言疑义》,《朱熹集》卷七十三,第 3866 页。
② 朱熹:《胡子知言疑义》,《朱熹集》卷七十三,第 3858 页。
③ 朱熹:《胡子知言疑义》,《朱熹集》卷七十三,第 3858 页。
④ 朱熹:《胡子知言疑义》,《朱熹集》卷七十三,第 3858 页。
⑤ 程颢、程颐:《与吕大临论中书》,《河南程氏文集》卷九,《二程集》,第 609 页。
⑥ 黎靖德编:《朱子语类》卷五,第 94 页。

理论的内涵。

"心统性情"说是宋明理学心性论的重要理论，也是朱熹心性学说的纲领，对后世影响甚大。在这个理论体系里，朱熹十分重视主体的能动作用，把心从"性体心用"说中提出来，单独与性情对说，突出了人心对性、情的主宰。通过发挥人心的主观自觉，来强调平时（未发时）的道德培养与遇事（已发之际）按道德原则办事的一致性，把人的道德本性和情感情欲纳入心的统御和把握之下，提倡和肯定道德自觉，控制与节制情欲，这体现了理学重道德原则，轻物质欲望和利益的特征。朱熹以静动、体用、未发已发论性情，又以心兼性情，心主宰性情，详尽地论述了各个范畴及范畴之间的相互关系，其理论的系统性、精致性和完善性达到了宋代理学心性论及道德修养论的高峰，充分体现了时代精神和朱熹理学自身的特点，而与同时代陆九渊专论心，少论性，不讲心有体用，体现其简易工夫的心性论形成鲜明的对照。

需要指出，在朱熹"心统性情"的思想里，心兼体用，以性为心之体，以情为心之用，这并不意味着心就是体，心性完全等同，也不能把心是体说成心是宇宙的本体，万物由心派生。如前所述，朱熹在批佛的过程中，明确反对心为宇宙本体、心生天地的思想，其心、性也是有区别的。此外，受张栻"心主性情"思想的影响，朱熹持心主宰性情的观点。但朱熹的心为主宰，只涉及认识论和伦理学的问题，而不涉及本体论。这与张栻的心不仅主宰性情，而且主宰万物的思想明显不同，也与陆九渊的心本论有严格的区别，这从朱熹本人对张栻、陆九渊心学的批评中可以看得十分清楚。

明代吴廷翰从"心生于性"的思想出发，对朱熹的"心统性情"说提出了批评。他说"张子有'心统性情'之说，朱子以为性情之上，皆着得心字，所以言心统性情。此犹未究心性之生与其本也。天下无性外之物，心之在人，亦是一物，而不在性之外，性岂心之所能统乎？"[①]吴廷翰认为，"心统性情"说没有弄清心性之间的关系，以及二者以何为本，因而有失。他指出，心作为一物，不能超越性外，所以不可讲以心统性。

（五）心性善恶说

中国古代对人性善恶的论述由来已久，但未注意联系主体的价值判断和选择来论述人性的善恶。宋明理学心性论则从人们的现实生活对心性的影响出发，

---

① 吴廷翰：《吉斋漫录》卷上，《吴廷翰集》，第23页。

以主体的价值判断和选择与道德理性的结合，以及认识论与价值论的结合为着眼点，展开了对心性善恶问题的论述。与本体论等问题相关，在心性善恶问题上，各派也存在着不同的见解。

1. 心性均为善说

宋明理学心性论持心性皆为善观点的，有程颐、陆九渊、王阳明等。程颐指出："心本善，发于思虑则有善有不善。若既发，则可谓之情，不可谓之心。"[①] 认为心本善，心发为情，情有善与不善。程颐把恶归于气质，与心性无关。他说："气有善、不善，性则无不善也。"[②] 心性俱为善，但在现实生活中，由于受气质的影响，心性发为思虑或情感时，便存在着善恶之杂。程颐强调，"学本是治心"[③]，通过治心，去掉恶的干扰，把善良的本心找回来，便可与天地参。所以理学又被称之为"治心之学"。

陆九渊认为，人心即仁，"其本心无有不善"[④]。并指出："人性本善，其不善者迁于物也。知物之为害，而能自反，则知善者乃吾性之固有。"[⑤] 心善性也善，心性合一，善是人的本心，亦是人性所固有。陆九渊认为，心不仅是善的，而且能知善知恶，辨别是非。他指出："此心之灵自有其仁。"[⑥] 把认识论与价值判断相结合，只要存心去欲，克服物欲的为害，便可复归良心善性，"欲去，则心自存矣"[⑦]。

王阳明认为心先验地具有仁义礼智之德，所以心体至善。他说："至善者，心之本体也。心之本体，那有不善？"[⑧] 并指出："至善者，性也。性元无一毫之恶，故曰至善。"[⑨] 即心性皆为至善，这与陆九渊思想类似，而有别于朱熹。王阳明又把性善与良知联系起来，指出："性无不善，故知无不良。"[⑩] 其心善、性善与知无不良在逻辑上是一致的。由于良知作为认知主体，具有判断是非的功能，而良知固有，不假外求，所以只要致心中一念之良知，便自然符合心性本善的原则。

---

① 程颢、程颐：《河南程氏遗书》卷十八，《二程集》，第 204 页。
② 程颢、程颐：《河南程氏遗书》卷二十一下，《二程集》，第 274 页。
③ 程颢、程颐：《河南程氏遗书》卷十五，《二程集》，第 156 页。
④ 陆九渊：《与王顺伯（二）》，《陆九渊集》卷十一，第 154 页。
⑤ 陆九渊：《语录上》，《陆九渊集》卷三十四，第 416 页。
⑥ 陆九渊：《与傅克明》，《陆九渊集》卷十五，第 196 页。
⑦ 陆九渊：《养心莫善于寡欲》，《陆九渊集》卷三十二，第 380 页。
⑧ 王阳明：《传习录下》，《王阳明全集》卷三，第 119 页。
⑨ 王阳明：《传习录下》，《王阳明全集》卷三，第 119 页。
⑩ 王阳明：《传习录中·答陆原静书》，《王阳明全集》卷二，第 62 页。

2."心有善恶，性无不善"说

持"心有善恶，性无不善"这种观点者以朱熹为代表。朱熹不同意心性均为善的观点，他指出："心有善恶，性无不善。"[①] 心有善恶的根据在于，心是知觉之心，不是实有之性。人的知觉之心按其知觉的对象和内容分为两种不同的心，即道心和人心。道心是以义理为认识对象和根据的心，道心为善；人心是以形气之欲为认识对象和根据的心，人心有善有恶，故要以道心主宰人心，以保持善性。也就是说，心不是被动的有善有恶，而是具有选择和判断的能力，只要加强修养，积累知识，使人心听命于道心，便可成就善性。

与陆九渊不同的是，朱熹认为心分为道心与人心，肯定心有人欲的一面，故有善恶之分；陆九渊则强调只有一心，即心性为一的心，性善心也善，心不包括人欲，故存心必须去欲。在朱熹看来，如果心性均为善，就会抹杀心中有欲的一面，结果把气禀之杂带到性中来，而成为心之妙理，导致混淆理气的区别而流入佛教。尽管朱陆在心性的善恶问题上有不同的见解，但双方在强调主体的价值判断和选择，以去恶从善，保持善性（陆学以心性均为善，强调存心去欲）方面，却有着相似的见解。

一般说，在心性善恶问题上，凡以心为本者，基本持以心为善的观点；凡只以性为本，而不以心为本者，其心则有善有恶。这是因为，以心为本，必然心性一元，故心性均为善；不以心为本，必然心性二元，心中有欲，故心有善恶而性无不善。

3.性有善恶及性无善无不善说

宋明理学的人性理论，除上述心性均为善和心有善恶，性无不善两说外，还存在着主张性有善恶及性无善无不善的观点。上述两说的共同处在于都认为性无不善，只是在心的善恶问题上有不同见解。而性有善恶及性无善无不善说则认为，性本身也有善恶之分或认为性无所谓善恶。这是对孟子性善论的否定或扬弃，反映了宋明理学心性论在人性理论上的丰富多样性。

程颢在承认善恶之分是气禀使然的基础上，把恶也归于性。他说："善固性也，然恶亦不可不谓之性也。"[②] 性有善亦有恶，不仅是善。这是因为，程颢把气归之于性，其结果必然是把气中所具有的恶的因素也带到性中来，故恶亦谓性。

胡宏提出善不足以言性的思想，他说："性也者，天地鬼神之奥也，善不足

---

① 黎靖德编：《朱子语类》卷五，第89页。
② 程颢、程颐：《河南程氏遗书》卷一，《二程集》，第10页。

以言之，况恶乎？"① 善不足以言性，何况以恶言性。即主张性无所谓善恶，性不能用善恶来概括。胡宏的这一思想被朱熹归结为"性无善恶"，并遭到朱熹的批评，反映了与朱熹所坚持的性善论的理论差异。

王廷相以"性生于气"的气本论思想立论，提出了性有善恶之杂的思想。他说："但主于气质，则性必有恶，而孟子性善之说不通矣。……气有清浊粹驳，则性安得无善恶之杂。"② 王廷相认为气有清浊，所以由气生成的性便有善恶之杂，并以此批评了自孟子以至程颐、朱熹的性善论。需要指出，虽然王廷相肯定了程颢性有善恶的思想，两人的观点也有相同之处，但立论的依据却不同。程颢性有善恶的思想是以性气合一的性本论思想立论，而王廷相则以"性生于气"的气本论思想立论。尽管程颢、王廷相立论的依据有不同，但两人通过强调性气的结合而得出性有善恶的思想，这又是双方的相同处。

在心性善恶问题上，王阳明既提出心性皆至善的思想，这体现了心性一元论者的观点；又提出性无善无不善之说，指出："无善无不善，性原是如此。"③ 所谓性无善无不善，也就是性无善无恶。王阳明把体用源流都纳入性的无善无不善所指的范围，这种包罗善恶，又超越善恶，在超越中体现了性的至善的思想体现了王阳明心学及其人性论的特点。

三、宋明理学心性论的特征

通过以上对宋明理学心性论的理论构成及其发展演变的探讨，可以归纳出宋明理学心性论的一些基本特征和各派的具体特征。总的特征是对组成宋明理学心性论各派特性的本质的概括；各派特征是总特征的表现和反映，但同时也体现了各派的一些具体特点。

（一）总的特征
1. 心性哲理与心性伦理相结合，提高了中国哲学心性论乃至整个中国哲学的理论思辨水平和理性思维能力

宋明理学心性论是对先秦儒家心性论的继承和创造性发展，它批判、吸取并改造了道家、玄学的自然人性论，尤其是批判、吸取、借鉴了佛教心性本体

---

① 胡宏：《宋朱熹胡子知言疑义》，《胡宏集》，第333页。
② 王廷相：《答薛君采论性书》，《王氏家藏集》卷二十八，《王廷相集》，第518页。
③ 王阳明：《传习录下》，《王阳明全集》卷三，第107页。

论的理论和思维形式，以儒家心性伦理为本位，扬弃玄学"万物以自然为性"[①]的理论，批判佛教脱离儒家伦理而论心性的思想，又吸取佛教抽象思辨哲学的成果，并结合时代的发展加以改造创新，建立起富于时代特征的新儒学的心性哲学体系，体现出与前代迥然不同的特点，亦提高了儒家哲学的理论思辨水平。

2. 重视道德理性的价值，把道德理性凌驾于自然界之上

这使作为中国古代社会立国之本的儒家伦理纲常理性化、秩序化，排除宗教的干扰和感性的影响（亦不离感性）。宋明理学心性论除张载气学一派外，均把道德理性提升为宇宙本体，把道德理性凌驾于自然界之上，其结果是使自然界成为理性的产物，而不是把理性看作自然界的一部分。

3. 强调发挥主体思维的能动性，以认识内在的道德理性，相对忽视对客观自然规律的认识

中国古代哲学的主体性原则以道德的主体性为主，同时也涉及认识的主体性，是认识论与道德论的结合。宋明理学心性论体现了这个特点。理学各派均重视和宣扬人的主观能动的发挥对于认识和保持道德理性的重要性。在这个意义上，理学被称为"治心之学"。尽管认识的主要对象是道德原则，而不是自然规律，但认识仍包括了认识客观事物之理的内容，并且理学中有重视内外结合、知识积累的倾向。所以不能把宋明理学心性论单纯归于道德论和价值论，并以此否认其有认识论的因素。

4. 重视和强调人的道德属性，相对忽视人的自然属性

理学心性论对人的自然属性不完全抹杀，尤其是张载气学一派将此作为性的内涵之一。但理学强调和重视的则是人的道德属性，并把它作为先验的、天赋的人的本质。玄学则是以自然为性，认为儒家名教违背了人的自然本性，要求从名教的压抑下解放出来，恢复人的自然本性，从而提出"越名教而任自然"[②]的主张。这遭到后世儒家及理学的批评。但道家、玄学以自然为性的思想对理学也产生了一定的影响。二者的区别在于是偏重于人的道德属性，还是偏重于人的自然本性，即是强调伦理，还是崇尚自然。

5. 重视道德理想和价值目标的实现，相对轻视物质利益和欲望的满足

与前一个特征相关，在价值取向上，理学心性论重视和宣扬"复性"说，主张通过存理去欲或存心去欲，恢复天赋的、先验的良心善性，以成就理想人

---

① 王弼注，楼宇烈校释：《老子道德经注校释》二十九章，第 76 页。
② 嵇康：《释私论一首》，《嵇中散集》卷六，文渊阁四库全书，第 1063 册，第 366 页。

格。把人的存在价值、人的道德品质、自我意志和内在性格统一到价值目标的实现上，达到成圣的目的。因而对人的感情欲望和物质利益不予过多的重视，甚至有压抑的倾向，表现为崇性抑情、重义轻利、贵理贱欲的价值观。其道德理性虽不离感性欲望，但把感性欲望置于从属的地位，须服从道德理性的主导和人心的统摄。这使得宋明理学心性论偏重于道德精神，相对忽视感情欲望和物质利益，而缺乏客观的基础。

6. 重视心性修养，相对忽视改造社会、改造自然的实践和功利行为

宋明理学心性论以内圣为主，以外王为辅，重视内心的自我修养，相对忽视改造自然、改造社会的实践活动。即使有外王的倾向和事功行为，也以贯彻理学的政治伦理原则和道德践履为主，强调洒扫应对、事亲从兄等个人的道德活动，忽视征服自然和功利行为。叶适曾指出："专以心性为宗主，致虚意多，实力少。"这个批评便是对理学心性修养论流弊的针砭。后来现代新儒家把外王与现代科学民主联系起来，这实际上是对宋明理学心性论的改造和创新发展。

如上所述，宋明理学心性论是合本体论、伦理学、认识论、人性论和修养论为一体的思辨性的道德哲学体系。这既是心性论乃至理学的特征，又在一定程度上体现了不同于西方哲学的中国哲学的特征。

（二）各派的特点

1. 张载气学一派心性论的特点

在宋明理学心性论发展史上，张载首先提出心性的界说和区分，提出天地之性与气质之性二分的思想，并提出"心统性情"的命题及心物对立的范畴。这些对后世理学心性论影响很大。除气本论哲学外，张载的很多思想都被朱熹所接受。张载心性论的特点除包含在理学心性论的总特征之中外，他还认为性、心出于气，又主于气，强调以德胜气，既重视道德理性的价值，又把道德理性客体化，在气本论的前提下展开对心性问题的论述，把人的自然本性和物质欲望纳入性的内涵之中。这即是他心性论的特点，并影响到明代气学家的心性论，从而体现了气学一派心性论的特点。气学家对佛教心性论的批判，明确反对心本论和性本论哲学，认为理性是自然界的一部分，而不是凌驾于自然界之上的形上道德本体，这些方面都体现了以张载为代表的气学一派心性论的特点。

2. 朱熹道学一派心性论的特点

朱熹一派心性论认为，心性有别，因其有别，故强调内外结合，重视知识，主张格物致知，穷究物理和天理，先知后行，从知识积累到道德践履，重视主体对道德理性的体认和心性修养，这即是朱熹一派心性论的特点。朱熹主张在追求和实践道德理性的过程中，要掌握知识，如果没有知识，道德践履就会出偏差，所以他重视对经典的学习和对心、性、情等范畴字义的解释和阐发，建立起以"心统性情"为纲领的心性论思想体系，这在当时并对后世影响很大。从形式上看，朱学主张"我注六经"，通过对儒家经典的阐述而发挥心性义理，故有义理从经典出的倾向。与陆学不立文字，崇尚心悟的学风旨趣各异。朱熹认为，片面强调知觉，强调心，便与佛教的观点比较接近，所以他强调以性为最高原则，否定心的本体地位，而以心认识天理为主要目的，这是他心性二元论的实质所在。

3. 陆九渊、王阳明心学一派心性论的特点

陆王一派心性论认为，心性为一，因其为一，故强调内求于心，忽视知识，不立文字，强调主体与道德理性合一，把道德理性主体化，向内探求，无须外求。这与朱学主张的内外结合不同，亦体现出陆王心性论的特点。由此出发，陆九渊主张"某屡言先立乎其大"①，即原则在先，端正立场，以心为最高原则，忽视平日道德修养和渐进式的知识积累，主张顿悟，直指人心。王阳明发展了陆九渊心性一物的思想，援良知以论心性，提出心之本体即良知的思想，以吾心之良知作为其心学体系的最高范畴，充分发挥主体思维的能动作用，以彻底的心性主体论突破了朱学"天理"论一统天下的局面，在新的高度重新确立起主体的权威。从形式上讲，陆王主张"六经注我"，不受儒家经典的束缚，以六经为我心的注脚，轻视经典，进一步发展了崇尚心悟、以己意说经的特征和倾向。

朱熹与陆王心性论各自不同的特点亦体现了宋明新儒学精神发展的两途：道德理性本天还是本心。朱熹本天，把伦理原则提升为超越主客体之上的绝对观念，即天理，道德理性既内在于心（但不是心），被心所认识和主宰，又外化为天理，受外在的绝对精神的制约；陆王本心，伦理原则内化为心本体，主体思维与道德理性直接合一，理性一仍其心，不受外在及客观的制约。朱熹本天，故内外结合，重视发挥人心的主观自觉，以探求天理，由此注重格物穷理、文字解析和对知识的掌握与积累；陆王本心，故内求于心及致内心之良知，重视心灵领悟以存心去欲，甚至把圣人的权威置于心的权威之下，由此轻视文字传授和对经典的解释，主张直抒胸臆，即使不识一个字，也堂堂正正地做个人。

---

① 陆九渊：《与邵叔谊》，《陆九渊集》卷十，第138页。

要之，朱熹和陆王所代表的宋明儒学精神发展的两途均对后世产生了深远影响。一般说，朱学易被统治者所接受，自上而下地向社会灌输；陆王心学易与新思想相结合，以个性解放冲击旧的传统观念。

4. 湛若水、刘宗周心气二元论一派心性论的特点

湛刘一派心性论认为，心气二元，既以心为宇宙本原，又以气为宇宙本原，而心、气同为形而下，是形而上的性、理、道存在的基础。从而把整个宇宙建立在心气二元的基础上。湛刘从心气二元出发，倡心气融合论，认为心与气不相分离，并以气释心，心是气中的虚灵精微部分，最终把精神性的灵觉之心与物质性的气融为一体。既不是纯粹的心一元论，而有别于陆王心学；又不能把气本论坚持到底，以此不同于张载气学；而是介于心学与气学之间的二元论哲学。湛若水、刘宗周的心气二元论哲学倾向使此派心性论呈现出复杂的特点。湛若水既以心之生理为性，又认为气在生物的过程中，得其中正为性，并主张心性有别，批评性气分二，与程朱陆王及张载思想均有异同。刘宗周对心的解释与陆王心学最大的不同在于其心性论容纳了气范畴，把心视为气之中的虚灵之气，在气的基础上讲心，在气、心的前提下讲性，把心性论与气论相结合，体现了湛刘一派心性论的特点。然而此派虽倡心、气二元说，最终又偏向于以心学为主，重视主体的价值，体现了心学思潮的共同本质。只不过他们程度不同地看到了客体的价值，重视气的存在，这又有别于陆王心学。

虽然宋明理学心性论存在着以上各派不同的特点，但不难看出，各派心性论的基本点和精神实质又被包括到宋明理学心性论的总特征之中。所以，既看到其共同点，又看到其不同处，才能得到客观的、比较全面的认识。

四、宋明理学心性论的时代意义

正如宋明理学的兴起和发展不是偶然的，而是必然的，有其深刻的社会历史根源和认识论根源一样，作为理学重要组成部分的心性论，也有其理论自身的时代意义和发展趋势。理学心性论的时代意义不完全等同于理学的时代意义，但既然是其重要的组成部分，就有一定的相关处。与宋明理学的其他组成部分如理气论相比，心性论研究的对象和回答的问题不同，所以其理论的时代意义也有区别。如果说，理气论主要研究和回答的是形上道德本体与形下物质之气的关系问题，那么，心性论主要研究和回答的则是人的主体思维与道德理性的关系问题，其中涉及由性而发的情感和情欲问题，以及心、性、情三者的关系

问题，由此而形成了一系列各具特色的理论和命题，它们共同构成了宋明理学心性论的思想理论和逻辑结构体系。从历史和逻辑统一的观点出发来分析宋明理学心性论的时代意义及发展趋势，可以得出以下几点。

（一）确立了宋明新儒学道德理性的主导地位，使儒家伦理有了本体论的哲学依据

唐代时，儒家伦理受自身理论的局限，缺乏思辨的色彩，在与佛、道宗教思想的竞争中不占上风，对社会生活的影响有限，这在安史之乱后更甚。唐代宗教思想的盛行削弱了儒家伦常的地位，带来了社会危机和理论危机，使得统治阶级思想涣散和全民思想失向。为了解决社会危机和理论危机，理学家在批佛的基础上又吸取了佛教心性论的思辨哲学，把儒家伦理与思辨哲理相结合，发展了中国古代哲学的心性论，这也是社会发展和理论发展的需要。理学各派或以心为本，或以性为本，但均把儒家伦理提升为宇宙本体；又把心性与天理相联，或心即理，或性即理。这就既充实了宋明理学的内涵，又使儒家伦理有了本体论的哲学依据。从而使理性的、伦理的世俗文化逐渐取代并融合宗教文化，改变了由唐至宋时儒、佛、道三家鼎立的局面，为宋以后吸取佛、道的新儒学一统天下奠定了基础。

（二）发展了中国哲学的主体思维，使主体意识进一步强化

宋明理学心性论在改造旧儒学传统，确立儒家道德理性主导地位的过程中，十分重视主体思维的能动作用，强调道德理性必须通过主体能动性的发挥才得以实现，离开了主体，德性不过是一静止物，毫无生气。张载讲"心能尽性"，朱熹讲"心统性情"，陆九渊讲"尽心"，王阳明讲"致良知"，都是强调发挥主体思维的能动作用，以义理之心统率性情和万物，从而实现内在的自我超越，达到成圣的最高目的。虽然理学各派对主体思维的发展各有侧重，如朱学肯定主体思维的认知性，陆学强调主体思维的心灵领悟和内在反观，但均使中国哲学的主体意识进一步强化。由于陆学强调主体思维与性体直接合一，其主体意识的发挥更为直截了当。至明代发展为王阳明的致良知说，以心之良知作为宇宙的最高原则，使主体哲学和主体思维的发展达到了中国古代哲学的高峰。

（三）丰富和完善了理学的道德修养论

宋明理学心性论之所以确立道德理性的主导地位，发挥主体思维的能动性，

其最终目的是为了把以天理为代表的儒家伦理原则作为整个社会的指导思想，实现诚意、正心、修身、齐家、治国、平天下的社会理想。为达于此，理学家十分重视心性修养，提出了一系列修养理论和方法，既重涵养，又重躬行，强调道德践履，培养理想人格，发挥道德意志的力量，把察识其心与存养其性结合起来。其修养成圣与佛教的修养成佛，在修养目的上有基本的不同。

理学心性论以道德修养而不以宗教信仰为中心来实现其内圣外王的人生理想，固然有加强道德自律和伦理约束的一面，但从历史发展的眼光来考察，以宋代理学的伦理约束、道德修养来代替宋以前流行的人身束缚和宗教迷信，这在当时不失为一种进步。但其重视道德的价值，相对轻视物质利益和感情欲望的倾向又束缚了个性。其重道德理性、轻自然理性，重视内心修养，忽视改造社会、改造自然的实践活动的弊端到后来又阻碍了社会的进一步发展。明中叶后，理学心性修养论的流弊便日渐显露，以致遭到来自内部和外部两个方面的批评。

（四）发展趋势

宋明理学心性论发展演变的趋势表现为，宋代的理学心性论由其自身理论的构成和特点所决定，随着时代的发展和变迁，逐步走向明代王阳明心学心性论阶段，并遭到明代气学心性论的批判。南宋理学的朱陆之争，在心性问题上也得到反映。朱熹"心统性情"说理论体系博大精深的另一面，是带来了烦琐、迂阔的弊端，使学者不易掌握其精神实质而流于形式。并且，朱学的论说益明、流传益广，反而成为人们猎取功名利禄的手段。而陆学端正立场，"先立乎其大"的简易工夫和"尊德性"、直指本心的治学方法更有利于主体能动性的发挥，以纠正朱学的流弊。于是，经王阳明的发展，以心之良知为本的泛性论思想体系建立起来，以彻底的心性主体论把主体思维与道德理性的结合推向极致，充分发挥了主体的能动精神，且具有思想解放，不盲从旧权威的积极意义。

然而，宋代理学心性论过分重视道德理性，轻视感情欲望和物质利益，以及道德理性和心性哲学缺乏客观物质基础等弊端在王阳明心性论阶段并没有得到克服。于是，明中叶崛起的具有把道德理性客体化倾向的气学家纷纷把批判的目标指向程朱及陆王心性论。罗钦顺、王廷相、吴廷翰等都从不同的角度清算了程朱陆王的心性论。他们或以气本体取代心、性本体，把心性建立在阴阳五行及气之生理的基础上；或以感情欲望及人的自然属性作为性的内涵，以批判存心去欲和存理去欲说，继承并发展了张载把道德理性客体化和以人欲为性的思想,在一定程度上代表了宋明理学心性论发展的趋势。但由于传统理学的局限和时代的原因,明代气学家最终都没有走到完全否定宋明理学心性论理论根基的地步。而李贽的童心说和自然人性论对传统理学的否定则更为彻底。至现代新儒学思潮兴起,新儒学者结合时代的发展,吸取西方哲学的合理成分,以宋明儒家心性之学为"源头活水",注重研究和发展宋明理学心性论,认为它是建立在道德实践基础上的道德主体性学说,并力图以此为主体来吸收、融合、会通西学,由心性之学开出科学、民主等"外王"事业,以谋求中国实现现代化,从而把宋明理学心性论发展到具有现代哲学精神和性质的新阶段。宋明理学心性论作为充分体现了中国哲学及中国文化特点的传统哲学遗产,仍值得今天的人们去深入研究和剖析,挖掘其中可为现代社会提供借鉴的思想成果,并加以辩证的扬弃和改造创新,为建构新时代的中国文化服务。

第六章　宋明理学之认识论

　　认识论是宋明理学的重要组成部分，亦是中国哲学认识论发展到宋明时期的理论构成。

　　宋明时期是中国文化和中国哲学发展的高潮，亦是中国哲学认识论发展的高峰。批判地吸取佛、道，融合儒、佛、道，而以儒家伦理为本位的新儒学即理学占据了这一时期学术发展的主导地位。在理学思想体系里，认识论十分丰富，理学各派代表人物对认识论和相关的知行关系说等问题展开了详尽、深入的论述，从各个方面发展了中国哲学的认识理论。

一、理学认识论的主要表现

（一）格物致知思想的演化及提出主客体对立的心物范畴

1. 格物致知思想的演化

　　《礼记·大学》提出格物致知，但未作更多的解释。至宋代程颐、朱熹加以发挥，提出格物致知论。朱熹继承程颐，进一步提出"致知便在格物中"①的思想，强调致知是格物的目的，把认识分为两个阶段：即物穷理为第一阶段，在即物穷理的基础上致吾之知为第二阶段。整个认识过程就是即物穷理致吾知，使认识主体无所不知。王阳明则把程朱的格物致知论改造为致知格物说，他从"致良知"说出发，先讲致知，后讲格物，并把格物训为正心中之物，而附属于致知，凡事致其知，就是格物。王阳明在批评程朱向外求知识的基础上，强调致知不是扩充知识，而是求心内之良知。他说："致知云者，非若后儒所谓充广其知识之谓也，致吾心之良知焉耳。"②其良知既是认识主体，又是认识对象，所谓认识即是就自己心内之良知上扩充体认，向内用力，反对向外求知、探索未知，从而堵塞了求知于外的道路。王阳明以致知代替格物，以致知为本，格物只是一种主观意念的活

---

① 黎靖德编：《朱子语类》卷十八，第399页。
② 王阳明：《大学问》，《王阳明全集》卷二十六，第971页。

动，是体现致知的工夫。

2. 提出主客体对立的心物范畴

张载提出"人本无心，因物为心"的思想，认为人心之知以物为其内容，心与物形成主客体的对立；并在肯定闻见之知的作用的同时，看到其局限，而主张尽心、穷理以尽物，超越闻见，认为只有尽心才能尽物。心与物的对立包括了感性和理性两个认知阶段，由此使得认识得以深化。张载提出知由内外之合的思想，认为对事物的感知源于客观外物，人的认识是主体认知之心与客观外界事物相结合的产物，重视客观事物对认识的影响，把认识建立在对客观事物的感知的基础上。这是中国哲学认识论发展史上客体决定主体、由物到心、主观与客观相结合认识路线的体现。朱熹不仅明确提出主客体对立的心物范畴，而且将其上升为"主宾之辨"。他说："盖人心之灵，莫不有知；而天下之物，莫不有理。"① 朱熹认为认识主体是人心之知，认识对象是事物之理，由此形成主客对立；并提出以心知理的主宾之辨："知者，吾心之知；理者，事物之理。以此知彼，自有主宾之辨。"② 在朱熹提出的这个心物对立的认识架构中，心与物、知与理、此与彼、主与宾相互对应，逻辑一致，共同构成主客二分又相互依存的认知体系，如此深化了中国哲学的认识论。需要指出，朱熹的这个思想一定程度地吸取了佛教临济宗的"宾看主，主看宾，主看主，宾看宾"的"宾主颂"③ 思想，可视为是对佛学思辨之长的借鉴和吸收，以此丰富了理学及宋代哲学的认识论。

（二）发展了中国古代哲学的知行学说

知行关系问题是中国哲学认识论发展史上长期争论的重要问题，亦是宋明理学认识论的重要构成。不同的思想家对知行问题的论述各不相同，形成不同的见解，但对知行问题的关心和探讨则是共同的，由此促进了知行学说的演变和发展。

这一时期的知行关系学说主要涉及以下方面。

1. 知行先后问题

知在先，行在后，可以说是宋代理学家的共识。程颐提出"人力行，先须

---

① 朱熹：《大学章句》，《四书章句集注》，第6—7页。
② 朱熹：《答江德功（二）》，《朱熹集》卷四十四，第2115页。
③ 参见方立天：《中国佛教与传统文化》，上海人民出版社1988年版，第313页。

要知"①，强调知了方行得。胡宏主张"必先致其知"②，学以知天道，然后循道而行，"力行以终之"③，仍是以知为先、行为后。朱熹继承程颐，提出"知之为先，行之为后"④的思想，反对未知先行，不赞成知行无先后之分的见解。张栻亦主张知先行后，认为"知之在先，此固不可易之论"⑤。即使心学代表人物陆九渊也主张"博学在先，力行在后"⑥，根据已知，"力行以终之"⑦，具有某种知先行后的倾向。由此可见，宋代理学各派基本持知先行后的观点。

2. 知行轻重问题

程颐重视知，以知为本，强调"学莫大于致知"⑧，知的重要性大于行。与程颐的思想有别，朱熹在知行轻重问题上则主张"论其轻重，则当以力行为重"⑨，以行为重，"行其所知"，强调通过力行来贯彻所知的重要性。

3. 知行难易问题

张载指出："既知之，又行之惟艰"⑩，认为行之惟艰，即便如此，也要把穷理得到的知贯彻到实行中去。程颐则强调"行难知亦难"，他说："非特行难，知亦难也。"⑪ 他对《尚书》"知之非艰，行之惟艰"的观点加以修正，目的在否定知易，而突出知的重要性。朱熹在知行难易问题上却未认同程颐的见解，而是强调力行，坚持《尚书》行难知易的思想。

4. 知行互发问题

朱熹认为知行既有区别，又是统一而相互促进的，不可截然分为两节。由此他提出知行常相须，互相发的思想，指出知行双方相互依存、互相启发、互相促进，使人的认识进一步深化。张栻亦提出"致知力行，互相发也"⑫的思想，认为知行双方互相连结、互相促进，二者不可偏废，批评脱离了躬行的所谓知，并强调"行之力则知愈进，知之深则行愈达"⑬，表达了知行互相促进的思想，这

---

① 程颢、程颐：《河南程氏遗书》卷十八，《二程集》，第187页。
② 胡宏：《知言·汉文》，《胡宏集》，第43页。
③ 胡宏：《知言·大学》，《胡宏集》，第34页。
④ 朱熹：《答吴晦叔（九）》，《朱熹集》卷四十二，第1970页。
⑤ 张栻：《答吴晦叔（四）》，《南轩集》卷十九，第824页。
⑥ 陆九渊：《语录下》，《陆九渊集》卷三十五，第443页。
⑦ 陆九渊：《与傅圣谟（三）》，《陆九渊集》卷六，第79页。
⑧ 程颢、程颐：《河南程氏遗书》卷十七，《二程集》，第177页。
⑨ 朱熹：《答程正思（八）》，《朱熹集》卷五十，第2452页。
⑩ 张载：《张子语录下》，《张载集》，第333页。
⑪ 程颢、程颐：《河南程氏遗书》卷十八，《二程集》，第187页。
⑫ 张栻：《送钟尉序》，《南轩集》卷十五，《张栻全集》，第772页。
⑬ 张栻：《论语说序》，《南轩集》卷十四，《张栻全集》，第751页。

对后世产生了重要影响。

5. 知行合一问题

王阳明提出"知行合一"说。针对程朱的知先行后说，王阳明提出了他的知行合一思想，认为知行关系的本质就是指知行合一：说知，就自有行在；说行，就自有知在。然而其中却存在着以知代行的倾向，其所谓行，也不过是意念的活动，不具有客观实行的意义。

6. 知行兼举说

王廷相提出知行兼举的思想，重视行，强调于实践处用功，历事而后知，把实践引入知行论，这是对以往重行思想的发展；并主张讲学力行并举，二者不可偏废，关键在把所知付诸行。王廷相重视实践，对后世产生了重要影响，亦是对宋明理学认识论的发展。

对以上知行关系的各个方面，宋明理学家都作了深入的探讨和详尽的论述，从而发展了中国古代哲学的知行学说。

（三）张载、程朱、陆王分别代表了宋明理学认识论的发展方向

在宋明理学认识论发展的格局中，张载、程朱、陆王的思想各具特色。张载认为，人心的认知功能以外物为存在的条件，没有客观外在的物，就没有主观认知的心，认识主体必须与认知对象相符合，内外之合而产生知。然而，张载在克服闻见之知的局限性、提出尽心以知德性的时候，又把德性之知说成是一种脱离闻见、超验的道德理性，它源于先天的道德本性，不依赖于感知，而且把认识道德理性作为认识的重点。这又体现了其认识论的唯理论倾向和重视道德理性的特点。王廷相继承张载，提出思与见闻相会为知的思想和"知行兼举"说，对朱学流弊和王阳明"致良知"说提出批评，重视把实践引入认识论，从而丰富了中国哲学知范畴的理论，为中国哲学认识论的发展做出贡献。

程颐、朱熹均借鉴《大学》的形式来构建自己"格物致知"的认识论。其共同特点是重视知识，强调学知，主张格物穷理以致知，通过格物，去掉外物的干扰，使之认识天理，自然达到致知的目的。朱熹又在程颐思想的基础上，在其《大学章句》里，增补了《格物致知补传》134字，以作为其格物致知论的纲领。他把认识分为两个阶段：第一阶段是即物穷理；第二阶段是在即物穷理的基础上，进一步致吾之知，最终认识万理归于一理的天理。与此相应，朱熹主张不断地掌握知识，积累以至贯通。

陆王的思想则代表了心学认识论发展的方向。陆九渊提出知本即知心的思

想，以心为本，以事物为末，强调知本、知心，充分发挥主体思维的能动性，以认识内在的道德理性。他主张良知固有，是吾本心，提出学以致良知，学是为了尽此心，学习的目的在于致知，即致本心固有的良知，这对王阳明产生了重要影响。王阳明提出著名的"致良知"说，直接把"致良知"说作为其哲学的核心和主要内容。他对程朱的格物致知论加以改造，主张复《大学》古本，以"致良知"说取代程朱的"致知便在格物中"的思想。王阳明提出"知行合一"说，批评程朱的知先行后的思想。他们从心学的角度发展了中国哲学认识论。

质言之，宋明时期张载、程朱、陆王分别代表了宋明理学认识论发展的不同方向。他们各具特色的思想既相互区别，又相辅相成，共同促进了中国哲学认识论在宋明时期的发展。

二、张载知由内外之合的思想

张载是宋明理学思潮中气学一派的开创者和理论代表，其哲学以气本论为特征。在哲学认识论上，张载认为人的主观认识来源于客观外物，提出知由内外之合的思想，认为知既是闻见之知，又是对事物本质的认识，即理性认识。对事物的感知源于客观外物，但耳目感知具有局限性，尚不足以尽心，还必须穷理，进到对事物本质的知。由此，张载主张尽心以知德性，其德性之知是不萌于见闻的超验的认识，是认识论与道德论的结合。就张载以德性之知作为认识的重点而言，体现了其认识论的唯理论倾向和重视道德理性的特点；就其把认识建立在对客观事物的感知的基础上而言，又体现了他客体决定主体、由物到心、主观与客观相结合的认识路线。

（一）内外合而有知

在认识的起源上，张载认为人的知识源于主体与物相交而产生的对客观事物的感知。他说："有识有知，物交之客感尔。"① 由此，对事物的知觉是构成主体之心的要素。"合性与知觉，有心之名"②。人的本性与知觉结合，构成了心，可见人的认识与心性有着密切联系。人能够认识事物，这既是人的本性，又是

---

① 张载：《正蒙·太和》，《张载集》，第7页。
② 张载：《正蒙·太和》，《张载集》，第9页。

心的内涵和功能。

张载认为，人的认识通过耳目感官感受外物而产生，但须与内在的认识主体相结合。他说："人谓已有知，由耳目有受也；人之有受，由内外之合也。"① 认识来源于耳目有受，知识是内外结合的产物。所谓内，指认识主体之心。张载说："心，内也。"② 内外的结合即是主体之心与客体之物的结合，人心的认知功能以外物为存在的条件，没有客观外在的物，就没有主观认知的心。他说："人本无心，因物为心。"③ 人心所得到的认识，以物为其内容。坚持以物决定心，而不是由心决定物。张载指出，心的感知与认识来源于外界事物，感知的对象是物，离开了外物就没有感觉，也就无所谓认识。他说："感亦须待有物，有物则有感，无物则何所感！"④ 张载把认识建立在对客观外物感觉与反映的基础上，无物则无感。但也有根据以往对事物的闻见而产生感知者，可见认识不得脱离对外物的闻见及由此产生的感知。他说："若以闻见为心，则止是感得所闻见。亦有不闻不见自然静生感者，亦缘自昔闻见，无有勿事空感者。"⑤ 无论是根据以往的闻见，还是依据现实的闻见，闻见之知都是构成认识的重要因素。但如果只以闻见为心，则只限于闻见之知，不能上升为理性。张载虽然看到了闻见之知的局限性，但他又重视耳目闻见在认识过程中的作用，认为认识离不开闻见。他说："闻见不足以尽物，然又须要他。耳目不得则是木石，要他便合得内外之道，若不闻不见又何验？"⑥ 耳目闻见虽有局限，但不是可有可无的，它是主观见之于客观的桥梁，离开了它，便内外不合，也无法验证认识的正确与否。张载指出："耳目虽为性累，然合内外之德，知其为启之之要也。"⑦ 耳目是人心与外物联系的门户和中介，内外结合而有知，故耳目不可缺。张载把认识建立在对外物感知即闻见之知的基础上，认为内外合而有知，认识主体必须与认识对象相符合。"有无一，内外合，此人心之所自来也。"⑧ 有形的万物与无形的思维、内在的主体与外在的客体相结合，是人心之所产生的前提。正因为知识的产生来源于对客观事物的认识，故张载肯定孔子学而知之，强调穷理即是学。他说：

---

① 张载：《正蒙·大心》，《张载集》，第25页。
② 张载：《横渠易说·复卦》，《张载集》，第113页。
③ 张载：《张子语录下》，《张载集》，第333页。
④ 张载：《张子语录上》，《张载集》，第313页。
⑤ 张载：《张子语录上》，《张载集》，第313页。
⑥ 张载：《张子语录上》，《张载集》，第313页。
⑦ 张载：《正蒙·大心》，《张载集》，第25页。
⑧ 张载：《正蒙·乾称》，《张载集》，第63页。

"某自是以仲尼为学而知者，……穷理即是学也，所观所求皆学也。"①他认为孔子是学而知之，而非生知，学的目的是穷理，学以变化气质，学以成性。学习的过程也就是主观见之于客观、内外结合的过程。通过穷理得到的知是对事物本质的认识，即区别于感知的理性认识。他说："尽得天下之物方要穷理，穷得理又须要实到。……实到其间方可言知，未知者方且言识之而已。既知之，又行之惟艰。"②张载指出，由尽物而穷理，穷理须主体实实在在地认识到事物，心认识到事物之理，方可说知了。可见这种由穷理而得到的知是区别于耳目感知的理性认识，张载并要求把这种穷理得到的知贯彻到实行中，既知且行，哪怕行之惟艰。

质言之，张载的知，包括耳目感知和由穷理得来的知这两种不同的知。总的说来，张载的知是内外结合的产物，认识以外物为内容，离开了外物就谈不上认识，尽管张载也认为德性所知是不依赖于闻见之知的，但其穷理是与"尽得天下之物"联系在一起的，故其理性认识亦是与外物相结合的。这体现了张载知由内外之合的思想。

（二）尽心以知德性

张载的认识论，一方面肯定闻见在认识过程中的作用，另一方面又看到闻见之知的局限性，认为闻见不足以尽心，主张尽心、穷理，以克服闻见的局限，尽心以尽物。他说："言尽物者，据其大总也。今言尽物且未说到穷理，但恐以闻见为心则不足以尽心。……若只以闻见为心，但恐小却心。今盈天地之间者皆物也，如只据己之闻见，所接几何，安能尽天下之物？所以欲尽其心也。穷理则其间细微甚有分别，至如遍乐，其始亦但知其大总，更去其间比较，方尽其细理。若便谓推类，以穷理为尽物，则是亦但据闻见上推类，却闻见安能尽物！今所言尽物，盖欲尽心耳。"③张载指出，心包括闻见和理性两方面的内容，所以仅以闻见为心还不足以尽心；尽物须与穷理联系起来，但仅以尽物为穷理，则只是从闻见上推类物理，却不能尽物，所以要尽物就必须超越闻见，而欲尽其心。也就是说，闻见不能尽物，尽心才能尽物。张载既主张穷理，以穷理为知，指出穷理是对事物细微的条理加以分别，以认识事物，这与佛教不主分别、"分别即非真知"的思想划清了界限；又认为仅穷理而不尽心，还不能尽物，只

---

① 张载：《张子语录下》，《张载集》，第330页。
② 张载：《张子语录下》，《张载集》，第333页。
③ 张载：《张子语录下》，《张载集》，第333页。

有尽其心才能尽物。说明张载所谓穷理，主要指穷究物理，是对事物内部细致条理的分别认识。而张载更看重的则是不萌于见闻、超越闻见之知的德性所知。

然而，张载没有提出怎样从闻见之知进到理性认识的途径，而是过分夸大了与心相连的德性之知的作用，将其说成是一种脱离闻见、主观自生的先验的道德理性，故提出尽心以知德性的思想，强调德性所知的重要性。他说："人病其以耳目见闻累其心而不务尽其心。"① 这是批评局限于耳目见闻之知，使其不能尽心。张载尽心的目的乃在于知德性，获得德性之知。此种德性之知与见闻之知不同，"见闻之知，乃物交而知，非德性所知；德性所知，不萌于见闻"②。德性之知不同于闻见之知，前者不依赖于后者，是超验的道德理性，要认识它，必须"大其心""不以闻见梏其心"③，即充分发挥主体之心的主观能动作用，排除闻见之知的局限，以知德性。

张载认为，这种德性所知，即"天德良知"，来源于先天的道德本性，不依赖于感知，"诚明所知乃天德良知，非闻见小知而已"④。诚明之知即天德良知，也即德性之知，是与闻见之知不同的。闻见之知只是一种感知；而天德良知则是一种道德理性，是认识论与道德论的结合，就其具有诚明的属性而言，道德理性对于它所作用的对象有着一种既超越感性认识又超越认知理性的直觉的明鉴。就张载通过尽心来认识道德理性而言，表明其认识的重点是认识德性，这体现了宋明理学强调发挥主体的能动作用，以认识内在的道德理性的特点；就其知由内外之合、人的认识是主体认知之心与客观外界事物相结合的产物的思想而论，又体现了中国哲学知范畴理论发展的脉络。

三、朱熹的格物致知论

朱熹著《大学章句》，提出了他的格物致知论，并在其他地方论及格物致知，这既是对二程主要是程颐思想的继承和发展，又是对韩愈思想的改造，体现了程朱理学认识论的基本原则。

---

① 张载：《正蒙·大心》，《张载集》，第25页。
② 张载：《正蒙·大心》，《张载集》，第24页。
③ 张载：《正蒙·大心》，《张载集》，第24页。
④ 张载：《正蒙·诚明》，《张载集》，第20页。

(一)"格物只是穷理"

朱熹的格物致知论提出"格物只是穷理"的思想,强调认识的目的是为了穷理,通过对格物的解释,把格物与穷理联系起来,突出了格物的目的性和针对性以及格物穷理在认识过程中的作用。

1. 格物说

朱熹所谓格物的物,包涵甚广,主要指客观存在的一切事物。他说:"凡天地之间,跟前所接之事,皆是物。然有多少不甚要紧底事,舜看来,惟是于人伦最紧要。"[①] "天道流行,造化发育,凡有声色貌象而盈于天地之间者,皆物也。"[②] 既以客观有形的自然物为物,又以社会现象和道德人伦为物,而且认为人伦是最为紧要的物。这与朱熹把格物穷理的重点放在认识儒家伦理上相适应。朱熹指出:"盖天下之事,皆谓之物,而物之所在,莫不有理。"[③] 物即指天下的事物,而物莫不有理,格物即是穷究事物之理。他说:"格,至也。物,犹事也。穷至事物之理,欲其极处无不到也。"[④] 朱熹强调,格物的目的是为了穷理,这也是认识所要达到的目的。他说:"格物只是穷理,物格即是理明。"[⑤] 由此,朱熹把格物穷理作为认识过程的第一阶段,亦是"《大学》功夫之始"[⑥],以此作为致知的基础。

朱熹重视通过格物穷究事物之理,反对把格物训为接物,而不究极物理。他说:"训格物以接物,则于究极之功有所未明。人莫不与物接,但或徒接而不求其理;或粗求而不究其极。是以虽与物接,而不能知其理之所以然与其所当然也。"[⑦] 朱熹的格物说并不反对接物,而是把接物纳入其认识论之中,而不可缺少。他说:"若不格物,何缘得知。而今人也有推极其知者,却只泛泛然竭其心思,都不就事物上穷究。"[⑧] 朱熹指出,不格物,便不能得知,然格物则须接物,与物相接,反对离物而求心,强调在接物即"即事即物"的基础上究极物理。他说:"格物之功,正在即事即物而各求其理。"[⑨] 朱熹批评的只是把格物训为接

---

① 黎靖德编:《朱子语类》卷五十七,第1348页。
② 朱熹:《大学》,《四书或问》卷二,文渊阁四库全书,第197册,第232页。
③ 黎靖德编:《朱子语类》卷十五,第295页。
④ 朱熹:《大学章句》,《四书章句集注》第4页。
⑤ 朱熹:《答汪尚书(三)》,《朱熹集》卷三十,第1268页。
⑥ 朱熹:《答汪尚书(三)》,《朱熹集》卷三十,第1268页。
⑦ 朱熹:《答江德功(二)》,《朱熹集》卷四十四,第2115页。
⑧ 黎靖德编:《朱子语类》卷十五,第292页。
⑨ 朱熹:《中庸》,《四书或问》卷四,文渊阁四库全书,第197册,第282页。

物，而不反对接物本身，主张在接物的基础上进一步去穷理，而不仅仅停留在浅层次的"徒接"上。

2. 积累与贯通

朱熹格物只是穷理的思想强调格物的目的在于穷理，而格物穷理的步骤则须一物一物地格，一理一理地穷，由一物之理即万理达于天下一理即天理，所以须由积累到贯通，以认识天理。朱熹继承程颐，主张格物穷理的步骤须经过由积累到贯通的过程。他指出："程子一日一件者，格物工夫次第也；脱然贯通者，知至效验极致也。"① 他认为程颐日格一物，逐步积累起来，然后豁然贯通的思想达到了认识的极致。

朱熹认为，学问须渐进，在渐进积累的基础上，达到对天理透彻的领悟。他说："穷理之学，诚不可以顿进，然必穷之以渐；俟其积累之多，而廓然贯通，乃为识大体耳。"② "识大体"，即指认识了天理。但天理却不是骤然顿悟可以认识到的，因此穷理是一个渐进的过程，为此，朱熹又把积累与贯通同理一分殊联系起来。他说："盖能于分殊中事事物物，头头项项理会得其当然，然后方知理本一贯。不知万殊各有一理，而徒言理一，不知理一在何处？"③ 理会得分殊之万理，是"方知理本一贯"的前提，"理一"存在于万殊之中，只有于分殊之中把事事物物、头头项项的万理把握住，领会其当然，才可能从中掌握一以贯之之天理。

（二）"致知便在格物中"

朱熹的认识论以穷理为目的，而天理在人心，故穷理与致人心之知不可分离，而欲致吾之知，就须格物而穷其理。由此朱熹提出"致知便在格物中"的思想，强调致知不得脱离格物，在格物之中便体现了致知，在格物的基础上使致知得以实现，并通过即物穷理以致吾心之知。

1."格物所以致知"

在格物与致知的关系上，朱熹一是强调主客体的区分与对立，二是指出二者具有统一性，相互联系，其中格物是致知的手段和前提，致知是格物的目的和归宿。

关于认识论中主客体对立的问题，朱熹说："盖人心之灵，莫不有知；而天

---

① 朱熹：《答黄商伯（四）》，《朱熹集》卷四十六，第 2221 页。
② 朱熹：《答王子合（十二）》，《朱熹集》卷四十九，第 2368 页。
③ 黎靖德编：《朱子语类》卷二十七，第 677—678 页。

下之物，莫不有理。"① 认识的主体是人心之知，即人的主观认识能力；认识的对象则是事物之理，理离不开事物，故以事物为人心之知的客体和对象。朱熹进一步明确指出："知者，吾心之知；理者，事物之理，以此知彼，自有主宾之辨。"② 他把吾心之知确定为主，把事物之理归结为宾，即客体、对象。朱熹明确提出了主客体对立的"主宾之辨"，这是对中国哲学认识论的贡献，也是朱陆之异在哲学认识论上的根源。

朱熹不仅在认识论上提出心物对立的主客体范畴，强调主宾之辨，通过格物以致其知，而且重视格物与致知既相对又统一的关系，强调二者的相互联系。二者的统一和联系表现在："格物、致知，只是一事，非是今日格物，明日又致知。"③ 由于格物、致知统一于完整的认识过程之中，所以在格物上穷得一分理，即是在致知上增加一分知，格物的积累与知识的增广成正比，所以说"致知便在格物中"。"格物所以致知。于这一物上穷得一分之理，即我之知亦知得一分；于物之理穷二分，即我之知亦知得二分；……所以《大学》说'致知在格物'，又不说'欲致其知者在格其物'。盖致知便在格物中，非格之外别有致处也。又曰：'格物之理，所以致我之知。'"④ 离开了格物，是不可能致吾心之知的，这与单纯主观内求，摒弃外物的认识论划清了界限。

2. 即物穷理致吾知

朱熹致知在格物的思想不仅强调主客体的对立和格物、致知的统一，以格物作为致知的前提和条件，而且强调在即物穷理的基础上，致吾心之知，推极吾之知识，将认识发展到无所不尽的境地。他在《补传》对此作了说明，并成为其格物致知论的纲领。朱熹说：

> 所谓致知在格物者，言欲致吾之知，在即物而穷其理也。盖人心之灵莫不有知，而天下之物莫不有理，惟于理有未穷，故其知有不尽也。是以《大学》始教，必使学者即凡天下之物，莫不因其已知之理而益穷之，以求至乎其极。至于用力之久，而一旦豁然贯通焉，则众物之表里精粗无不到，而吾心之全体大用无不明矣。此谓物格，此谓知之至也。⑤

---

① 朱熹：《大学章句》，《四书章句集注》，第 6—7 页。
② 朱熹：《答江德功（二）》，《朱熹集》卷四十四，第 2115 页。
③ 黎靖德编：《朱子语类》卷十五，第 292 页。
④ 黎靖德编：《朱子语类》卷十八，第 399 页。
⑤ 朱熹：《大学章句》，《四书章句集注》，第 6—7 页。

朱熹以穷理作为格物的目的，而即物穷理又是为了致吾之知，要想致吾之知，则须即物而穷其理。即物穷理是认识的第一阶段，在即物穷理的基础上，进一步致吾之知，则是认识的第二阶段。朱熹认为，这即是所谓的"致知在格物"。也就是说，朱熹的认识论是先即天下之物而格物之理，即是要就这形而下之器，穷得那形而上之道。然而仅格物还不全面，格物主要是穷其物理，还未上升到认识天理的阶段，但在为其作准备。朱熹指出，要将格物穷理进一步提升，使其达到致吾知的阶段，推致其知以至于极后，便可认识万理归于一理的天理，而天理在人心，掌握了天理，便是吾心之知无所不明的标志。由此可知，朱熹的格物穷理与其积累的工夫相应，而致知的极致则是豁然贯通的结果，联系起来，便是物格而知之至。这即是整个认识过程的完成，认识的最终目的也就达到了。

（三）知行关系说

朱熹格物致知的认识论除重点讲"格物只是穷理"，"致知便在格物中"，以说明格物是为了穷理，通过即物穷理来致吾知外，还强调穷理致知的目的是为了力行，将天理的原则贯彻落实到践行中去。他说："夫学问岂以他求，不过欲明此理而力行之耳。"[1]"故圣贤教人必以穷理为先，而力行以终之。"[2]所谓即物穷理属于致吾知的工夫，得到了知，还须力行，由此朱熹展开了关于知行问题的论述。朱熹的知行关系说是对中国哲学史上知行观尤其是对程颐知行说的继承和发展，这主要体现在以下方面。

1. "知之为先，行之为后"

所谓知，除指人的主观认识能力以外，还指通过认识而得到的知识，以及道德意识等；所谓行，指实行、践履、行为等。在知行先后问题上，朱熹继承程颐知先行后、知而后行的思想，明确主张知之为先，行之为后。他说："夫泛论知行之理，而就一事之中以观之，则知之为先，行之为后，无可疑者。"[3]又说："致知力行，论其先后，固当以致知为先。"[4]朱熹之所以提出"知之为先，行之为后"的思想，是因为他看到在认识过程中只有先认识到事物的道理，才能按此道理去行，否则所行必不合于理。"人于道理不能行，只是在我之道理有

---

[1] 朱熹：《答郭希吕（三）》，《朱熹集》卷五十四，第2726页。
[2] 朱熹：《答郭希吕（四）》，《朱熹集》卷五十四，第2727页。
[3] 朱熹：《答吴晦叔（九）》，《朱熹集》卷四十二，第1970页。
[4] 朱熹：《答程正思（八）》，《朱熹集》卷五十，第2452页。

未尽耳。不当咎其不可行,当反而求尽其道。"① 道理固然本来具有,但通过知才能认识到,所以先须知理,然后再力行。之所以不能行,原因在于未先知,所以要先求知以尽其道。并且,"既知则自然行得,不待勉强,却是知字上重"②。知和行虽有先后之分,然而先知自然转化为后行,这是自然而然,不须勉强的。故朱熹对知之在先看得比较重,既反对行先知后的思想,亦不赞成知行无先后之分的见解。这是朱熹在知行先后问题上的基本观点。

2. 行重知轻,"行其所知"

在知行关系上,朱熹既强调知先行后,又强调先知其理的目的在于力行,故以行为重,知为轻,要求"行其所知",把知落实到行上。他说:"致知力行,论其先后,固当以致知为先。然论其轻重,则当以力行为重。"③ 虽然知先行后,但行比知更为重要。朱熹的认识论,其认识过程是由格物穷理到致知,由博而反约,以豁然贯通,认识天理;但掌握了对理的认识,还必须贯彻到躬行践履中去,否则致知的目的就没有达到,故力行的重要性甚于致知。尽管朱熹反对尽废讲学而专务践履,但他并不反对践履本身,而是在知的前提下,十分重视践履,要求行其所知,通过力行来贯彻所知。他说:"但为学之功,且要行其所知。"④ 他强调行是目的,知是方向,以"行其所知"把知行联结起来,作为"为学之功",予以高度重视。朱熹指出:"要在力行其所已知,而勉求其所未至,则自近及远,由粗至精,循循有序,而日有可见之效矣。"⑤ 在已知的基础上强调重行,其所重视的力行,是在已有所知的前提下进行,并在行其所已知的过程中,探求所未知,如此循序而进,不断把致知力行引向深入。

朱熹重行的思想还体现在他坚持《古文尚书》的行难知易的思想,而未认同程颐"行难知亦难"的观点。朱熹说:"虽要致知,然不可恃。《书》曰:'知之非艰,行之惟艰。'工夫全在行上。"⑥ 虽以致知为先,但却不可过分依赖,应把工夫放在行上。这是对"知之非艰,行之惟艰"思想的进一步发挥,也体现了朱熹行重知轻的思想特点。

3. 知行常相须,互相发

在知行关系说上,朱熹并非孤立地讲知先行后、行重知轻,重要的是他把

---

① 黎靖德编:《朱子语类》卷十三,第223页。
② 黎靖德编:《朱子语类》卷十八,第390页。
③ 朱熹:《答程正思(八)》,《朱熹集》卷五十,第2452页。
④ 朱熹:《答吕道一(二)》,《朱熹集》卷四十六,第2213页。
⑤ 朱熹:《答卢提翰》,《朱熹续集》卷四,《朱熹集》,第5256页。
⑥ 黎靖德编:《朱子语类》卷十三,第223页。

知行视为完整的认识过程中不可分割的两方面，知行既有区分，又是统一而互相促进的，不可截然分为两节。由此他提出了知行常相须，互相发的思想，在知先行后、知轻行重的前提下，把二者完整地统一起来。朱熹强调知行相互联系，互相启发、促进。他说：

> 知行常相须，如目无足不行，足无目不见。……问："南轩云：'致知、力行互相发。'"曰："未须理会相发，且各项做将去。若知有未至，则就知上理会，行有未至，则就行上理会，少间自是互相发。"①
>
> 知与行，工夫须著并到。知之愈明，则行之愈笃；行之愈笃，则知之益明。二者皆不可偏废。如人两足相先后行，便夫渐渐行得到。若一边软了，便一步也进不得。然又须先知得，方行得。②

他把知行喻之为人的眼睛与足以及人之两足的关系。一方面，知就像人的眼，行就像人的足，正如人走路既不能离开眼，又不能没有脚一样，知行双方是缺一不可、彼此不能脱离的。另一方面，知行就像人的双脚，人走路虽双脚有先后之分，但走起来后，双脚却是交替前进，缺少了任何一只脚的正常行动，都不可能再前进一步。这就形象地把知行双方缺一不可、相互依存的关系表达出来。朱熹并指出，知行双方除互相依存外，还是互相启发、互相促进的。知行各自发挥了自己的作用，便是对对方的促进和发展，同时在知行的相互作用、相互促进中，人的认识进一步深化。

朱熹的知行关系说作为其格物致知论的一部分，主要是说要把格物致知得到的认识贯彻到力行中去，在力行其知的过程中，知行相互促进，从而得到真知，使认识深化发展。也就是说，仅即物穷理致其知尚不全面，知行的结合既是以行来检验知的真知与否，又是以行来促进知的不断发展，朱熹重行的知行观是其认识论的特点，亦是对程颐格物致知论的丰富和发展。

质言之，在格物致知论方面，朱熹集程颐认识论之成，对格物穷理、积累与贯通、致知与格物、知与行等问题作了深刻而富于思辨的论述，发展了中国古代哲学认识论，尤其他明确提出主客体对立的心物范畴，强调"主宾之辨"，这是对中国哲学认识论的贡献。那种认为"朱熹哲学无主体与客体之对立，无

---

① 黎靖德编：《朱子语类》卷九，第148页。
② 黎靖德编：《朱子语类》卷十四，第281页。

'主体性'原则，……缺乏认识论"[1]的见解是值得商榷的。事实上，在朱熹哲学的格物致知论和心性论之心论里，其主体与客体的区分与对立，以及认识的主体性原则（朱熹亦强调道德的主体性）是十分明显的。故应对朱熹哲学作全面深入的了解。

四、陆九渊知本即知心的思想

陆九渊哲学以心本论为特征，而与朱熹的理本论相对应。陆学的特点反映到认识论方面，便是主张发明本心，自得立本，不重视读书，忽视知识，提倡简易工夫，反身内求，不讲积累，强调明心，先立乎其大，端正学者求学态度。由此，陆九渊提出知本即知心的思想，以心为本，以事物为末，强调知本，而不求标末，即枝节；主张良知固有，是吾本心，提出学以致良知，学是为了尽此心，学习的目的在于致知，即致本心固有的良知，这对王阳明产生了重要影响。在自得其心与读书的关系问题上，陆九渊强调自得，自作主宰，虽也说读书，但不重视，只要知其本心，自得其道，便可不依赖于书籍，甚至认为儒家经典"六经"也不过是我心的注脚，遑论读经典以下的其他书籍。陆九渊的认识论，强调知本、知心，充分发挥主体思维的能动性，以认识内在的道德理性，这不仅体现了陆学的特点，亦丰富发展了中国哲学认识论的内涵，在历史上产生了重要影响。

（一）知本即知心

陆九渊认识论的特点是强调知本、求本、立本，而不以标末为知的目的。他说："学苟知本，'六经'皆我注脚。"[2]如果说学能够达到知本的目的的话，那儒家经典"六经"不过是我心的注脚罢了，即经典只是我心的流露和记籍，并为吾心作注解。显然是把我心的权威置于经典的权威之上。这个心，就是所要知本的本。陆九渊强调知本，以本为知的对象，其本为心，而不是事物。他说："不专论事论末，专就心上说。"[3]以事物为末，不必专门去论它，而要以心为论说的重点，与事物之末相对应的心，自然就成其为本了。心之本也就是知的对象。在陆九渊的哲学体系里，心既是宇宙的本体、万物产生的根源，又具

---

[1] 张世英：《朱熹和柏拉图、黑格尔》，《北京大学学报（哲学社会科学版）》1990年第6期。
[2] 陆九渊：《语录上》，《陆九渊集》卷三十四，第395页。
[3] 陆九渊：《语录下》，《陆九渊集》卷三十五，第469页。

有仁义道德的内涵，是本体论与伦理学相结合的范畴。在认识论上，心又是认识的对象，以知心为本，为学只是理会此心。这表明，陆九渊以知心作为认识的目的，其心是集本体论、伦理学、认识论为一体的哲学范畴。他说："仁即此心也，此理也。求则得之，得此理也；先知者，知此理也；先觉者，觉此理也。……内此理也，外亦此理也。……孟子曰：所不虑而知者，其良知也；所不学而能者，其良能也。此天之所与我者，我固有之，非由外铄我也。故曰：万物皆备于我矣，反身而诚，乐莫大焉。此吾之本心也。"① 心即仁，亦即理，兼有本体和伦理的意义，同时又是知、觉的对象。其理兼内外，把内外、主客都包括在理即心之中。陆九渊继承孟子心学，强调良知固有，非由外铄，而万物皆备于我心，以我心为存在的根据，只要反身内求于心，就能达到认识的目的，即以求"吾之本心"为认识的目的。

由知本到求本、立本，陆九渊主张"先立乎其大"，即先立乎其心，以心为大、为最高原则，而人情事物则为标、为末，而不必尽知。他说："人情物理之变，何可胜穷，若其标末，虽古圣人不能尽知也。"② 他把人情物理视为与心之本对应的标和末，其虽也在知的范围内，但却不是认识的主要目的，既然圣人也不能尽知，何论众人呢？显然对人情物理不予过多的重视。由此，陆九渊把心作为"为学之门，进德之地"，而予以高度重视。他说："今曰向学，而又艰难支离，迟回不进，则是未知其心，未知其戕贼放失，未知所以保养灌溉。此乃为学之门，进德之地。"③ 陆氏通过批评朱熹一派学者所谓"支离"，而未知其心，来强调知心、养心、求放心的重要性，直把知其心视为"为学之门"。这体现了朱陆两家学术思想的区别，尽管陆九渊也办书院从事讲学，但未曾立学规，故其宗旨亦有所不同。他说："其平时未尝立学规，但常就本上理会，有本自然有末。若全去末上理会，非惟无益。今既于本上有所知，可略略地顺风吹火，随时建立，但莫去起炉作灶。"④ 在讲学中，陆九渊强调于本上理会，即从心上理会，知其本自然知末，知本即知心；重视知本，故不重视立学规、求末。这反映出不同于朱学的陆学特征。陆九渊甚至认为自己的求本、知本工夫非来自学，而与重视知识积累的风气有异。他说："某自来非由乎学，自然与一种人气相

---

① 陆九渊：《与曾宅之》，《陆九渊集》卷一，第5页。
② 陆九渊：《与邵叔谊》，《陆九渊集》卷一，第2页。
③ 陆九渊：《与舒西美》，《陆九渊集》卷五，第64页。
④ 陆九渊：《语录下》，《陆九渊集》卷三十五，第457页。

忤。"① 这种反省内求、不由乎学的思想，正是陆九渊心学精神的集中体现。

（二）学以致其知

虽然陆九渊有某种不由乎学的思想倾向，但他并没有完全否定学，而是在以致良知为目的的前提下，给"学"留下一定的位置，学以致其知，以致良知作为学的宗旨。他说："学也者，是所以致明致知之道也。"② 以学作为明心致知的途径，通过学而致其知。陆九渊进一步指出："彝伦在人，维天所命，良知之端，形于爱敬，扩而充之，圣哲之所以为圣哲也。先知者，知此而已；先觉者，觉此而已。……所谓格物致知者，格此物致此知也，故能明明德于天下。……孟子之尽心，尽此心也，故能知性知天。"③ 良知先天固有，表现在外，则体现为爱敬，将此扩而充之，即是圣哲之所以为圣哲的依据。先知先觉皆是以良知为内容，格物致知也是致此良知，皆以良知为根据。这体现了陆九渊以致良知为本的思想。

尽管良知固有，但也不能完全离开学，学贵在致知改过，去掉对良知的蒙蔽。他说："所贵乎学者，在致其知，改其过。"④ 由于良知在心中，与理等同，故学又与穷理尽心相联系。"所贵乎学者，为其欲穷此理，尽此心也"⑤。学为尽此心、穷此理，心、理与良知相一致，心正即为良知，故学以致良知与学以穷理尽心具有内在的联系。

在学以致知的前提下，陆九渊亦主张行其所知，把已知贯彻于行。他说："已知者，则力行以终之；未知者，学问思辨以求之，如此则谁得而御之？"⑥ 通过学问思辨来求得知，尽管其知主要指良知，但仍没有排除求学的工夫，这与他本人不由乎学的思想有所出入，表明他仍然受到了传统的习染乃至朱学的影响。他所提到的"博学在先，力行在后"，即与朱学十分相似。他说："博学、审问、慎思、明辨、笃行，博学在先，力行在后。"⑦ 虽然这是对《中庸》词句的解释，但毕竟把博学置于力行之先，而与自己守约内求的思想不大一致。这正是陆九渊思想逻辑不够严密的表现，而有待于丰富和完善。

① 陆九渊：《语录下》，《陆九渊集》卷三十五，第465页。
② 陆九渊：《好学近乎知》，《陆九渊集》卷三十二，第372页。
③ 陆九渊：《武陵县学记》，《陆九渊集》卷十九，第238页。
④ 陆九渊：《与罗章夫》，《陆九渊集》卷十四，第185页。
⑤ 陆九渊：《与李宰（二）》，《陆九渊集》卷十一，第149页。
⑥ 陆九渊：《与傅圣谟（三）》，《陆九渊集》卷六，第79页。
⑦ 陆九渊：《语录下》，《陆九渊集》卷三十五，第443页。

（三）自得与读书

一般说来，陆九渊对读书掌握知识不甚重视，而强调自得其心以知本，尽管他对人们批评他不教人读书比较忌讳。"人谓某不教人读书，如敏求前日来问某下手处，某教他读《旅獒》、《太甲》、《告子》'牛山之木以下'，何尝不读书来？只是比他人读得别些子"①。这只能说明陆九渊不完全排斥读书，但他对读书的重视程度远不及自得其心、反身内求以知其本。如上所述，陆九渊提出"学苟知本，六经皆我注脚"的观点，既然他把儒家经典都作为我心的注脚，为我心作注解，那何论读其他书呢？由此，他提出自得其心，而不依赖于书籍的思想。他说："自得，自成，自道，不倚师友载籍。"②其根据就在于他以主体之心为最高原则，只要反身内求就可自得其道，而不必从书本上包括圣人之经典中寻求思想理论的来源和根据。陆九渊不一般地反对读书，但却不重视读书，主张平淡读之，不须思索。他说："读书不可晓处，何须苦思力索？"③道理须通过苦思力索，才能得之，如果不思虑，不求甚解，怎么能掌握知识而明理呢？然而，由其心学思想的特点所决定，陆九渊重自明，主张读书不必穷索，不以不知为耻。他说："读书不必穷索，平易读之，识其可识者，久将自明，毋耻不知。"④由于其道理不是通过读书得到的，而是自得于心，与其读书穷索，不如反身内求，故对读书不予过多的重视。即使读书，也须先立乎其大，将心田打扫干净，然后读之，否则有害无益。他说："学者须是打叠田地净洁，然后令他奋发植立。……然田地不净洁，亦读书不得。若读书，则是假寇兵，资盗粮。"⑤在读书与自立、自得的关系问题上，陆九渊强调自立以知本，如此而自得之，根本既立，田地净洁，然后再读书，做为学的功夫；如果根本不立，田地不净洁，则读书不得；勉强读之，也只能是"假寇兵，资盗粮"，有害而无益。由此可见，在陆九渊关于求知的思想里，读书只占次要的位置，其求知的重点是在知本知心，求学的目的也是为了致良知。其知本即知心的思想重视发挥主体思维的能动性，以认识内在的道德理性，反身内求，把心之仁发挥出来，学以致良知。这与程颐、朱熹所阐发的格物致知论旨趣各异，虽也有一定的相关之处，但却各自代表了两宋时期不同的认知路向。两者又相辅相成，各自为丰富和发

---

① 陆九渊：《语录下》，《陆九渊集》卷三十五，第446页。
② 陆九渊：《语录下》，《陆九渊集》卷三十五，第452页。
③ 陆九渊：《语录下》，《陆九渊集》卷三十五，第438页。
④ 陆九渊：《语录下》，《陆九渊集》卷三十五，第471页。
⑤ 陆九渊：《语录下》，《陆九渊集》卷三十五，第463页。

展中国哲学认识论做出了自己的贡献。

五、王阳明的"致良知"说与"知行合一"说

王阳明是明代著名心学家、陆王心学的集大成者。他继承并发展了陆九渊的心学思想，批评、改造程朱理学及其格物致知论，提出了别具特色的"致良知"说和"知行合一"思想，以取代程朱的格物致知论及知先行后思想。这不仅在宋明理学史及中国思想史上产生了重大影响，而且促进了中国哲学认识论的发展，丰富了其思想内涵。

王阳明把"致良知"作为求学、认知的主要目的，发展了陆九渊学以致其知的思想，充分体现了陆王心学的特色。从而从心学的角度发展了中国哲学认识论。与此相关，王阳明提出复《大学》古本的主张和"知行合一"说，丰富了《大学》的理论和中国哲学的认识论。

（一）"致良知"说

王阳明对陆氏心学的发展主要体现在他提出"致良知"说。与此相应，王阳明对程朱理学的突破也主要体现在他以"致良知"说取代天理论一统天下的局面，认为"致良知之外无学矣"，并以"道即是良知"的思想作为其以"致良知"说代替道统论的理论依据。由此，天理和道为更具主体思维能动性的良知所取代，良知作为王阳明思想体系的最高范畴和最高原则，取天理和道统之道而代之，强调"良知者心之本体"，良知既是本体，又是主体；在良知与经典、良知与圣人的关系上，体现了王阳明的良知说不同于传统天理论的思想特色，亦是他对传统思想的改造和创新。

王阳明发展了陆九渊"心即理"的思想，提出心之本体即良知的观点，这是他的创见。他说："良知者，心之本体，即前所谓恒照者也。"[1] 王阳明把良知与心等同，突出了心本体的主观知觉功能。这种主观知觉功能在陆九渊"心即理"的理论模式中是不太突出的。王阳明提出良知说，将良知与心结合起来，这就把陆九渊哲学的心发展为更加抽象、更具主体能动作用的良知范畴，使主体思维的能动性得到更充分的发挥。他说："心者，身之主也，而心之虚灵明

---

[1] 王阳明：《传习录中·答陆原静书》，《王阳明全集》卷二，第61页。

觉，即所谓本然之良知也。"①良知作为心之本体，是集本体论、认识论、道德论为一的范畴，是主体性的形上道德本体。王阳明对良知及良知与心的关系作了如下论述。

1. 良知是宇宙本体

他说："自圣人以至于愚人，自一人之心，以达于四海之远，自千古之前以至于万代之后，无有不同。是良知也者，是所谓天下之大本也。"②良知是超时空的宇宙本体，近自一人之心，远至四海之广，千古之前，万世之后，均有此良知为天下之大本。王阳明认为，天地万物均依赖于良知而存在，离开了人的良知，宇宙天地便不存在。他说："人的良知，就是草木瓦石的良知。若草木瓦石无人的良知，不可以为草木瓦石矣。岂惟草木瓦石为然，天地无人的良知，亦不可为天地矣。"③以良知为天地万物存在的根据，不仅人有良知，草木瓦石皆有良知，此良知与心等同，"天地万物俱在我良知的发用流行中，何尝又有一物超于良知之外"④。天地万物不过是良知的流行发用，没有一物在良知之外，天地万物均依赖良知而存在，故良知为宇宙之本体。

2. 良知是先验的认识主体，是辨别是非之心

王阳明所谓的良知，不来源于人的闻见之知，它是先验的认识主体。他说："良知不由见闻而有，而见闻莫非良知之用。故良知不滞于见闻，而亦不离于见闻。"⑤良知是不待学、不须虑的先验的知识，而闻见之知则依赖于良知而存在，是良知的作用和表现。良知作为认识主体，认识的过程就是"致吾心之良知于事事物物"⑥。事事物物作为认识的对象，亦是心的产物，所以认识便是以吾心之良知去认识吾心之事事物物。通过认识，"事事物物皆得其理"⑦，达到"合心与理而为一"⑧，便完成了整个认识过程。

王阳明所谓的良知，还是分辨是非之心。他说："良知只是个是非之心，是非只是个好恶。只好恶，就尽了是非；只是非，就尽了万事万变。"⑨良知作为认

---

① 王阳明：《传习录中·答顾东桥书》，《王阳明全集》卷二，第47页。
② 王阳明：《书朱守乾卷》，《王阳明全集》卷八，第279页。
③ 王阳明：《传习录下》，《王阳明全集》卷三，第107页。
④ 王阳明：《传习录下》，《王阳明全集》卷三，第106页。
⑤ 王阳明：《传习录中·答欧阳崇一》，《王阳明全集》卷二，第71页。
⑥ 王阳明：《传习录中·答顾东桥书》，《王阳明全集》卷二，第45页。
⑦ 王阳明：《传习录中·答顾东桥书》，《王阳明全集》卷二，第45页。
⑧ 王阳明：《传习录中·答顾东桥书》，《王阳明全集》卷二，第45页。
⑨ 王阳明：《传习录下》，《王阳明全集》卷三，第111页。

知主体，具有判断是非的功能。王阳明把学者从心上寻求天理称之为"理障"，要去掉"理障"有个诀窍，这就是致知。如何致？王阳明回答说："尔那一点良知，是尔自家底准则。尔意念着处，他是便知是，非便知非，更瞒他一些不得。尔只不要欺他，实实落落依着他做去，善便存，恶便去。他这里何等稳当快乐。此便是格物的真诀，致知的实功。若不靠着这些真机，如何去格物？"① 良知自有判断是非的准则，是便知是，非便知非，是是非非均不能瞒住良知，人们只在意念着处，实实在在地按照良知本能去做，存善去恶，是其所是，非其所非，这就是格物的真诀，致知的实功。可见王阳明格物说不过是格意念中的物，而以良知天然具有的是非准则为衡量的标准。由于王阳明把良知等同于心，良知所具有的判断是非的能力，也就是心所具有的主体判断能力。

3. 良知是伦理道德规范

王阳明说："知是心之本体，心自然会知，见父自然知孝，见兄自然知弟，见孺子入井自然知恻隐，此便是良知，不假外求。"② 良知就是体现在事亲、从兄等日常生活中应遵循的道德原则，此原则即是孝、悌、恻隐等儒家伦理规范。在道德践履中，良知固有，不需外求，它是自然而然的感情流露，自然而生，规范着人们的思想行为。

以上王阳明的良知说，强调一个致字，致那心中一念之良知，便是认识的最终目的。这就为主体能动性的发挥提供了广阔的天地，发展了中国哲学的主体性原则，并将道德的主体性与认识的主体性密切结合。

王阳明提出"致良知"说，以良知取代天理而作为其思想体系的最高范畴和最高原则，在对程朱天理论、道统论提出批评和改造的基础上，进一步提出"致良知之外无学矣"的思想，以"致良知"说取程朱天理论而代之，完成了思想史上的一次重要转变。关于以"致良知"说取代程朱之学，王阳明指出：

> 心之良知是为圣，圣人之学惟是致此良知而已。自然而致之者，圣人也；勉然而致之者，贤人也；自蔽自昧而不肯致之者，愚不肖者也。愚不肖者，虽其蔽昧之极，良知又未尝不存也。苟能致之，即与圣人无异矣。此良知所以为圣愚之同具，而人皆可以为尧、舜者，以此也。是故致良知之外无学矣。自孔孟既没，此学失传几千百年，赖天之灵，偶复有见，诚

---

① 王阳明：《传习录下》，《王阳明全集》卷三，第92页。
② 王阳明：《传习录上》，《王阳明全集》卷一，第6页。

千古之一快,百世以俟圣人而不惑者也。每以启夫同志,无不跃然以喜者,此亦可以验夫良知之同然矣。间有听之而疑者,则是支离之习没溺既久,先横不信之心而然。使能姑置其旧见,而平气以绎吾说,盖亦未有不幡然而悔悟者也。①

王阳明的此段文字作于嘉靖四年乙酉(1525),可视为其晚年成熟的思想。他认为,圣人之学唯有致此良知,除"致良知"以外没有其他学术,这就把风靡一时的程朱之学排除在外。王阳明以"致良知"说代替程朱之学,在他看来,"致良知"说也就是圣人之学,圣人虽与良知不能画等号,但圣人能自然致此良知,所以称之为圣人。他指出,此圣人之学即"致良知"说在孔孟之后已失传千百年,直到他本人出来后,才"赖天之灵,偶复有见",将此学发明之,真可谓"诚千古之一快,百世以俟圣人而不惑",把"致良知"说发扬开来。在王阳明提出的"致良知之外无学"的架构中,无程朱天理论的地位,因为自孔孟到王阳明本人之间,此学一直处在失传的状态,达千百年之久。如果无王阳明出来发明之,此"致良知"说也将会继续失传下去。可见王阳明对自己充满了使命感,决心在"支离之习没溺既久",即朱学已成为传统流行观念的背景下,把"吾说"即"致良知"说推广开来,以取代传统的程朱之学,也就是否定了从孔孟到王阳明之前的圣人传道的系统及其学说。这是对传统道统观念的否定,体现了时代思潮的转向,由程朱道统论转向了王阳明的"致良知"说。

对此,王阳明明确指出:"此'致知'二字,真是个千古圣传之秘。见到这里,百世以俟圣人而不惑。"②在这里,"致良知"成为圣人千年相传之密旨,从而以"致良知"代替了圣人传道。王阳明还指出:"绵绵圣学已千年,两字良知是口传,欲识浑沦无斧凿,须从规矩出方圆。"③他认为圣学相传以良知,而不是道统。以良知代替道统,体现了时代思潮转向的脉络。

(二)复《大学》古本

王阳明借助《大学》来阐发自己的"致良知"说,并做出自己的改造。王阳明对《大学》一书较重视,撰有《大学问》一篇。其弟子钱德洪云:"吾师接初见之士,必借《学》、《庸》首章以指示圣学之全功,使知从入之路。师征思、

---

① 王阳明:《书魏师孟卷》,《王阳明全集》卷八,第280—281页。
② 王阳明:《传习录下》,《王阳明全集》卷三,第93页。
③ 王阳明:《别诸生》,《王阳明全集》卷二十,第791页。

田将发,先授《大学问》,德洪受而录之。"①并云:"《大学问》者,师门之教典也。学者初及门,必先以此意授,使人闻言之下,即得此心之知,无出于民彝物则之中,致知之功,不外乎修齐治平之内。学者果能实地用功,一番听受,一番亲切。师常曰:'吾此意思有能直下承当,只此修为,直造圣域。参之经典,无不吻合,不必求之多闻多识之中也。'"②《大学问》被称为"师门之教典",可见其重要性。并可知王阳明重视《大学》的针对性是批评"多闻多识"的学风,而提倡"直下承当""直造圣域"的简易工夫,即以求之于吾心之良知为宗旨。

虽然总的来说,王阳明认为经典只是吾心的记籍,但亦一定程度地通过《大学》来阐发其心学思想的核心"致良知"说。尽管阳明与朱熹均借用了《大学》一书,然而王阳明所依傍的《大学》文本却与朱熹不同,他对朱熹把《大学》一书分为经之一章、传之十章的经传两个部分,以及为了解释经之一章的格物致知之义,人为地增补了《格物致知补传》134个字持不同意见。王阳明以为朱熹改本非圣门本旨,而主张复《大学》古本,去掉朱熹增补的文字,不再分章,以复《大学》之旧。他说:

《大学》古本乃孔门相传旧本耳,朱子疑其有所脱误,而改正补缉之。在某则谓其本无脱误,悉从其旧而已矣。失在于过信孔子则有之,非故去朱子之分章,而削其传也。③

《大学》古本为孔门相传旧本,应以朱熹补本服从于《大学》旧本。王阳明指出:"且旧本之传数千载矣,今读其文词,既明白而可通;论其工夫,又易简而可入。"④王阳明对《大学》古本推崇有加,并在此基础上阐发其"致良知"说。

王阳明对《大学》的"致知"之义十分重视,认为"致知"二字是千古圣传之秘。如能认识到它,百世以待圣人而不惑。在程朱那里,千古圣人相传以道,而在王阳明看来,"致良知"则成为千古圣人相传之密旨,从而以"致良知"说取代了圣人传道说。

---

① 王阳明:《大学问》,《王阳明全集》卷二十六,第967页。
② 王阳明:《大学问》,《王阳明全集》卷二十六,第973页。
③ 王阳明:《传习录中·答罗整庵少宰书》,《王阳明全集》卷二,第75—76页。
④ 王阳明:《传习录中·答罗整庵少宰书》,《王阳明全集》卷二,第76页。

虽然阳明和朱熹均推重《大学》，重视其"致知"之义，但王阳明的"致良知"说与朱熹的格物致知论亦存在着区别。王阳明为《大学》古本作序，表现出与朱学不同的思想倾向。他说：

> 致知者，诚意之本也。格物者，致知之实也。物格则知致意诚，而有以复其本体，是之谓止至善。圣人惧人之求于外也，而反复其辞。旧本析而圣人之意亡矣。是故不务于诚意而徒以格物者，谓之支；不事于格物而徒以诚意者，谓之虚；不本于致知而徒以格物诚意者，谓之妄。支与虚与妄，其于至善也远矣。合之以敬而益缀，补之以传而益离。吾惧学之日远于至善也，去分章而复旧本，傍为之什，以引其义。庶几复见圣人之心，而求之者有其要。①

王阳明以己意解《大学》，认为"《大学》之要，诚意而已矣"②，而致知为诚意之本，格物为致知之实。如果不以诚意为要，而就去格物，那是支离；不从事于格物而只去诚意，就是虚；不本于致知而就去格物诚意，这就是妄。这里表现出致知对于诚意的重要性。其思想倾向是惧怕人们求知于外，而强调诚心中之意，致心之良知，把人们的注意力转向心内之世界，而不是向客观物质世界探求。由此他批评朱熹使《大学》"旧本析而圣人之意亡"，而主张"去分章而复旧本"，以恢复《大学》古本的本来面貌。对此，王阳明指出："致知云者，非若后儒所谓充广其知识之谓也，致吾心之良知焉耳。"③致知并不是向外追求，扩充知识，而是为了致吾心之良知。以此他批评了朱学的格致之说，并反思自己过去曾"陷溺"于此的失误。他说：

> 世儒既叛孔、孟之说，昧于《大学》格致之训，而徒务博乎其外，以求益乎其内，皆入污以求清，积垢以求明者也，弗可得已。守仁幼不知学，陷溺于邪僻者二十年。疾疢之余，求诸孔子、子思、孟轲之言，而恍若有见。④

---

① 王阳明：《大学古本序》，《王阳明全集》卷七，第243页。
② 王阳明：《大学古本序》，《王阳明全集》卷七，第242页。
③ 王阳明：《大学问》，《王阳明全集》卷二十六，第971页。
④ 王阳明：《别黄宗贤归天台序》，《王阳明全集》卷七，第233页。

王阳明指出，朱学在格物致知问题上，博观于外、归约于内的治学方法有违孔孟之教，而自己以往也曾信奉此说二十余年，当疾疢之余，才转而提出"致良知"说。这当指王阳明格亭前竹，七日未果，而劳神致疾；后又在恶劣的环境中，"忽中夜大悟格物致知之旨"①，龙场悟道，而开始形成自己的"致良知"说。他批评"世儒"违背孔孟之说，不明于《大学》格致之训，徒务博于外，以之来益于内，是不明心学，以自己的见解来解说《大学》。王阳明指出："后之学者，附会于《补传》而不深考于经旨，牵制于文义而不体认于身心，是以往往失之支离，而卒无所得，恐非执经而不考传之过也。"②他批评朱子后学附会于朱熹的《格物致知补传》，而未深究于《大学》的经旨，是牵于文义而不体认于身心，失之支离，并非是执经而不考传之过。从王阳明治经的学术倾向看，他并不重视执经考传的训诂考释之事，从他批评"牵制于文义而不体认于身心"来看，他的主要倾向还是要体认于自家身心的。以上可见，虽然阳明、朱熹都重视《大学》，以之作为阐发自己理论的经典文本依据，但对《大学》的格物致知之旨却有不同的理解。

需要指出，虽然王阳明借助《大学》以阐发自己的"致良知"说，但他对"致知"之义的阐发却与《大学》本义有所不符。他说：

> 若鄙人所谓致知格物者，致吾心之良知于事事物物也。吾心之良知，即所谓天理也；致吾心良知之天理于事事物物，则事事物物皆得其理矣。致吾心之良知者，致知也；事事物物皆得其理者，格物也。是合心与理而为一者也。③

这里，王阳明讲"致知格物"，而不讲"格物致知"，这是他对程朱格物致知论的改造，也与《大学》先格物后致知的治学次第不同。在格物与致知的关系上，王阳明从"致良知"说出发，先讲致知，后讲格物，并把格物附属于致知，凡事致其知，就是格物。其所谓格物，就是事事物物皆得到了良知之天理，才即是格物。可见格物是在致知之后而作为致知的结果，其重要性在致知之下。对此，罗钦顺提出了批评，指出阳明此说与《大学》本义不符，改变了《大学》由物格而后知至的认识路线。然而王阳明却认为"天下之物，本无可格者。其

---

① 王阳明：《年谱一》，《王阳明全集》卷三十三，第1228页。
② 王阳明：《答王天宇（二）》，《王阳明全集》卷四，第163页。
③ 王阳明：《传习录中·答顾东桥书》，《王阳明全集》卷二，第45页。

格物之功，只在身心上做"①。阳明的致知格物说是针对朱熹的格物说而发，目的是为了阐发自己的"致良知"说，故对《大学》的本义有所不顾，这也体现了阳明心学对待经典的态度及其经学的特色。

（三）"知行合一"说

与其"致良知"说密切相连，王阳明提出了知行合一的思想。在知行关系上，他批评程朱的知先行后说，提倡知行合一，这在中国哲学认识论及其知行关系说发展史上产生了重要影响。

1. 对程朱知先行后说的批评

程颐、朱熹在知行观上均主知先行后说。虽然程朱认为知行双方互相依赖，不可缺一，但在知行先后问题上，则明确提出"人力行，先须要知"②和"知之为先，行之为后"③的思想。虽然知行双方互相依赖，但二者有别，各有不同的含义。因其有别，故有先后之分，而以知为先，行为后。王阳明的知行说却不注重知行的区别，虽说知不离行，行不离知，但由其对良知的重视，在知行关系上有某种以知代行、以知包行的倾向。故王阳明强调知行的同一性，由此对程朱的知先行后说提出批评。他说：

> 某尝说知是行的主意，行是知的功夫；知是行之始，行是知之成。若会得时，只说一个知，已自有行在；只说一个行，已自有知在。古人所以既说一个知，又说一个行者，只为世间有一种人，懵懵懂懂的任意去做，全不解思惟省察，也只是个冥行妄作，所以必说个知，方才行得是。又有一种人，茫茫荡荡悬空去思索，全不肯着实躬行，也只是个揣摸影响，所以必说一个行，方才知得真。此是古人不得已补偏救弊的说话，若见得这个意时，即一言而足，今人却就将知行分作两件去做，以为必先知了然后能行，我如今且去讲习讨论做知的工夫，待知得真了方去做行的工夫，故遂终身不行，亦遂终身不知。此不是小病痛，其来已非一日矣。④

王阳明认为古人之所以分别说知行，是为了纠偏救弊，纠正只行不知或只

---

① 王阳明：《传习录下》，《王阳明全集》卷三，第120页。
② 程颢、程颐：《河南程氏遗书》卷十八，《二程集》，第187页。
③ 朱熹：《答吴晦叔（九）》，《朱熹集》卷四十二，第1970页。
④ 王阳明：《传习录上》，《王阳明全集》卷一，第4页。

知不行两种偏向，而实际上知行不必分开讲。由此，王阳明批评先知后行，把知行分作两件去做的观点。他指出，先知然后再去行的观点把注意力转向讲习讨论，做知的工夫，等到知得真了，然后再去行，这样不仅终身不行，而且也终身不知。并指出知先行后说由来已久，其危害甚大，已不是个小问题。王阳明的批评实际上是针对程朱的知先行后说而发，因程朱尤其是朱熹的知行观与其读书讲学、知识积累分不开。而王阳明讲良知，不重知识，其所谓知，与朱熹内外结合，既讲心之知，又讲知识的知不同。由于朱熹重视对外物的认知，主张即物穷理而致吾知，其知是内外结合的产物，并强调先知而后行，知行又相互促进，这与王阳明的思想相异，故遭到了王阳明的批评。可见，王阳明知行合一说提出的理论针对性是程朱知先行后的思想。

2."知行合一"思想

针对程朱的知先行后说，王阳明提出了他的"知行合一"思想。他说："知之真切笃实处即是行，行之明觉精察处即是知。知行工夫本不可离，只为后世学者分作两截用功，失却知行本体，故有合一并进之说。真知即所以为行，不行不足谓之知。"① 其所谓知行本体，即是指知行合一。王阳明认为，知行关系的本质就是指知行合一，说知，就自有行在，说行，就自有知在。明觉精察处是知，真切笃实处是行，然知行双方又是相互转化的。如果不能精察明觉，那就是冥行，故知行工夫不可分离，真知即是行，如果不行则不是真知。他虽倡合一并进之说，但却有以知包行的倾向。其所谓行，在某种意义上，也不过是意念的活动，不具有客观实行的意义。

> 问"知行合一"。先生曰："此须识我立言宗旨。今人学问，只因知行分作两件，故有一念发动，虽不是善，然却未曾行，便不去禁止。我今说个知行合一，正要人晓得一念发动处，便即是行了。发动处有不善，就将这不善的念克倒了。须要彻根彻底，不使那一念不善潜伏在胸中。此是我立言宗旨。"②

从这里可以看出，王阳明理解的行不同于一般的实际去行，它只是"一念发动处"的念头。正是由于王阳明本人把他所谓的行与一般的实行区别开，才

---

① 王阳明：《传习录中·答顾东桥书》，《王阳明全集》卷二，第42页。
② 王阳明：《传习录下》，《王阳明全集》卷三，第96页。

体现出他知行合一说的特色。在王阳明看来，由于人们把知行分作两件，所以当一念发动时，尽管产生不善的念头，但人们认为这不过是一种念头，还没有实际去做，因此不去禁止这种不善的念头，这正是知行分作两件带来的不良后果。有鉴于此，王阳明提出知行合一说，把人的一念发动处称之为行，尽管这种念头并没有付诸实行。可见其行只是思想意念活动，而不是实践活动。王阳明强调，要在一念发动时，就要克掉不善的念头，不使其留藏在胸中，如此就称之为知行合一，亦是其立言的宗旨所在。这种以正念头为行的知行合一说，比朱熹的知先行后说更加强调纠正心中之不善，强调主观自觉，心上用功，以发挥主体意识的能动性，这与其"致良知"说相联系，充分体现了王阳明知行合一说提倡道德自律的特点。

质言之，王阳明提出"致良知"说，取天理论而代之，突破了天理论、道统论一统天下的局面，在新的高度重新确立起心的权威，这对于批判旧传统，充分肯定主体的价值和人的主观能动性，具有思想解放的意义。他说："夫学贵得之心。求之于心而非也，虽其言之出于孔子，不敢以为是也，而况其未及孔子者乎！求之于心而是也，虽其言之出于庸常，不敢以为非也。"[1]强调以心为是非的标准，而不以孔子、朱熹的言论为是非的标准，把圣人的权威置于心即良知的权威之下，这正是王阳明良知精神的真实写照。王阳明指出，认识来源于心中固有的良知，良知是先验的认识主体，是辨别是非之心；良知是心之本体，亦是宇宙本体，天地万物均依赖良知而存在；良知是儒家伦理道德规范，体现为事亲、从兄、仁民、爱物的道德行为，良知不需外求，心自然具有良知。所谓"致良知"，就是通过正心，去恶为善，把心之天理贯彻到事事物物中去。即"格者，正也，正其不正以归于正之谓也。正其不正者，去恶之谓也；归于正者，为善之谓也"[2]。他以此对程朱的格物致知论加以改造，主张复《大学》古本，提出"致知格物"，而不讲"格物致知"。这是对程朱格物致知论的改造，也与《大学》先格物后致知的治学次第不同。他并对朱熹重视知识、向外探求的思想提出批评。在知行关系上，王阳明提出"知行合一"说，反对朱熹的知先行后说。他认为知与行相辅相成，不可分离，知是行的主意，行是知的功夫，只说一个知，已自有行在，只说一个行，已自有知在；并指出，知之真切笃实处即是行，一念发动处，便即是行了，把知行合为一体。在程朱理学末流弊端

---

[1] 王阳明：《传习录中·答罗整庵少宰书》，《王阳明全集》卷二，第76页。
[2] 王阳明：《大学问》，《王阳明全集》卷二十六，第972页。

日益显露的时代，王阳明提出"致良知"说和"知行合一"说，对程朱的格物致知论加以改造，从心学的角度发展了中国哲学认识理论的形式和思维内涵，在思想史上产生了重要影响。

六、王廷相"思与见闻之会"为知的思想及知行兼举说

王廷相是明代气本论哲学的代表人物。他继承张载主体之心必须与认识对象相符合，内外之合而产生知的思想，提出思与见闻相会为知的思想，主张在闻见之知的基础上，把感性认识与理性认识相结合，以获得对事物及物理的知。他提出"知行兼举"说，主张知行结合，于实践处用功，在人事上体验，讲一事即要行一事，通过行而知此事，以得到真知。在认识论问题上，王廷相对朱学和心学均提出批评，表现出其思想认识与二学存在的差异。王廷相重视把实践范畴引入认识论，这对后世产生了重要影响。

（一）"知者，不过思与见闻之会而已"

王廷相所谓知，既是主体之心的作用和属性，又是主观对客观事物及其物理的反映，同时亦是以闻见之知为基础、感性认识与理性认识的结合。

关于知是主体所具有的功能和属性，他说："知觉者，心之用；虚灵者，心之体。故心无窒塞，则随物感通，因事省悟而能觉。是觉者，智之原。"[①] 知觉是心的作用、功能和属性。心之体是虚灵，故无窒塞，随物而无所不通，因事省悟，随物感通，而产生知觉。心具有认识事物的功能，这种知觉功能是智慧产生的本原。心的知觉功能最终根源于气。他说："夫天地之间，何虚非气，何气不化，何化非神，安可谓无灵，又安可谓无知？"[②] 气是天地间的基本存在，气变化而产生精神活动，而有灵有知，知不在气之外，而以气为存在的根据。

关于知是对事物及物理的反映，王廷相认为，主体之心虽具有认识事物的功能和属性，但必须把内在的认知功能与外在的客观事物及其物理相结合，才能产生认识。如果不与外界事物接触，则不可能有对事物的认识。他说："心者，栖神之舍；神者，知识之本；思者，神识之妙用也。自圣人以下，必待此而后知。故神者在内之灵，见闻者在外之资。物理不见不闻，虽圣哲亦不能索

[①] 王廷相：《雅述》上篇，《王氏家藏集》，台北伟文图书出版有限公司1976年版，第2458页。
[②] 王廷相：《答何柏斋造化论十四首》，《内台集》卷四，《王氏家藏集》，第2039—2040页。

而知之。使婴儿孩提之时，即闭之幽室，不接物焉，长而出之，则日用之物不能辨矣，而况天地之高远，鬼神之幽冥，天下古今事变，杳无端倪，可得而知之乎？夫神性虽灵，必借见闻思虑而知。"①精神认知活动存在于心官之中，它是内在的；而其认识的对象是物和物理，对事物的见闻是认识产生的基础，它表现在外，是认识所凭借的在外之资。认识即是内外结合、心物结合的产物，即使圣哲之人也必须通过对事物及物理的见闻而产生知，可见认识不得脱离外物而存在。如果与外物相脱离，把婴儿闭之幽室，那么他长大以后，则不能分辨日用之物，更不能认识天地古今之物。所以尽管人具有主观认知的能力，也必须借助见闻才能得到对事物的知。这与王阳明"致吾心之良知于事事物物"的先验认识论划清了界限。

关于以闻见之知为基础，把感性认识与理性认识相结合，王廷相强调，在闻见之知的基础上，还必须广其心，究其理，通过心之思，以得到理性认识。他说："耳目之闻见，善用之，足以广其心；不善用之，适以狭其心。其广与狭之分，相去不远焉，在究其理之有无而已矣。"②他主张把耳目闻见与心知相结合，究其物理，使认识得以深化。由此他指出："夫圣贤之所以为知者，不过思与见闻之会而已。世之儒者乃曰：思虑见闻为有知，不足为知之至。别出德性之知为无知，以为大知。嗟乎！其禅乎，不思甚矣。殊不知思与见闻必由于吾心之神，此内外相须之自然也。德性之知其不为幽闭之孩提者，几希矣。禅学之惑人，每如此。"③所谓知，不过是思维与见闻的结合而已，然必须建立在对外物闻见的基础上。而所谓的德性之知，则不是知，因为德性之知不以闻见为基础，不是内外结合的产物。由其脱离见闻，故不是真正的理性认识，而只是幽闭之婴儿的无知而已。王廷相在这里强调，知是建立在耳目闻见的基础上、思与见闻相结合而产生的认识，注意沟通感性认识与理性认识的联系，使感性认识上升到理性认识。这是他超出前人的地方，而不同于只讲感性认识而不上升到理性认识，或只讲理性而脱离闻见感知的两种片面的认识。

对感知与心知的结合及发挥心之思的职能，王廷相进一步指出："目可以施其明，何物不视乎；耳可以施其聪，何物不听乎。心体虚明广大，何所不能知而度之乎。故事物之不闻见者，耳目未尝施其聪明也；事理之有未知者，心未尝致

---

① 王廷相：《雅述》上篇，《王氏家藏集》，第 2451—2452 页。
② 王廷相：《见闻篇》，《慎言》卷五，《王氏家藏集》，第 2273 页。
③ 王廷相：《雅述》上篇，《王氏家藏集》，第 2453 页。

思而度之也。故知之精由于思。"① 既重视耳目对事物的闻见之知，亦重视心对事物之理的知。强调心对事理的思而度之，即重视发挥心之思的主观能动性，通过理性思维以认识事物的规律。然而这种思是建立在闻见之知的基础上的，是思与见闻的相会，由此得到的知是对事物及其事理的精知。王廷相关于思与见闻之会而为知的思想，是对以往片面割裂感性认识与理性认识的一种清理。

（二）"知行兼举"，于实践处用功

在知行关系上，王廷相提出"知行兼举"的思想，重视行，强调于实践处用功，这是对以往重行思想的发展。

关于知行兼举，他说："学之术二：曰致知，曰履事。兼之者上也。……必知行兼举者，能之矣。"② 所谓履事，也就是行事，即指行。王廷相认为，知行双方，兼举为上，不能只致知而不履事，也不能只行而不知。他强调"知之必践之"③，把实践引入知行论，实践是力行之道的重要内容。其力行之道有三，把笃行实践包括在内。他说："深省密察，以审善恶之几也；笃行实践，以守义理之中也；改过徙义，以极道德之实也。三者尽而力行之道得矣。"④ 强调笃行实践的目的在于守义理之中，把义理的原则贯彻到实践中去，这是力行的基本要求，以此批评不于实践处用功的学者之弊。他说："近世学者之弊有二：一则徒为泛然讲说，一则务为虚静以守其心，皆不于实践处用功、人事上体验。"⑤ 批评学者不于实践处用功，也就是强调要在实践处用功、人事上体验，把讲说义理落实到实践中去，如此知行结合，获得真知。他说："讲得一事，即行一事，行得一事，即知一事，所谓真知矣。徒讲而不行，则遇事终有眩惑。"⑥ 只停留在讲说上而不付诸实行，并不是真正的知；把所讲付诸行，行然后才得以知，这即是真知。可见王廷相的真知出于实践，通过在实践处用功、人事上体验而获得。

体察于事、达于事、历事是王廷相重行、重实践思想的表现。他说："传经讨业，致知固其先务矣。然必体察于事，会而后为知之真。"⑦ 治经虽须先致知，但也必须体察于事后，才能得到真知。"是故学之'六经'而能行之，则为

---

① 王廷相：《潜心篇》，《慎言》卷六，《王氏家藏集》，第2284页。
② 王廷相：《小宗篇》，《慎言》卷八，《王氏家藏集》，第2317页。
③ 王廷相：《潜心篇》，《慎言》卷六，《王氏家藏集》，第2283页。
④ 王廷相：《潜心篇》，《慎言》卷六，《王氏家藏集》，第2285页。
⑤ 王廷相：《与薛君采（二）》，《王氏家藏集》卷二十七，第1149页。
⑥ 王廷相：《与薛君采（二）》，《王氏家藏集》卷二十七，第1150页。
⑦ 王廷相：《石龙书院学辩》，《王氏家藏集》卷三十三，第1496页。

实"①。把治经、学"六经"与体察于事而行之结合起来，也就是把致知与力行相结合。王廷相指出："广识未必皆当，而思之自得者真；泛讲未必吻合，而习之纯熟者妙。是故君子之学，博于外而尤贵精于内，讨诸理而尤贵达于事。"②他力主泛讲与熟习相结合、讨诸理与达于事相结合，即强调把认识理与实践于事结合起来，也就是知行结合，而尤贵于行于事。

不仅如此，王廷相还主张历事而后知要，不通过亲身历事，则不可能知事物之要。他说："学博而后可约，事历而后知要，性纯熟而后安礼。故圣人教人，讲学力行并举，积久而要其成焉。"③他主张讲学、力行并举，二者不可偏废，学不博则不能归之于约，事不历则无法知其要，积习既久，才能掌握其精要而获得成功，其关键在把所知付诸实践，否则讲学闻道只是空谈。王廷相重视实践在认识过程中的作用，主张"知行兼举"，这充分体现了其知行观的特色。

（三）对朱学和心学的批评

以"知行兼举"、重视实践为原则，王廷相对朱学和心学的流弊提出了批评。他说："晚宋以来，徒为讲说；近日学者，崇好虚静，皆于道有害，此不可发后学矣。"④分别批评了晚宋以来朱学学者泥于讲说而不行和明中叶心学学者崇尚虚静、以守其心之弊。虽然朱熹亦讲知行相须，王阳明亦讲知行合一，但朱子后学大多重视讲说而忽视付诸实行，而王阳明则以知代行，均未能把知行双方很好结合起来，故遭到王廷相的批评。他批评流于朱学者"惟以讲论为学，而力行居十之一。故其所知，皆陈迹定版，而寡因时自得之妙"⑤，由于不重视力行，其所知也只是以往陈旧的知识，而缺乏在现实实践中得到的新知。

在朱学流弊甚显、王阳明心学"致良知"说流弊初露之时，王廷相对二者均提出批评，表明他是在理学内部对理学加以修正的思想家。他说："有为虚静以养心者，终日端坐块然，枯守其形而立，曰：学之宁静致远在此矣。有为泛讲以求知者，研究载籍，日从事乎清虚之谈，曰：学之物格知至在此矣。浚川子曰：斯人也，空寂寡实，门径偏颇，非禅定则支离，畔于仲尼之轨远

---

① 王廷相：《文王篇》，《慎言》卷十二，《王氏家藏集》，第2399—2400页。
② 王廷相：《潜心篇》，《慎言》卷六，《王氏家藏集》，第2281页。
③ 王廷相：《见闻篇》，《慎言》卷五，《王氏家藏集》，第2269页。
④ 王廷相：《与薛君采（二）》，《王氏家藏集》卷二十七，第1150—1151页。
⑤ 王廷相：《与范师舜》，《王氏家藏集》卷二十七，第1167页。

矣。……夫心固虚灵，而应者必借视听聪明会于人事，而后灵能长焉。赤子生而幽闭之，不接习于人间，壮而出之，不辨牛马矣，而况君臣父子夫妇长幼朋友之节度乎。而况万事万物儿微变化，不可以常理执乎。彼徒虚静其心者，何以异此。"①这里所谓"虚静以养心者"，即指心学；所谓"泛讲以求知者"，即指朱学。王廷相既批以王阳明为代表的心学，又批朱学，而对与他同时代、方兴未艾的王阳明"致良知"说尤加辨析。他指出，不能离开耳目视听和人事而空言心之虚灵。心之知，必借视听与人事相会而后才能产生，否则不可能有所谓知。如果赤子生下来不与外界接触，长大了不仅不辨牛马，而且不知君臣父子夫妇长幼朋友之间的礼节和人伦道德，故包括良知在内的认识是后天形成的，而不可能是先验的。王廷相此说是针对王阳明"见父自然知孝，见兄自然知弟，见孺子入井自然知恻隐，此便是良知，不假外求"②的观点而发的。王阳明认为，良知自然而生，先天固有，不假外求。而王廷相则认为，包括君臣父子人伦道德在内的人的认识是后天产生的，如果不与外界接触，脱离耳目视听和人际关系，则不可能产生任何知识。这反映了两人认识上的差异，亦是王廷相批评王阳明心学"致良知"说的原因。

以上可见，王廷相从气本论哲学出发，重视客观事物和对客观事物的认知与实践，在此基础上提出思与见闻相会为知的思想和"知行兼举"说，对朱学流弊和王阳明"致良知"说提出批评，重视把实践引入认识论。从而丰富了中国哲学知范畴的理论，为中国哲学认识论的发展做出了贡献。

---

① 王廷相：《石龙书院学辩》，《王氏家藏集》卷三十三，第 1495—1496 页。
② 王阳明：《传习录上》，《王文成全书》卷一，第 9 页。

第七章　宋明理学的经典诠释思想

所谓宋明理学的经典诠释思想是指宋明理学对训解、阐发儒家经典所持的基本立场和思想观点，包括对儒家经典的理解、解释的态度和方法。宋明理学的经典诠释思想是在中国古代经典诠释思想的基础上发展演变而来，宋明理学将中国儒学包括儒家经学发展到宋代的新儒学——宋学哲理化，理学家们在阐发其哲学和理学思想时，并未脱离经学的形式。事实上，理学思潮中的各派及其代表人物均程度不同地认同儒家经典，并以此阐发自己的理学思想，由此形成了不同于汉唐儒者侧重于训诂考释的经典诠释思想，对儒家经典做出了自己的诠释。宋明理学家们对经典的诠释与其各自学派的性质和特点分不开。

以下结合中国古代的经典诠释思想来探讨宋明理学的经典诠释思想及其特质、演变，以及在各派中的表现，并揭示经学的理学化是宋代学术发展的趋势，从经典诠释的角度进一步分析探讨经学史上汉学与宋学各自学派的特征及相异相同之处。这是研究中国经学发展演变及理学之所以产生，其经典诠释思想的特色需要掌握和认识的课题，亦是研究中国经典诠释思想及其在宋明时期的演变所须掌握的思想资源。

一、中国古代经典诠释思想的性质

关于中国经典诠释思想（这里主要指关于儒家经典诠释的学问）的性质，在笔者看来，它是集历史性、权威性、工具性和哲学性于一体，以对儒家经典的解释为主的学问。

（一）历史性

所谓历史性，可理解为其对经典文本的解释是从古到今、发展变化的。这主要是因为以经典文本为研究对象的中国经学本身就具有历史性。儒家经学起源于战国，奠基于汉代。汉武帝时，"罢黜百家，独尊儒术"，经学成为中国封建时代文化的正统，对中国传统社会和文化产生了深远影响。经典文本也经历了一个从先秦到近现代产生、定型和发展演变的过程。在这个过程中，就对儒家经典的解释而言，出现了汉学、宋学到清代新汉学（清学）等几个发展演变的阶段，而文本也有"五经"系统和"四书"系统等不同的系统。由于对经典文本的解释经历了两千多年的漫长历史，在此基础上建立起来的中国经典诠释思想就具有历史性，不可能是单一的理论形态和观点。这些不同的理论和观点也是随时代变迁而不断发展变化着的。因此不可一概而论，把具有丰富内涵的中国经典诠释思想简单化。

（二）权威性

所谓权威性，是指作为中国经典诠释思想对象的主要文本——儒家经典具有代圣人立言的权威性，这种权威性不仅于文本和解读者具有重要意义，而且对于中国社会和中国文化的发展亦产生了深远影响。从整个经学发展的角度讲，对儒家经典的解释离不开弄懂经典的文本和文义，而翻开历史上对经典的解释，从"五经"到"四书"等各种文本里，"圣人立言"的字句比比皆是。解读者对经书文本的解释，就是为了求得圣人立言的旨意。元代著名学者许衡说："讲究经旨，须是将正本反复诵读，求圣人立言指意，务于经内自有所得。"[①]强调经文中存在着圣人的旨意，要求学者于经文中求得，这即是经典解释的目的而不可忽视。虽然宋学学者存在着以己意解经而通过文本阐发义理的倾向，但如果过分脱离原典的原文和原义，仅凭己意说经，则有违背圣贤之旨的风险，使所阐发的理论失去了代圣人立言的神圣光环，而缺乏权威性。尽管王阳明也通过解释《大学》古本来阐发其心学和致良知思想，但他却强调"四书、五经不过说这心体"[②]，认为经典的权威在心的权威之下，而从属于良知，直把经书视为吾心之注脚，在一定程度上具有不盲从旧权威的创新精神。但阳明心学过分脱离经典，骋心于物外的治学倾向也带来了流弊，使之在风行一百余年后又归于沉寂。取而代之的是明清之际以顾炎武为代表的主张"舍经学无理学""经学即理学"的重实证、重考据的经世实学的兴起。顾氏强调从其本源上弄清学术的产生和演变，以经学作为理学之源和根据，以"务本原之学"来摒弃"不知本"的"后儒之学"。经顾炎武和其他学者的倡导，清初学术在为学方法上，抛弃了空谈心性、游谈无根之空疏学风，逐渐向博稽经史、重训诂考据的方向发展，

---

① 许衡：《语录上》，《鲁斋遗书》卷一，文渊阁四库全书，第1198册，第280页。
② 王阳明：《传习录上》，《王阳明全集》卷一，第14—15页。

并影响了清代乾嘉考据学的兴起。这在一定程度上也是受朱熹兼采汉宋、重训诂考证思想的影响。

在中国经学发展史上，汉宋学之争虽使经学的发展受到影响，但打着"圣人之作"和"代圣人立言"旗号的儒家经学，以其神圣不可侵犯的权威贯穿于中国封建社会的始终，成为汉代以来中国传统文化的主体。由于经典直接记圣人之言或蕴涵圣人之旨，历来有很高的权威性，通过众多注家的解释发挥，经典文本中包含的孔子儒家思想得以流传开来，在历史上产生了深远影响和作用，这体现了经典解释的权威性。

由于儒学定于一尊，对儒家经典的解释具有极大的权威性，尽管经学中的合理成分和积极因素对形成中华民族精神及中国优秀文化传统起到了重要作用，但其负面作用和消极因素长期以来又束缚了人们的思想，使得人们热衷于读经、解经，不注重创新和发挥，一度形成只能信仰、不容怀疑的思想格局，这对中国社会及文化的正常发展不利。

（三）工具性

所谓工具性，是指对作为中国经典诠释思想对象的文本的解释具有探索文本本义和文本产生的时代背景的性质，即具有文字解析、解释古训的工具性。这是中国经典诠释思想的基础，亦是其所追求的经典解释的重要目的，由此产生"知人论世"的作用。由于工具性是以文本为对象对其加以解释，因而对原典比较重视，具有解文释义的本原性。

工具性涉及对经传文字、名物度数的训诂，对经书及所反映的礼乐制度的考证等方面。由于秦始皇焚书坑儒和战乱，儒家经典残破不全，能通经解经者已属寥寥。较确切地弄懂古代经典中的词义，这是解经的第一步，《尔雅》因而受到经学家的重视。《尔雅》是中国最早解释词义的训诂专著。从《尔雅》的内容及成书情况来看，《尔雅》虽不是为解经而作，然自汉代经学盛行以来，为解经的需要，《尔雅》日益受到人们的重视，与经学的联系也越来越密切，历代为《尔雅》作注者不绝，至唐代列入"十二经"之列，遂成为儒家经典之一。但《尔雅》不像其他经典那样具有思想性，而只具有工具性，属于语言文字学。

汉学学者对经典的解释，较多地体现了中国经典诠释思想的工具性，而与宋学学者重视阐发义理有所不同。拿汉学与宋学的特色相比，如果说汉学重训诂，宋学重义理，这也不过是言其大要，而省略了局部细节。因为宋学除以重义理为特征外，亦有重训诂考辨的；而汉学也存在着重训诂与重阐发微言大义并存的情形，只不过与宋学相比，汉学较为重视训诂罢了。

在宋学内部，虽有理学和非理学等各派的分野，但宋学之于汉学，从最本质的特征上讲，是以重义理、轻训诂的义理之学与重章句训诂、烦琐释经的汉唐训诂义疏之学相区别。

朱熹在重义理的同时，亦重训诂，将义理与训诂相结合。他说："某所集注《论语》，至于训诂皆子细者，盖要人字字与某着意看，字字思索到，莫要只作等闲看过了。"[①] 这种注释法实际上是以宋学义理为主，而兼采汉宋。南宋以降，朱注《论语》成为《论语》学的中心。学校教育、科举考试皆以朱注为本。《论语集注》与朱熹的《大学章句》《中庸章句》《孟子集注》一起，合称为《四书章句集注》，成为中国经学史上流传最广、影响最大的一部经书，亦是《论语》流传过程中值得一书的大事。

陆九渊则忽视经典解释的工具性，在陆九渊看来，如果读书只是解字，只注重经传文字的解析，那就会陷溺其心，得其枝叶而失其本，"困于闻见之支离，……而假窃傅会，蠹食蛆长于经传文字之间者，何可胜道？"[②] 陆九渊学术的特点是不立文字，内求于心，反对支离于经传文字之间，而未能得道。由此他批评了汉唐诸儒溺于训诂声律的经学流弊，他说："愚尝论之，汉病于经，唐病于文，长才异能之士类多沦溺于训诂、声律之间。"[③] 汉唐儒者沦溺于训诂、声律之间，使经学陷于困境，以致道脉大坏，"正理愈坏"。陆九渊排斥汉唐经学的态度体现了其心学的宋学特征，这与当时的时代潮流是一致的。

清初学者们把"崇实黜虚"运用于经学研究，提倡训诂、辨伪的考据方法，致力于从事经学中的考据学、文字音韵学和校勘学。他们重考据，代替以己意说经、解经，其朴实说经的学风演为后来乾嘉时期的考据之学。

就工具性而言，不宜把中国经学中的汉宋学的差异看得太重。例如，龚自珍虽把经学分为汉学、宋学和"非汉非宋"的清朝经学三派，但认为不宜把汉学、宋学的区分过于夸大，指出"汉人何尝不谈性道？""宋人何尝不谈名物训诂？"[④]

---

① 黎靖德编：《朱子语类》卷十一，第 191 页。
② 陆九渊：《与侄孙濬》，《陆九渊集》卷一，第 13 页。
③ 陆九渊：《问制科》，《陆九渊集》卷三十一，第 363 页。
④ 龚自珍：《与江子屏笺》，《龚自珍全集》第五辑，中华书局 1959 年版，第 347 页。

（四）哲学性

所谓哲学性，是指对经典文本的解释具有哲学解释的性质，即从经典诠释到哲学诠释，其中包含着探索未知和时代创新的意义。中国经典诠释思想所具有的哲学性，是由中国经典诠释思想所具有的工具性发展而来，其工具性所包含的方法论也发展为哲学性所包含的本体论，即由方法论发展为本体论。这与中国经典诠释思想发展史上所经历的由汉学到宋学，由重训诂转向重义理，进而由重义理到重哲理的发展演变的脉络相适应。哲学性是从已意出发对文本加以解释，从中阐发哲理，而对解读者及所处时代比较重视，具有哲学理论的时代创造性。

中国经典诠释思想所具有的哲学性是经典解释发展的结果，其经历了一个发展演变的过程。这主要体现在：经典解释所依据的主要文本由"五经"转到了"四书"。这是因为"五经"系统更多地侧重于文字训诂考据，与工具性有较多的关联；而"四书"系统则更便于阐发义理和哲理。由于"五经"时代久远，文字古奥，字义艰深，晦涩难读，使初学者望而却步，尤其难以向民间普及。又经历秦火和战乱，"五经"已残破不全，汉学学者为了弄懂"五经"原义，不得不下大工夫从事考据训诂，以致产生流弊，烦琐释经，陷于文字训诂之末而失其本，忽视思想阐发。而"四书"则文字简要易懂，说理明白，便于释读和阐发义理，而由已意出发阐述哲理，也易于向民间普及。

与此相关，文本解释的方法亦由重训诂转向重义理，进而由重义理转向重义理中蕴涵的哲理。于是程朱等宋学学者和理学家推重"四书"，把"四书"的重要性和地位置于"五经"之上，不仅从形式上改变了汉唐经学唯"五经"是尊的格局，而且在经典的内容上为发明义理提供了依据，主要以"四书"为文本依据而阐发义理和哲理。从而使以朱子学为代表的新儒学成为学术思想发展的主流，以抗衡盛行于唐代、具有精致的思辨哲学色彩的佛、道宗教思想。于是宋代义理之学逐步取代汉唐训诂之学，成为儒家经学乃至中国文化发展史上的重大变革。理学家在重义理的基础上，通过对经典的解释，进一步把义理之学发展为更具哲学思辨性的性理之学。

由此，经典解释的理论深度也由经学诠释转向经学诠释与哲学诠释的结合。宋代以前儒家学者对经典的解释，较少哲学思辨性，停留在以训诂注疏为主的阶段，仅有较为粗糙的天人感应论。这使得儒家学说缺乏本体论的哲学依据，难以与建立在本体论哲学基础之上的佛、道宗教思想相抗衡，以至使儒家文化的主导地位发生动摇。宋以后的思想家通过援佛、道入儒，既批评佛、道的出世主义，又吸取借鉴佛、道精致的思辨哲学。宋代理学家尤其是其代表人物程朱在经学解释的基础上，加以哲学思辨，在经典解释中提出系统完整的以天理论为主体的本体论诠释思想，从方法论发展到哲学本体论，从而提升了中国经典诠释思想的哲学思辨水平，使之具有了明显的哲学性，对中国哲学的发展产生了重要影响。

从以上对历史性、权威性、工具性和哲学性的探讨可知，中国经典诠释思想的性质是集上述四者于一体，以对儒家经典的解释为主的学问，具有本原性与创造性、工具性与哲学性辩证统一之特点。其中解读者与文本的关系涉及圣人权威、经典文本与阐发己意的关系和冲突，解读者通过对文本的解释和理解，从中阐发道理，其基本问题是对文本的理解问题，并在对文本的解读中存在着文与道、儒家经典与道统之道的关系问题，体现了治经以阐发圣人作经之道即道理为解读目标，而不纯以探求经文本义为最终目的。通过解经、读经，发掘天理、天道，重视心性和性理之学，反映出宋明理学重主体能动性的发挥、重道德理性以适应社会发展需要的思想解放与创新精神。这不仅是对中国经典诠释思想的发展，亦是对中国哲学的发展。中国经典诠释思想的发展，促进了中国哲学和中国学术思想的发展。中国经典诠释思想解释方法和指导思想的不断创新，不仅使经典文本的原义和作经者的本意得以彰显，而且使中国哲学的生命智慧在随时代发展的创造性解读中得以延续并发扬光大。

二、以己意说经 —— 宋明理学经学观的特质

所谓宋明理学的经学观是指宋明理学各派用对儒家经典理解、解释的立场、态度和方法来观察儒家经典所形成的对儒家经典和经学史上各种理论、学说的看法。宋明理学的经学观与其经典诠释思想紧密相联，亦是宋明理学经典诠释思想对待经学所持的基本观点和理念。

尽管宋明理学家把经学哲学化，将宋学哲理化，但他们在阐发其哲学和理学思想时并未脱离经学的形式。事实上，理学思潮中的各派及其代表人物均程度不同地认同于儒家经典，并以此阐发自己的理学思想，由此形成了不同于汉唐儒者侧重于训诂考释的经学观。所以应注意把经学研究与理学研究有机地结合起来，以探讨理学及各派的经学观。

以己意说经，不受旧注疏的约束，这体现了宋明理学各派经学观的共性，以此与以往汉唐儒家学者的经学观区别开来。理学家们在疑经思潮的基础上，

进一步提出"由经穷理"和"经所以载道"的思想，强调治经学的目的是为了明理，而理即道存在于儒家经典之中，而不存在于注疏之中，但须通过心解、心悟，向内探求才能获得。由此理学重视以己意解经，发挥解经者的主观能动性。其以己意说经的目的在于阐发自己的性理、心性之学，而不是为解经而解经，从而把宋代义理之学发展为理学，由此占据了中国思想文化发展的主导地位，并对后世产生了十分重要的影响，使主导中国思想文化发展的经学发生了历史性的变革，完成了理性主义的文化超越。

宋明理学家以己意说经、解经，崇尚心悟，大胆发挥，以求道理，不受旧注疏的束缚。邵雍在对经典的研究中，提出"经有因革""不必引用讲解"的思想，认为"记问之学，未足以为事业"[1]，批评单纯引用讲解而不知道的学风。他提出"心为太极"的思想，强调"先天学，心法也。故图皆自中起，万化万事生乎心也"[2]；在对儒家经典《周易》的诠释中，提出心本论哲学，开宋代理学心本论思想之先河。

周敦颐通过解说《易传》《中庸》等儒家经典，克服汉唐旧儒学重文字训诂解析、轻思想义理发挥的弊病。他以己意说经，重义理发挥，构建起以无极而太极——阴阳——五行——万物为框架的宇宙本体论哲学，并将宇宙本体论与儒家伦理学相结合，把《易传》的"太极阴阳"说与《中庸》的"诚"说有机结合起来，以《易》为性命之源，以"诚"为万物之本，沟通天道与人道，确立了与前代不同的形上学理学思想体系。他为经学哲学化、义理化，为宋代理学的兴起和儒学哲理化做出了自己的努力。

张载在治经过程中，重心悟、心解，轻训诂；重宋学义理，轻考据遗言。他说："义理有碍，则濯去旧见，以来新意。……当自立说以明性，不可以遗言附会解之。"[3]张载主张治经应濯去旧见，以来新意，掌握经书中的义理；并强调自立己说，以明性理，不可附会先儒的传注遗言来解经。其"自立说以明性"的思想体现了理学家以己意说经的经学观特色。由此他在对气、道、理、心、性诸哲学范畴及对诸范畴之间相互关系的论述上，达到较高的哲学思辨水平。他提出气本论哲学，在气本论的基础上，构建其理学思想体系，把哲学本体论与儒家伦理学结合起来，在本体论、心性论、认识论、辩证思维诸方面均有理论建树，发展了儒学和中国哲学。

---

[1] 邵雍：《观物外篇·下之下》，《邵雍集》，第178页。
[2] 邵雍：《观物外篇·下之中》，《邵雍集》，第159页。
[3] 张载：《张子语录中》，《张载集》，第321—323页。

二程以治经为实学，自家体贴出"天理"来，不仅疑经惑传，而且提倡以己意解经，认为只要道理通，符合义理，则不必拘泥于经书文字，甚至文义解错也无害。这就为阐发道理提供了方便。二程说："善学者，要不为文字所梏。故文义虽解错，而道理可通行者不害也。"① 也就是说，在解经的过程中，主张不受经书文字的束缚，大胆发挥义理，使之通行于世，在道与文字之间，以道为主。可见二程提倡的是一种思想解放的精神，是对汉学热衷于注经、释经，不注重创新和发挥的流弊的针砭。由于汉唐诸儒训诂义疏的治经方法长期以来束缚着人们的思想，不利于新思想的产生，在一定程度上阻碍了中国思想文化及社会的正常发展。二程在新形势下，提倡以己意解经，指出"解义理，若一向靠书册，何由得居之安，资之深？不惟自失，兼亦误人"②，认为义理不仅仅存在于书册之中，它还存在于书册之外。光靠儒家经典，并不能充分发明义理；要发明新儒学的义理，就必须结合时代的发展，以己意说经。这充分体现了二程不受书册的约束，大胆创新的时代精神。二程以己意解经、"不为文字所梏"的思想成为经学学风转向的重要标志。

胡宏批判了汉唐经学的章句训诂之末，而重自得，倡为己之学。以图纠正汉学之弊，强调"事不在章句"③"惟为己之学是务"④。大胆提出改经之言："愚以为如是称而逆理害义，虽人谓之圣贤之经，犹当改也；苟于理义无伤害，虽庸愚之说，犹可从也。"⑤ 强调以理义为标准，而不以圣贤之经为标准。如果违背了理义，即使是圣贤之经亦当改正；如果无妨于理义，哪怕是平常之人所言，也可从之。胡宏这种把理义放在经典之上的思想，体现了他对理义的高度重视。而理义须自得之，"要在自以意观之"⑥，体现了胡宏以己意说经的思想。

朱熹的经学观亦体现了理学以己意说经的共性。虽然朱熹对当时宋学学者过分以己意说经、过分讲道理而忽视经文本义的治学倾向提出一定的批评，但他仍然是以讲义理和天理为主，尤其当求经文本义与阐发义理二者发生矛盾时，朱熹本人解经则是以阐发义理为主，甚至有违于经文本义也有所不顾。这充分体现了朱熹治经以阐发义理为最高目标，而不是以探求经文本义为准则，尽管他对探求经文的本义也十分重视。朱熹对《大学》的改易，增加原文所没有的

---

① 程颢、程颐：《河南程氏外书》卷六，《二程集》，第378页。
② 程颢、程颐：《河南程氏遗书》卷十五，《二程集》，第165页。
③ 胡宏：《水心亭》，《胡宏集》，第57页。
④ 胡宏：《邵州学记》，《胡宏集》，第151页。
⑤ 胡宏：《皇王大纪论·皇帝王霸》，《胡宏集》，第221页。
⑥ 胡宏：《与彪德美》，《胡宏集》，第145页。

《格物致知补传》，其目的在于阐发和认识天理，这正是理学以己意说经学风和经学观的集中体现，而与汉学宗旨有别。

陆九渊心学不立文字，专求于心，以心为最高原则，对《孟子》一书吸取甚多，在孟子思想基础上"自得"，并加以发展。他对《孟子》一书的吸取，主要是依据此书而发挥自己的心学精神，而非追求对其章句文字的解析。他说："读《孟子》须当理会他所以立言之意，血脉不明，沉溺章句何益？"[①]强调去理会孟子之所以立其言语文字的思想意涵，而不须沉溺于对《孟子》一书章句文字的表面之解。

对待儒家经典，陆九渊主张"六经注我"，认为经典不过是吾心的记籍，治经学的目的是为了明心。从形式上讲，陆九渊不受儒家经典的约束，以"六经"为我心的注脚，相对轻视经典，把崇尚心悟，以己意说经的倾向进一步发展。然而陆九渊对经典和经学也不是全然不顾，与整个中国哲学的特点相关，陆氏在阐发其心学思想时也借用了经学的形式，并对以往的经典和经学提出了自己的见解，在这些方面体现了其心学的经学观，或者说体现了经学发展演变过程中所经历的心学发展阶段的特质，从心学的角度发展了经学之宋学。

陆学不受经典束缚，内求于心，忽视知识，不立文字，以己意说经的经学观得到王阳明的赞同。王阳明以己意解《大学》，认为"《大学》之要，诚意而已矣"[②]，而致知为诚意之本，强调诚心中之意，致心之良知，把人们的注意力转向心内之世界，而不是向客观物质世界探求。王阳明并强调："凡看经书，要在致吾之良知，取其有益于学而已，则千经万典，颠倒纵横，皆为我之所用。一涉拘执比拟，则反为所缚。"[③]他指出，经典虽为圣人所作，但要把致吾心之良知摆在治经的首要位置，使儒家经典为我所用；反对拘泥于经书文字，认为这反以经典束缚了致良知。这为其以己意说经、致心之良知提供了理论依据。

以上可见，宋明理学各家各派在阐发其哲学和理学思想时，均未脱离经学的形式，程度不同地认同于儒家经典。在此基础上，以己意说经，崇尚心悟，阐发性理，而不受旧注疏的约束，这体现了宋明理学经学观的共性和特质，以此与汉唐经学以注疏训诂释经的经学观区别开来。理学家以己意说经的方法论原则，成为其普遍的治经指导原则，强调治经学须通过心解、心悟，向内探求才能获得对道理的认识。其目的是为了明理，明道，或以心为理，而主张明心，

---

① 陆九渊：《语录下》，《陆九渊集》卷三十五，第445页。
② 王阳明：《大学古本序》，《王阳明全集》卷七，第242页。
③ 王阳明：《答季明德》，《王阳明全集》卷六，第214页。

致心之良知。由此他们重视发挥解经者的主观能动性，形成了不同于汉唐儒者侧重于训诂考释的经学观。这对宋元明时期经学的发展产生了重要影响。

三、儒学经典诠释思想之演变

经学的理学化使得儒学经典诠释思想发生了历史性的演变和转化。经学是中国文化史上一种特有的文化现象，对中国哲学与文化及中国社会的发展产生了重要影响。与经学的发展演变相适应，中国有两千多年注解诠释儒家经典的传统，有许多关于诠释学的思想资料，并形成了较有代表性的若干诠释方法和理论。理学家对经典的诠释，体现了儒学经典诠释思想之演变，具有深刻的时代和思想背景，打下了深刻的时代烙印，是在化解当时与传统经学解释学的冲突、价值观念的冲突以及与外来文明的冲突中演变和产生的。从经学理学化的进程看，儒学经典诠释思想发展到宋明时期之演变主要体现在以下方面。

（一）经典诠释所依傍的文本重心由六经（实则五经）系统转向四书系统

先秦时期是儒家经学的形成和奠基时期，儒家经典有《诗》《书》《礼》《乐》《易》《春秋》"六经"。秦统一天下后，实行严刑峻法和思想统制，于秦始皇三十四年（前213）采纳丞相李斯之议，"焚书坑儒"，使得"六经"典籍遭到严重损坏，不少通经的儒生也被坑杀。"秦火"之后留存的少量典籍又在随后不久进行的楚汉战争中遭到进一步的损毁。如此使得战国时期流传的"六经"典籍，在经历了秦火和战乱的浩劫后，所剩无几。然而，文化的专制并不能阻碍思想的传播，秦火和战乱之余的儒生凭记忆和口耳相传，将一部分儒经流传下来。此外，民间也藏匿了一些战国时的经籍，这些为汉代经学的兴起，准备了条件。西汉初董仲舒的《春秋繁露·玉杯》篇仍是"六经"经名并称，董仲舒亦上疏"罢黜百家，表章六经"[1]。汉武帝立五经博士，已无《乐》经博士。《史记·儒林列传》云："及至秦之季世，焚《诗》、《书》，阬术士，六艺从此缺焉。"[2]《史记》认为秦始皇焚书坑儒使得"六经"缺损，并记述了"五经"的传承，而缺《乐》经。如此，"六经"除了《乐》，便是"五经"。汉唐学者就是以

---

[1] 班固：《武帝纪》，《汉书》卷六，第212页。
[2] 司马迁：《史记》卷一百二十一，中华书局1959年版，第3116页。

"五经"作为经典诠释的主要对象和文本,来从事经学研究。至唐初孔颖达等编定《五经正义》,颁行天下,统一了对经义的疏解。

宋学之理学经典诠释的文本则是以"四书"为主。将《大学》《中庸》《论语》《孟子》"四书"合并为"四书"系统,这是宋代经学区别于汉唐经学的"五经"系统的一个显著特点。"四书"系统的形成与宋代《孟子》由"子"入"经"有密切关系。"四书"除《孟子》外,其余三书原均属儒家经典的范畴:《论语》是汉代"七经"之一;《大学》《中庸》是《礼记》中的两篇。《论语》因是记圣人之言,其重要性毋庸置疑。《孟子》从唐中期起开始得到人们的重视,同时《大学》和《中庸》二书也开始受到重视。韩愈倡儒家"道统"论,推崇孟子及《孟子》书,并重视《大学》,阐扬《大学》修身齐家治国平天下的思想。韩愈弟子李翱推崇《中庸》,以之阐发心性思想。李翱在其《复性书》中还多次征引《孟子》《大学》等。可以说韩、李等开重视"四书"之先河。经宋初至二程,程颢、程颐为建立理学思想体系的需要,以"四书"为对象,从中阐发义理,倡"四书"义理之学,并由义理到性理,认为"四书"的重要性在"六经"(实则"五经")之上。二程以"四书"作为整个儒家经典的基础,指出"四书"体现了圣人作经之意,圣人之道载于"四书",要求学者以研习这四部书为主、为先,以发明圣人之道。程颐强调:"学者当以《论语》、《孟子》为本。《论语》、《孟子》既治,则六经可不治而明矣。"①除《论语》《孟子》外,《大学》《中庸》也是二程优先关注的,他们认为《大学》是"入德之门",《中庸》是"孔门传授心法"②。显然"四书"的地位在"六经"之上,从而逐步确立起"四书"及"四书"义理之学在中国经学史上的主导地位。

对此,《宋史·道学传》指出:"仁宗明道初年,程颢及弟颐寔生,及长,受业周氏,已乃扩大其所闻,表章《大学》、《中庸》二篇,与《语》、《孟》并行,于是上自帝王传心之奥,下至初学入德之门,融会贯通,无复余蕴。"③二程的提倡和表彰,使"四书"并行,把人们的注意力从众多的古经中转移到这四部文字易懂、旨意深远的经书上来,使之成为包括"五经"在内的整个经学的基础、学者入德之门。《宋史·程颐传》亦称:"(程)颐于书无所不读,其学本于诚,以《大学》、《语》、《孟》、《中庸》为标指,而达于六经。"④程颐之学是

---

① 程颢、程颐:《河南程氏遗书》卷二十五,《二程集》,第322页。
② 程颢、程颐:《河南程氏外书》卷十一,《二程集》,第411页。
③ 脱脱等:《道学传一》,《宋史》卷四百二十七,第12710页。
④ 脱脱等:《道学传一》,《宋史》卷四百二十七,第12720页。

以"四书"为标的和宗旨,在此基础上而达于"六经"。达于"六经"是对学者的进一步要求,但就治经学的基础和宗旨而言,则是以"四书"为重。虽然二程并不忽视其他儒家经典,尤其对《周易》予以关注,但就二程对学者的基本要求来讲,仍是把"四书"置于优先的位置。这一思想得到了朱熹等宋学学者的广泛认同并加以发展,朱熹以毕生精力诠释"四书",著《四书章句集注》,该书成为中国经学史上流传最广、影响最大的一部经书,是以"四书"作为宋学学者经典诠释的主要文本。

(二) 经典诠释的方法由重训诂转向重义理

汉学重训诂,宋学重义理,这是汉、宋学经典诠释方法论上发生的主要转变。这与汉、宋学分别以"六经"和"四书"作为经典诠释的主要文本有一定的关系。因"六经"时代久远,文字古奥,字义艰深,佶屈聱牙,晦涩难读,不仅初学者却步,而且难以向民间普及。又历经秦火和战乱,"六经"残破不全,汉学学者为了弄懂"六经"原义,不得不下大功夫从事考据训诂,以致产生流弊,烦琐释经,陷于文字训诂之末而失其本。这亦是汉唐旧儒学未能有效地回应外来宗教文化的挑战而动摇了儒学文化主体地位的重要原因,因而遭到了宋学学者的批评。而"四书"则文字易懂,说理明白,便于阐发义理和向民间普及。于是程朱等宋学学者和理学家推重"四书",把"四书"的重要性和地位置于"六经"之上,不仅从形式上改变了汉唐经学唯"五经"是尊的格局,而且在经典的内容上为发明义理提供了依据。这便于把"四书"之义理推向民间,发挥其传播效果,以深入社会生活的各个领域,产生普遍的社会效应,也使以朱子学为代表的新儒学不仅成为学术思想发展的主流,而且广泛流传民间,影响大众。这种把学术文化引向民间大众的治经思想值得借鉴。

汉代经学尤其是东汉古文经学重视对经书文字名物的训诂,其代表人物贾逵、许慎、马融、郑玄等在训诂学方面对后世影响较大。贾逵治经以古文经学为主,著经传义诂及论难百余万言,其中包括《春秋左氏传解诂》和《国语解诂》等训释某部著作的专著,对东汉古文经学的发展起了重要作用。许慎师事贾逵,经学造诣较深,尤长于训诂,著有《说文解字》十四卷,又叙目一卷,集古文经学训诂之大成。该书按文字形体及偏旁构造,分列五百四十部,首创部首编排法。每字下的解释,大抵先说字义,再说形体构造及读音,依据六书解说文字。《说文解字》是我国第一部系统分析字形和考究字原的字书,为后世研究文字及编辑字书提供了重要根据。马融为东汉古文经学的代表人物,他博通经籍，精于训诂。曾欲为《左氏春秋》作训诂，见到贾逵、郑众的注，称："贾君精而不博，郑君博而不精。既精既博，吾何加焉！"①马融主张为经书作训诂要把精与博结合起来，避免"精而不博"或"博而不精"。于是著《三传异同说》，并注《孝经》、《论语》、《诗》、《易》、"三礼"、《尚书》等儒学群经，集东汉古文经学之大成。郑玄承马融等兼通今、古文经学而来，并加以发展，"括囊大典，网罗众家"②，是集两汉经学之大成的人物。郑玄治学不拘泥于今、古文经学的界限，以古文经学为主，兼采今文经学之说，遍注群经，打破西汉以来的师法与家法，融通今、古文，自成一家之说。在其治经学的过程中，通过训诂，对整理古代经书有突出贡献。东汉末以后，郑玄之学成为显学。

汉儒对经书的训诂之学影响到后世，虽然魏晋时玄学家用老庄义理解经，取代烦琐的传注训诂，但南北朝时的北朝经学受汉末郑玄之学影响较大，其传授的重点是训诂典章制度，不尚玄谈，走的是汉代笺注之学的道路，并加以发挥。北学重视对经典的训诂考释，较多地继承了汉代训诂章句的传统，以郑学为主，长于训诂，在章句细节上穷究考详。但北方经学也不是完全拘守郑玄章句，除据郑玄之义外，也有引证他书，兼通"六经"，博采诸说，并申以己意的。南北朝经学在治经方法上采用的是广搜群书，补充旧注，究明原委的义疏之学，它介于义理与训诂之间。义疏之学可视为连接汉人注经与唐人疏注之间的桥梁。

唐宋之际社会经济、政治的变革引起了思想文化领域的变革，重义理的宋学取代重训诂的汉学，是宋代学术和中国经学发展的趋势和潮流。所谓义理之学，是指与章句训诂注疏之学相对应的，讲求儒家经义、探究其道理的学问。"义理"一词，初见于《礼记·礼器》："义理，礼之文也。"即义理是对礼的合宜得理的解说。汉晋时指经义名理，故后来学者将其作为一门讲求经义、探讨名理的学问。与汉唐儒者专事训诂名物、传注疏释的治经路数不同，宋儒治经着重探究义理，重在阐发儒家经典中的大义和道理。北宋张载已提出"义理之学"这一概念，他说："义理之学，亦须深沉方有造，非浅易轻浮之可得也。盖惟深则能通天下之志，只欲说得便似圣人，若此则是释氏之所谓祖师之类也。"③意即义理之学是要深入到儒家经书的内部，探讨其大义，只有沉潜深入，才能通天下之志，如果只停留在表面说经，貌似圣人言语，而实则并未领会其精神

---

① 范晔：《马融列传》，《后汉书》卷六十上，中华书局1965年版，第1972页。
② 范晔：《张曹郑列传》，《后汉书》卷三十五，第1213页。
③ 张载：《经学理窟·义理》，《张载集》，第273页。

实质。后来重义理、轻训诂的宋学被称为义理之学，而与重章句训诂、传注疏释的汉唐经学相区别。

自唐中叶以来思想领域出现的疑经思潮和怀疑创新精神，是宋学产生的重要背景。作为主导中国思想文化发展的儒家经学至唐代已陷入困境。唐初孔颖达等奉钦命编定的《五经正义》，虽然完成了经学的统一工作，统一了对经义的疏解，但仍沿袭汉学的章句注疏之学，坚守注不驳经、疏不破注的经典诠释原则，学者拘于训诂，墨守正义，而不重视对经书义理的探讨，所以不利于新思想的产生和发挥，束缚了儒学的发展。唐代士人就是在汉代和魏晋旧注的基础上来诠释经书和原有的旧注的，普遍采取疏不破注和烦琐训诂释经的方法。这种汉唐经学的传统缺乏生命力，表明旧的儒家经学已经僵化，显然不能与盛行于唐代的佛、道精致的思辨哲学相抗衡。于是宋学学者对笺注经学提出非难。他们发挥经书中的微言大义和义理，全凭己意说经。不仅疑传、舍传，而且疑经、改经，蔚然形成疑经惑传的学术新风。学风的改变，标志着宋学的兴起，义理之学逐步取代汉唐训诂之学，是儒家经学乃至中国文化发展史上的重大变革。

南宋陆游在论述宋代学风的转变时指出："唐及国初，学者不敢议孔安国、郑康成，况圣人乎！自庆历后，诸儒发明经旨，非前人所及。然排《系辞》，毁《周礼》，疑《孟子》，讥《书》之《胤征》、《顾命》，黜《诗》之序，不难于议经，况传注乎！"[①] 由是观之，经学发展到北宋初，发生了重大变革，由章句注疏之学逐渐向义理之学转变，自宋仁宗庆历以来，蔚然形成一代疑经惑传、改造旧经学的学术新风。

学风的转变和疑经惑传风气的形成，标志着宋学的兴起。宋学区别于汉学的显著特征在于它的重义理，故宋学中的各派都具有重义理的这一特征。在宋学内部，虽有理学和非理学等各派的分野，但宋学较之汉学，从最本质的特征上讲，是重义理、轻训诂的义理之学与重章句训诂、烦琐释经的汉唐训诂注疏之学的区别。虽然在汉学中也有重视义理，注意阐发经典中的微言大义的，而在宋学中也有重训诂考辨的，但大致可以说，重义理还是重训诂，是宋学与汉学的区别。这即是宋学与汉学各自经典诠释方法论的侧重点。理学家则是在重义理的基础上，通过对经典的诠释，进一步把义理之学发展为更具思辨性哲理的性理之学。

---

① 王应麟：《经说》引，《困学纪闻》卷八，文渊阁四库全书，第 854 册，第 324 页。

（三）经典诠释的理论深度由经学诠释转向经学诠释与哲学诠释相结合

汉唐诸儒对经典的诠释，以经学诠释为主，较少哲学思辨性。宋儒注重以义理治经、解经，理学家的思辨性超出汉唐诸儒，其义理之学中包含一定的哲学。冯友兰先生当年作两卷本《中国哲学史》，把整个中国哲学史分为"子学时代"（先秦，包括秦汉之际）和"经学时代"（汉到清末）两大部分，认为在经学时代，儒学定于一尊，儒家的典籍已成为"经"，一定程度限制了人们的思想，即使有新的见解，也往往用注经的形式表现出来。汉以来的中国哲学史，在冯先生看来，一定程度上就是中国经学发展演变的历史。而在经学发展史上，汉唐学者对经典的诠释，侧重于通过训诂考释弄懂经书的字句原义，而缺乏哲学思辨。而宋以来，情况发生了变化。宋学之理学家在经学诠释的基础上，继承吸取以往的思想资料，并加以创新发挥，与汉学相比，其对经典的诠释明显带有哲学诠释的意蕴。宋以前的中国诠释思想，道家、玄学和佛教各自对其经典的诠释，有本体诠释的思想，其中道、玄提出道本论的思想，佛家提出心、性本体论和理本论的思想，然而居中国思想文化主导地位的儒家在宋以前却少有提出系统的本体论思想，汉唐诸儒对具有至高无上地位的儒家经典的诠释，停留在以训诂考释为主的阶段（亦有较为粗糙的天人感应论），这使儒家政治伦理学说缺乏本体论的哲学依据，难以与建立在本体论哲学基础上并以之为依据的道玄佛思想相抗衡，以至动摇了儒家文化的主导地位，产生理论危机和社会危机。宋学学者，尤其是宋明理学家在新形势下，通过对儒家经典的注解，在经学诠释的基础上加以理论创新，提出系统、完整的以天理论为主体，贯通道本体、心本体、性本体的本体论诠释思想，从而大大丰富并发展了中国哲学的本体论诠释思想。其代表人物朱熹以说经的形式，提出并论证了中国哲学的一系列范畴、命题和重要理论，使得哲学本体论与儒家伦理政治学说紧密结合、融会三教的理学思想体系逐步占据了中国哲学与中国文化发展的主导地位，并对后世中国文化与哲学的发展产生了十分重要而深远的影响。以朱熹思想为例，朱熹的经学思想不仅是他整个学术思想十分重要的组成部分，也是他哲学思想的根基。朱熹的哲学建立在他的经学思想的基础上，通过对儒家经典的哲学诠释而提出，其经学与其哲学密不可分。所以，离开了对朱熹经学及其经典诠释思想的研究，对其哲学思想的研究将失去可靠的基础，也不可能十分符合朱熹思想的本义。

中国古代尚没有哲学学科的划分和"哲学"这个名词，各个时代的哲学家、思想家不过是结合时代发展的需要，通过对经书的训解阐释而提出自己的新思想。诸如哲学等思想，都是后来的人们根据现代学科分类及学科名词，通过研究思想家们以经学为主的学术著作而概括出来的哲学等思想。朱熹一生的学术活动就是以经学研究为主，围绕着对诸经本义的探求和以义理及哲理诠释儒家经典。朱熹留下了大量的经学论著，这些经学论著中的经学思想包含着丰富的哲理，其哲学即是通过注释儒家经典的形式表现出来。这使得朱熹经学思想渗透到其哲学思想之中。因此，探讨宋明思想家们是怎样通过注经和经典诠释的形式来阐发其哲学思想，并发展了中国传统哲学，是一个值得进一步研究和探讨的有意义的课题。宋学之理学家在对儒家经典作诠释的过程中，注意把经学诠释与哲学诠释结合起来，为建立具有时代特色的哲学体系作论证，从而发展了以往的中国传统哲学。这一时期的哲学思想大多是通过各派思想家对儒家经典的阐释研究而提出来的。这个时期的哲学家大多是经学家，他们论述自己哲学的著作，很多都是关于经学的著作。由于经学与哲学紧密相连，所以如不深入研究这个时期的经学，就不易对这个时期的哲学作全面、透彻的把握，也很难在此基础上深入探讨哲学发展的线索、规律和特征，以及各派哲学思想的异同。可见这一时期哲学与经学不可分，哲学与同时代的经学密切相连，哲学诠释融入经学诠释之中。所以说，哲学与经学相结合，通过注经、解经来阐发哲学思想，是宋学之理学经典诠释的特点之一，其经典诠释的理论深度明显要高于缺乏哲学诠释的汉学。

（四）经典诠释中人文与宗教之互动——既排斥又吸取佛、道

与理学家对经典的诠释重哲学诠释相关，经学的理学化体现在儒家经学与宗教的关系方面，是理学家对经典的诠释借鉴了佛、道二宗教的思想，对佛、道二教既有排斥又有所吸取。这与汉学以排斥佛、道二教为主不同。

北宋以前的儒家经学重道德伦理而疏于哲学论证，难以与建立在本体论哲学基础上并以之为依据的佛、道思想相抗衡。佛教是一种外来的宗教，从南北朝到隋唐时期，迅速扩大了势力。它以自己特有的一套精致的思辨哲学和超凡成佛的心性修养方法征服了玄学，并对儒学提出了严重的挑战，中国传统的天人之学以及人文主义的文化价值观面临危机，儒学的正统地位也发生了动摇。当时佛教对儒学的挑战是咄咄逼人的，特别是针对儒学的理论基础元气论和天人感应论进行批驳，认为其过于浅薄，是一种根本不能与佛教相抗衡的"执迷"之说；既然儒学思想如此浅薄，比不上佛学，就应该用佛教来取代儒学，用外来的宗教来取代中国的传统文化。佛教学者宗密认为，儒家学理仅相当于小乘佛教中所说"空劫"阶段，甚至佛教小乘浅浅之教已超过儒家深深之说，其更不能与佛教精深的大乘教义相提并论。这也是儒学在隋唐时期面临佛老的挑战而停滞不前的原因。佛、道精于哲学思辨而流于寂灭空虚，与中国古代宗法社会制度和社会伦理不相适应。这种宗教与人文的思想斗争是十分严峻的。就儒家而言，如不突破汉唐经学训诂注疏的藩篱，在本体论和心性论方面有所建树，从哲学的高度为当时的人们提供一种足以抗衡并取代佛、道宗教的世界观，就无法维护儒学的正统地位，而中国传统的世俗文化也将由此而沦丧。然而汉唐儒家经学限于训诂注疏，以较为粗糙的"天人感应"神学目的论为理论框架，其抽象思辨能力历来不强，并对佛、道思想持排斥态度而缺乏沟通，使儒家伦理学缺乏哲学本体论等思辨哲学的依据而有待于发展。思想与历史发展的客观进程是儒、佛、道三教互黜、互补，较量其得失，在新形势下熔铸改造，加以理论创新。儒、佛、道三教是汉以来中国传统文化发展的主要构成，三教相互影响、相互渗透，对中国哲学的发展产生了重要影响。中国哲学的发展吸取了宗教中所包含的思辨性哲理，同时哲学对宗教也产生了深刻影响。

　　宋代新儒学产生的理论针对性主要有两个：一是佛、道宗教思想的盛行动摇了儒家文化的主导地位；二是旧儒学拘于训诂，牵于名物，提倡注不驳经、疏不破注的注疏之学，而不重视结合社会发展的实际对经书义理进行探讨，导致儒学发展停滞。于是，宋以来的新儒学者通过既批佛、道出世主义、不讲社会治理的教旨教义，又吸取佛、道精致的思辨哲学，在经典诠释中改造旧儒学，把儒家经学义理化、哲学化，从而发展了儒家经学和中国传统哲学。就儒、佛、道三教的关系而言，宋以前以相互排斥、对立为主，宋以后则以融合吸取为主。这反映到经学领域，就是汉学对佛、道二教以排斥抵制为主，虽也一定程度借鉴了佛学的义疏的形式，但在思辨哲学的内容上则缺乏吸取和沟通。而宋学之理学家在对经典的诠释中，虽对佛老出世主义、不讲儒家伦理的教旨教义提出了严厉的批判，如二程、胡宏、朱熹等，但又大量吸取了佛老精致的思辨哲学，把哲学本体论与儒家伦理学紧密结合起来。通过经典诠释，完成了自宋初以来，思想家们致力于建立一种直接把哲学本体论与儒家政治、伦理学说统一起来的理论体系的尝试，这标志着宋代理学的确立，在中国经学史和中国哲学史上具有划时代的意义。宋学之理学家通过经典诠释，把代表儒家伦理的人文主义传统与佛、道宗教学理中精致的思辨哲学相互沟通，相互结合，通过二者的互动，既批判排斥与儒家伦理相悖的出世主义的宗教教旨教义，又吸取佛、道的本体论哲学和精致的思辨哲理，表现出与汉唐经学不同的治经倾向。理学家对佛老的吸取，对于提高儒学的哲学思辨水平，进而发展深化中国哲学具有重要意义。

宋以来，儒、佛、道三教相互辩难，又相互融合，逐渐形成"三教融合"的格局，这充分体现了中国文化多元互补的特色。儒、佛、道三教作为汉以来中国传统文化的三大构成，各以其不同的文化特征影响着中国哲学与文化；三者又相互沟通、融合，共同作用于中国文化与哲学的发展。

从思想理论的特点来分析，三教各有其长短。儒学长于社会治理，以伦理纲常教化民众，维护社会的稳定和民族团结；其短处是缺乏思辨哲学来影响人、打动人。佛学长于治心，以心性哲学和思辨哲理来论证其教旨教义，发挥宗教消除内心紧张、求得心灵安宁的社会功能；其短处是不讲社会治理，其出世主义的宗教信仰与中国宗法等级社会及其社会制度形成矛盾，由此与适应宗法社会伦理关系的儒家思想尖锐对立。道教长于养身，通过修炼，得道成仙，与大自然合一，因而宣扬道为宇宙之本、万物之源；其短处是既在思辨哲理上不及佛学，又在治世上不及儒学，故其迎合、吸取儒、佛处较多。正因为三教各有长短，单用一家之说均有弊病，故三教融合、互为补充，成为社会与文化发展的客观需要，这即是三教融合的社会思想根源。

唐宋以后，三教融合成为趋势。但三教的融合，不是三者简单相加，混杂而处，而是以儒家的伦理学说为本位和中国文化的基本构成，吸取佛教的心性论、理本论等思辨哲学及道教的道本论、道法自然等思想，三者有机地结合，从而形成新儒学即理学思想体系。可以说，以儒家伦理为本位，吸取了佛、道二教思想的宋代理学的创立，即是三教融合思潮的形成和完善。这使得中国哲学发展到一个新的阶段，并为经典诠释增添了新的内容。不仅儒家学者通过注经吸取佛、道思想，而且佛教、道教学者亦通过注解儒家经典将儒、佛、道结合起来，相互补充。这正是宋以后经典诠释出现的新现象，而在汉唐时期是少有的。

总之，宋学之理学家通过经典诠释，援佛入儒，援道入儒，既批佛老，又吸取借鉴佛、道精致的思辨哲学，从而发展了儒学和儒家经学，并对中国哲学的发展产生了重要影响。

质言之，通过从经典诠释所依傍文本的重心、经典诠释的方法论、经典诠释的理论深度、儒家经学与宗教的关系等四个方面来探讨经学的理学化使儒学经典诠释思想所发生的演变，可清晰地看到儒学在新的历史时期的发展和转型。

四、程朱理学的经典诠释思想

程朱理学经典诠释思想的特性集中体现在"由经穷理"、我注"四书"方面。这既含有整个宋明理学以己意说经的经典诠释思想的共性，亦具有程朱理学重视"四书"，以己意解"四书"，从中阐发义理和天理的经学观之个性。

"四书"学的兴起，标志着中国经学由汉学向宋学的划时代转型，而程朱"四书"学的定型，则完成了经学史上由汉学向宋学的转变，表明了理学最终占据宋学发展的主导地位。而"四书"及"四书"性理之学亦成为包括"六经"在内的整个儒家十三经经学体系的基础和发展的主流，是程朱理学研治经学的重心。这在中国经学发展史上具有划时代的意义。

（一）"由经穷理"的诠释原则

与前代经学重"六经"和"六经"训诂之学不同，二程、朱熹等理学家对经典的看法发生了根本转变，不再把经书文句视为神圣不可改易、遵行墨守的教条，而是提出"由经穷理"[1]的思想，认为经不过是载道之器、载理之文，经与道、理相比，明显居于次要位置。他们强调读书、治经学的目的是为了求道、明理，如果不以明理为目的，则不可治经。由此他们主张通经以明理，明理以致用，反对空言无实、烦琐考据。程颐说："经所以载道也，诵其言辞，解其训诂，而不及道，乃无用之糟粕耳。"[2]经是载道的工具，如果不以求道、明理为目的，而是单纯训诂考据，诵其言辞，那么乃无用之糟粕。这与汉学家烦琐释经治经方法和注不违经、经典神圣不可侵犯的经学观形成鲜明的对照。

正因为"经所以载道"，经典是载道的工具，所以二程强调"由经穷理"的释经原则。从"经所以载道""由经穷理"的经学观出发，程朱等理学家在唐中叶以来兴起的"四书"学的基础上，把治经学的重心由"六经"转向了"四书"，进而以我注"四书"、阐发性理取代了以"六经"为文本依据的章句训诂之学，使主导中国思想文化发展的经学发生了历史性的变革。

在中国经学发展史上，以理学思潮为主流的宋学取代汉唐经学，是与"四书"及"四书"义理之学取代"六经"及"六经"训诂之学而成为经学的主体分不开。在这个过程中，二程开风气之先，推崇和重视"四书"，认为"四书"

---

[1] 程颢、程颐：《河南程氏遗书》卷十五，《二程集》，第158页。
[2] 程颢、程颐：《与方元寀手帖》，《河南程氏文集》，《二程集》，第671页。

集中体现了圣人作经之意，圣人之道载于"四书"，要求学者以治"四书"为主、为先，从中阐发义理，《论语》《孟子》等"四书"既治，则"六经"可不治而明。从而奠定了"四书"及"四书"义理之学在经学发展史上的重要地位。二程的"四书"义理之学深刻地影响了朱熹，朱熹继承了二程的"四书"义理之学，这是对二程经学最主要的继承，也是对二程思想最重要的继承之一。

受二程思想的影响，朱熹集四十年之功，以毕生精力著《四书章句集注》。在朱熹的《四书章句集注》里，朱熹每每祖述二程的观点，以二程的言论来揭示全书的宗旨和要义，并加以发挥。这充分说明二程的"四书"义理之学对朱熹思想产生了直接的影响。如在《大学章句》篇首便引二程的话称："子程子曰：'《大学》，孔氏之遗书，而初学入德之门也。'"[①] 以二程的言论来开示学者，对二程的观点深表赞同。又如在《中庸章句》篇首引二程论"中"的言论，以"中"为天下之正道，来阐发孔门传授心法，并以此论证理学道统论和"理一分殊"说。这些都是朱熹以二程思想为纲领来阐发其理学思想，表现出二程的"四书"学对朱熹思想的影响。

朱熹在继承二程思想的基础上，又发展了"四书"义理之学。这表现在，二程虽提出"四书"义理之学，却在形式上未提出"四书"二字，也未有专门论述"四书"的著作，其关于"四书"学的言论大多散见于《遗书》《外书》等语录里，有待于进一步深化。但二程的"四书"学却启发了朱熹，朱熹受二程思想的影响，提出了系统的"四书"学，强调"四书"的本义在于阐发义理，其重要性超过本义不在直接阐发义理的"六经"。不仅在先后、难易上以"四书"为先，"四书"治，然后及于"六经"，而且在直接领会圣人本意、发明义理上，也以"四书"为主，而把"六经"放在次要的位置，从而使"四书"成为包括"六经"在内的整个经学的基础，在"四书"的基础上建构经学与理学相结合的新经学思想体系，表现出与重训诂轻义理的汉唐经学不同的学术旨趣，从而最终以"四书"义理之学取代传统的"六经"训诂之学，成为经学发展的主体。这个过程从唐中期开始酝酿，经二程等人，到朱熹才最终完成，其标志即是朱熹《四书章句集注》的问世，从而在形式和内容上改变了经学发展的方向，使"四书"的影响超过了"六经"，不仅确立了程朱"四书"学在中国经学史上的主导地位，而且标志着宋学的最终确立。此书亦成为宋以后流传最广、影响最大的一部经书，由此体现了程朱共同的经学观及对儒家经学的发展。这

---

① 朱熹：《大学章句》，《四书章句集注》，第3页。

使中国经学发生了历史性的转折和革新，对中国哲学和中国文化的发展产生了重大影响。

（二）以经典原文和原义为经典诠释的依据

朱熹以经典的原文和原义作为其经典诠释的出发点和依据，这与其经学的特征相互关联。探求经文之本义是朱熹平生治经所追求的一个重要目标，它是治经阐发义理的基础，也是朱熹经学的一个基本特征。朱熹强调义理的阐发须是建立在探明经文本义的基础上，舍本义而发明义理，则为朱熹所不道。由此出发，朱熹唯经典本文本义是求，而不以先儒的解说为标准。他说：

> 读书如《论》、《孟》，是直说日用眼前事，文理无可疑。先儒说得虽浅，却别无穿凿坏了处。如《诗》、《易》之类，则为先儒穿凿所坏，使人不见当来立言本意。此又是一种功夫，直是要人虚心平气本文之下，打叠交空荡荡地不要留一字先儒旧说，莫问他是何人所说、所尊、所亲、所憎、所恶，一切莫问，而唯本文本意是求，则圣贤之指得矣。[1]

朱熹客观地看到在解经者与圣贤立言本意之间，存在着先儒旧说，其圣贤本意见之于经文，则为本义。他指出，由于《诗》《易》等经典，已被先儒穿凿附会的解说所坏，导致后人不明圣贤作经之本旨，因而要求得圣贤作经之本意，即经书之本义，就须超越先儒旧说，一切以经文本义为准，而不以先儒对经书的解说为准。

程颐提出："凡看文字，先须晓其文义，然后可求其意；未有文义不晓而见意者也。"[2]他强调读《论语》等经书应先掌握其文义，即原文本义，然后再从这些文义议论中求得其意蕴。如果文义不通晓，要掌握其意蕴是"不易得也"。

朱熹提出解经须以经典本文为依据，他说："然某于文字，却只是依本分解注。"[3]强调不以注文妨碍对经书本文的理解，即使后人解说得再好，如果经典本文没有这层意思，朱熹也不采纳。他说："每常解文字，诸先生有多少好说话，有时不敢载者，盖他本文未有这般意思在。"[4]可见朱熹解经是以经典本文为依

---

[1] 朱熹：《答吕子约（八）》，《朱熹集》卷四十八，第2317—2318页。
[2] 程颢、程颐：《河南程氏遗书》卷二十二上，《二程集》，第296页。
[3] 黎靖德编：《朱子语类》卷一百五，第2625页。
[4] 黎靖德编：《朱子语类》卷一百五，第2626页。

据，而不以注文和后人的解说为依据。在经文与注文的关系问题上，朱熹以经文为本，甚至认为圣经本不须传注。他说："要之，圣贤言语，正大明白，本不须恁地传注。正所谓'记其一而遗其百，得其粗而遗其精'者也。"① 这体现了朱熹注解诠释儒家经典是以经文原文为依据，而不以传注为依据的思想，这与汉唐注疏家"疏不破注""唯古注是从"的解经观点有异。

由于经典为圣贤所述作，而在经典流传的过程中，因种种原因产生了后人难解之处，要了解圣贤原意，就须以今人易读的语言去解释古代难读的经文，由此朱熹对解经下的定义是，以易解难，应为诠释经典的通例。他说："解经谓之解者，只要解释出来，将圣贤之语解开了，庶易读。"② 即解经就是把经文解释开来，使难以读懂的经典原文变得明白易读。"解经当取易晓底句语解难晓底句，不当反取难晓底解易晓者。"③ 强调解经应以易解难，不当以难解易，如果以难解易，就违背了解释经典是为了"易读"的目的，假如解经却让人读不懂，那为何还要解经？朱熹此说具有现代意义，值得今人借鉴。

朱熹强调，注解经文须依据经典本文来理会，牵强附会乃学者最大的毛病。所以他解经即是力图按照圣贤的原意来解释，不敢以己意去阐发与经文本义不符的道理。不是说朱熹完全不以己意说经，而是说朱熹以己意解经时，不以己意违背圣贤的语意。朱熹要求学者"不可先立己意"④，而不见圣贤本意。他批评学者在看经文之前先立私意，以自己的观点强加于经书原文，往往只是借助圣人的言论起个头，接着就按自己意见说下去，常常不符合圣人之本意，而使圣人本意难明。就朱熹经常表述的他本人的思想而言，他明确反对在解经以前先立个观点、先入为主地去解释经典，他认为，如果先有一个意思，再拿这个己见去解读经文，就会穿凿使合，违背经文的原义。以往有学者在评价朱熹的解经思想时认为，朱熹要求在读经前先出自己的观点。但朱熹本人却说："读书，第一莫要先立个意去看他底。"⑤ 既然朱熹本人提出"莫要先立个意"，反对先立己意而不见圣贤本意，以至曲解经文，就不能说朱熹主张先出自己的观点。或者说朱熹类似其他宋学学者，有某些以己意解经的倾向，但至少朱熹还是意识到了先立己见，以曲解经文原义的弊端，而主张"不可先立己意"。朱熹还把脱

---

① 黎靖德编：《朱子语类》卷十九，第439页。
② 黎靖德编：《朱子语类》卷十一，第193页。
③ 黎靖德编：《朱子语类》卷四十七，第1176页。
④ 朱熹：《答刘季章（十）》，《朱熹集》卷五十三，第2640页。
⑤ 黎靖德编：《朱子语类》卷十一，第191页。

离经文本义的说经弊病归纳为本卑使高、本浅使深、本近使远、本明使晦四个方面。他说："今之谈经者，往往有四者之病：本卑也而抗之使高，本浅也而凿之使深，本近也而推之使远，本明也而必使至于晦。此今日谈经之大患也。"①这"四者之病"尽管其表现各有不同，但违背经文之原义却是其共同的毛病，为"谈经之大患"。

以上可见，程朱在解读儒家经典的过程中提出以经典的原文和原义作为诠释经典的出发点和依据的思想，反对先立己意而不见经文本义和圣贤原意。朱熹把解读经文本义，使之明白易读作为解经的基础。虽然其解经的目的是为了明理，并以义理为标准来诠释经典，但这却离不开依据经典原文弄懂其本义这个诠释基础，如果不明原义而妄加解说，就会违背圣贤所以作经之意旨，这为朱熹所不齿，亦是他对宋学学者以己意说经之流弊某种程度的修正。

（三）以义理为标准诠释儒家经典

朱熹在二程思想的基础上，提出以义理为标准来诠释儒家经典。所谓义理，指宋代新儒家的道理，从广义上讲，重义理是宋学区别于汉学的时代特征。就朱熹而言，更注重义理中的天理论原则。朱熹的经典诠释思想主张通经以明理，同时他认为，义理在经典中并不是十分明白地表露出来，后人要求得义理，须于经典中推究演伸，从中发明义理。朱熹所理解的义理，即指新儒学的天理。他说："大抵圣贤之言，多是略发个萌芽，更在后人推究，演而伸，触而长，然亦须得圣贤本意。不得其意，则从那处推得出来？"②朱熹在这里强调两点：一是圣贤所言，于义理只是略发个萌芽，尚不明白，所以须进一步推究发明；二是发明义理须建立在圣贤本意的基础上，如果脱离圣贤本意，则难以推出义理来，即使勉强去发明义理，也与圣贤本意不符，为朱熹所不道。朱熹要求学者解经不要仅停留在"萌芽"状态，即不满足于解字释文的阶段，要在弄懂经文原义的基础上，进一步去推阐发明义理，把求经文本义与以义理解经结合起来，而不是互相脱节。他说："解说圣贤之言，要义理相接去。"③朱熹明确指出，解经要以义理与圣贤之言相接，正因为圣贤所言，于义理并没有讲得十分清楚明白，所以朱熹主张要以义理与圣贤之言相接，即以义理来解读经典，从中发明与时代发展紧密相关的义理思想。否则，只解字释文，停留在训诂考释的阶段

---

① 黎靖德编：《朱子语类》卷十一，第193页。
② 黎靖德编：《朱子语类》卷六十二，第1512页。
③ 黎靖德编：《朱子语类》卷十九，第437页。

而忽视义理或以训诂代义理,流于汉学之弊,而缺乏义理之时代精神。由此朱熹提出了以义理作为判断是非的标准来释读经书,他说:

> 读六经时,只如未有六经,只就自家身上讨道理,其理便易晓。①
> 这读书,是要得义理通,不是要做赶课程模样。②
> 凡读书,先须晓得他底言词了,然后看其说于理当否。当于理则是,背于理则非。
> 今人多是心下先有一个意思了,却将他人说话来说自家底意思;其有不合者,则硬穿凿之使合。③

在读"六经"等经典时,要以道理去解说,虽然道理存于人心,但却不是解经者个人的主观臆见,而是具有本体论的哲学依据、以新儒学道德理性为内涵的解经的标准。读经书的目的在于通义理,不是赶做经学课程。朱熹强调在读书明确经文言词之义的基础上,就要以义理作为评判是非与否的标准,凡符合理的便为是,凡违背理的则为非。而朱熹所说的理,是指新儒学的义理或天理,而非解经人预设的"自家的意思"。朱熹反对在解经时先有一个自家意思,然后再以这个意思去解说经文,凡与己意不合,则硬穿凿附会使之与己意合。这种先立己意,不问或脱离经典本义的穿凿附会的诠释经典的态度,为当时宋人解经之通病,朱熹对此学风持明确的批评态度,尽管他奉之以为标准的义理,与宋人解经所持的己意之内涵并无原则上的区别,但他所强调的以义理为标准诠释经文,其义理须是建立在经文本义的基础上,脱离了经文本义,即使义理讲得再好,也是难以令人信服的,与其打着经典的旗号穿凿附会地阐发义理,不如说是自撰经文。他说:

> 大抵愚意常患近世学者道理太多,不能虚心退步,徐观圣贤之言以求其意,而直以己意强置其中,所以不免穿凿破碎之弊,使圣贤之言不得自在而常为吾说之所使,以至劫持缚束而左右之,甚或伤其形体而不恤也。如此则自我作经可矣,何必曲躬俯首而读古人之书哉?④

---

① 黎靖德编:《朱子语类》卷十一,第188页。
② 黎靖德编:《朱子语类》卷一百一十八,第2837页。
③ 黎靖德编:《朱子语类》卷十一,第185页。
④ 朱熹:《答赵子钦(六)》,《朱熹集》卷五十六,第2821页。

虽然朱熹提出以义理为标准来诠释经典,但他同时又强调义理须与经文本义相结合,如果道理讲得太多,而与经文本义无关,就会把己意强置于经文之中,使圣贤之言反成为吾说的注脚,以至影响到经典的完整性和权威性。如此,解经者可自作经,又何必引古代经典,标榜圣贤之名呢?在这里,朱熹客观地看到在经典诠释中出现的形式与内容的矛盾,即对儒家经典的诠释存在着遵循经文原义和注经形式与追求思想内容的创新这对矛盾。要遵循经典原义以及受文本及注经形式的限制,就必然对新思想的阐发不利;而追求思想创新和理论创造必然对以往的经学思想及注经形式具有一定的排他性,不如此则新思想难以产生,可以说这种排他性对于理论的创新、思想的发展是必不可少的,否则新思想无法取代旧思想,中国经学与中国哲学亦将失去新陈代谢的活力和创造性。但这种排他性亦不是绝对的,在排斥以往的经学思想及注经形式的同时,也对其有所吸取和借鉴。尽管朱熹站在以义理为标准与求经文本义相结合的立场,对宋学学者过分讲道理而不顾经文本义的治学倾向提出批评,但他所理解的经文本义是否就是经文的原义或今人所理解的经文本义,这仍然是一个有待认定的问题。虽然朱熹对当时宋学学者过分以己意说经、过分讲道理的治学倾向提出批评,但他仍然是以讲义理为主的宋学学者,尤其当求经文本义与阐发义理二者发生矛盾时,朱熹本人解经则是以阐发义理为主,即使有违于经文本义,也有所不顾。这充分体现了朱熹治经以阐发义理为最高目标,而不是以探求经文本义为最高目标,尽管他对探求经文的本义也十分重视。这集中体现了朱熹以义理为标准诠释儒家经典的治学态度。

五、陆王心学的经典诠释思想

以经书为吾心的注脚——这是陆王心学经学诠释思想的集中体现。这既含有整个宋明理学以己意说经的经学观的共性,亦具有陆王心学以心或心之良知为最高原则,治经为发明本心、致良知服务的经学思想之个性。

(一)心学视域下的经典诠释思想

从经学形式上讲,陆王心学主张"六经注我",不受儒家经典的束缚,以"六经"为我心的注脚,轻视经典,把宋学之理学区别于汉学的崇尚心悟,以己意说经的特征和倾向进一步发展。陆九渊提出"学苟知本,六经皆我注脚"[①]的

---

① 陆九渊:《语录上》,《陆九渊集》卷三十四,第395页。

思想，这里所说的知本即知心，其特点是不立文字，求心于内，不受儒家经典的束缚。在陆九渊看来，心的地位在"六经"之上，心比经典更为重要，把经书作为吾心的记籍，通过读经书来发明本心。故不重视著书，没有专门去注解儒家经书。"或问先生何不著书？对曰：'六经注我，我注六经。'"①"六经"只是我心的注脚，所以不必著书。

尽管在本心和儒家经典之间，陆九渊认为心比经典更为重要，但他并不是不要经典，而是把经书作为吾心的记籍，通过读经书来发明其心。这表明其对经典和经学也不是全然不顾。与整个中国哲学的特点相关，陆氏在阐发其心学思想时，也借用了经学的形式，着重依据了《孟子》一书。其门人詹子南曾问："先生之学亦有所受乎？"陆九渊答："因读《孟子》而自得之于心也。"②自称通过读《孟子》书而直承孟子。其所谓"自得之于心"，是指既读《孟子》书，又发挥主体的能动性，独立思考，自家体贴出孟子思想的要旨，并结合时代发展的要求，提出自己的学术思想即心学。

从心学视域出发，陆九渊对《古文尚书·大禹谟》之"人心惟危，道心惟微，惟精惟一，允执厥中"这"十六字传心诀"提出与朱熹不同的解析和见解。陆九渊站在心学立场，从心道合一，维护心及心一元论哲学的完整性出发，不同意程朱对《尚书》"十六字心传"的解释，反对以天理人欲来区分道心人心；他认为心只是一心，而非二心，天人合一，而非分裂为二。这是对程朱思想的改造和否定，也对王阳明心学产生了重要影响。

朱熹在继承二程思想的基础上，把《古文尚书·大禹谟》与《中庸》相结合，从中阐发"十六字心传"，完善并发展了二程确立的道统论，使之成为道统思想的重要内容。陆九渊却不同意程朱对"十六字传心诀"的解释，并对心分为二、割裂天人的倾向提出批评。他说：

> 《书》云："人心惟危，道心惟微。"解者多指人心为人欲，道心为天理，此说非是。心一也，人安有二心？自人而言，则曰惟危；自道而言，则曰惟微。罔念作狂，克念作圣，非危乎？无声无臭，无形无体，非微乎？因言庄子云："眇乎小哉！以属诸人；謷乎大哉！独游于天。"又曰："天道之与人道也相远矣。"是分明裂天人而为二也。③

---

① 陆九渊：《语录上》，《陆九渊集》卷三十四，第399页。
② 《年谱》，《陆九渊集》卷三十六，第498页。
③ 陆九渊：《语录上》，《陆九渊集》卷三十四，第395—396页。

陆九渊指出，心只是一心，不可将心分二，以人心为人欲，以道心为天理，这样就会破坏心的完整性，为其心一元论哲学的逻辑所不容。他从批评程朱的角度出发，对"人心惟危，道心惟微"加以新解，他认为，心只有一个心，就人而言，如果放纵物欲，而不加以克制，岂不危殆？就道而言，心道合一，无形无嗅，难以把持，岂不微妙而难见？然而无论道还是人，均不能把心割裂为二，只是从不同的角度来说明一个统一的心而已。他反对裂天人为二，以道心属天理，以人心属人欲，把天人对立起来的观点，认为如此便是"误解了《书》，谓'人心，人伪也；道心，天理也'，非是。人心，只是说大凡人之心。惟微，是精微，才粗便不精微，谓人欲天理，非是。人亦有善有恶，天亦有善有恶，岂可以善皆归之天，恶皆归之人。此说出自《乐记》，此说不是圣人之言"①。陆氏从天人合一的角度反对程朱的天理人欲之分，指出此解与《书经》即《古文尚书·大禹谟》的原意不符，对经典的篇章加以大胆的怀疑，认为此说出自《乐记》，非圣人之言。这仍是以心学的立场来评判经典的是非，表现出陆九渊以"六经"为我心之注脚的思想倾向。

需要指出，陆九渊弟子杨简在心学视域下通释和遍注群经，重视经典，以心解经，超越了其师陆九渊忽视经典、不注经书的治学倾向。这是杨简的经典诠释思想既继承陆九渊，又与陆氏有所不同之处。

（二）经典诠释为致良知服务

王阳明从心学立场出发，把经学纳入心学的范畴。他明确提出："盖'四书'、'五经'不过说这心体，这心体即所谓道。心体明即是道明，更无二：此是为学头脑处。"②他认为儒家经典只是为了说明心体的，这是对陆九渊以"六经"为我心之注脚思想的继承。王阳明认为心即是道，心体明即是道明，心、道没有区别，这是做学问的首要处。进而他强调："圣人述六经，只是要正人心。"③正人心也就是为了明道，这是圣人删述"六经"的目的。"使道明于天下，则六经不必述。删述六经，孔子不得已也。"④如果道明于天下，孔子就不会删述"六经"。可见在王阳明看来，"正人心""明道"是治经学的宗旨。这也体现了宋学中陆王心学一派的经学特色。

---

① 陆九渊：《语录下》，《陆九渊集》卷三十五，第 462—463 页。
② 王阳明：《传习录上》，《王阳明全集》卷一，第 14—15 页。
③ 王阳明：《传习录上》，《王阳明全集》卷一，第 9 页。
④ 王阳明：《传习录上》，《王阳明全集》卷一，第 7 页。

王阳明对陆氏心学的发展体现在他提出著名的"致良知"说，在经典与良知的关系上，王阳明突出良知的重要性，认为经典为良知服务，读经书的目的是为了致良知。他说："圣贤垂训，固有书不尽言，言不尽意者。凡看经书，要在致吾之良知，取其有益于学而已，则千经万典，颠倒纵横，皆为我之所用。一涉拘执比拟，则反为所缚。"①他指出，经典虽为圣贤所作，但在经书之中有言不尽意之处，所以致吾心之良知要摆在治经的首要位置，使儒家经典为我所用；并反对拘泥于经书文字，如果这样做，反被经典束缚了致良知。王阳明的这一思想是对汉学章句训诂之习的否定，同时也是对二程"经所以载道"思想的发展，把"经所以载道"的"道"发展为"良知"，使二程经典作为载道的典籍的思想一变而为"六经"为吾心之注脚的观点。他说："六经者非他，吾心之常道也。"②以典型的"六经"注我与程朱的我注"六经"区别开来，认为经典不过是吾心的记籍，它记述心内的种种事物，把儒家经典的权威性附属于吾心，也就是从属于良知。这在一定程度上具有不盲从旧权威的创新精神。

以上可见，在经典、圣人、心，包括作为心之体的良知的相互关系上，王阳明以心为本，以正人心为目的，以经典服从于心，为"正人心""致良知"服务，强调圣人也是以"正人心"为宗旨来述"六经"的。这体现了王阳明心学的经典观和经学观。

受陆九渊思想的影响，王阳明通过对当时流行的《古文尚书·大禹谟》的重新诠释，把程朱道统的"传授心法"与"十六字心传"改造为心学之源，因而把圣人相传的道统说改造为心学。他说：

> 圣人之学，心学也。尧、舜、禹之相授受曰："人心惟危，道心惟微，惟精惟一，允执厥中。"此心学之源也。中也者，道心之谓也。道心精一之谓仁，所谓中也。孔孟之学，惟务求仁，盖精一之传也。……自是而后有象山陆氏，……真有以接孟氏之传。……故吾尝断以陆氏之学，孟氏之学也。③

王阳明把程朱的这一思想加以改造，不仅圣人相传授受之学即道统说被视为心学，而且道统"十六字心传"也成为"心学之源"。朱熹所谓的"心传"，

---

① 王阳明：《答季明德》，《王阳明全集》卷六，第214页。
② 王阳明：《稽山书院尊经阁记》，《王阳明全集》卷七，第254—255页。
③ 王阳明：《象山文集序》，《王阳明全集》卷七，第245页。

即"孔门传授心法",是以传道为目的,通过主体之心对圣人之道的体认和感悟,把圣人之道接续传授下来。也就是说,"心传"作为道统论的组成部分,是为传道服务的,以传道为宗旨。而王阳明的这一思想是通过对《古文尚书·大禹谟》的"十六字心传"加以心学化的解释得出的,体现了他治经为心学服务的思想。

王阳明对《大学》一书也加以心学化的解释,撰有《大学问》一篇。他重视通过《大学》来阐发其心学思想的核心"致良知"说。尽管阳明与朱熹均推重《大学》一书,然而阳明对朱熹把《大学》一书分为经之一章、传之十章的经传两个部分,以及为了解释经之一章的格物致知之义,人为地增补了《格物致知补传》134个字持不同意见。阳明认为朱熹改本非圣门本旨,而主张复《大学》古本,去掉朱熹增补的文字,不再分章,以复《大学》之旧。他说:

> 《大学》古本乃孔门相传旧本耳,朱子疑其有所脱误,而改正补缉之。在某则谓其本无脱误,悉从其旧而已矣。失在于过信孔子则有之,非故去朱子分章,而削其传也。①

阳明认为《大学》古本为孔门相传旧本,以朱熹补本服从于《大学》旧本。并指出:"且旧本之传数千载矣,今读其文词,既明白而可通;论其工夫,又易简而可入。"② 王阳明对《大学》古本推崇有加,在此基础上阐发其"致良知"说。

王阳明对《大学》的"致知"之义十分重视。他说:"此'致知'二字,真是个千古圣传之秘。见到这里,百世以俟圣人而不惑。"③ 在程朱那里,千古圣人相传以道;而在王阳明这里,致良知则成为千古圣人相传之密旨,从而以致良知代替了圣人传道。

虽然阳明和朱熹均推重《大学》,重视其"致知"之义,但王阳明的"致良知"说与朱熹的格物致知论亦存在着区别。王阳明指出:"致知云者,非若后儒所谓充广其知识之谓也,致吾心之良知焉耳。"④ 致知并不是单纯追求扩充知识,而是为了致吾心之良知。由此他批评了朱学的格致之说,并反思自己过去

---

① 王阳明:《传习录中·答罗整庵少宰书》,《王阳明全集》卷二,第75—76页。
② 王阳明:《传习录中·答罗整庵少宰书》,《王阳明全集》卷二,第76页。
③ 王阳明:《传习录下》,《王阳明全集》卷三,第93页。
④ 王阳明:《大学问》,《王阳明全集》卷二十六,第971页。

曾"陷溺"于此的失误。他说：

> 世儒既叛孔孟之说，昧于《大学》格致之训，而徒务博乎其外，以求益乎其内，皆入污以求清，积垢以求明者也，弗可得已。守仁幼不知学，陷溺于邪僻者二十年。疾疢之余，求诸孔子、子思、孟轲之言，而恍若有见。①

王阳明指出朱学在格物致知问题上，博观于外、归约于内的治学方法有违孔孟之教，而自己也曾信奉此说二十余年，当疾疢之余，才转而提出"致良知"说。这当指王阳明格亭前竹，七日未果，而劳神致疾，又在恶劣的环境中，悟格物致知之旨，而开始形成自己的"致良知"说。以上可见，虽然阳明、朱熹都重视《大学》，以之作为阐发自己理论的经典依据，但对《大学》的格物致知之旨却有不同的理解。

王阳明的致知格物说是针对朱熹的格物说而发，目的是阐发自己的"致良知"说，故对《大学》的本义有所不顾，这也体现了阳明心学对待经典的态度及其经学的特色。

六、经学理学化——中国宋代学术发展的趋势

唐宋以降至元明时期，主导中国思想文化发展的经学发生了历史性的变革，由以"五经"训诂考释为主的注疏之学转向以"四书"义理阐释为主的理学。"四书"及"四书"性理之学取代了前代经学以"五经"及"五经"训诂之学为主的地位，完成了理性主义的文化超越。经学的理学化，即理学对经学的改造在中国学术发展史上具有重要意义，占有重要的历史地位，并产生了深远影响。经学理学化在学术发展史上的意义，即促进了经学的转型和儒学的发展，提高了中国哲学的理论思辨水平，基本适应了中国社会发展的要求，具有一定的历史必然性，确立了以儒为主、融合三教的学术发展模式。

儒家经学是以经孔子整理的儒家经典为研究对象并阐发其含义的学问。儒家经学的发展演变经历了经学在战国的起源，在西汉被定为一尊，汉学在汉唐时期的流传演变，以及宋学兴起（延续到元明），理学占据宋学发展的主导地

---

① 王阳明：《别黄宗贤归天台序》，《王阳明全集》卷七，第233页。

位，清代新汉学的形成等若干阶段。

以义理之学为主导的宋学作为一代学术思潮，体现了儒学发展的连续性与创新性。所谓义理之学，指与章句训诂注疏之学相对应的讲求儒家经义、探究其道理的学问。宋儒治经，与汉唐儒者专事训诂名物、传注疏释的治经路数不同，而重在阐发儒家经典中的大义和道理。宋学的一般特征是重义理、轻训诂，以此与重训诂注疏、轻义理阐发的汉学相区别。后来将重义理、轻训诂的宋学称为义理之学，而与重章句训诂、传注疏释的汉唐经学相区别。

宋学中包括宋代诸多讲义理的宋学人物和派别，亦包括在宋学的基础上发展而来的理学。到后来理学则成为宋学发展的主要内容和表现，以致有学者把理学作为宋学的代名词。然而宋学与理学之间不应划等号，宋学的内涵大于理学，在时间上宋学早于理学。应该说，宋学包括了理学和非理学的讲义理的诸治儒家经学的流派和代表人物。到后来，宋学的发展则体现为以理学的发展为主，尤其南宋以后，理学成为社会意识形态的指导思想，宋学的发展便体现为理学诸派的演变发展。

回顾中国哲学的发展道路，中国哲学发展到汉代，随着秦汉之际的社会转型，人们讨论的核心话题是关注"天人之际"，侧重解决天人关系理论问题，其依傍的文本主要是儒家经典"五经"而有今、古文经学之争；而隋唐时期佛教盛行，哲学依傍佛典，集中探讨"佛性"并及心、性、情问题，推本"性情之原"可反映时代精神；到宋代，随着三教的互黜、互补，面临信仰失落、统治者道德沦丧和价值观念的重建等问题，人们讨论的核心话题落入对天理人欲的关注，如何为儒家伦理学寻找哲学本体论的依据问题，其依傍的文本则由"五经"转变为"四书"，通过"四书"阐发义理及哲理，而有别于汉唐对"五经"的训诂注疏之学。

天理人欲之辨成为理学家讨论的核心话题，二程朱熹等理学家为了在价值观上纠正统治者尤其是封建帝王过分放纵私欲和争权夺位而导致天下难治的局面，提倡存天理、去人欲的理欲观，目的是为了端正社会风气，对包括皇帝在内的统治者加以伦理纲常的规范和约束，同时对普通民众提出道德自律的要求。这亦是在核心价值观上对先秦儒家义利之辨的承传和在新的社会历史背景下的发展。理学家总结历史经验教训，明于天理人欲之分，其理论针对性正是唐统治者的"闺门无法不足以正天下"[1]。这体现了在新形势下，新儒学者复兴儒学，

---

[1] 范祖禹：《昭宗》，《唐鉴》卷二十四，文渊阁四库全书，第685册，第636页。

重整纲常，纠正前代纲常失序，人无廉耻的价值取向；目的是为了维护社会统治秩序，维持社会生活的正常运转和长治久安。

宋儒学者面临时代的挑战，把哲学本体论与儒家伦理学统一于天理，以之为纲领，构建理学思想体系，并将其贯彻到对经典的诠释之中，成为新经学的指导原则和经典诠释的标准。儒学经典诠释思想在宋代之演变主要体现在：一是经典诠释所依傍的文本重心由"五经"系统转向"四书"系统，以《大学》《中庸》《论语》《孟子》"四书"阐发义理和天理，这是宋代经学区别于汉唐经学的"五经"系统的一个显著特点，"四书"系统的形成与宋代《孟子》的由"子"入"经"有密切关系；二是经典诠释的思路和方法由重训诂转向重义理；三是经典诠释的理论深度由经学诠释转向经学诠释与哲学诠释相结合，使中国哲学发展到一个新的高度；四是经典诠释中人文与宗教之互动——既排斥又吸取佛、道。

汉儒治经，以传记笺注、名物训诂为要务。唐儒治经，上承汉儒"家法"，依注作疏。唐代士人就是在汉代和魏晋旧注的基础上来疏释经书和原有的旧注的，普遍采取疏不破注和烦琐训诂释经的方法。唐初孔颖达等奉钦命编定的《五经正义》以"疏不破注"为原则，末流所及，不仅以"疑经"为背道，而且以"破注"为非法，严重桎梏、束缚了学者的思想，使以经学为载体的儒学陷于烦琐和僵化。儒学的生命智慧枯萎，已不能适应社会发展的客观需要。这种汉唐经学的传统缺乏生命力，表明旧的儒家经学已经僵化，显然不能与盛行于唐代的佛、道精致的思辨哲学相抗衡。于是宋学学者对笺注经学提出非难。他们发挥经书中的微言大义和义理，全凭己意说经。不仅疑传、舍传，而且疑经、改经，蔚然形成疑经惑传的学术新风。学风的改变，标志着宋学的兴起，义理之学逐步取代汉唐训诂之学，成为儒家经学乃至中国文化发展史上的重大变革。二程等理学家又在义理之学的基础上，把经学理学化、哲学化，将宋代义理之学发展为理学，以最具时代特色的"天理论"哲学开辟了宋学发展的主要方向，对历史产生了深远影响。朱熹在二程思想的基础上，著《四书章句集注》，以"四书"阐发天理论哲学，并吸取佛教精致的思辨哲学的成果，集"四书"学、理学之大成，体现了宋代学术发展的趋势，占据了中国经学发展的中心地位，并影响后世经学和思想学术数百年之久。

宋儒理学家为了开发儒学新的思想智慧，强调超越汉唐以来对儒家经典文本的种种烦琐复杂的解释，直接从"四书"中阐发义理。"五经"时代久远，文字古奥，字义艰深，佶屈聱牙，晦涩难读，使初学者却步，尤其难以向民间普及；又历经秦火和战乱，残破不全，汉学学者为了弄懂"五经"原义，不得不下大功夫从事考据训诂，以致产生流弊，烦琐释经，陷于文字训诂之末而失其本。这亦是汉唐儒学未能有效地回应外来宗教文化的挑战而动摇了儒学文化主体地位的重要原因，因而遭到了宋学学者的批评。而"四书"则文字易懂，说理明白，便于阐发义理。于是程朱等宋学学者和理学家推重"四书"，把"四书"的重要性和地位置于"五经"之上，不仅从形式上改变了汉唐经学唯"五经"是尊的格局，而且在经典诠释的内容上为发明义理提供了依据，这便于把"四书"之义理推向民间，发挥其传播效果，以深入社会生活的各个领域，产生普遍的社会效应。由此，以朱子学为代表的新儒学不仅成为学术思想发展的主流，而且广泛流传民间，影响大众，在中国文化史上占有重要地位，并流传海外，在东亚产生了重要影响。

需要指出，就治经学的基础和宗旨而言，程朱是以"四书"为重，通过"四书"阐发义理。但程朱等理学家也并不忽视其他儒家经典，尤其对《周易》等予以关注。虽然朱熹以毕生精力诠释"四书"，著《四书章句集注》，这是中国经学史上流传最广、影响最大的一部经书，但他也遍注群经，对儒家经典《周易》《诗》《书》《礼》《春秋》《孝经》等诸经加以注解、考释，全面总结了传统经学，在此基础上发展了中国经学，成为经学史上宋学的集大成者。

与此相关，程朱虽以义理为重，但也不废弃训诂考据之学，在一定程度上，朱熹等理学家亦重训诂考据，对诸经详加训释。由此朱熹对传统经学作了全面总结，亦强调"本之注疏，以通其训诂"[①]。这是他对汉学的吸取，亦是他对宋学流弊的修正。目的是为阐发义理与天理服务。朱熹对汉、宋学都加以总结吸取，既以宋学为主，又遍注群经，不废训诂考据之学，超越汉、宋学之对立，由此发展了传统经学，并对后世清代的新汉学产生重要影响。

宋代理学对传统经学加以改造创新，经学的理学化促进了经学的转型和儒学的进一步发展，这在中国学术发展史上具有重要意义，是对传统儒学的继承创新，体现了儒学发展的连续性和创新性。所谓连续性是指以"四书"为主要文本依据而阐发的天理论，其核心内涵仍是孔孟仁义思想，是对儒学价值观的一脉相承；所谓创新性是指经学理学化是对汉唐儒家经学重训诂注疏、轻理论发挥流弊的修正，把经学诠释与哲学诠释相结合，在哲学理论上对传统儒学加以发展，成功地回应了唐宋之际所面临的包括宗教冲击人文、统治者道德沦丧、

[①] 朱熹：《论语训蒙口义序》，《朱熹集》卷七十五，第3925页。

社会动荡、儒学发展停滞等各个方面的挑战，而把儒学发展到一个新阶段。这正是中国思想文化发展到宋代的必然趋势。此外，理学家以道德修养而不以宗教信仰为中心来实现其内圣外王的人生理想，达到治国平天下的目的，固然有加强道德自律和伦理约束的一面，但从历史发展的眼光来考察，以宋代理学的伦理约束、道德修养来代替宋以前流行的人身束缚和宗教迷信，这在当时不失为一种进步的趋势。

第八章　宋元明时期儒、佛、道三教的关系

　　任何有生命力的学术文化，必须在认同自身的同时，适应新的时代和环境，才能发展，否则必然没落。儒学在宋代重新崛起，形成理学，并逐步占据社会意识形态领域的主导地位，是因为理学家们面临时代挑战所做出的回应基本适应了当时社会发展的客观需要。理学家们创造性地扬弃传统儒学，使儒学在自我批判中改造过时的旧思想；并批判性地吸取佛教、道教等其他文化派别的长处，从而推陈出新，使自身得到发展。

　　中国哲学的特色之一是哲学与宗教联系紧密，相互渗透、相互影响。中国哲学的发展吸取了宗教中所包含的思辨性哲理，同时哲学对宗教也产生了深刻影响。儒、佛、道三教是汉代以来中国文化发展的主要构成，三教相互影响、相互渗透，对中国哲学的发展产生了重要影响。本章主要就中国哲学发展到宋代，其主要学术思潮理学与当时的代表性宗教佛、道二教的关系作一探讨，并分析理学与宗教互动之意义。

　　理学面对外来佛教文化的输入和挑战，以及本土道教文化的相争，没有被出世主义的宗教文化所取代，而是结合中国社会发展的实际，有效地吸取了佛、道宗教文化的优长，批评其与中国古代社会及其社会制度、行为规范不合的教旨教义，把佛教这种外来文化改造成为中国文化的一部分，使之具有了不同于印度佛教的中国佛教特色，并使道教由出世主义逐渐向世俗化转化。这体现了中国传统哲学与文化的开放性和多元互补的特征，同时表明宋明新儒学是理性主义的世俗哲学与文化，具有与宗教互动和对话的功能和社会作用。

　　儒学是一个丰富复杂的文化系统，在它形成和发展的进程中，其内在结构由多元构成，并具有自己崇尚仁义的特点和自身转化与更新的功能。理学是在汉唐经学基础上的改造创新，其对经学的改造发展主要体现在：以己意说经，阐发义理和天理，而不是拘泥于训诂考释；以儒学为本位，又援佛、道入儒，与宗教融会贯通，从而发展了传统儒学，使新儒学在内涵上更加丰富，为传统的汉唐经学所不及；面临信仰失落、道德沦丧、社会动荡和价值观念的重建等问题，理学家讨论的核心话题落入对天理人欲的关注，如何为儒家伦理学寻找

哲学本体论的依据问题，而有别于汉唐经学所着重关注的"天人感应""君权神授"的问题；宋明理学家在新形势下，通过以己意解读儒家经典，在经学诠释的基础上加以哲学理论的创新，吸收宗教的本体论思想，提出系统、完整的以天理论为主体，贯通道本体、心本体、性本体的本体论诠释思想，从而改造了汉唐诸儒侧重以经学诠释为主的注经方法，纠正前代社会和统治者人欲横流、人无廉耻的偏向，而使社会得到治理、稳定和进一步发展。

理学在以上方面对传统经学加以改造创新，从而发展了儒学，这在中国学术发展史上具有重要意义。

本章我们主要探讨儒学与宗教的关系：儒、佛、道三教的互动促进了经学的转型和儒学的发展，提高了中国哲学的理论思辨水平，确立了以儒为主、融合三教的学术发展模式；同时三教的互动也对宗教的发展产生了重要影响。

一、儒家早期的宗教观

儒家文化是中国传统文化的重要组成部分。自汉以后，其成为中国文化发展的主流，深深影响了中国文化的发展方向。儒家文化在形成和发展的历史过程中，与宗教文化发生了相互交涉的关系，互相影响，互相排斥，又互相调和，形成了儒家特有的宗教观。儒家的宗教观集中体现在：早期以受宗教的影响为主，同时与宗教保持一定的距离，并在与宗教的交涉中发展了中国古代文化；其后以批评宗教为主，在批评佛教、道教教旨教义的同时，也注意吸取宗教文化的思辨哲学成果和修养方法，以丰富儒学自身的思想体系。到后来则是儒、佛、道三教融合，在以世俗儒家伦理为本位的前提下，三教相互调和，从而使中国文化呈现出多元互补综合型文化的特色。探讨儒家的宗教观，对于认识中国古代的世俗文化与宗教文化的相互关系，从而客观地认识宗教在中国文化史上的地位和作用，以及宗教对传统文化、对儒学的影响，具有重要的意义。

（一）早期儒家的宗教观

儒学的产生晚于宗教，并受到中国殷周以来，尤其是周公宗教思想的深刻影响。但儒学又对早期宗教加以世俗化的改造，形成了与当时中国社会的发展相适应的，既有别于宗教又不排斥宗教的儒家文化。

孔子创立的儒学，受到了周公宗教思想的影响。周公适应殷周之际社会变革的需要，改革殷商的宗教天命观，提出"惟命不于常"①，天命变化不可恃的思想。②所谓天命，是中国古代宗教，后演变为中国古代哲学的重要范畴，它的含义与天有密切联系。从原始宗教的眼光看，天是超人间的，又支配、主宰人间一切的至上之神。从这个意义上讲，天命就是至上天神的命令，它是人世间的最高主宰，任何人，包括作为天之元子的君王都不得违背天神的命令。天命的观念产生甚早，至殷代已比较流行。到殷周之际，情况发生了一些变化。现实社会的激烈动荡和社会变革，引起了宗教思想的变革，经历了由单纯崇拜上天，尊奉天神，到对天命产生怀疑，认为天命是变化的，只有尽人事，依德而行，顺从民意，才能享天之命的发展变化过程。这一时期宗教变革思想的代表人物便是周公。周公既祭祀上天，崇拜天神，又以德配天，尽人事，把祭天、法祖、天神崇拜与施德治、尽人事结合起来。即强调"明德恤祀"③。这与殷商时期天命主宰一切的天神崇拜的宗教观念已有不同。就"每个文化系统都曾历经过宗教的阶段"④而言，周公的宗教改革思想影响到孔子。孔子创立儒学，为中国文化的承先启后做出了历史性的贡献。然而在孔子的思想里也保留有早期宗教思想的因素。孔子对宗教天命观的态度是，既一定程度地吸取了殷周以来的天命鬼神观念，有相信天命的一面；又淡化天命的神秘性、主宰性，而重社会人事。孔子的宗教观表现在重视天，《论语》中讲天的地方很多，其天的基本含义是指有意志的人格神。孔子认为人间的生死贵贱、自然界的运行变化，都是天的意志的体现。他认为如果"获罪于天，无所祷也。"⑤"死生有命，富贵在天。"⑥"君子有三畏：畏天命，畏大人，畏圣人之言。"⑦但孔子亦对天命的神秘性、主宰性加以一定程度的限制，有向自然之天转化的倾向。他说："天何言哉？四时行焉，百物生焉，天何言焉？"⑧春夏秋冬四季自然地运行，天地间万物自然地生长，这些都不待天的安排。可见天具有某种自然之天的属性，从而对天的神秘性、主宰性有所淡化。与此相关，对待鬼神，孔子既承认鬼神的存在，又"敬鬼神而远之"⑨。他赞赏禹祭祀时对鬼神的孝

---

① 《康诰》，《尚书正义》卷十四，《十三经注疏》上册，第205页。
② 参阅拙著：《中华道统思想发展史》，台北中华道统出版社1996年版，第126—129页。
③ 《多士》，《尚书正义》卷十六，《十三经注疏》上册，第220页。
④ 参见吕宗麟：《试论先秦儒家的宗教哲学观——传统与现代的思考》，转引自台湾《宗教哲学》第二卷第一期，1996年1月，第31页。
⑤ 《论语·八佾》。
⑥ 《论语·颜渊》。
⑦ 《论语·季氏》。
⑧ 《论语·阳货》。
⑨ 《论语·雍也》。

敬态度,"禹,吾无间然矣。菲饮食,而致孝乎鬼神"①。他还说:"祭如在,祭神如神在。"②主张当祭祖的时候,必诚必敬,就像祖先在上受享一样;当祭神的时候,也须诚敬,就如神明在上受享一样。这表明孔子并未否认鬼神的存在。但孔子在承认鬼神存在的同时,并不过分强调它,而是主张专务人事,离鬼神远一点。当子路问事鬼神的问题时,孔子回答说:"未能事人,焉能事鬼?"③显然认为事人重于事鬼,说明孔子把主要精力放在社会人事上,而不是放在宗教迷信上。这体现了孔子宗教观的特点。

与孔子的宗教观有所不同,先秦儒家代表人物之一的荀子否定宗教神学的天命观念,以天为自然之天。他认为自然之天有其自身的客观规律,它不以人的意志为转移。"天行有常,不为尧存,不为桀亡。……故明于天人之分,则可谓圣人矣。"④明于天人之分,这是对宗教人格神天命观念的否定。进而荀子提出"制天命而用之"⑤的思想,把凌驾于自然界和人类社会之上的超自然的天神置于人的掌握之下,这是对宗教神学天命观的有力挑战。然而,虽然荀子不信神,但却主张祭祀、卜筮及神道设教。这表明荀子处在当时的时代,不能完全摆脱宗教的影响。

早期儒家的宗教观表现在董仲舒身上,则是宗教的色彩比孔子更为浓厚。董仲舒哲学以天为最高范畴,他所谓的天,主要是指主宰万物的神灵之天。他说:"天者,百神之大君也。"⑥其天是有意志知觉,能主宰万物和人事的人格神。董仲舒笃信宗教,重视祭祀,强调法天、祭天。他说:"天子者,则天之子也。以身度天,独何为不欲其子之有子礼也。今为其天子而阙然无祭于天,天何必善之?"⑦即强调天子必须祭天,否则,天将不保佑他。并且,董仲舒把鬼神作为祭祀的对象,指出:"君子之祭也,恭亲之,致其中心之诚。尽敬洁之道,以接至尊,故鬼享之。享之如此,乃可谓之能祭。"⑧要求人们恭敬虔诚,以使鬼神享之。这与荀子不以鬼神为对象的祭祀不同,董仲舒的目的在于"知天命鬼神,

---

① 《论语·泰伯》。
② 《论语·八佾》。
③ 《论语·先进》。
④ 《荀子·天论》。
⑤ 《荀子·天论》。
⑥ 董仲舒:《郊语》,《春秋繁露校释》(校补本)卷十四,钟肇鹏主编,河北人民出版社2005年版,第911页。
⑦ 董仲舒:《郊语》,《春秋繁露校释》(校补本)卷十四,第913页。
⑧ 董仲舒:《祭义》,《春秋繁露校释》(校补本)卷十六,第1013页。

然后明祭之意"①。董仲舒对天命鬼神的崇拜，表现出他的思想受宗教神学的影响很大，亦说明汉代儒学与宗教神学是相互沟通的。这从一个侧面体现了早期儒家的宗教观。

（二）神道设教

早期儒家的宗教观不仅体现在早期儒学代表人物对宗教神学及其天命鬼神观程度不同的认同或批评否定上，而且他们提出的"神道设教"说也一定程度地反映了其宗教观，并对后世产生了一定的影响。所谓神道设教，指儒家提出的借用宗教的天之神道，以设教来对百姓进行教化。神道设教不完全是一个宗教的命题，虽然它取法宗教的神道及其祭祀仪式，但其目的在于教化民众，推行政治教化，而不单纯是为了崇拜天神和祖先。然而既然借用宗教的形式，就不可能完全摆脱宗教的内容，因而其具有某种宗教的性质。"神道设教"始见于儒家经典《易传》，其《观卦·彖传》称："观天之神道，而四时不忒。圣人以神道设教，而天下服矣。"人之所以祭神，是因为上天有神，而神有神道。天之神道是怎样确认的呢？是通过春夏秋冬四时运行而没有差错，表明冥冥之中有神在主宰。圣人因此以神道来设教，教人信神，相信神掌握着人们的命运和生死富贵贫贱，神能赏善而罚恶，因此不敢违背神的意志，使教化得以推行。这是借用宗教的力量来维护宗法社会的统治秩序，以宗教为政治教化服务。"神道设教"说虽正式由《易传》提出，但其思想渊源可追溯到孔子。《论语·八佾》篇称："或问禘之说。子曰：'不知也。知其说者之于天下也，其如示诸斯乎！'指其掌。"当有人问孔子祭祀是什么用意时，孔子因祭祀用意深远，非仁孝诚敬之至，不足以做好，便回答说不便知之。但又说如果能知道祭祀的意思，那对于治理天下就没有什么不明白的事了，就像看手掌一样一清二楚。这表明，在孔子看来，祭祀之事是与治天下之事联系在一起的，神道是为了设教，宗教与教化相互联系，既不是完整意义上的宗教，又保留有宗教的影响。董仲舒则把神道设教的意图说得更明确。他说："体国之道，在于尊神，尊者所以奉其政也，神者所以就其化也。故不尊不畏，不神不化。"② 董仲舒在保留宗教方面，比孔子更为彻底，他把尊神用之于政治教化，也很明确。他强调治国之道在于尊神，因天神在冥冥之中主宰着社会有失道行为，天也要发出谴告。他指出："国

---

① 董仲舒：《祭义》，《春秋繁露校释》（校补本）卷十六，第1018页。
② 董仲舒：《立元神》，《春秋繁露校释》（校补本）卷六，第385页。

家将有失道之败,而天乃先出灾害以谴告之。"①因此,尊神畏天是直接与政治治理联系在一起的,同时也是为了推行教化。这反映出董仲舒的政治宗教观。早期儒家的"神道设教"说对后世也产生了一定的影响。南朝无神论者范缜著《神灭论》,批驳佛教教义的理论基础"神不灭论"。但他对"神道设教"仍持肯定态度。当人提出"为之宗庙,以鬼飨之"是指什么这一问题时,范缜答曰:"圣人之教然也,所以弭孝子之心,而厉偷薄之意。'神而明之',此之谓矣。"②建宗庙,以鬼神之礼祭祀死去的父母,这体现为圣人之教化,目的是为了尽孝子之心,消除苟且而不忠厚之意。也就是说,"神道设教"不过是假借神灵来教化世人而已。

唐代柳宗元探讨了神学迷信产生的根源,指出"力足者取乎人,力不足者取乎神"③。但他认为神道仍可以辅教。他说:"夫祀,先王所以佐教也,未必神之。"④尽管祭祀未必有鬼神存在,但它仍可以被用来辅佐教化之事。北宋程颐以天为理,提出天理论哲学体系。其天的含义是伦理、本体之天,而不是神灵、主宰之天,但他仍赞成"神道设教"。他说:"天道至神,故曰神道。观天之运行,四时无有差忒,则见其神妙。圣人见天道之神,体神道以设教,故天下莫不服也。夫天道至神,故运行四时,化育万物,无有差忒。至神之道,莫可名言,惟圣人默契,体其妙用,设为政教,故天下之人涵泳其德而不知其功,鼓舞其化而莫测其用,自然仰观而戴服。"⑤程颐所谓的神,不是指有人格的神灵,而是指微妙莫测的变化。他认为,天道至神,变化莫测,然而又有其确定不移的规律。圣人体察神道的妙用,设为政教,以教化天下之人,使之诚服。这是肯定了"神道设教"的功用。

二、儒学与佛教

自汉武帝采纳董仲舒的建议,"罢黜百家,独尊儒术"后,儒学遂成为中国古代文化的正统,影响并主导了中国文化发展的方向。在此之后,印度佛教传入中国,儒家文化在与佛教的交涉中,逐步形成了自己的佛教观,这是构成儒

---

① 班固:《董仲舒传》,《汉书》卷五十六,第 2498 页。
② 范缜:《神灭论》,《释文纪》卷二十三,梅鼎祚辑,文渊阁四库全书,第 1401 册,第 241 页。
③ 柳宗元:《非国语上·神降于莘》,《柳河东集》卷四十四,文渊阁四库全书,第 1076 册,第 424 页。
④ 柳宗元:《非国语下·祀》,《柳河东集》卷四十五,文渊阁四库全书,第 1076 册,第 445 页。
⑤ 程颢、程颐:《观卦》,《周易程氏传》卷二,《二程集》,第 799 页。

学与佛教关系的重要内容。

儒学与佛教的关系主要体现在儒学对佛教的批判与排斥，以及对佛学的吸收与借用两个方面。

（一）儒家对佛教的批判与排斥

佛教作为外来宗教与文化，在中国流传发展的过程中，深受中国本土文化儒学的影响，这表现在其吸取儒家思想，附会、适应儒学，与儒学相调和等方面。然而，作为出世主义的外来宗教，佛教与入世主义的世俗儒家文化之间存在着基本的分歧。这些差异和矛盾引起了儒家对佛教的排斥和批判，有时这种批判是相当严厉的。[1]

儒佛之间的差异和矛盾是客观存在的，这主要是由儒佛两家对人生、社会的根本态度不同所引起的。儒家以成圣作为人生追求的目标，重视社会人生，讲个人对家庭、社会应尽的责任和义务，以夫妇、父子、兄弟、君臣、朋友等人伦关系的原则来规范人们的行为。而佛教在人生观上则认为，人生是苦海，并认为这种痛苦的根源在于人的自身，生老病死是苦，有欲望而求之不得是苦，而要摆脱痛苦，只有出世、出家，通过修习，进入涅槃境界，才得到解脱。由此，在儒家看来，佛教的重解脱、重来世与儒家的重人事、重现实形成强烈的反差，如果佛教思想泛滥，势必会冲击儒家伦理观念，危及儒家理想的社会结构。这引起了历代儒家学者的批评与排斥。

唐代韩愈以维护儒家伦理原则为己任，旗帜鲜明地批判了佛教。他作《论佛骨表》，不顾个人安危，上疏唐宪宗，痛斥佛教。他提出著名的儒家"道统"论，以图对抗佛教的"祖统"；批评佛教弃仁义、尚虚无、毁灭儒家伦理纲常。韩愈甚至主张对佛教采取"人其人，火其书，庐其居"的强烈的行政手段来加以消灭。

宋代理学家继承了韩愈提倡"道统"，批佛兴儒的思想，对佛教展开了激烈的批评。

邵雍对佛教不讲儒家纲常伦理，抛弃君臣、父子、夫妇之道的宗教出世主义提出批评，指出这不符合自然之理。他说："佛氏弃君臣、父子、夫妇之道，岂自然之理哉！"[2] 邵雍把佛教不讲儒家伦理的宗教出世主义的教旨教义视为与

---

[1] 参见方立天：《中国佛教与传统文化》，第259—271页。
[2] 邵雍：《观物外篇·下之下》，《邵雍集》，第176页。

讲儒家伦理的中国之道相对立的夷狄之道，对其提出批评，以图重整儒家伦理纲常，为实现社会太平，维护宋王朝的长治久安服务。

张载从气本论哲学出发，对佛教的心本论哲学提出了批评。他说："释氏不知天命，而以心法起灭天地，以小缘大，以末缘本，其不能穷而谓之幻妄，真所谓疑冰者与！"[①]并自注："夏虫疑冰，以其不识。"[②]在本末体用观上，张载认为物质世界天地为本，心为末，批评佛教颠倒了本末关系，以末缘本，以"心法"起灭天地，把天地称之为幻妄。"释氏之学，言以心役物，使物不役心；周孔之道，岂是物能役心？虚室生白。"[③]他批评佛教为了不使物操纵心，而提出心役使物，即心主宰物的思想，这就颠倒了心物的本末体用关系，把心的主观能动性过分夸大，使心成为虚幻的宇宙本体。他反驳佛教把儒家周孔之道称之为"物能役心"的说法。按照张载的思想逻辑，物决定心，但物不能役使心，因物没有意志，不能操纵心；而心决定于物，但心又能够反映物。这是从决定与被决定、反映与被反映的关系上回答了物与心、客观与主观、物质世界与精神世界的本末体用关系。

程颢、程颐是宋代理学家批佛的典型。对佛教出世主义的批评，最能够体现二程所维护的儒家世俗文化与佛教宗教文化的本质区别。二程抨击佛教"大概且是绝伦类，世上不容有此理"[④]。针对唐及宋初宗教盛行，佛教不讲儒家伦理的教旨教义，二程抨击佛教脱离世俗社会生活，断绝男女之欲、生化之源的禁欲主义。这体现了儒、佛两家的区别。程颐说："佛之所谓世网者，圣人所谓秉彝也。尽去其秉彝，然后为道，佛之所谓至教也，而秉彝终不可得而去也。耳闻目见，饮食男女之欲，喜怒哀乐之变，皆其性之自然。今其言曰：'必尽绝是，然后得天真。'吾多见其丧天真矣。学者戒之谨之，至于自信。然后彼不能乱矣。"[⑤]所谓秉彝，即持执常道，指人们在日常社会生活中秉持的人伦物理之恒常持久的"道"。这种世俗社会生活之常道，是建立在人们的日常生活之中并给予其指导的。从以上二程的言论可以看出，尽管二程主张存天理，去人欲，但仍把饮食男女之欲视为"性之自然"，并予以肯定，而反对佛教灭绝饮食男女之欲的禁欲主义观念。即儒家伦理建立在世俗社会生活的基础上，与宗教出世出

---

① 张载：《正蒙·大心》，《张载集》，第26页。
② 张载：《正蒙·大心》，《张载集》，第26页。
③ 张载：《经学理窟·义理》，《张载集》，第273页。
④ 程颢、程颐：《河南程氏遗书》卷二上，《二程集》，第24页。
⑤ 程颢、程颐：《河南程氏粹言》卷一，《二程集》，第1180页。

家的禁欲主义不同。这表明二程存理去欲的价值观是节欲主义，去掉的只是人的私欲，而不是基本的人欲。

此外，二程对佛教不讲儒家伦理的心性论提出了批评。"质夫曰：'尽心知性，佛亦有至此者。存心养性，佛本不至此。'先生曰：'尽心知性，不假存养，其惟圣人乎！'"[1] 佛教与儒家心性论在讲"尽心知性"方面有相同之处，但佛教不讲存心养性，这是其与儒家心性论的区别。所谓存心养性，即存养，指平时的道德修养功夫。二程及宋代理学家把存养作为体认心中之天理的基础，对儒家道德伦理的培养十分重视。由于佛教心性哲学不讲儒家伦理，所以遭到二程的批评，他们认为佛教只讲尽心知性，不讲存养，是一大缺憾。程颐说："释氏只令人到知天处休了，更无存心养性事天也。"[2] 二程进而批评了佛教出世主义的哲学基础——心迹分二、只内不外的哲学，即批判佛教"毁人伦，去四大"[3]，脱离世俗社会生活之迹，只追求真如之本心的心迹分二的哲学。

南宋朱熹批评佛教说："佛家说要废君臣父子，他依旧废不得。"[4] 程朱认为佛学的要旨是绝三纲人伦，不讲儒家伦理，出家出世，逃脱世俗社会关系之网，不承担社会责任。如果佛教盛行，人人都成佛徒，那不仅天下国家将无法治理，而且社会生活及人伦关系也难以维持。朱熹在批评佛教只内不外的哲学时，更强调内外的结合，认为佛教之所以不能"方外"，是因为它在"直内"上就有问题。朱熹还从公私、义利、生死观等方面批评了佛教的价值观、人生观，并对佛教的禁欲主义提出批评。儒学对佛教的批评与排斥，反映了儒佛两家在世界观、人生观、价值观上的区别和差异，同时从一个侧面表现出儒家的佛教观。

朱熹为了坚持理本体论哲学，反对心本论思想，借鉴了张载对佛教心学的批判。朱熹说："释氏心法起灭天地之意，《正蒙》斥之详矣。"[5] 朱熹赞同张载对佛教心学的批判，是为了坚持其理本论哲学，而不是赞成张载的气本论哲学，但张朱均反对佛教的心本论哲学。这又是理学中两大流派的一致处。

朱熹早年曾习禅学，出入于佛老，拜李侗为师后，悟二氏之非，专心于从儒家经典中求义理，后成为宋代理学的集大成者。朱熹批判了佛教心生天地的心学思想，指出："天地乃本有之物，非心所能生也。若曰心能生天之形体，是

---

[1] 程颢、程颐：《河南程氏外书》卷四，《二程集》，第373页。
[2] 程颢、程颐：《河南程氏外书》卷十二，《二程集》，第432页。
[3] 程颢、程颐：《河南程氏遗书》卷四，《二程集》，第74页。
[4] 黎靖德编：《朱子语类》卷一百二十六，第3035页。
[5] 朱熹：《张无垢中庸解》，《朱熹集》卷七十二，第3788页。

乃释氏想澄成国土之余论。"[1] 他认为天地是本来就存在着的，不是心所生，以此批评佛教心本论哲学；并批判了佛教违背天理论而讲心为主宰，其"不见天理而专认此心以为主宰，故不免流于自私耳"[2]。即是批评佛教脱离天理而以心为宇宙主宰。朱熹并批判了佛教以性为空、心即性的思想。他说："吾儒以性为实，释氏以性为空。若是指性来做心说，则不可。"[3] 他反对佛教指性为心，心性不分的思想；强调性实心虚，批评佛教混言心性，只见心性影子，不见性中包含的儒家伦理。对于佛教的空寂，朱熹指出："惟其无理，是以为空。它之所谓心，所谓性者，只是个空底物事，无理。"[4] 佛教所谓性，空而无理，与儒家性中有仁义礼智之实理不同。从朱熹批佛的立场和言论，可见其援天理以论心性的思想针对性。

儒家心性之学自先秦时期创立以来，对中国哲学的发展产生了重要影响，即使从印度传入中国的佛教哲学也深受儒家心性之学的影响，佛教又以精致的思辨哲学发展了儒学心性论。佛教唯识宗、华严宗、禅宗的心性论，其哲学思辨性和理论水平明显高于先秦儒家心性论，并对宋代理学尤其对心学一派产生了重要影响。但佛教心性论否定纲常名教，断绝生化之源，其心中无理，性中无德，这又遭到理学家的批评。

（二）儒家对佛教的吸收与借用

儒家的佛教观不仅表现在对佛教的批评与排斥上，而且也表现在对佛学的吸取与借用上。一般说，儒家学说比较重视现实人生，注重经验知识，而对人生本原、宇宙本体和彼岸世界等问题较少探讨。佛教则重此类问题，佛学在对这些问题的讨论中，尽管有神秘主义的虚构成分，但其中也包含了精致的思辨哲学，达到了较高的辩证思维水平。儒学为了弥补自己理论思辨上的缺陷，以抗衡佛教，注意从佛学中吸取可资借用的理论，来丰富自己的思想体系。

唐代李翱虽坚持排佛，但他提出的去情复性说，却受到了佛教思想的影响，把佛教的心性论与儒家的伦理纲常结合起来。柳宗元认为佛教与儒学有相合之处，不可排斥。他说："浮图诚有不可斥者，往往与《易》、《论语》合。"[5] 并宣

---

[1] 朱熹：《记疑》，《朱熹集》卷七十，第3687页。
[2] 朱熹：《答张钦夫》，《朱熹集》卷三十，第1288页。
[3] 黎靖德编：《朱子语类》卷四，第64页。
[4] 黎靖德编：《朱子语类》卷一百二十六，第3016页。
[5] 柳宗元：《送僧浩初序》，《柳河东集》卷二十五，文渊阁四库全书，第1076册，第235—236页。

称儒、佛不异道。

从形式上看,理学面对博大庞杂的佛学体系,或明或暗地受到启发,从而借鉴、仿效佛学,为我所用。作为理学重要理论之一的"道统"说源自韩愈。韩愈提出"道统"论以排佛,并以排佛之激烈而著称,但他的"道统"论却一定程度借鉴了佛教的法统观念。隋唐佛教宗派传道,有所谓历代相承、灯灯不灭的法统,指僧人在学习佛法过程中建立起来的师徒传承关系,这为韩愈所仿效。韩愈及理学家认为,其所为的道是不同于佛老所为道,乃是通过儒家圣人一脉相传的圣人之道。这与佛教灯灯不灭的传授体系一样,儒家也有自己的传授系统,从而强化儒学的理论传承体系。

此外,唐代佛教禅宗著有大量语录,这种简明扼要表达思想的语录文体对宋代理学家产生了影响。不少理学大家如二程、陆九渊、朱熹等都有语录传世,扩大了其思想的影响和传播范围。

从哲学理论上系统吸取佛学的是宋明理学家,尽管理学家,尤其是程朱一派对佛教作了较严厉的批评,但也客观地承认佛学的高深。程颐指出:"释氏之学,又不可道他不知,亦尽极乎高深。"[1]

在理本论方面,二程在建立"天理"论哲学体系的过程中,把华严宗"事理无碍法界"提出的理本事末,"一一事中,理皆全遍"的思想概括为"万理归于一理"。程颐在回答学者提问时指出:"只为释氏要周遮,一言以蔽之,不过曰万理归于一理也。"[2]所谓把万理归于一理,即把万事万物各自的理加以高度概括,抽象为"天下只有一个理"[3]。这个理是宇宙间唯一的存在,但它又包含了万事万理。这就为"天理"论的建立提供了理论依据。

与此相关,二程的"理一分殊"说也是对华严宗理事说的借用,与华严宗"一一纤尘,皆摄无边真理"的思想在理论形式上是相通的。程颢说:"《中庸》始言一理,中散为万事,末复合为一理。"[4]即认为宇宙之始,便是一理,此理作为主宰,转化为万事万物之分殊,然后万殊又复归于一理,一理与万殊的关系是可以互相转化的,这与华严宗一多相摄的思想类似。朱熹亦借用佛教的"月印万川"的比喻来说明"理一分殊"的道理。他说:"释氏云:'一月普现一切

---

[1] 程颢、程颐:《河南程氏遗书》卷十五,《二程集》,第152页。
[2] 程颢、程颐:《河南程氏遗书》卷十八,《二程集》,第195页。
[3] 程颢、程颐:《河南程氏遗书》卷十八,《二程集》,第196页。
[4] 程颢、程颐:《河南程氏遗书》卷十四,《二程集》,第140页。

水,一切水月一月摄。'这是那释氏也窥见得这些道理。"①朱熹提出的理本气末说也是对华严宗理事说的吸取与借鉴。朱熹明确提出主客体对立的"主宾之辨"的认识论也吸取了佛教临济宗的"宾主颂"。

在心学宇宙观方面,陆王心学对佛教心学吸取甚多。陆九渊提出"宇宙便是吾心,吾心即是宇宙"②的思想,以心为宇宙本体,把万物包罗心中。王阳明亦指出:"心者,天地万物之主也。心即天,言心则天地万物皆举之矣。"③这种心学宇宙观是对佛教心学的吸取。天台宗的"一念三千"说,禅宗的"万法尽在自心"④说是陆王心学宇宙观的重要理论渊源。

儒家对佛教的批评和吸取,体现了儒家的佛教观,即对佛学的基本看法。儒家对佛教的批评,表现出世俗的理性主义的本土文化对神秘主义的外来宗教文化的排斥与抵制态度。儒家对佛学的吸取,表明儒家客观地承认佛教哲学的优长之处,并以开放的精神加以接受,这对中国文化的发展具有重要意义,使儒学在吸取佛教哲学优长的基础上,最终能够以世俗的本土文化抗衡住外来宗教文化的冲击,使宗教文化未能占据中国文化的主导地位,并成功地把佛教这种外来宗教文化吸收、改造成为中国文化的一部分。理学家对佛教的吸取,对于提高儒学的哲学思辨水平,进而发展深化中国哲学具有重要意义。

三、儒学与道教

道教作为中国本土生长的宗教,尊老子为教主,奉《老子》为主要经典,故与道家文化有不可分割的联系。但道教又神化老子,改造道家,其宗教神学的神仙崇拜和长生成仙说与作为世俗学术派别的道家存在着明显的不同。虽然道教与道家既有紧密联系,又有明显区别,但由于后世道教附会道家,人们往往把道教与道家混称为道家,或称老氏。道教作为中国传统文化的重要组成部分,在其形成、演变的过程中受到儒学的影响;儒学在对道教的批评中也吸取了道教的思想。从而儒、道两家在保持自己特色的前提下又相互调和,共同促进了中国文化的发展。探讨儒学与道教的关系,对于全面认识儒家的道教观具有重要意义。

---

① 黎靖德编:《朱子语类》卷十八,第399页。
② 陆九渊:《杂说》,《陆九渊集》卷二十二,第273页。
③ 王阳明:《答季明德》,《王阳明全集》卷六,第214页。
④ 《坛经·般若第二》,第54页。

儒学与道教的关系主要表现在儒家对道教的批评，以及对道教的吸取上。

（一）儒家对道教的批评

儒家对待道教，虽不像对待佛教那样严厉，但也站在儒家正统的立场上，对道教提出了批评。儒家对道教的批评有两个特点：一是联系道家、道教一起批评；二是把佛教和道教两宗教相提并论，通称佛老，连起来加以批评。

韩愈以维护儒家圣人之道为己任，在批佛的同时，也对道教提出了批评。他指责道教尊崇的老子之"道"是"去仁与义言之也，一人之私言也"[1]，宣称儒家圣人之道与"老与佛之道"不同；并认为道教成仙之说是虚妄的，指出"神仙虽然有传说，知者尽知其妄矣"[2]；还揭露道教服食金丹不仅不能成仙，反而使人早死。

宋代儒家学者大多对道教提出了批评。欧阳修批评道教"以混蒙虚无为道"[3]，危害甚大；主张通过人们日常的生活和劳作，在"树桑麻、畜鸡豚，……养生送死"[4]的实事中，亲身践履儒家圣人之道。这表现出儒家的入世与宗教的出世的区别。

李觏着重从富国强兵上批评道教。他说："缁黄存则其害有十，缁黄去则其利有十。……去十害而取十利，民人乐业，国家富强，万世之策也。"[5]即认为道教、佛教不能解决国家的贫弱问题，对国家有害无利，只有排斥道教、佛教，才能使国家富强。

张载从哲学本体论方面批判了道教及道家之虚无。他说："若谓虚能生气，则虚无穷，气有限，体用殊绝，入老氏'有生于无'自然之论，不识所谓有无混一之常。"[6]以元气本体论批评道教"有生于无"的虚无本体论。

王安石则从社会治理角度批评道教及老子的虚无。他认为道教脱离社会治理，空谈虚无，"废礼乐刑政于天下，而坐求其无之为用也，则亦近于愚矣"[7]。他指出道教祖述之老子也是离开具体的形器，而空谈以无为用，不以仁义礼智

---

[1] 韩愈：《原道》，《五百家注昌黎文集》卷十一，文渊阁四库全书，第 1074 册，第 222 页。
[2] 韩愈：《谁氏子》，《五百家注昌黎文集》卷五，文渊阁四库全书，第 1074 册，第 106 页。
[3] 欧阳修：《与张秀才第二书》，《文忠集》卷六十六，文渊阁四库全书，第 1102 册，第 525 页。
[4] 欧阳修：《与张秀才第二书》，《文忠集》卷六十六，文渊阁四库全书，第 1102 册，第 526 页。
[5] 李觏：《富国策第五》，《盱江集》卷十六，文渊阁四库全书，第 1095 册，第 120—121 页。
[6] 张载：《正蒙·太和》，《张载集》，第 8 页。
[7] 王安石：《老子》，《临川先生文集》卷六十八，第 724 页。

和政治刑法作为治世的原则,"无治人之道者,是老、庄之为也"①。

宋代理学的创立人程颢、程颐批佛甚于批道,但仍把道教列入异教之内加以排斥。"今异教之害,道家之说则更没可辟,唯释氏之说衍蔓迷溺至深。"②这里所说的道家实际上是指道教。对道教的宗教神学,二程也提出批评。程颐说:"释氏与道家说鬼神甚可笑。道家狂妄尤甚,以至说人身上耳目口鼻皆有神。"③把佛、道的鬼神说联系起来批判,表明二程理学具有无神论性质。这与早期儒学同宗教的界限不清,尤其是与董仲舒的天命神学相比,已有所不同。这表明儒家的宗教观前后发生了变化,向泛神论和无神论转化。二程并批评了道教的成仙之说。"问:'神仙之说有诸?'曰:'不知如何。若说白日飞升之类则无。'"④二程明确反对道教的长生成仙之说,认为"此是天地间一贼"⑤。二程对道教的神仙崇拜及成仙之说的批评,反映了作为非宗教的理学与神仙道教的区别,这也是世俗儒家文化与宗教文化的差异所在。

朱熹批评道教乱道,指出:"今极卑陋是道士,许多说话全乱道。"⑥朱熹对道教的批评涉及其神仙思想和长生不死说。他说:"老氏初只是清净无为。清净无为,却带得长生不死。后来却只说得长生不死一项。如今恰成个巫祝,专只理会厌禳祈祷。"⑦洞察道教根于老子无为之学。他还批评道教"三清"说仿照佛教之"三身"说,指出:

> 道家之学,出于老子。其所谓"三清",盖仿释氏"三身"而为之尔。佛氏所谓"三身",法身者,释迦之本性也;报身者,释迦之德业也;肉身者,释迦之真身,而实有之人也。今之宗其教者,遂分为三像而骈列之,则既失其指矣。而道家之徒欲仿其所为,遂尊老子为三清:元始天尊,太上道君,太上老君,而昊天上帝反坐其下。悖戾僭逆,莫此为甚!且玉清元始天尊既非老子之法身,上清太上道君又非老子之报身,设有二像,又非与老子为一,而老子又自为上清太上老君,盖仿释氏之失而又失之者也。⑧

---

① 王安石:《答王深甫书》,《临川先生文集》卷七十二,第767页。
② 程颢、程颐:《河南程氏遗书》卷二上,《二程集》,第38页。
③ 程颢、程颐:《河南程氏遗书》卷二十二上,《二程集》,第289页。
④ 程颢、程颐:《河南程氏遗书》卷十八,《二程集》,第195页。
⑤ 程颢、程颐:《河南程氏遗书》卷十八,《二程集》,第195页。
⑥ 黎靖德编:《朱子语类》卷一百二十五,第2991页。
⑦ 黎靖德编:《朱子语类》卷一百二十五,第3005页。
⑧ 黎靖德编:《朱子语类》卷一百二十五,第3005页。

朱熹认为，佛教的"三身"之说已失之，而道教的"三清"说去仿照和抄袭，则失之又失。这表现出他对道教杂于佛教之说的不满。朱熹指出道教的"三清"说违背纲常名教，使昊天上帝的地位降至老子之下，其上下尊卑位次不正。这是以儒家伦理原则对道教的批评，而主张"释老之学尽当毁废"①。朱熹批评道教尊崇之老子出人理之外，而害伦理。他说："老子是出人理之外，不好声，不好色，又不做官，然害伦理。"②就其不讲儒家伦理而言，老子之道与儒学之道形成对照，而与出世主义的佛教有着类似之处。故在维护儒家伦理原则问题上，朱熹往往把道教与佛教联系起来提出批评："佛老之学，不待深辨而明，只是废三纲五常，这一事已是极大罪名！其他更不消说。"③这也是理学与出世主义的佛、道二宗教的基本分歧。

（二）儒家对道教的吸取

儒家在批评道教的同时，也受到道教的影响，吸收了一些道教的思想，以丰富自身的理论。儒家学者吸取和借鉴道教，集中体现在理学家身上。④

程朱吸取了道教以道为宇宙本体，"道生万物"的思想。二程指出："道则自然生万物，……道则自然生生不息。"⑤这也是对道家思想的吸收。朱熹也指出："一阴一阳之谓道，阴阳是气不是道，所以为阴阳者乃道也。"⑥程朱吸取道教之道作为宇宙本体，其目的在于为儒家伦理提供本体论的哲学依据，这种道本论哲学过去在儒学体系里是不曾有的。

在修养方法上，儒学学者也吸取了道教主静、去欲的修养方法。从思想文化根源上看，儒家讲积极入世，提倡立德、立功的精神，以"内圣外王"作为士大夫理想的人生追求。然而现实生活的坎坷和人生命运的艰难，又往往使人走向退隐。对于西方异教佛教的出世出家的道路，儒家士人难以从感情上接受，而道教倡导的隐居山林，养生修炼，得道成仙，即世而不入世，避世又不出世的道路，不失为一条可供选择的途径。于是，儒家吸取道教，以致儒、道调和，

---

① 黎靖德编：《朱子语类》卷一百二十五，第3005页。
② 黎靖德编：《朱子语类》卷一百二十五，第2988页。
③ 黎靖德编：《朱子语类》卷一百二十六，第3014页。
④ 理学家吸取和借鉴道教思想参见蔡方鹿：《道、玄学二程理学》，载《道家文化研究》第十辑，上海古籍出版社1996年版，第331—334页；另见蔡方鹿：《朱熹对道教的借鉴与吸取》，载《宗教学研究》1996年第3期，第18—23页。
⑤ 程颢、程颐：《河南程氏遗书》卷十五，《二程集》，第149页。
⑥ 黎靖德编：《朱子语类》卷七十四，第1896页。

比起出世成佛，更有其文化市场。

儒学与道教既相互排斥，又相互影响和吸收，逐步出现儒、道调和的趋势，这在一定意义上与儒、道（家）互补类似。从广义的儒、道调和而论，先秦时期，从孔老到孟庄之间一百多年时间里，孔子儒家后学在重伦理的同时，也吸取道家的自然思想，把仁义与自然结合起来；而老子道家后学在崇自然的同时也一定程度地吸取了儒家的仁义道德观念，使二者相调和。这从郭店楚墓竹简道家和儒家各自的作品里可以看出。这也可以说是儒、道的首次调和。其后，魏晋玄学家郭象提出"名教即自然，自然即名教"的思想，把儒家的名教与道家的自然、儒家的入世与道家的退隐、儒家的"庙堂"与道家的"山林"结合起来，可以说是儒、道的再次调和，为宋明理学融合儒、道打下了基础。宋明理学的产生，吸取了不少道家道教的思想，这可以说是儒、道的第三次调和。

理学与道教的相互调和，还表现在二者使用的哲学范畴大致相同上，如太极、无极、道、气、心、理、阴阳等几乎被共同使用。在对一系列范畴之间的关系及命题的解释上，也表现出二者互相影响、互相融合的倾向。如唐初道教学者李荣提出"道者，虚极之理也"[①]，试图把道与理统一起来。后来二程亦提出类似的命题，《遗书》载："又问天道如何？曰：只是理，理便是天道也。"[②]以理为道，这倾向于道教。

四、儒、佛、道三教融合

在汉以后的中国思想文化发展史上，儒学是主流，与佛、道二教既相互辩难，又相互融合，逐渐形成"三教融合"的格局，这充分体现了中国文化多元互补的特色。儒、佛、道三教作为中国传统文化的三大构成，各以其不同的文化、宗教特征影响着中国文化；三者又相互融合，共同作用于中国文化的发展。这有其深刻的社会根源和思想根源。探讨其社会根源和思想根源，对于认识儒家宗教观和三教融合的文化现象具有重要的意义。

（一）三教融合的社会根源

儒、佛、道三教的产生和发展，各有其深刻的社会根源和存在的理由，也

---

① 李荣：《道德真经注》上，蒙文通：《道书辑校十种》，巴蜀书社2001年版，第564页。
② 程颢、程颐：《河南程氏遗书》卷二十二上，《二程集》，第290页。

有着促使其走向融合的社会条件和基础。因此，三教融合不是孤立、偶然发生的社会文化现象。

儒学的产生，最大程度地适应了中国古代社会以家族为本位，以血缘关系为纽带而形成的父系家长制的宗法关系及宗法等级社会制度的客观需要。虽然中国宗法制度代有沿革和变化，但它的基本实质，即以皇帝为至尊无上，各级贵族、地主、官吏对农民的层层统治和管理的金字塔社会结构没有根本的变化。宗法等级、上下尊卑、血缘宗亲、嫡长子继承制等社会关系渗透到社会生活的各个领域，反映着中国传统社会的基本面貌。而重社会人事、轻天命鬼神的儒家政治、伦理学说最能够反映中国传统社会的面貌，适应社会发展的客观要求，从而维护社会的稳定和社会生活的正常运转。正因为儒学的产生有着深刻的社会文化和历史根源，所以其在汉代成为社会统治思想后，一直主导着中国文化发展的方向，并对宗教文化基本处于一种支配的地位。

佛教文化的传入，给中国文化带来了深刻的影响，这也具有其社会根源。由于居社会文化主导地位的儒学缺少减缓社会压力，消除内心紧张的理论和方法，佛教文化的传入便弥补了这一空缺。佛教以避世、退让、寻求内心安宁、来世回报等构成出世人格，这样便可使人求得精神上的寄托和心灵的安宁，一定程度地满足了社会的需要。但由于佛教宣扬弃家出世，变相主张无君无父，与儒家的政治伦理思想形成矛盾，故遭到儒家的批评。

道教的形成也有其深刻的社会根源。汉末混乱动荡的社会局面，儒家经学衰落，佛教传入，道家复起，神仙方术盛行，统治者提倡宗教神学，以及下层民众在乱世中企求保全的精神需求等，是道教孕育产生的社会根源及时代背景。但道教少讲仁义礼乐和社会治理，这是遭到儒家批评的主要原因。

一般说，中国人大多数不信奉宗教（虽有人信鬼神，但多数人"敬鬼神而远之"），这与把宗教当作人生一大需要的西方文化相比，可以说是中国文化的一大特色。其中的一个很重要的原因，就是传统的中国人受到世俗的儒家思想的深刻影响，儒学有代替宗教的作用和类似的社会功能。

在佛教传入，道教兴起之初，它们还比较幼稚原始，在不少方面吸取迎合儒学。这时儒、佛、道三教的矛盾冲突不太明显。自隋唐佛教大发展、道教盛行之时，相互之间的矛盾、与儒学的冲突日益尖锐。与此同时，三教融合的趋势也逐步形成。

唐宋之际由土地占有制度的变化引起的一系列社会制度及生产方式的变革，以及统治者加强中央集权，是儒、佛、道三教由对立走向融合的重要社会根源。

北魏至唐中叶实行的计口分配土地的均田制在唐玄宗时期已遭到严重破坏，封建土地国有逐渐转化为封建土地私有。大官僚大地主通过土地买卖，大量占有土地。丧失土地的农民以租佃制的形式耕种土地，向地主交纳地租。与此相应，由唐至宋，在赋税制、兵制方面，由租庸调制改为两税法，由府兵制改为募兵制。科举制度也得到完善和发展。统治者为了维护其统治，加强了中央集权，实行儒、佛、道三教并用的政策。

一般说，封建统治者充分利用儒学治世、佛教治心、道教养身的不同功能，使三教在维护其统治方面实现互补。而当佛教的弃家出世以及寺院经济与封建统治、世俗地主经济发生矛盾时，统治者又对佛教加以限制、打击。虽然道教得到唐皇的尊崇，但唐宋之际道教神仙思想由出世向入世的逐渐转化，亦反映了统治者融合三教的文教政策。由于社会的发展和统治者的提倡，三教融合一步步加深，不仅佛教与中国本土文化融为一体，而且道教也向世俗化方向发展，形成了三教融合的时代潮流。

（二）三教融合的思想根源及三教融合的形成

从思想理论的特点来分析，儒、佛、道三教各有其长短。儒学长于社会治理，以伦理纲常教化民众，维护社会的稳定和民族团结；其短处是缺乏思辨哲学来影响人、打动人，并在精神寄托上有所不足。佛学长于治心，以心性哲学和思辨哲理来论证其教旨教义，发挥宗教消除内心紧张、求得心灵安宁、修养成佛的社会功能；其短处是不讲社会治理，其出世主义的宗教信仰与中国宗法等级社会及其制度形成矛盾，因此与适应宗法制社会伦理关系的儒家思想相对立。道教长于养身，通过修炼，得道成仙，与大自然合一，因而宣扬道法自然，道为宇宙本体、万物之源，并倡自然无为，以无为应万事；其短处是既在思辨哲理上不及佛教，又在治世上不及儒学，故对儒佛有所迎合、吸取。正因为三教各有长短，单用一家之说均有弊病，故三教融合，互为补充，成为社会与文化发展的客观需要。这即是三教融合的思想文化根源。

唐宋以来，三教融合成为趋势。但儒、佛、道三教的融合不是三者简单相加，混然杂处。就儒学而言，是站在儒家正统的立场，以儒家文化的政治伦理学说为本位，吸取佛教的思辨哲学及道教的道本论、道法自然的思想，以及佛、道治心、养身的修养方法，三者有机地结合，从而形成了宋明新儒学思想体系。可以说，以儒家伦理为本位，吸取了佛、道二宗教思想长处的宋代理学的创立和发展，即是"三教融合"思潮的形成和完善。这充分体现了儒家的宗教文化观,并影响了中国文化发展的方向。

(三)三教融合之理学对宗教的影响

理学在其发展过程中,既批判佛、道二教出世主义的教旨教义,又吸取其精致的思辨性哲学,以克服传统儒家经学思辨哲学之不足。理学家通过对佛、道二教的批判,以儒为主,吸取了佛、道的思辨哲学,把儒家学说哲理化,确立了理学这一新儒学的思想理论体系,标志着儒、佛、道三家思想的融合。宋代理学的确立形成了整个中国传统文化三教融合、共存互补的格局和特色,为中国思想文化的发展开辟了新路。理学的产生,吸取了不少佛、道二教的宗教思想,宋末以后,理学逐步占据了学术界的主导地位,成为社会意识形态的指导思想,又反过来影响了宗教,对佛、道二教产生了深刻影响。

金道士王重阳创道教全真道,主张打破儒、道界限,倡"三教圆融"、"识心见性"、世俗化的新道教。其思想吸取儒家的道德性命之理,"以道德性命之学唱为全真"[1]。元明之际的陶宗仪作《三教一源图》,将儒家的"理、性、命"与佛教的"戒、定、慧"和道教的"精、气、神"等范畴相提并论,一一对应,互相沟通,以此来说明"三教一体"。[2] 这表明理学的理范畴理论这时已融入佛、道二宗教的思想体系之中。

1.对佛教的影响

隋唐时期,佛教大盛,五代以降,开始由高峰向下跌落。宋代以后,佛教由盛而衰,继续流传,并吸取理学,进一步与中国原有的文化相融合。宋元明时期,佛教在理论上没有什么创新,内部各宗派相互融合,各宗之间的界限越来越模糊。此时,理学占据了学术界和社会意识形态领域的正统地位,并渗透到佛教之中,佛教对理学多有吸取,表现出与儒学的融合。

明代净土宗大师莲池吸取儒学的治世思想,主张儒、佛互补,相资而不相病。他说"儒主治世,佛主出世"[3],主张把儒与佛、治世与出世、世俗文化与宗教文化结合起来;认为儒学可以"显助佛法之所不及",而佛教也可以"阴助王化之所不及",儒佛各自都可以给对方以帮助,二者在本质上是一致的。

明代禅师憨山援儒入佛,撰有《大学中庸直解指》《春秋左氏心法》等,以佛释儒,把二者结合,使佛教哲学日益儒学化。他主张调和三教,指出:"为学

---

[1] 王重阳:《古楼观紫云衍庆集》卷上,《道藏》第19册,第555页。
[2] 参见陶宗仪所作《三教一源图》,收入所著《南村辍耕录》卷三十,中华书局1959年版,第376—377页。
[3] 《居士分灯录》第1卷,《大藏新纂卍续藏经》第86册,第576页。

有三要：所谓不知《春秋》，不能涉世；不精《老》、《庄》，不能忘世；不参禅，不能出世。"[1] 把儒、道、佛，涉世、忘世、出世结合起来，这是受三教合一理学思潮的影响。

明末僧人蕅益不仅著《周易禅解》，通释《周易》经传，援禅理以为说，而且撰《四书蕅益解》，明显受到朱熹"四书"学的影响，以佛法解释儒家经典，借佛学以助发圣贤传心之印。他吸取儒学，宣扬孝道，撰《孝闻说》《广孝序》等文。他强调孝道，"世出世法，皆以孝顺为宗"[2]，指出："儒以孝为百行之本，佛以孝为至道之宗。"[3] 这是对儒学的吸取，而修正佛教的出世主义，甚至打破出世与入世的界限，靠拢儒学。

以上莲池、憨山、蕅益三人与紫柏并称明代"四大高僧"，他们的共同特点是融合三教，吸取理学的思想，与儒学相调和。这一时期，佛教的思辨哲学已被理学所包容，成为理学思想的一部分。佛学已失去往日的光彩，反过来向儒学吸取，以求得自己生存的一席之地，也反映了理学思想对佛教的影响。

2. 对道教的影响

理学占据社会意识形态领域的主导地位后，不仅对佛教，而且对道教也产生了深刻影响。道教内丹派南宗白玉蟾受朱熹影响，讲道心说，以道心为气之主宰，指出："道心者气之主，气者形之根，形是气之宅，神者形之具。神即性也，气即命也。"[4] 元初道士刘玉改革净明道，进一步吸收新儒学，以忠孝伦理为本，指出"净明只是正心诚意，忠孝只是扶植纲常，但世儒习闻此语烂熟了，多是忽略过去，此间却务真践实履"[5]。他以正心诚意诠释净明，强调忠孝对于扶植纲常的重要性，并要求把忠孝的原则贯彻到宗教践履中去。这明显受到理学的影响，成为儒、道合一的典型。刘玉甚至神化朱熹，把朱熹视为来自道教神仙，出来扶持儒教，"晦庵亦自是武夷洞天神仙出来，扶儒教一遍"[6]，以此来调和儒、道。

明末道士伍守阳以道教的还虚之修持术附会理学道统论之心法说。他说："儒家有执中之心法，仙家有还虚之修持。盖中即虚空之性体，执中即还虚之

---

[1] 《憨山老人梦游集》第39卷，《大藏新纂卍续藏经》第73册，第746页。
[2] 《灵峰蕅益大师宗论》第4卷，《嘉兴大藏经》第36册，第324页。
[3] 《灵峰蕅益大师宗论》第7卷，《嘉兴大藏经》第36册，第373页。
[4] 白玉蟾：《海琼白真人语录》卷三，《道藏》第33册，第131页。
[5] 刘玉：《玉真先生语录内集》，《净明忠孝全书》卷三，《道藏》第24册，第635页。
[6] 刘玉：《净明忠孝全书》卷四，《道藏》第24册，第642页。

功用也。"①理学道统论尤其是朱熹道统说重视"十六字传心诀",讲圣人相传以"允执厥中"之心法。伍守阳受其影响,以道教的还虚修持术比附之,认为圣人相传以"中",即是虚空之性体,而执中则是还虚之功用。这个比附虽与道统之执中说有所不符,但其受理学的影响,企图调和儒、道,却是明显的。

(四)儒、佛、道三教互动的意义

儒、佛、道三教作为中国传统文化的三大构成,三教鼎立而互动,各以其不同的文化特征影响着中国文化及哲学;三者又相互融合,共同作用于中国文化与哲学的发展。在中国学术思想发展史上,儒、佛、道三教相互辩难,又相互融合,逐渐形成"三教融合"的格局,这充分体现了中国文化多元互补的特色。

唐宋以来,儒、佛、道三教在互动中走向融合而产生了宋代理学,同时三教的互动也对宗教的发展产生了重要影响。儒、佛、道三教的互动促进了经学的转型和儒学的发展;提高了中国哲学的理论思辨水平;确立了以儒为主,融合三教的学术发展模式。

中国儒学文明是世界多元文明中的重要组成部分,为中华民族乃至世界文明的发展做出了重要的贡献。儒学是一个开放性的文化系统,在认同自身的前提下,亦广泛吸取中国文化各家各派包括宗教的思想,具有和合创新的特质,从而使儒学得到持续发展,基本适应了中国社会和中国文化发展的客观要求;同时也具有一定的保守、落后的思想成分和因素,而需要认真清理和总结。

以孔子为宗师的儒家学说,创立于春秋末期。先秦时期是儒学的早期发展时期,重要思想在此时已经提出,但哲学思辨尚有欠缺,也未成为中国文化发展的主流。虽然儒学与墨学在当时并称"世之显学",影响很大,然而儒学只是先秦诸子学之一,与各家学术相互辩难,争相用世。

唐代孔颖达等奉钦命编定《五经正义》,虽然完成了经学的统一工作,但仍沿袭以往的章句注疏之学,学者拘于训诂,墨守正义,如此严重束缚了人们的思想和创造力,使儒学发展陷于停滞。而佛教、道教则发展日盛,与儒学形成"三教鼎立"之势,无论在思想领域还是在政治领域,佛、道都有很大的势力,整个儒家思想都受到了严重的挑战。韩愈为了排佛而倡导儒家道统论,但因其思辨哲学的欠缺和思想未系统化,故难以与盛行一时的佛、道宗教思想相抗衡。

---

① 伍守阳:《仙佛合宗语录·最初还虚第一》,《藏外道书》第 5 册,巴蜀书社 1992 年版,第 1866 页。

宋代以前的儒学重道德伦理而疏于哲学论证，难以与建立在本体论哲学基础上并以之为依据的佛、道思想相抗衡。佛教作为一种外来的宗教，从南北朝到隋唐时期，其影响不断扩大。它以自己特有的一套精致的思辨哲学和超凡成佛的心性修养方法向儒学提出了严重的挑战。中国传统的天人之学以及人文主义的文化价值观面临危机，儒学的正统地位也发生动摇。道家、道教的道本论和道法自然思想，以及道教的修养成仙说也对缺乏本体论依据的儒家思想形成冲击。就儒家来说，如果不突破汉唐经学旧注疏的藩篱，在宇宙论和心性论方面有所建树，从本体论的哲学高度为儒家伦理提供依据，以抗衡佛、道二教出世主义的宗教世界观，就无法维系儒学的正统地位，而中国固有的传统文化和伦理观念也将由此而沦丧。佛、道、玄精于哲学思辨而流于寂灭空虚，与中国古代宗法社会制度和社会伦理规范不相适应。然而汉唐儒家经学则限于训诂注疏，以较为粗糙的"天人感应"神学目的论为理论框架，其抽象思辨能力历来不强，使儒家伦理学缺乏哲学本体论等思辨哲学的依据，而有待于创新。思想与历史发展的客观进程是通过三教互黜、互补，较量其得失，在新形势下熔铸改造，加以理论创新。以程朱为代表的新儒学者面对佛老思想的挑战和儒学式微、伦常扫地、人无廉耻的局面，在宋学重义理、轻训诂的基础上，以儒家伦理为本位，批判地吸取佛、道精致的思辨哲学，倡"四书"义理之学，逐步以"四书"及"四书"义理之学取代"六经"及"六经"训诂之学而成为经学发展的主体，同时把义理哲理化，既超越了汉学，又发展了宋学。这是对汉唐章句训诂注疏之学流弊的修正和改造。理学家结合社会发展的需要，创建以"天理"论为核心的理学思想体系，把经学理学化、哲学化，进一步将宋代义理之学发展为理学，以最具时代特色的"天理论"哲学开辟了宋学发展的主要方向，促进了儒学的发展。由此，中国哲学的发展吸取了宗教中所包含的思辨性哲理。

程朱在相互联系又各具特色的四个方面，把儒家经学义理化，把儒家思想哲理化，把儒学道统体系化，把儒家学说大众化，构筑起逻辑严密、内涵丰富、博大精深的新儒学思想体系。完成了自宋初以来，思想家们致力于建立一种直接把哲学本体论、思辨性的哲学形式与儒家伦理学统一起来的哲学体系的尝试。

理学家以儒为主，吸取佛教、道教，这对于提高儒学的哲学思辨水平，进而发展、深化中国哲学具有重要意义。佛学在对人生本原、宇宙本体和彼岸世界等问题的论述中，包含了精致的思辨哲学，达到了较高的辩证思维水平，理学家对其进行吸取，丰富了中国哲学的内涵。理学家还吸取道教以道为宇宙本体、"道生万物"和崇尚自然的思想，完善了儒家哲学的思想体系。

程朱理学有效地吸取佛、道文化的优长，排斥其与中国古代社会及其社会制度、思想文化观念不合的宗教教义，把佛教这种外来文化吸收改造为中国文化的一部分，从一定意义上讲，佛教的中国化即是佛教的伦理化、佛教的儒学化，并使道教由出世主义向世俗化逐渐转化。也使以儒学为本位，三教融合的理学思潮逐步占据了中国文化发展的主导地位，完成了理性主义的文化超越，从而改造旧儒学，把中国儒学发展到一个崭新的阶段；使新儒学既主导了学术发展的方向，又广泛流传民间、影响大众，在某种意义上成为中华民族全民的文化；并流传海外，对东亚社会和文化产生了重要影响，对汉字文化圈几乎带有普遍性的意义。

儒学文化在发展的历史进程中，不断融合、吸取了道、佛等其他文化、学派的学说，从而丰富了自己的思想体系。同时，儒家思想也深刻影响了道、佛等文化，渗透到其他文化之中，从而使中国文化成为以儒为主，儒、佛、道三教融合的多元复合体的综合型文化。这体现了中国哲学与文化和合创新的特质，以及儒学文化的开放性和融通性，而不故步自封。

由于儒学有其深厚的文化积累和历史资源，它能够实现自我批判、转换、创造和超越。正如任何有生命力的学术文化，在认同自身的同时，必须适应新的时代和环境，才能发展，否则必然没落。儒学在宋代重新崛起，形成理学，并逐步占据社会意识形态领域的主导地位，是因为理学适应了当时社会发展的客观需要，创造性地扬弃传统儒学，使儒学在自我批判中，改造过时的旧思想，吸取宗教文化的长处，从而推陈出新，使自身得到发展，纠正前代社会和统治者伦常失序、人欲横流、追逐私利、人无廉耻的偏向，而使社会得到治理、稳定和进一步发展。在当今社会，须借鉴理学与宗教的互动，把儒学积极有为的入世态度与宗教提携人心向上的超越精神结合起来，为人们提供一个安身立命的基础。

如上所述，早期儒家的宗教观较多地受到周公宗教改革思想的影响，同时以重人事、轻天命与原始宗教思想相区别。孔子既相信天命鬼神，又淡化天命的神秘主宰性，"敬鬼神而远之"，其思想奠定了早期儒家宗教观的基础，孔子创立的儒学，有代替宗教的作用。荀子否定宗教神学的天命观念，提出"制天命而用之"的思想，代表了儒家宗教观的另一思路，而与孔孟思想有所不同；但荀子主张祭祀和神道设教，表明他不能完全摆脱宗教的影响。董仲舒笃信天神，重视祭祀，表明汉代儒学与宗教神学较为接近。早期儒家提出"神道设教"说，取法宗教的神道，设教以推行教化，以宗教为政治教化服务，既不是完整意义上的宗教，又保留有宗教的影响。儒家的佛教观、道教观是在儒学成为中国文化的正统之后，面对外部传入和本土兴起的宗教，站在儒家的立场上，对佛、道宗教文化采取的态度，集中体现了后期儒家的宗教观。从儒家对佛、道二教的批评排斥及吸取借鉴的情况看，中国世俗儒家文化面对外来佛教文化的输入和挑战，以及本土道教文化的相争，没有被出世主义的宗教文化所取代，而是结合中国社会发展的实际，有效地吸取了佛道宗教文化的优长，排除其与中国古代社会及其社会制度、行为规范不合的宗教教义，把佛教这种外来文化改造成为中国文化的一部分，使之具有了不同于印度佛教的中国佛教特色，并使道教由出世主义逐渐向世俗化转化。这体现了中国传统文化的开放性和多元互补的特征，亦表现出居中国传统文化主导地位的儒家文化对于宗教文化的主体意识；同时表明宋明新儒学是理性主义的世俗文化，虽具有某种代替宗教的功能和社会作用，但却与宗教有别。儒家文化随着时代的发展，逐步倾向于泛神论和无神论。其祖先崇拜毕竟不同于天神崇拜和上帝崇拜，而与中国及西方宗教有别。

第九章　宋元明时期的道统思想

理学兴起的思想渊源其中包括了儒学道统思想，道统思想是儒学的基本理论之一，在儒家思想中占有重要地位。儒家道统思想可溯源于尧、舜、文王、周公等。文王仁政和周公之礼是后世儒家所追述的道统之源，被视为对尧舜王道之治的继承。道统思想的直接思想源头是孔孟仁义之道。《大学》《中庸》《易传》中的有关论述被认为是对孔子之道的丰富。而道统思想的正式提出是在唐代，其理论针对性即是隋唐佛教思想的盛行动摇了儒家思想的正统地位。

宋明理学的理论构成之一是道统论。与天理论相关，道统论是宋明理学理论构成中重要的组成部分。宋代理学先驱孙复、石介在宋初儒学复兴运动中，上承韩愈，下启程朱，他们继承并发挥了韩愈的道统论，以道统之道作为排佛老、辟异端的准则。孙、石二人推崇儒家圣人之道，提出"圣人之道无有穷"的思想。

张载略早于二程提出了较为系统的道统论，其目的在于继承孔孟之后失传的千年不传之绝学，把圣人之道发扬光大，以上接孔孟，形成一脉相传，有时靠心传来维系的传道次第，以回应佛老对儒学的冲击和挑战。

程颢、程颐是理学道统思想的确立者，二程的道统论使道统思想趋于成熟，在中华道统思想发展史上占有重要地位，对后世产生了深远影响。二程的道统思想的特点主要有：以义理解释儒家经典，从中发明儒家圣人之道；以天理论道，变伦理型道统为哲理型道统；重视心传，超越汉唐；求道贵在致用，不尚空谈解经。

二程的道统思想又影响到朱熹。朱熹集宋代道统思想之大成。

理学各派均讲道统，只不过各有其特点。韩愈的道统论启发了宋明理学之道统论，这是不可否认的历史事实。但程朱的道统论又在韩愈道统的基础上有了大的发展。从内容上讲，韩愈道统之道的内涵是仁义，程朱则在仁义之道的基础上，以天理论道，把哲学本体论与儒家伦理学结合起来，这是对韩愈及传统道统论的发展。从形式上看，韩愈提出的道统传授谱系说为宋儒所吸取，程朱虽然表面上不承认韩愈道统，朱熹声称是由周敦颐、二程直接从孟子那里得千年不传之绝学，把圣人之道接续下来，但实际上他们受到了韩愈道统说的影响。程朱均对韩愈表示一定程度的尊重，只是由于他们认为《原道》中的语言有毛病，所以不多提韩愈在道统中的作用。

心学一派的道统思想有其自身的特点。陆九渊倡导心学，以心论道统，并与朱熹展开关于道的争论。他从心学的角度改造了以往的道统论，与程朱道统形成对照，并对王阳明产生重要影响，因而陆九渊的心学道统论在道统思想流传演变的历史过程中占有重要的地位。

吴澄提出心学与道统相结合的思想，建构了完整的道统体系，把尧、舜、禹、汤、文、武、周、孔、颜、曾、思、孟，以逮邵、周、张、程等传圣人之道的人物都纳入心学，使心学与道统合一，认为圣人之道无非是"本心之发见"。

王阳明直接把圣人相传授受之学称之为心学，把"十六字传心诀"视之为"心学之源"[①]。他提出"致良知之外无学矣"[②]的思想，以"致良知"说取代程朱道统论，从而把圣人相传的道统说改造为心学。王阳明完成了道统心学化的过程，并为现代新儒学之新心学一系所继承，以之作为"源头活水"而吸取甚多。

明清之际，道统思想继续流传，并产生了重要影响。这一时期，朱学与阳明学之争，理学道统论的流弊对思想界均产生了影响，并反映到对道统思想的评价上。孙奇逢的道统思想和费密对理学道统论的批评，反映了时代变迁对道统思想的影响，以及对道统思想的评价与整个时代社会转型、思想发展的实际紧密相联。

通过总结道统思想在宋元明时期的发展演变，可知儒家道统思想在中华文化史上所占之重要地位，即道统的演变促进了儒学的发展，确立了以儒学为主导，融合各家的中国文化发展的大传统，儒学成为中华道统思想的主导，以儒学道统为主体，融合吸取各家而形成中华文化大传统。道统论的发展在一定程度上体现为中国文化的发展，道统思想的发展促进了中国文化的发展，也丰富了中国文化的内涵，并形成了鲜明的中国文化特色，产生了深远的影响。同时也应看到道统思想的流弊，这包括复古的历史观、排他的正统思想即排他性、重道轻文、内圣重于外王等方面。

由此，在认真整理和研究道统思想在宋元明时期的发展，发掘其内在价值，

[①] 王阳明：《象山文集序》，《王阳明全集》卷七，第245页。
[②] 王阳明：《书魏师孟卷》，《王阳明全集》卷八，第280页。

挺立民族文化的主体性，以弘扬中华民族优秀文化传统和民族精神的同时，也应认识其流弊，去其保守、过时的成分，不断创新发展中国文化。发扬儒学道统论历来所讲求之"中道"与"王道"，而区别于"物竞天择，适者生存"，弱肉强食之丛林法则和霸权主义之"霸道"，挖掘中华文明与中国价值的世界意义，倡导和构建人类命运共同体，探寻人类共同价值体系，从理学道统思想中发掘人类的普遍价值，为世界文明的进步和社会发展增添新的内涵。

一、道统概论

对道统思想的认识，包括了解它的理论构成和基本特征，应注意其与道统思想在宋元明时期的历史演变与发展紧密相联。

（一）道统思想的理论构成

从宏观和广义上讲，中华道统思想经历了一个产生、发展的历史过程，在这个过程中，形成了以下基本的理论和学说：

1. 仁义之道

儒家孔孟的仁义之道与道家老庄的自然之道形成中国文化发展对应的两端，两家既互相区别又相互吸取，而成为中国哲学道范畴历史发展的主线。孔子在文王仁政和周公周礼的基础上发展出仁道，提出一套以仁为核心的学说，这对中华道统思想影响极大，奠定了道统理论的基础。仁的内容包涵甚广，其核心是爱人。仁字从人从二，也就是人们互存、互助、互爱的意思。主张推己及人，我不希望别人这样对待我，我也不要这样对待别人。孔子认为"克己复礼为仁"，依靠主观道德修养，克服不符合礼的行为，使视、听、言、动都合于礼，这就体现了仁，说明仁与礼是一体的。仁的内容还包括"己所不欲，勿施于人"的忠恕思想，孔子指出："仁者，己欲立而立人，己欲达而达人。"[1] 即自己要求立于世，也帮助别人立于世；自己要求提高，也帮助别人提高。

孟子在孔子仁道的基础上，把仁义连用，提出仁义之道，使儒家有了完整而系统的仁义思想。孟子并把仁的学说落实到政治治理，提出著名的仁政说，重点在改善民生，加强教化。又以仁学为基础，发展出心性之学，以心性言仁，对后世儒学道统论产生了重要影响。

---

[1] 《论语·雍也》。

孔孟的仁义之道一以贯之，贯穿于整个中华道统思想后来发展的全过程。尤其是宋明儒家把仁纳入其新儒学思想体系，对其给予充分的重视。朱熹对于仁的范畴讨论最多，阐发最详，集前人仁说之大成，并把仁与天理相联系，把仁作为天理的内涵，具有宇宙本体和儒家伦理双重意义，使儒家仁道上升为宇宙本体论哲学，这是对孔孟仁义思想的发展。

2. 执中、中道

执中、中道是道统思想的重要构成，也即是以中庸为道统的内涵。"中"字在甲骨文已经出现，其本义是指立于正中央的一杆旗帜，由此引申出中正、中间等含义。自《论语·尧曰》提出"咨！尔舜，天之历数在尔躬，允执其中"的执中思想以来，执中便成为道统思想和道统传授的重要内容。由尧、舜相传以"允执其中"，舜、禹相传以"允执厥中"，到汤的"汤执中"，都贯穿了一个无过无不及的"中正之道"。除执中外，孔子还提出儒家的中庸思想，《论语·雍也》指出："中庸之为德也，其至矣乎！"孟子继承孔子的中庸思想，指出"孔子岂不欲中道哉？"[①]并指出"汤执中，立贤无方"[②]，强调中道和执中。《易传》亦推崇中道，以中为贵，以居中为美德，这是从爻位的"时中"说引申而来的，即以中为正，主张因时而行中道。荀子重视中，他认为仁的最高表现就是按照中的准则行事。他说："先王之道，仁之隆也，比中而行之。曷谓中？曰：礼义是也。"[③]道即仁即礼义，也即是中，行中即体现了道。《中庸》从哲学的高度发展了孔子的中庸思想，提出中和之说，以中为"天下之大本"，以和为"天下之达道"，要求"致中和"，掌握中和之道。

以上可见，从尧、舜、禹、汤，到孔、孟、荀、《易传》、《中庸》，无不相传共守以中道、中庸。程朱也以中道、中庸为道统论的重要构成。朱熹说："盖自上古圣神继天立极，而道统之传有自来矣。其见于经，则'允执厥中'者，尧之所以授舜也；'人心惟危，道心惟微，惟精惟一，允执厥中'者，舜之所以授禹也。"[④]中道成为道统传授的重要内容，亦是道统理论的重要组成部分。

3. 内圣心性之学

牟宗三以宋明儒内圣心性之学作为道统发展的重要阶段和重要理论，而此心性之学则起源于先秦儒家，并一直影响到现代新儒家，成为道统思想的重要

---

① 《孟子·尽心下》。
② 《孟子·离娄下》。
③ 《荀子·儒效》。
④ 朱熹：《中庸章句序》，《朱熹集》卷七十六，第 3995 页。

理论。所谓内圣，相对于外王而言，指内有圣人之德，通过内在的道德修养做圣贤的工夫，外施王者之政。"内圣外王"虽出自于《庄子·天下》篇，但为儒学所吸取，并将内圣之学与心性之学相联系，构成道统相传的重要理论。

孔子对心性问题论述不多，但他提出"为仁由己"[①]的命题，强调仁的实现在于人的主观意志的追求与把握。这启发了孟子的尽心知性说。孟子在孔子仁学及"为仁由己"命题的基础上发展出心性之学，他提出"心之官则思"[②]的著名命题，最早给主体之心以高度重视。他首倡性善论，把仁与义礼智并称，作为性的内涵。从而以心性言仁，把仁与心联系起来，指出："仁，人心也。"[③]其心性之学包含了人性论、修养论、道德形上学的内容，对后世儒学道统思想影响很大，甚至佛教心性之学也深受其影响。

宋明儒心性之学随着道统思想的发展而兴起，不仅陆王心学一派以心论道统，把心学与道统相结合，对道统加以心学化的改造，倡本心即性的心性一元说，而且二程朱熹也十分重视心性之学。程朱讲执中、中道，讲超越时代的心传，均离不开对心的阐释。可以说，在宋明儒这一阶段，道统的发展与心性之学不可分割地联系在一起。现代新儒学以服膺宋明儒之心性之学为主要特点，以接续儒家道统，复兴儒学为己任，认为心学即是道统之源，以心性一元为大宗来讲道统的传授；并把内圣心性之学与道统、学统、政统三统之说相联系，通过肯定道统即内圣心性之学的价值，开出学统与政统之新外王，以发展科学与民主。由此可见心性之学在道统理论中的重要性。

4. 修齐治平之道

与内圣而外王相关，儒家经典《大学》提出修齐治平之道，这为后世儒家所效法，在提出道统论时，以之作为一个重要的内容。《大学》重点论述了个人的道德修养、治学次第及与治理国家的关系问题。主张通过道德修养，由修身、齐家，达到治国平天下，也就是把道德修养之事作为治理国家的大事，将道德精神和道德原则从个人修身推之于家、国、天下，实现明明德于天下的理想。所以《大学》强调"自天子以至于庶人，壹是皆以修身为本"。仅修身还不够，还须将修身的成果贯彻到外在的治平实践之中。这构成了儒学的一大特色。

唐宋以来，儒学学者为了对抗佛老学说，建立道统论，便发挥了《大学》的修齐治平之道。韩愈根据《大学》的修齐治平之道，建立以儒家的仁义之道

---

① 《论语·颜渊》。
② 《孟子·告子上》。
③ 《孟子·告子上》。

与修齐治平相结合的道统论思想体系,提倡有为、社会实践,批评佛教只讲个人修养成佛,不讲治理国家的宗教修养论。这对道统学说的完善影响很大。继韩愈之后,二程朱熹在确立并集道统论之大成的过程中,充分发挥《大学》的修齐治平之道,主张王者之政,其心本于天理,由穷理修身达于政事,将圣人之道落实到平治天下的万事之中。

现代新儒家亦主张由内圣达于外王,即通过修身,挺立道德主体,并以此为主体来吸收西学,由内圣之学开出现代科学、民主政治等新的"外王"事业。这体现了对《大学》修齐治平之道的继承和发展。

5. 超越时代的心传说

程朱道统论认为,儒家圣人之道的传授由于汉唐诸儒未能得道而中断了千年,于是提出超越汉唐诸儒的心传之说。二程认为汉唐诸儒专务解析,用心于末,在佛老异端的冲击下使儒家圣人之道失传。由此,他们提出,道的传承不一定是直接授受,也可以是超越一定时代的心传。程颢说:"先圣后圣,若合符节。非传圣人之道,传圣人之心也。"[①] 道在传授的过程中,即使在一定的历史时期内(比如汉唐),儒者不能完全按道的原则行事,使道传之已差,然而道并不因此而息而亡,它可以通过后世的人们接续道的精神,心心相传,使道的精神延续下来。这种心传思想为超越汉唐,直承孔孟,提供了理论依据,也为扬弃传统,自由发挥新思想,开辟了思维空间。

朱熹继承二程,提出"十六字心传"说,以心法的传授体现其道统观,对《古文尚书·大禹谟》中的"人心惟危,道心惟微,惟精惟一,允执厥中"十六字详加阐发,以发明圣人传心之旨,把传心与传道结合起来。对于圣人之道的传授与心传的关系,朱熹从圣人之道传之以心的观点出发,肯定韩愈关于"轲之死,不得其传"的说法,但强调须深知圣人相传的是仁义之道,而仁义之道不能离开心而存在(尽管道不是心)。朱熹指出,在传道的圣人序列里,有的相互之间隔了数百年,不可能做到口传耳授,只有识其心体,"体其全且尽",才能通过心心相传,把道传授下来。朱熹将此称之为"尧、舜、禹相传之密旨",或"尧、舜相传之心法",这个"密旨"和"心法"是与圣人之道的传授紧密相联系的。其心传说与其心性之学、中道思想相互联系,共同成为道统论的重要组成部分。

---

① 黄宗羲:《明道学案上·语录》,《宋元学案》卷十三,第560页。

6. "四书"学

"四书"学是指以《论语》《孟子》《大学》《中庸》为研究对象而阐发义理的学问。二程朱熹为建立道统思想体系的需要,重视和推崇"四书",认为"四书"集中体现了圣人作经之意,圣人之道载于"四书",要求学者以治"四书"为主、为先,从中发明圣人之道,"四书"既治,则"六经"可不治而明,其"四书"的地位在"六经"之上,从而奠定了"四书"及"四书"学在道统发展史以及经学史上的重要地位。

"四书"并行,出于二程的提倡和表彰;经朱熹集注,风行于天下,进一步扩大了"四书"的影响。可以说,朱熹集注"四书"的目的就是为了把道统思想发扬光大,将圣人之道传播开来。这表现在,朱熹在《中庸章句序》中将道统上溯至伏羲、神农、黄帝等"上古圣神",又推广经尧、舜、禹、孔子、子思、孟子,到二程的道的传授谱系。朱熹的重要地位加强了道统传授说的权威性。

此外,朱熹通过集注"四书"阐发道统处甚多,使"四书"成为整个经学的基础。朱熹在此新经学的基础上,建构理学及其道统论,表现出与汉唐经学及旧儒学不同的学术旨趣。这是对传统儒学的发展,在经典的内容上为发明道统提供了依据。经朱熹的发明和阐释,道统论进一步完善和体系化,"四书"学与道统论更加紧密地联系在一起,并为后来道统论的推广发挥了重要作用。虽然现代新儒学代表人物牟宗三站在新心学立场对程朱的"四书"学加以改造,但他也客观地看到"四书"学对程朱道统之心传所起到的重要作用。他指出宋儒"直接由'四书'中而直探孔孟之心传,所谓'内圣之学'是也"[①],并认为这是宋学义理超出汉学考据之处。可见"四书"学作为道统论的理论构成,对发明道统起到了重要作用。

7. 以天理为道

在中华道统思想发展演变的历史过程中,道统之道虽一以贯之,但也经历了若干大的发展阶段,如周公之礼、孔子仁道、现代新儒家吸取西学由内圣开新外王等,而宋明儒尤其是程朱以天理为道,亦是道统发展的一个重要阶段。与张载的以气化为道、陆王的以心为道相区别,程朱的以天理为道说亦成为道统思想的重要理论构成。尽管张载、陆王的思想与程朱思想有别,但他们均认同于天理,其最终目的都是为了把以"理"为代表的儒家伦理发扬光大,只不

---

① 牟宗三:《道德的理想主义》,台湾学生书局1992年版,第239页。

过陆王以心即理，张载以气之聚散为理，所以程朱以天理论道，以天理为道的理论，既体现了己派道论的特色，又代表了宋明时期道统的基本理论。

以天理论道，这是宋明儒学道统论不同于前代的特点。二程指出："天有是理，圣人循而行之，所谓道也。"①强调天理作为宇宙秩序，即使圣人也须遵循而行之，在这个意义上，天理即道。二程并将理从物之理中抽象出来，使之具有了最高范畴的意义，故程颢说："吾学虽有所授，天理二字却是自家体贴出来。"②二程以儒家伦理即孔孟仁义之道为本位，既批判佛教不讲儒家伦理的出世主义的教旨教义，又吸取华严宗"万理归于一理"的理本论哲学形式，以天理为本体，天理又具有儒家伦理的内涵，从而使儒家伦理学与哲学本体论结合起来。其天理为道，道即是天理，天理作为道的内涵在道统思想体系中占有主导的地位，这对宋明时期道统思想的发展产生了深远的影响。朱熹对天理论哲学的发展，把道统论的发展推上了一个新台阶，从而变韩愈单纯伦理型的道统为理学的哲理型与伦理相结合的道统，这对道统思想的发展有重要的意义。

8. 以气化为道

以气化为道是道统理论的一个组成部分，它以北宋张载为代表，其后的气本论哲学家如王廷相、王夫之等都受到张载以气化为道思想的影响。所谓以气化为道是指以气的运动变化及其过程为道。张载说："由气化，有道之名。"③气化是指气聚与散的变化，这个聚散的流行变化过程是气本身所固有的属性，这即是道。从而体现了张载道统论的特点。

在道统思想发展史上，以仁义为道，这是儒家道统论的共性，以此与其他各家包括佛教不讲仁义道德的思想相区别。然而在儒家道统思想内部，在肯定、认同于孔孟仁义之道的前提下，又由于对道统之道存在着不同的理解，或以气化为道，或以天理为道，或以心为道，或仅以仁义为道，未将仁义提升为宇宙本体，而形成了不同时期、各家各派的道论。张载在以气化为道的同时，系统展开了对道统的论述，由此丰富了宋明儒之道统思想，并以其以气化为道而成为道统理论的构成之一。

9. 以心为道

以心为道亦是道统思想的理论之一，它以陆九渊、王阳明等心学道统论为代表。以心为道是在以天理为道思想的基础上发展起来的，它并不排斥以天

---

① 程颢、程颐：《河南程氏遗书》卷二十一下，《二程集》，第274页。
② 程颢、程颐：《河南程氏外书》卷十二，《二程集》，第424页。
③ 张载：《正蒙·太和》，《张载集》，第9页。

理为道。事实上在陆王心学的思想体系里，天理仍占有重要位置，只不过他们以心为理，提倡以"心即理"作为其心学的立言宗旨。陆九渊倡导心学，以心论道统，强调自得其道，直指人心，以孟子之后得道第一人而自居。陆九渊从心道合一出发，对朱熹把心分为二的观点提出批评。王阳明继承陆九渊，提出"心即道"[①]和"道即是良知"[②]的思想，对程朱道统加以心学化的改造，认为《古文尚书·大禹谟》的"十六字传心诀"为"心学之源"，圣人传道即是传心。与朱熹道统论不同，王阳明把心与道等同，强调道心与人心的合一，反对把心分二，从心一元论的角度把道统论及道的传授纳入心学的轨道。他又把道统之道改造为良知，以更具主体思维能动性的良知范畴以及"致良知"说扬弃并发展了以往的道统论，进一步完成了道统心学化的过程，这对现代新儒学之新心学道统论影响甚大。

10. 三统之说

牟宗三提出道统、学统、政统三统之说，这最能体现现代新儒学道统论的时代特征，因而也是中华道统思想发展到现代的重要理论形态。

三统之说的提出旨在通过疏通道统与学统、政统的关系，来论证传统儒家心性之学与现代科学、民主政治相结合的可能性，进而探讨以道统开出学统、转出政统的途径，在返本和吸取西学中开出与社会发展相适应的现代新文化。所谓三统之说指道统之肯定，学统之开出，政统之继续。牟宗三所谓的道统主要指儒家的内圣心性之学，它是人生宇宙之本原，亦是学统与政统的内在根据；所谓学统，指"知识之学"的统绪；所谓政统，指政治形态或政体发展之统绪。

牟宗三提出三统之说的目的乃在于通过提出一个安定人生、建立制度的思想系统，以作为人们安身立命的根本和社会生活的指导思想，把时代民主政治、现代科学精神与中国文化基本的道德宗教结合起来，从而贯通中西，援西学入道统。

在三统的关系上，一方面牟宗三指出三者有机结合，相辅相成，缺一不可；另一方面又强调三者的关系不完全是并列，而是有本有末，以道统为本原，孳生学统，创造出政统。这表明牟宗三的道统论是以道统、内圣为本，以学统、政统及外王为用，只要挺立了人的道德主体性，就能由本原派生作用，由内圣通外王，由心性之学开出科学和民主政治，在以道统为立国之本、文化创造之源

---

① 王阳明：《传习录上》，《王阳明全集》卷一，第21页。
② 王阳明：《传习录下》，《王阳明全集》卷三，第105页。

的前提下，把道统、学统、政统三者有机地结合起来。

以上是中华道统思想的基本理论构成，大致把道统思想发展史上产生的理论包括在内。由此可以看出，中华道统思想具有丰富的内涵，它不仅集中体现了儒学的基本精神，而且作为整个中国学术思想的重要组成部分，在中国文化史上占有重要的地位。

（二）中华道统思想的基本特征

通过以上对道统思想的理论构成及其发展演变的探讨分析，可以归纳出中华道统思想的一些基本特征。正是由于这些特征，中华道统思想具有了自己的个性和特性，从而与其他思想区别开来；也正是因其特征，人们能够认识到道统思想的价值、意义及所存在的流弊。

1. 道统传授的形式与道范畴发展的内涵相结合

严格说来，道统论是由道统传授的形式与道范畴发展的内涵相结合而构成。道统与道缺一不能构成完整的道统论，两者的关系是以道为中心的形式与内容的关系。道统是维系道之所存在和延续的形式；道是道统所传授的内容。道统是以传道为目的，为道的存在和延续而形成的。因此，道统本身不是原则或尺度，但它包含了道的原则，是为论述道的思想、原则、精神服务的系统和形式。儒家为了论证圣人之道的精神和道的传授系统，便形成了道统论。道统论可视为把握和体现道的精神和儒家圣人之道传授系统的理论。

中华道统思想经历了不同的发展阶段，产生了既相互联系又相互区别的各个流派。他们在共同认同于儒家仁义之道的前提下，因其对道的内涵有不同的理解和认识，故分为不同的道统思想流派。由于道统与道的关系是以道为中心的形式与内容的关系，所以各派道范畴内容的不同决定了道统传授形式的不同。比如韩愈道统之道以仁义为内涵，不同于程朱以天理为内涵，故程朱在道统论形式上把韩愈等单纯讲仁义的汉唐诸儒排除在道统传授谱系之外；又如陆九渊以心论道，以心为道统之道的内涵，故在形式上又把程朱排除在道统传授谱系之外。这些方面表现出道统与道的关系具有同一性，有什么样的道的内涵，就有与之相应的道统形式。

2. 以道的传授和发展体现并维系中国文化的延续和发展

道统之道一以贯之，贯穿在广义的中华道统思想发展的全过程，由此体现为中国文化从古到今的历史发展。道统的发展持续不绝即是中国文化发展的延续不断。所以道统之道的传授和发展具有体现并维系中国文化的延续和发展的意义，中华文化由此得以延伸和发展而不致中断。

然而，从狭义的道统论发展与流传的眼光看，道统又是延续性与中断性的统一。就延续性而言，朱熹的道统论认为，尽管汉唐时期道不传，但道却未亡。道不传与道已亡是两个不同的概念，前者指汉唐时期诸儒未能体道，所以没有把三代圣王之道接续下来；后者指道已息已亡，而事实上朱熹认为"道未尝息""道未尝亡"，可以通过超越时代的心传使道的传授延续不绝。就中断性而言，程朱道统论认为，汉唐时期毕竟有一千多年道之不传的空缺，使圣人之道失传，因而造成以智力把持天下、人欲横流、儒家伦理扫地的局面，故周敦颐、二程奋起于千载之下，得不传之绝学于遗经。虽然如此，在周程出来续道统之前，终归有一个圣人之道不行于天下的中断期。所以在看到道统的发展持续不绝的同时，还应看到狭义的道统又具有延续性与中断性的统一的特征。

3. 重视儒家伦理的价值，回应宗教文化及西方文化的冲击和挑战

以儒学为主导的中华道统思想具有重视儒家伦理的特征，因而其以儒家伦理为价值的标准，积极回应佛、道宗教文化的挑战和近代以来西方文化的冲击；与此同时，它也注意吸取宗教及西方文化的有关思想，以丰富自身。

儒、佛在价值观、世界观、人生观方面的差异和矛盾是客观存在的。由此唐代韩愈以维护儒家伦理原则为己任，旗帜鲜明地批判佛教弃仁义，尚虚无，毁灭儒家纲常伦理，而提出道统论，以图对抗佛教的法统。二程是宋代理学家批佛的代表，他们不仅从政治伦理方面批佛，而且从哲学理论上提出批判，比韩愈的批judge更具理论深度，反映了宋代新儒学在回应佛教的冲击和挑战中日趋成熟。从而使儒学在吸取佛教哲学优长的基础上，重新占据了中国文化发展的主导地位，并把佛教这种外来文化吸收改造为中国文化的一部分，体现了中国文化的开放性，而有利于道统思想的发展。

对近代以来由于西方文化的冲击而出现的全盘西化和全盘否定中国文化的思潮，牟宗三予以积极的回应。他不仅否定了新文化运动负面的、消极的思想内容，而且认为发展科学与民主并不是全盘西化，而是儒学内在地要求现代化，反对把儒学与现代化对立起来。他主张以儒家心性伦理为本位，通过回应外来文化的挑战，把中西文化结合起来，使道统论与现代文化接轨，从而弘扬道统文化。

4. 强调主体思维能动性的发挥，具有强烈而鲜明的主体意识

中华道统思想具有鲜明的主体性和主体意识，其主体性原则以道德的主体性为主，同时也涉及认识的主体性。从主体性原则出发，一是强调发挥主体思

维的能动性，提出心传的理论，以认识、契合并接续内在的圣人之道；二是从道德主体推导出儒家文化的主体意识和道统思想的主体地位，以作为文化交流中的主体。

中华道统思想从孔孟起就重视主体思维能动性的发挥，以体认内在的道德理性。孔子讲"为仁由己"，孟子讲尽心知性，至宋明儒各派都重视人的主观能动性的发挥对于认识内在的道德理性的重要性。尤其是程朱提出超越时代的心传思想，强调内在地体认圣人之道，以接续圣人之心，把道的传授与心传结合起来，强化了主体意识及其发挥。与此相应，从道德主体性原则出发，以伦理为本位的儒学道统成为道统文化的主体，在中华道统思想发展史上占据了主导地位。面对外来文化佛教及西学的挑战，坚持从道德的根源处挺立主体意识，以此来融合、吸收外来文化，发挥道德主体的能动性，使中国文化在吸取外来文化的优长，排除其不适合部分的过程中得到发展。这表现出道统文化强烈而鲜明的主体意识。

5. 独立性与开放性、排他性与包容性的统一

儒学道统在中华道统思想发展史上居主导地位，这是一个客观的历史事实。但中国文化其他各家的道论以及佛教、西方文化也对道统思想产生了一定的影响。在儒学道统内部，因对道及道统的内涵、道的传授谱系有不同的理解，而分为不同的流派。不同流派之道统论相互批评、相互排斥，又相互影响、相互作用，共同促进了道统思想的发展。在这个过程中，儒学道统论所具有的独立性与开放性、排他性与包容性的统一的特征得以表现。这表现出中国文化的特质和基本精神，以及儒学道统论的价值和意义。

所谓儒学道统论所具有的独立性是指作为儒学道统基础的仁义之道继承文王仁政和周公周礼，最大程度地适应了中国古代以家族为本位，以血缘关系为纽带而形成的父系家长制的宗法关系及宗法等级社会制度的客观需要，从而能够维护社会的稳定和社会生活的正常运转，以此使社会得以发展。儒学及其道论在汉代成为社会的统治思想后，一直以其独具特色的儒家伦理作为治世的原则而发挥着作用，并左右着中国文化发展的方向。就儒学道统论以仁义之道为基础，并以仁义道德原则抗衡外来文化及"异端"的冲击，坚持儒家伦理的根源性而言，它具有独立性的一面。同时，儒学道统论又具有开放性的一面，是独立性与开放性的统一。所谓开放性是指儒学道统论在产生和发展的过程中，面对其他各种文化的相争和外来文化的挑战，既坚持儒家伦理的根源性，又以开放的精神，大量吸取道家、法家、佛教、西学等其他文化的内容，从而丰富了自己的思想体系。这体现了中华道统思想的开放性和多元互补的特征。就其独立性而言，表现了中国文化的伦理政治型文化的特质和人文主义的基本精神；就其开放性而言，又表现了中国文化的多元复合体的综合型文化的特质以及和谐精神。然而我们在看到中国文化是一个多元复合体的同时，还必须承认这样一个历史事实，即中国文化的核心和主流还是儒家文化，中华道统思想的主体还是儒学道统论。

与独立性和开放性的统一的特征相联系，儒学道统论还具有排他性与包容性相统一的特征。所谓排他性是指为坚持儒家伦理的根源性而对杨墨等"异端"以及外来文化佛教采取排斥的态度，同时也排斥重考据轻义理的汉唐诸儒以及与己派观点不合的儒学道统论的其他流派。排斥佛教是指公开批佛，批判其不合于儒家伦理的教旨教义，但并不排斥对佛教精致的思辨哲学及其心性本体论的吸取。儒学道统排斥杨墨是因为战国杨朱提倡"为我"，墨子主张"兼爱"，而被认为是"无君""无父"，有违儒家伦理。对汉唐诸儒以及与己派观点不合的其他道统流派的排斥则是在儒学内部的排他性的表现，尤其是程朱既受到韩愈道统论的影响，又把韩愈排除在道统之外，似乎欠缺容纳不同观点的宽容精神，可见排他性是对独立性的进一步发挥，这表现出儒学道统论的弊端。其他如陆九渊从心学道统论出发，排斥程朱于道统之外，亦是这种排他性的表现。

儒学道统论既有排他性的一面，又有包容性的一面。所谓包容性是指一部儒学道统思想发展史，是各种道统流派并存和演进的历史，它不是单一的存在模式，尽管程朱道统论客观上居道统发展的主导地位，影响也最大，但同时也存在着张载气学的道统论、陆王心学的道统论等，他们互相影响、互相联系，又互相批评，从而推动了道统思想的发展。此外，包容性与开放性相联系，还指儒学道统论通过吸取其他文化的成分，把道家的道本论和"道法自然"思想、佛教的心性本体论和心性一元说等包容到儒学道统论的思想体系之中，使之得到不断的发展。吸取其他文化的优长和有益成分而不断发展自身，这正是中华道统思想饱经沧桑和磨难而不中绝的一个重要原因。

6. 从道不从君，仁义之道高于君主之位

在中华道统思想发展史上，周公以前是帝王统道，帝王又是圣人，故受到后世儒家的尊崇，并以尧、舜及三代作为楷模和价值取向的标准，主张"法先王""复三代"，这对中国社会和道统文化的影响很大。然而自孔子以后，则以士或师儒为道的承担者，取代了早期道统史上以帝王为道的承担者。

尽管孔子与周公以前的帝王都被尊为圣人，但孔子却不具有帝王的身份，而是以士的身份从事创造性的活动，把圣人之道接续下来并加以创新发展，以传后世。由于道统之中没有三代以后历代帝王的地位，故在一定程度上具有对抗君权的意义。并且孟子、朱熹反对不行仁义的暴君，认为桀纣虽居君主之位，但却是贼仁贼义的独夫，独夫可诛，诛独夫不是诛君。表明了仁义之道高于君主之位，这是儒家道统思想的一个基本出发点。由此可见，儒学虽然提倡君主制，这是由当时的社会发展阶段决定的，但却不赞成绝对君权主义，而是反对君主个人专制独裁，主张以道对君权加以一定的限制。他们认为治理国家，以道为本，道比权位更为重要。荀子提出"道高于君"的思想，认为"道存则国存，道亡则国亡"①，道的存亡决定国家的存亡，所以要求"从道不从君"②。这体现了中华道统思想的一个重要特征。

宋明儒家继承了"从道不从君"的传统并加以发展，他们提出的系统的道统论传道谱系，不仅没有周公以后历代帝王的地位，而且以仁义之道作为衡量的标准，批判了汉唐君王的失道行为。朱熹强调，尧、舜及三代圣君与汉唐君王有严格区别，这是因为尧、舜、三代之圣君行的是王道，推行义理之心，而汉唐君王则推行霸道，追求利欲以行私，尤其是唐代君王于儒家伦理多有不合，不仅杀兄劫父以代位，而且伦常关系混乱，并以智力把持天下，所以不能接续三代之统绪。因此，宋明儒主张把君主置于"天理"即道的约束之下，强调尽管君主权位至尊，但君主也不得违背天理，为了维护天理的最高权威，要敢于矫君正君，不向邪恶势力低头。这具有道统高于君统，以道与专制君权相抗争的意义。中国近代以来的落后，其主要原因是封建专制主义和君主个人专制独裁阻碍了中国发展的道路，而这恰恰是专制统治者背弃了中华道统思想中"从道不从君"，仁义之道高于君主之位的约束君权的思想所造成的恶果。

7. 内圣与外王相结合

儒学道统论重内圣心性之学，将其与平治天下之道相联系，因而形成内圣与外王相结合的特色。儒家的内圣之学崇尚内在道德的价值，把人的自我道德完善看作立世的根本，认为道德是崇高的，基于人的本质，具有内在的价值，将其运用于政治，便是由内圣而外王，以德王天下，以道治国。由此着眼于伦理本位，以道义的原则作为治理国家的基本原则，并把道德原则提升为宇宙的根本法则，道统之道成为哲学、政治治理、文教传授的根据。并且，其道在日

---

① 《荀子·君道》。
② 《荀子·臣道》。

用中，贯穿于社会生活的各个领域，亦成为法律的依据。这就把内在而修圣人之德，外化而施王者之政结合起来。

孟子继承孔子仁德，首倡仁政说，以仁义道德治国，主张施仁政于万民。《大学》的宗旨以明明德为内圣，把内在的圣人之德加以彰明，推圣人之德于天下，则是外王，外王以内圣为根据，把儒家伦理施之于政，即是由内圣而达于外王。牟宗三以心性之学为内圣，以科学民主为新外王，主张以心性之学为本，开出科学与民主政治的新外王。这些思想都体现了儒学道统论把内圣与外王相结合的特征。

8. 随时代发展而不断创新

中华道统思想自产生到现代，经历了各个时期的历史发展。各个时期、各个流派的道统思想虽然都有其存在的必然性和理由，由此体现为道统思想的持续发展而不中绝，但随着时间的推移和历史的发展，它们中的某些部分和内容会过时，即使那些有价值的内涵也须随时代的发展而丰富日新，以保持好的传统。随着新陈代谢的进程，适合于新时代发展潮流的新道统思想便会应运而生。比如周公之道代表了当时思想发展的水平，但至孔子时代则须创新发展，于是孔子从周礼的亲亲、尊尊的原理中发展出仁礼之道，至孟子把仁义连用，发展出儒家的仁义之道。而孔孟仁义之道以其单纯伦理型的道统又不足以抗衡佛教以精致的思辨哲学作论证的出世主义的教旨教义，以至在宗教文化的冲击下动摇了儒家文化的主导地位。于是宋儒学者继承韩愈道统，批佛教，兴儒学，以天理论道，创以天理论为内涵的新道统思想体系，发展了孔孟的仁义之道以及韩愈单纯伦理型的道统论，把哲学本体论与儒家伦理学结合起来，为儒学道统提供了本体论的哲学依据。随着时代的发展，宋儒之道统论以其具有的排他性及其后学的标榜，使其弊端日显，而不利于学术的发展，因而遭到了各方的批评。加上清儒重考据轻思想，立意反宋学，故道统思想沉寂三百年。至现代新儒学兴起，以接续儒家道统，复兴儒学为己任，又结合时代的发展，吸取西学，援西学入道统，把中西方文化结合起来，通过吸取西学的优长，发展了传统的道统论。由此体现出中华道统思想随时代发展而不断创新的特性。中华大道正是在这种承先启后的继承、发展、批判和创新的过程中而生生不息、发扬光大的。

如上所述，中华道统思想所具有的以上基本特征大致体现了各个时期、各个流派道统思想的本质。虽然各个时期、各个流派的道统思想各有不同特点，以此相互区别，但它们又相互联系，不同的特点又被包括到总的基本特征之中，以其认同于儒家仁义之道,共同体现了中华道统思想的历史发展,而与多元的西方文化区别开来,形成中西两大不同的思想文化体系。

二、宋代孙复、石介、张载、二程、朱熹的道统思想

宋代理学先驱孙复、石介和理学家周敦颐、张载、二程、朱熹的道统思想比较丰富,代表了当时道统思想发展的主要趋势和主要表现,在道统思想发展史上占有突出的地位。

(一) 孙复、石介的道统论及"圣人之道无有穷"的思想

孙复(992—1057),字明复,晋州平阳(今山西临汾)人,北宋初思想家、宋代理学先驱,与胡瑗、石介并称"宋初三先生"。他举进士不第,退居泰山,学《春秋》,著《春秋尊王发微》十二卷。聚徒讲学,学者称泰山先生。其著作除《春秋尊王发微》外,另有《睢阳子集》等。《睢阳子集》已佚,后人搜集遗文,编为《孙明复先生小集》一卷;在《宋元学案·泰山学案》里,也收有《睢阳子集补》。

孙复以仁义礼乐为学,提倡尊王。认为孔子修《春秋》的目的在于尊王。宣扬儒学道统,推崇道统中的人物,尤其推重汉儒董仲舒,指出董仲舒使圣人之道"晦而复明",反对对其"忽而不举"。斥六朝及宋初艳丽、雕饰文风,提倡"文者,道之用"。批判佛老去伦理纲常及因果报应之说,反对佛、道与儒并立为三。石介对孙复评价很高,"自周以上观之,圣人之穷者唯孔子。自周以下观之,贤人之穷者唯泰山明复先生。……先生之穷,穷于身而不穷于道"[①],认为孔子是圣人之穷者,而孙复是贤人之穷者,将孙复与孔子相比,并指出孙复虽身穷而道不穷。

石介(1005—1045),字守道,兖州奉符(今山东泰安东南)人,北宋初思想家、理学先驱,与孙复、胡瑗并称"宋初三先生"。天圣进士,任郓州推官、嘉州军事判官。以丁父母忧,归家躬耕徂徕山下。居丧期间,开门授徒,讲授《周易》,学者称徂徕先生。著有《易解》《易口义》《唐鉴》《三朝圣政录等》,现在留传下来的有《徂徕集》二十卷。

石介提倡儒家道统,崇尚古文,主张文以载道,斥佛、老及以杨亿为代表的

[①] 石介:《与祖择之书》,《徂徕石先生文集》卷十五,第178—179页。

西昆体浮艳华丽之文为三怪，而力主排除之。他提出"圣人之道无有穷"的思想，认为道超越天地之上，没有穷尽，有向本体之道过渡的趋势。由于石介是孙复的门人，两人思想基本一致。从现存的资料看，石介在哲学思辨上往往超过其师。孙、石二人虽没有建立起一套完备的哲学理论体系，但对道统的论述却别具特色，其道统论可看作是联结从唐代韩愈到宋代理学道统说发展、演变的中间环节。黄百家引用黄震对包括孙复、石介在内的"宋初三先生"的评价之语：

> 宋兴八十年，安定胡先生、泰山孙先生、徂徕石先生始以师道明正学，继而濂、洛兴矣。故本朝理学虽至伊洛而精，实自三先生而始。故晦庵有"伊川不敢忘三先生"之语。①

孙复、石介、胡瑗三先生是宋代理学的先驱，周敦颐、二程的理学即是在孙、石、胡思想的基础上发展起来的。这也包括了理学中的道统思想体系。朱熹曾说程颐不敢忘此三先生，表明程朱对孙复、石介及胡瑗的尊重。由于孙、石二人的思想比较一致，所以在此将其并论。

1. 继承韩愈，提倡道统

唐代韩愈为了排佛老，继承先秦儒家道论，仿照佛教诸宗派传法世系的法统，正式提出了尧、舜、禹、汤、文、武、周公、孔、孟，直到自己的关于圣人之道的传授系统说，开宋代理学道统论先声。孙复、石介在宋初儒学复兴运动中，上承韩愈，下启程朱，他们继承并发挥了韩愈的道统论，以道统之道作为排佛老、辟异端的准则。孙、石二人十分推崇儒家圣人之道。孙复说：

> 吾之所为道者，尧、舜、禹、汤、文、武、周公、孔子之道也，孟轲、荀卿、扬雄、王通、韩愈之道也。②

石介说：

> 道始于伏羲而成终孔子。……伏羲氏、神农氏、黄帝氏、少昊氏、颛顼氏、高辛氏、唐尧氏、虞舜氏、禹、汤氏、文、武、周公、孔子者，十

---

① 黄宗羲：《泰山学案·殿丞孙泰山先生复》，《宋元学案》卷二，第73页。
② 孙复：《孙明复先生小集·信道堂记》。

有四圣人，孔子为圣人之至。孟轲氏、荀况氏、扬雄氏、王通氏、韩愈氏五贤人，吏部为贤人而卓。不知更几千万亿年复有孔子？不知更几千百数年复有吏部？①

孙、石宣扬的道统在韩愈道统的基础上，又有了发挥。与韩愈的道统相比，石介在尧之前加上了六位传说中的圣人，在孟子之后，正式加进了荀子、扬雄、王通、韩愈四位贤人，并把韩愈列为贤人之卓越者，地位在孟子之上，表现出对韩愈建立道统论的尊崇。韩愈在论道统时，虽然也提到过扬雄为"圣人之徒"，并把荀子列为孟子与扬雄之间的人物，但是在其正式论道统的宣言书《原道》里，则认为圣人之道至孟子死，而不得其传，未把荀子、扬雄正式列为道统的传人，也没有提王通。而孙复、石介均把这三人正式作为圣人之道的传人，这便是对韩愈道统的发挥。更有甚者，孙复大力表彰董仲舒，充分肯定他在传圣人之道中的功绩，而将其列入道的传授系列之中，这是孙复不同于韩愈及程朱等正统理学家的地方。孙复说：

孔子而下，称大儒者曰孟轲、荀卿、扬雄。至于董仲舒则忽而不举，何哉？仲舒对策，推明孔子，抑黜百家，诸不在六艺之科者，皆绝其道，勿使并进。斯可谓尽心于圣人之道者也。暴秦之后，圣道晦而复明者，仲舒之力。②

孙复盛赞董仲舒在和汉武帝的对策中，提出抑黜百家，推明孔子的建议，使得儒家圣人之道在遭到秦火的厄运后，能够晦而复明。他指出，虽然汉唐以文名世者多受到杨、墨、佛、老虚无报应之说的干扰和影响，但也有"始终仁义，不叛不杂者，惟董仲舒、扬雄、王通、韩愈"③。孙复不仅推崇韩愈，而且肯定董仲舒、扬雄、王通等"始终仁义，不叛不杂"，能够坚守儒道，不受佛老异端的影响。孙复对汉唐诸儒的肯定，特别是他推重汉儒董仲舒，体现了他道统说的特点。这与后来二程、朱熹贬低汉唐儒者，否定其在道统中的地位，以及对韩愈道统阴纳阳吐形成对照。

孙复、石介继承韩愈，提倡道统，又在韩愈道统论的基础上，加以发挥。

---

① 石介：《尊韩》，《徂徕石先生文集》卷七，第79页。
② 黄宗羲：《泰山学案·睢阳子集补》，《宋元学案》卷二，第98—99页。
③ 黄宗羲：《泰山学案·睢阳子集补》，《宋元学案》卷二，第99页。

这有几个方面值得注意：一是石介明确把道统的起源上溯到伏羲氏，并自伏羲起，至韩愈止，系统地提出了多达十九人的圣人之道传授的系统，这在道统发展史上还是前所未有的。朱熹便直接继承了石介的思想，将道统溯源于伏羲、神农、黄帝，从而完整地确立了道的传授系统，把道的起源向前推移，在一定意义上也是把中华文明的起源向前推移。二是孙复推重董仲舒在道统中的地位，肯定他使圣人之道晦而复明的历史功绩，并批评贬低董仲舒，对其"忽而不举"的态度。为董仲舒唱赞歌，将其视为"始终仁义，不叛不杂者"，这在道统史上还是不多见的，而有别于程朱道统对董仲舒的排斥和超越。三是孙复、石介二人均肯定了包括韩愈在内的汉唐诸儒对传授圣人之道所起的作用，而不是把汉唐诸儒排除在道统之外。比较起来，孙复、石介的道统论代有传人，比较连贯；而后来程朱的道统论则从孟子后中断，有一千多年未有人接续，所以提出"心传"的理论。以上可见，孙复、石介不仅推崇和认同于韩愈的道统论，而且对韩愈的道统论也作了发挥，因而具有自己的特点。

2. 批佛老，斥浮华文风

孙复、石介提倡道统的目的是为了振兴儒家圣人之道，重整伦理纲常，批判和排斥自隋唐五代以来盛行的佛老思想和重文词、轻经义，文道分离的华丽文风。由此，孙复把佛老与杨朱、墨翟、申不害、韩非联系起来加以批判；石介把佛、老及华丽之文合称三怪，予以拒斥。这体现了孙、石提倡道统论的理论针对性及其社会文化背景。

（1）批佛老

孙、石站在儒家正统的立场上，以辟二氏为己任，把佛、老称为外来宗教，有违于中国文化的传统和儒家倡导的礼乐制度，因而必须与佛老划清界限，以维护中国文化的主体地位。石介说：

> 闻乃有巨人名曰"佛"，自西来入我中国；有庞眉名曰"聃"，自胡来入我中国。各以其人易中国之人，以其道易中国之道，以其俗易中国之俗，以其书易中国之书，以其教易中国之教，以其居庐易中国之居庐，以其礼乐易中国之礼乐，以其文章易中国之文章，以其衣服易中国之衣服，以其饮食易中国之饮食，以其祭祀易中国之祭祀。虽然，中国人犹未肯乐焉而从之也。其佛者乃说曰："天有堂，地有狱，从我游则升天堂矣，否则挤地狱。"其老者亦说曰："我长生之道，不死之药，从我游则长生矣，否则夭死。"[①]

---

① 石介：《中国论》，《徂徕石先生文集》卷十，第116—117页。

石介以华夷来区别儒家文化与宗教文化，甚至把道教之教主老子也说成是胡人。他认为佛、道二教与中国文化格格不入，不仅在深层次上的道、教、礼乐与儒学不同，而且连风俗、书籍、衣、食、住、文章也各不相同。他还批判了佛教的轮回说、报应说，以及道教的长生成仙说。石介对佛老的批判反映了世俗儒家文化与宗教神学教旨教义的差异，同时也体现了儒学的宗教观。与韩愈主张消灭佛教不同，石介则主张儒佛各行其事，互不干扰，只是划清两家的界限。他说："各人其人，各俗其俗，各教其教，各礼其礼，各衣服其衣服，各居庐其居庐，四夷处四夷，中国处中国，各不相乱，如斯而已矣。则中国，中国也；四夷，四夷也。"[①] 以华夷之防作为批佛老的武器，仍是把佛、道宗教文化排除在世俗中国文化的范围之外。

石介并以是否遵循道统所传的圣人之道作为划分正统与异端、夷狄、佛老的是非标准。他说："伏羲、神农、黄帝、尧、舜、禹、汤、文、武、周公、孔子所以为文之道也。由是道，则中国之人矣；离是道，不夷则狄矣，不佛则老矣，不庄则韩矣。"[②] 孙复更以君臣、父子、夫妇之道来批判佛老及异端"去君臣之礼，绝父子之戚，灭夫妇之义"[③] 的行为，认为这些异端邪说违背治道和人道，"以之为国则乱矣，以之使人贼作矣"[④]。孙复、石介在宋初儒学尚未占优势地位的情况下，"尤勇攻佛老，奋笔如挥戈"[⑤]，其目的是为了捍卫儒家文化的正统地位，而不计敌之众寡，无所畏惧。这是对韩愈思想的继承。

需要指出，孙复、石介对佛老的批判，虽然也涉及批判佛教的因果报应说和道教的长生成仙说，但主要是批判佛老违背儒家伦理纲常，不讲社会治理，涣散了世俗社会关系原则，动摇了社会稳定的基础。这是对唐五代佛老盛行，统治思想涣散，导致社会大动乱的深刻反思。由此，石介把佛、老及杨亿之西昆体文风并列为三怪，力主排斥之。他对佛老二怪的评价是：

> 彼其灭君臣之道，绝父子之亲，弃道德，悖礼乐，裂五常，迁四民之常居，毁中国之衣冠，去祖宗而祀夷狄，汗漫不经之教行，妖诞幻惑之说满，则反不知其为怪，既不能禳除之，又崇奉焉。……释、老之为怪也，

---

① 石介：《中国论》，《徂徕石先生文集》卷十，第117页。
② 石介：《与张秀才书》，《徂徕石先生文集》卷十六，第189页。
③ 孙复：《儒辱》，《孙明复小集》，文渊阁四库全书，第1090册，第176页。
④ 孙复：《儒辱》，《孙明复小集》，文渊阁四库全书，第1090册，第176页。
⑤ 欧阳修：《读徂徕集》，《文忠集》卷三，文渊阁四库全书，第1102册，第37页。

千有余年矣,中国蠹坏亦千有余年矣。不知更千余年,释、老之为怪也如何?中国之蠹坏也如何?尧、舜、禹、汤、文、武、周公、孔子不生。吁!①

石介感叹佛老为怪流行千余年,流风所至,人们习以为常,不以为怪。佛老确实在当时对社会生活影响很大,得到了人们的"崇奉"。但石介鲜明地指出佛老与以儒学为代表的中国传统文化的种种格格不入之处,不仅在三纲五常、伦理道德、生活习俗方面与民族传统文化不符,而且在祭祀祖先这一涉及全民信仰的敏感问题上,佛老也企图以祀夷狄来取代民间对祖宗的崇拜。这是提倡孝道而尊崇祖宗的儒家文化所难以接受的,故遭到石介的批评。石介以尧、舜、禹、汤、文、武、周公、孔子等作为佛老的对立面,这表明他提出圣人一脉相传的道统论是与批佛老紧密联系的。

(2) 斥杨亿华丽文风

与道统思想紧密相联系,在文、道关系上,孙复、石介反对文道分离,脱离圣人之道而单纯追求文辞华丽的文风,并对当时盛行的杨亿西昆体形式主义的浮艳文风展开批评。

孙复分析了圣人之道在当时鲜为人知的原因。他说:"复窃尝观于今之士人,能尽知舜、禹、文、武、周公、孔子之道者,鲜矣。何哉?国家踵隋唐之制,专以辞赋取人,故天下之士皆奔走致力于声病对偶之间,探索圣贤之阃奥者百无一二。"②孙复深刻地指出,宋初开国以来,国家仍然沿袭隋唐专以辞赋取士的旧制,结果造成重文词、轻经义的学风,使得天下之士不去探寻圣人之道的奥秘,而"致力于声病对偶之间",追求文章辞藻表面的华丽。孙复一反此学风,倡导"文者,道之用也;道者,教之本也"③的思想,主张文以载道,文道结合,以道为本,以文为用,文、道相比,以道为主;主张以道为教化之本,将道贯彻到科举、学校教育中去,提倡以仁义礼乐为内容的教化之学。这一新学风的倡导,标志着理学思潮的发端。

与其师孙复的思想类似,石介斥当时华丽文风,集中批评了以杨亿为首的西昆体派,把杨亿之文风与佛、老并称为三怪,力主禳除之。所谓西昆体,指北宋初期形成的一种形式主义的文风,代表人物有杨亿、刘筠、钱惟演等人。

---

① 石介:《怪说上》,《徂徕石先生文集》卷五,第 61 页。
② 孙复:《寄范天章书一》,《孙明复小集》,文渊阁四库全书,第 1090 册,第 170 页。
③ 孙复:《答张洞书》,《孙明复小集》,文渊阁四库全书,第 1090 册,第 173 页。

其特点主要是从形式上模仿李商隐，追求词藻，堆砌典故，讲究对偶，以华丽的形式和悠扬的声砸掩饰其内容的贫乏。因杨、刘、钱等人相互唱和，编成《西昆酬唱集》，故称西昆体，亦称昆体。西昆体由晚唐、五代浮艳、雕饰的文风而演成，使诗文脱离思想内容，玩物丧志，有害于道。由此，石介对杨亿之文风痛加贬斥，他说：

> 昔杨翰林（亿）欲以文章为宗于天下，忧天下未尽信己之道，于是盲天下人目，聋天下人耳。使天下人目盲，不见有周公、孔子、孟轲、扬雄、文中子、韩吏部之道；使天下人耳聋，不闻有周公、孔子、孟轲、扬雄、文中子、韩吏部之道。俟周公、孔子、孟轲、扬雄、文中子、韩吏部之道灭，乃发其盲，开其聋，使天下唯见己之道，唯闻己之道，莫知有他。……今杨亿穷妍极态，缀风月，弄花草，淫巧侈丽，浮华纂组，刓锼圣人之经，破碎圣人之言，离析圣人之意，蠹伤圣人之道，使天下不为《书》之《典》、《谟》、《禹贡》、《洪范》，《诗》之《雅》、《颂》，《春秋》之经，《易》之《繇》、《爻》、《十翼》，而为杨亿之穷妍极态，缀风月，弄花草，淫巧侈丽，浮华纂组。其为怪大矣！①

石介完全以圣人之道作为文章的标准和支配文学的灵魂。他认为圣人之道载于《书》《诗》《春秋》《易》等儒家经典之中，经典或为圣人所作，或记述了圣人的思想，表达了圣人之意。而杨亿的浮华文风则不为古文，不立古道，追求诗文外表的华丽，"缀风月，弄花草，淫巧侈丽"，败坏了圣人之道。在文道关系上，石介主张："读书不取其语辞，直以根本乎圣人之道；为文不尚其浮华，直以宗树乎圣人之教。"② 文章是表达圣人之道的工具，因此读书不必取其文辞，作文也不须追求浮华，而是通过读书、作文来求道、传道，把圣人之道弘扬开来。由此出发，石介激烈批评了西昆体所代表的浮华文风，成为宋初复兴古文和古道运动中的重要一员。这是对韩愈"文以载道"思想的继承，也启发了二程作文害道的思想。

孙复、石介批佛、老，斥浮华文风，是其道统思想的有机构成和表现。也就是说，提倡道统与批佛、老、时文具有内在的必然的联系。提倡道统，弘扬

---

① 石介：《怪说中》，《徂徕石先生文集》卷五，第 62—63 页。
② 石介：《代郓州通判李屯田荐士建中表》，《徂徕石先生文集》卷二十，第 241 页。

儒家圣人之道的理论针对性，就是佛老思想的盛行，佛老之道冲击了儒家圣人之道，所以倡道统必然要批佛老；而齐梁以来，至唐、宋初的求华丽、尚对偶，肆意雕饰的浮华文风同样妨碍了圣人之道的传授和表达，使得文章缺乏思想内容，这是导致儒学发展停滞的原因之一。要发展儒学，弘扬儒家圣人之道，就必然要与佛老、时文发生冲突。孙复、石介提倡道统，站在儒家本位文化的立场上，自觉地把批评的目标指向了这三者。石介说：

> 孔子，大圣人也。手取唐、虞、禹、汤、文王、武王、周公之道，定以为经，垂于万世。夫尧、舜、禹、汤、文王、武王、周、孔之道，万世常行不可易之道也。佛、老以妖妄怪诞之教坏乱之，杨亿以淫巧浮伪之言破碎之，吾以攻乎坏乱破碎我圣人之道者，吾非攻佛、老与杨亿也。吾学圣人之道，有攻我圣人之道者，吾不可不反攻彼也。①

针对当时佛、老、杨亿信徒甚众，有万亿千人之多的现状，石介坚守信念，毫不退避。在作《怪说》两篇，分别批判佛老和杨亿之后，又作《怪说下》，针对劝告自己的意见，表达了死而后已的决心，可见其批佛老、杨亿的态度之坚决。他说：

> 吾既作《怪说》二篇。或曰："子之《怪说》，上篇言佛、老，下篇言杨亿。佛、老、杨亿，信怪矣。然今举中国而从佛、老，举天下而学杨亿之徒，亦云众矣。虽子之说长，又岂能果胜乎？子不唯不能胜夫万亿千人之众，以万亿千人之众反攻子，予且恐子不得自脱，将走于蛮夷险僻深山中而不知避也。子亦诚自取祸矣。"余闻之，辄跃起身数尺，瞋目作色应之曰："……吾亦有死而已，虽万亿千人之众，又安能惧我也！"②

从这篇文章可以看出，北宋初佛道二教和杨亿的信徒很多，影响很大，以致有人劝告石介不要因批佛老、杨亿而自取祸端。亦表明石介不惜以牺牲生命、死而后已的精神来坚持批佛、老、杨亿三怪。这也使人们相信，由宋初的佛老盛行、时文泛滥，到宋末理学居于社会意识形态领域的正统地位，其三百年间，

---

① 石介：《怪说下》，《徂徕石先生文集》卷五，第63页。
② 石介：《怪说下》，《徂徕石先生文集》卷五，第63—64页。

经过一代又一代新儒学者的不懈努力，理学才蔚然成为一代学术文化思潮，广泛影响社会，彻底改变了佛老盛行、冲击儒学的局面，而形成以儒学为本位，吸取佛、道思辨哲学的三教合一的社会思想文化格局。

3. "圣人之道无有穷"

在形式上，孙复、石介继承和发挥了韩愈的道统论，并以道统之道批佛老、斥时文，以抬高圣人之道的地位；在内容上，孙、石提出"圣人之道无有穷"的思想，其中包含着由韩愈伦理型的道论向二程哲理型的本体之道论过渡的倾向。

石介说："天地有裂焉，日月有缺焉，山岳有崩焉，河洛有竭焉，吾圣人之道无有穷也。"① 即把道抬高到天地万物之上，认为天地万物是有始有终的，而道则是无始无终，没有穷尽的。道存在于自然界，亦存在于人类社会，成为仁义礼乐的根据。在这个意义上，道已表现出向宇宙本体过渡的趋势。石介说："道者，何谓也？道乎所道也。……道于仁义而仁义隆，道于礼乐而礼乐备，道之谓也。"② 即认为道是道乎所道的对象的根据，是仁义礼乐的根本。石介把道规定为超时空、万古不变、横维四方的绝对。这种永恒的绝对，是对道的性质的概括，也是其道论比较趋向于哲学本体论的地方。石介说："大哉！吾圣人之道，弥亘亿千万世而不倾，横维四方上下而不绝。"③ 无论在时间和空间上，道都是永恒的存在。这实际上是把圣人之道抬高到与宇宙并存的地位，而道所包含的伦理纲常也同时被赋予了宇宙精神的意义，这对后来的理学家构筑天理论的哲学体系是有启发的。由于圣人之道是永恒的存在，所以道统在空间和时间上的存在及延续也是永恒的了。

孙复、石介提出"圣人之道无有穷"的思想，在道与圣人的关系上，孙、石认为，圣人是道统之道相传授受的主体。圣人统道，道与圣人同体，这是孙、石所努力宣扬的。孙复说："圣贤之迹无进也，无退也，无毁也，无誉也，唯道所在而已。用之则行，舍之则藏。"④ 圣贤与道同体，道通过圣贤的所作所为表现出来。与道统论相联系，石介强调圣贤对于道的存在和维系的极端重要性，虽然道是永恒的存在，但却时常遭到破坏，人或有不知不行，正是由于圣贤的努力，才使得道不致因乱世而中绝。他说：

---

① 石介：《宋城县夫子庙记》，《徂徕石先生文集》卷十九，第221页。
② 石介：《移府学诸生》，《徂徕石先生文集》卷二十，第245页。
③ 石介：《宋城县夫子庙记》，《徂徕石先生文集》卷十九，第221页。
④ 孙复：《信道堂记》，《孙明复小集》，文渊阁四库全书，第1090册，第175页。

> 道大坏，由一人存之；天下国家大乱，由一人扶之。周室衰，诸侯畔，道大坏也，孔子存之。孔子殁，杨、墨作，道大坏也，孟子存之。战国盛，仪、秦起，道大坏也，荀况存之。汉祚微，王莽篡，道大坏也，扬雄存之。七国弊，王纲圮，道大坏也，文中子存之。齐、梁来，佛、老炽，道大坏也，吏部存之。……故道卒不坏，天下国家乱卒止。①

石介认为，一部历史就是道的存在和延续的历史，而道的存在和延续要靠圣人来维系，离开了圣人，道必然大坏，天下国家也随之而大乱。圣人之所以在历史上起着决定性的作用，是因为他们始终与道联系在一起。与程朱的道在孟子之后中断的思想相比，石介的道统之道始终没有中断，其理论根据就在于"圣人之道无有穷"，道是永恒的存在，故不会中绝。其中重要原因就是圣贤统道，一脉相传，尽管遭乱世，也把道继承弘扬开来，"故道卒不坏"。

在孙复、石介对道的论述中，圣人与道屡屡相提并论，合为一体，统称圣人之道。他们的圣人史观与道统史观也逻辑地联系在一起，成为其道统论的重要组成部分。孙、石关于圣人与道合为一体的思想，对理学产生影响。但由"圣人之道无有穷"引申出来的"道卒不坏"的观点，则与理学的道中断论形成鲜明的对照。理学的道中断论是以贬低汉唐诸儒在道统中的地位为前提，为超越时代的心传说提供了理由和依据；石介的"道卒不坏"说是以道在时空上的永恒存在为根据，正因为道在时间和空间上永恒存在，与圣贤合为一体，所以代有传人，在汉唐时也未中绝。石介的这一观点对陈亮有所启发，而有别于程朱。

孙复、石介的道统论是联结唐代韩愈与宋代理学之间道统思想发展的中间环节。孙、石的道统论及"道无有穷"的思想尽管还不够完备，缺乏系统，但已表现出由韩愈的伦理型道统论向理学的哲理与伦理结合型道统论演变的趋势，为宋代理学具有哲学本体论意义的道统思想的产生作了铺垫。由于孙、石作为理学先驱，开宋代理学及其道统思想之端绪，所以理学大师程朱对孙复、石介比较推崇，不仅"程子平生不敢忘此数公，依旧尊他"②，而且朱熹对孙、石也作了较高评价。朱熹说："大抵事亦自有时。如程子未出，而诸公已自如此平正。本朝孙、石辈忽然出来，发明一个平正底道理自好，前代亦无此等人。如韩退

---

① 石介：《救说》，《徂徕石先生文集》卷八，第84页。
② 黎靖德编：《朱子语类》卷一百二十九，第3090页。

之已自五分来,只是说文章。若非后来关洛诸公出来,孙、石便是第一等人。孙较弱;石健甚,硬做。"[1]朱熹认为在二程兄弟未出之前,孙复、石介的道已讲得平正自好,甚至超过了韩愈。这说明孙复、石介在宋代理学思潮包括道统论兴起的过程中,起到了先驱者的作用。

(二)张载的道统思想

张载以气化为道,其道也是以仁义礼智为代表的儒家人伦。由此,张载提倡道统,继孔孟不传之绝学,其道统思想是道统理论的一个组成部分。

1. 以气化论道

以气化论道,是张载道论的特点,也是区别于程朱以天理论道、陆王以心论道的地方。在中华道统思想发展史上,以仁义礼智等儒家伦理为道,是儒家道统论的共性,由此与道家、法家等不讲仁义礼智的道论区别开来。然而在儒家道统思想内部,在肯定仁义礼智之道的前提下,又由于对道统之道有不同的理解,或以气化为道,或以天理为道,或以心为道,或仅以仁义为道,或既以仁义为道又以中庸为道,如此等等,从而形成了不同时期、各家各派的道论。不同时期,各家各派各具特色的道论,共同构成了儒家的道统思想体系及其发展过程。儒家的道统思想在其发展的历史过程中,吸取了道家等其他文化派别的道论,从而丰富了自身的思想内涵。

张载以气作为宇宙的本体。他提出"太虚不能无气,气不能不聚而为万物,万物不能不散而为太虚,循是出入,是皆不得已而然也"[2],认为太虚是气的本然状态,是散而未聚之气,气聚而成为万物,万物消亡,气散而复归于太虚。张载哲学的太虚是无形之气,而万物是有形之气,无论太虚、万物,都是气的不同表现形态,统一于气。而张载哲学的道则是气化的过程,即气运动变化的过程。他说:"由太虚,有天之名;由气化,有道之名。"[3]所谓天,即散而未聚的无形之气,也就是太虚。所谓道,即气流行变化的过程,气化是指气的聚与散的变化。这个聚与散的流行变化过程是气本身所固有的属性,它是客观的,不以人的主观意志为转移。以气的运动变化为道,这是张载道论的特点。

2. 继绝学,倡道统

张载略早于二程而提出了较为系统的道统论,其目的在于继承孔孟之后失

---

[1] 黎靖德编:《朱子语类》卷一百二十九,第3091页。
[2] 张载:《正蒙·太和》,《张载集》,第7页。
[3] 张载:《正蒙·太和》,《张载集》,第9页。

传的千年不传之绝学，把圣人之道发扬光大。这成为北宋时期理学道统论的重要组成部分，而与周敦颐本人未直接论及道统，到了南宋时才被胡宏、朱熹、张栻等宣扬为道统的传人有所不同。

张载的道统思想吸取了《易传》提供的以伏羲、神农、黄帝、尧、舜一脉相传的"五帝"系统的资料，并加以发挥和延伸，贯道于圣人传授之中，形成道统。他说：

> 作者七人，伏羲也，神农也，黄帝也，尧也，舜也，禹也，汤也。所谓作者，上世未有作而作之者也。伏羲始服牛乘马者也，神农始教民稼穑者也，黄帝始正名百物者也，尧始推位者也，舜始封禅者也，尧以德，禹以功，故别数之。汤始革命者也。若谓武王为作，则已是述汤事也。若以伊尹为作，则当数周公，恐不肯以人臣谓之作。若孔子自数为作，则自古以来实未有如孔子者，然孔子已是言"述而不作"也。①

在上述所列伏羲、神农、黄帝、尧、舜、禹、汤、武王、伊尹、周公、孔子等儒家圣人相传的系列中，张载把前七人作为作者，把武王及以下作为述者。所谓作者，指发前人所未发，创造出人类社会所未有的文明；所谓述者，指在前圣的基础上，继承并发扬光大之。不论作与述，均一脉相传，形成中华民族文明发展的统绪。张载把道贯穿到这个系列之中，并具体论述了这个道在圣人及各个方面的表现。他说："伏羲、神农、黄帝、尧、舜、禹、汤，制法兴王之道，非有述于人者也。……'稽众舍己'，尧也；'与人为善'，舜也；'闻善言则拜'，禹也；'用人惟己，改过不吝'，汤也；'不闻亦式，不谏亦入'，文王也；皆虚其心以为天下也。……舜之孝，汤武之武，虽顺逆不同，其为不幸均矣。明庶物，察人伦，然后能精义致用，性其仁而行。汤放桀有惭德而不敢赦，执中之难也如是；天下有道而已，在人在己不见其间也，立贤无方也如是。"②圣人之道通过圣人的舍己稽众、与人为善、从善如流、改过不吝、虚心以为天下的行为表现出来，所以要在明庶物，察人伦之中贯彻圣人之道，并掌握"执中"的原则，把道与人伦与中联系起来。

虽然张载推崇孔子，以孔子整理、著述儒家经典，使圣人之道得以流传下

---

① 张载：《张子语录中》，《张载集》，第319页。
② 张载：《正蒙·作者》，《张载集》，第37—38页。

来，不致中绝，但他不同意"语道断自仲尼"的观点，认为孔子以前已有道的存在，虽然文字不能详考，但义理不灭。他说："语道断自仲尼，不知仲尼以前更有古可稽，虽文字不能传，然义理不灭，则须有此言语，不到得绝。"① 其义理不灭，即指在孔子之前，道已经流传，亦是有根据，"有古可稽"的。然而，远古之事，文字不能传，所以孔子整理经典，立言语，使道不得绝。由此，张载对儒家经典予以充分重视，以从中阐发义理即道。张载对经典的重视，与他倡导理学道统论是一致的。

张载认为，圣人之道在孔孟之后中绝。他说："古之学者便立天理，孔孟而后，其心不传，如荀扬皆不能知。"② 在这里，张载早于程朱提出了天理和心传的概念，其所谓天理，即是道，道在孔孟之后便失传，即使荀子、扬雄等也不能得圣人之心传。张载指出："自孔孟而下，荀况、扬雄、王仲淹、韩愈，学亦未能及圣人，亦不见略言者。"③ 即认为荀子、扬雄、王通、韩愈未能得圣人之学，所以使道的传授中断。这与宋初孙复、石介肯定汉唐诸儒传圣人之道的作用的思想有异，而开程朱道统排斥汉唐诸儒的先河。张载对孔孟之后的诸儒提出批评。他说："窃尝病孔孟既没，诸儒嚣然，不知反约穷源，勇于苟作，持不迫之资而急知后世，明者一览，如见肺肝然，多见其不知量也。"④ 这里所说的"勇于苟作，不知反约穷源"，即指博而不约，未能穷究义理之源，流于泛滥而无归。这体现了理学对前代经学的批判精神。

面对儒学式微、佛老盛行、圣人之道不传的局面，张载倡道于千年不明之后。他说："今倡此道不知如何，自来元不曾有人说着，如扬雄、王通又皆不见，韩愈又只尚闲言词。今则此道亦有与闻者，其已乎？其有遇乎？"⑤ 鉴于圣人之道不明不传，"世学不明千五百年"⑥，"千五百年无孔子，尽因通变老优游"⑦，张载以弘扬圣人之道为己任，自述自己的抱负是："为天地立志，为生民立道，为去圣继绝学，为万世开太平。"⑧ 这也是他提倡道统的指导思想和宗旨。为了继承往圣不传之绝学，以道作为万民安身立命的依据，并把道承传发扬，

---

① 张载：《经学理窟·义理》，《张载集》，第 278 页。
② 张载：《经学理窟·义理》，《张载集》，第 273 页。
③ 张载：《拾遗·性理拾遗》，《张载集》，第 373 页。
④ 张载：《与赵大观书》，《张载集》，第 350 页。
⑤ 张载：《经学理窟·自道》，《张载集》，第 291 页。
⑥ 张载：《张子语录中》，《张载集》，第 323 页。
⑦ 张载：《杂诗·圣心》，《张载集》，第 368 页。
⑧ 张载：《张子语录中》，《张载集》，第 320 页。

开出太平盛世。他说："为政不法三代者，终苟道也。"① 即主张政治治理要效法于三代，也就是以三代流行的圣人之道来治国，否则便是"苟道"，未能按道的原则行事。张载以三代为法，以继承绝学自命。他说："某唱此绝学，亦辄欲成一次第。"② 其传道圣人的次第如前所述，包括伏羲、神农、黄帝、尧、舜、禹、汤、武王、伊尹、周公、孔子等，张载认为孔孟之后，其道不传，汉唐诸儒未及于圣人之心，皆未得道。这开程朱道统排斥汉唐诸儒的先河，从这里也可看出张载对汉唐经学未能认同。以此可见，在当时以继承不传之圣人之道为己任者，不仅有二程，而且同时稍前的张载已早于二程在积极倡导恢复并发扬光大圣人之道，以上接孔孟，形成一脉相传，有时靠心传来维系的传道次第，以回应佛老对儒学的冲击和挑战。

进而，张载指出，儒家圣人之道的复明，自有其复明的道理。也就是说，道统的提出，道的失而复得、晦而复明，有它的历史必然性和时代根源。他说："此道自孟子后千有余岁，今日复有知者。若此道天不欲明，则不使今日人有知者，既使人知之，似有复明之理。志于道者，能自出义理，则是成器。"③ 张载认为，道之所以在北宋时开始为人们所知，逐步改变了自孟子后一千多年道失传的情况，是因为天欲明道，人而知之。既然天欲明道，使人知之，就必然有其复明的道理。这个复明之理便是必然性的表现，有着深刻的社会历史根源。张载倡道，有"志于道"，于是开出义理之学，反映了时代的觉醒。其道统论的提出，亦是时代的产物。

（三）二程道统论的历史地位和影响

儒家道统思想对中国文化影响极大，而程颢、程颐则是理学道统思想的确立者，二程的道统论在中华道统思想发展史上占有十分重要的地位，对后世产生了深远的影响。

1. 确立了理学道统论，使中华道统思想趋于成熟

广义的道统文化指中华民族五千多年来的文明和文化，而儒学的道统则指儒家圣人之道的传授统绪。道统与道的关系，是以道为中心的形式与内容的关系。道统是维系道之所存在和延续的形式，道是道统所传授的内容。道统以传道、明道为目的，为道的存在和延续而形成。因此，道统本身不是原则或尺度，

---

① 脱脱等：《张载传》，《宋史》卷四百二十七，第12723页。
② 张载：《张子语录下》，《张载集》，第329页。
③ 张载：《经学理窟·义理》，《张载集》，第274页。

但它包含了道的原则，是为道的思想、道的原则和精神服务的系统和形式。儒家为了论证圣人之道的精神和道的传授系统，便形成了道统论。道统论可视为体现道的精神和儒家圣人之道传授系统的理论。

广义的道统文化，源远流长，可溯源于伏羲、神农、黄帝、尧、舜、禹、汤、文、武、周公。① 他们的创造性活动，为中华民族文化的形成和发展做出了卓越贡献。广义的道统文化与中国哲学道范畴的产生和发展有密切关系。道最初的原始意义为道路，甲骨文中虽未见有道字，但有途字，途字的本义是道途。道字首见于殷周时期的金文，道指道路。后来《尔雅·释宫》解释说："一达谓之道路。"《说文》称："道，所行道也。"引申为自然界和人类必须遵循的轨道。春秋时已有天道、人道范畴。子产说："天道远，人道迩。"② 天道指天体运行的过程，引申为自然规律；人道指社会人事的原则。

儒家创始人孔子之道的主要含义是指仁礼、忠恕等伦理道德规范和治理国家的原则。孔子之道对中国道统文化影响极大，是儒家道统思想的理论基础。

道家创始人老子第一个使道具有了哲学本体论的意义，并提出"道法自然"和"道常无为"的思想，又主张"绝仁弃义"，强调"大道废，有仁义"。其"道法自然"、道与仁义不并存的思想与儒家提出的仁义之道形成鲜明的对比。其也对儒家道统论产生了影响。

儒家道统论发端于孔子，孔子之道不仅以仁礼为内涵，而且强调中庸的原则。《论语·尧曰》追叙尧、舜相传以"允执其中"，舜亦以"允执其中"传之以禹。"中"即是儒家圣人传道的原则。孟子继承孔子，提出了圣人相传承的系统。他指出："由尧、舜至于汤，五百有余岁，……由汤至于文王，五百有余岁，……由文王至于孔子，五百有余岁。"③ 孟子认为五百年必有王者兴，由尧、舜、禹三大圣君到汤，由汤到周文王、武王、周公三大伟人，再由文王、周公到孔子，其先后相续，都是五百年时间。孟子并自命继承了孔子的圣人之道。汉代董仲舒说："禹继舜，舜继尧，三圣相受而守一道。"④ 即认为尧、舜、禹相传共守的是同一圣人之道。唐代韩愈面对佛老思想的挑战，以弘扬儒家圣人之道为己任，著《原道》等，正式提出了儒家圣人之道的传授系统说。韩愈认为

---

① 在唐宋时期提出道统论的学者中，韩愈、孙复将道统溯源于尧、舜；石介、朱熹、陈淳将道统溯源于伏羲；胡宏甚至将道统溯源于伏羲以前的燧人氏而上的三皇之世。
② 《左传》昭公十八年。
③ 《孟子·尽心下》。
④ 班固：《董仲舒传》，《汉书》卷五十六，第2519页。

自孟子以后，尧、舜、禹、汤、文、武、周公、孔、孟一脉相承的儒家圣人之道失传，凡言道德仁义者，不入于杨，则入于墨，不入于老，则入于佛。为了排佛老、斥异端，必须明先王之道以道之。韩愈并以继承孟子而自居。这对宋代理学道统论的确立产生了重要影响。但韩愈着重从形式上提出道统说，其道统之道仅是传统儒学的仁义思想，而对道的哲学理论上的论证尚嫌不足。这就为后世发展儒学道统论，以抗衡佛教的传法世系说，提出了更高的要求。

程颢、程颐继承孔孟、《中庸》、《易传》的思想，吸取韩愈的道统说，以继孟子之后，得不传之绝学而自居。二程并对传统儒学及汉唐经学加以改造、创新，又在批佛老的同时，注意吸取道家、道教的道本论和道法自然的思想，以及吸取佛教的理本论、理事说和心性本体论等，为建立自己的道统思想体系服务。因而，二程对道的理解，比韩愈更为深刻、抽象。其道不仅是道统传授的内容，而且成为与天理等同的宇宙本体，包含丰富的思想内涵。新儒学——理学道统论确立的标志，就在于二程以天理论道，把道统之道与天理等同，提升为本体论的哲学范畴，使中华道统思想趋于成熟。这与韩愈单纯伦理型的道统论相比，已有了质的发展。

2. 二程道统论的特点

程颢、程颐确立儒家道统论，使道统思想趋于成熟，这集中体现在二程的道统论具有不同于以往道统思想的特点上。其特点包括：

（1）以义理解释儒家经典，从中发明儒家圣人之道

在道统构成的三要素圣人、道、儒家经典的相互关系上，二程认为，圣人与道无异，圣人与道合为一体；圣人之道载于儒家经典，圣人作经的本义是为了明道。因此，必须以义理解释儒家经典，从中发明圣人之道，而不能为治经而治经，流于以训诂注疏为本，而不知明道、求道。这一思想是对汉唐经学重考据训诂而不重阐发义理的治经路数的革新，为新思想的产生开辟了道路。

（2）以天理论道，变伦理型道统为哲理型道统

二程结合时代的发展，自家体贴出天理来，并以天理论道，赋予儒家道统论以时代的特征，这是对以往道统论的发展。二程吸取道家的道本论及道法自然的思想，以道为宇宙本体，并赋予儒家伦理以自然的属性，以儒为主，儒道融合。并借鉴、吸取了佛教精致的思辨哲学，建立起涵盖本体、伦理、规律、中道、联系阴阳、心性等范畴的道统思想体系。并把道与天理等同，提出了一系列重要的理论和命题，把道统的发展推向了一个新的高潮，从而将韩愈单纯伦理型的道统发展为包括伦理的理学哲理型道统，这在道统思想发展史上具有

重要的创新意义。

（3）重视心传，超越汉唐

虽然道统之道由圣人来传授，圣人与道无异，是道的传承者，但二程认为，道的接续不一定是直接授受，也可以是超越一定时代的心传。程颢说："先圣后圣，若合符节。非传圣人之道，传圣人之心也。非传圣人之心也，传己之心也。己之心无异圣人之心，广大无垠，万善皆备。欲传圣人之道，扩充此心焉耳。"①在道的传授过程中，即使在一定的历史时期内，有人不能按道的原则行事，使道传之已差，然而道并不因此而息而亡，它可以通过后世的人们接续道的精神，心心相传，以心传心，使道的精神延续下去。由此强调扩充此心，以传圣人之道。二程的这种心传思想，为超越汉唐，直承孔孟，提供了理论依据，并为扬弃传统，自由地发挥新思想，开辟了思维空间。

（4）求道贵在致用，不尚空谈解经

二程道统论的一个重要特点是循本求道以致用，达于政事，将道贯彻到日用之中和治理国家的政事上，使整个社会按道的原则办事。而不是只停留在空谈解经和专务文章上。二程把溺于文章、牵于训诂与惑于异端并列，视为有害于圣人之道的"三弊"，而提倡致用的实学。二程认为之所以圣人之道自秦以下，其学不传，是因为汉唐诸儒皆以文章为务，空谈解经，而不能致于道，亦不能贯道于日用和政事之中，以致儒学在与佛老异端的竞争中不占上风，动摇了儒家文化的主导地位。鉴于此，二程提倡致用之实学，将求道与致用结合起来，实开明清实学思潮之先河。

（四）朱熹集道统思想之大成

朱熹的道统思想是其学术思想十分重要的组成部分。他继承二程，推崇周敦颐，梳理确立道学的传授系统；提出"十六字心传"，以心法的传授体现道统观；甚重"道统"二字，推广道的传授统绪；排除汉唐诸儒，从而完善了道统思想体系。朱熹并建构精致的道的哲学，以道为形上之天理，提出道兼体用的思想，提高了道统之道的哲学思辨水平，这也是对道统论的发展。朱熹在二程思想的基础上，集注"四书"，以四书学发明道统，认为"四书"重于"六经"，并排列"四书"之次第，从而集道统论之大成。朱熹与陈亮之间展开的关于道统的争论，既集中反映了理学道统论的特点和主旨所在，同时也表明在朱熹集

---

① 黄宗羲：《明道学案上·语录》，《宋元学案》卷十三，第560页。

道统思想之大成的同时，已有与之相对的思想存在，并对其提出批评。中华道统思想正是在这种相反相成的批评中，不断发展和演变的。朱熹不仅集道统思想之大成，而且是道学的集大成者。道统与道学具有内在的不可分割的紧密联系，探讨其相互关系，对于认识理学道统论的形成和确立及其时代特征，以及在中华道统思想发展史上的地位，具有重要的意义。

1. 继承二程，完善道统思想体系

程颢、程颐在前人思想的基础上，创造性地以天理论道，以义理解经，发明圣人之道，崇尚"四书"，超越汉唐，确立了新儒学的道统论，使道统思想趋于成熟。但二程的道统论还有待于进一步完善和体系化。朱熹继承二程，在二程道统论的基础上，又提出一系列观点和命题，从而丰富和完善了二程确立的道统思想体系，使理学的道统思想更趋成熟，这在当时并对后世产生了深远的影响。

（1）肯定二程，推崇周敦颐

理学道统论始由二程确立，但二程本人在道统中的地位则由后世朱熹所肯定。程颐在为其兄程颢所作的墓表中称："周公没，圣人之道不行；孟轲死，圣人之学不传。……先生（程颢）生千四百年之后，得不传之学于遗经，志将以斯道觉斯民。……圣人之道得先生而后明，为功大矣。"① 他强调自家兄弟是道统的传人，使圣人之道在失传一千四百年之后得以复明，并确立了儒学的道统论。但由于二程生前遭排斥，其学被禁，其道统思想未能广泛传播，以致在百余年后，至朱熹时，其所传之道又明而复晦。朱熹说，因二程的弘扬，"道乃抗而不坠。然微言之辍响，今未及乎百岁，士各私其所闻，已不胜其乖异"②。

面对二程所传之道未能得到广泛认同，而士人以其所闻与道相异的情况，朱熹起而继承二程学说，充分肯定二程在道统中的重要地位。朱熹在引述程颐为程颢所作《墓表》之后，指出程氏"以兴起斯文为己任。辨异端，辟邪说，使圣人之道涣然复明于世。盖自孟子之后，一人而已。然学者于道不知所向，则孰知斯人之为功？不知所至，则孰知斯名之称情也哉？"③ 朱熹认为圣人之道经程氏兄弟之手，得以复明于世，因而是在孟子之后，一人而已，对程颢及其弟程颐予以高度评价。朱熹的这段话是对《孟子·尽心下》最后一段文字的注解。孟子在这段文字里已阐发道统传授之端绪，朱熹引程颐论道统的话并

---

① 程颐：《明道先生墓表》，《河南程氏文集》卷十一，《二程集》，第 640 页。
② 朱熹：《又祭张敬夫殿撰文》，《朱熹集》卷八十七，第 4476 页。
③ 朱熹：《尽心章句下》，《孟子集注》卷十四，《四书章句集注》，第 377 页。

加以发挥，旨在说明孔孟圣人之道在失传千年之后，已由二程所接续，成为道统传授中的一个重要环节。对二程在道统中的重要地位，朱熹指出："此道更前后圣贤，其说始备。自尧、舜以下，若不生个孔子，后人去何处讨分晓？孔子后若无个孟子，也未有分晓。孟子后数千载，乃始得程先生兄弟发明此理。"①朱熹把二程列入传道圣贤的系列之中，这个道的传授，自尧、舜，而孔子，而孟子，而二程，一脉相承，缺程氏兄弟不可。朱熹弟子蔡季通亦称："天先生伏羲、尧、舜、文王，后不生孔子，亦不得；后不生孟子，亦不得；二千年后又不生二程，亦不得。"②这就明确肯定了二程在道统传授中的重要地位，同时也是对二程确立道统论的肯定和发扬。朱熹说："吾少读程氏书，则已知先生之道学德行，实继孔孟不传之统。顾学之虽不能至，而心向往之。"③这是把二程的道学与孔孟的道统联系起来，亦是对二程的肯定。要之，朱熹对二程的推崇和肯定，对于完善二程确立的道统论具有重要的意义。

朱熹在肯定二程的前提下，也推崇周敦颐。朱熹有时只提二程兄弟，不提周敦颐，以二程直接承续孟子，得不传之绝学，如在其论道统的代表性著作《中庸章句序》里；有时又把周敦颐列为孟子与二程之间，下启程氏的道统中的重要人物。周敦颐在道统中的重要地位，始由胡宏所宣扬，而朱熹集其成，使之得以确认。这也是对二程道统论的改造和发展。二程未明确承认受教于周敦颐，只称其为周茂叔或周惇实。《程氏遗书》卷六甚至有"周茂叔穷禅客"之称谓。二程确立其道统论，也未提及周敦颐。可以说周敦颐终北宋之末，不仅在道统史上没有地位，即使在理学史上也没有多大影响。到了南宋初，经胡宏的宣扬，情况开始发生变化。胡宏宣称："今周子启程氏兄弟以不传之学，一回万古之光明，如日丽天；将为百世之利泽，如水行地。其功盖在孔孟之间矣。人见其书之约也，而不知其道之大也。"④经胡宏的宣扬，周敦颐开始受到人们的重视，其社会地位逐步提高。

继胡宏之后，朱熹进一步宣扬周敦颐，直将其推崇为理学开山、道学渊源，使之由北宋时的默默无闻，不名于世，到一百年后的南宋，一变而为接续千年不传之绝学的道统中的显赫人物。这在道统思想发展史上是一创举。朱熹说：

---

① 黎靖德编：《朱子语类》卷九十三，第2350页。
② 黎靖德编：《朱子语类》卷九十三，第2350页。
③ 朱熹：《建康府学明道先生祠记》，《朱熹集》卷七十八，第4064页。
④ 胡宏：《周子通书序》，《胡宏集》，第161页。

> 惟先生（周敦颐）道学渊懿，得传于天，上继孔颜，下启程氏，使当世学者得见圣贤千载之上，如闻其声，如睹其容。授受服行，措诸事业，传诸永久，而不失其正。其功烈之盛，盖自孟氏以来未始有也。①

朱熹把周敦颐抬高为道学的创始人，其学得传于天，上继孔颜圣贤之道，下启二程兄弟，认为其传道之功为孟子以来所仅有。朱熹之所以抬高周敦颐，肯定其在道统中的重要地位，其中一个重要原因是朱熹提出的太极阴阳说从周敦颐的《太极图说》那里吸取甚多，而二程则少于论太极，故不看重周敦颐。朱熹为《太极图说》作注，将其作为理学的重要著作，认为其中蕴涵着儒家圣人之道，极力宣扬表彰。与此同时，张栻也推崇周敦颐，称道《太极图说》，宣扬周敦颐在道统中占有重要地位，与朱熹相配合，扩大了周敦颐在学界的影响。经朱熹的推崇，周敦颐在道统中的地位得以确立，并得到后世的承认。朱熹、张栻之后，朱、张二人的私淑弟子、理学家魏了翁于嘉定九年（1216）上疏宋宁宗，表彰周敦颐及程颢、程颐，请为周程三人定谥号。魏了翁说：

> 盖自周衰孔孟氏没，更秦汉魏晋隋唐，学者无所宗主，爽离判涣，莫适与归。……敦颐独奋乎百世之下，乃始探造化之至赜，建图著书，阐发幽秘，而示人以日用常行之要，使诵其遗文者，始得以晓然于洙泗之正传。而知世之所谓学者，非滞于俗师，则沦于异端，有不足学者矣。又有河南程颢、程颐亲得其传，其学益以大振。虽三人皆不及大用于时，而其嗣往圣，开来哲，发天理，正人心，其于一代之理乱、万世之明暗所关系，盖甚不浅。②

魏了翁继承朱熹，推崇周敦颐，把周敦颐称为在孔孟之后，奋起于"百世之下"，阐幽发秘，将圣人之道发扬光大的人物。他认为周敦颐启迪二程，"相与阐发精微，凡尧、舜、禹、汤、文、武至孔子、子思、孟子授受之道，至是复皦然大白于天下"③。在魏了翁排列的道统谱系中，周敦颐的地位在二程之前、之上，这也将周敦颐在道统史上的地位提高到孔孟之后一千多年来无人达到的高度。这正是朱熹推崇周敦颐所起的作用和产生的影响。在魏了翁等人的一再

---

① 朱熹：《奉安濂溪先生祠文》，《朱熹集》卷八十六，第 4428 页。
② 魏了翁：《秦乞为周濂溪赐谥》，《鹤山集》卷十五，文渊阁四库全书，第 1172 册，第 190 页。
③ 魏了翁：《成都府学三先生祠堂记》，《鹤山集》卷三十八，文渊阁四库全书，第 1172 册，第 437 页。

奏请和表彰下，南宋朝廷于嘉定十三年（1220）赐周敦颐谥号曰"元"，赐程颢谥号曰"纯"，赐程颐谥号曰"正"。这是周程的学术地位得到官方承认的一个信号，也是理学的道统思想影响官方的标志。从魏了翁和宋末统治者表彰周敦颐，提高其社会地位，可以看到朱熹推尊周敦颐所产生的社会效果，这是北宋时周敦颐的默默无闻所无法相比的。

（2）阐发"十六字心传"

朱熹继承二程道统中关于超越时代的心传思想，并受到二程以天理人欲区分道心人心思想的影响，于《古文尚书·大禹谟》中，对"人心惟危，道心惟微，惟精惟一，允执厥中"十六个字详加阐发，以发明圣人传心之旨，把传心与传道结合起来。这为理学家所看重，被称之为"十六字心传"，经朱熹阐发而流行于世，并在道统史上产生了重要影响。

朱熹提出"十六字心传"说是直接为道统论及圣人之道的传授作论证的。朱熹认为，道统的传授由来已久，并有其经典的依据，"其见于经，则'允执厥中'者，尧之所以授舜也；'人心惟危，道心惟微，惟精惟一，允执厥中'者，舜之所以授禹也"[①]。这里所说的"允执厥中"即《论语·尧曰》提出的"允执其中"。《论语·尧曰》的"执中"思想为孟子、《中庸》所继承。《中庸》提出"致中和"，《孟子·离娄下》提出"汤执中"，到《古文尚书·大禹谟》则明确提出"人心惟危，道心惟微，惟精惟一，允执厥中"。朱熹认为，道统的传授不脱离"中"的原则，而"执中"的思想载之于《论语》《尚书》等经典，尤其是经典所载的"十六字传心诀"。由于"中"是被圣人心心相传，因此"中"与"心"相联系，道即中，又存在于心中，故传道与传心不相脱离，成为道统传授的一个重要内容。

朱熹继承程颐"《中庸》乃孔门传授心法"[②]的思想，并加以发挥，明确把道统之道的传授与圣人心心相传的心传结合起来。由于道的传授不能离开心，所以心传是传道不可或缺的内容。关于圣人之道的传授与心传的关系，朱熹指出：

> 孔子传之孟轲，轲之死，不得其传。此非深知所传者何事，则未易言也。夫孟子之所传者何哉？曰：仁义而已矣。孟子之所谓仁义者何哉？曰：仁，人心也；义，人路也。曰：恻隐之心，仁之端也；羞恶之心，义之端

[①] 朱熹：《中庸章句序》，《朱熹集》卷七十六，第3995页。
[②] 程颢、程颐：《河南程氏外书》卷十一，《二程集》，第411页。

也。如斯而已矣。然则所谓仁义者,又岂外乎此心哉?尧、舜之所以为尧、舜,以其尽此心之体而已。禹、汤、文、武、周公、孔子传之,以至于孟子,其间相望,有或数百年者,非得口传耳授密相付属也。特此心之体,隐乎百姓日用之间,贤者识其大,不贤者识其小,而体其全且尽,则为得其传耳。虽穷天地,亘万世,而其心之所同然,若合符节。由是而出,宰制万物,酬酢万变,莫非此心之妙用,而其时措之宜,又不必同也,……又何害其相传之一道,而孟子之所谓仁义者,亦不过使天下之人各得其本心之所同然者耳。①

朱熹从圣人之道传之以心的观点出发,肯定韩愈关于"轲之死,不得其传"的说法,但强调须深知圣人相传的是仁义之道,而仁义之道却不能离开心而存在。他指出在传道的儒家圣人序列里,有的相隔了数百年,不可能做到口传耳授,只有识其心体,"体其全且尽",才能通过心心相传,把道传授下来。由此,朱熹认为,圣人之道为一,但道有各种不同的表现,天下人只要掌握了人之本心所共有的原则,便可得孟子相传的仁义之道,把心之传与道的传授结合起来。即强调离开了心及识心、传心,圣人之道便无法传授下来。这为超越时代的心传说及把汉唐诸儒排除在道统之外提供了理论根据。

在《中庸章句》的篇首,朱熹引二程的话加以阐发,认为《中庸》一书贯穿着孔门传授之心法,以此为宗旨读解《中庸》,才能终身受用无穷,把圣人之道传授下来。他说:"子程子曰:'不偏之谓中,不易之谓庸。中者,天下之正道;庸者,天下之定理。'此篇乃孔门传授心法,子思恐其久而差也,故笔之于书,以授孟子。其书始言一理,中散为万事,末复合为一理,'放之则弥六合,卷之则退藏于密',其味无穷,皆实学也。善读者玩索而有得焉,则终身用之,有不能尽者矣。"朱熹继承二程,认为道统的延续传递有一个传授心法,即通过后世圣贤的内心感悟,把前世圣人的道继承下来并加以发展。可见圣人之道的传授主要是以心传心,心灵领悟。朱熹将此心法称之为道统传授的密旨,这个传授心法须掌握"中"的原则,也就是"允执厥中"。由此,朱熹通过阐发"十六字心传"来发明《中庸》所包含的"孔门传授心法"。

关于十六字传心诀,朱熹阐发说:

---

① 朱熹:《李公常语上》,《朱熹集》卷七十三,第3825—3826页。

心者，人之知觉，主于身而应事物者也。指其生于形气之私者而言，则谓之人心；指其发于义理之公者而言，则谓之道心。人心易动而难反，故危而不安；义理难明而易昧，故微而不显。惟能省察于二者公私之间，以致其精，而不使其有毫厘之杂；持守于道心微妙之本，以致其一，而不使其有顷刻之离，则其日用之间，思虑动作自无过不及之差，而信能执其中矣。尧之告舜，但曰"允执厥中"，而舜之命禹，又推其本末而详言之。①

尧、舜相传以"允执厥中"，舜亦以"允执厥中"传之于禹。"中"即是儒家圣人传道的原则。然而舜在授禹以"允执厥中"的同时，又推其本末而详言之，把"允执厥中"扩大为"人心惟危，道心惟微，惟精惟一，允执厥中"这十六字传心诀。十六字的前十二字是为了说明"允执厥中"这四个字的，并把"执中"与省察人心，持守道心结合起来。朱熹认为，圣人之所以相传以"中"，强调"执中"的原则，是因为生于形气之私的人心"危而不安"，而发于义理之公的道心又"微而不显"，要精察人心，去其私欲之杂，谨守道心，致其义理之一本，就须"执中"，无过不及。这是朱熹对"十六字传心诀"的阐发，并将此称之为圣人相传之"密旨"，或相传之"心法"。朱熹在答陈亮的信中提到了这一点。他说："所谓'人心惟危，道心惟微，惟精惟一，允执厥中'者，尧、舜、禹相传之密旨也。……莫若深考尧、舜相传之心法。"②可见，"十六字传心诀"作为圣人相传之"密旨"和"心法"是与圣人之道的传授紧密相联系的，舍此则圣人之道难以传续。在朱熹看来，正是因为汉唐诸儒未能领悟这个"心法"和"密旨"，才使得"尧、舜、禹、汤、文、武以来转相授受之心不明于天下"③。朱熹以弘扬儒家圣人之道为己任，而把圣人之道的传授系之于心，他所阐发的"十六字心传"的思想，既是对二程"《中庸》乃孔门传授心法"思想的继承，同时又是对道统之传授心法的发展。朱熹以尧、舜、禹为始，以子思为继，将《古文尚书·大禹谟》的"十六字传心诀"与《中庸》的"孔门传授心法"前后联系起来④，这便是朱熹的新见。因二程虽然提出"人心私欲，故危殆；道心天理，故精微。灭私欲则天理明矣"⑤的见解，这对朱熹产生影响，但未曾把对

---

① 朱熹：《尚书·大禹谟》，《朱熹集》卷六十五，第3436页。
② 朱熹：《答陈同甫（八）》，《朱熹集》卷三十六，第1598—1600页。
③ 朱熹：《答陈同甫（八）》，《朱熹集》卷三十六，第1600页。
④ 实则《中庸》作于前，《伪古文尚书》作于后。朱熹以《大禹谟》记禹之事，故以之为前。
⑤ 程颢、程颐：《河南程氏遗书》卷二十四，《二程集》，第312页。

《古文尚书·大禹谟》人心道心的解释与《中庸》的"孔门传授心法"结合起来。朱熹则在吸取和继承二程关于"《中庸》乃孔门传授心法"和"人心私欲，故危殆；道心天理，故精微"思想的基础上，注意把二者结合起来，既阐发了《古文尚书·大禹谟》的"十六字传心诀"，又将其与《中庸》的"传授心法"相结合，从而完善了自二程确立的道统思想体系。

朱熹在其《中庸章句序》里，把《大禹谟》的"十六字心传"与《中庸》体现的"孔门传授心法"联系起来，相提并论。他说："子思惧夫愈久而愈失其真也，于是推本尧、舜以来相传之意，质以平日所闻父师之言，更互演绎，作为此书，以诏后之学者。……其曰'天命率性'，则道心之谓也；其曰'择善固执'，则精一之谓也；其曰'君子时中'，则执中之谓也。世之相后千有余年，而其言之不异，如合符节。"① 他指出，子思恐尧、舜、禹授受之心法失传，于前圣之后一千多年，推本尧、舜相传之意，作为《中庸》，其书中的言意与《古文尚书·大禹谟》的"十六字传心诀"相契合，其于尧、舜之心，异世而同符，从而体现了孔门的传授心法。在朱熹看来，这个孔门传授心法即是以义理之心即道心为标准，随时而为中，通过心心相传，心灵感悟，把圣人之道传授下来。也就是说，论道统的传授，就离不开心传；论心传，就离不开《大禹谟》的"十六字传心诀"和《中庸》的"孔门传授心法"。这是朱熹对二程思想的继承和发展，并对后世产生了广泛的影响。

（3）甚重"道统"二字，推广道的传授统绪

朱熹在肯定二程，推崇周敦颐，阐发"十六字心传"和"孔门传授心法"的基础上，重视"道统"二字，并推广道的传授统绪，将道统上溯至伏羲、神农、黄帝等中华文明的缔造者，经尧、舜、孔、孟等的相传授受，至汉唐中绝，而由北宋周敦颐、二程续千年不传之绪，将圣人之道弘扬开来。朱熹又继二程之后，努力奠定理学道统论的体系和范围，逐步形成了正式而完善的道的传授系列。后经黄榦及《宋史·道学传》的确认，将朱熹本人包括进去，从而使儒学道统论得以完全确立，并得到学术界的认同。

道统思想源远流长，历经发展演变，至二程得以确立，并趋于成熟。但道统思想到朱熹时集其大成，可见朱熹对道统论做出的贡献。

据美国陈荣捷教授考证，"道统"这一概念出自南宋李元纲在公元 1172 年所作《圣门事业图》之第一图《传道正统》，此图由尧、舜、禹、汤、文、武、周

---

① 朱熹：《中庸章句序》，《朱熹集》卷七十六，第 3995 页。

公、孔子，经颜、曾、思、孟而至二程。虽然李元纲的《传道正统》提出了道统的概念，但其"道"与"统"二字未曾连用，还没有配合成一个名词。至朱熹于淳熙十六年（1189）序《中庸章句》，将道、统连词，首次使用"道统"。① 然而在此前十年，朱熹于淳熙六年（1179）在《知南康榜文》中已经把道、统二字连用了。其言曰："濂溪先生虞部周公心传道统，为世先觉。"② 朱熹不仅把道、统二字连用，而且明白提出道统论的特质——"心传"，可谓深得道统之旨。两年之后，朱熹于淳熙八年（1181）拜濂溪先生书堂时，亦将道、统二字连用，朱熹指出"惟先生承天畀、系道统，所以建端垂绪，启佑于我后之人者"③，认为周敦颐继天承绪，系道统之传，以启后人。从这些方面可见，朱熹确实对道统思想很重视。

但不论是陈荣捷先生的研究还是以往学术界的研究，把朱熹作为"道统"二字的首位连用者，都是不确的。据新的考证，儒家"道统"二字的连用并不是朱熹首创，而是乾道八年（1172）陈概④与张栻的书信交流中，创造性地建言张栻把十四圣人列入道统之传，以明道统，比朱熹早七年就已经把"道统"二字连用了。张栻《答陈平甫》一书中引陈概之语云：

> 欲请足下本六经、《语》、《孟》遗意，将前所举十四圣人概为作传，系以道统之传，而以国朝濂溪、河南、横渠诸先生附焉。洙泗门人至两汉以下及国朝程门诸贤凡有见于道、有功于圣门者，各随所得，表出其人，附置传末，著成一书。⑤

从这段话中我们可以了解到，《答陈平甫》转录了陈概请张栻通过著述传续道统的建议，明确了陈概提出的"系以道统之传"及其对道统传承体系独到的见解。据书信阐述，陈概建议张栻根据六经、《论语》、《孟子》等书的圣人本意，为十四位圣人作传，其目的就是传续道统、"以明道统"。⑥

---

① 参见陈荣捷：《西方对朱熹的研究》，《中国哲学》第五辑，生活·读书·新知三联书店1981年版，第208页；《朱子之创新》，载《朱子学新论》，上海三联书店1991年版，第21—22页。
② 朱熹：《知南康榜文·又牒》，《朱熹集》卷九十九，第5055页。
③ 朱熹：《书濂溪光风霁月亭》，《朱熹集》卷八十四，第4363页。
④ 陈概，字平甫，隆庆府普城（今四川剑阁）人，乾道己丑（1169）进士，与张栻交往。《宋元学案》《三贤堂记》《剑阳名儒赞》等载其事迹。
⑤ 张栻：《答陈平甫》，《张栻全集》，第970—971页。
⑥ 全祖望：《二江诸儒学案·南轩门人》，黄宗羲著，全祖望补修：《宋元学案》卷七十二，第2409页。

同时，在书信中还可以看到，陈概不仅建议张栻把十四圣人作为"系以道统之传"的传承谱系，而且还建议把北宋时期的周敦颐、二程、张载作为传儒家圣人之道有功的人物附于传圣人之道的十四圣人之后，而且还要把"洙泗门人至两汉以下及国朝程门诸贤"的儒学人物列入其中，"附置传末，著成一书"，这样，道统之传就较为完整了。可见陈概在与张栻的学术交往中先于朱熹把"道统"二字连用，并涉及接续圣人之道、传承儒家道统思想等方面的问题，相对于朱熹在《知南康牒》中首次提出"道统"，陈概对"道统"的提出与倡导之功不可漠然视之，其接续道统的积极愿望及对道统传承的独特见解，对张栻道统思想的构建具有激发与促进意义。

但朱熹甚重"道统"，推广道的传授统绪，从形式上进一步完善了二程确立的道统思想体系，这也是很重要的。朱熹所指的道统，是把道统的传授上溯至"上古圣神"。《中庸章句序》称："盖自上古圣神继天立极，而道统之传有自来矣。"所谓上古圣神，指的是伏羲、神农、黄帝等。朱熹在他作于同年的《大学章句序》里明确指出："此伏羲、神农、黄帝、尧、舜，所以继天立极。"由于这些"上古圣神"继天立极，所以把道统传授下来。

除上述圣神外，朱熹系统地论述了道的传授统绪。他说：

> 自是以来，圣圣相承，若成汤、文、武之为君，皋陶、伊、傅、周、召之为臣，既皆以此而接夫道统之传。若吾夫子，则虽不得其位，而所以继往圣，开来学，其功反有贤于尧、舜者。然当是时，见而知之者，惟颜氏、曾氏之传得其宗。及曾氏之再传，而复得夫子之孙子思。……自是而又再传以得孟氏，为能推明是书，以承先圣之统，及其没而遂失其传焉。则吾道之所寄不越乎言语文字之间，而异端之说日新月盛。……然而尚幸此书之不泯，故程夫子兄弟者出，得有所考，以续夫千载不传之绪；得有所据，以斥夫二家似是之非。盖子思之功于是为大，而微程夫子，则亦莫能因其语而得其心也。①

朱熹指出，道统始于伏羲、神农、黄帝、尧、舜、禹，其后成汤、文、武作为君，皋陶、伊、傅、周、召作为大臣，接续了道统之传。至孔子有德无位，而继往圣，开来学，有功于尧舜之道的传授。孔门弟子颜氏、曾氏亲得其传，

---

① 朱熹：《中庸章句序》，《朱熹集》卷七十六，第3995页。

又由曾氏传之于子思。子思作《中庸》，体现了孔门传授心法，使道得以载之于此书而不泯。子思传孟子，孟子"承先圣之统"。孟子没而道统中断失传。尽管在孟子之后一千多年时间里，汉唐诸儒未能接续圣人之道，但朱熹认为，由于道载于《中庸》等儒家经典之中，二程兄弟以此为据，以兴起斯文为己任，辨"异端"，斥佛老，使圣人之道复明于世。有时朱熹又在二程之前加进周敦颐，将周作为道统的传人。朱熹本人也表达了继承道统的思想，他在《大学章句序》里说："河南程氏两夫子出，而有以接乎孟氏之传。……虽以熹之不敏，亦幸私淑而与有闻焉。"① 自此，儒学道统思想的传授，由伏羲、神农、黄帝开始，经尧、舜、禹、汤，以及皋陶、伊尹、文、武、周公、召公等，传至孔子、颜子、曾子、子思、孟子，而周敦颐、二程起而继承了孟子之后的不传之绝学。张载等与之相互博约，至朱熹本人成为集大成者。这即是朱熹所推广的道统传授系统，并得到后世的认同。

对朱熹推广的道统传授谱系，黄榦予以充分肯定。他说："道之正统待人而后传，自周以来，任传道之责者不过数人，而能使斯道章章较著者，一二人而止耳。由孔子而后，曾子、子思继其微，至孟子而始著。由孟子而后，周、程、张子继其绝，至熹而始著。"②《宋史·朱熹传》引黄榦的这段话并注云："识者以为知言。"③说明黄榦对朱熹道统的肯定为时人所接受。黄榦更明确树立道统的旗帜，把朱熹作为继承道统的典范。他说："尧、舜、禹、汤、文、武、周公生而道始行，孔子、孟子生而道始明。孔孟之道，周、程、张子继之；周、程、张子之道，文公朱先生又继之，此道统之传历万世而可考也。"④黄榦把理学中的著名人物列为道统的传人，并把朱熹继承周、程、张子之道而推广道统视为"传历万世而可考"的道统之定论。通过黄榦等的表彰和宣扬，朱熹在道统史上的地位得到人们的肯定。这也是对朱熹在推广道的传授统绪的过程中自命继承了道统的认同。

如上所述，朱熹继承二程，推崇周敦颐；阐发"十六字心传"，将其与《中庸》的传授心法相结合；甚重"道统"二字，推广道的传授统绪，从而完善发展了二程确立的道统思想体系。

---

① 朱熹：《大学章句序》，《朱熹集》卷七十六，第3993页。
② 脱脱等：《朱熹传》，《宋史》卷四百二十九，第12769—12770页。
③ 脱脱等：《朱熹传》，《宋史》卷四百二十九，第12770页。
④ 黄榦：《徽州朱文公祠堂记》，《勉斋集》卷十九，文渊阁四库全书，第1168册，第215页。

2. 集注"四书",集道统论之大成

朱熹继承二程以"四书"及"四书"之学取代"六经"作为经学的主体的思想,以"四书"学发明道统,通过集注"四书",发挥其义理和微言大义,为建构和完善道统思想体系服务,使"四书"的影响超过"六经",从而确立了"四书"学在中国经学史上的主导地位,对道统论的丰富和发展具有重要意义。

(1) 以"四书"学发明道统

朱熹宣扬和提倡的"四书"之学,是对二程思想的继承和发展。二程为建立道统思想体系的需要,推崇"四书",认为"四书"集中体现了圣人作经之意,圣人之道载于"四书",要求学者以治"四书"为主、为先,从中发明圣人之道,"四书"既治,则"六经"可不治而明,从而奠定了"四书"及"四书"之学在经学史及道统发展史上的主导地位。然而,二程却少有系统论述"四书"的著作,其关于"四书"学的言论大多散见于《遗书》《外书》等语录里,比较零散,有待于系统化和进一步发展。但二程的思想却启发了朱熹,朱熹在二程"四书"学的基础上,以毕生的精力集注"四书",反复修改,精心思虑,引述了大量二程及其后学的言论以解释"四书",从中发明道统思想,发挥新儒学的义理。以重义理的思想扬弃了汉学注经的传统模式,为完善和发展道统思想体系作论证,从而集道统论之大成。

"四书"并行,出于二程的提倡和表彰,经朱熹集注,风行于天下,进一步扩大了道统在社会上的影响。可以说,朱熹集注"四书"的目的就是为了把道统思想发扬光大,将理学继承、发展和传播开来。朱熹通过集注和解释"四书"来发明道统具体表现在以下方面:"道统"二字虽不是朱熹最早连用和提出,但"道统"的重要性在朱熹的代表性学术著作《中庸章句序》中得到进一步确认。这对"道统"的正名和理论化具有重要意义。朱熹将道统的传授溯源于伏羲、神农、黄帝,这见之于《大学章句序》。除将道统的传授上溯至伏羲、神农、黄帝等"上古圣神"外,朱熹推广从尧、舜、禹经孔子、子思、孟子等到二程的道的传授统绪,这出自《中庸章句序》。

此外,在《孟子集注·尽心下》里,朱熹阐发孟子的道统思想,并加以发扬,以程氏作为于一千四百年后接续道统、得不传之学,孟子之后,一人而已的传道人物。从而肯定了二程在道统史上的重要地位,也为自己接续二程,集道统之成作了注脚。

在《论语集注》里,朱熹论道处甚多。如《学而》篇以道为"仁道",并以道为"事物当然之理"。《为政》篇以道为体。《里仁》篇以理一分殊论道,万物

之所一本，为道之体；一本之所分殊，为道之用。《公冶长》篇以天理论道，指出"天道者，天理自然之本体，其实一理也"。《述而》篇以道为"人伦日用之间所当行"的原则。《尧曰》篇则指明尧、舜、禹相继之次第，以信守无过不及之中道，并引出《古文尚书·大禹谟》"十六字传心诀"。朱熹通过对《论语》各篇的集注，阐发其道统思想，表现出他提倡"四书"学的用意。

在对《孟子》的集注里，朱熹也阐发了他的道统思想。如《公孙丑上》篇朱熹引二程的话，指出："盖尧、舜治天下，夫子又推其道以垂教万世。尧、舜之道，非得孔子，则后世亦何所据哉？"强调孔子对传授、推广尧舜之道的重要作用，世无孔子，则圣人之道无由传。《公孙丑下》篇通过注解孟子"五百年必有王者兴"之语，阐发了自尧、舜至汤，自汤至文武之间圣人相传的统绪，并以皋陶、稷、契、伊尹、莱朱、太公望、散宜生等为之辅佐。《离娄下》篇历叙群圣以继之，并以天理常存，人心不死来诠释圣人之道的传授，赋予道统以理学之时代特征。

朱熹通过集注和解释"四书"来发明道统还不止于上述所举，但以上已表现出朱熹以"四书"学发明道统的思想倾向。经朱熹的发明和阐释，由二程确立的道统论进一步完善和体系化，"四书"学与道统论更加紧密地联系在一起。

（2）"四书"重于"六经"

程朱的"四书"学是经学与理学道统结合之学术，由二程开其先，朱熹集其成。二程为发明圣人之道，于众多儒家经典中提取《大学》《中庸》《论语》，又将《孟子》由"子"入"经"，把上述四种并列并行，合为四部最重要的儒家经典，并以"四书"作为整个儒家经典的基础，认为"四书"既治，"六经"可不治而明。朱熹继承了二程的这一思想，强调"四书"的重要性甚于"六经"。不仅在先后、难易上应以"四书"为先，"四书"治，然后及于"六经"，而且在直接领会圣人本意上，也以"四书"为主，而无须领会"六经"。从而使"四书"成为整个经学的基础，在"四书"的基础上建构理学及其道统论，表现出与汉唐经学不同的学术旨趣。这也是对传统经学的发展。

朱熹认为，"四书"直接体现了圣人之道，而"六经"不过是关于孔孟之道的间接材料。他说："《大学》、《中庸》、《语》、《孟》四书，道理粲然。人只是不去看。若理会得此四书，何书不可读！何理不可究！何事不可处！"[①]"四书"之中包含了儒家圣人之道，掌握了"四书"中的道理，包括"六经"在内的其

---

① 黎靖德编：《朱子语类》卷十四，第249页。

他任何书都可读懂，亦可穷究事物之理。所以朱熹说："《语》、《孟》、《中庸》、《大学》是熟饭，看其它经，是打禾为饭。"① 强调"四书"比起其他各经来，最能够直接体现孔孟之道，因而"四书"重于"六经"。

朱熹之所以强调"四书"重于"六经"，是因为在他看来，《诗》《书》《易》《春秋》等"六经"（《乐》已失传），与圣人本意之间已隔有一两重，乃至三四重公案，所以与其求之于"六经"，不如直接从《论语》《孟子》等"四书"中领会圣人本意。他说：

> 某尝说，《诗》、《书》是隔一重两重说，《易》、《春秋》是隔三重四重说。《春秋》义例、《易》爻象，虽是圣人立下，今说者用之，各信己见，然于人伦大纲皆通，但未知曾得圣人当初本意否。……今欲直得圣人本意不差，未须理会《经》，先须于《论语》、《孟子》中专意看他。②

也就是说，《论》《孟》直接记载了孔孟之言，传道立言，深得圣人之旨，通过专意读其书，便可掌握圣人本意，即儒家圣人之道。而《诗》《书》《易》《春秋》等"六经"只是间接反映圣人的思想，况对其解说各异，而不知是否符合圣人本意。因此，朱熹指出，如果要探求圣人之道的话，不须理会"六经"，只要从《论》《孟》中专心领会即可。这是把"六经"置于从属于《论》《孟》等"四书"的位置。他还指出："《语》、《孟》工夫少，得效多；'六经'工夫多，得效少。"③ 显然《论语》《孟子》等"四书"的重要性和适用效果超过"六经"。由此，朱熹十分重视对"四书"的集注，自称："某于《论》、《孟》，四十余年理会，中间逐字称等，不教偏些子。学者将注处，宜子细看。"④ 要求学者认真领会其对《论》《孟》的注解，即朱熹本人通过集注"四书"对圣人之道的发明。他说："《集注》且须熟读，记得。"⑤ 并对吴仁父说："某《语》《孟》集注添一字不得，减一字不得，公子细看。又曰：不多一个字，不少一个字。"⑥ 充分表明朱熹对自己所作《四书章句集注》的认真和重视态度。

从对"四书"的重视出发，朱熹提出先"四书"后"六经"，掌握了"四

---

① 黎靖德编：《朱子语类》卷十九，第429页。
② 黎靖德编：《朱子语类》卷一百四，第2614页。
③ 黎靖德编：《朱子语类》卷十九，第428页。
④ 黎靖德编：《朱子语类》卷十九，第437页。
⑤ 黎靖德编：《朱子语类》卷十九，第437页。
⑥ 黎靖德编：《朱子语类》卷十九，第437页。

书"的要旨，然后再读"六经"的治学方法。他说："'四子'，'六经'之阶梯。"① 即"四书"是"六经"的基础，通过看"四书"，求得其道理后，便可登堂入室，可去读难度较大的"六经"。他说：

> 今学者不如且看《大学》、《语》、《孟》、《中庸》四书，且就见成道理精心细求，自应有得。待读此四书精透，然后去读他经，却易为力。②
>
> 人自有合读底书，如《大学》、《语》、《孟》、《中庸》等书，岂可不读！读此四书，便知人之所以不可不学底道理，与其为学之次序，然后更看《诗》、《书》、《礼》、《乐》。某才见人说看《易》，便知他错了，未尝识那为学之序。③

朱熹强调于"四书"中精心细求，求得圣人之道，然后再读《诗》《书》《礼》《乐》《易》等"六经"，切勿先看《易》《诗》之类难度较大且不直接阐发义理的经典，如此来掌握为学之序。朱熹先"四书"后"六经"思想的实质在于，"四书"可直接阐发圣人之道，义理思想主要蕴涵在"四书"里，通过治"四书"，便可求得义理，发明圣人之道；而"六经"则只是间接与孔孟之道有关，与义理的关系间隔了一层，所以只有先治"四书"，掌握了圣人作经的本意后，再来治"六经"，进一步明义理。

以上可见，朱熹继承二程，推崇"四书"，把"四书"的重要性和地位置于"六经"之上，不仅从形式上改变了汉唐经学唯"六经"是尊的局面，而且在内容上为发明义理提供了经典的依据，通过解释"四书"，以"四书"学发明道统。随着朱熹对二程"四书"学的发展和对道统论的深化，程朱的"四书"学得以完善，并确立了其在道统思想发展史上的主导地位。

三、宋元明时期心学一派的道统思想

朱熹集道统思想之大成，确立了在中国思想史上占有重要地位的成体系的道统论。在朱熹正式确立道统论之时，陆九渊倡导心学，以心论道统，使道统论向心学方向发展演变，这对后世包括现代新儒家的道统论产生重要影响。经吴澄把

---

① 黎靖德编：《朱子语类》卷一百五，第2629页。
② 黎靖德编：《朱子语类》卷一百一十五，第2778页。
③ 黎靖德编：《朱子语类》卷六十七，第1658页。

心学与道统相结合，到后来王阳明提出"道即是良知"的思想，并对程朱道统论加以批评和改造，以"致良知"说取代道统论，而使良知说风靡一时。

进一步完成了道统的心学化过程，使之走向现代新儒学的道统论重内圣心性之学的方向。

（一）陆九渊的道统论

陆九渊创立了与朱熹道学相抗衡的心学，这在思想史以及道统发展史上均具有重要意义，在当时并对后世产生了重要影响，其心学道统观成为道统思想发展史上重要一派，使中华道统思想在流传演变的过程中呈现出多元的形态，促使道统论向心学方向发展。

在道统论上，陆九渊提出心学道统观，以心论道统，既借鉴了以往的道统论，又对二程的道统论加以改造，以上接孟子而自得其道自居，认为道乃人心所固有，道即心，道充塞宇宙，通万世，圣人之道与普通人之道无异，只要心不蔽于物欲，就可把心中固有之道发扬光大。由于陆九渊心学的特点是重融通合一，不讲体用之分，专言心，以心为本，与朱熹讲体用二分的哲学形成对照，所以陆九渊对朱熹的道论提出批评。他认为阴阳即道，为形而上，反对朱熹以阴阳为形下之器的思想，并批评以天理人欲区分道心人心，以保持心的完整性。

1. 倡导心学，以心论道统

陆九渊道统论有别于程朱的特点是倡导心学，以心论道统。这有其时代及思想发展的必然逻辑。

（1）倡导心学，接续圣人之心

陆九渊心学及其心学道统论的兴起不是偶然的，它是对程朱道统论的补充和扬弃，代表了南宋以后道统发展演变的主要趋势。陆九渊倡导心学及其道统论的原因在于，他认为孟子没后此道不明不行，虽然韩愈辟佛但却不能胜；二程虽得千载不传之学，但草创未为光明；朱熹"晦翁之学，自谓一贯，但其见道不明，终不足以一贯"[①]，所以当今天下之士不能明道，虽然口诵孔孟之文，却行"异端"之实，要传圣人之道，就须倡导心学，另辟蹊径，以心论道，接续圣人之心，而不能走自立"道学"门户之路。他说：

> 周道之衰，文貌日胜，良心正理，日就芜没。……故正理在人心，乃

---

① 陆九渊：《语录上》，《陆九渊集》卷三十四，第419页。

所谓固有。……自周衰此道不行，孟子没此道不明。今天下士皆溺于科举之习，观其言，往往称道《诗》、《书》、《论》、《孟》，综其实，特借以为科举之文耳。谁实为真知其道者？口诵孔孟之言，身蹈杨墨之行者，盖其高者也。其下则往往为杨墨之罪人，尚何言哉？孟子没此道不传，斯言不可忽也。①

陆九渊强调，正理在人心，也就是道在人心，道乃人心所固有，而孟子之后人却不能明，是因为人陷溺其心，溺于科举，流于"异端"。而朱学由于其性质使然，不以心为最高原则，尽管提倡"心传"，但其道仅贯穿于心中，却不能与心等同，故"见道不明"，不能使学者"真知其道"。所以陆九渊主张以接续圣人之心来超越一千五百余年，直承圣人之道。他说："学者之不能知至久矣！非其志其识能度越千有五百余年间名世之士，则《诗》、《书》、《易》、《春秋》、《论语》、《孟子》、《中庸》、《大学》之篇正为陆沉，真柳子厚所谓独遗好事者藻绘，以矜世取誉而已。尧、舜、禹、汤、文、武、周公、孔子、孟子之心，将谁使属之。"②所谓的"度越千有五百余年"，正好是从孟子到陆九渊的时代之年限，而"名世之士"便是陆氏自指，这已把韩愈，甚至把周敦颐、二程、朱熹等道学人物排除在外。陆九渊指出，如果没有其志、识超越千五百年，直接尧、舜、孔、孟之心的"名世之士"出现，那么不论是《诗》《书》《易》《春秋》等"六经"，还是《论语》《孟子》《中庸》《大学》等"四书"，都不过是"陆沉"之物。也就是说，经典与圣人之心相比，不过是吾心之注脚。学须知本，其本即是圣人之心，也即圣人之道。知其本，掌握了圣人之心，经典则不必详说之。由此，陆九渊指出："实亡莫甚于名之尊，道弊莫甚于说之详。自学之不明，人争售其私术，而智之名益尊，说益详矣。且谁独无是非之心哉？圣人之智，非有乔桀卓异不可知者也，直先得人心之同然耳。"③他认为人人有是非之心，圣人之心与人心同，因此得道在于得心，而不必详说之，并以此批评名过其实，说益详而道益弊的时弊。这当是指朱熹道学而言。对朱熹道学之弊，陆九渊批评说：

道本日用常行，近日学者却把作一事，张大虚声，名过于实，起人不

---

① 陆九渊：《与李宰（二）》，《陆九渊集》卷十一，第150页。
② 陆九渊：《与侄孙濬（三）》，《陆九渊集》卷十四，第190页。
③ 陆九渊：《智者术之原论》，《陆九渊集》卷三十，第348页。

平之心，是以为道学之说者，必为人深排力诋。此风一长，岂不可惧？①

世之人所以攻道学者，亦未可全责他。盖自家骄其声色，立门户与之为敌，哓哓腾口实，有所未孚，自然起人不平之心。某平日未尝为流俗所攻，攻者却是读语录精义者。程士南最攻道学，人或语之以某，程云："道学如陆某，无可攻者。"又如学中诸公，义均骨肉。②

陆九渊指出"名过于实"、论说益详，以及"读语录精义者"均为道学之弊，并批评道学自立门户排斥与己意不合者于道统之外，由此而遭到了反道学人士的攻击。陆九渊显然把自己置于道学之外，也就是置于程朱道统之外，表明他倡导的心学道统不同于程朱的道统，并批评朱熹道统的门户之见，与朱熹展开了一场关于道的争论。他说：

上古圣贤先知此道，以此道觉此民。后世学绝道丧，邪说蜂起，熟烂以至今日，斯民无所归命。士人凭私臆决，大抵可怜矣，而号称学者，又复如此，道何由而明哉？复晦翁第二书，多是提此学之纲，非独为辨无极之说而已，可更熟复之。③

陆九渊与朱熹书信往返以论道，反映了各自不同的学术观点。陆九渊的观点是，传道即传心，理即道，心即理，以心为最高原则，而不私其门户；朱熹的观点是，传道虽与传心密切联系，但心与道、心与理仍存在着区别，而以道即天理为最高原则，以心识道为主要目的。朱陆在世界观和方法论上存在着分歧，故对道统的看法也不一致。在陆九渊看来，心乃天下之同心，道乃公天下的道理，故圣人之道不私其门户，而朱熹道统则自立门户，排斥异己，故见道未明。他说：

第今时人偏党甚众，未必乐听斯言，总卿从朱丈游，尤不愿闻者。今时师匠尚不肯受言，何况其徒苟私门户者。学者求理，当唯理之是从，岂可苟私门户！理乃天下之公理，心乃天下之同心，圣贤之所以为圣贤者，不容私而已。颜、曾传夫子之道，不私孔子之门户，孔子亦无私门户与人

---

① 陆九渊：《语录下》，《陆九渊集》卷三十五，第437页。
② 陆九渊：《语录下》，《陆九渊集》卷三十五，第440—441页。
③ 陆九渊：《与林叔虎》，《陆九渊集》卷九，第127页。

为私商也。①

陆九渊批评朱门弟子私其门户，不愿闻他言，这恰恰妨碍了对圣人之道的掌握，因为圣人之道乃圣人先得天下之同心，既然圣人之心与天下之心同，所以孔子等圣人无门户之私。他认为，正因为朱门弟子私其门户，所以与圣人之道不合。陆九渊在这里提出了一个以心学论道统的原则问题，他所谓的心是超越的宇宙本体，圣人与心同一，圣人之心在空间的东南西北和时间上的千万世之前与千万世之后都是相同的，故圣人之道也是相同的，这为倡导心学，接续圣人之心即圣人之道提供了理论依据。他说：

> 四方上下曰宇，往古来今曰宙。宇宙便是吾心，吾心即是宇宙。千万世之前，有圣人出焉，同此心同此理也。千万世之后，有圣人出焉，同此心同此理也。东南西北海有圣人出焉，同此心同此理也。近世尚同之说甚非。理之所在，安得不同？古之圣贤，道同志合，咸有一德，乃可共事。②

陆九渊指出，不仅圣人之心相同，人同此心，心同此理，而且"圣贤道同志合"，圣人之道也相同，正因为圣人之心与道相同，而朱学又未能明此心之道，陷于详说过实之弊，不能见道之实，所以陆氏积极倡导心学，另立心学道统论。这是对程朱道统的改造和发展。

（2）上接孟子而自得其道

陆九渊倡导心学，以心论道统，不仅表现在他接续圣人之心上，而且从道的传授形式上讲，他以继孟子之后道统第一人而自居，自称上接孟子而自得其道，把韩愈、周敦颐、二程、朱熹等完全排除在道统之外。

从思想渊源上讲，陆九渊自述其学由读《孟子》书而来。当回答学生詹阜民所问"先生之学亦有所受乎？"的问题时，陆九渊说："因读《孟子》而自得之。"③ 所谓"自得"，指通过读《孟子》书，自得其道，自家体贴出心学思想的要旨来。其要点是，陆氏的学术通过读《孟子》书，而与孟子有关，但以自得为主，即发挥主体的能动性，独立思考，并结合时代的发展，自家得出自己的心学思想来。显然这包括了继承和创新两种成分，而更重要的是"自得"。

---

① 陆九渊：《与唐司法》，《陆九渊集》卷十五，第196页。
② 陆九渊：《杂说》，《陆九渊集》卷二十二，第273页。
③ 陆九渊：《语录下》，《陆九渊集》卷三十五，第471页。

陆氏心学的特点之一是强调自得,直指人心,不受外在及客观的制约和传统的束缚,体现了儒学精神发展之一途,因而易与新思想相结合,以个性解放冲击旧的传统观念包括程朱的道统观。他在阐述自己学术的特点时指出:"自得,自成,自道,不倚师友载籍。"①即没有具体的师承,不依靠一般学界师友书籍传授,亦不学人言语,随声附和,而是远读《孟子》之书自得其道,自成其学,遥相继承了已失传一千五百年的孔孟之道。

从继承孟子自得其道出发,陆九渊提出了自己独具特色的道的传授统绪说。这个道的传授系统由伏羲开其先,经尧、舜、皋陶、文王、箕子、武王等,到孔子、颜子、曾子、子思、孟子,一脉相传,而孟子后,则失其传,汉唐诸儒未能接续圣人之道,汉病于"经",溺于训诂,唐病于"文",沦于声律,致使佛老"异端"乘虚而入,与儒学形成鼎足并立之势,而唐代的韩愈、宋代的二程尽管力排二氏,讲道益详,然而却未能承圣人之传,只有自己,直接孔孟之心,把孟子之后失传的圣人之道接续下来。关于道的传授统绪,陆九渊说:

> 自羲皇以来至于夫子,盖所谓有道之世,虽中更衰乱,而圣明代兴。②
> 古先圣贤,无不由学。伏羲尚矣,犹以天地万物为师,俯仰远近,观取备矣,于是始作八卦。夫子生于晚周,……《中庸》称之,亦曰:"祖述尧、舜,宪章文、武。"尧、舜相继以临天下,而皋陶矢谟其间曰:"朕言惠可底行。"武王缵太王、王季、文王之绪以有天下,未及下车,访于箕子,俾陈《洪范》。……卒之传夫子之道者,乃在曾子,……自曾子传之子思,子思传之孟子,乃得其传者,外此则不可以言道。③
> 尧、舜、文王、孔子四圣人,圣之盛者也。二典之形容尧、舜,《诗》、《书》之形容文王,《论语》、《中庸》之形容孔子,辞各不同。……夫子之门,惟颜、曾得其传。……然颜、曾之道固与圣人同也。④
> 孟子者,圣学之所由传也。⑤
> 孟氏没,吾道不得其传。而老氏之学始于周末,盛于汉,迫晋而衰矣。老氏衰而佛氏之学出焉。佛氏始于梁达磨,盛于唐,至今而衰矣。有大贤

---

① 陆九渊:《语录下》,《陆九渊集》卷三十五,第452页。
② 陆九渊:《取二三策而已矣》,《陆九渊集》卷三十二,第381页。
③ 陆九渊:《与李省幹(二)》,《陆九渊集》卷一,第14—15页。
④ 陆九渊:《杂说》,《陆九渊集》卷二十二,第271页。
⑤ 陆九渊:《智者术之原论》,《陆九渊集》卷三十,第350页。

者出，吾道其兴矣夫！①

　　窃不自揆，区区之学，自谓孟子之后，至是而始一明也。②

以上可以看出陆九渊建构的道的传授统绪的基本内容，与韩愈的道统论相比，颇有相似之处，然而亦有区别。其相同处在于，韩陆两人都以弘扬儒家圣人之道为己任，明确提出了圣人之道的传授系统；都认为自孟子以后，尧、舜、文、武、孔、孟一脉相承的儒家圣人之道失传，并都认为自己接续了这个失传的圣人之道，韩愈讲"使其道由愈而粗传"③，陆九渊讲"自谓孟子之后至是而始一明"，均把自己视为为往圣继绝学，将圣人之道发扬光大的人物；而且两人都认为孟子以后的儒学人物如荀子、扬雄等未能修明先王之道，这是圣人之道失传的原因。韩愈讲"孔子传之孟轲，轲之死，不得其传焉。荀与扬也，择焉而不精，语焉而不详"④。陆九渊赞同韩愈的观点，指出："退之言：'轲死不得其传。荀与扬，择焉而不精，语焉而不详。'何其说得如此端的。"⑤在这些方面，两人表达了同样的意思。这说明儒家道统论尽管有不同的流派和观点，但亦具有共同的本质和前后继承的关系，而不论当事人是否承认它。韩陆两人的区别在于，虽然陆九渊对韩愈的道统论有所借鉴，但也认为韩愈的道统论不能取胜于佛教。陆九渊说："佛入中国，在扬子之后。其事与其书入中国始于汉，其道之行乎中国始于梁，至唐而盛。韩愈辟之甚力，而不能胜。"⑥因此不把韩愈列为道统的传人。陆九渊并指出"韩退之原性，却将气质做性说了"⑦，表明二人理论存在着差异。正由于韩、陆的理论尤其是陆九渊的心学思想与韩愈单纯伦理型的道统论之间存在着歧异，所以陆九渊把包括韩愈在内的汉唐诸儒排斥在道统之外。他说："秦不曾坏了道脉，至汉而大坏。盖秦之失甚明，至汉则迹似情非，故正理愈坏。"⑧"孟子没，斯道其不明矣。夫自汉儒之纯如仲舒，犹不能使人无恨。"⑨"愚尝论之，汉病于经，唐病于文，长才异能之士类多沦溺于训诂、

---

① 陆九渊：《语录下》，《陆九渊集》卷三十五，第473页。
② 陆九渊：《与路彦彬》，《陆九渊集》卷十，第134页。
③ 韩愈：《与孟尚书书》，《东雅堂昌黎集注》卷十八，文渊阁四库全书，第1075册，第281页。
④ 韩愈：《原道》，《五百家注昌黎文集》卷十一，文渊阁四库全书，第1074册，第224页。
⑤ 陆九渊：《语录上》，《陆九渊集》卷三十四，第410页。
⑥ 陆九渊：《策问》，《陆九渊集》卷二十四，第289页。
⑦ 陆九渊：《语录上》，《陆九渊集》卷三十四，第404页。
⑧ 陆九渊：《语录上》，《陆九渊集》卷三十四，第404页。
⑨ 陆九渊：《政之宽猛孰先论》，《陆九渊集》卷三十，第359页。

声律之间。"①陆九渊认为孟子没后，其道不明，道脉大坏，即使像董仲舒这样的纯儒，也不免有违道处，何论其他陷于训诂、声律之间的学者。陆九渊排斥汉唐诸儒与他自称接续孟子的道统是相互联系的。

陆九渊分析了自孟子后，圣人之道失传的原因在于学者未能尽心，不知本末，以至操末为本，使得学绝道丧。他说：

> 孟子之尽心，尽此心也，故能知性知天。学者诚知所先后，则如木有根，如水有源，增加驯积，月异而岁不同，谁得而御之？若迷其端绪，易物之本末，谬事之终始，杂施而不逊，是谓异端，是谓邪说，非以致明，只以累明，非以去蔽，只以为蔽。……学绝道丧，不遇先觉，迷其端绪，操末为本，其所从事者非古人之学也。②

陆九渊把"尽心"放在本和先的地位，只有尽心才能知性、知天。这既是对孟子思想的继承，也是他心学思想的体现。他强调，如果不以尽心为本、为先，就会导致"迷其端绪"，颠倒本末，不知始终的谬误，而流于异端邪说，这是圣人之学中绝，孔孟之道失传的基本原因。他认为，遇到了"先觉"如自己这样的"大贤"，才能立端绪，正根本，把失传的古人之学、圣人之道恢复和接续下来。他指出："唐虞三代之时，道行乎天下。……孟子言必称尧舜，听者为之藐然。不绝如线，未足以喻斯道之微也。陵夷数千百载，而卓然复见斯义，顾不伟哉？"③正是出了自己继孟子之后道统的第一人，才使得已衰败千数百年而不绝如线的儒家圣人之道卓然复明于天下，可见其有功于孔门甚伟。以上可见，陆九渊强调"自得""尽心"，把自己视为"先觉""大贤"，继孟子之后自得圣人之道的第一人，从而把韩愈、程朱等排除在道统之外，建构起具有心学特色的道统论，这亦是对程朱道统的扬弃。

（3）对程朱道统论的批评

陆九渊从其心学道统观出发，对程朱的道统论提出了批评，这不仅反映了道学与心学不同的道统观，而且体现了道统思想演变的历史轨迹。

对于程朱的道统论，陆九渊一定程度地予以肯定，但亦指出其见道不明。他说："韩退之言：'轲死不得其传。'固不敢诬后世无贤者，然直是至伊

---

① 陆九渊：《问制科》，《陆九渊集》卷三十一，第363页。
② 陆九渊：《武陵县学记》，《陆九渊集》卷十九，第238—239页。
③ 陆九渊：《荆国王文公祠堂记》，《陆九渊集》卷十九，第231页。

洛诸公，得千载不传之学。但草创未为光明，到今日若不大段光明，更干当甚事？"① 虽然他称二程得千载不传之学，但并未承认自己受到二程的影响，而是指出二程的道统还处在草创阶段，尚不完备，并认为如果到今日还不能使道统完备起来的话，那还干什么事。显然把发扬光大圣人之道，使道统论完备的重任留给了自己。这也是对朱熹及其门人立道学门户，把与己不合的学术排除在道统之外的一种回应。由此，陆九渊指出了程颐之言有不符合孔孟的地方。据杨简所撰《行状》记载："伊川近世大儒，言垂于后，至今学者尊敬讲习之不替。先生（陆九渊）独谓简曰：'卯角时，闻人诵伊川语，自觉若伤我者。亦尝谓人曰：伊川之言，奚为与孔子孟子之言不类。'"② 在当时程颐之学受到学者普遍重视、尊敬的情况下，陆九渊独自指出程氏与孔孟有异，表明陆九渊与程颐有不同的学术旨趣。

陆九渊在批评朱熹道学自立门户的同时，却肯定了本朝的理学，说明陆氏所谓的理学与他所批评的"名过于实"的道学不是一个概念。他说："秦汉以来，学绝道丧，世不复有师。以至于唐，曰师、曰弟子云者，反以为笑，韩退之、柳子厚犹为之屡叹。惟本朝理学，远过汉唐，始复有师道。"③ 此"理学"是对秦汉以来"学绝道丧"的批判与创新，其内涵似比朱熹的道学更广，把以心为理者包括进来，但又与被陆九渊批评的朱熹道学有别。

陆氏还批评了程朱道统未能及于曾子、子思、孟子，而承"三圣"之统，并指出因其困于"支离"，所以不能"自成自达"。这是以心学的道统观对程朱之学的批评。他说：

> 由孟子而来，千有五百余年之间，以儒名者甚众，而荀扬王韩独著，专场盖代，天下归之，非止朋游党与之私也。若曰传尧舜之道，续孔孟之统，则不容以形似假借，天下万世之公，亦终不可厚诬也。至于近时伊洛诸贤，研道益深，讲道益详，志向之专，践行之笃，乃汉唐所无有，其所植立成就，可谓盛矣！然江汉以濯之，秋阳以暴之，未见其如曾子之能信其皜皜；肫肫其仁，渊渊其渊，未见其如子思之能达其浩浩；正人心，息邪说，距诐行，放淫辞，未见其如孟子之长于知言，而有以承三圣也。
>
> 故道之不明，天下虽有美材厚德，而不能以自成自达，困于闻见之支

---

① 陆九渊：《语录下》，《陆九渊集》卷三十五，第436页。
② 杨简：《象山先生行状》，《陆九渊集》卷三十三，第388页。
③ 陆九渊：《与李省幹（二）》，《陆九渊集》卷一，第14页。

离，穷年卒岁而无所至止。①

在这里，陆九渊已明确提出了自己的"道统"概念。文中有"传尧舜之道，续孔孟之统"的字句，虽然道统二字尚未连用，但同在一处出现，前后连贯，已明确表达了道统的含义。此道统是指传续由尧、舜到孔孟圣人之道的统绪，不仅有尧舜之道的内涵，而且包括了传续这个尧舜之道的统绪即外在形式，把道和统、内容和形式较完整地结合起来。考陆九渊此文《与侄孙濬》约作于淳熙十五年（1188），据《年谱》记载，淳熙十五年陆九渊在山间精舍，即在贵溪象山精舍讲学授徒，《年谱》于此年引用《与侄孙濬》一文以说明陆九渊在山间讲学的情况，此文讲述的是当时在山间的事情，故约作于当年，即淳熙十五年。可见虽然陆九渊尚未把道统二字连用，但此时已明确提出道统概念。在时间上约与朱熹在同一时期提出了各自的道统概念和道统思想。

陆九渊的道统观不仅没有荀子、扬雄、王通、韩愈等孟子之后诸儒的地位，尽管他承认他们以儒著称于当世，却不容其以形似假借道统；而且认为伊洛诸贤即二程等也未能承"三圣"之统，尽管他们"研道益深，讲道益详"，有超出汉唐诸儒之处，但却不及曾子、子思、孟子等。其关键在于伊洛之学"困于闻见之支离"，而不能自成自达其道，这当把朱学也包括在内。在陆九渊看来，如果"志念之不正"，不以心求道，只是如"蠹食蛆长于经传文字之间者，何可胜道？"②陆九渊学术的特点是不立文字，内求于心，反对当时学者"只是解字"的倾向，认为这是"举世之弊"。他说："今之学者读书，只是解字，更不求血脉。"③

陆九渊把朱学斥为"支离"，未能明道。这与朱熹重视通过对经典的学习，从中阐发圣人之道的思想形成鲜明的对照，亦体现了对程朱道统的批评。

2. 朱陆关于道的争论

朱学和陆学作为宋代理学思潮中的两大家同处于理学思潮之中，既有相同处，又有相异处。其相同处在于，不论双方有多少差异，但均以抽象性、思辨性的哲理来论证儒家纲常伦理，都是以维护义理和穷理尽心（陆学以"心即理"，故曰"尽心"；朱学以"性即理"，故强调"穷理"）为学术宗旨和思想特征，其最终目的都是为了把以"理"为代表的儒家伦理发扬光大，并将其贯彻

---

① 陆九渊：《与侄孙濬》，《陆九渊集》卷一，第13页。
② 陆九渊：《与侄孙濬》，《陆九渊集》卷一，第13页。
③ 陆九渊：《语录下》，《陆九渊集》卷三十五，第444页。

到社会生活的各个领域。朱学和陆学作为理学思潮中的两大流派又存在着相异处，其差别主要在于：陆学以心为本，讲融通合一；朱学以理为本，讲体用二分。由于有了这个差异，朱陆双方在宇宙观、认识论、方法论、人性论、修养论等一系列问题上产生了思想分歧。双方关于道的争论，便是其差异性的一种表现。

朱熹为了建立其道学的哲学逻辑结构，以形而上下即以体用来区分道器，提出道为形而上之本体，阴阳为形而下之形器的思想。朱熹说："阴阳，气也，形而下者也；所以一阴一阳者，理也，形而上者也，道即理之谓也。"[①] "一阴一阳，虽属形器，然其所以一阴而一阳者，是乃道体之所为也。"[②] 这是在答陆九渊的书中提到的观点，朱熹认为阴阳只是形器，道则是超乎形器之上支配、决定阴阳的本体。所以每当学生问到"阴阳是道""阴阳为道"的问题时，朱熹都要加以纠正："'一阴一阳之谓道'，阴阳是气不是道，所以为阴阳者乃道也。"[③] 这是朱熹对《易传》道为阴阳思想的改造。

陆九渊从心学立场出发，坚持《易传》的观点，反对朱熹把阴阳说成形而下，而认为一阴一阳即是道，不得谓之形器。他反驳朱熹说：

> 至如直以阴阳为形器而不得为道，此尤不敢闻命。《易》之为道，一阴一阳而已，先后、始终、动静、晦明、上下、进退、往来、阖辟、盈虚、消长、尊卑、贵贱、表里、隐显、向背、顺逆、存亡、得丧、出入、行藏，何适而非一阴一阳哉？奇偶相寻，变化无穷，故曰："其为道也屡迁。"……又曰："昔者，圣人之作《易》也，将以顺性命之理。是以立天之道，曰阴与阳。……"今顾以阴阳为非道而直谓之形器，其孰为昧于道器之分哉？[④]

陆九渊指出，以阴阳为形器而不以为道，这正是朱熹"昧于道器之分"的表现。陆九渊认为一阴一阳即是道，这与《易传》本身的思想相符。他引《易传》的话为根据，指出一阴一阳之道存在于世界上诸如先后、始终、动静……所有对立的事物和现象之中，阴阳作为一切对立之事物的普遍规律只能是道，

---

① 周敦颐：《通书·诚上注》，《周敦颐全书》卷三，第 90 页。
② 朱熹：《答陆子静（五）》，《朱熹集》卷三十六，第 1575 页。
③ 黎靖德编：《朱子语类》卷七十四，第 1896 页。
④ 陆九渊：《与朱元晦（二）》，《陆九渊集》卷二，第 29 页。

而不可谓之形器。他说:"一阴一阳之谓道,乃泛言天地万物皆具此阴阳也。"①一阴一阳之道存在于天地一切事物之中,"天地万物皆具此阴阳"之道,万物皆以阴阳作为其普遍规律。由此,陆九渊把阴阳称为形而上。他说:"一阴一阳即是形而上者。"②"《易》之《大传》曰'形而上者谓之道',又曰'一阴一阳之谓道',一阴一阳,已是形而上者,况太极乎?"③陆九渊反对把阴阳与道割裂开来,他认为阴阳即是形而上,即是道,不同意朱熹以阴阳为形而下,为器的思想。朱熹则坚持自己的观点,他在答辩陆九渊时指出:"至于《大传》既曰'形而上者谓之道'矣,而又曰'一阴一阳之谓道',此岂真以阴阳为形而上者哉?正所以见一阴一阳虽属形器,然其所以一阴而一阳者,是乃道体之所为也。"④朱熹把《易传》"一阴一阳之谓道"说成是所以阴阳者为道,这是因为他把道作为形而上之本体,把阴阳作为构成万物的质料。他诘难陆九渊说:"若以阴阳为形而上者,则形而下者复是何物?"⑤朱熹的这一反问,正好提及了陆九渊心学的特点。陆九渊以心为最高范畴的心本论哲学,形上与形下都在心中,而不在心外,强调道在心中,本体与主体合为一体,不重视形而上下之分,不讲体用之别,融末入本,融器入道,以心来囊括整个宇宙和各个哲学范畴,故在其心学体系没有形而下的地位。朱熹则不同,他以道即理为其哲学逻辑结构的最高范畴,道作为宇宙本体,必须安顿在具体事物之中,借助阴阳之气作为构物的材料,道与阴阳相比,更为根本,因而讲体用之分、本末之别,把道作为形而上,阴阳作为形而下,阴阳是形器不是道,所以阴阳的本体才是道。这便是朱陆双方在阴阳与道关系问题上产生分歧并展开争论的原因。

3. 陆九渊心学道统论的历史地位

道统思想的发展演变进入宋明时期,形成了各个不同的理论流派,除以程朱为代表的以天理论道,以"四书"学发明道统的一派占据了道统思想发展的主导地位外,以张载为代表的以气化论道的气学道统论和以陆九渊、王阳明为代表的以心论道的心学道统论也分别对道统思想的发展演变产生了重要影响。如果说,张载的气学道统论与程朱的道统论虽有分歧,但差异不是很大,其道统思想有相同性,《宋史·道学传》亦把张载与程朱并列,那么,陆九渊与程朱

---

① 陆九渊:《语录下》,《陆九渊集》卷三十五,第477页。
② 陆九渊:《与朱元晦(二)》,《陆九渊集》卷二,第29页。
③ 陆九渊:《与朱元晦》,《陆九渊集》卷二,第23页。
④ 朱熹:《答陆子静(五)》,《朱熹集》卷三十六,第1575页。
⑤ 朱熹:《答陆子静(六)》,《朱熹集》卷三十六,第1580页。

道统的相异性则更为明显，不仅朱熹对陆氏道统未加肯定，《宋史·道学传》未收陆九渊，仅将其归于《儒林》，而且朱陆双方及其后学互相指责对方，颇有微词，都把对方排斥在道统正宗之外。正如张立文教授所指出："在程、朱后学以程、朱为继孔孟道统之嫡传之时，陆九渊后学亦以陆为孔孟道统的真正继承者。……其实质是道统正宗之争。"①这个道统正宗之争不仅反映了朱陆双方道统论的差异性，同时也体现出陆九渊心学道统论所占有的重要的历史地位。

陆九渊提出的心学道统论，既然是中华道统思想尤其是宋明理学道统论的重要组成部分，就具有一般道统论的共同本质，即以圣人之道的传授为统绪，贯彻圣人之道的原则，并结合时代的发展，从形式和内容上对道的授受、道的思想内涵加以整理和发展。陆九渊指出："包牺氏至黄帝，方有人文，以至尧舜三代，今自秦一切坏了，至今吾辈，盍当整理。"②他认为自伏羲至黄帝，才有了中华人文，这些上古圣人是中华文明的缔造者，圣人之道相传至尧舜以至三代，而秦以后道脉坏乱，"学绝道丧"，迷其端绪，使道不传，当今继道者当整理发扬圣人之道，以弘道为己任。这些方面体现了一般意义上的道统论的共性，而与韩愈、二程、朱熹等人的道统思想无异。陆九渊的道统论除具有一般道统论的共性外，还别具特色，具有自己鲜明的个性，这就是倡导心学，以心论道统。

陆九渊站在心学道统论的立场，从心道合一，维护心及心一元论哲学的完整性出发，不同意程朱对《尚书》"十六字心传"的解释，反对以天理人欲来区分道心人心，认为心只是一心，而非二心，天人合一，而非分裂为二。这是对程朱道统论重要组成部分的改造和否定，并对王阳明心学道统论产生重要影响，从而体现了陆氏心学道统论在道统思想发展史上的重要地位。

陆九渊不同意程朱对"十六字传心诀"的解释，并对其心分为二，割裂天人的倾向提出批评。他说：

《书》云："人心惟危，道心惟微。"解者多指人心为人欲，道心为天理，此说非是。心一也，人安有二心？自人而言，则曰惟危；自道而言，则曰惟微。罔念作狂，克念作圣，非危乎？无声无臭，无形无体，非微乎？因言庄子云："眇乎小哉！以属诸人；謷乎大哉！独游于天。"又曰："天道之与人道也相远矣。"是分明裂天人而为二也。③

---

① 张立文：《走向心学之路——陆象山思想的足迹》，中华书局1992年版，第200、202页。
② 陆九渊：《语录下》，《陆九渊集》卷三十五，第453页。
③ 陆九渊：《语录上》，《陆九渊集》卷三十四，第395—396页。

陆九渊指出，心只是一心，不可将心分二，如果以人心为人欲，以道心为天理，就会破坏心的完整性，为其心一元论哲学的逻辑所不容。他从批评程朱的角度出发，对"人心惟危，道心惟微"加以新解，他认为心只有一个心，就人而言，如果放纵物欲而不加以克制，就会危殆；就道而言，心道合一，无形无臭，难以把持，是微妙而难见的。然而无论道还是人，均不能把心割裂为二，只是从不同的角度来说明一个统一的心而已。他反对裂天人为二，以道心属天理，以人心属人欲，把天人对立起来的观点，认为如此便是"误解了《书》，谓'人心，人伪也；道心，天理也'，非是。人心，只是说大凡人之心。惟微，是精微，才粗便不精微，谓人欲天理，非是。人亦有善有恶，天亦有善有恶，岂可以善皆归之天，恶皆归之人。此说出自《乐记》，此话不是圣人之言"①。陆氏从天人合一的角度反对程朱的天理人欲之分，认为此说出自《乐记》，非圣人之言，对经典的篇章加以大胆的怀疑，并指出此解与《书经》即《古文尚书·大禹谟》的原意不符。这是以心学的立场来评判经典的是非，表现出以六经为我心之注脚的思想倾向。

受陆九渊思想的影响，王阳明亦对朱熹把心分二的观点提出批评。

> （徐）爱问："道心常为一身之主，而人心每听命。"以先生精一之训推之，此语似有弊。先生（王阳明）曰：然。心一也，未杂于人谓之道心，杂于人伪谓之人心。人心之得其正者即道心，道心之失其正者即人心，初非有二心也。……今日道心为主而人心听命，是二心也。②

王阳明从心一元论哲学立论，主张心即道，强调道心与人心的合一，认为"心一也"，不可将心分为二，对朱熹道心为主、人心听命的观点提出批评，指出朱熹把心一分为二是其哲学的弊病所在。

由此，王阳明改造朱熹的"十六字心传"思想，直把《大禹谟》的十六个字视为心学之源。他说："圣人之学，心学也。尧、舜、禹之相授受曰：'人心惟危，道心惟微，惟精惟一，允执厥中。'此心学之源也。中也者，道心之谓也。道心精一之谓仁，所谓中也。"③与朱熹把中称之为道不同，王阳明以中为心，即道心，他认为中即心，中即仁，仁即心，心即道，传道即是传心，把圣人传道以中与传之以心视为一回事，由此把程朱道统加以心学化的改造。朱熹

---

① 陆九渊：《语录下》，《陆九渊集》卷三十五，第462—463页。
② 王阳明：《传习录上》，《王阳明全集》卷一，第7页。
③ 王阳明：《象山文集序》，《王阳明全集》卷七，第245页。

以传道与心传不相脱离，道虽存在于心中，但道不是心，而是被心所认识，通过识其道，把圣人之道传授下来。而王阳明把心、道等同，故将传道与传心视为一回事，圣人传道即圣人传心，由于心只是一心，反对把心分为二，强调道心与人心的合一，所以从心一元论哲学的角度把《大禹谟》的"十六字传心诀"视为"心学之源"，将道统论及道的传授纳入心学的轨道。这是对陆学的继承和发展，体现了陆九渊对后世道统论的重要影响。

质言之，陆九渊在中华道统思想发展史上，另辟蹊径，以心论道，提出心学道统观，从心学的角度改造了以往的道统论，与程朱道统形成对照，促使道统思想向心学方向发展，并对王阳明产生重要影响，因而陆九渊的心学道统论在道统思想流传演变的历史过程中占有重要的地位。

（二）吴澄心学与道统相结合的思想

元代吴澄为朱熹四传弟子，亦兼宗陆九渊，主张朱陆会合，互为补充。他指出："朱子于道问学之功居多，而陆子以尊德性为主。问学不本于德性，则其蔽必偏于语言训释之末。故学必以德性为本。"[①] 他以尊德性为本，而倾向于陆学。在道统论方面，吴澄继承发挥了程朱的道统思想，建构完整的道统体系，并扩大心学的内涵，以心学包罗道统，从而表现出折中朱陆的思想倾向。吴澄的道统思想是宋明理学道统论的重要组成部分。

1. 建构完整的道统体系

程朱之学经元代理学家许衡、刘因、吴澄等的传播和推广，得到元统治者的重视，从而被确立为官方指导思想。其道统论经吴澄的宣扬和整理，也日益深入人心，成为一时之定论。吴澄不仅继承了程朱道统，而且还加以系统论述，在朱熹之后，完善了道的传授统绪说，从而建构起完整的道统体系。

（1）道统十四圣

吴澄的道统论与中华人文的起源说相互联系，他认为人文之源即是伏羲氏开创的文化，三皇等圣人不仅是道统的缔造者，而且是中华人文之源。他说："鸿荒以来，载籍莫考，莫不知几千万年而有伏羲氏、神农氏、皇（黄）帝氏，仰观俯察，画卦造《易》，寔开人文民用之先。"[②] 尽管伏羲等三皇的年代不可详考，但人类经历了三皇时代，伏羲氏、神农氏、黄帝氏的发明创造使得中华文

---

① 黄宗羲：《草庐学案·文正吴草庐先生澄》，《宋元学案》卷九十二，第3037页。
② 吴澄：《建康路三皇庙记》，《吴文正集》卷三十八，文渊阁四库全书，第1197册，第401页。

明得以起源，发人文日用之端。由此，吴澄以三皇为道统的缔造者，提出道统十四圣的早期传授系统说，十四圣相传以道，形成道统，从而奠定了早期传道的统绪。他说：

> 夫天生亿兆人，而人类之中有圣人者，卓冠乎众，天命之以司亿兆人之命。一元混辟，几百千年而有包牺氏、神农氏、黄帝氏，是为三皇。纂其绪者，少昊氏也、颛顼氏也、高辛是也，而尧、舜焉，而禹、汤焉，而文、武焉。此十有二圣南面为君者也；北面为臣，则有周公焉，此十有三圣达而在上者也；穷而在下，则有孔子焉。此十有四圣，或以其道而为天下之主，或以其道而为天子之宰，或以其道而为万世帝王之师。德天德，心天心，而生天民之命者，位不同而道一也。体其道之全，俾世享安靖和平之福，而民得以生其生者，儒道也。……三皇于十有四圣为最初，孔子于十有四圣为最后，儒学之祀其最后者，尊其集群圣之成也。①

吴澄系统论述了早期圣人之道的传授统绪，他以伏羲、神农、黄帝、少昊、颛顼、高辛、尧、舜、禹、汤、文、武、周公、孔子为十四圣，十四圣相传以道，形成道统。其或以道为天子，或以道为辅宰，或以道为帝王之师，吴澄认为，十四圣的地位或有不同，但他们相传的圣人之道则是同一的。他以伏羲、神农、黄帝三皇为道统十四圣的奠基者，以孔子为道统十四圣的集大成者，从而构成早期完整的道的传授系统。需要指出，吴澄提出道统十四圣的此文是为抚州重修三皇庙所作的《记》，该《记》中提到儒学祭祀孔子是因其"集群圣之成"。正因为儒学祭祀孔子，所以有代替宗教的作用。

（2）道的传授与失传

道统十四圣构成吴澄道统观关于道的早期传授统绪，孔子为十四圣的集大成者，又将圣人之道传授下来，以待来者。他说："盖吾夫子得尧、舜、禹、汤、文、武、周公之道，而不得天子大臣之位，道不行于天下，而私授其徒，然惟颜子、曾子二人得其传，再传而子思，再传而孟子。"② 吴澄认为，孔子之后，道继续流传，其传授系列是由孔子传之颜子、曾子，再传而至子思，又由子思传之孟子。他指出，道统的传授称孔孟，就已经包括了颜子、曾子、子思，

---

① 吴澄：《抚州重修三皇庙记》，《吴文正集》卷三十八，文渊阁四库全书，第1197册，第403页。
② 吴澄：《十贤祠堂记》，《吴文正集》卷四十一，文渊阁四库全书，第1197册，第436页。

而不得遗漏。他说:"道统之传,称孔孟,而颜、曾、子思固在其中,岂三子不足以绍孔而劣于孟哉?"① 吴澄明确提到"道统之传",这是对朱熹道统思想的继承。他认为,颜、曾、子思三人在道统传授中占有重要地位,不能以为三人劣于孟子。吴澄以颜、曾、思、孟作为十四圣之外的道统的传人,四人虽不在圣人之列,但却是道统传授不可或缺的人物,是传圣人之道的贤人。上述传道圣、贤共计十八人,从而构成从远古伏羲到战国孟子绵延不绝的道统谱系。

然而,圣人之道也有失传的时候,这是因为汉唐诸儒不知"学之有要",未能将"夫子之道"继承下来。他说:"孟子而后,吾夫子之道不得其传,汉唐名卿钜儒或资质之暗合,或言议之偶中,而能的然知学之有要者,其谁乎?"② 吴澄提出,虽然汉唐诸儒有"暗合"或"偶中"圣人之道的地方,但总体上讲,由于未能掌握治学的基本要领,所以使得道统中绝。他所谓的"学之有要",即指治学以尊德性为本,而不得脱离德性,专以道问学为主。他说:

> 天之所以生人,人之所以为人,以此德性也。然自孟氏以来,圣传不嗣,士学靡宗,谁复知有此哉?汉唐千余年间,儒者各矜所长,奋迅驰骛而不自知其缺,董、韩二子依稀数语近之,而原本竟昧昧也,则亦汉唐之儒而已矣。③

吴澄指出,孟子以来,道统失传,学无所宗,在于未尊德性,而陷溺于贪高骛远。虽然董仲舒、韩愈其文字语言或有近圣人之处,但其本原迷昧,最终未能入于圣贤之域,不过是"汉唐之儒而已"。这表现出吴澄对汉唐诸儒的轻视。由此可见,在吴澄建构的道统体系中,孟子以前,道未中绝;孟子以后,包括整个汉唐时期,道统失其传。这与程朱的道统说相似。

(3) 道统十贤

孟子之后,道统失传,吴澄把继千年不传之学的功劳归之二程,又提出道统十贤,作为北宋以来圣人之道的传人。吴澄不仅肯定朱熹对于发挥二程道统的历史功绩,而且表彰元代许衡继承朱熹,恢复程朱道统的历史作用。他说:"宋河南二程子续孔孟不传之学于千载,提一言以开后觉。新安朱子究竟发挥,而其学益以显时,则伊洛之学独明于南土。近年覃怀许公读朱子之书而有得,

---

① 吴澄:《刘尚友文集序》,《吴文正集》卷二十二,文渊阁四库全书,第1197册,第231页。
② 吴澄:《俨斋记》,《吴文正集》卷四十,文渊阁四库全书,第1197册,第422—423页。
③ 吴澄:《尊德性道问学斋记》,《吴文正集》卷四十,文渊阁四库全书,第1197册,第421页。

复恢河南之绪,然后伊洛之学盛行于中州。"①吴澄把二程、朱熹、许衡作为汉唐以后传授圣人之道的关键人物,其中二程继绝学,朱熹集其成,许衡传程朱之学于北方,各自在传圣人之道的过程中起到了重要作用。吴澄又在二程、朱熹、许衡四人的基础上,扩大道统的传授范围,增加周敦颐、邵雍、司马光、张载、张栻、吕祖谦六人,推出道统十贤,完善了自北宋以来儒家圣人之道的传授统绪。他说:

> 孟子殁而传者无其人,夫子之道泯矣,历千数百年之久,河南二程子出,而孟子之传乃续。同时邵子,卫人也;司马公,陕人也,皆迁洛中。张子,秦人也,亦以邵程之在洛而时造焉。……又思程子之学,其原肇于营道之周,而其流衍于婺源之朱、广汉之张、东莱之吕。至覃怀许文正公尊信四书小学书以教,而国朝士大夫始知有朱子之学。帝制以十贤从祀孔子庙,后学跃然有所兴起。②

吴澄推出十贤说,基本上把宋以来传儒家圣人之道的重要人物包括在内,不仅有与二程同时的邵雍、司马光、张载等重要理学家,有受到朱熹推崇的周敦颐,而且有号称南宋"东南三贤"的朱熹、张栻、吕祖谦,以及元代大儒许衡。这些人物不仅在道统发展史上占有重要地位,而且是理学思潮发展过程中创学派的著名人物。如周敦颐创濂学,二程创洛学,张载创关学,朱熹创闽学,邵雍创象数学,或称百源学,司马光创涑水学,或称朔学,张栻集湖湘学之成,吕祖谦创婺学,许衡创鲁斋学。由于他们在道统史及理学史上占有重要地位,所以得到了吴澄的大力表彰,并为元统治者所接受,以十贤从祀孔子庙,从而使程朱道统为社会所公认。不仅道统十贤得到了统治者及社会的承认,而且后人亦把吴澄列为道统的传人。韩阳在明代宗景泰二年(1451)为《吴文正集》作《序》时指出:"迨乎前元真儒亦罕,惟鲁斋许先生、草庐吴先生焉耳。先生才智过人,默悟斯道,远溯洙泗之流而穷其源,近绍程朱之统而得其要。……先生之学,周邵程朱之学也,孔门千载而下若先生者曾几何人哉?"③他把吴澄作为上继孔孟之道,近承程朱之统,并得道统之要的孔门人物,使其位在道统之列。

---

① 吴澄:《俨斋记》,《吴文正集》卷四十,文渊阁四库全书,第1197册,第423页。
② 吴澄:《十贤祠堂记》,《吴文正集》卷四十一,文渊阁四库全书,第1197册,第436页。
③ 韩阳:《原序》,《吴文正集》附录,文渊阁四库全书,第1197册,第924页。

如上所述，吴澄以伏羲等三皇为中华人文之源，为道统的缔造者，以从伏羲到孔子的传道圣人为道统十四圣；以颜子到孟子等四人为继承孔子之道的人物；而孟子之后，圣人之道失传；以二程为继千年不传之绝学的人物，并推出道统十贤；吴澄表彰十贤，亦成为道统的重要传人。由此，吴澄建构的道统体系，圣人之道经伏羲、神农、黄帝、少昊、颛顼、高辛、尧、舜、禹、汤、文、武、周公、孔子、颜子、曾子、子思、孟子、周敦颐、程颢、程颐、邵雍、司马光、张载、朱熹、张栻、吕祖谦、许衡，以及吴澄等的传授，得以流传推广，形成完整的传道统绪，并影响了几千年的中国古代社会以及思想界，其道统文化源远流长，一脉相承，独具特色，亦成为中华文化的重要组成部分。

2. 心学与道统合一

吴澄扩大心学的范围则表现在把道统之道说成是具于心中，并把心学与道统合一，一部道统发展史便成为本心的流行发见史。

（1）"道具于心"

吴澄不仅继承了朱熹的道统论，而且与刘因相比，他更多地吸取了陆九渊的心学思想，提出"道具于心"的思想，具有折中朱陆的倾向。

在道与心的关系上，吴澄认为，道具于心中，心外无道，反对在心之外去求道。他说："心也者，形之主宰，性之郭郭也。此一心也，自尧、舜、禹、汤、文、武、周公传之，以至于孔子，其道同。道之为道，具于心，岂有外心而求道者哉？"[①]他指出，心既是形体的主宰、性存在的居所，又是尧、舜以至孔子一脉相传的圣人之道。其所谓道，存在于心中，与心不相离。"道具于心""心与道一"[②]，把二者合而为一。这是吴澄论心、道关系的基本点。

（2）扩大心学的范围

吴澄会合朱陆，扩大心学之范围，这在当时具有深刻的社会背景和思想根源。元代时，朱子后学已出现弊端。对此，吴澄指出："程氏四传而至朱，文义之精密，句谈而字议，又孟氏以来所未有者，而其学徒往往滞于此而溺其心，……甚至专守一艺而不复旁通它书，掇拾腐说而不能自遣一辞。"[③]他承认朱学文义精密，句谈字议，理论思辨水平达到了孟子以来未曾达到的高度。但正是由于朱学的缜密、严谨，导致后世学者只追求朱学的文辞，而忽视文辞中所包含着的义理，以致出现求学态度不端正等问题。为了纠正朱子后学偏于语言

---

① 吴澄：《仙城本心楼记》，《吴文正集》卷四十八，文渊阁四库全书，第1197册，第499页。
② 吴澄：《顺堂记》，《吴文正集》卷四十四，文渊阁四库全书，第1197册，第460页。
③ 吴澄：《尊德性道问学斋记》，《吴文正集》卷四十，文渊阁四库全书，第1197册，第421页。

训释之末，而陷溺其心的弊病，吴澄提出以尊德性为主，即以人心为本的主张。他说："天之与我，德性是也。……舍此而它求，所学果何学哉？"①他认为德性是天之予我，仁义礼智既是心，又是性。舍此德性则无以为学。虽然吴澄强调尊德性，反对陷溺其心，这倾向于陆学，但他并不排斥朱学道问学的工夫，而是把朱陆两家之学结合起来，兼收并取，互为补充。他说："夫朱子之教人也，必先之读书讲学；陆子之教人也，必使之真知实践。读书讲学者，固以为真知实践之地；真知实践者，亦必自读书讲学而入。二师之为教，一也。"②即认为朱陆二教是一致的，而不应"各立标榜，互相诋訾"③。其实，吴澄肯定陆学的真知实践，"必自读书讲学而入"，就是在一定程度上扬弃了陆学不立文字，专求于心的治学方法，而倾向于朱学的内外结合的治学方法。

从会合朱陆出发，吴澄进一步扩大心学的范围，把心学与道统结合起来。他认为心学不独指陆九渊心学而言，而是包括了从尧、舜、禹、汤，经孔、孟到周、程的传道系统，这都是心学。这一方面反映了吴澄偏向心学的倾向，另一方面又扩大了心学的内涵，把道统和本不是心本论之心学的道学也包括在心学之内，结果把心学与道统结合起来。他说："此心也，人人所固有，反求诸身，即此而是。以心而学，非特陆子为然，尧、舜、禹、汤、文、武、周、孔、颜、曾、思、孟，以逮邵、周、张、程诸子，盖莫不然。"④吴澄对心学下的定义是：反求诸身，以心而学，而不论是否以心为宇宙本体。这样一来，就把诸多人物包括进来，扩大了心学的范围。实际上吴澄所谓的心，是指圣人之道，道是本心的发见，心与道相通，"心与道一"，不可外心而求道。所以以上吴澄所列举心学人物，也就是朱熹道统论中传圣人之道的人物。可见吴澄所编造的心学史，与朱熹宣扬的道统史是一脉相承的。这又是吴澄对朱熹思想的吸取。他说："故独指陆子之学为本心之学者，非知圣人之道者也。圣人之道，应接酬酢，千变万化，无一而非本心之发见。"⑤吴澄反对把心学仅归之于陆九渊之学，认为心学包括了所有传儒家圣人之道的学问。因为在他看来，圣人之道无非是"本心之发见"。从这个意义上讲，吴澄所谓心学，已超出陆氏心学的范围。但就其理论基础而言，仍是以心学为主。他把道说成是本心所固有，就此而论，

---

① 吴澄：《尊德性道问学斋记》，《吴文正集》卷四十，文渊阁四库全书，第1197册，第422页。
② 吴澄：《送陈洪范序》，《吴文正集》卷二十七，文渊阁四库全书，第1197册，第290页。
③ 吴澄：《送陈洪范序》，《吴文正集》卷二十七，文渊阁四库全书，第1197册，第290页。
④ 吴澄：《仙城本心楼记》，《吴文正集》卷四十八，文渊阁四库全书，第1197册，第500页。
⑤ 吴澄：《仙城本心楼记》，《吴文正集》卷四十八，文渊阁四库全书，第1197册，第500页。

这是对陆九渊"道未有外乎其心"①思想的继承。

以上可见，吴澄既宣扬道统，又扩大心学的内涵，把心学与道统结合起来。这是对陆九渊、朱熹思想的折中，具有兼容两家学术的特点。吴澄在道统论等方面对宋代理学加以继承和发展，丰富了宋明理学的理论体系，在历史上产生了重要影响。

（三）王阳明"道即是良知"的思想及对程朱道统论的批评与改造

王阳明提出"道即是良知"的思想，以良知论道，赋予道以主体思维的能动性，认为"致良知之外无学矣"，以"致良知"说取程朱道统论而代之；王阳明对道统说盛行后的弊病提出批评，把朱熹道统论归于其中年未定之说，并对程朱道统论加以批评和改造，体现了这一时期道统向心学转化的过程，具有瓦解传统道统论的因素，由此体现出其思想的时代意义。

1. "道即是良知"

王阳明对陆九渊心学的发展主要体现在他提出"致良知"说。与此相应，王阳明对程朱道统论的突破，也主要体现在他以"致良知"说取代道统论，认为"致良知之外无学矣"，并以"道即是良知"的思想作为其以"致良知"说代替道统论的理论依据。由此，道为更具主体思维能动性的良知所取代，良知作为其思想体系的最高范畴和最高原则，既是本体，又是主体，取道统之道而代之，体现了王阳明的"致良知"说不同于传统道统论的思想特色，亦是他对传统思想的改造和创新。

（1）"良知即是道"

以良知为道，以良知取代道，这是王阳明心学的一大特色。他强调："夫良知即是道。"②"道即是良知，良知原是完完全全，是的还他是，非的还他非，是非只依着他，更无有不是处。这良知还是你的明师。"③道即良知，良知即道，此良知既是判断是非的标准，又是事君处友的道德原则。"使人于事君处友，仁民爱物，与凡动静语默间，皆只是致他那一念事亲从兄、真诚恻怛的良知，即自然无不是道。"④只要人们在道德践履和日用之中，按良知的原则行事，就自然体现了道。王阳明既提出"道即是良知"的思想，其良知即是"心之本体"，道与

---

① 陆九渊：《敬斋记》，《陆九渊集》卷十九，第228页。
② 王阳明：《传习录中·答陆原静书》，《王阳明全集》卷二，第69页。
③ 王阳明：《传习录下》，《王阳明全集》卷三，第105页。
④ 王阳明：《传习录中·答聂文蔚》，《王阳明全集》卷二，第85页。

良知都与心相通，良知存在于心中，是人人皆有的本然之心，是心的本属内容，循此而行，即为道，如被物欲蒙蔽，则不是道。可见，王阳明"道即是良知"的思想中，良知、心、道是同一层次的范畴，它们相互联系，彼此沟通。然而，以良知为道，这是王阳明的发明，旨在以更具主体思维能动性的良知范畴来取代道的地位。良知不仅具有道所包含的本体范畴的意义，而且还具有道所不曾有的认识主体的含义，是宇宙本体、儒家伦理、认识主体三者合一的范畴。并且与心相比，更突出了主观知觉的认知能动功能，这亦是对陆氏心学的发展，体现了对道统之道的取代。

（2）"致良知之外无学矣"

王阳明在"道即是良知"，以良知论道，以良知取代道和对程朱道统论提出批评和改造的基础上，进一步提出"致良知之外无学矣"的思想，以"致良知"说取程朱道统论而代之，完成了思想史上的一次重要转变。关于以"致良知"说取代程朱道统论，王阳明指出：

> 心之良知是为圣，圣人之学惟是致此良知而已。自然而致之者圣人也；勉然而致之者，贤人也；自蔽自昧而不肯致之者，愚不肖者也。愚不肖者虽其蔽昧之极，良知又未尝不存也。苟能致之，即与圣人无异矣。此良知所以为圣愚之同具而人皆可以为尧、舜者，以此也。是故致良知之外无学矣。自孔孟既没，此学失传几千百年，赖天之灵，偶复有见，诚千古之一快，百世以俟圣人而不惑者也。每以启夫同志，无不跃然以喜者，此亦可以验夫良知之同然矣。间有听之而疑者，则是支离之习没溺既久，先横不信之心而然。使能姑置其旧见而平气以绎吾说，盖亦未有不幡然而悔悟者也。①

王阳明的此段文字作于嘉靖四年乙酉（1525），可视为其晚年成熟的思想。他认为，圣人之学唯有致此良知，除"致良知"以外没有其他学术，这就把风靡一时的程朱道统论排除在外。王阳明以"致良知"说代替程朱道统论，在他看来，"致良知"说也就是圣人之学，圣人虽与良知不能画等号，但圣人能自然致此良知，所以称之为圣人。他指出，此圣人之学即"致良知"说在孔孟之后已失传千百年，直到他本人出来后，才"赖天之灵，偶复有见"，将此学发明

---

① 王阳明：《书魏师孟卷》，《王阳明全集》卷八，第280—281页。

之,真可谓"诚千古之一快,百世以俟圣人而不惑",把"致良知"说发扬开来。在王阳明提出的"致良知之外无学"的架构中,无程朱道统论的地位,因为自孔孟到王阳明本人之间,此学一直处在失传的状态,达千百年之久。如果无王阳明出来发明之,此"致良知"说也将会继续失传下去。可见王阳明对自己充满了使命感,决心在"支离之习没溺既久",即朱学已成为传统流行观念的背景下,把"吾说"即"致良知"说推广开来,以取代传统的道统说,也就是否定了从孔孟到王阳明之前的圣人传道的系统及其学说。这是对传统道统观念的否定,体现了时代思潮由程朱道统论转向了王阳明的"致良知"说。

对此,王阳明明确指出:"此致知二字,真是个千古圣传之秘。见到这里,百世以俟圣人而不惑。"[①]在这里,致良知成为圣人千年相传之密旨,从而以致良知代替了圣人传道。王阳明还指出:"绵绵圣学已千年,两字良知是口传,欲识浑沦无斧凿,须从规矩出方圆。"[②]他认为圣学相传以良知,而不是道统。以良知代替道统体现了时代思潮转向的脉络。

2. 对程朱道统论的批评与改造

王阳明思想的初衷是从心学立场来发扬圣人之道,发展到极致则是以"致良知"说取代程朱道统论。在这个过程中,王阳明思想经历了吸取程朱道统、对程朱道统说批评与改造、突破程朱道统的几个转变演进的阶段。

王阳明曾"遍读考亭之书",其思想不可能不受到程朱道统的影响。他在为东林书院作《记》时指出:"夫龟山之学得之程氏,以上接孔孟,下启罗、李、晦庵,其统绪相承,断无可疑。"[③]这勾画出一个从孔孟至二程、杨时、罗从彦、李侗,直至朱熹的传道统绪。王阳明不仅讲孟子以后到朱熹的道统,亦讲子思以前的道统。他说:"盖尧、舜之道夫子举之以告哀公,正欲以兴唐虞之治于春秋。而子思以继大舜文武周公之后者,亦以明其所传之一致耳。"[④]虽然王阳明受程朱的影响,亦讲道统,但他的重点不在于此,而是站在心学的立场,对程朱的道统论提出批评并加以改造。

(1)对道统说流弊的批评

二程朱熹生前均遭压制,其学被禁。自南宋末以后,其道学及道统思想逐步受到重视,而成为社会指导思想,科举考试非程朱学不用。自宋元以来,程

---

① 王阳明:《传习录下》,《王阳明全集》卷三,第93页。
② 王阳明:《别诸生》,《王阳明全集》卷二十,第791页。
③ 王阳明:《东林书院记》,《王阳明全集》卷二十三,第898页。
④ 王阳明:《齐明盛服非礼不动所以修身也》,《王阳明全集》卷二十二,第843页。

朱道学及其道统思想广泛地流行和传播,并在元代延祐年间被确立为官方统治思想。明初统治者也以程朱学为官学。王阳明生活的时代,朱熹学说的末流弊端越发显露。针对程朱道统说盛行后产生的弊端,王阳明提出了批评,从而转向以自得其心来求圣人之道。他说:"自程朱诸大儒没,而师友之道遂亡,六经分裂于训诂支离,芜蔓于辞章业举之习,圣学几于息矣。"① 王阳明指出,程朱之后,其后学弟子未能将师友之道继承下来,使经学重新陷于训诂支离之中,追求辞章之学,以习举业,如此使圣人之学几至衰息。王阳明进一步指出,在其生活的时代,圣人之道仿佛大明于世,实际上却求之而不得。他说:

> 颜子没而圣人之学亡,曾子唯一贯之旨传之孟轲,终又二千余年而周程续。自是而后,言益详,道益晦;析理益精,学益支离无本,而事于外者益繁以难。盖孟氏患杨墨。周程之际,释老大行。今世学者皆知宗孔孟,贱杨墨,摈释老,圣人之道若大明于世。然吾从而求之,圣人不得而见之矣。……今之所大患者,岂非记诵词章之习!而弊之所从来,无亦言之太详,析之太精者之过欤!……夫求以自得,而后可与之言学圣人之道。②

尽管周程等接续了孔孟之道,但由于他们求学于外,而不是从心上体认,所以好像圣人之道明于世,而其实则"道益晦"。王阳明分析了流弊产生的原因在于"言之太详,析之太精",以致造成"言益详,道益晦;析理益精,学益支离无本"的局面。其根源就在于求道于心外,片面追求从语言文字上详尽地解释道,而未注意端正求学者的立场,从主体上去把握道的精神实质。由此王阳明强调"自得",从心学的角度去发明圣人之道,使当时的学风为之一变。这是对程朱道统说盛行后产生的末流弊端的有力针砭。

(2) 朱熹道统乃其中年未定之说

王阳明不仅对道统说盛行后的流弊痛下针砭,而且对朱熹道统本身也提出批评,他认为阐发朱熹道统思想的《四书章句集注》《四书或问》不过是其"中年未定之说",从而以两书为载体的朱熹道统论即是其中年未定之说,到后来朱熹自我否定,悟前说之非,而转向了心学。这实际上是王阳明以心学否定了朱熹《四书章句集注》之道统观。他说:"洙泗之传,至孟氏而息,千五百余年,濂溪明

---

① 王阳明:《别三子序》,《王阳明全集》卷七,第226页。
② 王阳明:《别湛甘泉序》,《王阳明全集》卷七,第230—231页。

道始复追寻其绪,自后辨析日详,然亦日就支离决裂,旋复湮晦。吾尝深求其故,大抵皆世儒之多言有以乱之。"①王阳明指出,虽然周濂溪、程明道追寻孟子之后失传的圣人之道,但由于辨析日详,陷入支离破碎,道仍晦而不明,其根源在于世儒"多言有以乱之"。这里所指便是朱熹。王阳明在回顾自己由早年习举业,溺于词章,"从事正学",即求学于程朱,出入佛老,"欣然有会于心",到转向儒家心学的思想转变的过程后指出,自己的心学思想只是与朱熹的中年未定之说相抵牾,而与朱熹的晚年定论相一致,并把朱熹的道统论归于其中年未定之说。他说:

> 独于朱子之说有相牴牾,恒疚于心,切疑朱子之贤,而岂其于此尚有未察。及官留都,复取朱子之书而检求之,然后知其晚岁固已大悟旧说之非,痛悔极艾,至以为自诳诳人之罪不可胜赎。世之所传《集注》、《或问》之类,乃其中年未定之说,自咎以为旧本之误,思改正而未及。而其诸《语类》之属,又其门人挟胜心以附己见,固于朱子平日之说犹有大相缪戾者,而世之学者局于见闻,不过持循讲习于此。其于悟后之论,概乎其未有闻,则亦何怪乎?予既自幸其说不缪于朱子,又喜朱子先得我心之同然。且慨夫世之学者徒守朱子中年未定之说,而不复知求其晚岁既悟之论。②

朱熹的道统思想主要通过"四书"学得以阐发,他在二程"四书"学的基础上,以毕生精力集注"四书",以义理解释"四书",从中发明道统,以重义理轻训诂的理学思维模式抛开汉学传统的注经模式,为完善和发展道统思想体系作论证,从而集"四书"学及道统论之大成。可以说,朱熹的道统思想离不开其对"四书"的阐发,而对"四书"的阐发集中体现在其所著《四书章句集注》和《四书或问》里。王阳明把两书归于朱熹的"中年未定之说",认为到晚年朱熹已自我否定了此说。这实际上是抽掉了朱熹道统论的根基。此外,朱熹的道统思想及其阐发道统的"四书"学也有不少体现在《朱子语类》里,如《朱子语类》的卷十四、卷十九、卷九十三、卷一百四、卷一百五等等,而王阳明亦把《朱子语类》归于"门人挟胜心以附己见",其真实性大打折扣,与朱熹平日的观点有许多不相符合。这也是对朱熹的道统论及与心学不符的观点的间

---

① 王阳明:《朱子晚年定论》,《王阳明全集》卷三,第127页。
② 王阳明:《朱子晚年定论》,《王阳明全集》卷三,第128页。

接否定。王阳明把朱熹的道统论归于其中年未定之说而提出批评，这成为他批评朱熹道学的一个组成部分。

（3）对程朱道统论的改造

王阳明在对朱熹的道统论提出批评的基础上，又对程朱的道统论加以心学化的改造，把程朱道统的"传授心法"与"十六字心传"改造为心学之源，因而把圣人相传的道统说改造为心学。他说：

> 圣人之学，心学也。尧、舜、禹之相授受曰："人心惟危，道心惟微，惟精惟一，允执厥中。"此心学之源也。中也者，道心之谓也。道心精一之谓仁，所谓中也。孔孟之学，惟务求仁，盖精一之传也。……自是而后有象山陆氏，……真有以接孟氏之传。……故吾尝断以陆氏之学，孟氏之学也。①

朱熹在吸取二程关于"《中庸》乃孔门传授心法"②和"人心私欲，故危殆；道心天理，故精微"③思想的基础上，以《中庸》的"传授心法"来阐发《古文尚书·大禹谟》的"人心惟危，道心惟微，惟精惟一，允执厥中"所谓"十六字传心诀"，从而完善了程朱的道统说。

王阳明则把程朱的这一思想加以改造，不仅圣人相传授受之学即道统说被视为心学，而且道统"十六字心传"也成为"心学之源"。朱熹所谓的心传，即"孔门传授心法"，是以传道为目的，通过主体之心对圣人之道的体认和感悟，把圣人之道接续传授下来，也就是说，心传作为道统论的组成部分，是为传道服务的，以传道为宗旨，道与心虽有密切联系，传道与传心也紧密相联系，但心与道不是一回事，道是本体，心是主体而不是本体。朱熹说："道即性，性即道。"④又说："道即理之谓也。"⑤以道为性，以道为理。然而心与性、心与理却存在着区别。朱熹说："心与性自有分别。灵底是心，实底是性。灵便是那知觉底。"⑥"灵处只是心，不是性，性只是理。"⑦朱熹哲学心与性、心与理的区别亦

---

① 王阳明：《象山文集序》，《王阳明全集》卷七，第 245 页。
② 程颢、程颐：《河南程氏外书》卷十一，《二程集》，第 411 页。
③ 程颢、程颐：《河南程氏遗书》卷二十四，《二程集》，第 312 页。
④ 黎靖德编：《朱子语类》卷五，第 82 页。
⑤ 周敦颐：《通书·诚上注》，《周敦颐全书》卷三，第 90 页。
⑥ 黎靖德编：《朱子语类》卷十六，第 323 页。
⑦ 黎靖德编：《朱子语类》卷五，第 85 页。

体现了心与道的差异,故心道有别。而王阳明则提出"心即道"的命题。在他看来,心、道是一回事,圣人传道也就是圣人传心,故把朱熹的"十六字心传"改造为心学之源,又以陆九渊作为孟氏心学的真传,圣人传道之学也成了心学,从而把程朱道统论一变而为心学。

3. 王阳明突破程朱道统论的时代意义

在中华道统思想发展史上,道统思想经二程朱熹的确立和集其大成,已发展到一个前所未有的高度,并成为社会指导思想和学术界之定论,得到人们广泛认同,对宋以后的思想界产生了重要影响。然而其流弊也越发显露,其"言之太详,析之太精"反而造成了单纯记诵词章,使得"道益晦"的局面。王阳明看到了程朱道统论盛行后产生的弊端,为了挽救当时的社会危机,扭转靠记诵程朱词章来猎取功名利禄的不良学风,他从正人心出发,提出"道即是良知"的思想,要求人们从内心去体认道,不要被心外之物所蒙蔽。这对日趋僵化的朱学末流弊端无疑是一支清醒剂。

王阳明并对朱熹道统论提出批评和改造,指出朱熹道统论乃其中年未定之说,其到晚年已悟前说之非,而转向了心学。不论其论据是否确切,但已反映出王阳明对旧权威提出的挑战。他把道统"十六字心传"改造为"心学之源",便是体现了其对道统说的扬弃。在对程朱道统论批评与改造,以及对良知说详尽阐发的基础上,王阳明提出"致良知之外无学矣"的观点,以"致良知"说取代道统论。这可视为对程朱道统说的突破,具有深刻的时代意义。

王阳明针对朱学末流弊端,勇于探索和创新,提出"致良知"说,以吾心之良知作为其哲学体系的最高范畴,取天理即道而代之,突破了道统论一统天下的局面,在新的高度重新确立起心的权威,这对于批判旧权威,充分肯定主体的价值和人的主观能动性,具有思想解放的积极意义。他说:"夫学贵得之心,求之于心而非也,虽其言之出于孔子,不敢以为是也,而况其未及孔子者乎!求之于心而是也,虽其言之出于庸常,不敢以为非也。"① 即强调以心为是非的标准,而不以孔子、朱熹的言论为是非的标准,把圣人的权威置于心即良知的权威之下。这正是王阳明良知精神的真实写照。

王阳明以良知为道,"道即是良知",由此他提出了道为天下之公道,非孔子、朱子可得而私的道与圣贤相分的思想。他说:"夫道,天下之公道也;学,

---

① 王阳明:《传习录中·答罗整庵少宰书》,《王阳明全集》卷二,第76页。

天下之公学也。非朱子可得而私也，非孔子可得而私也。"[1]他认为道为公，不能成为孔子、朱熹的私道。儒家圣贤失去了与道的必然联系，既然道与圣人相分离，那就产生了瓦解道统的因素。

以心之良知论道，以"致良知"说取代程朱道统论，这体现了王阳明思想的特点。与吴澄的心学道统论相比，如果说，吴澄扩大心学的内涵，把心学与道统相结合，还保留有道统的形式，那么，王阳明则基本抛弃了道统传授的形式，直接以"致良知"说来代替圣人之道的传授系统说。

虽然王阳明把道统论改造为心学，但并不是对整个道统论的根本否定，而是对程朱道统流弊的否定，是为适应时代的发展而提出新的"致良知"的理论。在道统论的思想内涵、道统论所体现的儒学价值观方面，王阳明基本继承了以往的思想，只不过把道统之道改造成为良知，以更具主体思维能动性的良知范畴及"致良知"说扬弃并发展了传统的道统论，使良知说成为左右当时思想界逾百年的学术思潮，并对后世产生了重大影响。王阳明对程朱道统论的突破，也就是对整个中华道统文化的发展，使之具有新的内涵，随时代发展而不断适应新的社会发展的需要，而逐步走向现代。

四、明清之际道统思想的影响及对道统论的批判

明清之际，道统论继续流传，并产生了重要影响。这一时期，朱学与阳明学之争，理学道统论的流弊对思想界均产生了影响，并反映到对道统思想的评价上。孙奇逢的道统思想和费密对理学道统论的批评，与整个时代社会转型、思想发展的实际紧密相联，反映了时代变迁对道统思想的影响。

（一）孙奇逢的道统思想

孙奇逢（1585—1675），字启泰，号钟元，直隶保定府容城县（今属河北）人，明末清初著名学者、思想家和教育家，与李颙、黄宗羲并称当时三大儒。明万历二十八年（1600）中举人，学识博大精深，气节高尚，与东林党人来往密切，与魏忠贤做过斗争。明亡，清廷屡召不仕，人称孙征君。清初迁居河南卫辉府辉县苏门山下夏峰村。晚年讲学于河南辉县夏峰村20余年，从者甚众，世称夏峰先生。其学术思想以慎独为宗，以体认天理为要，以日用伦常为实效。

---

[1] 王阳明：《传习录中·答罗整庵少宰书》，《王阳明全集》卷二，第78页。

1. 对道统传承脉络的整理

明清之际，由于道统思想的重要而深远的影响，出现对儒家道统传承脉络整理的风气，如周汝登（1547—1629）著《圣学宗传》，过庭训（？—1629）著《圣学嫡派》，魏裔介（1616—1686）著《圣学知统录》和《圣学知统翼录》，范鄗鼎（1626—1705）著《理学备考》，熊赐履（1635—1709）著《学统》，万斯同（1638—1702）著《儒林宗派》等。孙奇逢则著《理学宗传》，对道统传承脉络加以整理，从中阐发自己的道统思想。

《理学宗传》从编写到成书历经 30 年，贯穿了孙奇逢一生的重要经历。该书 26 卷，叙述宋明儒学之道统。他以宋周敦颐、程颢、程颐、张载、邵雍、朱熹、陆九渊，明薛瑄、王阳明、罗洪先、顾宪成 11 人为主（卷 1 至卷 11），以汉至明末其他儒者为辅（卷 12 至卷 25），论述了儒学（主要是理学）的道统。卷 26 为附录。

其论述的主要人物均有生平、著作及评语。所述人物有主有辅，第一类为理学发展的宗统，是主线，其 11 人包括了程朱陆王，是对程朱道统与心学道统的融合，体现了孙奇逢兼采朱王，一并推崇程朱陆王，融合理学两大家的特点。

第二类为汉代以来的历代名儒，包括董仲舒、申公培、倪宽、毛公苌、王通及其门人、韩愈及其门人、杨时及程门弟子、朱门弟子、陆门弟子等历代名儒 146 人，此为辅线，作为正宗的辅翼。按人立传，摘其语录、著述，加以评述，充分展现了孙奇逢的理学思想。他从宗主王阳明到"不分门户""兼容并包""各取其长""皆供吾用"，对朱王之争采取了"相互补救""朱王合一"的态度，企图为陷入困境的宋明理学开辟一条新的道路，以图儒学的复兴。

2. 折中朱王的道统论

孙奇逢对儒家道统传承脉络加以整理，其思想的特点是同宗程朱陆王为正宗，批评程朱与陆王两派关于道统问题的纷争和两派后学的门户之见，提出"我辈只宜平心探讨，各取其长，不必代他人争是非求胜负也"[1]的见解。

关于学术异同，孙奇逢反对刻意地去立异求同。他说"某谓学人不宜有心立异，亦不必着意求同"[2]，但也承认异同的客观存在。他说："若先儒无同异，后儒何处着眼。……亦各存其所见而已矣。"[3]面对学术界存在着的异同观点，孙

---

[1] 张显清主编：《孙夏峰先生年谱》，《孙奇逢集》（中），中州古籍出版社 2003 年版，第 1400 页。
[2] 孙奇逢：《张蓬轩》，《夏峰先生集》卷二，朱茂汉点校，中华书局 2004 年版，第 62 页。
[3] 孙奇逢：《张蓬轩》，《夏峰先生集》卷二，第 62 页。

奇逢主张"大道无南北,吾徒浑异同"[1],提倡融合差异,异中见同,进而指出"异而同,同而异,此中正参悟"[2],融合异同,达至"中正"的原则。孙奇逢由此而折中程朱陆王,提出两派的观点正可相资为用。他具体研究了朱熹格物与王阳明致良知的兼容,顿与渐的兼容,道问学与尊德性的兼容,指出兼容才是道,才是学,兼容于躬行践履才是真道实学。

孙奇逢认为,道的发用流行过程到他所处的时代经过了由天而上古、中古、近古至今日几个时期,每个时期又分为元、亨、利、贞四个阶段。伏羲得天道,递传有人,直至王阳明,这就是所谓儒家道统。王阳明将之继续传承下去为罗洪先及顾宪成,之后恐怕就是孙奇逢本人了。从中可以看出孙奇逢舍我其谁的责任感和担当意识。其学实乃统天之学、圣人之学。以此为基础,孙奇逢建立起了以融和程朱与陆王两家为特征的儒学道统体系观。在孙奇逢看来,朱陆之争并非正邪之争,时遇不同,思想各有特色,但儒学本旨是一样的,皆不远于圣门之学,他们之间的分歧正可以相资为用。他主张不专主一家之言,博取众家所长,而直以孔孟为宗。孙奇逢兼取朱陆,大兴讲学之风,培养并影响了清初北学一代学者,对传统文化命脉之延续起到了"承上启下,继往开来"的作用。[3]

孙奇逢提出的道统论,折中程朱学与阳明心学,认为他们所持之道同源于天,相传授受,一脉相承。他说:

> 先正曰:道之大原出于天,神圣继之。尧、舜而上,乾之元也;尧、舜而下,其亨也;洙、泗、邹、鲁,其利也;濂、洛、关、闽,其贞也。分而言之,上古则羲皇其元,尧、舜其亨,禹、汤其利,文、武、周公其贞乎!中古之统,元其仲尼,亨其颜、曾,利其子思,贞其孟子乎?近古之统,元其周子,亨其程、张,利其朱子,孰为今日之贞乎?……盖仲尼殁,至是且二千年,由濂、洛而来且五百有余岁矣,则姚江岂非紫阳之贞乎?[4]

孙奇逢肯定"道之大原出于天",神圣继之,形成道的传授系统,即道统。

---

[1] 孙奇逢:《留别里门诸友》,《夏峰先生集》卷十一,第468页。
[2] 孙奇逢:《陆文安》,《夏峰先生集》卷九,第342页。
[3] 参见陈瑞波:《孙奇逢理学思想研究》,山东大学2012年博士论文,摘要。
[4] 孙奇逢:《理学宗传序》,《夏峰先生集》卷四,第135—136页。

道统相传,分为元、亨、利、贞四个阶段,其中尧舜以上为元,尧舜而下为亨,洙、泗、邹、鲁为利,濂、洛、关、闽为贞。四个阶段又分为上古、中古、近古至今三个圣人之道相传授受的时期,即分而言之,上古之统以伏羲为元,尧、舜为亨,禹、汤为利,文、武、周公为贞;中古之统以孔子为元,颜、曾为亨,子思为利,孟子为贞;近古之统以周敦颐为元,程张为亨,朱子为利,而孰为今日之贞呢?孙奇逢认为"姚江岂非紫阳之贞乎",即把阳明心学视为接续朱子学的道统之脉。可见孙奇逢所谓的道统,是把伏羲、尧、舜、禹、汤、文、武、周公、孔子、颜、曾、思、孟、周敦颐、二程、张载、朱熹、王阳明打通的圣人之道相传授受的系统。与程朱的道统论相比,最大的不同是把姚江心学包括进来,心学与理学都是道统发展演变的重要环节而不可或缺,以体现儒家圣人之道传授的脉络。他说:"接周子之统者,非姚江其谁与归?"[①]他把王阳明作为接续周敦颐之道统者,扩大了道统传授的系统和内涵,把心学纳入道统传授的范围之内。

进而,孙奇逢从形式到内容沟通朱陆两家之学。他说:

> 朱陆同异,聚讼五百年。迄今自有异者而观之,朱之意教人先博览而后归之约,陆之意欲先发明人之本心而后使之博览。朱以陆之教人为太简,遂若偏于道问学;陆以朱教人为支离,遂若偏于尊德性。究而言之,博后约,道问学,正所以尊德性也;约后博,尊德性,自不离道问学也,总求其弗畔而已。[②]

孙奇逢指出,虽然朱陆异同争辩了五百年而无定论,但两家之学自有融合之处,从另一个角度看,朱熹教人先博览而后归之约,陆九渊教人乃先发明人之本心而后使之博览。在朱熹看来,陆九渊教人太简,于是偏重于道问学;而在陆九渊看来,朱熹教人过于支离,于是偏重于尊德性。总的来讲,孙奇逢主张把博与约、道问学与尊德性结合起来,二者不相脱离。

至明代,朱陆异同已为朱王同异所取代,孙奇逢从整个中国文化发展的视野来看待理学内部存在着的异同争议,主张超越彼此斥对方为异端的朱王两家后学的门户之见,认为"文成之良知,紫阳之格物,原非有异"[③],指出"王与

---

① 孙奇逢:《理学宗传序》,《夏峰先生集》卷四,第136页。
② 孙奇逢:《陆文安》,《夏峰先生集》卷九,第342页。
③ 孙奇逢:《大学之道章》,《四书近指》(晚年批定本)卷一,国家图书馆清光绪年间刻本。

朱不同，大段在格物。柏乡所汇格物册，仆阅之为一说，两贤之大旨固未尝不合也。后之学者乏融通之见，失原初之旨，支上生支，遂成歧路"①。他认为王阳明和朱熹的学术之不同，主要在格物方面，但就其大的宗旨而言，也未尝不合，只是后来的学者缺乏融会贯通的态度，失去了原初的本旨，以至于枝上生枝，产生分歧，形同陌路。孙奇逢说："陆、王乃紫阳之益友忠臣，有相成而无相悖。"②进而他主张合朱王于一堂。他强调"我辈今日要真实为紫阳，为阳明，非求之紫阳、阳明也。各从自心、自性上打起全副精神，随各人之时势身分，做得满足无遗憾，方无愧紫阳与阳明"③。他说："阳明谓无善无恶，是无善之可名，正是至善。……何尝与性善相悖？"④即认为王阳明的"无善无恶心之体"与禅宗不同，并不与孟子的性善论"相悖"，不同意对王学"阳儒阴释"一类的指责。

孙奇逢企图通过对中国古代学术史，尤其是宋明理学道统史的总结，来寻找儒学发展的新途径。其思想要旨是折中朱王，推崇程朱陆王。这表明他受到理学道统论的影响，并通过折中朱王道统论，兼容并包，扩大道之内涵而对理学道统论和中国文化加以发展。

（二）费密对程朱道统论的批评

费密（1625—1701），字此度，号燕峰，四川新繁（今属成都市新都区）人。其父费经虞（1599—1671），明崇祯举人，曾任云南昆明县知县，为当时知名学者。费密的学术思想经历了从早年好程朱、崇佛教、习静坐，到后来厌烦理学弊端的空虚无用，而倡明实学、批评道统的转变过程。

民国年间，成都唐鸿学将费密遗留的著作搜集整理，并经过校刊，于庚申年（1920）刻印《费氏遗书三种》（《弘道书》《荒书》《燕峰诗钞》），收入怡兰堂丛书。其中《弘道书》是研究费密学术思想的主要材料。

费密肯定"七十子"以来汉唐诸儒"相传共守之实学"，提出中实之道的思想，成为当时实学思潮的重要组成部分，体现了明清之际的时代精神。费密的弘道论别具特色，主要是提出了帝王统道的"道脉谱论"，以代替儒生统道的理学道统论；并提出"舍经无所谓圣人之道"的思想，主张不受宋儒说经的束缚，

---

① 孙奇逢：《复魏莲陆》，《夏峰先生集》卷二，第70页。
② 孙奇逢：《与魏莲陆》，《夏峰先生集》卷二，第69页。
③ 孙奇逢：《与魏莲陆》，《夏峰先生集》卷二，第69页。
④ 孙奇逢：《义例》，《理学宗传》，凤凰出版社2015年版，第17页。

从汉唐诸儒对儒家经典的注疏中求得圣门本旨。由此尊崇汉儒，重视训诂注疏，开清朝汉学之风气，给后来的汉学复兴以重要影响。

1. 中实之道

费密饱经战乱，经历了明王朝灭亡的社会大变动，他把批判的目标指向了理学，并在批判理学的过程中，提出了一系列革新思想、革新学术的主张。其思想影响正如胡适所说："费氏父子一面提倡实事实功，开颜李学派的先声；一面尊崇汉儒，提倡古注疏的研究，开清朝二百余年'汉学'的风气。"① 费密在叙述其学术思想的要旨时指出："何谓吾道？曰：古经所载可考也。谓之吾道者，所以别于诸子百家偏私一隅而自以为道，不中不实也。中而不实，则掠虚足以害事；实而不中，过当亦可伤才。圣人慎言谨行，终身于恕，事不行怪，言不过高。既中且实，吾道事矣。"② 以中、实来概括其学术之道的要旨。费密所谓的"中"，就是指"通诸四民"，即言论和行动都必须为士、农、工、商四民所"皆通""共识"；所谓的"实"，就是指"见诸日用常行"，即体现为日用常行之实事。费密说："通诸四民之谓中，信诸一己之谓偏；见诸日用常行之谓实，故为性命恍忽之谓浮。……欲明道行道，实焉中焉，言人所共识，行众所皆通也。"③ 他以"通诸四民"反对"偏私一隅"，以"日用常行"反对空言性命，把道的内容规定为"中"与"实"；提高农、工、商的地位，以"四民"行实事作为道的内涵。这既批评了理学流弊的空疏，又朦胧地反映了市民意识的觉醒，展示了未来社会的前景。

费密从中实之道的理论出发，批评了宋明理学的空谈性命和崇尚虚无之弊。他说："自魏晋老氏之说始入于儒，吾道杂乱之所由起，浮虚之所由出也。……朱陆异同之辨起矣，王程朱陆之说再倡，学者皆谈性命神化为闻道，以治天下国家为绪余。……自宋佛氏之说始入于儒，吾道杂乱之所繇盛，浮虚所以日炽也。"④ 费密认为，理学以空谈性命为宗，却忽视治理国家的大事。他指出，佛、道杂入儒学是产生"浮虚"的根本原因。费密看到理学流弊的危害，认为后世统治者把杂入佛、道的理学拿来治理天下，结果造成日用伦常未能合道，即已不是真正的儒家之道。费密还指出，空谈心性必然导致国家积弱。他说："宋遂卑弱不堪，令人痛哭。皆诸儒矜高自大，鄙下实事，流入佛老，专喜静坐而谈

---

① 胡适：《胡适文存》二集，上海亚东图书馆1924年版，第138页。
② 费密：《吾道述》，《弘道书》卷中，1920年怡兰堂丛书本。
③ 费密：《吾道述》，《弘道书》卷中。
④ 费密：《圣门定旨两变序记》，《弘道书》卷下。

心性，全不修当务。"① "鄙下实事" "专喜静坐"是理学的弊病之一。

由此，费密把宋明理学各派人物的理论列在《吾道变说表》中加以批驳。诸如周敦颐的"无极而太极"，程颢的"静坐会活泼泼地"，程颐的"冲漠无朕，万象森然已具"，邵雍的"天根月窟"，张载的"天地之帅吾其性"，陆九渊的"本心，六经注我，我注六经"，朱熹的"格物穷理，一旦豁然贯通"，陈献章的"静中养出端倪"，王阳明的"致良知，向上一机"等，费密认为这统统是儒家圣人之道的异端变说。他不仅批评了程朱理学，而且批评了陆王心学、张载关学等，对它们的总评价是："此后世所变之说，偏浮，为道大害。不久而改。"② 即统统应在改正之列。

费密还从历史和现实的经验出发，提出以有代无，以力行代清谈的主张。他说："有、力行，二者圣门为学之方。"③他将吾道本旨——有、力行与吾道变说——无、清谈对举，认为无是老子、佛氏所称，而清谈是魏晋初变古学，应把以"有、力行"为本旨的圣门之学与"无、清谈"为代表的佛老之学严格区别开来。

费密所谓的有，即实有，"实则日用寻常"④，就是日常生活中的实事。"习实事如礼、乐、兵、农、漕运、河工、盐法、茶、马、刑算，一切国家要务皆平日细心讲求。"⑤费密认为一切有关国计民生的实事都应该认真讲求，习行实施，而空谈则误国，于事无补，于民无益。他说："若不垦荒则田地芜缩，不漕运则京师空虚，非两税无以使民休息，不募兵无以御敌制胜，不关税则赏赐诸费无所出，如悉取足于田亩则农愈困，积蓄寡而动多掣肘矣。……盖文事武备，先王之所不可少。空谈仁义恶可以治平耶？"⑥费密这一"习实事"的思想涉及垦荒、漕运、两税、募兵、关税等文事武备、治理国家的各个方面，是他"中实之道"思想的体现和贯彻，亦是当时兴起的实学思潮的表现。

2. 对程朱道统论的批评

发掘和论证古代经书中所载的圣门之道的演变脉络，打破程朱理学的道统论，是费密弘道论所宣扬的内容。由此他提出了与传统理学道统论不同的道脉谱论，以此弘扬经书所载的圣门之道；并强调"舍经无所谓圣人之道"，重视经

---

① 费密：《原教》，《弘道书》卷上。
② 费密：《吾道变说表》，《弘道书》卷中。
③ 费密：《吾道本旨表》，《弘道书》卷中。
④ 费密：《圣门定旨两变序记》，《弘道书》卷下。
⑤ 费密：《原教》，《弘道书》卷上。
⑥ 费密：《先王传道述》，《弘道书》卷中。

学训诂注疏，以批评宋儒"改经更注""乱旧章"的弊病。

（1）道脉谱论

费密提出道脉谱论是针对程朱的道统论。费密从帝王传道、统道的立场出发，不承认道统的存在，只主张"从古经旧注发明吾道"①，给程朱道统以彻底的否定。费密认为，道统之说，孔子在任何书里都没有讲到，只是到了后世才出现，因而是无根据的。他说：

> 不特孔子未言，七十子亦未言，七十子门人亦未言。百余岁后孟轲、荀卿诸儒亦未言也。……何尝有道统之说哉？……流传至南宋，遂私立道统。自道统之说行，于是羲、农以来尧、舜、禹、汤、文、武裁成天地，周万物而济天下之道，忽焉不属之君上而属之儒生。致使后之论道者，草野重于朝廷，空言高于实事，世不以帝王系道统者，五六百年矣。②

费密以圣人不言、古经不载作为道统为非法的理由。他斥责理学家"道统私创，违悖圣门，与经不合也"③。这种以复古的形式来批判现实的手法，反映了那个时代的特点。费密在力辟程朱道统论时指出，宋儒所谓自孔孟以后一千多年才出了周程接续道统的说法是不符合历史事实的。他认为，"孟子既没，周程未生，中间千有余年，人心不死，纲常不移，孰维持是？程朱谓道统绝于孟子，续于明道，亦属偏陂之说"④。他历叙七十子以来汉唐诸儒"相传共守之实学"⑤，表明儒学的传授系统并未中断。费密并指出，奠定程朱理学基础的邵雍、周敦颐的学说，才是与孔孟无关。他们的理论一是来自于道教，一是来自于佛教，如果硬说他们是孔孟的传人，那就是对圣道的侮辱。费密说："言邵雍之图得于老氏陈抟，周敦颐之道妙得于佛氏林总。羲、文、周、孔至宋，乃托二氏再生于天地之间，吾道受辱至此！"⑥然须指出，尽管理学家有对佛老吸取借鉴的因素，但以儒家伦理为本位，却是理学与二氏的原则区别。费密在对理学批判时，却忽视了这一点。

在否定旧的理学道统论的同时，费密提出了自己的道脉谱论。他所论证的

---

① 费密：《弘道书·题辞》。
② 费密：《统典论》，《弘道书》卷上。
③ 费密：《弼辅录论》，《弘道书》卷上。
④ 费密：《道脉谱论》，《弘道书》卷上。
⑤ 费密：《道脉谱论》，《弘道书》卷上。
⑥ 费密：《道脉谱论》，《弘道书》卷上。

儒家圣门之道的传授、演变的脉络是以万世帝王相传为中心的。他说：

> 盖羲、农尚矣，尧命舜称允执厥中，舜亦以命禹，汤执中，文、武、周公无偏无陂，皆中也。万世帝王传焉，公卿用之，至孔子曰中庸。古今学者守之，庠序布焉。是中者，圣人传道准绳也。不本中以修身，僻好而已；不本中以言治，偏党而已；不本中以明学，过不及而已。故谓之中传。师友闻见，世世不绝，使斯文未坠，故谓之道脉也。①

费密所谓的"道脉"，是以上古帝王为首，"万世帝王传焉"，而"公卿用之""学者守之"，都不离"中"。虽然费密的这个道脉谱论与他所批判的理学道统论都重视"中"，强调执中、本于中，但费密的道脉谱论却把传道、统道系之于帝王，其主导道的传授的是历代帝王，而与理学道统论所宣扬的圣贤、儒生统道、传道，道统中没有周公以后历代帝王地位的观念迥然不同。这表明费密提出的道脉谱论的主体是帝王将相。他说：

> 后儒以静坐谈性辩理之道，一切旧有之实皆下之，而圣门大旨尽失矣。密少逢乱离，屡受饥馑，深知朝廷者，海宇之主也；公卿者，生民之依也。稍有参差，则弱之肉强之食。此时"心在腔子"、"即物穷理"、"致良知"有何补于救世？岂古经之定旨哉！言道而舍帝王将相何称儒说？②

费密以帝王道脉来代替理学道统，把国家的治乱寄托于帝王将相。这固然是对理学道统论及其"从道不从君"、仁义之道重于君主之位观念的否定，殊不知确立理学正统地位，使理学流弊行于天下的，也正是历代帝王。费密既反对程朱的道统论，又提出帝王统道，公卿用之、学者守之的道脉谱论，这反映出在费密的头脑里，封建正统思想仍占有主要位置。这种情形在明末清初的学术界构成了一种新旧杂陈、错综复杂的思想状态。中国早期思想启蒙运动正是在这曲折的道路上行进着。

（2）"舍经无所谓圣人之道"

与对理学道统论的批判相关，费密提出"舍经无所谓圣人之道"的思想，

---

① 费密：《道脉谱论》，《弘道书》卷上。
② 费密：《文武臣表》，《弘道书》卷上。

这也是其弘道论所宣扬的理念。明末清初以来，进步思想家们为了摆脱理学弊端的束缚和影响，出现了一种"是汉非宋"的倾向，即以汉儒对儒家经典的注释为标准，来反对宋儒对经的诠释发挥。

费密从时代的艰难困苦中走出来，抛弃了宋儒义理之学，把注意力放在古经注疏上，企图从中寻找"通人事以致用"的道理。费密曾自言："密事先子多年，艰苦患难阅历久，见古注疏在后。使历艰苦患难而不见古注疏，无以知道之源；使观古注疏而不历艰苦患难，无以见道之实。"① 费密认为，"圣人之道惟经存之，舍经无所谓圣人之道"②。他指出，不能离开儒家经典而谈道，圣人之道载诸古经，是明明白白的，后儒妄改古经，不足为信。他说："古经之旨何也？圣人之情见乎辞，惟古经是求而通焉，旨斯不远矣。大道之行圣王不一，皆敦本务实以率天下，……古经备矣，不待后世有所发明，其旨始显也。……后儒自取私说，妄改古经，追贬七十子，尽削汉唐守道诸儒，恶足信乎？"③ 费密指出："古今远隔，舍遗经而言得学，则不本圣门，叛道必矣。"④ 要冲破宋儒说经的束缚，就得从汉唐诸儒对儒家经典的注疏中求得圣门本旨。他说："舍汉唐注疏，论人心道心，致成虚浮杳冥，皆非圣人本旨也。"⑤ 由于时代变迁，古今文字不同，故只有通过训诂才能明白古经的本义。他说："古今不同，非训诂无以明之，训诂明而道不坠。后世舍汉儒所传，何能道三代风旨文辞乎？故汉儒之于圣门，犹启甲成康之于禹汤文武也。"⑥ 在这里，费密把汉儒与圣门之间的关系描述得十分紧密，可见他对汉儒的尊崇。

费密之所以是汉唐而非宋学，是因为他认为汉唐诸儒的年代皆在宋儒之先，尤其是汉儒"去古未远"，其对经典的注释比起后世宋儒妄改古经，以己意说经的解说来，更为真实可信。费密的这个分析有其一定的道理。儒家经典经过历代流传，传写错漏，文字古奥，意义不确，甚至伪造掺假，而宋学的特点是重义理而对训诂考据不予更多重视，有的就直接依据这些经典材料阐发义理和理学思想，甚至以己意改经，把自己的观点加于经典，以至于出现错上加错。费密对此指出："宋之理学则改经更注，以就其流。入佛氏之曲说，而儒害益深益大。……朱熹、二程之巨浪也；王守仁、九渊之余焰也，四家之书具在，与古

---

① 费密：《圣门定旨两变序记》，《弘道书》卷下。
② 费密：《道脉谱论》，《弘道书》卷上。
③ 费密：《古今旨论》，《弘道书》卷上。
④ 费密：《道脉谱论》，《弘道书》卷上。
⑤ 费密：《先王传道述》，《弘道书》卷中。
⑥ 费密：《原教》，《弘道书》卷上。

经相睽者，远矣。……皆诸儒作聪明，乱旧章，其可叹者，岂胜言哉！"①费密看到了宋明儒者"改经更注""乱旧章"的毛病，于是寻本探源，从汉代的注解中寻找思想理论的依据，肯定汉儒在传授儒家经典中的功绩和作用，从而否定宋儒发挥的义理。他说："然汉儒，冢子也；后儒，叔季也。汉儒虽未事七十子，去古未远，初当君子五世之泽，一也；尚传闻先秦古书，故家遗俗，二也；未罹永嘉之乱，旧章未散失，三也。"②费密以汉代"去古未远"、先秦遗书尚传等理由，反宋复汉，给后来的"汉学"运动以一定的影响。费密在考据学和古注疏方面做出了自己的贡献，他和顾炎武的考据学对清代乾嘉考据学产生了相当的影响。

通过以上费密对理学道统论的批判可以看出，道统思想的流弊在明清之时已充分显露，其在思想史上的重要地位已逐渐为明清之际实学思潮的高涨所取代。随着时代变迁，道统思想也发生了变化，其影响和演变发展与整个时代社会转型、思想发展的实际相联系，而值得认真总结。

五、儒家道统思想在中华文化史上的地位

构建和谐世界，加强世界合作之哲学基础出乎中华道统之"中道"，与西方进化论所主张的"物竞天择，适者生存"之丛林原则截然不同。前者讲求互助合作，救弱扶倾；后者讲求适者生存，弱肉强食。应继我中国尧、舜、禹、汤、文、武、周公、孔夫子之后，重光我中国立国之"道统"，此道统即我中华文化五千年立国以来所讲求之"中道"。

道统思想是中华文化的重要组成部分，它的形成、发展与演变对中国文化产生了重要影响，其在中国文化史上的地位通过以下方面得以定位：确立了以儒学为主导，融合各家的中国文化发展的大传统；道统思想的发展在一定程度上体现为中华文化的发展；道统思想的发展演变形成了鲜明的中国文化特色，无论在历史上还是对现代社会均产生了深远而重要的影响。由此，整理研究中华道统思想具有重要的文化意义，这对于了解道统思想在中华文化史上的地位，客观、历史、全面、公正地对待道统文化，吸取其体现中华民族精神和中国文化优秀传统的有价值的思想，克服其弊端，加强中外文化交流，吸取西方文化

---

① 费密：《圣门定旨两变序记》，《弘道书》卷下。
② 费密：《道脉谱论》，《弘道书》卷上。

的优长，不断创新发展中国文化，挺立民族文化的主体性，以弘扬中华民族文化，不以其弊端而全盘否定道统思想是十分必要的。质言之，不论人们对道统作何评价，是否定它、批判它、贬低它还是赞扬它，都不能否定其在中国文化史上所客观具有的重要地位及其对儒家文化、中国文化的发展所做出的贡献。

（一）确立了以儒学为主导，融合各家的中国文化发展的大传统

从广义的道统观来看，中华道统指以儒学为主导，融合各家的中国文化发展的大传统。因此，讲道统不能只讲儒学，讲儒学也不能只讲道统的某派理论，而应站在整个中国文化发展的大背景下，讲中华道统的发展与演变及其对中国文化的影响。然而，在讲中国文化发展的大传统的同时，还应客观地承认这样一种历史事实，即中国文化的核心和主流还是儒家文化，儒家道统占据了中华道统思想的主导地位。

1. 儒学为中华道统思想的主导

在中国文化史上，儒学不仅是中国传统文化的主流或主干，而且是中华道统思想的主导，规定并主导着中华道统思想的基本内涵及其发展方向。这表现在，孔子创立的儒家学派，其学说的主要内容是祖述尧舜，宪章文武，崇尚"礼乐"和"仁义"，提倡不偏不倚、无过不及的"中庸"思想和推己及人，己所不欲，勿施于人的"忠恕"之道，政治上主张"德治"和"仁政"，教育上主张"有教无类"，重视平民教育和伦理道德的培养与实践。这些都成为道统思想的重要内涵。以此为基础，中华道统思想得以展开，不仅在形式上以尧、舜、禹、汤、文、武、周公为传道的谱系，而且在内容上以仁义及中庸为道统之道的基本内涵，从形式到内容为中华道统思想奠定了基础。其后，儒家学说主导着中华道统思想发展的方向，并在此基础上不断发展，由仁义之道、中庸思想发展出以天理论道、超越时代的心传说、由内圣心性之学开出科学民主新外王说等思想，体现了儒家学说对中华道统思想及其发展的支配和指导。

2. 以儒学道统为主体，融合吸取各家而形成中华文化大传统

广义的中华道统文化，不仅以儒学为主导，而且在以儒学道统为主体的前提下，融合吸取了各家各派的思想，形成中国文化发展的大传统。根据先秦典籍所记载，以及由儒学学者所追述，广义的道统文化源远流长，可溯源于伏羲、神农、黄帝。也有人认为道统起源于尧、舜。从伏羲起，则中华道统文化有了五千年的历史，这实际是指中华民族自伏羲画八卦以来五千年的文明和文化。道统传承中的圣人——伏羲、神农、黄帝、尧、舜、禹、汤、文、武、周公

等，他们的创造性活动为中华民族文化的形成和发展做出了卓越的贡献。其后，孔子创儒家学派，提出仁礼、中庸之道，梳理圣人相传授受之系统，奠定了道统思想的基础。儒学学者在道统发展的历史过程中，以儒学道统为主体，广泛吸收、融合了道、法、阴阳、名、墨、杂、佛，以至西学等各家各派的思想及道论，并加以一定的批评和改造，用以丰富自身，结合时代的发展予以创新，使中华道统思想一以贯之，一脉相承，体现为中国文化发展的大传统。此文化传统既是以儒学为主导，又反映了中国文化是多元复合体的综合型文化的性质，因而不是主观臆断的，而是客观连续存在着的。它作为中国历史文化的积淀，尽管有糟粕和过时的思想因素，但其中包容着的中华民族精神和优秀文化传统是不容抹杀的，抹杀了它，就等于否定了中国传统文化，这正是民族文化虚无主义的表现，亦是不足为取的。

3. 道统的演变促进了儒学的发展

道统的发展既然以儒学为主导，那么道统与儒学之间就有着密切的联系。一方面，儒学道统作为中华道统思想的主导，其发展演变促进了中华道统思想乃至整个中国文化的发展；另一方面，作为儒学基本理论构成的道统思想，其发展演变也体现并促进了儒学的发展。

儒学道统由孔子开其先，孔子提出仁道，这成为道统之道的基本内涵，并奠定了儒学发展的基础；孔子推崇尧、舜、文王、周公等上古圣人，为道统的传承梳理了初步的统绪。孟子继承孔子仁道，提出仁义之道，把仁的观念发展为仁政说与王道论；又提出儒家完整的心性论，这对宋明儒及现代新儒家之道统论产生重要影响；并较为明确地提出了圣人之道相传授受的谱系，不仅奠定了他在道统思想发展史上的重要地位，而且由此促进了儒学的发展。在儒学道统内部，不同的发展时期或同一发展时期由于对道的内涵及道的传授谱系有不同的认识，所以分为不同的道统流派，比如韩愈有韩愈的道统观，程朱有程朱的道统观，陆王有陆王的道统观，诸如此类。不同的道统流派，在共同认同于孔孟仁义之道的前提下，又相互区别，他们之间存在着继承、批判、排斥、吸取的关系，儒学道统也由此经历了发展演变的过程。比如程朱以超越时代的心传说和以天理论道扬弃韩愈道统论，使儒学道统论由单纯伦理型发展到哲理与伦理结合型；陆王又以心学道统和"致良知"说扬弃程朱道统论，使儒学道统向心学转化；现代新儒家又以由内圣开新外王和三统说扬弃宋明儒传统的道统论，使道统论与现代文化接轨，体现了现代新儒家道统论的时代意义。由此可见道统的演变不仅促进了自身的发展，而且促进了儒学不断向前发展，这正是道统与儒学密切联系的表现。需要指出，不同道统流派之间的相互扬弃，其中包含着批判、排斥的因素，同时具有继承、吸取的关系，不应把排斥的因素过分夸大，而应更多地看到批判地继承、批判地吸取的一面。由此，儒学道统内部不同的道统流派共同构成了整个儒学的道统论；整个儒学的道统论又体现在各个不同的道统流派之中，通过各个时期、各个不同道统流派的发展演变而展示自身，从而促进了儒学的发展。

（二）道统论的发展在一定程度上体现为中国文化的发展

道统思想在中华文化史上的重要地位还表现在，中华道统作为以儒学为主导，融合吸取各家而形成的中国文化的大传统，其道统论的发展在某种意义上体现为中国文化的发展。这表现在以下方面。

1. 道统的起源即中华文明和文化的产生

广义的道统文化起源于伏羲、神农、黄帝等，迄今已有五千年历史，这正是中华文明和文化发展五千年的历史。据史料记载，当伏羲氏之世，民结绳而用之。伏羲治理天下，通过仰观俯察天地万物，"近取诸身，远取诸物"，加以归类综合，始作八卦，以象征八类不同属性的事物，开《周易》及易学之先河。伏羲画八卦以治下，代替结绳之治，使中华文明开始产生。也可以说，伏羲是中华文明初期发展阶段的代名词，古人塑造一个圣人伏羲的形象来代表这一时代人类文明进化的作为，使之不仅成为中华道统的起始人，而且成为中华文明和文化的缔造者。

后世儒家把神农作为继伏羲之后的道统传人，也有把神农与炎帝合而为一的。《易传·系辞下》提出从伏羲、神农、黄帝到尧、舜一脉相承的五帝系统，这成为后来盛行的儒学道统的滥觞。神农时代的特征是发明了农具，从事农耕，使中国的人类社会由狩猎发展到农耕。这是生产发展、社会进步的表现。

黄帝既是中华道统的缔造者之一，又被认为是中华民族的共同祖先。也有人把炎帝与黄帝并列，同为中华民族的祖先，而中国人和海外华人均自认为是炎黄子孙。黄帝作为道统的早期传人，亦被认为是中华文明的一个奠基人，在中国文化史上占有崇高的地位，其中的一个重要原因是他有许多发明创造。《国语·鲁语》记载："黄帝能成百物，以明民共财。"黄帝为中华文明的发展做出了卓越贡献，他不仅被儒家经典列入圣人一脉相传的系统，而且受到道家、法家等中国文化各家各派的一致尊崇，故黄帝是广义的道统文化的创始人之一。

道统的起源上溯至伏羲、神农、黄帝，体现为中华文明和文化的产生，后经尧、舜、禹、汤、文、武、周公的相传授受，加以发展，亦体现为中国文化的早期发展。

2. 道统思想的发展促进了中国文化的发展

道统思想作为儒学的基本理论构成，其发展演变不仅促进了儒学的发展，而且站在整个中国文化发展的大传统的角度看，道统思想的发展亦促进了中国文化的不断发展。也就是说，道统论的发展本身就体现为中国文化的发展。

在经学上，孔子创立儒学，整理"六经"，后世儒家根据这些经典，逐步形成了经学。至汉武帝采纳董仲舒的建议，"罢黜百家，独尊儒术"，立五经博士，经学大盛，并成为中国帝制时代文化的正统。然而经学发展到唐代，已经僵化，仍沿袭汉代经学的章句注疏之学和笃守师说之家法，如此束缚了人们的思想和创造力，显然不能与盛行于唐代的佛教精致的思辨哲学相抗衡，因而动摇了儒家文化的主导地位。宋代朱熹继承二程，以"四书"及"四书"义理之学取代"六经"而作为经学的主体，通过集注"四书"，以义理解释儒家经典，从中发明圣人之道，为建构和完善道统思想体系作论证。其以"四书"学发明道统，不仅集当时道统论之大成，而且把经学理学化，发展了传统经学，从而实现了中国经学的一大变革，为经学乃至中国文化的历史发展做出了贡献。

在心性论上，内圣心性之学是道统讨论的一个重要问题，其超越时代的心传说和以心学论道统都涉及心性论哲学。这方面对中国哲学及中国文化影响很大。孔子最早提出"为仁由己"的命题，孟子加以发展，提出"心之官则思"和"仁，人心也"的思想，以心性言仁，把心、性联系起来，提出尽心知性知天的思想，并首倡性善论，其心性之学对后世儒家乃至对佛教心性论影响很大。荀子进一步阐发了心的认知功能，指出："心居中虚以治五官，夫是之谓天君。"[①] 与孟子主张相对，荀子首倡性恶论，认为人性天生为恶，圣人"化性而起伪"，明礼义以教化之，用法治刑罚治理之，使人性合于善。儒学心性论自先秦时期形成以来，对传入中国的佛教产生重要的影响，佛教也大讲"尽心知性"及"穷理尽性"。后来佛教发展了儒家心性论，主要是以本体论心性，其哲学思辨性明显高于先秦儒学心性论，但却抛弃了儒学心性论中的伦理道德内涵，这遭到宋明儒的抨击。

理学心性论与道统论密切联系，讲超越汉唐的心传说，以心学论道统。它批判地吸取了佛教的心性本体论，批判地吸收了道家、玄学的"万物以自然为

---

① 《荀子·天论》。

性"①的自然人性论,以儒家心性伦理为本位,建立起富于时代特征的宋明新儒学心性论哲学体系,发展了中国哲学的主体思维和主体哲学。

此外,在内圣而外王方面,历代儒学道统论都讲内修圣人之德,外施王者之政。至现代新儒家强调以内圣、道统为本,以外王、学统及政统为用,认为只有挺立了人的道德主体性,才能由本原派生作用,由内圣通外王,由心性之学开出现代科学和民主政治。这是对修齐治平之道及中国传统政治文化的发展。

质言之,道统思想在历史发展过程中,以"四书"及"四书"义理之学取代"六经"及"六经"训诂之学在中国经学发展史上的主导地位,即以义理取代训诂注疏,以心性伦理与心性哲理相结合取代佛教心性说,以道统取代法统,以内圣而外王取代霸道政治和以智力把持天下,在这些方面促进了中国文化的发展。

3. 道统思想的发展丰富了中国文化的内涵

中华道统思想的一个基本特征是以道的传授和发展来体现和维持中国文化的延续和发展。由此,道统思想的发展不仅促进了中国文化的发展,而且丰富了中国文化的内涵,使之以道为核心,在各个方面展示出丰富多彩的内容。

在哲学方面,儒家道统早期缺乏本体论,宣扬仁义和礼乐,而未能提供本体论的哲学依据。道家哲学讲本体论,以道为本,但不讲儒家伦理。儒、道两家未能沟通。此外,先秦儒家讲心性伦理,未能与哲学本体论结合起来。而佛教的心性论具有本体论的意义,但却排斥儒家伦理,二者亦未能沟通。至宋明儒以天理论道,建立起直接把哲学本体论与儒家伦理学统一起来的哲学体系;又在批佛的同时,借鉴佛教哲学心性论的思辨成果,把儒家道德理性提升为心性本体,使其有了本体论的哲学依据。

在哲学认识论和主体意识问题上,儒学道统论强调主体思维能动性的发挥。孔子讲"为仁由己",孟子讲"尽心知性",朱熹讲"心统性情",王阳明讲"致良知",均重视和宣扬人的主观能动性的发挥对于认识道德理性,体认圣人之道的重要性,从而实现内在的自我超越,达到成圣的最高境界。这使得中国哲学的主体意识进一步强化。

在方法论上,儒学道统以中庸为道,强调不偏不倚,无过无不及。孔子以中庸为最高美德;孟子讲"执中";《易传》以中为正,以中为道;《中庸》明确提出"时中"说,把中庸与中和联系起来;朱熹把中和作为其心性哲学的重要

---

① 王弼:《老子注》二十九章。

内容。中庸之道作为道统论和道统传授的重要内容，亦具有重要的方法论意义，它强调两端取其中，不走极端，恰到好处，不过头，也无不及，对矛盾双方都提出规范和要求，不过分偏向一方，不打破有机统一体，这不仅成为人们普遍遵循的方法原则，而且是中国文化精神的组成部分，以维护和实现天下和谐。

在哲学历史观上，自《易传》首倡伏羲、神农、黄帝、尧、舜一脉相承的五帝系统，后世道统论加以发展，认为一部历史就是圣人之道产生、发展、演变的历史，宣传道统史观，把圣人与道结合起来，以圣人统道，推动了历史的前进。朱熹著《通鉴纲目》，以理学义理即以道为指导，理从史出，以宣传道的观念。元丞相脱脱据此以修《宋史》，首创《道学传》，以道作为判断是非的标准，丰富了传统史学。

以上在哲学本体论、认识论、方法论、历史观各方面，儒学道统论的发展，丰富了中国哲学及中国文化的内涵。

在政治方面，道统之道作为意识形态的核心，又是为制度文化服务的。儒家道统崇尚内在道德的价值，将其运用于政治，便是由内圣而外王，以道治国，以德王天下。随着道统思想的发展，至宋代，理学家以天理为道的内涵。从道统论出发，儒家引出两条治国平天下的政治主张：一是天理治国论，即把内在于人心的天理，也就是道，贯彻到外在的政治事务中去，强调天理是治国的根本，要求统治者顺应天理，按义理的原则治理国家而不得违背；二是由道统转化为政统，即指当理学被确立为官方学术后，其道统论便成为政治统治的理论依据，学术与政治相结合，扩大了道统思想的影响和运用范围，使儒者传道与王者统道在一定程度上结合起来。然而王者往往不按道的原则办事，表明道统虽有约束统治者的成分，但却缺乏监督的机制。

儒家道统思想在政治方面的一个基本出发点是强调仁义之道高于君主之位。自孟子提出民贵君轻，认为汤武革桀纣之命，杀其暴君，只是诛贼仁贼义的独夫，而不是"臣弑其君"的思想以来，道统思想便贯穿着约束君权的线索，主张以道对君权加以一定的限制。荀子强调"从道不从君"；董仲舒提出对君主的失道行为加以警告的天谴说；二程主张格君心之非，以纠正君主心中不合于道的念头；朱熹提出"天下事有大根本，有小根本，正君心是大本"[①]；吕坤提出"以理抗势"的思想；东林党人反对专制独裁，敢于犯颜直谏，以至杀头坐牢也在所不惜。这些方面体现了道统高于君统，反对绝对君权主义的思想，亦是对

---

① 黎靖德编：《朱子语类》卷一百八，第2678页。

中国传统政治文化内涵的丰富。

在伦理价值观方面,儒学道统重视伦理道德的价值,提倡以道制欲、以义制利的价值观,这使中国文化深深打上了伦理型文化的烙印。孔子提出"君子喻于义,小人喻于利"①的思想,开启了以义制利的儒学价值观主线。孟子反对"后义而先利"②,提倡"先义而后利",为了道义的原则,不惜"舍生而取义"③,在动机与效果关系问题上,主张"惟义所在"的动机论。董仲舒继承孔孟的价值观并加以发展,提出著名的"正其谊不谋其利,明其道不计其功"④的思想,其正义、明道而不计功利的观念丰富了儒学的价值观,对后世产生了很大的影响。至宋明儒提出天理人欲之分,要求以道制欲,用天理节制人欲,把人们饮食男女的基本物质欲求纳入天理自然的范畴,并不加以禁止,而是主张节制。程朱批判佛教的禁欲主义,指出:"耳闻目见,饮食男女之欲,喜怒哀乐之变,皆其性之自然。今其言曰:'必尽绝是,然后得天真。'吾多见其丧天真矣。"⑤这既是对佛教僧侣主义人生价值观的批评,又是对中国伦理文化的丰富。需要指出,儒学以道制欲的价值观是对包括最高统治者和平民在内的普遍一致的要求,理学家尤其要求皇帝做到清心寡欲,反对穷奢极欲,绝不仅仅针对下层百姓。只是历代统治者的歪曲利用,摆脱对自己的约束,而日益加强对平民百姓的束缚,使之往往流为压制人们正常感情欲望的工具。这与儒学以道制欲、以义制利价值观的本义已有所不符。

从以上哲学、政治、伦理价值观等各个方面可以看出,道统思想的发展不仅促进了自身理论的丰富和发展,而且丰富了中国文化各个方面的内涵,由此可见道统思想在中国文化史上的重要地位。

(三)形成了鲜明的中国文化特色,产生了深远的影响

中国文化的特色表现在各个方面,受道统影响而形成的特色主要有:崇尚圣贤的理想人格观、以伦理为本位的价值取向,以及重文化传统的观念。与此相关,道统思想对中国文化及其发展演变产生了深远的影响,既纵贯古今历史,又横摄各文化领域,这亦体现为中国文化的一大特色。

---

① 《论语·里仁》。
② 《孟子·梁惠王上》。
③ 《孟子·告子上》。
④ 班固:《董仲舒传》,《汉书》卷五十六,第 2524 页。
⑤ 程颢、程颐:《河南程氏粹言》卷一,《二程集》,第 1180 页。

1. 崇尚圣贤的理想人格观

中国文化历来重视人格问题，致力于培养、造就、发扬和实现理想、高尚的人格。所谓人格，指人的存在价值、尊严，人的道德品质、自我意志和内在性格等的总称。儒家道统崇尚的理想人格是圣人，自孔子以降，道的承担者为贤人，贤人是圣人之道的传承者，所以也受到后世的一致尊崇。贤人在儒家经典里往往用君子来表述，君子人格亦为中国文化的其他各家所认同。但受道统影响而形成的理想人格还是圣贤人格。

崇尚圣贤的理想人格观以追求成圣为最高理想。儒家道统观认为，圣人是理想人格的象征和道德的典范。孔子祖述尧舜，宪章文武，推崇周公等圣人。二程指出圣人是天理的化身，"与理为一"，与天道"无异"[1]，三代社会之所以得到治理，是靠圣人循道而行来实现的。二程把追求成圣作为实现理想人格的目标。程颐说"言学便以道为志，言人便以圣为志"[2]，把道与圣人结合起来，强调立志成圣是人生的最高追求。朱熹强调"超凡入圣"，以"学为圣人"为己任。他说："圣贤禀性与常人一同。既与常人一同，又安得不以圣贤为己任？"[3] 他主张通过复其本性之善，达到圣人境界。王阳明扩大圣人人格实现的范围，把对帝王、学者的成圣要求指向一般民众，认为只要"致良知"，愚夫愚妇也做得圣人，以致"满街人都是圣人"[4]。儒家崇尚圣贤的理想人格观要求社会上的一切人，上至帝王，下至一般民众都要以圣人为楷模，一切思想言行都必须符合圣人之训、圣人之道。这就把圣人人格社会化，通过修齐治平，由内圣转出外王，贯彻到社会中去。圣贤人格由此积淀为传统文化精神的内涵之一，反映了中国文化的面貌和特色，而与西方以上帝为最高、无限的人格形成对照。

2. 以伦理为本位的价值取向

与崇尚圣贤的理想人格相关，受道统思想的影响，中国文化在价值标准和评价上，主要以伦理道德为价值取向，这是中国文化以伦理为本位的价值观的表现。从某种意义上可以说，崇尚圣贤的理想人格和以伦理为本位的价值取向是传统文化精神的一个缩影，通过对其分析，可以看到中国文化活的生命和独特气象，这是与西方文化互相区别的一个方面。

孔子继承文王仁政和周公周礼，提出仁礼之道，这对中国文化影响极大，

---

[1] 程颢、程颐：《河南程氏遗书》卷十八，《二程集》，第209页。
[2] 程颢、程颐：《河南程氏遗书》卷十八，《二程集》，第189页。
[3] 黎靖德编：《朱子语类》卷八，第133页。
[4] 王阳明：《传习录下》，《王阳明全集》卷三，第116页。

此后，中华文化便以鲜明的伦理特征而著称于世。所谓以伦理为本位的价值取向，指以儒家伦理作为价值的标准，认为道德是至上的，是万物的本原，道德原则不仅是人们内在的德性，而且其本身就是治国大法、规则和规定。儒家把体现道德伦理的圣人之道作为衡量一切事物的标准，道既是人们思想行为的准则，是治理国家的根本，又具有最高权威性，社会上的一切人，包括皇帝和庶民都必须服从道的权威，而不得违背。以儒家伦理为本位，为最高价值，将其贯彻到社会生活的各个领域，体现了传统价值观的特点。这使古代中国成为泛道德主义的社会，把人的自我道德完善看作立世的根本，认为道德是崇高的，基于人的本质，具有内在的价值，并把道德伦理提升为宇宙的根本法则，儒家伦理成为哲学、政治治理、文教传授、立身行道的内容和根据。并且，其道在日用中，体现在社会生活的各个方面，形成了中国文化与中国社会的一大特色。

3. 重文化传统的观念

中国是世界文明古国，是世界四大文明发祥地之一。但与其他文明古国不同的是，中国是唯一到现在为止仍保持着惊人的高度文化连续性和民族认同的国家。中华民族文化的这一特色，其内在原因是由道统思想引起的重文化传统的观念发挥了重要的作用[①]。

道统观念历来重视文化的传承，道统的持续不绝体现了中国文化发展的延续不断。从维系中国文化连续性的角度看，中国既是一政治组织、国家机构，同时又是一文化系统。中国历史上的华夷之辨在很大程度上与其说是种族之分、国家之别，不如说是文化观念的不同。华夏与夷狄区分的主要标志乃在于文化，即在于是否认同儒家圣人之道，以及受圣人之道教化的程度如何。

儒家道统文化发端于孔孟，而系统确立于韩愈和程朱。韩愈道统论的提出便是针对佛教（被称为夷狄）思想的泛滥而动摇了儒家圣人之道的地位，所以韩愈以弘扬圣人之道为己任，来恢复孔孟的文化传统，保持了道统文化的连续性。

重文化传统的观念认为，过去的、传统的事物是最有价值的，具体说来即是尧、舜、三代社会的一切是最有价值的，主张从三代社会中引出现在人们思想行为的准则和依据，由崇尚圣人的人格观推导出复三代的文化价值观。该观念认为三代社会因圣人而得到治理，一切美好的制度、学术、风俗、文采都存在于三代

---

① 参见韩国蔚山大学朴仁洙：《"华夷之辨"与中国民族主义》，《第八回韩日中退溪学国际学会论文集》，韩国退溪学釜山研究院1995年版，第153—162页。

之中，只要循圣人之道、复三代之制，就可使天下大治，实现美好的理想。这种复三代的文化价值观表现为法先王、崇古复古和圣人崇拜，这对后世继续前代的文化传统影响很大，形成重文化传统的观念。这也使得在中国历史上，厚古薄今、信古疑今成为风气，即使主张变革的人们也往往采取旧瓶装新酒，"以复古为解放"的手法，来减轻传统的压力，康有为提出的"公羊三世"说就是典型的例子。显然，过分重视文化传统，使之成为前进的包袱，对社会的进一步发展不利。但保持和发扬好的文化传统，对于弘扬中华民族优秀传统文化，增强民族凝聚力，以迎接现代化的挑战，使中华民族自立于世界民族之林，使中国文化走向世界，则是十分重要的。

4. 道统论对中国文化产生了深远影响

道统论对中国文化的影响表现在各个方面，既纵贯古今，又横摄各文化领域，我们在前面的论述中已多有涉及，尤其在道统论被系统提出并广泛流传后，对中国后期帝制社会乃至对现代社会文化的各个方面产生了深刻的影响。

在教育方面，《礼记·中庸》开宗明义称："天命之谓性，率性之谓道，修道之谓教。"其中"修道之谓教"，就是把圣人之道作为教育的内容，体现了儒家教育思想的宗旨。宋代理学教育在中国教育史上占有重要位置，理学家在树立儒学道统，发展儒学的同时，大力开展书院教育，讲圣人之道的传授，使道的思想日益深入人心，广泛影响了教育。元代以程朱之学作为官学，确立其为意识形态的指导思想，科举取士规定用朱熹的《四书章句集注》，程朱的"四书"学与道统论通过科举的形式贯彻到教育中，使之普及到士人。明代也以程朱道学为正统思想。清代虽考据学盛行，立意反宋学，但统治者仍以儒学道统作为文教传授的内容，明"道"成为教育的目的。明清之时均以程朱之学作为科举考试的主要内容，这就使道的思想仍然影响着教育。

在文学方面，儒家道统思想历来重道而轻文，集中体现了道统对文学的影响。"文以载道"的思想与儒学道统论有着密切的联系。韩愈作为文学家和思想家，在提出道统论的同时，又倡古文运动，提出了"文以载道"的文学主张，强调为文志在古道，指出"读书著文，歌颂尧、舜之道"[1]，把文作为载道的工具，文章为传道而作，并宣扬"盖学所以为道，文所以为理耳"[2]。虽然韩愈没有说过"文以载道"四个字，但"文以载道"却是他的思想所指，加之韩愈在文

---

[1] 韩愈：《上宰相书》，《五百家注昌黎文集》卷十六，文渊阁四库全书，第1074册，第291—292页。
[2] 韩愈：《送陈秀才彤序》，《五百家注昌黎文集》卷二十，文渊阁四库全书，第1074册，第347页。

学创作上取得的成就和影响，使其成为著名的"文以载道"说的代表人物。周敦颐继承韩愈的文以载道思想，首次明确将其表述为"文所以载道"的文字。他说："文所以载道也。轮辕饰而人弗庸，徒饰也，况虚车乎！"① 即认为文不过是载道的工具，就如车所以载物一样。二程提出理学道统论，又在韩愈"文以载道"说的基础上，加以发挥，提出"作文害道"的思想。二程认为，道为本，文为末，如果专意于作文，则玩物丧志，有害于道。这一思想对文学的影响甚大。在回答"作文害道否"的问题时，程颐指出："害也。凡为文，不专意则不工，若专意则志局于此。"② 作文之所以害道的原因就在于凡作文必须有一套作文的要求，不如此则文不工；若专注于此，思想就会受到限制，使注意力转向为文，如此则有害于道。

儒学道统关于"文所以载道"思想的实质，是以体现儒家仁义道德的道来作为支配文学的灵魂和精神。这促使历代作家注重作品的思想性，发挥其教育功能，从而对文学产生了积极的影响，儒学之道在中国文学史上本身具有重要的地位，是形成、体现中华民族精神的客观内容。但重道轻文的观念把文学当作传达儒家伦理道德的工具，忽视文学发展的客观规律，使文学在一定程度上失去了自己的本性和独立发展的领域。过分强调文学的教育功能和认识功能，忽视以至隐没了文学的审美功能和娱乐功能，会使文学的生活源泉逐渐枯竭。所以，应该提倡道与文、思想与艺术、善与美、伦理与自然的结合。

道统思想影响了中国文化的哲学、政治、伦理、经学、史学、人格观、价值观、教育、文学等各个领域，并且贯通古今，对现代社会产生了深刻影响。孙中山先生继承儒学道统，在革命斗争中大力提倡"天下为公"的精神，并以此阐发民权主义，认为"提倡人民的权利，便是公天下的道理"，以"公天下"反对"家天下"，主张"天下为公"，人人权利平等。民国十一年在广西桂林，孙中山回答第三国际代表马林提问"先生革命之基础为何"时说："中国有一个道统，尧、舜、禹、汤、文、武、周公、孔子相继不绝。我的思想基础，就是这个道统，我的革命就是继承这个正统思想来发扬光大。"③ 这表明孙中山受到了道统思想的影响，以继承发扬中华道统为己任。

受中华道统思想的影响，现代新儒家以接续中国文化道统，复兴儒学为己任，力图以儒家学说为主体来吸收、融合、会通西学，以谋求中国实现现代化。

---

① 周敦颐：《通书·文辞第二十八》，《周敦颐全书》卷三，第152页。
② 程颢、程颐：《河南程氏遗书》卷十八，《二程集》，第239页。
③ 转引自陈立夫：《中国文化何以能救世界人类？》，《天府新论》1994年第4期。

现代新儒家代表人物中讲道统的大致有熊十力、冯友兰、钱穆、牟宗三、唐君毅等。熊十力认为道统乃中国学术思想的中心，此一中心思想即由孔子集尧舜以来之大成，并随时代发展而演进。冯友兰以道统为居社会主导地位的哲学，认为这个道统是发展的，他既接着孔孟程朱讲，又发展孔子之道，以超越的中国哲学精神作为道统哲学发展的主线，追求"极高明而道中庸"的最高境界。钱穆认为朱熹继承二程而确立新儒学的道统论，这是他对中国学术思想的发展所做出的贡献；后来钱穆又以整个中国历史文化的大传统为道统。牟宗三坚持以儒家道统为正宗来疏通中国文化生命，他提出道统、学统、正统三统之说，企图通过提出一个安定人生、建立制度的思想系统，来作为人们安身立命的根本和社会生活的指导思想，把时代民主政治、现代科学精神与中国文化基本的道德宗教结合起来，从而贯通中西，发展中国文化。唐君毅肯定在中国文化史上有一道的传授系统，这种人所共喻之道，形成了延续数千年的道统。他宣称应对中华道统文化重加研究考察，以对中国历史文化加以哲学上的说明与论证，从而弘扬道统文化，以回应西方学术文化的冲击。

（四）道统思想的流弊

道统思想既有促进儒学发展，形塑中华民族精神的积极成分，值得今天发扬；亦存在着一定的流弊，这主要体现在复古的历史观、排他的正统思想即排他性、重道轻文、内圣重于外王等方面。

关于复古的历史观。道统思想以三代为"至治盛世"，主张复三代，认为愈古而治愈盛，这对保持好的传统比较有利，但与发展的历史观形成对照，不利于社会的进一步发展。

关于排他性的流弊和排他的正统思想。虽然应对道统的排他性作全面、辩证地理解，但道统思想中存在的为争正统，即接续孔孟之正传的排他性是显而易见的，这种排他性的流弊坚称只有自己才掌握真理，他人之说则未能得道，这为学术的正常发展带来不利，尤其是朱陆后学各立门户，相互排斥，论辩纷纷，又加重了其流弊。对此，我们既要认真加以清理和批判其流弊，同时亦要辩证地分析，不因其具有排他性的流弊就全盘否定它。把封建专制主义正统与道统思想相提并论，或者过分夸大道统流派中存在的排他性的一面，把道统视为妄自尊大的独断理论，这些都不利于对道统思想作全面的理解。而思想史的事实是，道统之中没有三代以后历代帝王的地位，而以士为道的承担者，强调从道不从君，君主之地位低于仁义之道，批判君主个人专制独裁，而主张以道来限制君权，这是道统思想的一个基本出发点，因而具有对抗君权的意义。因此，把道统思想等同于封建专制主义正统，视之为维护专制统治的工具，是缺乏根据的。

此外，道统各流派在提出自己的理论体系以接续圣人之道时，为了强调己派理论的正确性，往往存在着排斥其他理论的一面。对其排他性的一面，应作全面、客观、辩证的了解，而不宜过分夸大。首先，各道统流派为了发展道统思想，提出新的理论，确有对与己不符的思想和旧理论加以排斥的一面，比如韩愈排斥佛老、杨墨，程朱超越汉唐旧儒学、排斥韩愈，陆九渊直接孟子、排斥朱熹等等。但在一定意义上可以说，这种排他性对于理论的创新、思想的发展是必要的，不如此则新思想无法产生，旧理论将阻碍社会的进一步发展，中国文化也将失去创新性和活力。

其次，道统各流派对其他思想理论的排斥不是绝对的。也就是说，在批判排斥的同时也有所吸取；或者说，既有排斥，又有肯定，并非水火不相容。比如儒学道统既排斥佛教，又吸取佛教的思辨哲学以丰富自身的理论；程朱既把韩愈排斥在道统之外，又肯定其"文以载道"的思想和"轲之死，不得其传"的说法，对其《原道》一文倍加赞赏；陆九渊既抛开周敦颐、程朱，以自己直接孟子，又继承程朱之天理，只不过以心即理，而并未否定天理；王阳明既以"致良知"说取代朱熹之道统论，又对朱熹表示了足够的尊敬，只不过他企图以心学的面貌重塑晚年之朱子。这些方面都说明道统的排他性是相对的，并不是完全抹杀与己不合的其他学派。即使宋明儒道统论主张超越汉唐，直承孔孟，那也是为了以义理心性之学取代汉唐考据之学和传统的笺注经学，这代表了学术发展的趋势。即便如此，宋明儒也肯定了汉儒董仲舒的思想，表彰其正义、明道而不计功利的价值观。

另外，我们在看到道统各流派所具有的排他性流弊的时候，不应因其流弊而全盘否定道统思想。因为道统思想在一定意义上已体现为以儒学为主导的中国文化发展的大传统，道统论的发展在一定程度上反映了儒学和中国文化的发展。从这个意义上讲，否定了道统也就等于否定了儒学及中国文化。须知没有抽象的、脱离具体道统论的孤立的道统。普遍的、一般的道统即中国文化的大传统存在于特殊的、个别的道统和各文化派别之中，通过具体的具有排他性的各道统流派的思想表现出来；同时，在具有排他性的各道统流派、各文化派别中体现、贯穿着中华大道即中国文化的大传统。所以不应因为道统思想具有排他性的流弊就全盘否定它。

关于重道轻文的流弊。在文、道关系上，道统思想所具有的重道轻文的弊病，一定程度压抑了文学的正常发展。韩愈提出"文以载道"的主张，强调文章为传道而作，把文作为载道的工具，而忽视了文章的文学性。后来，程颐进一步提出"作文害道"的思想，以道为本，以文为末，告诫学者如果专意于作文，则将玩物丧志，有害于道。这一思想对文学的发展产生了一定的阻碍。

儒学道统关于"文所以载道"思想的实质，是以体现儒家仁义道德的道来作为支配文学的灵魂和精神。这一方面使得历代作家重视自己作品的思想性，以发挥其教化功能，儒学之道中涵养的中华民族精神对文学产生了积极的影响。另一方面，重道轻文的观念重在传道，相对忽视文学自身的发展规律，由此使得文学在一定程度上失去了独立发展的领域和自己的本性。受"文以载道"观念的影响，理的说教充满于文学作品，使人感到乏味。由于强调文学中的认识功能和教育功能，而忽视甚至隐没了文学的娱乐功能和审美功能，使文学的生活源泉逐渐枯竭。因此应扬弃儒学道统的文学观，革除其流弊，恢复文学的自性，使文学在自己的领域开掘前进。但也不能因此而走向唯美主义和"为艺术而艺术"的另一个极端，把文学与现实人生的思想道德完全脱离开。须知离开了思想内容的文学作品是难以打动人心的，也很难产生长久的影响力。所以，应该提倡道与文、思想与艺术、善与美、伦理与自然的结合。

关于内圣重于外王，相对忽视外王事功的流弊。虽说道统思想主张把外王与内圣相结合，但二者相比，内圣为本，外王为内圣的表现，所以相对忽视外王事功。其结果是重视通过内心的自我修养以成圣的工夫，忽视造福于社会的事功修为，即使有外王的倾向，也以道德践履和贯彻内圣的伦理原则为主，以至民主政治和现代科学难以在内圣心性之学中开出。

与此相关，道统思想重视理想人格的实现和道德修养，轻视物质利益的满足。道统论中的崇尚圣贤的理想人格观以追求成圣为最高理想，强调"超凡入圣"，人人做得圣人，这虽然提高了"愚夫愚妇"的人格地位，但却对物质利益相对忽视，轻视对民众物质利益的满足，不利于发展生产力。道统思想以仁义之道为根基，强调主体思维能动性的发挥，因而重视道德理性与道德自律，但其对于人的自然属性则相对忽视，产生了伦理约束、压抑人性的倾向。

以上道统思想的流弊是客观存在的，也是其落后性保守性的表现，反映了其与现代文化的时代差距。因此，应以现代社会发展的客观需要作为取舍道统思想的标准。以中国文化为主体来从事中外文化的沟通与交流，既吸取西方文化的长处，又消解道统思想的弊病，使中外文化相兼互补，弃其糟粕，取其精华，使儒家道统思想通过扬弃传统而走向现代，推陈出新，不断发展。

道统思想的历史嬗变和发展在一定程度上体现为中国文化的发展，形成了鲜明的民族文化特色，对历史的及现代的社会产生了持久、深刻的影响，因而系统整理、客观深入研究道统思想具有重要的文化意义。不论何种有生命力的文化，其生存发展，既要认同自身的价值，又必须适应新的时代和环境。如果因循守旧，其结果必然是没落。道统思想要在新时代的文化建设中发挥其应有的作用，首要之举是批判自我，克服其流弊，才谈得上推陈出新，以其深厚的民族文化传统为现代社会的发展提供借鉴，并在继承和发扬优秀文化传统的基础上，紧跟时代发展的步伐而走向新时代的文明。

道统思想对中国文化所产生的影响至今犹存，表现出中华道统思想长久的生命力，值得人们认真地整理和研究，发掘其内在价值，挺立民族文化的主体性，以弘扬中华民族优秀文化传统；同时应认识其流弊，去其保守、过时的成分，使中国文化不断创新发展。

第十章　宋明理学与哲学

如前所言，宋明理学是以思辨性的哲理来论证儒家伦理的学术文化思潮。与宋代以前的儒家思想和清乾嘉时期的儒家经学相比，宋明理学的哲学思辨性更强，更能体现中国哲学的抽象性和思辨性。这也是中国哲学发展到宋明时期的特色之一。分析和探讨宋明理学与哲学的关系，是深入研究和把握理学的要点之一。

一、理学兴起的宋元明时期哲学发展的规律

宋元明时期，理学兴起并得到长足的发展。这一时期，理学与哲学紧密联系，哲学发展的规律包括以下方面。

（一）新儒学吸取、借鉴佛、道二教，由世俗伦理向思辨哲理转化，丰富了世俗儒家哲学

宋元明时期理学思潮的兴起是儒佛道三教融合的产物。道教是中国本土宗教，产生于东汉末；佛教在汉代从印度传入中国。它们在演变发展的过程中，既受到中国传统文化的基础和主流——儒学的深刻影响，又以其思辨性哲学影响儒学。在这个过程中，它们共同促进了中国古代哲学的发展。魏晋时期，糅合道、儒，以老庄为主的玄学盛行。隋唐以来，佛、道盛行，并出现三教既排斥又融合的趋势。

宋以来的儒家学者，在创立和发展理学（新儒学）的过程中，一方面批判了佛、道出世主义不讲社会治理，有悖于儒家伦理的宗教教义；另一方面又企图解决儒学历来抽象思辨能力不强和儒家伦理缺乏哲学本体论作依据的问题。他们认为，佛、道虽不能救社会时弊，但其精致的思辨哲学却可资借用。于是，儒学学者在批佛、老的同时，以儒家伦理为本位，吸取了佛教的理事说、心性本体论、"宾主颂"的认识方法、人生修养论，道家及道教的哲学宇宙观、修养学说，以及玄学的本体论、体用论等思想，结合时代和社会发展的需要，加以

有机地结合和创造性的发展，建立起完整的哲学思想体系，从而使儒学更加精致和完善，同时又在哲学理论上，发展了宋元明时期的中国哲学。

宋以前的中国哲学的发展基本上是儒家思想缺乏本体论的哲学依据，而佛、道、玄具有较丰富的思辨哲理，但缺乏儒家伦理为其内涵，主导中国思想文化的儒家政治伦理原则与思辨性哲学缺乏沟通。宋明理学的兴起即是适应中国社会与文化发展的趋势，以思辨性的哲理来论证儒家伦理，将其结合在一起的学术文化思潮，即是把儒家思想哲理化。

黑格尔等西方学者用近代西方哲学的眼光来衡量，认为孔子思想没有多少哲学，《论语》所讲的只是一些常识道德。排除西方学者的偏见因素外，传统儒学在哲学思辨性上尚有欠缺，这也是一个客观的事实，因而难以抵挡外来宗教文化的冲击。隋唐时期，佛教盛行，宗教冲击人文，一度动摇了儒家文化的主导地位，并造成社会危机和理论危机。理学家既批判佛道宗教冲击人文，又借鉴吸收了佛道思辨性哲学，二程创天理论思想体系，朱熹加以发展，大大提高了中国儒学的哲学思辨水平。程朱吸收了佛教心性本体论和理本论的哲学形式，将其与儒家伦理相结合，在对心、性、理、气、道、器、阴阳、物、体用、本末、动静、已发未发、情、欲、知行、形神、变化、天、命、仁、诚、德等众多中国哲学范畴的内涵及范畴之间的相互关系的论述上，提出了一系列重要命题、理论和独到的见解，发前人所未发，达到了较高的理论思辨水平，体现了中国哲学鲜明的特点。

在哲学本体论上，朱熹进一步丰富发展了二程的天理论哲学，不仅在理论的完备性、精致性上有了新的提高，而且以太极论发展了天理论哲学。二程未有论太极，且对图书易学不予重视，朱熹则借鉴吸取道教以图解《易》的治学方法，将其与儒家经典《周易·系辞》之太极说相结合，对周敦颐的《太极图说》高度重视，做了深入的注解，以阐发自己的太极论哲学。朱熹把太极等同于天理，认为总天地万物之理即是太极，无极则是形容太极的无形状而言，"无极而太极"即是指无形而有理，把宇宙本体之理提高到天下"极至"的高度。由太极之"理一"，"自一而二，自二而五，即推至于万物"[①]，即由太极而阴阳，阴阳而五行，五行而万物，推导出宇宙生成，万物演化的模式。朱熹将其与邵雍所继承的"《易》有太极，是生两仪，两仪生四象，四象生八卦"的《易传》之太极说统一起来，认为太极之理为一，发见万物则有详略，最终是以太极作

---

① 黎靖德编：《朱子语类》卷九十四，第 2386 页。

为宇宙万物的本体。这是在哲学本体论上，朱熹对儒家思想哲理化所做出的努力。

在哲学认识论上，程颐提出格物致知说，朱熹明确提出主客体对立的心物范畴，强调以吾心之知去认识事物之理的"主宾之辨"。在吸取佛教临济宗"宾主颂"思想的基础上，提出内外结合，以己知彼，通过格物以致其知。这是对中国哲学认识论的发展。朱熹等明确提出主客体对立的心物范畴，强调并重视主体对客体、心对于事物及事物之理的认识。因此，那种贬低中国哲学，认为中国哲学缺乏认识论，缺乏主客体对立的范畴的观点是缺乏根据的。在认识论这个领域，程朱对提高中国哲学思辨水平做出了贡献。

此外，程朱在其哲学的心性论、道论等各个方面，都代表了当时哲学发展的水平。其深刻的理论、严密的逻辑，给后人提供了有益的借鉴。这些方面体现了程朱对儒家思想哲理化做出的贡献，大大提高了传统儒学的哲学思辨水平和理论思维能力。

（二）提出并深入论证了一系列哲学范畴、命题和理论，使中国哲学发展到高峰

哲学作为一种理论思维，是由一系列哲学概念、范畴及由概念、范畴组成的命题、理论来表现的。一个民族的理论思维，一个时代的哲学思潮和一个哲学家的哲学体系，都是由一系列特定的哲学概念、范畴和命题、理论构成的。宋元明时期的哲学，其发展规律之一，就是提出并深入论述了一系列的哲学概念、范畴、命题和理论（有些范畴是在以往的基础上加以深入论证），使得中国哲学发展到一个理论上的高峰。

这一时期哲学家们提出并深入论证的哲学范畴主要有：理、道、太极、性、心、天、命、仁、神、德、诚、气、器、阴阳、五行、物、情、欲、体用、本末、动静、已发未发、知行、形神、变化、一殊、道心人心、天命之性气质之性、德性之知见闻之知、名实、能所、魂魄、格物穷理、学思，以及相关的义利、公私、理欲、王道霸道、三纲五常等等。

朱熹弟子陈淳作《北溪字义》，专门讲有关理学的范畴。此书分上下两卷，卷上为命、性、心、情、才、志、意、仁义礼智、忠信、忠恕、一贯、诚、敬、恭敬；卷下为道、理、德、太极、皇极、中和、中庸、礼乐、经权、义利、鬼神、佛老。《北溪字义》揭示了朱熹哲学各范畴之间的逻辑层次，在结构上也有精心的安排。该书范畴的排列有一定的逻辑次序，主客体范畴之间相互渗透，

范畴之间相互关联，建构了理学范畴的一套较为完整的逻辑体系。

这一时期的思想家对以上这些大家共同关心和使用的范畴做了深入的剖析和论述，但单个、分散的范畴、概念不能构成完整的哲学体系，他们又以这些范畴、概念为基础，提出了一系列的命题和哲学理论，将各个范畴联系起来，构成一个完整的哲学逻辑结构体系。在这个整体范畴之网中，各个范畴之间存在着横向与纵向的联系和排列组合，这就决定了它们各自在统一整体中的地位和作用。中国哲学范畴往往具有多种不同的含义，如理既有本体的意义，又有规律以及伦理道德的含义，气有的作为本体，有的作为构成万物的始基物质即材料，所以在范畴之间存在着不同的联系，这就使得整体范畴之网呈现出复杂的状态。它们往往是你中有我，我中有你，彼此之间或意义相近，互相等同；或隶属派生，互相包容；或中介转换，互相沟通。

在中国哲学史上，宋元明时期的思想家、哲学家，特别是处在同一时期的学者，他们用以表述自己哲学理论的范畴、概念是相同的，或基本相同的，大家往往针对同一个问题，使用相同的范畴来进行讨论和论争。但为什么他们的观点又表现出不同呢？这是由于他们使用的范畴在逻辑联系和结构方式上各不相同，即各个范畴在整体范畴之网中排列组合的次序、方向和方式不同，以及赋予范畴以不同的含义，结果便区分为性质不同的哲学体系或对同一个问题形成不同的学术见解和观点。如程朱派以理为宇宙本原，提出"若论本原，即有理然后有气"[1]的命题，而张载、王廷相一派则以气为宇宙本原，提出"理生于气"的命题，在理气关系的排列组合上，表现出理学派与气学派学术观点的不同。再如朱熹提出"性即理"的命题，以理、性为宇宙本体，心不是宇宙本体；理无知觉，理即性，是宇宙本体；心有知觉，是认识主体，不能把二者混为一谈。而陆九渊则提出"心即理"的命题，以心为宇宙本体；提出心、性"只是一般物事"[2]的观点，混言心性。这些都是各派对范畴在其整体范畴之网即哲学逻辑结构排列组合的次序、方式的不同而得出的不同观点。

在本体论、认识论、伦理观、历史观等各个方面，宋元明时期的思想家从各自的哲学立场出发，运用一系列概念、范畴，提出一系列命题和理论，通过对各个范畴的含义和范畴之间的相互关系的深入论述，发展了中国古代哲学，这是以往历史阶段的哲学所不及的。

---

[1] 朱熹：《答赵致道》，《朱熹集》卷五十九，第3078页。
[2] 陆九渊：《语录下》，《陆九渊集》卷三十五，第444页。

(三）心性哲学不断发展，使主体意识进一步强化

儒学心性论自先秦时期形成以来，就对中国哲学的发展产生了较大影响，即使对从印度传入中国的佛教哲学也不例外。自佛教传入中国以来，先是受儒家心性之学特别是孟子思想的影响，大讲"尽心知性"及"穷理尽性"。后来佛教发展了心性论，主要是以本体论心性，其哲学理论的思辨性明显高于先秦儒学心性论。但却抛弃了儒家心性论中的伦理道德内涵，因此与先秦儒家心性论有别。

宋代理学心性论的兴起，是对先秦儒学心性论的发展，其理论针对性是佛教思想的盛行动摇了儒家文化的主导地位，造成了社会危机和理论危机。儒、佛都讲心性论，佛教心性论以性为佛性，认为性是宇宙的本体，一切世间法依真如佛性而起，又以心为一切精神现象的总称，心是宇宙万法的本原。禅宗认为"万法尽在自心，何不从自心中顿现真如本性"[①]，把心与性联系起来。宗密亦倡"本觉真心……亦名佛性"[②]，认为心即性。这对陆王心学的心性论产生了重要影响。但理学与佛教两家心性论的主要区别在于入世或绝俗。理学讲入世，重视道德理性的价值，故其心性哲学与儒家伦理紧密结合；佛教讲绝俗，否定纲常名教，断绝生化之源，其心中无理，性中无德，故遭到理学尤其是程朱一派的批评。二程抨击佛学"大概且是绝伦类，世上不容有此理。又其言待要出世，出哪里去？……至愚迷者也"[③]。可见儒佛之别。

理学在对佛教的批判中，又借鉴了佛教哲学心性论的思辨成果，从而发展了儒家的心性哲学。宋明理学心性论的程朱陆王各派均接受了佛教哲学的性本论形式，把儒家道德理性上升为性本体。哲学本体论与儒家伦理学的结合，提高了儒家哲学的理论思辨水平，这既是对佛教心性论的吸取，同时又是对佛教心性论不讲儒家伦理的性空思想提出的批评。

此外，陆王心学一派"心即性"、心性一元的思想亦是对佛教哲学心性论心性不异、即性即心思想的吸取。需要指出，尽管理学各派对佛教心性哲学有所吸取，但吸取借鉴的只是其思辨哲学的形式，在心性论的内容上，理学与佛教有本质的区别，不应混为一谈。

朱熹继承二程，在批佛的基础上又吸取了佛教心性论的思辨哲学，提出系统的"心统性情"的思想，把儒家伦理与思辨哲理紧密结合，发展了中国古代

[①] 《坛经·般若第二》，第54页。
[②] 《原人论》第1卷，《大正新修大藏经》第45册，第710页。
[③] 程颢、程颐：《河南程氏遗书》卷二上，《二程集》，第24页。

哲学的心性论。朱熹以性为本，即以理为本，把儒家伦理提升为形上宇宙本体，又把心性与天理相连，这既充实了儒家哲学心性论的内涵，又使儒家伦理有了本体论的哲学依据，从而使理性的、伦理的世俗哲学逐步取代隋唐盛行的宗教哲学，改变了由唐至宋时期儒、佛、道三家鼎立的局面，为宋以后儒家哲学融合三教，一统天下奠定了基础。

王阳明站在时代的高度，从心性一元论出发，提高主体思维的能动性，对以往的心性论加以总结，提出"心即性"的思想，强调心性一元，不可分割，取消心性的区别，并指出"性无定体"①，把体用源流都归于一性，集孔孟荀人性论于一体，又扬弃程朱的心性论，提出心之本体即良知的思想，从心学的角度发展了中国哲学心性论。王阳明批评了佛教空谈心性，脱离人伦物理的心性论，指出佛教心性论"外人伦，遗事物"②，故其心虚性寂，以致有病。他还为陆九渊鸣冤，认为陆学讲儒学大本，以五常为性，与佛教大异，因此把陆学"目之以禅学，则诚可冤也已"③。这表明，尽管陆王心性论在思辨哲学的形式方面与佛教有近似之处，但是否以儒家伦理论心性乃是双方心性论的根本区别。王阳明集儒家心学心性论之大成，既扬弃程朱，又批评佛学，这在中国哲学心性论发展史上具有重要意义。

宋明理学心性论在改造旧儒学传统，确立儒家道德理性主导地位的过程中，十分重视主体思维的能动作用，强调道德理性必须通过主体能动性的发挥才得以实现，离开了主体，德性不过是一静止物，毫无生气。张载讲"心能尽性"，朱熹讲"心统性情"，陆九渊讲"尽心"，王阳明讲"致良知"，都是强调发挥主体思维的能动作用，以义理之心统率性情和万物，从而实现内在的自我超越，达到成圣的最高目的。虽然理学各派对主体思维的发展各有侧重，如朱学肯定主体思维的认知性，陆学强调主体思维的心灵领悟和内在反观，但它们都使中国哲学的主体意识进一步强化。由于陆学强调主体思维与性体直接合一，其主体意识的发挥更为直截了当；至明代发展为王阳明的致良知说，以心之良知作为宇宙的最高原则，使主体哲学和主体思维的发展达到了中国古代哲学的高峰。

（四）哲学辩证法日益丰富，辩证思维达到了较高水平

宋元明时期哲学发展的特色之一是哲学辩证法日益丰富，辩证思维达到了

---

① 王阳明：《传习录下》，《王阳明全集》卷三，第115页。
② 王阳明：《重修山阴县学记》，《王阳明全集》卷七，第257页。
③ 王阳明：《答徐成之（二）》，《王阳明全集》卷二十一，第809页。

较高水平，这与整个中国哲学的特色相联系。中国哲学是注重辩证思维的哲学，与西方历史上曾长期由机械性、形而上学性思维占统治地位的情形不同，辩证思维在中国具有悠久的传统。不论是先秦汉唐，还是宋元明清，均是如此。宋元明时期的哲学继承了先前哲学发展的传统和成果，哲学辩证法日益丰富，使辩证思维达到了较高水平。

阴阳对立、一分为二的思想自先秦提出以后，不断发展，至宋代，中国哲学辩证法思想达到了较高的水平。宋元明时期的思想家吸取了中国古代《周易》《老子》等有关阴阳辩证的观点，以及先前的辩证法思想，结合时代的发展，提出了大量的哲学辩证法思想，进一步丰富了中国哲学的辩证思维，使之成为中国哲学的重要特点之一。此亦体现了中国哲学的发展规律，即辩证法思想一以贯之，绵延不绝，并随时代变迁而不断发展。

周敦颐提出阴阳动静说，在他的《太极图说》的宇宙生成图式中，出现了阴阳、动静、乾坤、男女等对立统一的范畴，由这些对立面的"阳变阴合"与"二气交感"的相互作用，而化生出天地万物来。在这些对立统一的范畴中，"阴阳"是产生万物的基本条件，其基本意义是指二者既相互矛盾，又相互依存，双方缺一不可。阴阳这两种既相互对立又相互依存的力量，互相"交感"，使得万物产生并变化无穷。

邵雍则用"一分为二"的"加一倍"法则，描绘出宇宙生成的变化图式。他认为万物是由本体"太极"演化出来，太极生两仪（一分为二），两仪生四象（二分为四），四象生八卦（四分为八），八卦相错，然后产生万物。程颢把邵雍的这种理论称为"加一倍法"，反映了邵雍的辩证法思想。

程颢本人提出了"无独必有对"的思想，他说："天地万物之理，无独必有对，皆自然而然，非有安排也。"① 即"无独必有对"的法则是天地万物本身所自然具有的，而非有意志的上天的安排。

程颐提出"无一亦无三"的命题，他说："道二，仁与不仁而已，自然理如此。道无无对，有阴则有阳，有善则有恶，有是则有非，无一亦无三。"② 他认为，一切莫不有对，一切都在对立中存在，因此只有"两"或"二"。既没有孤立的"一"存在，也没有除了"二"以外还剩下的一个无对立面的"三"。

张载提出"一物两体"说，他说："一物两体者，其太极之谓欤！"③ 对此他加

---

① 程颢、程颐：《河南程氏遗书》卷十一，《二程集》，第121页。
② 程颢、程颐：《河南程氏遗书》卷十五，《二程集》，第153页。
③ 张载：《横渠易说·说卦》，《张载集》，第235页。

以解释：

> 一物两体者，气也。一故神（两在故不测），两故化（推行于一），此天之所以参也。两不立则一不可见，一不可见则两之用息。两体者，虚实也，动静也，聚散也，清浊也，其究一而已。有两则有一，是太极也。若一则有两，有两亦一在，无两亦一在。然无两则安用一？①

此处"一物"，指气；"两体"即两端，指阴阳两个对立面。张载认为太极之气任何时候都具有阴阳两个对立面，由于对立面存在于统一体中，对立双方既有区别又有联系，对立和统一不能分隔。张载辩证地处理了一和两的关系，既看到对立，又看到统一，比较全面地阐述了相反相成的辩证关系。

在朱熹的哲学体系里，有比较丰富的辩证法思想。他吸取了张载"一物两体"的思想，并加以发挥，又进一步补充了邵雍的"一分为二"思想，通俗地把天下的道理概括为"一个包两个"。他说："天下道理，只是一个包两个"②，"凡一事便有两端"③，"天下之物，未尝无对。有阴便有阳，有仁便有义，有善便有恶，有语便有默，有动便有静"④。他把阴阳对立统一的矛盾现象概括为万物的普遍规律："无物不是阴阳，无一物不有阴阳。"⑤朱熹关于任何统一物内部都包含了两个相互矛盾的方面的思想，应该说接触到了列宁在《谈谈辩证法问题》一文中所提到的"统一物之分为两个部分以及对它的矛盾着的部分的认识，是辩证法的实质（是辩证法的本质之一，是它的主要特点或特征之一，甚至是它的最主要的特点或特征）"这一辩证法的思想。

李贽的朴素辩证法思想表现在他提出了"有两则有对"的观点，他说："善与恶对，犹阴与阳对，刚与柔对，男与女对，盖有两则有对。"⑥李贽不仅具有事物内部矛盾对立的概念，而且还有某种对立面转化的思想，他说："夫一之能多也，犹少之能得，敝之能新，洼之能盈，枉之直，曲之全也。"⑦一可转化为多，就像少能转化为得，敝能转化为新，洼能转化为盈，枉可转化为直，曲可转化

---

① 张载：《横渠易说·说卦》，《张载集》，第233页。
② 黎靖德编：《朱子语类》卷七十九，第2042页。
③ 黎靖德编：《朱子语类》卷十三，第225页。
④ 黎靖德编：《朱子语类》卷六，第122页。
⑤ 黎靖德编：《朱子语类》卷六十五，第1604页。
⑥ 李贽：《与陶石篑》，《续焚书》卷一，第49页。
⑦ 焦竑：《解老》，《老子翼》卷二，第29页所引。

为全一样。这体现了李贽关于矛盾双方对立面转化的思想。

王夫之提出"阴阳并建"的辩证法思想，他在解释"一阴一阳"说时，提出"阴阳并建"说，论证了矛盾的普遍性。他说："一（阴）一（阳）者，参伍相杂合而有辩也。卦或五阳一阴，或五阴一阳，乃至纯乾纯坤，而阴阳并建以为易之蕴，亦一阴一阳也，则阴阳之不以屈伸而息亦明矣。"① 所谓"阴阳并建"，即是说阴阳既相对立，又不分离，同时并存。"阴阳并建"说的宇宙观意义是，任何事物包括太极之气，都同时具有阴阳两个对立的方面而不分离，作为宇宙本原的气以及由气构成的万物都具有内在的矛盾，矛盾是普遍的现象，由此引起事物的变化。他说："一气之中，二端既肇，摩之荡之而变化无穷。"② 他还提出对立面"相资以相济"，以说明相反的东西是相互资助，相互依存而成其功用，"错者，同异也；综者，屈伸也。万物之成，以错综而成用"③，"若不互相资以相济，事虽幸成，且不知其何以成，而居之不安，未能自得，物非其物矣"④，没有对立双方的相互依存、相互资助，就不成其为物。王夫之认为，对立双方不仅是相互依存的，而且还相互转化，因为对立面的区分没有绝对的界限，其对立面转化的观点还表现在其"日新"的学说上。

以上宋元明时期的哲学家、思想家关于辩证法思想的论述，表明这一时期哲学发展的特色是辩证法思想日益丰富，哲学家们都积极探讨辩证法的问题，对辩证法十分关心，进而促进了中国哲学辩证思维的发展。

二、理学兴起的宋元明时期哲学发展的特点

（一）哲学本体论、伦理学、认识论、辩证法、修养论、人性论合一

宋以前，中国哲学虽与伦理相互联系，但联系不甚紧密，儒家伦理作为社会的指导思想，缺乏哲学本体论作依据，较少思辨哲学的色彩；而富于思辨的佛教哲学却与世俗伦理缺乏联系，不讲儒家伦理；道家、道教、玄学讲本体论、体用论，但也少讲儒家伦理，而宣扬自然观念。从总体上看，宋代以前的中国哲学，儒家讲伦理，但缺乏思辨色彩，中国哲学在本体论和伦理学方面缺乏沟通，未能体现中国哲学的重要特点。自宋代以来，新儒学者一方面批判了佛老

---

① 王夫之：《太和篇》，《张子正蒙注》卷一，中华书局1975年版，第22—23页。
② 王夫之：《太和篇》，《张子正蒙注》卷一，第26页。
③ 王夫之：《动物篇》，《张子正蒙注》卷三，第87页。
④ 王夫之：《动物篇》，《张子正蒙注》卷三，第88页。

不讲社会治理，有悖于儒家伦理的思想；另一方面为了解决儒学历来抽象思维能力不强和儒家伦理缺乏哲学本体论作依据的问题，他们着眼于从哲学的高度来探讨世界的本原和社会的治理等重大问题，吸纳各家而综合创新，以儒家伦理为本位，吸取佛、道精致的思辨哲学，包括哲学宇宙论、理事说、心性论以及人生修养论等，并加以改造创新，建立起完整的理学或称新儒学的思想体系。理学既抗衡佛、道宗教出世思想，又把儒学发扬光大，为实现社会治理与稳定服务；完成了自宋初以来，思想家们致力于建立一种直接把哲学本体论与儒家伦理学统一起来的哲学思想体系的尝试，并在认识论、辩证法、修养论、人性论方面逐步完善，最终完成了成体系的理论建构。理学作为宋元明时期（延续到清代）的社会哲学思潮，主导了这一时期学术思想的发展，并渗透到中国文化的各个领域。这也形成了中国文化继先秦百家争鸣之后的第二个发展高潮，亦充分体现了中国古代哲学的特点。

（二）哲学与政治相结合

哲学与政治相结合，这既是中国哲学的特色，也是宋元明时期哲学发展的特点。在宋元明时期，哲学与政治的联系更加紧密。

宋以前的中国封建社会，纲常名教、礼乐刑政虽然作为社会政治生活的基本原则而发挥着治理国家的作用，但由于儒家的纲常原则缺乏哲学本体论作依据，故常常受到佛、道出世主义宗教的冲击，有时甚至影响到封建统治的稳固，造成社会动荡和混乱。理学家们为了维护社会稳定，实现社会治理，着眼于从哲学的高度来探讨政治治理的问题，他们在创立天理论哲学体系的同时，把天理论哲学运用于政治，提出了天理治国论。天理不仅是宇宙的普遍法则，而且是治国的原则和纲领，以使整个社会的治理都遵循天理的原则，统治者和被统治者都须按照天理的原则办事，如此使哲学与政治紧密结合起来。在心学那里，天理即心，天理即良知，并且气学家也讲天理，所以天理治国论在宋元明时期具有普遍的意义，也产生了重要影响，尤其当理学被定为官方哲学之后，其影响就更大。尽管统治者并不完全按天理的原则办事，甚至对其加以歪曲利用，其流弊也日渐显露，但天理论哲学还是对中国后期封建社会的政治产生了广泛的影响，这是宋元明时期哲学与政治相结合的表现，也是中国哲学与政治相结合的一个缩影。

（三）哲学与社会实践相结合，具有经世哲学的特点

哲学与社会实践相结合，不仅体现在功利学派和明清之际主张经世致用的思想家方面，而且理学家也有重躬行践履，主张将哲学与社会实践紧密结合的。

功利学派的学者如李觏、王安石、陈亮、叶适等，明清之际的学者如顾炎武、王夫之、黄宗羲、陆世仪、张履祥、傅山等均主张实事实功，经时济世，讲求实用，注重功利，把哲学与社会实践结合起来。理学家也把求实与求理相结合，批判佛老的虚无和旧儒学脱离社会实际的训诂注释之弊，主张"读书将以穷理，将以致用也。今或滞心于章句之末，则无所用。此学者之大患"[①]，强调穷理求道要致于日用，达于政事，讲求实事，于理推之于事。这同样具有哲学与社会实践相结合的特征，而与理学末流的空谈心性有别。

过去对功利学派和明清之际经世致用的学者比较重视，看到他们把哲学与社会实践相结合，具有经世哲学的特点，而认为理学家大多是空谈心性，脱离实际以致误国。其实通过大量客观的研究可以得出宋明理学的重要特征，或基本特点之一，就是联系社会发展实际，求实、求理，重躬行践履，也就是把哲学与社会实践相结合，具有经世哲学的特点。

宋代理学是中国特定历史条件下的产物，是历史和思想发展的必然结果。它的产生和发展与一定社会的政治、经济状况相联系，是社会经济、政治、文化和自然科学发展的结果，亦在一定程度上反映了当时社会政治、经济、文化发展的需要。故理学家在提出和阐发其理学思想时，并非脱离实际的冥思空想，而是具有联系社会发展实际，求实、求理，重躬行践履的思想特色，为社会发展和政治治理服务。这与理学产生的理论针对性有关，也与其时重视知识，自然科学的发展的社会背景有一定的联系。

从维护社会稳定、促进社会发展的实际出发，理学家把儒家思想实理化，把儒家经学实学化，充分体现出求实、求理的时代精神。他们面对外来佛教和本土道教的挑战，以及旧汉学发展停滞的局面，大力提倡求实、求理的精神，在对佛老和汉唐经学的批判、扬弃中，创新儒学思想体系，完成了理性主义的文化超越和理论形态的转型，把中国儒学发展到一个新的阶段，充分体现了当时时代精神的精华。

理学家求实、求理的时代精神通过其对佛老的批判、扬弃和超越得以体现。程朱站在经世实学重现实人生的立场，对佛老虚无空幻的无实之弊提出批判，提

[①] 程颢、程颐：《河南程氏粹言》卷一，《二程集》，第1187页。

倡务实精神，以反对佛老的空无。他们排斥佛教神秘主义的"空"的理论，认为佛教幻妄空无的世界观是为其出世主义的违背人间伦理、举事皆反常的行为作论证的；他们批判老庄脱离仁义而言道之说，批评玄学以虚无为本，清谈以至误国。这表明程朱理学的兴起并不是以清谈为宗旨，而是反对虚无，提倡经世实学的。

理学家求实、求理的时代精神还通过其对汉学的批判、扬弃和超越得以体现。二程把治经视为实学，主张通经以明理，明理以致用，反对空言无实、烦琐考据之弊。以重义理的宋学取代重考据轻义理的汉学，是经学发展史上的重大变化。在这个过程中，程朱对汉学的批判起了重要作用。

在批评汉学的基础上，二程提出了实学这一概念。程颐说："治经，实学也。"① 二程明确提出治经即是实学，强调从治经学入手，但不追求训诂解析，而是穷理求道，致于日用，达于政事，讲求实事，以理推之于事；反对滞心于章句之末的无用之学，要求把道贯彻到日用、政事中去，否则穷经明理的目的就未达到。二程以实学取代空言无实的汉学，是经学发展的必然，实开经世实学通经致用之先河。

理学重躬行践履的学术特征在湖湘学派张栻的思想里得以体现。重躬行践履是湖湘学派的突出特点，由胡宏开其先。胡宏强调，要把求学得到的知贯彻于行，在实践中体现出来，只有这种体现于行的认识，才是真知、真见。他说："仁之一义，圣学要道，直须分明见得，然后所居而安。只于文字上见，不是了了，须于行持坐卧上见，方是真见也。"② 他主张要从日常生活的实际中贯彻仁的原则，在行持坐卧的实践工夫上体现出仁的精神来，这样才是真见。这种真见是建立在行持坐卧的实践工夫上的，表明"知"以"行"为基础。张栻从躬行践履出发，批评了当时重知轻行，忽视躬行践履的学风，指出离开了躬行的所谓知，仅是一种臆度之见。他强调要把所知付诸践履，否则，就是未尝真知。这种重躬行践履的学风，正是理学特征的体现。

宋明理学求实、求理，联系社会发展实际的思想特征亦体现在吕祖谦的思想里。吕祖谦为学主明理躬行，治经史以致用，强调"讲实理，育实材，而求实用"③，突出一个"实"字。

宋代理学的经世致用思想是对孔孟思想的继承和在新形势下的发展。随着理学思想的不断传播和被定为官学，其中的实学和经世致用之风也随之流传开

---

① 程颢、程颐：《河南程氏遗书》卷一，《二程集》，第2页。
② 胡宏：《与孙正孺书》，《胡宏集》，第147页。
③ 吕祖谦：《太学策问》，《东莱集》卷五，文渊阁四库全书，第1150册，第44页。

来，在历史上为理政治国和促进社会的发展起到了重要作用，也对后世实学和经世致用思想的兴起产生了重要影响。后世实学家和思想家之所以又把批判的目标指向理学，是由于理学末流空谈心性义理，不讲通经致用，脱离实际，演成空虚无实之弊，把修身与事功、内圣与外王对立起来，过分强调"穷理"而忽视"致用"，违背了二程、朱熹、张栻、吕祖谦等实学和经世致用思想的本意，失去了对现实的指导，难以做到通经致用，为社会现实服务。因而自明中叶以后，理学逐步走向衰落。即走到了理学家创立理学时强调联系社会发展实际，求实，求理，重躬行践履的反面，违背了理学开创者和理学家的初衷。所以，应划清理学本身与理学末流空疏无实之弊的界限，客观地评价理学联系社会发展实际，求实，求理，重躬行践履思想的历史地位及对后世的影响。当然理学重道德理性的价值，强调道德自律，相对忽视人的自然属性，强调发挥主体思维的能动性，相对忽视对客观自然规律的认识等思想也在一定程度上导致了过分强调道德修养而空谈心性之弊的产生。这是需要指出并加以克服的。

质言之，理学家联系社会发展实际提出的求实、求理，重躬行践履的实学和经世致用思想是理学精神的集中体现，值得今天的人们认真借鉴。它是宋元明时期哲学发展的特点的重要体现。它告诉人们：任何哲学理论必须适应现实，为现实社会的发展服务，以现实社会发展的实际需要作为取舍的标准，而不是让现实社会的发展去适应某种思想，尤其是那种过时的、空言无实的哲学，否则将背离社会发展的实践，造成社会发展停滞和理论危机，甚至阻碍社会发展。因此，哲学理论作为观念形态的形上之道，应反映社会发展的客观实际，并随着社会实践的发展而发展。即哲学具有实践性，必须与社会发展的实践相结合。

（四）哲学与经学相结合，通过注经、解经来阐发哲学思想

经学在中国哲学史上占有重要地位（主要是汉代以来），宋元明时期的哲学思想大多是通过各派思想家对儒家经典的阐释研究而提出来的。这个时期的哲学家大多亦是经学家，他们论述自己哲学的著作很多都是关于经学的著作。由于经学与哲学紧密相连，所以如不深入研究这个时期的经学，就不易对这个时期的哲学做全面、透彻的把握，也很难在此基础上深入探讨哲学发展的线索、规律和特征，以及各派哲学思想的异同。

中国古代尚没有哲学学科的划分和"哲学"这个名词，各个时代的哲学家、思想家不过是结合时代发展的需要，通过对经书的训解阐释而提出自己的新思想，其哲学都是后人根据现代学科分类及学科名词，通过研究思想家们以经学

为主的学术著作而概括出来的。

虽然中国古代没有"哲学"这个名词，但有哲学思想，哲学在很大程度上包括在经学之中。故冯友兰著《中国哲学史》分两篇，第一篇是"子学时代"，阐述先秦至秦汉之际的哲学思想；第二篇是"经学时代"，阐述从董仲舒起，到近代康有为的哲学思想。把那么长时间作为经学时代，可见这一时期哲学与经学不可分。宋元明时期的哲学也与同时代的经学密切相连，并经历了宋学和清代新汉学两个经学发展阶段，分别对这一时期哲学的发展产生了深刻影响。所以说，哲学与经学相结合，通过注经、解经来阐发哲学思想，是宋元明时期哲学发展的特点之一。

冯友兰把整个中国哲学史分为"子学时代"和"经学时代"两大部分，认为在经学时代，儒学定于一尊，儒家的典籍已成为"经"，在一定程度上限制了人们的思想，即使有新的见解，也往往用注经的形式表现出来。以朱熹思想为例，朱熹的经学思想不仅是他整个学术思想十分重要的组成部分，也是他的哲学思想的根基，他的哲学建立在他的经学思想的基础上，其经学与其哲学密不可分。所以，离开了对朱熹经学的研究，对其哲学思想的研究将失去可靠的基础，也不可能十分符合朱熹思想的本义。朱熹一生的学术活动就是以经学研究为主，围绕着对诸经本义的探求和以义理诠释儒家经典，朱熹留下了大量的经学论著。这些经学论著中的经学思想包含着丰富的哲理，其哲学即是通过注释儒家经典的形式表现出来的。因此，在某种意义上可以说，不了解和研究经学及其特点，就很难全面、深入、准确地领会和把握中国古代的哲学思想，也难以把握经学对中国传统哲学的发展。这与中国哲学尤其是汉以后的儒家哲学具有经学的形式这一基本特征相一致。所以，探讨思想家们是怎样通过注经的形式来阐发其哲学思想，并发展了中国传统哲学，是一个值得研究和探讨的有意义的课题。

（五）哲学与宗教相互联系，互动影响

哲学与宗教相互联系，互动影响，既是中国哲学的特色之一，也是宋元明时期哲学发展的重要特点。这一时期，哲学的发展吸取了宗教中所包含的思辨性哲理，同时哲学对宗教也产生了深刻影响。本书第七讲"宋元明时期儒、佛、道三教的关系"已有相关论述，兹不赘述。

三、宋元明时期哲学的发展对中国文化的影响

（一）对中国政治的影响

理学家把天理论哲学运用于政治，便是以道义的原则作为治理国家的基本准则。程朱的天理治国论对中国封建社会的政治产生了深远的影响。其政治思想的一个重要出发点就是"从道不从君"①，强调仁义之道高于、重于君主之位。既主张君主制，以维护社会稳定；又提出"正君心是大本"②的思想，要求格君心之非，不赞成君主"独任"，反对绝对君权主义，批评君主的专制"独断"。由此程颐、朱熹曾遭到统治者的打击迫害，其学被禁。这表明程朱的政治思想有与封建统治者不相容的成分，也体现了儒学对封建统治者权力加以限制的思想特点。因此不应把程朱思想与封建专制主义画等号。

理学家从天理论哲学引发出的天理治国论，指把内在于人心的天理贯彻到外在的政治事务中去，由内圣开出外王，在政治治理的实践中落实天理的原则。朱熹发展了二程的思想，把天理与道等同。道既是中国哲学与文化的核心和最普遍的范畴，又是政治治理的依据。循道而行，则天下大治；背道而行，则政治昏暗不明。朱熹把是否行道作为检验政治昏明的标准，认为尧舜三代之君行王道，推广理义之心，而汉唐君王则行霸道，追求利欲以行私，尤其是唐代君王于儒家伦理原则多有不合，不仅杀兄劫父以代位，而且伦常关系混乱，并以智力把持天下，所以朱熹把汉唐诸君排斥在道统之外，提倡从道不从君。由于道统中没有三代以后历代帝王的地位，故在一定程度上具有对抗君权的意义。朱熹以道作为政治治理的理论依据，把学术与政治相联系，扩大了天理思想的影响和运用范围。这一思想对后世产生了重要影响，使儒者传道与王者统道在一定程度上结合起来。后世思想家在入仕的同时，贯彻天理治国论，认为天理是治国的根本，不仅自己身体力行，而且要求统治者顺应天理，按道义原则治理国家而不得违背，将道施之具体的政治事务中去，使天理的原则体现在万事之中。如果王者不按道即天理的原则办事，他们则以理抗势，依据天理论及从道不从君、仁义之道高于君主之位的理念与之抗衡。如宋末思想家魏了翁明确主张君臣"共守天下"③，反对"尊君卑臣"，一人独任，放纵情欲的行为。明代思想家吕坤提倡"以理抗势"，强调理尊于势，理的权威在帝王之势的权威之

---

① 《荀子·臣道》。
② 黎靖德编：《朱子语类》卷一百八，第2678页。
③ 魏了翁：《周礼折衷》，《鹤山集》卷一百六，文渊阁四库全书，第1173册，第539页。

上，君主运用权势必须遵循理的原则，否则对那些违背天理，以势压理的专制势力，不惜"以理抗势"。在中国后期封建社会的历史上，以服膺朱熹天理治国思想为宗旨的士大夫，面对专制独裁的封建政治，不屈服于专制势力，坚持以理为标准，敢于犯颜直谏，批评君主与权臣违背义理的行为，以维护理即道的权威。如以明末顾宪成、高攀龙等为代表的东林党人便是实践天理治国论、坚持从道不从君、以理抗势的突出代表。这体现了理学天理论哲学对中国政治的影响。

（二）对中国教育、科举的影响

宋末以后，统治者以程朱理学为官学，各级学校、书院以程朱等理学家对经典的注释发挥的著作为教材。这种情况一直延续到清末，对中国教育产生了重要影响。与此相关，元明清三代都以朱熹的《四书章句集注》、程颐的《伊川易传》等为标准答案来开科取士，作为科举考试的程式，这对科举产生了重要影响。当然，在书院教育中，也贯彻了理学自由讲学、独立议政的民间教育的精神，与官学教育有所不同。统治者逐步认识到作为民间教育机构的书院的重要性，一方面利用书院发展起来的学术为统治者服务，另一方面逐步加强了对书院的控制，企图将书院教育纳入整个封建教育的轨道。

重视"四书"义理之学的教育，这是程朱经学教育思想的一个突出特点，也是程朱对中国教育发展的一个主要建树。朱熹继承二程，集程朱"四书"学之大成，其"四书"学理论的提出与确立，是中国经学史上的一大变革。朱熹在二程等思想的基础上，站在时代发展的高度，以理学理论为标准，倾其毕生的精力注解"四书"，大量引用二程及其弟子、后学的言论，以及张载等理学家的材料，并加以发展，从中发挥新儒学的义理，以重义理及天理的理学思维模式取代传统汉学的单纯注经模式，强调"四书"重于"六经"，从而确立了"四书"在中国经学史上的主体地位。程朱不仅主张"四书"治，然后及于"六经"，而且在直接领会圣人本意上，也以"四书"为主，从而使"四书"成为整个经学的基础，在"四书"的基础上建构理学思想体系，表现出与汉唐经学不同的学术旨趣。这是对前代经学的革新和发展，并确立了其在中国教育史上的主导地位。

理学家以明人伦、明理为教育的目的。为达此目的，朱熹以儒家经典作为教材，要求学者先读《大学》《中庸》《论语》《孟子》"四书"，然后再看《诗》、《书》、《礼》、《乐》（认为《乐》虽不传，但《乐》的一些资料保存在《乐记》

等材料中)、《易》、《春秋》等"六经"。为此，朱熹著《四书章句集注》和《诗集传》《家礼》《仪礼经传通解》《周易本义》《易学启蒙》等，并授意弟子依据自己的思想作《书集传》等。朱熹的这些解经著作连同"四书""六经"本身在当时及后世被作为学校及书院的教材，对中国教育产生了重要影响。

程朱经学教育思想的另一个突出特点就是经学教育与理学教育相结合，这充分体现了时代精神的特征。从经学发展的角度来考察，汉学重训诂注疏，这种学风延续到北宋初；随着唐宋之际的社会变革，经学也发生了变革，由庆历以前的章句注疏之学逐渐向义理之学转变，经学发展为以理学为主的宋学。宋学学者一反汉唐训诂注疏传统，不受传注疏释的束缚，直接从经书中寻求义理，以己意说经，大力宣扬义理思想。程朱之学作为宋学的理论代表，它包括两个主要方面：一是经学，一是理学，二者密不可分。其理学即是以经学的形式出现，通过对儒家经典的阐释解说，用思辨性的哲理来论证儒家伦理。与此相连，程朱把自己的经学思想运用于教育，贯彻到教育实践中，体现了经学教育与理学教育的结合。一方面，教育离不开对儒家经典"四书"和"六经"等的学习和掌握，这是经学教育所必需的；另一方面，程朱所从事的教育，所强调的又是通过治经学，从中阐发义理和发明新儒学的天理等理学理论，以体现明人伦、明理的教育目的，这正是理学教育特色的体现。可见经学教育与理学教育的结合，不仅经学思想在程朱教育思想中占有重要位置，而且理学思想也在程朱教育思想体系中占有重要位置。程朱的教育活动和教育思想是中国教育史的重要内容和重要发展阶段，对后世产生了深远影响。虽然程颐、朱熹生前均遭到统治者的迫害，其学被禁，主要是在民间和学术界流传。但自宋末以来，程朱学上升为官学，宝庆三年（1227），宋理宗下诏将朱熹集注的《大学》《中庸》《论语》《孟子》列为学校教育的教材，以体现其"励志讲学"的思想，将其贯彻到学校教育和科举考试中。

程朱的经学代表著作后被列为教育和科考的主要内容，其中"四书"以朱熹的《四书章句集注》为标准，"五经"中《易》用程颐的《伊川易传》和朱熹的《周易本义》，《书》用朱熹属意其门人蔡沈作的《书集传》，《诗》用朱熹的《诗集传》，基本上是主程朱之说，扩大了其经学教育思想的影响，从宋末到元明清，使之占据了中国教育的主导和正统地位，通过科举考试，对中国后期封建社会的教育产生了深远而重要的影响。程朱学不仅在学校教育领域产生了重要影响，而且对民间私学、书院、蒙学等各种教育也影响甚大。如元代教育家程端礼依据朱熹的思想，编订《程氏家塾读书分年日程》，以作为家塾教育的内容和程序。其内容包括在八岁以后读《小学》《大学》《中庸》《论语》《孟子》和朱熹的《孝经刊误》，以及《易》《书》《诗》《礼》《春秋》并三传等，在15岁以后则是读朱熹的《四书章句集注》，以此作为成人教育的中心内容。程端礼的这种教学法，深受朱熹经学思想的影响，但更系统化，长期影响了中国古代的教育。这也是程朱理学对教育影响的表现。

自南宋以后，元、明、清三代，书院时兴时废，既有演变为官学之时，又有因保持自由讲学、独立议政、批评朝政的传统，而遭毁废之时。如明末著名的东林书院，原址在江苏无锡城东南隅，初为北宋杨时（二程四大弟子之一）讲学处，元代废为僧寺，明万历三十二年（1604）顾宪成重建，与高攀龙等讲学其中。天下学者，咸以东林为归。东林诸子在学术上效法杨时，又讽议朝政，裁量人物，主持清议，抨击阉党，被称为东林党。天启五年（1625），宦官魏忠贤专权，诏毁全国书院，首及东林书院。这体现了学术包括哲学对书院的影响。

（三）对中国伦理发展的影响

宋元明时期，哲学与伦理的联系十分紧密，正因为儒家伦理有了哲学本体论的依据，才有效地抗衡了宗教文化的冲击，由此促进了伦理思想的发展。其影响分为正反两个方面。

其正面影响主要表现在理学重义轻利、尊公蔑私、存理去欲的价值观念代表了中华伦理发展的主流，并从一个侧面体现了中国文化的特点。受其影响，在宋代及宋以后的中国历史上，出现了一批批忧国忧民、以天下为己任的志士仁人，他们爱国爱民，公而忘私，国而忘家，重义轻利，廉洁正直，重操守，讲气节，集中体现了中华民族的传统美德。如"精忠报国"的岳飞；二程三传弟子张栻及其后学岳麓书院诸生，奋勇抗击元兵，挥戈守长沙，死者十九；留下千古绝唱"人生自古谁无死，留取丹心照汗青"的文天祥；以理抗势，以身殉道的东林诸贤；坚守扬州，杀身成仁的史可法；为变法维新而英勇献身的谭嗣同；提倡天下为公，不断追求救国救民真理的孙中山；下层民众的代表，饿死不失爱国之节的马本斋的母亲——马母，绝食七天七夜，不向日军屈服。以上这些是对中国伦理学思想的正面影响。

其反面影响也不可忽视，这主要表现在轻视物质利益，轻视个人利益和欲望，压抑个性和个人首创精神等。尤其是经过统治者不断削弱存理去欲、重义轻利、尊公轻私观念对自身的约束，而不断加强其对下层民众的制约，使其逐步演变为束缚人们思想的礼教绳索，使广大民众深受其害。这也是它遭到后世批判的地方。

所以要看到理学对中国伦理思想影响的两个方面，既要看到其崇尚气节，讲求操守，克己为公，重责任义务，重理性自觉，以理性控制感性，克服私欲的方面，又要看到其流弊及其负面影响的危害。有时正反两个方面共存于同一个思想、命题，而使之具有两重性。

（四）对中国文学、史学的影响
1. 对文学的影响

这一时期哲学对文学的影响主要表现在，新儒学关于"文所以为道"思想的实质，是以体现儒家仁义道德和教化的哲学之道作为支配文学的灵魂和精神。这促使历代作家注重文学作品的思想性，发挥其教育和教化的功能，以及认识功能，从而在文学史上具有积极因素的一面，使中国文学的发展深深打上"文以载道"思想的烙印。即使以文学见长的苏轼蜀学，也不能摆脱道本文末思想的影响。朱熹作《诗集传》，通过对《诗经》的注解，阐发其义理思想，体现了理学的价值观，这对文学产生了重要影响。新儒家主张，当统治者的行为符合儒学规范时，文学作品就应加以颂扬和赞美；当政治发生错失和社会风气不正，及统治者的行为不符合儒家伦理规范时，则应加以讥讽和批评。所以儒家对文学作品社会功能的美刺要求，不仅体现了其文学为政教服务的主张，而且也反映儒家以文学干预政治和教化的思想。虽然这一主张存在着把文学作为政教的工具的消极因素，但亦具有以文学针砭封建社会弊端的积极意义。这与封建统治者所奉行的官方文学政策有所区别。

虽然理学重道轻文、理本文末的观念对中国文学的发展产生了深刻影响，如理学诗的出现，反对巧文丽辞而不言理，缺乏思想性之文，但其流弊也是客观存在的，这主要表现在：重道轻文的观念把文学当作传达儒家伦理道德的工具，忽视文学发展的客观规律，使文学在一定程度上失去了自己的本性和独立发展的领域。受"文以载道"观念的影响，文学作品里充满了大量理的说教，枯燥乏味，过分强调文学的教育功能和认识功能，忽视以至隐没了文学的审美功能和娱乐功能，使文学的生活源泉日益枯竭；模糊了文学与哲学的区别，使文学长期受哲学的辖制，以至二者均受其害。李贽、汤显祖、袁宏道便批评此种文学观，反映了尚伦理、重教化与崇自然、重情感两种文学价值观的争论。但也不应因此而走向唯美主义和"为艺术而艺术"的另一个极端，把文学与现实人生的思想与道德完全脱离开。须知离开了思想内容的文学作品是难以打动人心，引起心灵震荡和共鸣的，也很难具有长久的影响力。所以，应提倡思想与艺术、美与善、自然与伦理的结合，而不是互相脱节。

2. 对史学的影响

理学家把天理论、道统论引入史学领域，在治史中建立起义理史学的思想体系，以义理作为评判历史的标准，这对后世史学产生了影响。元丞相脱脱等据此以修《宋史》，首创《道学传》以道作为评判历史是非、世代污隆的标准，体现了义理史学的影响。朱熹撰《资治通鉴纲目》一书，在其《凡例》中，把正统置于首位，这是义理史学的集中体现，亦对后世产生了重要影响。尤其是经清康熙帝御批，该书成为官方正统的史学教科书，进一步扩大了其对史学的影响。康熙赞扬朱熹在司马光编年事例的基础上，以正统观念褒贬史事，揭示了千秋兴废的根源，把四千年治乱的缘由彰明于世。朱熹的道统史观与其正统史观亦形成一定的矛盾，遭到费密的批评："自道统之说，于是羲、农以来尧、舜、禹、汤、文、武裁成天地，周万物而济天下之道，忽焉不属之君上而属之儒生。致使后之论道者，草野重于朝廷，空言高于实事，世不以帝王系道统者，五六百年矣。"①费密批评朱熹道统史观不以帝王统道而以儒生统道。这也体现了朱熹道统史观的特点，即道重于君。这从一个侧面反映了朱熹史学对后世的影响。

理学家把在治经中阐发的义理和天理运用于观史，倡天理史观，认为一部历史就是天理流行的历史，顺天理则治，逆天理则乱，建立起具有时代特色的义理史学的思想体系，并将其与道统史观相结合，其天理即道，一部历史也就是圣人之道即理的演变、发展的历史。在宋以后的中国朝廷政治中，较少出现过去朝代经常发生的篡逆而改变正统的现象，与朱熹大力提倡正统史观亦有一定的关系。

从以上理学的哲学化对中国政治、教育科举、伦理、文学、史学等中国文化的诸多领域所产生的重要影响，可以看出，理学的哲学化，即理学与哲学紧密结合对中国传统文化的发展产生了深远而潜移默化的影响和作用，促进了中国学术思想文化的持续发展。

---

① 费密：《统典论》，《弘道书》卷上。

附录：宋明理学理欲观评价
——"存天理，去人欲"提出的针对性、必然性及其流弊再探

蔡方鹿　冯　欢

"存天理，去人欲"是中国思想文化发展史上兴起的理学思潮的核心价值观念，它的产生有其历史的根源与合理性，是对当时社会存在的客观反映，当然亦有其自身的流弊。自清及近代以来，这一思想遭到了人们的激烈批判。以往学术界在批判"存天理，去人欲"思想的流弊时，往往采取一棍子打死的态度，而忽视对其产生的社会历史根源的探讨。如李泽厚说："以程朱为中心的'理学'在其数百年统治期间中对广大人民的惨重毒害，……怵目惊心地可以看到这些理学家们是那样地愚昧、迂腐、残忍……，他们几乎无一例外地要求用等级森严、禁欲主义……等等封建规范对人进行全面压制和扼禁。"[1] 侯外庐等主编的《宋明理学史》说："二程提出'去人欲，存天理'，是针对人民求生存而发，它并不是要求统治者去遏什么人欲。这种说教对后世有严重危害。劳动人民背着'天理不胜人欲'的黑名就死，屠伯们却抹去脸上的血污，逍遥复逍遥。'以理杀人，其谁怜之！'戴震的名言揭露了二程'存天理，去人欲'的本质。"[2] 王育济说："'明天理灭私欲'成为一种以无条件地牺牲个人利益，无条件地牺牲人的感性自然欲求为旨归的极端道德主义的说教，成为一种带有鲜明宗教禁欲主义倾向的教条。"[3] 此乃对理学理欲观的彻底否定。王泽应说："我们既不能走'存天理，灭人欲'的禁欲主义路径，也不能走它的反面即纵欲主义或享乐主义路径。"[4] 这仍是把"存天理，灭人欲"视为禁欲主义。除以上所引，类似的观点在学术界还有很多，其影响较为广泛，以至于人们一提到理学存理去欲的价值

---

[1] 李泽厚：《宋明理学片论》，《中国社会科学》1982年第1期。
[2] 侯外庐等主编：《宋明理学史》，人民出版社2005年版，第170—171页。
[3] 王育济：《论二程的"天理人欲之辨"》，《山东大学学报（哲学社会科学版）》1991年第2期。
[4] 王泽应：《论王夫之的理欲观》，《哲学研究》2013年第6期。

观,基本上都持否定的态度。这虽对清理理学的流弊有一定的作用,但同时也有相当的片面性,缺乏对存理去欲观念的客观全面的理解,看不到作为一代学术思潮的理学之所以兴起并蔚为大观的历史必然性,以及理学思想中所蕴含的积极因素,不利于弘扬中华民族的优秀传统文化。

近些年来,也有学者提出要对理学的理欲观重新评价,认为存理去欲的思想有其一定的道理,不能全盘否定,它对于遏止现实社会生活中因过分强调满足私欲而助长的享乐主义也具有积极的现实借鉴意义和价值。然他们对存理去欲观念之所以产生的原因仍缺乏深入客观的探讨。本文拟结合"存天理,去人欲"思想提出的时代背景和社会历史根源,对此问题再作探讨,以就正于方家。

一、"存天理,去人欲"针对的对象

通过考察提出"存天理,去人欲"思想之人物的原话,结合理学产生的时代背景和社会原因,可以看出,其提出"存天理,去人欲"思想的目的主要是通过"以理制欲"来约束统治者的贪婪欲望,以维护社会的长治久安。针对封建君主和皇室宗亲于儒家纲常伦理多有违背,恣情纵欲、失德乱政的行为,理学家提出了激烈的批判。程颐指出:"太宗佐父平天下,论其功不过做得一功臣,岂可夺元良之位?太子之与功臣,自不相干,唐之纪纲,自太宗乱之。终唐之世无三纲者,自太宗始也。"[1] 批判唐太宗违背三纲,夺太子之位。朱熹亦斥责"唐太宗分明是杀兄劫父代位"[2],认为这是导致天下大乱、国家衰亡的原因。由此他们把"存天理,去人欲"的目标首先指向封建统治者。理欲之辩是当时人们讨论的核心话题,二程划时代地提出天理论哲学,把儒家纲常伦理原则与哲学本体论相结合,这也是宋代理学发展的主要趋势。理学家将天理论哲学运用于政治,得出用天理治国的主张,即把内在于人心的天理,贯彻到外在的政治事务中去,由内圣开出外王。张栻指出:"王者之政,其心本乎天理,建立人纪,施于万事。"[3] 认为天理是治国的根本,要求统治者顺应天理,按天理的原则治理国家而不得违背。朱熹亦强调:"修德之实在乎去人欲,存天理。"[4] 主张修德施政,把"去人欲,存天理"落到实处。因此,思想家们提出"存天理,去

---

[1] 程颢、程颐:《二程集》,中华书局2004年版,第236页。
[2] 黎靖德编:《朱子语类》,中华书局1986年版,第3259页。
[3] 张栻:《张栻全集》,长春出版社1999年版,第785页。
[4] 朱熹:《朱熹集》,四川教育出版社1996年版,第1633页。

人欲"的目的是为了纠正唐统治者"闺门无法不足以正天下"①的乱象，以维护社会的长治久安和社会生活的正常运转。这基本符合社会历史发展的客观要求。

范祖禹认同理学及其道统论。程颢卒，范祖禹云："先生于经，不务解析为枝词，要其用在己而明于知天。其教人曰：'非孔子之道，不可学也。'盖自孟子没而中庸之学不传，后世之士不循其本而用心于末，故不可与入尧舜之道。先生以独智自得，去圣人千有余岁，发其关键，直睹堂奥，一天地之理，尽事物之变。"②这里所说的"一天地之理，尽事物之变"，就是对程颢天理论的认同。为此，范祖禹著《唐鉴》，明确把唐太宗视为"存天理，去人欲"所要纠正的对象。他指出，李世民"为子不孝，为弟不弟，悖天理灭人伦而有天下，不若亡之愈也。故为《唐史》者书曰：秦王世民杀皇太子建成、齐王元吉，立世民为皇太子，然则太宗之罪著矣"③，认为唐太宗李世民当年作为秦王虽有功，但不过是一藩王，而建成却是太子，太子乃君之贰、父之统，杀太子是为无君父，乃违背天理、灭绝人伦的无道行为，因而坚持道义重于生死的原则，认为宁愿守死，而不能为不义，批评唐太宗悖天理而篡位，其罪甚著。从这里可以明确看出，宋代天理论的提出，其"存天理，灭人欲"所针对的正是唐太宗一类统治者违背天理的行为，而非普通民众饮食男女的基本物质需求。范祖禹批评唐王朝："三纲不立，无父子君臣之义，见利而动，不顾其亲。是以上无教化，下无廉耻。古之王者必正身齐家，以率天下。其身不正，未有能正人者也。唐之父子不正，而欲以正万事，难矣。"④他认为唐统治者违背君臣父子的原则，为了满足个人的私利和权色欲求，而导致"上无教化，下无廉耻"。在上的统治者"其身不正""父子不正"，何以正人，怎能治理好国家？由此可见，作为天理重要内涵的三纲和作为道统论重要内涵的修齐治平之道，首先指向的均是封建统治者。程颐深知封建统治者过分的人欲所带来的危害，力主以天理来加以遏制。他说："天下之害，皆以远本而末胜也。峻宇雕墙，本于宫室；酒池肉林，本于饮食；淫酷残忍，本于刑罚；穷兵黩武，本于征伐。先王制其本者，天理也；后王流于末者，人欲也。损人欲以复天理，圣人之教也。"⑤他把峻宇雕墙、酒池肉林、淫酷残忍、穷兵黩武等视为人欲之末，其为害天下甚大，主张以"天理"来

---

① 范祖禹：《唐鉴》，文渊阁四库全书，第685册，台湾商务印书馆1986年版，第636页。
② 程颢、程颐：《二程集》，第333—334页。
③ 范祖禹：《唐鉴》，文渊阁四库全书，第685册，第481—482页。
④ 范祖禹：《唐鉴》，文渊阁四库全书，第685册，第543页。
⑤ 程颢、程颐：《二程集》，第1170—1171页。

"制其本",以损"后王"的人欲之末。这就明确把损人欲的对象指向后世封建帝王。从这里也可看出,理学家"损人欲以复天理"的"圣人之教"主要是针对封建统治者的,而非一般的民众;理学家反对的只是人欲之末,而非正常的人欲。

从程朱批判佛教的禁欲主义也可看出,理学家并不排斥正常的人欲。程颐说:"佛之所谓世网者,圣人所谓秉彝也。尽去其秉彝,然后为道,佛之所谓至教也,而秉彝终不可得而去也。耳闻目见,饮食男女之欲,喜怒哀乐之变,皆其性之自然。今其言曰:'必尽绝是,然后得天真。'吾多见其丧天真矣。学者戒之谨之,至于自信,然后彼不能乱矣。"① 这里程颐明确将"饮食男女之欲"视为"性之自然",而对佛教将饮食男女之欲"必尽绝是"的禁欲主义则持反对态度,这怎么能说理学的"存天理,去人欲"是"鲜明宗教禁欲主义""坚决主张禁欲复理"呢?朱熹亦说:"夫外物之诱人,莫甚于饮食男女之欲,然推其本,则固亦莫非人之所当有而不能无者。但于其间自有天理人欲之辨,而不可以毫厘差耳,惟其徒有是物而不能察于吾之所以行乎其间者,孰为天理?孰为人欲?是以无以致其克复之功,而物之诱于外者,得以夺乎天理之本然也。今不即物以穷其原,而徒恶物之诱乎己,乃欲一切扦而去之,则是必闭口枵腹,然后可以得饮食之正,绝灭种类,然后可以全夫妇之别也。是虽二氏无君无父之教,有不能充其说者,况乎圣人大中至正之道,而得以此乱之哉。"② 在这里,朱熹明确肯定饮食男女之欲是"人之所当有而不能无者",而批评将饮食男女之欲一切"扦而去之""闭口枵腹"的做法,认为这是"绝灭种类",流于佛老二教,而非圣人大中至正之道。可见理学家的天理人欲之辩是明确肯定人的饮食男女之欲,而反对灭绝人欲的。这出自二程、朱熹等理学家的原话,是最有说服力的。由此可以看出,他们肯定饮食男女之欲是不能灭绝的,其天理也正是建立在对人的饮食男女之欲"即物以穷其原"的基础上,而非建立在灭绝人欲的基础上。理学家反对的只是脱离义理指导的人欲,这是十分明确的。

针对宋哲宗13岁就开始贪恋女色,致使宫女"已有怀娠,将诞育者"③,范祖禹上太皇太后疏云:"皇帝已近女色,后宫将有就馆者。有识闻之,无不寒心。"④ 并上书哲宗直接劝谏云:"今陛下未建中宫,而先近幸左右,好色伐

---

① 程颢、程颐:《二程集》,第1180页。
② 朱熹:《朱熹集》,第234—235页。
③ 范祖禹:《范太史集》,文渊阁四库全书,第1100册,第237页。
④ 范祖禹:《范太史集》,文渊阁四库全书,第1100册,第239页。

性，伤于太早，有损圣德，不益龙体。……今陛下圣学，天下未有所闻，而先以嗜欲闻于天下，此臣之所甚忧也。"[1]要求哲宗皇帝"惟陛下抑情制欲"[2]，好于进德，远于声色，坚决去除和戒止"有损圣德"的私欲好色之举，以避免出现"纪纲坏乱，政事荒僻，使天下以陛下为逸欲之主"[3]的不良局面。说明其"抑情制欲"、去"逸欲"的对象也主要是封建帝王。

宋以来的学者大多将天理人欲对举，重视理而轻视欲。一方面，二程、朱熹等理学家提出"存天理，去人欲"的理欲观，是为了重整儒家纲常，对以皇帝为代表的统治阶级进行必要的道德约束，当然对普通民众也有道德自律的要求，以实现社会治理。另一方面，"存天理，去人欲"并非禁欲主义，这从程朱理学家等的原话中可以看得很清楚，他们是明确反对禁欲主义的。但由于偏重于道德理性的价值，而相对忽视人的自然属性和物质欲望，以致产生弊端。朱熹说："熹窃以谓人欲云者，正天理之反耳。谓因天理而有人欲则可，谓人欲亦是天理则不可。盖天理中本无人欲，惟其流之有差，遂生出人欲来。"[4]他认为人欲与天理相反，天理中本无人欲，并强调"天理人欲，不容并立"[5]，去人欲才能存天理。虽然朱熹也说过"饮食者，天理也；要求美味，人欲也"[6]，但他没有，也不大可能在饮食和要求美味之间划一条明确的界限，所以重理轻欲的思想成为一时之定论。而当程朱理学被定为官学后，统治者进一步强化了理欲的对立，以约束下层百姓，而日益淡化对自身的制约，存理去欲价值观的流弊也日渐显现，影响到社会的进一步发展。

二、"存天理，去人欲"产生的历史背景和原因

"存天理，去人欲"是宋代理学的核心价值观，亦是理学最重要的理论——天理论哲学的基本内涵之一，它的产生有其相应的历史背景。

社会存在决定社会意识，经济关系和政治制度上的变化，使得社会意识形态亦发生相应的变化。鉴于前代失德乱政的恶劣后果，宋朝统治者需要用新的统治思想来维护社会的长治久安，以适应社会变迁和发展的客观需要，于是新

---

[1] 范祖禹：《范太史集》，文渊阁四库全书，第1100册，第237—238页。
[2] 范祖禹：《范太史集》，文渊阁四库全书，第1100册，第239页。
[3] 范祖禹：《范太史集》，文渊阁四库全书，第1100册，第239页。
[4] 朱熹：《朱熹集》，第1890页。
[5] 朱熹：《四书章句集注》，第254页。
[6] 黎靖德编：《朱子语类》，第224页。

的伦理道德规范——"存天理，去人欲"思想便应运而生。

理学兴起于唐宋社会转型时期，当时面临维护社会治理与稳定、儒家伦理价值观念的重建等重大社会问题，总体来看，"存天理，去人欲"思想提出的历史背景和原因主要体现在以下两个方面。

第一，唐宋时期社会变化的客观要求。宋代理学"存天理，去人欲"的思想是对儒学道统论中"从道不从君"、仁义之道高于君主之位思想的继承和发展。二程指出，儒家的伦理纲常之所以在唐代未能起到重要作用，对皇室的约束几乎谈不上，就是因为皇帝凌驾于"天理"之上，不守伦理，纪纲不立，所以导致动乱以至亡国。由此，理学家总结唐王朝的历史教训，提出以"天理"来规范皇帝的行为，限制重臣的权势。二程明确指出："'君仁莫不仁，君义莫不义。'天下之治乱系乎人君仁不仁耳。离是而非，则生于其心，必害于其政。"[①] 如果君心出了问题，背离仁义，不辨是非，必害于政，所以必须把格君心之非当作头等大事："格其非心，使无不正"[②]。为了格君心之非，程颐十分重视帝王讲师的作用。他在任崇政殿说书给哲宗皇帝讲课时，便是通过开导君心来纠正君主不合于"理"的念头，并坚持坐讲于殿上，以示师道尊严。

宋代理学是宋学的主流，宋代理学思潮是继先秦百家争鸣之后出现的中国文化发展的又一次高潮。理学思潮的出现，具有客观的必然性，它既是社会经济、自然科学发展的结果，又是社会政治、历史发展的必然要求，同时亦是中国经学发展到宋代的产物。理学之能够成为思潮，绝不是偶然的现象，也不是一两个或少数思想家的意志所能左右，它植根于深厚的时代土壤之中。我们既不能以理学在今日不合时宜而否定它的历史价值，也不能否定它在定于一尊之后的消极性和局限性。对于理学思想本身的消极因素以及其中包含的合理因素，需要通过认真研究来加以深入总结和批判继承。

宋王朝建立后，加强中央集权制，复兴儒学，重整纲常，以解决尖锐复杂的社会矛盾和社会治理问题；发展社会经济，提高生产力水平，促进自然科学的发展，是社会发展的客观需要。包括理学家在内的宋学学者总结历史经验教训，端正君心，认为唐五代以来社会动乱的根本原因在于统治者私欲泛滥，败坏人伦，皇室宗亲乱伦失德，故而强调维护天理纪纲以端正统治者的本心，自上而下推行仁义纲常，以实现社会治理。

---

① 程颢、程颐：《二程集》，第390页。
② 程颢、程颐：《二程集》，第390页。

宋学学者大多继承了唐代韩愈提倡道统、重整儒学的思想。宋初孙复强调君为臣纲、父为子纲，他说："君不君、臣不臣、父不父、子不子，禽兽之道也，人理灭矣。"[1] 即违背了伦理纲常就是"禽兽之道"，丧失了人之所以为人的道理。他还把"去君臣之礼，绝父子之戚，灭夫妇之义"[2] 称为"异端"邪说，认为它只会祸害天下民众，"以之为国则乱矣，以之使人贼作矣，儒者不以仁义礼乐为心则已，若以为心，则得不鸣鼓而攻之乎"[3]，要求以儒家仁义礼乐为心，对违背三纲的行为"鸣鼓而攻之"。石介继承了韩愈的道统论，提倡以道事君，他说："夫不以尧、舜、禹、汤、文、武、周公之道事其君者，皆左道也。"[4] 又说："人道非它，君臣也，父子也，夫妇也。……夫妇、父子、君臣灭，则人道灭矣。"[5] 强调三纲是人道的准则而不可灭。这是对唐、五代伦常扫地的批判，体现了宋学人物的伦理观，其思想与理学相类。

欧阳修认为社会动乱的主要原因就在于背离了三纲五常之道。他说："五代，干戈贼乱之世也，礼乐崩坏，三纲五常之道绝，而先王之制度文章扫地而尽于是矣。"[6] 又说："君君、臣臣、父父、子子之道乖，而宗庙、朝廷、人鬼皆失其序，斯可谓乱世者欤，自古未之有也。"[7] 欧阳修对以冯道为代表的五代鲜廉寡耻的士风进行了批判，指出："礼义，治人之大法；廉耻，立人之大节。盖不廉则无所不取，不耻则无所不为，人而如此，则祸乱败亡亦无所不至。况为大臣而无所不取、无所不为，则天下其有不乱，国家其有不亡者乎？予读冯道《长乐老叙》，见其自述以为荣，其可谓无廉耻者矣，则天下国家可从而知也。"[8] 冯道自号长乐老。后唐、后晋时历任宰相；契丹灭后晋，又附契丹任太傅；后汉时，任太师；后周时，又任太师、中书令。曾作《长乐老自叙》，历述自己事四朝、相六帝，多朝为官的经历。欧阳修认为，冯道改换门庭，历事多朝，不以为耻，反以为荣，真"可谓无廉耻者"。身为大臣而无廉耻，天下国家岂有不乱不亡之理。后世因冯道历事四朝，对之多有非议。可见以冯道为代表的鲜廉寡耻的士风遭到了宋人的唾弃。

---

[1] 孙复：《世子觐觌论》，《孙明复小集》，文渊阁四库全书，第1090册，第178页。
[2] 孙复：《儒辱》，《孙明复小集》，文渊阁四库全书，第1090册，第176页。
[3] 孙复：《儒辱》，《孙明复小集》，文渊阁四库全书，第1090册，第176页。
[4] 石介：《徂徕石先生文集》，中华书局1984年版，第71页。
[5] 石介：《徂徕石先生文集》，第96页。
[6] 欧阳修：《新五代史》，文渊阁四库全书，第279册，第108页。
[7] 欧阳修：《新五代史》，文渊阁四库全书，第279册，第101页。
[8] 欧阳修：《新五代史》，文渊阁四库全书，第279册，第350页。

现代新儒家代表人物牟宗三也对唐、五代时的世风提出批评，他说："宋兴，则由深深反省自觉，涌出理性，开出中国历史上第二次之文化运动。这是华族自身之文化生命文化理想之复位。民族生命与文化生命又归于一。原宋儒之讲学，一在对唐末五代无廉耻，人不成人而发；一在对佛教而发。"① 这与欧阳修的观点相近。

范祖禹批评唐玄宗纳儿媳寿王妃杨玉环作为自己的贵妃："明皇杀三子，又纳子妇于宫中，……父子夫妇君臣，人之所以立也，三纲绝矣，其何以为天下乎！"吕祖谦注云："君为臣纲，父为子纲，夫为妻纲。"② 可见宋学人物和其中的理学家均以三纲来批判和约束封建帝王的乱伦行为和私欲，认为违背了三纲就会导致天下大乱，造成赤地千里，民不聊生，封建王朝日渐衰落并走向灭亡的恶果。

从这里可以看出，宋学学者和其中的理学家提出重塑社会伦理、抑制私欲的主张，主要是针对封建帝王和上层统治者，而不是下层百姓，其出发点是为了正君心。理学家将其概括提炼为"存天理，去人欲"的命题，这适应了唐宋之际社会变化、治国理政的客观需要，具有一定的历史必然性。至于后世封建统治者将其用来约束下层民众，使之成为套在人民头上的礼教枷锁，无疑是歪曲了思想家提出这一思想的本旨。

理学家对封建统治者有违儒家伦理纲常的失道行为提出严厉的批评，提出系统的"存天理，去人欲"的思想，反映了时代的要求和历史的必然。理学家和宋学学者重视统治阶级内部的儒家纲常伦理法度，这有其深刻的社会根源和历史必然性，从中国封建社会的发展历程看，儒家伦理纲常最大程度适应了中国古代封建社会以血缘宗亲为纽带、注重上下尊卑社会等级的宗法制社会存在和发展的客观需要，这是维护和保持社会稳定，发展经济文化的必要前提。

由此，理学家批评道不行于天下以及与中原儒家文化不同的价值观，并以义理为标准，总结历史教训，明于天理、人欲之分，以规范社会治理秩序，维持社会生活的正常运转。朱熹批评说："尧舜三王周公孔子所传之道，未尝一日得行于天地之间。"③ 针砭统治者未遵行圣人之道，而陷于利欲之中。他强调："《书》曰：'人心惟危，道心惟微，惟精惟一，允执厥中'，圣贤千言万语，只

---

① 牟宗三：《道德的理想主义》，台湾学生书局1992年版，第237页。
② 范祖禹：《唐鉴》，文渊阁四库全书，第685册，第534页。
③ 朱熹：《朱熹集》，第1592页。

是教人明天理、灭人欲。"[1] 此处把道统十六字心传与明天理、灭人欲联系了起来。同时也说明，在当时的历史条件下，道之不行、三纲失序将导致社会不得治理而天下动乱，不仅会动摇封建统治的政治基础，而且也使社会的稳定难以维系，生产力的发展、人民的生命财产也得不到保障。有人褒扬唐朝政治文化的所谓宽容性，认为唐朝在君臣、父子、夫妇之间是相当宽容的，但这种对子杀父、臣弑君、男女无别、人无廉耻、纲纪败坏、荒淫奢侈乱象的所谓"宽容"，并没有带来社会的长治久安和稳定发展，反使得唐王朝日渐衰落，走向灭亡。在这种风气的影响下，五代十国是中国历史上最混乱的时期之一，战乱频仍，人口数量大减，权力之争超乎寻常，不少帝王就是被自己的儿子、家人所杀，严重败坏了社会风气，破坏了社会经济，给百姓生活带来极大的痛苦和灾难。因此，违背社会历史发展的客观规律和价值而谈论政治文化的宽容与否，很难得出正确的结论，也没有什么实际的意义和价值。

质言之，理学"存天理，去人欲"价值观的产生有其多方面的背景和原因，它基本适应了唐宋之际社会变化的客观要求，反映了当时的社会存在，因而具有历史发展的必然性。正因为如此，"存天理，去人欲"的价值观不只是理学家们提倡，而且在宋学学者如"宋初三先生"、欧阳修、范祖禹等人的思想中也多有体现或共识，只不过理学家将其作为自己的核心价值观念而深入阐发罢了。

第二，回应佛老挑战的需要。佛教视人间为苦海，其人生理想是解脱，即通过修持佛法，以超越世俗世界，进入涅槃境界。"佛教对人生和对社会的主张，佛教伦理观念的泛滥，势必对儒家的伦理观念起一种腐蚀、瓦解作用，从而危及儒家的社会理想结构。"[2] 隋唐时期，佛老的势力和影响甚大，由于得到统治者的提倡和支持，曾一度冲击儒学，动摇了儒家文化的主导地位。这一时期佛老盛行，宗教冲击人文，统治者思想失向。佛老提倡超脱人伦，入于寂灭虚空，追求个体超越修炼，不讲社会治理，带来了严重后果。对此，理学家提倡"存天理，去人欲"，强调重建儒家人伦社会秩序。

理学思潮的兴起，经学的理学化，成为中国宋代学术发展的趋势。新儒学者在研治经学阐发义理的过程中，不可避免地要面临三教关系这样一个时代背景，并对隋唐至宋初佛老盛行、冲击儒学的状况做出自己的回应。

需要指出的是，理学家对佛老的批判，虽然也涉及批判佛教的因果报应说

---

[1] 黎靖德编：《朱子语类》，第207页。
[2] 方立天：《中国佛教与传统文化》，上海人民出版社1988年版，第264页。

和道教的长生成仙说，但主要还是批判佛老违背儒家伦理纲常，不讲社会治理，动摇社会稳定的基础。这是对唐、五代佛老盛行，统治思想涣散导致社会大动乱的深刻反思。

理学家提出的存理去欲思想是对佛老挑战的有效回应。佛教禁欲主义是对合理人欲的否定，它提倡出世出家，注重个人修炼，不讲入世主义的社会基础——儒家世俗人伦社会关系，所以被理学家批判是为私而不是为公，违背了三纲五常之天理原则。佛教去天理禁人欲的"异端"思想和行为对社会造成的危害，是理学家所面临的重大社会问题，这个问题如不能妥善解决，也会带来严重后果，会动摇社会稳定和国家长治久安的根基。

由此，程颢、程颐对佛教作了严厉批判，他们抨击佛学："大概且是绝伦类，世上不容有此理。又其言待要出世，出那里去？又其迹须要出家，然则家者，不过君臣、父子、夫妇、兄弟，处此等事，皆以为寄寓，故其为忠孝仁义者，皆以为不得已尔。又要得脱世网，至愚迷者也。"① 他们认为佛教不讲纲常伦理，主张出世出家，对社会造成危害；如果佛教思想泛滥，人人都成佛徒，那么，不仅天下国家将无法治理，而且社会生活及人伦关系也难以维持。他们又批评佛教逃避家庭和世俗社会，不受儒家伦理的约束，不承担家庭、社会责任，以至于无父无君，如此等等。佛教的出世主义遭到了二程的坚决抨击，他们还以天理论批评了佛教以现实世界为幻化的观点，指出："其说始以世界为幻妄，而谓有天宫；后亦以天为幻，卒归之无。佛有发，而僧复毁形；佛有妻子舍之，而僧绝其类。若使人尽为此，则老者何养？幼者何长？以至剪帛为衲，夜食欲省，举事皆反常，不近人情。"② 从二程的批判中可知，佛教以现实世界为幻妄，提出变幻无常的理论，是为其出世主义的行为作论证的。这也是二程批判佛教世界观的基本原因。

二程等理学家对隋唐以来佛老盛行、冲击儒学的积极回应，体现了儒家学说的基本精神和价值取向。他们以复兴儒学为己任，在回应佛老挑战的论争中，批判了佛、道有悖于儒家纲常伦理的教旨教义，以解决唐至五代宗教冲击人文、胡化冲击汉化、道德沦丧和社会动乱等严重社会问题。这是对隋唐以来宗教盛行、儒学地位每况愈下的深刻反思。为了解决社会危机和理论危机，宋代理学家在回应佛老的挑战中，对佛老思想既批判又吸取，逐步发展了儒学的思辨哲

---

① 程颢、程颐：《二程集》，第24页。
② 程颢、程颐：《二程集》，第409页。

学，创造性地提出天理论哲学。而以天理论为基础的"存天理，去人欲"思想即是把宇宙本体论与儒家伦理学紧密结合的伦理政治哲学，是对佛老挑战的回应，基本适应了时代发展的需要，而有别于汉唐儒学。由唐及宋初的佛老盛行，到宋末理学居于社会意识形态领域的主导地位，数百年间，经过一代又一代新儒学者的不懈努力，理学蔚然成为一代学术文化思潮，广泛影响社会，彻底改变了佛老盛行、冲击儒学的局面，形成了以儒学为本位，吸取佛、道思辨哲学的三教融合的中国社会思想文化的基本格局。

三、"存天理，去人欲"的流弊和消极影响

在宋明理学风行数百年的历史背景下来考察"存天理，去人欲"的流弊，可以发现，其中既有统治者的歪曲利用而造成的社会风气，亦有理学家自身理论的偏差，同时也有人们一定的误解误读。其流弊长期存在，因而后世思想家对此进行批判也是必然的。

反思和总结存理去欲观念的影响和流弊，应把天理与人欲结合起来，而不应过分强调一方而忽视另一方。理学"存天理，去人欲"的观念存在着压抑人性的弊端，因而正确的原则应是把道义与人文主义、人性关怀相结合。

由于理学重视人的道德理性，强调道德自律，因而具有相对忽视人的自然属性的特征。理学虽批判佛教的禁欲主义，对人的自然属性并不抹杀，但理学强调和重视的主要是人的道德理性，并将其作为先验的、天赋的人的本质。与此相关，在价值取向上，宋明理学注重价值目标和道德理想的实现，相对轻视物质利益和欲望的满足，这也使之受到了来自不同学派的批评。

客观上讲，理学在历史上有其产生的必然性，它也曾起过积极的作用与影响，但到了宋末及明清时期理学上升为官方意识形态后，"存天理，去人欲"思想被统治阶级歪曲利用和发挥，加之其理论本身的局限性也逐渐显露，造成了一系列流弊，其中包括：重视道义原则，相对忽视人的情感和物质欲望，产生抑制人性的弊端；以内圣修养为重，相对忽视物质利益和社会实践；强调天理至上，相对忽视事功修为，致使"虚意多，实力少"等等。由于理学"存天理，去人欲"观念本身便具有这些弊端因素，加上历代封建统治者的片面歪曲利用，理学在一定程度上逐渐成为束缚人们思想的枷锁。这使它遭到了后世学者的激烈批判，其中最为激烈的莫过于清代的戴震。他批判"后儒以理杀人"，控诉当时统治者以"名教""天理"为借口来残害百姓。他说："宋以来儒者，以己之

意见，硬坐为古贤圣立言之意，而语言文字实未之知。其于天下之事也，以己所谓理强断行之，而事情原委隐曲实未能得，是以大道失而行事乖。……后儒不知情之至于纤微无憾，是谓理，而其所谓理者，同于酷吏之所谓法。酷吏以法杀人，后儒以理杀人，浸浸乎舍法而论理死矣，更无可救矣！"[①] 戴震用"理者存乎欲"的命题批判了"存天理，去人欲"的理欲观，对封建统治者和"后儒"的弊害提出抗议，表达了同情人民的愿望，这值得肯定。但对戴震的批判也要加以分析，戴震抓住了二程理欲观灭私欲的一面，而未看到二程肯定客观物质欲求的一面，并把后儒的流弊及统治者压制民众的人欲归之于宋儒的理欲观，这说明他对二程及宋儒理欲之辩的完整含义未能全面理解。张岱年先生在《中国哲学大纲》中指出："道学家之排斥人欲，其实并不是否认一切欲望，而是将最基本的欲提出不名为欲；将欲之一词，专限于非基本的有私意的欲。"[②] 他认为理学家的去人欲是指排斥私欲，而非否认一切欲望，这是需要人们注意把握的。

理学家继承儒学道统论"从道不从君"的传统，以"天理"为至上，其中隐含着与封建君主君权至上观念的冲突，朱熹本人就曾明确批评宋宁宗"独断"。宋以后的封建统治者一步步削弱"存天理，去人欲"原则对自己的约束，而一步步加深对老百姓的约束，使之成为束缚下层民众的礼教枷锁，造成了不少人间灾难，这已经违背了思想家的初心和本意。

四、结语

通过对"存天理，去人欲"理论本身的针对性和主要内容的分析，将其放在唐宋社会转型时期的历史背景下来考察和评价，可以看出其所具有的时代价值和一定的社会积极作用。面对唐、五代时期朝纲紊乱与"人欲横流"的社会环境，理学家提倡以理节欲，是为了遏止和反对统治者的特权，是以理抗势，从道不从君。它有利于纠正统治阶级失德乱政、恣情纵欲的时弊，并重塑儒家伦理，维护社会的长治久安。朱熹上书宋孝宗云："一念之萌，则必谨而察之：此为天理耶？为人欲耶？果天理也，则敬以扩之，而不使其少有壅阏；果人欲也，则敬以克之，而不使其少有凝滞。"[③] 因此，宋儒"存天理，去人欲"的理

---

① 戴震：《戴震集》，上海古籍出版社1980年版，第187—188页。
② 张岱年：《中国哲学大纲》，中国社会科学出版社1982年版，第458页。
③ 朱熹：《朱熹集》，第542页。

论从时代性上看，具有纠正唐宋统治者人欲横流导致社会失序的价值；从思想家的理论主张和社会实践上来看，亦具有克服统治阶级私欲膨胀的价值。因此，它对于治国理政、维护社会长治久安和稳定发展均具有重要意义。

撇开封建统治阶级的歪曲利用等因素，便会发现理学家所讲的"去人欲"实指"去私欲"，即去除人心中不合"理"的过分的私欲，并非如传统观点认为的"去人欲"就是灭绝人的一切欲望。从理学家对佛教禁欲主义的批评和对合理客观物质欲望的肯定来看，理学家的本意不是"以理杀人"。但"存天理，去人欲"思想流传到明清时期，由于自身理论的局限以及为统治阶级所曲解利用，产生了对民众客观物质欲望的抑制、对女性的过分约束、对社会经济和生产力进一步发展的阻碍以及对封建专制主义的固化等流弊，造成了严重的负面影响。

因此，对宋代理学"存天理，去人欲"思想及其影响应当一分为二地看待，这一思想既存在着应该克服和批判的流弊与消极影响，又有其产生的必然性和积极的社会作用，对于保存和发扬在"天理"内涵中蕴藏着的中华民族精神具有重要意义，而存理去欲与重义轻利、尊公轻私在逻辑上是一致的，所以不应全然否定。

以史为鉴，古为今用，需要我们更好地挖掘优秀传统文化的现代价值。联系当今现实，在某些领域出现了道德失范、私欲膨胀的现象，个人主义、享乐主义、奢靡之风也正影响着一些人的价值观。宋代理学"存天理，去人欲"的理欲观倡导以理节欲、尊公轻私、重义轻利，其合理内核转化到现代社会中，可发挥其独特的现代价值，正如陈来先生所说："在任何社会，被社会肯定为正面原则的伦理价值体系中，'理'总是对于'欲'有优先性，而鼓吹感性法则的主张永远不会成为一个伟大民族的精神传统。"[1]

原载《哲学研究》2019 年第 8 期

---

[1] 陈来：《宋明理学》，生活·读书·新知三联书店 2011 年版，第 8 页。

参考文献

一、古籍

阮元校刻：《十三经注疏》，中华书局 1980 年版。
李学勤主编：《十三经注疏》，北京大学出版社 1999 年版。
《大正新修大藏经》，新竹佛陀教育基金会出版部 1990 年版。
《道藏》，文物出版社、上海书店、天津古籍出版社 1988 年版。
陆德明：《经典释文》，中华书局 1983 年版。
陆淳著，柴可辅点校：《春秋集传微旨》，上海古籍出版社 2019 年版。
李鼎祚著，王丰先点校：《周易集解》，中华书局 2016 年版。
韩愈著，马其昶校注，马茂元整理：《韩昌黎文集校注》，上海古籍出版社 1986 年版。
李翱：《李文公集》，《四库唐人文集丛刊》，上海古籍出版社 1993 年版。
皮日休著，萧涤非、郑庆笃整理：《皮子文薮》，上海古籍出版社 1981 年版。
柳宗元：《柳河东集》，上海古籍出版社 2008 年版。
刘禹锡著，瞿蜕园笺证：《刘禹锡集笺证》，上海古籍出版社 1989 年版。
柳开撰，李可风点校：《柳开集》，中华书局 2015 年版。
范仲淹撰，李勇先等点校：《范仲淹全集》，中华书局 2020 年版。
胡瑗：《周易口义》，吉林出版集团 2005 年版。
孙复：《孙明复小集》，文渊阁四库全书，台湾商务印书馆 1986 年版。
石介著，陈植锷点校：《徂徕石先生文集》，中华书局 1984 年版。
刘敞：《春秋刘氏传》，《春秋权衡》，吉林出版集团 2005 年版。
邵雍著，郭彧整理：《邵雍集》，中华书局 2010 年版。
周敦颐著，周文英主编：《周敦颐全书》，江西教育出版社 1993 年版。
张载著，章锡琛点校：《张载集》，中华书局 1978 年版。
王安石：《临川先生文集》，中华书局 1959 年版。
司马光：《增广司马温公全集》，广西师范大学出版社 2020 年版。

程颢、程颐著，王孝鱼点校：《二程集》，中华书局1981年版。

苏洵、苏轼、苏辙著，曾枣庄、舒大刚主编：《三苏全书》，语文出版社2001年版。

杨时撰，林海权校理：《杨时集》，中华书局2018年版。

胡宏著，吴仁华点校：《胡宏集》，中华书局1987年版。

朱熹著，朱杰人、严佐之、刘永翔主编：《朱子全书》，上海古籍出版社、安徽教育出版社2002年版。

朱熹：《四书章句集注》，中华书局1983年版。

朱熹著，郭齐、尹波点校：《朱熹集》，四川教育出版社1996年版。

黎靖德编：《朱子语类》，中华书局1986年版。

吕祖谦撰，黄灵庚等编：《吕祖谦全集》，浙江古籍出版社2008年版。

张栻著，杨世文、王蓉贵校点：《张栻全集》，长春出版社1999年版。

陆九渊著，钟哲点校：《陆九渊集》，中华书局1980年版。

陈亮著，邓广铭点校：《陈亮集增订本》，中华书局1987年版。

叶适著，刘公纯、王孝鱼、李哲夫点校：《叶适集》，中华书局1961年版。

叶适：《习学记言序目》，中华书局1977年版。

王应麟：《玉海》，广陵书社2016年版。

陈淳著，熊国祯、高流水点校：《北溪字义》，中华书局1983年版。

魏了翁：《鹤山集》，文渊阁四库全书，台湾商务印书馆1986年版。

晁公武著，孙猛校证：《郡斋读书志校证》，上海古籍出版社2011年版。

陈振孙撰，徐小蛮、顾美华点校：《直斋书录解题》，上海古籍出版社2015年版。

脱脱等：《宋史》，中华书局1977年版。

马端临：《文献通考》，浙江古籍出版社2007年版。

吴澄：《吴文正集》，文渊阁四库全书，台湾商务印书馆1986年版。

曹端著，王秉伦点校：《曹端集》，中华书局2003年版。

陈献章著，孙通海点校：《陈献章集》，中华书局1987年版。

王阳明著，吴光、钱明、董平、姚延福编校：《王阳明全集》，上海古籍出版社1992年版。

罗钦顺著，阎韬点校：《困知记》，中华书局1990年版。

王廷相著，王孝鱼点校：《王廷相集》，中华书局1989年版。

焦竑撰，李剑雄点校：《澹园集》，中华书局1999年版。

湛若水：《格物通》，文渊阁四库全书，台湾商务印书馆 1986 年版。

湛若水：《甘泉文集》，清同治五年资政堂刻《甘泉全集》本。

邹守益著，董平编：《邹守益集》，凤凰出版社 2007 年版。

徐爱、钱德洪、董沄著，钱明编校：《徐爱　钱德洪　董沄集》，凤凰出版社 2007 年版。

聂豹著，吴可为编校：《聂豹集》，凤凰出版社 2007 年版。

欧阳德著，陈永革编校：《欧阳德集》，凤凰出版社 2007 年版。

王畿著，吴震校：《王畿集》，凤凰出版社 2007 年版。

罗洪先著，徐儒宗编校：《罗洪先集》，凤凰出版社 2007 年版。

黄绾撰，张宏敏编校：《黄绾集》，上海古籍出版社 2020 年版。

罗汝芳著，方祖猷等整理：《罗汝芳集》，凤凰出版社 2007 年版。

周汝登：《圣学宗传》，《续修四库全书》，上海古籍出版社 2002 年版。

过庭训：《圣学嫡派》，《四库全书存目丛书》，齐鲁书社 1997 年版。

冯从吾撰，陈俊民、徐兴海整理：《关学编》，中华书局 1987 年版。

李贽撰，张建业主编：《李贽全集注》，社会科学文献出版社 2010 年版。

王夫之：《船山全书》，岳麓书社 2011 年版。

刘宗周撰，吴光主编：《刘宗周全集》，浙江古籍出版社 2012 年版。

颜元著，王星贤等点校：《颜元集》，中华书局 1987 年版。

孙奇逢撰，万红点校：《理学宗传》，凤凰出版社 2015 年版。

黄宗羲著，全祖望补：《宋元学案》，中华书局 1986 年版。

陈确：《陈确集》，中华书局 2009 年版。

黄宗羲：《明儒学案》，中华书局 1985 年版。

顾炎武：《顾亭林诗文集》，中华书局 1983 年版。

魏裔介：《圣学知统录》，《四库全书存目丛书》，齐鲁书社 1997 年版。

费密：《弘道书》，1920 年怡兰堂丛书本。

朱彝尊：《经义考》，《四部备要》缩印本，中华书局 1998 年版。

马国翰：《玉函山房辑佚书》（影印本），广陵书社 2004 年版。

熊赐履：《学统》，商务印书馆 1937 年版。

万斯同：《儒林宗派》，广文书局 1971 年版。

张伯行：《道统录》，中华书局 1985 年版。

戴震著，杨应芹、诸伟奇主编：《戴震全书》，黄山书社 2010 年版。

李道平撰，潘雨廷点校：《周易集解纂疏》，中华书局 1994 年版。

刘宝楠撰，高流水点校：《论语正义》，中华书局1990年版。
孙星衍著，陈沆校：《尚书今古文注疏》，中华书局1986年版。
皮锡瑞：《经学通论》，中华书局1954年版。
皮锡瑞著，周予同注释：《经学历史》，中华书局1959年版。

二、现代研究著述

〔美〕艾尔曼：《从理学到朴学：中华帝国晚期思想与社会变化面面观》，江苏人民出版社2012年版。
〔美〕包弼德著，刘宁译：《斯文：唐宋思想的转型》，江苏人民出版社2017年版。
〔美〕包弼德著，王昌伟译：《历史上的理学》，浙江大学出版社2009年版。
蔡方鹿：《朱熹经学与中国经学》，人民出版社2004年版。
蔡方鹿：《中国经学与宋明理学研究》，人民出版社2011年版。
蔡仁厚：《宋明理学（北宋篇）》，台湾学生书局1977年版。
蔡仁厚：《宋明理学（南宋篇）》，台湾学生书局1980年版。
陈来：《宋明理学》，辽宁教育出版社1991年版。
陈来：《朱子哲学研究》，华东师范大学出版社2000年版。
陈来：《有无之境》，北京大学出版社2013年版。
陈来：《诠释与重建》，生活·读书·新知三联书店2010年版。
陈钟凡：《两宋思想述评》，东方出版社1996年版。
陈植锷：《北宋文化史述论》，中国社会科学出版社1992年版。
陈其泰、郭伟川、周少川编：《二十世纪中国礼学研究论集》，学苑出版社1998年版。
〔美〕陈荣捷：《宋明理学之概念与历史》，台北达雯印刷有限公司1996年版。
〔美〕陈荣捷：《朱子新探索》，台湾学生书局1988年版。
〔美〕成中英主编：《本体与诠释》，生活·读书·新知三联书店2000年版。
〔日〕岛田虔次：《中国思想史研究》，上海古籍出版社2009年版。
〔日〕岛田虔次：《朱子学与阳明学》，陕西师范大学出版社1986年版。
〔日〕岛田虔次：《中国近代思维的挫折》，江苏人民出版社2017年版。
邓艾民：《朱熹王守仁哲学研究》，华东师范大学出版社1989年版。

丁为祥：《虚气相即——张载哲学体系及其定位》，人民出版社2000年版。

丁为祥：《学术性格与思想谱系——朱子的哲学视野及其历史影响的发生学考察》，人民出版社2012年版。

董平：《王阳明的生活世界》，中国人民大学出版社2009年版。

董平、刘宏章：《陈亮评传》，南京大学出版社2011年版。

杜维明：《青年王阳明》，生活·读书·新知三联书店2013年版。

方立天：《中国佛教哲学要义（上下卷）》，中国人民大学出版社2002年版。

方克立：《中国哲学史上的知行观》，人民出版社1982年版。

冯契：《中国古代哲学的逻辑发展》，东方出版中心2009年版。

冯友兰：《中国哲学史新编》，人民出版社1998年版。

冯友兰：《三松堂全集》，中华书局2014年版。

〔日〕冈田武彦：《王阳明与明末儒学》，上海古籍出版社2000年版。

〔日〕高畑常信：《宋代湖南学研究》，秋山书店1996年版。

〔美〕葛艾儒：《张载的思想》，上海古籍出版社2010年版。

葛荣晋：《中国哲学范畴史》，黑龙江人民出版社1987年版。

〔英〕葛瑞汉：《中国的两位哲学家：二程兄弟的新儒学》，大象出版社2000年版。

古清美：《明代理学论文集》，台湾大安出版社1990年版。

郭齐：《朱熹诗词编年笺注》（上下），巴蜀书社2000年版。

郭齐：《朱子学新探》，四川大学出版社2008年版。

郭齐勇主编：《儒家文化研究（第四辑）：心性论研究专号》，生活·读书·新知三联书店2012年版。

郭晓东：《识仁与定性：工夫论视域下的程明道哲学研究》，复旦大学出版社2006年版。

顾宏义：《宋代〈四书〉文献论考》，上海古籍出版社2014年版。

何俊：《南宋儒学建构》，上海人民出版社2013年版。

侯外庐等主编：《宋明理学史》（上下卷），人民出版社1984、1987年版。

黄进兴：《从理学到伦理学》，中华书局2014年版。

〔日〕荒木见悟：《明末清初的思想与佛教》，上海古籍出版社2010年版。

〔日〕荒木见悟：《佛教与儒教》，中州古籍出版社2001年版。

姜广辉：《理学与中国文化》，上海人民出版社1994年版。

姜广辉主编：《中国经学思想史》，中国社会科学出版社2003年版。

蒋伯潜、蒋祖怡：《经与经学》，上海书店出版社 1997 年版。

蒋秋华、冯晓庭主编：《宋代经学国际研讨会论文集》，台北"中央"研究院中国文哲研究所筹备处 2006 年版。

李承贵：《儒士视域中的佛教：宋代儒士佛教观研究》，宗教文化出版社 2007 年版。

李存山：《中国气论探源与发微》，中国社会科学出版社 1990 年版。

李存山：《气论与仁学》，中州古籍出版社 2009 年版。

李华瑞：《"唐宋变革"论的由来与发展》，天津古籍出版社 2010 年版。

李祥俊：《道通于一——北宋哲学思潮研究》，北京师范大学出版社 2006 年版。

李宗桂：《中国文化导论》，广东人民出版社 2002 年版。

梁庚尧：《宋代科举社会》，东方出版中心有限公司 2017 年版。

梁漱溟：《中国文化要义》，学林出版社 1987 年版。

梁涛：《儒家道统说新探》，华东师范大学出版社 2013 年版。

林乐昌：《正蒙合校集释》，中华书局 2010 年版。

林乐昌：《张载理学与文献探研》，人民出版社 2016 年版。

林庆彰：《清初的群经辨伪学》，台北文津出版社 1990 年版。

林庆彰、蒋秋华主编：《明代经学国际研讨会论文集》，台北"中央"研究院中国文哲研究所筹备处 1996 年版。

刘丰：《北宋礼学研究》，中国社会科学出版社 2016 年版。

刘起釪：《尚书学史（订补修订本）》，中华书局 2017 年版。

刘述先：《朱子哲学思想的发展与完成》，吉林出版集团有限责任公司 2015 年版。

〔美〕刘子健：《中国转向内在：两宋之际的文化转向》，江苏人民出版社 2002 年版。

卢国龙：《宋儒微言》，华夏出版社 2001 年版。

陆玉林：《陆九渊评传：本心的震荡》，广西教育出版社 1996 年版。

吕思勉：《理学纲要》，上海书店 1988 年版。

蒙培元：《中国心性论》，台湾学生书局 1990 年版。

蒙培元：《理学范畴系统》，人民出版社 1989 年版。

蒙培元：《理学的演变》，福建人民出版社 1984 年版。

牟宗三：《心体与性体》，台北正中书局 1990 年版。

牟宗三：《从陆象山到刘蕺山》，吉林出版集团有限责任公司 2010 年版。

潘富恩、徐洪兴主编：《中国理学》（1—4 卷），东方出版中心 2002 年版。

彭国翔：《良知学的展开》，生活·读书·新知三联书店 2005 年版。

彭永捷：《朱陆之辩：朱熹陆九渊哲学比较研究》，人民出版社 2002 年版。

漆侠：《宋学的发展和演变》，河北人民出版社 2002 年版。

钱穆：《宋明理学概述》，台湾学生书局 1977 年版。

钱穆：《朱子新学案》，巴蜀书社 1986 年版。

钱新祖：《焦竑与晚明新儒思想的重构》，台湾大学出版中心 2014 年版。

卿希泰主编：《中国道教史（四卷本）》，四川人民出版社 1995 年版。

任继愈主编：《中国哲学发展史》，人民出版社 1998 年版。

任继愈主编：《中国道教史》，上海人民出版社 1990 年版。

石训等著：《中国宋代哲学》，河南人民出版社 1992 年版。

束景南：《朱熹佚文辑考》，江苏古籍出版社 1991 年版。

束景南：《朱子大传："性"的救赎之路》，复旦大学出版社 2016 年版。

束景南：《阳明大传："心"的救赎之路》，复旦大学出版社 2020 年版。

束景南：《朱熹年谱长编》（上下），华东师范大学出版社 2001 年版。

孙振青：《宋明道学》，台北千华出版公司 1986 年版。

〔美〕田浩：《功利主义儒家》，江苏人民出版社 1997 年版。

〔美〕田浩：《朱熹的思维世界》，江苏人民出版社 2009 年版。

王铁：《宋代易学》，上海古籍出版社 2005 年版。

王曾瑜：《宋朝阶级结构》，中国人民大学出版社 2010 年版。

吴根友：《中国现代价值观的初生历程：从李贽到戴震》，武汉大学出版社 2004 年版。

吴国武：《经术与性理：北宋儒学转型考论》，学苑出版社 2009 年版。

吴雁南、秦学颀、李禹阶主编：《中国经学史》，福建人民出版社 2001 年版。

吴震：《阳明后学研究》（增订本），上海人民出版社 2016 年版。

吴震、〔日〕吾妻重二编：《思想与文献：日本学者宋明儒学研究》，华东师范大学出版社 2010 年版。

〔日〕吾妻重二：《朱子学的新研究 —— 近世士大夫思想的展开》，商务印书馆 2017 年版。

夏传才：《十三经概论》，天津人民出版社 1998 年版。

向世陵：《理气性心之间 —— 宋明理学的分系与四系》，湖南大学出版社

2006 年版。

肖永明：《宋代〈四书〉学与理学》，中华书局 2009 年版。

熊十力：《熊十力全集》，湖北教育出版社 2001 年版。

徐复观：《中国人性论史》，华东师范大学出版社 2005 年版。

徐复观：《徐复观论经学史二种》，上海书店出版社 2002 年版。

徐洪兴：《思想的转型——理学发生过程研究》，上海人民出版社 1996 年版。

徐远和：《洛学源流》，齐鲁书社 1987 年版。

徐远和：《理学与元代社会》，人民出版社 1992 年版。

严正：《五经哲学及其文化学的阐释》，齐鲁书社 2001 年版。

杨国荣：《心学之思》，生活·读书·新知三联书店 1997 年版。

杨国荣：《王学通论》，华东师范大学出版社 2003 年版。

杨晋龙主编：《元代经学国际研讨会论文集》，台北"中央"研究院中国文哲研究所筹备处 2000 年版。

杨立华：《宋明理学十五讲》，北京大学出版社 2015 年版。

杨立华：《气本与神化：张载哲学述论》，北京大学出版社 2008 年版。

杨世文：《走出汉学：宋代经典辨疑思潮研究》，四川大学出版社 2008 年版。

杨绪敏：《中国辨伪学史》，天津人民出版社 1999 年版。

杨柱才：《道学宗主：周敦颐哲学思想研究》，人民出版社 2004 年版。

姚瀛艇主编：《宋代文化史》，河南大学出版社 1992 年版。

余敦康：《内圣外王的贯通——北宋易学的现代阐释》，学林出版社 1997 年版。

余敦康：《魏晋玄学史》，北京大学出版社 2004 年版。

余英时：《朱熹的历史世界：宋代士大夫政治文化的研究》，生活·读书·新知三联书店 2011 年版。

袁征：《宋代教育》，广东高等教育出版社 1991 年版。

张岱年：《中国哲学大纲》，中国社会科学出版社 1982 年版。

张岱年：《中国哲学史方法论发凡》，中华书局 1983 年版。

张立文：《宋明理学研究》，中国人民大学出版社 1985 年版。

张立文：《朱熹思想研究》，中国社会科学出版社 1994 年版。

张立文：《心学之路：陆九渊思想研究》，人民出版社 2008 年版。

张立文：《正学与开新：王船山哲学思想》，人民出版社 2001 年版。

张立文：《中国哲学思潮发展史》，人民出版社 2014 年版。

张其凡：《宋代史》，澳亚周刊出版有限公司 2004 年版。

张学智：《明代哲学史》（修订版），中国人民大学出版社 2012 年版。

章权才：《宋明经学史》，广东人民出版社 1999 年版。

曾亦、郭晓东：《宋明理学》，南京大学出版社 2009 年版。

郑晓江主编：《六经注我：象山学术及江右思想家研究》，社会科学文献出版社 2006 年版。

《中国哲学》编辑部、国际儒联学术委员会合编：《经学今诠初编》，《中国哲学》第二十二辑，辽宁教育出版社 2000 年版。

《中国哲学》编辑部、国际儒联学术委员会合编：《经学今诠续编》，《中国哲学》第二十三辑，辽宁教育出版社 2001 年版。

《中国哲学》编辑部编：《经学今诠三编》，《中国哲学》第二十四辑，辽宁教育出版社 2002 年版。

中国哲学史学会、浙江省社会科学研究所编：《论宋明理学》，浙江人民出版社 1983 年版。

周予同：《周予同经学史论著选集》，上海人民出版社 1996 年版。

朱伯崑：《易学哲学史》，华夏出版社 1994 年版。

朱伯崑：《朱伯崑论著》，沈阳出版社 1998 年版。

朱汉民：《宋明理学通论》，湖南教育出版社 2000 年版。

朱汉民：《玄学与理学的学术思想理路研究》，中国社会科学出版社 2012 年版。

朱瑞熙：《宋代社会研究》，中州书画社 1983 年版。

朱维铮：《中国经学史十讲》，复旦大学出版社 2002 年版。

三、现代研究论文

蔡方鹿：《注经与哲学——朱熹经学对中国传统哲学的发展》，《哲学研究》2003 年第 3 期。

蔡方鹿：《论汉学、宋学经典诠释之不同》，《哲学研究》2008 年第 1 期。

蔡家和：《宋明理学对"太极"诠释的发展》，《中共宁波市委党校学报》2017 年第 3 期。

蔡仁厚：《宋明理学与当代新儒家的对比及其前瞻》，《南昌大学学报（人文社会科学版）》2004 年第 2 期。

常新：《李二曲"心体"论诸说——从对朱子理学与阳明心学的融摄说起》，《中国哲学史》2015 年第 2 期。

陈畅：《宋明理学中的研几义蕴——以朱子、白沙、阳明后学、蕺山为线索》，《思想与文化》2014 年第 1 期。

陈代湘：《罗钦顺与王阳明学术论辩述评》，《湘潭大学学报（哲学社会科学版）》2010 年第 6 期。

陈代湘：《论胡宏的性善恶论及其理欲观》，《哲学研究》2012 年第 5 期。

陈居渊：《清代"乾嘉新义理学"探究》，《求索》2003 年第 5 期。

陈俊民：《张载关学研究一世间的探索与突破——写在〈关学经典集成〉出版之际》，《中国哲学史》2020 年第 4 期。

陈来：《宋代理学话语的形成》，《河北学刊》2008 年第 1 期。

陈来：《重新理解船山学与宋明理学的关联》，《船山学刊》2009 年第 3 期。

陈立胜：《宋明理学如何谈论"因果报应"》，《中国文化》2020 年第 1 期。

陈乔见：《王阳明批评朱子"外心以求理"的得与失》，《浙江社会科学》2020 年第 8 期。

陈㴘：《从司马承祯、王玄览看唐代道教对宋明理学的影响》，《宗教学研究》1988 年第 4 期。

陈卫平：《王学对明清之际西学的接应及其意义》，《贵州文史丛刊》2016 年第 1 期。

陈赟：《在合理性与可欲性之间：儒家思想中善的观念——以戴震为中心的考察》，《孔子研究》2000 年第 6 期。

陈祖武：《论清初的朱子学》，《朱子学新论——纪念朱熹诞辰 860 周年国际学术会议论文集》，1990 年。

成中英：《"理一分殊"的本体诠释：兼论经学的本体学性质》，《深圳大学学报（人文社会科学版）》2015 年第 4 期。

崔大华：《理学衰落的两个理论因素》，《哲学研究》1989 年第 3 期。

崔珍晳：《重玄学与宋明理学——以重玄学、华严宗以及程朱理学之间的比较为中心》，《世界宗教研究》2000 年第 4 期。

丁成际、李波：《明代桐城理学》，《中国哲学史》2010 年第 4 期。

丁为祥：《从"虚气相即"到"知行合一"——宋明理学"天人合一"主题的展开、落实及其指向》，《学术月刊》2020 年第 10 期。

董根洪：《论胡适的宋明理学观》，《江淮论坛》1995 年第 6 期。

董平：《顾炎武与清代学术之转向》，《学海》2010年第2期。

杜维明：《宋明儒学的中心课题》，《天府新论》1996年第2期。

方克立：《现代新儒学的产生、发展及其基本特征》，《实事求是》1988年第6期。

方遥：《清初朱子学对于王学心性论的融摄——以李光地理学思想为中心的考察》，《文史》2017年第3期。

冯契：《论黄宗羲的"工夫所至即是本体"说》，《浙江学刊》1985年第2期。

冯契：《王阳明在中国哲学史上的地位》，《浙江学刊》1989年第4期。

冯天瑜：《明代理学流变考》，《社会科学战线》1984年第2期。

高海波：《宋明理学从二元论到一元论的转变——以理气论、人性论为例》，《哲学动态》2015年第12期。

高建立：《论宋初"三先生"对理学的开启作用》，《北京大学学报（哲学社会科学版）》2006年第1期。

高令印：《台湾学术界研究宋明理学的概况》，《福建论坛》1982年第6期。

葛焕礼：《石介儒学思想析论》，《东岳论丛》2003年第3期。

葛荣晋：《宋明理学与近代新学之间的桥梁——明清实学》，《文史知识》1988年第6期。

龚书铎：《清代理学的几个问题》，《传统思想的近代转换》2007年6月。

谷方：《中国哲学史上"反理学的斗争"质疑——兼论研究中国传统文化的原则和方法》，《哲学研究》1990年第2期。

郭齐勇：《朱熹与王夫之的性情论之比较》，《文史哲》2001年第3期。

郭晓东：《道学谱系下的张横渠"气"论研究》，《复旦学报（社会科学版）》2006年第5期。

郭晓东：《论司马光对〈中庸〉"性"与"诚"的诠释：从经学史与道学史的双重脉络考察》，《复旦学报（社会科学版）》2010年第5期。

黄永年：《论韩愈在中国思想史上的地位》，《陕西师范大学学报（哲学社会科学版）》1996年第1期。

黄富荣：《从近年对宋初三先生的研究谈到三先生对宋代理学的影响》，《中国文化研究所学报》1991年第22期。

何俊：《宋学：认知的对象与维度》，《历史研究》2009年第6期。

何兆武：《从宋初三先生看理学的经院哲学实质》，《晋阳学刊》1989年第6期。

何兆武：《宋代理学和宋初三先生》，《史学集刊》1989 年第 3 期。

荒木见悟、李凤全：《心学与理学》，《复旦学报（社会科学版）》1998 年第 5 期。

姜广辉：《论宋明理学与经学的关系》，《湖南大学学报（社会科学版）》2004 年第 5 期。

姜海军：《吕祖谦的经学传承、诠释方法与思想探析》，《宋史研究论丛》2017 年第 2 期。

金春峰：《宋明理学若干特性的再认识》，《陕西师范大学学报（哲学社会科学版）》2008 年第 4 期。

〔日〕井泽耕一：《从南宋到明代初期的朱子学"官学化"——从科举、孔庙祭祀制度改革的视点》，《人文与价值——朱子学国际学术研讨会暨朱子诞辰 880 周年纪念会论文集》，华东师范大学出版社 2011 年版。

康中乾：《论宋明理学的逻辑发展》，《人文杂志》1994 年第 2 期。

孔令宏：《道家、道教与宋明理学的关系研究述要》，《河北学刊》1998 年第 3 期。

乐爱国：《现代朱子哲学研究述评——以冯友兰、唐君毅、牟宗三、钱穆为中心》，《桂海论丛》2016 年第 4 期。

李承贵：《宋明新儒学"儒佛合一"说之检讨——兼论思想的兼容与创新》，《天津社会科学》2005 年第 3 期。

李畅然：《戴震〈孟子字义疏证〉三书理学史料来源初考》，《中山大学学报（社会科学版）》2016 年第 1 期。

李存山：《范仲淹与宋代新儒学》，《湖南大学学报（社会科学版）》2008 年第 1 期。

李存山：《宋代的"新儒学"与"理学"》，《中原文化研究》2019 年第 2 期。

李锦全：《岭南江门学派在宋明理学及中国传统文化中的历史地位》，《孔子研究》1994 年第 3 期。

李景林：《儒学心性概念的本体化——周濂溪对于宋明理学的开创之功》，《北京师范大学学报（社会科学版）》2004 年第 6 期。

李祥俊：《王安石的经学观与经学解释学》，《中国哲学史》2002 年第 4 期。

李敬峰：《明代朱子学的羽翼、修正与转向——以吕柟〈四书因问〉为中心》，《中国哲学史》2019 年第 3 期。

李靖新弘：《"阳明学"对"朱子学"的批判性发展——以"格物致知"为

中心》,《朱子学刊》2015 年第 2 期。

李泽厚:《宋明理学片论》,《中国社会科学》1982 年第 1 期。

连凡:《清儒黄百家对宋明理学的批判与继承——以〈宋元学案〉为中心》,《华侨大学学报(哲学社会科学版)》2017 年第 4 期。

刘述先、拉措:《有关宋明儒对于"心"、"性"、"理"的了解之反思》,《西北民族大学学报(哲学社会科学版)》1992 年第 2 期。

刘述先:《理学殿军——黄宗羲》,《浙江学刊》1995 年第 5 期。

刘述先:《道统的建构与朱子在宋明理学中地位的衡定》,《朱子学刊》2009 年。

刘雄伟:《"六经皆史"说的理学渊源及其意蕴》,《史学集刊》2016 年第 1 期。

刘毓庆:《从经学到文学——论明代"〈诗经〉学"的历史贡献》,《文学遗产》2002 年第 5 期。

柳仁熙、柳顺姬:《展望程朱理学与东亚哲学的前景——理气决是二物与理先气后的现代意义》,《国际儒学研究(第八辑)》1999 年。

林庆彰:《明末清初经学研究的回归原典运动》,《孔子研究》1989 年第 2 期。

林月惠:《从宋明理学的"性情论"考察刘蕺山对〈中庸〉"喜怒哀乐"的诠释》,《中国文哲研究集刊》2004 年。

卢钟锋:《论〈宋元学案〉〈明儒学案〉的理学史观点》,《孔子研究》1987 年第 2 期。

路新生:《理学开新:〈近思录〉的编纂及其内在逻辑理念》,《华东师范大学学报(哲学社会科学版)》2015 年第 6 期。

马晓英:《文本、宗旨与格物之争——明代〈大学〉诠释的几个问题》,《哲学动态》2013 年第 11 期。

马昕:《重评〈子贡诗传〉、〈申培诗说〉的造伪与辨伪——以明代中晚期的经学复古运动为背景》,《儒家典籍与思想研究》2012 年。

蒙培元:《论朱熹理学向王阳明心学的演变》,《哲学研究》1983 年第 6 期。

蒙培元:《朱熹关于世界的统一性与多样性——"理一分殊说"》,《北京大学学报(哲学社会科学版)》2008 年第 3 期。

彭国翔:《从出土文献看宋明理学与先秦儒学的连贯性——郭店与上博儒家文献的启示》,《中国社会科学》2007 年第 4 期。

漆永祥:《乾嘉考据学新论》,《北京大学学报(哲学社会科学版)》2013 年第 3 期。

任锋：《政治思想史家的道与术：宋代理学领域的省思——兼论思想传统研究与社会转型之关系》，《中国社会历史评论》2008 年。

桑兵：《理学与经学的关联及分别》，《史学月刊》2020 年第 5 期。

〔日〕深泽助雄：《日本学术界有关宋明理学研究概况》，《浙江学刊》1981 年第 2 期。

盛珂：《经学与理学之间的戴震》，《哲学研究》2018 年第 8 期。

孙旭红：《宋代理学与〈春秋〉学》，《北方论丛》2010 年第 1 期。

向世陵：《宋代理学本体论的创立——从"继善成性"和"性善"说起》，《河北学刊》2008 年第 1 期。

向世陵：《王夫之对理学诸命题的总结》，《哲学研究》2006 年第 10 期。

谢晓东：《宋明理学中的道心人心问题——心学与朱熹的思想比较》，《厦门大学学报（哲学社会科学版）》2009 年第 6 期。

王葆玹：《试论张载的易学体系及其与礼学的关系》，《"张载关学与实学"国际研讨会论文集》，1999 年。

王凤贤：《从"浙东学派"看心学思潮的社会意义》，《浙江大学学报（社会科学版）》1991 年第 2 期。

王国轩：《本体与工夫——理学主旨新探》，《孔子研究》1992 年第 1 期。

王丽梅：《周敦颐理学宗主地位的确立——张栻在周敦颐理学宗主地位确立过程中之作用与意义》，《哲学与文化》2009 年第 11 期。

王宇丰：《"居敬"与"行简"：宋明理学中的事功面向之检讨》，《孔子研究》2020 年第 3 期。

王瀛舫：《宋初三先生到二程的〈中庸〉解析转变》，《重庆社会科学》2017 年第 10 期。

汪高鑫：《宋明时期的经学与史学》，《淮北煤炭师范学院学报（哲学社会科学版）》2007 年第 4 期。

汪学群：《钱穆的理学观》，《甘肃社会科学》2006 年第 1 期。

魏崇武：《20 世纪大陆地区元代理学研究述评》，《殷都学刊》2004 年第 3 期。

魏义霞：《康有为的宋明理学四维观》，《江西社会科学》2010 年第 12 期。

温海明：《从认识论角度看宋明理学的哲学突破》，《中山大学学报（社会科学版）》2010 年第 2 期。

吴震：《宋明理学视域中的朱子学与阳明学》，《哲学研究》2019 年第 5 期。

许家星：《朱子学的自我批判、更新与朱陆合流——以吴澄中庸学为中心》，《湖南大学学报（社会科学版）》2015 年第 4 期。

杨国荣：《理学与儒家人格学说的衍化》，《中国哲学史》1992 年第 1 期。

杨国荣：《仁道的重建与超越——理学对天人关系的考察及其内蕴》，《江苏社会科学》1993 年第 5 期。

杨国荣：《何为理学——宋明理学内在的哲学取向》，《武汉大学学报（哲学社会科学版）》2019 年第 2 期。

杨翰卿：《冯友兰新理学与程朱理学》，《开封大学学报》1997 年第 1 期。

杨立华：《体用与阴阳：朱子〈太极图说解〉的本体论建构》，《哲学研究》2012 年第 10 期。

杨立华：《论张载哲学中的感与性》，《中国哲学史》2005 年第 2 期。

杨儒宾：《理学论述的"自然"概念》，《中正大学中文学术年刊》2009 年。

杨泽波：《从义利之辨到理欲之争——论宋明理学"去欲主义"的产生》，《复旦学报（社会科学版）》1993 年第 5 期。

姚才刚、张露琳：《明初理学中心学思想的萌芽》，《哲学研究》2019 年第 10 期。

曾建林：《宋初经学的转型与欧阳修经学的特点》，《浙江大学学报（人文社会科学版）》2002 年第 2 期。

张岱年：《论宋明理学的基本性质》，《哲学研究》1981 年第 9 期。

张岱年：《宋代哲学的历史地位》，《中州学刊》1993 年第 4 期。

张立文：《论柳宗元对宋明理学的影响》，《学术论坛》1984 年第 2 期。

张立文：《论宋明理学逻辑结构的演化》，《青海社会科学》1986 年第 2 期。

张立文：《论宋明理学逻辑结构的演化（续）》，《青海社会科学》1986 年第 4 期。

张立文：《中国哲学认识史上的跃进——宋明理学》，《文史知识》1988 年第 6 期。

张立文：《宋明理学形上学追究的理路》，《哲学研究》1994 年第 2 期。

张立文：《儒佛之辩与宋明理学》，《中国哲学史》2000 年第 2 期。

张立文：《论理学的核心话题和解释文本的转换》，《社会科学战线》2005 年第 4 期。

张茂泽：《张载对宋明理学的历史贡献》，《西部学刊》2015 年第 7 期。

张培高：《论胡瑗对〈中庸〉的诠释》，《中国哲学史》2015 年第 1 期。

张倩茹：《延伸与重建：明代中后期朱子学派理气新论》，《国际儒学论丛》2018 年第 2 期。

张琴：《胡宏与朱熹关于〈中庸〉心性思想之分歧》，《求索》2010 年第 9 期。

张舒：《晚清理学复兴的经世意蕴》，《天府新论》2016 年第 5 期。

张硕：《北宋〈诗经〉阐释中经学与文学融合——以欧阳修、苏轼等为例》，《社会科学战线》2014 年第 2 期。

张涛、任利伟：《〈宋史·道学传〉在清代的论争及影响》，《河北学刊》2008 年第 6 期。

张新国：《刘宗周对宋儒"义理之性"概念的批判及对心学的重建》，《云南社会科学》2017 年第 2 期。

张学智：《宋明理学中的"终极关怀"问题》，《中国社会科学》2016 年第 9 期。

张循：《清代"汉宋之争"研究的回顾与展望》，《兰州学刊》2016 年第 9 期。

张昭军：《章太炎对程朱理学的阐释》，《山西大学学报（哲学社会科学版）》2006 年第 6 期。

赵吉惠：《宋明理学核心的"理"到底由谁首先提出？》，《哲学研究》1982 年第 9 期。

衷尔钜：《气学与理学、心学鼎立——论宋明时期的哲学》，《东方论坛》2016 年第 2 期。

周可真：《论顾炎武的思维方法——兼论宋明理学到清代朴学的历史转变》，《哲学研究》1999 年第 8 期。

朱锋刚：《"统合孟荀"与重建道统的现代思考——从"朱熹是荀学"说起》，《天府新论》2019 年第 3 期。

朱高正：《从"中和旧说"到"中和新说"谈朱子心学的形成——以〈近思录〉为例》，《朱子学刊》2017 年第 1 期。

朱汉民：《宋明理学和古代书院》，《贵州教育学院学报（社会科学版）》1991 年第 2 期。

朱人求：《"六经糟粕"论与明代儒学的转向——以陈白沙为中心》，《哲学研究》2009 年第 6 期。

后　记

　　我从事宋明理学研究已 40 多年，在这期间我得到吾师中国人民大学孔子研究院院长张立文教授的悉心教诲和大力帮助。从我 1981 年在杭州参加全国宋明理学讨论会认识张立文老师到现在已 40 年，从 1984 年他担任我们中国人民大学中国哲学史硕士课程教师进修班的班主任到现在也已过去了 37 年。在这期间，我受到张老师的教益良多。张老师对我的成长进步和提高起到了重要作用。

　　过去我对宋明理学和蜀学作过一些个案研究，如撰写了张栻、魏了翁以及杨慎、费密等相关的论文，但尚未把这些个案研究上升到系统的综合性研究。经过到人大学习，受到张老师等先生的教诲，我逐步由个案研究转向综合性的系统研究。通过参加张立文老师主编的"中国哲学范畴精粹丛书"之道、气、理、心、性等各书的撰写，我开始从一个断代和思潮的角度出发去思考问题，把一个断代和思潮放在整个中国哲学及组成中国哲学的范畴、概念、命题和理论发展的历史中来考察和研究。同时在从事个案研究、范畴命题研究时，又将其放到中国哲学发展通史和所处的时代思潮之中，把点、线、面三者结合起来，这样得出的认识就较为客观、全面和深刻。

　　后在张老师的启发和指导下，我从以往的以朱熹理学为主的朱子学研究转向对朱熹经学的研究，探讨朱熹经学与中国经学的关系、朱熹经学的内涵及其特征、朱熹的经典诠释学，以及朱熹经学与其理学的关系等。之后我出版了《朱熹经学与中国经学》（人民出版社 2004 年版）一书，张岱年先生和张立文老师分别为该书作序，任继愈先生亲自为该书题写了书名。后来此书获得了四川省哲学社会科学优秀科研成果一等奖。

　　通过研究朱熹经学与中国经学及理学的关系，张老师进一步鼓励我拓宽宋明理学研究领域，把整个理学研究与经学研究结合起来。于是我申报了"中国经学与宋明理学研究"国家社科基金项目。在张老师的指导下，我展开深入系统的研究，探索未知，历经艰辛，该项目终于完成。结项时经全国哲学社会科学规划办公室审核，鉴定等级为"优秀"。又经严格评审并报全国哲学社会科学规划领导小组批准，于2010年入选首届《国家哲学社会科学成果文库》。该书出版时，张老师又亲自作序。后该书又获得四川省哲学社会科学优秀科研成果一等奖和首届"全球华人国学成果奖"。成绩的取得是张老师教诲的结果，亦与学术界先贤、同仁和师友对我的帮助分不开。我永远感谢他们，并将从他们那里学到的爱人、助人的人生价值选择作为做人做事的基础，努力贯彻实践，回报社会和他人，以此作为我今后人生追求的目标，不负张老师对我的教诲。

在我的宋明理学研究中，有幸得到学界泰斗北京大学张岱年先生的热情鼓励和大力支持。从1984年我到张先生家里请张先生来我们进修班讲座开始，每一年我都要去北京大学中关园拜访张先生，连续十几年，直到他搬家离开中关园。每次请教都与张先生促膝谈心，因当时他家的书房只有7平米，坐在一起十分亲切感人！张先生除细心回答我提出的问题外，还不顾年老体衰，多次为我的宋明理学研究著作如《朱熹经学与中国经学》等以及合著《中国文化与中国社会》等书作序、题写书名。张先生还在病中为四川省社会科学院主办的《中华文化论坛》杂志创刊号撰写发刊词。提携后学，令吾侪十分感动！

著名国学大师、中国哲学史学会原会长、国家图书馆原馆长任继愈先生对我的宋明理学研究有很大的帮助。记得38年前的1983年春，我当面拜访请教任继愈先生如何治宋明理学，任公在工作之余的休息时间，单独给我讲解了一个多小时。他告诉我要首先通读《宋元学案》和《明儒学案》，并认真阅读宋元明时期的理学家、理学人物及相关人物的著作和文集，然后在充分汲取学术界已有成果的基础上，发掘出新的课题来开展研究探讨；并告诉我要透过现象看本质，深入挖掘思潮、各理学流派和理学家思想的实质。30多年来，任公的谆谆教诲一直指导着我，对我的研究工作帮助很大，我至今记忆犹新。后来我也曾到国家图书馆任公的办公室向他请教，任公也时常应邀给我们题词、题写书名，如《蒙文通经学与理学思想研究》《新视野　新诠释——朱熹思想与现代社会》等，并委托学会其他领导出席我们召开的重要学术会议，代表他作大会致辞，给我们四川省的中国哲学研究工作以很大的支持。

我的宋明理学研究工作得到了四川大学古籍研究所所长、四川大学国际儒学研究院院长舒大刚教授的鼎力支持和帮助，使我的《宋明理学论稿》一书纳入商务印书馆的出版计划，使拙著得以问世。舒大刚教授主持承担国家社科基金重大委托项目"巴蜀全书"取得丰硕成果，受到学术界的广泛关注和好评。在此特向舒大刚先生表示衷心的感谢！

在本书出版之际，谨向商务印书馆的领导和王璐编辑致以诚挚的谢意！祝商务印书馆的工作欣欣向荣，嘉惠学林，由此促进国学研究与推广传播工作，取得新的更大成绩，共同推进中华文化研究的深入蓬勃开展。

蔡方鹿
2021 年 3 月 28 日于四川师范大学明珠园